전문 네트워크 엔지니어가 되는 첫 단추!

시스코 네트워크 CCNA 자격증 공인 학습 가이드

합격을 위한 학습·준비·연습의 모든 것

CCENT/ CCNA ICND1 100-105

웬델 오돔(CCIE® NO. 1624) 저술 | 이중호 번역

성안당
www.cyber.co.kr

시스코 네트워크 CCNA 자격증 공인 학습 가이드

CCENT/CCNA ICND1 100-105

CCENT/CCNA ICND1 100-105 공인자격 학습 가이드

웬델 오돔

Copyright© 2016 시스코 Systems, Inc. Published by:
시스코 Press
800 East 96th Street Indianapolis, IN 46240 USA

초판 인쇄: 미국, 2016년 5월
Library of Congress Control Number: 2016933699
ISBN-13: 978-1-58720-580-4
ISBN-10: 1-58720-580-7

경고 및 면책

이 책은 CCENT 인증을 위한 시스코 ICND1 100-105 시험에 대한 정보를 제공하기 위한 것이다. 이 책을 가능한 정확하고 완전하게 만들기 위해 모든 노력을 기울였지만, 목적성을 보장하지 않는다.

자료가 제공되지만, 저자, 시스코 프레스, 시스코 시스템은 이 책의 자료나 동반되어 있는 디스크, 프로그램을 사용할 때 발생하는 손실이나 손상과 관련하여 어떤 개인이나 단체에 대해 의무나 책임을 지지 않는다.

이 책에 표현된 견해는 저자에 속하는 것이고, 시스코 시스템의 것이 아니다.

감사의 표시

이 책에서 용어로 언급되는 알려진 상표 혹은 서비스 마크는 대문자로 표기되어 있다. 시스코 프레스 혹은 시스코 시스템은 이 정보의 정확성을 입증할 수 없다. 이 책에서 사용한 용어는 상표 또는 서비스 표식의 유효성에 어떠한 영향도 미치지 않는다.

피드백 정보

만약 독자 여러분이 이 책의 품질을 개선시키거나 아니면, 당신의 요구를 보다 적합하게 하는 방법에 관한 의견이 있다면 feedback@ciscopress.com으로 이메일을 보내주기 바란다. 메시지를 보낼 때에는 꼭 이 책의 제목과 ISBN을 함께 적어 주기 바란다. 도움에 대해 매우 고맙게 생각한다.

:: 저자에 대하여

웬델 오돔(CCIE No. 1624, 명예 신분)은 1981년부터 네트워킹 업계에 종사해 왔다. 그는 네트워크 엔지니어, 컨설턴트, 시스템 엔지니어, 강사, 과정 개발자로서 일했다. 또 최근 자격증 학습 툴을 작성 및 개발했다. 이 책은 피어슨의 27번째 판이고, 그는 시스코 프레스의 CCNA R&S(라우팅&스위칭)와 CCENT 자격증 가이드에 관한 모든 책의 저자이다. 그는 네트워킹 기초와 CCENT, CCNA R&S, CCNA DC, CCNP ROUTE, CCNP QoS와 CCIE R&S 자격증 가이드를 주제로 한 책을 여러 해 동안 써 왔다. 그는 유명한 피어슨 네트워크 시뮬레이터 (Pearson Network Simulator)의 개발을 도왔다. 그는 자체 블로그와 www.certskills.com의 기타 자료, 학습 툴들을 관리하고 있다.

기술 감수자에 대하여

오브리 아담스(Aubrey Adams)는 호주 서부 퍼스의 시스코 네트워킹 아카데미 강사이다. 통신 설계 분야에서 오브리는 전기 공학과 관리 관련 자격증 소유자로, 컴퓨팅 및 교육학의 학위를 가졌으며 관련 산업의 자격증들을 획득했다. 그는 직업 및 교육 훈련 영역과 대학 과정의 광범위한 영역에서 교수로 활약했다. 2007년 이래 오브리는 비디오, 시뮬레이션, 온라인 상품을 포함해 몇 가지 피어슨 교육과 시스코 프레스의 출판물을 기술적으로 검토하였다.

엘런 비어(Elan Beer, CCIE No. 1837)는 선임 컨설턴트로, 데이터 센터 설계와 멀티 프로토콜 네트워크 디자인 분야에서 특화된 시스코 강사이다. 지난 27년간 그는 데이터 센터 설계, 라우팅, 스위칭 분야에서 네트워크를 디자인했고, 수많은 산업 전문가들을 훈련시켰다. 또한 인터네트워크의 설계와 장애 처리, 데이터 센터 및 네트워크 감사, 장단기 설계 목표를 위한 고객 지원과 같은 광범위한 전문적인 서비스 분야에서 중요한 역할을 해왔다. 엘런은 다국적 기업과 같은 고객을 통해 전 세계를 범위로 하는 네트워크 설계 경험을 가지고 있다. 특히 데이터 센터 설계와 장애 처리에 대한 전문 지식을 가지고 말레이시아, 북아메리카, 유럽, 호주, 아프리카, 중국, 중동 등지를 지원해왔다. 가장 최근에는 서비스 프로바이더를 위한 기술들뿐만 아니라 데이터 센터 디자인과 구현, 장애 처리에 중점을 두었다.

1993년 엘런은 CCSI(Cisco Certified System Instructor) 자격증을 처음으로 취득했고, 1996년에는 시스코 시스템의 가장 높은 기술 자격증인 CCIE(Cisco Certified Internetworking Expert)를 획득했다. 그 후로 그는 전 세계에서 수많은 대규모 데이터 센터와 통신 네트워킹 프로젝트를 수행해 왔다.

:: 헌사

나의 최고의 딸 한나 그레이스 오돔(Hannah Grace Odom):

토마토 소프트볼, 등각 정사각형, 예수님의 손과 발이 되는 것, 겨자, 똑똑한 머리와 너그러운 마음, 다른 아이들이 수업 받을 때 영화 보기, 약자의 이야기, 수학 숙제 – 야호! 스캣 부르기. 사랑한다 소중한 내 딸아.

:: 감사의 글

이 책의 최고 편집자로서 브렛 바투가 다시 수고해주었다. 우리는 지금까지 대략 20개 이상의 출판물을 함께 만들어왔다. 그는 프로젝트를 이끄는 평소의 지혜와 적절한 의사 결정 외에도, DVD/웹에 모든 새로운 앱들을 추가하는 원동력이었다. 언제나처럼 함께 일하는 것은 즐거웠고, 전반적인 공식 인증 가이드 시리즈가 나아가야 할 방향을 결정하는 중요한 역할을 했다.

이 책을 쓰면서 우리는 시스코와 함께 협력해왔다. 시스코 프레스의 책을 만든 피어슨과 함께 일한 시스코 팀의 여러분들에게 특별히 감사를 전한다. 특히 그레그 코트, 죠 스트랄로, 필 반칠은 이 타이틀을 만드는 동안 특별한 도움을 주었다.

크리스 클리브랜드는 1998년에 최초의 시스코 프레스 시험 인증 가이드를 편집 개발하였고 그 이후 시리즈도 참여해왔다. 크리스의 사무실 공간에 질투가 느껴지긴 하지만, 그와의 일은 언제나 훌륭하다. 이 책은 보다 유동적인 부분을 포함하는데, 작업에서 크리스가 맡은 부분은 시간적으로 항상 부족했다. 다양한 구성 요소들을 위한 다수의 야근과 특히 새로운 기능들을 순조롭게 적용시켜준 크리스에게 감사한다.

기술 편집자로서 엘런 비어는 평소와 같이 놀라운 일을 했다. 이 방면에서 모든 측면의 기술적 편집을 탁월하게 할 수 있는 사람을 찾는다는 것은 정말 어려운 일이다. 작은 기술적 오류를 찾는 것부터 오해를 불러일으키는 구문의 발견과 추가적 생각의 구성 또는 주제를 둘로 구성할 것에 대한 제안까지 모두 엘런의 도움 때문이다. 언제나와 같이 환상적인 작업이었다. 고마워, 엘런.

오브리 아담스는 나의 책 중 하나를 처음으로 기술 편집했고, 또한 우수한 피드백을 제공했다. 가르쳤던 경험이 있는 오브리는 학생들이 같은 주제를 배울 때 저지르는 일상적인 실수를 알기 때문에 특히나 큰 도움이 되었다. 전반에 걸쳐 오브리의 부지런하고, 객관적이고 유용한 논평에 감사한다!

집필 과정에서 나와 상호 협조한 새로운 팀원 리사 매튜를 환영하고 감사한다. 리사는 다양한 부록을 다루고, 서브넷을 배우고, 보다 대화형으로 연습할 수 있는 앱을 구축하는 등 모든 연습용 앱 개발을 다루었다. 이 과정 전체를 안내해 준 리사에게 감사한다.

나는 마법의 지팡이라 부를 수 있는 이 제작 과정을 사랑한다. 프레스토는 질의 및 의견이 담긴 워드 문서와 여러 도구들을 사용하여 이렇게 아름다운 책을 만들어 냈다. 계속 변경되는 일정을 조율하는 싸움에 뛰어들어 준 산드라 슈뢰더, 토냐 심슨, 맨디 프랭크와 이 마법이 일어나게 해 준 모든 제작 팀원에게 감사한다. 나의 문법, 형편 없는 단어 선택, 수동태의 문장을 고쳐주고, 디자인과 레이아웃을 함께 이끌어내기 위한 모든 일을 했다. 이 모든 것을 배치해 주고 보기 좋게 만들어 주어 감사한다. 그리고 토냐는 다시 한번 동일한 일정에 다수의 항목들을 포함하는 두 권의 책을 관리해야 했음에도 계속 잘해냈다. 전체 제작 과정을 관리해 주어 다시 한번 감사한다.

일러스트레이터이자 마인드 리더인 마이크 타나마치는 다시 훌륭하게 그림 작업을 했다. 나는 대부분의 저자들과 다른 그림을 그리는 과정을 진행했는데, 내가 새로운 섹션이나 각 장에서 윤곽을 그리자 마자 마이크는 새로운 그림을 그려냈다.

내가 마음을 바꿔 와콤 태블릿에 형편 없이 그려낸 것만으로도 내가 진정으로 원하는 것을 알아냈고, 나의 바뀐 마음을 반영하도록 많은 수정을 해 주었다. 마이크는 아름다운 작품을 만들어냈다. 그리고 모든 그림들에 우리의 색 표준을 지키도록 도운 로라 로빈스에게 감사하는데, 이 색 표준은 다른 책들의 몇몇 에디션들을 위해 그녀가 개발한 것이다.

나는 서트스킬즈 프로페셔널(Certskills Professional) 사의 크리스 번스가 없었다면 이 책의 일정을 끝내지 못했을 것이다. 마인드 맵과 내 블로그에 추가한 관련 실습 개발 과정의 큰 부분을 맡은 크리스는 특정한 장과 연관된 다양한 작업을 하고 내가 처리하지 못한 일들을 해결해 주어 내가 책에 집중할 수 있게 해 주었다. 크리스 최고입니다!

션 윌킨스는 가장 큰 역할을 했다. 긴 시간 동안 피어슨의 CCNA 시뮬레이터와 협업하여 보이지 않는 곳에서 많은 기술 작업을 했다. 션의 노력 없이 지금 이 책은 있을 수 없다. 훌륭한 작업에 감사합니다. 션!

당신의 제안과 가능한 오류를 알려주고 특히 시스코 학습 네트워크 온라인에 글을 올려 준 독자인 당신에게 특별히 감사한다. 질문이 아니어도, 나에게 보내준 의견과 CLN에 참여하여 듣는 의견은 더 좋은 책을 만들게 될 것이다.

때때로 이 도전적인 작업을 경쾌하게 만들어준 내 최고의 아내 크리스에게 감사한다. 나는 이 여행 길을 당신과 함께 걷는 것을 사랑한다. 나의 딸 한나(헌사를 볼 것)에게도 고맙다. 내 인생의 전부, 예수 그리스도에게 감사한다.

저자 웬델 오돔

:: 역자에 대하여

이중호 theeeye1@naver.com
CCNA, CCNP, CCDA, CCDP, CCIE#5702, CCSI

고려대학교 전파공학과를 졸업했고 멀티캠퍼스, CCNA 자격대비반 강의 등, 20년 동안 네트워크 분야에서 강의, 설계, 구축, 관리, 분석 업무를 보았다. 현재는『소수의 프로토콜로 비범한 네트워크 구축하기』,『Big Network Design』등 집필 활동과 강의를 하고 있다.

이중호 theeeye1@naver.com
CCNA, CCNP, CCDA, CCDP, CCIE#5702, CCSI

:: 역자 서문

오랫동안 세계적으로 CCNA(Cisco Certified Network Associate) 라우팅 & 스위칭 자격이 네트워크에 대한 기반 지식을 쌓고, 네트워크 분야의 직업을 찾을 때, 자신의 실력을 입증하는 가장 효과적인 도구라는 것을 누구도 의심하지 않는다. CCNA 자격이 더욱 훌륭한 것은 고급 엔니지어가 되기 위한 다음과 같은 수직/수평의 로드 맵에서 출발점이자 거대한 네트워크 지식의 단단한 토대를 제공한다는 점이다.

- **더 높은 수준의 자격증:** CCNP(Cisco Certified Network Professional), CCIE(Cisco Certified Internetwork Expert), CCDE(Cisco Certified Design Expert)
- **다른 분야의 자격증:** CCNA 클라우드(Cloud), 콜래보레이션(Collaboration), 데이터 센터(Data Center), 보안(Security), 무선(Wireless), ISP(Internet Service Provider), CCDA(Cisco Certified Design Associate)

CCNA가 되는 과정은 사람마다 다를 것이다. 소요 시간도 다르고, 노력의 수준도 다르다. 이 책이 훌륭한 것은 조금 느리더라도 정도를 제시한다는 점이다. 또한, 이 책은 CCNA 자격증 취득만을 위한 책이 아니다. 네트워크 엔지니어들이라면 적어도 10년 이상은 회사나 자택의 책꽂이에서 다른 어떤 책들보다도 자주 찾는 책이 될 것이다. 그 이유는 다음과 같다.

첫째, 체계적이다. 여러분의 부족한 조각을 보완하고, 조각들을 모아 완성된 지식 체계를 구성해주기 때문이다. 둘째, 자세하다. 꼼꼼하게 원리를 설명하기 때문에 추가로 궁금한 점을 위해 별도의 자료를 찾는 수고를 덜어준다. 셋째, 실무 중심이다. 현장에서 필요한 역량을 실질적으로 다루기 때문에 실무 적응 시간을 줄여준다.

CCNA 자격 취득을 위해 이 책을 선택했더라도 여러분이 상상한 목표 이상의 것을 달성할 수 있다. 정도에 들어선 만큼 노력을 통해 비상한 목표를 이루시기를 바란다.

좋은 책을 번역할 기회를 주신 성안당 출판사의 최옥현 상무님과 원서의 품격을 잃지 않도록 전문가다운 가이드를 주신 조혜란 부장님께 감사드린다. 그 외 이장무, 이윤소, 황계진 선생님에게도 고마움의 말씀을 전한다.

보름달 죽전에서, 이중호

목차 미리 보기

서론   10
당신의 학습 계획   30

PART I · 네트워크 기본   2

Chapter 1: TCP/IP 네트워킹 소개   4
Chapter 2: 이더넷 LAN 기초   30
Chapter 3: WAN 기초   54
Chapter 4: IPv4 주소와 라우팅 기초   75
Chapter 5: TCP/IP 트랜스포트와 애플리케이션 기초   102
Part I 리뷰   124

PART II · 기본 이더넷 LAN 설치   126

Chapter 6: CLI(Command–Line Interface) 활용   128
Chapter 7: 이더넷 LAN 스위칭 분석   151
Chapter 8: 기본 스위치 관리 설정   172
Chapter 9: 스위치 인터페이스 설정   197
Part II 리뷰   221

PART III · 이더넷 LAN: 설계, VLAN과 문제 해결   224

Chapter 10: 이더넷 LAN 설계 분석   226
Chapter 11: 이더넷 VLAN(Virtual LAN) 설정   253
Chapter 12: 이더넷 LAN 장애 해결   284
Part III 리뷰   315

PART IV · IPv4 주소 체계와 서브네팅   318

Chapter 13: IPv4 서브네팅에 대한 관점들   320
Chapter 14: 클래스풀 IPv4 네트워크 분석   347
Chapter 15: 서브넷 마스크 분석   362
Chapter 16: 기존 서브넷 분석   381
Part IV 리뷰   407

PART V · IPv4 설정   410

Chapter 17: 시스코 라우터 운영   412
Chapter 18: IPv4 주소와 스태틱 루트 설정   432
Chapter 19: RIPv2와 라우팅 테이블 만들기   466
Chapter 20: 호스트와 DHCP/IP 네트워킹   506
Part V 리뷰   537

PART VI · IPv4 설계와 장애 해결   **540**

Chapter 21: 서브넷 설계   542
Chapter 22: VLSM(Variable-Length Subnet Masks)   569
Chapter 23: IPv4 장애 해결 툴들   584
Chapter 24: IPv4 라우팅 장애 해결   608
Part VI 리뷰   632

PART VII · IPv4 서비스: ACL과 NAT   **634**

Chapter 25: 기본 IPv4 ACL(Access Control List)   636
Chapter 26: 고급 IPv4 ACL(Access Control List)   660
Chapter 27: NAT(Network Address Translation)   691
Part VII 리뷰   718

PART VIII · IPv6   **720**

Chapter 28: IPv6 기초   722
Chapter 29: IPv6 주소와 서브네팅   742
Chapter 30: 라우터와 IPv6 주소 할당   762
Chapter 31: 호스트와 IPv6 주소 할당   788
Chapter 32: IPv6 라우팅 설정   812
Part VIII 리뷰   835

PART IX · 네트워크 장치 관리   **838**

Chapter 33: 장치 관리 프로토콜들   840
Chapter 34: 장치 보안 기능들   867
Chapter 35: IOS 파일 관리   887
Chapter 36: IOS 라이선스관리   917
Part IX 리뷰   936

PART X · 최종 리뷰   **938**

Chapter 37: 최종 리뷰   940

PART XI · 부록들   **958**

부록 A: 숫자 참조 테이블   960
부록 B: CCENT/CCNA ICND1 100-105 시험 업데이트   964
용어 사전   965

알파벳 색인   **995**

:: DVD 부록

부록 C: 사전 점검 퀴즈 정답들
부록 D: [14장 클래스풀 IPv4 네트워크 분석] 연습문제
부록 E: [15장 서브넷 마스크 해석] 연습문제
부록 F: [16장 기존의 서브넷 해석] 연습문제
부록 G: [21장 서브넷 설계] 연습문제
부록 H: [22장 VLSM(Variable-Length Subnet Masks)]
　　　연습문제
부록 I: [25장 기본 IPv4 ACL(Access Control List)]
　　　연습문제
부록 J: [28장 IPv6 기초] 연습문제
부록 K: [30장 라우터의 IPv6 주소 설정] 연습문제
부록 L: 마인드 맵 솔루션
부록 M: 학습 플래너 - 엑셀 시트
부록 N: 클래스리스 도메인 간 라우팅(Classless Inter-domain Routing)
부록 O: 루트 요약
부록 P: 포인트-투-포인트 WAN 설치하기
부록 Q: 이전 버전의 주제
부록 R: 시험 항목 상호 참조

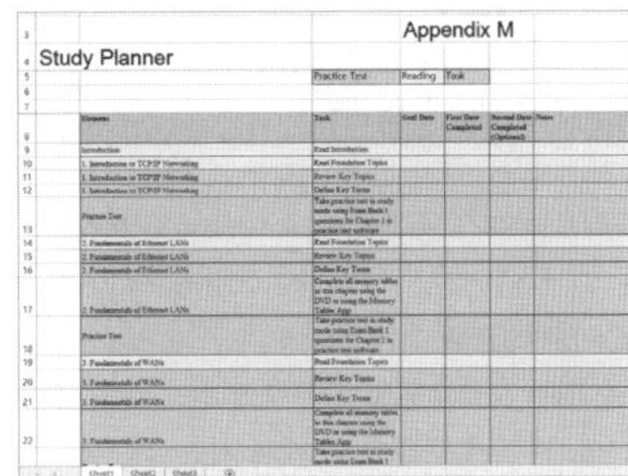

▲ DVD 부록 실행 PDF Resources 메뉴 화면

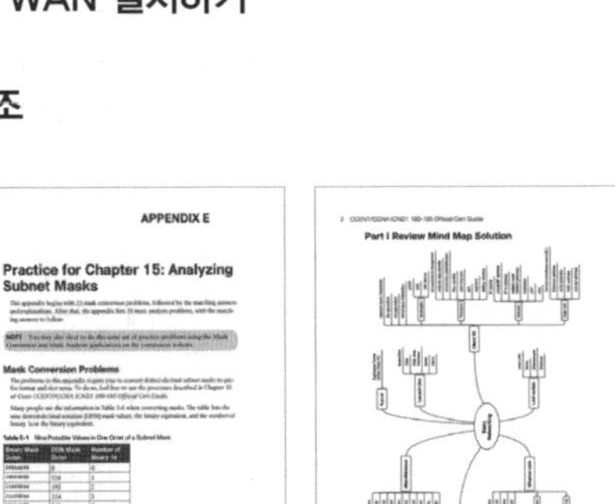

▲ 부록 C　　　▲ 부록 E　　　▲ 부록 L　　　▲ 부록 M

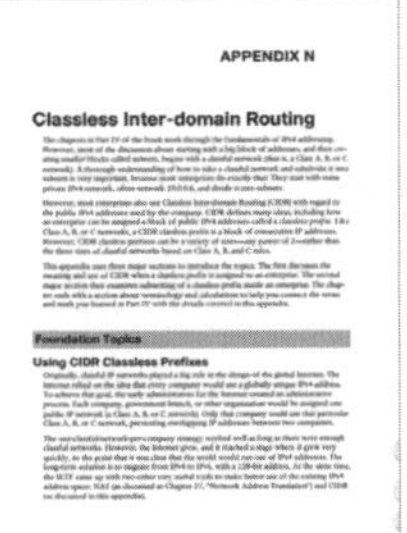

▲ 부록 N

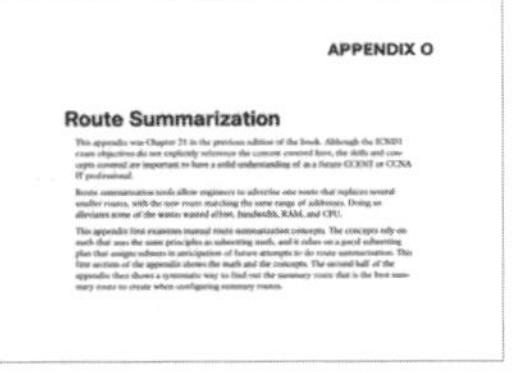

▲ 부록 O

▲ 부록 P　　　▲ 부록 Q

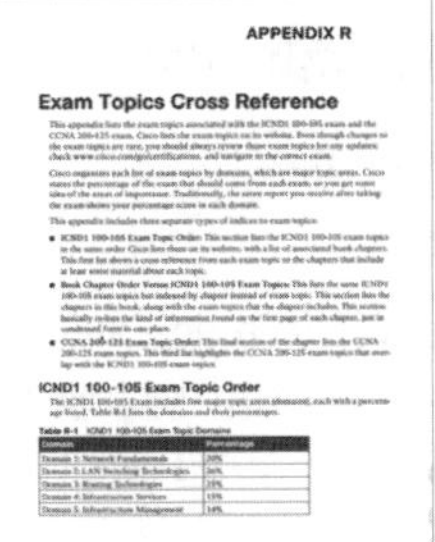

▲ 부록 R

목차

서론 10

당신의 학습 계획 30

PART I · 네트워크 기본 · 2

Chapter 1 TCP/IP 네트워킹 소개 4

사전 점검 퀴즈 5

핵심 주제 7

⠶ 네트워킹에 대한 이해 7

⠶ TCP/IP 네트워킹 모델 9

TCP/IP 역사 9

TCP/IP 네트워킹 모델 개요 10

TCP/IP 애플리케이션 계층 12

HTTP 개요 12

HTTP 프로토콜 동작 원리 13

TCP/IP 트랜스포트 계층 14

TCP 오류 복구(error recovery) 기초 14

동일 계층간 동작(same-layer interaction)과

인접 계층간 동작(adjacent-layer interaction) 15

TCP/IP 네트워크 계층 16

인터넷 프로토콜과 우편 서비스 16

인터넷 프로토콜 주소 체계 기초 18

IP 라우팅 기초 19

TCP/IP 링크 계층(데이터 링크 + 피지컬 계층) 20

TCP/IP 모델과 용어 21

TCP/IP 모델의 원안과 최신안 비교 21

데이터 인캡슐레이션 관련 용어 22

TCP/IP 메시지들의 이름 23

⠶ OSI 네트워킹 모델 24

OSI와 TCP/IP 비교 24

OSI 계층들을 이용하여 프로토콜들을 설명하기 25

OSI 계층들과 그 기능들 26

OSI의 계층화 개념과 장점 27

OSI 인캡슐레이션 용어 27

챕터 리뷰 28

Chapter 2 이더넷 LAN 기초 30

사전 점검 퀴즈 31

핵심 주제 33

⠶ LAN 개요 33

전형적인 SOHO LAN 33

전형적인 엔터프라이즈(기업) LAN 34

다양한 이더넷의 피지컬 계층 표준들 35

이더넷 데이터 링크 계층의 동작 원리 36

⠶ UTP 케이블로 물리적인 이더넷 네트워크 구축하기 37

트위스티드 페어(Twisted Pairs) 케이블을 사용하여

데이터 전송하기 37

UTP 이더넷 링크에 대한 해부 38

10BASE-T와 100BASE-T를 위한 UTP

케이블의 핀 배열 40

스트레이트스루(Straight-Through) 케이블 핀 배열 41

올바른 케이블 핀 배열 찾기 43

1000BASE-T를 위한 UTP 케이블링 핀 배열 44

⠶ 이더넷 네트워크의 데이터 송신 44

이더넷 데이터 링크 프로토콜들 45

이더넷(Ethernet) 주소 체계 45

이더넷 타입 필드에 의한 네트워크 계층

프로토콜 구분 47

FCS를 이용한 에러 탐지 48

스위치와 허브의 이더넷 프레임 전송 49

풀 듀플렉스 이더넷 LAN의 전송 방식 49

LAN 허브와 하프 듀플렉스 50

챕터 리뷰 52

Chapter 3 WAN 기초 54

사전 점검 퀴즈 55

핵심 주제 57

⠶ 전용 회선(Leased-Line) WAN 57

LAN과 라우터를 연결하는 전용 회선 57

전용 회선의 피지컬 계층 58

전용 회선 케이블링 59

실습 환경에서 WAN 구축하기   60
전용 회선의 데이터 링크 계층   61
  HDLC 기초   62
  라우터의 WAN 데이터 링크 사용 방식   63

WAN 기술로서의 이더넷   65
2계층 서비스를 구성하는 이더넷 WAN   65
이더넷 에뮬레이션을 통해 라우터가 IP 패킷을
  라우팅하는 방식   66

인터넷 접속   68
거대 WAN으로서의 인터넷   68
인터넷 접속(WAN) 링크들   69
DSL(Digital Subscriber Line)   70
케이블 인터넷   72

챕터 리뷰   73

Chapter 4   IPv4 주소 체계와 라우팅 기초   75

사전 점검 퀴즈   76
핵심 주제   78
네트워크 계층 개요   78
네트워크 계층과 라우팅(포워딩) 논리   78
  호스트의 전달 프로세스: 패킷을 디폴트
    라우터에게 보냄   79
  R1과 R2의 로직: 네트워크를 통과하기 위한
    데이터 라우팅   80
  R3의 로직: 최종 목적지에 데이터를 보냄   80
네트워크 계층 라우팅이 LAN 및 WAN을
  사용하는 방식   80
IP 주소 체계와 IP 라우팅 방식   81
라우팅 프로토콜들   83
IPv4 주소 체계   84
IP 주소의 규칙   84
IP 주소의 그룹화 규칙   84
  클래스 A, B와 C IP 네트워크   86
  실제 클래스 A, B와 C의 IP 네트워크들   87
IP 서브네팅   89
IPv4 라우팅   91
IP 라우팅 테이블과 라우팅   92
  라우터의 포워딩 로직 요약   92
IPv4 호스트 라우팅   92
  상세한 라우팅 예   93

IPv4 라우팅 프로토콜   95
기타 네트워크 계층 기능들   97
이름과 DNS 이용하기   97
ARP(Address Resolution Protocol)   99
ICMP 에코 및 ping 명령   100
챕터 리뷰   100

Chapter 5   TCP/IP 트랜스포트와 애플리케이션 기초   102

사전 점검 퀴즈   103
핵심 주제   105
TCP/IP 4계층 프로토콜: TCP & UDP   105
TCP(Transmission Control Protocol)   106
  TCP 포트 번호들을 통한
    멀티플렉싱(Multiplexing)   107
  유명한 TCP/IP 애플리케이션들   110
  커넥션 설정(Establishment) 및
    해제(Termination)   111
  에러 복구(Error Recovery)와 신뢰성(Reliability)   112
  윈도잉(Windowing)을 통한 플로 컨트롤   114
UDP(User Datagram Protocol)   116
TCP/IP 애플리케이션들   116
URI(Uniform Resource Identifiers)   117
DNS를 이용하여 웹 서버 찾기   118
HTTP에 의한 파일 전송   120
수신 호스트가 수신 애플리케이션을
  정확하게 구분하는 방법   121
챕터 리뷰   122

Part I 리뷰   124

PART II · 기본 이더넷 LAN 설치 · 126

Chapter 6　CLI(Command-Line Interface) 활용　128

사전 점검 퀴즈　129
핵심 주제　131
시스코 카탈리스트 스위치 CLI 접속　131
　시스코 카탈리스트 스위치들　131
　시스코 IOS CLI 접속　132
　　콘솔 연결을 위한 케이블링　133
　　텔넷과 SSH로 CLI에 접속하기　136
　　유저(User)와 이네이블(Enable, Privileged) 모드　137
　　콘솔 CLI 접속에 대안 패스워드 보안　138
　CLI Help 기능들　139
　debug 및 show 명령어들　141
시스코 IOS 소프트웨어 설정　142
　컨피규레이션 하부 모드와 컨텍스트　143
　스위치 컨피규레이션(설정) 파일의 저장　145
　컨피규레이션 파일의 복사와 삭제　148
챕터 리뷰　149

Chapter 7　이더넷 LAN 스위칭 분석　151

사전 점검 퀴즈　152
핵심 주제　154
LAN 스위칭 개념들　154
　스위칭 논리 개요　155
　노운 유니캐스트 프레임(Known Unicast Frames)과
　　스위칭　156
　MAC 주소 학습　158
　언노운 유니캐스트와 브로드캐스트에 대한
　　플러딩(Flooding)　159
　STP(Spanning Tree Protocol)에 의한 루프 방지　160
　LAN 스위칭 요약　162
이더넷 스위칭 확인 및 분석　162
　MAC 학습 과정 들여다보기　163
　스위치 인터페이스들　164
　MAC 주소 테이블 엔트리 발견　166
　MAC 주소 테이블 운용(에이징(Aging), 삭제)　168
　다수의 스위치들을 가진 환경의 MAC 주소 테이블　169
챕터 리뷰　170

Chapter 8　이더넷 LAN 스위칭 분석　172

사전 점검 퀴즈　173
핵심 주제　175
스위치 CLI 보안　175
　간단한 패스워드로 유저 모드와
　　프리빌리지드 모드 보호　175
　로컬 유저네임과 패스워드로 유저 모드
　접속을 보호하기　180
　외부 인증 서버와 함께 유저 모드 접속 보호　182
　SSH(Secure Shell)를 활용한 원격 접속 보호　183
원격 접속을 위한 IPv4 설정　186
　호스트와 스위치의 IP 설정　186
　스위치의 IPv4 설정　189
　DHCP로 IP 주소 설정 시의 스위치 설정　190
　스위치의 IPv4 확인　191
　　logging synchronous · exec-timeout · no ip
　　domain-lookup 명령어　192
실습에서 유용한 여러 가지 설정　192
　히스토리 버퍼 명령어들　192
챕터 리뷰　194

Chapter 9　스위치 인터페이스 설정　197

사전 점검 퀴즈　198
핵심 주제　200
스위치 인터페이스 설정　200
　속도, 듀플렉스, 설명 설정　200
　interface range 명령으로 다수의 인터페이스를
　　한꺼번에 설정하기　202
　　관리 측면에서 인터페이스를 비활성화하는 방법　203
　No 명령으로 설정 지우기　205
　자동 협의(Autonegotiation)　206
　　작업 중인 상태에서 자동 협의 기능　206
　　단지 하나의 노드만 자동 협의를 지원할 때의
　　자동 협의 결과　208
포트 시큐리티(Port Security)　210
　LAN 허브와 자동 협의 기능　210
　포트 시큐리티 설정　212
　포트 시큐리티 확인　214
　포트 시큐리티 규칙 위반 시의 조치들　216
　　스위치 포트 시큐리티 MAC 주소를 확인하는 방법　217
챕터 리뷰　218

Part II 리뷰　221

PART III · 이더넷 LAN: 설계, VLAN과 문제 해결 · 224

| Chapter 10 | 이더넷 LAN 설계 분석 | 226 |

사전 점검 퀴즈 227

핵심 주제 229

:: 컬리전 도메인과 브로드캐스트 도메인 분석 229

이더넷 컬리전 도메인 229

허브(Hub)와 10BASE-T 229

이더넷 트랜스페어런트 브릿지 231

이더넷 스위치와 컬리전 도메인들 231

컬리전과 LAN 설계 232

이더넷 브로드캐스트 도메인 233

VLAN(Virtual LAN) 235

LAN 설계와 브로드캐스트 도메인의 영향 236

:: 캠퍼스 LAN 토폴로지 분석 237

2계층 캠퍼스 설계(생략된 코어 계층(Collapsed Core)) 238

2계층 캠퍼스 설계(Two-Tier Campus Design) 238

2계층 설계에서 사용하는 토폴로지 관련 용어 239

3계층 캠퍼스 설계(코어 포함) 240

토폴로지 설계 용어 242

:: LAN의 물리적 표준 선정 243

이더넷 표준들 244

각 링크에서 적정한 이더넷 표준을 선택하기 245

유선 LAN과 무선 LAN의 결합 247

소규모 사무실을 위한 무선 LAN 247

기업 무선 LAN과 무선 컨트롤러 248

챕터 리뷰 251

| Chapter 11 | 이더넷 VLAN(Virtual LAN) 설정 | 259 |

사전 점검 퀴즈 254

핵심 주제 256

:: VLAN(Virtual LAN) 개념 256

트렁킹을 통한 멀티스위치 VLAN 생성 258

VLAN 태깅 개념 259

802.1Q와 ISL VLAN 트렁킹 프로토콜 260

VLAN 간의 데이터 포워딩 261

라우터를 통한 VLAN 패킷 라우팅 262

레이어 3 스위치에 의한 패킷 라우팅 264

:: VLAN 및 VLAN 트렁킹 설정 및 확인 265

VLAN 생성 및 인터페이스에 대한 액세스 VLAN 할당 266

VLAN 설정 예1: 완전한 VLAN 설정 267

VLAN 설정 예 2: 보다 짧은 VLAN 설정 269

VTP(VLAN Trunking Protocol) 270

VLAN 트렁킹 설정 271

전화기에 연결된 인터페이스 설정 276

데이터와 보이스 VLAN 개념 277

데이터 및 보이스 VLAN 설정과 확인 279

요약: 스위치의 IP 텔레포니 포트 281

챕터 리뷰 282

| Chapter 12 | 이더넷 LAN 장애 해결 | 284 |

사전 점검 퀴즈 285

핵심 주제 288

:: 장애 해결 방법론 적용에 대한 관점들 288

장애 해결 관련 시험 문제 289

장애 발견에 대한 보다 깊은 관찰 289

이 책에서 다루는 장애 해결 291

:: 스위치의 인터페이스 상태 및 통계 분석 292

인터페이스 상태 코드 및 동작 불능 사유들 293

인터페이스 속도 및 듀플렉스 이슈들 294

동작 중인 인터페이스에 대한 일반적인 1계층 문제 297

:: 스위치의 프레임 포워딩 위치 예측 299

MAC 주소 테이블의 내용 예측하기 299

포워딩 경로 분석 301

:: 인터페이스의 포트 시큐리티 동작 분석 302

셧다운 모드 장애 해결과 에러-디스에이블드 복구 303

리스트릭트와 프로텍트 모드에 대한 장애 해결 305

:: VLAN과 VLAN 트렁크 분석 308

액세스 인터페이스별로 정확한 VLAN에 할당되었는지 확인함 309

정의되지 않은 액세스 VLAN들 310

비활성화된 액세스 VLAN들 310

일치하지 않는 트렁킹 동작 상태 311

챕터 리뷰 313

Part III 리뷰 315

PART IV · IPv4 주소 체계와 서브네팅 · 318

Chapter 13 IPv4 서브네팅에 대한 관점들   320

사전 점검 퀴즈   321

핵심 주제   323

∷ 서브네팅 소개   323
간단한 예를 통해 정의된 서브네팅   323
서브네팅에 대한 운영자와 설계자의 관점   324
서브넷과 호스트 주소들이 갖는 규칙   325
필요한 서브넷 수의 결정   327
각 서브넷의 호스트 갯수 결정하기   328
단일 크기 서브넷의 적합성   329
서브넷의 크기 결정하기   329
단일 크기 서브넷이 모든 서브넷을 만족시키는 경우   330
다수의 서브넷 크기들
(VLSM, Variable–Length Subnet Masks)   331

∷ 설계 시의 선택 사항   332
이 책(대부분): 단일 크기 서브넷 적용   332
클래스풀 네트워크 선정   333
공인(Public) IP 네트워크들   333
공인 IP 주소 공간을 고갈시키는 성장   334
사설 IP 네트워크들   335
설계 시 IP 네트워크 선택하기   336
마스크 선택하기   336
서브네팅 전의 클래스풀 IP 네트워크   336
서브넷 비트들을 확보하기 위해 호스트
비트들에서 빌리기   337
충분한 서브넷과 호스트 비트들을 선택하기   338
설계 예: 172.16.0.0, 200 서브넷, 200 호스트   339
마스크와 마스크 형식들   340
모든 서브넷들에 대한 리스트 작성   341

∷ 설정 계획   342
각각 다른 위치에 서브넷 할당하기   343
직접 설정과 DHCP를 통한 설정 중 선택하기   344

챕터 리뷰   345

Chapter 14 클래스풀 IPv4 네트워크 분석   347

사전 점검 퀴즈   347

핵심 주제   349

∷ 클래스풀 네트워크 개념   349
IPv4 네트워크 클래스와 관련 사항   349
클래스 A, B와 C 네트워크의 수와 크기   350
주소 형식   351
디폴트 마스크(Default Mask)   352

네트워크별 호스트 수   353
네트워크 ID와 관련된 숫자들 구하기   353
특이한 네트워크 ID와 네트워크 브로드캐스트 주소   355

∷ 클래스풀 네트워크들을 통한 연습   356
IP 주소를 기초로 핵심 항목들에 대한 유도 연습   357
주소 클래스들에 대한 상세 항목들 기억 연습   357

챕터 리뷰   358
클래스풀 네트워크 분석에 대한 추가적인 연습   359
앞선 연습 문제에 대한 정답   360

Chapter 15 서브넷 마스크 분석   362

사전 점검 퀴즈   363

핵심 주제   365

∷ 서브넷 마스크 변환   365
3개의 마스크 형식   365
이진수와 프리픽스 마스크 간의 변환   366
이진수와 DDN 마스크 간의 변환   367
프리픽스와 DDN 마스크 간의 변환   369
서브넷 마스크 변환 연습   370

∷ 마스크를 이용한 서브넷 설계 식별   371
서브넷의 주소를 두 영역으로 분할하는 마스크   372
주소를 세 영역으로 구분하는 마스크와 클래스   373
클래스리스와 클래스풀 주소 체계   374
IPv4 주소 형식에 기초한 계산   374
서브넷 마스크 분석 연습   376

챕터 리뷰   377
클래스풀 네트워크 분석에 대한 추가적인 연습   378
앞선 연습 문제에 대한 정답   379

Chapter 16 기존 서브넷 분석   381

사전 점검 퀴즈   382

핵심 주제   384

∷ 서브넷 정의   384
172.16.0.0 네트워크와 4개의 서브넷 예   384
서브넷 ID 개념   386
서브넷 브로드캐스트 주소   387
사용 가능한 주소들의 범위   388

∷ 기존 서브넷 분석: 이진수   388
서브넷 ID 찾기: 이진수   389
서브넷 브로드캐스트 주소 찾기: 이진수   390
이진수 연습 문제들   391
이진수 처리 과정에 대한 지름길   393
부울 수학(Boolean Math)에 대한 짧은 노트   394
주소들의 범위 찾기   395

:: 기존 서브넷들 분석: 십진수	395
쉬운 마스크들을 통한 연습	395
흥미로운 옥텟에서의 서브넷 ID 예측	396
서브넷 ID 찾기: 어려운 마스크들	398
서브넷 찾기 예 1	398
서브넷 찾기 예 2	399
소속 서브넷 연습 문제	400
서브넷 브로드캐스트 주소 찾기: 어려운 마스크들	400
서브넷 브로드캐스트 찾기 예 1	401
서브넷 브로드캐스트 찾기 예 2	401
서브넷 브로드캐스트 주소 연습 문항들	402
:: 기존 서브넷 분석 연습	402
선택: 기억하거나 혹은 계산하거나	403
챕터 리뷰	403
이 장의 서브넷 분석을 위한 추가적인 연습	404
앞선 연습 문제에 대한 정답	405

Part IV 리뷰   **407**

PART V · IPv4 설정 · 410

Chapter 17 시스코 라우터 운영	412
사전 점검 퀴즈	413
핵심 주제	415
:: 시스코 라우터 설치	415
엔터프라이즈(기업) 라우터 설치	415
시스코의 통합 서비스 라우터(Integrated Services Router)	416
물리적 설치	417
인터넷 접속 라우터 설치	418
:: 시스코 라우터 인터페이스의 IPv4 활성화	420
라우터 CLI 접속	420
라우터 인터페이스	421
인터페이스 상태 코드들	423
라우터 인터페이스의 IP 주소들	424
시리얼 인터페이스와 대역폭과 클록 속도	426
라우터 Aux(Auxiliary) 포트	429
챕터 리뷰	430
:: 명령어 참조	431

Chapter 18 IPv4 주소와 스태틱 루트 설정	432
사전 점검 퀴즈	433
핵심 주제	435
:: IP 라우팅	435
IPv4 라우팅 과정 참조	435
호스트는 IP 패킷을 디폴트 라우터(게이트웨이)에게 보냄	439
:: IP 주소 설정과 연결된 경로	443
커넥티드 루트와 ip address 명령	444
시스코 라우터와 ARP 테이블	445
VLAN 내, 서브넷들 간의 라우팅	446
라우터에서 802.1Q를 사용하여 VLAN 간 라우팅 설정하기	447
레이어 3 스위치를 사용할 때의 VLAN들에 대한 라우팅 설정	451
:: 스태틱 루트 설정	454
스태틱 루트 설정	454
스태틱 호스트 루트	456
경쟁 루트들을 갖지 않는 경우의 스태틱 루트들	457
경쟁 루트들을 가진 스태틱 루트들	458
디폴트 스태틱 루트들	460
스태틱 루트에 대한 장애 해결	461
IP 라우팅 테이블에 존재하지만 부정확한 루트에 대한 장애 해결	462
IP 라우팅 테이블에 존재하지 않는 루트에 대한 장애 해결	462
정확한 스태틱 루트가 보이지만, 제대로 동작하지 못하는 경우에 대한 장애 해결	463
챕터 리뷰	463
명령어 참조	464

Chapter 19 RIPV2에 의한 IPv4 루트 학습	466
사전 점검 퀴즈	467
핵심 주제	469
:: RIP과 라우팅 프로토콜 개념들	469
IGP(Interior Gateway Protocols)의 역사	469
IGP 비교	470
디스턴스 벡터(Distance Vector) 기초	471
디스턴스(Distance)와 벡터(Vector)의 개념	472
풀 업데이트 메시지와 스플릿 호라이즌(Split Horizon)	473
스플릿 호라이즌(Split Horizon)	474
루트 포이저닝(Route Poisoning)	475
RIPv2 기능 요약	476
:: 핵심 RIPv2 설정 및 확인	477
핵심 RIPv2 기능들 설정하기	477

RIP의 network 명령에 대한 이해 477
다수의 IP 네트워크를 가진 경우의 RIP 설정 예 478
하나의 IP 네트워크를 가진 RIP 설정 예 480
RIPv2 확인 481
IP 라우팅 테이블에서 RIP 루트들을 조사하기 482
어드미니스트레이티브 디스턴스로 라우팅 정보 비교 484
show ip protocols 명령으로 RIP 설정 확인 485
RIP 데이터베이스를 이용하여 최상의 RIP 루트들
조사하기 486

선택적 RIPv2 설정 및 확인 487
passive-interface 명령에 의한 RIP 업데이트 제한 487
최대 경로(Maximum paths) 설정과 다수의
이퀄-코스트 루트들 지원 488
자동 요약 및 불연속 클래스풀 네트워크에 대한 이해 489
선택적인 RIP 기능들에 대한 확인 492
RIPv2 디폴트 루트들 494
스태틱 루트와 RIPV2를 통한 디폴트 루트 학습 494
DHCP를 통한 디폴트 루트 학습 496

RIPv2 장애 해결 498
network 명령의 누락 및 부정확한 설정의 결과 499
패시브(passive) 인터페이스에 관한 이슈들 501
auto-summary 명령과 관련된 고려 사항 502
다른 라우터의 기능들에 의한 RIP 이슈들 502
RIP 장애 해결 이슈들에 대한 요약 503

챕터 리뷰 504
명령어 참조 505

Chapter 20 호스트와 DHCP/IP 네트워킹 506

사전 점검 퀴즈 507
핵심 주제 509
DHCP 설정과 문제 해결 509
DHCP 개념 509
DHCP 릴레이를 통한 리모트 서브넷에 대한
DHCP 지원 511
DHCP 서버에 저장된 정보 513
라우터의 DHCP 서버 설정 515
IOS DHCP 서버 확인 517
DHCP 서비스에 대한 문제 해결 518
DHCP 릴레이 에이전트 설정 오류와 증상 519
IOS DHCP 서버 설정 실수와 증상 520
DHCP 클라이언트와 릴레이 에이전트 사이의
LAN 연결 522
DHCP 릴레이 에이전트에서 DHCP 서버까지의
IP 연결 522
DHCP 장애 해결 요약 523
제공한 주소와 사용 중인 주소의 충돌 탐지 523
호스트 IPv4 설정 확인 525

IP 주소와 마스크 설정 525
DNS에 의한 이름 해결 526
디폴트 라우터 527

IPv4 주소 유형들 529
유니캐스트(클래스 A, B 및 C) IP 주소 리뷰 530
IP 브로드캐스트 주소 530
IPv4 멀티캐스트 주소들(클래스 D 주소들) 532
IP 주소 유형 비교 534

챕터 리뷰 535
명령어 참조 536

Part V 리뷰 537

PART VI · IPv4 설계와 장애 해결 · 540

Chapter 21 서브넷 설계 542

사전 점검 퀴즈 543
핵심 주제 545
조건을 충족하는 마스크 선정 545
리뷰: 서브넷과 호스트 비트의 최소한의 숫자 찾기 545
어떤 마스크도 조건을 충족시키지 못할 때 546
하나의 마스크가 조건을 충족시킬 때 547
다수의 마스크가 조건을 충족시킬 때 548
모든 마스크 찾기: 개념들 549
모든 마스크 찾기: 계산 550
최상의 마스크 선택 551
서브넷 마스크 선정 과정의 공식 551
서브넷 마스크 선정 연습 552
서브넷 마스크 선정을 위한 연습 문제들 552
모든 서브넷 ID 찾기 553
첫 번째 서브넷 ID: 제로 서브넷 553
매직 넘버를 이용하여 패턴 찾기 554
8개 이하의 서브넷 비트를 갖는 경우의 모든
서브넷 찾기 555
정확하게 8개의 서브넷 비트를 갖는 경우의 모든
서브넷 찾기 559
8개 이상의 서브넷 비트를 갖는 경우의 모든
서브넷 찾기 560
9~16개의 서브넷 비트들이 존재하는 경우 560
17개 이상의 서브넷 비트들이 존재하는 경우 562
모든 서브넷 ID 찾기 연습 563
모든 서브넷 ID들을 찾도록 하는 실제 문제들 563
챕터 리뷰 564

서브넷 마스크 설계와 서브넷 ID 찾기에 대한
추가적인 연습 565
앞선 연습 문제에 대한 정답 565
모든 서브넷 ID 찾기 연습에 대한 정답 566

Chapter 22 VLSM(Variable-Length Subnet Masks) 569

사전 점검 퀴즈 569

핵심 주제 571

VLSM 개념과 설정 571
클래스리스와 클래스풀 라우팅 프로토콜들 572
VLSM 설정과 확인 573

VLSM 중복 발견하기 574
VLSM과 함께 서브네팅 설계하기 574
VLSM 중복 발견 예 576

기존 VLSM 환경에 새 서브넷 추가하기 578
VLSM 중복 찾기 연습 578
새 VLSM 서브넷 추가 예 579

챕터 리뷰 581
VLSM 중복과 새 서브넷의 추가를 위한
추가적인 연습 582
앞선 연습 문제에 대한 정답 582

Chapter 23 IPv4 장애 해결 툴들 584

사전 점검 퀴즈 585

핵심 주제 585

ping 명령에 의한 문제 확인 585
ping 명령 기초 585
ping 명령으로 테스트할 때의 전략과 결과 586
문제의 근원에서 가까운 곳으로부터 보다 먼 곳으로
테스트 587
반대 방향의 루트를 테스트하기 위해 확장(Extended)
ping 사용하기 590
표준 핑으로 LAN 이웃 테스트 592
확장 핑을 통한 LAN 이웃들에 대한 테스팅 593
표준 핑으로 WAN 이웃 테스트 594
이름 혹은 IP 주소에 의한 핑 테스트 595

트레이스루트(traceroute) 명령으로 문제 찾기 596
트레이스루트 기본 596
traceroute 명령의 동작 방식 597
표준형 및 확장형 트레이스루트 599
두 라우터들에 대한 문제를 찾기 위해 traceroute
사용하기 600

텔넷과 SSH 603

IOS 텔넷과 SSH 클라이언트를 사용하는 일반적인
이유들 603
IOS Telnet과 SSH 예 604

챕터 리뷰 606

Chapter 24 IPv4 라우팅과 장애 해결 608

사전 점검 퀴즈 609

핵심 주제 609

호스트와 디폴트 라우터 간의 문제들 609
호스트의 IPv4 설정과 관련한 근본 원인들 610
IPv4 설정 항목들과 정확하게 설정해야 하는 것 610
라우팅에 영향을 미치는 마스크 불일치 611
DNS 장애들의 전형적인 근본 원인들 613
잘못된 디폴트 라우터 IP 주소 설정 615
디폴트 라우터의 설정에 기초한 근본 원인들 615
DHCP 이슈들 615
라우터 LAN 인터페이스와 LAN 이슈들 618

라우터 간의 패킷 라우팅 문제 620
가장 구체적인 루트에 의한 IP 포워딩 620
show ip route와 서브넷 계산을 통해 최상의
루트 찾기 621
show ip route address를 사용하여 최상의
루트 찾기 623
show ip route 참고 사항 623
부정확한 주소 계획에 의한 라우팅 문제들 624
VLSM의 사용 여부를 확인하기 625
VLSM을 사용하지 않을 때의 주소 중복 625
VLSM을 사용할 때의 주소 중복 627
중복된 VLSM 서브넷 설정 628
관련된 장애 해결 주제들에 대한 조언 630
라우터의 WAN 인터페이스 상태 630
액세스 리스트에 의한 패킷 필터링 630

챕터 리뷰 631

Part VI 리뷰 632

PART VII · IPv4 서비스: ACL과 NAT · 636

Chapter 25 기본 IPv4 ACL(Access Control List) 636

사전 점검 퀴즈 637

핵심 주제 639

IPv4 ACL(Access Control List) 기초 **639**
　ACL 위치와 방향 639
　패킷 식별 640
　식별 시, 대응 동작 641
표준 숫자형(standard numbered) IPv4 ACLs 642
　IP ACL 유형들 642
　IP ACL 적용 로직 643
　식별 로직과 명령어 구문 645
　　정확한 IP 주소의 식별 645
　　와일드카드를 이용하여 주소의 일부분만 식별하기 645
　　이진수 와일드카드 마스크 647
　　서브넷에 일치하는 올바른 와이드카드 마스크 찾기 647
　　모든 주소들에 대한 표현 방법 648
　　표준 IP ACL 설정 648
　　표준 번호형 ACL 예 1 649
　　표준 번호형 ACL 예 2 651
　　문제 해결과 확인 팁들 653
표준 IP ACL 적용 연습 654
　access-list 명령 구성 연습 654
　ACL에서 주소 범위로의 역 변환 655
챕터 리뷰 657
　기본 ACL에 대한 추가적인 연습 658
　명령어 참조 658
　앞선 연습 문제에 대한 정답 659

Chapter 26　고급 IPv4 ACL(Access Control List) 660

사전 점검 퀴즈 661
핵심 주제 663
확장 숫자형 IP ACL 663
　프로토콜, 출발지 IP, 목적지 IP 확인 663
　TCP와 UDP 포트 번호 매칭 665
　확장형 IP ACL 설정 667
　　확장형 IP 액세스 리스트: 예 1 668
　　확장형 IP 액세스 리스트: 예 2 670
　Access-list 명령 구성 연습 671
이름형 ACL과 ACL 편집 671
　이름형 IP 액세스 리스트 672
　순서 번호를 사용하는 ACL 편집 674
　번호형 ACL 설정과 이름형 ACL 설정 비교 676
　ACL 적용 시의 고려 사항들 677
IPv4 ACL 관련 장애 해결 678
　네트워크에서 ACL 동작 분석 679
　　ACL 장애 해결 명령어들 680
　　이슈 예: 바뀐 출발지/목적지 IP 주소 682
　　이슈 예: 라우팅 프로토콜 패킷들을 차단하는
　　　인바운드 ACL 683

라우터 생성 패킷들과 ACL 685
　라우터 ACL과 라우터로부터의 ping 685
　시리얼 인터페이스 IPv4 주소에 대한 라우터의
　　셀프-핑(Self-Ping) 686
　이더넷 인터페이스 IPv4 주소에 대한 라우터의
　　셀프-핑 687
챕터 리뷰 688
　명령어 참조 689
　앞선 연습 문제에 대한 정답 690

Chapter 27　NAT(Network Address Translation) 691

사전 점검 퀴즈 692
핵심 주제 694
IPv4 주소 확장성에 관한 관점들 694
　CIDR 695
　사설 주소 696
NAT(Network Address Translation) 개념들 697
　스태틱 NAT 697
　다이내믹(Dynamic) NAT 700
　PAT와 오버로딩(overloading) NAT 701
NAT 설정과 장애 해결 703
　스태틱 NAT 설정 703
　다이내믹 NAT 설정 705
　다이내믹 NAT 확인 707
　NAT 오버로드(PAT) 설정 710
　NAT 장애 해결 713
챕터 리뷰 715
　명령어 참조 716

Part VII 리뷰 718

PART VIII · IPv6 · 720

Chapter 28　IPv6 기초 722

사전 점검 퀴즈 723
핵심 주제 725
IPv6 소개 725
　IPv6에 대한 역사적인 계기들 725
　　IPv6 프로토콜들 727
　　IPv6 라우팅 729

IPv6 라우팅 프로토콜들   731
IPv6 주소 체계의 형식과 규칙   732
전체(축약되지 않은) IPv6 주소 표기   733
IPv6 주소들의 축약과 확장   733
IPv6 주소 축약   734
축약된 IPv6 주소들의 확장   735
주소의 프리픽스 길이 표현   735
IPv6 프리픽스 계산(서브넷 ID)   736
IPv6 프리픽스 찾기   736
보다 까다로운 IPv6 프리픽스일 경우의 작업   738
챕터 리뷰   739
IPv6 주소 축약에 대한 추가적인 연습   740
앞선 연습 문제에 대한 정답   740

Chapter 29   IPv6 주소와 서브네팅   742

사전 점검 퀴즈   743
핵심 주제   745
글로벌 유니캐스트 주소 개념   745
공인 및 사설 IPv4 주소에 대한 짧은 리뷰   745
공인 IPv4 주소 개념 리뷰   745
사설 IPv4 주소 개념 복습   746
공인 및 사설 IPv6 주소   748
IPv6 글로벌 라우팅 프리픽스   748
글로벌 유니캐스트 주소를 위한 주소 영역들   750
글로벌 유니캐스트 주소를 사용하는 IPv6 서브네팅   751
IPv6 서브넷들이 필요한 곳 결정하기   751
IPv6 글로벌 유니캐스트 주소에 대한 서브네팅 메커니즘   752
IPv6 서브넷 ID(Subnet Identifier) 찾기   754
모든 IPv6 서브넷들 찾기   755
인터네트워크 토폴로지에 대한 서브넷 할당   756
서브넷에서 호스트에 주소 할당하기   756
유니크 로컬 유니캐스트 주소   757
유니크 로컬 IPv6 주소로 서브네팅하기   758
유니크 로컬 주소가 필요한 이유   759
챕터 리뷰   760

Chapter 30   라우터와 IPv6 주소 할당   762

사전 점검 퀴즈   763
핵심 주제   765
라우터에서 유니캐스트 IPv6 주소 설정   765
스태틱 유니캐스트 주소 설정   766
전체 128비트 주소 구성하기   766
IPv6 라우팅 활성화   767
IPv6 주소 설정 확인하기   767

수정된 EUI-64를 활용한 고유의 인터페이스 ID 생성 방법   770
다이내믹 유니캐스트 주소 설정   774
라우터가 사용하는 특별한 주소   775
링크-로컬 주소(Link-Local Addresses)   776
링크-로컬 주소 개념   776
라우터의 링크-로컬 주소 생성하기   777
인터페이스에서 링크-로컬 주소만으로 IPv6 라우팅하기   778
IPv6 멀티캐스트 주소   779
로컬-범위(Local-scope) 멀티캐스트 주소   779
요청-노드(Solicited-Node) 멀티캐스트 주소   781
애니캐스트 주소(Anycast Addresses)   782
기타 다양한 IPv6 주소들   784
IPv6 주소 설정 요약   784
챕터 리뷰   785
VLSM 중복과 새 서브넷의 추가를 위한 추가적인 연습   786
명령어 참조   787
앞선 연습 문제에 대한 정답   787

Chapter 31   호스트와 IPv6 주소 할당   788

사전 점검 퀴즈   789
핵심 주제   791
NDP(Neighbor Discovery Protocol)   791
NDP RS와 RA에 의한 라우터 발견   792
NDP RS/RA와 함께 SLAAC에 대한 주소 정보 발견   793
NDP NS와 NA로 이웃하는 링크 주소의 발견   794
NDP NS와 NA에 의한 중복된 주소 발견   795
NDP 요약   796
호스트 IPv6에 대한 다이내믹한 설정   797
스테이트풀 DHCP와 NDP를 사용하는 다이내믹 구성   797
DHCPv6와 DHCPv4의 차이점   798
DHCPv6 릴레이 에이전트   799
SLAAC(Stateless Address Auto Configuration) 사용하기   801
SLAAC에 의한 IPv6 주소 할당   801
NDP/스테이트리스 DHCP와 SLAAC 조합   802
IPv6 주소 구성과 관련한 장애 해결   803
호스트로부터의 IPv6 연결성 확인   803
가까운 라우터에서 호스트 연결 확인   807
챕터 리뷰   810
명령어 참조   811

Chapter 32　IPv6 라우팅 설정　812

사전 점검 퀴즈　813

핵심 주제　815

∷ 커넥티드 및 로컬 IPv6 루트들　815
　커넥티드 및 로컬 루트들에 대한 규칙　815
　커넥티드 및 로컬 루트들에 대한 규칙　815
　커넥티드 IPv6 루트 예　816

∷ 스태틱 IPv6 루트들　818
　로컬 IPv6 루트 사례　818
　아웃고잉35 인터페이스를 활용한 스태틱 루트　819
　다음 라우터의 IPv6 주소를 사용한 스태틱 루트　821
　　글로벌 유니캐스트 주소를 다음 라우터 주소로
　　　사용하는 스태틱 루트 예　821
　　링크–로컬 라우터 주소를 이용한 스태틱 루트 예　822
　스태틱 디폴트 루트　824
　스태틱 IPv6 호스트 루트들　825
　플로팅(floating) 스태틱 IPv6 루트들　826
　라우터 인터페이스의 SLAAC를 통한 디폴트
　　루트 구성　828
　스태틱 IPv6 루트 장애 해결　829
　　IPv6 라우팅 테이블의 부정확한 스태틱 루트에 대한
　　　장애 해결　830
　　IPv6 라우팅 테이블에 스태틱 루트가 보이지 않는
　　　경우　832

챕터 리뷰　833
　명령어 참조　834

Part VIII 리뷰　835

PART IX · 네트워크 장치 관리 · 838

Chapter 33　장치 관리 프로토콜들　840

사전 점검 퀴즈　841

핵심 주제　843

∷ Syslog(System Message Logging)　843
　현재의 사용자에게 실시간으로 메시지 보내기　843
　사후 점검을 위한 로그 메시지 저장　844
　로그 메시지 포맷　844
　로그 메시지의 심각도　845
　시스템 로깅 설정과 확인　846
　debug 명령과 로그 메시지　849

∷ NTP(Network Time Protocol)　850

　시각과 타임존의 설정　852
　NTP 클라이언트, 서버와 클라이언트/서버 모드 설정　853
　보다 나은 가용성을 위해 루프백 인터페이스를
　　사용하는 NTP　855

∷ CDP와 LLDP를 사용한 토폴로지 분석　857
　CDP 정보에 대한 점검　857
　CDP 설정과 확인　861
　LLDP(Link Layer Discovery Protocol) 구현　862

챕터 리뷰　864
　명령어 참조　865

Chapter 34　장치 보안 기능들　867

사전 점검 퀴즈　868

핵심 주제　870

∷ IOS 패스워드 보호　870
　해시(hash)로 이네이블 패스워드 인코딩하기　872
　　Enable Password와 Enable Secret 간의
　　　상호 작용　872
　　Enable Secret의 해시에 의한 보안 강화　873
　　시스코 enable secret의 개선된 해시　875
　로컬 유저네임에 대한 패스워드 숨기기　876

∷ 시스코 장치 강화　877
　로그인 배너 설정　877
　사용하지 않는 스위치 인터페이스 보호　879
　ACL에 의한 텔넷과 SSH 접속 제한　880
　파이어월　881
　　파이어월의 일반적인 위치와 사용　881
　　시큐리티 존(Security Zone)　882

챕터 리뷰　885
　명령어 참조　885

Chapter 35　IOS 파일 관리　887

사전 점검 퀴즈　888

핵심 주제　890

∷ 시스코 IOS 이미지 관리와 업그레이드　890
　IOS 파일 시스템　890
　IOS 이미지 업그레이드　892
　　새 IOS 이미지를 TFTP로 내부의 IOS 파일
　　　시스템에 복사하기　893
　　MD5를 통한 IOS 코드의 무결성 확인　895
　　FTP에 의한 IOS 이미지 복사　896
　　SCP에 의한 IOS 이미지 복사　897
　시스코 IOS 소프트웨어 부팅 절차　898
　　라우터가 로딩할 OS를 선택하는 방법　900
　　컨피규레이션 레지스터(Configuration Register)　900

show version 명령으로 IOS 이미지 확인하기 903

:: **패스워드 복구(Password Recovery)** 905
시스코 패스워드 복구/재설정의 배경 개념들 905
구체적인 패스워드 재설정 예 906

:: **컨피규레이션 파일 관리** 908
컨피규레이션 파일의 복사와 삭제 908
Copy 명령에 의한 전통적인 컨피규레이션
백업과 복원 909
컨피규레이션 백업과 복원의 대안들 910
컨피규레이션 파일 삭제 912
초기 설정(셋업 모드) 913

챕터 리뷰 914
명령어 참조 915

Chapter 36 IOS 라이선스관리 917

사전 점검 퀴즈 918
핵심 주제 920
:: **IOS 패키징** 920
모델, 시리즈와 소프트웨어 버전/릴리즈별 IOS
이미지들 920
오리지널 패키징: 기능 세트(feature set)별 하나의
IOS 이미지 921
새로운 IOS 패키징: 기능 세트를 모두 포함하는
하나의 유니버설 이미지 922

:: **유니버설 이미지와 IOS 소프트웨어** 922
미래: 시스코 단일(ONE) 라이선싱 924

:: **시스코 라이선스 매니저와 소프트웨어
활성화 관리** 925
라이선스와 직접 소프트웨어 활성화 926
수동 라이선스 활성화 예 928
현재 라이선스 상태의 확인 928
영구적인 기술 패키지 라이선스 추가 931
사용권 라이선스 932

챕터 리뷰 934
명령어 참조 935

Part IX 리뷰 936

시스코 자격 시험 지침서로 문제의 유형을 숙지하라 940
문항 수와 시간 계획에 대한 고려 사항 941
시간 체크 방식에 대한 제안 942
기타 시험 전 제안 사항들 943
시험 당일에 대한 조언 943
시험 실패 후 한 시간을 잘 활용하라 944

:: **시험 리뷰** 945
서브네팅 연습과 기타 계산 관련 기술들 945
연습 시험 947
시험 문제 풀기에 대한 조언 948
ICND1 시험에 대한 연습 948
기타 연습 시험 활용 949
문제 리뷰를 통해 지식의 틈새 찾기 950
CLI 스킬 연습 952
Part 리뷰의 마인드 맵 리뷰 952
실습 953
시험 준비에 대한 평가와 시험 점수의 오류 954
통과 실패 후의 학습 제안들 955
기타 학습 과제 956
마지막 고려 사항 957

PART XI · 부록들 · 958

부록 A: 숫자 참조 테이블 960
부록 B: CCENT/CCNA ICND1 100-105 시험
업데이트 964
최신의 내용 얻는 방법 964
기술적인 내용 964
용어 사전 965
알파벳 색인 995

● DVD 부록

부록 C: 사전 점검 퀴즈 정답들
부록 D: [14장 클래스풀 IPv4 네트워크 분석] 연습문제
부록 E: [15장 서브넷 마스크 해석] 연습문제
부록 F: [16장 기존의 서브넷 해석] 연습문제
부록 G: [21장 서브넷 설계] 연습문제
부록 H: [22장 VLSM(Variable-Length Subnet Masks)] 연습문제
부록 I: [25장 기본 IPv4 ACL(Access Control List)] 연습문제
부록 J: [28장 IPv6 기초] 연습문제
부록 K: [30장 라우터의 IPv6 주소 설정] 연습문제
부록 L: 마인드 맵 솔루션
부록 M: 학습 플래너 - 엑셀 시트
부록 N: 클래스리스 도메인 간 라우팅(Classless Inter-domain
Routing)
부록 O: 루트 요약
부록 P: 포인트-투-포인트 WAN 설치하기
부록 Q: 이전 버전의 주제
부록 R: 시험 항목 상호 참조

PART X · 최종 리뷰 · 938

Chapter 37 최종 리뷰 940

:: **시험에 대한 조언** 940

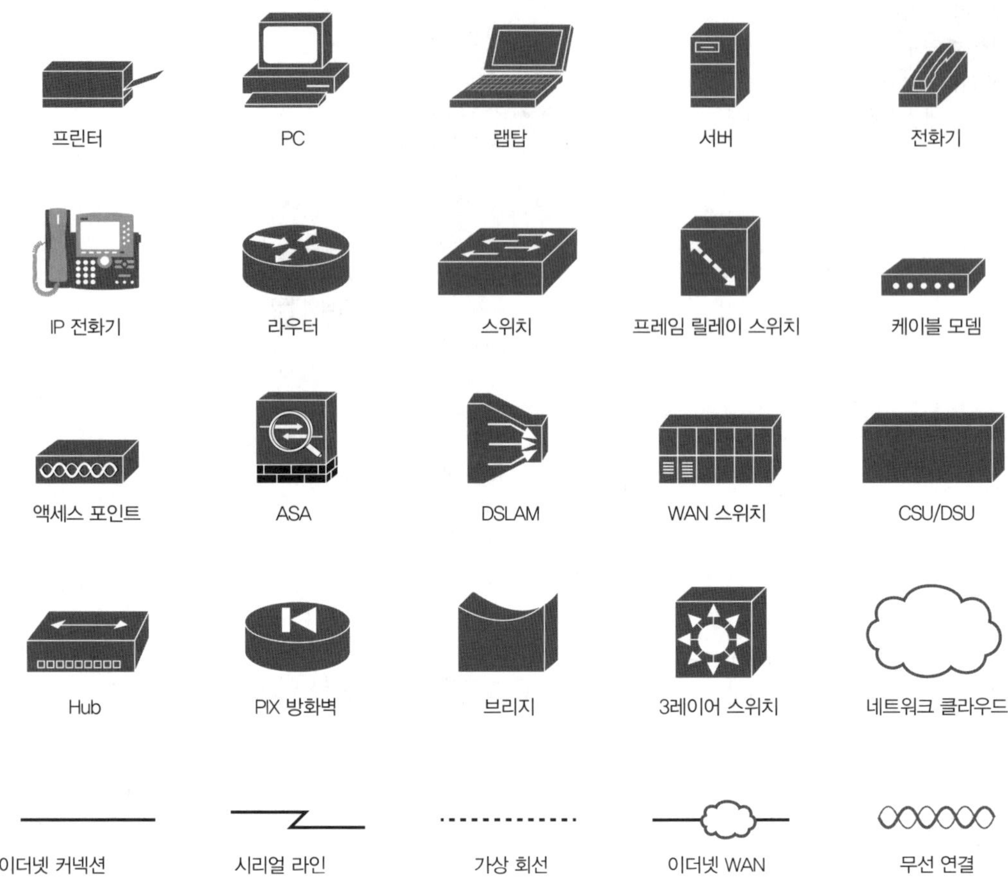

:: 명령어 구문 규약

이 책에 나오는 명령어 구문의 표현에 사용된 규약은 IOS 명령어 레퍼런스에 사용된 규약과 동일하다. 규약을 정리하면 다음과 같다.

- 볼드체는 보이는 글자 그대로 입력되는 명령어나 키워드를 나타낸다. 실제 설정 예나 출력(일반적인 명령어 구문 제외)에서 볼드체는 사용자가 직접 입력한 명령어를 나타낸다(예: **show** 명령어).
- 이탤릭체는 인수로, 사용자가 실제로 넣어야 할 값이다.
- 수직선(|)은 둘 중 하나를 선택해야 하는 경우에 사용되며, 각 요소는 상호 배타적인 성격을 가진다.
- 각괄호([ ])는 옵션을 나타낸다.
- 중괄호({ })는 필수 선택사항이다.
- 각괄호 안의 중괄호([{ }])는 옵션에서 필수로 선택해야 할 사항을 나타낸다.

서론

:: 시험에 관하여

축하한다! 만약 이 책의 서론을 읽는다면 당신은 아마도 시스코 자격증을 취득하기로 이미 결정했을 것이다. 당신이 모든 네트워크 업계에서 기술적으로 성공하길 원한다면 시스코를 알 필요가 있다. 시스코는 라우터와 스위치 시장에서 매우 높은 시장 점유율을 보유하고 있으며, 일부 시장에서는 시장 점유율이 80% 이상이기도 하다. 세계의 많은 지역과 시장에서 네트워크는 곧 시스코라고 볼 수 있다. 그러므로 진지하게 네트워크 엔지니어가 되길 원한다면 시스코 자격증은 필수적이다.

CCENT와 CCNA R&S를 획득하기 위한 시험

2016년 초 시스코는 CCENT와 CCNA 라우팅 및 스위칭 자격증, 그와 관련된 100-105 ICND1, 200-105 ICND2, 200-125 CCNA 시험에 대한 변경사항을 발표했다. 처음 시스코 자격증을 취득하고자 하는 대부분은 CCENT 혹은 CCNA 라우팅과 스위칭(CCNA R&S)으로 시작을 한다. 그러나 처음에 자격증을 받기 위한 경로는 확실하지는 않다.

CCENT 자격증을 취득하는 첫 단계는 ICND1 시험을 통과하는 것이다.

CCNA R&S 자격증을 취득하는 데에는 두 가지 방법이 있다. [그림 I-1]에서 보이는 바와 같이 ICND1과 ICND2 시험 두 가지를 통과하거나 CCNA 시험 한 가지만 통과하면 된다. 두 가지 경로를 선택한 경우, 같은 주제를 다루지만 한 개의 시험이 아니라 두 개로 나뉘어져 있다. 또한 두 개의 시험을 통해서는 CCENT 자격증을 취득할 수 있지만 한 개의 시험만 볼 경우는 그렇지 않다.

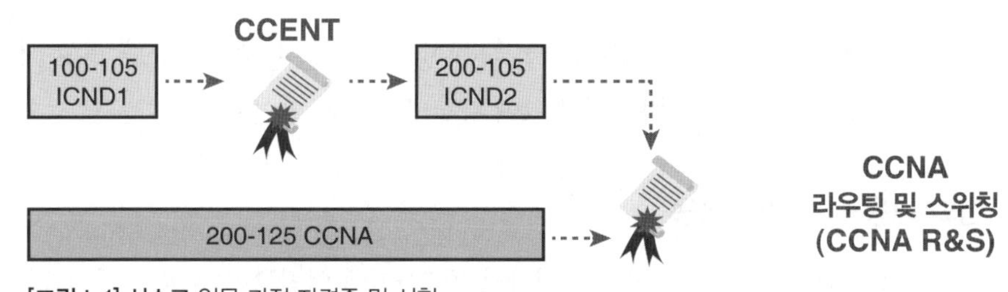

[그림 I-1] 시스코 입문 과정 자격증 및 시험

시스코 웹 페이지에 있는 버전 번호와 함께 몇 가지 시험에 대한 언급을 참조하기 바란다. [그림 I-1]에서 이 시험은 버전3 혹은 v3라고 불린다. 역사적으로 200-125 CCNA R&S시험은 1998년으로부터 시작해(다른 시험 번호를 보증하는) 일곱 번째 버전이다. 그림과 같이 정보를 찾고 포럼을 사용하여 시험에 등록하려면 정확한 시험 번호를 알아야 한다.

시험의 질문 유형

ICND1, ICND2및 CCNA 시험은 모두 동일한 일반적인 형식을 따른다. 테스트 센터에서 당신은 PC가 있는 조용한 곳에 앉게 된다. 시험이 시작되기 전, 당신은 PC를 가지고 몇 가지 작업을 할 기회가 있다. 예를 들어, PC와 테스트 엔진에 익숙해질 수 있는 몇 가지 샘플 퀴즈를 풀 수 있다. PC에 대해 일반 사용자 수준의 기술을 가진 사람이라면 시험 환경에 아무런 문제가 없을 것이다. 문제의 유형은 다음과 같다.

- 다지 선다형, 단답형
- 다지 선다형, 중복형
- 테스트렛(여러 가지 선택을 할 수 있는 하나의 시나리오)
- 드래그 앤 드롭
- 시뮬레이션 실습(sim)
- 심렛(Simlet)

테스트를 시작하기 전에 www.cisco.com의 '시험 해설(exam tutorial)'용 인터페이스를 공부하도록 해라. 이 툴은 시스코가 시험에서 출제될 만한 문제의 유형을 경험할 수 있게 해준다.

비록 이 리스트의 첫 번째 네 가지 문제 유형은 학교에서의 시험과 비슷하고, 마지막 두 가지는 일반적인 IT 테스트 특히, 시스코 시험에서의 일반적인 유형이다. 양쪽 모두 질문에 답하기 위해 네트워크 시뮬레이터를 사용하고, 가상의 시스코 장비를 조정하고 사용한다. 특히:

- **시뮬레이션 실습(Sim questions)**: 통신망 접속 형태, 실습 시나리오를 확인하고 장비에 접속할 수 있다. 임무는 구성 문제를 해결하는 것이다.
- **심렛 실습(Simlet questions)**: 이 유형은 시뮬레이션 실습과 테스트렛 문제 유형을 결합한 것이다. 시뮬레이션 실습 문제와 같이 통신망 접속 형태와 실습 시나리오를 보고 장비에 접속한다. 그러나 테스트렛과 같이 여러 개의 답변을 선택할 수 있다. 즉, 구성을 변경하고 해결하는 대신 네트워크의 현재 상태에 대한 질문에 답해야 한다.

이 두 가지 질문 유형은 시뮬레이션 실습 문제를 통해 당신의 구성 능력을 테스트 하고, 심렛 문제를 이용해 문제 해결 능력을 검증하여 시스코에 당신의 능력을 확인시켜 준다.

CCNA 시험의 내용 – 이 책의 내용

초등학교 이후, 선생님이 곧 있을 시험을 공지하면 꼭 "시험에 어떤 것이 나와요?"라고들 묻는다. 심지어 대학에서도 사람들은 시험에 대한 정보를 얻고자 한다. 사실 목적은 많이 공부해야 할 것과 적게 공부할 것, 하지 않아도 될 것을 알고자 하는 것이다.

당신은 이 책과 시스코 웹 사이트, 이 두 가지 중요한 자원을 통해 시험에 무엇이 나올지 알 수 있다.

시스코에서 공개한 시험 주제

첫째, 시스코는 각 시험에 대한 특정한 주제를 공개하였다. 시스코는 모든 시스코 인증 시험을 위해 주제의 다양성, 각 항목에 필요한 지식의 종류 및 기술에 대한 아이디어를 대중이 알기를 원한다. 일단 www.cisco.com/go/certifications로 가서 CCENT와 CCNA Routing & Switching 페이지를 찾는다. 부록 R에 있는 '시험 항목 참조'라는 부분까지 살펴보기 바란다. 이 PDF 부록은 두 가지 참조를 가진다. 하나는 각 주제가 포함된 장이 있는 주제의 목록이고, 반대가 되는 하나는 각 장을 포함한 주제가 있는 장의 목록이다.

시스코는 주제(예를 들어, IPv4 주소 체계)를 단순 나열할 뿐 아니라 심도 있게 마스터해야 할 것도 정리해 두었다. 주요한 시험 주제는 기술 수준을 설명하기 위한 하나 혹은 그 이상의 술어로 설명되어 있다. 그 예로, CCENT와 CCNA R&S에서 가장 중요한 항목을 설명하는 다음의 시험 주제를 고려해보자.

IPv4 주소와 서브넷의 구성, 확인, 장애 처리

이 하나의 시험 항목에 구성, 확인, 장애 처리라는 3개의 술어가 있다. 당신은 IPv4 주소와 서브넷을 구성할 뿐 아니라 그 구성을 충분히 이해하고 확인하여 장애가 생겼을 때 문제를 해결할 수도 있어야 한다. 그렇게 했을 때 이 개념을 이해하고 세부 사항이 암시된 다른 지식을 가질 필요가 있다. 이 시험은 당신이 구성, 확인, 장애 처리를 할 수 있는지 평가하고자 한다.

시험 주제의 목록은 필요한 지식의 깊이를 알려준다. 예를 들어, ICND1 100-105 시험은 41개의 주제와 나아가 기술 영역을 정의하는 추가적인 소주제로 구성된다.

당신은 시험 주제를 읽는 것뿐 아니라 각 인증과 시험을 위한 시스코 웹 페이지에서 나열된 시험 주제에 관한 짧은 자료들까지도 읽어 보아야 한다. 점수와 관련 없는 항목과 일반적인 시험 항목들로 포함되는 시험의 지침을 활용하여 시스코의 의도에 주의를 기울이기 바란다.

이 책의 시험 항목에 관하여

이 책은 시스코가 공개한 ICND1 100-105 시험 항목을 완벽하게 공부할 수 있는 시스템을 제공한다. 이 책에서의 모든 항목은 ICND1 시험의 주제와 직접적으로 연관 있을 뿐 아니라 다른 시험을 위한 다량의 배경 지식을 제공해준다. 즉, 이 책의 범위는 시험 주제를 기초로 한다.

CCNA R&S 인증 및 CCNA 200-125 시험을 통해 CCNA를 취득하고자 하는 당신을 위해 이 책에서는 CCNA 시험의 절반 정도를 다룬다. ICND1 책과 ICND1 100-105 시험 주제는 CCNA 200-125 시험에 나열된 항목의 절반 정도를 다루고, ICND2 책과 ICND2 200-105 시험에서 절반을 다룬다. 요약하자면 CCNA = ICND1 + ICND2이다.

:: 책의 특징

이 책은 CCNA 라우팅&스위칭 ICND2 200-105 공인 인증 가이드와 비슷하게 단순한 기술 책에서 찾을 수 있는 그 이상을 다룬다. 이 책은 당신이 기술을 배울 뿐 아니라 시험을 통과하는 데 필요한 학습 시스템을 제공한다. 그러므로 이 책의 기술 관련 장에서 4분의 3은 기술에 관한 것이고, 나머지는 학습의 특징에 관한 것이다.

'핵심 주제' 부분에서는 시험 주제를 설명하는 많은 예제를 통해 다양한 내용을 다룬다. 이 섹션에서는 비교를 위한 목록, 표, 그림을 다양하게 사용한다. 또한 각 장에서 가장 중요한 주제를 강조하여 학습 중 가장 먼저 마스터해야 할 것을 알 수 있게 한다.

이 책의 가장 큰 특징은 각 장의 '핵심 주제'를 넘어서 그 이상의 학습 항목들과 연결해 주는 것이다. 섹션의 나머지는 이 책의 주요한 특징들을 만든다. 이 책의 파트는 여러 장을 포함하고, 챕터의 순서대로 학습하도록 구성하였으며, 마지막은 최종 리뷰로 구성된다. 여기서는 챕터, 파트와 최종 리뷰에서 도입된 책의 특징을 소개한다.

각 장의 특징과 이용방법

이 책의 각 장은 작은 주제를 읽고 학습하며 따라갈 수 있도록 짧은 단위들로 구성되어 있다.

- **사전 점검 퀴즈:** 각 챕터의 도입부에 사전 지식을 확인할 수 있는 퀴즈가 있다.
- **핵심 주제:** 이 챕터의 핵심 내용을 포함하는 주제
- **시험 준비:** 개념을 기억하고 아이디어를 연결하여 기술에 기반한 내용을 연습하는 데 유용한 과제 목록을 포함한다.

[그림 I-2]는 3가지 주요 요소들을 어떻게 사용하고 있는지 보여준다. 먼저 사전 점검 퀴즈를 푼다. 당신이 얼마나 많이 알고 있는지 점수로 확인하여 핵심 주제에 접근하는 방법을 결정한다. 그 다음 구성, 확인, 장애 처리의 기술을 마스터했는지 확인하기 위해 마무리 리뷰를 활용한다.

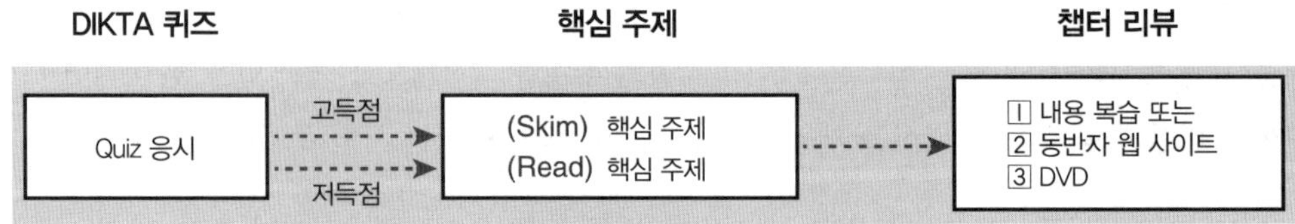

[그림 I-2] *각 챕터를 통과하는 3가지 주요 과제*

3가지 주요 특징에 부가하여 '리뷰' 섹션에서는 다음과 같은 다양한 특징을 보여준다.

- **주요 주제 복습:** '핵심 주제' 섹션 안에는 복습과 마스터를 위해 가장 중요한 핵심 주제가 나타난다. 매우 중요하거나 더 많이 복습해야 하는 항목은 핵심 주제라고 표시되어 있다. 시험 준비에는 복습할 아이템을 훑어 볼 수 있도록 핵심 주제를 표로 정리해 두었다.

- **표 완성하기:** 주요 표를 단순히 다시 읽어 보는 대신 기억을 더듬어 볼 수 있게 메모리 테이블로 만들었다. 메모리 테이블 앱은 DVD와 수반되는 웹 사이트가 표시되어 있다. 이 앱은 일부 내용이 지워져 있어 표를 채워 넣어 내용을 떠올리게 해준다.

- **핵심 용어 정의:** 시험 문제를 이해하고 응답하기 위해 각 용어를 충분히 이해해야 한다. 시험 준비를 위해 이 장의 핵심 용어를 정리했다. 각 용어에 대해 확실히 이해하도록 하고, 다시 한번 확인하기 위해 DVD 용어 사전을 사용하라.

- **실습:** 많은 시험 주제는 '구성', '확인', '장애 처리'라는 단어를 사용한다. 라우터나 스위치의 사용자 인터페이스(CLI)를 연습해야 할 기술을 언급한다. 장은 이 툴을 다음 섹션의 소개에서 '실습 기술 연습'이라는 제목으로 설명한다.

- **명령어 참조:** 어떤 장에서는 매우 많은 양의 라우터와 스위치 명령어를 다룬다. 그 장은 장에서 사용된 명령어의 참조 표를 설명과 함께 제공한다. 이 표를 참조하고 공부하는 데 활용할 수 있다. 표를 통해 얼마나 기억하고 완벽하게 소화해냈는지 확인한다.

- **사전 점검 퀴즈:** 사전 점검 퀴즈를 이미 보았지만, 다시 풀어보는 것도 좋은 복습 방법이다. 다지 선다형 질문을 연습하기 위해 이 책에 함께 있는 피어슨 IT 인증 연습 시험(PCPT) 소프트웨어를 사용하여 사전 점검 퀴즈를 반복하길 권한다.

- **서브넷 및 기타 프로세스 연습:** ICND1 책의 많은 장에서 수학적 또는 특별한 프로세스를 사용하여 다양한 작업을 완성하길 권한다. 리뷰에서는 오직 PDF 부록을 포함한 DVD를 통해 추가적인 연습 문제를 풀도록 한다.

Part별 특징과 이용법

이 책은 Part별 장으로 구성된다. 각 Part는 관련된 여러 개의 챕터를 포함한다. [그림 I-3]에는 각 Part의 제목과 그 Part의 챕터(각 챕터 번호)들이 소개되어 있다.

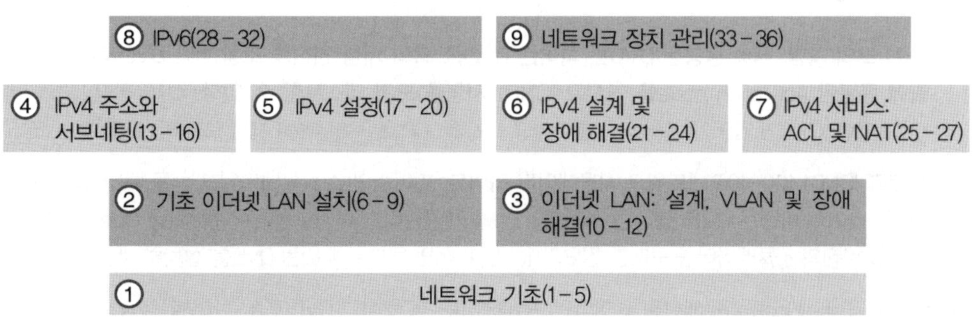

[그림 1-3] *Part별 제목과 각 부분의 Chapter 번호*

각 Part는 각 챕터의 끝에 '리뷰(챕터 리뷰를 말함)' 섹션이 있는 것과 같이 학습해야 할 활동 목록을 포함한 '파트 리뷰' 섹션으로 끝난다. 그러나 파트 리뷰는 여러 챕터가 끝난 뒷부분에 있기 때문에 파트 리뷰는 이 큰 작업량과 아이디어를 이끌어줄 몇 가지 작업을 포함한다. 다음 목록은 챕터 리뷰에서 언급된 형태 외의 파트 리뷰에 추가된 작업 유형을 설명하고 있다.

- **질의 & 응답:** 이 책은 시험 소프트웨어와 문제에 기반한 데이터를 가지고 있다. 하나의 데이터베이스는 특별히 파트 리뷰를 위해 쓰여진 질문을 가지고 있다. 이 질문은 다중 아이디어를 연결하는 경향이 있다. 이 질문들은 여러 장에서 주제에 대해 생각하고 시험에 더 도전적인 분석에 필요한 기술을 구축하는 것을 돕기 위해 여러 개의 장을 연결하는 경향이 있다.

- **마인드 맵들(Mind Maps):** 마인드 맵은 많은 사람들이 개념을 어떻게 맞출지 학습하고 진행하는 데 유용하다고 생각한 그림을 이용한 도구이다. 마인드 맵을 만드는 과정은 머리 속에 연결을 구축하도록 한다. 파트 리뷰 요소는 개념 관련 설정 명령어를 연결하거나 **show** 명령어를 관련된 네트워크 개념과 연결하거나 용어 사전에 연결하는 등 여러 가지 방법으로 마인드 맵을 사용한다(마인드 맵에 대한 더 많은 정보는 '마인드 맵에 관하여' 섹션을 보라).

- **실습:** '파트 리뷰' 섹션은 당신이 선택한 실습 연습으로 당신을 이끈다. 학습과 검토 단계에 더 적합한 실습-'실습 기술 구축' 섹션에서 실습 옵션에 관한 정보를 확인하기 바란다.

여기에 추가적인 작업으로 '파트 리뷰' 섹션은 이 책의 특징인 '챕터 리뷰' 섹션에서 말했던 작업(사전 점검, 리뷰, 주요 주제, 실습 연습의 반복)을 수행하게 된다.

최종 리뷰

이 책의 끝부분인 '최종 리뷰' 챕터에서는 시험을 보기 전 마지막 준비에 최적인 준비 작업 시리즈가 있다. '최종 리뷰'에서는 기술을 확장하고, 시험 문제에 답변하는 연습을 하고, 취약 부분을 보완하여 시험에 합격하는 것을 돕는 세 가지 방면에 초점을 맞춘다. '마지막 점검' 장은 챕터 리뷰와 파트 리뷰에서 이미 논의했던 책의 익숙한 특징을 사용하였다.

기타 특징

각 중심 장의 특징과 더불어 이 책에는 다음과 같은 추가적인 학습 자원이 포함되어 있다.

- **DVD 모의 시험:** 책에 동봉된 DVD는 피어슨 IT 인증 모의 시험 엔진을 포함한다. DVD 패키지 안에 함께 동봉된 Activation code를 가지고 ICND1 시험을 모의 테스트할 수 있다(CCNA 라우팅과 스위칭 ICND2 200-105 공인 인증 가이드의 DVD를 가지고 ICND2와 CCNA R&S 시험에 대한 모의 테스트를 할 수 있다).

- **CCENT ICND1 100-105 네트워크 시뮬레이터 라이트:** 피어슨의 CCNA 네트워크 시뮬레이터의 베스트 셀러인 라이트 버전은 CLI를 경험한 수단과 자격을 제공한다. 진짜 장비를 구매하거나 CLI를 학습하기 위해 풀 버전의 시뮬레이터를 구매할 필요가 없다. 이 책의 뒷부분에 있는 DVD를 설치하기만 하면 된다.

- **eBook:** 만약 eBook을 구매하길 원한다면 원서에서는 책 뒷장의 DVD에 있는 특별 혜택 쿠폰이 있다 (번역판에서는 제공하지 않음). 이 쿠폰으로 CCENT/CCNA ICND1 100-105 인증 자격 가이드의 특별판과 연습 문제를 70퍼센트 할인 가격으로 구매할 수 있다. 게다가 eBook의 3가지 버전은 컴퓨터에서 읽을 수 있는 PDF와 태블릿이나 핸드폰 혹은 Nook, 다른 eReader를 위한 EPUB 버전 그리고 킨들 버전인 Mobi이다. 당신은 추가로 더욱 보강된 모의 연습 문제를 받을 수 있다.

- **서브넷 비디오:** 동봉된 DVD는 IP주소와 서브넷을 계산하는 여러 방법을 보여주는 일련의 비디오를 포함한다(특히 빠른 계산법 등).

- **서브넷 연습:** DVD는 서브넷 연습 문제가 있는 부록 5개(D-H)를 포함한다. 이 훌륭한 자원으로 서브넷 기술을 습득할 수 있을 것이다. 또한 DVD 혹은 웹 사이트에서 접근할 수 있는 애플리케이션에서 동일한 연습 문제를 풀 수 있다.

- **기타 연습:** 동봉된 DVD의 부록(I-K)은 4개이며 각각은 이 책의 특정한 장과 연관되어 있는 다른 연습 문제를 포함한다. 더 많은 연습을 위해 계산과 프로세스 중심의 이 문제들을 활용하라. 또한 DVD와 동반된 웹 사이트의 애플리케이션으로 동일한 연습 문제를 풀 수 있다.

- **비디오 조언자:** 이 DVD는 스위치 기초, CLI 내비게이션, 라우터 구성과 VLAN의 4가지 주제를 가진 강의 비디오를 포함한다.

- **웹 사이트:** 사이트 www.ciscopress.com/title/9781587205804에는 복잡한 시험 주제를 명확히 하는 최근의 자료가 게시되어 있다. 이 사이트에서 시험 주제에 통찰력을 가진 저자가 올리는 새로운 게시 자료를 주기적으로 체크하기 바란다.

- **PearsonITCertification.com:** www.pearsonitcertification.com에는 IT 인증과 관련된 우수한 자료가 있다. 업계 최고의 저자와 트레이너가 만든 CCNA 기사, 비디오, 블로그와 다른 인증 준비 도구를 확인하라.

- **CCNA 시뮬레이터:** 만약 더 많은 연습 문제를 원한다면, CCNA 네트워크 시뮬레이터 구입을 고려해 보는 게 좋다. 피어슨(http://pearsonitcertification.com/networksimulator) 혹은 소매점에서 소프트웨어 복사본을 구매할 수 있다. 학습에 도움을 주기 위해 CCNA 인증 가이드의 연관된 장에 이 시뮬레이션의 각각에 대한 맵핑 가이드를 만들어 두었다. 해당 웹사이트에서 무료로 받을 수 있다.

- **저자의 웹 사이트와 블로그:** 저자는 CCENT와 CCNA를 학습할 때 유용한 호스트 툴과 링크를 웹 사이트에서 제공하고 있다. 이 사이트는 실습을 구성하고, 이 책의 각 장과 일치하는 ICND1 책의 해당 페이지를 학습하고, CCENT 스킬 블로그와 CCNA 스킬 블로그에 대한 링크를 제공한다. www.certskills.com을 시작하고 특히 이 책과 연관된 실습이 있는 페이지를 위해 blog.certskills.com을 방문하도록 한다.

새로운 중요한 기능: 리뷰 애플리케이션

이번 판에 추가된 가장 중요한 기능 한 가지를 찾는다면 각 장의 리뷰를 위한 학습 앱을 추가한 것이다. 이전의 챕터 리뷰 활동은 책의 챕터나 DVD 부록이 전부였다. 독자들은 그 내용이 유용하지만 다소 정적이라고 지적했다.

이 책과 CCNA 라우팅과 스위칭(ICND2 200-105 공인 인증 가이드)는 대화형 애플리케이션을 가진 첫 번째 시스코 프레스 인증 가이드이다. 기본적으로 챕터 리뷰에서 했던 대부분의 모든 활동은 애플리케이션에서도 가능하다. 이 애플리케이션은 DVD와 동반 웹 사이트에서도 찾아볼 수 있다.

앱의 장점은 다음과 같다.

- **더 쉬운 사용법:** 부록을 인쇄하고 종이 위에 하는 대신 더 쉽게 여러 번 반복해서 상호 작용의 장점을 살릴 수 있다.

- **편리함:** 5–10분 정도의 시간이면 웹 사이트에서 최근에 끝낸 챕터의 내용을 복습할 수 있다.

- **Book/DVD로부터의 자유:** 이 앱은 DVD뿐 아니라 책의 웹 페이지에서도 사용이 가능하기 때문에 어디에서든 책이나 DVD 없이 리뷰가 가능하다.

- **촉각을 이용한 학습:** 가끔 정적인 페이지를 집중해서 보기가 어려울 수 있다. 앱을 통해 답변을 입력하거나 앱의 탐색을 통해 보다 더 집중할 수 있다.

챕터 리뷰 도구를 활용한 독자들의 설문지를 보면 이 도구를 좋아하지만 모두가 지속적으로 챕터 리뷰 섹션을 사용하지는 않는다. 그래서 우리는 리뷰 도구를 사용하는 사람이 늘어나길 바랐고, 더 유용하고 재미있게 만들었다. [표 I-1]은 이 새로운 앱과 같은 내용의 책의 특징을 요약해 두었다.

특징	이전 방식	앱
주요 주제	목록표: 찾는 페이지로 건너뛰기	주요 주제 표 앱
구성 체크리스트	많은 주요 주제 중 하나	구성 체크리스트 앱
메모리 테이블	두 개의 정적인 PDF 부록(완성된 표, 표의 빈 칸 채우기)	메모리 테이블 앱
주요 용어	책 뒷면의 '챕터 리뷰' 섹션에 목록	문제 유형에 따른 다양한 앱
서브네팅 연습	부록(D–H) , 연습 문제와 답	문제 유형에 따른 다양한 앱
다른 연습	부록(I–K), 연습 문제와 답	문제 유형에 따른 다양한 앱

[표 I-1] 전통적인 책과 앱 옵션의 특징 비교

이 책의 전자적 자료를 얻는 방법

보통 모든 챕터 리뷰 활동은 책의 챕터와 주로 DVD에 있는 부록을 이용한다. 그러나 대부분의 내용은 유용하지만 정적이다.

만약 당신이 인쇄된 책을 사고 DVD 드라이브를 가지고 있다면 DVD의 모든 내용을 활용할 수 있다. DVD를 구동하고 자동적으로 시작되는 디스크 메뉴를 사용하면 된다.

인쇄된 책은 있지만 DVD 드라이브를 가지고 있지 않다면 책을 시스코 프레스 웹 페이지에 등록함으로써 DVD의 컨텐츠 파일을 구할 수 있다. 이를 위해 www.ciscopress.com/register로 가서 이 책의 ISBN: 9781587205804를 입력하라. 등록 후 나의 계정으로 가서 Registered Products 탭을 클릭하라. 여기에서 Access Bonus Content를 클릭하면 책과 관련 웹 사이트에 접근할 수 있다.

만약 프리미엄 판과 시스코 프레스의 모의 시험을 구매했다면, 당신의 책은 계정에 자동으로 등록될 것이다. 본인의 계정으로 가서 Registered Products 탭을 클릭하고, Access Bonus Content를 선택해 책의 웹 사이트에 접속하면 된다.

기타 다른 책 판매처에서 eBook을 구매했다면, eBook 파일의 가장 마지막 페이지에 책의 등록 방법과 웹 사이트 접속 방법이 안내되어 있다. 이 과정은 위에 언급한 인쇄된 책을 구매하고, DVD가 없는 경우와 같다.

:: 책 구성, 챕터, 부록

이 책은 36개 중심 챕터로 구성되며, 37장은 '마지막 점검'을 한다. 각 중심 챕터는 시험의 주제 일부분을 다룬다. 중심 챕터는 섹션으로 구성된다. 중심 챕터들은 다음과 같은 주제를 가진다.

- **Part I: 네트워킹 기초**

  - **1장 'TCP/IP 네트워킹 소개':** TCP/IP에서 사용된 중심 내용과 용어를 소개하고, TCP/IP 네트워킹 모델을 OSI 모델과 비교한다.

  - **2장 '이더넷LAN 기초':** 이더넷 LAN을 구축할 때의 개념과 용어를 소개한다.

  - **3장 'WAN 기초':** HDLC를 포함해 WAN의 데이터 링크 계층 옵션을 사용하는 개념과 용어를 소개한다.

  - **4장 'IPv4 주소 체계와 라우팅의 개념':** IP는 TCP/IP의 주요한 네트워크 계층 프로토콜인 IP를 다룬다. IPv4의 기본과 IPv4 주소 체계와 라우팅을 소개한다.

  - **5장 'TCP/IP 트랜스포트와 애플리케이션 기초':** TCP와 애플리케이션에 초점을 맞추어 TCP/IP 모델의 상위 2계층에 대한 자세한 논의를 마친다.

- **Part II: 기본 이더넷 LAN 구현**

  - **6장 'CLI(command-Line interface) 사용':** 텍스트 기반의 사용자 인터페이스를 통해 시스코 카탈리스트 LAN 스위치에 접속하는 방법을 설명한다.

  - **7장 '이더넷 LAN 스위칭 분석':** 이더넷 LAN의 최근 상태를 검증하기 위해 시스코 CLI를 사용하는 방법과 이더넷 프레임의 스위칭 방법을 보여준다.

  - **8장 '기본 스위치 운영 환경 설정하기':** 텔넷 및 SSH를 이용한 원격 접속과 같은 기본 관리 기능을 위한 시스코 스위치에 대한 환경 설정 방법을 설명한다.,

  - **9장 '스위치 인터페이스 환경 설정하기':** 듀플렉스/속도, 포트 시큐리티 등 인터페이스에 적용하는 다양한 스위치 기능을 설정하는 방법을 다룬다.

- **Part III: 이더넷 LAN: 설계, VLAN과 장애 처리**

  - **10장 '이더넷 LAN 설계 분석':** 이더넷 LAN 설계 방법들에 대한 장단점 비교 등과 일반적인 설계 관련 용어를 설명한다.

  - **11장 '이더넷 VLAN 설정':** VLAN 트렁킹을 포함한 Virtual LAN의 개념과 환경 설정을 설명한다.

  - **12장 '이더넷 LAN 장애 처리':** show 명령어 사용을 통해 스위치가 예상했던 대로 "작동하는지" 확인하는 방법을 설명한다.

- **Part IV: IPV4 주소 체계와 서브네팅**

  - **13장 'IPv4 서브네팅 이해':** 서브네팅의 전체적인 개념을 통해 A, B, C 클래스에서 시작하여 기업에서

사용하는 IPv4 서브네팅 설계를 설명한다

- **14장 '클래스풀 IPv4 네트워크 분석'**: IPv4의 주소는 본래 다수의 클래스들(A, B, C 클래스로 시작되는 유니 캐스트 IP 주소)로 나눠진다. 주소 클래스와 관련된 모든 것을 알아보고 IP 네트워크 개념을 이 클래스들 로부터 만들어본다.

- **15장 '서브넷 마스크 분석'**: 엔지니어는 서브넷 마스크에 기본을 둔 서브넷 설계에 대하여 핵심 사항을 분석할 수 있다. 이 장에서는 각각의 서브넷 크기와 서브넷 개수를 보장하는 마스크와 IP 네트워크를 찾는 방법을 보여준다.

- **16장 '기존 서브넷 분석'**: 대부분의 IP 접속 장애 문제는 IP 주소와 마스크에서 시작된다. 이 장은 이 두 가지를 찾는 방법과 호스트의 IP 서브넷을 검증하는 방법을 배운다.

- **Part V: IPv4 구현**

  - **17장 '시스코 라우터 동작'**: 8장에서 스위치에 초점을 맞춘 것과 같이 기본 장치인 라우터의 운영에 초 점을 맞춘다.

  - **18장 'IPv4 주소와 스태틱 루트 설정'**: 라우터 인터페이스의 IPv4 주소 설정 방법과 스태틱 IPv4 루트 설정 방법을 배운다.

  - **19장 'RIPv2와 IPv4 학습'**: 라우팅 프로토콜을 사용할 때, 각각의 서브넷에 대한 최적의 경로를 찾기 위해 라우터들의 협력 과정을 설명한다. IPv4를 사용해 RIPV2 라우팅 프로토콜 설정법을 보여준다.

  - **20장 'DHCP와 IP네트워킹'**: IPv4 세팅을 이용해 호스트를 설정하는 법을 배우고, DHCP를 사용해 설 정하는 방법을 논의한다.

- **Part VI: IPv4 디자인과 장애 처리**

  - **21장 '서브넷 디자인'**: 서브네팅에 대해 설계 관점에서 접근한다. 클래스풀 IPv4 네트워크에서 시작하여 왜 특정 마스크를 선택하고, 이후 어떤 서브넷 ID가 존재하는지 확인한다.

  - **22장 'VLSM(Variable-Length Subnet Mask)'**: 네트워크들에 하나의 서브넷 마스크를 적용하는 대신 다 양한 서브넷 마스크들을 적용한다 - 보다 도전적인 서브네팅 계산 과정을 소개한다.

  - **23장 'IPv4 장애 처리 툴'**: 라우팅 문제를 찾는 2개의 장애 처리 도구(ping과 **traceroute** 명령어)를 사용하는 방법에 주목한다.

  - **24장 'IPv4 라우팅 장애 처리'**: 가장 일반적인 IPv4 문제와 장애를 처리할 때 문제의 근본 원인을 찾는 방법을 확인한다.

- **Part VII: IPv4 서비스: ACL과 NAT**

  - **25장 '기본 IPv4 ACL'**: 라우터가 패킷을 차단하기 위한 표준 IP ACL이 출발지 IP 주소를 기초로 패킷을 차단하는 방법을 설명한다.

  - **26장 '개선된 IPv4 ACL'**: 이름형 ACL, 번호형 ACL, 표준 IP ACL, 확장 IP ACL을 비교한다.

  - **27장 'NAT(Network Address Translation)'**: 공용 IPv4 주소를 절약하는 방법을 포함하여 라우터 NAT 기 능에 대한 완전한 개념, 설정, 검증, 장애 처리 순서를 설명한다.

- **Part VIII: IP Version 6**

  - **28장 'IPv6 기초'**: 대부분 IPv6의 기본 개념을, IPv6 주소를 표기하고 해석하는 규칙에 중점을 두어 논 의한다.

- **29장 'IPv6 주소 체계와 서브네팅'**: 유니캐스트 IPv6 주소는 2가지다 – 글로벌 유니캐스트 주소와 독특한 로컬 주소—IPv4 공인 주소와 사설 주소와 유사하다.

- **30장 '라우터 상의 IPv6 주소 설정'**: IPv6 라우팅과 주소를 설정하는 방법을 다양한 특별한 IPv6 주소와 함께 설명한다.

- **31장 '호스트 상의 IPv6 주소 설정'**: 20장에서의 IPv4 호스트에 대한 논의와 같다. IPv6가 SLACC(Stateless Address Auto Configuration)를 어떻게 사용하는지 세부 사항을 추가한다.

- **32 장 'IPv6 라우팅 구현'**: IPv6 라우터의 라우팅 테이블에 스태틱 루트를 추가하는 방법을 보여준다.

■ **Part IX: 네트워크 도구 운영**

- **33장 '장치 관리 프로토콜들'**: 일반적인 네트워크 관리 툴(시스로그, NTP, CDP, LLDP)의 개념과 설정을 논의한다.

- **34장 '장치 보안 기능들'**: 보다 고급의 패스워드 설정을 논의하고, 장치 보호를 통해 보안을 개선하는 방법을 검토한다.

- **35장 'IOS 파일 관리'**: IOS와 설정 파일과 같은 키 파일에 중점을 두어 IOS 파일 시스템을 설명한다. IOS를 업그레이드하는 방법과 설정 파일 백업과 복구 방법을 보여준다.

- **36장 'IOS 라이선스 관리'**: PAK 라이선싱 사용을 통해 도구 라이선싱 관리 연습을 설명한다.

■ **Part X: 최종 리뷰**

- **37장 '최종 리뷰'**: 이 책의 핵심 부분을 끝낸 후 마지막 준비를 위한 계획을 제안한다.

■ **Part XI: 부록(책 속 부록)**

- **부록 A '숫자 참고 표'**: 2의 제곱과 10진수–2진수 변환 표를 포함하여 수치 정보를 여러 개의 표로 나타낸다.

- **부록 B 'CCENT/CCNA ICND1 100–105 시험 업데이트'**: 저자가 책의 내용을 보완하는 지면이다. 언제나 이 부록의 가장 최신의 PDF 버전을 온라인에서 얻도록 해야한다. 부록에 다운로드에 대한 안내가 있다.

- **용어 정의**: 1장에서 36장까지 각 장 마지막에 있는 '핵심 용어 정의'의 모든 용어에 대한 정의가 있다.

■ **Part XII: DVD 부록**

다음 부록은 이 책에 들어있는 DVD 내의 디지털 포맷으로 활용이 가능하다:

- **부록 C '사전 점검 퀴즈'**: 1장에서 36장까지 모든 문제에 대한 해설이 있다.

- **부록 D '14장 연습'**: 클래스풀 IPv4 네트워크 분석

- **부록 E '15장 연습'**: 서브넷 마스크 분석

- **부록 F '16장 연습'**: 기존 서브넷 분석

- **부록 G '21장 연습'**: 서브넷 디자인

- **부록 H '22장 연습'**: 서브넷 마스크 길이 변환

- **부록 I '25장 연습'**: 기본 IPv4 ACL

- **부록 J '28장 연습'**: IPv6 기초

- **부록 K '30장 연습'**: 라우터의 IPv6 주소 설정

- **부록 L '마인드 맵 해결'**: 각 파트의 끝에 있는 마인드 맵 연습의 샘플 해답을 보여준다.

- **부록 M '학습 계획'**: 주요 학습 단계에 대한 스프레드시트이다. 학습에 따른 변화를 기록할 수 있다.

- **부록 N 'CIDR(Classless Inter-domain Routing)'**: 개념, 용어 정의, CIDR 관련 계산 등에 관해 흥미 있는 사람을 위한 추가적인 챕터이다.

- **부록 O '루트 요약'**: 이전 책의 복사본이지만 이번 책에서는 사라졌다. 흥미를 가진 사람과 해당 챕터가 필요한 강사를 위해 포함되었다.

- **부록 P '포인트-투-포인트 WAN 구현'**: serial WAN에 관한 ICND2 책의 복사본이다. 실습 환경에서 시리얼 WAN 링크를 사용하기를 원하지만, 이 책의 복사본이 없을 수 있다. 이때, 시리얼 링크에 대해 좀 더 깊이 알기를 원한다면 참고하여 보면 좋다.

- **부록 Q '이전 버전의 주제'**: CCNA 시험의 이전 버전에 소개된 주제에 관한 정보 모음이다. 더 이상 이 시험의 주제는 아니지만 CCENT 혹은 CCNA 인증 시험에 관심이 있는 사람을 위한 것이다.

- **부록 R '시험 항목 상호 참조'**: 이 책에서 각 시험 내용을 다루는 곳을 찾기 위한 표를 제공한다.

∷ 참고 정보

이 짧은 섹션은 책에 포함된 참고를 위한 몇 가지 항목을 포함하고 있다. 이 책을 처음 읽을 때 볼 수 있지만, 처음에는 이 항목을 건너뛰고 나중에 참조해도 된다. 특히 시스코 프레스를 포함하여 여러 연락처를 나열하는 서론의 마지막 페이지를 참고하도록 한다.

피어슨 IT 자격증 연습 테스트 엔진과 문제 설치

이 책은 다른 다수의 시스코 프레스 책들처럼 이 책과 관련된 시험 문제를 사용하기 위한 저작권과 함께 PCPT 소프트웨어 사용권을 포함한다. PCPT는 학습 모드에서 질문 응답 옵션과 함께 많은 옵션을 허용해서, 풀어나가는 각 질문마다 답변과 설명을 볼 수 있거나 실제 시험 환경을 모방한 가상 시험을 보거나 플래시 카드 모드에서 문제를 볼 수 있도록 한다. 여기서 문제들이 제시되고, 당신은 기억 속의 정답을 제출해야 한다.

PCPT를 설치하여 처음부터 적용할 수 있도록 한다. 이 책의 파트 리뷰 섹션은 특히 PCPT를 사용하도록 하는데, 이를 통해 PCPT를 이용하여 해당 장의 사전 점검 문제를 풀 수 있다.

> **NOTE** 이 책과 관련된 시험을 사용할 수 있는 권리는 Activation code에 기반한다. 인쇄된 책에서는 책 뒤의 DVD 커버 안의 사용 설명서에 이 코드가 있다. 시스코 웹 사이트에서 직접 eBOOK의 프리미엄 버전과 연습 문제를 구매한 사람은 구매한 후 코드가 본인 계정으로 이전될 것이다. 킨들 판을 구매한 사람은 이 액세스 코드를 아마존(Amazon)에서 직접 제공할 것이다. 만약 다른 곳에서 eBOOK을 구매했다면 다른 공급 업체가 필요한 고유의 액세스 코드를 판매할 수 없기 때문에 연습 문제가 포함되지 않는다는 점을 유의하기 바란다. Activation code를 분실하면 안 된다.

:: 이 책의 PCPT 시험 데이터베이스

이 책은 한 세트의 연습 문제를 끌어올 수 있는 활성화 코드를 포함한다. 이 문제는 다양한 시험 데이터베이스에 존재한다. PCPT 소프트웨어를 설치하고 활성화 코드를 입력하면, PCPT 소프트웨어는 시험 데이터베이스의 최신 버전을 다운받는다. 다만, ICND1 책에서는 [그림 I-4]와 같은 4개의 다른 시험 혹은 4개의 다른 세트의 문제를 얻는다.

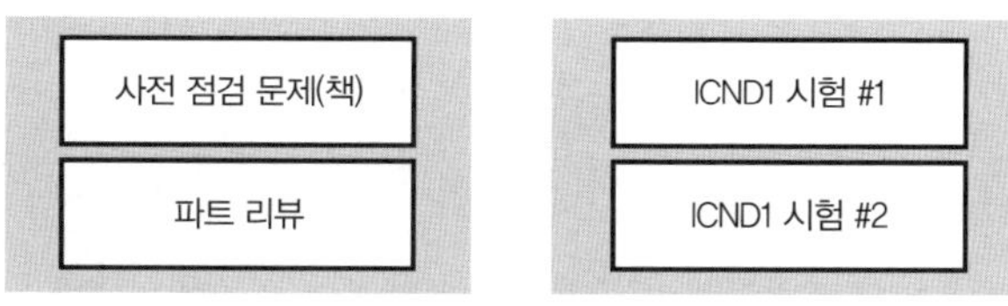

[그림 I-4] *PCPT 시험/시험 DB와 활용 시기*

당신은 학습 모드나 모의 시험 모드에서 언제든지 이 시험 문제를 고를 수 있다. 그러나 많은 사람들은 이 책 전체를 모두 읽은 후에 시험 리뷰 때까지 이러한 시험 문제를 풀지 않는 편이 좋다는 것을 알고 있다. [그림 I-4]는 계획을 제안하고 설명을 시작한다.

- Part 리뷰를 읽는 동안 학습 모드에서 사전 점검 문제를 확인하기 위해 PCPT를 사용하라.
- Part 리뷰를 읽는 동안 학습 모드에서 특별히 파트 리뷰를 위해 만든 문제를 활용하라.
- 이 책의 끝부분에 있는 '최종 리뷰' 장에서 활용하기 위해 나머지 시험을 남겨두도록 한다.

PCPT 내부의 두 가지 모드는 시간 내에 시험 보는 연습을 할 때 더욱 좋다. 학습 모드에서는 즉시 답을 확인할 수 있어서 주제 학습을 용이하게 한다. 또한 시험 데이터베이스의 문제들에 대해 부분 집합을 고를 수 있다. 예를 들어, 책의 한 파트에 속한 장들에 소속된 문제들만 볼 수 있다.

PCPT 연습 모드는 실제 시험을 보는 것과 같이 시험을 대비할 수 있다. 정해진 시간 내에 풀어야 하는 모든 Chapter에 포함된 정해진 숫자의 문제들을 제공한다. 연습 시험 모드는 또한 시간 제한 이벤트에 대한 당신의 점수를 제공한다.

Chapter별 혹은 Part별 사전 점검 퀴즈만 보는 방법

대부분의 Chapter들은 '사전 점검 퀴즈'로 시작된다. Chapter를 시작할 때 퀴즈로 시작할 수 있고 좀 더 연습을 위해 챕터 리뷰 중에도 퀴즈를 볼 수 있다. 심지어 '파트 리뷰' 섹션에서도 각 파트의 모든 챕터의 퀴즈를 다시 보도록 제안하고 있다.

인쇄된 책이나 PCPT 소프트웨어에서도 사전 점검 퀴즈를 활용할 수 있다. 이 책은 퀴즈 뒤를 따르는 페이지에서 정답을 제시한다. DVD의 부록 C에서 설명과 함께 답변을 올려 두었다. 아마도 휴대용 PDF를 원할 수도 있을 것이다.

이러한 문제들에 대해 PCPT를 사용하면 몇 가지 장점을 갖는다. 즉, 시험 소프트웨어에서 문제를 읽는 방법에 대해 좀 더 많은 연습이 가능하다. 또한 문제에 대한 설명이 PCPT 소프트웨어에 있어 편리하다.

PCPT 소프트웨어에서 사전 점검 퀴즈를 확인하려면 PCPT가 책 안의 문제를 참조하는 방식인 'Book Question'을 선택해야 한다. 그리고 챕터 선택을 해제하고, 다음과 같이 하나 이상의 챕터를 선택한다:

단계 ① PCPT 소프트웨어를 시작한다.

단계 ② 홈(메인) 메뉴에서 CCENT/CCNA ICND1 100-105 공인 가이드와 같은 이름을 고르고, Open Exam을 클릭한다.

단계 ③ 다음 페이지의 위쪽에 몇 가지 시험이 나타난다. ICND1 Book Questions 상자를 클릭하고 다른 상자는 체크하지 않는다(이것은 각 장의 시작 부분에 있는 사전 점검 퀴즈다).

단계 ④ 같은 창에서, 모든 항목들(장들)을 선택 해제하려면 화면의 하단부를 클릭한다. 그리고 리뷰하고 있는 파트 속의 각 장 옆의 박스를 선택한다.

단계 ⑤ 창의 오른쪽에서 기타 옵션을 선택한다.

단계 ⑥ Start를 클릭해 문제들을 살펴본다.

파트 리뷰 문제를 보는 방법

이 책에서 얻는 시험 데이터베이스는 파트 리뷰 과정 중 학습을 위해 만들어진 문제 은행이다. 사전 점검 문제는 각 장에 포함된 사실을 아는지 사전 체크하기 위한 것이다. 대신 파트 리뷰 문제는 전형적인 실제 시나리오에 중점을 두어 보다 실제 시험 문제에 가깝다.

이 문제들을 리뷰하기 위해, 사전 점검 문제에서 했던 것과 같은 과정을 따르되 책의 데이터베이스보다 파트 리뷰 데이터베이스를 선택해라. PCPT는 이 데이터베이스를 파트 리뷰 문제라 부른다.

:: 마인드 맵에 대하여

마인드 맵은 여러 가지 목적에서 사용할 수 있는 시각적 구성 도구다. 그 예로, 마이드 맵을 메모를 위한 대안 용도로 사용할 수 있다.

또한 두뇌가 개념을 구성하는 방법을 향상시키기 위해 마인드 맵을 사용할 수 있다. 마인드 맵은 두뇌의 아이디어들 간의 연결과 관계를 정리한다. 학습 과정에서 시간을 소비할 때, 당신의 아이디어를 마인드 맵으로 구성하고, 기존의 지적 커넥션을 강화하거나 새 커넥션을 창출하여 모든 것을 하나의 테두리 안에 집어넣도록 한다.

요약하자면, 마인드 맵은 당신이 학습한 것을 내면화한다.

각 마인드 맵은 적용할 때, 빈 종이 혹은 윈도로부터 시작한다. 그리고 어느 방향으로든 뻗을 수 있는 가지를 가진 큰 중심 아이디어를 추가한다. 그 가지는 더 작은 개념, 아이디어, 명령어, 사진, 표현할 필요가 있는 모든 사소한 것을 포함한다. 그룹화될 수 있는 개념은 서로 가까이 있어야 한다. 비록 이 책에서 마인드 맵이 두 레벨을 넘지 않는다 하더라도, 필요하다면 더 깊은 가지를 생성할 수 있다.

> **NOTE** 많은 책들이 마인드 맵에 대해 써왔지만, 토니 부잔은 마인드 맵을 공식화하고 대중화시켰다. 그의 웹 사이트 www.thinkbuzan.com에서 마인드 맵에 대해 더 많이 배울 수 있다.

그 예로, [그림 I-5]는 ICND1 책의 Part VIII의 IPv6 내용을 보여주는 마인드 맵의 예를 보여준다. 'IPv6 주소 체계'라는 큰 주제로 시작하는 IPv6 주소 체계 개념을 리뷰할 때, 무작위로 관련 용어와 아이디어를 써나감으로써 마인드 맵을 만들 수 있다. 머리 속에 조직화를 시작하여, 아이디어들을 연결하고 재구성하는 선을 그리고, 마침내 당신이 적정하다고 믿는 아이디어의 조직화가 완성되는 지점에 도달할 수 있다.

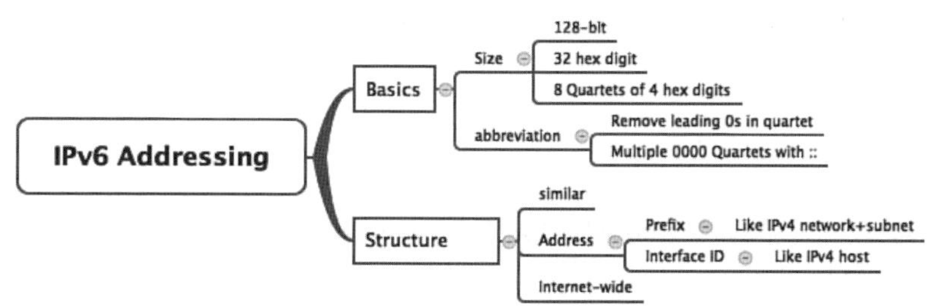

[그림 I-5] 마인드 맵의 예

마인드 맵은 이 책에서 제안된, 가장 덜 알려졌지만 가장 효율적인 학습 도구가 될 것이다. 마인드 맵을 통해 개인적으로는 새로운 영역의 학습을 할 때, 큰 개선을 발견했다. 이 도구를 사용하고자 노력을 하여 당신에게도 효율적이란 것을 알게 되기를 바란다.

마지막으로 마인드 맵 도구로는, 비어 있는 종이에 이들을 그리거나 마인드 맵 애플리케이션을 찾아서 다운로드 받을 수 있다. 나는 맥킨토시에서 'Mind Node Pro'를 사용해 왔고, 우리는 윈도, 리눅스, OS X의 프리 버전인 'XMIND'를 가지고 마인드 맵 예를 만들었다.

:: 실습 연습에 대해

당신은 특히 시스코 CLI(command-line interface, 명령 입력 인터페이스)에서 시스코 라우터와 스위치를 사용하는 기술을 필요로 한다. 시스코 CLI는 텍스트에 기반한 명령 & 응답(command-and-response) 사용자 인터페이스다. 당신이 명령어를 입력하면, 장치(라우터 혹은 스위치)는 응답으로 메시지를 보여준다. 시험에서 시뮬레이션이나 심렛 문제에 답변하기 위해 당신은 많은 명령어를 알아야 하고, 이 명령어를 사용하기 위해서는 명령어를 입력 가능한 CLI의 정확한 위치로 이동할 수 있어야 한다.

다음 섹션에서는 이 책에 포함된 옵션과 더불어 이 책 이외의 실습 옵션에 관하여도 간단히 설명한다.

Config Lab 연습

어떤 라우터와 스위치의 기능을 위해서는 다수의 설정 명령어들을 요구한다. 학습한 기술은 어떤 명령어들을 필요로 하는지, 어떤 명령어가 선택적인 것이고, 어떤 명령어가 필수적인 것인지를 알아야 한다. 도달해야할 수준은 하나의 명령에서 적절한 패러미터를 고르는 것 이상이다. 당신은 다양한 장치들에서 사용할 명령과 전형적인 명령의 조합을 선택해야 한다. 여기에 익숙해지려면 연습이 필요하다.

이 책에서 이번 판의 새로운 기능으로 소개된 Config Lab은 연습 기회를 제공한다. 각 실습은 몇 가지 조건을 반영한 실습 토폴로지의 예를 제공하고 각 장치를 어떻게 설정해야 할 지를 결정해야 한다. 해답은 설정 예를 보여준다. 당신은 설정을 해 보고 제공된 답과 비교해 보면 된다.

또한 처음으로 이번 판은 이 책의 외부뿐만 아니라 저자의 블로그 사이트에서도 이 내용을 다루었다. ICND1 컨텐츠 혹은 ICND2 컨텐츠가 있는 나의(두 개의 다른) 블로그에 가기 위해, 블로그를 시작하는 사이트(blog.certskills.com)에서 관련 사이트를 클릭하면 된다.

- blog.certskills.com/ccent/ Wendell's CCENT (ICND1): 메뉴에서 다음으로 이동한다.
  Hands On… Config Lab
- blog.certskills.com/ccna/ Wendell's CCNA (ICND2): 메뉴에서 다음으로 이동한다.
  Hands On… Config Lab

두 개의 블로그는 당신이 시험을 합격할 수 있도록 도울 준비가 되어 있으니 편하게 둘러보면 된다. Config Lab은 요약에서 다음의 이미지를 보여준다는 걸 기억하라.

[그림 I-6] 저자의 블로그에 있는 Config Lab 로고

이런 Config Lab이 가진 여러 가지 장점은 다음과 같다.

- **어디서나 사용 가능:** 책이나 DVD와 상관 없이, 웹 브라우저, 폰, 태블릿을 이용하여 어디서나 사용 가능하다.

- **여유 시간을 활용하는 방식:** 각각의 실습은 당신이 문서 편집기에 입력할 수 있거나 종이에 답을 쓸 수 있다면, 5-10분 동안에도 연습이 가능하게 설계되었다.

- **훌륭한 2개의 결과:** 기본 설정을 더 빠르고 훌륭하게 완성하도록 연습한다. 만약 길을 잃었다면 당신의 지식을 완벽하게 만들기 위해 되돌아가서 재복습해야 하는 주제를 발견하도록 한다. 이런 방법으로 시험 준비에 한 걸음 더 가까워 진 것이다.

- **블로그 형식:** 나에게는 추가와 변경이 용이하고, 당신은 의견 주장이 용이하다.

- **자기 평가:** 최종 리뷰를 위해, 당신은 도움 없이 자신 있게 모든 Config Lab을 할 수 있어야 한다.

블로그가 책의 장들에 따른 Config Lab을 조직화하였으므로 파트 리뷰와 챕터 리뷰, 두 곳에서 이것을 쉽게 사용할 수 있다. 리뷰 섹션에 대한 상세 내용을 원하면 소개 뒤의 '학습 계획' 부분을 보면 된다.

피어슨 네트워크 시뮬레이터 라이트를 사용한 빠른 시작

실습 기술을 얻는 방법은 처음에는 다소 겁이 날 수 있다. 좋은 소식은 당신이 무료이면서도 간단한 과정으로 CLI를 경험할 수 있다. 이 책에 실려 있는 피어슨 넷심 라이트(Pearson NetSim Lite)를 설치하고 사용하라.

이 책을 구매하면 즉시 시스코 CLI를 경험할 수 있는 피어슨의 베스트셀러 CCNA 네트워크 시뮬레이터의 라이트 버전을 함께 받는다. CLI를 배우기 위해 다른 장비나 시뮬레이터의 풀 버전을 구매할 필요가 없다. 책 뒷면의 DVD만 설치하면 된다.

넷심 라이트의 최근 버전의 실습들은 이 책의 Part II와 연결된 실습을 포함한다. 파트 명령어를 포함하는 첫 번째 파트인 Part II와 달리 Part I은 개념만을 포함한다. 따라서 CLI 기초를 배우는 적정한 출발점으로써 넷심 라이트를 사용하도록 한다.

물론, DVD에 넷심 라이트를 포함하는 한 가지 이유는 출판사가 당신이 전체 상품을 구입하기를 원하기 때문이다. 그러나 만약 당신이 전체 상품을 사용하지 않아도 옵션에 따라 넷심 라이트의 실습을 활용할 수 있다.

Config Lab과 피어슨 네트워크 시뮬레이터 라이트는 두 개 모두 각각 필요가 있고, 둘 다 책에 있다. 그러나 당신은 두 개 이상의 도구를 필요로 한다.

이 책과 함께 사용할 때 효과가 가장 좋은 옵션은 피어슨 네트워크 시뮬레이터의 구매 버전이다. 이 시뮬레이터 제품은 시스코 라우터와 스위치에 대한 모의 실험을 통해 CCENT와 CCNA R&S 자격 시험을 대비하도록 한다. 그러나 더 중요한 것은 다수의 유용한 실습 연습을 제공하여 시험에 대비한 것이다. 독자 설문에서 이 책의 시뮬레이터를 사용한 사람들은 학습 과정을 매우 좋아했고 책과 시뮬레이터가 함께 잘 작동하는 것에 대해 호평했다.

당연히 당신은 스스로 결정해야 하고 모든 옵션도 고려해야 한다. 다행히, 당신은 이 책에 포함된 피어슨 네트워크 시뮬레이터 라이트 제품을 사용함으로써 시뮬레이터 풀 버전이 어떻게 작동하는지에 대한 큰 아이디어를 얻을 수 있다. 양자는 같은 기본 코드와 동일한 사용자 인터페이스, 동일한 실습 유형을 갖는다. 라이트 버전을 사용해 보고 풀 버전과 비교해 보아라. CCENT만을 위한 풀 버전과 CCNA R&S를 위한 풀 버전이 있다(CCNA R&S는 CCENT의 모든 실습과 ICND2의 다른 부분까지 합친 것이다).

시뮬레이터와 책들은 출시 일정이 서로 다르다. 2016년에 이전 버전의 시험(ICND1 100-101, ICND2 200-101, 그리고 CCNA 200-120)을 위한 시뮬레이터를 만들었다. 이 제품은 ICND1 100-105와 200-105 책의 CLI 관련 주제를 80퍼센트 가량 포함한다. 그러므로 그동안에는 시뮬레이터가 여전히 매우 유용하다.

현실적으로 챕터를 읽거나 파트 리뷰를 하면서 실습을 할 때 시뮬레이터는 책에 맞는 실습을 구성한다. 단지 시뮬레이터의 사용자 인터페이스에서 'Sort by Chapter' 탭을 찾아라. 그러나 더 이전 시험이 있는 이전 판의 시뮬레이터는 2016년 몇 달 동안에는 책 구성에 따른 실습을 포함한 PDF를 참조할 필요가 있다. www.ciscopress.com/title/9781587205804의 Download 탭 아래서 책 제품에 해당 PDF를 찾을 수 있다.

추가적인 실습 옵션

만약 당신이 피어슨 네트워크 시뮬레이터 풀 버전을 사용하기로 했다면 실습 경험이 필요할 것이다. 당신은 가능한 많은 CLI를 연습할 수 있는 실습 환경을 사용하기 위한 계획을 세워야 한다.

먼저, 진짜 시스코 라우터와 스위치를 사용할 수 있다. 당신은 신제품이나 중고를 구매하거나 직장에서 대여할 수 있다. 수수료를 내고 빌리는 것도 가능하다. 만약 적절한 장비의 조합을 가지고 있다면 당신은 그 장비로 내 블로그에서 Config Lab에 대한 연습을 하거나 아니면, 책의 예제들을 다시 구성해봐야 한다.

시스코는 당신이 가상 환경에서 라우터와 스위치 OS(Operating System) 이미지를 실행하는 가상의 제품을 제공한다. 이 툴, VIRL(Virtual Internet Routing Lab, http://virl.cisco.com)은 실습 토폴로지를 만들고, 구성을 시작하고 실제 라우터와 스위치를 OS 이미지에 연결하게 하고 더 많은 정보를 제공한다.

당신은 시스코로부터 가상의 시스코 라우터와 스위치 실습 환경 즉, 시스코 러닝 랩(www.cisco.com/go/learninglabs)을 대여할 수도 있다.

지금까지 말했던 모든 옵션들은 비용이 들어가는 대신 다음 두 개는 보통 무료이지만, 서로 다른 목적을 가진다. 먼저, GNS3는 진짜 시스코 IOS에서 작동하는 가상 환경을 생성하여 VIRL과 유사하다. 그러나 GNS3는 시스코 제품이 아니고 법적인 이유로 당신에게 IOS 이미지를 제공할 수 없다.

시스코는 또한 학습 도구로 훌륭하게 작동하는 시뮬레이터인 시스코 패킷 트레이서를 만들었다. 그러나 시스코는 시스코 네트워킹 아카데미에 등록한 사람들의 사용을 위해 패킷 트레이서를 만들었다. 아카데미 코스는 일반 대중이 대상이 아니다. 만약 당신이 시스코 아카데미의 일원이라면 분명 패킷 트레이서를 사용할 것이다.

이 책은 사용할 옵션을 말해 주진 않지만, 당신은 실습 기술을 얻기 위한 계획이 필요하다. 중요한 것은 이 시험을 통과하기 위해 대부분의 사람들은 시스코 CLI 사용을 연습할 필요가 있다는 것이다.

:: 추가 정보

만약 당신이 이 책에 대하여 제안 사항이 있다면 www.ciscopress.com을 통하여 제출 가능하다. 웹 사이트에 가서 Contact Us를 선택해 당신의 글을 올려라. 시스코는 필요한 때마다 CCNA 인증에 영향이 있는 변경을 하고 있다. 당신은 언제나 www.cisco.com/go/ccna 및 www.cisco.com/go/ccent에서 최근의 상세 사항을 체크해라.

CCENT/CCNA ICND1 100-105 공인 인증 가이드(Official Cert Guide)는 당신이 CCENT와 CCNA 라우팅과 스위칭 인증을 달성하도록 도울 것이다. 이 책은 시스코 공인 발행자가 만든 CCNA ICND1 인증책이다. 우리는 이 책이 CCNA 인증을 획득하도록 분명히 도울 것이라고 믿지만 진짜 중요한 것은 당신에게 달려 있다. 나는 당신이 시간을 잘 활용할 것이라 믿는다!

학습 계획

당신은 지금 막 이 책을 받았다. 이미 서론을 읽었을 것이고(아니면 빠르게 훑어 보았을 것이고), 아마 지금 이 부분을 읽을지 1장 'TCP/IP 네트워킹 소개'로 건너뛸지 고민하고 있을 것이다.

ICND1 100-105, ICND2 200-105, 그리고 CCNA 200-125를 치를 계획이라면 스스로 학습 계획을 세우는 방법에 관한 이 섹션은 읽기를 관둬라. 만약 당신이 이 여행을 시작하기 전에 어떻게 공부할지(대략 15분 정도) 소수의 핵심 포인트를 생각하면 학습은 훨씬 잘 될 것이다. 이것이 이 섹션이 당신의 학습을 도울 부분이다.

:: 시스코 인증 시험에 대한 간략한 전망

시스코는 ICND1, ICND2와 CCNA R&S 시험의 통과 기준을 높게 잡고 있다. 대부분의 사람은 공부하고 시험을 통과할 수 있지만, 시험에 대해 현금을 지불하고 책에 대한 빠른 독서 이상의 것을 요구한다.

이 시험에의 도전은 여러 각도로 생각할 수 있다. 이 시험의 각각은 많은 개념과 시스코 장치가 사용하는 많은 명령어를 다룬다. 지식을 떠나서, 이러한 시스코 시험들은 보다 깊이 있는 기술을 필요로 한다. 당신은 네트워크에 어떤 일이 일어날지 분석하고 예측할 수 있어야 한다. 당신은 네트워크에서 시스코 장치가 정확하게 작동하도록 설정할 수 있어야 한다. 또한 네트워크가 적절히 작동하지 않을 때 문제를 해결할 준비가 되어 있어야 한다.

이 시험에서 보다 도전적인 문제는 마치 5개의 조각 중 4개가 빠져 있는 조각 퍼즐과도 같다. 이 퍼즐을 풀기 위해 빠져 있는 퍼즐 조각을 머리를 써서 다시 만들어내야 한다. 이를 위해 각 네트워킹 개념을 알아야 하고 개념들이 함께 작동하는 방식을 기억해내야 한다.

그 예로, ICND1 시험은 많은 장애 해결 주제를 포함한다. 간단한 문제에서는 왜 호스트가 어떤 서버와 통신할 수 없는지를 물을 것이다. 이 문제는 [그림 1]의 하얀색 조각이 표시하는 퍼즐의 조각과도 같이 정보의 일부를 제공한다. 당신은 퍼즐의 다른 조각들의 정보를 찾기 위해, 문제의 시나리오에 IPv4 라우팅, IP 주소 체계, 이더넷 LAN 스위칭에 관한 당신의 지식을 적용하여야 한다. 주어진 문제에서 어떤 조각은 미스터리로 남겠지만 채워진 조각만으로도 충분히 당신은 질문에 답변할 수 있을 것이다. 또 다른 조각들은 여전히 모르는 부분으로 남겨진다.

이러한 기술은 단순히 책을 읽고 외우는 것 이상으로 무언가 준비해야 한다는 것이다. 당연히 많은 개별적인 사항들과 이 사항들이 서로 어떻게 연관되는지를 배우기 위해 이 책을 여러 번 읽을 필요가 있다. 이 책에서 중요하게 생각하는 것이 충분히 읽는 것은 물론이고, 네트워크 퍼즐을 해결할 기술을 키우도록 훈련하는 것이다.

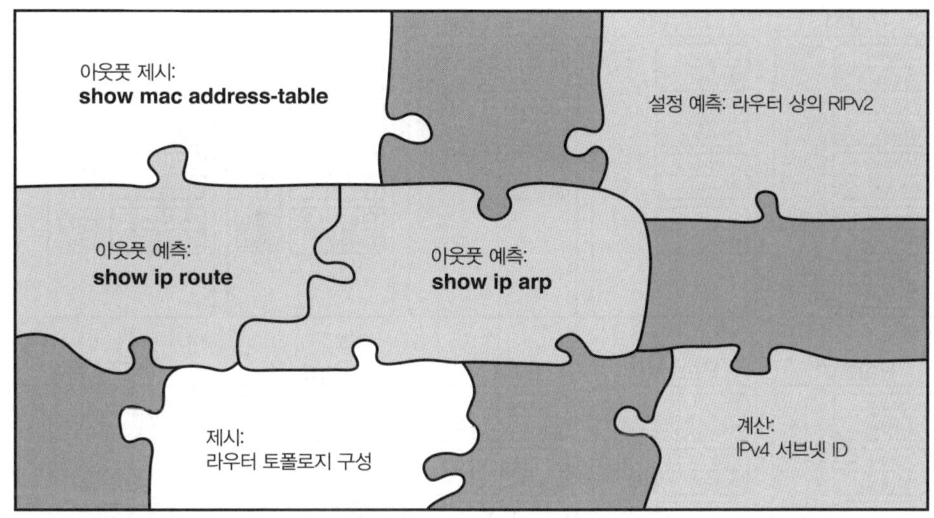

[그림 1] *분석 기술로 퍼즐 조각 완성하기*

:: 학습 계획의 5단계

이 시험은 하나의 도전이지만 많은 사람들이 매일 이 시험을 통과한다. 이 시험의 통과를 위해 준비해야 하는 것은 읽고 외우는 것 외에 무엇을 해야 할까?

당신은 기술을 향상시켜야 한다. 각 아이디어를 다른 연관된 아이디어와 머릿속에서 연결해야 한다. 이를 위해 추가적인 일이 필요하다. 다음 몇 페이지는 시스코 장비로 네트워킹을 배우는 흥미롭고 도전적인 세계로 뛰어들기 전에 당신이 효과적으로 기술을 익히고 연결하도록 도와주는 중요한 다섯 가지 단계별 계획을 설명한다.

단계 ① 파트 및 챕터 단위로 생각하라

학습 계획의 첫 단계는 당신이 달성해야 할 과업의 크기와 성격에 대한 올바른 사고 방식을 얻는 것이다. 이것은 매우 두꺼운 책이다. 그래서 당신은 이 책을 거대한 과제로 생각하지 않을 수도 있고 혹은 낙심할 수도 있다. 게다가 하나의 학습 단위에 900페이지를 모두 읽을 때까지 앉아있을 수 없다. 그러므로 큰 과업을 작은 과업으로 나눈다.

좋은 소식은 이 책이 명확한 중간 지점을 가지고 광범위한 복습 활동을 하도록 디자인되었다는 것이다. 말하자면 하나의 책이라기 보다는 학습 시스템이라고 할 수 있다.

그러므로 학습 계획의 첫 단계는 이 책을 거대한 하나의 책으로 보지 말고 9개의 부분으로 보라는 것이다. 그리고 각 부분에는 평균적으로 4개의 장들이 포함된다. 학습 계획은 당신이 각 Part의 장을 학습하도록 하고 [그림 2]와 같이 다음으로 이동하기 전에 해당 Part의 자료를 복습하는 것이다.

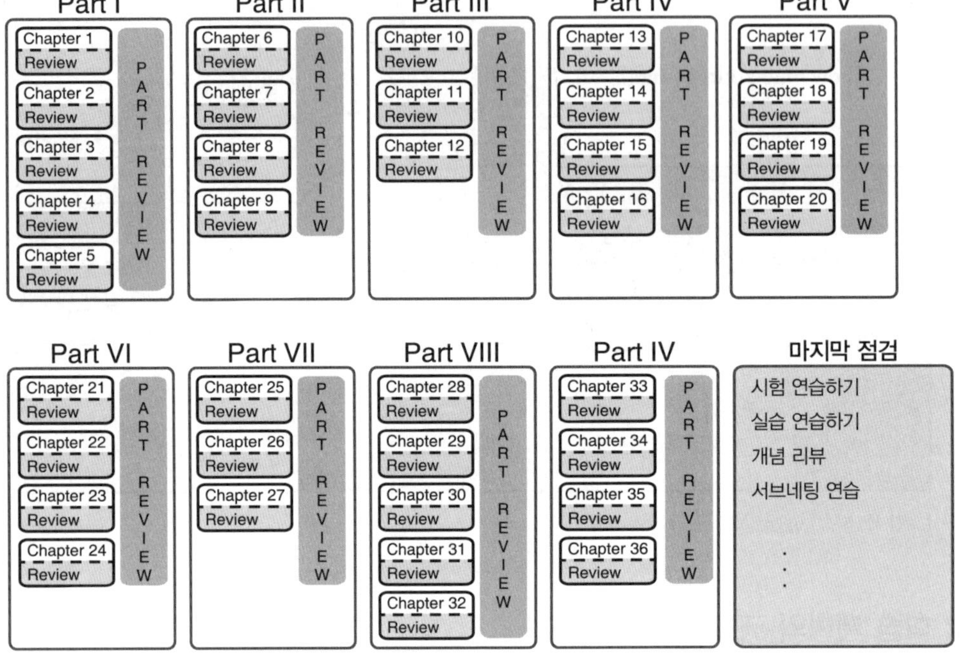

[그림 2] *평균 4개의 Chapter와 파트 리뷰가 있는 9개의 Part*

이제 당신의 계획은 다음과 같다:

- **1 커다란 과제:** 이 책의 모든 부분을 읽고 마스터하라.

- **9 중간 과제/책:** Part를 읽고 마스터하라.

- **4 작은 과제/파트:** 각 Chapter를 읽고 마스터하라.

단계 ② 챕터 위주의 학습 습관을 가져라

2단계로, 가장 중요한 스텝은 같은 과정에서 각 챕터로 접근하라: 읽고, 챕터를 학습하라.

각 챕터는 [그림 3]과 같이 3개의 부분으로 디자인되어 있다. 각 챕터의 사전 점검 퀴즈는 핵심 주제라 부르는 챕터의 중심을 읽거나 건너뛰기 위해 얼마나 많은 시간을 할애할지 결정하는 것을 돕는다. 챕터 리뷰 섹션에서는 어떻게 공부할지와 읽은 것을 복습하는 방법을 안내해준다.

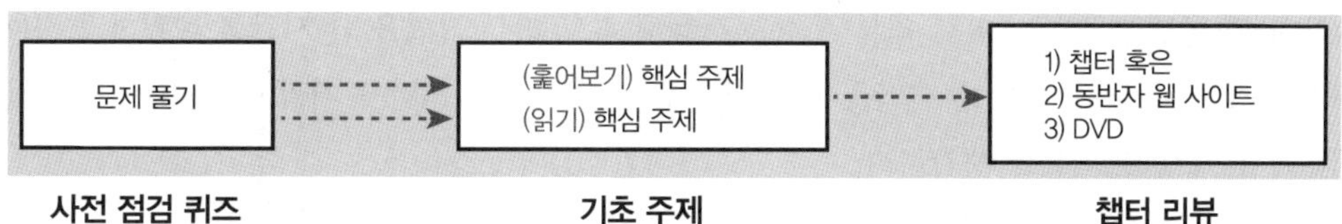

[그림 3] *각 챕터로의 접근 방법 제안*

이 책은 한 챕터를 너무 길지 않게 디자인했다. 이 챕터들은 핵심 주제에 대해 평균 20페이지 이상이다. 적당한 길이로 한 챕터를 끝내는 데 하나 혹은 두 개의 학습 단위면 된다. 한 장을 끝낼 기회를 가졌다 생각하고 새로운 장의 학습에 임하도록 한다. 만약 충분히 시간이 없다면 챕터 안의 주요 제목을 찾아라.

각 장은 두세 개의 주요 제목을 가지는데, 다음 학습 단위까지 잠시 읽기를 마칠 필요가 있을 때 끊어 읽기 좋은 위치이다.

챕터 리뷰는 시험의 성공을 위해 매우 중요하다. 각 장에 대해 읽기를 마친 후 이러한 과정은 시험 준비에 매우 도움이 될 것이다. 늦기 선에 리뷰를 하도록 하라. 챕터 끝부분의 검토 작업은 당신의 지식과 핵심 주제에 대한 기술을 심화하고 용어를 기억하고 머릿속에서 개념을 연결하는 첫 단계를 도와 이 모든 것이 서로 잘 맞도록 할 것이다. 다음 목록은 '(챕터) 리뷰' 섹션에서 발견할 수 있는 할 일들이다:

- **주요 주제 리뷰**
- **주요 용어 리뷰**
- **사전 점검 문제 반복**
- **메모리 테이블 리뷰**
- **설정 체크리스트 다시 만들기**
- **명령어 표 리뷰**
- **실습 연습**
- **서브네팅 연습**

자세한 내용은 다음 섹션인 '웹과 DVD에서 리뷰 활동 찾기'를 확인하라.

단계 ③ 중요 단계를 위해 책의 파트를 활용하라

개념과 기술을 마스터하기 위한 학습에서, 당신은 개념을 익히고 기술을 검토하는 다중 학습 세션에 대한 계획을 세워야 한다. 각 챕터 끝부분의 '(챕터) 리뷰' 섹션은 첫 번째 리뷰이고, 각 파트 끝 부분의 '파트 리뷰' 섹션은 두 번째 리뷰다.

각 파트 끝부분에 있는 파트 리뷰 요소를 사용해 파트 리뷰 작업을 할 시간을 계획하라. 전체 챕터와 같이 혹은 좀 더 많은 시간을 파트 리뷰에 보내야 한다. 시간을 계획하는 면에서 또 다른 챕터와 같이 파트 리뷰를 생각하라.

[그림 4]는 몇 가지 색을 이용해 이 책의 제목을 나열했다. Part Ⅱ와 Part Ⅲ은 이더넷으로 연결되어 있고 Part Ⅳ에서 Part Ⅶ까지는 또한 IPv4와 연결되어 있다. 각 파트는 사용할 툴과 활동에 대한 메모와 함께 2~4페이지의 파트 리뷰 섹션으로 끝난다.

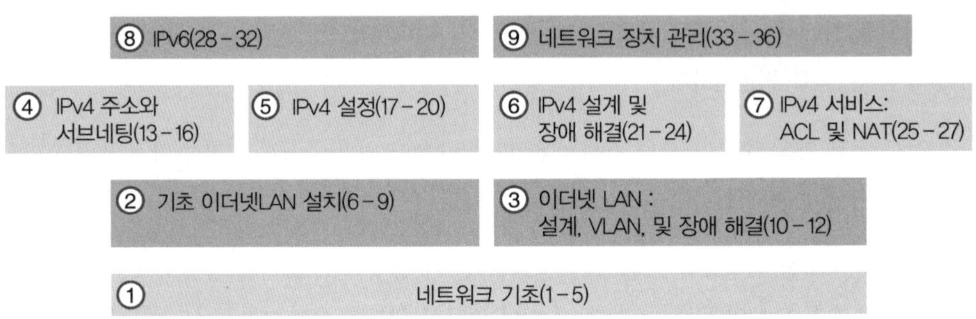

[그림 4] *중요한 단계로서의 파트*

챕터 리뷰와 파트 리뷰는 어떤 면에서 좀 다르다. 챕터 리뷰 작업은 많은 배경 지식을 제공하여 지식의 특정 부분을 추가하는 방법이나 특정한 기술을 연습하는 데 초점을 맞춘다. 파트 리뷰 활동은 배경 지식을 생략하는 대신 좀 더 실무와 실제 시험에 초점을 맞춘다. 배경 지식을 생략한다는 것은 당신 스스로 지식과 기술을 훈련해야 한다는 것을 의미한다. 그 결과로 당신의 약점을 찾아내게 된다. 약점을 찾을수록 해당 영역에서 놓쳤던 부분을 배우며, 당신의 약점이 드러날수록 시험을 더 확실히 준비할 수 있게 한다.

파트 리뷰 섹션은 챕터 리뷰에서 사용한 것에 추가적으로 다음과 같은 툴들을 사용한다.:

- 마인드 맵
- PCPT에 의한 파트 리뷰 문제
- 실습

또한 책의 각 부분에 끝낼 목표 날짜를 설정하는 것(보상과 함께)도 고려할 만하다. 휴식을 계획하고, 가족과 시간을 갖거나 운동을 하거나 좋은 음식을 먹는 등 원기를 북돋우고 다음 파트를 위한 동기 부여가 될 수 있는 것이면 무엇이든지 하도록 한다.

단계④ 스킬을 다듬고 약점을 찾기 위해 최종 리뷰 챕터를 활용하라

단계④는 하나의 종합적인 작업이다. 이 책의 끝부분으로서 이 책을 끝내고 시험을 보기 전 무엇을 할지 알려주는 37장 '최종 리뷰'의 제시 항목들을 따르도록 한다.

‘최종 리뷰’ 장에는 두 가지 주요 목표가 있다. 첫째, 시험에서 더 복잡한 질문에 답변할 수 있도록 분석적인 기술을 개발하도록 한다. 개념, 구성, 검증 및 장애 해결에 대한 아이디어를 연결해야 많은 문제를 풀 수 있다. 시험에 가까워 질수록 책을 덜 읽고, 다른 학습 활동을 더 추가해야 한다. 이 장은 이 기술을 더 개선하기 위한 활동을 제공한다.

또한 ‘최종 리뷰’ 장은 취약 부분을 찾도록 돕는다. 즉, 높은 단계의 시험 문제를 반복하게 하고, 지식의 공백을 인식하게 한다. 대부분 문제들은 실제 시험에서 보통 사람들이 겪는 함정을 피할 수 있도록, 가장 일반적인 실수와 오해에 대한 당신의 지식을 테스트하도록 의도적으로 고안되었다.

단계⑤ 목표를 정하고 진행 상황을 추적하라

다섯 번째 학습 계획은 전체 학습 시간에서 단계별 소요 시간에 대한 것이다. 책 읽기를 시작하고, 나머지 학습 과제를 수행하기 전에, 시간대별 계획을 정하고, 특정 목표를 정하고, 진행 상황을 추적할 준비를 해야 한다.

당신의 성격에 따라, 과제 리스트를 만드는 것이 당신에게 맞을 수도 아닐 수도 있지만 목표 설정은 시험을 위해 공부하는 사람에게는 분명 도움이 된다. 그리고 목표 설정을 위해서, 당신이 해야 할 일이 무엇인지 알 필요가 있다.

> 📝 **NOTE** 이것을 읽고 시험 공부를 넘어 더 나은 목표 설정을 하기로 결심했다면 네트워킹 계획에 대해 내가 쓴 다음 블로그 시리즈를 확인한다. http://blog.certskills.com/ccna/tag/development-plan/.

학습할 때 할 일의 목록을 위해, 자세한 작업 목록을 사용할 필요가 없다(각 장의 끝 부분의 챕터 리뷰마다 단 하나의 할 일, 파트 리뷰마다 가능한 모든 할 일, 최종 리뷰 장에 대한 가능한 모든 할 일을 목록화할 수 있다). 그러나 주된 할 일 목록만으로도 충분하다.

각 장에서 적어도 2개의 할 일을 추적해야 한다: ‘핵심 주제’ 섹션을 읽고, 장의 마지막에서 리뷰를 수행하는 것이다. 그리고 물론 파트 리뷰와 최종 리뷰의 할 일을 잊지 말아야 한다. [표 1]은 이 책의 Part I에 대한 샘플이다.

특징	이전 방식		앱
Chapter 1	핵심 주제 읽기		
Chapter 1	챕터 리뷰하기		
Chapter 2	핵심 주제 읽기		
Chapter 2	챕터 리뷰하기		
Chapter 3	핵심 주제 읽기		
Chapter 3	챕터 리뷰하기		
Part 1 리뷰	파트 리뷰 활동		

[표 1] 계획표의 예

당신의 학습을 관리하기 위한 수단으로 목표 날짜를 사용하도록 하고, 날짜를 어겼을 경우 낙담하지 않도록 한다. 목표를 정할 때는 목차에서 표시한 각 장의 '핵심 주제' 섹션의 길이와 당신이 읽는 속도를 고려해야 한다. 그리고 할 일을 계획보다 빨리 마쳤을 때 다음의 목표 날짜로 이동한다.

만약 며칠을 지났더라도, 장의 끝 부분에 포함된 할 일을 생략하지 말기 바란다. 대신에 실생활, 약속 등 무엇이 당신의 스케줄에 영향을 미쳤는지 생각해 보고, 목표 날짜를 조정하거나 학습량을 조금 줄이도록 한다.

∷ 첫 장을 시작하기 전 할 일

이제 이 책의 훌륭한 학습 계획에 대해 목적을 이해하고 몇 가지 도움이 될 부수적인 행위에 대해 몇 분 간 생각해 보자. 이 섹션을 넘기기 전에 책의 적정한 시작을 위해 당신이 지금 혹은 첫 번째 몇 장을 읽는 시간 동안 다른 해야 할 일을 찾아보도록 한다.

웹과 DVD의 리뷰 활동을 찾아보라

이 책의 이전 판에서는 장별 리뷰 활동과 DVD의 PDF 부록을 사용했었다. 어떤 활동은 PCPT 테스팅 소프트웨어에 의존한다.

이번 판은 전형적인 학습 기능 대신 거대 앱 세트를 제공하는 첫 번째 시스코 인증 가이드이다. '새로운 중요한 기능: 리뷰 애플리케이션'이라는 제목의 소개 섹션은 애플리케이션들의 주요 특징들을 자세히 다룬다.

나는 리뷰 앱을 찾고 탐색하기 위해 책의 동반자 웹 사이트로 가보길 권한다. 또한 DVD를 켜고 그 곳에서 리뷰 앱을 찾아봐라. 어쨌든 이 앱은 장별로, 파트별로 리뷰를 구성할 수 있게 한다.

이 책은 여기서 설명하는 전통적인 리뷰 방법뿐만 아니라 경우에 따라 적절한 PDF 부록까지도 포함한다. 예를 들어, 모든 서브네팅 연습은 앱에서 할 수 있고 동일한 연습이 부록의 DVD에도 들어 있어 더 좋은 것을 선택하면 된다.

두 개의 시험을 볼 것인가 하나의 시험만 볼 것인가?

당신은 이 결정을 당장하지 않고 공부하면서 그에 관해 더 생각해 볼 수 있다.

CCNA 라우팅과 스위칭 자격증을 획득하기 위해 당신은 1개 시험 경로 혹은 2개 시험 경로를 선택할 수 있다. 어떻게 할 것인가? 다음은 수 년간 독자와의 대화를 기초로 한 나의 견해이다. 만약 다음과 같다면 당신은 1개 시험 경로를 고려할 수 있다.

- 이전의 경험이나 학습을 통해 이미 주제의 반 이상을 잘 알고 있다.
- 셀프-스터디를 통해 당신이 뛰어나다는 것을 증명하였다.

그렇지 않다면 내 의견으로는 당신은 2개의 시험 경로를 거치는 것이 더 좋을 것이다. 먼저, 하나의 시험 경로를 거친다고 비용이 줄어들지 않는다. 여러분이 속한 국가의 ICND1, ICND2, 그리고 CCNA 시험 비용을 먼저 체크하고 비교해 봐라. 첫 번째 도전에서 시험을 패스했다고 가정한다면, 비용은 ICND1 + ICND2 경로와 CCNA 경로가 동일하다. 혹은 당신이 각각의 시험을 한 번씩 실패했다고 가정해도 비용은 동일하다.

다음, 주제(topic)의 수를 고려해 보자. 콘텐츠 관점에서 볼 때, CCNA = ICND1 + ICND2. 즉, 두 가지 경로는 같은 내용을 배운다.

다음으로 학교에서 했던 것을 생각해 보자. 학기별 기말 고사를 치는 것과 1년 단위의 시험 중 무엇이 나을까? 시험 범위가 너무 넓다면, 시험 준비는 더 힘들 것이므로 2개 시험 경로가 장점이 있다.

마지막으로 2개 시험 경로를 주장하는 가장 강력한 이유는 당신은 아마 아직 시스코를 경험하지 않았을 거란 것이다. 나는 당신의 커리어 동안에 다수의 시스코 시험을 합격하기를 바란다. 2개 시험 경로는 더 빨리 시험을 칠 수 있게 하고, 학습 툴보다도 시험 경험을 통해 시험에 대한 더 많은 것을 배울 수 있게 한다.

다행히도 당신은 지금 결정할 필요가 없다. 사실, 당신은 전체 ICND1 책을 학습할 것이고 그러는 동안 계속 CCNA R&S를 2개 시험 경로를 할 것인지, 1개 시험 경로를 거칠 것인지 숙고할 수 있다. 그 시점에서 당신은 어느 경로가 당신에게 더 적합한지 적정한 결정을 내릴 수 있다.

200-125 CCNA 시험을 치르는 학습 옵션

2개 시험 경로를 공부하고 ICND1 시험을 위해서 ICND1 책을, ICND2 시험을 위해서 ICND2 책을 사용하는 것이 확실한 접근 방법이다. 아주 간단하다.

만약 당신이 200-125 CCNA R&S 시험을 볼 계획이라면 두 개의 학습 옵션이 있다. 먼저, 명확히 할 것은 200-125 CCNA R&S 시험은 ICND1과 ICND, 두 권의 책을 혼합한 주제를 다룬다. 그러므로 ICND1과 ICND2, 두 권의 책을 사용하면, 200-125 CCNA R&S 시험의 모든 것을 포함한다. 유일한 문제는 두 권을 읽는 방식이다. 당신은 두 가지 합리적인 옵션을 가진다:

- ICND1 책을 모두 끝낸 후 ICND2 책으로 넘어간다.
- [그림 5]와 같이 주제에 따라, 파트별로 ICND1과 ICND2 책을 이동하며 본다.

첫 번째 옵션은 매우 명확하고, 두 번째 것은 약간 애매하다. [그림 5]는 ICND1에서 이더넷 영역을 끝내고, ICND2의 이더넷 영역을 하는 학습 계획을 보여준다. 마찬가지로 ICND1과 ICND2에서 IPv4 영역을 끝내고, 두 책에서 IPv6를 학습한 다음, 두 책의 마지막 영역을 끝낸다.

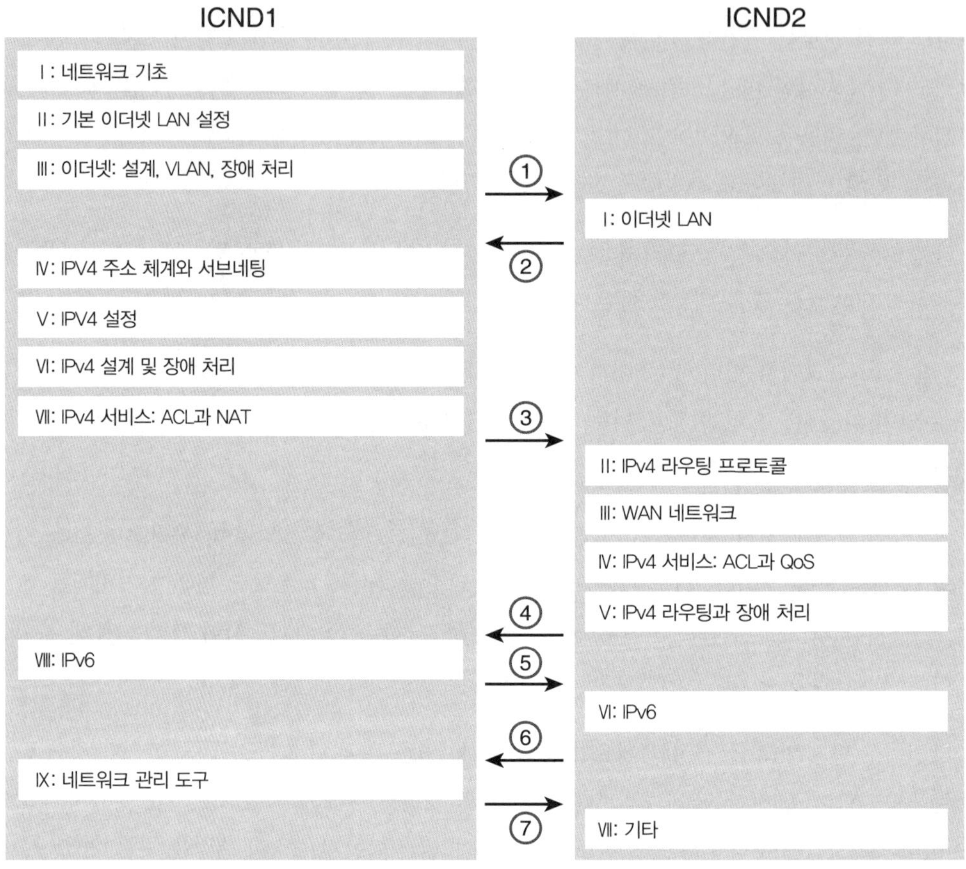

[그림 5] *CCNA 번갈아 학습하기: 파트에 따라 이동*

개인적으로 나는 ICND1을 완벽히 끝낸 후 ICND2로 넘어가는 것을 좋아한다. 그러나 만약 이미 많은 경험을 했다면 두 권을 번갈아 이동하는 학습 방식이 더 적합할 것이다.

시작 전 해야 하는 기타 할 일들

소프트웨어를 설치하고, PDF를 찾아보는 등 몇 가지 부수적인 할 일이 있다. 지금 할 수도 있고 첫 장을 학습하는 동안 잠시 쉬는 시간을 활용해 할 수도 있다. 그러나 초기에 해야 한다. 설치를 하다가 문제가 생길 경우 특정한 도구가 필요하기 전에 이 문제를 해결할 시간을 얻을 수 있다.

시스코 러닝 네트워크(CLN, http://learningnetwork.cisco.com)에 (무료로) 등록을 하고 CCENT/CCNA R&S 스터디 그룹에 가입해라. 이 그룹에서 ICND1 시험, ICND2 시험, 그리고 CCNA R&S 시험과 관련된 주제에 대한 토론을 함께 할 수 있다. 등록하고 그룹에 가입한 후, 별도의 폴더에 메시지를 저장하도록 이메일 필터링을 설정한다. 만약 아직 모든 포스트를 읽어 보지 않았다면, 흥미로운 주제를 찾기 위해 게시물을 검색하거나 CLN 웹 사이트에서 게시물을 찾아볼 수 있다.

이 책의 소개 부분의 '이 책의 전자 자료를 얻는 방법' 섹션에서 설명된 대로, 이 책의 전자 자료를 탐색해 보아라. 이것은 PCPT와 SIM 라이트 소프트웨어의 설치를 포함한다.

또한 소개 영역에서 안내한 나의 블로그 사이트를 찾아 보고, 나중에 편리하게 학습할 수 있도록 Config LAB 페이지를 북마크를 하도록 한다(http://blog.certskills.com/ccent/category/hands-on/config-lab).

∷ 시작하기: 지금

이제 다수의 짧고, 관리 가능한 할 일들 중 첫 번째에 뛰어들자. 상대적으로 짧은 1장을 읽어 보자. 즐겨라!

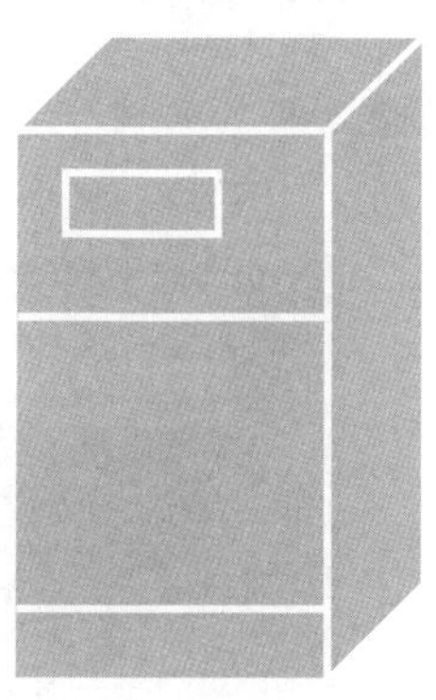

:: PIT에 접속하는 법

❶ 부록 DVD를 실행한 후(자동 실행 또는 start.exe 클릭) 우측 상단의 PRACTICE EXAMS를 클릭하면 우측 상단에서 'Install Practice Exam' 하단의 WINDOWS와 WINDOWS XP를 선택할 수 있다. 운영체제에 맞게 선택하면 피어슨 IT 모의 테스트 엔진 설치 마법사가 실행된다.

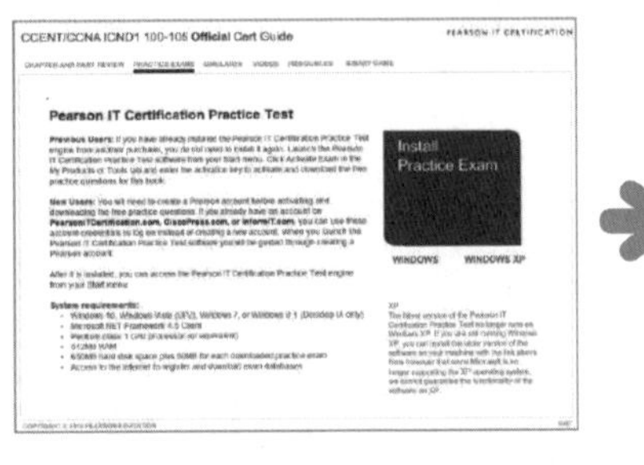
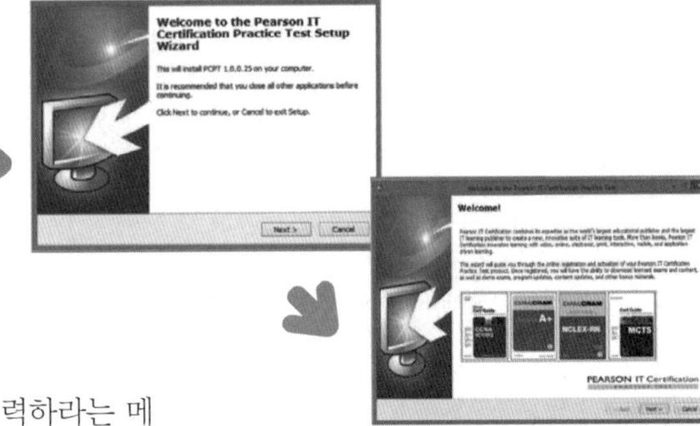

❷ 설치를 진행하면 아이디와 패스워드를 입력하라는 메시지가 뜬다. 피어슨 IT 인증 사이트(http://www.pearsonitcertification.com)에 기존 회원이 아니라면 계정 만들기 기능(create an account)으로 간단한 이메일 아이디와 패스워드, 영문 이름과 성을 입력하면 만들어진다.

❸ 피어슨 IT 인증 사이트(http://www.pearsonitcertification.com)에서 formats 〉 Practice Tests 하단에 'Access the online platform'을 클릭하면 로그인 아이디를 묻는다.

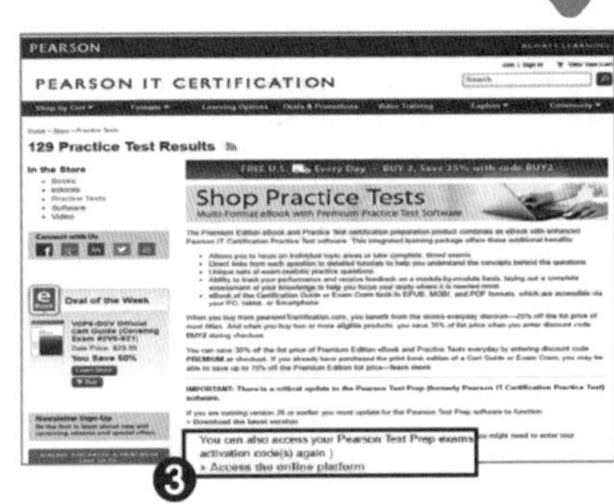

❹ 하단의 'Exams'를 클릭하면 Activation code 입력 화면이 나온다.

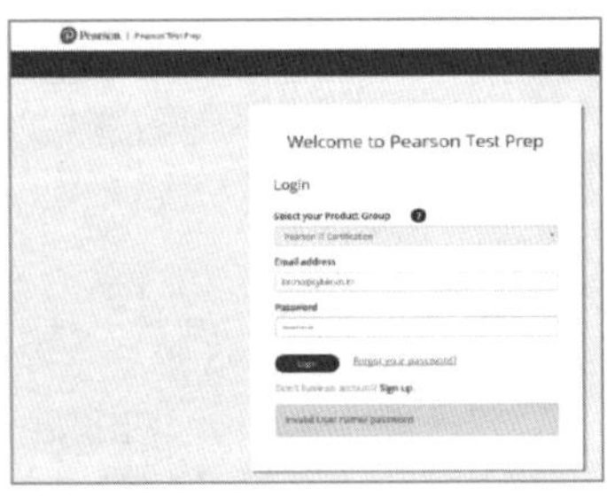
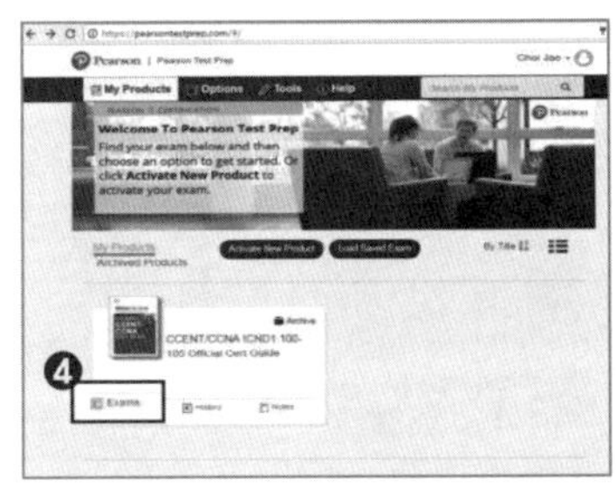

❺ 부록 DVD 패키지 안의 설명서에 인쇄된 Activation code를 입력한다.

❻ 문제에 접속하여 풀어본다.

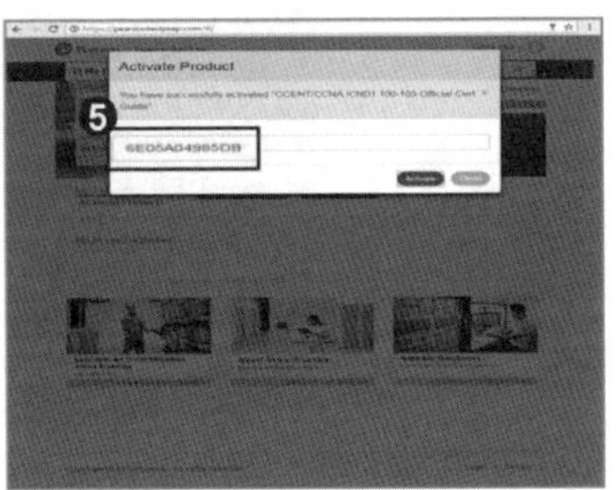
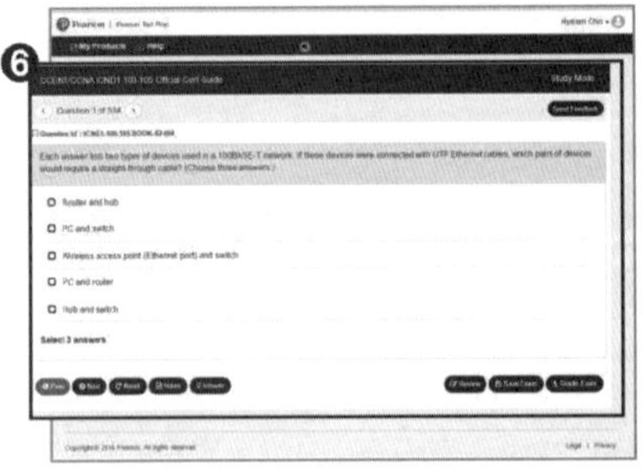

CCENT/
CCNA

ICND1 100-105

이 책의 첫 번째 Part는 TCP/IP 네트워킹에서 가장 중요한 주제들을 소개한다. 1장은 일반적인 용어들, 큰 개념들, TCP/IP를 위한 주요 프로토콜들을 포함하여 TCP/IP 네트워크에 대한 광범위한 시야를 제공한다. 2장에서 5장은 다음과 같이 TCP/IP, 하나의 영역에 대해 보다 깊이 있게 각 항목을 다룬다.

2장은 가까운 장치들 간의 링크에 초점을 맞춘다(LAN 혹은 local-area network).

3장은 멀리 떨어진 장치들 간의 링크에 초점을 맞춘다(WAN 혹은 wide-area network).

4장은 2~3장의 LAN과 WAN 링크에서 사용자 장치에서 다른 장치로 데이터를 보내기 위한 IP 라우팅에 초점을 맞춘다.

5장은 네트워크에서 데이터 전송 방식과 애플리케이션들이 네트워크와 접점을 구성하는 방식 등 네트워크의 사용자 단말에서 일어나는 일에 초점을 맞춘다.

이러한 장들 중에서, 이 책은 2장(LAN)과 4장(IP 라우팅)을 보다 자세히 다룬다.

Part I

네트워크 기본

Chapter 1: TCP/IP 네트워킹 소개

Chapter 2: 이더넷 LAN 기초

Chapter 3: WAN 기초

Chapter 4: IPv4 주소와 라우팅 기초

Chapter 5: TCP/IP 트랜스포트와 애플리케이션 기초

Part I 리뷰

Chapter 1
TCP/IP 네트워킹 소개

이 장은 다음 시험 주제를 다룬다.

1.0 네트워크 기초

1.1 OSI와 TCP/IP 모델 비교

1.2 TCP와 UDP 프로토콜 비교

CCENT와 CCNA 학습을 위한 첫 번째 장에 들어온 것을 환영한다. 이 장은 네트워킹의 기초에 초점을 맞춘 Part I의 첫 번째 장이다. 모든 네트워크 장치들이 따르는 네트워킹 규칙들에 대한 큰 그림을 제공하는 모델들에 대한 토론으로 시작해보자.

네트워킹 모델은 집을 지을 때의 설계 계획과 같다. 구조 기술자, 전기 기술자, 벽돌공, 도장공 등 집을 지을 때는 수많은 사람들이 일을 한다. 설계도는 집의 다양한 조각들을 하나로 조립할 수 있도록 한다. 마찬가지로 네트워킹 제품을 만드는 사람들과 컴퓨터 네트워크를 구축하기 위해 그러한 제품들을 사용하는 사람들도 특별한 네트워킹 모델을 따른다. 네트워킹 모델은 네트워크의 각 Part가 어떻게 동작해야 하는지뿐만 아니라 이러한 파트들이 어떻게 조화를 이루어야 하는지에 대한 규칙을 정하여 네트워크가 통합적으로 적정하게 동작하도록 한다.

CCNA 시험은 TCP/IP(Transmission Control Protocol/Internet Protocol) 모델을 자세하게 다룬다. TCP/IP는 네트워킹 역사상 가장 광범위하게 사용된 네트워킹 모델이다. 모바일 폰에서 메인프레임 컴퓨터에 이르기까지, 현존하는 모든 컴퓨터 OS(Operating System)는 TCP/IP를 지원한다. 시스코 제품을 사용하여 구축된 네트워크들도 TCP/IP를 지원한다. 당연한 말이지만 TCP/IP는 CCNA R&S 시험에서도 매우 중요하게 다루어진다.

또한, 이 시험은 TCP/IP와 두 번째 중요한 네트워킹 모델인 OSI(Open Systems Interconnection) 모델과의 비교를 포함한다. 역사적으로, OSI는 벤더 중립적인 네트워킹 모델을 수립하는데 가장 중요한 역할을 했다. OSI 모델에서 시작된 오늘날의 수많은 네트워킹 용어를 이 장의 OSI 관련 섹션에서 다룬다.

QUIZ 사전 점검 퀴즈

이 장의 학습을 위해 필요한 시간을 가늠하기 위해 시험(이 페이지나 PCPT 소프트웨어를 사용 가능)을 보기 바란다. 정답은 퀴즈 다음 페이지의 아랫 부분에 나와 있고, 설명은 DVD 부록 C와 PCPT 소프트 웨어에 있다.

핵심 주제 섹션	문제
네트워킹에 대한 이해	–
TCP/IP 네트워킹 모델	1-6
OSI 네트워킹 모델	7-8

[표 1-1] 사전 점검 퀴즈의 핵심 주제와 문제

1. 다음 프로토콜들 중 TCP/IP 트랜스포트 계층 프로토콜들은? (2개를 선택할 것)

    a. Ethernet

    b. HTTP

    c. IP

    d. UDP

    e. SMTP

    f. TCP

2. 프로토콜들 중 TCP/IP 데이터링크 계층 프로토콜들은? (2개를 선택할 것)

    a. Ethernet

    b. HTTP

    c. IP

    d. UDP

    e. SMTP

    f. TCP

    g. PPP

3. HTTP 프로세스는 TCP로 하여금 데이터를 보내고 정확하게 수신하였는지 확인하도록 하는데 이 예에 속하는 것은?

    a. 동일 계층 간 상호 작용(Same-layer interaction)

    b. 인접 계층 간 상호 작용(Adjacent-layer interaction)

    c. OSI 모델

    d. 상기의 모든 설명이 정확함.

4. 송신 컴퓨터가 한 TCP 세그먼트를 세그먼트 1번으로 표시하고, 수신 컴퓨터는 TCP 세그먼트 1번을 수신하였음을 확인한다. 이 예에 속하는 것은?

   a. 데이터 인캡슐레이션(Data encapsulation)

   b. 동일 계층 간 상호 작용(Same-layer interaction)

   c. 인접 계층 간 상호 작용(Adjacent-layer interaction)

   d. OSI 모델

   e. 상기의 모든 설명이 정확함.

5. 웹 서버는 웹 페이지 내용에 TCP 헤더를 추가하고, 다음으로 IP 헤더를 추가하고, 다음으로 데이터 링크 헤더와 트레일러를 추가한다. 이 예에 속하는 것은?

   a. 데이터 인캡슐레이션(Data encapsulation)

   b. 동일 계층 간 상호 작용(Same-layer interaction)

   c. 인접 계층 간 상호 작용(Adjacent-layer interaction)

   d. OSI 모델

   e. 상기의 모든 설명이 정확함.

6. 데이터를 데이터 링크 헤더와 트레일러로 인캡슐레이션하여 생성된 데이터 단위는?

   a. 데이터(Data)

   b. 청크(Chunk)

   c. 세그먼트(Segment)

   d. 프레임(Frame)

   e. 패킷(Packet)

7. 어떤 OSI 계층이 논리적인 네트워크 주소 체계와 라우팅 기능을 정의하나?

   a. 계층(Layer) 1

   b. 계층(Layer) 2

   c. 계층(Layer) 3

   d. 계층(Layer) 4

   e. 계층(Layer) 5, 6 또는 7

8. 어떤 OSI 계층이 케이블링과 커넥터에 대한 표준을 정의하나?

   a. 계층(Layer) 1

   b. 계층(Layer) 2

   c. 계층(Layer) 3

   d. 계층(Layer) 4

   e. 계층(Layer) 5, 6 또는 7

∷ TCP/IP 네트워킹 모델

네트워킹 모델은 간혹 네트워크 구성 방식(architecture) 또는 다양한 문서로 구성된 네트워킹 설계도로 불린다. 각 문서는 네트워크에 필요한 구체적인 기능들을 설명하고, 전체적으로는 컴퓨터 네트워크가 제대로 작동하는 데 필요한 모든 것을 정의한다. 예를 들어, 어떤 문서는 데이터 전송을 위해 특정 케이블에서 사용되는 전압과 전류 레벨을 정의한다.

집을 짓기 위한 설계도가 네트워킹 모델에 해당한다고 생각할 수 있다. 물론, 설계도 없이 집을 지을 수도 있다. 그러나 설계도는 집이 적정한 기초와 구조를 가져 무너지지 않도록 하고 배관, 전기, 가스 등을 수용할 수 있는 공간의 효율적인 배치를 가능하게 한다. 또한 집을 짓는 사람들 즉, 구조 기술자, 전기 기술자, 벽돌공, 도장공이 설계도를 활용한다면, 각자의 독립적인 부분 작업들이 다른 작업 참여자의 작업에 문제를 일으키지 않을 것이다.

네트워크 구축 시에 소프트웨어나 네트워크 카드와 같은 하드웨어 장치를 직접 개발할 수도 있다. 그러나 집을 지을 때와 마찬가지로 적정한 네트워킹 설계 모델에 따라 설계 요구 조건을 충족하는 제품을 구입하여 네트워크를 구축하는 편이 훨씬 쉬울 것이다. 네트워킹 제품의 공급 업체들이 네트워킹 모델에 따라 제품을 만들기 때문에 상호 호환에는 문제가 없다.

TCP/IP 역사

오늘날 컴퓨터 네트워킹 세계는 TCP/IP라는 단 하나의 네트워킹 모델만 사용한다. 그러나 컴퓨터 네트워킹 세계가 그리 단순한 것은 아니다. TCP/IP와 같은 네트워킹 모델이 존재하지 않았던 때에는 공급 업체들은 자신들을 위한 첫 번째 네트워킹 프로토콜들을 만들었다. 예를 들어, IBM은 1974년에 SNA(Systems Network Architecture)라는 네트워킹 모델을 발표했다. 다른 공급 업체들도 자신들만의 고유한 네트워킹 모델들을 개발했다. 결과적으로 당신의 회사가 세 개의 공급 업체로부터 컴퓨터들을 도입했다면 네트워크 엔지니어들은 각 공급 업체가 만든 네트워킹 모델에 기초한 세 개의 다른 네트워크들을 구성하고 이러한 네트워크들을 연동하는 과정에서 네트워크들은 더욱 복잡해진다. [그림 1-3]의 왼쪽 그림은 TCP/IP가 기업 네트워크에 일반적으로 적용되기 전인 1980년 대, 기업 네트워크의 일반적인 구성을 보여준다.

[그림 1-3] 공급 업체 고유의 모델에서 TCP/IP 모델로의 진행 역사

공급 업체가 정의한 고유의 모델들은 잘 동작한다 하더라도 개방된 표준 네트워킹 모델은 경쟁을 촉진할 뿐만 아니라 복잡성마저 줄여준다. ISO(International Organization for Standardization)는 1970년대 후반부터 OSI(Open Systems Interconnection) 네트워킹 모델과 같은 표준 모델을 개발해왔다. ISO의 OSI 모델은 전 세계 모든 컴퓨터들 간의 통신을 가능하게 하는 데이터 네트워킹 프로토콜들을 표준화하는 중요한 목적을 갖는다. ISO는 이 야심차고 중요한 목적을 위해 많은 기술 선진국들의 참여자들과 함께 일하고 있다.

표준이며 공급 업체 중립적이며 공적인 네트워킹 모델을 만들기 위한 노력은 덜 공식적인 미국방부에서 출발했다. 또한 다양한 대학의 연구자들은 원래의 국방부가 고안한 프로토콜들을 개선하기 위해 자발적인 노력을 해왔다. 이러한 노력의 결과, TCP/IP라는 경쟁력 있는 개방형 네트워킹 모델이 탄생했다.

1990년대에 회사들은 OSI, TCP/IP 또는 양자 모두를 네트워크에 추가하기 시작했다. 그러나 1990년 말까지 TCP/IP는 가장 일반적인 모델이 된 반면 OSI는 서서히 사라졌다. [그림 1-3]의 중간 그림은 TCP/IP도 보이지만 여전히 다수의 네트워킹 모델들이 남아있는 1990년대의 기업 네트워크를 보여준다.

21세기 현재는 TCP/IP가 지배하는 세상이다. 공급 업체 고유의 네트워킹 모델들이 여전히 존재하기 하지만, TCP/IP 선호 경향 때문에 고사 위기에 있다. TCP/IP와 비교하여 공식적 표준화의 진행 속도가 느린 OSI 모델은 시장에서 성공적이지 못했다. 그리고 처음부터 거의 자발적인 노력으로 만들어진 TCP/IP 네트워킹 모델은 [그림 1-3]의 오른쪽 그림처럼, 네트워크 모델 중 오늘날 가장 널리 사용하게 되었다.

이 장에서 TCP/IP의 기본에 대해 배울 것이다. TCP/IP에 대해 흥미로운 면들을 배우겠지만, 이 장의 진정한 목적은 네트워킹 모델 또는 네트워킹 아키텍처가 무엇인지 또한 어떻게 동작하는지에 대해 이해하는 것이다.

TCP/IP 네트워킹 모델 개요

TCP/IP 모델은 컴퓨터들 간의 통신을 위해 정의되는 프로토콜들의 거대한 집합체를 정의하고 설명한다. 프로토콜을 정의하기 위해 TCP/IP는 RFC(Request For Comments)라 불리는 문서를 사용한다(온라인 검색 엔진에서 RFC 문서들을 찾을 수 있다). 또한 TCP/IP 모델은 몇몇 다른 표준 단체나 공급 업체 컨소시엄에서 만든 표준이나 프로토콜들을 참조하도록 하기 때문에 중복 노력을 방지한다. 예를 들어, IEEE(Institute of Electrical and Electronic Engineers)는 이더넷 LAN을 정의한다. TCP/IP 모델은 RFC 문서에서 이더넷을 정의하지는 않지만 IEEE 이더넷을 옵션으로 참조하도록 한다.

네트워킹 모델에서 정의하는 프로토콜의 필요성을 설명하는 쉬운 비유가 TCP/IP를 사용하는 전화와 컴퓨터에도 가능하다. 수십 개의 공급 업체 중 하나에서 전화기를 구입하면 예전 전화기가 사용했던 전원 케이블로 새 전화기를 연결해도 잘 작동한다. 이것은 전화기 공급 업체가 각국의 표준을 준수하여 전화기를 만들기 때문이다.

마찬가지로 새로운 컴퓨터를 구입하여 적정한 케이블로 전원을 연결하여 컴퓨터를 켜고 네트워크에 연결하면, 웹 브라우저를 이용하여 원하는 웹 사이트에 접속할 수 있다. 어떻게 그것이 가능할까? 컴퓨터 상의 OS가 통신 기능을 정의한 TCP/IP 기능을 수행하고 컴퓨터에 장착된 이더넷 랜 카드 또는 무선 랜 카드도 TCP/IP 모델의 랜 표준에서 규정하는 기능을 수행하기 때문이다. 즉, 공급 업체가 TCP/IP를 수행하는 하드웨어와 소프트웨어를 만들었기 때문이다.

네트워킹 모델을 이해하기 위해 각 모델은 다수의 계층들로 기능들을 분할한다. 각 계층은 기능을 정의하는 관련한 프로토콜들과 표준을 포함한다. TCP/IP는 실제로 [그림 1-4]에서 보는 바와 같이 두 개의 모델을 가진다.

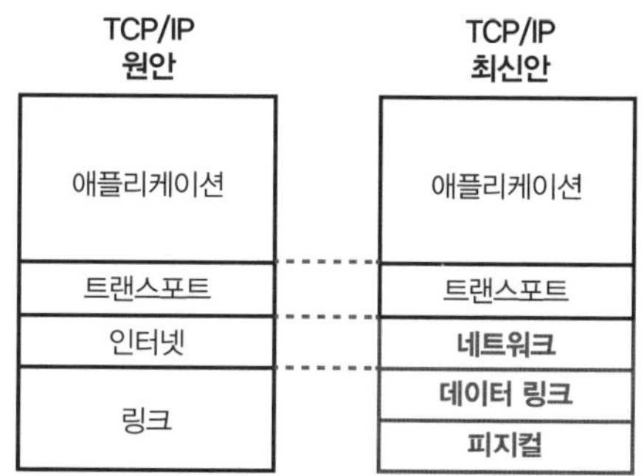

[그림 1-4] 두 개의 TCP/IP 네트워킹 모델

[그림 1-4]의 왼쪽 그림은 RFC 1122에 기록된 TCP/IP 모델인데 4개의 계층으로 구분된다. 맨 위 두 계층은 데이터를 송수신하기 위해 필요한 애플리케이션에 초점을 둔다. 맨 아래 계층은 개별 링크로 비트(bit) 신호들에 대한 송신 방식에 초점을 둔다. 인터넷 계층은 출발지의 송신 컴퓨터에서 목적지의 수신 컴퓨터까지의 전체 경로에서 데이터를 전달하는 데 초점을 둔다.

오른쪽 그림의 TCP/IP 모델은 TCP/IP 원안보다 일반적인 계층 구성과 용어를 보여준다. 원안 모델의 링크 계층은 두 개의 계층 즉, 데이터 링크와 피지컬 계층으로 분리되었다(OSI 모델의 하위 2계층과 유사함). 또한 3계층에서 '인터넷' 대신 '네트워크'라는 용어를 사용한다.

> **NOTE** 원래 TCP/IP 모델의 링크 계층은 네트워크 액세스(network access)와 네트워크 인터페이스(network interface) 계층이라고도 부른다.

대다수의 사람들은 [표 1-2]와 같은 다양한 TCP/IP 프로토콜들에 대해 들어보았을 것이다. [표 1-2]의 프로토콜들과 표준들은 이 책에서 보다 자세히 설명할 것이다. 지금부터 TCP/IP 모델의 계층들에 대해 자세히 알아보자.

TCP/IP 계층	프로토콜 예
애플리케이션	HTTP, POP3, SMTP
트랜스포트	TCP, UDP
인터넷	IP
링크	이더넷, PPP(Point-to-Point Protocol), T1

[표 1-2] TCP/IP 구성 모델과 프로토콜 예

TCP/IP 애플리케이션 계층

TCP/IP 애플리케이션 계층의 프로토콜들은 컴퓨터에서 동작하는 애플리케이션 소프트웨어에 서비스를 제공한다. 애플리케이션 계층은 애플리케이션 그 자체를 정의하는 것이 아니라 애플리케이션들이 요구하는 서비스들을 정의한다. 예를 들어, 애플리케이션 프로토콜 중 HTTP는 웹 브라우저가 어떻게 웹 서버로부터 웹 페이지를 가지고 올 것인지를 정의한다. 즉, 애플리케이션 계층은 컴퓨터에서 동작하는 소프트웨어와 네트워크 사이의 인터페이스를 제공한다.

가장 일반적인 TCP/IP 애플리케이션은 웹 브라우저다. 대다수의 소프트웨어 공급 업체들은 웹 브라우저로부터 접속하기 위한 애플리케이션 소프트웨어를 계속 개선하고 있으며 결과적으로 웹 브라우저는 사용하기 매우 쉽다. 즉, 컴퓨터에서 웹 브라우저를 열고 접속할 웹 사이트의 이름을 입력하면 웹 페이지가 보인다.

HTTP 개요

웹 페이지가 웹 브라우저에 보일 때 실제로는 무슨 일이 일어날까?

밥이 브라우저를 열었다고 가정하자. 그의 웹 브라우저는 웹 서버인 래리의 기본 웹 페이지 즉, 홈페이지를 요청하도록 설정되었다. 일반적인 과정은 [그림 1-5]와 같다.

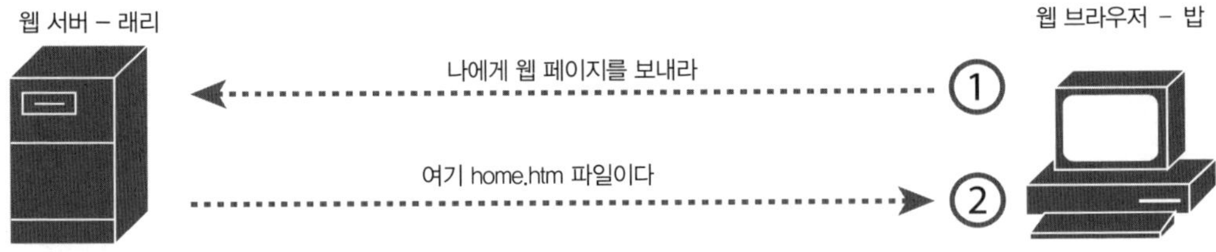

[그림 1-5] 웹 페이지를 받기 위한 기본적인 애플리케이션 논리

실제로 일어나는 일은 다음과 같다. 처음에, 밥은 래리에게 홈페이지를 보내도록 요청한다. 래리의 웹 서버 소프트웨어에는 기본 웹 페이지를 포함하는 파일 이름이 home.htm이라는 것을 안다. 밥은 래리로부터 이 파일을 받아서 밥의 웹 브라우저 창에 파일의 내용을 보여 준다.

HTTP 프로토콜 동작 원리

이 예를 보다 자세히 살펴 보면, 각 사용자 컴퓨터 상의 애플리케이션(구체적으로 웹 브라우저 애플리케이션과 웹 서버 애플리케이션)은 TCP/IP 애플리케이션 프로토콜을 사용하고 있음을 보여 준다. 웹 페이지를 요청하고 웹 페이지의 내용을 받기 위해 HTTP(Hypertext Transfer Protocol)를 사용한다.

HTTP는 팀 버너스 리(Tim Berners-Lee)가 1990년대 초에 첫 번째 웹 브라우저와 웹 서버를 개발할 때 만들어졌다. 팀 버너스 리는 HTTP에게 웹 페이지들을 요청하도록 했다. 즉, 웹 브라우저는 서버에게 파일을 요청하고, 서버는 요청된 파일들을 보내주는 방식을 정의했다. 전체적인 절차는 [그림 1-5]에서 본 것과 일치하며, [그림 1-6]에서 HTTP를 보다 구체적으로 설명한다.

> **NOTE** 대부분의 웹 주소(URL(Uniform Resource Locators), URL(Universal Resource Identifiers)이라고도 함)는 http (웹 페이지의 전송을 위해 사용되는 HTTP를 의미함)로 시작한다.

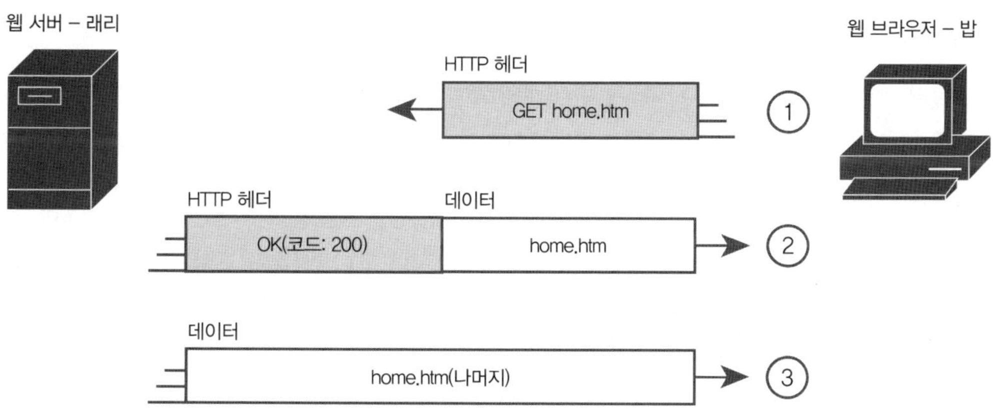

[그림 1-6] HTTP GET 요청, HTTP 응답, 데이터 메시지

단계① 에서 래리로부터 웹 페이지를 가져오기 위해 밥은 HTTP 헤더를 가진 메시지를 보낸다. 일반적으로 프로토콜들은 각 프로토콜이 사용하는 정보를 넣기 위한 장소로 헤더를 사용한다. 이 HTTP 헤더는 파일을 가져오기 위한 'get' 요청(request)을 포함한다. 이 요청 메시지는 파일의 이름(이 경우, home.htm)을 포함한다. 파일 이름이 없다면 웹 서버는 밥이 디폴트 웹 페이지를 요청한다고 가정한다.

단계② 는 [그림 1-6]에서 웹 서버인 래리로부터의 응답을 보여준다. 이 메시지는 HTTP 헤더에 포함된다. 이때 응답 코드(200)는 'OK' 상태를 표시한다. HTTP는 요청의 작동 여부를 브라우저에게 알려주기 위한 응답 코드들을 정의한다(예를 들어, 웹 페이지를 찾을 수 없다면 HTTP 에러 코드, 404('not found')를 수신한다). 또한, 두 번째 메시지는 요청된 파일의 첫 번째 부분도 포함한다.

단계③ 은 [그림 1-6]에서 웹 서버인 래리로부터 웹 브라우저인 밥에게 보내는 또 하나의 메시지를 보여준다. 그러나 여기에는 HTTP 헤더가 포함되지 않는다. HTTP는 전체 파일을 다수의 패킷들로 나누어 전송한다. 이때, HTTP 헤더들은 생략한다.

TCP/IP 트랜스포트 계층

다수의 TCP/IP 애플리케이션 계층 프로토콜이 존재하는 반면에, TCP/IP 트랜스포트 계층은 보다 적은 수의 프로토콜들을 포함한다. TCP(Transmission Control Protocol)와 UDP(User Datagram Protocol)는 가장 일반적으로 사용하는 트랜스포트 계층 프로토콜이다.

트랜스포트 계층 프로토콜들은 TCP/IP 모델에서 보다 높은 계층의 애플리케이션 계층 프로토콜들에게 서비스를 제공한다. 트랜스포트 계층 프로토콜은 보다 높은 계층의 프로토콜에게 어떤 서비스를 제공할까? 여기서는 TCP가 제공하는 오류 복구(error recovery) 서비스에 초점을 맞추고, 이후의 장들은 트랜스포트 계층에 대해 보다 자세히 설명할 것이다.

TCP 오류 복구(error recovery) 기초

트랜스포트 계층의 프로토콜들의 동작에 대해 알기 위해서 트랜스포트 계층의 상위 계층인 애플리케이션 계층에 대해 알아야 한다. 왜냐하면 TCP에 의해 애플리케이션 계층 프로토콜들에게 제공되는 오류 복구 서비스와 같이 각 계층은 상위 계층에게 서비스를 제공하기 때문이다.

예를 들어, [그림 1-5]에서 밥과 래리는 웹 서버인 래리로부터 밥의 웹 브라우저로 홈페이지를 전송하기 위해 HTTP를 사용했다. 그런데, 밥의 HTTP GET 요청 메시지가 TCP/IP 네트워크를 통과하면서 유실이 되면 어떻게 될까? 또는 홈페이지의 내용을 포함하는 래리의 응답 메시지가 유실되면 어떻게 될까? 어느 경우나 예측할 수 있는 바와 같이 밥의 브라우저에서 웹 페이지는 보이지 않을 것이다.

TCP/IP는 네트워크에서 데이터의 전송을 보장한다. 많은 애플리케이션 계층 프로토콜들이 네트워크를 통과하는 데이터의 전송을 보장받기를 원하기 때문에 TCP 개발자는 오류 복구 기능을 포함시켰다. 에러를 해결하기 위해 TCP는 확인(acknowledgment) 메시지를 활용한다. [그림 1-7]은 TCP가 어떻게 유실된 데이터를 인지하고 송신자에게 재전송을 요구하는 지를 설명한다.

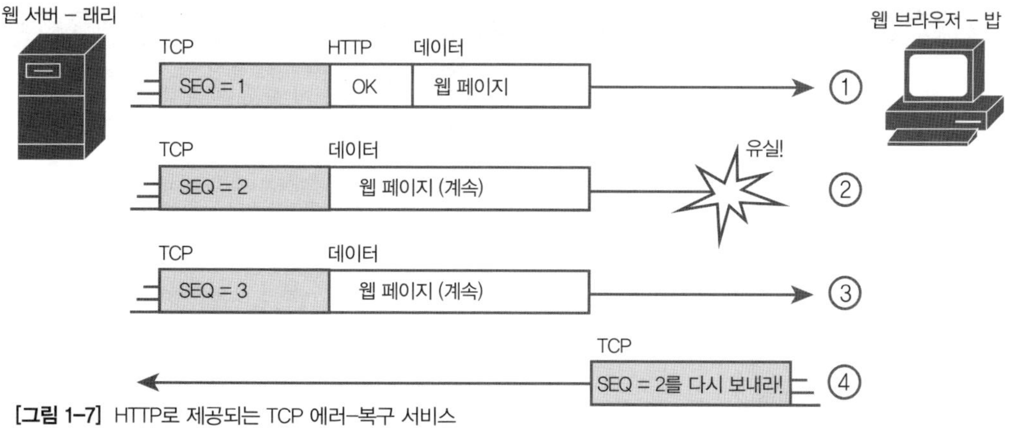

[그림 1-7] HTTP로 제공되는 TCP 에러–복구 서비스

[그림 1-7]에서 웹 서버인 래리가 웹 브라우저 밥에게 웹 페이지를 3개의 메시지로 보내고 있다. [그림 1-7]은 [그림 1-6]의 HTTP 헤더도 일부 보여주지만 TCP 헤더도 보여준다. TCP 헤더는 각 메시지의 SEQ(sequence number)[2]를 보여준다. 이 예에서 네트워크에 장애가 발생하여 네트워크는 순서 번호 2(SEQ = 2)로 표시되는 TCP 메시지(세그먼트라고 함)를 유실했다. 밥의 TCP 로직은 래리에게 유실된 메시지 2를 재전송할 것을 요청하는 TCP 세그먼트 (Acknowledgment 2)를 보낸다.

동일 계층간 동작(same–layer interaction)과 인접 계층간 동작(adjacent–layer interaction)

[그림 1-7]의 예는 컴퓨터 내부에서 네트워크 모델의 인접 계층간 동작과 기능을 설명한다. 이 예에서 보다 높은 계층의 프로토콜인 HTTP는 오류 복구 기능을 원하고 보다 높은 계층은 오류 복구 서비스를 위해 보다 낮은 계층의 프로토콜(TCP)을 사용한다. 보다 낮은 계층은 상위 계층에게 서비스를 제공한다.

[그림 1-7]은 또한 통신의 대상인 두 장치의 동일 계층간 동작을 설명한다. 한 컴퓨터에서 한 계층이 다른 컴퓨터 상의 동일 계층과 통신하기를 원할 때, 두 컴퓨터들은 그들이 통신할 때 필요한 정보를 포함하는 헤더를 활용한다. 예를 들어, [그림 1-7]에서 래리가 메시지에 순서 번호(SEQ = 1 또는 2 또는 3)를 표시하기 때문에 밥은 도착하지 않은 데이터를 확인할 수 있다. 래리의 TCP 프로세스는 순서 번호를 TCP 헤더에 포함시켰다. 밥의 TCP 프로세스는 TCP 세그먼트를 수신하고 TCP 세그먼트 유실 시 재전송을 요청한다.

[표 1-3]은 컴퓨터 내부에서의 인접(아래와 위) 계층간의 동작과 또 다른 컴퓨터 간의 동일 계층(예를 들어, 한 장치의 4계층과 다른 장치의 4계층)간의 동작을 요약한다.

---

[2] TCP를 상위 계층의 데이터를 잘라서 보내기 때문에 목적지 장치에서 다시 조립하기 위한 순서 번호(sequence number)가 헤더에 필요하다. 또한, TCP는 에러 복구 기능을 가지는데 이를 가능하게 하는 필드가 Acknowledgment number 필드다. TCP의 데이터 단위를 세그먼트(segment)라 하고 세그먼트를 수신한 수신 장치는 Acknowledgment를 보내 다음으로 받아야할 순서 번호의 세그먼트를 요청한다.

개념	설명
다른 컴퓨터들 간의 동일 계층간 동작	다른 컴퓨터의 동일 계층과 통신하기 위해 **프로토콜**(한 세트의 약속들)을 사용한다. 각 계층에서 정의되는 프로토콜은 헤더를 활용하여 각 컴퓨터가 수행하는데 필요한 정보를 교환한다. 송신 컴퓨터의 한 계층에서 추가된 헤더 정보는 수신 컴퓨터의 동일 계층에서 처리된다.
컴퓨터 내부의 인접 계층간 동작	컴퓨터 내부에서 한 계층은 보다 높은 계층에게 서비스를 제공한다. 소프트웨어나 하드웨어에서 보다 높은 계층은 다음으로 보다 낮은 계층에게 필요한 기능을 수행하도록 한다.

[표 1-3] 요약: 동일 계층과 인접 계층 간의 동작

TCP/IP 네트워크 계층

애플리케이션 계층은 다수의 프로토콜들을 포함하는 반면, 트랜스포트 계층은 보다 소수의 프로토콜들(TCP, UDP)을 포함한다. TCP/IP의 네트워크 계층은 단지 하나의 프로토콜 즉, IP(Internet Protocol)를 포함한다. 실제로 TCP/IP는 가장 많이 쓰이는 프로토콜(TCP와 IP)의 이름 두 개로 구성된다.

IP는 몇몇 기능들 중 가장 중요한 것은 주소화(addressing)와 라우팅(routing)이다. 여기서는 IP의 주소 체계와 라우팅을 또 하나의 가장 일반적인 우편 서비스의 주소 체계와 라우팅과 비교하여 설명한다. 다음으로 IP 주소 체계와 라우팅을 설명할 것이다(Chapter 4, 'IPv4 주소와 라우팅 기본'에서 자세히 다룬다).

인터넷 프로토콜과 우편 서비스

두 통의 편지를 썼다고 가정해보자, 하나는 다른 지역에 있는 친구에게 쓴 것이고 다른 하나는 시내의 다른 친구에게 쓴 것이다. 편지 봉투에 주소를 쓰고, 우표를 붙이고 우체통에 넣을 준비가 되었다. 각 편지를 다룰 때 어떤 차이가 있어야 할까? 그렇지 않을 것이다. 일반적으로 당신은 동일한 우체통에 넣을 것이고 우편 서비스는 두 편지들을 전달할 것이다.

그러나 우체국은 각 편지에 대해 상이하게 처리해야 한다. 각 편지를 어디로 보내야할지를 결정하는데, 시내가 목적지인 편지는 다른 우체국으로 보내지 않고 트럭에 실어 목적지로 바로 배달한다.

다른 지역이 목적지인 편지에 대해서는 우체국은 다른 우체국으로 보낼 것이고, 다른 우체국은 편지의 목적지인 다른 지역 내에 위치하는 또 다른 우체국으로 보낼 것이다. 각각의 우체국은 편지를 다음으로 어디로 보내야할지를 선택해야 한다.

이러한 전달 과정을 위해 우편 서비스는 작은 트럭, 큰 트럭, 비행기, 보트 등을 위한 정규 노선을 가진다. 이 노선을 통해 편지들을 받아서 전달해야 하고 [그림 1-8]과 같이 각 편지를 어디로 보낼 지에 대한 적절한 결정을 해야 한다.

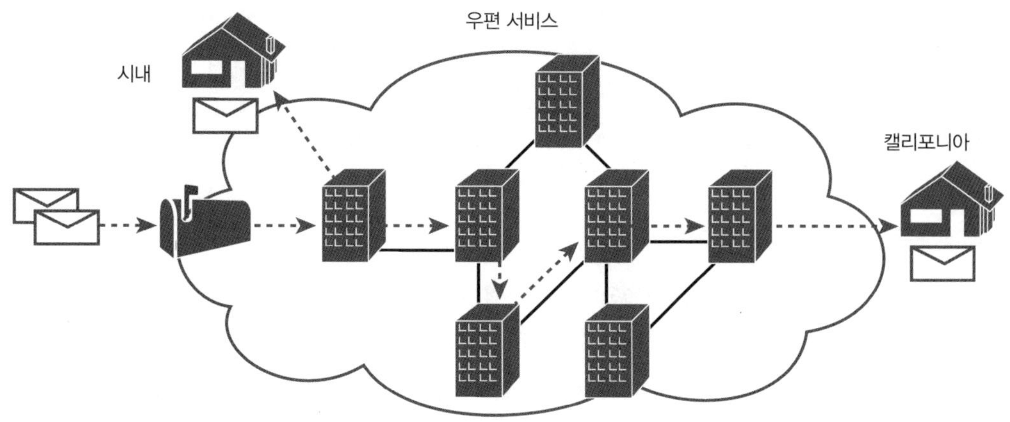

[그림 1-8] 편지를 보내는(라우팅하는) 우편 서비스

우편 서비스에서 우편 서비스가 제공하는 기능과 편지를 보내는 사람 사이에는 어떤 차이가 있을까? 편지를 보내는 사람은 편지가 어떤 경로를 거치는 지를 정확하게 알 필요는 없다. 반면, 우편 서비스는 편지를 작성하지 않는 대신, 고객으로부터 편지를 받아 주소의 상위 영역[3]과 우편번호를 기준으로 편지의 다음 목적지를 확인한 다음 편지를 전달한다.

TCP/IP 애플리케이션과 트랜스포트 계층들은 우편 서비스를 통해 편지들을 보내는 사람과 같이 동작한다. 이러한 상위 계층들은 최종 사용자의 호스트 컴퓨터들이 같은 LAN에 존재하든 인터넷을 사이에 두고 멀리 떨어져 있든 상관없이 동일한 방식으로 동작한다. 메시지를 보내기 위해 상위 계층들은 하위 계층인 네트워크 계층에게 요청하고, 네트워크 계층은 메시지를 전달한다. TCP/IP 모델의 하위 계층들은 메시지를 목적지에 정확하게 전달하기 위한 우편 서비스와 같이 동작한다. 피지컬 계층을 포함한 하위 계층들은 호스트 간의 다양한 패킷 전달 방식을 제공한다.

그래서 네트워킹에 필요한 이 모든 역할은 무엇이 수행할까? TCP/IP 네트워킹 모델에서 인터넷 프로토콜(IP)을 정의하는 네트워크 계층은 우편 서비스와 같이 동작한다. 각각의 집, 아파트, 사업장에 대해 유일한 주소를 부여하는 주소 체계를 정의하는 우편 서비스와 같이 IP는 각 호스트 컴퓨터가 서로 다른 IP 주소를 가지도록 한다. 마찬가지로, IP는 데이터 패킷들이 목적지에 정확하게 전달될 수 있도록 하기 위해 우편 서비스와 같이 동작하는 라우팅 프로세스를 정의한다. 라우팅 프로세스는 라우터라 불리는 장치에 의해 제공된다. 편지들을 전달하기 위해 우편 서비스는 우체국들, 분류기들, 트럭들, 비행기들, 인력들과 같은 필요한 인프라를 구축한다. 네트워크 계층은 네트워크 인프라를 구체적으로 정의하여 네트워크 내의 모든 컴퓨터들에게 데이터를 전달할 수 있도록 한다.

---

[3] 역자 주: 서울시 강서구 화곡동에서 서울시에 해당하는 주소가 상위 영역에 해당함. IP 주소는 네트워크와 호스트 영역 중에서 네트워크 영역만을 보고 목적지 네트워크까지 패킷을 보낸다.

인터넷 프로토콜 주소 체계 기초

IP는 몇몇 중요한 이유 때문에 주소 체계를 정의한다. 첫째, TCP/IP를 사용하는 각 장치(TCP/IP 호스트)는 네트워크에서 구분할 수 있는 유일한 주소를 필요로 한다. 또한, IP는 미국의 ZIP 코드와 같이 우편 번호에 기초하여 주소들을 그룹화하는 우편 시스템처럼 주소들을 그룹으로 묶는 방법을 정의한다.

개념들을 이해하기 위해 웹 서버 래리와 웹 브라우저 밥을 포함하는 [그림 1–9]를 보자. 여기서는 이러한 두 컴퓨터 간의 네트워크를 간략화하여 네트워크 인프라의 일부만 보여주고 있다.

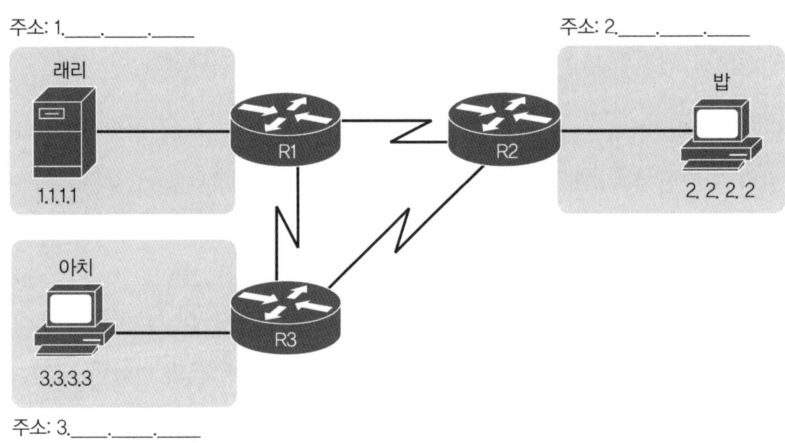

[그림 1–9] 간단한 TCP/IP 네트워크: 그룹화된 IP 주소를 가진 세대의 라우터

첫째, [그림 1–9]는 몇몇 IP 주소들의 할당 사례를 보여준다. 각 IP 주소는 점으로 구분되는 네 개의 숫자를 가진다. 이 그림에서 래리는 1.1.1.1의 IP 주소를 할당 받았고, 밥은 2.2.2.2 의 IP 주소를 할당 받았다. 이러한 스타일의 숫자를 DDN(dotted–decimal notation : 점으로 구분되는 십진수 표기)이라 한다.

[그림 1–9]는 또한 세 그룹의 주소를 보여준다. 그림의 상단 왼쪽의 모든 IP 주소들은 1._._.로 전부 1로 시작한다. 또 상단 오른쪽의 모든 IP 주소들은 2._._.로 전부 2로 시작한다. 하단의 모든 IP 주소들은 3._._.로 역시 3으로 시작한다.

게다가 [그림 1–9]는 IP 라우터를 표시하는 아이콘을 처음으로 소개하고 있다. 라우터들은 IP 패킷들을 목적지에 정확하게 전달하기 위해 TCP/IP의 네트워크 들을 연결하는 네트워킹 장치다. 라우터들은 각각의 우체국이 제공하는 것과 동일한 일을 수행한다. 라우터는 다양한 물리적 인터페이스들을 통해 들어오는 IP 패킷들을 수신하여 패킷에 포함된 IP 주소에 따라 다른 네트워크 인터페이스로 패킷을 보낸다.

IP 라우팅 기초

IP 프로토콜을 사용하는 TCP/IP 네트워크 계층은 한 장치로부터 IP 패킷들을 받아 다른 장치에게 IP 패킷을 보낸다. IP 주소를 갖는 모든 장치는 TCP/IP 네트워크에 연결할 수 있다. [그림 1-10]은 이해를 돕기 위한 가장 기본적인 IP 라우팅 사례를 보여준다.

> **NOTE** IP 호스트(host)는 크기나 성능과 관계없이 IP 주소를 가지고 TCP/IP 네트워크에 연결되는 장치를 말한다.

[그림 1-10]은 웹 서버 래리가 웹 페이지를 밥에게 보낼 때의 IP 관련된 부분을 구체적으로 보여준다. 왼쪽 하단에서 래리 서버는 애플리케이션 데이터에 HTTP 헤더와 TCP 헤더를 추가하고 패킷을 보내려고 한다. 게다가 IP 헤더도 추가한다. IP 헤더는 출발지 IP 주소로 래리의 IP 주소(1.1.1.1)와 목적지 IP 주소로 밥의 IP 주소(2.2.2.2)를 포함한다.

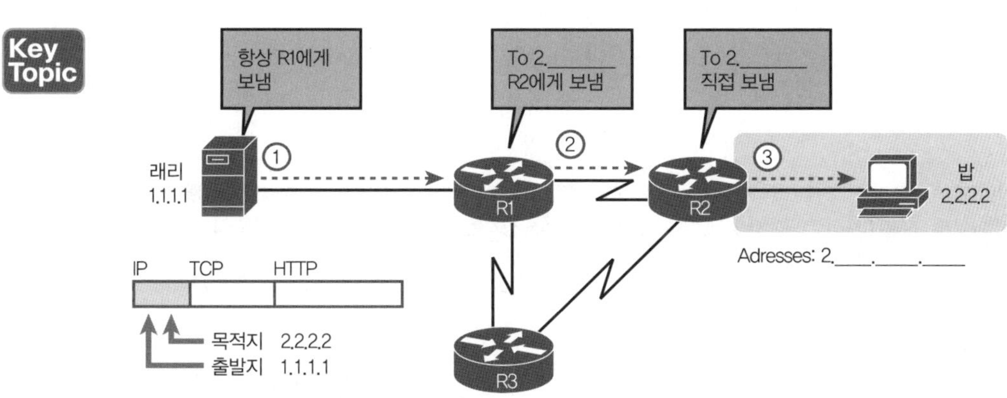

[그림 1-10] 기본적인 라우팅 예

단계 ① [그림 1-10]의 왼쪽에서 래리는 IP 패킷을 보낸다. 래리의 IP 프로세스는 라우터가 패킷을 전달할 수 있을 것이라는 기대를 가지고 라우터(같은 LAN의 가장 가까운 라우터)를 선정한다 (편지들을 보내기 위해 우체통에 넣는 것과 동일하다). 래리는 다른 라우터들이나 네트워크 구성에 대해서는 알 필요가 없다.

단계 ② IP 패킷을 수신하면 R1의 IP 프로세스는 라우팅 결정을 한다. R1은 목적지 주소(2.2.2.2)와 자신의 IP 경로 정보를 비교하여 패킷을 다음 라우터에게 보낸다. 이 경우는 R2 라우터에게 보내기로 결정했다. IP 패킷의 전달 과정을 IP 라우팅(또는 라우팅)이라고 한다.

CCENT와 CCNA를 준비하는 동안 다른 프로토콜보다 IP를 깊이 있게 배울 것이다. 실제로 이 책에서 모든 장들의 절반은 주소 체계, IP 라우팅, 라우팅 방식을 다룬다.

TCP/IP 링크 계층(데이터 링크 + 피지컬 계층)

원래의 TCP/IP 모델에서 링크 계층은 물리적인 네트워크 상에서 데이터를 전송하는 데 필요한 프로토콜들과 하드웨어를 정의한다. 링크(link)라는 용어는 두 장치 사이의 물리적인 연결을 말하고, 링크를 제어하는 다양한 프로토콜들이 존재한다.

네트워킹 모델의 각 계층과 같이 TCP/IP 링크 계층은 모델의 상위 계층에게 서비스를 제공한다. 호스트 또는 라우터의 IP 프로세스가 IP 패킷을 또 다른 호스트나 라우터에게 보낼 때, 호스트나 라우터는 링크 계층을 활용한다.

각 계층이 상위 계층에게 서비스를 제공하는데 [그림 1-10]에서 IP가 받는 서비스를 살펴보자. 이 예에서 호스트 래리의 IP 프로세스는 가까운 라우터(R1)에게 IP 패킷을 보낸다. 이때, 링크 계층의 기능을 수행하는 이더넷 네트워크는 호스트 래리로부터 R1 라우터에게 패킷을 보내는 데 사용된다. [그림 1-11]은 래리가 R1 라우터에게 IP 패킷을 보내기 위해 링크 계층에서 일어나는 네 단계를 보여준다.

> 📝 **NOTE** [그림 1-11] 이더넷을 일련의 선들로 표시한다. 거의 네트워킹 그림들에서는 이더넷 LAN들을 그릴 때 이렇게 표시한다. 이 그림에서 실제 LAN 케이블링과 LAN 장치는 중요하지 않다. 실제 LAN은 이 그림에서는 보이지 않지만 LAN 스위치와 같은 장치와 케이블로 연결될 것이다.

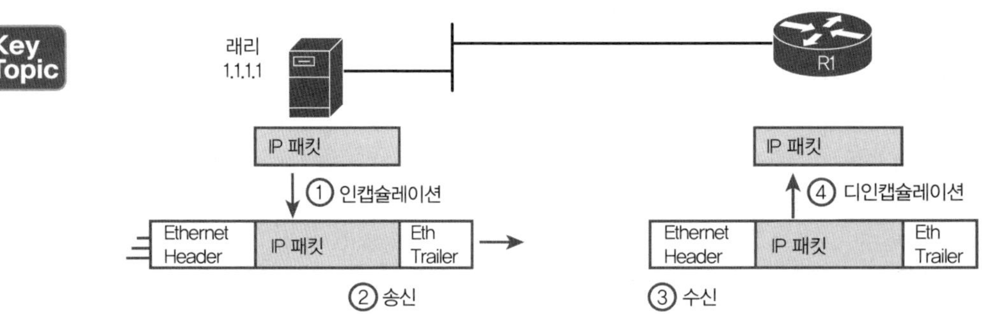

[그림 1-11] 래리가 이더넷을 사용해 R1 라우터에게 IP 패킷을 보낸다.

[그림 1-11]은 네 단계를 보여준다. 첫 두 단계는 래리와 관련된 것이고 다음 두 단계는 R1 라우터와 관련된 것이다.

단계 ① 래리는 이더넷 헤더와 이더넷 트레일러 사이에 IP 패킷을 캡슐화 즉, 인캡슐레이션 (encapsulation)하여 이더넷 프레임을 만든다.

단계 ② 래리는 이더넷 케이블링에 전기 신호를 통해 이더넷 프레임의 비트들을 물리적으로 전송한다.

단계 ③ R1 라우터는 케이블을 통해 전기 신호를 수신한 다음 전기 신호들의 의미를 해석하여 비트들을 다시 생성한다.

단계 ④ R1 라우터는 이더넷 헤더와 트레일러를 제거하고 이더넷 프레임으로부터 IP 패킷만을 디 인캡슐레이션(de-encapsulation) 즉, 추출해낸다.

이러한 4단계를 거치면서 래리와 R1의 링크 계층 프로세스는 패킷을 래리로부터 R1 라우터까지 전달하기 위해 협력한다.

> **NOTE** 프로토콜들은 동일한 이유로 헤더와 트레일러들을 정의한다. 헤더들은 메시지의 앞에 위치하고 트레일러들은 끝에 위치한다.

링크 계층은 다수의 프로토콜들과 표준들을 포함한다. 예를 들어, 링크 계층은 지난 수십 년 동안 다수의 LAN 표준에서 정한 다양한 종류의 이더넷 프로토콜들을 포함한다. 링크 계층은 LAN 표준보다 긴 거리에서 패킷을 전달할 수 있다는 점에서 큰 차이가 나는 WAN(wide-area network) 표준도 포함한다. 이 계층은 [그림 1-11]과 유사한 헤더와 트레일러를 추가한 PPP(Point-to-Point Protocol)와 Frame Relay와 같은 WAN 표준을 포함한다. 2장 '이더넷 LAN 기초'와 3장 'WAN 기초'에서 각각 LAN과 WAN에 대해 다룬다.

TCP/IP 링크 계층은 두 개의 독특한 기능을 제공한다. 즉, 데이터의 물리적인 전송과 더불어 물리적인 전송 매체의 사용을 컨트롤하기 위한 규칙과 프로토콜들을 포함한다. 이 논리에 맞게 5계층으로 구성된 TCP/IP 모델은 링크 계층을 두 개의 계층(데이터 링크와 피지컬 계층)으로 분할한다.

TCP/IP 모델과 용어

TCP/IP 모델에 대한 소개를 끝내기 전에 여기서는 모델과 관련된 용어에 대해 자세히 알아보자.

TCP/IP 모델의 원안과 최신안 비교

초기의 TCP/IP 모델은 인터넷 계층 아래를 하나의 계층 즉 링크 계층으로 정의했다. 이 링크 계층에서 정의된 기능들은 두 개의 주요 카테고리로 나뉜다. 즉, 물리적 전송에 직접적으로 관련된 기능들과 간접적으로 관련된 기능들로 나뉜다. 예를 들어, [그림 1-11]의 4단계에서 **단계 ②**와 단계③은 데이터 전송과 직접적인 연관성을 갖지만, 단계①과 단계④(인캡슐레이션과 디인캡슐레이션)는 데이터 전송 과정과는 간접적인 단계다. 이 과정은 각 프로토콜과 표준에 대한 추가적인 부분을 읽으면서 보다 명확해질 것이다.

오늘날, 대부분의 문서에서 [그림 1-12]의 TCP/IP 모델의 최신안을 사용한다. 두 안을 비교하면 3계층의 이름을 인터넷에서 네트워크로 변경된 것을 제외하면, 상위 계층들은 동일하다. 하위 계층들은 원안 모델의 단일한 링크 계층이 기타 기능들로부터 물리적인 전송 기능을 분리하여 두 개의 계층들로 분리되었다. [그림 1-12]는 두 개의 TCP/IP 모델을 그 특징을 강조하여 다시 보여준다.

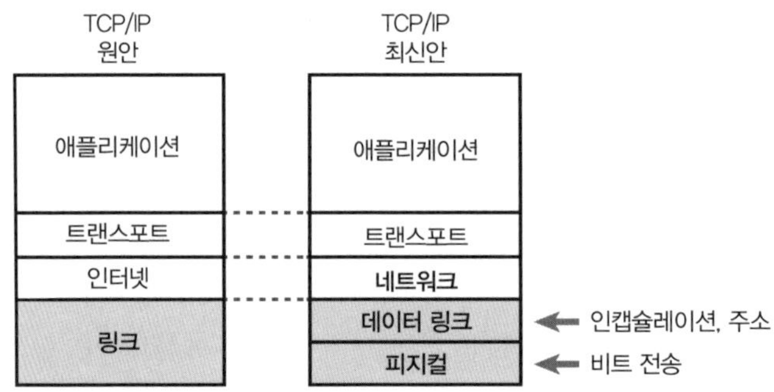

[그림 1-12] 링크와 데이터 링크/피지컬 계층 비교

데이터 인캡슐레이션 관련 용어

HTTP, TCP, IP, 이더넷이 자신의 과업을 어떻게 수행하는지에 대한 설명에서 보았듯이 각 계층은 상위 계층에서 제공된 데이터에 자신의 헤더(데이터 링크 프로토콜은 트레일러도 추가함)를 추가한다. 인캡슐레이션이란 용어는 데이터 덩어리에 헤더들(때로는 트레일러까지)을 추가하는 과정을 말한다.

이 장의 많은 예들은 인캡슐레이션 과정을 다룬다. 예를 들어, 웹 서버, 래리는 [그림 1-6]에서 보듯 HTTP 헤더 내부에 홈페이지 내용을 인캡슐레이션한다. TCP 계층은 [그림 1-7]에서 보듯 TCP 헤더 내부에 HTTP 헤더와 데이터를 인캡슐레이션한다. IP는 [그림 1-10]에서 보듯 IP 헤더 내부에 TCP 헤더와 데이터를 인캡슐레이션한다. 마지막으로 이더넷 링크 계층은 [그림 1-11]에서 보듯 이더넷 헤더와 트레일러 내부에 IP 패킷들을 인캡슐레이션한다.

TCP/IP 호스트가 데이터를 보내는 과정은 5단계 프로세스다. 첫 4단계는 TCP/IP 계층들에 의해 수행되는 인캡슐레이션과 관련된 것이고, 마지막 단계는 호스트에 의한 데이터의 실질적인 물리적 전송 과정이다. 사실, 5계층 TCP/IP 모델을 사용한다면, 하나의 단계는 각 계층의 역할과 관련된다. 이 단계들은 다음과 같이 요약된다.

단계 ① 애플리케이션 데이터를 필요한 애플리케이션 헤더로 인캡슐레이션하여 생성한다. 예를 들어, HTTP OK 메시지는 웹 페이지의 내용 일부와 함께 응답되는 헤더 정보다.

단계 ② 트랜스포트 계층 헤더 내부에 애플리케이션 계층 데이터를 인캡슐레이션 한다. 엔드 유저의 애플리케이션들은 TCP 또는 UDP 헤더를 보통 사용한다.

단계 ③ 네트워크 계층 헤더 내부에 트랜스포트 계층 데이터를 인캡슐레이션한다. IP는 각 컴퓨터를 구분하는 IP 주소를 정의한다.

단계 ④ 데이터 링크 계층 헤더 내부에 네트워크 계층 데이터를 인캡슐레이션한다. 이 계층은 헤더와 트레일러 모두를 사용한다.

단계 ⑤ 비트들을 전송한다. 피지컬 계층은 프레임을 케이블을 통해 보내기 위해 시그널을 만든다.

[그림 1–13]의 숫자들은 리스트에서 **단계⑤**에 해당하는데, 같은 개념을 나타낸다. 애플리케이션 계층은 종종 헤더를 추가할 필요가 없기 때문에 이 그림은 애플리케이션 헤더를 생략하였다.

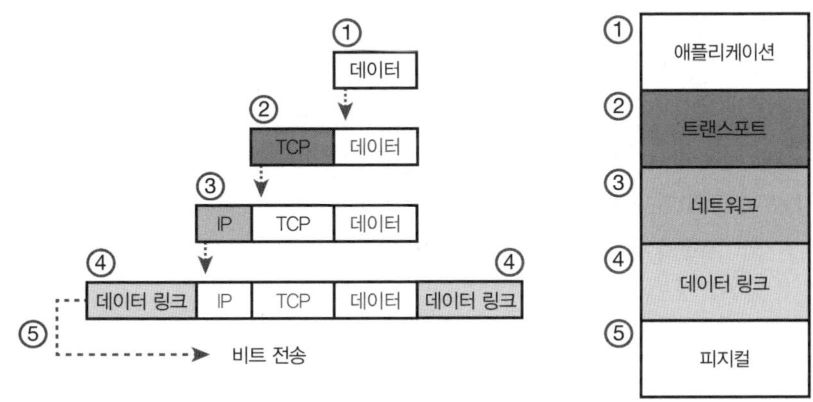

[그림 1–13] 다섯 단계의 데이터 인캡슐레이션: TCP/IP

TCP/IP 메시지들의 이름

마지막으로 세그먼트(segment), 패킷(packet), 프레임(frame)이란 용어와 각각의 의미에 대해 알아보자. 각 용어는 계층에서 정의되는 헤더(때로는 트레일러)와 헤더 내부에 인캡슐레이션된 데이터와 관련된다. 각 용어는 계층별로 부르는 데이터 단위다. 즉, 트랜스포트 계층에서는 세그먼트, 네트워크 계층에서는 패킷, 링크 계층에서는 프레임이라고 한다. [그림 1–14]는 각 계층별 인캡슐레이션된 데이터를 지칭하는 용어를 보여준다.

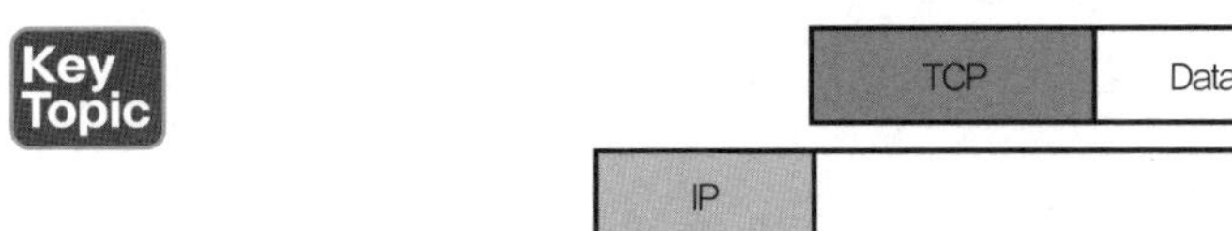

[그림 1–14] 데이터와 인캡슐레이션

[그림 1-14]는 인캡슐레이션된 데이터를 '데이터'로 표시했다. 특정 계층이 수행하는 작업에 초점을 맞출 때 인캡슐레이션된 데이터는 중요하지 않다. 예를 들어, IP 패킷은 IP 헤더 뒤에 TCP 헤더가 있고, TCP 헤더 뒤에 HTTP 헤더가 있고, HTTP 헤더 뒤에 웹 페이지를 위한 데이터가 있다. 그러나 IP를 공부할 때는 IP 헤더를 다루므로 IP 헤더 뒤의 모든 것은 그냥 데이터라 부른다. 그래서 IP 패킷들을 나타낼 때는 IP 헤더 뒤의 모든 것은 단순하게 데이터로 표현한다. LH는 링크 헤더, LT는 링크 트레일러다.

:: OSI 네트워킹 모델

OSI 모델의 역사의 한 시점에서 많은 사람들이 OSI가 앞에서 설명한 네트워킹 모델들의 전투에서 승리할 것이라 생각했다. 그랬다면 세상의 모든 컴퓨터가 TCP/IP를 적용하는 대신 OSI를 적용했을 것이다.

그러나 OSI는 그 전투에서 승리하지 못했다. 사실상 OSI의 최초의 프로토콜들 중 일부는 여전히 존재하기는 하지만, 더 이상 TCP/IP 대신 사용할 수 있는 네트워킹 모델은 아니다.

그렇다면 왜 이 책에서 OSI를 거론할까? 많은 사람들이 OSI 모델이 네트워킹의 세계에서 일반화될 것이라 생각한 기간 동안(주로에서 1980년대 후반과 1990년대 초), 많은 공급 업체들과 프로토콜 문서들은 OSI 모델을 사용했다. 그 용어는 오늘날도 남아 있다. 그래서 OSI를 사용하는 컴퓨터를 다루지는 않겠지만, 최근의 네트워킹 용어를 이해하기 위해 OSI에 대한 이해가 필요하다.

OSI와 TCP/IP 비교

OSI 모델은 기본적인 개념에서 TCP/IP 모델에 많은 유사점이 있다. OSI 모델은 7계층으로 구성되고 각 계층은 전형적인 네트워킹 기능들을 정의한다. TCP/IP와 마찬가지로 OSI 계층들은 각 계층에서 규정된 기능들을 수행하는 다수의 프로토콜들과 표준들과 관련된다. 한편, TCP/IP와 마찬가지로 OSI 위원회들은 새로운 프로토콜 또는 표준을 생성하는 대신, 이미 정의된 다른 프로토콜을 참조하도록 하기도 한다. 예를 들어, IEEE는 이더넷 표준을 정의하는데, OSI 위원회들은 새로운 이더넷을 정의하는데 시간을 낭비하지 않는다. 즉, 단순히 IEEE 이더넷 표준을 참조하도록 할 뿐이다.

오늘날 OSI 모델은 다른 네트워킹 모델들을 비교할 때 기준으로 사용할 수 있다. [그림 1-15]는 모두 4계층 및 5계층의 TCP/IP 모델을 7계층 OSI 모델과 비교하고 있다.

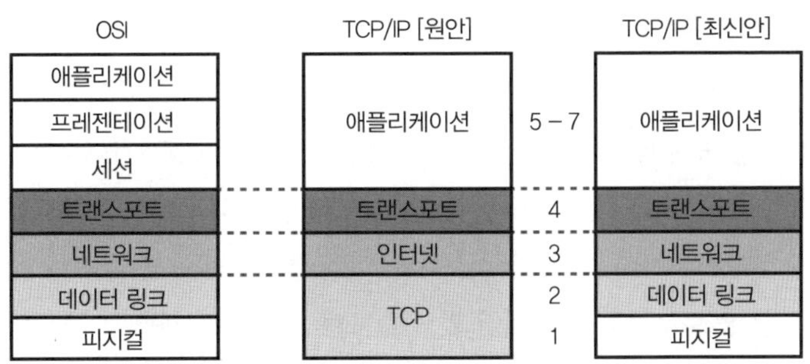

[그림 1-15] OSI 모델과 두 개의 TCP/IP 모델 비교

다음으로 아직도 사용하는 OSI 용어들을 두 가지 방식으로 살펴보자. 즉, 다른 프로토콜을 설명하는 방식과 인캡슐레이션 과정을 설명하는 방식이다. 계속해서 OSI 모델의 각 계층을 알아보자.

OSI 계층들을 이용하여 프로토콜들을 설명하기

최근에도 네트워킹 관련 자료들은 종종 계층의 이름, 계층의 숫자 등 OSI 계층들을 활용하여 TCP/IP 프로토콜 및 표준을 설명한다. 예를 들어, LAN 스위치에 대해 일반적으로 '2계층 스위치'라 하는데, 여기서 '2계층'은 OSI의 2계층을 의미한다. OSI가 일곱 개의 계층에서 일련의 기능들을 잘 정의하고 있기 때문에, OSI 계층에 의해 제품과 기능을 언급할 때 잘 이해할 수 있다.

또 다른 예로, TCP/IP 원안 모델의 인터넷 계층(IP에 의해 주로 구현됨)은 OSI의 네트워크 계층과 동등하다. 그래서 대부분의 사람들은 IP를 해당 계층에 대해 OSI 용어 및 숫자를 사용하여 네트워크 계층 프로토콜 또는 3계층 프로토콜이라고 한다. 물론, TCP/IP 모델에 번호를 매긴다면 맨 아래에서부터 시작하면 IP는 TCP/IP 모델의 버전에 따라 2계층 또는 3계층이 될 것이다. 비록 IP가 TCP/IP에 속하는 프로토콜이지만 사람들은 IP나 IP와 같은 종류의 프로토콜들을 설명할 때 OSI 모델의 계층 이름과 계층 숫자(3)를 사용한다.

어떤 TCP/IP 계층은 OSI 계층과 일반적인 비교를 하면 비슷하지만 세밀하게 비교하면 차이가 있다. 이 비교는 승용차와 트럭을 비교하는 것과 닮았다. 즉, 양자 모두 A 지점에서 B 지점으로 데려갈 수 있지만 구체적으로는 많은 차이가 있다. 예를 들어, 트럭은 화물 운반을 위한 화물칸을 갖는다. 마찬가지로, OSI 및 TCP/IP의 네트워크 계층들은 논리적인 주소 체계 및 라우팅을 정의한다. 그러나 주소 길이는 다르고, 라우팅 논리도 다르게 작동한다. 그래서 다른 프로토콜 모델을 OSI 계층과 비교해보면 주요 목표는 일반적으로 유사하지만, 구체적인 방법론은 상이하다.

OSI 계층들과 그 기능들

오늘날 대부분의 사람들이 OSI 기능들보다 TCP/IP 기능들에 보다 익숙하기 때문에 상이한 OSI 계층들의 기능에 대해 배울 수 있는 최선의 방법 중 하나는 TCP/IP 계층들의 기능을 이용하고 OSI와의 연관성을 설명하는 것이다. 학습의 목적을 위해, TCP/IP 모델의 5계층과 같은 일을 하는 OSI의 5계층을 보자. 예를 들어, 각 모델의 애플리케이션 계층은 애플리케이션에서 직접 사용할 수 있는 프로토콜들을 정의하고, 각 모델의 피지컬 계층은 물리적 연결을 통해 통신의 전기-기구적인 세부 사항을 정의한다. [표 1-4]는 간단히 각 OSI 계층을 설명한다.

계층	설명
7	애플리케이션 계층. 작업 응용 프로그램에게 어떤 동작을 요청하는 프로토콜을 제공하여 응용 프로그램에서 네트워크로 연결되는 인터페이스를 제공한다.
6	프레젠테이션 계층. ASCII 텍스트, JPEG과 같은 이미지 형식 등의 데이터 형식을 협의한다.
5	세션 계층. 보다 쉬운 관리를 위해 다수의 세션에 속하는 양방향 메시지들을 분리하고 전송 실패 시에 전송 완료 지점을 확인할 수 있는 동기 정보를 활용하여 보다 쉬운 복원 방법을 제공한다.
4	트랜스포트 계층. 기능상 TCP/IP의 트랜스포트 계층과 같이 두 종단 호스트 간의 데이터 전송에 초점을 맞춘다(예를 들어, 오류 복구 기능).
3	네트워크 계층. TCP/IP의 네트워크(인터넷) 계층과 같이 논리적인 주소 지정, 라우팅(전송) 및 라우팅 정보를 수집하기 위한 라우팅 프로토콜을 정의한다.
2	데이터 링크 계층. TCP/IP의 데이터 링크 계층과 같이 특정 타입의 물리적인 네트워크에서 데이터를 전송하기 위한 프로토콜을 정의한다(예를 들어, 이더넷 데이터 링크 프로토콜).
1	피지컬 계층. 커넥터, 핀, 핀의 활용, 전류, 인코딩, 광 변조 등을 포함하는 전송 매체의 물리적 특성을 정의한다.

[표 1-4] OSI 계층

[표 1-5]는 OSI 계층별 장치 및 프로토콜 예를 나열한다. 네트워크 장치들은 OSI 의 각 계층에서 프로토콜들을 이해해야 한다. [표 1-5]에 나열된 계층은 네트워크 장치가 수행하는 가장 높은 계층을 표시하고 있다. 예를 들어, 라우터는 3계층 장치이지만, 1계층과 2계층 기능도 지원한다.

계층	프로토콜과 규격	장치들
애플리케이션, 프레젠테이션, 세션(5~7계층)	텔넷, HTTP, FTP, SMTP, POP3, VoIP, SNMP	호스트, 파이어월
트랜스포트(4계층)	TCP, UDP	호스트, 파이어월
네트워크(3계층)	IP	라우터
데이터 링크(2계층)	이더넷(IEEE 802.3), HDLC	LAN 스위치, 무선 AP(access point), 케이블 모뎀, DSL 모뎀
피지컬(1계층)	RJ-45, 이더넷(IEEE 802.3)	LAN 허브, LAN 리피터, 케이블들

[표 1-5] OSI 기준 모델: 장치들과 프로토콜 예들

각 OSI 계층([표 1-4]에서)의 기본적인 특성과 각 계층의 몇몇 프로토콜 및 장치의 예([표 1-5]) 뿐만 아니라, 각 계층의 이름을 암기해야 한다. 단순히 암기를 할 수도 있지만 더 쉽게 기억하기 위해 다음 문장을 사용할 수 있다. 다음 세 가지 문장에서 각 단어의 첫 글자는 OSI 계층의 이름의 첫 글자와 동일하다.

- All People Seem To Need Data Processing(7계층에서 1계층) ·············· APSTNDP
- Please Do Not Take Sausage Pizzas Away(1계층에서 7계층) ·············· PDNTSPA
- Pew! Dead Ninja Turtles Smell Particularly Awful(1계층에서 7계층) ······ PDNTSPA

OSI의 계층화 개념과 장점

네트워킹 모델은 네트워크의 많은 기능들을 분류하고 이해할 수 있도록 도울 뿐 아니라 많은 이유로 계층을 사용한다. 예를 들어, 다음의 우편 서비스 비유를 보자. 편지를 작성한 사람은 우편 서비스가 어떻게 편지를 전달할 지에 대해서는 염두에 두지 않고 우체국 직원은 편지의 내용을 염두에 둘 필요가 없다. 마찬가지로, 다수의 층으로 기능을 분할하는 네트워킹 모델은 하나의 소프트웨어 패키지 또는 하드웨어 장치로 하여금 한 계층의 기능을 수행하고, 다른 소프트웨어/하드웨어는 다른 계층에서 정의된 기능을 수행할 것이라 가정한다.

다음은 계층화된 프로토콜의 혜택을 요약한다.

- **덜 복잡함**: 계층화된 모델을 사용하지 않는 경우에 비해, 네트워크 모델은 보다 작은 부분으로 아이디어를 분리한다.
- **표준 인터페이스**: 각 계층 간의 표준 인터페이스에 대한 정의는 공급업체들에게 공개 경쟁의 모든 장점과 함께 특정 역할을 완수하는 제품을 개발하도록 한다.
- **보다 쉽게 배움**: 사람들은 프로토콜 규격의 많은 세부 항목에 대해 쉽게 배우거나 논의할 수 있다.
- **개발하기 쉬움**: 복잡성을 줄임으로써 프로그램을 보다 쉽게 변경하고 제품 개발이 빨라진다.
- **공급 업체 간 상호 운용성**: 동일한 네트워크 표준을 준수하는 제품을 개발함으로써 다양한 공급 업체로부터 구매한 컴퓨터 및 네트워크 장비들이 동일한 네트워크에서 작동할 수 있다.
- **분업화(Modular engineering)**: 한 공급 업체는 상위 계층의 기능을 위한 소프트웨어를 개발할 수 있다(예를 들어, 웹 브라우저). 다른 공급 업체는 하위 계층의 기능을 구현하는 소프트웨어를 개발할 수 있다(예를 들어, 마이크로소프트의 운영 체제에 내장된 TCP/IP 소프트웨어).

OSI 인캡슐레이션 용어

TCP/IP와 같이, 각 OSI 계층은 다음 하위 계층에게 서비스를 요청한다. 서비스를 제공하기 위해 각 계층은 헤더 및 트레일러를 이용한다. 하위 계층은 상위 계층의 헤더와 데이터를 캡슐화한다.

OSI는 프레임, 패킷 및 세그먼트보다 일반적인 용어를 사용한다. OSI는 PDU(Protocol Data Unit)를 사용한다. PDU는 각 계층을 위한 캡슐화된 데이터뿐만 아니라 헤더와 트레일러를 포함한다. 예를 들어, IP 패킷은 [그림 1-14]와 같이 OSI 용어를 사용할 때, 3계층 PDU(약식으로 L3PDU)라 한다. IP는 3계층 프로토콜이기 때문이다. OSI는 단순히 x계층 PDU(LxPDU)라고 표기한다. [그림 1-16]에서와 같이 x는 계층 번호다.

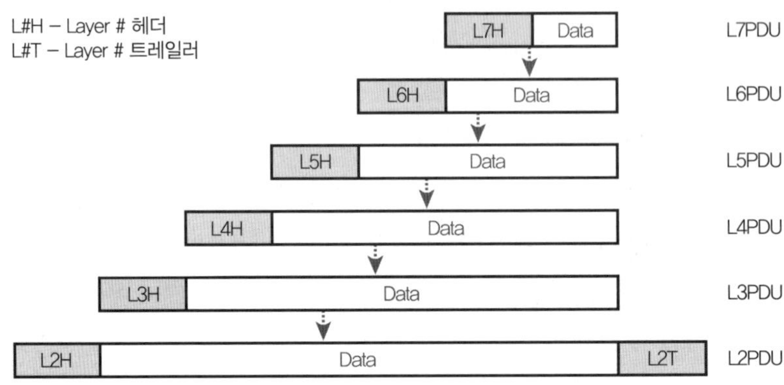

[그림 1-16] OSI 인캡슐레이션과 PDU(Protocol Data Unit)

챕터 리뷰

1장 서두에서 설명한 '학습 계획'은 다음 장으로 이동하기 전에 공부하고, 내용과 기술을 연습하는 방법을 다룬다. 또한 각 장의 끝에 사용되는 도구를 소개한다. 이 부분을 생략한 경우, 몇 분 정도 걸리더라도 해당 섹션을 읽어보기 바란다. 그리고 다시 여기로 돌아와 학습한 것을 기억하기 위해 이 챕터를 리뷰하기 바란다.

책이나 DVD, 혹은 웹 사이트에서 찾을 수 있는 대화형 툴을 활용하여 이 챕터의 자료들을 리뷰하기 바란다. [표 1-6]은 핵심 리뷰 요소들과 출처들을 보여준다. 학습 과정에 대해 보다 나은 확인을 위해 두 번째 열에 완료 날짜를 기록하도록 한다.

리뷰 항목	완료 날짜	자료 출처
핵심 주제 리뷰		책, DVD/웹 사이트
핵심 용어 리뷰		책, DVD/웹 사이트
사전 점검 퀴즈 반복		책, PCPT

[표 1-6] 챕터 리뷰 확인

핵심 주제 복습

핵심 주제	설명	페이지
표 1-3	동일 계층과 인접 계층 간 상호작용에 대한 정의를 제공한다.	16
그림 1-10	IP 라우팅의 일반적인 개념을 보여준다.	19
그림 1-11	호스트에서 호스트로 IP 패킷 전송을 위해 IP 에게 제공되는 데이터 링크 서비스를 요약한다.	20
그림 1-13	송신 호스트에서 데이터 인캡슐레이션을 위한 5 단계	23
그림 1-14	세그먼트, 패킷. 프레임- 용어의 의미를 설명한다.	23
그림 1-15	OSI 와 TCP/IP 네트워크 모델들을 비교한다.	25
리스트	계층화된 네트워킹 모델 사용의 장점을 설명한다.	27
그림 1-16	인캡슐레이션과 관련된 용어	28

[표 1-7] 1장의 핵심 주제들

핵심 용어

인접계층 상호 작용(adjacent-layer interaction), 디인캡슐레이션(de-encapsulation), 인캡슐레이션(encapsulation), 프레임(frame), 네트워킹 모델(networking model), 패킷(packet), PDU(protocol data unit), 동일 계층 상호 작용(same-layer interaction), 세그먼트(segment).

Chapter 2
이더넷 LAN 기초

이 장은 다음 시험 주제를 다룬다.

1.0 네트워크 기초

1.6 설치 조건에 맞는 케이블 선택하기

2.0 LAN 스위칭 기술들

2.1 스위칭 개념에 대한 설명과 확인

    2.1.a MAC 주소 학습과 삭제

    2.1.b 프레임 스위칭

    2.1.c 프레임 플러딩

    2.1.d MAC 주소 테이블

2.2 이더넷 프레임 형식에 대한 해석

대부분의 기업을 위한 컴퓨터 네트워크 기술은 두 개의 일반적인 타입 즉, LAN(Local Area Network)과 WAN(Wide Area Network)으로 구분할 수 있다. LAN은 일반적으로 같은 사무실, 같은 빌딩, 같은 캠퍼스 내부의 주변 장치들을 연결한다. 반면, WAN은 일반적으로 상대적으로 멀리 떨어져 있는 장치들을 연결한다. LAN과 WAN은 함께 완전한 엔터프라이즈 컴퓨터 네트워크를 구성하여 한 장치에서 다른 장치로 데이터를 전송하는 컴퓨터 네트워크 기능을 수행한다.

많은 유형의 LAN들이 존재하지만 오늘날은 두 가지 일반 유형의 LAN 즉, 이더넷 LAN 및 무선 LAN(Wireless LAN)을 사용한다. 이더넷 LAN은 노드 간의 연결을 위해 케이블을 사용하는 데 많은 종류의 케이블들이 구리선(copper wire)을 사용하기에 Wired LAN이라고도 한다. 이에 반해, 무선 LAN은 케이블이나 와이어를 사용하는 대신 노드 간의 연결을 위해 전파를 사용한다.

이 장에서 이더넷 LAN을 소개하고 Part II 와 III 에서 보다 자세히 설명한다.

이 장의 학습을 위해 필요한 시간을 가늠하기 위해 다음 시험(이 페이지나 PCPT 소프트웨어를 사용 가능)을 보기 바란다. 정답은 퀴즈 다음 페이지의 아랫 부분에 나와 있고, 설명은 DVD 부록 C와 PCPT 소프트웨어에 있다.

핵심 주제 섹션	문제
LAN 개요	1-2
물리적인 이더넷 네트워크 구축	3-4
이더넷 네트워크에서 데이터 전송	5-8

[표 2-1] 사전 점검 퀴즈의 주제와 문제

1. 작은 사무실 LAN에서 일부 사용자 장치는 케이블을 사용하여 LAN에 연결하고, 다른 사용자 장치는 무선 기술(및 케이블을 사용하지 않는 기술)을 사용하여 LAN에 연결한다. 다음 중 LAN에서 이더넷의 사용과 관련하여 맞는 말은?

   a. 케이블을 사용하는 장치만 이더넷을 사용한다.

   b. 무선 장치만 이더넷을 사용한다.

   c. 케이블을 사용하는 장치 및 무선 장치, 둘 다 이더넷을 사용한다.

   d. 어떤 장치도 이더넷을 사용하지 않는다.

2. 다음 중 어떤 이더넷 표준이 UTP 케이블을 통한 기가비트 이더넷 표준을 정의하나?

   a. 10GBASE-T

   b. 100BASE-T

   c. 1000BASE-T

   d. 정답 없음

3. 다음 중 패스트 이더넷을 위한 이더넷 크로스오버(crossover) 케이블에 대해 맞는 말은?

   a. 핀 1과 2는 케이블의 다른 쪽 끝에서 반전한다.

   b. 케이블의 한 쪽 끝의 핀 1과 2는 다른 쪽 끝의 핀 3과 6에 연결한다.

   c. 케이블의 한 쪽 끝의 핀 1과 2는 다른 쪽 끝의 핀 3과 4에 연결한다.

   d. 케이블은 빌딩 간에 최대 1000 미터 길이까지 연결할 수 있다.

   e. 정답 없음

5. 다음 중 CSMA/CD 알고리즘에 대해 옳은 설명은?

  a. 알고리즘은 절대 충돌(collision)이 일어나지 않게 한다.

  b. 충돌이 일어날 수 있지만 알고리즘은 컴퓨터가 충돌을 감지하고 복구하는 방식을 정의한다.

  c. 알고리즘은 동일 이더넷 상의 단지 두 장치 간에만 작동한다.

  d. 정답 없음.

6. 다음 중 이더넷 FCS 필드에 대해 옳은 설명은?

  a. 이더넷은 오류 복구를 위해 FCS를 사용한다.

  b. 길이는 2바이트다.

  c. 이더넷 헤더가 아니라 이더넷 트레일러에 포함된다.

  d. 암호화에 사용된다.

7. 다음 중 이더넷 주소 형식에 대해 옳은 설명은? (3개를 선택할 것)

  a. 각 제조업체는 첫 2바이트에 유일한 OUI 코드를 넣는다.

  b. 각 제조업체는 첫 3바이트에 유일한 OUI 코드를 넣는다.

  c. 각 제조업체는 주소의 앞 부분 절반에 유일한 OUI 코드를 넣는다.

  d. 제조업체의 코드를 포함하는 주소 부분을 MAC이라고 한다.

  e. 제조업체의 코드를 보유하는 주소 부분을 OUI라고 한다.

  f. 제조업체의 코드를 보유하는 주소 부분에 대한 특별한 이름은 없다.

8. 다음 용어 중 LAN에서 하나의 프레임으로 다수의 장치들에 전달하기 위해 사용하는 이더넷 주소는? (2개를 선택할 것)

  a. 번드 인(Burned-in) 주소

  b. 유니캐스트 주소

  c. 브로드캐스트 주소

  d. 멀티캐스트 주소

:: LAN 개요

이더넷이란 용어는 세계에서 가장 인기 있는 유선 LAN 기술의 피지컬 계층과 데이터 링크 계층을 함께 정의하는 LAN 표준이다. IEEE(Institute of Electrical and Electronics Engineers)가 만든 표준으로 케이블링, 케이블 끝의 커넥터, 프로토콜 규칙 및 이더넷 LAN을 구축하는 데 필요한 모든 것을 정의한다.

전형적인 SOHO LAN

먼저 소규모 사무실/홈 오피스(SOHO-small office/home office) LAN 즉, 구체적으로는 이더넷 LAN 기술만을 사용하는 LAN에 대해 생각해보자. 첫째, LAN은 케이블이 연결될 수 있는 다수의 물리적인 포트들을 갖는 이더넷 LAN 스위치라 불리는 장치를 필요로 한다. 이더넷은 다양한 이더넷 표준 중 하나를 지원하는 이더넷 케이블을 사용한다. LAN은 이더넷 케이블을 사용하여 스위치의 이더넷 포트들 중 하나에 다양한 이더넷 장치 또는 노드를 연결한다.

[그림 2-1]은 SOHO 이더넷 LAN의 구성을 보여준다. 그림은 하나의 LAN 스위치, 5개의 케이블 및 5대의 다른 이더넷 노드들(3대의 PC, 프린터 및 라우터라 불리는 1대의 네트워크 장치), 라우터는 LAN을 WAN에 연결한다. 이 경우는 인터넷에 연결하고 있다.

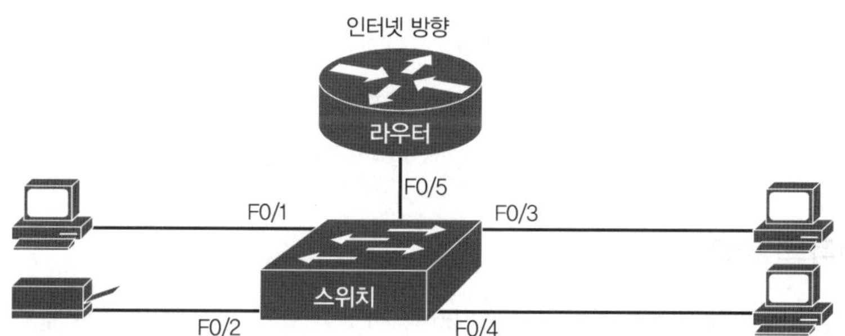

[그림 2-1] 전형적인 소규모 이더넷 기반의 SOHO LAN

[그림 2-1]이 간단한 이더넷 LAN을 보여주지만, 많은 SOHO 이더넷 LAN들은 오늘날 라우터와 스위치를 하나의 장치로 만든다. 제조업체들은 라우터 및 이더넷 스위치뿐만 아니라 다른 기능들을 통합한 네트워킹 장치들을 공급하고 있다. 이러한 장치는 일반적으로 '라우터' 기능을 제공할 뿐 아니라 많은 모델들이 4포트 또는 8포트 이더넷 LAN 스위치 포트를 내장하고 있다.

사전 점검 퀴즈 정답
1 A **2** C **3** B **4** B, D, E **5** B **6** C **7** B, C, E **8** C, D

또한 전형적인 SOHO LAN들은 무선 LAN 연결을 지원한다. 이더넷은 유선 LAN 기술만을 정의한다. 즉, 이더넷 LAN 케이블을 사용하여 연결한다. 그러나 IEEE에 의해 정의되는 무선 LAN 기술뿐만 아니라 이더넷 LAN 기술을 모두 사용하는 LAN을 구축할 수 있다. IEEE 802.11로 시작하는 표준을 사용하는 IEEE에 의해 정의되는 무선 LAN은 전파를 사용하여 한 노드에서 다음 노드로 비트들을 보낸다.

대부분의 무선 LAN들은 아직까지는 또 하나의 네트워킹 장치 즉, 무선 LAN 액세스 포인트 (AP)에 의존한다. AP는 모든 무선 LAN 노드들이 이더넷 스위치에 연결된 무선 AP와 데이터를 송수신한다는 점에서 이더넷 스위치와 다소 유사한 점이 있다. 물론, 무선 장치인 AP는 [그림 2-2]와 같이 이더넷 LAN에 AP를 연결하는 데 필요한 단 하나의 이더넷 링크 외에 다른 케이 블링을 위한 이더넷 포트가 불필요하다.

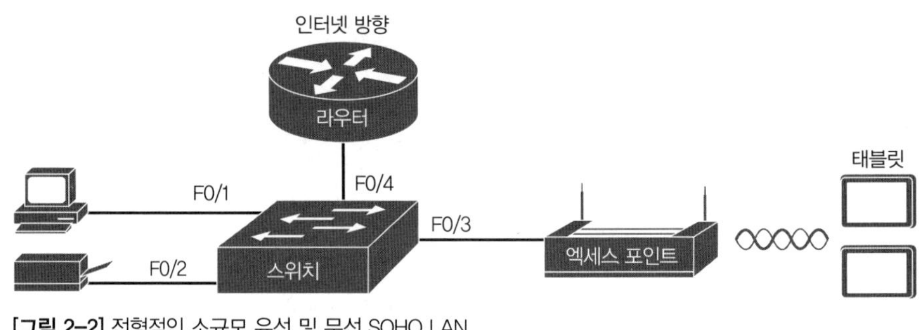

[그림 2-2] 전형적인 소규모 유선 및 무선 SOHO LAN

이 그림은 세 개의 분리된 장치들 즉, 라우터, 이더넷 스위치, 무선 LAN 액세스 포인트를 보여 주고 상이한 역할들을 잘 이해할 수 있도록 한다. 그러나 오늘날 대부분의 SOHO 네트워크들은 이러한 모든 기능들을 통합한 '무선 라우터(wireless router)'라는 단일 장치를 사용한다.

전형적인 엔터프라이즈(기업) LAN

일반적인 기업 네트워크들은 SOHO 네트워크와 비슷한 요구 사항을 가지는데 다만, 훨씬 더 큰 규모일 뿐이다. 예를 들어, 기업 이더넷 LAN들에 대해서는 건물의 각 층에 기계실 내의 배 선함과 함께 설치된 LAN 스위치들로부터 시작해보자. 배선함에서 LAN에 연결할 필요가 있는 장치들이 있는 각 방들과 회의실로 이더넷 케이블링을 설치한다. 동시에 대부분의 기업은 늘어 나는 이더넷 LAN 인터페이스가 없는 무선단말과 함께 사람들이 돌아다니며 근무할 수 있도록 같은 공간에서 무선 LAN도 지원한다.

[그림 2-3]은 3층 건물의 일반적인 기업 LAN에 대한 개념적인 사례를 보여준다. 각 층에 는 이더넷 스위치와 무선 LAN AP가 있다. 층 간의 통신을 위해 각 층의 스위치는 분배 스위치 (SWD)에 연결한다. 예를 들어, PC3는 PC2에게 데이터를 보낼 수 있는데, 먼저 SW3 스위치를 거쳐 분배 스위치(SWD)를 지나 2층의 SW2 스위치에게 보낸다.

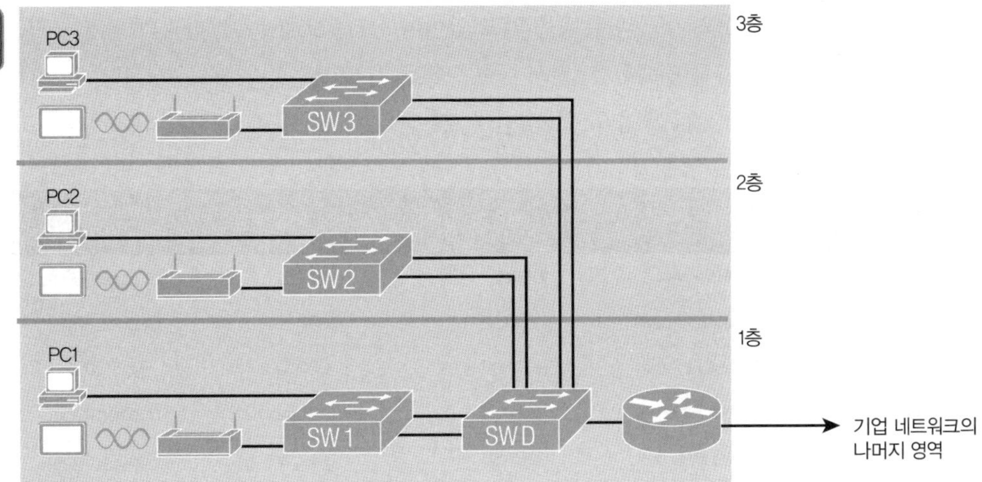

[그림 2-3] 단일 건물 기업의 유선 및 무선 LAN

그림은 또한 라우터를 사용하여 LAN을 WAN에 연결하는 일반적인 방법을 보여준다. LAN 스위치 및 무선 액세스 포인트는 LAN을 자체적으로 구성한다. 라우터는 LAN 및 WAN 모두에 연결한다. LAN에 연결하기 위해 라우터는 [그림 2-3]의 오른쪽 아래에 표시된 것처럼 단순히 이더넷 LAN 인터페이스와 이더넷 케이블을 사용한다.

이 장의 마지막은 특별히 이더넷에 중점을 둔다.

다양한 이더넷의 피지컬 계층 표준들

이더넷이란 용어는 표준들의 전체 집합을 의미한다. 어떤 표준은 특정 속도로 특정 종류의 케이블링을 거쳐 데이터를 전송하는 방법의 세부 항목들을 정의한다. 다른 표준은 이더넷 LAN의 일부로써 이더넷 장치들이 준수해야 하는 프로토콜과 규칙을 정의한다. 이러한 모든 이더넷 표준들은 IEEE에서 나왔고 IEEE 802.3과 같이 표준의 첫 부분에 표시된다.

이더넷은 지난 40여 년의 긴 역사 동안 물리적 이더넷 링크를 위한 다양한 옵션을 추가해왔다. 오늘날 이더넷은 다양한 종류의 광(optical) 및 구리 선(copper) 케이블에서 10Mbps(megabits per second)에서 최대 100Gbps(gigabits per second)에 달하는 속도를 지원하는 수많은 표준들을 포함한다.

케이블을 선택하기 위한 가장 기본적인 비교 항목은 비트들의 물리적인 전송을 위한 케이블 내부에 사용되는 재료(구리 선 또는 유리 섬유)다. 이더넷 노드가 전기 선로에서 데이터를 보내는 UTP(Unshielded Twisted Pair) 케이블은 광 케이블에 비해 구축 비용을 절약할 수 있다. 광 케이블은 케이블 중심의 유리 섬유를 따라 빛을 보내는데 비교적 고가다. 비싸긴 하지만 장치들 간의 거리를 좀 더 늘릴 수 있다.

새로운 이더넷 LAN을 위한 제품을 구매할 때, 네트워크 엔지니어는 이더넷 제품에서 지원되는 다양한 이더넷 표준들의 이름과 특징을 알고 있어야 한다. IEEE는 몇 가지의 명명 규칙을 사용하여 이더넷 LAN 표준을 정의한다. 정식 이름은 802.3과 일부 접미사로 구성된다. IEEE는 속도뿐만 아니라 케이블이 UTP(T 접미사 포함)인지, 광 섬유(X 접미사 포함)인지를 표시한다.

속도	일반적 명칭	비공식적 IEEE 표준	공식적 IEEE 표준	케이블 타입 최대 연결 거리
10Mbps	Ethernet	10BASE – T	802.3	Copper, 100m
100Mbps	Fast Ethernet	100BASE – T	802.3u	Copper, 100m
1,000Mbps	Gigabit Ethernet	1000BASE – LX	802.3z	광, 5,000m
1,000Mbps	Gigabit Ethernet	1000BASE – T	802.3ab	Copper, 100m
10Gbps	10Gig Ethernet	10GBASE – T	802.3an	Copper, 100m

[표 2-2] 이더넷 표준의 종류

> **NOTE** 광 섬유 케이블링은 유리 섬유의 가는 실선을 포함한다. 이더넷 장치는 케이블 내부의 유리 섬유를 통해 빛을 보내고 빛에 포함된 비트들을 인식한다.

이더넷 데이터 링크 계층의 동작 원리

이더넷이 많은 물리 계층 표준을 포함하지만, 모든 종류의 이더넷의 물리적인 링크들에서 동일한 데이터 링크 계층 표준을 사용하기 때문에 하나의 LAN 기술처럼 작동한다. 이 표준은 일반적인 이더넷 헤더 및 트레일러를 정의한다(상기해보면, 헤더 및 트레일러는 LAN을 통해 데이터를 전송하기 위해 이더넷이 사용하는 오버헤드 바이트다). 데이터가 UTP 케이블 또는 어떤 종류의 광 케이블을 이동하든 상관없이, 그리고 속도와 상관없이, 데이터 링크 헤더 및 트레일러는 같은 형식을 사용한다.

물리 계층 표준은 케이블을 통해 비트를 보내는 방식에 중점을 두는 반면, 이더넷 데이터 링크 프로토콜은 출발지에서 목적지 이더넷 장치로 이더넷 프레임을 보내는 데 중점을 둔다.

데이터 링크 계층의 관점에서 장치는 프레임을 만들고 보낸다. Chapter 1 'TCP/IP 네트워킹 소개'에서 처음 정의한 것처럼 프레임은 데이터 링크 프로토콜의 헤더와 트레일러와 함께 헤더와 트레일러 사이에 캡슐화된 데이터를 포함하는 데이터 단위를 말한다. 다양한 이더넷 장치들은 정확한 목적지로 프레임을 전달하기 위해 다양한 링크들을 통해 프레임을 보낸다.

[그림 2-4]는 이 과정을 설명하고 있다. 이 경우에, PC1은 PC3에게 이더넷 프레임을 보낸다. 프레임은 이더넷 스위치인 SW1에 연결된 UTP 링크를 거쳐 이더넷 스위치인 SW2와 SW3의 광 링크들을 지나서 마지막으로 또 하나의 UTP 링크를 통해 PC3에게 전달된다. 비트들은 실제로 이 예에서 4개의 다른 속도 즉, 각각 10Mbps, 1Gbps, 10Gbps와 100Mbps로 여행한다.

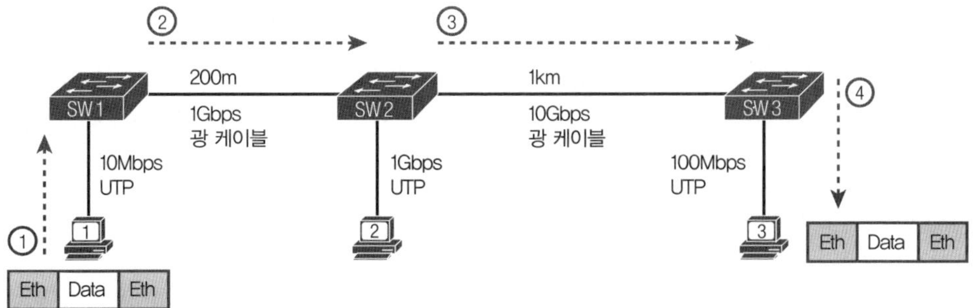

[그림 2-4] 이더넷 LAN은 다양한 타입의 링크를 거쳐 데이터-링크 프레임을 전달한다.

그래서 이더넷 LAN은 무엇일까? 사용자 장치, LAN 스위치, 서로 다른 케이블들의 조합이다. 각각의 링크는 다른 종류의 케이블들, 다른 속도들을 사용할 수 있다. 그러나 그들은 LAN 상의 한 장치에서 다른 장치로 이더넷 프레임을 전달하기 위해 협동한다.

이 장의 나머지는 이러한 개념을 좀 더 깊이 다룬다. 먼저 물리적 이더넷 네트워크 구축에 대해 자세히 살펴보고, 다음으로 이더넷 LAN을 통해 프레임을 전달하는 규칙에 대해 몇 가지 논의를 한다.

∷ UTP 케이블로 물리적인 이더넷 네트워크 구축하기

이 장의 세 가지 주요 섹션 중에 두 번째로 두 이더넷 장치 사이의 개별 물리적 링크를 집중적으로 살펴보자. 이더넷 네트워크가 전체적으로 사용자 장치 사이에 이더넷 프레임을 보내기 전에 각 장치는 개별 물리적 링크를 통해 데이터를 보낼 준비가 되어야 한다. 이 섹션은 이더넷이 이러한 링크들을 통해 데이터를 보내는 방법을 구체적으로 살펴본다.

이 섹션에서는 세 가지 가장 일반적으로 사용되는 이더넷 표준 즉, 10BASE-T(이더넷), 100BASE-T(패스트 이더넷, 또는 FE) 그리고 1000BASE-T(기가비트 이더넷 또는 GE)에 초점을 맞춘다. 특히, 이 섹션은 UTP 케이블을 통해 양방향 데이터 전송에 대해 세부적으로 살펴보는데 10Mbps, 100Mbps와 1,000Mbps 이더넷에서 사용하는 UTP 케이블 선의 배열도 포함한다.

트위스티드 페어(Twisted Pairs) 케이블을 사용하여 데이터 전송하기

이더넷이 UTP 케이블을 통해 데이터를 전송하는 것은 사실이지만, 피지컬 계층이 데이터를 보내기 위해 UTP 케이블 내부의 전선을 통해 흐르는 전류를 사용한다. 이더넷이 이 전류를 이용하여 데이터를 전송하는 방식을 더 잘 이해하기 위하여 두 부분 즉, 전기 회로를 만드는 방법과 전기 신호를 통해 1과 0을 송신하는 방법으로 나누어 생각한다.

첫째, 전기 회로를 만들기 위해 이더넷은 [그림 2-5]와 같이 한 쌍의 꼬인 구리선(twisted pair of wires)을 사용하는 방법을 정의한다. 그림은 두 장치 사이의 UTP 케이블을 표시하지 않는다. 하지만 대신 UTP 케이블 안에 있는 두 개의 개별 선을 보여준다. 전기 회로는 완전한 루프(loop) 서킷을 필요로 한다. 즉, 이더넷 포트의 회로를 사용하여 두 장치 간의 전기 흐름을 위한 루프 서킷을 위해 한 쌍의 전선을 연결한다.

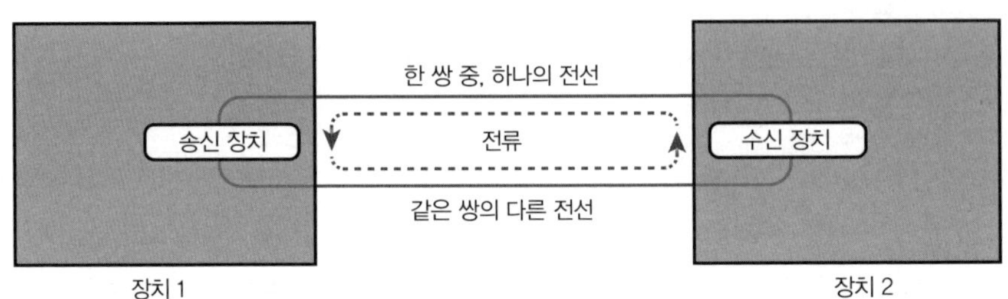

[그림 2-5] 한 방향으로의 데이터 전송을 위한 한 쌍의 전기 서킷

데이터를 보내려면 두 장치는 인코딩 체계라는 몇 가지 규칙을 따른다. 그 개념은 두 사람이 같은 언어로 얘기할 때와 비슷하다. 즉, 말하는 사람이 특정 언어로 몇 단어를 말하면 듣는 사람은 동일한 언어를 말할 때 그 단어들을 이해할 수 있다. 인코딩 구성표를 가지고 송신 장치가 전기 신호로 변경하고 수신 장치는 같은 규칙을 사용하여 전기 신호를 0 또는 1로 변경한다(예를 들어, 10BASE-T는 1/10,000,000초 간격의 중간 시점에서 높은 전압이 낮은 전압으로 전이되는 것을 0으로 간주한다).

실제 UTP 케이블 내부에 전선들은 [그림 1-5]와 같이 평행선을 유지하는 대신 같이 꼬여 있다. 이 꼬인 형태는 몇몇 중요한 물리적 전송 문제들을 해결한다. 전류가 전선을 통과할 때, 전기 신호는 근처의 전선 사이에 또는 같은 전선 내부에서 전자기 간섭(EMI, electromagnetic interference)을 일으킨다(한 쌍의 전선 간의 EMI를 크로스토크(crosstalk)라고 한다). 한 쌍의 전선을 꼬면 EMI의 대부분을 상호 상쇄시키기 때문에 구리 전선을 사용하는 대부분의 물리적 링크는 꼬인 형태를 사용한다.

UTP 이더넷 링크에 대한 해부

이더넷 링크는 두 이더넷 장치들 간의 물리적 케이블을 의미한다. UTP 이더넷 링크가 작동하는 방법에 대해 배우기 위해 [그림 2-6]과 같이 물리적 링크를 다수의 기본 요소들 즉, 케이블 자체, 케이블의 양쪽 끝에 위치한 커넥터, 커넥터와 일치하는 장치의 포트로 나누어 보았다.

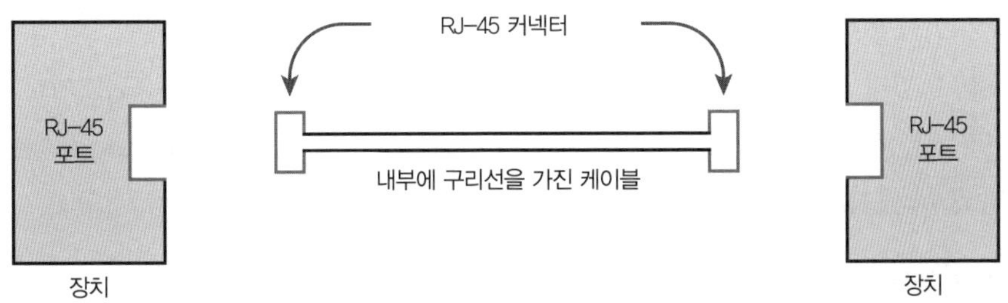

[그림 2-6] 이더넷 링크의 기본적인 요소

먼저, UTP 케이블 자체에 대해 생각해보자. 케이블은 몇몇 구리 선으로 구성되고, 꼬인 쌍으로 나뉜다. 10BASE-T 및 100BASE-T 표준은 두 쌍의 전선을 필요로 하는 반면, 1000BASE-T 표준은 4쌍의 전선을 필요로 한다. 각각의 선은 다양한 색의 플라스틱으로 코팅되어 있다. 예를 들어, 파란색 선의 쌍에서 한 선은 완전히 파란색이고, 다른 선은 파란색과 흰색의 줄 무늬 색상으로 코팅되어 있다.

많은 이더넷 UTP 케이블이 RJ-45 커넥터를 사용한다. RJ-45 커넥터는 케이블에 8개의 전선이 삽입될 수 있으며 핀 포지션(pin position) 또는 간단히 핀(pin)이라고 불리는 8개의 물리적인 공간을 갖는다. 이 핀들은 전류가 흐르는 구리 선의 끝에서 전류 흐름을 감지할 수 있는 공간을 만든다.

> **NOTE** 가능하다면 근처에서 이더넷 UTP 케이블을 찾아 커넥터를 가까이서 관찰해보라. 커넥터 내부의 전선의 색상과 핀 포지션을 찾아보라.

물리적 연결을 완성하려면 각 장치는 커넥터에 일치하는 RJ-45 이더넷 포트가 필요하다. 그래야 케이블 끝의 커넥터는 각 장치에 연결될 수 있다. PC는 보통 시스템 자체에 내장되거나 확장형 카드 형태로 존재하는 네트워크 인터페이스 카드(NIC, network interface card)에 RJ-45 이더넷 포트를 포함한다. 스위치는 일반적으로 사용자 장치들을 이더넷 LAN에 연결하기 위해 많은 RJ-45 포트를 가진다.

> **NOTE** RJ-45 커넥터는 북미에서 전화 케이블용으로 많이 사용하는 RJ-11 커넥터보다 약간 넓고 모양은 비슷하다.

[그림 2-7] RJ-45 커넥터와 포트(이더넷 NIC © Mark Jansen, LAN 케이블 © Mikko Pitkänen)

[그림 2-7]의 왼쪽은 커넥터, 오른쪽은 포트를 보여준다. 왼쪽은 RJ-45 커넥터의 끝에 8핀의 위치를 볼 수 있다. 오른쪽 상단 그림은 컴퓨터에 아직 연결되지 않은 이더넷 NIC이다. 오른쪽 하단은 다양한 장치들을 이더넷 네트워크에 쉽게 연결할 수 있도록 다수의 RJ-45포트들이 있는 Cisco 2960 스위치의 측면을 보여준다.

마지막으로 UTP 케이블과 RJ-45 커넥터가 일반적이긴 하지만, 시스코 LAN 스위치는 다른 유형의 커넥터들도 지원한다. 즉, 시스코 스위치의 많은 모델 중 하나를 구입할 때, 스위치의 물리적 포트의 종류별 구성과 숫자를 고려해야 한다.

고객에게 이더넷 링크의 자유로운 선택을 주기 위해 스위치를 구입한 후에도 시스코 스위치는 일부 물리적 포트들(송수신장치, transceiver)을 교체할 수 있다.

예를 들어, [그림 2-8]은 교체 가능한 포트들 중 하나를 가진 시스코 스위치의 사진이다. 이 경우, 그림은 개선된 SFP+(small form-factor pluggable) 연결 포트인데, Cisco 3560CX 스위치는 10Gbps 속도를 제공하는 2개의 SFP+ 연결 포트를 제공한다. SFP+는 검정 케이블로 연결된 스위치 아래의 은색 커넥터이다.

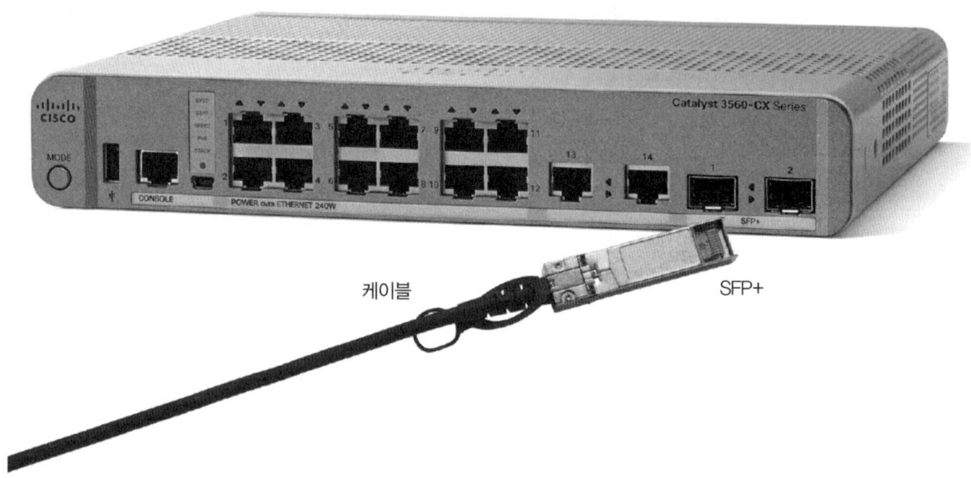

[그림 2-8] Catalyst 3560CX 스위치에 연결되는 10Gbps SFP+

10BASE-T와 100BASE-T를 위한 UTP 케이블의 핀 배열

지금까지 당신은 1,000 에이커 목장에서 트럭을 운전하는 방법에 상당하는 것을 배웠다. 하지만, 시내의 교통 규칙에 해당하는 것은 아직 모른다. 목장에서 일한다면, 경찰관을 신경쓰지 않고, 목장 어디든 마음대로 트럭을 운전할 수 있다. 하지만 당신이 공공 도로에 들어서는 순간, 경찰관은 교통 규칙을 따르도록 규제할 것이다. 마찬가지로 지금까지 데이터를 전송하는 일반적인 원리에 대해 논의했지만, 아직 이더넷 케이블링에 대한 중요한 규칙 즉, 케이블 내부의 어떤 전선을 사용하여 데이터를 보낼 것인가 하는 규칙에 대해서는 자세히 다루지 못했다.

다음으로 10BASE-T 및 100BASE-T에 대한 규칙을 같이 설명한다. 왜냐하면 이들이 두 쌍의 전선을 사용하는 동일한 방식을 사용하기 때문이다. 이에 비해, 1000BASE-T(기가비트 이더넷)는 4쌍의 전선을 사용한다.

스트레이트스루(Straight-Through) 케이블 핀 배열

10BASE-T와 100BASE-T는 [그림 2-9]에서 보는 바와 같이 UTP 케이블 내부에 두 쌍의 전선이 존재하는데 각 방향별로 한 쌍을 사용한다. 그림은 PC와 LAN 스위치를 연결하는 하나의 UTP 케이블 내부에 존재하는 4개의 전선을 보여준다. 이 예에서 왼쪽의 PC는 상단의 한 쌍의 전선으로 송신하고, 오른쪽의 스위치는 하단의 한 쌍의 전선으로 송신한다.

> **참고** UTP(Unshielded Twisted Pair)란 절연체로 감싸지 않고 꼬인 선이며, 절연체로 감싼 경우에는 STP(Shielded Twisted Pair)라고 한다. 케이블링 방식은 크게 다이렉트(direct, 영어권에서는 straight-through로 표현)와 크로스(cross, 영어권에서는 crossover로 표현)로 나뉜다. 우리가 주로 쓰는 랜 케이블은 8가닥의 전선이 들어있는 UTP 케이블을 필요한 만큼 잘라내어 제작되는데 다이렉트(스트레이트스루)는 양 끝 전선의 배열이 같고, 크로스(크로스오버)는 다르다.

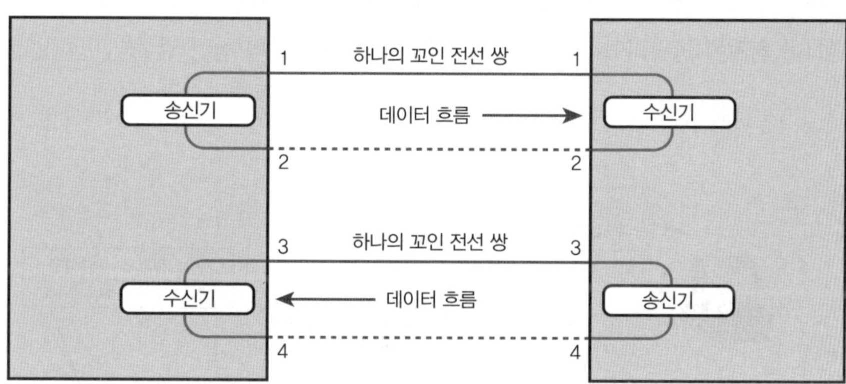

[그림 2-9] 10-과 100-Mbps 이더넷은 방향별 데이터 전송을 위해 한 쌍의 전선을 사용함

링크를 통한 올바른 전송을 위해 UTP 케이블은 RJ-45 커넥터의 올바른 핀 위치에 연결해야 한다. 예를 들어, [그림 2-9]에서 왼쪽 PC의 전송 장치(transmitter)는 전송하기 위해 사용하는 두 전선의 핀 위치를 알고 있어야 한다. 그 두 개의 전선은 스위치의 RJ-45 커넥터 내의 올바른 핀에 연결되어서 스위치의 수신 장치(receiver)가 제대로 수신할 수 있도록 해야 한다.

케이블의 양쪽 끝에 핀 위치에 맞는 전선이 어떤 것인지와 같은 케이블의 선 배열을 이해하기 위해 NIC 및 스위치의 작동 방식을 먼저 이해해야 한다. 일반적으로 이더넷 NIC의 송신 장치는 핀 1과 2에 연결되는 전선 쌍을 사용하고, 수신 장치는 핀 3과 6에 연결되는 전선 쌍을 사용한다. LAN 스위치는 이더넷 NIC와 반대로 동작한다. LAN 스위치의 수신 장치는 핀 1과 2에 연결되는 전선 쌍을 사용하고, 송신 장치는 핀 3과 6에 연결되는 전선 쌍을 사용한다.

PC NIC는 스위치와 통신하기 위해 UTP 케이블은 스트레이트스루(straight-through) 케이블을 사용해야 한다. 핀 배열이란 RJ-45 커넥터의 핀 위치에 전선의 색상을 배열하는 규칙을 말한다. 이더넷 스트레이트스루 케이블은 핀 1의 전선을 다른 끝의 핀 1에 연결한다. 마찬가지로 핀 2의 전선은 다른 끝의 핀 2로, 핀 3의 전선은 다른 끝의 핀 3으로 연결한다. 나머지도 동일하다. 물론 그 중에 1번, 2번 핀 쌍과 3번, 6번 핀 쌍을 사용한다.

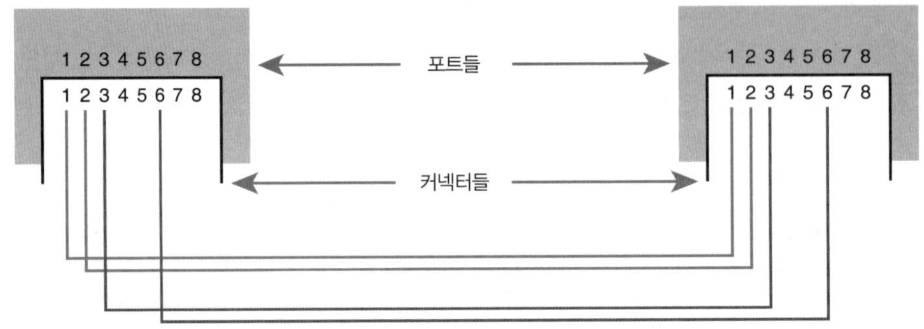

[그림 2-10] 10BASE-T와 100BASE-T의 스트레이트스루 케이블 핀 배열

[그림 2-11]은 스트레이트스루 케이블에 대한 최종적인 설명을 위한 것이다. 이 경우 래리 PC는 LAN 스위치에 연결되었다. 이 그림은 UTP 케이블 내부의 전선 쌍들과 핀들을 강조하고 있다.

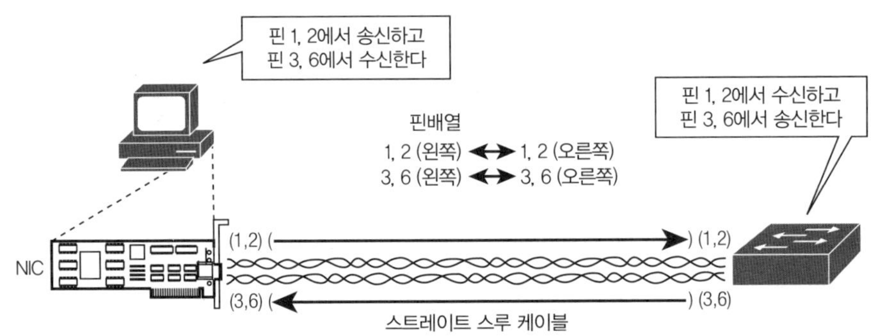

[그림 2-11] 이더넷 스트레이트 스루 케이블 개념

스트레이트스루 케이블은 두 장치가 전송을 위해 다른 쌍을 사용할 때 정확하게 동작한다. 그러나 이더넷 링크로 연결하는 두 장치가 동일한 핀들을 사용해 전송한다면 다른 종류의 케이블인 크로스오버 케이블을 필요로 한다. 크로스 오버 케이블 핀 배열은 각 장치의 송신 핀이 반대편 장치의 수신 핀과 연결되도록 교차한다.

앞선 설명은 [그림 2-12]로 훨씬 명확해진다. 그림의 두 스위치 사이의 링크에서 일어나는 일을 보여준다. 두 스위치는 모두 3번 핀과 6번 핀 쌍을 통해 전송하고, 1번 핀과 2번 핀 쌍을

통해 수신한다. 그래서 이 케이블은 3번 핀과 6번 핀을 다른 쪽의 1번 핀과 2번 핀에 연결해야
한다. 그림의 상단은 실제의 핀 배열 숫자를 보여주고 하단은 보다 개념적인 것이다.

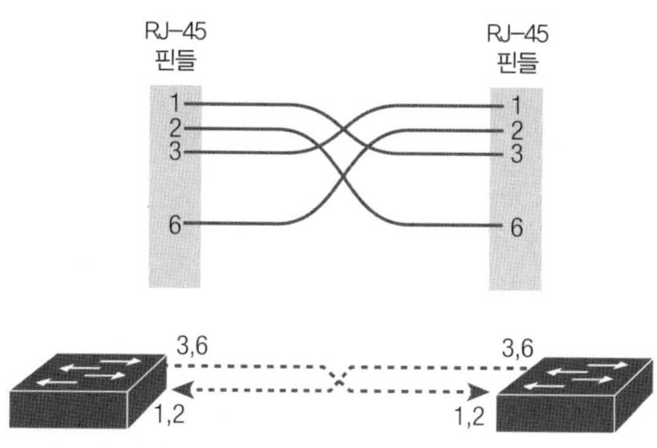

[그림 2-12] 크로스오버 이더넷 케이블

올바른 케이블 핀 배열 찾기

시험에 대비하기 위해 네트워크의 각 부분에 필요한 케이블의 유형 즉, 스트레이트스루 케이블
혹은 크로스오버 케이블을 잘 선택할 수 있어야 한다. 열쇠는 장치가 핀 1과 2를 통해 전송하는
PC NIC와 같이 동작하는지 또는 핀 3과 6을 통해 전송하는 스위치처럼 동작하는지를 구분하
는 것이다.

복잡하다면, 그냥 다음 논리를 적용하면 된다.

- **크로스오버 케이블**: 연결할 두 장치가 동일한 핀 쌍을 통해 전송하는 경우
- **직렬 케이블**: 연결한 두 장치가 다른 핀 쌍을 통해 전송하는 경우

[표 2-3]은 장치들이 10BASE-T 및 100BASE-T를 사용할 때의 사용하는 장치와 핀 쌍을
보여준다.

핀 1, 2에서 송신하는 장치	핀 3, 6에서 송신하는 장치
PC NIC	허브
라우터	스위치
무선 액세스 포인트(의 이더넷 인터페이스)	—

[표 2-3] 10BASE-T 및 100BASE-T 핀 쌍과 송수신

예를 들어, [그림 2-13]은 한 빌딩 내의 캠퍼스 LAN을 보여준다. 이 경우, 몇 개의 스트레이트
스루 케이블을 사용하여 PC들과 스위치들을 연결하고 있고, 스위치들을 연결하기 위해 크로
스오버 케이블을 사용하고 있다.

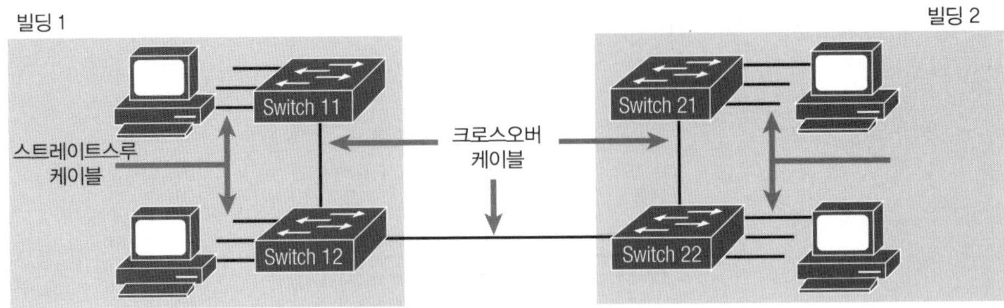

[그림 2-13] 스트레이트스루와 크로스오버 케이블의 전형적인 사용 예

> **NOTE** LAN 구축 경험을 가지고 있다면 사전에 부적합한 케이블(스트레이트 스루 또는 크로스오버)을 사용했는 지를 확인했을 것이다. 시스코는 부적합한 케이블이 연결되면 링크가 작동하도록 포트의 핀 역할을 자동으로 바꾸는 auto-mdix라는 기능이 있다. 그렇지만, 시험을 위해 그림에서 정확한 케이블을 적용할 수 있도록 연습해야 한다.

1000BASE-T를 위한 UTP 케이블링 핀 배열

1000BASE-T(기가비트 이더넷)은 10BASE-T 및 100BASE-T와 케이블링 및 핀 배열이 다르다. 1000BASE-T는 4개의 전선 쌍을 필요로 한다. 즉, 각 전선 쌍에서 송수신을 동시에 가능하게 하는 보다 개선된 방식을 활용한다.

그러나 1000BASE-T는 두 쌍이 추가될 뿐, 기존의 표준들과 거의 동일하게 작동한다. 스트레이트스루 케이블은 모두 8개의 핀에 대해 다른 쪽의 같은 번호의 핀에 각 핀을 연결한다. 즉, 핀 1에는 핀 1을, 핀 2에는 핀 2를 이렇게 핀 8까지 동일하게 연결한다.

핀 1과 핀 2를 한 쌍으로, 핀 3과 핀 6이 한 쌍인 것은 기존 배선과 동일하다. 여기에 [그림 2-10]과 같이 핀 4와 핀 5, 핀 7과 핀 8 쌍을 추가로 사용한다.

기가비트 이더넷의 크로스오버 케이블은 앞서 설명한 표준과 같이 이더넷 케이블의 핀 1, 2 및 핀 3, 6쌍을 교차 연결하며 나머지 두 쌍 즉, 핀 4, 5 및 핀 7, 8쌍도 교차 연결한다.

∷ 이더넷 네트워크의 데이터 송신

이더넷의 피지컬 계층 표준들이 꽤 다르지만 이더넷 표준의 다른 부분은 물리적 이더넷 링크 유형에 관계없이 동일한 방식으로 작동한다. 다음으로 이 장의 마지막 주요 섹션은 이더넷이 링크 유형과 관계없이 사용하는 일부 프로토콜 및 규칙을 살펴보는 것이다. 특히, 이 섹션은 이더넷 데이터 링크 계층 프로토콜과 이더넷 장치, 스위치, 허브가 이더넷 LAN을 통해 이더넷 프레임을 전달하는 방법에 대해 자세하게 알아본다.

이더넷 데이터 링크 프로토콜들

이더넷 프로토콜들의 가장 중요한 장점 중 하나는 동일한 데이터 링크 표준을 따른다는 것이다. 사실, 데이터 링크 표준의 핵심 부분은 다시 원래의 이더넷 표준으로 되돌아갔다는 것이다.

이더넷 데이터 링크 프로토콜은 앞에 이더넷 헤더, 중간에 캡슐화된 데이터, 끝에 이더넷 트레일러를 포함하는 이더넷 프레임 형식을 정의한다. 이더넷은 [그림 2-14]에서 보이는 가장 일반적으로 사용하는 형식과 더불어 몇몇 다른 형식들도 정의한다.

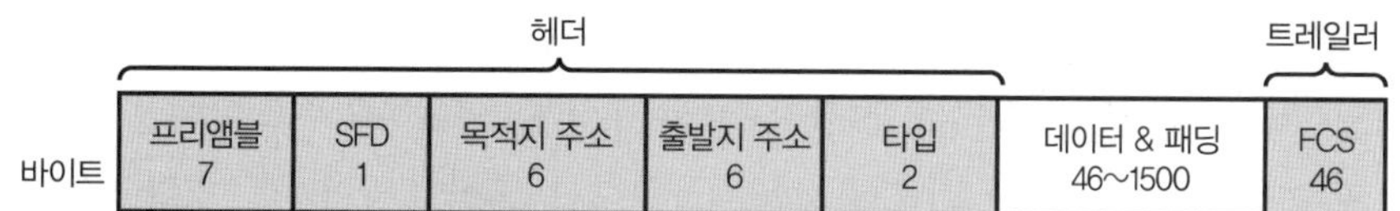

[그림 2-14] 일반적인 이더넷 프레임 포맷

프레임의 모든 필드들이 중요하지만 이 책에서 설명하는 몇몇 항목들은 보다 중요하다. [표 2-4]는 헤더 및 트레일러의 필드들을 간단하게 설명하는데 이 필드들의 몇몇에 대해서는 이후의 페이지들에서 자세히 다룰 것이다.

필드	바이트	설명
프리앰블(Preamble)	7	동기화(Synchronization)
SFD(Start Frame Delimiter)	1	다음 바이트가 목적지 MAC 주소 필드임을 강조함.
목적지 MAC 주소	6	이 프레임의 수신자를 표시함.
출발지 MAC 주소	6	이 프레임의 송신자를 표시함.
타입	2	프레임이 캡슐화한 프로토콜의 유형을 표시함. 보통 IPv4(IP version 4) 혹은 IPv6(IP version 6)를 구분함.
데이터 및 패딩*	46~1,500	L3PDU(보통 IPv4 혹은 IPv6 패킷)로 불리는 상위 계층의 데이터를 포함한다. 송신자는 이 필드에 필요한 최소 길이(46바이트)에 맞추기 위해 패딩을 추가함.
FCS(Frame Check Sequence)	4	NIC가 프레임을 수신했을 때, 전송 도중에 에러가 발생했는지를 확인할 수 있도록 함.

[표 2-4] IEEE 802.3 이더넷 헤더 및 트레일러 필드들

* IEEE 802.3 규격은 802.3 프레임의 데이터 크기를 최소 46, 최대 1,500바이트로 제한한다. MTU(maximum transmission unit)는 전송 매체를 통해 전달될 수 있는 최대 3계층 패킷의 크기를 제한한다. 3계층 패킷이 이더넷 프레임의 데이터 위치에 들어가므로 1,500바이트는 이더넷에서 허용되는 최대 IP MTU다.

이더넷(Ethernet) 주소 체계

출발지와 목적지 이더넷 주소 필드는 이더넷 LAN의 동작과 관련하여 큰 역할을 한다. 각각의 개념은 간단하다. 즉, 송신 장치는 출발지 주소 필드에 자신의 주소를 입력하고 목적지 주소 필드에는 원하는 이더넷 목적지 장치의 주소를 입력한다. 송신 장치는 이더넷 LAN이 전체적으로 정확한 목적지에 프레임을 전달할 것이라 기대한다. MAC(Media Access Control) 주소라

고도 하는 이더넷 주소는 6바이트 길이(48비트 길이) 이진수다. 편의를 위해, 대부분의 컴퓨터는 12자리의 16진수 MAC 주소로 표시한다. 시스코 장치는 일반적으로 쉽게 읽을 수 있도록 숫자를 구분하는 점을 추가한다. 예를 들어, 시스코 스위치는 MAC 주소를 0000.0C12.3456과 같이 표시한다.

대부분의 MAC 주소가 단일 NIC 또는 다른 이더넷 포트를 대표하는데, 이러한 주소는 유니캐스트 이더넷 주소라고 한다. 유니캐스트 주소라는 용어는 이더넷 LAN에 연결되는 하나의 인터페이스를 표시하는 방법이다(이것은 두 개의 다른 유형의 이더넷 주소 즉, 브로드캐스트 및 멀티캐스트와 대비되는데, 이 섹션에서 나중에 설명한다).

유니캐스트 MAC 주소로 전송되는 데이터는 모든 유니캐스트 MAC 주소가 유일할 때 제대로 작동한다. 두 개의 NIC가 동일한 MAC 주소를 사용한다면, 혼동이 일어날 수 있다. 당신과 내가 동일한 우편 주소를 사용할 때, 우편 서비스에 발생하는 혼란과 비슷할 것이다. 즉, 편지는 당신의 집과 우리 집 중 어디에 배달될 것인가? 같은 이더넷의 두 PC가 동일한 MAC 주소를 사용한다면, 어떤 PC에게 해당 MAC 주소로 보낸 프레임을 전달할 것인가?

제조 과정에서 관리 공정을 통해 모든 이더넷 장치가 전세계적으로 유일한 MAC 주소를 할당받는다. 제조업체는 이더넷 제품을 만들기 전에 IEEE에게 OUI(organizationally unique identifier)라고 하는 전 세계적으로 유일한 3바이트의 제조사 코드를 요청한다.

제조사는 제조사에게 할당된 3바이트 OUI 코드로 시작하는 MAC 주소를 모든 NIC와 이더넷 제품에 할당한다. 여기에 제조사는 OUI 코드 다음에 사용된 적이 없는 3바이트를 추가하여 유일한 숫자를 할당한다. 즉, 모든 장치의 MAC 주소는 세상에서 유일하기 때문에 유니버설 MAC 주소(universal MAC addresses)라고 한다 .

> **NOTE** IEEE는 유니버설 MAC 주소(universal MAC addresses)를 글로벌 MAC 주소(global MAC address-es)라고도 한다.

[그림 2-15]는 OUI를 포함하는 유니버설 MAC 주소의 구조를 보여준다.

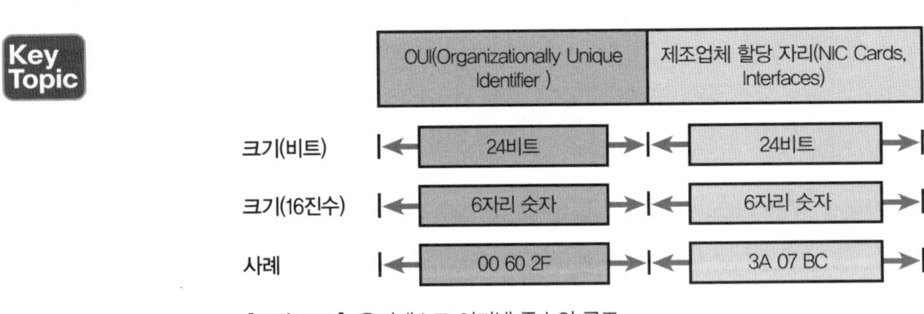

[그림 2-15] 유티캐스트 이더넷 주소의 구조

이더넷 주소는 LAN 주소, 이더넷 주소, 하드웨어 주소(hardware address), 번드인 주소(burned-in address), 물리 주소(physical address), 유니버설 주소(universal address) 혹은 MAC 주소로 불린다. BIA(burned-in address)는 영구적인 MAC 주소가 NIC 상의 ROM 칩에 인코딩 확인(burn into)되었다는 것을 참조한 용어다. 또 다른 예로, IEEE가 사용하는 유니버설 주소는 제조사에 의해 NIC에 할당된 주소가 전 세계의 모든 MAC 주소 중에서 유일해야 한다는 사실을 강조하는 용어다.

유니캐스트 주소뿐만 아니라 이더넷은 그룹 주소(Group address)도 사용한다. 그룹 주소는 하나 이상의 LAN 인터페이스 카드들을 표시한다. 그룹 주소로 보낸 프레임은 소규모 그룹의 LAN 장치에게 전달될 수 있다. 사실, IEEE는 이더넷을 위해 두 개의 일반적인 그룹 주소를 정의한다. 유니캐스트 주소뿐만 아니라 이더넷은 그룹 주소(Group address)도 사용한다. 그룹 주소는 하나 이상의 LAN 인터페이스 카드들을 표시한다. 그룹 주소로 보낸 프레임은 소규모 그룹의 LAN 장치에게 전달될 수 있다. 사실, IEEE는 이더넷을 위한 다음의 두 그룹 주소를 정의한다.

- __브로드캐스트 주소__: 브로드캐스트 주소로 보내지는 프레임은 이더넷 LAN 상의 모든 장치들에게 전달되는데 FFFF.FFFF.FFFF 주소를 사용한다.
- __멀티캐스트 주소__: 멀티캐스트 주소로 보내지는 프레임은 LAN 상의 특정 멀티캐스트 주소로 보내지는 프레임을 수신하기를 요청한 그룹의 장치들에게 전달된다.

LAN 주소	설명
MAC	Media Access Control. 802.3(이더넷)은 IEEE 이더넷의 MAC 서브 계층을 정의한다.
이더넷 주소, NIC 주소, LAN 주소	다른 이름들이 MAC 주소를 대신하여 사용된다. 이 용어들은 LAN 인터페이스 카드의 6바이트 주소를 의미한다.
번드인 주소(Burned-in address)	제조사가 만든 LAN 카드에 할당된 6바이트 주소
유니캐스트 주소	단일 LAN 인터페이스를 표시하는 MAC 주소
브로드캐스트 주소	해당 LAN에 존재하는 모든 장치들을 포함하는 주소
멀티캐스트 주소	이더넷에서 멀티캐스트 주소는 이더넷 LAN 상의 특정 그룹을 포함하는 주소

__[표 2-5]__ LAN MAC 주소 용어와 특징

이더넷 타입 필드에 의한 네트워크 계층 프로토콜 구분

이더넷 헤더의 주소 필드는 이더넷 LAN에서 보다 중요한 역할을 수행하는 반면, 이더넷 타입 필드는 덜 중요한 역할을 한다. 이더넷 타입 필드(EtherType)는 이더넷 데이터 링크 계층의 헤더에 위치하지만 그것의 목적은 라우터 및 호스트에서 네트워크 계층의 프로세스를 위한 것이다. 즉, 타입 필드는 이더넷 프레임 내부의 네트워크 계층(3계층) 패킷 종류를 구분한다.

첫째, 앞서 [그림 2-14]에서 본 이더넷 프레임의 데이터 부분 안에 무엇이 있는 지 생각해보라. 일반적으로 네트워크 장치의 네트워크 계층 프로토콜에 의해 만들어진 네트워크 계층 패킷을 보유한다. 그러한 프로토콜들에는 IBM의 SNA(System Network Architecture), 노벨의

넷웨어(Novell NetWare), DEC(Digital Equipment Corportion)의 DECnet, 그리고 애플컴퓨터의 AppleTalk과 같은 것이 있다. 오늘날 가장 일반적인 네트워크 계층 프로토콜은 TCP/IP의 IPv4(IP version 4)와 IP version6(IPv6)이다.

호스트는 이더넷 프레임 내부에 캡슐화된 패킷의 종류를 구분하기 위한 16진수를 타입 필드에 삽입한다. IPv4 패킷과 IPv6 패킷을 구분하기 위해 헤더에 입력하는 숫자는 무엇일까? IEEE는 EtherType 값을 관리하여 모든 네트워크 계층 프로토콜 번호 마다 고유 값을 가질 수 있도록 한다. 송신 장치는 IEEE EtherType 값을 알고 있어야 한다(목록을 보고 싶다면, www.ieee.org에 방문하여 EtherType을 검색하면 된다).

예를 들어, 호스트는 IPv4 패킷을 포함한 이더넷 프레임을 보내고, 다음으로 IPv6 패킷을 포함한 이더넷 프레임을 보낼 수 있다. 각 프레임에는 [그림 2-16]과 같이 IEEE에 의해 결정된 이더넷 타입 필드 값이 있다.

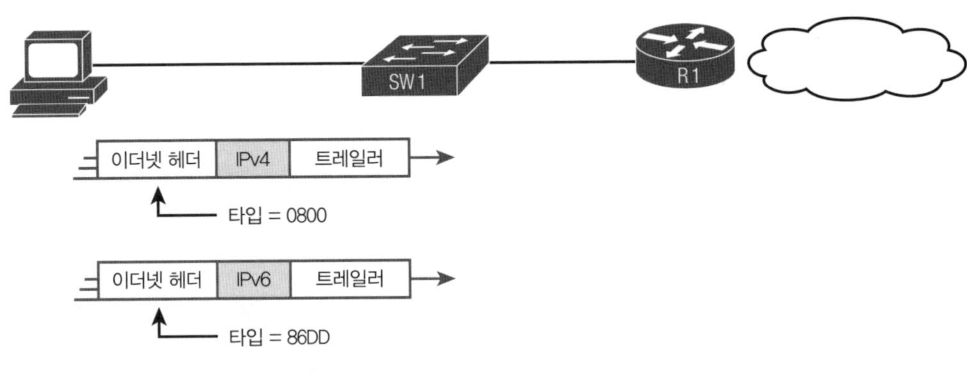

[그림 2-16] 이더넷 타입 필드의 이용

FCS를 이용한 에러 탐지

이더넷은 이더넷 링크를 통과하면서 프레임의 비트가 변경되었는지를 알아내는 방법을 정의한다(보통, 비트는 전기 간섭이나 NIC 장애 등에 의해 변경될 수 있다). 대부분의 데이터 링크 프로토콜들과 같이 이더넷은 에러 탐지를 위해 데이터 링크 트레일러에 속한 필드를 사용한다.

이더넷 트레일러 내의 유일한 필드인 FCS(Frame Check Sequence) 필드는 수신 장치에게 보내 송신 장치와 계산 결과가 동일한지를 비교하여 프레임에 에러가 일어났는지를 결정하기 위해 보내진다. 송신 장치는 프레임을 보내기 전에 프레임에 복잡한 수학 공식을 적용하여 그 결과를 FCS 필드에 입력한다. 수신 장치는 수신 프레임의 동일한 수학 공식을 적용한다. 수신 장치는 자신의 계산 결과를 송신 장치의 계산 결과와 비교한다. 그 결과가 동일하면 프레임은 변경되지 않은 것이고, 그렇지 않다면, 오류가 발생했으므로 프레임은 삭제된다.

오류 탐지(error detection)가 곧, 오류 복구(error recovery)를 의미하지는 않음을 주의해야 한다. 이더넷은 오류를 가진 프레임을 폐기하지만 손실된 프레임을 복구하지는 않는다. 다른 프로토콜 특히, 이에 반해 TCP는 수신 장치가 송신 장치에게 패킷 유실이 발생했음을 알리면 송신 장치는 재전송함으로써 에러를 복구한다.

스위치와 허브의 이더넷 프레임 전송

이더넷 LAN은 LAN 허브라 불리는 구식 LAN 장치 혹은 LAN 스위치로 구성되었는지 여부에 따라 조금 다르게 동작한다.

기본적으로 스위치는 허브를 사용할 때 필요한 하프 듀플렉스(half duplex) 대신, 훨씬 빠르고 보다 단순한 풀 듀플렉스(full duplex)가 가능하다. 이 장의 마지막 주제는 이러한 듀플렉스 타입의 기본적인 차이를 살펴본다.

풀 듀플렉스 이더넷 LAN의 전송 방식

현대 이더넷 LAN은 다양한 이더넷의 물리적 표준을 사용하지만, 물리적 링크의 종류와 관계없이 어느 이더넷에서나 사용 가능한 표준 이더넷 프레임을 사용한다. 개별 링크는 서로 다른 속도라도 상관 없지만, 각 링크는 송신 장치에게 프레임 내의 비트를 다음 장치에게 보낼 수 있어야 한다. 송신 이더넷 장치에서 목적지 장치에게 데이터를 전달하기 위해서는 협력이 필요하다.

그 과정은 비교적 간단한데, 이러한 단순성은 각 장치로 하여금 초당 전송 프레임의 수를 대폭 늘릴 수 있도록 한다. [그림 2-17]은 PC1이 이더넷 프레임을 PC2에게 보내는 예다.

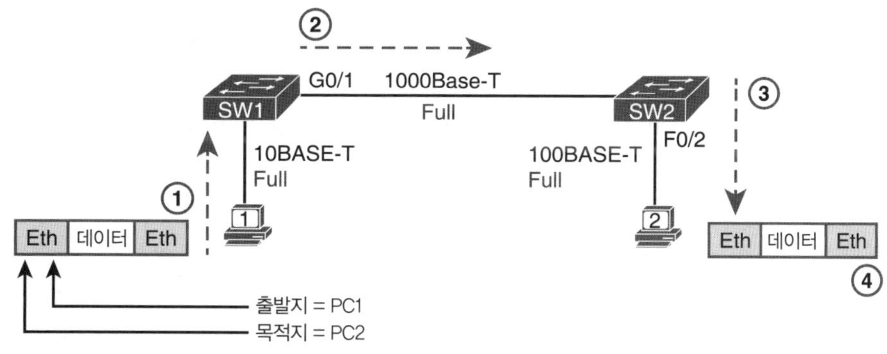

[그림 2-17] 현대 이더넷 LAN의 데이터 전송 예

단계 ① PC1은 자신의 MAC 주소를 출발지 주소로, PC2의 MAC 주소를 목적지 주소로 하는 이더넷 프레임을 만들고 보낸다.

단계 ② SW1 스위치는 이더넷 프레임을 수신하고 SW2에 연결된 G0/1 인터페이스(Gigabit 인터페이스 0/1) 밖으로 이더넷 프레임을 전달한다.

단계 ③ SW2 스위치는 이더넷 프레임을 수신하고 PC2에 연결된 F0/2 인터페이스(FastEthernet 인터페이스 0/2) 밖으로 이더넷 프레임을 전달한다.

단계 ④ PC2는 프레임을 수신하고 목적지 MAC 주소가 자기 것임을 확인하고 프레임을 처리한다.

[그림 2-17]의 이더넷 네트워크는 각 링크에서 풀 듀플렉스를 사용하는데 그 개념은 다음과 같다.

풀 듀플렉스 NIC나 스위치 포트는 하프 듀플렉스의 제약사항을 갖지 않는다. 풀 듀플렉스를 이해하기 위해 하프 듀플렉스를 이해해야 한다.

- 하프 듀플렉스: 프레임을 수신하고 있다면 장치는 송신하기 전에 기다려야 한다. 다시 말해, 송수신을 동시에 할 수 없다면 하프 듀플렉스로 동작하는 것이다.
- 풀 듀플렉스: 장치는 송수신을 동시에 할 수 있기 때문에 송신하기 전에 기다릴 필요가 없다.

모든 PC와 LAN 스위치(LAN 허브는 제외)는 풀 듀플렉스를 지원할 때, 동시에 송수신할 수 있다. 예를 들어, [그림 2-17]과 같이 PC1과 PC2는 하프 듀플렉스와 달리 동시에 데이터를 전송할 수 있다.

LAN 허브와 하프 듀플렉스

하프 듀플렉스의 동작 원리를 알아보기 위해 LAN 허브라고 불리는 오래된 타입의 네트워킹 장치에 대해 이해할 필요가 있다. IEEE가 1990년에 처음으로 10BASE-T를 소개했을 때, 이더넷 LAN 스위치는 출시되지 않았다. 스위치 대신에 제조사들은 LAN 허브를 내놓았다. LAN 허브는 LAN 스위치처럼 PC들에 연결하기 위한 다수의 RJ-45 포트들을 제공하지만 데이터 포워딩을 위한 상이한 규칙들을 사용한다.

LAN 허브는 피지컬 계층 표준을 사용하여 데이터를 보내므로 1계층 장치라고 간주된다. 전기 신호가 허브 포트에 들어오면 허브는 유입 포트를 제외한 모든 다른 포트들로 전기 신호를 재생하여 보낸다. 이를 통해 데이터는 허브에 연결된 모든 장치들에 도착하기 때문에 목적지에도 정확히 도착한다. 허브는 1계층 장치로 이더넷 프레임과 주소에 대한 개념을 가지고 있지 않다.

LAN 허브 사용의 단점은 두 개 이상의 장치가 동시에 신호를 전송하면 전기 신호는 충돌하여 왜곡된다는 것이다. 허브는 동시에 여러 개의 신호를 수신하는 경우에도 모든 받은 전기 신호를 반복한다. 예를 들어, [그림 2-18]에서 아치 PC와 밥 PC는 동시에 전기 신호를 보내고 (단계①A 및 단계①B), 허브는 두 전기 신호 모두를 래리 PC에게 재생하여 보낸다(단계②).

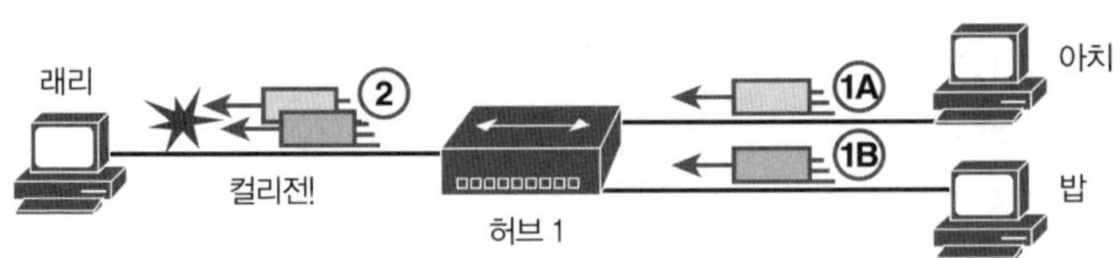

[그림 2-18] LAN 허브 동작 때문에 발생하는 컬리전

[그림 2-18]의 허브를 LAN 스위치로 대체하면, 스위치는 [그림 2-18]에서 설명한 컬리전을 방지한다. 스위치는 2 계층 장치이기 때문에 데이터 링크 헤더 및 트레일러를 볼 수 있다. 스위치는 왼쪽의 래리에게 두 프레임을 전달할 때, MAC 주소를 보고 한 프레임을 보내고, 첫 프레임의 전송이 종결될 때까지 다른 프레임은 큐(queue)에 대기시킨다.

이제 다시 허브와 컬리전 주제로 돌아가보자. 즉, 컬리전에 대처하는 이더넷 장치의 하프 듀플렉스의 논리에 대해 알아보자. 두 개 이상의 장치가 동시에 보낼 때에만 컬리전 문제가 발생한다. 즉, 하프 듀플렉스의 논리는 다른 장치가 보내고 있는 경우 대기해야 한다는 것이다.

예를 들어, 다시 [그림 2-18]에서 아치가 제일 먼저 프레임을 보내기 시작했다고 가정해보자. 밥은 자신의 프레임을 보내기 전에 아치가 보낸 첫 비트를 수신할 것이다.

단계⑱ 에서 밥은 누군가로부터 프레임을 수신하고 있음을 인지하고 하프 듀플렉스 논리에 따라 단계⑱ 의 프레임을 보내기 전에 기다릴 것이다.

하프 듀플렉스 논리는 실제로는 상대적으로 잘 알려진 알고리즘인 CSMA/CD(carrier sense multiple access with collision detection)를 사용한다. 이 알고리즘은 컬리전이 일어나는 타이밍과 일어나지 않는 타이밍에 의해 유발되는 두 경우를 모두 다룬다. 예를 들어, 두 장치들은 정확하게 동일한 순간에 프레임이 들어오는지를 확인할 때, 데이터가 수신되지 않는다면, 두 장치는 정확하게 동일한 순간에 프레임을 내보내는데 이때 발생하는 것이 컬리전이다. CSMA/CD는 이러한 경우 다음과 같이 동작한다.

단계① 보낼 프레임을 가진 장치는 이더넷이 사용되지 않을 때까지 기다린다.

단계② 이더넷이 사용되지 않을 때 송신 장치는 프레임을 보내기 시작한다.

단계③ 송신 장치는 컬리전이 발생하는지를 확인하기 위해 전송 도중에도 컬리전을 감시한다. 컬리전은 동시 전송을 포함하여 다양한 경우에 발생한다. 컬리전이 발생한다면, 현재의 모든 송신 장치들은 다음과 같이 동작한다.

   Ⓐ 컬리전이 발생했음을 모든 장치들에게 알리기 위해 재밍 시그널(jamming signal)을 보낸다.

   Ⓑ 또 다시 컬리전을 일으키는 동시 전송 타이밍을 피하기 위해 보내기 전에 기다리는 시간을 각각 무작위로 선택한다.

   Ⓒ 단계① 에서 다시 시작한다.

대부분의 현대 LAN들은 허브를 사용하지 않고 하프 듀플렉스를 사용할 필요가 없다 할 지라도, 오래된 허브들은 아직도 기업 네트워크들에 남아 있기 때문에 하프 듀플렉스 문제를 이해할 필요가 있다. 각각의 NIC와 스위치 포트는 듀플렉스 타입을 설정할 수 있다. 그러나 LAN 허브에 연결된 링크는 하프 듀플렉스를 사용해야 한다. 허브는 하프 듀플렉스를 사용하는 대신 단지 들어오는 시그널을 모든 다른 포트들로 재생하여 보낼 뿐이다.

[그림 2-19]는 왼쪽에는 풀 듀플렉스 링크들을 가지고, 오른쪽에는 하나의 LAN 허브가 있는 예이다. 허브에 연결된 PC들과 SW2 스위치의 F0/2 포트는 하프 듀플렉스를 사용해야 한다.

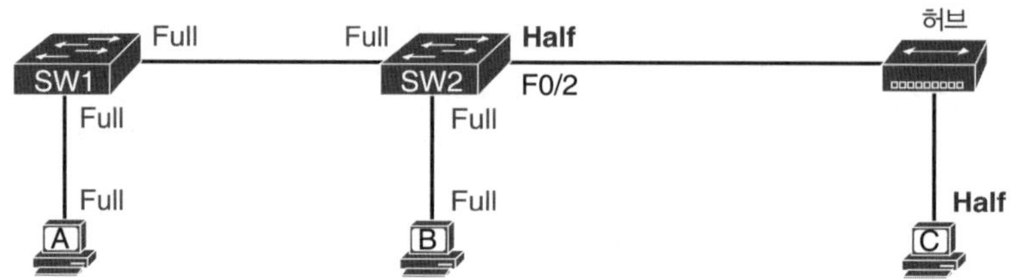

[그림 2-19] 이더넷 LAN의 풀 듀플렉스와 하프 듀플렉스

 챕터 리뷰

시험의 좋은 결과를 위해서 리뷰 세션에 대한 복습이 중요하다. 책이나 DVD의 툴 혹은 책의 동반자 웹 사이트에서 찾을 수 있는 대화형 툴을 활용하여 이 장의 자료들을 리뷰하기 바란다. 특히, 서론에서 '단계② 챕터 위주의 학습 습관을 만들어라'라는 제목의 '당신의 학습 계획'을 참조하기 바란다. [표 2-6]은 핵심 리뷰 요소들과 그것들을 찾을 수 있는 곳을 보여준다. 학습 과정에 대해 보다 나은 확인을 위해 두번째 열에 완료 날짜를 기록하도록 한다.

리뷰 항목	완료 날짜	자료 출처
핵심 주제 리뷰		책, DVD/웹 사이트
핵심 용어 리뷰		책, DVD/웹 사이트
사전 점검 퀴즈 반복		책, PCPT
메모리 테이블 리뷰		책, DVD/웹 사이트

[표 2-6] 챕터 리뷰 확인

핵심 주제 복습

핵심 주제	설명	페이지
그림 2-3	전형적인 유선 및 무선 기업 LAN의 구성	35
표 2-2	이더넷 LAN 유형과 유형별 특징	36
그림 2-9	이더넷 장치 간 별도의 서킷을 통한 양 방향 전송	41
그림 2-10	10- 및 100-Mbps 이더넷 스트레이트 스루 케이블 핀 배열	42
그림 2-12	10- 및 100-Mbps 이더넷 크로스오버 케이블 핀 배열	43
표 2-3	전선 쌍 1, 2와 전선 쌍 3, 6으로 전송하는 장비들	43
그림 2-13	스트레이트 스루 및 크로스오버 이더넷 케이블의 전형적인 사용 예	44
그림 2-15	이더넷 MAC 주소의 형식	46
리스트	하프 듀플렉스(half duplex)와 풀 듀플렉스(full duplex) 정의	50

[표 2-7] 2장의 핵심 주제들

핵심 용어

이더넷(Ethernet), IEEE, 유선 LAN(wired LAN), 무선 LAN(wireless LAN), 이더넷 프레임(Ethernet frame), 10BASE-T, 100BASE-T, 1000BASE-T, 패스트 이더넷(Fast Ethernet), 기가비트 이더넷(Gigabit Ethernet), 이더넷 링크(Ethernet link), RJ-45, 이더넷 포트(Ethernet port), 네트워크 인터페이스 카드(network interface card,NIC), 스트레이트 스루 케이블(straight-through cable), 크로스오버 케이블(crossover cable), 이더넷 주소(Ethernet address), MAC 주소(MAC address), 유니캐스트 주소(unicast address), 브로드캐스트 주소(broadcast address), FCS(Frame Check Sequence)

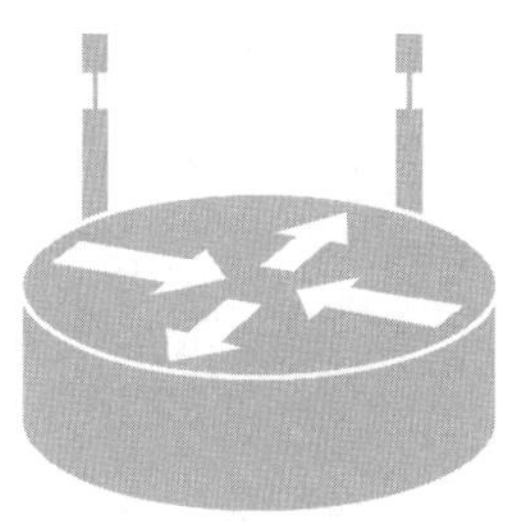

Chapter 3
WAN 기초

이 장은 다음 시험 주제를 다룬다.

1.0 네트워크 기초

1.1 OSI 와 TCP/IP 모델에 대한 비교

1.6 설치 조건에 맞는 케이블 선택하기

3.0 라우팅 기술들

3.1 라우팅 개념

    3.1.c 프레임 리라이트(frame rewrite)

대부분의 1과 2계층의 네트워킹 기술은 두 개의 주요 카테고리 즉, WAN(wide area network)과 LAN(local area network)으로 구분된다. WAN과 LAN 기술은 OSI의 1과 2계층에서 정의되므로 많은 유사점을 가진다. 즉, 구체적인 케이블 연결 방식, 전송 속도, 인코딩, 전송 과정, 데이터 링크 프레임뿐 아니라 물리적 링크를 통해 데이터를 보내는 방법이 비슷하다.

물론, WAN과 LAN은 많은 차이점도 있다. 특히 장치들 간의 거리와 네트워크에 대한 비즈니스 모델이 다르다. 첫째, 거리는 로컬(local)과 와이드(wide)란 용어에서 힌트를 얻을 수 있다. 즉, LAN은 인근 장치들을 연결하는 반면에 WAN은 멀리 떨어진, 때에 따라서는 수백 또는 수천 마일 떨어진 장치들을 연결한다.

둘째, LAN은 소유 개념이고, WAN은 임대 개념이다. 즉, LAN을 위해서는 케이블과 LAN 스위치를 구입하고 자기 공간에 직접 장비들을 설치한다. WAN은 본인 소유의 케이블이나 장치를 설치하는 대신, 사업자의 장치나 케이블을 임대하는 개념이다. 즉, 전화나 회선 사업자가 장치와 케이블을 설치하여 자신의 네트워크를 구성한 다음 그 네트워크를 통과할 수 있는 권한을 임대한다.

이 장은 WAN을 3개의 주요 섹션으로 설명한다. 첫째, WAN 중에서 1960년대 이래로 기업 네트워크를 구성해왔던 전용 회선(leased line)을 소개한다. 둘째, 광 섬유를 활용한 이더넷이 보다 긴 거리의 연결 거리를 제공하여 WAN 서비스를 제공하는 방법을 설명한다. 셋째, 인터넷 접속을 위해 사용하는 일반적인 WAN 기술에 대해 살펴본다.

이 장의 학습을 위해 필요한 시간을 가늠하기 위해 다음 시험(이 페이지나 PCPT 소프트웨어를 사용 가능)을 보기 바란다. 정답은 퀴즈 다음 페이지의 아랫 부분에 나와 있고, 설명은 DVD 부록 C와 PCPT 소프트웨어에 있다.

핵심 주제	해당 문제
전용 회선 WAN	1-3
WAN 기술로서의 이더넷	4
인터넷 접속	5-6

[표 3-1] 사전 점검 퀴즈의 핵심 주제와 해당 문제

1. 전용 회선을 위한 케이블링에서 다음 중 어느 것이 텔코(telco: 회선 사업자)가 제공하는 4선 케이블에 연결되나?

   a. 내장 CSU/DSU를 갖지 않는 라우터의 시리얼 인터페이스

   b. CSU/DSU

   c. 내장 송수신 장치(transceiver)를 가진 라우터의 시리얼 인터페이스

   d. 스위치의 시리얼 인터페이스

2. 다음 중 어느 것이 미국 내의 전용 회선이 제공할 수 있는 속도인가?

   a. 100Mbps

   b. 100Kbps

   c. 256Kbps

   d. 6.4Mbps

3. 시스코 라우터가 사용하는 HDLC 헤더 내의 다음 필드들 중 시스코가 ISO 표준 HDLC에 추가한 것은?

   a. Flag

   b. Type

   c. Address

   d. FCS

4. 두 라우터 R1과 R2는 EoMPLS(Ethernet over MPLS)를 사용하여 연결하였다. 서비스 제공 업자는 두 라우터 간의 포인트–투–포인트 서비스로 2계층 이더넷 서비스를 제공한다. 다음 중 어떤 것이 WAN에 대해 사실일까? (2개를 선택할 것)

    a. R1은 물리적으로 이더넷 링크에 연결할 것이고, 케이블의 반대편은 R2에 연결한다.

    b. R1은 물리적으로 이더넷 링크에 연결할 것이고, 케이블의 반대편은 WAN 서비스 프로바이더의 PoP(point of presence) 장치에 연결할 것이다.

    c. R1은 R2에게 HDLC 헤더/트레일러를 사용하여 데이터 링크 프레임을 보낼 것이다.

    d. R1은 R2에게 이더넷 헤더/트레일러를 사용하여 데이터 링크 프레임을 보낼 것이다.

5. 다음 인터넷 접속 기술들 중에서 어떤 것이 ISP에 사이트를 연결하기 위해 사용되고, 비대칭 (asymmetric) 속도를 제공하는 것은? (2개를 선택할 것)

    a. 전용 회선(Leased lines)

    b. DSL

    c. Cable Internet

    d. BGP

6. 프레드는 그의 집에서 분리형 DSL 모뎀과 네 개의 이더넷 포트들을 가진 소형 라우터로 DSL 서비스에 방금 연결하였다. 프레드는 DSL 설치 전에 사용하고 있었던 동일한 오래된 전화기를 사용하기를 원한다. 새로운 DSL 설치와 함께 사용되는 전화 케이블링과 전화에 대해 사실인 것은 무엇인가?

    a. 그는 라우터/스위치 장치의 포트에 연결된 옛날 전화기를 사용한다.

    b. 그는 DSL 모뎀 포트에 연결된 옛날 전화기를 사용한다.

    c. 그는 어떤 새로운 장치 대신 기존 전화 포트에 연결된 옛날 전화기를 사용한다.

    d. 예전 전화기는 디지털 전화기로 교체되어야만 한다.

:: 전용 회선(Leased-Line) WAN

당신이 기업 TCP/IP 네트워크의 네트워크 엔지니어라고 상상해보라. 당신의 회사는 본사로부터 100마일 떨어진 곳에 새로운 건물을 짓고 있다. 물론, 새로운 건물 전체에는 LAN을 설치할 것이다. 또한 기존의 TCP/IP 네트워크와 새로운 원격지 LAN을 연결해야 한다.

기존 회사 네트워크와 새로운 건물의 LAN을 연결하기 위해 WAN이 필요하다. WAN을 통해 원격지의 LAN에 데이터를 보낼 수 있어야 하고, 또한 받을 수도 있어야 한다. 두 라우터 간에 정확한 데이터 전달을 위해 전용 회선을 사용할 수 있다.

기본적인 관점에서 전용 회선 WAN은 두 라우터를 연결하지만 LAN의 이더넷 크로스오버 케이블처럼 동작한다. 각 라우터는 전용 회선을 통해 언제든지(풀 듀플렉스로) 수십, 수백 또는 수천 마일 떨어진 곳에 데이터를 보낼 수 있다.

이 섹션은 WAN의 주요 목표가 LAN 간에 데이터를 전달하는 것으로 전용 회선이 이 목적에 적합하다는 여러 관점을 제시함으로써 시작한다. 첫 번째 섹션의 나머지는 전용 회선의 물리적인 부분을 상세히 설명하고 다음으로 데이터 링크 프로토콜에 대해 다룬다.

LAN과 라우터를 연결하는 전용 회선

기업 또는 소규모 사무실/홈 오피스(SOHO-small office/home office) 네트워크에 있는 최종 사용자 장치의 대다수는 LAN에 직접 연결한다. 대다수의 PC는 스위치에 연결하기 위해 이더넷 네트워크 인터페이스 카드(NIC)를 사용한다. 무선 LAN만 지원하는 휴대폰과 태블릿과 같이 점점 더 많은 장치들이 802.11 무선 LAN을 사용한다.

이제 많은 지사들을 가진 전형적인 회사를 가정해보자. 인력 측면에서 다수의 지사들에는 수많은 종사자들이 있을 것이다. 시설 측면에서 수백 또는 심지어 수천에 이르는 개별 지점, 상점, 다른 작은 사무소들과 더불어 소수의 큰 지사들을 가질 수 있다. 그러나 네트워크 측면에서 하나 이상의 LAN을 가진 각 사이트는 서로 통신하기 위해 WAN으로 연결할 필요가 있다.

WAN으로 LAN을 연결하기 위해 각 LAN에 연결된 라우터를 사용한다. 다음으로 기업의 네트워크 엔지니어는 일정한 유형의 WAN 링크를 임대할 것이다. 각 사이트의 라우터는 [그림 3-1]과 같이 WAN 링크와 LAN에 동시에 연결한다. 라우터들 사이의 꺽은선은 물리적인 자세한 설명을 필요하지 않을 때 전용 회선을 표시하는 일반적인 방법이다.

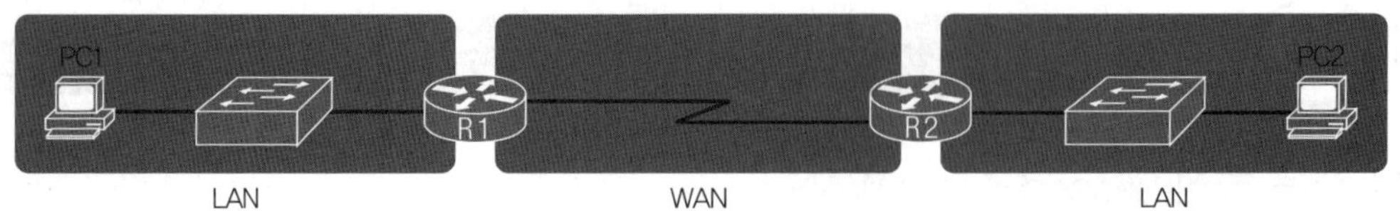

[그림 3-1] 하나의 전용 회선으로 구성된 기업 네트워크

WAN 기술은 그림에서 본 전용 회선외에도 다양한 종류들이 있다. WAN 기술은 피지컬 계층 뿐 아니라 물리적 링크를 제어하는 데이터 링크 프로토콜을 위한 다양한 선택 사항을 가진다. 비교해 보면 유선 LAN은 오늘날 하나의 옵션 즉, 이더넷이 지배하고 있다. 이더넷이 1980년대와 1990년대에 LAN 시장에서의 전투에서 승리했기 때문이다.

전용 회선의 피지컬 계층

전용 회선 서비스 사업자는 풀 듀플렉스 논리를 사용하여 미리 정해진 속도로 비트들을 전송한다. 실제로 [그림 3-2]처럼 두 라우터 간에 풀 듀플렉스 크로스오버 이더넷 링크를 가진 것처럼 동작한다. 전용 회선은 두 쌍의 전선 즉, 각 방향별로 한 쌍의 전선을 사용하여 풀 듀플렉스로 동작하게 한다.

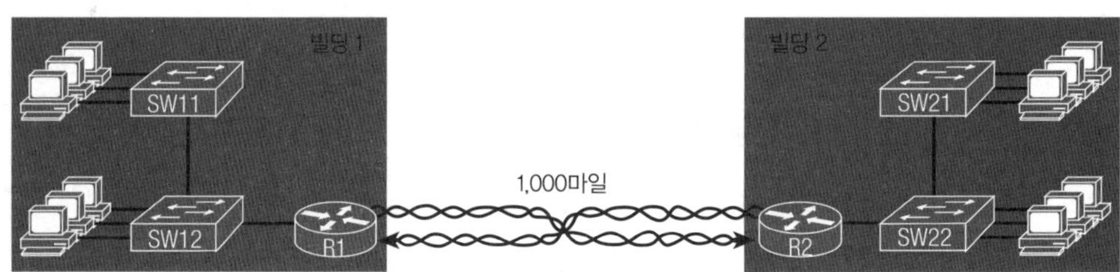

[그림 3-2] 전용 회선 서비스의 개념

물론, 전용 회선은 이더넷 크로스 오버 케이블과 많은 차이가 있다. 전용 회선은 실제로 그러한 긴 링크 혹은 서킷을 생성하기 위해 두 사이트 간의 단일한 긴 케이블 형태로 존재하지 않는다. 대신, 텔코(통신 회사)는 컴퓨터 네트워크를 구성하기 위해 특별한 스위칭 장치들과 케이블을 설치한다. 텔코의 네트워크는 두 지점 간의 크로스오버 케이블과 같이 동작하지만 실제의 모습은 고객으로부터 숨겨진 부분이다.

전용 회선에 대한 용어를 살펴보자. 첫째, 전용 회선(leased line)이란 용어는 회사가 자신의 회선을 소유하는 대신 회선 사업자에게 월별로 임대료를 지불한다는 의미를 포함한다. 한편, 서비스 제공업자(service provider)는 인터넷 서비스를 포함하여 WAN 연결 서비스를 제공하는 회사를 말한다.

사전 점검 퀴즈 정답

1 B **2** C **3** B **4** B, D **5** B, C **6** C

긴 역사를 가진 전용 회선은 많은 이름이 있다. [표 3-2]는 네트워크 현장에서 사용하는 다양한 전용 회선의 이름들과 그에 대한 의미를 제공한다.

이름	의미 / 참고 사항
전용 회선, 회선 (Leased circuit, Circuit)	선(line)과 회선(circuit)은 텔코 용어에서 종종 동의어로 사용된다. 회선은 두 엔드 포인트 간의 전기 회선을 의미한다.
시리얼 링크, 시리얼 라인 (Serial link, Serial line)	링크(link)와 라인(line)은 보통 동의어로 사용한다. 여기서 시리얼(Serial)은 비트들이 순차적으로 이동하며, 라우터가 사용하는 인터페이스 중 하나다.
포인트 투 포인트 링크, 포인트 투 포인트 라인(Point-to-point link, Point-to-point line)	두 포인트만으로 구성되는 링크(일부 이전 방식의 전용 회선은 두 장치 이상을 연결한다)
T1	초당 1.544메가비트를 전송하는 전용 회선(1.544Mbps)
WAN 링크(WAN link, Link)	이 용어는 매우 일반적인 것으로 특정한 기술을 가리키지 않는다.
개인 전용 라인(Private line)	라인을 통과하는 데이터가 텔코의 다른 고객들에게 보내지지 않는다는 것을 의미하므로 데이터는 개인 전용(private)이 된다.

[표 3-2] 전용 회선의 다름 이름들

전용 회선 케이블링

전용 회선을 구성하려면, 어떤 물리적 경로가 링크 끝의 두 라우터 사이에 있어야 한다. 물리적인 케이블은 각 라우터가 위치한 건물을 벗어나 연결된다. 그러나 통신 회사는 두 건물 사이에 단순하게 하나의 케이블을 설치하는 것이 아니다. 대신, 그것은 두 개의 라우터 사이에 거대하고 복잡한 네트워크 형태로 존재한다.

[그림 3-3]은 짧은 전용 회선을 대신하여 통신 회사에 존재하는 케이블링에 대한 실체를 간단하게 보여준다. 통신 회사는 CO(central office)라 불리는 건물 내에 통신 장치들을 배치한다. 통신 회사는 CO로부터 도시 내의 거의 대부분의 건물들에 케이블을 설치하고 건물들에 상주하는 사람들에게 서비스를 판매하려 한다. 통신 회사는 고객의 두 라우터 간에 크로스오버 케이블에 해당하는 케이블에서 양방향 데이터 전송을 위해 스위치에서 각 케이블에 사용할 용량을 설정한다.

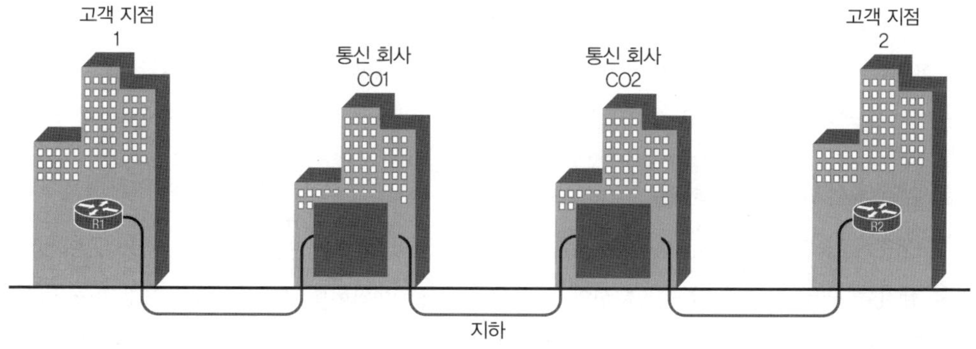

[그림 3-3] 짧은 전용 회선을 위한 통신 회사 내부의 케이블링

통신 회사 내부에서 일어나는 일이 고객에게 감춰져 있다 하더라도 기업의 엔지니어들은 라우터 쪽 즉, 고객 건물 내에 존재하는 링크 부분에 대해서는 알 필요가 있다.

먼저, 각 사이트에는 라우터, 시리얼 인터페이스 카드, CSU/DSU를 포함하는 CPE(customer premises equipment, 고객이 구매하고 관리해야 하는 고객 책임 장치)가 존재한다. 각 라우터는 물리적 링크에서 데이터 송수신을 위한 이더넷 NIC와 같이 동작하는 시리얼 인터페이스 카드를 가진다. 물리적 링크는 CSU/DSU(channel service unit/data service unit) 기능을 필요로 한다. CSU/DSU는 라우터의 외부 장치로 분리될 수도 있고 시리얼 인터페이스 카드에 내장될 수도 있다. [그림 3-4]는 케이블링과 함께 CPE 장치들을 보여준다.

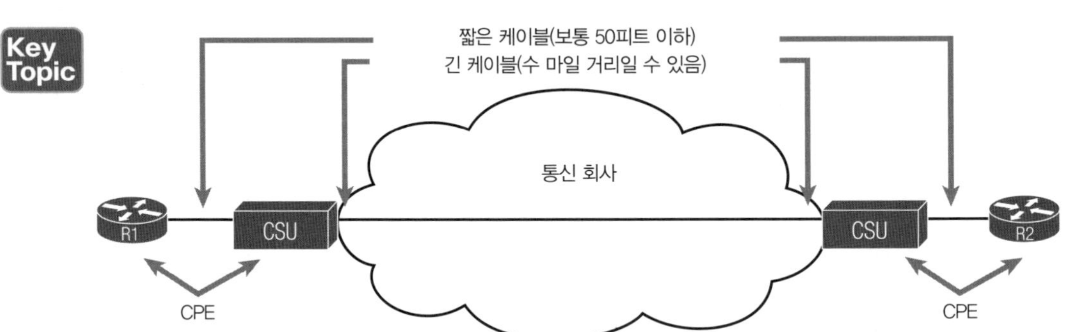

[그림 3-4] 포인트 투 포인트 전용 회선: 요소와 용어

케이블은 짧은 시리얼 케이블(외장형 CSU/DSU와 라우터 연결시 사용함)과 통신 회사에서 설치한 전용 회선을 위한 케이블로 구성된다. 시리얼 케이블은 라우터의 시리얼 인터페이스를 외장형 CSU/DSU에 연결한다(케이블 종류들이 다수 존재한다. 케이블은 한 쪽에서 라우터의 시리얼 인페이스와 다른 쪽에 외장형 CSU/DSU와 연결해야 한다).

통신 회사에서 오는 4선 케이블은 일반적으로 RJ-48 커넥터(Chapter 2, '이더넷 LAN 기초'의 [그림 2-7]에서 본 RJ-45 커넥터와 모양과 크기가 같음)를 사용하여 연결한다.

통신 회사는 매우 다양한 전용 회선 속도를 제공하긴 하지만 필요한 모든 속도를 제공하지는 않는다. 즉, 정해진 제공 속도 목록에서 선택해야 한다. 보다 느린 링크의 속도는 64kbps(kilobits per second)의 배수 중에서 정할 수 있고, 보다 빠른 링크는 약 1.5Mbps (megabits per second)의 배수 가운데서 정할 수 있다.

실습 환경에서 WAN 구축하기

CCENT와 CCNA Routing & Switching 시험을 준비하거나 실습을 위해 중고 라우터와 스위치 장치를 구입할 수 있다. 실습 시에 약간의 트릭을 발휘하여 CSU/DSU 없이 전용 회선과 동등한 환경을 구성할 수 있다. 다음은 간략한 설명이지만 집에서 실습할 때 WAN 링크를 구성하기 위한 충분한 정보가 될 것이다.

첫째, 라우터와 외장형 CSU/DSU 사이에 일반적으로 사용하는 시리얼 케이블을 DTE(data terminal equipment) 케이블이라 부른다. 실습 환경에서 물리적인 WAN 링크를 구성하기 위해 두 개의 시리얼 케이블 즉, 시리얼 DTE 케이블과 비슷하지만 조금 다른 DCE(data communications equipment) 케이블이 필요하다. 두 케이블을 직접 연결하기 위해 DCE 케이블은 암 커넥터(female connector)를 가지는 반면, DTE 케이블은 수 커넥터(male connector)를 갖는다. DCE 케이블은 [그림 3-5]와 같이 송신과 수신 전선 쌍을 교환하여 이더넷 크로스오버 케이블과 동등한 역할을 하도록 한다.

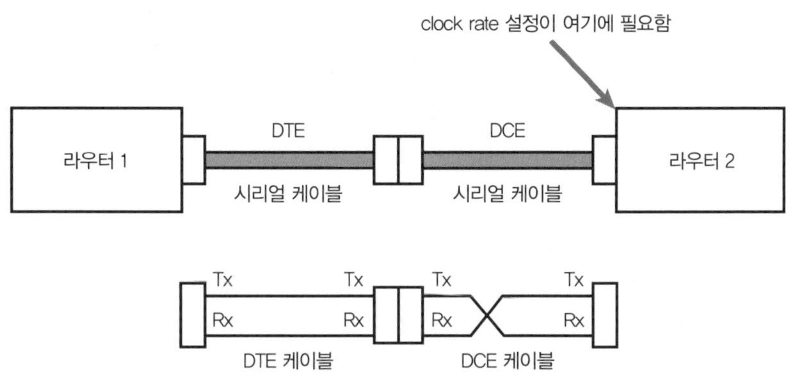

[그림 3-5] DTE 케이블과 DCE 케이블을 통한 시리얼 케이블링

[그림 3-5]에서 위쪽 그림은 케이블 연결을 자세히 보여주고, 아래쪽 그림은 케이블 내부의 배선을 자세히 보여준다. 특히 아래쪽 그림에서 DCE 케이블은 송신과 수신 전선 쌍을 교환하는 반면, DTE 시리얼 케이블은 교환하지 않아 마치 스트레이트 스루 케이블과 같이 동작한다.

마지막으로, 링크 작동을 위해 DCE 케이블이 연결된 라우터는 CSU/DSU가 일반적으로 수행하는 기능을 수행해야 한다. CSU/DSU는 일반적으로 클로킹(clocking)이라 불리는 기능 즉, 시리얼 케이블로 시그널을 통해 각 비트를 보낼 때를 라우터에게 정확하게 알려주는 기능을 제공한다. 그리고 보다 최근의 소프트웨어 버전을 가진 라우터는 시리얼 포트에 DCE 케이블을 감지하여 자동으로 클로킹을 제공한다. 라우터의 소프트웨어 버전이 오래된 것이든 최근 것이든 **`clock rate`** 명령으로 시리얼 클로킹을 설정하는 방법을 알고 싶을 것이다. Chapter 17 '시리얼 인터페이스의 밴드위스와 클록 속도' 섹션의 '시스코 라우터 운용'에서 설정 사례를 볼 수 있다.

전용 회선의 데이터 링크 계층

전용 회선은 1계층 서비스를 제공한다. 달리 말하면, 전용 회선에 연결된 장치 간에 비트 전송을 보장한다. 그러나 전용 회선 그 자체는 전용 회선에서 사용되는 데이터 링크 계층 프로토콜과 무관하다.

전용 회선이 1계층 전송 서비스만 정의하기 때문에 많은 회사와 표준화 조직들이 전용 회선을 제어하기 위해 데이터 링크 계층 프로토콜을 개발해왔다. 오늘날, 두 라우터 간의 전용 회선을 위해 사용하는 두 개의 가장 인기 있는 데이터 링크 계층 프로토콜은 HDLC(High-Level Data Link Control)와 PPP(Point-to-Point Protocol)이다. 다음 주제는 하나의 예를 들어 HDLC를 간단하게 살펴보고, 라우터가 WAN 데이터 링크 프로토콜을 사용하는 방법에 대한 몇 가지 설명을 덧붙일 것이다.

HDLC 기초

모든 데이터 링크 프로토콜들은 특정 타입의 물리적 링크 상에서 데이터 전송을 제어하기 위해 유사한 역할을 수행한다. 예를 들어, 이더넷 데이터 링크 프로토콜은 목적지 주소 필드를 이용하여 데이터를 수신해야 하는 장치를 구분하고 수신 장치가 받은 데이터가 정확한 것인지를 확인하기 위해 FCS 필드를 사용한다. HDLC도 유사한 기능을 제공한다.

HDLC는 포인트 투 포인트 전용 회선의 1:1 구성 때문에 보다 적은 기능을 수행한다. 라우터가 HDLC 프레임을 보낼 때, 프레임은 링크의 다른 쪽 즉, 한 곳만으로 보내진다. HDLC가 주소 필드를 가지기는 하지만 목적지는 정해진 한 곳뿐이다. 이 상황은 내가 내 친구인 게리와 단 둘이 점심을 먹고 있을 때, 모든 문장을 '야, 게리야' 로 시작할 필요가 없는 경우와 같다. 게리는 내가 자신에게 얘기하고 있다는 것을 알고 있기 때문이다.

> **NOTE** HDLC가 주소 필드를 가지는 것에 대해 의아할 수 있다. 과거에 통신 회사는 멀티포인트 연결을 제공했었다. 이 경우, 하나 이상의 목적지가 존재할 수 있으므로 목적지를 구분하기 위해 주소 필드가 필요했었다.

HDLC는 이더넷과 유사한 필드와 기능들도 제공한다. [표 3-3]은 이더넷의 헤더와 트레일러 필드와 유사한 HDLC 필드를 보여주고 이미 학습한 이더넷 필드와 비교하여 HDLC를 설명하고 있다.

HDLC 필드	이더넷 비교 필드	설명
플래그(Flag)	프리앰블(Preamble), SFD	수신 노드에게 새로운 프레임이 도착하고 있음을 알려주기 위해 특별한 비트 패턴을 가진다.
주소(Address)	목적지 주소 (Destination Address)	목적지 장치를 구분한다.
컨트롤(Control)	N/A	오늘날, 라우터들 간의 링크에서 거의 사용하지 않는다.
타입(Type)	타입(Type)	프레임 내부에 캡슐화된 3계층 패킷의 종류를 구분한다.
FCS	FCS	에러 탐지 프로세스가 사용하는 필드(이 표에서 유일한 트레일러 – 데이터의 뒷쪽 – 필드)

[표 3-3] HDLC와 이더넷 헤더 필드 비교

HDLC는 OSI 모델을 만든 ISO(International Organization for Standardization) 표준이다. 하지만, ISO의 표준 HDLC는 타입 필드를 포함하지 않는다. 시스코 라우터는 프레임 내부의 패킷 종류를 표시하기 때문에 [그림 3-6]과 같이 타입 필드를 추가한 시스코 고유의 HDLC 변형을 사용한다.

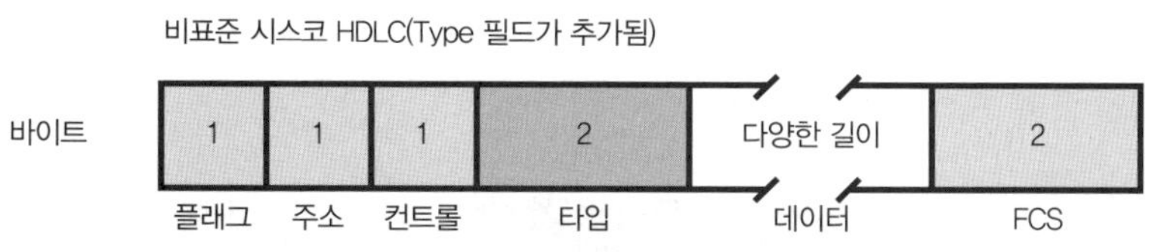

[그림 3-6] HDLC 프레이밍

라우터의 WAN 데이터 링크 사용 방식

보통, 전용회선은 라우터들에 연결되고, 라우터는 목적지 호스트에게 패킷을 보낸다. 라우터는 물리적으로 LAN과 WAN에 연결되고, LAN과 WAN은 데이터 링크 프레임 내부에 데이터를 포함하여 전달한다. 여기서 라우터가 데이터를 전송할 때 HDLC를 사용하는 방법에 대해 생각해보자.

먼저, TCP/IP 네트워크 계층은 송신 호스트에서 수신 호스트에게 IP 패킷을 전송하는데 중점을 둔다. 기본적으로 LAN과 WAN은 패킷이 다음 라우터 또는 종단 장치에게 전달될 때, 경로가 된다. [그림 3-7]은 네트워크 계층의 관점을 보여준다.

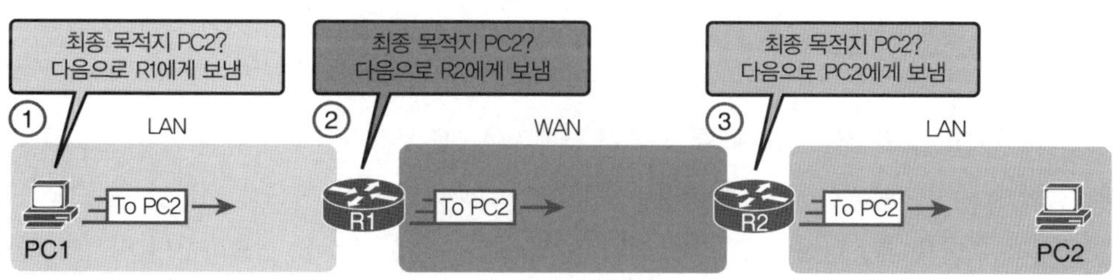

[그림 3-7] LAN과 WAN 상의 IP 라우팅 로직

그림에서 PC1이 보낸 패킷은 다음 단계를 거쳐 PC2의 IP 주소로 보내진다.

단계 ① PC1의 네트워크 계층(IP)은 가까운 라우터(R1)에게 패킷을 보내라고 한다.

단계 ② R1 라우터의 네트워크 계층은 전용 회선을 거쳐 다음 라우터(R2)에게 패킷을 보내라고 한다(라우팅한다).

단계 ③ R2 라우터의 네트워크 계층은 LAN 링크를 거쳐 다음으로 PC2에게 패킷을 보내라고 한다(라우팅한다).

[그림 3-7]이 네트워크 계층 로직을 보여주는데, PC와 라우터는 패킷 내의 비트들을 실질적으로 이동시키기 위해서 그림 속의 LAN과 WAN에 의존해야 한다. [그림 3-8]은 같은 패킷을 포함하는 같은 그림을 보여주지만, 이번에는 호스트와 라우터가 사용하는 데이터 링크 계층의 로직의 일부를 보여준다. 기본적으로 세 개의 분리된 데이터 링크 계층의 단계들은 데이터 링크 프레임 내부에 패킷을 캡슐화하여 인터네트워크의 세 링크를 통과한다: PC1에서 R1으로, R1에서 R2로, R2에서 PC2로.

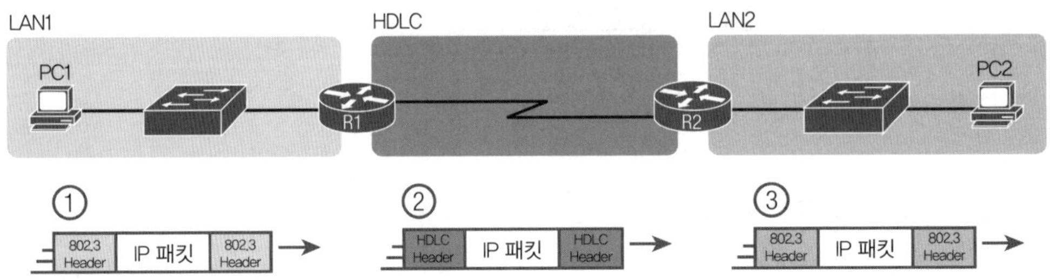

[그림 3-8] 라우터가 패킷을 디-인캡슐래이션 및 다시 인캡슐레이션하는 일반적인 개념

단계 ① R1 라우터에게 IP 패킷을 보내기 위해, **PC1**은 **R1**의 MAC 주소를 목적지로 하는 이더넷 프레임 내부에 IP 패킷을 캡슐화한다.

단계 ② **R1** 라우터는 이더넷 프레임으로부터 IP 패킷을 캡슐에서 꺼내고(de-encapsulate, 2계층 헤더와 트레일러를 제거함), HDLC 프레임과 트레일러 내부에 IP 패킷을 캡슐화한다. 다음으로 **R2** 라우터에게 HDLC 프레임을 전송한다.

단계 ③ **R2** 라우터는 HDLC 프레임으로부터 IP 패킷을 캡슐에서 꺼내고, **PC2**의 MAC 주소를 목적지로 하는 이더넷 프레임 내부에 IP 패킷을 캡슐화하여 **PC2**에게 이더넷 프레임을 보낸다.

요약하면, HDLC와 전용 회선이 두 라우터 간에 WAN을 구성하여 라우터에 연결된 LAN상의 장치들에게 패킷 전송을 가능하게 한다. 전용 회선 그 자체는 양방향으로 비트를 전송하기 위한 물리적 수단을 제공한다. HDLC 프레임은 네트워크 계층 패킷을 캡슐화하여 라우터 간의 링크를 통과하도록 한다.

전용 회선은 많은 장점 때문에 WAN 시장에서 비교적 길게 명맥을 유지해왔다. 전용 회선은 고객에게 단순하고, 어디서나 이용 가능하고, 높은 품질을 제공하면서 독립적인 서비스를 제공한다. 그러나 보다 비싼 비용 및 긴 설치 기간과 같은 단점도 가지고 있다. 다음 섹션은 이 책의 몇몇 예에서 사용된 다른 WAN 기술 즉, 이더넷에 대해 알아본다.

∷ WAN 기술로서의 이더넷

이더넷이 존재해왔던 첫 몇십 년 동안, 이더넷은 LAN에 적합했다. 케이블 길이와 장비에 대한 제약 때문에 1~2킬로미터 규모의 LAN 즉, 거리 한계를 가진 캠퍼스 LAN을 지원했다.

시간이 흘러 IEEE 이더넷 표준은 이더넷을 합리적인 WAN 기술로 개선했다. 예를 들어, 1000 BASE-LX 표준은 단일 모드 광섬유 케이블을 사용하여 5킬로미터까지 케이블 길이를 연장했다. 1000 BASE-ZX 표준은 더 긴 70킬로미터까지 케이블 길이를 연장한다. 계속적으로 IEEE는 광 이더넷 링크의 케이블 길이를 개선하여 이더넷을 합리적인 WAN 기술로 만들었다.

오늘날 21세기의 두 번째 10년 동안, 많은 WAN 서비스 제공 업체(SP)들은 이더넷의 장점을 살린 서로 다른 이름의 다양한 이더넷 WAN 서비스를 제공하고 있다. 그러나 업체는 다르지만 [그림 3-9]과 같이 고객 사이트와 서비스 제공업체의 네트워크 사이에 이더넷으로 구성한 동일한 모델을 사용하고 있음을 알아야 한다.

[그림 3-9] 고객 라우터를 서비스 제공업체의 WAN에 연결하기 위한 광 이더넷 링크

[그림 3-9]의 모델은 앞서 [그림 3-3]에서 본 것처럼 통신 회사가 전용 회선을 구성하는 방식과 동일한 개념을 제공하지만, 현재는 이더넷 장치와 링크로 변경되었다. 고객은 라우터 인터페이스를 사용하여 이더넷 링크에 연결한다. 광 섬유 이더넷 링크는 고객의 건물을 벗어나 PoP(Point of Presence)라 불리는 서비스 제공 포인트에 연결된다. [그림 3-3]과 같이 서비스 제공 업체는 이더넷 스위치를 사용한다. 서비스 제공업체는 이더넷 WAN 서비스를 제공할 수 있는 네트워크 구성을 위해 다양한 기술들을 사용한다.

2계층 서비스를 구성하는 이더넷 WAN

[그림 3-9]에 함축된 WAN 서비스는 이러한 서비스를 이해하는데 필요한 복잡한 네트워킹 개념과 함께 광범위한 서비스를 보여준다. 그러나 우리는 겨우 첫 번째 시스코 자격증을 대비하기 위한 책의 세 번째 장을 공부하고 있다. 분명하게 말해서 이러한 WAN 서비스들에 깊이 있게 들어갈 필요는 없다. 대신, 여기서는 이더넷 LAN의 동작 원리를 이해한다면 쉽게 이해할 수 있는 이더넷 WAN 서비스에 초점을 맞춘다.

하나의 이더넷 WAN 서비스는 두 개의 이름 즉, 이더넷 에뮬레이션, EoMPLS(Ethernet over MPLS)로 불린다. 이더넷 에뮬레이션은 서비스가 이더넷 링크와 같이 동작한다는 것을 의미한다. EoMPLS는 SP(service provider)망 내부에서 사용할 수 있는 하나의 기술인 MPLS(Multiprotocol Label Switching)와 관련이 있다. 이 책은 이 서비스에 대해 이더넷 에뮬레이션 혹은 EoMPLS란 용어를 사용할 것이다.

이 책에서 논의하는 EoMPLS 서비스의 유형은 고객에게 두 사이트 간에 이더넷 링크를 제공한다. 즉, EoMPLS 서비스는 다음과 같다.

- 두 고객 장치 간에 포인트-투-포인트 연결
- 두 장치 간에 광 이더넷 링크가 존재하는 것처럼 동작

따라서 하나의 이더넷 링크를 가진 두 라우터를 상상해보면, 이 특별한 EoMPLS 서비스가 제공하는 기능을 짐작할 수 있다.

[그림 3-10]은 전체적인 개념을 보여준다. 이 경우에, 두 개의 라우터 R1과 R2는 시리얼 링크 대신 EoMPLS 서비스로 연결한다. 라우터는 동시 양방향 통신을 위해 이더넷 인터페이스를 사용한다. 실제로, 각 라우터는 앞서 [그림 3-9]에서 보았듯이 서비스 제공 업체의 서비스 제공 포인트에 연결하지만, 논리적으로 보면 두 개의 라우터는 해당 링크를 통해 이더넷 프레임을 보낸다.

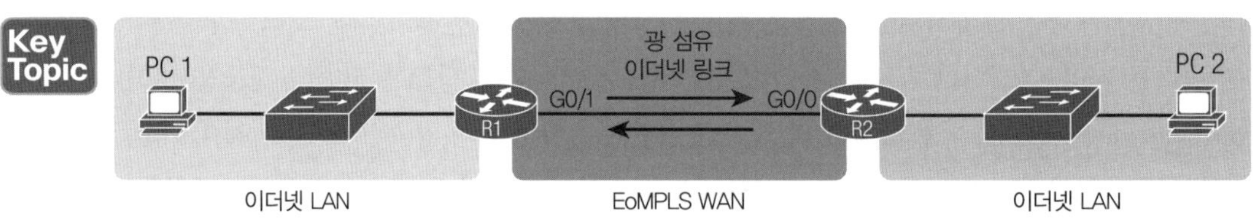

[그림 3-10] 두 라우터 간의 단순한 이더넷 링크처럼 동작하는 EoMPLS

이더넷 에뮬레이션을 통해 라우터가 IP 패킷을 라우팅하는 방식

WAN은 IP 라우터에게 한 사이트의 LAN에서 다른 사이트의 LAN으로 IP 패킷을 전달하도록 한다. EoMPLS WAN 링크를 통한 라우팅은 한 사이트에서 다른 사이트로 IP 패킷을 전달하는 WAN과 같은 방식을 사용한다. 그러나 이때의 WAN 링크는 각 사이트에서 이더넷 LAN 링크와 동일한 이더넷 프로토콜을 사용한다.

EoMPLS 링크는 1과 2계층 기능을 위해 이더넷을 사용한다. 즉, [그림 3-11]에서 중간 부분에서 보이는 바와 같이 우리에게 친숙한 이더넷 헤더 및 트레일러를 사용한다.

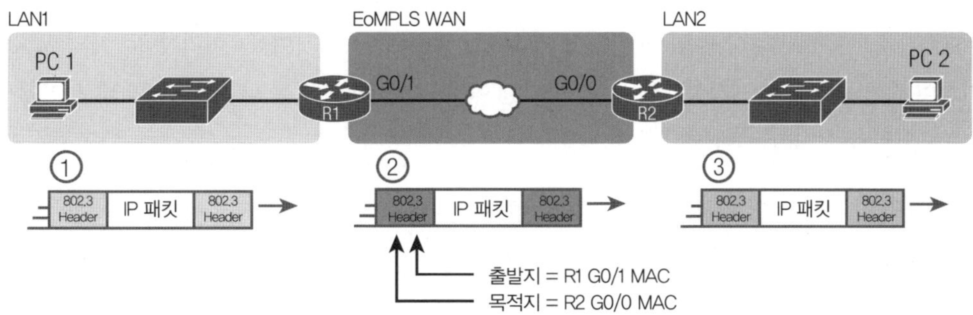

[그림 3-11] EoMPLS 링크에서의 라우팅

> **NOTE** 이 책에서 EoMPLS 커넥션은 이더넷 링크와 같이 하나의 검정 선으로 표시하지만, 겹쳐진 작은 구름은 이 특별한 이더넷 링크가 이더넷 WAN 서비스임을 표시한다.

[그림 3-11]은 [그림 3-8]의 시리얼 링크에서 보았던 것과 동일한 3개의 라우팅 단계를 거친다. 이 경우, 3개의 라우팅 단계는 같은 이더넷 프로토콜(802.3)을 사용한다. 그러나 각 프레임의 데이터 링크 헤더 및 트레일러가 다르다는 것을 주목해야 한다. 각 라우터는 이전의 데이터 링크 헤더와 트레일러를 버리고 다음의 단계들에서 설명하는 바와 같이 새로운 세트를 추가한다. [그림 3-8]의 예와 비교해볼 때, **단계①**와 **단계③**은 변경되지 않았으므로 **단계②**에 집중하기 바란다

단계① R1 라우터에게 IP 패킷을 보내기 위해, **PC1**은 **R1**의 MAC 주소를 목적지로 하는 이더넷 프레임 내부에 IP 패킷을 캡슐화한다.

단계② R1 라우터는 이더넷 프레임으로부터 IP 패킷을 캡슐에서 꺼내고(de-encapsulate, 2계층 헤더와 트레일러를 제거함), 새로운 이더넷 헤더와 트레일러로 패킷을 캡슐화한다. 목적지 MAC 주소는 **R2**의 G0/0 MAC 주소이고, 출발지 MAC 주소는 **R1**의 G0/1 MAC 주소다. **R1**은 EoMPLS 서비스를 통과하여 다음으로 R2에게 이 프레임을 보낸다.

단계③ R2 라우터는 이더넷 프레임으로부터 IP 패킷을 캡슐에서 꺼내고 **PC2**의 MAC 주소를 목적지로 하는 이더넷 프레임 내부에 IP 패킷을 캡슐화하여 **PC2**에게 이더넷 프레임을 보낸다.

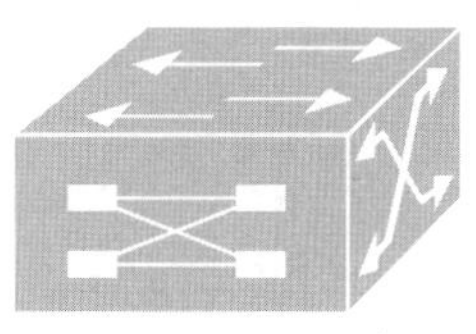

:: 인터넷 접속

CCENT 및 CCNA 라우팅 & 스위칭 자격증 공부를 시작한 많은 사람들이 전용 회선에 대해서는 들어 본 적이 없어도, 인터넷 액세스를 위해 사용하는 다른 두 개의 WAN 기술 즉, DSL(Digital Subscribe Line)과 케이블에 대해서는 들어보았을 것이다. 이러한 두 개의 WAN 기술이 전용 회선을 대체하지는 않는다. 하지만 이 두 기술은 집 또는 사무실과 인터넷 사이에서 WAN 연결을 구성하는 데 중요한 역할을 한다.

이 장의 마지막 주요 부분은 인터넷을 구성하는 기본적인 네트워킹 개념에 대한 소개에서 시작해 다음으로 DSL 및 케이블이 인터넷으로부터 데이터를 보내고/받는 방식을 제공하는지를 구체적으로 설명한다.

거대 WAN으로서의 인터넷

인터넷은 놀라운 문화 현상이다. 대부분의 사람들이 매일 사용한다. 우리는 소셜 미디어 사이트에 의견을 올리고, 구글과 같은 검색 엔진을 통해 정보를 검색하고, 이메일을 보낸다. 또 스마트폰의 앱들을 이용하여 날씨, 지도, 영화 리뷰 등의 정보를 받는다. 더 나아가 생필품 등 실제 물건이나 음악이나 비디오와 같은 디지털 제품을 구매하고 다운로드하기 위해 인터넷을 사용한다. 인터넷은 한 세대 전과 비교할 때 완전히 새로운 삶의 방식을 창조하고 있다.

그러나 만약 우리가 인터넷을 구성하는 네트워킹 기술에만 초점을 맞춘다면 인터넷은 단순히 하나의 거대한 TCP/IP 네트워크다. 사실, '인터넷'이라는 용어는 핵심 네트워크 계층 프로토콜인 IP(Internet Protocol)에서 비롯된 것이다. 인터넷은 수많은 LAN들을 포함한다. 또한 인터넷이 전 세계에 걸쳐 확장되기 때문에 다른 사이트들을 연결하기 위해 WAN 링크들을 필요로 한다.

네트워크들의 네트워크로써 인터넷은 실제로 수많은 기업들과 사람들에 소속된다. 인터넷은 대부분의 기업 TCP/IP 네트워크와 엄청난 수의 홈 기반 네트워크들뿐만 아니라 엄청난 수의 개인들이 소유한 스마트폰과 무선 장치들을 포함한다.

인터넷의 중심은 인터넷 코어(Internet core)라고 불리는데, ISP(Internet service provider)가 소유하고 운용하는 LAN들과 WAN들로 구성된다([그림 3-12]는 인터넷 코어를 구름으로 표시한다. 네트워크 구성도에서 구름은 네트워크의 자세한 부분을 숨길 때 사용한다).

ISP들은 인터넷 코어에서 서로 간을 그물처럼 연결하려고 한다. 이를 통해 회사나 개인이 어느 ISP를 통해 연결하든 상관없이 모든 장치들에 대해 다양한 경로가 존재한다.

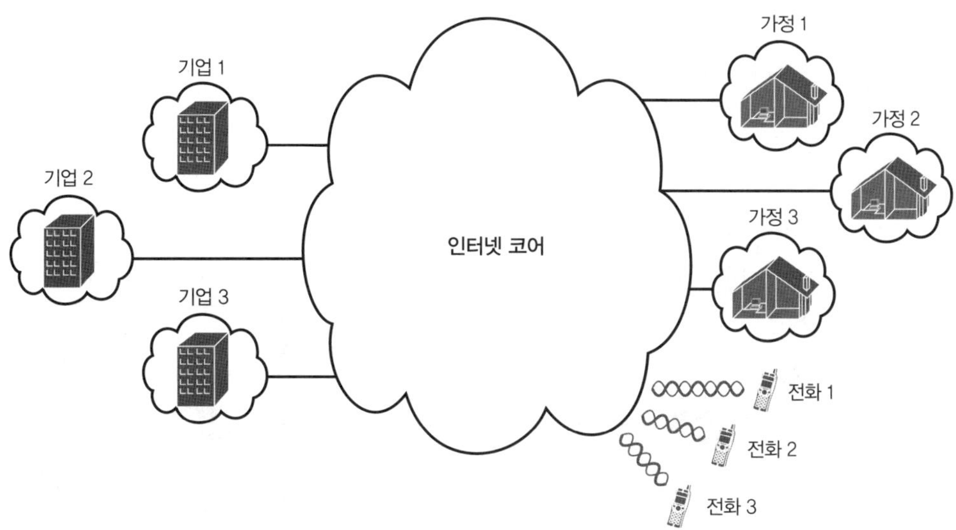

[그림 3-12] 기업, 집과 전화 가입자를 포함하는 인터넷

[그림 3-13]은 인터넷 코어의 개념을 설명하기 위해 [그림 3-12]와 약간 다른 모습을 보여준다. ISP 네트워크들은 다른 ISP뿐만 아니라 고객에게 연결한다. 이를 통해 IP 패킷은 한 ISP의 모든 고객들로부터 다른 ISP의 모든 고객들로 전달될 수 있다.

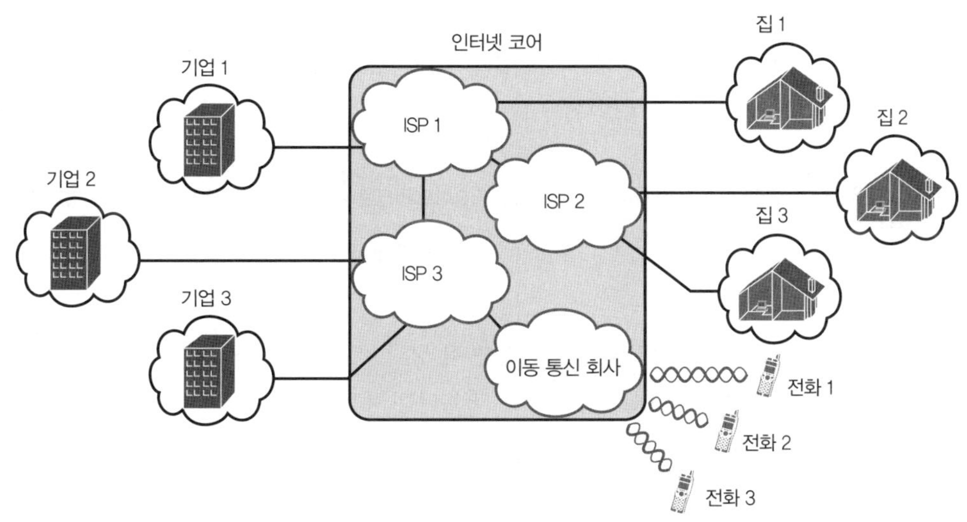

[그림 3-13] 다수의 ISP들과 텔코들을 포함하는 인터넷 코어

인터넷 접속(WAN) 링크들

인터넷은 또한 엄청난 수의 WAN 링크들을 사용한다. 이러한 링크들은 [그림 3-13]과 같이 기업과 가정을 ISP 중 하나에 연결하는 일부 종류의 WAN 링크들 즉, 케이블 또는 스마트폰에 의한 무선 기술 등으로 구성된다. 이러한 링크들은 보통 인터넷 접속 링크(Internet access link)라고 한다.

보통 기업들은 인터넷 접속 링크로써 WAN 기술 중의 하나를 사용하는 반면, 가정 고객들은 다른 기술을 사용한다. 기업들은 종종 전용 회선을 통해 사업장의 라우터를 ISP의 라우터에 연결한다. [그림 3-14]는 이 예를 보여 준다.

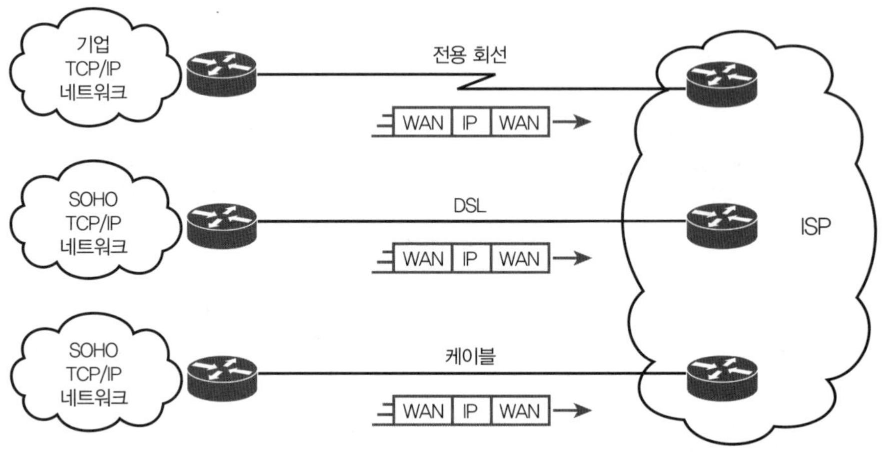

[그림 3-14] 인터넷 접속 링크의 3가지 사례

고객들은 보통 인터넷 접속 링크를 위해 DSL과 케이블 같은 기술을 사용한다. 이러한 기술들은 대부분의 집에 이미 설치된 케이블링을 사용함으로써 다소 저렴한 서비스를 제공할 수 있도록 한다. DSL은 가정 내에 이미 설치된 아날로그 전화선을 사용하는 반면, 케이블 인터넷은 케이블 TV(CATV)의 케이블을 사용한다.

> **NOTE** DSL과 케이블이 고객들 사이에 널리 알려진 기술이므로 많은 기업들도 인터넷 접속을 위해 이 기술을 사용한다.

[그림 3-14]에서 세 가지의 인터넷 접속 기술은 한 쌍의 라우터를 사용한다. 즉, WAN 링크의 고객 쪽에 한 대, ISP 쪽에 한 대가 필요하다. 라우터는 네트워크 계층의 논리를 바탕으로 IP 패킷을 다음 라우터에게 전달할 것이다. 그러나 DSL과 케이블 WAN 링크들의 피지컬과 데이터 링크 계층은 전용 회선과 상이하다. 그 차이의 일부를 확인하기 위해 DSL 및 케이블 인터넷을 살펴본다.

DSL(Digital Subscriber Line)

DSL(Digital subscriber line)은 고객과 ISP 간에 상대적으로 짧은 거리(수십이 아니라 수 마일 수준)에서 고속 링크 WAN을 제공한다. DSL은 전형적인 가정 내 전화선을 위해 사용되는 것과 동일한 한 쌍의 전화선을 사용한다. 기술적으로 DSL은 두 사이트 간에 매우 긴 거리를 연결할 수 있는 전용 회선을 대체할 수는 없다.

대신 DSL은 인터넷 접속을 위해 가정 내에서 통신 회사 네트워크까지를 물리적으로 짧은 링크로 연결한다. 첫째, 케이블링에 대한 개념을 얻기 위해 국내에서의 DSL 서비스를 추가하기 전의 전형적인 전화 서비스를 생각해보자. 각 가정은 근처 통신 회사의 교환국(전화 스위치)에서 가정을 연결하는 하나의 전화선을 갖는다. [그림 3-15]의 왼쪽에 보이는 것처럼, 전화 배선은 분기되어 RJ-45보다 약간 폭이 좁은 RJ-11 포트를 가진 벽 전화선의 콘센트들에서 끝난다.

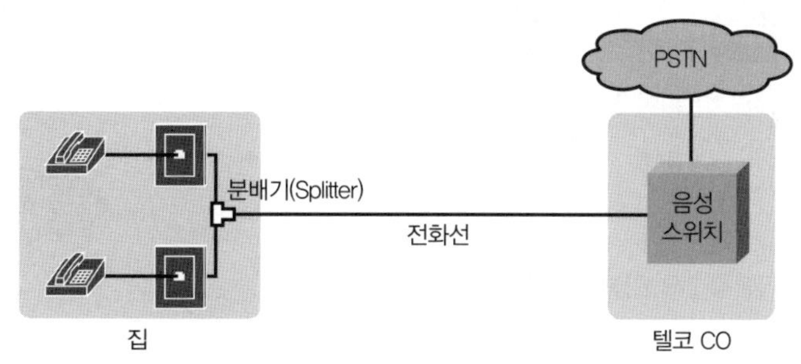

[그림 3-15] 전형적인 전화 케이블링의 개념도

다음으로 교환국(CO)의 전화선과 장치에 대해 알아보자. 과거에 통신 회사는 지역별 교환국에서 주택과 아파트 등으로 모든 전화선들을 설치했다. 이 전화선들은 텔코 스위치의 포트에 연결된다. 이 스위치는 PSTN(public switched telephone network)이라 불리는 음성 스위치 네트워크를 통해 통화로 설정, 전송, 해제 과정을 거쳐 음성 데이터를 전달한다.

[그림 3-15]에서 가정 내에 DSL 서비스를 제공하기 위해 두 가지의 변경이 필요하다. 첫째, 가정 내에 DSL을 지원하는 장치가 필요하고 둘째, 통신 회사는 통신국에 DSL 장치를 추가해야 한다. 전화선의 양쪽에 위치한 DSL 지원 장치는 음성 트래픽을 전송하면서 동시에 데이터 전송도 지원한다.

[그림 3-16]의 왼쪽은 이 변경 사항들을 보여 준다. 새로운 DSL 모뎀은 여분의 전화선 콘센트에 연결한다. DSL 모뎀은 통신 회사와의 데이터 통신을 위해 DSL의 피지컬과 데이터 링크 계층 표준을 따른다. 가정 내는 현재 낮은 사양의 라우터로 구성된 소규모 LAN이 구축되었다. 이 소규모 LAN은 때에 따라 이더넷 스위치와 무선 LAN의 액세스 포인트를 포함할 수도 있다 (전화 연결을 위해 벽의 접속구 내에 설치된 필터와 함께 짧은 여분의 케이블이 필요하다. 이때 필터는 DSL에서 사용되는 보다 높은 주파수의 음성을 필터링하기 위한 것이다).

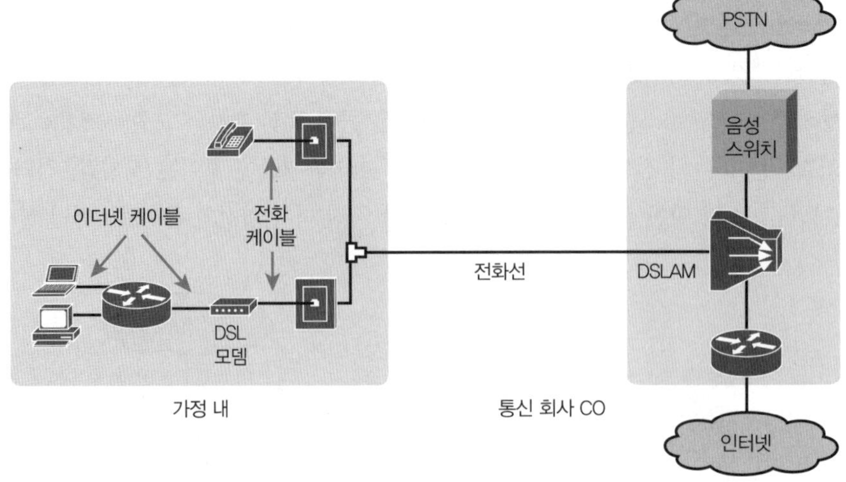

[그림 3-16] 가정 내 DSL 링크의 배선과 장치들

왼쪽의 가정 내 라우터는 인터넷에 데이터를 보내거나 받을 수 있어야 한다. 통신을 위해 통신 회사의 CO(교환국)는 DSLAM(DSL access multiplexer)이라는 장치를 사용한다. DSLAM은 데이터만을 분기하여 오른쪽 하단의 라우터 쪽으로 보내 인터넷에 연결하도록 한다. 또한, DSLAM은 보이스 시그널만을 분기하여 오른쪽 상단의 음성 스위치 쪽으로 보낸다.

DSL은 통신 회사들에게 그들의 고객에게 유용한 고속 인터넷 서비스를 제공할 수 있도록 한다. 통신 회사들은 동일한 전화선을 이용한 데이터 서비스로 다른 종류들도 제공하지만, 이러한 종류들은 DSL보다 느리다. DSL은 비대칭 속도를 제공한다. 이것은 ISP로부터 가정 내로 향하는 전송 속도(downstream 속도)가 ISP 쪽으로 보내는 전송 속도(upstream 속도)보다 훨씬 빠르다는 것을 의미한다. 이러한 비대칭 속도는 가정에서 인터넷 접속을 위한 고객들에게 적합하다. 그 이유는 웹 페이지를 클릭하면 단지 몇백 바이트의 요청 명령만 인터넷으로 보내고, 반대로 가정 내로는 수백만 바이트의 데이터를 다운로드 받기 때문이다.

케이블 인터넷

케이블 인터넷은 구체적인 부분들은 다르지만 일반적으로 DSL과 많은 유사점을 갖는 인터넷 접속 서비스다. DSL처럼, 케이블 인터넷은 대부분의 고객들에게 대칭 속도보다 적합한 비대칭 속도 즉, 업스트림보다 빠른 다운스트림 속도를 제공한다. 그리고 DSL 같이 케이블 인터넷은 두 사이트 간의 보다 긴 거리를 연결할 수 있는 전용 회선을 대체할 수는 없다. 즉, 고객에서 ISP까지의 짧은 WAN 링크를 지원할 뿐이다

케이블 인터넷도 DSL과 동일한 가정 내 케이블링 구성을 활용한다. [그림 3-17]은 DSL을 설명하는 [그림 3-16]과 유사하지만, 구체적으로 DSL 장치들은 케이블 장치들로 대체되었다. 전화선은 CATV 회사에서 시작된 동축 케이블(coaxial cable)로 대체되고 DSL 모뎀은 케이블 모뎀으로 대체되었다. 반면에 가정 내의 네트워크 구성은 전반적으로 동일하다.

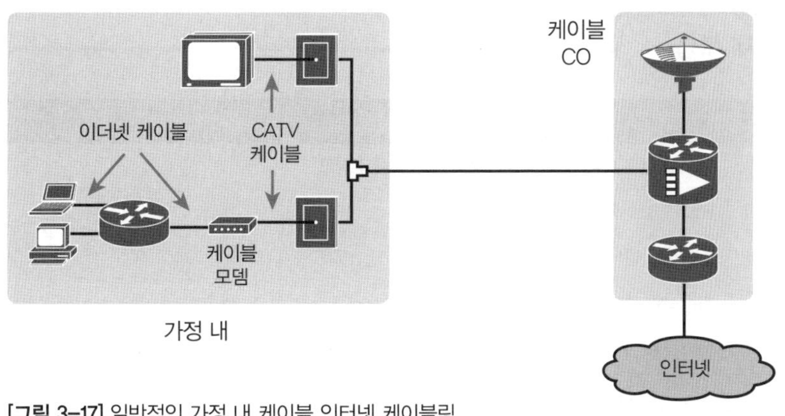

[그림 3-17] 일반적인 가정 내 케이블 인터넷 케이블링

케이블 인터넷 서비스를 제공하는 CATV 회사는 [그림 3-17]의 오른쪽과 같이 데이터와 비디오를 분리한다. 데이터는 오른쪽 아래의 라우터를 통과하는 반면, 비디오는 사람들의 집 TV에 분배하기 위해 비디오 위성을 사용한다.

케이블 인터넷 서비스와 DSL은 고객과 소규모 사업장의 인터넷 접속 시장에서 경쟁하고 있다. 일반적으로 둘 다 고속이지만, 보통 케이블 인터넷이 DSL보다 빠르기 때문에 DSL 제공업자는 경쟁을 위해 낮은 가격을 유지한다.

둘 다 비대칭 속도이고, 둘 다 인터넷 접속을 위한 별도의 절차 없이 언제나 서비스를 사용 가능하다.

챕터 리뷰

시험을 위해서 리뷰 세션에 대한 복습이 중요하다. 책이나 DVD의 툴 혹은 책의 동반자 웹 사이트에서 찾을 수 있는 대화형 툴을 활용하여 이 장의 자료들을 리뷰하기 바란다. 특히, 서론의 '단계② 챕터 위주의 학습 습관을 만들어라'라는 제목의 '당신의 학습 계획'을 참조하기 바란다. [표 3-4]는 핵심 리뷰 요소들과 출처들을 보여준다. 학습 과정에 대해 보다 나은 확인을 위해 두 번째 열에 완료 날짜를 기록하도록 한다.

리뷰 항목	완료 날짜	자료 출처
핵심 주제 리뷰		책, DVD/웹 사이트
핵심 용어 리뷰		책, DVD/웹 사이트
사전 점검 퀴즈 반복		책, PCPT
메모리 테이블 리뷰		책, DVD/웹 사이트

[표 3-4] 챕터 리뷰 확인

핵심 주제 복습

핵심 주제	설명	페이지
그림 3-4	전용 회선을 위한 CPE의 일반적인 케이블링 구성도	60
그림 3-10	EoMPLS – 물리적 연결	66
그림 3-14	일반적인 인터넷 접속 링크들	70
그림 3-16	일반적인 가정 내 DSL 케이블링	72
그림 3-17	일반적인 가정 내 케이블 인터넷 케이블링	73

[표 3-5] 3장의 핵심 주제들

핵심 용어

전용 회선(leased line), WAN(wide-area network), 텔코(telco), 시리얼 인터페이스, HDLC, DSL, 케이블 인터넷, EoMPLS(Ethernet over MPLS)

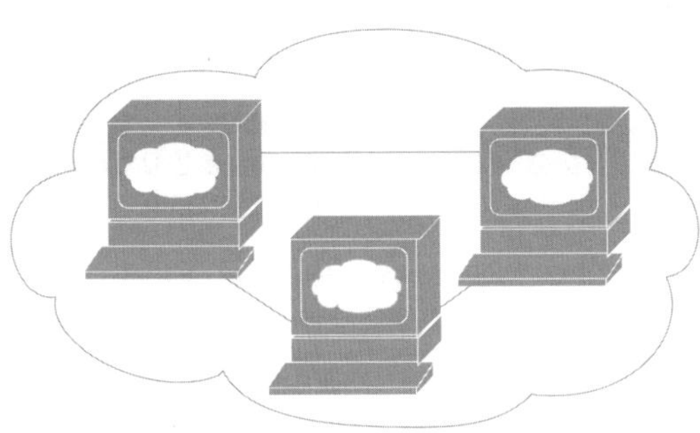

Chapter 4
IPv4 주소 체계와 라우팅 기초

이 장은 다음 시험 주제를 다룬다.

3.0 라우팅 기술들

3.1 라우팅 개념들

    3.1.a 네트워크 경로를 거치는 패킷 처리

    3.1.b 루트에 기초한 라우팅

    3.1.c 프레임 리라이트(Frame rewrite)

TCP/IP 네트워크 계층(3계층)은 패킷을 생성한 장치에서 패킷을 수신할 장치에게 보내지는 IP 패킷의 전체적인 여행 과정을 정의한다. 이 과정은 다수의 장치들의 몇 가지 상이한 동작 간의 협력을 필요로 한다. 이 장은 이러한 협력 과정에 대한 개요부터 시작하여 다음과 같은 보다 상세한 논의로 들어간다.

- **IP 라우팅**: IP 패킷(Layer 3 PDU: protocol data units)을 전달하기 위한 호스트와 라우터의 처리 과정. 한편, 비트들을 전송하기 위해서는 아래 계층인 LAN과 WAN 프로토콜에 의존함.

- **IP 주소**: 주소는 패킷의 출발지와 목적지의 호스트 컴퓨터들을 구분하기 위해 사용한다. 주소 체계는 주소들을 그룹화 할 수 있는데, 이 그룹화는 라우팅에 큰 도움이 된다.

- **IP 라우팅 프로토콜**: 라우터가 IP 주소 그룹에 대한 정보를 자동으로 학습하도록 하여 IP 패킷을 올바른 목적지 호스트에게 라우팅할 수 있도록 한다.

- **그 밖의 기타 도구들**: 네트워크 계층은 또한 기타 다른 도구들에 의존한다. TCP/IP 환경에서 사용하는 도구로는 DNS(Domain Name System), ARP(Address Resolution Protocol)와 핑(ping)이 포함된다.

이러한 기능들 모두는 IPv4(IP version 4)와 부상하는 새로운 IPv6(IP version 6)를 위한 버전들이 존재한다는 것을 유의하기 바란다. 이 장은 IPv4와 관련된 프로토콜에 초점을 맞춘다. 이 책의 파트 VIII는 IPv6를 위한 동일한 기능들을 살펴본다.

이 장의 학습을 위해 필요한 시간을 가늠하기 위해 다음 시험(이 페이지나 PCPT 소프트웨어를 사용 가능)을 보기 바란다. 정답은 퀴즈 다음 페이지의 아랫 부분에 나와 있고, 설명은 DVD 부록 C와 PCPT 소프트웨어에 있다.

핵심 주제 섹션	해당 문제
네트워크 계층 기능 개요	1
IPv4 주소 체계	2~4
IPv4 라우팅	5~7
IPv4 라우팅 프로토콜들	8
네트워크 계층 도구들	9

[표 4-1] 사전 점검 퀴즈의 핵심 주제와 문제

1. 다음 중 어떤 것이 OSI 3계층 프로토콜의 기능인가? (2개를 선택할 것)

  a. 논리 주소(Logical addressing)   **b.** 물리 주소(Physical addressing)

  c. 경로 선택(Path selection)   **d.** 조정(Arbitration)

  e. 오류 복구(Error recovery)

2. 다음 중 어떤 것이 호스트에 할당할 수 있는 유효한 클래스 C의 IP 주소인가?

  a. 1.1.1.1   **b.** 200.1.1.1

  c. 128.128.128.128   **d.** 224.1.1.1

3. 클래스 A의 IP 네트워크를 위해 할당 가능한 첫 번째 옥텟(octet)의 범위는?

  a. 0 ~ 127   **b.** 0 ~ 126   **c.** 1 ~ 127

  d. 1 ~ 126   **e.** 128 ~ 191   **f.** 128 ~ 192

4. PC1과 PC2는 IP 라우터에 의해 분리된 두 개의 상이한 이더넷 LAN들에 위치한다. PC1의 IP 주소는 10.1.1.1이고 어떤 서브네팅도 적용하지 않았다. 다음 주소 중 어떤 것이 PC2를 위해 사용할 수 있나? (2개를 선택할 것)

  a. 10.1.1.2   **b.** 10.2.2.2   **c.** 10.200.200.1

  d. 9.1.1.1   **e.** 225.1.1.1   **f.** 1.1.1.1

5. 포인트-투-포인트 HDLC 시리얼 링크로 연결된 두 라우터를 가진 네트워크를 가정해보자. 라우터1은 PC1과, 라우터2는 PC2와 이더넷을 공유한다. PC1이 PC2에게 데이터를 보낼 때, 다음 중 사실인 것은?

   a. 라우터1은 PC1으로부터 수신한 프레임에서 이더넷 헤더와 트레일러를 제거하고, 제거한 것을 다시 사용하지 않는다.

   b. 라우터1은 HDLC 헤더 내에 이더넷 프레임을 캡슐화하고 라우터2에게 프레임을 보낸다. 라우터2는 이더넷 프레임을 추출하여 PC2에게 보낸다.

   c. 라우터1은 PC1으로부터 수신한 프레임에서 이더넷 헤더와 트레일러를 제거하고, 이것은 PC2에게 데이터를 보내기 전에 라우터2에 의해 정확하게 재생된다.

   d. 라우터1은 이더넷, IP와 TCP 헤더를 제거하고, 라우터2에게 패킷을 전달하기 전에 적정한 헤더들을 다시 만든다.

6. TCP/IP 패킷들을 라우팅할 때, 라우터는 일반적으로 다음 중 어떤 것을 사용하는가?

   a. 목적지 MAC 주소   **b.** 출발지 MAC 주소

   c. 목적지 IP 주소   **d.** 출발지 IP 주소

   e. 목적지 MAC 및 IP 주소

7. LAN에 연결된 TCP/IP 호스트와 그것의 라우팅(포워딩) 결정에 관하여 다음 중 사실인 것은? (2개를 선택할 것)

   a. 호스트는 항상 디폴트 게이트웨이에게 패킷을 보낸다.

   b. 목적지 IP 주소가 호스트와 다른 클래스의 IP 네트워크에 속하면, 호스트는 패킷을 디폴트 게이트웨이에게 패킷을 보낸다.

   c. 목적지 IP 주소가 호스트와 다른 서브넷에 속하면, 호스트는 패킷을 디폴트 게이트웨이에게 패킷을 보낸다.

   d. 목적지 IP 주소가 호스트와 같은 서브넷에 속하면, 호스트는 패킷을 디폴트 게이트웨이에게 패킷을 보낸다.

8. 다음 중 어떤 것이 라우팅 프로토콜의 기능인가? (2개를 선택할 것)

   a. 알려진 루트들을 이웃 라우터들에게 보냄

   b. 라우터에 직접 연결된 서브넷들에 대한 루트를 학습함

   c. 이웃 라우터들에 의해 라우터에게 보낸 루트들을 학습하여 라우팅 테이블에 이러한 루트들을 올림

   d. 패킷의 목적지 IP 주소에 기초하여 IP 패킷을 포워딩함

9. 회사는 이더넷 LAN에 존재하는 PC1과 함께 TCP/IP 네트워크를 설치했다. 다음 프로토콜들과 기능들 중 어떤 것이 PC1로 하여금 다른 서버 장치로부터 정보를 학습하도록 할까?

   a. ARP   **b. ping**

   c. DNS   **d.** 정답 없음

:: 네트워크 계층 개요

수년 간 많은 프로토콜 모델들이 존재해왔지만, 현재는 TCP/IP 모델이 지배적이다. 그리고 TCP/IP의 네트워크 계층에서 두 개의 주요한 프로토콜들 즉, IPv4(IP version 4)와 IPv6(IP version 6)가 있다. IPv4와 IPv6는 같은 네트워크 계층 기능들을 정의하지만, 구체적으로는 다르다. 이 장은 IPv4에 대한 네트워크 계층 기능들을 소개한다. IPv6는 이 책의 파트 Ⅷ에서 다룬다

> **NOTE** 이 장의 IP에 대한 모든 참조 사항은 보다 오래되고 익숙한 IPv4에 대한 것이다.

IP는 출발지 호스트에서 목적지 호스트로 데이터를 라우팅하는 일에 중점을 둔다. IP는 데이터의 물리적인 전송을 위해서는 TCP/IP의 하위 계층에 의존한다. 반면, IP는 데이터 전달에 대해 물리적인 세부 사항보다는 논리적인 세부 사항에 관여한다. 특히, 네트워크 계층은 패킷들이 다양한 종류의 LAN 및 WAN 링크들의 통과와 관련없이 TCP/IP 네트워크에서 패킷들의 끝에서 끝으로의 여행 방법을 규정할 뿐이다.

이 장의 첫 번째 섹션은 IP 라우팅과 주소 체계를 살펴봄으로써 TCP/IP 네트워크 계층에 대한 광범위한 논의를 시작한다. IP 라우팅은 IP 주소의 구조와 의미에 의존하고, IP 주소는 IP 라우팅과 함께 개발되었으므로, 두 개의 주제인 IP 라우팅과 주소는 긴밀한 연관성을 가지고 함께 동작한다. 다음으로 라우터들이 정확한 라우팅을 수행하기 위해 필요한 정보의 수집을 책임지는 라우팅 프로토콜들을 살펴본다.

네트워크 계층과 라우팅(포워딩) 논리

라우터들과 엔드 유저 컴퓨터들(TCP/IP에서 호스트라고 불림)은 함께 IP 라우팅을 수행한다. 호스트의 OS는 네트워크 계층의 기능을 수행하는 TCP/IP 소프트웨어를 가진다. 호스트들은 목적지가 호스트와 다른 서브넷일 때 패킷을 가까운 라우터로 보내는데 IP 패킷을 보낼 곳을 선택하기 위해 이 소프트웨어를 사용한다. 패킷을 받은 라우터는 IP 패킷을 다음으로 보낼 곳을 선택한다. 호스트들과 라우터들은 [그림 4-1]과 같이 함께 IP 패킷을 정확한 목적지로 보낸다.

PC1이 생성한 IP 패킷은 [그림 4-1]과 같이 꼭대기에서 시작하여 바닥에 있는 PC2에게 보내진다. 다음 몇 페이지는 그 경로를 따라 각 장치가 수행하는 네트워크 계층 프로세스를 살펴본다.

사전 점검 퀴즈 정답
1 A, C **2** B, **3** D **4** D, F **5** A **6** C **7** B, C **8** A, C **9** C

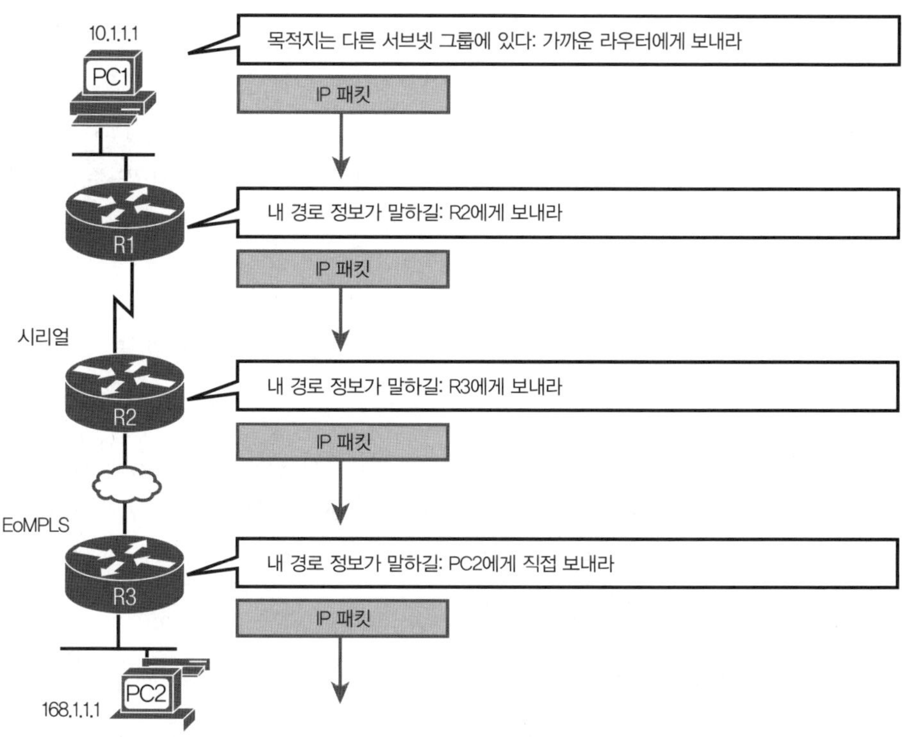

[그림 4-1] 라우팅 논리: PC1이 PC2에게 IP 패킷을 보낼 때

호스트의 전달 프로세스: 패킷을 디폴트 라우터에게 보냄

이 예에서, PC1은 몇 가지 기본적인 분석을 수행하고 다음으로 IP 패킷을 라우터에게 보내고, 라우터는 패킷을 전달할 것이다. PC1은 목적지 주소를 분석하고, PC2의 주소(168.1.1.1)가 PC1과 동일한 LAN이 아님을 인식한다. 따라서 PC1은 패킷을 다른 서브넷에 대한 정보를 가진 장치 즉, 같은 LAN에 속하는 라우터(PC1의 디폴트 라우터라 부름)에게 보내도록 한다.

IP 패킷을 디폴트 라우터에게 보내기 위해, 송신자는 가까운 라우터에게 데이터 링크 프레임을 보낸다. 이 프레임은 프레임의 데이터 부분에 패킷을 포함한다. 이 프레임은 가까운 라우터가 프레임을 수신할 수 있도록 데이터 링크 헤더에 라우터의 데이터 링크 계층(2계층) 주소를 포함한다.

R1과 R2의 로직: 네트워크를 통과하기 위한 데이터 라우팅

모든 라우터는 패킷을 라우팅하기 위해 동일한 일반적인 프로세스를 사용한다. 각 라우터는 IP 라우팅 테이블을 유지한다. 이 테이블은 IP 네트워크 및 IP 서브넷이라 부르는 IP 주소 그룹들을 포함한다. 라우터가 패킷을 수신하면, 라우팅 테이블의 항목과 패킷의 목적지 IP 주소를 비교한다. 라우팅 테이블은 라우터에게 패킷이 다음으로 가야할 곳을 알려주는 방향을 표시하고 있다.

[그림 4-1]에서 R1은 목적지 주소(168.1.1.1)를 라우팅 테이블 항목에서 찾아서 다음으로 R2에게 패킷을 보낸다. 마찬가지로 R2는 패킷을 EoMPLS(Ethernet over an MPLS)를 거쳐 다음으로 R3에게 보낼 것을 지시하는 라우팅 테이블 항목을 가진다.

라우팅 개념은 고속도로에서 큰 교차로에 다가갈 때의 운전과 유사하다. 보통 근처를 둘러보며 마을 이정표를 찾는데, 이정표는 각 마을에 가기 위해 선택해야 할 출구를 알려주기 때문이다. 마찬가지로 라우터는 IP 라우팅 테이블(도로의 이정표와 동등함)을 보고 각 패킷에게 정확하게 다음 LAN 혹은 WAN 링크(도로에 해당함)를 지시한다.

R3의 로직: 최종 목적지에 데이터를 보냄

경로 상의 마지막 라우터 R3는 R1 및 R2와 거의 동일한 로직을 사용하지만, 하나의 작은 차이가 있다. R3는 패킷을 다른 라우터가 아니라 PC2에게 직접 전달해야 한다. 표면적으로는 그 차이가 중요하지 않은 것처럼 보인다. 다음 섹션을 통해 네트워크 계층이 LAN과 WAN을 사용하는 방식에 대해 읽을 때, 그 차이점의 중요성이 명백해질 것이다.

네트워크 계층 라우팅이 LAN 및 WAN을 사용하는 방식

네트워크 계층 라우팅 프로세스는 물리적 전송 과정을 무시해도 비트들은 여전히 전송된다. 이를 위해, 호스트 또는 라우터의 네트워크 계층 논리는 패킷을 데이터 링크 계층 프로토콜에게 넘겨주어야 하고 다음으로 피지컬 계층은 실제로 데이터를 전송한다. Chapter 2 '이더넷 LAN 기초'에서 설명한 것처럼, 데이터 링크 계층은 물리적인 네트워크를 통해 프레임을 보내기 전에 패킷에 적정한 헤더 및 트레일러를 추가하여 프레임을 생성한다.

라우팅 프로세스가 네트워크를 가로 질러 끝에서 끝으로 네트워크 계층 패킷을 전송하는 동안, 각각의 데이터 링크 프레임은 여행의 작은 부분 동안만 즉 각 네트워크 내부에서만 유지된다. 각 연속된 데이터 링크 계층 프레임은 패킷을 네트워크 계층 로직을 가진 다음 장치에게 이동시킨다. 즉 네트워크 계층은 '이 패킷을 특정된 다음 장치에게 보내라'와 같은 큰 시각의 목표를 실행하는 반면, 데이터 링크 계층은 '데이터 링크 프레임 내에 패킷을 캡슐화하고 전달하라'와 같은 구체적인 것을 실행한다. [그림 4-2]는 [그림 4-1]과 같은 예제를 사용하여 각 장치의 핵심 캡슐화 논리를 설명한다.

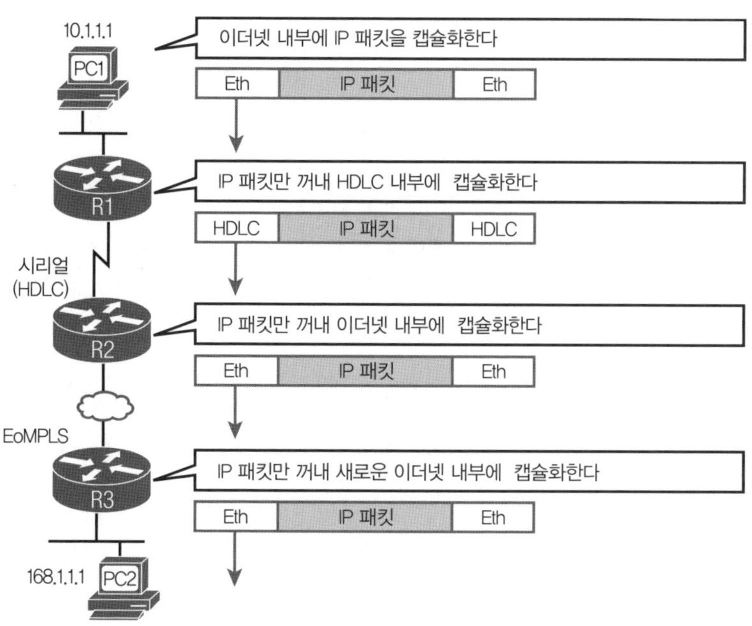

[그림 4-2] 네트워크 계층과 데이터 링크 계층의 인캡슐레이션화

라우터가 새로운 데이터 링크 헤더와 트레일러를 만들고, 새로운 헤더는 데이터 링크 주소들을 포함하기 때문에, PC와 라우터는 무슨 데이터 링크 주소를 사용할지를 결정하는 방법을 가져야 한다. 라우터가 어떤 데이터 링크 주소를 사용할지를 결정하는 방식과 관련된 프로토콜이 IP ARP(Address Resolution Protocol)이다. ARP는 LAN에 연결된 IP 호스트의 데이터 링크 주소를 자동적으로 학습한다. 예를 들어, [그림 4-2]의 아래쪽의 마지막 단계에서 라우터 R3는 패킷을 PC2에게 보내기 전에 PC2의 MAC 주소를 학습하기 위해 ARP를 사용한다.

지금까지 다룬 라우팅에는 두 가지 주요 개념이 있다:

- 라우팅 프로세스는 패킷 내부의 3계층 목적지 주소에 기초하여 L3PDU(Layer 3 protocol data units)라 불리는 3계층 패킷을 내보낸다.
- 라우팅 프로세스는 각각의 연속된 데이터 링크를 통한 전송을 위해 3계층 패킷을 2계층 프레임 속에 캡슐화하기 위해 데이터 링크 계층을 사용한다.

IP 주소 체계와 IP 라우팅 방식

IP는 TCP/IP 네트워크에 연결하는 호스트 또는 라우터 인터페이스를 구분하기 위한 네트워크 계층 주소들을 정의한다. 이 아이디어는 기본적으로 우편 주소와 유사하다. 우편 서비스를 통해 편지를 받기 전에 우편 주소가 필요한 것처럼, IP 패킷들을 수신하기를 기대하는 인터페이스는 IP 주소가 필요하다.

TCP/IP는 IP 주소들을 그룹화하는데 즉, 물리적으로 같은 네트워크에서 사용하는 IP 주소들은 동일한 IP 그룹에 속한다. IP는 이러한 주소 그룹을 IP 네트워크 혹은 IP 서브넷이라 한다. 동일한 우편 서비스의 비유를 사용하여 각 IP 네트워크와 IP 서브넷은 우편 번호(미국에서의 ZIP 코드)와 같이 동작한다. 모든 근처의 우편 주소들은 동일한 우편 번호(ZIP 코드)를 사용하며 또한 모든 근처의 IP 주소들은 동일한 IP 네트워크 혹은 IP 서브넷 내에 존재해야 한다.

> **NOTE** IP는 네트워크를 매우 특별한 개념으로 정의한다. IP 주소에 대해 서술할 때 혼동을 피하기 위해, 이 책(다른 책도)은 종종 네트워크란 용어를 피한다. 특히, 이 책은 라우터, 스위치와 기타 장치로 구성된 네트워크를 지칭할 때, 보다 일반적인 용어인 인터네트워크(internetwork)를 사용한다.

IP는 같은 IP 네트워크 혹은 IP 서브넷 내의 IP 주소들에 대한 특정한 규칙을 정의한다. 숫자상 같은 그룹 내의 주소들은 주소들의 첫 번째 영역에서 동일한 숫자를 갖는다. 예를 들어, [그림 4-1]과 [그림 4-2]는 다음과 같은 규칙이 있다:

- 위쪽 이더넷의 호스트들: 10으로 시작하는 주소들
- R1-R2 시리얼 링크의 호스트들: 168.10으로 시작하는 주소들
- R2-R3 EoMPLS 링크의 호스트들: 168.11로 시작하는 주소들
- 아래쪽 이더넷의 호스트들: 168.1로 시작하는 주소들

그것은 미국 우편서비스의 ZIP 코드(우편 번호) 시스템이 새 건물들에 주소를 할당하는 방식과 유사하다. 서로 이웃인 두 집이 상이한 ZIP 코드를 가진다면 우스운 일이 될 것이다. 마찬가지로 나라의 반대편에 사는 사람들이 같은 ZIP 코드를 갖는 것도 어리석은 일이 될 것이다.

이처럼 효과적인 라우팅을 위해 네트워크 계층 프로토콜은 위치와 실제 주소 값들을 기준으로 주소들을 그룹으로 나눈다. 라우터는 모든 단일 IP 주소 별로 하나의 라우팅 테이블 엔트리 대신에, 각 IP 네트워크 혹은 서브넷 별로 하나의 라우팅 테이블 엔트리로 표시한다.

또한 라우팅 프로세스는 [그림 4-3]과 같이 IPv4 헤더를 사용한다. 헤더는 32 비트의 목적지 IP 주소와 함께 출발지 IP 주소를 포함한다. 물론, 헤더는 다른 필드들도 갖는데, 몇 가지는 이 책의 다른 부분에서 중요한 것이다. 이 책에서 필요하다면 이 그림을 참조할 것이고, 여기서는 20바이트 IP 헤더와 출발지 및 목적지 IP 주소 필드들을 눈여겨 봐야 한다.

4바이트

버전	길이	DS 필드	패킷 길이	
ID(Identification)			플래그	옵셋(Fragment Offset)
Time to Live		프로토콜	헤더 체크섬(Header Checksum)	
출발지 IP 주소				
목적지 IP 주소				

[그림 4-3] 총 20바이트에 대해 4바이트 너비로 구성된 IPv4 헤더

라우팅 프로토콜들

호스트와 라우터의 라우팅 로직을 위해, TCP/IP 인터네트워크에 대해 알아야 한다. 호스트는 자신의 디폴트 라우터의 IP 주소를 알아야 다른 네트워크가 목적지인 패킷을 보낼 수 있다. 하지만 라우터는 루트를 알아야 목적지 IP 네트워크 및 IP 서브넷으로 패킷들을 보낼 수 있다.

네트워크 엔지니어가 모든 라우터에 필요한 루트들을 직접 설정할 수도 있지만, 대부분의 네트워크 엔지니어는 모든 라우터에 그냥 라우팅 프로토콜을 설정한다.

TCP/IP 인터네트워크의 모든 라우터에 동일한 라우팅 프로토콜을 정확하게 설정하였다면, 라우터는 서로 라우팅 프로토콜 메시지들을 교환할 것이다. 결과적으로 모든 라우터는 TCP/IP 인터네트워크 내의 모든 IP 네트워크와 서브넷들에 대한 루트들을 학습할 것이다.

[그림 4-4]는 [그림 4-1] 및 [그림 4-2]와 동일한 구성을 사용한다. 이 경우, 168.1로 시작하는 모든 주소들로 구성되는 IP 네트워크 168.1.0.0은 그림의 아래쪽 이더넷에 속한다. 이 사실을 아는 R3는 R2(단계①)에게 라우팅 프로토콜 메시지를 보낸다. R2는 왼쪽의 라우팅 테이블과 같이 네트워크 168.1.0.0에 대한 루트를 학습한다. 단계② 에서 R2는 R1에게 라우팅 프로토콜 메시지를 보내기 때문에 R1도 동일한 IP 네트워크(168.1.0.0.0)에 대한 루트를 갖는다.

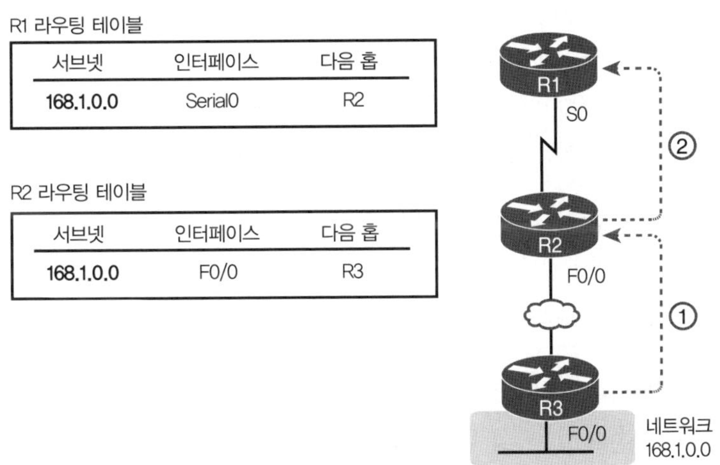

[그림 4-4] 라우팅 프로토콜이 네트워크와 서브넷 정보를 보내는 방법

이제 TCP/IP 네트워크 계층의 동작 방식에 대한 개요를 마무리한다. 이 장의 나머지는 핵심 요소들을 보다 자세히 살펴본다.

∷ IPv4 주소 체계

IPv4 주소 체계는 CCENT & CCNA Routing & Switching 시험을 위한 가장 중요한 주제일 수 있다. 이 책을 모두 공부했을 때는 IP 주소의 포맷과 더불어 IP 주소 그룹을 서브넷들로 나누는 그룹화 개념과 기존 네트워크들의 IP 주소 체계 등을 해석할 수 있을 것이다. 이를 위해 주소 설계(subnetting)와 주소 할당(addressing)에 대해 알아야 한다.

이 섹션에서는 IP 주소 할당 및 설계 과정을 소개하고, IP 라우팅과 관련하여 IP 주소 구조와 개념을 다룬다. 이 책의 파트 III과 V에서 IPv4 주소 체계와 설계에 필요한 개념과 수학에 대해 자세한 설명을 한다.

IP 주소의 규칙

장치가 TCP/IP를 적용해서 통신하려면, IP 주소를 필요로 한다. 장치가 IP 주소, 적정한 소프트웨어와 하드웨어를 가지면, IP 패킷을 송수신할 수 있다. IP 주소가 할당된 최소한 하나의 인터페이스를 가진 장치는 IP 패킷을 송수신할 수 있고 IP 호스트라고 부른다.

보통, IP 주소는 DDN(dotted-decimal notation, 점으로 구분된 십진수 표현) 형식으로 쓰고 이진수로는 32비트 숫자로 구성된다. IP 주소의 각 바이트(8비트)가 하나의 십진수에 해당한다. 4개의 십진수는 순서대로 쓰는데, '점'은 각 십진수를 분리하여 DDN(dotted-decimal notation) 형식이 된다. 예를 들어 168.1.1.1는 DDN 형식의 표현이고, 이 주소의 이진 표현은 10101000 00000001 00000001 00000001이다(거의 이진 표현을 직접 쓸 필요는 없다. 십진수를 이진수로 또는 그 반대로의 용이한 변경을 위해 부록 A, '숫자 참조 표'를 참조하면 된다).

각 DDN은 점으로 구분되는 4개의 십진수 옥텟(octet)을 갖는다. 각 옥텟이 8비트 이진수를 표현하기 때문에 각 옥텟의 십진수 범위는 0부터 255까지다. 예를 들어, IP 주소 168.1.1.1은 첫째 옥텟 168과 둘째 옥텟 1을 가진다.

마지막으로 각 네트워크 인터페이스는 IP 주소를 사용한다는 것을 주목해야 한다. 대부분 자신들의 컴퓨터가 IP 주소를 가진다고 생각하지만, 실제로는 컴퓨터의 네트워크 인터페이스 카드가 IP 주소를 가진다. 예를 들어, 사용자의 랩탑 컴퓨터가 이더넷 NIC를 가지고 무선 NIC를 따로 가진다면, 동시에 두 카드가 동작하기 위해서 둘다 IP 주소를 가져야 한다. 마찬가지로 일반적으로 다수의 네트워크 인터페이스를 가지는 라우터도 각 인터페이스마다 IP 주소를 가진다.

IP 주소의 그룹화 규칙

원래의 TCP/IP 규격은 IP 주소들을 IP 네트워크라 부르는 연속된 주소들의 집합으로 그룹화한다. 하나의 IP 네트워크 내의 주소들은 모든 주소들 중에서 네트워크라 불리는 앞 영역에서 동일한 숫자를 갖는다. [그림 4-5]는 세 개의 분리된 IP 네트워크를 갖는 단순한 인터네트워크를 보여준다.

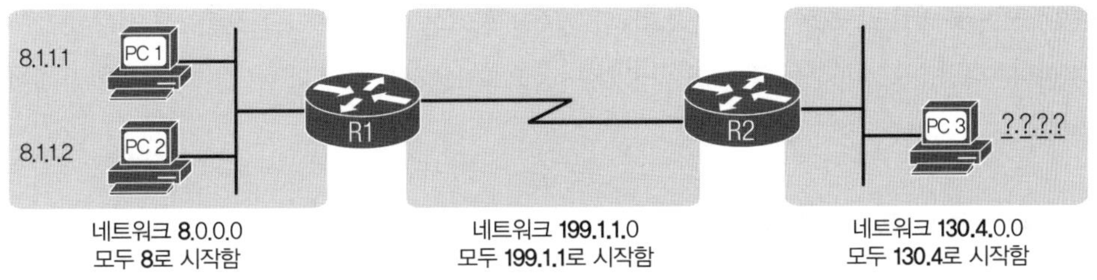

[그림 4-5] IPv4 네트워크 번호를 사용한 샘플 TCP/IP 인터네트워크

그림은 각 네트워크 내부에서 DDN 값에 대한 설명과 함께 각 네트워크의 네트워크 식별자 (네트워크 ID)를 보여준다. 예를 들어, 가장 왼쪽의 이더넷 LAN 내의 호스트는 첫 번째 옥텟 8로 시작하는 IP 주소들을 사용한다. 즉, 네트워크 ID는 8.0.0.0이 된다. 다른 예로, R1과 R2간의 시리얼 링크는 두 개의 인터페이스들 즉, 각 라우터의 시리얼 인터페이스만으로 구성되고, 세 옥텟 199.1.1로 시작하는 IP 주소를 사용한다.

또한 [그림 4-5]는 IPv4가 IP 주소들을 그룹으로 나누는 방식에 대해 두 가지 중요한 사항들을 논의하기 좋은 예이다:

- 같은 그룹 내의 모든 IP 주소들은 라우터에 의해 서로 분리되어서는 안된다.
- 라우터에 의해 서로 분리된 IP 주소들은 다른 그룹들에 속해야 한다.

두 규칙들 중에서 첫 번째를 살펴보기 위해, 왼쪽의 PC 1과 2를 보자. PC 1과 2는 동일한 IP 네트워크 내에 존재하고, 8로 시작하는 IP 주소들을 갖는다. 첫 번째 규칙에 따라, PC 1과 2는 라우터에 의해 서로 분리될 수는 없다(실제로 그들은 라우터에 의해 서로 분리되지 않았다).

다음으로, 두 규칙들 중에서 두 번째를 살펴보기 위해, 이 논의에 PC 3을 추가해보자. PC 3은 라우터에 의해 PC 1과 분리되었으므로, PC 3과 PC 1과 동일한 IP 네트워크에 속할 수 없다. 즉 PC 3의 주소는 8로 시작할 수 없다.

> **NOTE** 이 예는 서브넷이 아니라 IP 네트워크만 사용한다고 가정한다. 여기서는 서브네팅을 자세히 다루지 않기 때문이다.

이 장에서 앞서 언급한 바와 같이 IP 주소의 그룹화는 ZIP 코드와 유사하다. 나의 ZIP 코드 영역에 속하는 사람들은 나와 동일한 오하이오의 작은 도시에 산다. 우편 서비스가 우편 번호 (ZIP 코드)에 기초하여 편지를 전달하기 때문이다. 우편 시스템은 서로 가까운 모든 주소들을 대표하는 하나의 우편 번호에 의존한다.

이와 같이 IP 라우팅은 동일한 장소에 속하는 모든 주소들을 대표하는 하나의 IP 네트워크 혹은 IP 서브넷에 의존한다. 그렇지 않다면, 라우팅은 IP 패킷들을 틀린 장소로 전달한다.

TCP/IP 인터네트워크를 위해, 각 LAN과 WAN 링크는 IP 네트워크 혹은 IP 서브넷을 사용할 것이다. 다음으로 이 장은 IP 네트워크와 다음으로 IP 서브넷의 개념에 대해 보다 자세히 살펴본다.

클래스 A, B와 C IP 네트워크

IPv4 주소 공간은 32비트 IPv4 주소를 위해 모든 가능한 조합의 숫자들을 포함한다. 32비트 숫자는 말그대로 2^{32}개의 상이한 숫자 즉, 40억개 이상의 숫자가 존재한다. DDN 표현으로, 이러한 숫자들은 네 옥텟에서 0에서 255까지의 모든 조합들 예를 들어, 0.0.0.0, 0.0.0.1, 0.0.0.2에서 255.255.255.255까지를 포함한다.

IP 표준들은 먼저 전체 주소 공간을 첫 번째 옥텟의 값에 따라 클래스들로 분할한다. 클래스 A는 [그림 4-6]과 같이 1~126으로 시작하는 모든 DDN 숫자를 가지므로 대략적으로 IPv4 주소 공간의 절반을 차지한다. 클래스 B는 128~191로 시작하는 모든 DDN 숫자를 가지므로 주소 공간의 1/4을 차지하고, 클래스 C는 192~223으로 시작하는 모든 숫자를 포함하므로 주소 공간의 1/8을 차지한다.

[그림 4-6]은 다섯 개의 주소 클래스들의 목적을 명시한다. 클래스 A, B와 C는 유니캐스트 IP 주소들을 정의하는데, 해당 주소는 하나의 호스트 인터페이스를 식별하기 위한 것이다. 클래스 D는 다수의 호스트들에게 한 패킷을 전달하기 위해 사용하는 멀티캐스트 주소들을 정의한다. 클래스 E는 원래 실험용 주소들을 정의했다(클래스 E 주소들은 더 이상 실험용으로 정의되지 않고, 미래의 사용을 위해 예비되어 있다).

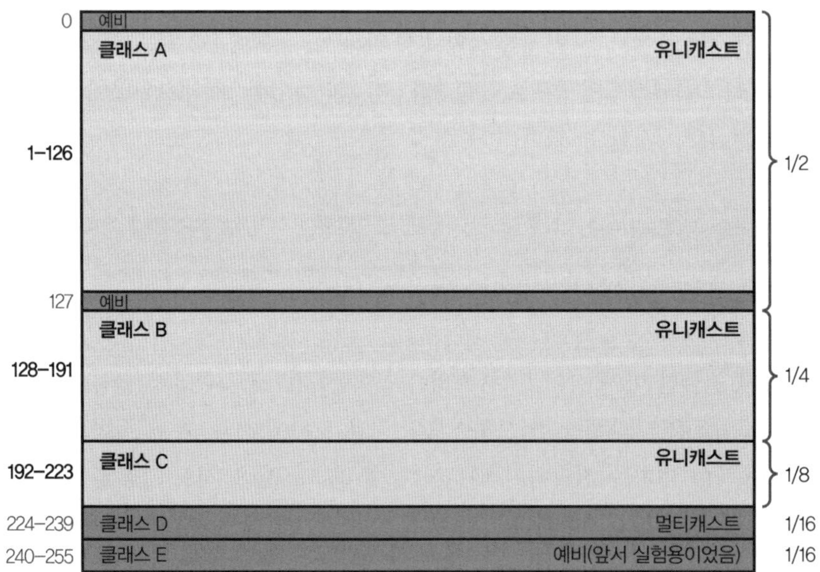

[그림 4-6] 클래스에 의한 전체 IPv4 주소 공간의 분할

IPv4 표준들은 또한, 클래스 A, B와 C 유니캐스트 주소들로 구분한다. 각 IP 네트워크는 클래스 내부에 DDN 숫자들의 부분 집합을 만든다.

IPv4는 유니캐스트 주소들을 3개의 클래스로 구분하고, 각 클래스의 IP 네트워크들은 다른 크기를 가지기 때문에 다른 상황에서 사용한다. 클래스 A 네트워크는 가장 많은 수의 IP 주소(IP 네트워크별로 16,000,000개 이상의 IP 주소)를 제공한다. 그러나 각 클래스 A 네트워크가 너무 커서 클래스 A는 126개의 네트워크만 가진다. 클래스 B는 네트워크마다 65,534 주소 수를 가지지만, 각 네트워크 별로 16,000개 정도의 네트워크만 가진다. 클래스 C는 [그림 4-7]과 같이 네트워크마다 주소 수가 254개인 보다 작은 IP 네트워크들만 지원한다.

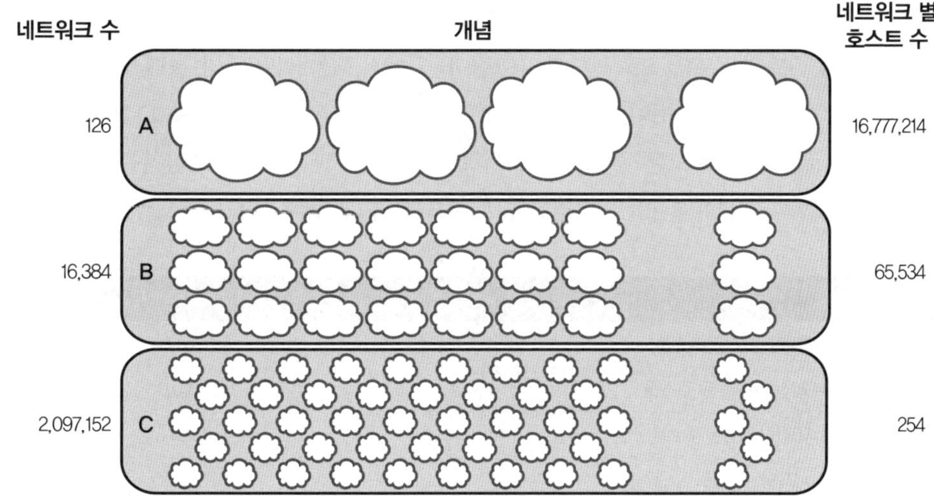

[그림 4-7] 클래스 A, B, C 의 네트워크와 호스트 부분의 크기

[그림 4-7]은 전체 클래스 A, B와 C의 IPv4 네트워크들에 대한 숫자뿐만 아니라 시각적 이해를 보여준다. 그림은 IP 네트워크들을 그림으로 보여준다. 물론, 가능한 모든 네트워크를 하나의 구름으로 표시하는 대신 몇 개의 큰 구름으로 클래스 A를, 다수의 작은 구름들로 클래스 C를 표현하여 일반적인 아이디어만을 보여준다.

실제 클래스 A, B와 C의 IP 네트워크들

[그림 4-7]은 전 세계의 클래스 A, B와 C의 IP 네트워크늘의 수를 보어준다. 결괴적으로, TCP/IP 인터네트워크를 구성하기 위해 이러한 IP 네트워크들 중 일부를 선택하고 사용해야 하므로, 다음 질문에 대답할 수 있어야 한다: 구체적으로 IP 네트워크는 무엇인가?

먼저, 짧게 네트워크 ID(network ID)를 사용하여 각 네트워크를 식별할 수 있어야 한다. 네트워크 ID는 IP 네트워크를 구분하기 위해 예비되는 네트워크 별 DDN 값이다(이 네트워크 ID는 IP 주소로 호스트에서 사용할 수 없다). 예를 들어, [표 4-2]는 [그림 4-5]에 상응하는 네트워크 ID들을 보여준다.

개념	클래스	네트워크 ID
8로 시작하는 모든 주소들	A	8.0.0.0
130.4로 시작하는 모든 주소들	B	130.4.0.0
199.1.1로 시작하는 모든 주소들	C	199.1.1.0

[표 4-2] 그림 4-5에서 사용한 네트워크 ID들

> **NOTE** 대다수는 네트워크 ID란 용어를 사용하지만, 일부는 네트워크 번호(number)와 네트워크 주소란 용어를 사용한다. 세 용어는 모두 동일하다는 것을 숙지해야 한다.

따라서 실제 클래스 A, B와 C의 IP 네트워크는 무엇이고, 이들의 네트워크 ID는 무엇인가? 먼저, 클래스 A 네트워크부터 고려해보자. [그림 4-7]에서, 단지 126개의 클래스 A 네트워크들이 존재한다. 이미 설명하였듯이, 클래스 A 네트워크는 1로 시작하는 모든 주소, 2로 시작하는 모든 주소, 3으로 시작하는 모든 주소 등 126으로 시작하는 모든 주소를 포함하는 126번째 네트워크까지를 포함한다. [표 4-3]은 이러한 네트워크를 몇 개 보여준다.

개념	클래스	네트워크 ID
8로 시작하는 모든 주소들	A	8.0.0.0
13으로 시작하는 모든 주소들	A	13.0.0.0
24로 시작하는 모든 주소들	A	24.0.0.0
125로 시작하는 모든 주소들	A	125.0.0.0
126으로 시작하는 모든 주소들	A	126.0.0.0

[표 4-3] IPv4 클래스 A 네트워크 샘플

클래스 B 네트워크들은 128과 192 사이의 첫 번째 옥텟을 갖고, 하나의 클래스 B 네트워크는 첫 번째 두 옥텟에 동일한 값을 갖는다. 예를 들어, [그림 4-5]는 클래스 B 네트워크 130.4.0.0을 사용한다. DDN 값은 첫 번째 옥텟이 128과 192 사이에 있으므로 클래스 B에 속한다. 하지만, 첫 번째 두 옥텟이 하나의 클래스 B 네트워크 내의 주소들을 구분한다. [표 4-4]는 일부 클래스 B IPv4 네트워크의 예를 보여준다.

개념	클래스	네트워크 ID
128.1로 시작하는 모든 주소들	B	128.1.0.0
172.20으로 시작하는 모든 주소들	B	172.20.0.0
191.191로 시작하는 모든 주소들	B	191.191.0.0
150.1로 시작하는 모든 주소들	B	150.1.0.0

[표 4-4] IPv4 클래스 B 네트워크 샘플

클래스 C는 첫 번째 옥텟이 192와 223사이의 숫자이므로 쉽게 구분할 수 있다. 클래스 C 네트워크와 주소는 첫 번째 세 옥텟에서 동일한 값을 갖는 하나의 클래스 C 네트워크 내부의 주소들을 구분한다. [표 4-5]는 이러한 일부 예들을 보여준다.

개념	클래스	네트워크 ID
199.1.1로 시작하는 모든 주소들	C	199.1.1.0
200.1.200으로 시작하는 모든 주소들	C	200.1.200.0
223.1.10으로 시작하는 모든 주소들	C	223.1.10.0
209.209.1로 시작하는 모든 주소들	C	209.209.1.0

[표 4-5] IPv4 클래스 C 네트워크 샘플

물론, 클래스 A, B와 C 네트워크를 모두 표시하기 위해서는 너무 많은 공간을 필요로 한다. 복습을 위해, [표 4-6]은 클래스를 구분하기 위한 첫 번째 옥텟 값과 전체 IPv4 주소 공간에서 사용 가능한 클래스 A, B와 C 네트워크 번호들의 범위를 요약한다.

개념	첫번째 옥텟 범위	유효한 네트워크 번호들
A	1 ~ 126	1.0.0.0 ~ 126.0.0.0
B	128 ~ 191	128.0.0.0 ~ 191.255.0.0
C	192 ~ 223	192.0.0.0 ~ 223.255.255.0

[표 4-6] 모든 가능한 유효 네트워크 번호

> **NOTE** 클래스풀(classful) IP 네트워크란 용어는 클래스 A, B와 C 규칙에 의해 정의되는데, 어떤 클래스 A, B 또는 C 네트워크를 가리킨다.

IP 서브네팅

IP 주소 체계와 마찬가지로, IP 서브네팅은 CCENT와 CCNA R&S 자격증을 위해 가장 중요한 주제들 중의 하나이다. 실무와 시험을 위해 서브네팅의 원리와 서브네팅을 적용할 때의 계산 방법을 알아야 한다. 이 책의 파트 IV와 VI은 서브네팅의 개념, 필요성과 계산 방식을 상세하게 다루지만, 이 곳과 파트 IV 사이에 이더넷 주제들을 학습하는 동안에도 기본적인 개념을 이해하고 있어야 한다.

서브네팅은 IPv4 주소 공간을 하나의 IP 네트워크보다 작은 그룹들로 분할하는 방법을 정의한다. IP 서브네팅은 하나의 클래스 A, B 혹은 C 네트워크를 분할하여 보다 작은 그룹들의 연속적인 IP 주소들로 분할하는 유연한 방법을 정의한다. 사실, 서브넷(subnet)이란 이름은 잘게 나뉘어진 네트워크(subdivided network)의 약어다.

그러므로 전체 클래스 A, B 혹은 C 네트워크를 사용하는 대신 각 장소에 보다 적은 수의 IP 주소를 소비한다.

인터네트워크가 클래스풀 IPv4 네트워크의 서브넷뿐만 아니라 클래스풀 IPv4 네트워크를 사용하는 방식을 명확하게 하기 위해서, 다음 두 그림은 하나는 클래스풀 네트워크로만 구성하고, 하나는 서브넷으로만 구성한 동일한 인터네트워크를 보여준다. [그림 4-8]은 서브넷이 아닌 다섯 개의 클래스 B 네트워크들을 사용한 첫 번째 예를 보여준다.

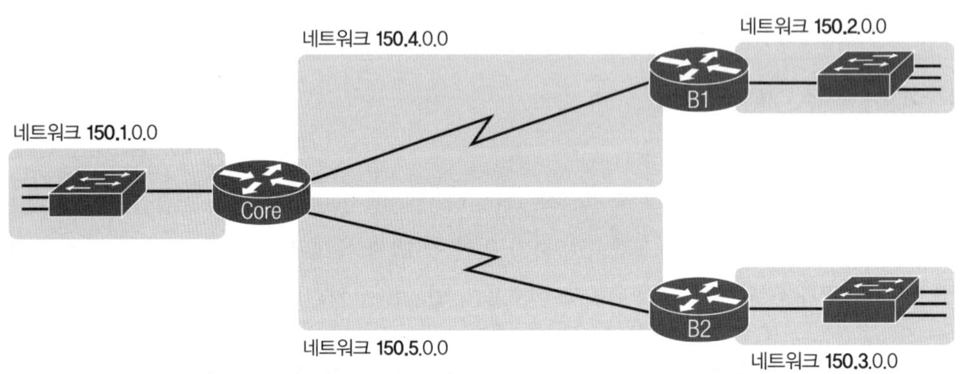

[그림 4-8] 다섯 개의 클래스 B 네트워크들을 사용한 예

[그림 4-8]의 설계는 모두 클래스 B에 속하는 다섯 그룹의 IP 주소가 필요하다. 구체적으로 세 개의 LAN들은 하나의 클래스 B 네트워크를 사용하고, 마찬가지로 두 개의 시리얼 링크도 클래스 B 네트워크를 사용한다.

[그림 4-8]은 각 클래스 B 네트워크가 각 LAN과 WAN에서 요구하는 것 이상인 $2^{16}-2$개의 호스트 주소를 가지기 때문에 다수의 IP 주소들을 낭비하게 된다. 예를 들어, 왼쪽의 이더넷은 150.1로 시작하는 65,534개의 IP 주소를 지원하는 전체 클래스 B 네트워크를 사용한다. 하지만 하나의 LAN은 수백 개 이상의 장치들을 포함하기 힘들기 때문에 클래스 B 네트워크 150.1.0.0에 속하는 대다수의 IP 주소들은 낭비될 것이다. 더 심한 낭비가 단지 두 개의 IP 주소만을 필요로 하는 포인트-투-포인트 시리얼 링크에서 발생한다.

[그림 4-9]는 오늘날의 보다 일반적인 설계로 기본적인 서브네팅을 적용하였다. 앞선 그림과 같이, 이 그림도 다섯 그룹의 주소들을 필요로 한다. 하지만 이 경우, 그림은 클래스 B 네트워크 150.9.0.0을 분할한 다섯 개의 서브넷들을 사용한다.

네트워크 엔지니어는 TCP/IP 인터네트워크에서 서브네팅을 위해 동일한 숫자를 가져야 하는 주소 영역을 선택해야 한다. 서브네팅은 상당한 유연성을 제공하지만, [그림 4-9]는 서브네팅의 가장 단순한 형태를 보여준다.

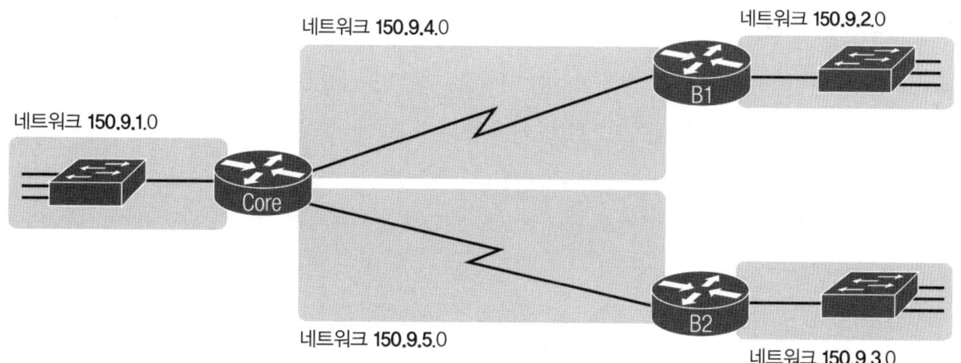

[그림 4-9] 앞의 그림과 동일한 구성에서 서브넷들을 적용함

이 경우에, 각 서브넷은 다음과 같이 첫 번째 세 옥텟에서 동일한 숫자로 시작하는 주소들을 포함한다:

- 150.9.1로 시작하는 254개의 주소들을 포함하는 하나의 그룹
- 150.9.2로 시작하는 254개의 주소들을 포함하는 하나의 그룹
- 150.9.3로 시작하는 254개의 주소들을 포함하는 하나의 그룹
- 150.9.4로 시작하는 254개의 주소들을 포함하는 하나의 그룹
- 150.9.5로 시작하는 254개의 주소들을 포함하는 하나의 그룹

서브네팅 적용의 결과로, 네트워크 엔지니어는 다수의 IP 주소들을 절약했다. 즉, 클래스 B 네트워크 150.9.0.0만 활용하였다. 각 서브넷은 각 LAN을 위한 주소로 충분하고, WAN 링크를 위해서는 그 이상인 254개의 주소들을 가진다.

요약해 보면, 이제 IP 주소 체계와 라우팅과의 관련성에 대해 일부지만 상세하게 알게 되었다. 각 호스트와 라우터 인터페이스는 IP 주소를 가질 것이다. 하지만 IP 주소들은 무작위로 선택되는 대신 라우팅 처리를 위해 함께 그룹화되어야 할 것이다. 주소들의 그룹은 전체 클래스 A, B 혹은 C 네트워크일 수도 있고 서브넷일수도 있다.

:: IPv4 라우팅

이 장의 첫번째 섹션에서('네트워크 계층 개요'), 두 PC와 세 라우터를 갖는 네트워크를 사용하여 IPv4 라우팅의 기본에 대해 학습했다. 더 많은 IP 주소 체계에 대한 지식으로 무장했으므로 이제 IP 라우팅 과정에 대해 좀더 자세히 들여다 볼 수 있다. 이 섹션은 출발 호스트의 단순한 두 영역의 라우팅 로직부터 시작하여 라우터의 마지막 목적지로 패킷을 보내기 위한 라우팅 방식을 다룬다.

IPv4 호스트 라우팅

호스트들은 패킷을 보낼 곳을 결정할 때, 실제로 단순한 라우팅 로직을 사용한다. 구성이 서브넷들을 사용한다고 가정할 때, 호스트가 적용하는 두 단계 로직은 다음과 같다.

단계 ① 목적지 IP 주소가 호스트와 동일한 IP 서브넷에 속하면, 패킷을 목적지 호스트에게 직접 보낸다.

단계 ② 그렇지 않다면, 패킷을 호스트의 디폴트 게이트웨이(또는 디폴트 라우터)에게 보낸다(라우터는 호스트와 동일한 서브넷에 연결된 인터페이스를 갖는다).

예를 들어, [그림 4-10]에서 왼쪽의 이더넷 LAN에 초점을 맞춰보자. PC1이 PC11 (150.9.1.11)에게 IP 패킷을 보낼 때, PC1은 먼저 서브네팅에 관련하여 어떤 식별 과정을 필요로 한다. PC1은 PC11(150.9.1.11)의 IP 주소가 PC1과 동일한 서브넷에 존재한다고 판단하기 때문에 PC1은 디폴트 라우터(Core, 150.9.1.1)를 무시하고, [그림 4-10]의 **단계①**과 같이 PC11에게 직접 패킷을 보낸다.

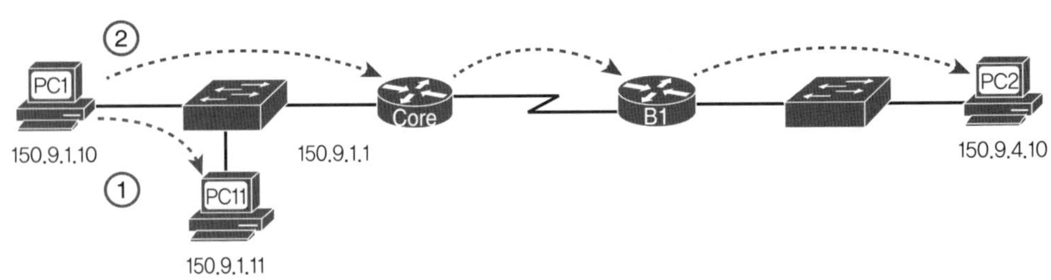

[그림 4-10] 호스트 라우팅: 동일 서브넷 내의 호스트에게 보내기

대신, PC1이 PC2(150.9.4.10)에게 패킷을 보낼 때, PC1은 서브네팅 계산과 동일한 과정을 사용하여 PC2가 PC1과 동일한 서브넷 상에 있지 않다는 것을 알게 된다. 따라서 PC1은 패킷을 PC2에게 라우팅할 디폴트 게이트웨이 150.9.1.1에게 패킷을 보낸다(**단계②**).

IP 라우팅 테이블과 라우팅

이 장에서 [그림 4-1]은 네트워크 계층의 라우팅 개념을 보여주었고, [그림 4-2]는 라우팅에 연관된 데이터 링크 인캡슐레이션 로직을 보여준다. 다음 주제는 한 패킷에 대한 세 라우터의 라우팅(포워딩)을 포함한 예를 사용하여 동일한 과정에 대해 좀더 자세하게 다룬다. 이 예를 보기 전에, 먼저 패킷 라우팅 방식에 대해 요약해보자.

라우터의 포워딩 로직 요약

먼저, 라우터가 라우터의 데이터 링크 주소를 향하는 데이터 링크 프레임을 수신하면, 라우터는 프레임의 내용을 처리해야 한다. 그러한 프레임이 도착하면 라우터는 데이터 링크 프레임에 다음 로직을 적용한다:

단계 ① 데이터가 오류를 확인하기 위해 데이터 링크 프레임의 FCS(Frame Check Sequence) 필드를 사용한다. 오류를 포함한다면, 프레임을 폐기한다.

단계 ② 프레임이 단계 1에서 폐기되지 않았다는 가정 하에 IP 패킷만 남겨두고 이전의 데이터 링크 헤더와 트레일러를 버린다.

단계 ③ IP 패킷의 목적지 IP 주소와 라우팅 테이블과 대조하여 목적지 주소에 상응하는 루트를 찾는다. 루트는 라우터의 송신(outgoing) 인터페이스와 가능하면 다음 라우터의 IP 주소를 보여준다.

단계 ④ 새로운 송신 인터페이스에 적합한 데이터 링크 헤더와 트레일러 내부에 IP 패킷을 캡슐화한 다음, 프레임을 내보낸다.

이러한 단계들을 통해 각 라우터는 데이터 링크 프레임 내부에 패킷을 캡슐화하여 다음 위치로 보낸다. 각 라우터가 이 과정을 되풀이하여 패킷이 마지막 목적지에 도착한다.

라우터 리스트의 모든 단계들 중 **단계 ③**은 라우팅 혹은 포워딩 단계다. 패킷 헤더 내의 목적지 IP 주소는 라우팅 테이블의 숫자와 조금 다른데, 라우팅 테이블에는 일반적으로 네트워크와 서브넷이 표시되기 때문이다. 라우팅 테이블 항목과의 일치를 위해 라우터는 다음과 같이 생각한다:

네트워크 번호들과 서브넷 번호들은 동일한 프리픽스로 시작하는 주소들의 그룹을 표시한다. 이러한 번호들을 주소들의 그룹들로 생각하면 된다. 이 그룹의 어디에 패킷의 목적지 주소가 포함될까?

다음 예는 라우팅 테이블과의 대조에 대한 구체적인 예를 보여준다.

상세한 라우팅 예

라우팅 예를 위해 [그림 4-11]을 보자. 이 예에서 모든 라우터들은 OSPF(Open Shortest Path First) 라우팅 프로토콜을 사용하고 모든 라우터들은 모든 서브넷들에 대한 루트들을 알고 있다. 특히 아래쪽의 PC2는 150.150.4로 시작하는 모든 주소들로 구성된 서브넷 150.150.4에 위치한다. 이 예에서 PC1은 150.150.4.10, PC2의 IP 주소에게 IP 패킷을 보낸다.

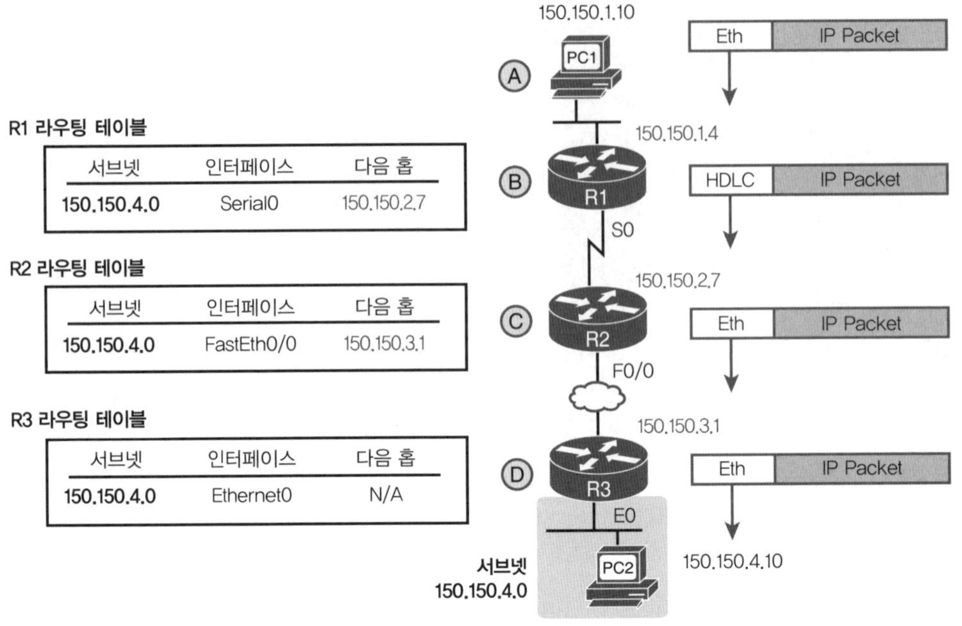

[그림 4-11] 서브넷 환경에서의 간단한 라우팅 예

> 📝 **NOTE** 라우팅 테이블에서 '서브넷 150.150.4.0'은 '150.150.4로 시작하는 모든 주소들'을 의미한다.

다음은 그림에서 각 단계의 포워딩 로직을 설명한다(이 설명은 앞에서 본 라우팅 로직의 **단계①**, **②**, **③**과 **④**에 대한 것이다).

단계 Ⓐ **PC1**은 디폴트 라우터에게 패킷을 보낸다. **PC1**은 먼저 PC2의 IP 주소(150.150.4.10)를 목적지 주소로 하는 IP 패킷을 만든다. PC1은 패킷을 **R1**(PC1의 디폴트 라우터)에게 패킷을 보내는데, 그 이유는 PC1이 목적지 주소와 상이한 서브넷에 속하기 때문이다. PC1은 R1의 이더넷 주소를 목적지 이더넷 주소로 하는 이더넷 프레임 내부에 IP 패킷을 끼워 넣고, 이더넷 상에 프레임을 보낸다.

단계 Ⓑ **R1**은 수신 프레임을 처리하고 **R2**에게 패킷을 보낸다. 수신 이더넷 프레임의 목적지 MAC은 R1의 이더넷 MAC이므로 **R1**은 처리를 위해 이더넷 프레임을 수신한다. **R1**은 프레임의 FCS를 확인하여 오류 여부를 점검한다(**단계①**). 다음으로 **R1**은 이더넷 헤더와 트레일러를 폐기한다(**단계②**). 다음으로 **R1**은 패킷의 목적지 주소(150.150.4.10)를 라우팅 테이블과 대조하여 서브넷 150.150.4.0에 대한 항목을 찾는다(**단계③**). 서브넷 150.150.4.0은 150.150.4.0에서 시작하여 150.150.4.255까지의 주소를 포함하기 때문이다. 목적지 주소가 이 그룹에 속하기 때문에, **R1**은 패킷을 HDLC(High-Level Data Link Contorl) 프레임에 캡슐화한 다음, 인터페이스 시리얼 0을 통해 다음 홉 라우터 **R2**(150.150.2.7)로 보낸다(**단계④**).

단계 Ⓒ **R2**는 수신 프레임을 처리하고 **R3**에게 패킷을 보낸다. **R2**는 R2가 HDLC 프레임을 수신할 때, R1과 동일한 일반적인 과정을 되풀이한다. 즉, **R2**는 FCS를 확인하여 오류 여부를 점검한다(**단계①**). 다음으로 R2는 HDLC 헤더와 트레일러를 폐기한다(**단계②**). 다음으로 R2는 서브넷 주소 범위, 150.150.4.0 ~ 150.150.4.255를 포함하는 150.150.4.0에 대한 루트를 찾고 해당 루트가 패킷의 목적지 주소 150.150.4.10에 상응한다는 것을 인식한다(**단계 ③**). 마지막으로 **R2**는 이더넷 헤더 내에 패킷을 캡슐화한 다음, 인터페이스 패스트 이더넷 0/0을 통해 다음 홉 라우터 R3(150.150.3.1)에게 보낸다(**단계 ④**).

단계 D R3는 수신 프레임을 처리하고, PC2에게 패킷을 보낸다. R1과 R2와 같이, R3는 FCS를 확인하고 이전의 데이터 링크 헤더와 트레일러를 버리고, 자신이 가진 루트인 서브넷 150.150.4.0에 일치한다는 것을 확인한다. 150.150.4.0에 대한 **R3**의 라우팅 테이블 항목은 송신 인터페이스가 **R3**의 이더넷 인터페이스임을 보여주지만 **R3**가 서브넷 150.150.4.0에 직접 연결되기 때문에 다음 홉 라우터는 존재하지 않는다. **R3**가 해야할 일은 **PC2**의 MAC 주소를 목적지 이더넷 주소로 하는 새로운 헤더와 트레일러 내부에 패킷을 캡슐화하여 프레임을 보내는 것뿐이다.

∷ IPv4 라우팅 프로토콜

라우팅(포워딩) 과정은 각 라우터의 정확하고 다이내믹한 IP 라우팅 테이블에 깊이 의존한다. 이 섹션은 라우팅 프로토콜의 목적, 라우팅 프로토콜이 루트들을 배우고 가르쳐 주는 방법들과 예를 통해 라우팅 프로토콜에 대한 또 다른 시각을 갖도록 한다.

먼저 라우팅 프로토콜의 동작 방식과 관련없이 라우팅 프로토콜의 목적을 생각해보자:

- 인터네트워크 내의 각 서브넷에 대한 루트를 다이내믹하게 학습하여 라우팅 테이블을 채운다.

- 한 서브넷에 대해 활용 가능한 하나 이상의 루트를 가지면, 라우팅 테이블에는 베스트 루트를 올린다.

- 라우팅 테이블의 루트가 더 이상 활용할 수 없다면, 라우팅 테이블에서 해당 정보를 삭제한다.

- 라우팅 테이블에서 루트가 삭제되고, 또 다른 이웃 라우터를 통하는 다른 루트가 존재하면, 해당 루트를 라우팅 테이블에 추가한다.

- 유실된 루트를 대체하는 시간 즉, 루트의 유실과 가용할 대체 루트의 발견 사이의 시간을 컨버전스(convergence) 타임이라 부른다.

- 라우팅 룹(loop)을 피하기 위해 사용한다.

라우팅 프로토콜들은 서로 라우팅 정보를 학습하기 위해 일부 동일한 아이디어를 사용한다. 물론, 각 라우팅 프로토콜은 상이하게 동작하지만, 하나 이상의 라우팅 프로토콜을 필요로 하지 않는다. 하지만 다수의 라우팅 프로토콜들은 루트 학습을 위한 일반적으로 다음과 같은 동일한 단계들을 사용한다:

예를 들어, [그림 4-12]는 [그림 4-11]과 동일한 샘플 네트워크를 보여주지만, 세 라우터가 서브넷 150.150.4.0에 대해 학습하는 방식에 초점을 맞춘다. 라우팅 프로토콜들은 그림에서 보여주는 것보다 많은 일을 한다. 이 그림은 그냥 서브넷 150.150.4.0에 대해 라우터가 학습한 방식에 초점을 맞춘 것이다.

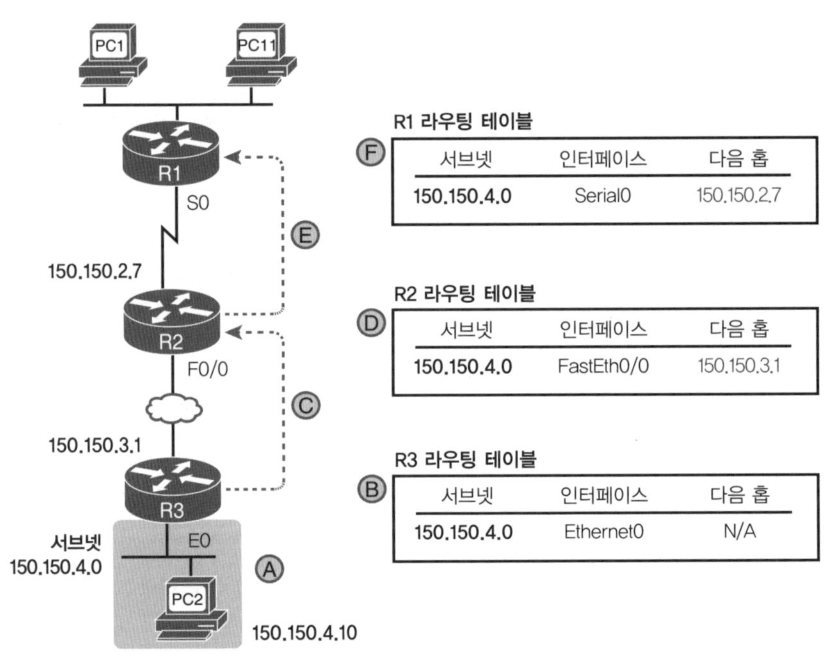

[그림 4-12] 라우터 R1의 서브넷 150.150.4.0에 대한 학습

각 라우터가 150.150.4.0에 대한 루트를 학습하는 방식을 보기 위해 [그림 4-12]의 Ⓐ에서 Ⓑ까지의 항목을 따라가 보자. **단계②**, ②와 ③에 대한 모든 참조 사항은 [그림 4-12]에 앞서 설명했다.

단계 ⓐ	R3에게 연결된 서브넷 150.150.4.0은 그림 아래쪽의 서브넷이다.
단계 ⓑ	R3는 IP 라우팅 테이블에 150.150.4.0에 대한 커넥티드 루트를 추가한다(단계 ①). 이것은 라우팅 프로토콜의 도움 없이 일어난다.
단계 ⓒ	R3는 R2에게 라우팅 업데이트(routing update)라 불리는 라우팅 프로토콜 메시지를 보낸다. 이것 때문에 R2는 서브넷 150.150.4.0에 대해 학습하게 된다(단계 ②).
단계 ⓓ	R2는 라우팅 테이블에 서브넷 150.150.4.0에 대한 루트를 추가한다(단계 ③).
단계 ⓔ	R2는 R1에게 동일한 라우팅 업데이트를 보낸다. 이것 때문에 R1은 서브넷 150.150.4.0에 대해 학습하게 된다(단계 ②).
단계 ⓕ	R1은 라우팅 테이블에 서브넷 150.150.4.0에 대한 루트를 추가한다(단계 ③). 이 루트는 R1 자신의 시리얼 0을 송신 인터페이스로, R2를 다음 홉 라우터의 IP 주소(150.150.2.7)로 한다.

19장 'RIPv2에 의한 IPv4 루트 학습'은 보다 자세하게 라우팅 프로토콜들을 다룬다.

이 장의 마지막 주요 섹션은 네트워크 계층이 패킷을 인터네트워크의 출발지에서 목적지로 보내는 방식에 관련된 몇 가지 추가적인 기능들을 소개한다.

∷ 기타 네트워크 계층 기능들

TCP/IP 네트워크 계층은 IPv4 프로토콜에서 정의하는 기능 이상의 다양한 기능들을 정의한다. 물론, IPv4가 IP 주소 체계와 IP 라우팅을 정의하여 오늘날 네트워킹에서 큰 역할을 한다. 하지만 기타 RFC(Requests For Comments)에서 정의하는 다른 프로토콜들과 표준들도 네트워크 계층 기능들을 위해 중요한 역할을 한다. 예를 들어, OSPF(Open Standard Path First)와 같은 라우팅 프로토콜은 별도의 RFC들에서 정의하는 독립된 프로토콜이다.

이 장의 마지막인 이 짧은 섹션은 이 책의 나머지를 읽을 때 도움이 되는 기타 네트워크 계층 기능들을 소개한다. 이 세 주제들은 이후에 다룰 내용에 대한 이해를 돕기 위해 몇 가지 관점들을 소개하고, 부족한 부분을 메워줄 것이다.

- DNS(Domain Name System)
- ARP(Address Resolution Protocol)
- Ping

이름과 DNS 이용하기

애플리케이션을 사용할 때, 다른 컴퓨터를 표시할 때, IP 주소를 사용하는 세상을 상상할 수 있을까? 그렇다면 Google.com 혹은 facebook.com과 같이 쉬운 이름 대신에 74.125.225.5와 같은 IP 주소를 기억하고 입력해야 할 것이다. 이것은 사용자 편의성을 상실하게 하고 사람들이 컴퓨터에서 멀어지게 하는 요인이 될 것이다.

다행히 TCP/IP는 다른 컴퓨터들을 식별하기 위해 호스트네임(hostname)을 사용하는 방식을 정의한다. 사용자는 다른 컴퓨터에 대해서 전혀 생각하지 않거나 아니면 이름만으로 구분한다. 다음으로 프로토콜은 이름에 기초한 통신을 위해 필요한 모든 정보를 다이내믹하게 발견한다.

예를 들어, 웹 브라우저를 열고 호스트네임 www.google.com을 입력하면, 컴퓨터는 www.google.com을 목적지 주소로 하는 패킷을 보내지 않는다. 대신 구글 웹 서버가 사용하는 IP 주소로 IP 패킷을 보낸다. TCP/IP는 표시된 호스트 네임이 사용하는 IP 주소를 찾는 방법이 필요한데, 이 방법으로 DNS(Domain Name System)를 사용한다.

기업들은 [그림 4-13]의 예와 같이, 이름들에 상응하는 IP 주소로 변환하기 위해 DNS 프로세스를 사용한다. 이 경우, 왼쪽의 PC11은 서버1이라 불리는 서버에 연결할 필요가 있다. 이 시점에서 사용자는 이름으로 Server1을 입력하고, PC11의 일부 애플리케이션은 이름으로 서버를 구분한다. **단계①**에서 PC11은 DNS 메시지 즉, DNS 쿼리를 DNS 서버에게 보낸다. **단계②**에서 DNS 서버는 서버1의 IP 주소를 포함하는 DNS 응답을 돌려 보낸다. **단계③**에서 이제 PC11은 서버1이 사용하는 주소 10.1.2.3을 목적지 주소로 하는 IP 패킷을 보낼 수 있다.

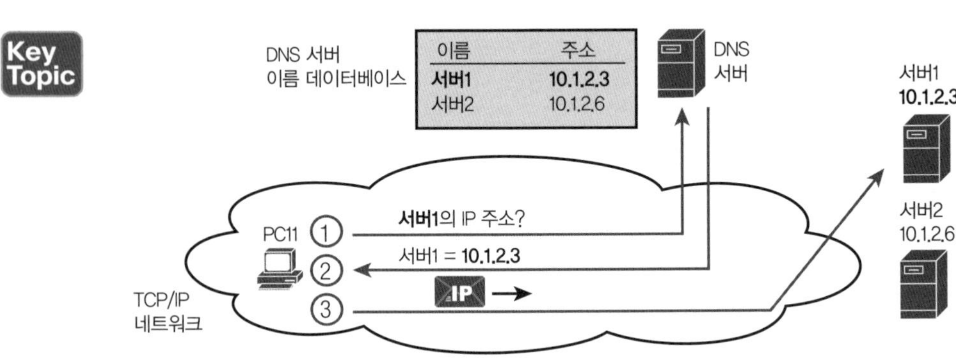

[그림 4-13] 기본적인 DNS 이름 변환을 위한 요청

[그림 4-13]에서 라우터를 포함한 네트워크의 상세 구성은 이름 변환 과정과 관련이 없으므로 TCP/IP 네트워크를 구름으로 표시하였다. 라우터는 DNS 메시지를 다른 IP 패킷과 동일하게 목적지 IP 주소에 기초하여 라우팅할 뿐이다. 예를 들어, **단계①**에서 DNS 쿼리는 목적지 주소로 DNS 서버의 IP 주소를 표시하는데 라우터들이 이 패킷을 전달할 것이다.

끝으로, DNS는 다수의 메시지들을 정의한다. DNS는 프로토콜뿐만 아니라 전 지구 범위에서 사용되는 문자 이름과 전 세계에 분산된 DNS 서버들의 집합에 대한 표준들을 정의한다. www.example.com과 같이 사람들이 웹 검색을 할 때 매일 사용하는 도메인 네임은 DNS 네이밍 표준을 따른다. 또한 하나의 DNS 서버가 모든 이름과 이에 상응하는 IP 주소를 알지 못하기 때문에 정보는 다수의 DNS 서버에 분산된다. 따라서 지구 상의 DNS 서버들은 DNS 쿼리를 교환하여 정답을 아는 서버가 원하는 IP 주소 정보를 제시할 수 있도록 서로 협동한다.

ARP(Address Resolution Protocol)

IP 라우팅 로직은 호스트와 라우터가 데이터 링크 계층 프레임 내부에 IP 패킷을 캡슐화하도록 한다. 사실, [그림 4-11]은 모든 라우터가 각 IP 패킷을 디-인캡슐레이션한 이후에 새로운 데이터 링크 프레임 내부에 IP 패킷을 인캡슐레이션하는 과정을 보여준다.

이더넷 LAN에서, 호스트 혹은 라우터가 새로운 이더넷 프레임 내부에 IP 패킷을 캡슐화할 필요가 있을 때는 언제나 호스트 혹은 라우터는 목적지 MAC 주소를 포함하여 해당 헤더를 만들기 위해 모든 중요한 항목들을 알아야 한다. 호스트는 그것이 다른 호스트의 IP 주소이든, 디폴트 라우터의 IP 주소이든 다음 장치의 IP 주소를 안다. 라우터는 IP 패킷을 라우팅할 때 사용하는 IP 루트를 아는데, IP 루트에는 다음 라우터의 IP 주소를 표시한다. 하지만, 호스트와 라우터는 그 전에 이웃 장치의 MAC 주소를 알지 못한다.

TCP/IP는 LAN에서 호스트 혹은 라우터가 동일한 LAN에서 다른 IP 호스트 혹은 라우터에 대한 MAC 주소를 다이내믹하게 학습할 수 있도록 하는 방법으로 ARP(Address Resolution Protocol)를 정의한다. ARP는 '이것이 당신의 IP 주소라면, 당신의 MAC 주소로 응답하시오'와 같이 간단한 응답을 요청하는 ARP 요청(request) 메시지를 포함하는 프로토콜이다. 또한 ARP는 원래의 IP 주소와 이에 상응하는 MAC 주소를 표시하는 ARP 응답(reply) 메시지를 정의한다.

[그림 4-14]는 [그림 4-11]의 아래 부분과 동일한 라우터와 호스트를 사용한다. 그림은 왼쪽에서 LAN 브로드캐스트인 ARP 요청을 보여주는데, 모든 호스트들은 이 프레임을 수신한다. 오른쪽 단계 2에서 호스트 PC2는 PC2의 MAC 주소를 표시하는 ARP 응답을 돌려 보낸다. 각 메시지 옆의 글자는 ARP 메시지 내부의 내용을 보여주는데, 이 메시지를 통해 R3은 PC2의 IP 주소와 상응하는 MAC 주소를, PC2도 R3의 IP 주소와 상응하는 MAC 주소를 알게 된다.

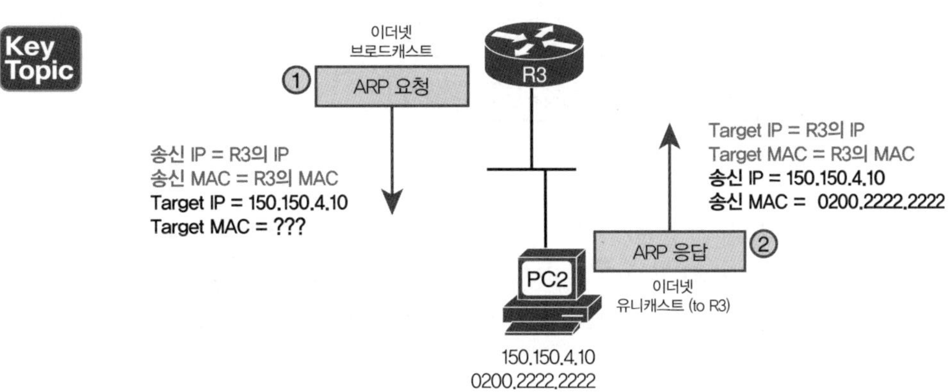

[그림 4-14] ARP의 목적과 프로세스

호스트들은 ARP의 결과를 ARP 캐시 혹은 ARP 테이블에 저장한다. 호스트 혹은 라우터는 처음으로 ARP 캐시를 만들 때에만 ARP를 사용한다. 호스트 혹은 라우터가 이더넷 프레임 내부에 캡슐화된 패킷을 보낼 필요가 있을 때는 언제나 정확한 IP 주소와 일치하는 MAC 주소를 찾기 위해 ARP 캐시를 확인한다. 호스트와 라우터는 ARP 캐시 항목들을 시간이 지나면 삭제하기 때문에 ARP 요청 프레임들은 자주 목격된다.

> **NOTE** PC OS(Operating System)의 명령어 프롬프트에서 arp −a 명령을 사용하면 대부분 ARP 캐시의 내용을 볼 수 있다.

ICMP 에코 및 ping 명령

TCP/IP 인터네트워크를 설치한 후에 동작하는 애플리케이션들에 의존하지 않고, 기본적인 IP 연결 여부를 점검하기 위한 방법이 필요하다. 기본적인 네트워크 연결을 점검하기 위한 주요 툴은 **ping** 명령이다.

ping(Packet Internet Groper)은 ICMP(Internet Control Message Protocol)에서 정의하는 ICMP 에코 요청(echo request)이라 불리는 메시지를 다른 IP 주소에게 보낸다. 해당 IP 주소를 갖는 컴퓨터는 ICMP 에코 응답(echo reply)을 돌려보낸다. 제대로 동작하면, 테스트의 결과는 성공적이라고 본다. 즉, 네트워크는 패킷을 한 호스트에서 다른 호스트로 보낼 수 있고, 반대로도 보낼 수도 있다는 것을 알게 되었다. ICMP는 어떤 애플리케이션에도 의존하지 않기 때문에 기본적인 IP 연결성 즉, OSI 모델의 1, 2와 3계층들을 테스트한다. [그림 4-15]는 이러한 기본적인 과정을 보여준다.

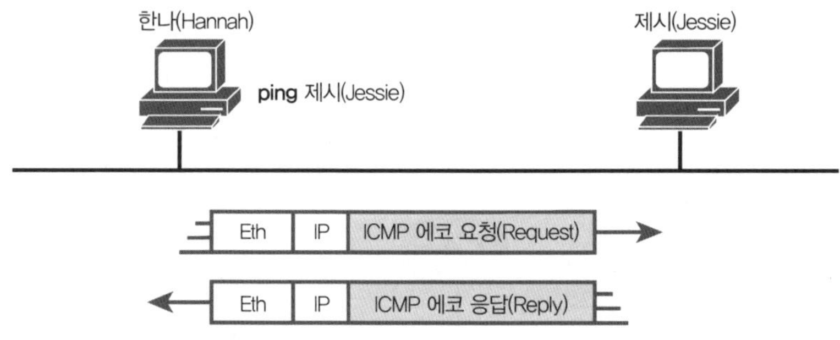

[그림 4-15] 샘플 네트워크, ping 명령

ping 명령은 ICMP를 사용하지만, ICMP는 보다 많은 것을 수행한다는 점에 유의해야 한다. ICMP는 장치들의 운용을 돕고 IP 네트워크를 제어하기 위해 사용 가능한 다수의 메시지들을 정의한다. 20장, 'DHCP와 호스트의 IP 네트워킹'은 ICMP의 ping에 대한 정보와 예를 보여준다.

 ## 챕터 리뷰

서론의 '당신의 학습 계획'은 학습 방법, 다음 장으로 이동하기 전에 각 장에 대한 내용과 기술을 연습하는 방법을 설명한다. 이 부분은 각 장의 끝에서 사용하는 도구들을 소개한다. 아직 시도해보지

않았다면, 이 섹션을 읽기 위해 몇 분을 투자하기 바란다. 다음으로 다시 여기로 돌아와 읽은 것을 기억 속에 저장하기 위해 이 장을 리뷰하기 바란다.

좋은 시험 결과를 위해서 리뷰 세션에 대한 복습이 중요하다. 책이나 DVD의 툴 혹은 책의 동반자 웹 사이트에서 찾을 수 있는 대화형 툴을 활용하여 이 장의 자료들을 리뷰하기 바란다. 특히, ' 단계 ② 챕터 위주의 학습 습관을 만들어라'라는 제목의 '당신의 학습 계획'을 참조하기 바란다. [표 4-7]은 핵심 리뷰 요소들과 출처들을 보여준다. 학습 과정에 대해 보다 나은 확인을 위해 두 번째 열에 이미 완료한 날짜를 기록하도록 한다.

리뷰 항목	완료 날짜	자료 출처
핵심 주제 리뷰		책, DVD/웹 사이트
핵심 용어 리뷰		책, DVD/웹 사이트
사전 점검 퀴즈 반복		책, PCPT
메모리 테이블 리뷰		책, DVD/웹 사이트

[표 4-7] 챕터 리뷰 확인

핵심 주제 복습

핵심 주제	설명	페이지
리스트	IP 주소들을 네트워크 혹은 서브넷으로 그룹화하는 방식에 대한 두 가지 설명	85
그림 4-6	IPv4 주소 공간의 분할	86
그림 4-7	클래스 A, B와 C 네트워크들의 크기	87
표 4-6	유니캐스트 IP 네트워크의 세 가지 유형과 네트워크의 크기와 네트워크 유형별 호스트 부분들	89
그림 4-9	서브네팅 동작 방식에 대한 개념적 시각	91
리스트	호스트가 패킷을 라우팅(포워딩)하는 2-단계 프로세스	92
리스트	라우터가 패킷을 라우팅(포워딩)하는 4-단계 프로세스	93
리스트	IP 라우팅 프로토콜들의 목적	95
그림 4-13	기본적인 DNS 이름 변환을 위한 요청	98
그림 4-14	ARP의 목적과 프로세스	99

[표 4-8] 4장의 핵심 주제들

핵심 용어

디폴트 라우터(default router, default gateway), 라우팅 테이블, IP 네트워크, IP 서브넷, IP 패킷, 라우팅 프로토콜, DDN(dotted-decimal notation), IPv4 주소, 유니캐스트 IP 주소, 서브네팅, 호스트네임, DNS, ARP, ping

Chapter 5
TCP/IP 트랜스포트와 애플리케이션 기초

이 장은 다음 시험 주제를 다룬다.

1.0 네트워크 기초

1.2 TCP와 UDP 프로토콜 비교

4.0 인프라스트럭처(Infrastructure) 서비스

4.1 DNS 동작 원리

CCENT와 CCNA Routing & Switching 시험은 TCP/IP의 IP 네트워크가 LAN과 WAN을 사용하는 호스트와 호스트 간의 IP 패킷 전송 방식과 관련된 보다 낮은 계층들의 기능에 중점을 둔다. 이 장은 시험과 관련이 적은 TCP/IP 트랜스포트와 TCP/IP 애플리케이션 계층의 기초에 대해 설명한다. 이러한 보다 높은 계층의 기능들은 실제 TCP/IP 네트워크에서 다양한 역할을 수행한다. 책의 나머지를 다루기 전에 이 역할에 대한 기본적인 이해는 LAN과 IP 라우팅에 대한 보다 깊이 있는 이해를 위해 필요하다.

이 장은 두 개의 트랜스포트 계층 프로토콜 즉, TCP(Transmission Control Protocol)와 UDP(User Datagram Protocol)의 기능들을 살펴봄으로써 시작한다. 이 장의 두 번째 섹션은 DNS(Domain Name System)의 이름에 대한 IP 주소 해결 서비스의 동작 원리를 포함하여 TCP/IP 애플리케이션 계층에 대해 살펴본다.

이 장의 학습을 위해 필요한 시간을 가늠하기 위해 다음 시험(이 페이지나 PCPT 소프트웨어를 사용 가능)을 보기 바란다. 정답은 퀴즈 다음 페이지의 아랫 부분에 나와 있고, 설명은 DVD 부록 C와 PCPT 소프트웨어에 있다.

핵심 주제 섹션	해당 문제
TCP/IP 4계층 프로토콜: TCP와 UDP	1-4
TCP/IP 애플리케이션	5-6

[표 5-1] 사전 점검 퀴즈의 핵심 주제와 문제

1. 다음 헤더 필드들 중 어떤 TCP/IP 애플리케이션이 컴퓨터로부터 데이터를 수신받은 것인지 식별하는 것은 무엇인가? (2개를 선택할 것)

    a. Ethernet 타입

    b. SNAP 프로토콜 타입

    c. IP 프로토콜

    d. TCP 포트 번호

    e. UDP 포트 번호

2. 다음 중 어떤 것이 TCP의 전형적인 기능들인가? (4개를 선택할 것)

    a. 플로 컨트롤(Flow control, windowing)

    b. 에러 복구(Error recovery)

    c. 포트 번호들을 통한 멀티플렉싱(Multiplexing)

    d. 라우팅

    e. 암호화

    f. 순서에 따른 데이터 전송

3. 다음 중 TCP와 UDP, 둘 다 수행할 수 있는 기능은?

    a. 윈도잉

    b. 에러 복구

    c. 포트 번호들을 통한 멀티플렉싱

    d. 라우팅

    e. 암호화

    f. 순서에 따른 데이터 전송

4. 1~3계층의 헤더와 트레일러를 포함하지 않은, 상위 계층에서 4계층으로 보낸 데이터와 함께 4계층 헤더를 포함하는 데이터를 무엇이라 부를까? (2개를 선택할 것)

   a. L3PDU

   b. 청크(Chunk)

   c. 세그먼트(Segment)

   d. 패킷(Packet)

   e. 프레임(Frame)

   f. L4PDU

5. URI, http://www.certskills.com/ICND1에서 어느 부분이 웹 서버를 식별하는가?

   a. http

   b. www.certskills.com

   c. certskills.com

   d. http://www.certskills.com

   e. 파일 이름.html이 호스트네임을 포함한다.

6. 프레드가 웹 브라우저를 열고 www.certskills.com 웹 사이트에 접속했다. 프레드의 웹 브라우저와 웹 서버 간에 발생하는 것으로 다음 중 어떤 것이 사실인가? (2개를 선택할 것)

   a. 서버에 보내는 메시지는 UDP 목적지 포트 80을 사용한다.

   b. 서버로부터 오는 메시지는 일반적으로 RTP를 사용한다.

   c. 클라이언트로 보내는 메시지는 일반적으로 출발지 포트 번호 80을 사용한다.

   d. 서버로 보내는 메시지는 일반적으로 TCP를 사용한다.

:: TCP/IP 4계층 프로토콜: TCP & UDP

OSI 전송 계층(4계층)은 여러 기능들을 정의하는데, 그중 가장 중요한 것은 에러 복구(error recovery)와 플로 컨트롤(flow control)이다. 마찬가지로 TCP/IP 트랜스포트 계층 프로토콜 역시 동일한 유형의 기능들을 수행한다. OSI 모델과 TCP/IP 모델은 둘 다 이 계층을 트랜스포트 계층이라 부른다는 것을 주목하기 바란다. 그러나 통상 TCP/IP 모델을 언급할 때, 계층의 이름과 번호는 OSI에 기초하여 정해지므로 TCP/IP 트랜스포트 계층 프로토콜은 4계층 프로토콜로 간주한다.

TCP와 UDP의 주요 차이점으로 TCP는 애플리케이션에 다양한 서비스를 제공하는 반면, UDP는 그렇게 하지 않는다. 예를 들어, 라우터는 비트 오류, 컨제스천(congestion)이나 정확한 목적지 정보를 갖지 못할 때 패킷을 버린다. 이미 학습한 대로 대부분의 데이터 링크 프로토콜들은 오류 탐지 프로스세스에 의해 오류를 보고하고 오류를 가진 프레임을 버릴 뿐이다. TCP는 재전송(오류 복구)을 하고 컨제스천을 피하는(플로 컨트롤) 반면, UDP는 그렇게 하진 않는다. 결과적으로 많은 애플리케이션 프로토콜은 TCP를 선택한다.

그러나 이러한 부족한 서비스 때문에 UDP를 TCP보다 더 나쁜 프로토콜이라 생각하면 안된다. 적은 서비스를 제공함으로써 UDP 헤더는 TCP에 비해 작은 바이트를 가지므로 네트워크에서 오버헤드를 줄인다. UDP 소프트웨어는 데이터 전송 과정을 지연하지 않는 대신, TCP는 컨트롤 패킷을 받아야 보낼 수 있어 지연이 발생한다. 또한 일부 애플리케이션 특히, 보이스 오브 아이피(VoIP, Voice of IP) 및 비디오 오브 아이피(Video over IP)는 오류 복구 기능을 필요로 하지 않아 UDP를 사용한다. 그러므로 UDP는 TCP/IP 네트워크에서 중요한 위치를 차지하고 있다.

[표 5-2]는 TCP/UDP에서 지원하는 주요 기능을 나열한다. 표에서 첫 번째 항목만 UDP가 지원하는 기능인데 반해 TCP는 표에 나열한 모든 기능들을 지원한다.

기능	설명
포트 번호에 의한 멀티플렉싱	수신 호스트가 포트 번호에 기초하여 데이터가 향하는 애플리케이션을 구분하도록 하는 기능(UDP도 지원)
에러 복구 (신뢰성 제공, reliability)	순서(Sequence)와 확인(Acknowledgment) 헤더 필드를 사용하는 수신 확인 기능
윈도를 통한 플로 컨트롤 (Flow control using windowing)	윈도 크기를 사용하여 버퍼 공간을 보호하고 라우팅 장치의 트래픽 과잉을 방지함.
커넥션 설정 및 종결	포트 번호, 순서(Sequence), 확인(Acknowledgment) 필드를 초기화하기 위한 과정
순차적 데이터 전송과 데이터 분할	전송 시에는 상위 계층의 프로세스의 연속적인 바이트 열을 '분할하고(segmented)', 수신 시에는 순서에 맞게 바이트를 '정렬하여' 상위 계층의 프로세스로 전달함.

[표 5-2] TCP/IP 트랜스포트 계층 기능

다음으로 이 섹션은 TCP의 기능들을 설명하고, UDP와의 짧은 비교가 뒤따른다.

TCP(Transmission Control Protocol)

각 TCP/IP 애플리케이션은 요구 사항에 따라 TCP 혹은 UDP를 선택할 수 있다. 예를 들어, TCP는 오류 복구 기능을 제공하지만, 그 기능을 위해 더 많은 대역폭을 소비하고 더 많은 CPU 프로세스를 거쳐야 한다. UDP는 오류 복구를 수행하지 않지만 대역폭을 덜 소비하고 보다 적은 CPU 프로세스를 거치도록 한다. 애플리케이션이 두 TCP/IP 트랜스포트 계층 프로토콜 중 무엇을 선택하든 각 트랜스포트 계층 프로토콜의 기본적인 동작 방식을 이해해야 한다.

TCP는 RFC(Request For Comments) 793에서 정의한 대로, 엔드포인트 컴퓨터에서 [표 5-2]에 나열된 기능을 수행한다. TCP 및 UDP는 4계층 프로토콜로 중간에 거치는 라우터(3계층 장치) 또는 스위치(2계층 장치)와 무관하다. TCP는 라우팅을 포함하여 엔드 투 엔드 장치 간의 데이터 전송을 위해 IP에 의존한다. 즉, TCP는 애플리케이션 간에 데이터를 전송하기 위해 필요한 일부 기능만 수행한다. TCP의 역할은 엔드포인트 컴퓨터의 애플리케이션을 위해 서비스를 제공하는 것이다. 두 컴퓨터가 동일 네트워크에 있든, 인터넷을 사이에 두고 분리되어 있든 TCP는 같은 방식으로 그 기능을 수행한다.

[그림 5-1]은 TCP 헤더의 필드들을 보여준다. 필드들의 이름과 위치를 기억할 필요는 없으나 전체 헤더는 참조를 위해 여기서 소개하고 나머지 몇몇 필드들은 나중에 설명하기로 한다.

4Bytes

출발지 포트(Source Port)		목적지 포트(Destination Port)	
순서 번호(Sequence Number)			
확인 번호(Acknowledgement Number)			
Offset	Reserved	Flag Bits	윈도(Window)
체크섬(Checksum)		긴급 데이터(Urgent)	

[그림 5-1] TCP 헤더 필드

TCP가 생성한 애플리케이션 데이터 앞에 TCP 헤더를 붙인 메시지를 TCP 세그먼트(segment)라 부른다. 또한 보다 일반적인 용어인 L4PDU, 4계층 PDU라 부르기도 한다.

사전 점검 퀴즈 정답

1 D, E **2** A, B, C, F **3** C **4** C, F **5** B **6** C, D

TCP 포트 번호들을 통한 멀티플렉싱(Multiplexing)

TCP와 UDP는 둘 다 다중화(multiplexing)라는 개념을 사용한다. 이 섹션은 TCP와 UDP의 다중화에 대한 설명과 함께 시작된다. 그후, TCP의 독특한 기능을 탐구할 것이다.

TCP 및 UDP에 의한 다중화는 데이터를 수신할 때의 컴퓨터의 처리 방식을 말한다. 컴퓨터는 웹 브라우저, 이메일 패키지 또는 인터넷 VoIP 애플리케이션(예, Skype)과 같은 다수의 애플리케이션들을 실행할 수 있다. TCP 및 UDP의 다중화 기능은 수신 컴퓨터에게 어느 애플리케이션이 수신 데이터를 제공하는지를 알려준다.

예를 들어, 다중화에 대한 필요성을 구체적으로 알아보자. 먼저, 한나와 제시라는 이름을 가진 두 컴퓨터의 네트워크를 살펴본다. 한나는 제시의 스크린에 표시되는 광고를 보내기 위해 만든 애플리케이션을 사용한다. 이 애플리케이션은 제시에게 10초마다 새로운 광고를 보낸다. 한나는 제시에게 송금하기 위한 두 번째 애플리케이션을 사용한다. 마지막으로 한나는 제시의 PC에서 실행되는 웹 서버에 접속하기 위한 웹 브라우저를 사용한다. 광고 및 송금 애플리케이션은 이 예를 위해서만 존재하는 가상적인 것이지만, 웹 애플리케이션은 현실적으로 존재한다.

[그림 5-2]는 다음 3개의 애플리케이션을 실행시킨 제시를 포함한 네트워크 사례를 보여준다:

- UDP 기반의 광고 애플리케이션
- TCP 기반의 송금 애플리케이션
- TCP 웹 서버 애플리케이션

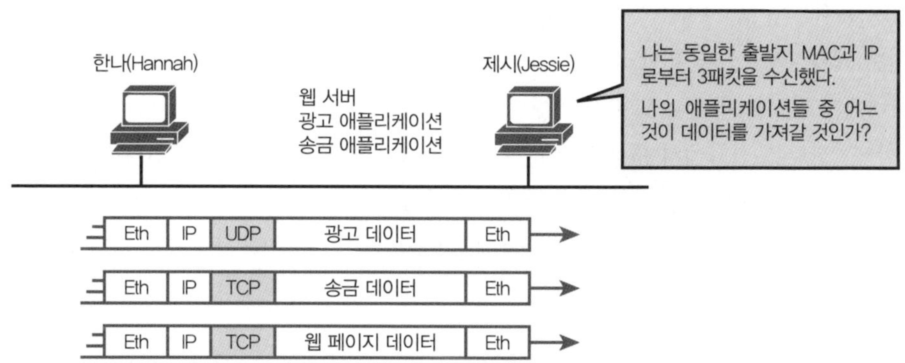

[그림 5-2] 제시에게 3개의 애플리케이션 데이터를 보내는 한나

제시는 데이터를 어느 애플리케이션에게 보내야할지를 구분할 필요가 있다. 그런데 세 패킷들은 같은 이더넷과 IP 주소로부터 출발했다. 패킷이 TCP 또는 UDP 중 무엇에 속하는가로 제시가 구분할 것이라 생각할 수도 있지만, 그림에서 보듯 두 개의 애플리케이션(송금과 웹)이 TCP를 사용하고 있다.

TCP 및 UDP는 이 문제를 포트 번호(port number) 필드로 해결한다. 하나의 TCP 및 UDP

세그먼트들은 상이한 목적지 포트 번호(destination port number)를 사용하여 [그림 5-3]의 예와 같이 제시가 받은 데이터가 어느 애플리케이션에 속하는지를 알도록 한다.

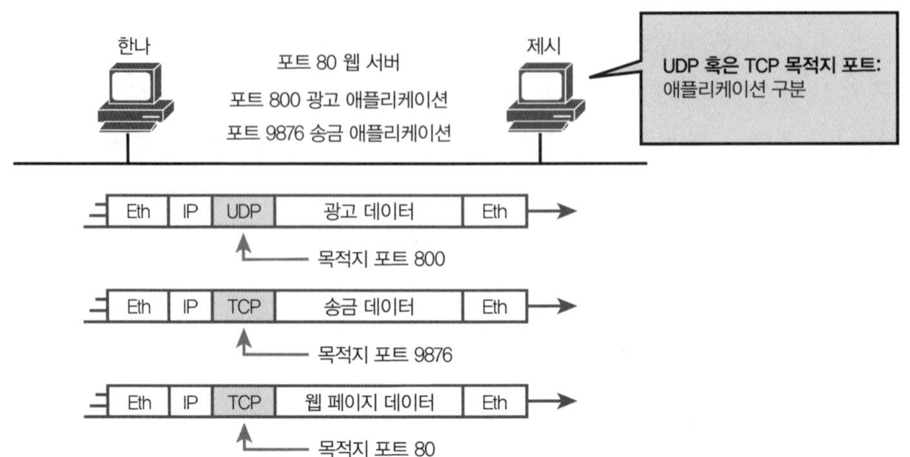

[그림 5-3] 제시에게 멀티플렉싱을 위해 포트 번호를 사용하여 세 개의 애플리케이션에 속하는 패킷을 보내는 한나

다중화는 소켓(socket)을 사용하여 제공된다. 소켓은 세 가지로 구성된다:

- IP 주소
- 트랜스포트 프로토콜
- 포트 번호

즉, 기본적으로 웹 서버는 웰노운 포트(well-known port) 번호 80을 사용하기 때문에 제시의 웹 서버 애플리케이션을 위한 소켓은 '10.1.1.2, TCP, port 80'이 된다. 한나의 웹 브라우저가 웹 서버에게 연결할 때 한나도 소켓(예를 들어, (10.1.1.1, TCP, 1030))을 사용한다. 이때 왜 1030을 사용할까? 한나는 한나에서 구동될 고유의 포트 번호가 필요하다. 그래서 한나는 1030이 사용 가능하다는 것을 확인한 후 그것을 적용했다. 실제로 호스트들은 1024 미만의 포트들은 잘 알려진 애플리케이션을 위해 선점되었기 때문에 1024 이상의 번호(dynamic port numbers)를 무작위로 선택한다.

[그림 5-3]에서 한나와 제시는 동시에 세 개의 애플리케이션을 사용한다. 따라서 세 개의 소켓 커넥션들이 열린다. 단일 컴퓨터 상에서 소켓 번호는 유일하기 때문에, 두 소켓 사이의 커넥션은 두 컴퓨터 간의 커넥션들에서 구분될 수 있다. 이 유일함 때문에 동시에 다수의 애플리케이션들을 사용할 수 있다. 즉, 같은 혹은 다른 컴퓨터들에서 실행되는 다수의 애플리케이션들에게 데이터를 보낼 수 있다. 소켓 기반의 다중화는 데이터가 정확한 애플리케이션에게 보내지도록 보장한다. [그림 5-4]는 한나와 제시 간의 3개의 소켓 커넥션을 보여준다.

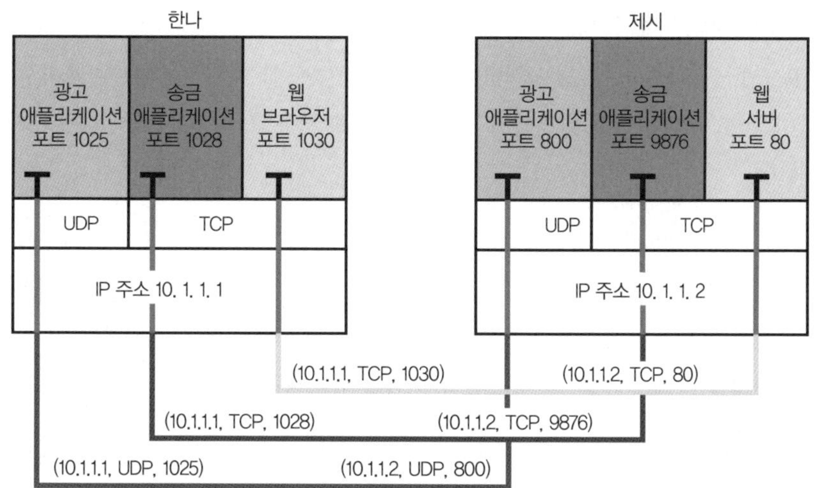

[그림 5-4] 소켓들 간의 커넥션들

포트 번호는 소켓 개념의 중요 부분이다. 웰노운 포트 번호는 서버에 의해 사용된다. 다른 포트 번호는 클라이언트에 의해 사용된다. FTP, 텔넷 및 웹 서버 같은 서비스를 제공하는 애플리케이션들은 웰노운 포트를 사용하여 소켓을 열고 커넥션 요청을 기다린다. 이러한 클라이언트의 커넥션 요청은 출발지 및 목적지 포트 번호를 포함하기 때문에 서버가 사용하는 포트 번호들은 모든 클라이언트들이 이미 알고 있는 것이어야 한다. 따라서 각 서비스는 고유의 웰노운 포트 번호를 사용한다. 웰노운 포트들은 www.iana.org/assignments/service-names-port-numbers/service-name-port-numbers.txt에 나와 있다.

연결 요청 패킷이 출발하는 클라이언트 장치는 사용되지 않는 포트 번호를 할당한다. 동일 호스트 상의 각 클라이언트는 상이한 포트 번호를 사용하지만, 서버는 모든 커넥션들에 대해 동일한 포트 번호를 사용한다. 예를 들어, 동일 호스트 컴퓨터 상의 100개의 웹 브라우저로 하나의 웹 서버에게 각각 연결할 수 있지만, 100개의 클라이언트가 연결된 웹 서버는 단지 하나의 소켓(이 경우, 포트 80)만 연다. 서버는 수신한 세그먼트의 출발지 포트(클라이언트가 선택한 포트)를 보고 100개의 클라이언트들 중 어디에서 패킷이 출발하였는지를 알려준다. 서버는 목적지 포트 자리에 원래의 출발지 포트(클라이언트가 선택한 포트)를 입력하여 데이터를 보냄으로써 정확한 웹 클라이언트(브라우저)에게 데이터를 보낼 수 있다. 출발지 및 목적지 소켓의 조합을 통해 모든 호스트들로 하여금 데이터의 출발지와 목적지를 구분하도록 한다. 사례는 100개의 TCP 커넥션을 사용하여 설명하는 것이지만 동일한 포트 번호 개념이 UDP 세션에서도 같은 방식으로 적용된다.

NOTE www.rfc-editor.org/rfc/rfcxxxx.txt(xxx는 RFC 번호)에서 모든 RFC들을 찾을 수 있다. RFC 번호를 모르면 www.rfc-editor.org에서 검색할 수 있다

유명한 TCP/IP 애플리케이션들

CCNA Routing & Switching 시험을 준비하면서, 다양한 TCP/IP 애플리케이션들을 이해해야 한다. 적어도 네트워크를 관리하고 제어하기 위해 사용될 수 있는 일부 애플리케이션들을 숙지해야 한다.

WWW(World Wide Web) 애플리케이션은 웹 브라우저를 통해 웹 서버의 컨텐츠에 접속하기 위한 것이다. WWW를 최종 사용자용 애플리케이션으로 간주할 수 있겠지만, 실제로 라우터와 스위치를 관리하기 위해 WWW를 사용할 수 있다. 라우터 혹은 스위치에 웹 서버 기능을 활성화하고 브라우저를 통해 라우터 혹은 스위치에 접속할 수 있다.

DNS(Domain Name System)는 이름에 상응하는 IP 주소를 찾도록 함으로써 사용자에게 컴퓨터들을 표시할 때 이름을 사용할 수 있게 한다. DNS는 또한 클라이언트/서버 모델을 사용하는데, DNS 서버는 네트워킹 관리자에 의해 제어되고, DNS 클라이언트는 오늘날 TCP/IP를 사용하는 대부분의 장치에 포함되는 기능이다. 클라이언트는 주어진 이름에 상응하는 IP 주소를 얻기 위해 DNS 서버에게 묻는다.

SNMP(Simple Network Management Protocol)는 구체적으로 네트워크 장치 관리를 위해 사용하는 애플리케이션 계층 프로토콜이다. 예를 들어, 시스코는 시스코 프라임 네트워크 관리 소프트웨어 패밀리에 속하는 광범위한 네트워크 관리 제품들을 공급한다. SNMP는 네트워크 동작에 대한 정보를 묻고, 변환하고, 저장하고, 보여주기 위해 사용한다. 네트워크 장치들에게 상태 정보를 묻기 위해, 시스코 프라임 소프트웨어는 SNMP 프로토콜을 사용한다.

전통적으로 라우터 혹은 스위치와 파일들을 교환하기 위해, 시스코는 TFTP(Trivial File Transfer Protocol)를 사용했다. TFTP는 기본적인(그래서 trivial(평범한)이란 단어를 사용함) 파일 전송을 위한 프로토콜이다. 대신, 라우터와 스위치는 파일을 전달하기 위해 보다 많은 기능을 포함한 프로토콜인 FTP(File Transfer Protocol)를 사용할 수 있다. 둘 다 시스코 장치들과 파일을 적정하게 교환한다. FTP가 보다 많은 기능을 제공하므로 일반적인 최종 사용자들을 위해서는 보다 나은 선택이 된다. TFTP 클라이언트와 서버 애플리케이션은 매우 간단하여 네트워킹 장치들에 내장된 툴로 사용된다.

이러한 애플리케이션들 중 일부는 TCP를 사용하고, 일부는 UDP를 사용한다. 예를 들어, 메일 전송을 위해 사용하는 SMTP(Simple Mail Transfer Protocol)와 POP3(Post Office Protocol version 3)는 전송의 보장을 요구하기 때문에 TCP를 사용한다.

트랜스포트 계층 프로토콜이 무엇이든 상관없이, 애플리케이션들은 잘알려진 포트 번호를 사용하여 클라이언트들은 연결을 시도할 때 어떤 포트를 사용할지를 알고 있다. [표 5-3]은 몇 가지 유명한 애플리케이션들과 웰노운 포트 번호들을 소개한다.

포트 번호	프로토콜	애플리케이션
20	TCP	FTP data
21	TCP	FTP control
22	TCP	SSH
23	TCP	Telnet
25	TCP	SMTP
53	UDP, TCP[4]	DNS
67	UDP	DHCP Server
68	UDP	DHCP Client
69	UDP	TFTP
80	TCP	HTTP(WWW)
110	TCP	POP3
161	UDP	SNMP
443	TCP	SSL
514	UDP	Syslog

[표 5-3] 유명한 애플리케이션들과 웰노운 포트 번호들

커넥션 설정(Establishment) 및 해제(Termination)

TCP 커넥션 설정은 다른 TCP 기능들이 작동하기 전에 발생한다. 커넥션 설정은 초기화 과정과 사용된 포트 넘버에 대한 동의, 해당 필드에 대한 확인 등을 포함한다. [그림 5-5]는 커넥션 설정의 과정을 보여주는 예이다.

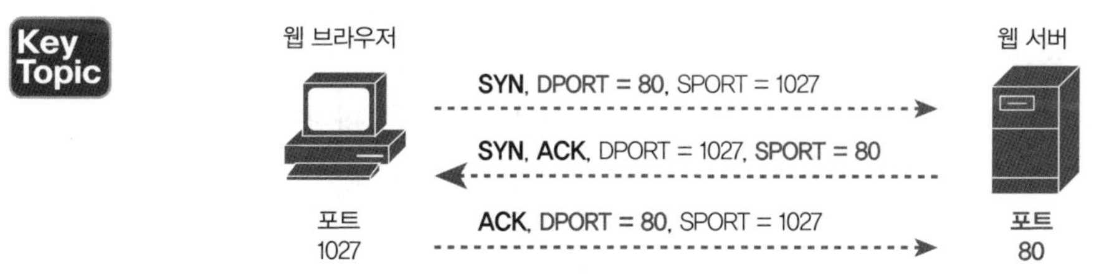

[그림 5-5] TCP 커넥션 설정

3단계의 커넥션 설정(three-way connection establishment, three-way handshake라고도 함) 과정은 데이터 전송 전에 완료해야 한다. 두 소켓 사이의 커넥션을 위해 TCP 헤더는 하나의 소켓 필드를 사용하지 않는다. 소켓의 세 필드 중에서 IP 주소들은 IP 헤더에 포함된 출발지 및 목적지 IP 주소를 의미한다. TCP는 TCP 헤더가 사용중이라면 IP 헤더의 프로토콜 필드 값에 의해 지정된 것이다. 마지막으로 TCP 헤더에 표시할 필요가 있는 소켓 부분은 포트 번호다.

즉 TCP는 TCP 헤더의 플래그 필드 내부의 2비트들을 사용하여 커넥션 설정 부호로 사용

---

[4] DNS는 인스턴스별로 TCP와 UDP를 사용한다. DNS는 TCP와 UDP 양쪽 모두에 대해 포트 53을 사용한다.

한다. 즉, SYN과 ACK 플래그 비트는 TCP 설정을 위해 필요한 SYN은 순서 번호(sequence numbers)를 동기화한다(synchronize).

[그림 5-6]은 TCP 커넥션 해제 과정을 보여준다. 이 4단계 설정 해제(four-way termination) 순서는 간단하고 FIN('finished'의 의미를 가짐) 비트라 불리는 추가 플래그를 사용한다. 하나의 흥미로운 것은 오른쪽에 있는 PC가 세 번째 TCP 세그먼트를 보내기 전에 TCP는 애플리케이션에게 커넥션을 해제중이라는 것을 알리고 나서 애플리케이션으로부터 승인을 기다린다. 애플리케이션의 승인이 늦어져도 오른쪽의 PC는 또 다른 PC가 커넥션을 해제하기를 원하는 것을 승인하는 그림의 두 번째 플로를 보낸다. 그렇지 않다면, 왼쪽의 PC는 첫번째 세그먼트를 반복적으로 보낼 수도 있다.

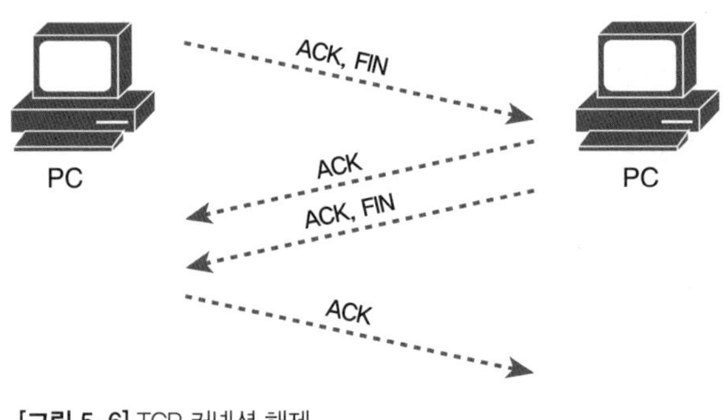

[그림 5-6] TCP 커넥션 해제

TCP는 엔드포인트들 간에 커넥션을 설정하고 해제한다. 반면에 UDP는 이것을 사용하지 않는다. 많은 프로토콜들이 비슷하게 동작하는데 각각의 개념과 관련하여 커넥션 오리엔티드(connection-oriented)와 커넥션리스(connectionless)라는 용어가 사용된다. 이러한 용어는 보다 공식적으로 다음과 같이 정의된다.

- 커넥션 오리엔티드 프로토콜(Connection-oriented protocol): 데이터 전송 전에 메시지의 교환이나 두 단말 간의 미리 설정한 상호 관계를 필요로 하는 프로토콜.
- 커넥션리스 프로토콜(Connectionless protocol): 데이터 전송 전에 메시지의 교환이나 두 단말 간의 미리 설정되는 상호 관계를 요구하지 않는 프로토콜.

에러 복구(Error Recovery)와 신뢰성(Reliability)

TCP는 신뢰성 있는 데이터 전송이란 특성을 제공한다. 이 특성을 신뢰성(reliability) 또는 오류 복구(error recovery)라고도 한다. 신뢰성을 확보하기 위해 TCP는 TCP 헤더 내에 순서(Sequence)와 확인(Acknowledgment) 필드에 바이트 단위의 번호를 매긴다. TCP는 한 방향에서 순서 번호(Sequence Number) 필드를 사용하고, 반대 방향에서 순서 번호 필드와 연결되는 확인 번호(Acknowledgment Number) 필드를 사용하여 신뢰성을 보장한다.

[그림 5-7]은 PC가 TCP 순서 번호 및 확인 번호 필드를 이용하여 데이터의 수신을 확인해 주는 서버에게 3,000바이트를 보내는 과정을 보여 준다. 그림에서 TCP 세그먼트는 위에서 아래로 순서대로 생성된다. 단순한 설명을 위해 TCP 세그먼트의 데이터 부분에 1,000바이트의 데이터를 가진다고 가정한다. 첫 번째 순서 번호는 1000이다. 그림 상단의 3세그먼트들을 보여주는데 각 순서 번호는 앞선 순서 번호보다 1,000씩 증가하고 있다(가령, 이 예에서 첫 번째 세그먼트는 1,000~1,999바이트를 포함하고, 두 번째 세그먼트는 2,000~2,999바이트를 포함하고, 세 번째 세그먼트는 3,000~3,999바이트를 포함한다).

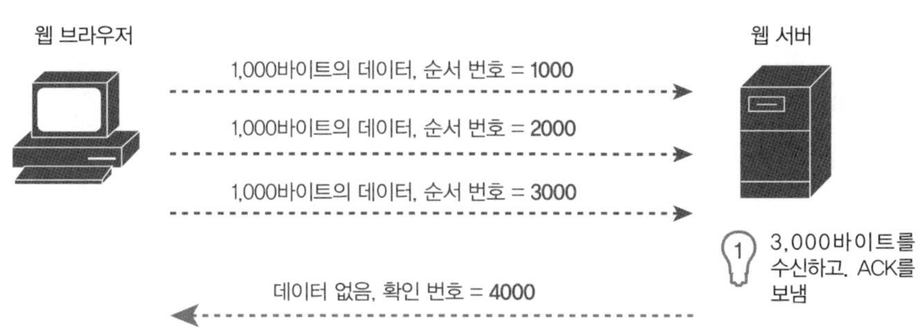

[그림 5-7] 오류 없는 TCP 확인(Acknowledgment) 과정

그림의 서버에서 웹 브라우저로 보내는 단 하나의 메시지인 네 번째 TCP 세그먼트는 앞선 세 개의 세그먼트들에 대한 수신을 확인한다. 어떻게? 4000이라는 확인 번호는 '나는 4,000 미만의 순서 번호들을 가진 모든 데이터들을 수신했다. 그래서 나는 다음으로 당신이 가진 4,000번째 바이트를 수신할 준비가 되었다'는 것을 의미한다(마지막으로 수신한 바이트의 숫자보다는 다음으로 기대하는 바이트를 표시하는 확인 방식을 전방 확인(forward acknowledgment)이라고 한다).

[그림 5-7] 예는 오류로부터 복구 과정을 포함하지 않지만, 수신 호스트가 수신 데이터에 대해 순서 번호와 전방 확인 방식으로 확인(ACK) 세그먼트를 보내 송신 호스트에게 확인시켜 주는 방식을 간단하게 보여준다. 보다 흥미로운 주제는 동일한 툴을 사용하여 에러 복구를 수행하는 과정이다. TCP는 수신 호스트가 데이터 유실을 감지하면 송신 호스트에게 재전송을 요청하고, 재전송이 완료되면 확인(ACK) 세그먼트를 보내기 위해 순서 번호(sequence)와 확인 번호(acknowledgment) 필드를 사용한다.

많은 변형이 TCP 오류 복구 과정에 존재한다. [그림 5-8]은 앞선 그림과 비교할 때 매우 유사한 예다. 웹 브라우저가 각 1,000바이트로 구성된 3개의 TCP 세그먼트들을 보낸다. 그러나 이 예에서 두 번째 TCP 세그먼트는 네트워크를 통과하는 데 실패했다.

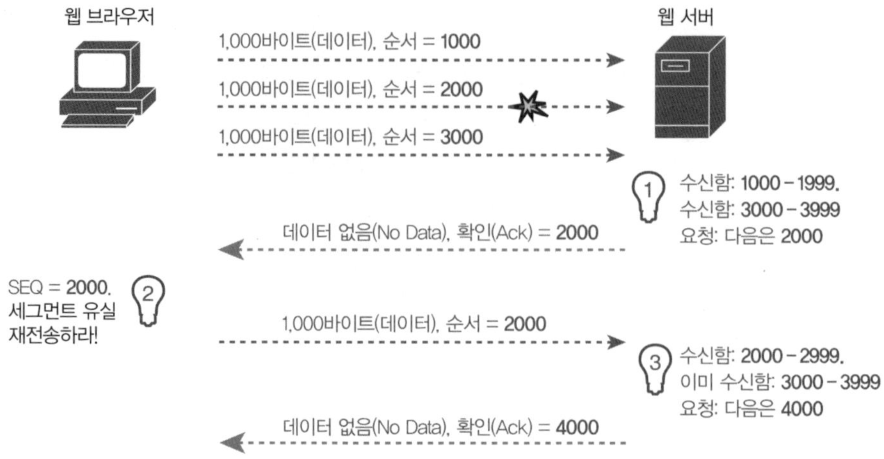

[그림 5-8] 오류 있는 TCP 확인(Acknowledgment) 과정

이 그림은 두 호스트가 생각하는 방식 중 세 가지를 보여준다. 첫째, 오른쪽에서 서버는 모든 데이터를 수신하지 않았음을 인식한다. 수신한 TCP 세그먼트는 바이트 번호 1000~1999와 3000~3999를 수신했다. 그러나 서버는 2000~2999 범위의 바이트들을 포함하는 데이터를 수신하지 못했다. 서버는 데이터가 유실됨에 따라 수신 데이터에 대한 확인을 보내는데 즉, 확인 (ACK) 번호 2000을 가진 세그먼트를 보낸다.

지금까지 보낸 모든 데이터에 대한 확인(1000~3999)이 아닌 다른 확인(2000~2999)을 받은 송신 호스트는 데이터를 재전송한다. 왼쪽의 PC는 다른 확인이 도착할 때까지 몇 분 기다릴 수도 있지만(재전송 타이머(retransmission timer)라 불리는 타이머를 사용하여), 서버가 의미하는 즉, '나는 다음으로 2000이 필요하다, 그것을 재전송하라'를 이해하고 해당 범위의 데이터를 재전송한다. 그 동작은 그림 속의 여섯 개의 TCP 세그먼트들에서 보이는 바와 같다.

마지막으로 서버는 재전송된 데이터뿐만 아니라, 정확하게 수신된 앞선 데이터를 확인할 수 있다. 즉, 서버는 재전송된 두 번째 TCP 세그먼트(순서 번호 2000~2099를 가진 데이터)를 수신했지만, 세 번째 TCP 세그먼트(순서 번호 3000~3099를 가진 데이터)역시 이미 수신했다. 서버의 다음 확인(ACK) 필드는 이러한 이미 수신한 세그먼트들의 수신 확인을 위해 확인 번호 4000을 보낸다.

윈도잉(Windowing)을 통한 플로 컨트롤

TCP는 한 시점에 처리되지 않은 채 확인(ACK)을 기다릴 수 있는 데이터의 양이라는 윈도 개념을 사용하여 '플로 컨트롤'을 수행한다. 윈도 개념은 수신 호스트가 송신자에게 지금 현재 수신 가능한 데이터의 양을 알려주는데 이것 때문에 송신 호스트의 속도를 낮추기도 하고, 높이기도 한다. 이것은 송신자의 윈도 크기를 넓히거나 좁힐 수도 있어서 슬라이딩 윈도우 혹은 다이내믹 윈도(sliding window 혹은 dynamic window)라 하고, 이것 때문에 송신 호스트가 보낼 수 있는 데이터의 양을 변경할 수 있다.

[그림 5-9]의 예를 통해 슬라이딩 메커니즘을 더 깊이 알아보자. [그림 5-9]는 앞에서 살펴 본 예들처럼 기본적으로 동일한 규칙을 사용한다.

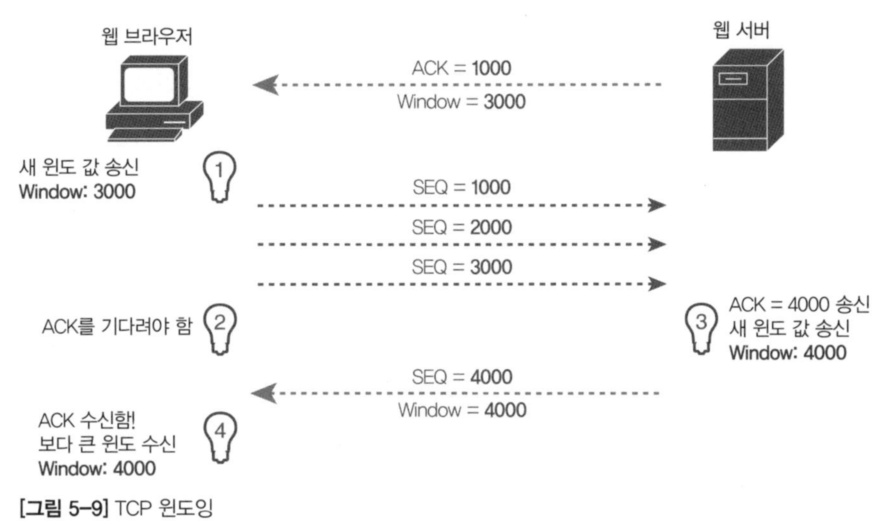

[그림 5-9] TCP 윈도잉

첫 번째 서버에서 PC로 보내지는 첫 번째 세그먼트를 보자. 지금까지 학습을 통해 확인 (Acknowledgment) 필드는 익숙할 것이다. 첫 번째 세그먼트에서 PC에게 보내는 확인(ACK) 필드는 서버가 예상하는 세그먼트가 순서 번호 1000을 가질 것이라는 것을 표시한다. 새로운 필드인 윈도(window) 필드는 3,000으로 정해져 있다. 이것은 PC가 확인 세그먼트를 받기 전에 이 커넥션을 통해 3,000바이트 이하를 보낼 수 있음을 PC에게 알려준다. 그래서 왼쪽의 PC는 3,000바이트 즉, 3개의 TCP 세그먼트만 보내고 전송을 멈춘 뒤, 확인(ACK) 세그먼트를 기다 린다.

이 예를 계속 살펴보면, 서버는 데이터의 수신(유실 없음)을 확인할 뿐 아니라, 서버는 윈도 크기도 조정한다. 그림에서 오른쪽에서 왼쪽으로의 보내는 두번째 메시지는 윈도 값, 4000을 갖는다. PC가 TCP 세그먼트를 수신하면, PC는 4,000바이트를 보낼 수 있다(앞선 윈도 값보다 다소 큼).

앞선 몇 개의 그림들에서 설명하는 예들은 TCP 환경의 호스트가 확인(acknowledgement) 메 시지를 기다린다는 것을 보여준다. 예를 들어, 윈도 속에 보낼 데이터가 남아 있을 때 확인이 도착하면, 새로운 윈도가 시작되고 송신자는 현재의 윈도가 고갈될 때까지 데이터 송신을 계 속한다. 종종 소수의 유실된 세그먼트들, 일부 혼잡 등의 사소한 문제를 가진 네트워크에서는 TCP 윈도는 상대적으로 높은 값으로 유지되기 때문에 호스트가 송신을 위해 기다리는 경우는 거의 없다.

UDP(User Datagram Protocol)

UDP는 메시지 교환용 애플리케이션들을 위한 서비스다. TCP와 달리, UDP는 커넥션리스(connectionless)이고, 신뢰성(reliability)이 없으며 플로 컨트롤(flow control, windowing)을 하지 않으면서, 큰 덩어리의 데이터를 전송을 위해 적당한 크기로 분할하지 않기 때문에 수신 데이터에 대해 순서에 맞는 재조립도 필요없다. 하지만 UDP는 데이터 전송과 포트 번호들을 이용한 멀티플렉싱과 같이 TCP와 같은 기능들을 제공하면서 TCP보다 작은 바이트의 오버헤더와 적은 프로세싱을 필요로 한다.

UDP 데이터 전송은 재조립 혹은 오류 복구 과정이 없다는 측면에서 TCP 데이터 전송과는 차이가 있다. UDP를 사용하는 애플리케이션들은 데이터 유실에 대한 내성을 가지든지, 일부 애플리케이션 메커니즘과 같이 데이터 유실을 복구할 수 있어야 한다. 예를 들어, VoIP는 UDP를 사용하는데 그 이유는 보이스 패킷이 유실되면 유실이 감지되고 패킷이 재전송될 때까지 너무 많은 지연이 발생할 수 있고, 재전송하면 기존의 보이스와 섞여 알아들을 수 없게 되기 때문이다. 또한 DNS 요청은 UDP를 사용하는데 DNS 이름 변환이 실패하면, 사용자가 재시도할 것이기 때문이다. 또 하나의 예인 원격 파일 시스템 애플리케이션, NFS(Network File System)는 애플리케이션 계층의 코드를 이용하여 오류 복구를 수행하므로 UDP를 적용할 수 있다.

[그림 5-10]은 UDP 헤더 포맷을 보여준다. 보다 중요한 것은 TCP와 동일한 목적을 위해 UDP 헤더는 출발지 및 목적지 포트 필드를 포함한다는 것을 주목하기 바란다. 하지만 UDP는 [그림 5-1]과 같이 20바이트 TCP 헤더에 비해 단지 8바이트만을 가진다. UDP는 해야할 일이 TCP보다 적으므로 보다 짧은 헤더를 필요로 한다.

———————————— 4바이트 ————————————

출발지 포트	목적지 포트
길이	체크섬

[그림 5-10] UDP 헤더

:: TCP/IP 애플리케이션들

기업 네트워크를 구축하고, SOHO 네트워크를 인터넷에 연결하는 전반적인 목적은 웹 브라우징, 텍스트 메시징, 이메일, 파일 다운로드, 보이스와 비디오와 같은 애플리케이션을 사용하는 것이다. 이 섹션은 HTTP(Hypertext Transfer Protocol)를 사용하는 웹 브라우징이라는 특별한 애플리케이션을 알아본다.

WWW(World Wide Web)는 인터넷과 연결된 모든 웹 서버들, 웹 브라우저와 함께 인터넷에 연결된 모든 호스트들로 구성된다. 컴퓨터에서 실행하는 웹 서버 소프트웨어로 구성된 웹 서버들은 다른 사람들에게 유용한 정보(웹 페이지의 형식)를 저장한다. 최종 사용자 컴퓨터에 설치된 소프트웨어인 웹 브라우저는 웹 서버로 연결하고 웹 서버에 저장된 웹 페이지를 보여주는 수단이다.

이 프로세스의 동작을 위해 몇 가지 애플리케이션 계층 기능들이 필요하다. 즉, 구체적인 웹 페이지와 서버로부터 데이터를 얻기 위해 사용하는 프로토콜이 존재해야 한다. 또한, 클라이언트는 일반적으로 DNS를 사용하여 서버의 이름에 기초하여 서버의 IP 주소를 찾아야 한다. 클라이언트는 다수의 분리된 파일들로 구성된 웹 페이지를 요청하고, 서버는 웹 브라우저에게 파일들을 보내야 한다. 마지막으로 전자 상거래(e-commerce) 애플리케이션들을 위해서는 금융 정보를 포함해 민감하고 중요한 데이티의 전송은 보안에 신경을 써야 한다. 다음 섹션은 이러한 기능에 대해 알아볼 것이다.

URI(Uniform Resource Identifiers)

브라우저는 찾고자 하는 웹 페이지가 저장된 웹 서버와 불특정한 웹 페이지를 구분하는 정보들을 판별할 수 있어야 한다. 대부분의 웹 서버는 많은 수의 웹 페이지를 저장하고 있다. 예를 들어, 웹 브라우저를 사용하여 www.cisco.com에 접속하여 다양한 내용을 클릭할 때마다 새로운 웹 페이지가 열릴 것이다.

이 경우에, 클릭 동작은 서버의 IP 주소뿐만 아니라 대부분 숨어 있는 '링크(link)'라고 불리는 연결 가능한 항목으로 특정한 웹 페이지를 인식하고, 열어준다.

브라우저 사용자는 웹 페이지에서 무언가를 클릭할 때 혹은 브라우저의 주소 영역에 URI(Uniform Resource Identifier)를 입력했을 때, 웹 페이지를 확인할 수 있다. 링크 클릭 혹은 URI 입력과 같은 두 옵션 모두 URI를 참조하는데, 그 이유는 웹 페이지 상의 링크를 클릭할 때 링크는 실제로 URI를 가리키기 때문이다.

URI가 정확한 공식적인 용어지만, URI 대신 웹 주소(web address) 혹은 유사한 관련 용어인 URL(Universal Resource Locator)을 사용한다. 사실 URL은 오랜 기간 동안 URI보다 자주 공식적으로 사용되었다. 하지만 W3C컨소시엄(W3.org, 웹 표준을 개발하기 위한 컨소시엄)과 함께 IETF(TCP/IP를 정의하는 그룹)는 URI를 공식적인 용어로 표준화하기로 결정했다. 이 결과에 대한 일부 논의를 위해 RFC 7595를 참조하기 바란다.

실용적인 관점에서, [그림 5–11]과 같이 웹 서버에 연결하기 위해 사용하는 URI는 세 개의 요소들을 포함한다. 그림은 URI 필드들의 공식 이름을 보여준다. 이 논의에서 보다 중요한 것은 :// 앞의 문자는 서버에 연결하기 위해 사용하는 프로토콜을 확인해주고, //와 /사이의 문자는 이름으로 서버를 표시하고, / 뒤의 문자는 웹 페이지를 나타낸다.

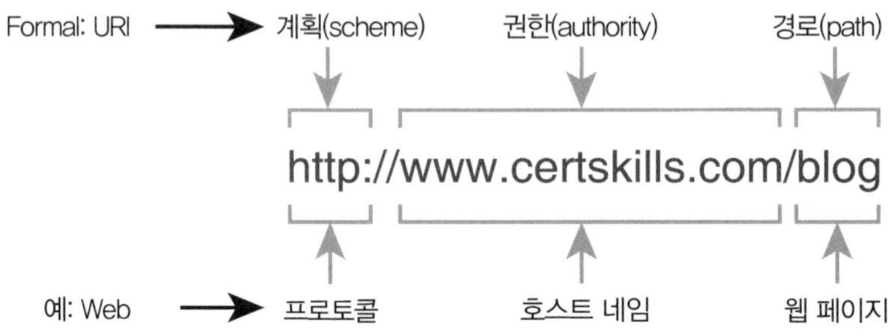

[그림 5–11] 웹 페이지를 수신하기 위해 사용되는 URI 구조

이 경우, 프로토콜은 HTTP(Hypertext Transfer Protocol), 호스트네임은 www.certskills.com 이고, 웹 페이지의 이름은 blog다.

DNS를 이용하여 웹 서버 찾기

4장 'IPv4 주소 체계 및 라우팅'에서 언급한 바와 같이 호스트는 특정 호스트 네임에 대응하는 IP 주소를 찾기 위해 DNS를 사용할 수 있다. URI는 일반적으로 서버의 IP 주소를 학습하기 위해 사용하는 서버의 이름이다. 웹 브라우저는 목적지 이름으로 IP 패킷을 보낼 수 없지만, 목적지 IP 주소로는 패킷을 보낼 수 있다. 따라서, 브라우저가 웹 서버에게 패킷을 보내기 전에, 브라우저는 일반적으로 URI 내부의 이름에 대응하는 IP 주소로 변환할 필요가 있다.

몇 가지 개념을 함께 모은 [그림 5–12]는 웹 브라우저에 의해 시작되는 DNS 프로세스뿐만 아니라 기타 관련된 정보를 보여준다. 기본적인 시각에서 사용자는 URI(이 경우, http://www. cisco.com/go/learningnetwork)에 접속하기 위해, www.cisco.com이라는 이름을 정확한 IP 주소로 변환하고 웹 서버의 IP 주소로 패킷들을 보낸다.

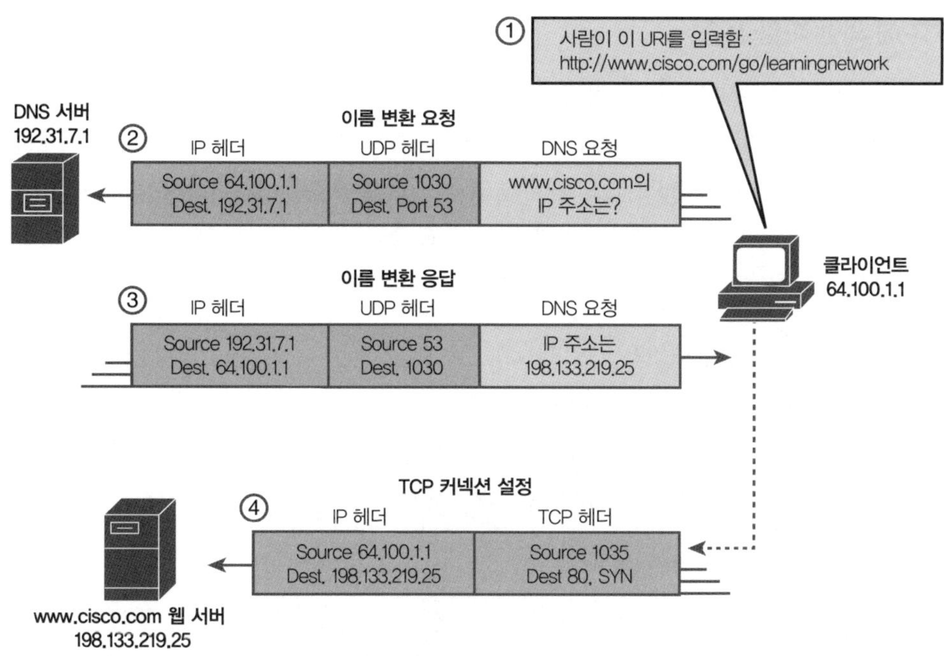

[그림 5-12] DNS 이름 변환과 웹 페이지 요청

그림에서 보이는 단계는 다음과 같다.

단계 ① 유저는 브라우저의 주소 영역에 URI, http://www.cisco.com/go/learningnetwork를 입력한다.

단계 ② 클라이언트는 DNS 요청(DNS request)을 DNS 서버에게 보낸다. 보통, 클라이언트는 DHCP를 통해 DNS 서버의 IP 주소를 알게 된다. DNS 요청 메시지는 DNS의 웰노운 포트 53을 사용한다(웰노운 포트 목록을 보기 위해서는 이 장의 [표 5-3]을 참조할 것).

단계 ③ DNS 서버는 www.cisco.com의 IP 주소를 198.133.219.25로 알려주는 응답(reply) 메시지를 보낸다. 응답 메시지의 목적지 주소는 클라이언트의 IP 주소인 64.100.1.10이고, 또한 DNS 서버에서 출발하였기 때문에 출발지 포트 번호는 53인 UDP 헤더를 보여준다.

단계 ④ 클라이언트는 웹 서버에 대한 새로운 TCP 커넥션을 설정하는 과정을 시작한다. 목적지 IP 주소는 방금 DNS 서버가 알려준 웹 서버의 주소다. 패킷은 HTTP가 TCP를 사용하기 때문에 패킷은 TCP 헤더를 포함한다. 목적지 TCP 포트는 HTTP의 웰노운 포트로 80을 사용한다. 마지막으로 TCP 커넥션 설정 과정이 SYN 비트(SYN 비트가 이진수 1로 세팅됨)를 가진 TCP 세그먼트로 시작한다.

이제 웹 브라우저는 웹 서버에 대한 TCP 커넥션 설정 과정을 거의 끝냈다. 다음 섹션은 웹 브라우저가 원하는 웹 페이지를 구성하는 파일들을 수신하는 방식을 설명하고자 한다.

HTTP에 의한 파일 전송

웹 클라이언트(브라우저)가 웹 서버에 대한 TCP 커넥션을 생성한 이후에, 클라이언트는 서버에게 웹 페이지를 요청한다. 대부분 웹 페이지를 전송하기 위해 사용하는 프로토콜은 HTTP다. RFC 7230에서 정의한 HTTP 애플리케이션 계층 프로토콜은 두 컴퓨터 사이에 파일의 전송 방식을 정의한다. HTTP는 구체적으로 웹 서버와 웹 클라이언트 간의 파일을 전송할 목적으로 만들어졌다.

HTTP는 가장 빈번하게 사용되는 HTTP GET 요청을 포함하여 몇 가지 명령들과 응답들을 정의한다. 웹 서버로부터 파일을 얻기 위해, 클라이언트는 서버에게 파일 이름을 포함하는 HTTP GET 요청을 보낸다. 서버가 파일을 보내기로 했다면, 서버는 파일의 컨텐츠와 함께 응답 코드 200(OK를 의미함)을 포함한 HTTP GET 응답을 보낸다.

웹 페이지들은 일반적으로 오브젝트(objects)라 불리는 다양한 파일들로 구성된다. 대부분의 웹 페이지들은 텍스트뿐만 아니라 그래픽 이미지, 애니메이션 광고와 보이스 또는 비디오를 포함한다. 이러한 요소들의 각각은 웹 서버의 상이한 파일(오브젝트)로써 저장된다. 이 모두를 얻기 위해 웹 브라우저는 첫 번째 파일을 받는다. 이 파일은 다른 URI들에 대한 참조를 포함할 수 있으므로(일반적으로 포함하므로), 브라우저는 다음으로 다른 오브젝트들에 대한 요청도 보낸다. [그림 5-13]은 첫 번째 파일과 두 개의 다른 파일들을 가져오는 브라우저의 일반적인 동작을 보여준다.

> **NOTE** 다수의 코드들은 HTTP 응답을 위한 것이다. 예를 들어, 서버가 요청한 파일을 갖지 않았을 때 'file not found(파일을 찾을 수 없음)'를 의미하는 응답 코드, 404를 보낸다. 대부분의 웹 브라우저들은 숫자 형식의 HTTP 응답 코드를 보여주는 대신, 응답 코드 404에 대한 대응으로 'page not found'와 같은 응답 메시지를 보여준다.

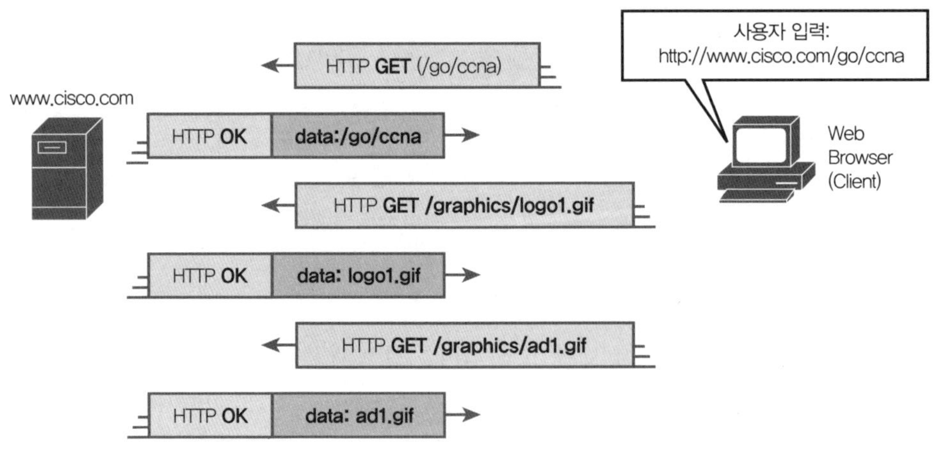

[그림 5-13] 다수의 HTTP Get 요청들/응답들

이 경우, 웹 브라우저가 첫 번째 파일('/go/ccna'라 불리는 것)을 받은 뒤에 브라우저는 파일을 읽고 해석한다. 웹 페이지에 포함된 부분 외에, 파일은 두 개의 다른 파일들과 연결되므로, 브라우저는 두 개의 추가적인 HTTP GET 요청을 보낸다. 그림에서 TCP 커넥션을 표시하지 않았지만, 이 모든 명령어들은 클라이언트와 서버 간의 하나(혹은 그 이상)의 TCP 커넥션을 통해 보낸다.

이것은 TCP가 데이터의 전송을 보장하기 위해 오류 복구 서비스를 제공한다는 것을 의미하기도 한다.

수신 호스트가 수신 애플리케이션을 정확하게 구분하는 방법

이제 이 책의 파트 I의 일부 장들에 포함된 몇몇 개념들을 연계한 토론으로 마치려 한다. 특히 특정 네트워크를 거쳐 메시지를 수신했을 때 호스트가 많은 애플리케이션 프로그램들 중에서 어떤 것이 수신한 데이터를 처리해야할 지를 결정하는 프로세스를 중점적으로 다룬다

예를 들어, [그림 5-14]의 왼쪽 호스트 A를 보자. 호스트 A는 고유한 TCP 포트를 사용하는 3개의 다른 웹 브라우저 창을 열었다. 또한 이메일 클라이언트와 채팅 창도 열었는데, 둘 다 TCP를 사용한다. 이메일과 채팅 애플리케이션은 그림에서 보는 것과 같이 고유한 TCP 포트 번호 1027과 1028을 사용한다.

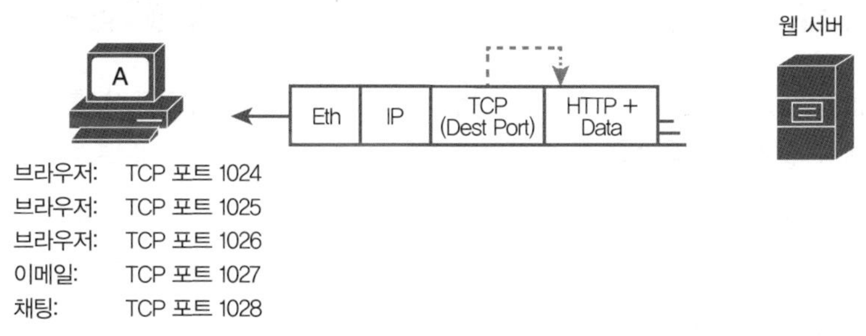

[그림 5-14] 딜레마: 호스트 A는 데이터를 수신해야 하는 앱을 어떻게 선택할까?

이 섹션은 트랜스포트 계층 프로토콜들이 수신 애플리케이션을 구분하기 위해 TCP 혹은 UDP 헤더의 목적지 포트 번호 필드를 사용하는 방법에 대한 몇 가지 예를 보여준다. 예를 들어, [그림 5-15]에서 목적지 TCP 포트 번호가 1024라면, 호스트 A는 세 개의 웹 브라우저 창들 중에서 첫 번째 창을 위한 것이라는 것을 알 것이다.

수신 호스트가 TCP 혹은 UDP 헤더를 점검하고 목적지 포트 필드를 찾기 전에, 메시지 내의 바깥 헤더들을 먼저 처리해야 한다. 수신 메시지가 IPv4 패킷을 캡슐화하는 이더넷 프레임이라면, 헤더는 [그림 5-15]와 같을 것이다.

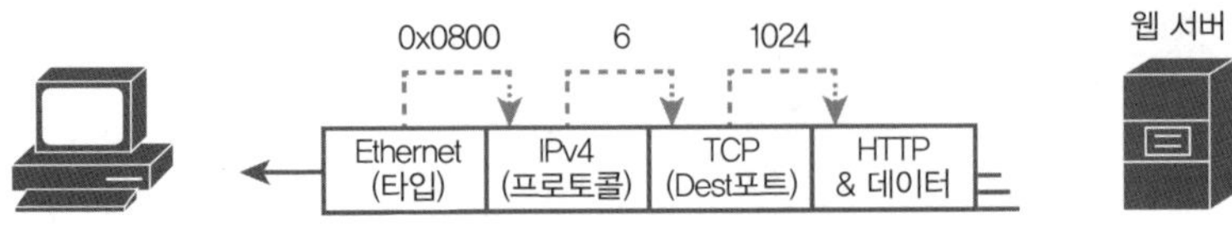

[그림 5-15] 다음 헤더를 식별하기 위한 세 개의 핵심 필드들

수신 호스트는 수신 메시지의 다음 헤더를 식별하기 위해 헤더마다 존재하는 다수의 필드들을 볼 필요가 있다. 예를 들어, 호스트 A는 네트워크에 연결하기 위해 이더넷 NIC를 사용하므로 수신 메시지는 이더넷 프레임이다. 2장, '이더넷 LAN 기초'의 [그림 2-16]에서 처음 본 것처럼, 이더넷 타입 필드는 이더넷 헤더 다음의 3계층 헤더의 타입을 식별하는데 이 경우, 16진수 0800은 IPv4 헤더를 의미한다.

IPv4 헤더는 IP 프로토콜 필드라 불리는 유사한 필드를 갖는다. IPv4 프로토콜 필드는 TCP에 대해 십진수 6을, UDP에 대해 십진수 17 등 다음 헤더를 식별하기 위한 수치에 대한 표준 목록을 갖는다. 이 경우, 십진수 6은 IPv4 헤더를 따르는 것이 TCP 헤더라는 것을 표시한다. 수신 호스트는 TCP 헤더의 목적지 포트 필드를 보고 어떤 애플리케이션 프로세스가 데이터를 수신해야 하는지를 결정한다.

챕터 리뷰

시험의 좋은 결과를 위해서 리뷰 세션에 대한 복습이 중요하다. 책이나 DVD의 툴 혹은 책의 동반자 웹 사이트에서 찾을 수 있는 대화형 툴을 활용하여 이 장의 자료들을 리뷰하기 바란다. 특히, 서론의 '단계② 챕터 위주의 학습 습관을 만들어라'라는 제목의 '당신의 학습 계획'을 참조하기 바란다. [표 5-4]는 핵심 리뷰 요소들과 출처들을 보여준다. 학습 과정에 대해 보다 나은 확인을 위해 두 번째 열에 완료한 날짜를 기록하도록 한다.

리뷰 항목	완료 날짜	자료 출처
핵심 주제 리뷰		책, DVD/웹 사이트
핵심 용어 리뷰		책, DVD/웹 사이트
사전 점검 퀴즈 반복		책, PCPT
메모리 테이블 리뷰		책, DVD/웹 사이트

[표 5-4] 챕터 리뷰 확인

핵심 주제 복습

핵심 주제	설명	페이지
표 5-2	TCP 및 UDP 기초	105
표 5-3	웰노운 TCP 및 UDP 포트 번호들	111
그림 5-5	TCP 커넥션 설정 예	111
리스트	커넥션 오리엔티드 및 커넥션리스 정의	112
그림 5-15	다음 헤더를 식별하기 위한 헤더 필드들	122

[표 5-5] 5장의 핵심 주제들

핵심 용어

커넥션 설정(connection establishment), 오류 감지(error detection), 오류 복구(error recovery), 플로 컨트롤(flow control), forward acknowledgment(전방 확인), HTTP, 순서에 맞는 데이터 전송(ordered data transfer), 포트(port), 세그먼트(segment), 슬라이딩 윈도 (sliding windows), URI, 웹 서버

Part I 리뷰

[표 P1–1]의 체크리스트와 함께 파트 리뷰 과정을 추적하기 바란다. 각 과제의 상세한 내용은 표와 같다.

과제	첫 번째 완료일	두 번째 완료일
모든 사전 점검 퀴즈를 반복하라		
파트 리뷰 문제를 풀어라		
핵심 주제들을 리뷰하라		
용어 마인드 맵을 만들어라		

[표 P1–1] Part I 리뷰 체크리스트

모든 사전 점검 퀴즈를 반복하라

이 과제를 위해, Part I에 포함된 장들에 대해 PCPT 소프트웨어를 이용하여 사전 점검 퀴즈를 다시 풀도록 한다. PCPT 소프트웨어에서 Part I의 사전 점검 퀴즈만 보이도록 설정하는 방법을 알기 위해, 이 책의 소개, '장별 혹은 Part별 사전 점검 퀴즈만 보는 방법'섹션을 참조하도록 한다.

파트 리뷰 문제를 풀어라

이 과제를 위해, 파트 I에 대한 파트 리뷰 문제에 대해 PCPT 소프트웨어를 이용하여 푼다. PCPT 소프트웨어에서 Part I에 대한 리뷰 퀴즈만 보이도록 설정하는 방법을 알기 위해, 이 책의 소개, '파트 리뷰 문제를 보는 방법' 섹션을 참조하도록 한다.

(더 많은 문제들을 접해보기를 원한다면, 책의 프리미엄 에디션을 구입하기 바란다. 소개의 '기타 특징' 섹션에서 'eBook' 항목 아래에 자세한 설명이 있다.)

핵심 주제들을 리뷰하라

각 장들로 돌아가 둘러보며 핵심 주제(Key Topics) 아이콘들을 찾도록 한다. 자세한 것들이 기억나지 않는다면, 해당 주제들을 다시 읽기 위해 시간을 할애하거나 동반자 웹 사이트와 DVD에서 찾을 수 있는 핵심 주제 애플리케이션을 활용하도록 한다.

용어 마인드 맵을 만들어라

책의 첫 번째 Part는 수많은 용어들을 소개했다. 이해해야할 용어가 많아서 학습 과정 중에 지칠 수도 있지만 점차 익숙해질 것이다. 용어의 핵심 의미를 보다 더 잘 기억할수록 학습 진행 및 이해 속도 또한 빨라질 것이다.

이 책에 대한 노트나 각 장들을 다시 돌아보지 않고, 여섯 개의 마인드 맵들이 마인드 맵에 [그림 P1-1]과 같이 숫자 ①에서 ⑥까지를 표시한 후 해야할 일은 다음과 같다:

- Part I으로부터 기억할 수 있는 모든 용어를 생각한다.

- [그림 P1-1]의 숫자 옆의 여섯 개의 마인드 맵들에 대한 항목을 생각한다.

  예를 들어, 숫자 ①은 사용자 PC에 대한 것이고, 숫자 ②는 스위치에 PC1을 연결하기 위한 이더넷 케이블에 관한 것이다.

- 적용 가능한 모든 마인드 맵들에 기억할 수 있는 각 용어를 추가한다. 예를 들어, 전용 회선은 숫자 ⑤ 마인드 맵에 적용한다.

- 용어가 다수의 위치에 적용 가능하다면, 적용할 수 있는 모든 마인드 맵들에 추가하라.

- 마인드 맵들 중 하나에 기억할 수 있는 모든 용어를 쓴 후에, 1에서 5장의 끝에 핵심 용어들을 리뷰한다. 잊어버린 용어들을 마인드 맵에 추가한다.

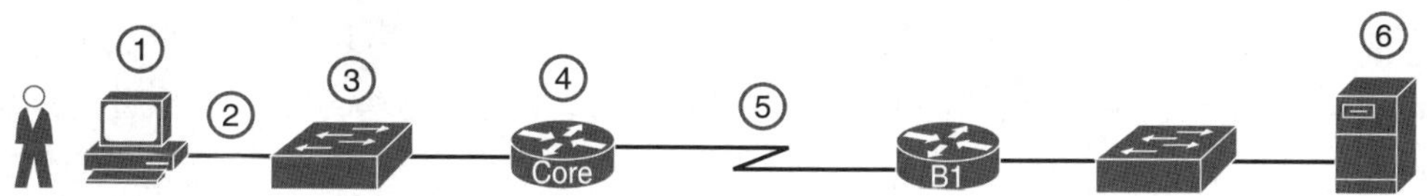

[그림 P1-1] 마인드 맵 연습과 함께 사용할 샘플 네트워크

> **NOTE** 마인트 맵핑에 대한 추가 정보를 위해, 소개의 '마인드 맵에 대하여'를 참조하기 바란다.

마인드 맵핑 소프트웨어나 유사한 다른 앱을 사용해 [표 P1-2]에서 나열한 것처럼 종이 위에 마인드 맵들을 작성한다. 애플리케이션을 사용한다면, 나중에 참조할 수 있도록 파일을 저장한 장소와 파일 이름을 메모해둔다. 샘플 정답은 DVD 부록 L '마인드 맵 솔루션'에서 볼 수 있다.

맵	설명	저장 장소
1	클라이언트 PC	
2	이더넷 링크	
3	LAN 스위치	
4	라우터	
5	전용 회선	
6	서버	

[표 P1-2] Part I 리뷰를 위한 설정 마인드 맵

Part I에서는 네트워킹에 대한 모든 영역의 기초들에 대해 광범위하게 살펴보았다. Part II와 III에서는 2장. '이더넷 LAN 기초'에서 소개했던 이더넷에 대해 자세히 깊이 있게 연습한다.

Part II에서는 시스코 카탈리스트 스위치와 함께 소규모 이더넷 LAN 구축 기초에 대한 논의로 여행을 시작한다. 이 여행은 시스코 스위치의 사용자 인터페이스에 접속하는 방법부터 시작하여, 스위치가 무엇을 하는지 그 증거를 볼 수 있고, 원하는 대로 스위치가 동작하도록 설정할 수 있다. 여기에서 1장 'TCP/IP 네트워킹 소개' 앞 부분의 '학습 계획'에 속하는 실습 연습 옵션 중 무엇이든 사용할 수 있다 (실습 기술에 대한 연습 방식을 아직 정하지 않았다면, 지금 정해야 한다).

6장을 끝내고 스위치의 CLI(command-line interface)에 접속하는 방법을 알게 되면, 다음 세 장들은 LAN들을 설정하기 위한 방법에 대한 일부 중요한 핵심 항목들을 다루게 되는데, 이는 시스코 장치로 LAN을 구축할 때 모든 회사에서 사용하는 핵심이다. 7장은 이더넷 스위칭에 대해 보다 자세히 살펴보는데 가령, 스위치가 사용하는 로직과 특정 스위치가 하는 것을 확인하는 방법들을 다룬다. 8장은 실제 실습 장치, 시뮬레이터 혹은 어떤 다른 실습 도구들로 연습할 때, 도와주는 다양한 명령어들과 함께 텔넷과 SSH(Secure Shell)로 스위치에 원격 접속 기능을 설정하는 방법을 보여준다. Part II의 마지막 장인 9장에서는 몇 가지 중요한 기능 즉, 포트 시큐리티(port security), 속도, 듀플렉스와 자동 협의의 상호 연관된 기능들을 위해 스위치 인터페이스를 설정하는 방법을 보여준다.

Part II

기본 이더넷 LAN 설치

Chapter 6: CLI(Command–Line Interface) 활용

Chapter 7: 이더넷 LAN 스위칭 분석

Chapter 8: 기본 스위치 관리 설정

Chapter 9: 스위치 인터페이스 설정

Part II 리뷰

Chapter 6
CLI(Command-Line Interface) 활용

이 장은 다음 시험 주제를 다룬다.

1.0 네트워크 기초

1.6 설치 조건에 맞는 케이블 선택하기

📝 **NOTE** 이 장은 주로 '설정하라(configure)', '확인하라(verify)'와 '장애를 해결하라(troubleshoot)'를 사용하는 거의 20가지 시험 주제들을 탐구하기 전에 필요한 핵심 기술들을 설명한다.

이더넷 LAN을 설치하기 전에, 네트워크 엔지니어는 다음과 같은 계획이 필요하다. 먼저 필요 조건들을 고려하여 설계하고, 스위치들을 구매하여, 케이블 설치를 위한 계약을 하고, 스위치가 적정 기능을 할 수 있도록 설정해야 한다.

CCENT 및 CCNA Routing & Switching 시험은 LAN 동작 방식, 다양한 스위치 기능의 설정, 이러한 기능들이 제대로 동작하는지에 대한 확인, 기능이 정확하게 동작하지 않을 때 문제의 원인을 발견하는 방법들에 중점을 둔다. 설정, 확인, 트러블슈팅 작업 전에 알아야 할 첫 번째 지식은 CLI(command-line interface)라 불리는 스위치의 사용자 인터페이스에 접속하고 사용하는 방법을 배우는 것이다.

이 장은 스위치의 CLI에 접속하기 위한 기본적인 방법을 보여준다. 또한 CLI에 대한 접속 방법과 LAN 상태를 점검하는 확인 명령들을 사용하는 방법을 포함한다. 이 장은 또한 스위치를 설정하는 방법과 설정을 저장하는 방법도 설명한다.

이 장은 '설정하라', '확인하라', '장애를 해결하라'를 포함하는 대부분의 시험 주제에 대한 핵심을 제공한다. 7장 '이더넷 LAN 스위칭 분석'과 8장 '기본적인 스위치 관리를 위한 설정'과 9장 '스위치 인터페이스 설정'은 다양한 스위치 기능들을 설정하고 확인하기 위해 사용할 수 있는 명령어들을 살펴본다.

이 장의 학습을 위해 필요한 시간을 가늠하기 위해 다음 시험(이 페이지나 PCPT 소프트웨어를 사용 가능)을 보기 바란다. 정답은 퀴즈 다음 페이지의 아랫 부분에 나와 있고, 설명은 DVD 부록 C와 PCPT 소프트웨어에 있다.

핵심 주제 섹션	해당 문제
시스코 카탈리스트 스위치 CLI 접속	1-3
시스코 IOS 소프트웨어 설정	4-6

[표 6-1] 사전 점검 문제의 주제와 문제

1. 이중 어떤 모드에서 show mac address-table 명령을 입력할 수 있고, MAC 테이블 항목들을 볼 수 있나? (2개를 선택할 것)

a. 유저 모드(User mode)

b. 이네이블 모드(Enable mode)

c. 글로벌 컨피규레이션 모드(Global configuration mode)

d. 인터페이스 컨피규레이션 모드(Interface configuration mode)

2. 다음 CLI 모드들 중 어디에서 reload 명령을 입력하여 스위치를 재부팅하게 하는가?

a. 유저 모드(User mode)

b. 이네이블 모드(Enable mode)

c. 글로벌 컨피규레이션 모드(Global configuration mode)

d. 인터페이스 컨피규레이션 모드(Interface configuration mode)

3. 시스코 스위치에서 지원되는 텔넷과 SSH의 차이는 무엇인가?

a. SSH는 로그인 시 사용하는 패스워드만 암호화하고 다른 트래픽은 암호화하지 않는다. 텔넷은 아무 것도 암호화하지 않는다.

b. SSH는 로그인 패스워드를 포함하여 모든 교환되는 데이터를 암호화한다. 텔넷은 아무 것도 암호화하지 않는다.

c. 텔넷은 마이크로소프트 OS에서 사용하고, SSH는 유닉스와 리눅스 OS에서 사용한다.

d. 텔넷은 패스워드 교환만 암호화한다. SSH는 모든 데이터 교환을 암호화 한다.

4. 이중 어떤 종류의 스위치 메모리가 스위치가 켜지고 동작할 때 스위치가 사용한 컨피규레이션을 저장하기 위해 사용되는가?

a. RAM

b. ROM

c. Flash

d. NVRAM

e. Bubble

5. 이중 어떤 명령이 컨피규레이션을 RAM에서 NVRAM으로 복사하는가?

a. `copy running-config tftp`

b. `copy tftp running-config`

c. `copy running-config start-up-config`

d. `copy start-up-config running-config`

e. `copy startup-config running-config`

f. `copy running-config startup-config`

6. 스위치 사용자가 현재 콘솔 라인 컨피규레이션 모드에 들어와 있다. 다음 중 어떤 명령이 사용자를 이네이블 모드로 나가게 할까? (2개를 선택할 것)

a. **exit** 명령을 한번 사용한다.

b. **end** 명령을 한번 사용한다.

c. Ctrl+Z 키를 한번 누른다.

d. **quit** 명령을 사용한다.

:: 시스코 카탈리스트 스위치 CLI 접속

시스코는 라우터 제품과 카탈리스트 LAN 스위치 제품에서 CLI(command-line interface)의 개념을 사용한다. CLI는 문자 기반의 인터페이스로 여기에서 사용자, 일반적으로 네트워크 엔지니어가 Enter↵ 키를 눌러 문자 명령어를 입력한다. Enter↵ 키를 누르면 명령어를 스위치가 실행하도록 한다. 스위치는 지시 명령을 수행하고, 어떤 경우에는 스위치가 명령의 결과를 설명하는 일부 메시지들로 응답한다.

시스코 카탈리스트 스위치들은 또한 스위치를 감시하고 설정하기 위한 다른 방법을 제공한다. 예를 들어, 스위치는 웹 인터페이스를 제공하기 때문에 엔지니어가 웹 브라우저를 열어 스위치에서 실행중인 웹 서버에 접속한다. 스위치들은 또한 네트워크 관리 소프트웨어를 사용하여 제어되고 운용될 수 있다.

이 책은 시스코 카탈리스트 엔트프라이즈 클래스 스위치들만 다루고, 특히 이러한 스위치들을 모니터링하고 제어하기 위해 시스코 CLI를 사용하는 방법을 다룬다. 이 장의 첫 번째 주요 섹션은 이러한 카탈리스트 스위치에 대해 보다 자세히 살펴보고, 다음으로 네트워크 엔지니어가 다양한 방법들을 통해 CLI에 접속할 수 있는 방법을 설명한다.

시스코 카탈리스트 스위치들

시스코 카탈리스트 브랜드의 LAN 스위치들로, 시스코는 다양한 스위치 시리즈 혹은 패밀리들을 생산한다. 각 스위치 시리즈는 동일한 기능들, 동일한 가격에 유사한 성능, 동일한 내부 부품들을 갖는 스위치 모델들로 구성된다.

예를 들어, 이 책이 출판되었을 때, 시스코 2960-X 시리즈 스위치들이 최신 스위치 모델 시리즈였다. 시스코는 2960-X 시리즈(패밀리) 스위치들을 기업을 위한 전체 기능을 보유한 저비용 스위치로 출시하였다. 이것은 일반적인 캠퍼스 LAN 설계에서 액세스 스위치로 사용된다. 10장 '이더넷 LAN 설계 분석'에서 캠퍼스 LAN 설계와 다양한 스위치들의 역할을 알아본다.

[그림 6-1]은 시스코의 2960-X 스위치 모델 시리즈에서 속하는 10개의 다른 모델들의 사진을 보여준다. 각 스위치 시리즈는 다양한 기능들의 조합과 함께 다수의 모델들을 포함한다. 예를 들어, 스위치들의 일부는 48개의 RJ-45 UTP(Unshielded twisted-pair) 10/100/1000 포트들을 갖는데, 이 포트들은 자동 협의를 통해 10BASE-T(10Mbps), 100BASE-T(100Mbps), 혹은 1000BASE-T(1Gbps) 이더넷 포트로 사용된다.

[그림 6-1] 시스코 2960-X 카탈리스트 스위치 시리즈

시스코는 스위치의 물리적인 커넥터를 인터페이스(interface) 혹은 포트(port)라고 하는데, 인터페이스 종류와 인터페이스 번호로 표시한다. 스위치의 명령어에서 사용하는 인터페이스 종류는 이더넷(Ethernet), 패스트 이더넷(Fast Ethernet), 기가비트 이더넷(Gigabit Ethernet) 등이 있다. 다수의 속도를 지원하는 이더넷 인터페이스가 사용하는 이름은 지원 가능한 속도 중 가장 빠른 속도의 이름을 적용한다. 예를 들어, 10/100/1000 인터페이스(가령 10Mbps, 100Mbps 혹은 1,000Mbps에서 동작하는 인터페이스)는 현재 사용중인 속도와 관련 없이 기가비트 이더넷(Gigabit Ethernet)이라 부른다.

각각의 인터페이스에 유일한 숫자를 부여하기 위해 일부 카탈리스트 스위치는 두 자리의 인터페이스 번호(x/y)를 사용하는 반면, 어떤 것은 세 자리의 숫자(x/y/z)를 사용한다. 예를 들어, 다수의 이전 시스코 카탈리스트 스위치들의 두 개의 10/100/1000 포트들은 기가비트 이더넷 0/0과 기가비트 이더넷 0/1로 부르는 반면 새로운 1960-X 시리즈는 두 인터페이스들을 기가비트 이더넷 1/0/1과 기가비트 이더넷 1/0/2라고 부른다.

시스코 IOS CLI 접속

다른 컴퓨터 하드웨어처럼 시스코 스위치들도 OS 소프트웨어를 필요로 한다. 시스코는 이 OS를 IOS(Internetwork Operation System)라 부른다.

카탈리스트 스위치들을 위한 시스코 IOS 소프트웨어는 시스코 스위치가 수행하는 로직과 기능을 적용하거나 제어한다. 스위치의 성능과 동작의 제어 외에, 시스코 IOS는 또한 CLI를 위한 인터페이스를 제공한다. 시스코 IOS CLI는 사용자로 하여금 터미널 에뮬레이션 프로그램을 사용하여 사용자가 입력한 텍스트를 받아들인다. 사용자가 [Enter↵] 키를 누르면, 터미널 에뮬레이터는 해당 명령어 텍스트를 스위치에게 보낸다. 스위치는 그것이 명령어라면 텍스트를 처리하여, 명령어가 지시하는 것을 수행하고, 터미널 에뮬레이터로 텍스트를 다시 보내 사용자 자신이 입력한 것을 확인할 수 있도록 한다.

스위치 CLI는 세 개의 일반적인 방법들, 콘솔, 텔넷과 SSH(Secure Shell)를 통해 접속 가능하다. 이러한 방법들 중에 두 개(텔넷과 SSH)는 스위치에 연결하기 위해 IP 네트워크를 사용한다. 콘솔은 CLI에 접속하도록 특별히 만들어진 물리적인 포트다. [그림 6-2]는 이 옵션들을 요약한다.

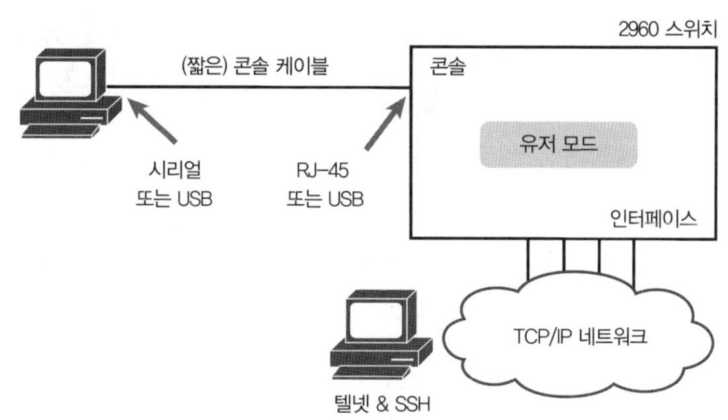

[그림 6-2] CLI 접속 방법들

콘솔 접속을 위해 PC(또는 다른 사용자 장치)와 스위치의 콘솔 포트 간의 물리적 연결, 그리고 PC 상에 특정 소프트웨어가 필요하다. 텔넷(telnet)과 SSH는 사용자 장치에 소프트웨어를 필요로 하지만, 데이터 전송을 위해서는 기존의 TCP/IP 네트워크에 의존한다. 다음 몇 페이지는 콘솔에 접속하고 CLI 접속을 위한 각 방법 별로 소프트웨어를 설정하는 방법을 자세히 다룬다.

콘솔 연결을 위한 케이블링

오래된 방법이든 새로운 방법이든 물리적인 콘솔 연결은 세 가지 주요 요소들 즉, 스위치 상의 물리적인 콘솔 포트, PC 상의 물리적인 시리얼 포트, 그리고 콘솔과 시리얼 포트 간을 연결하는 케이블이 필요하다. 그러나 물리적 케이블은 시간이 지나면서, 주로 PC 하드웨어의 개선 및 변화 때문에 천천히 바뀌어왔다. 이 책에서는 그러한 세 가지 경우 즉, PC와 스위치 간의 새로운 연결 방식, 이전 연결 방식, PC에는 새로운 USB 커넥터와 스위치에는 예전 방식의 커넥터를 가진 경우를 살펴본다.

최근의 PC와 스위치 하드웨어는 콘솔 연결을 위해 보다 익숙한 표준 USB 케이블을 사용한다. 시스코는 새 라우터 및 스위치의 콘솔 포트로 USB 포트를 사용하고 있다. 중요한 것은 스위치를 보고 USB 콘솔 포트에 연결하는 USB 케이블이 정확한 커넥터를 가졌는지 확인하는 것이다. 가장 간단한 형태는 [그림 6-3]의 맨 오른쪽에 표시된 스위치 또는 라우터의 USB 콘솔 포트에 연결된 USB 케이블과 함께 PC에 USB 포트 방식을 사용하는 것이다.

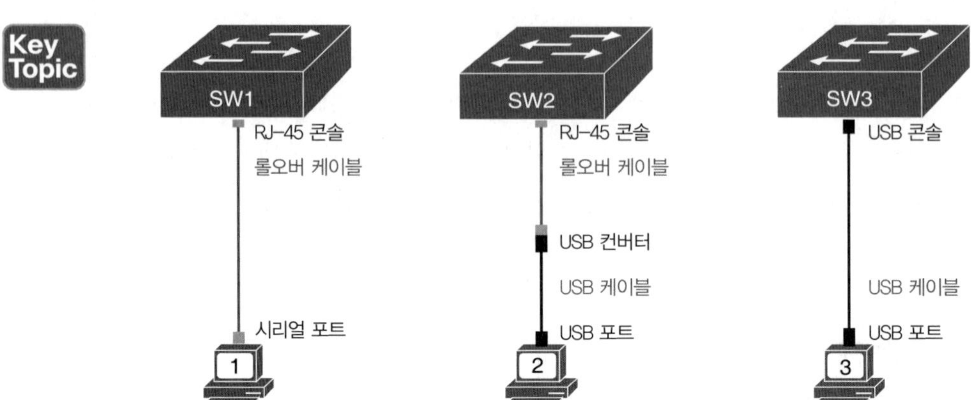

[그림 6-3] 스위치에 대한 콘솔 커넥션

이보다 오래된 콘솔 연결 방식은 [그림 6-3]의 왼쪽과 같이 스위치는 RJ-45 콘솔 포트, PC는 USB보다 앞서 사용됐던 시리얼 포트를 사용하고 UTP 케이블로 연결하는 것이다.

PC의 시리얼 포트는 일반적으로 9핀(DB-9라고도 함)이 있는 D-셸 커넥터(대략 사각형 모양의)를 가진다. 콘솔 포트는 이더넷 RJ-45 포트같이 보인다(하지만 일반적으로 파란색으로 표시하고, 스위치의 포트 옆에 'console'이라고 표시함).

오래된 스타일의 콘솔 연결을 위한 케이블링은 간단할 수도 있고 사용하는 케이블 종류에 따라 몇 가지 노력을 필요로 할 수도 있다. 시스코 스위치와 라우터 제품 박스에 포함된 전용 콘솔 케이블을 사용할 수 있다면 좋을 것이다. 표준 RJ-45 to DB-9 전환 플러그 및 UTP 케이블(PC와 일치하는 커넥터를 가진)로 표준 시리얼 케이블을 직접 만들 수도 있다. 이때의 UTP 케이블은 이더넷과 동일한 핀아웃을 사용하지 않는다. 즉, 표준 이더넷 케이블링 핀아웃이 아니라 롤오버(rollover) 케이블 핀아웃을 사용한다. 롤오버 핀아웃은 8개의 선에서, 핀 8은 핀 1로, 핀 2는 핀 7로, 핀 3은 핀 6으로, 핀 4는 핀 5, 계속 이런 식으로 구성된다.

알다시피, 시스코가 일반적으로 USB를 사용하여 콘솔에 연결하기 전부터 USB 포트는 PC에서 일반적이었다. USB 포트만 있고, 예전 방식의 시리얼 포트가 없는 PC와 예전 방식의 RJ-45 콘솔 포트(USB 포트를 갖지 않고)를 갖는 라우터 혹은 스위치를 연결하기 위해서는 다음의 조치가 필요하다. [그림 6-3]의 가운데 그림은 이러한 예를 보여준다. 이런 PC를 라우터 혹은 스위치 콘솔에 연결하기 위해서, [그림 6-3]의 가운데 그림과 같이 예전 방식의 콘솔 케이블에서 USB 커넥터로 변환하는 USB 컨버터와 롤오버(rollover) UTP 케이블이 필요하다.

예를 들어, 보다 새로운 2960-X 시리즈는 예전의 RJ-45 콘솔 포트와 USB 콘솔 포트, 둘 다 지원한다. [그림 6-4]는 두 콘솔 포트를 표시하는데, 둘 중에 하나를 사용할 수 있다. USB 콘솔 포트는 흔히 보는 사각형의 표준 USB 포트가 아니라 mini-B 포트를 사용한다는 점을 유의하기 바란다.

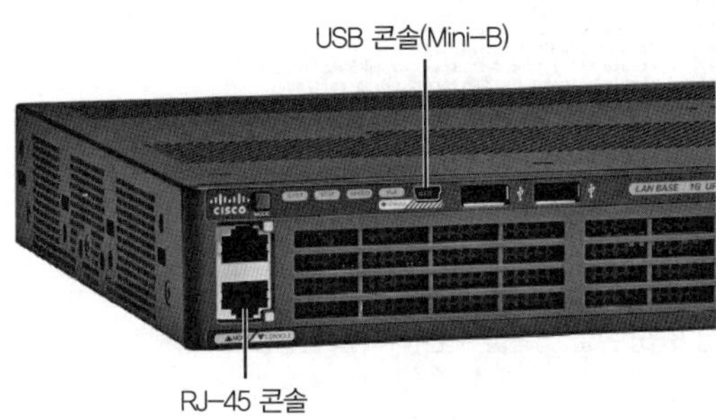

[그림 6-4] 2960-X 스위치의 콘솔 포트들

PC가 콘솔 포트에 물리적으로 연결되면, PC에 터미널 에뮬레이터 소프트웨어 패키지를 설치하고 설정해야 한다. 터미널 에뮬레이터 소프트웨어는 모든 데이터를 텍스트 형태로 취급한다. 사용자가 입력한 텍스트를 받아 콘솔 연결을 통해 스위치에게 보낸다. 마찬가지로 콘솔 연결을 통해 PC에 들어오는 모든 비트는 사용자가 읽을 수 있도록 텍스트로 나타낸다.

에뮬레이터는 PC의 시리얼 포트를 사용하기 위해 스위치의 콘솔 포트 설정 값과 일치하도록 구성해야 한다. 스위치의 기본 콘솔 포트 설정 값은 다음과 같다. 그 마지막 세 설정 값은 8N1 이라고 총칭한다.

- 9,600bps(bits/second)
- 하드웨어 플로 컨트롤은 생략
- 8비트 ASCII
- 패러티 비트(parity bits): 없음
- 스톱 비트(stop bit): 1

[그림 6-5]는 터미널 에뮬레이터의 한 예다. 이 그림은 show 명령어 아웃풋과 함께 보여준다. 상단 왼쪽의 작은 설정 창은 위 목록에서 표시한 기본 콘솔 세팅 값들을 보여준다.

[그림 6-5]는 터미널 에뮬레이터의 한 예다. 이 그림은 **show** 명령어 아웃풋과 함께 보여준다. 상단 왼쪽의 작은 설정 창은 위 목록에서 표시한 기본 콘솔 세팅 값들을 보여준다.

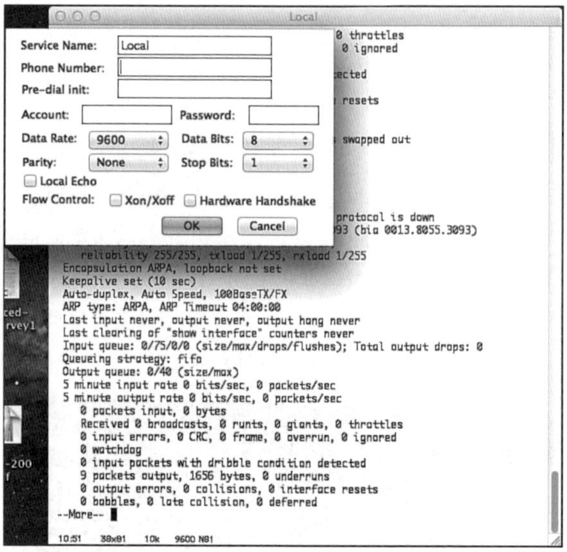

[그림 6-5] 콘솔 접속을 위한 터미널 설정값들

텔넷과 SSH로 CLI에 접속하기

수년 간, 터미널 에뮬레이터 애플리케이션들은 장치에 시리얼 포트(스위치의 콘솔 포트)를 통한 통신 이상의 기능들을 지원해왔다. 터미널 에뮬레이터들은 텔넷과 SSH를 포함하여 다양한 TCP/IP 애플리케이션을 지원한다. 텔넷과 SSH는 콘솔 포트와 콘솔 케이블을 통한 연결 외에 IP 네트워크를 통해 다른 장치의 CLI에 접속하도록 한다.

텔넷은 텔넷 클라이언트(터미널 애플리케이션)와 텔넷 서버(이 경우, 스위치)로 구성된다. 텔넷 클라이언트는 키보드 입력을 받아 이러한 명령어들을 텔넷 서버에게 보내는 장치다. 텔넷 서버는 텍스트를 받아, 텍스트를 명령으로 해석하고 다시 응답한다. 텔넷은 잘 알려진 포트 23을 사용하는 TCP 기반의 애플리케이션 계층 프로토콜이다.

시스코 카탈리스트 스위치는 기본적으로 텔넷 서버로써 동작하지만 스위치에 성공적인 텔넷 접속을 위해서는 몇 가지 설정이 필요하다. Chapter 8은 텔넷 및 SSH를 가능하게 하는 스위치 설정 방법을 자세히 다룬다.

텔넷을 실습실에서 사용하는 것은 문제가 없지만, 실제 네트워크에서 텔넷은 중대한 보안 위험을 야기한다. 텔넷은 모든 데이터(스위치 로그인을 위한 유저네임과 패스워드를 포함)를 암호화 없이 평문으로 보낸다. 이에 대한 보완책을 SSH가 제공한다.

SSH를 훨씬 더 안전한 텔넷의 사촌 정도로 간주할 수 있다. 겉으로는 텔넷 또는 SSH 사용 여부에 관계없이 여전히 터미널 에뮬레이터를 열고 스위치의 IP 주소로 연결하고, 스위치의

CLI를 본다. 이 이면에 존재하는 차이점은 SSH는 패스워드를 포함한 모든 메시지 들의 내용을 암호화하므로 네트워크에서 패킷을 수집하여 네트워크 장치 접속을 위한 패스워드를 가로채는 것을 차단한다. SSH는 텔넷의 23번 포트 대신 웰노운 포트 번호인 22번을 사용한다.

유저(User)와 이네이블(Enable, Privileged) 모드

관리자는 지금까지 설명한 3가지 CLI 접속 방법들(콘솔, 텔넷, SSH)을 통해 유저 EXEC 모드 (user EXEC mode)라 불리는 CLI 영역에 들어간다. 유저 EXEC 모드는 유저 모드라고도 부르는데, 이 모드에서는 간단한 조사만 가능할 뿐 신규 설정, 설정 변경이나 삭제를 할 수는 없다. 이름에서 'EXEC 모드' 부분은 명령어를 입력하면 스위치가 명령어를 수행하고(execute), 명령어의 결과를 설명하는 메시지를 보여준다는 것을 의미한다.

> **NOTE** 이전에 CLI를 사용해본 적이 없다면, Sim Lite 제품에서 CLI를 통한 실습을 해보거나 CLI 기초에 대한 동영상을 봐도 좋다. 소개에서 언급하였듯이 웹 사이트나 DVD의 자료를 활용해도 좋다

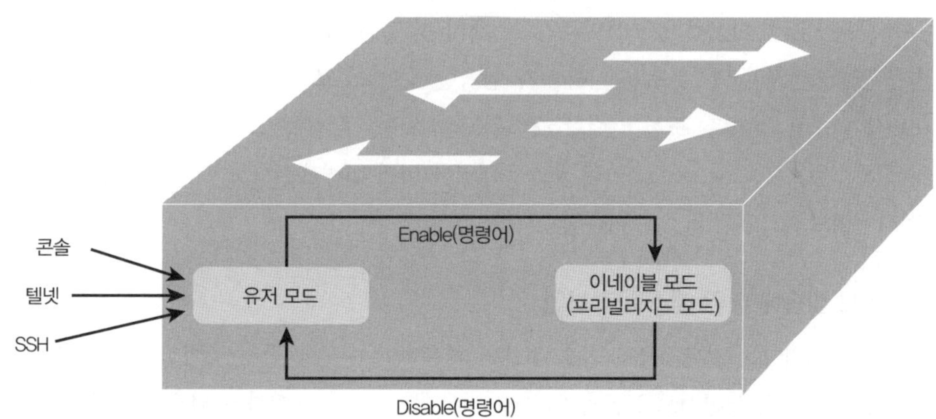

[그림 6-6] 유저 & 프리빌리지드 모드

> **NOTE** 명령어 프롬프트가 호스트네임 다음에 >가 표시되면 사용자가 유저 모드에 있음을, #가 표시되면 이네이블 모드에 있음을 의미한다.

[예제 6-1]은 유저 모드와 이네이블 모드의 차이점을 보여준다. 이 예는 콘솔로 연결할 때 터미널 에뮬레이터 창에서 볼 수 있는 내용을 보여준다. 이 경우 사용자는 유저 모드 프롬프트 ('Certskills1 >')에 들어가서 '**reload**' 명령을 입력하려 한다. '**reload**' 명령은 스위치에게 시스코 IOS를 재부팅(재시작)시키는 명령으로 이네이블 모드에서만 사용할 수 있다. IOS는 유저 모드에서 **reload** 명령을 사용하면 이 명령을 거부한다. 사용자는 '**enable**' 명령으로 이네이블 모드(프리빌리지드 모드, privileged mode라고도 함)로 이동한다. 이 시점에서 사용자는 이네이블 모드에 있으며, IOS는 '**reload**' 명령을 수용한다.

```
   Press RETURN to get started.

   User Access Verification

   Password:
   Certskills1>
   Certskills1> reload
   Translating "reload"
   % Unknown command or computer name, or unable to find computer address
 Certskills1> enable
   Password:
   Certskills1#
   Certskills1# reload
```

[예 6-1] 유저 모드에서 거부되는 프리빌리지드 모드 명령 사례

> 📝 **NOTE** 유저 모드 혹은 이네이블 모드에서 사용할 수 있는 명령어들을 EXEC(실행) 명령어들이라 부른다.

이 예는 CLI의 아웃풋으로 보여주는 이 책의 첫 번째 예이므로 몇 가지 사용 예를 언급할 가치가 있다. 먼저, 굵은 폰트는 사용자가 입력한 것이고, 보통 폰트는 스위치가 터미널 에뮬레이터에게 보낸 것이다. 또한 입력한 패스워드는 보안을 위해 스크린 상에 보이지 않는다. 마지막으로 스위치는 'Certskills1'이란 호스트네임을 이미 설정했으므로 왼쪽의 명령어 프롬프트는 각 라인별로 호스트네임을 보여준다.

콘솔 CLI 접속에 대안 패스워드 보안

시스코 스위치는 기본적으로 콘솔 접근만 허용하기 때문에 잠긴 장비실 내부에 있다면 상대적으로 안전하다. 기본적으로 콘솔 연결과 이네이블 모드에 들어가기 위해서는 어떤 패스워드를 필요로 하지 않는다. 이것이 스위치의 물리적인 콘솔 포트에 접속했다면 스위치에 대해 광범위한 제어 권한을 갖는 이유다. 또한 스위치의 전원을 껐다 켜면서 잘 정리된 패스워드 복구 절차를 따르면 패스워드 복구를 통해 CLI에 침입할 수 있고 그 다음으로 원하는 모든 설정을 할 수 있다.

그러나 대부분 콘솔 사용자들을 위한 간단한 패스워드만 설정하는 것이 보통이다. 단순한 패스워드는 콘솔로부터의 로그인 과정의 두 지점에 설정 가능하다. 즉, 사용자가 콘솔에 접속할 때와 이네이블 모드로 이동할 때('**enable**' EXEC 명령어를 입력할 때)다. [예 6-1]에서 두 곳에서 'password' 프롬프트를 발견할 수 있었다.

[예 6-2]는 [예 6-1]과 같은 결과를 보기 전에 설정되어야 하는 명령어들이다. 아웃풋은 스위치의 현재 설정 항목들을 보여준 '**show running-config**' 명령어 결과의 일부다.

```
Certskills1# show running-config
 ! 다음 아웃풋은 관련 부분만 보여주기 위해 수정되었다.
hostname Certskills
 !
enable secret love
 !
line console 0
 login
 password faith
 ! 아웃풋의 나머지는 생략되었다.
Certskills1#
```

[예 6-2] 콘솔과 이네이블 패스워드 설정

위에서 아래로 살펴볼 때, **show running-config** 명령에 의해 보이는 첫 번째 설정 명령은 스위치의 호스트네임을 'Certskills1'로 설정하는 것이다. [예 6-1]에서 모든 명령어 프롬프트는 'Certskills1'로 시작하고 있으며 이것이 명령어 프롬프트가 스위치의 호스트네임으로 시작하는 까닭이다.

다음으로, !가 있는 라인들은 이 책의 텍스트에서나 실제 스위치의 CLI에서 볼 수 있는 명령어 구분 라인들이다.

enable secret love 명령은 모든 사용자들이 이네이블 모드에 들어가기 위해 사용해야 하는 패스워드를 정의한다. 따라서 사용자가 콘솔, 텔넷 혹은 SSH 중 무엇을 통해 접속하든 **enable** EXEC 명령어를 입력한 후에 패스워드 입력을 기다리는 프롬프트에서 'love'란 패스워드를 입력해야 한다.

끝으로, 마지막 세 개의 라인들은 콘솔 패스워드를 보여준다. 첫 번째 라인(**line console 0**)은 콘솔을 가리키는 명령으로 '이 다음 명령어들은 콘솔에만 적용된다'라는 의미를 가진다. **login** 명령은 IOS 에게 간단한 패스워드 체크과정을 수행하도록 한다. 기본적으로 스위치는 콘솔 사용자에게 패스워드를 묻지 않는다는 것을 상기하기 바란다. 마지막으로, **password faith** 명령은 프롬프트에서 콘솔 사용자가 입력해야 하는 패스워드를 정의한다.

이 예는 스위치에서 설정 가능한 보안 설정의 유형을 피상적으로 다룬 것이지만, 실습을 하거나 처음 스위치를 설정하기 위한 내용으로는 충분하다(파트 II의 첫 번째 장에서 이러한 항목을 자세히 다룬 이유다). 8장은 텔넷과 SSH 지원을 위한 설정 단계들을 보여주고(패스워드 보안을 포함해서), 34장 '장치 보안 기능들'은 추가적인 보안 설정 명령을 보여준다.

CLI Help 기능들

시스코 IOS 명령어 참조 문서들을 인쇄하여 문서들을 쌓아 올리면 몇 피트 높이가 될 것이다. 누구도 모든 명령어들을 암기하지 못할 것이며, 아무도 그렇게 하지 않는다. 아주 쉽고 편리한 툴들을 사용하여 명령어들에 대한 기억을 돕고, 입력 시간을 절약한다. 시스코 자격증을 준비하다 보면 많은 명령어들을 다루게 된다. 그러므로 명령어를 효율적으로 찾는 방법이 필요하며 이를 알고 있어야 한다.

[표 6-2]는 명령어를 알려주는(CLI에서 사용 가능한) 헬프 옵션들을 요약한다. 표에서 **command**는 어떤 명령어를 의미한다. **parm**은 명령어의 파라미터를 의미한다. 예를 들어, 세 번째 열 **command ?**는 **show ?**와 **copy ?**와 같은 의미이며 각각 **show**와 **copy** 명령어에 대한 옵션들을 보여준다.

다음을 입력하면	당신이 얻는 도움
?	이 모드에서 사용 가능한 모든 명령어들을 보여준다.
command ?	명령어와 ? 사이에 한 칸 띄우면, 스위치는 이 명령어의 모든 첫 번째 파라미터 옵션들과 설명을 보여준다.
com?	com으로 시작하는 명령어들을 보여준다.
command parm?	지금까지 입력한 parm으로 시작하는 모든 파라미터들을 보여준다(parm과 ? 사이에는 한 칸 띄우지 않음)
command parm<Tab>	Tab 키를 누르면 IOS에게 단어의 나머지 글자를 자동 완성시킨다. 이때, 해당 글자로 시작하는 단 하나의 옵션만 존재할 때까지 충분히 길게 입력해야 한다.
command parm1 ?	? 마크 앞에 스페이스가 있다면, CLI는 다음 모든 파라미터들과 각각에 대한 간단한 설명을 제공한다.

[표 6-2] 시스코 IOS 소프트웨어 명령어 헬프

?를 입력하면, 시스코 IOS CLI는 즉시 응답한다. 즉, Enter↵키나 다른 키를 누를 필요가 없다. 시스코 IOS를 운용하는 장치는 ?앞에 입력했던 것도 다른 키의 입력 없이 보여준다. ?뒤에 Enter↵키를 누르면, 시스코 IOS는 지금까지 입력했던 파라미터들과 함께 명령어를 실행하려 한다.

헬프를 사용하여 제공되는 정보는 CLI 모드에 따라 다르다. 예를 들어, 유저 모드에서 ?가 입력되면, 유저 모드에서 허용되는 명령어들이 보여지지만, 이네이블 모드(유저 모드가 아니라)에서만 사용 가능한 명령어들은 보이지 않는다. 또한 헬프는 스위치를 설정하기 위해 사용되는 모드인 컨피규레이션 모드에서도 사용할 수 있다. 사실, 컨피규레이션 모드는 앞으로 소개할 '컨피규레이션 하부 모드와 컨텍스트(맥락)' 섹션에서 보여주는 바와 같이 다수의 상이한 하부 컨피규레이션 모드들을 가진다. 따라서 각 컨피규레이션 하부 모드에서 사용 가능한 명령어에 대해서도 헬프 기능을 사용할 수 있다(지금 이 DVD에 포함된 무료 넷심 라이트 제품을 사용하기 위해 적정한 시점이다. 실습을 열고, ?를 비롯하여 몇 가지 명령어들을 입력해 보기 바란다).

시스코 IOS는 사용자가 입력한 명령어들을 히스토리 버퍼에 저장하는데 기본적으로 열 개의 명령어까지 저장한다. CLI는 이미 사용한 명령어 리스트에서 앞으로 혹은 뒤로 이동하여 적정 명령을 찾은 다음, 명령어를 재입력한다. 이러한 키들은 시험에서 보다 빨리 CLI를 사용하도록 돕는다. [표 6-3]은 이미 입력한 명령어들을 재입력하기 위해 사용되는 명령어들을 보여준다.

키보드 명령어	결과
위 화살표 혹은 Ctrl+P	이 키는 가장 최근에 사용한 명령어를 보여준다. 그것을 다시 누르면 히스토리 버퍼에 저장된 명령어 중에서 다음으로 최근에 입력한 명령어를 보여준다(P는 previous를 표시).
아래 화살표 혹은 Ctrl+N	위 화살표 키를 너무 많이 눌러, 히스토리 버퍼에서 너무 뒤로 가버렸다면, 보다 최근의 명령어로 다시 돌아오기 위해 이 키를 사용한다(N은 next를 표시).
왼쪽 화살표 혹은 Ctrl+B	이 키는 현재 보이는 명령어에서 삭제없이 커서를 뒤로(왼쪽으로) 이동한다(B는 back을 표시).
오른쪽 화살표 혹은 Ctrl+F	이 키는 현재 보이는 명령어에서 삭제없이 커서를 앞으로(오른쪽으로) 이동한다(F는 forward를 표시).
백스페이스(Backspace) ← Bksp	이 키는 현재 보이는 명령어에서 뒤로(왼쪽으로) 삭제하면서 이동한다.

[표 6-3] 명령어의 편집과 재입력을 위한 키들

debug 및 show 명령어들

가장 흔한 시스코 IOS 명령어는 **show**이다. **show** 명령어는 매우 다양한 옵션이 있다. 기본적으로 **show** 명령은 스위치의 동작 상태에 대해 현재 알려진 항목들을 보여준다. **show** 명령어에 대한 응답으로 스위치가 하는 일은 현재의 상태를 발견하고 사용자에게 보내는 메시지에 정보를 포함하는 것이다.

예를 들어, [예 6-3]의 **show mac address-table dynamic** 명령의 아웃풋을 보자. 유저 모드의 이 **show** 명령은 스위치가 포워딩(스위칭) 결정을 위해 사용하는 스위칭 테이블을 보여준다. 스위치의 MAC 주소 테이블은 스위치가 주요 업무를 수행할 때 사용하는 정보를 표시한다.

```
Certskills1> show mac address-table dynamic
Mac Address table
--------------------------------------------

Vlan  Mac Address        Type        Ports
----  --------------     -------     -----
31    0200.1111.1111     DYNAMIC     Gi0/1
31    0200.3333.3333     DYNAMIC     Fa0/3
31    1833.9d7b.0e9a     DYNAMIC     Gi0/1
10    1833.9d7b.0e9a     DYNAMIC     Gi0/1
10    30f7.0d29.8561     DYNAMIC     Gi0/1
1     1833.9d7b.0e9a     DYNAMIC     Gi0/1
12    1833.9d7b.0e9a     DYNAMIC     Gi0/1
Total Mac Addresses for this criterion: 7
Certskills1>
```

[예 6-3] Show 명령어 예

debug 명령도 사용자에게 스위치 동작에 대한 상세 항목들을 알려준다. **show** 명령이 예의 화면과 같이 특정 순간의 상태 정보를 보여주는데 반해, **debug** 명령은 생방송 비디오와 같이 동작한다. **debug** 명령을 입력하면, IOS는 스위치 사용자가 보기를 원했던 메시지들을 보여준다. 콘솔에서는 이러한 메시지들을 기본적으로 볼 수 있다. 스위치와 라우터의 동작을 확인하기 위해 이 책에서 사용하는 명령어들의 대부분은 **show** 명령어다.

:: 시스코 IOS 소프트웨어 설정

스위치들이 기본 설정만으로도 트래픽을 포워딩할 수 있지만 전체 네트워크의 스위치들을 설정할 필요가 있다. 이 섹션은 컨피규레이션 파일의 개념, 컨피규레이션 파일이 저장될 수 있는 위치를 포함하여 기본적인 설정 과정을 다룬다. 이 섹션이 컨피규레이션 명령어가 아니라 컨피규레이션 과정에 초점을 두더라도, 시험을 위해 이 장에서 다루는 모든 명령어들을 익혀야 한다.

컨피규레이션 모드(Configuration mode)는 유저 모드 및 프리빌리지드(이네이블) 모드와 유사한 시스코 CLI를 위한 또 하나의 모드다. 유저 모드에서는 동작에 영향이 없는 명령어들을 입력하고 일부 정보를 확인한다. 프리빌리지드 모드는 스위치 동작들에 영향을 줄 수도 있는 명령어들을 포함하여 유저 모드와 비교할 때 훨씬 풍부한 명령어들을 지원한다. 하지만 유저 혹은 프리빌리지드 모드의 어떤 명령어도 스위치의 컨피규레이션을 변경하지 않는다. 컨피규레이션 모드에서 스위치에게 무엇을, 어떻게 할 것인지를 구체적으로 지시하는 설정 명령어들을 입력한다. [그림 6-7]은 컨피규레이션 모드, 유저 EXEC 모드와 프리빌리지드 EXEC 모드 간의 관계를 보여준다.

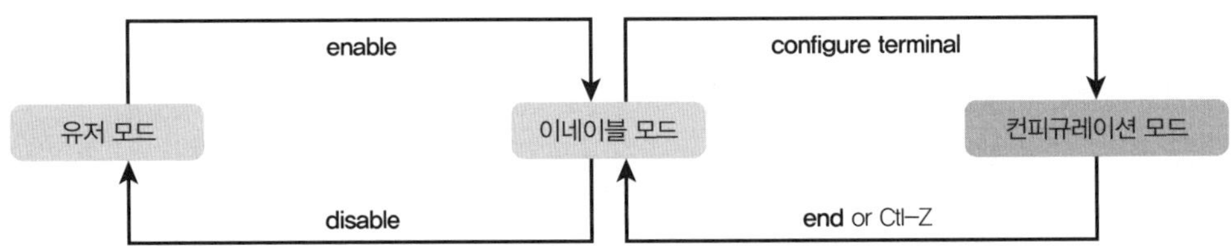

[그림 6-7] CLI 컨피규레이션 모드와 EXEC 모드 비교

컨피규레이션 모드에서 입력한 명령어들은 현재의 컨피규레이션 파일을 변경한다. 이러한 컨피규레이션 변경은 명령어의 끝에 엔터 키를 누를 때, 즉시 일어난다. 그러므로 컨피규레이션 명령을 입력할 때는 항상 주의해야 한다!

컨피규레이션 하부 모드와 컨텍스트

컨피규레이션 모드는 자체적으로 다양한 명령어들을 포함한다. 컨피규레이션 과정을 구조화하기 위해 IOS는 특정 종류의 컨피규레이션 명령어들을 몇 개의 그룹으로 나눈다. 이를 위해 컨피규레이션 모드를 사용할 때 초기 모드(글로벌 컨피규레이션 모드, global configuration mode)에서 시작하여 하부 명령어 모드들로 이동한다. 컨텍스트 설정 명령어(context-setting commands)는 하나의 하부 컨피규레이션 모드에서 또 다른 모드로 이동하도록 한다. 이러한 컨텍스트 설정 명령은 스위치에게 다음으로 입력할 소수의 명령어들을 예고한다. 보다 중요한 것은, 컨텍스트는 지금 당장의 관리자의 설정 영역을 스위치에게 알려주고, 명령어 입력 화면의 어디에서든 '?' 키를 입력하여 도움을 요청하면 스위치는 해당 위치에서 입력 가능한 모든 명령어들을 알려준다.

> **NOTE** 콘텍스트-설정(Context-setting)은 시스코 용어가 아니다. 컨피규레이션 모드를 이해하기 위해 사용하는 것일 뿐이다.

하부 컨피규레이션 모드에 대한 최선의 학습 방법은 이들을 사용해보는 것이다. 먼저 다음 예를 보자. 'interface' 명령은 가장 일반적인 컨텍스트 설정 명령이다. CLI 사용자는 'interface FastEthernet 0/1' 명령을 입력하여 인터페이스 컨피규레이션 모드에 들어간다. 인터페이스 컨피규레이션 모드에서 헬프(?키) 기능을 사용하면 이더넷 인터페이스를 설정할 때 사용 가능한 명령어들만 보여준다. 이 컨텍스트에서 사용하는 명령어들은 하부 명령어들(sub-commands)이라고 하는데, 이 경우는 특별히 인터페이스 하부 명령어들(interface sub-commands)이라고도 한다. 실제 장치로 CLI를 통해 연습한다면 모드 들 간의 이동이 익숙해질 것이다. 이제 [예 6-4]를 보자.

- 이네이블 모드에서 글로벌 컨피규레이션 모드로 이동할 때는 **configure terminal** 명령을 사용한다.
- 스위치의 이름을 설정하기 위해 **hostname Fred** 글로벌 컨피규레이션 명령을 사용한다.
- 글로벌 컨피규레이션 모드에서 콘솔 라인 컨피규레이션 모드로 이동할 때는 **line console 0** 명령을 사용한다.
- 콘솔 패스워드를 **hope** 으로 설정하려면, **password hope** 이라는 라인 하부 명령어를 사용한다.
- 콘솔 컨피규레이션 모드에서 인터페이스 컨피규레이션 모드로 이동할 때는 **interface type number** 명령을 사용한다.
- 인터페이스 Fa0/1에 속도를 설정할 때는 **speed 100** 인터페이스 하부 명령을 사용한다.
- 인터페이스 컨피규레이션 모드에서 다시 글로벌 컨피규레이션 모드로 이동할 때는 **exit** 명령을 사용한다.

```
Switch# configure terminal
Switch(config)# hostname Fred
Fred(config)# line console 0
Fred(config-line)# password hope
Fred(config-line)# interface FastEthernet 0/1
Fred(config-if)# speed 100
Fred(config-if)# exit
Fred(config)#
```

[예 6-4] 다른 설정 모드 간의 이동

명령어 프롬프트 내부의 괄호 안의 문자는 설정 모드를 알려준다. 예를 들어 컨피규레이션 모드에 들어간 뒤 첫 번째 명령어 프롬프트가 '(config)'이고, 글로벌 컨피규레이션 모드에 들어와 있음을 의미한다. 'line console 0' 명령을 입력하면, 문자는 '(config-line)'으로 늘어나는데, 이것은 라인 컨피규레이션 모드(line configuration mode)에 들어와 있음을 의미한다. 컨피그 모드 내부에서 명령어 프롬프트가 바뀔 때마다, 다른 컨피규레이션 모드로 이동한 것이다.

[표 6-4]는 컨피규레이션 모드의 대부분의 일반적인 명령어 프롬프트, 이러한 모드들에 접근할 수 있도록 하는 컨텍스트 세팅 명령어들을 보여준다.

프롬프트	모드의 이름	이 모드에 접속하기 위한 컨텍스트 세팅 명령어
hostname(config)#	글로벌(Global)	없음(configure terminal 명령어 입력 시의 첫 번째 모드)
hostname(config-line)#	라인(Line)	line console 0 line vty 0 15
hostname(config-if)#	인터페이스(Interface)	interface type number
hostname(vlan)#	VLAN	vlan number

[표 6-4] 일반적인 스위치 컨피규레이션 모드들

다른 컨피규레이션 모드들 간에 이동하고, 다시 이네이블 모드로, 다시 컨피규레이션 모드로 이동하는데 익숙해질 때까지 연습해야 한다. 앞으로 책을 통해 실습을 실행하면서 익숙해질 것이다. 현재로서는 [그림 6-8]이 [표 6-8]에서 표시한 글로벌 컨피규레이션 모드와 네 개의 컨피규레이션 서브 모드 간의 이동 방법을 보여준다.

> **NOTE** 컨피규레이션 하부 모드에서 다른 모드로 글로벌 컨피규레이션 모드로 돌아갈 때 처음으로 사용하는 **exit** 명령어 없이 직접 이동할 수 있다. [그림 6-8]의 볼드체 명령어들을 사용하면 된다.

이러한 컨피규레이션 모드들에 대해 보다 깊이 살펴봐야 한다. 실습을 위해 책과 함께 제공되는 DVD에 있는' 피어슨 심 라이트(Sim Lite)' 소프트웨어를 설치하기 바란다. 이 안에 시뮬레

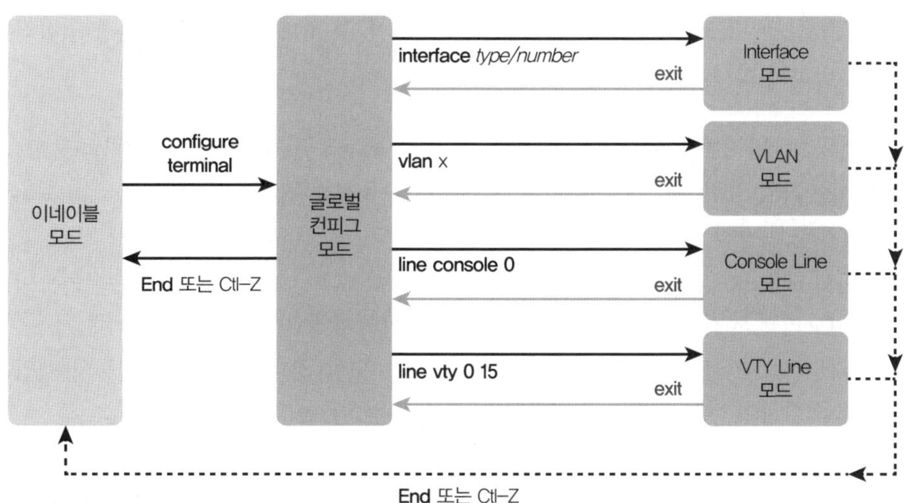

[그림 6-8] 스위치 컨피규레이션 모드들 간의 이동

이터와 실습 문제들이 있다. 어떤 실습 문제든 시작하여 지시를 무시하고 컨피규레이션 모드에 들어가서 [그림 6-8]에서 본 컨피규레이션 모드 사이를 이동해 보아야 한다.

어떤 명령이 글로벌 명령 혹은 하부 명령인 지에 대한 규칙은 존재하지 않는다. 하지만 일반적으로 다수의 패러미터를 단일 스위치에 설정할 때, 패러미터를 설정하기 위해 사용하는 명령은 컨피규레이션 하부 명령이다. 그리고 전체 스위치를 위해 한 번 설정되는 항목들은 보통 글로벌 명령이다. 예를 들어, **hostname** 명령은 스위치마다 하나의 호스트네임만 존재하므로 글로벌 명령어다. 반면, **speed** 명령은 각 스위치 인터페이스마다 다른 속도로 동작할 수 있기 때문에 인터페이스 하부 명령어다. 즉, 인터페이스 하부 명령어로써 설정돼 있는 특별한 인터페이스에 적용한다.

스위치 컨피규레이션(설정) 파일의 저장

스위치를 설정할 때, 컨피규레이션 파일을 사용할 필요가 있다. 스위치는 또한 전원이 꺼진 경우에도 컨피규레이션을 저장할 필요가 있다. 시스코 스위치에는 시스코 ISO가 운영되는 동안, 데이터를 저장하기 위해 RAM(random-access memory)을 사용한다. 그러나 스위치 전원이 꺼지거나 재부팅이 되면 RAM은 그 내용을 잃어버린다. 이것을 대비해 시스코 스위치는 몇 가지 유형의 영구적 메모리를 사용하는데 전통적인 디스크 드라이브와 같이 기계적으로 움직이는 부품은 없다. 이러한 부품들을 피함으로써 스위치는 보다 빠른 동작 시간과 안정성을 유지할 수 있다.

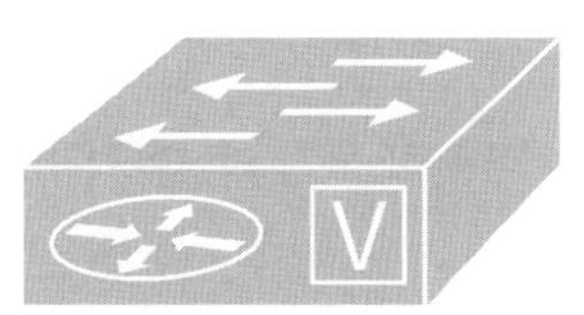

다음 리스트는 시스코 스위치가 가진 네 가지 주요 유형의 메모리에 대해 가장 일반적인 사용 예를 포함하여 자세히 살펴본다.

- **RAM:** 때때로 DRAM(dynamic random-access memory)이라 불림. 스위치의 RAM 사용 방식은 작업 공간으로 사용하여 다른 컴퓨터와 동일하다. 운용 중인(running, active) 컨피규레이션 파일은 여기에 저장된다.

- **플래시 메모리(Flash memory):** 스위치 내부의 칩 혹은 교체 가능한 메모리 카드인 플래시 메모리는 완전한 기능을 하는 시스코 IOS 이미지를 저장하고, 부팅할 때 시스코 IOS를 가져오는 기본적인 장소다. 플래시 메모리는 또한 컨피규레이션 파일들의 백업 복사본을 포함하여 다른 파일들을 저장하기 위해 사용할 수도 있다.

- **ROM:** ROM(Read-only memory)은 스위치가 처음 켜지면 로딩되는 부트스트랩(bootstrap 혹은 boothelper) 프로그램을 저장한다. 부트스트랩 프로그램은 완전한 시스코 IOS 이미지를 찾고, 시스코 IOS가 스위치에 대한 운용 책임을 갖는 RAM으로 로딩하는 과정을 관리한다.

- **NVRAM:** NVRAM(Nonvolatile RAM)은 스위치가 초기에 전원을 켜거나 재부팅될 때, 사용되는 초기 혹은 스타트업 컨피규레이션 파일을 저장한다.

[그림 6-9]는 기억과 학습을 위해 보다 간단하고 편리한 형식으로 동일한 정보를 요약한다.

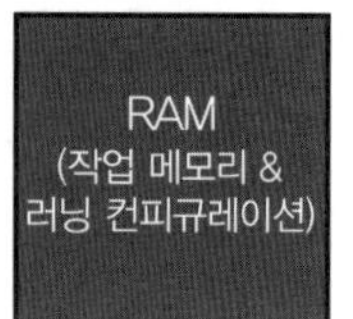

[그림 6-9] 시스코 스위치 메모리 유형

시스코 IOS는 컨피규레이션 파일에 명령어들을 저장한다. 사실, 스위치는 다수의 컨피규레이션 파일들 즉, 전원이 켜질 때 사용하는 초기 컨피규레이션을 위한 하나의 파일(스타트업-컨피그)과 RAM에 저장되어 현재 실행중인 러닝 컨피규레이션으로 사용되는 또 하나의 컨피규레이션 파일을 사용한다. [표 6-5]는 이러한 두 파일들의 이름, 그들의 목적과 저장 위치를 설명한다.

컨피규레이션 파일 이름	목적	저장 공간
스타트업-컨피그 (startup-config)	스위치가 시스코 IOS를 시작(reload)할 때 사용하는 초기 컨피규레이션을 저장한다.	NVRAM
러닝 컨피그 (running-config)	현재 사용하는 컨피규레이션 명령어들을 저장한다. 이 파일들은 사용자가 컨피규레이션 모드에서 명령어를 입력할 때마다 자동으로 변경된다.	RAM

[표 6-5] 두 시스코 IOS 컨피규레이션 파일들의 이름과 목적

분명한 것은 컨피규레이션 모드에서 단지 러닝-컨피그 파일만 변경 가능하다. 이것은 앞에서 살펴본 컨피규레이션 [예 6-4]는 단지 러닝-컨피그 파일만 수정한다는 것을 의미한다. 하지만 스위치는 이 예의 명령을 입력한 뒤에 바로 전원이 꺼지면, 모든 컨피규레이션을 잃어버리게 된다. 해당 컨피규레이션을 유지하려면 러닝-컨피그 파일을 NVRAM으로 복사해야 한다. 이 과정을 통해 기존 스타트업-컨피그 파일에 덮어쓰기를 하게 된다.

[예 6-5]는 컨피규레이션 모드에서 사용하는 명령어들이 RAM 내에서 실행 중인 컨피규레이션만 변경한다는 것을 설명한다. 이 예는 다음 개념과 단계들을 보여준다:

단계 ① 이 예는 **hostname hannah** 명령에 의해 동일한 호스트네임을 갖는 러닝과 스타트업 컨피그로 시작한다.

단계 ② 호스트네임은 컨피규레이션 모드에서 **hostname jessie** 명령을 사용하여 호스트네임이 변경되었다.

단계 ③ **show running-config**와 **show startup-config** 명령은 현재 호스트네임이 다르다는 사실을 보여준다. 이것은 **hostname jessie**란 명령이 러닝-컨피그에만 발견될 수 있기 때문이다.

```
! 단계 1 (두 명령어)
!
hannah# show running-config
! (라인 생략)
! hostname hannah
! (나머지 라인들 생략됨)
hannah# show startup-config
! (라인 생략)
! hostname hannah
! (나머지 라인들 생략됨)
! 단계 2 명령어 이후에 명령 프롬프트가 즉각 변경됨.
! the hostname command

hannah# configure terminal
hannah(config)# hostname jessie
jessie(config)# exit
! 단계 3 (두 명령어)
!
jessie# show running-config
! (라인 생략) - hostname 명령을 가진 부분만 보여줌.
hostname jessie
!
jessie# show startup-config
! (라인 생략) - hostname 명령을 가진 부분만 보여줌.
hostname hannah
```

[예 6-5] 컨피규레이션 모드 명령어가 스타트업-컨피그 파일이 아니라 러닝-컨피그 파일을 변경하는 방법

컨피규레이션 파일의 복사와 삭제

컨피규레이션을 하면 러닝 컨피그(running-config) 파일이 변경된다. 러닝 컨피그 파일은 라우터가 전원이 꺼졌다 켜지거나 재부팅하면 유실된다. 명확한 것은 IOS는 실행 중인 컨피규레이션 파일이 유실되지 않도록 복사해두어 스위치가 재부팅하거나 켜질 때 사용할 수 있어야 한다. 예를 들어, [예 6–5]는 'hostname jessie' 명령이 보이는 러닝 컨피규레이션(running configuration, 현재 RAM에 존재하여 적용 중인 컨피규레이션 파일)과 스타트업 컨피규레이션 (startup configuration, NVRAM에 존재하여 저장 중인 컨피규레이션 파일)이 다름을 보여준다.

즉, EXEC 명령어 'copy running-config startup-config'는 러닝 컨피그 파일을 스타트업 컨피그 파일로 백업 저장한다. 이 명령어는 현재의 스타트업 컨피그 파일을 현재의 러닝 컨피규레이션 파일로 덮어쓰기 한다.

한편, 실습에서 기존의 모든 컨피규레이션을 삭제하고 처음부터 다시 컨피규레이션 해야할 때도 있다. 이것을 위해 다음 3가지 명령 중 하나를 사용하여 스타트업 컨피그 파일을 삭제할 수 있다.

```
write erase
erase startup-config
erase nvram:
```

스타트업 컨피그 파일이 삭제되면, 스위치 파워를 껐다 켜거나 reload 명령으로 재부팅하면, 빈 상태의 스타트업 컨피규레이션으로 부팅할 것이다

시스코 IOS는 러닝 커피그 파일의 내용을 삭제시키는 명령이 없기 때문에 스타트업 컨피그 파일을 삭제하고, 스위치를 재부팅하면 RAM에 상주하는 러닝 컨피그 파일이 삭제된다.

> **NOTE** 시스코는 대부분의 PC 운영 체제가 리부팅(rebooting) 혹은 재시작(restart)이라 부르는 것을 리로드 (reload)란 용어를 사용하며 이것은 소프트웨어를 재시작하는 것을 뜻한다. reload EXEC 명령은 스위치를 재 시작하는 것이다.

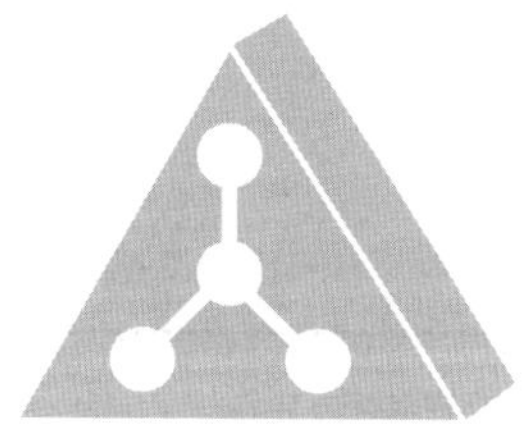

챕터 리뷰

좋은 시험 결과를 위해서 리뷰 세션에 대한 복습이 중요하다. 책이나 DVD의 툴 혹은 책의 동반자 웹 사이트에서 찾을 수 있는 대화형 툴을 활용하여 이 장의 자료들을 리뷰하기 바란다. 특히, 서론의 '단계② 챕터 위주의 학습 습관을 만들어라'라는 제목의 '당신의 학습 계획'을 참조하기 바란다. [표 6-6]은 핵심 리뷰 요소들과 자료 출처들을 보여준다. 학습 과정에 대해 보다 나은 추적을 위해 두 번째 열에 완료 날짜를 기록하도록 한다.

리뷰 항목	완료 날짜	자료 출처
핵심 주제 리뷰		책, DVD/웹 사이트
핵심 용어 리뷰		책, DVD/웹 사이트
사전 점검 퀴즈 반복		책, PCPT
메모리 테이블 리뷰		책, DVD/웹 사이트
명령어 테이블 리뷰		책

[표 6-6] 챕터 리뷰 확인

핵심 주제 복습

핵심 주제	설명	페이지
그림 6-2	스위치 CLI에 대한 세 가지 접속 방법들	133
그림 6-3	콘솔 커넥션에 대한 케이블링 옵션들	134
리스트	시스코 스위치의 기본 콘솔 포트 설정 값들	135
그림 6-7	유저, 이네이블과 글로벌 컨피규레이션 모드 간의 이동	142
표 6-4	컨피규레이션 모드 프롬프트들, 컨피규레이션 모드의 이름과 각 모드로 이동하기 위한 명령어	144
그림 6-8	컨피규레이션 모드들 간의 이동 명령어들	145
표 6-5	스위치 또는 라우터 내부에 있는 두 개의 컨피규레이션 파일의 이름과 목적	146

[표 6-7] 6장의 핵심 주제들

핵심 용어

CLI(command-line interface), 텔넷, SSH(Secure Shell), 이네이블 모드(enable mode), 유저 모드(user mode), 컨피규레이션 모드(configuration mode), 스타트업-컨피그 파일(startup-config file), 러닝-컨피그 파일(running-config file)

[표 6-8]과 [표6-9]는 이 장에서 사용하는 컨피규레이션과 확인 명령어들을 보여준다. 연습을 위해 표의 왼쪽 행을 가리고, 오른쪽 행을 읽고 해당 명령을 보지 않고 기억해보도록 한다. 다음으로 오른쪽 행을 덮고 명령이 무엇인지를 기억하는 연습을 반복한다.

명령어	모드 및 목적
line console 0	콘솔 컨피규레이션 모드로 이동시키는 글로벌 명령어.
login	라인(콘솔 및 vty) 컨피규레이션 모드. IOS에게 패스워드 프롬프트를 제시하게 한다(유저네임은 제외).
password *pass-value*	라인(콘솔 및 vty) 컨피규레이션 모드. login 명령어(다른 파라미터 없이)가 설정되었을 때, 로그인을 위해 필요한 패스워드를 설정함.
interface *type port-number*	인터페이스 모드로 이동시키는 글로벌 명령어–예를 들어, interface FastEthernet 0/1.
hostname *name*	스위치의 명령어 프롬프트에서 첫 번째로 사용되는 스위치의 호스트네임을 설정하는 글로벌 명령어.
exit	컨피규레이션 모드에서 빠져나가게 하는 명령어.
end	컨피규레이션 모드에서 빠져나가거나 컨피규레이션 하부 모드에서 이네이블 모드로 빠져나가게 하는 명령어.
Ctrl+Z	이것은 명령어라기 보다는, end 명령어와 동일한 기능을 갖는 두 키 조합(Ctrl + Z 키).

[표 6–8] 6장 설정 명령어들

명령어	모드 및 목적
no debug all undebug all	현재의 모든 구동된 디버그들을 비활성화 하는 이네이블 모드 EXEC 명령
reload	스위치 또는 라우터를 재부팅하기 위한 이네이블 EXEC 명령어
copy running–config startup–config	현재의 러닝–컨피그를 스위치가 시작할 때 사용하는 스타트업–컨피그로 대체하는 이네이블 모드 EXEC 명령어
copy startup–config running–config	스타트업–컨피그 파일을 RAM에서 현재 사용중인 컨피그 파일과 합치는 이네이블 모드 EXEC 명령어
show running–config	러닝–컨피그 파일의 내용을 보여준다.
write erase erase startup–config erase nvram:	이러한 이네이블 모드 EXEC 명령어들은 스타트업–컨피그 파일을 삭제한다.
quit	CLI 세션에 대한 사용자의 연결을 끊는 EXEC 명령어
show startup–config	스타트업–컨피그(초기 컨피그) 파일의 내용을 보여준다.
enable	유저 모드에서 이네이블(프리빌리지드) 모드로 사용자를 이동시키고, 설정되었다면 패스워드 입력을 위한 프롬프트를 보일 것이다.
disable	이네이블 모드에서 유저 모드로 사용자를 이동시킴.
configure terminal	컨피규레이션 모드로 사용자를 이동시키는 이네이블 모드 명령어

[표 6–9] 6장 EXEC 명령어 참조

Chapter 7
이더넷 LAN 스위칭 분석

이 장은 다음 시험 주제를 다룬다.

2.0 LAN 스위칭 기술들
2.1 스위칭 개념들에 대한 설명과 확인

2.1.a MAC 러닝과 에이징

2.1.b 프레임 스위칭

2.1.c 프레임 플러딩

2.1.d MAC 주소 테이블

시스코 카탈리스트 이더넷 스위치를 구입하면, 스위치는 이미 동작할 순비가 돼있다. 그러므로 스위치를 박스에서 꺼내서 연결하고 전원을 켠 다음, 호스트와 스위치를 정확한 UTP(unshielded twisted-pair) 케이블로 연결하면 된다. 콘솔 연결과 로그인을 통한 설정 없이도 동작한다. 즉, 스위치는 이더넷 프레임을 스위칭하기 시작한다.

이 책의 Part II에서는 이더넷 LAN들을 구축하고, 설정하고 동작을 확인하는 방법을 배울 것이다. 6장 'CLI(command-line interface) 활용'에서, 스위치의 CLI에 접속하고 이동하는 방법, 명령어를 입력하는 방법과 스위치를 설정하는 방법을 살펴보았다. 이 장은 스위치가 이더넷 프레임을 전달하는 로직을 살펴보는 가장 중요한 단계다.

이 장은 두 개의 중요한 섹션으로 구성되었다. 첫 번째는 2장 '이더넷 LAN 기초'에서 처음으로 소개했던 LAN 스위치의 배후 개념을 다시 살펴본다. 이 장의 두 번째 섹션은 시스코 스위치들이 MAC 주소들을 실제로 학습하였는지 즉, MAC 주소 테이블을 만들고, 프레임을 전송했는지를 확인하는 IOS 명령어를 보여준다.

이 장의 학습을 위해 필요한 시간을 가늠하기 위해 다음 시험(이 페이지나 PCPT 소프트웨어를 사용 가능)을 보기 바란다. 정답은 퀴즈 다음 페이지의 아랫 부분에 나와 있고, 설명은 DVD 부록 C와 PCPT 소프트웨어에 있다.

핵심 주제 섹션	해당 문제
LAN 스위칭 개념	1-4
이더넷 스위칭 확인 및 분석	5-6

[표 7-1] 사전 점검 퀴즈의 핵심 주제와 문제

1. 다음 중 스위치가 알려진 MAC 주소를 향하는 프레임을 처리하는 방식을 설명하는 것은?

   a. 스위치는 유니캐스트 목적지 주소와 브릿징 혹은 MAC 주소 테이블과 비교한다.

   b. 스위치는 유니캐스트 출발지 주소와 브릿징 혹은 MAC 주소 테이블과 비교한다.

   c. 스위치는 수신 인터페이스를 제외하고 동일한 VLAN에 소속된 모든 인터페이스 외부로 프레임을 내보낸다.

   d. 스위치는 목적지 IP 주소와 목적지 MAC 주소를 비교한다.

   e. 스위치는 MAC 주소 테이블의 출발지 MAC 주소와 프레임의 수신 인터페이스를 비교한다.

2. 다음 중 LAN 스위치가 브로드캐스트 MAC 주소로 프레임을 보내는 과정을 설명하는 것은?

   a. 스위치는 유니캐스트 목적지 주소와 브릿징 혹은 MAC 주소 테이블과 비교한다.

   b. 스위치는 유니캐스트 출발지 주소와 브릿징 혹은 MAC 주소 테이블과 비교한다.

   c. 스위치는 수신 인터페이스를 제외하고 동일한 VLAN에 소속된 모든 인터페이스 외부로 프레임을 내보낸다.

   d. 스위치는 목적지 IP 주소와 목적지 MAC 주소를 비교한다.

   e. 스위치는 MAC 주소 테이블의 출발지 MAC 주소와 프레임의 수신 인터페이스를 비교한다.

3. 다음 중 스위치가 알려지지 않은 유니캐스트 주소를 향하는 프레임을 처리하는 과정을 설명하는 것은?

   a. 스위치는 수신 인터페이스를 제외하고 동일한 VLAN에 소속된 모든 인터페이스 외부로 프레임을 내보낸다.

   b. 스위치는 MAC 주소 테이블의 정보에 일치하는 하나의 인터페이스로 프레임을 내보낸다.

   c. 스위치는 목적지 IP 주소와 목적지 MAC 주소를 비교한다.

   d. 스위치는 MAC 주소 테이블의 출발지 MAC 주소와 프레임의 수신 인터페이스를 비교한다.

4. 다음 중 새로운 MAC 주소를 MAC 주소 테이블에 추가할지를 결정할 때, 스위치가 비교하는 것은?

a. 스위치는 유니캐스트 목적지 주소를 브릿징 혹은 MAC 주소 테이블과 비교한다.

b. 스위치는 유니캐스트 출발지 주소를 브릿징 혹은 MAC 주소 테이블과 비교한다.

c. 스위치는 VLAN ID를 브릿징 혹은 MAC 주소 테이블과 비교한다.

d. 스위치는 유니캐스트 목적지 IP 주소의 ARP 캐시 정보를 브릿징 혹은 MAC 주소 테이블과 비교한다.

5. 시스코 카탈리스트 스위치는 0/1에서 0/24까지의 번호를 갖는 24개의 10/100 포트를 갖는다. 네트워크에 데이터를 보내는 동작 중인 10개의 PC들이 10개의 가장 낮은 숫자의 포트에 연결되어 있다. 다른 포트들은 어떤 장치와도 연결되어 있지 않다. 다음 응답들 중 무엇을 **show interfaces status** 명령을 통해 확인할 수 있나?

a. 포트 Ethernet 0/1은 커넥티드 상태다.

b. 포트 Fast Ethernet 0/11은 커넥티드 상태다.

c. 포트 Fast Ethernet 0/5는 커넥티드 상태다.

d. 포트 Ethernet 0/15는 낫커넥티드(notconnected) 상태다.

6. 시스코 카탈리스트의 다음 아웃풋을 고려해보자:

```
SW1# show mac address-table  dynamic
Mac Address table

-----------------------------------------------


Vlan    Mac Address        Type        Ports
----    -----------        -------     -----
1       02AA.AAAA.AAAA     DYNAMIC     Gi0/1
1       02BB.BBBB.BBBB     DYNAMIC     Gi0/2
1       02CC.CCCC.CCCC     DYNAMIC     Gi0/3
Total Mac Addresses for this criterion:  3
```

a. 아웃풋은 포트 Gi0/2가 02BB.BBBB.BBBB 주소를 사용하는 장치에 직접 연결된다는 것을 보여준다.

b. 스위치가 켜진 이후 세 개의 MAC 주소를 학습하였다.

c. 표시된 세 개의 MAC 주소는 스위치가 송신하는 프레임의 목적지 MAC 주소에 기초하여 학습된 것이다.

d. 02CC.CCCC.CCCC는 포트 Gi0/3로 들어가는 프레임의 출발지 MAC 주소로부터 학습한 것이다.

:: LAN 스위칭 개념들

현대의 이더넷 LAN은 [그림 7-1]과 같은 구성에서 일부 스위치들에 유저 장치뿐만 아니라 서버들이 연결되고, 스위치들 또한 서로 연결된다. 캠퍼스 LAN이라 불리는 LAN 일부는 그림의 왼쪽에서 보는 것처럼 엔드 유저들이 밀집된 곳이다. 엔드 유저 장치들은 LAN 스위치들에 연결되고, LAN 스위치들은 다른 스위치들과 차례로 연결되어 전체 네트워크에 대한 경로를 만든다. 엔드 유저와 가까운 배선함 내에 캠퍼스 LAN 스위치들이 배치되어 있다. 오른쪽에 유저들에게 정보를 제공하기 위해 사용되는 서버들이 LAN에 연결된다. 이러한 서버들과 스위치들은 유저들과 트래픽을 교환하도록 하는 캠퍼스 LAN과 연결된 데이터 센터(data center)라 불리는 보호된 공간에 위치한다.

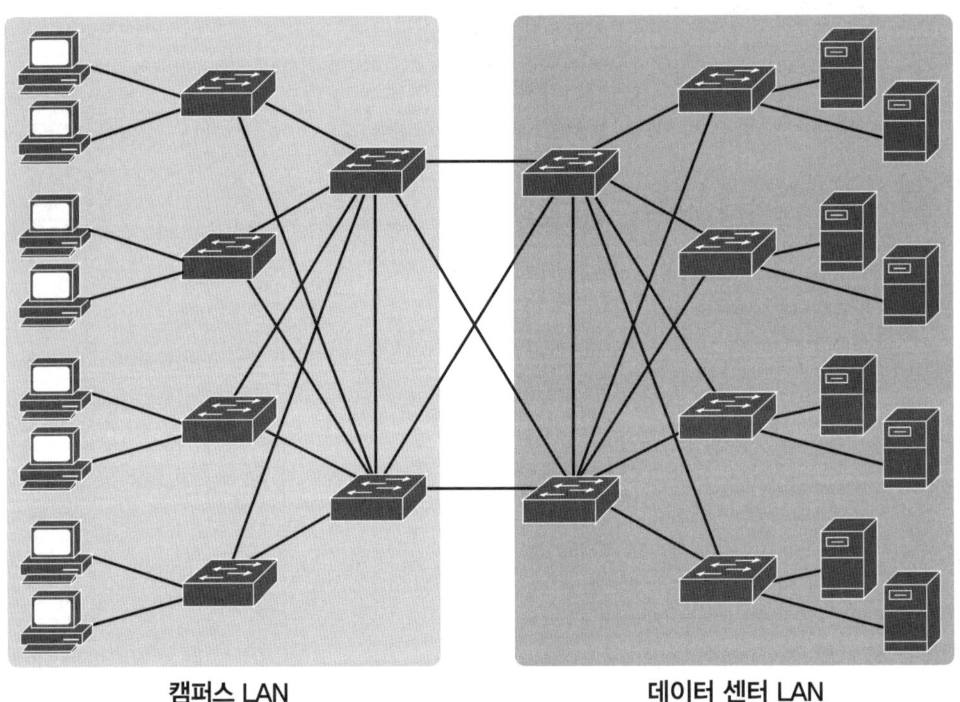

[그림 7-1] 캠퍼스 LAN과 데이터 센터 LAN 개념도

유저 장치에서 서버에게 혹은 반대로 트래픽을 전달하기 위해 각 스위치는 서로 독립적으로 같은 논리의 동작을 수행한다. 이 장의 첫 절반은 이 동작의 논리를 설명한다. 즉, 스위치가 이더넷 프레임을 보낼 곳을 선택하는 방법, 스위치가 보낼 곳을 정하지 못했을 때의 프레임 처리 방법 등을 다룬다.

스위칭 논리 개요

궁극적으로, LAN 스위치의 역할은 이더넷 프레임을 전달하는 것이다. LAN에는 일단의 유저 장치들, 서버들과 스위치들을 연결하는 기타 장치들, 서로 연결된 스위치들이 존재한다. LAN 스위치의 가장 중요한 일은 프레임을 정확한 목적지 MAC 주소에게 보내는 것이다. 이 목표를 위해 스위치들은 각 프레임의 이더넷 헤더의 출발지와 목적지 주소에 기초한 논리적인 프로세스를 사용한다.

LAN 스위치가 이더넷 프레임을 수신하면 스위칭을 한다. 즉, 프레임을 특정 포트로 내보내거나 프레임을 무시한다. 이 주요 임무를 위해 스위치는 3가지 동작을 수행한다.

① MAC 주소를 보고 프레임을 보낼 포트와 내보내지 않아야 할 포트를 결정한다.

② MAC 주소를 보고 스위칭 테이블을 만들고(MAC 주소를 학습하고) 프레임 스위칭을 준비한다.

③ STP(Spanning Tree Protocol)를 활용하여 2계층의 루프가 없는(loop-free) 스위칭 환경을 구성하여 목적지에게 한 프레임만 전송하도록 한다.

첫 번째 동작은 스위치의 가장 중요한 동작인 반면 나머지 두 동작은 부가 기능이다.

> **NOTE** 이 책의 전체적인 LAN 스위치에 대한 논의에서 '스위치 포트(switch port)'와 '스위치 인터페이스(switch interface)'라는 용어는 동의어다.

Chapter 2의 '이더넷 데이터 링크 프로토콜들' 섹션에서 이미 프레임 형식에 대해 이미 살펴보았지만, 이 부분은 이더넷 스위칭에 대한 논의를 위해 매우 중요하다. 이더넷 프레임을 다시 살펴보자. [그림 7-2]는 이더넷 프레임을 위한 가장 일반적인 형식을 보여준다. 기본적으로 스위치는 그림에 보이는 프레임을 수신하여 프레임을 어디로 보내야할지와 프레임을 보낼 인터페이스를 결정한다.

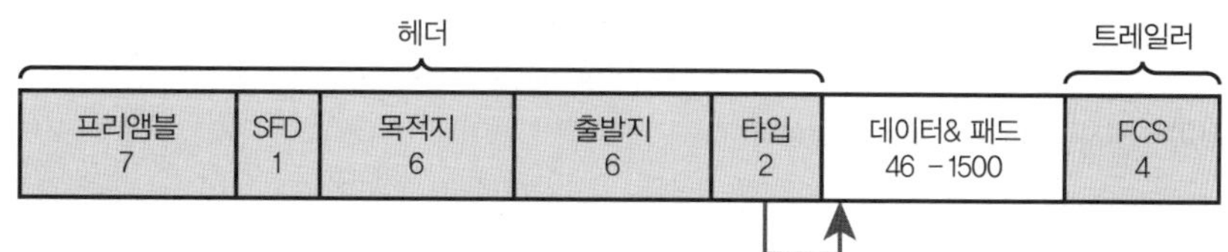

[그림 7-2] IEEE 802.3 이더넷 프레임(한 변형)

사전 점검 퀴즈 정답
1 A **2** C **3** A **4** B **5** C **6** D

이더넷 스위칭에 대한 다가올 논의와 그림들의 대부분은 헤더 내의 출발지와 목적지 MAC 주소의 사용에 중점을 둔다. 모든 이더넷 프레임들은 목적지와 출발지 MAC 주소를 갖는다. 둘 다 6바이트 길이(이 책에서는 12자리 16진수로 표시함)이고 이 섹션에서 논의하는 스위칭 논리의 핵심 부분이다. 이더넷 프레임의 나머지에 대해 보다 많은 정보를 위해 Chapter 2의 헤더에 대한 논의를 참조하기 바란다.

> **NOTE** 책과 함께 제공되는 DVD와 웹 사이트는 이더넷 스위칭의 기초를 설명하는 비디오를 포함한다.

이제 이더넷 스위칭의 동작 원리를 자세하게 살펴보자!

노운 유니캐스트 프레임(Known Unicast Frames)과 스위칭

프레임을 보낼 곳을 결정하기 위해 스위치는 MAC 주소별로 내보낼 인터페이스를 목록화한 동적인 테이블을 사용한다. 스위치는 스위치가 프레임을 보내야할지, 무시해야할지를 결정하기 위해 이 테이블과 프레임의 목적지 MAC 주소를 대조한다. 예를 들어, [그림 7-3]에서 프레드가 바니에게 프레임을 보내는 간단한 네트워크를 생각해보자.

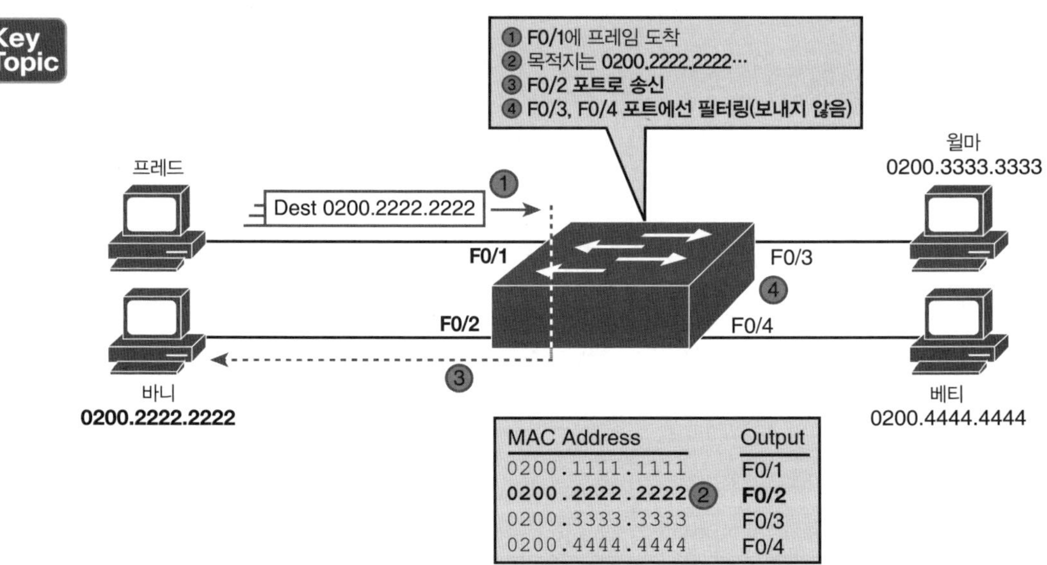

[그림 7-3] 스위치의 포워딩과 필터링 결정의 예

이 그림에서 프레드는 목적지 주소로 0200.2222.2222(Barney의 MAC 주소)인 프레임을 보낸다. 스위치는 MAC 주소 테이블에서 굵은 글씨로 표시된 목적지 MAC 주소(0200.2222.2222)를 찾는다. 여기에 일치하는 테이블 정보는 스위치에게 F0/2 포트로만 프레임을 전송하도록 한다.

스위치의 MAC 주소 테이블은 한 스위치에 상대적인 MAC 주소의 위치를 표시한다. 다수의 스위치를 가진 LAN에서, 각 스위치는 자신의 MAC 주소 테이블에 기초하여 독립적으로 스위칭을 수행한다. 스위치들이 함께 프레임을 전달함으로써 결과적으로 프레임이 목적지에 도착한다.

[그림 7-4]에서 프레드는 목적지 MAC 주소, 0200.3333.3333을 가진 프레임을 윌마에게 보내는 경우의 첫 번째 스위칭 결정을 보여준다. 이 구성은 앞선 그림과 비교하여 프레드와 윌마가 두 개의 다른 스위치에 각각 연결되었다는 점에서 차이가 있다. [그림 7-3]은 프레드가 프레임을 보냈을 때의 스위치 동작을 보여준다. 기본적으로 스위치는 F0/1 포트에 프레임을 수신하면 MAC 주소 테이블에서 목적지 주소(0200.3333.3333)를 발견하여 G0/1 포트를 찾고, 결과적으로 SW1은 G0/1 포트 밖으로 프레임을 보낼 것이다.

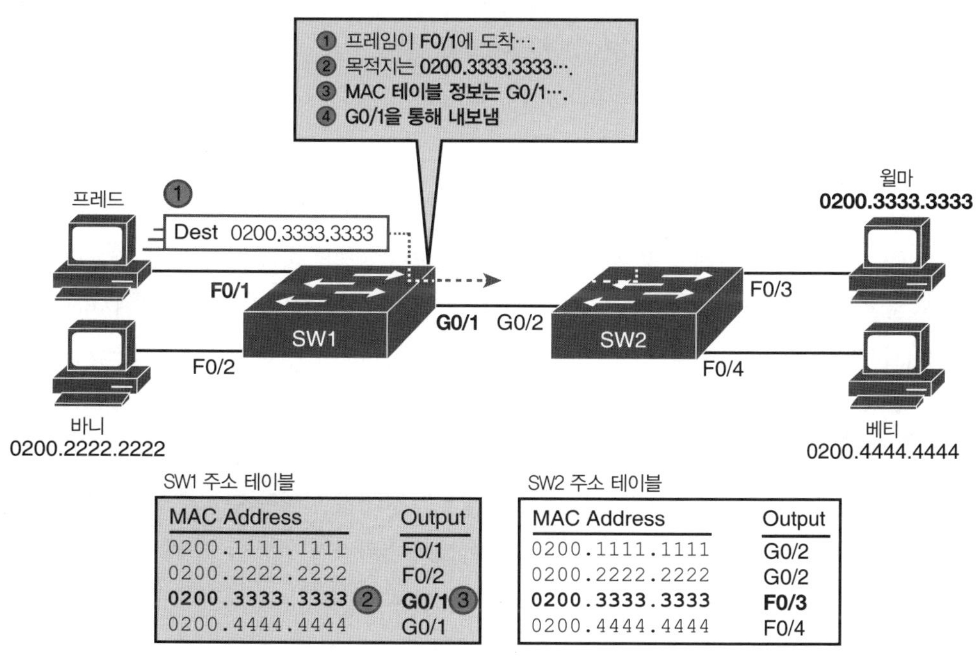

[그림 7-4] 두 스위치의 포워딩 결정: 첫 번째 스위치

다음으로, 동일한 프레임이 SW2 스위치의 G0/2 인터페이스에 도착한다. [그림 7-5]에서 보는 바와 같이 SW2는 SW2의 테이블을 활용하여 동일한 단계를 거친다. MAC 테이블은 해당 스위치 만을 위한 스위칭 기준이 된다. 이 경우, SW2 스위치는 SW2의 MAC 주소 테이블을 기준으로 F0/3 포트 밖으로 프레임을 내보낸다.

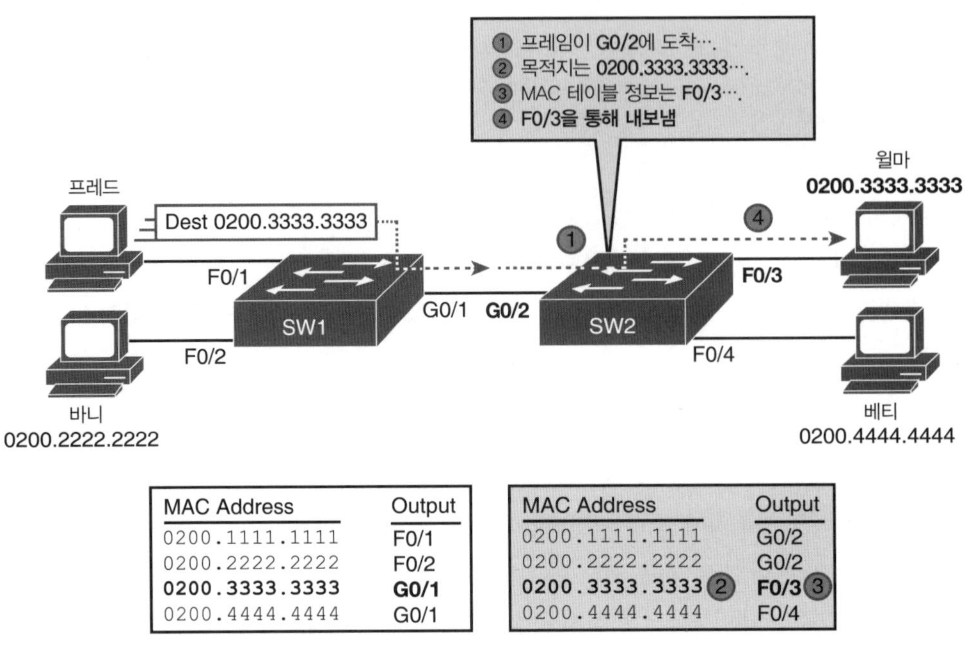

MAC Address	Output
0200.1111.1111	F0/1
0200.2222.2222	F0/2
0200.3333.3333	**G0/1**
0200.4444.4444	G0/1

MAC Address	Output
0200.1111.1111	G0/2
0200.2222.2222	G0/2
0200.3333.3333 ②	**F0/3** ③
0200.4444.4444	F0/4

[그림 7-5] 두 스위치의 포워딩 결정: 두 번째 스위치

> **NOTE** 스위치는 특정 포트들로는 프레임을 내보내지 않기로(차단하기로) 결정하기 때문에 스위치에 의한 스위칭을 전달 vs 차단(forward-versus-filter) 결정이라고도 한다.

지금까지 예들은 모든 MAC 주소들이 나열된 MAC 테이블을 가지는 스위치를 활용했다. 즉, 프레임 내의 목적지 MAC 주소는 스위치가 알고 있는 것이었다. 이 프레임을 노운(알려진) 유니캐스트(known unicast) 프레임 혹은 노운 유니캐스트라고 한다. 이들 예에서 본 것처럼, 스위치들은 노운 유니캐스트 프레임을 한 포트로 내보낸다. 이 포트들은 MAC 테이블에서 MAC 주소와 연결하여 목록화된다.

MAC 주소 학습

다행히도 네트워킹 관리자는 모든 MAC 주소 내용들을 직접 입력할 필요가 없다. 대신, 스위치들은 MAC 주소들과 인터페이스들을 주소 테이블에 입력하기 위한 두 번째 주요 기능을 수행한다. 완전한 MAC 주소 테이블을 가진 스위치는 설명한 바와 같이 정확하게 스위칭 기능을 수행할 수 있다.

스위치들은 수신되는 프레임과 그 프레임의 출발지 MAC 주소를 보고 주소 테이블을 만든다. 스위치가 프레임을 수신하고 출발지 MAC 주소가 MAC 주소 테이블에 존재하지 않으면, 스위치는 테이블에 정보를 추가한다. 테이블은 프레임이 들어온 인터페이스를 표시한다. 스위치의 학습 논리는 다음과 같이 간단하다.

[그림 7-6]은 [그림 7-3]과 같이 하나의 스위치 구성을 보여주는데, 현재 스위치는 어떤 주소 테이블도 만들지 못한 상태다. 그림은 해당 네트워크에서 보내진 첫 번째 두 프레임을 보여주는데, 첫 번째 프레임은 프레드에서 출발하여 바니에게 보내는 것이고, 두 번째 프레임은 바니에서 출발하여 프레드에게 보내지는 응답 프레임이다.

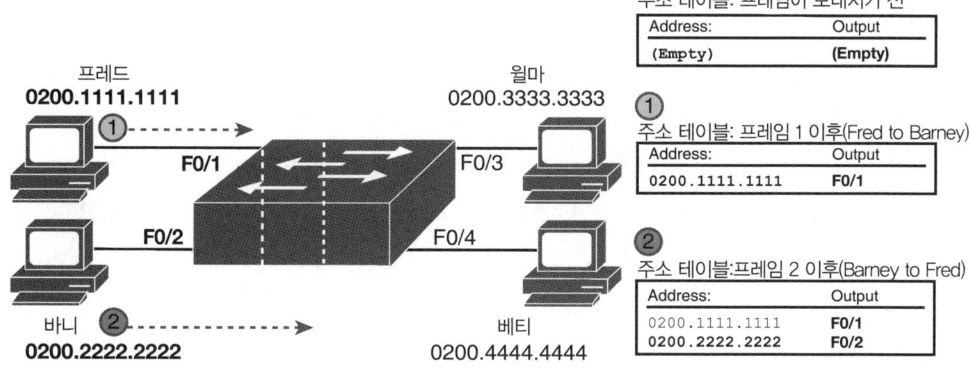

[그림 7-6] 스위치 학습: 빈 테이블에서 두 항목을 추가하는 과정

그림 [7-6]은 학습 과정[5] 즉, 그림의 오른쪽에 보이는 각 단계별로 MAC 테이블이 어떻게 만들어지는 지에 초점을 맞춘다([그림 7-6]은 MAC 학습 과정 만을 설명하고 스위치 프로세스는 생략하므로 목적지 MAC 주소를 무시한다).

프레드는 첫 번째 프레임(1번으로 표시됨)을 바니에게 보내고, 스위치는 이 프레임의 출발지 주소를 보고 F0/1 인터페이스에 프레드의 MAC 주소 0200.1111.1111을 추가한다. 왜 F0/1일까? 프레드가 보낸 프레임은 스위치의 F0/1 포트로 들어간다. SW1의 논리는 다음과 같다. 즉, 'F0/1인터페이스로 들어온 프레임의 출발지 MAC 주소는 0200.1111.1111이다. 따라서 내 시각에서는 0200.1111.1111은 F0/1 포트 밖으로 나가면 만날 수 있다.'

이 예에서 계속하여, 2단계에서 바니가 응답하면 스위치는 두 번째 정보를 추가한다. 즉, F0/2 인터페이스에 바니의 MAC 주소 0200.2222.2222를 추가한다. 왜 F0/2일까?

바니가 보낸 프레임은 스위치의 F0/2 인터페이스로 들어간다. 학습은 프레임을 수신한 포트에 프레임의 출발지 MAC 주소를 맵핑하여 이루어진다.

언노운 유니캐스트와 브로드캐스트에 대한 플러딩(Flooding)

다시 [그림 7-5]의 토폴로지(topology)를 사용해 스위칭 프로세스를 살펴보자. 스위치가

---

[5] 학습 과정: 스위칭 테이블을 만드는 과정이다. 스위치는 포트에 수신되는 프레임의 출발지 MAC 주소를 보고 해당 포트에 연결된 장치의 MAC 주소를 알아낸다. 시스코 스위치에서 스위칭 테이블을 확인하는 명령은 show mac-address-table이다.

MAC 주소 테이블을 만들지 못한 상태에서 프레드의 첫 번째 프레임을 수신했을 때, 스위치가 무엇을 하는지를 생각해보았는가? 테이블에 일치하는 항목이 없다면 스위치들은 프레임이 들어온 인터페이스를 제외한 모든 다른 인터페이스들로 프레임을 내보내는데, 이 프로세스를 '플러딩(flooding)'이라 한다. 그리고 프레임의 목적지 주소가 스위칭 테이블에 존재하지 않을 때 언노운(알려지지 않은) 유니캐스트 프레임(unknown unicast frame) 혹은 간단히, 언노운 유니캐스트(unknown unicast)라고 한다.

스위치들은 언노운 유니캐스트 프레임들을 플러딩한다. 플러딩은 스위치가 프레임을 수신한 포트를 제외한 모든 포트들로 프레임의 복사본들을 내보내는 것이다. 개념은 간단하다. 프레임을 전송하기 위해 어디로 보내야할지를 모른다면 모든 곳으로 보낸다. 그런데 플러딩된 프레임을 수신한 장치가 응답 프레임을 보낸다면, 스위치는 해당 장치의 MAC 주소를 학습하고 미래에 해당 MAC 주소를 향하는 프레임이 도착하면 해당 포트로만 내보내는 스위칭을 한다. 이때의 프레임은 노운 유니캐스트 프레임이 된다.

또한 스위치들은 LAN 내의 모든 장치에게 보내야 하는 LAN 브로드캐스트 프레임(이더넷 브로드캐스트 주소 , FFFF.FFFF.FFFF가 목적지인 프레임)들도 플러딩한다.

예를 들어, [그림 7-7]은 프레드가 보낸 첫 번째 프레임을 받았지만 스위치의 MAC 테이블이 비었을 때를 보여준다. 단계① 에서 프레드는 프레임을 보낸다. 단계② 에서 스위치는 3개의 다른 모든 인터페이스들로 프레임의 복사본을 보낸다.

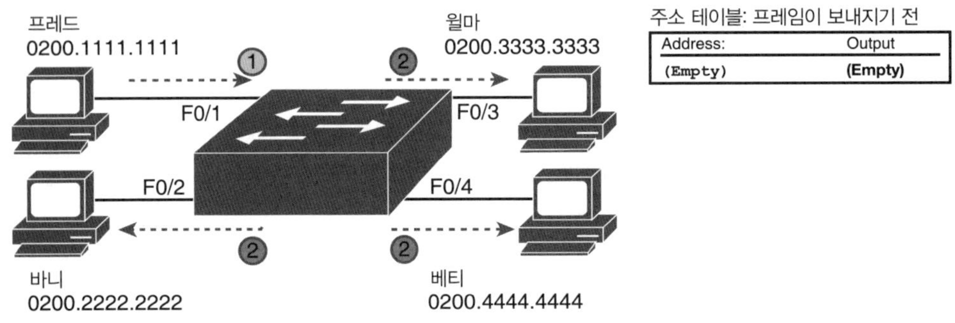

[그림 7-7] 스위치 플러딩: 언노운 유니캐스트가 도착하면 다른 포트들로 플러딩함

STP(Spanning Tree Protocol)에 의한 루프 방지

LAN 스위치의 세 번째 주요 기능은 STP에 의한 루프(loop) 방지다. STP가 없다면 플러딩되는 프레임은 물리적으로 이중화된 링크들을 가진 이더넷 네트워크에서 계속해서 프레임의 루프(loop, 순환)가 발생한다. 프레임의 루프를 방지하기 위해, STP는 일부 포트들을 차단하여(blocking) 프레임이 순환하지 않도록 하기 때문에 이중화된 LAN 환경에서는 단지 하나의 경로만 살아있게 된다.

STP는 훌륭하다. 프레임이 무한대로 순환하지 않도록 함으로써 LAN을 사용가능하게 한다. 그러나 STP는 중복된 대안 링크들을 동시에 사용하기 위해서는 특별한 설정이 추가돼야 한다는 부정적인 특징들도 가지고 있다. 간단한 예가 STP의 필요성을 보다 명확하게 한다. 스위치가 언노운 유니캐스트 프레임과 브로드캐스트 프레임을 플러딩한다는 것을 상기하기 바란다. [그림 7-8]은 래리가 밥에게 보내는 언노운 유니캐스트 프레임을 보여준다. 이 프레임은 STP가 없다면 대안 경로를 가지는 네트워크 내에서 영원히 순환할 것이다.

이 그림은 단지 복잡함을 피하기 위해 한 방향의 프레임 루프를 보여주지만, 실제로는 반대 방향으로도 프레임의 복사본은 순환한다.

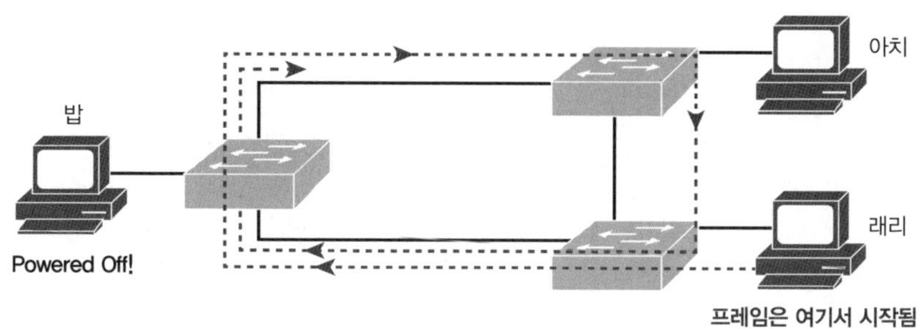

[그림 7-8] STP가 없는 중복 경로를 가진 네트워크(영원한 프레임 순환 발생)

스위치들이 주소 테이블에 밥의 MAC 주소를 가지지 못해 각 스위치는 이 프레임을 플러딩하게 되고, 이 프레임의 플러딩은 3대의 스위치들 간에 순환하도록 한다. 플러딩 프로세스가 언노운 유니캐스트와 브로드캐스트를 전달하기 위한 훌륭한 메커니즘인 반면, 그림과 같이 프레임의 연속적인 플러딩은 결국 네트워크의 특정 부분을 사용할 수 없게 하여 LAN에 치명적인 컨제스천(congestion)을 일으킨다.

[그림 7-8]과 같이 대안 링크들을 가진 구성은 훌륭하긴 하지만, 프레임 순환의 부정적인 효과를 차단할 필요가 있다. 2계층 루프를 방지하기 위해 모든 스위치들은 STP를 사용해야 한다. STP가 스위치의 각 인터페이스를 블로킹(blocking) 또는 포워딩(forwarding) 상태에 두도록 한다. 블로킹 상태는 인터페이스가 데이터 프레임을 송수신할 수 없는 상태를 의미하고, 포워딩 상태는 인터페이스가 데이터 프레임을 송수신할 수 있는 상태를 의미한다. 인터페이스 중 일부 포트가 적정하게 차단되면 단지 하나의 경로만이 LAN들 간에 존재한다.

> **NOTE** STP는 트랜스페어런트 브릿지와 스위치에서 동일하게 동작한다. 그러므로 브릿지, 스위치, 브릿징 장치는 모두 STP를 토론할 때 대신 사용할 수 있다.

시스코의 CCNA Routing and Switching ICND2 200-105 공인 자격 가이드는 어떻게 STP가 루프를 방지하는 지에 대해 자세하게 설명한다.

LAN 스위칭 요약

스위치는 프레임을 처리하기 위해 이더넷 데이터 링크 헤더를 보고 2계층 논리를 적용한다. 특히 스위치는 프레임을 보내고 차단하고, MAC 주소를 학습하고, 루프(loop)를 방지하고, STP를 사용하기 위해 다음과 같이 결정한다.

단계 ① 스위치는 목적지 MAC 주소에 기초하여 프레임을 보낸다.

    Ⓐ 목적지 MAC 주소가 브로드캐스트, 멀티캐스트, 알려지지 않은 목적지 주소를 가진 유니캐스트(목적지 주소가 MAC 스위칭 테이블에 존재하지 않는 유니캐스트)일 경우, 스위치는 프레임을 플러딩한다.

    Ⓑ 목적지 MAC 주소가 알려진 유니캐스트(목적지 주소가 MAC 테이블에 존재하는 유니캐스트)일 경우:

        ⓘ MAC 주소 테이블에서 MAC 주소를 학습한 인터페이스가 프레임을 수신한 인터페이스와 다르다면, 스위치는 프레임을 해당 인터페이스로 보낸다.

        ⓘⓘ MAC 주소 테이블에서 MAC 주소를 학습한 인터페이스가 프레임을 수신한 인터페이스와 동일하다면 스위치는 프레임을 차단한다.

단계 ② 스위치는 MAC 주소 테이블을 만들기 위해 다음과 같이 동작한다.

    Ⓐ 수신한 각 프레임에 대해 출발지 MAC 주소와 프레임을 수신한 인터페이스를 확인한다.

    Ⓑ MAC 주소 테이블에 존재하지 않는 정보라면, MAC 주소와 MAC 주소를 학습한 인터페이스를 추가한다.

단계 ③ 스위치는 일부 인터페이스들을 차단하여 루프를 방지하기 위해 STP를 사용한다. 이때 차단된 인터페이스는 프레임을 송수신하지 못한다.

∷ 이더넷 스위칭 확인 및 분석

시스코 카탈리스트 스위치는 프레임을 스위칭할 수 있는 준비가 된 채로 출시된다. 그러므로 전원 케이블과 이더넷 케이블을 연결하면 스위치는 수신 프레임들을 스위칭하기 시작한다. 다수의 스위치들을 서로 연결하면, 마찬가지로 스위치는 스위치들 간에 프레임을 스위칭한다. 이 기본 동작은 스위치의 기본 설정과 관련이 있다.

시스코 카탈리스트 스위치는 다음과 같은 설정 때문에 프레임 스위칭을 기본적으로 수행한다.

- 인터페이스는 기본적으로 케이블만 연결되면 사용 가능함.
- 모든 인터페이스들은 VLAN 1에 할당됨.
- 속도 10/100Mbps와 10/100/1,000Mbps 인터페이스는 기본적으로 자동 협의 기능(autonegotiation)을 사용함.
- MAC 학습, 스위칭, 플러딩은 기본적으로 동작함.
- STP는 기본적으로 설정되어 있음.

이 장의 두 번째 섹션은 이러한 기본적인 설정과 관련한 동작 즉, 이더넷 학습과 스위칭 과정을 알아본다.

MAC 학습 과정 들여다보기

스위치의 MAC 주소 테이블을 보기 위해 **show mac address-table** 명령을 사용한다. 추가적인 매개변수 없이 이 명령은 부가적인 고정(스태틱, static) MAC 주소를 포함하여 MAC 테이블의 모든 학습된 MAC 주소를 보여준다.

모든 동적으로 학습된 MAC 주소만 보기 위해서는 **show mac address-table dynamic** 명령어를 사용한다.

이 장의 예들은 스위치를 처음 구입하여 박스를 열었을 때처럼 스위치들은 거의 어떤 설정도 하지 않은 상태다. 즉, 스위치들은 의미 있는 장치 이름을 갖기 위한 **hostname**이란 명령 외에는 어떤 설정도 갖지 않는다. 스위치의 모든 설정을 지우기 위해 다음 명령이 필요하다.

- 스타트업 컨피그 파일을 삭제하기 위해 **erase startup-config** EXEC 명령어를 사용한다.
- VLAN 설정 내용을 삭제하기 위해 **delete vlan.dat** EXEC 명령어를 사용한다.
- 스위치를 재부팅하기 위해 **reload** EXEC 명령어를 사용한다(스타트업 컨피그와 VLAN 정보를 삭제한 채로).
- 스위치의 이름을 설정하기 위해 **hostname SW1** 명령어를 사용한다.

어떤 설정 없이도 [예 7-1]과 같이 스위치는 MAC 주소를 학습하고 스위칭을 시작한다.

```
SW1# show mac address-table dynamic
Mac Address table
-------------------------------------------

Vlan    Mac Address       Type        Ports
----    -----------       --------    -----
1       0200.1111.1111    DYNAMIC     Fa0/1
1       0200.2222.2222    DYNAMIC     Fa0/2
1       0200.3333.3333    DYNAMIC     Fa0/3
1       0200.4444.4444    DYNAMIC     Fa0/4
Total Mac Addresses for this criterion: 4
SW1#
```

[예 7-1] [그림 7-9]에 대한 show mac address-table dynamic

첫째, 테이블에서 두 개의 열 즉, 'MAC Address'와 'Ports'에 초점을 맞춰보자. 이 숫자들은 익숙하다. 앞에서 살펴본 단일 스위치의 예를 [그림 7-9]에서 다시 볼 수 있다. 4개의 MAC 주소와 각각에 해당하는 포트들이 그림에서 보인다.

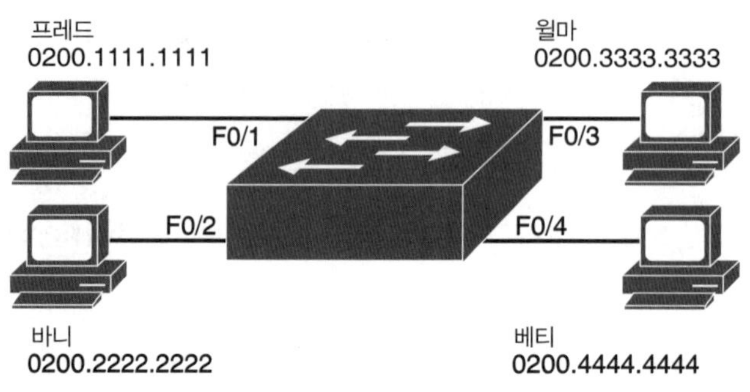

[그림 7-9] 확인 섹션에서 사용한 단일 스위치 구성

다음으로 테이블의 'Type' 열을 보자. 이 장의 앞부분에서 설명하였듯이 테이블의 열은 MAC 주소가 스위치가 직접 학습한 정보인지, 아닌지를 알려준다. 사실, 포트 시큐리티(port security) 기능의 구현을 위한 방편으로 MAC 테이블을 고정적으로 미리 정할 수도 있는데 이때는 'Type' 열에 'Static'이라고 표시된다.

마지막으로, 'VLAN' 열은 VLAN이 스위칭 논리에 어떤 영향을 주는지를 짧게 나마 논의할 수 있는 기회를 준다. LAN 스위치들은 VLAN 내부로만 이더넷 프레임들을 보낸다. 이것이 의미하는 것은 프레임이 VLAN 1에 속한 포트를 통해 수신되면 스위치는 다른 VLAN에 할당된 다른 포트들은 제외하고, VLAN 1에 속한 포트들로만 해당 프레임을 보내거나 플러딩한다. Chapter 11 '이더넷 VLAN(Virtual LAN) 설정'에서 스위치가 다수의 VLAN을 적용할 때 프레임을 처리하는 방법에 대해 자세히 다룬다.

스위치 인터페이스들

첫 번째 예는 스위치와 케이블링을 정확하게 설정하고, 스위치 인터페이스들이 정상적으로 동작하는 상황을 가정한다. 콘솔에 접속하여 스위치 설치를 끝내면 [예 7-2]와 같이 **show interfaces status** 명령으로 인터페이스들의 상태를 쉽게 확인할 수 있다.

```
SW1# show interfaces status

Port     Name      Status        Vlan      Duplex    Speed    Type
Fa0/1              connected     1         a-full    a-100    10/100BaseTX
Fa0/2              connected     1         a-full    a-100    10/100BaseTX
Fa0/3              connected     1         a-full    a-100    10/100BaseTX
Fa0/4              connected     1         a-full    a-100    10/100BaseTX
```

```
Fa0/5            notconnect    1      auto     auto     10/100BaseTX
Fa0/6            notconnect    1      auto     auto     10/100BaseTX
Fa0/7            notconnect    1      auto     auto     10/100BaseTX
Fa0/8            notconnect    1      auto     auto     10/100BaseTX
Fa0/9            notconnect    1      auto     auto     10/100BaseTX
Fa0/10           notconnect    1      auto     auto     10/100BaseTX
Fa0/11           notconnect    1      auto     auto     10/100BaseTX
Fa0/12           notconnect    1      auto     auto     10/100BaseTX
Fa0/13           notconnect    1      auto     auto     10/100BaseTX
Fa0/14           notconnect    1      auto     auto     10/100BaseTX
Fa0/15           notconnect    1      auto     auto     10/100BaseTX
Fa0/16           notconnect    1      auto     auto     10/100BaseTX
Fa0/17           notconnect    1      auto     auto     10/100BaseTX
Fa0/18           notconnect    1      auto     auto     10/100BaseTX
Fa0/19           notconnect    1      auto     auto     10/100BaseTX
Fa0/20           notconnect    1      auto     auto     10/100BaseTX
Fa0/21           notconnect    1      auto     auto     10/100BaseTX
Fa0/22           notconnect    1      auto     auto     10/100BaseTX
Fa0/23           notconnect    1      auto     auto     10/100BaseTX
Fa0/24           notconnect    1      auto     auto     10/100BaseTX
Gi0/1            notconnect    1      auto     auto     10/100/1000BaseTX
Gi0/2            notconnect    1      auto     auto     10/100/1000BaseTX
SW1#
```

[예 7-2] SW1 스위치의 show interfaces status

잠시 동안 'Port' 열에 초점을 맞춰보자. 예전의 설명처럼, 시스코 카탈리스트 스위치들은 지원되는 속도 중 가장 빠른 규격에 따라 포트들의 이름을 정한다. 이 경우, 스위치는 24개의 '패스트 이더넷(Fast Ethernet)'이란 이름의 인터페이스를 가지고, 2개의 '기가비트 이더넷(Gigabit Ethernet)'이란 이름의 인터페이스를 가진다. 많은 명령어들은 이러한 용어들을 압축하여 표현한다. 즉, Fast Ethernet은 Fa로, Gigabit Ethernet은 Gi로 표시한다(이 예는 24개의 10/100 포트와 2개의 10/100/1000 포트를 갖는 시스코 카탈리스트 스위치에 해당된다).

'Status' 열은 포트의 상태를 알려준다. 이 경우, 실습 스위치는 F0/1~F0/4 포트들에만 연결된 케이블과 장치들을 가진다. 다른 곳에는 케이블들이 연결되지 않는다. 결과적으로 첫 번째 4개의 포트들은 'connected' 상태를 가지는데, 이는 포트에 케이블이 연결되었고 정상 동작함을 의미한다.

'notconnect' 상태는 포트가 아직 기능하지 않음을 의미한다. 다시 말해, 설치된 케이블이 존재하지 않거나 존재한다면 다른 문제가 있을 수 있다는 것이다(Chapter 12 '이더넷 LAN 트러블슈팅'의 '스위치 인터페이스 상태와 통계 분석' 섹션에서 스위치 인터페이스의 고장 원인에 대해 살펴볼 것이다).

show interfaces 명령은 다수의 옵션을 갖는다. 특히, **counters** 옵션은 인터페이스로 송신 또는 수신되는 프레임들에 대한 통계치를 보여준다. 이 통계치에는 수신 또는 송신되는 유니캐스트, 멀티캐스트, 브로드캐스트 프레임의 수, 이러한 프레임의 전체 바이트 수를 보여준다. [예 7-3]에서 F0/1 인터페이스에 대한 예를 보여 준다.

```
SW1# show interfaces f0/1 counters

Port         InOctets      InUcastPkts     InMcastPkts     InBcastPkts
Fa0/1        1223303             10264             107              18

Port        OutOctets     OutUcastPkts    OutMcastPkts    OutBcastPkts
Fa0/1        3235055             13886           22940             437
```

[예 7-3] SW1 스위치의 show interfaces f0/1 counters

MAC 주소 테이블 엔트리 발견

단일 스위치에 연결된 단지 4 호스트를 가진 환경에서 MAC 주소 테이블을 한꺼번에 살펴보거나 혹은 원하는 정보만을 볼 수도 있다. 그러나 수많은 연결된 호스트들과 스위치들을 가진 실제 네트워크에서는 하나의 MAC 주소를 발견하기는 어렵다. 16진수의 무작위 순서를 따르는 수백 줄의 MAC 주소 테이블이 여러 페이지에 걸쳐 구성될 수 있기 때문이다(이 책의 이 예들에서 사용하는 MAC 주소는 배우기 쉽게 구성되어 있다).

다행히도 시스코 IOS는 **show mac address-table** 명령어에 개별 정보들을 쉽게 발견하게 하는 다수의 옵션을 제공한다. 첫째, MAC 주소를 안다면 이 명령어의 끝에 [예 7-4]와 같이 MAC 주소를 입력하면 된다. 그저 찾고자 하는 MAC 주소 앞에 **address** 키워드만 추가하면 된다. 주소가 존재하면 주소를 볼 수 있다. 이 결과는 동일한 형식으로 정보를 보여주지만 찾고자 하는 MAC 주소에 대한 줄만 보여준다.

```
SW1# show mac address-table dynamic address 0200.1111.1111
Mac Address Table
-------------------------------------------

Vlan    Mac Address       Type        Ports
----    -----------       -----       -----
1       0200.1111.1111    DYNAMIC     Fa0/1
Total Mac Addresses for this criterion: 1
```

[예 7-4] address 키워드를 포함한 show mac address-table dynamic

이는 유용한 방법이긴 하지만 엔지니어가 네트워크 문제를 해결하는 중에는 종종 장치들의 MAC 주소들을 알지 못하는 경우가 있다. 대신, 엔지니어는 구성도를 통해 어느 스위치 포트들이 다른 스위치들에 연결되고 엔드 포인트 장치들을 연결하는지를 파악한다.

때때로 네트워크 구성도를 보고 네트워크 문제를 해결할 때, 각 MAC 주소들이 어떤 포트에 학습되었는지를 확인해야할 때가 있다. IOS는 **show mac address-table dynamic interface** 명령과 같은 옵션을 제공한다. [예 7-5]는 SW1 스위치의 F0/1 인터페이스에 대한 예를 보여준다.

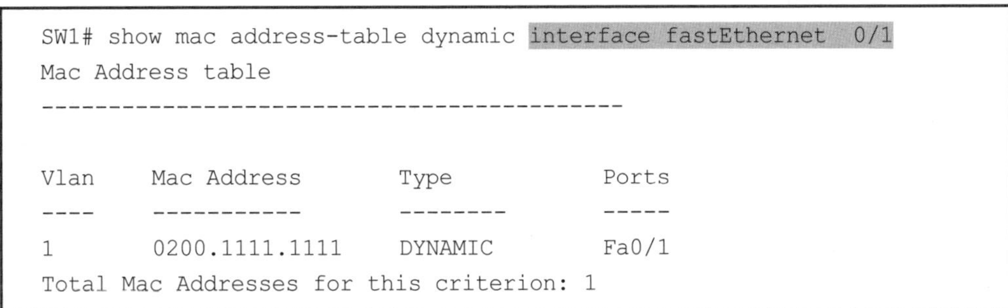

```
SW1# show mac address-table dynamic interface fastEthernet  0/1
Mac Address table

-------------------------------------------

Vlan    Mac Address       Type         Ports
----    -----------       --------     -----
1       0200.1111.1111    DYNAMIC      Fa0/1
Total Mac Addresses for this criterion: 1
```

[예 7-5] interface 키워드를 가진 show mac address–table dynamic

끝으로 한 VLAN에 속하는 MAC 주소 테이블 정보를 보고자 할 수도 있다. 예상할 수 있듯이 이때, **vlan** 키워드와 VLAN 번호를 사용한다. [예 7-6]은 [그림 7-7]의 SW1 스위치의 두 가지 예를 보여 준다. 즉, VLAN 1에는 4대의 장치 모두가 존재하고 VLAN 2에는 아무 장치도 존재하지 않는다.

```
SW1# show mac address-table dynamic vlan 1
          Mac Address Table
-------------------------------------------
Vlan    Mac Address       Type         Ports
----    -----------       --------     -----
   1    0200.1111.1111    DYNAMIC      Fa0/1
   1    0200.2222.2222    DYNAMIC      Fa0/2
   1    0200.3333.3333    DYNAMIC      Fa0/3
   1    0200.4444.4444    DYNAMIC      Fa0/4
Total Mac Addresses for this criterion: 4
SW1#
SW1# show mac address-table dynamic vlan 2
          Mac Address Table
-------------------------------------------
Vlan    Mac Address       Type         Ports
----    -----------       --------     -----
SW1#
```

[예 7-6] show mac address–table vlan 명령

MAC 주소 테이블 운용(에이징(Aging), 삭제)

이 장은 스위치의 MAC 주소 테이블 운용 방식에 대한 몇 가지 언급으로 끝난다. 스위치가 MAC 주소를 학습하지만 MAC 주소들은 테이블에 무한대로 남아있지 않는다. 스위치는 일정 시간이 지나면 정보를 삭제하거나 명령을 통해 특정 정보를 삭제할 수도 있다.

첫째, MAC 주소 정보의 에이징(Aging)을 보자. 스위치는 정해진 시간(다수의 스위치들에서 300초의 디폴트(기본)값을 사용함) 동안 사용되지 않는 정보를 삭제한다. 이를 위해 스위치는 수신하는 프레임의 출발지 MAC 주소를 보고 학습과 관련하여 무언가를 수행해야 한다. MAC 주소가 새로운 것이면 스위치는 테이블에 정보를 추가한다. 그러나 정보가 이미 존재하면, 스위치는 해당 정보의 정지 시간(inactivity timer)을 다시 0으로 맞춘다. 각 정보의 타이머값은 정보가 테이블에 존재한 시간을 측정한다. 타이머 값이 정해진 에이징 타임에 이르면 스위치는 해당 정보를 삭제한다.

[예 7-7]은 스위치의 에이징 타이머 설정을 확인시켜준다. 에이징 타임은 전체적으로 혹은 VLAN별로 설정할 수 있다.

```
SW1# show mac address-table aging-time
Global Aging Time:  300
Vlan          Aging Time
----          ----------
SW1#
SW1# show mac address-table count
Mac Entries for Vlan 1:
---------------------------
Dynamic Address Count : 4
Static Address Count : 0
Total Mac Addresses    : 4

Total Mac Address Space Available: 7299
```

[예 7-7] MAC 주소의 디폴트 에이징 타이머 확인

각 스위치는 또한 에이징 타이머가 만료되지 않아도, 테이블이 꽉 차면 가장 오래된 정보들을 삭제하기도 한다. MAC 주소 테이블은 매우 뛰어난 정보 검색 능력을 제공하는 CAM(content-addressable memory) 메모리를 사용한다. 그러나 테이블의 크기는 특정 모델의 스위치에서 CAM의 크기에 의존한다. 스위치가 새 정보를 추가할 때, 테이블이 찼으면 스위치는 가장 오래된 정보를 삭제하여 공간을 확보한다. 참고로 시스코 카탈리스트 스위치의 MAC 테이블의 크기는 약 8,000줄인데, [예 7-7]의 끝에 7,299줄의 여유가 있음을 확인할 수 있다.

마지막으로, **clear mac address-table dynamic** 명령으로 MAC 주소 테이블로부터 동적으로 학습된 정보를 삭제할 수 있다. 이 장의 show 명령은 유저와 이네이블 모드에서 실행될 수 있지만, **clear** 명령은 이네이블 모드에서만 실행할 수 있다는 것을 유의해야 한다.

다수의 스위치들을 가진 환경의 MAC 주소 테이블

마지막으로 MAC 학습, 스위칭, 플러딩이 각 스위치에서 독립적으로 수행되는 과정을 집중적으로 살펴보기 위해 여러 스위치들이 있는 예를 가정해보자.

[그림 7-10]의 구성을 보고 포트 번호를 유심히 보기 바란다. 모든 스위치의 포트 번호는 의도적으로 모두 다르게 배정했다. 가령 SW2 스위치는 F0/1과 F0/2 포트를 갖지만, 이 예에서는 그 포트들을 사용하지 않는다. 또한 모든 포트들은 VLAN 1에 속하고, 이 장의 다른 예들과 같이 스위치들은 hostname 외에는 아무런 설정도 하지 않은 상태라는 것을 유의하기 바란다.

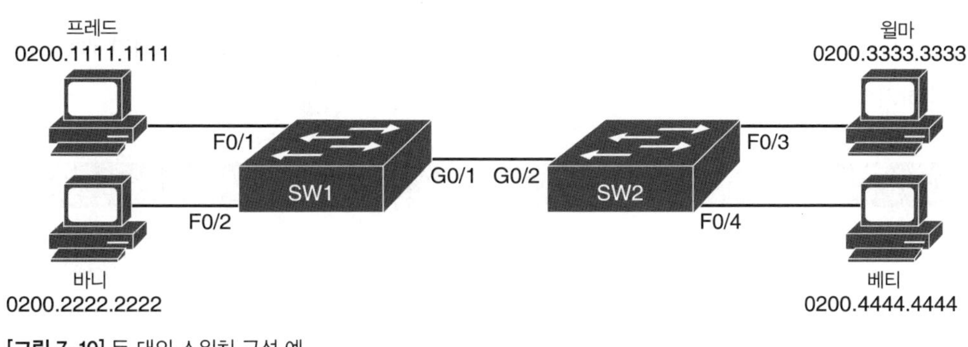

[그림 7-10] 두 대의 스위치 구성 예

두 스위치가 4개의 MAC 주소를 학습한 경우를 고려해보자. 이 경우는 왼쪽의 호스트가 오른쪽의 호스트와 통신할 때 일어난다. SW1은 프레임을 보내야할 곳을 결정하기 위해 MAC 주소 테이블을 사용하기 때문에 MAC 주소 테이블에는 자신의 포트 번호(F0/1, F0/2, G0/1)가 올라온다. 마찬가지로 SW2의 MAC 테이블은 SW2의 포트 번호(F0/3, F0/4, G0/2)가 올라온다. [예 7-8]은 이 시나리오에서 두 스위치의 MAC 주소 테이블을 보여 준다.

```
SW1# show mac address-table dynamic
        Mac Address table
-------------------------------------------------

Vlan    Mac Address       Type        Ports
----    -----------       ----        -----
1       0200.1111.1111    DYNAMIC     Fa0/1
1       0200.2222.2222    DYNAMIC     Fa0/2
1       0200.3333.3333    DYNAMIC     Gi0/1
1       0200.4444.4444    DYNAMIC     Gi0/1
Total Mac Addresses for this criterion: 4
! The next output is from switch SW2
SW2# show mac address-table dynamic
1       0200.1111.1111    DYNAMIC     Gi0/2
1       0200.2222.2222    DYNAMIC     Gi0/2
```

```
1      0200.3333.3333    DYNAMIC    Fa0/3
1      0200.4444.4444    DYNAMIC    Fa0/4
Total Mac Addresses for this criterion: 4
```

[예 7-8] 두 스위치의 MAC 주소 테이블

챕터 리뷰

서론의 '학습 계획'은 다음 장으로 이동하기 전에 각 장에 대한 학습 방식과 내용과 스킬에 대한 연습 방식을 다룬다. 각 요소는 각 장 끝의 사용 도구를 소개한다. 이 부분을 생략한 경우 해당 섹션을 읽는 데 몇 분 정도 걸린다. 그리고 다시 여기로 돌아와 학습한 것을 기억 속에 저장하기 위해 이 장을 복습하기 바란다.

리뷰 항목	완료 날짜	자료 출처
핵심 주제 리뷰		책, DVD/웹 사이트
핵심 용어 리뷰		책, DVD/웹 사이트
사전 점검 퀴즈 반복		책, PCPT
메모리 테이블 리뷰		책, DVD/웹 사이트
명령어 테이블 리뷰		책

[표 7-2] 챕터 리뷰 확인

핵심 주제 복습

핵심 주제	설명	페이지
리스트	LAN 스위치의 세 가지 주요 기능들	155
그림 7-3	노운 유니캐스트 프레임을 보내는 과정	156
그림 7-5	두 번째 스위치가 노운 유니캐스트 프레임을 보내는 과정	158
그림 7-6	MAC 주소를 학습하는 과정	159
리스트	스위치의 포워딩 로직 요약	162
예 7-1	**show mac address-table dynamic** 명령어	163

[표 7-3] 7장의 핵심 주제들

핵심 용어

브로드캐스트 프레임(broadcast frame), 노운 유니캐스트 프레임(known unicast frame), STP(Spanning Tree Protocol), 언노운 유니캐스트 프레임(unknown unicast frame), MAC 주소 테이블(MAC address table), 포워딩(forwarding), 플러딩(flooding)

참조 명령어

[표 7-4]는 이 장에서 사용하는 확인 명령어만을 보여주는데, 이 장에서 언급한 설정 명령어는 없다. 연습을 위해 표의 왼쪽 행을 가리고, 오른쪽 행을 읽고 해당 명령을 보지 않고 기억해보도록 한다. 다음으로 오른쪽 행을 덮고 명령이 무엇을 위한 것인지를 기억하는 연습을 반복한다.

명령어	모드 및 목적
show mac address-table	모든 유형의 모든 MAC 테이블 항목들을 보여준다.
show mac address-table dynamic	모든 다이내믹하게 학습된 MAC 테이블 항목들을 보여준다.
show mac address-table dynamic vlan *vlan-id*	해당 VLAN에 속하는 모든 다이내믹하게 학습된 MAC 테이블 항목들을 보여준다.
show mac address-table dynamic address *MAC-address*	해당 MAC 주소를 갖는 모든 다이내믹하게 학습된 MAC 테이블 항목들을 보여준다.
show mac address-table dynamic interface *interface-id*	해당 인터페이스의 모든 다이내믹하게 학습된 MAC 테이블 항목들을 보여준다.
show mac address-table count	MAC 테이블의 종류별(스태틱과 다이내믹) 학습된 주소 수를 보여준다.
show mac address-table aging-time	MAC 테이블 엔트리에 대한 전체적인 그리고 VLAN별 에이징 타임아웃 시간을 보여준다.
clear mac address-table dynamic	MAC 테이블의 다이내믹 학습 엔트리를 모두 삭제한다.
show interfaces status	스위치의 인터페이스별로 기본적인 상태와 운용 정보를 보여준다.

[표 7-4] 7장의 EXEC 명령어 참조

Chapter 8
기본적인 스위치 관리를 위한 설정

이 장은 다음 시험 주제를 다룬다.

5.0 인프라스트럭처 관리

5.4 기본적인 장치 보호 기능의 설정, 확인 및 문제 해결

    5.4.a 로컬 인증(local authentication)

    5.4.b 보안을 위한 패스워드

    5.4.c 장치 접속

        5.4.c.2 Telnet/SSH

네트워킹 장치의 수행 동작은 세 가지의 광범위한 카테고리로 나뉜다. 첫째 가장 눈에 띄는 것은 데이터 차원(data plane)으로, 스위치에 연결된 장치에 의해 생성한 프레임들을 스위치가 전송하는 일이다. 즉, 데이터 차원은 스위치의 주요 목적이다. 둘째, 제어 차원(control plane)은 스위치의 데이터 차원의 결정들을 제어하고 변경하는 설정과 프로세스를 말한다. 네트워크 엔지니어는 어느 인터페이스를 활성화하고 비활성화할지, 어느 포트를 어떤 속도로 설정할지, 스패닝 트리 프로토콜(Spanning Tree Protocol)이 스위칭 루프를 방지하기 위해 일부 포트들을 어떻게 차단할지 등을 제어할 수 있다.

셋째 카테고리 즉, 관리 차원이 이 장의 주제다. 관리 차원은 장치의 동작을 제어하기보다는 장치 그 자체를 관리하기 위한 것이다. 이 장은 시스코 스위치에서 설정 가능한 가장 기본적인 관리 기능들을 살펴 본다. 이 장의 첫 번째 섹션은 다양한 로그인 보안 설정을 다룬다. 두 번째 섹션은 원격 관리를 위한 스위치의 IPv4 설정 방법을 보여준다. 마지막 짧은 섹션은 실습을 조금 쉽게 만드는 몇 가지 실용적인 것들을 다룬다.

이 장의 학습을 위해 필요한 시간을 가늠하기 위해 다음 시험(이 페이지나 PCPT 소프트웨어를 사용 가능)을 보기 바란다. 정답은 퀴즈 다음 페이지의 아랫 부분에 나와 있고, 설명은 DVD 부록 C와 PCPT 소프트웨어에 있다.

핵심 주제 섹션	해당 문제
스위치 CLI 보안	1-3
원격 접속을 위한 IPv4 설정	4-5
실습에서 여러 가지 유용한 설정들	6

[표 8-1] 사전 점검 퀴즈의 핵심 주제와 문제

1. 콘솔을 통해 **enable secret** 명령을 설정하고, 다음으로 **enable password** 명령을 설정했다고 가정해보자. 다음으로 스위치에서 로그아웃한 후에 다시 로그인했다. 다음 중 어떤 명령이 프리빌리지드 모드(privileged mode)에 접속하기 위해 필요한 패스워드를 정의하는가?

a. **enable password**

b. **enable secret**

c. **enable password** 및 **enable secret** 둘 다 아님

d. **password**

2. 엔지니어가 호기심 많은 공동 작업자가 자신의 데스크톱 PC에서 연구소 스위치에 로그인하려는 시도를 유저네임 없이 그냥 패스워드를 통해 보호하려 한다. 다음 중 어떤 명령이 해당 설정을 위해 적정할까?

a. **login vty** 모드 하부 명령어

b. **password** 콘솔 하부 명령어

c. **login local vty** 하부 명령어

d. **transport input ssh vty** 하부 명령어

3. 엔지니어가 앞서 텔넷 접속을 허용하도록 시스코 2960 스위치를 설정했기 때문에 스위치는 텔넷을 시도하는 사용자가 패스워드 mypassword를 알 것이라고 생각하고 있다. 다음으로 엔지니어는 SSH(Secure Shell)를 지원하도록 설정을 변경했다. 다음 명령어 중 어떤 것이 새로운 설정의 일부일까? (2개를 선택할 것)

a. **username name secret password vty** 모드 하부 명령어

b. **username name secret password** 글로벌 컨피규레이션 명령어

c. **login local vty** 모드 하부 명령어

d. **transport input ssh** 글로벌 컨피규레이션 명령어

4. 엔지니어의 데스크톱 PC를 본사의 스위치에 연결하였다. 본사의 라우터는 시리얼 링크를 통해 한 대의 라우터와 스위치를 갖는 각 지사와 연결하였다. 다음 명령어 중 표시된 컨피규레이션 모드에서 지사 스위치들에 대한 텔넷이 가능하도록 설정하는 것은 무엇인가? (3개를 선택할 것)

    a. 인터페이스 컨피규레이션 모드에서 **ip address** 명령어

    b. 글로벌 컨피규레이션 모드에서 **ip address** 명령어

    c. VLAN 컨피규레이션 모드에서 **ip default-gateway** 명령어

    d. 글로벌 컨피규레이션 모드에서 **ip default-gateway** 명령어

    e. 콘솔 라인 컨피규레이션 모드에서 **password** 명령어

    f. vty 라인 컨피규레이션 모드에서 **password** 명령어

5. 2계층 스위치 설정은 모든 물리 포트들을 VLAN 2에 둔다. IP 주소 172.16.2.250(마스크 255.255.255.0)은 새로운 LAN 스위치를 위해 예비되었고, 172.16.2.254는 동일한 VLAN에 연결된 라우터에 설정되었다. 스위치는 네트워크의 모든 서브넷에서 스위치에 대한 SSH 커넥션을 지원할 필요가 있다. 다음 중 어떤 명령어들이 필요할까? (2개를 선택할 것)

    a. interface vlan 1 컨피규레이션 모드에서 **ip address** 172.16.2.250 255.255.255.0 명령어

    b. interface vlan 2 컨피규레이션 모드에서 **ip address** 172.16.2.250 255.255.255.0 명령어

    c. 글로벌 컨피규레이션 모드에서 **ip default-gateway** 172.16.2.254 명령어

    d. 스위치의 모든 포트들이 VLAN 2에 속하므로 스위치는 SSH를 지원할 수 없다. 따라서 IP 주소는 interface VLAN 1에 설정해야 한다.

6. 다음 중 어떤 라인 하부 명령이 스위치로 하여금 명령어의 아웃풋을 모두 보여준 다음에 로그 메시지들을 표시하게 하나?

    a. logging synchronous

    b. no ip domain-lookup

    c. exec-timeout 0 0

    d. history size 15

:: 스위치 CLI 보안

기본적으로 시스코 카탈리스트 스위치는 누구라도 콘솔 포트에 연결하여 유저 모드에 접속하고 다음으로 어떤 종류의 보안 없이 이네이블과 컨피규레이션 모드에 접속 가능하다. 이러한 기본적인 조치 때문에 스위치의 콘솔 포트에 접속할 수 있다면, 이미 스위치에 대한 물리적인 제어권을 가졌다는 것을 의미한다. 그러나 원격으로 스위치를 작동시켜야 한다면, 첫 번째 단계는 스위치를 보호하기 위해 특정한 사용자만 스위치의 CLI(command-line interface)에 접속할 수 있도록 해야 한다.

이 장의 첫 번째 주제는 시스코 카탈리스트 스위치에 대한 로그인 보안을 구성하는 방법을 알아본다. CLI에 대한 보안은 이네이블 모드에서 공격자는 스위치를 리로드(reload)하거나 설정을 변경할 수 있기 때문에 이네이블 모드에 대한 접속 차단을 포함한다. 또한 공격자가 스위치의 상태를 보거나 네트워크에 대해 알 수 있고, 네트워크를 공격하는 새로운 방법을 발견할 수 있기 때문에 유저 모드에 대한 보호도 중요하다.

모든 원격 접속과 관리 프로토콜들은 스위치 IP 설정과 정상 동작을 필요로 한다. 스위치의 IPv4 구성은 7장 '이더넷 LAN 스위칭 분석'에서 논의했듯이 2계층 스위치의 이더넷 프레임 전달 방식과는 아무런 관련이 없지만, 스위치에 텔넷 및 SSH(Secure Shell)를 하기 위해서는 스위치에 IPv4 주소를 설정할 필요가 있다. 이 장은 또한 앞으로 배울 섹션 '원격 접속을 위한 IPv4 구성'에서 스위치의 IPv4 주소 설정 방법을 보여준다.

특히, 이 섹션은 다음과 같은 로그인 보안 주제들을 다룬다:

- 간단한 패스워드로 유저 모드와 프리빌리지드 모드 보호
- 로컬 유저네임으로 유저 모드 접속 보호
- 외부 인증 서버로 유저 모드 접속 보호
- SSH(Secure Shell)로 원격 접속 보호

간단한 패스워드로 유저 모드와 프리빌리지드 모드 보호

기본 스위치 설정이 콘솔 사용자에게 패스워드 확인 없이 유저 모드와 프리빌리지드 모드 접속을 허용하지만, 기본적으로 텔넷과 SSH 사용자에게 유저 모드에 접속하는 것은 차단하고 있다. 즉, 기본(디폴트) 설정에 의해 원하지 않는 접속을 차단하므로, 원격 접속을 위해서 LAN 내의 스위치들에 로그인하여 몇 가지 설정을 추가해야 한다. 게다가 누군가에게 로그인과 설정 변경을 불허해야 하므로 이를 위해 로그인 보호를 위한 몇 가지 명령이 필요하다.

유저 모드에 대한 접속 보호를 배우기 위해서 단순한 공유 패스워드를 적용하더라도 이때,

실제 환경보다는 실습 환경에서 해야 한다. 이 방법은 유저네임 없이 단순히 패스워드만 사용하는데, 모든 콘솔 사용자를 위해 하나의 패스워드, 모든 텔넷 사용자를 위해 다른 패스워드를 적용한다. 이때, 콘솔 사용자는 콘솔 라인 컨피규레이션 모드에서 설정한 콘솔 패스워드를 알아야 한다. 텔넷 사용자는 vty 라인 컨피규레이션 모드에서 설정했으므로 vty 패스워드라 불리는 텔넷 패스워드를 알아야 한다. [그림 8-1]은 스위치에 대한 사용자 로그인의 관점에서 공유 패스워드를 사용하는 옵션들을 요약한다.

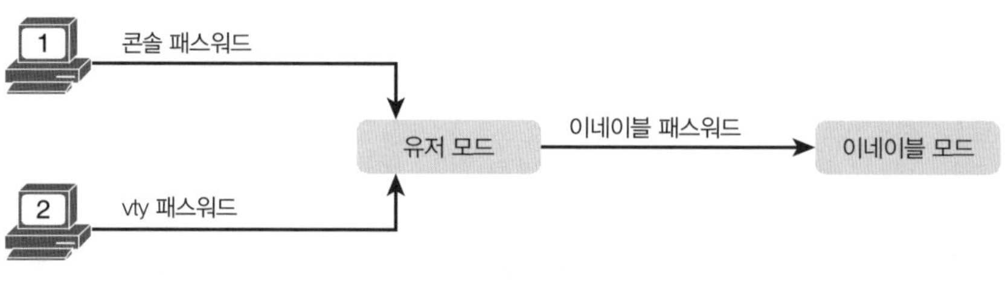

[그림 8-1] 단순한 패스워드 보안 개념

NOTE 이 섹션에서 다루는 몇 가지 패스워드를 '공유 패스워드(shared password)'라고 한다. 이러한 패스워드들은 새로운 작업자가 회사에 왔을 때, 기존의 작업자가 패스워드가 무엇인지 알려주어야 한다(공유한다)는 점에서 공유 패스워드이다. 즉, 사용자별 패스워드를 사용하는 것이 아니라 특정한 스태프들이 패스워드를 공유한다.

게다가 시스코 스위치는 이네이블 패스워드(enable password)라 불리는 또 하나의 공유 패스워드로 이네이블 모드(프리빌리지드 모드라고도 함)를 보호한다. 스위치의 CLI에 접속한 네트워크 엔지니어는 유저 모드에서 **enable** 명령을 입력한다. 이 명령은 사용자에게 이네이블 패스워드를 입력하라는 프롬프트를 보여준다. 사용자가 정확한 패스워드를 입력하면, IOS는 사용자를 이네이블 모드로 이동시킨다.

[예 8-1]은 콘솔 패스워드와 이네이블 패스워드가 설정된 스위치에 로그인하는 사례를 보여준다. 이 예를 시작하기 전에 사용자는 랩탑을 콘솔 케이블로 장치와 연결한 다음, 터미널 에뮬레이터를 시작하고 [Enter←] 키를 누르면 [예 8-1]의 맨 윗줄에 보이는 스위치의 응답을 보게 된다.

```
(사용자는 이제 이 프로세스를 시작하기 위해 엔터를 누른다. 과정을 설명하는 이 글자들은 보이지 않는다.)
User Access Verification
Password: hope
Switch> enable
Password: love
Switch#
```

[예 8-1] 기본적인 패스워드 입력 예

사전 점검 퀴즈 정답

1 B **2** A **3** B, C **4** A, D, F **5** B, C **6** A

[예 8-1]에서 입력할 때의 패스워드는 hope와 love이다. **enable** 명령은 사용자를 유저 모드에서 이네이블 모드로 이동시킨다. 실제로, 어깨 너머로 패스워드를 보는 것을 막기 위해 스위치는 입력하는 패스워드를 보여주지 않는다.

콘솔, 텔넷, 이네이블 모드에 대한 패스워드를 설정하기 위해, 일부 명령어를 설정해야 한다. 명령어는 매우 직관적이다. [그림 8-2]는 3개의 패스워드의 설정 예를 보여준다.

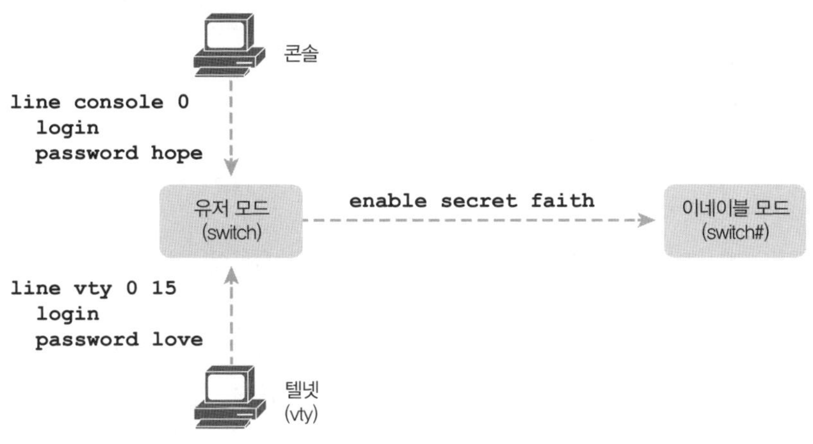

[그림 8-2] 간단한 패스워드 보안 설정

이러한 세 가지 패스워드에 대한 설정은 복잡한 작업을 요구하지 않는다. 먼저, 콘솔과 vty 패스워드 설정은 다음과 같이 설정한다. 즉, 콘솔을 위해 콘솔 모드(line con 0), 텔넷 패스워드를 위해 vty 라인 컨피규레이션 모드(vty 0 15)에서 설정한다. 다음으로 콘솔 모드와 vty 모드에서 입력되는 두 명령어는 다음과 같다:

- **login**: IOS에게 라인(콘솔 혹은 vty)에서 단순한 공유 패스워드(유저네임 없이)를 확인하게 하기 때문에 스위치는 사용자에게 패스워드를 묻는다.

- **password** *password-value*: 콘솔 혹은 vty에서 사용하는 실제 패스워드를 정의한다.

[그림 8-2]의 오른쪽에서 설정된 이네이블 패스워드는 콘솔, 텔넷 혹은 기타 다른 방법으로 유저 모드에 접속했던 방법이 무엇이든 모든 사용자들에게 적용한다. 이네이블 패스워드를 설정하는 이 명령은 글로벌 컨피규레이션 모드 명령이다.: **enable secret** *password-value*

> **NOTE** 보다 오래된 IOS 버전은 이네이블 패스워드를 설정하기 위해, enable password password-value 명령을 사용하고, 현재의 IOS에서도 가능하다. 그러나 **enable secret** 명령을 사용하는 것이 훨씬 안전하다. 현장 네트워크에서, 34장 '장치 보안 기능들'은 **enable secret**과 **enable password** 명령에 대한 비교를 포함하여 다양한 패스워드 메커니즘의 보안 수준을 설명한다.

이후에 쉬운 예를 보기 전에 컨피규레이션 체크리스트를 확인해 보자. 컨피규레이션 체크리스트는 이 책에서 설명하는 기능을 설정하기 위해 필수 혹은 선택적 단계들을 모아둔 것이다. 콘솔, 텔넷과 이네이블 패스워드의 공유 패스워드에 대한 컨피규레이션 체크리스트는 다음과 같다.

단계 ① **enable secret** *password-value* 명령으로 이네이블 패스워드를 설정한다.

단계 ② 콘솔 패스워드를 설정한다:

   Ⓐ 콘솔 컨피규레이션 모드에 들어가기 위해 **line con 0** 명령을 사용한다.

   Ⓑ 패스워드만으로 콘솔 패스워드 보안을 구동시키기 위해 `login` 하부 명령을 사용한다.

   Ⓒ 콘솔 패스워드를 설정하기 위해 **password** *password-value* 하부 명령을 사용한다.

단계 ③ 텔넷(vty) 패스워드를 설정한다.

   Ⓐ 모든 16개의 vty 라인들(0에서 15까지의 숫자를 갖는)에 대해 vty 설정 모드에 들어가기 위해 **line vty 0 15** 명령을 사용한다.

   Ⓑ 패스워드만으로 vty 세션들에 대한 패스워드 보안을 적용하기 위해 login 하부 명령을 사용한다.

   Ⓒ Vty 패스워드를 설정하기 위해 **password** *password-value* 하부 명령을 사용한다.

[예 8-2]는 **enable secret** *password* 설정과 함께 컨피규레이션 체크리스트에 표시한 설정 과정을 보여준다. !로 시작하는 한글 문장은 설정 방법을 안내하는 설명을 포함한다.

```
! 글로벌 컨피규레이션 모드로 들어가서, enable password를 설정하고,
! 호스트네임도 설정하라(그렇게 하는 것이 이해하기 쉽기 때문).
!
Switch# configure terminal
Switch(config)# enable secret faith
!
! 체크리스트의 단계 2에서, 콘솔 컨피규레이션 모드 (console configuration mode) 로 들어가
! 패스워드를 "hope"으로 설정하라.
! exit 명령은 사용자를 글로벌 컨피그 모드로 이동시킨다.
!
Switch#(config)# line console 0
Switch#(config-line)# password hope
Switch#(config-line)# login
Switch#(config-line)# exit
!
! 다음 몇 줄은 vty 라인들을 위한 것이라는 것을 제외하고는 기본적으로 동일한 설정이다. 텔넷 사용자들은
! 로그인하기 위해 'love'를 사용할 것이다.
!
Switch#(config)# line vty 0 15
Switch#(config-line)# password love
Switch#(config-line)# login
Switch#(config-line)# end
Switch#
```

[예 8-2] 기본 패스워드 설정

[예 8-3]은 **show running-config** 명령으로 스위치의 설정 결과를 보여준다. 회색 라인들은 새로운 설정을 강조한다. 아웃풋에서 관련 없는 라인들은 패스워드 설정에 초점을 맞추기 위해 삭제되었다.

```
Switch# show running-config
!
Building configuration...

Current configuration : 1333 bytes
!
version 12.2
!
enable secret 5 $1$YXRN$11zOe1Lb0Lv/nHyTquobd.
!
interface FastEthernet0/1
!
interface FastEthernet0/2
!
! 몇 줄은 여기 생략되었음. - 특히
! 패스트이더넷 (FastEthernet) 인터페이스 0/3에서 1/23를 위한 라인들.
!
interface FastEthernet0/24
!
interface GigabitEthernet0/1
!
interface GigabitEthernet0/2
!
line con 0
 password hope
 login
!
line vty 0 4
 password love
 login
!
line vty 5 15
 password love
 login
```

[예 8-3] [예 8-2] 설정에 대한 러닝-컨피그 파일의 결과(부분)

> 📝 **NOTE** [예 8-3]의 show running-config 명령의 아웃풋에서 마지막 여섯 줄은 역사적인 이유 때문에, 첫 번째 다섯 개의 vty 라인들(0에서 4)과 나머지(5에서 15)로 분리된다.

로컬 유저네임과 패스워드로 유저 모드 접속을 보호하기

시스코 스위치는 유저네임 없는 공유 패스워드 대신 사용자별로 유저네임/패스워드 쌍을 포함하는 다른 로그인 보안 방식을 제공한다. 로컬 유저네임/패스워드라 불리는 방식은 유저네임/패스워드 쌍을 스위치마다 설정한다. 스위치는 콘솔, 텔넷과 SSH까지 로컬 유저네임/패스워드를 지원하지만, 이네이블 모드에 접속하기 위해 사용하는 이네이블 패스워드를 대체하지 않는다.

단순한 공유 패스워드에서 대신 로컬 유저네임/패스워드를 사용하는 것은 [그림 8-3]과 같이 일부 설정을 변경해야 한다.

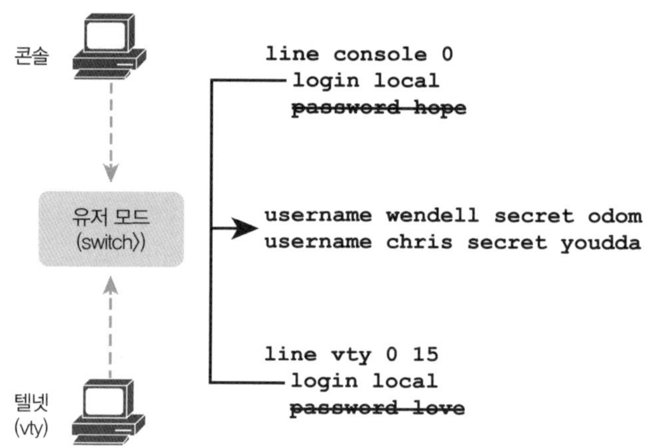

[그림 8-3] 로컬 유저네임 로그인 인증을 사용하기 위한 스위치 설정

설정을 위해 먼저, 스위치는 설정할 유저네임/패스워드 쌍을 정할 필요가 있다. 이를 설정하기 위해, **username name secret password** 글로벌 컨피규레이션 명령을 사용한다. 다음으로 이 유형의 콘솔 혹은 텔넷 보안을 적용하기 위해 **login local** 명령을 설정한다. 기본적으로 이 명령은 '로그인을 위해 유저네임에 대한 로컬 리스트를 사용하라'는 것을 의미한다.

로컬 유저네임과 패스워드를 사용할 때, 패스워드 명령은 필요하지 않기 때문에 콘솔 혹은 vty 모드에 남아 있는 모든 패스워드 하부 명령을 삭제하기 위해 **no password** 명령(패스워드에 설정 없이)을 사용한다.

다음 체크리스트는 로컬 유저네임 로그인을 설정하기 위한 상세한 절차로 보다 쉬운 학습과 복습을 위해 중요하다:

단계 ① 로컬 스위치에 하나 이상의 유저네임/패스워드 쌍을 추가하기 위해 **username name secret password** 글로벌 설정 명령을 사용한다.

단계 ② 유저네임/패스워드 쌍을 적용하도록 콘솔을 설정한다:

    Ⓐ 콘솔 컨피규레이션 모드에 들어가기 위해 **line con 0** 명령을 사용한다.

    Ⓑ **login local** 명령을 사용하면 스위치에 설정된 유저네임/패스워드와 일치하는지 확인하기 위해 콘솔은 유저네임과 패스워드를 요구하는 프롬프트를 표시한다.

    Ⓒ (선택 항목) 이 경우, 설정 파일에 아무 역할 없이 단순히 저장된 공유 패스워드를 삭제하기 위해 **no password** 하부 명령을 사용한다.

단계 ③ 스위치에 설정된 유저네임/패스워드 쌍을 적용하여 텔넷을 설정한다.

    Ⓐ 모든 16개의 vty 라인들(0에서 15까지의 숫자로 표시하는)을 위한 vty 설정 모드에 들어가기 위해 **line vty 0 15** 명령을 사용한다.

    Ⓑ **login local** 명령을 사용하면 스위치에 설정된 유저네임/패스워드와 일치하는지 확인하기 위해 모든 인바운드 텔넷 사용자들에게 유저네임과 패스워드를 요구하는 프롬프트를 표시한다.

    Ⓒ (선택 항목) 이 경우, 설정 파일에 아무 역할 없이 단순히 저장된 공유 패스워드를 삭제하기 위해 **no password** 하부 명령을 사용한다.

다음으로 텔넷 사용자가 [그림 8-3]의 스위치에 접속하면 [예 8-4]와 같이 사용자는 먼저 유저네임을 위한 프롬프트를, 다음으로 패스워드를 위한 프롬프트를 보게 된다. 유저네임/패스워드 쌍은 로컬 리스트에 존재하는 것이어야 하고 아니면, 거부된다.

```
SW2# telnet 10.9.9.19
Trying 10.9.9.19 ... Open


User Access Verification

Username: wendell
Password:
SW1> enable
Password:
SW1# configure terminal
Enter configuration commands, one per line. End with CNTL/Z.
SW1(config)#^Z
SW1#
*Mar 1 02:00:56.229: %SYS-5-CONFIG_I: Configured from console by wendell
on vty0 (10.9.9.19)
```

[예 8-4] [그림 8-3] 설정을 적용한 후의 텔넷 로그인 과정

📝 **NOTE** [예 8-4]는 시스코 스위치가 보안 문제로 입력한 패스워드를 보여주지 않는다.

📝 **NOTE** username secret보다 오래되고 덜 안전한 명령이 username password이다. 34장은 다양한 패스워드 메커니즘에 대한 보안 수준에 대해 더 많이 설명한다. 지금은 **username secret** 명령을 설명한다.

외부 인증 서버와 함께 유저 모드 접속 보호

[예 8-4]의 마지막 부분은 각각의 사용자가 자신의 유저네임으로 로그인을 할 때, 많은 보안 관련 개선 사항들 중 하나를 설명한다. 이 예의 끝에서 컨피규레이션 모드에 들어가려는(configure terminal 명령에 의해) 사용자와 즉시 나가려는(end 명령으로) 사용자를 보여준다. 사용자가 컨피규레이션 모드를 빠져나갈 때, 스위치는 로그 메시지를 발생시킨다는 것을 유의하기 바란다. 사용자가 유저네임으로 로그인 한다면, 로그 메시지는 유저네임을 식별한다. 즉, 로그 메시지에서 'wendell'을 주목하기 바란다.

하지만 스위치에서 직접 유저네임/패스워드를 설정하면 몇 가지 관리 때문에 골치가 아플 수 있다. 예를 들어, 모든 스위치와 라우터는 장치에 대한 로그인을 필요로 하는 각각의 사용자들을 위한 설정을 필요로 한다. 그 이후에 보안 강화를 위한 일상적인 패스워드 변경이 필요할 때, 모든 장치의 컨피규레이션이 변경돼야 한다.

보다 나은 솔루션은 다수의 기타 IT 로그인 기능들을 위해 툴들을 적용하는 것이다. 이러한 툴들은 모든 유저네임/패스워드 쌍을 안전하게 저장하는 중심 장소로써, 그들의 패스워드들을 정기적으로 변경하도록 하고, 현재의 직무를 떠났을 때 사용자 정보를 삭제하는 등의 기능을 제공한다.

시스코 스위치는 AAA(authentication, authorization, and accounting) 서버라 불리는 외부 서버를 활용한다. 이러한 서버는 유저네임/패스워드 정보를 보유한다. 일반적으로 이러한 서버는 사용자로 하여금 직접 서비스하게 하고 그들의 패스워드에 대한 관리를 강화한다. 오늘날 다수의 네트워크들은 스위치와 라우터를 위해 AAA 서버를 사용한다.

로그인 과정은 기본적으로 최종 사용자의 로그인을 위해 스위치에서 몇 가지 추가적인 작업을 필요로 하지만, 한번만 설정하면 유저네임/패스워드 관리가 훨씬 쉬워진다. 인증을 위해 AAA 서버를 사용하면, 스위치(혹은 라우터)는 AAA 서버에게 유저네임과 패스워드가 등록된 것인지를 묻는 메시지들을 보내고, 서버는 응답한다. [그림 8-4]에서 먼저 자신의 유저네임/패스워드를 제공한 사용자가 로그인을 시도하면, 스위치는 AAA 서버에게 묻고, 유저네임/패스워드가 유효한지를 알리기 위해 스위치에게 응답한다.

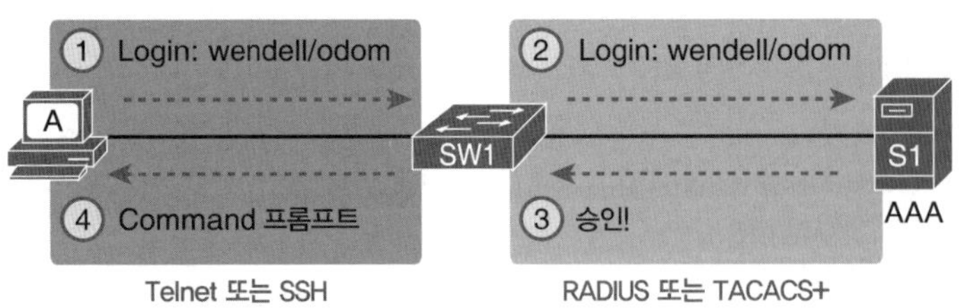

[그림 8-4] 외부 AAA 서버를 이용한 기본적인 인증 과정

그림은 일반적인 개념을 보여주는데 2개의 프로토콜과 함께 정보의 흐름에 유의해야 한다. 왼쪽에서 사용자와 스위치 또는 라우터 간의 연결은 텔넷 또는 SSH를 사용한다. 오른쪽에서 스위치와 AAA 서버는 일반적으로 RADIUS 또는 TACACS+ 프로토콜을 사용하는데 둘 다 네트워크를 통과하는 패스워드를 암호화한다.

SSH(Secure Shell)를 활용한 원격 접속 보호

지금까지 이 장은 SSH를 거의 무시한 채, 콘솔과 텔넷에 초점을 두었다. 텔넷은 하나의 중요한 약점을 갖는다. 텔넷 세션은 패스워드 교환을 포함하여 모든 데이터를 평문으로 전달한다. 따라서 사용자와 스위치 사이의 메시지들을 가로챌 수 있는 누군가(min-in-the-middle 공격이라 부름)는 패스워드들을 볼 수 있다. SSH 암호화는 데이터와 패스워드를 보호하기 위해, SSH 클라이언트와 서버 간에 전송되는 모든 데이터를 암호화한다.

SSH는 장치에 설정한 유저네임과 패스워드를 가지고 텔넷과 동일한 로그인 인증 방식을 사용할 수 있다(SSH는 패스워드에만 의존할 수는 없다). 따라서 [그림 8-3]에서 본 텔넷과 같이 SSH 커넥션들에 대해서도 유저네임 인증을 실행한다.

[그림 8-5]는 SSH를 지원하기 위한 하나의 설정 예를 보여준다. 이 그림은 텔넷을 위해 사용했던 [그림 8-3]과 같은 유저네임 설정을 사용한다. [그림 8-5]는 스위치에서 SSH 설정을 완료하기 위해 필요한 세 개의 추가적인 명령어들을 보여준다.

SSH – 설정

```
hostname sw1
ip domain-name example.com
! Next Command Uses FQDN "sw1.example.com"
crypto key generate rsa
```

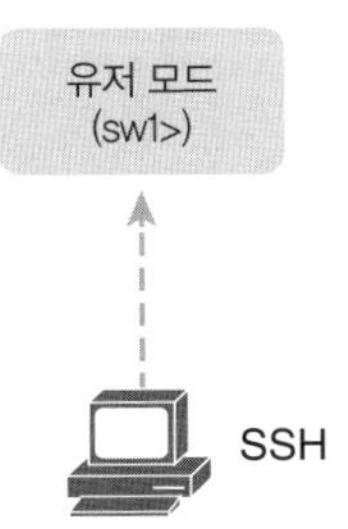

로컬 유저네임 설정(텔넷과 동일함)

```
username wendell secret odom
username chris secret youdda
!
line vty 0 15
  login local
```

[그림 8-5] 로컬 유저네임 설정에 SSH 설정을 추가함

IOS는 SSH 암호화 키를 생성하기 위해 [그림 8-5]와 같이 세 개의 SSH 설정 명령어를 사용한다. SSH 서버는 해당 키를 생성하기 위한 입력값으로 스위치의 FQDN(fully qualified domain name)을 사용한다. FQDN이란 용어는 호스트의 호스트네임과 도메인 네임을 조합한 것인데, 이 경우는 스위치의 호스트네임과 도메인 네임을 조합했다. [그림 8-5]는 두 값들을 설정함으로써 시작한다(아직 설정되지 않은 경우). 세 번째 명령인 **crypto key generate rsa** 명령은 SSH 암호화 키들을 생성한다.

[그림 8-5]의 설정은 지금까지 편의성을 위해 무시했던 두 개의 기본 설정에 의존한다. IOS는 기본적으로 SSH 서버를 실행시킨다. 또한 IOS는 기본적으로 vty 라인들에 SSH 커넥션들을 허용한다.

단계별로 컨피규레이션 모드의 컨피규레이션을 보면 SSH 설정에 도움이 된다. 특히 이 예에서 **crypto key** 명령은 사용자에게 키 계수(modulus)를 입력하기 위한 프롬프트를 보여준다. 이 설정을 위해 **crypto key** 명령어의 끝에 **modulus *modulus-value*** 파라미터를 추가할 수도 있다. [예 8-5]는 마지막 단계로 암호화 키가 설정된 [그림 8-5] 내의 명령어들을 보여준다.

```
SW1# configure terminal
Enter configuration commands, one per line.  End with  CNTL/Z.
!
! 단계 1 다음. 호스트네임이 이미 설정되었지만, 단지 이 단계의 명확화를 위해 반복된다.
!
SW1(config)# hostname SW1
SW1(config)# ip domain-name example.com
SW1(config)# crypto key generate rsa
키의 이름은 다음과 같을 것이다: SW1.example.com
일반적인 목적의 키들을 위해 360에서 2048까지의 키 모듈러스 크기를 선택한다.
512 이상의 키 모듈러스를 선택하면 키 생성에 몇 분이 소요될 수 있다.

How many bits in the modulus [512]: 1024
% Generating 1024 bit RSA keys, keys will be non-exportable...
[OK] (elapsed time was 4 seconds)
SW1(config)#
!
! 선택적으로, SSH 버전을 2로 설정하라(권장).
!
SW1(config)# ip ssh version 2
!
! 다음으로, 텔넷과 같이 로컬 유저네임 방식이 가능하도록 vty 라인들을 설정하라.
!
!
SW1(config)# line vty 0 15
SW1(config-line)# login local
SW1(config-line)# exit
!
! 텔넷과 같이 로컬 유저네임을 정의하라
!
SW1(config)# username wendell password odom
SW1(config)# username chris password youdaman
SW1(config)# ^Z
SW1#
```

[예 8-5] [그림 8-5]에 상응하는 SSH 설정 절차

앞에서 언급한 것처럼, 스위치는 vty 라인들에서 기본적으로 SSH와 텔넷 모두를 지원한다. 그러나 텔넷에는 보안 위험이 존재하므로 엄격한 보안 적용을 위해 텔넷 기능을 못쓰게 할 수 있다(마찬가지로vty 라인들에서 SSH를 차단하고 텔넷을 허용할 수도 있다).

스위치가 vty 라인에서 지원하는 프로토콜들을 정하기 위해 **transport input {all | none | telnet | ssh}**와 같이 다양한 다음 옵션들을 가진 vty 하부 명령어를 사용한다.

- **transport input all** 또는 **transport input telnet ssh**: Telnet과 SSH 모두 사용.

- **transport input none**: 둘 다 지원하지않음.

- **transport input telnet**: 텔넷만 지원.

- **transport input ssh**: SSH만 지원.

SSH에 대한 이 섹션을 끝내기 위해, 다음 컨피규레이션 체크리스트는 로컬 유저네임을 적용하여 SSH를 지원하도록 시스코 스위치를 설정하는 단계를 상세히 다룬다(IOS의 SSH 지원은 몇 가지 방식으로 설정할 수 있다. 이 체크리스트는 그것을 설정하기 위한 하나의 단순한 방식을 보여준다). 이 과정은 앞서 '로컬 유저네임과 패스워드로 유저모드 접속 보호'라는 제목의 섹션에서 다루있듯이 vty 라인들에서 로컬 유저네임 지원을 설정하기 위한 설명으로 끝맺는다.

단계 ① 암호화를 위해 사용하는 공인 키와 사설 키를 생성하도록 설정한다.

   Ⓐ 아직 설정하지 않았다면, 이 스위치의 호스트네임을 설정하기 위해 글로벌 컨피규레이션 모드에서 hostname name을 사용한다.

   Ⓑ 아직 설정하지 않았다면, 스위치의 FQDN을 완성하도록 하는 스위치의 도메인 네임을 설정하기 위해 글로벌 컨피규레이션 모드에서 **ip domain-name** *name*을 사용한다.

   Ⓒ 키(SSH 버전 2를 지원하기 위해서는 최소 768비트 키를 사용한다)를 생성하기 위해 글로벌 컨피규레이션 모드에서 **crypto key generate rsa** 명령을 사용한다(아니면, **crypto key generate rsa modulus** *modulus-value* 명령은 키 계수에 대한 프롬프트를 거치지 않는 명령어).

단계 ② (선택 항목) 버전 1과 2를 모두 지원하는 기본 설정을 변경하기 위해 글로벌 컨피규레이션 모드에서 **ip ssh version 2** 명령어를 사용한다. 이를 통해 SSHv2 커넥션만 허용된다.

단계 ③ (선택 항목) 아직 설정되지 않았다면, vty 라인들에서 SSH 혹은 텔넷을 허용할 것인지 설정한다.

   Ⓐ SSH만 허용하기 위해 vty 라인 컨피규레이션 모드에서 **transport input ssh** 명령을 사용한다.

   Ⓑ SSH와 텔넷을 허용하기 위해 vty 라인 컨피규레이션 모드에서 **transport input all** 명령(디폴트) 혹은 **transport input telnet ssh** 명령을 사용한다.

단계 ④ 이 장에서 앞서 논의했던 로컬 유저네임 로그인 인증을 설정하기 위해 vty 라인 컨피규레이션 모드에서 다양한 명령을 사용한다.

두 개의 핵심 명령은 스위치에서 SSH의 상태에 대한 일부 정보를 제공한다.

show ip ssh 명령은 SSH 서버 그 자체에 대한 상태 정보를 보여준다. 다음으로 **show ssh** 명령은 현재 스위치에 연결된 SSH 클라이언트에 대한 정보를 보여준다. [예 8-6]은 스위치에 연결된 사용자 Wendell을 포함하는 예를 보여준다.

```
SW1# show ip ssh
SSH Enabled - version 2.0
Authentication timeout: 120 secs; Authentication retries:  3


SW1# show ssh
Connection  Version  Mode  Encryption  Hmac       State            Username
0           2.0      IN    aes128-cbc  hmac-sha1  Session started  wendell
0           2.0      OUT   aes128-cbc  hmac-sha1  Session started  wendell
%No SSHv1 server connections running.
```

[예 8-6] SSH 상태 확인

∷ 원격 접속을 위한 IPv4 설정

스위치에 의도된 기능을 위해 텔넷 혹은 SSH 접속을 허용하고, 다른 IP 기반의 관리 프로토콜들(예를 들어, SNMP 혹은 Simple Network Management Protocol)을 허용하기 위해서 스위치는 IP 주소뿐만 아니라 몇 가지 관련 설정을 필요로 한다. IP 주소는 스위치의 이더넷 프레임 전송 방식과는 아무 관련이 없다. 그것은 단지 간접적인 관리 트래픽을 지원하기 위한 것일 뿐이다.

다음 주제는 스위치에 필요한 IPv4 설정값들을 설명하는 것으로 시작하며 다음으로 설정 방법을 다룬다. 스위치에서 이 장에서 본 것과 유사한 명령어들로 IPv6 주소들을 설정할 수 있다 하더라도, 이 장은 IPv4에만 초점을 맞춘다. 그러므로 이 장에서 IP에 대한 모든 참조 내용은 IPv4에 대한 것이다.

호스트와 스위치의 IP 설정

스위치는 하나의 이더넷 인터페이스를 가지는 PC와 동일한 유형의 IP 설정을 필요로 한다. PC에는 CPU에서 실행하는 OS와 함께 CPU 또한 이더넷 NIC(network interface card)가 있다. IP 주소를 포함한 OS 설정은 직접 설정하든, DHCP를 통해 다이내믹하게 학습하든 NIC와 관련 있다.

스위치는 스위치 내부의 가상의 NIC를 사용한다는 것을 제외하고는 동일한 아이디어를 사용한다. PC와 같이, 스위치도 OS(IOS라 불림)를 실행하는 실제 CPU를 갖는다. 스위치는 명백하게 다수의 이더넷 포트들을 가지지만, 이러한 포트들 중 하나에 관리용 IP 주소를 할당하는 대신, SVI(switched virtual interface) 혹은 보다 일반적으로 스위치 자신의 NIC와 같이 동작하는 VLAN 인터페이스를 사용한다. 다음으로 스위치에 대한 IP 설정은 [그림 8-6]과 같이 VLAN 인터페이스에 IP 주소를 설정하는데 호스트와 유사하다.

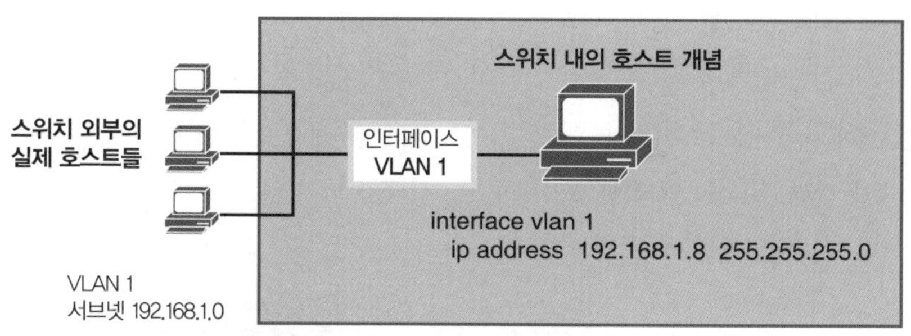

[그림 8-6] 스위치 내부의 SVI(Switch Virtual Interface) 개념

IP 설정을 위해 인터페이스 VLAN 1을 사용하면, 스위치는 VLAN 1에 속하는 어떠한 인터페이스에서 프레임들을 송수신할 수 있다. 시스코 스위치에서 기본적으로 모든 포트들은 VLAN 1에 할당된다.

대부분의 네트워크에서 스위치는 다수의 VLAN들을 설정하기 때문에 네트워크 엔지니어는 IP 주소를 설정할 VLAN을 선택할 수 있다. 가령 관리용 IP 주소는 VLAN 1 인터페이스에 설정될 필요는 없다([그림 8-6]처럼 `interface vlan 1` 명령으로 설정한 바와 같이).

2계층의 시스코 LAN 스위치는 다수의 VLAN 인터페이스가 설정된다 하더라도, 보통 하나의 VLAN 인터페이스만 사용한다. 스위치는 관리 목적을 위해서 단지 하나의 IP 주소만 필요로 한다. 그러나 동시에 VLAN 인터페이스들을 설정할 수 있고, 동작 중인 VLAN에 대한 IP 주소들을 할당할 수 있다.

예를 들어, [그림 8-7]은 두 개의 상이한 VLAN들(VLAN 1과 2)에 일부 물리적 포트들을 가진 스위치를 보여준다. 그림은 또한 이러한 VLAN들에 사용된 서브넷들을 보여준다. 네트워크 엔지니어는 VLAN 1 인터페이스, VLAN 2 인터페이스 혹은 둘 다 생성할 수 있다. 대부분의 경우, 엔지니어는 스위치들을 관리할 때 사용할 VLAN을 정하고, 해당 VLAN에 대한 VLAN 인터페이스만 생성한다.

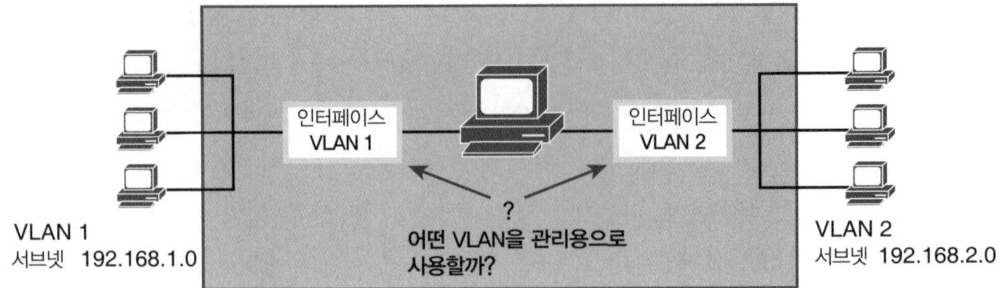

[그림 8-7] 스위치의 IP 주소를 설정하기 위해 하나의 VLAN 선택하기

해당 VLAN에 속한 물리적인 포트를 갖고 있지 않으면 해당 VLAN 인터페이스를 사용하면 안된다. 그렇게 하면, VLAN 인터페이스는 up/up 상태가 되지 않으며, 스위치는 스위치 외부와 통신하기 위한 물리적인 기반을 갖지 못할 것이다.

> **NOTE** 일부 시스코 스위치들은 2계층 스위치 혹은 3계층 스위치로 동작하도록 설정할 수 있다. 2계층 스위치로 동작할 때, 7장 '이더넷 LAN 스위칭 분석'에서 깊이 설명하였듯이 이더넷 프레임들을 포워딩할 수 있다. 대신, 스위치는 멀티레이어 스위치 혹은 3계층 스위치로 동작할 수 있는데, 이것은 스위치가 두 계층 즉, 2계층 스위칭과 라우터에 의해 사용되는 3계층 로직을 사용하여 IP 패킷에 대한 3계층 라우팅 기능을 제공한다는 것을 의미한다. 11장 '이더넷 VLAN(Virtual LAN) 설정'은 LAN 스위치들의 이러한 유형의 동작들 간의 차이를 정의한다.

하나의 VLAN 인터페이스에 IP 주소(와 마스크)를 설정하면, 스위치는 해당 VLAN에 속하는 서브넷 내의 다른 호스트들과 IP 패킷들을 송수신할 수 있다. 하지만 스위치는 디폴트 게이트웨이라 불리는 또 하나의 설정 없이는 서브넷 외부와 통신할 수 없다. 스위치가 디폴트 게이트웨이 설정을 필요로 하는 이유는 호스트와 동일하다. IP 패킷을 보낼 때, 호스트가 판단하는 방식은 구체적으로 다음과 같다:

- 같은 서브넷 내의 호스트에게 IP 패킷을 보내기 위해, 그들에게 직접 보낸다.
- 다른 서브넷 내의 호스트에게 IP 패킷을 보내기 위해, 로컬 라우터 즉, 디폴트 게이트웨이에게 보낸다.

[그림 8-8]은 이 아이디어를 보여준다. 이 경우, 스위치(오른쪽)가 VLAN 1 인터페이스에 설정된 IP 주소 192.168.1.200을 사용한다. 하지만 그림의 가장 왼쪽 호스트 A와 통신하기 위해서는 즉, 스위치가 라우터 R1(디폴트 게이트웨이)에게 보내야 한다. 통신을 위해, 스위치는 라우터 R1의 IP 주소(이 경우 192.168.1.1)를 디폴트 게이트웨이로 설정할 필요가 있다. 스위치와 라우터는 동일한 마스크 255.255.255.0을 사용하는데, 이것은 각각의 주소가 동일한 서브넷에 속하도록 한다.

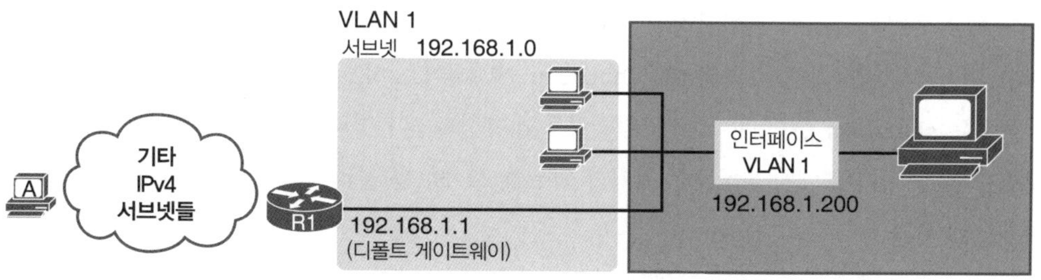

[그림 8-8] 디폴트 게이트웨이의 필요성

스위치의 IPv4 설정

스위치는 특별한 NIC와 유사한 VLAN 인터페이스에 자신의 IPv4 주소와 마스크를 설정한다. 다음 단계들은 스위치에 IPv4를 설정하기 위해 사용하는 명령어를 보여준다. 해당 명령을 따르는 [예 8-7]의 IP 주소를 VLAN 1에 설정한다고 가정하였다.

단계 ① 인터페이스 VLAN 1 컨피규레이션 모드에 들어가기 위해 글로벌 컨피규레이션 모드에서 **interface vlan 1** 명령을 사용한다.

단계 ② IP 주소와 마스크를 할당하기 위해 인터페이스 컨피규레이션 모드에서 **ip address** *ip-address mask* 명령을 사용한다.

단계 ③ 아직 활성화하지 않았다면, VLAN 1 인터페이스를 활성화하기 위해 인터페이스 컨피규레이션 모드에서 **no shutdown** 명령을 사용한다.

단계 ④ 디폴트 게이트웨이를 설정하기 위해 글로벌 컨피규레이션 모드에서 **ip default-gateway** *ip-address* 명령을 추가한다.

단계 ⑤ (선택 항목) 이름을 이에 상응하는 IP 주소로 변환하고자 DNS(Domain Name Server)를 사용하기 위해 글로벌 컨피규레이션 모드에서 **ip name-server** *ip-address1 ip-address2* … 명령을 추가한다.

```
Emma# configure terminal
Emma(config)# interface vlan 1
Emma(config-if)# ip address 192.168.1.200 255.255.255.0
Emma(config-if)# no shutdown
00:25:07: %LINK-3-UPDOWN: Interface Vlan1, changed state to  up
00:25:08: %LINEPROTO-5-UPDOWN: Line protocol on Interface Vlan1,
changed state to up
Emma(config-if)# exit
Emma(config)# ip default-gateway 192.168.1.1
```

[예 8-7] 스위치의 Static IP 주소 설정

이 예는 특별히 중요하고 일반적인, **[no] shutdown** 명령을 보여준다. 스위치의 인터페이스를 관리 차원에서 활성화하기 위해 **no shutdown** 인터페이스 하부 명령을 사용하고 비활성화하기 위해서는 **shutdown** 인터페이스 하부 명령을 사용한다. 이 명령은 이 예의 VLAN 인터페이스 뿐만 아니라 이더넷 메시지들을 스위칭하기 위해 사용하는 물리적인 이더넷 인터페이스에서도 사용 가능하다.

또한, [예 8-7]에서 **no shutdown** 명령 아래에 보이는 메시지들을 자세히 살펴보자. 이러한 메시지들은 스위치가 인터페이스를 실제로 활성화하였다는 것을 설명하기 위해 스위치가 발생시키는 시스로그 메시지들이다. 스위치(와 라우터)는 다양한 이벤트에 대응해 시스로그 메시지들을 발생시키고, 기본적으로 이러한 메시지들은 콘솔에 보인다. 33장 '장치 관리 프로토콜들'에서 시스로그 메시지들을 보다 상세히 논의한다.

DHCP로 IP 주소 설정 시의 스위치 설정

스위치는 자신의 IPv4 설정값들을 다이내믹하게 학습하기 위해 DHCP(Dynamic Host Configuration Protocol)를 사용할 수 있다. 기본적으로 해야할 일은 스위치가 인터페이스에서 DHCP를 사용하도록 설정하고, 해당 인터페이스를 활성화하는 것이다. DHCP가 해당 네트워크에서 제대로 작동한다고 가정할 때, 스위치는 모든 설정값을 수신할 것이다. 다음은 VLAN 1 인터페이스의 사용을 가정하여 해당 단계들을 자세히 설명하고, [예 8-8]은 그 예를 보여준다:

단계 ① **interface vlan 1** 글로벌 컨피규레이션 명령을 사용하여 VLAN 1 컨피규레이션 모드에 들어간다. 필요하다면, **no shutdown** 명령으로 인터페이스를 활성화한다.

단계 ② **ip address dhcp** 인터페이스 하부 명령을 사용하여 IP 주소와 마스크를 할당하도록 한다.

```
Emma# configure terminal
Enter configuration commands, one per line. End with CNTL/Z.
Emma(config)# interface vlan 1
Emma(config-if)# ip address dhcp
Emma(config-if)# no shutdown
Emma(config-if)# ^Z
Emma#
00:38:20: %LINK-3-UPDOWN: Interface Vlan1, changed state to  up
00:38:21: %LINEPROTO-5-UPDOWN: Line protocol on Interface Vlan1,
changed state to  up
```

[예 8-8] DHCP에 의한 스위치의 다이내믹 IP 주소 설정

스위치의 IPv4 확인

스위치의 IPv4 설정은 몇몇 장소에서 확인할 수 있다. 첫 번째, **show running-config** 명령을 사용하여 현재의 설정을 볼 수 있다. 두 번째, VLAN x에 속하는 VLAN 인터페이스에 대한 상세한 상태 정보를 보여주는 **show interfaces vlan x** 명령을 통해 IP 주소와 마스크 정보를 볼 수 있다. 마지막으로 DHCP를 사용한다면, **show dhcp lease** 명령으로 일시적으로 임대한 IP 주소와 기타 파라미터값들을 볼 수 있다(스위치는 러닝-컨피그 파일에 DHCP로부터 임대한 IP 설정을 저장하지 않는다). [예 8-9]는 [예 8-8]의 설정에 상응하는 아웃풋을 해당 명령어들을 통해 보여준다.

```
Emma# show dhcp lease
Temp IP addr: 192.168.1.101 for peer on Interface: Vlan1
Temp  sub net mask: 255.255.255.0
   DHCP Lease server: 192.168.1.1, state: 3 Bound
   DHCP transaction id: 1966
   Lease: 86400 secs, Renewal: 43200 secs, Rebind: 75600 secs
Temp default-gateway addr: 192.168.1.1
   Next timer fires after: 11:59:45
   Retry count: 0 Client-ID: cisco-0019.e86a.6fc0-Vl1
   Hostname: Emma
Emma# show interfaces vlan 1
Vlan1 is up, line protocol is up
  Hardware is EtherSVI, address is 0019.e86a.6fc0 (bia  0019.e86a.6fc0)
  Internet address is 192.168.1.101/24
  MTU 1500 bytes, BW 1000000 Kbit, DLY 10 usec, reliability 255/255,
     txload 1/255, rxload 1/255
! 간략화를 위해 라인들이 생략되었음.
Emma# show ip default-gateway
192.168.1.1
```

[예 8-9] 스위치에서 DHCP를 통한 IP 설정 확인 방법

show interfaces vlan 1 명령의 아웃풋은 스위치의 IP 주소와 관련있다. 첫 번째, 이 **show** 명령은 VLAN 1 인터페이스의 인터페이스 상태를 나열하는데, 이 경우는 up/up 상태다. VLAN 1 인터페이스의 상태가 'up'이 아니라면, 스위치는 IP 주소를 사용하여 관리 트래픽을 송수신할 수 없다. **no shutdown** 명령어를 잊어버리면, VLAN 1인터페이스는 기본적으로 'shutdown' 상태로 show 명령의 아웃풋에서 'administratively shutdown'으로 표시된다.

두 번째, 아웃풋은 세 번째 라인에서 인터페이스의 IP 주소를 보여준다. [예 8-7]과 같이 IP 주소를 직접 입력했다면, IP 주소는 항상 보일 것이다. 만약, DHCP를 적용했지만 DHCP가 오동작한다면, **show interfaces vlan x** 명령은 IP 주소를 보여주지 않을 것이다. DHCP가 정상 동작할 때, **show interfaces vlan 1** 명령으로 IP 주소를 볼 수 있지만, 아웃풋은 주소가

직접 설정한 것인지, DHCP에 의해 임대된 것인지를 구분해주진 않는다. VLAN 인터페이스의 주소가 직접 입력된 것인지 혹은 DHCP에 의해 학습된 것인지를 확인하기 위해서 위에서 설명한 다른 명령어를 사용한다.

∷ 실습에서 유용한 여러 가지 설정

이 장의 마지막 짧은 섹션은 조금 더 효과적인 실습을 위한 한 쌍의 명령어들을 다룬다.

히스토리 버퍼 명령어들

CLI에 명령어들을 입력할 때, 스위치는 히스토리 버퍼(history buffer)에 마지막으로 사용한 몇 가지 명령어들을 저장한다. 6장 'CLI(command-line interface) 활용'에서 언급한 것처럼, 위 화살표나 Ctrl+P 키를 눌러 히스토리 버퍼에 저장된, 이미 사용한 명령어를 자동 입력할 수 있다. 이 기능은 명령어 입력 과정을 용이하게 하고, 일련의 명령어들을 반복적으로 사용할 수 있도록 한다. [표 8-2]는 히스토리 버퍼에 관련된 일부 핵심 명령어들을 보여준다.

명령어	설명
show history	히스토리 버퍼에 현재 저장된 명령어들을 보여주는 EXEC 명령어.
terminal history size x	EXEC 모드에서, 이 명령은 현재 접속한 사용자의 로그인 세션을 위한 히스토리 버퍼의 크기(저장할 명령어의 갯수)를 설정한다.
history size x	콘솔 혹은 vty 라인 컨피규레이션 모드의 설정 명령으로 콘솔 혹은 vty 라인 각각에 대한 히스토리 버퍼에 저장 가능한 명령어의 수를 설정한다.

[표 8-2] 히스토리 버퍼와 관련된 명령어들

logging synchronous · exec-timeout · no ip domain-lookup 명령어

다음 세 컨피규레이션 명령어는 스위치나 라우터의 콘솔을 사용할 때, 불편을 줄이기 위해 쓸 수 있다.

스위치 콘솔은 모든 요청하지 않은 시스로그 메시지들을 자동적으로 수신한다. 스위치가 네트워크 관리자에게 중요하고, 긴급하다고 판단하는 정보를 보내면, 콘솔 접속자는 이 메시지들을 볼 수 있다.

불행히도, IOS는 기본적으로 항상 콘솔 스크린에 이러한 시스로그 메시지들을 보여준다. 이 시스로그 메시지들은 명령어를 입력하는 도중에 혹은 show 명령의 아웃풋 중간에 나타나 성가시게 할 수 있다.

no logging console과 **logging console** 글로벌 명령어를 사용하여 콘솔로 이러한 메시지를 보내는 기능을 끄거나 켤 수도 있다. 예를 들어, 콘솔로 접속하여 작업을 할 때, 로그 메시지에 의한 방해가 성가시다면 **no logging console** 글로벌 명령으로 이러한 메시지가 보이지 않도록 할 수 있다. 그리고 작업이 끝났을 때, **logging console** 명령으로 메시지가 다시 보이게 할 수 있다.

IOS는 합리적이고 타협적인 기능을 제공한다. 예를 들어, IOS는 스위치에게 show 명령의 출력 내용의 끝과 같이 더 적절한 타이밍에 시스로그 메시지(syslog message)를 표시하도록 한다. 이를 위해, **logging synchronous** 콘솔 라인 하부 명령을 설정하면, show 명령어가 요청한 아웃풋을 시스로그 메시지에 우선하여 보여준다.

또 다른 콘솔 사용에 대한 개선 방법은 콘솔로부터의 로그인 세션과 텔넷 또는 SSH의 만료 시간을 수정하는 것이다. 스위치는 기본적으로 5분간 입력이 없으면 콘솔과 vty(텔넷과 SSH) 사용자에 대한 접속을 끊어버린다. 'exec-timeout 분 초' 라인 하부 명령은 만료 시간을 변경할 수 있다. 특히, **exec-timeout 0 0**은 접속 시간이 만료되지 않게 한다.[6]

마지막으로, IOS는 존재하지 않는 명령을 잘못 입력했을 때 1분 정도 기다리게 할 수 있다. 즉, 명령을 잘못 입력하면 IOS는 해당 이름을 가진 장치로 텔넷을 원한다고 생각하고 DNS서버에게 호스트 이름에 해당하는 IP 주소를 물어본다. 이 기능은 스위치의 기본 설정에 포함되는 것으로 스위치는 호스트 이름에 해당하는 IP 주소를 찾으려 하는데 DNS 서버가 응답하지 않는다면 약 1분의 시간 후에야 CLI(Command Line Interface)에 명령어를 다시 입력할 수 있다.

이 문제를 피하려면, IOS의 호스트 이름에 대한 IP 찾기 기능을 비활성화하는 **no ip domain-lookup** 글로벌 컨피규레이션 명령을 설정한다.

[예 8-10]은 모든 명령어들을 하나의 예로 보여 준다. 이 명령어들은 스위치 실습을 보다 효과적으로 만들어 준다.

```
no ip domain-lookup
!
line console 0
  exec-timeout 0 0
  logging synchronous
  history size 20
!
line vty 0 15
  exec-timeout 0 0
  logging synchronous
  history size 20
```

[예 8-10] 효과적인 실습을 위해 사용하는 명령어들

---

[6] 실습 시에 콘솔 세션이 만료가 되면 원래 인터페이스 모드에 있었다 하더라도, 유저 모드에서 다시 시작해야 하기 때문에 패스워드를 다시 입력하거나 인터페이스 모드로 다시 들어가는 번거로움이 있을 것이다.

좋은 시험 결과를 위해서 리뷰 세션에 대한 복습이 중요하다. 책이나 DVD의 툴 혹은 책의 동반자 웹 사이트에서 찾을 수 있는 대화형 툴을 활용하여 이 장의 자료들을 리뷰하기 바란다. 특히, 서론의 '단계② 챕터 위주의 학습 습관을 만들어라'라는 제목의 '당신의 학습 계획'을 참조하기 바란다. [표 8-3]은 핵심 리뷰 요소들과 자료 출처들을 보여준다. 학습 과정에 대해 보다 나은 추적을 위해 두 번째 열에 완료 날짜를 기록하도록 한다.

리뷰 항목	완료 날짜	자료 출처
핵심 주제 리뷰		책, DVD/웹 사이트
핵심 용어 리뷰		책, DVD/웹 사이트
사전 점검 퀴즈 반복		책, PCPT
컨피그 체크리스트 리뷰		책, DVD/웹 사이트
실습		Sim Lite/블로그
명령어 테이블 리뷰		책

[표 8-2] 챕터 리뷰 확인

핵심 주제 복습

핵심 주제	설명	페이지
예 8-2	패스워드 로그인 보안을 변경하는 예(유저네임 없이)	178
그림 8-5	관련 유저네임 로그인 보안을 위한 SSH 설정 명령어들	183

[표 8-3] 8장의 핵심 주제들

핵심 용어

텔넷(Telnet), SSH(Secure Shell), 로컬 유저네임(local username), AAA, AAA 서버, 이네이블 모드, 디폴트 게이트웨이(default gateway), VLAN 인터페이스, 히스토리 버퍼(history buffer), DNS, 이름 변환(name resolution), 로그 메시지(log message)

참조 명령어

[표 8-5], [표 8-6],[표 8-7]과 [표 8-8]은 이 장에서 사용하는 설정과 확인 명령어들을 보여준다. 연습을 위해 표의 왼쪽 행을 가리고, 오른쪽 행을 읽고 해당 명령을 보지 않고 기억해 보도록 한다. 다음으로 오른쪽 행을 덮고 명령이 무엇을 위한 것인지를 기억하는 연습을 반복한다.

명령어	모드 및 목적
line console 0	콘솔 컨피규레이션 모드로 이동함.
line vty *1st-vty last-vty*	이 명령에서 vty 라인의 범위와 함께 vty 컨피규레이션 모드로 이동함.
Login	콘솔과 vty 컨피규레이션 모드. IOS로 하여금 패스워드에 대한 프롬프트를 띄우게 함.
password *pass-value*	콘솔과 vty 컨피규레이션 모드. login(파라미터 없이) 명령이 설정되었을 때, 필요한 패스워드를 설정함.
login local	콘솔과 vty 컨피규레이션 모드. IOS로 하여금 스위치 혹은 라우터에 설정된 username 글로벌 컨피규레이션 명령에 대해 유저네임 및 패스워드에 대한 프롬프트를 띄우게 함.
username *name* secret *pass-value*	글로벌 명령어. login local 라인 컨피규레이션 명령이 사용될 때, 사용자 인증을 위한 다수의 유저네임과 이에 상응하는 패스워드를 정의한다
crypto key generate rsa [modulus *360..2048*]	글로벌 명령어. SSH에서 필요한 키를 생성하고 저장한다(플래시의 숨은 장소).
transport input {telnet | ssh | all | none}	vty 라인 컨피규레이션 모드. 텔넷/SSH를 이 스위치에서 허용할 것인지를 결정한다. 텔넷/SSH를 동시에 허용하는 하나의 명령이 존재하는데, 이것이 기본 설정이다.

[표 8-5] 로그인 시큐리티 명령어

명령어	모드 및 목적
interface vlan *number*	VLAN 인터페이스 모드로 이동한다. 어떤 VLAN에 속하는 스위치의 IP 주소를 설정하게 함.
ip address *ip-address subnet-mask*	VLAN 인터페이스 모드. 스위치의 IP 주소와 마스크를 직접 설정하는 명령어.
ip address dhcp	VLAN 인터페이스 모드. 스위치가 IPv4 주소, 마스크와 디폴트 게이트웨이를 발견하도록, 스위치를 DHCP 클라이언트로 설정하는 명령어.
ip default—gateway *address*	글로벌 명령어. 스위치의 디폴트 게이트웨이 IPv4 주소를 설정하는 명령어(DHCP 적용 시 필요 없음).
ip name—server *server-ip-1 server-ip-2 ...*	글로벌 명령어. DNS 서버의 IPv4 주소를 설정하는 명령어. 스위치가 로그인할 때 어떤 명령어는 이름 변환을 위해 DNS를 사용할 것이다.

[표 8-6] 스위치 IPv4 설정

명령어	모드 및 목적
hostname *name*	글로벌 명령. 스위치의 호스트 이름을 설정함.
enable secret *pass-value*	글로벌 명령. 이네이블 모드로 가기 전에 사용자에게 묻는 스위치 패스워드를 설정함.
history size *length*	라인 컨피그 모드. 해당 라인들의 사용자를 위해 이후의 명령 재입력을 위한 히스토리 버퍼에 보관 가능한 명령어의 수를 설정함.
logging synchronous	콘솔 혹은vty 모드. IOS에게 입력 명령 도중이 아니라 명령어와 명령어들 간의 자연스러운 단절 지점에서 로그 메시지를 보이게 하는 명령어.
[no] logging console	콘솔에 로그 메시지가 보이는 것을 비활성화하거나 활성화하는 글로벌 명령어.
exec-timeout *minutes* [*seconds*]	콘솔 혹은 vty 모드. 무 활동 타임아웃을 설정함. 정해진 시간 동안 활동이 없으면 IOS는 현재의 사용자 로그인 세션을 닫는다.

[표 8-7] 기타 스위치 설정

명령어	모드 및 목적
show running-config	현재 사용 중인 컨피규레이션을 보여줌.
show running-config | begin line vty	begin 명령으로 시작하는 명령어 아웃풋만 보여준다. 따라서, 'line vty 0 4'를 첫 번째 라인으로 모든 아웃풋을 보여준다.
show dhcp lease	DHCP 클라이언트로써 스위치가 필요로 하는 정보를 보여준다. 여기에는 IP 주소, 서브넷 마스크와 디폴트 게이트웨이를 포함한다.
show crypto key mypubkey rsa	crypto key generate rsa 글로벌 컨피규레이션 명령어를 사용해서 SSH에서 사용하기 위해 생성된 공개와 공유키를 표시한다.
show ip ssh	SSH 버전을 포함하여, SSH 서버에 대한 상태 정보를 표시한다.
show ssh	스위치에 대한 현재, SSH의 인바운드와 아웃바운드 커넥션들에 대한 상태 정보를 보여준다.
show interfaces vlan *number*	인터페이스 상태, 스위치의 IPv4 주소와 마스크 등을 표시한다.
show ip default-gateway	스위치의 IPv4 디폴트 게이트웨이를 보여준다.
terminal history size *x*	스위치의 현재 사용자에게만, 현재 로그인에 대해서만, 히스토리 버퍼의 길이를 변경한다.
show history	현재의 히스토리 버퍼 내부의 명령어들을 보여준다.

[표 8-8] 8장의 EXEC 명령어 참조

Chapter 9
스위치 인터페이스 설정

이 장은 다음 시험 주제를 다룬다.

2.0 LAN스위치 기술들

2.3 인터페이스와 케이블 이슈(컬리전, 에러, 듀플렉스, 속도)에 대한 트러블슈팅

2.7 포트 시큐리티(port security) 설정, 확인, 트러블슈팅

    2.7.a 스태틱(Static)

    2.7.b 다이나믹(Dynamic)

    2.7.c 스틱키(Sticky)

    2.7.d 최대 MAC 주소

    2.7.e 위반 시 대응들

    2.7.f 에러 디스에이블(Err-disable) 복구

    이 장은 Part II의 마지막 장이다. 지금까지 CLI(command-line interface) 간을 이동하는 방법과 스위치의 기능들을 설정, 확인하는 명령어들을 학습했다. 스위치의 주요 기능인 MAC 주소 테이블에 기반한 이더넷 프레임 스위칭에 대해서도 학습했다. Chapter 7 '이더넷 LAN 스위칭 분석'에서 스위치의 데이터 처리 영역에 대해 학습하고, Chapter 8 '기본적인 스위치 관리 설정'에서 IP 주소와 로그인 보안 기능을 통해 텔넷과 SSH(Secure Shell)를 지원하도록 스위치를 설정하는 방법 등 스위치의 관리 기능들에 학습했다.

    Part II의 마지막 장에서 스위치의 제어 영역에서 사용하는 도구들에 대해 다룬다. 첫째, 이 장은 스위치 인터페이스들의 동작을 설정하고 변경하는 방법 즉, 인터페이스의 속도, 듀플렉스 또는 비활성화(disable) 방법들을 배운다. 이 장의 두 번째 절반은 스위치로 들어오는 프레임의 출발지 MAC 주소를 보고 해당 프레임의 허용 여부와 보안 위반 조치를 위한 포트 시큐리티(port security) 기능을 설정하는 방법을 보여준다.

이 장의 학습을 위해 필요한 시간을 가늠하기 위해 다음 시험(이 페이지나 PCPT 소프트웨어를 사용 가능)을 보기 바란다. 정답은 퀴즈 다음 페이지의 아랫 부분에 나와 있고, 설명은 DVD 부록 C와 PCPT 소프트웨어에 있다.

핵심 주제 섹션	해당 문제
스위치 인터페이스 설정	1-3
포트 시큐리티	4-6

[표 9-1] 사전 점검 퀴즈의 핵심 주제와 문제

1. 다음 중 시스코 스위치에서 10/100 포트에서 IEEE 표준인 자동 협의 기능을 비활성화하는 것은?

    a. `negotiate disable` 인터페이스 하부 명령을 설정하라

    b. `no negotiate` 인터페이스 하부 명령을 설정하라

    c. `speed 100` 인터페이스 하부 명령을 설정하라

    d. `duplex half` 인터페이스 하부 명령을 설정하라

    e. `duplex full` 인터페이스 하부 명령을 설정하라

    f. `speed 100 and duplex full` 인터페이스 하부 명령을 설정하라

2. 다음 CLI 모드 중 어떤 모드에서 인터페이스 패스트이더넷 0/5의 듀플렉스를 설정할 수 있나?

    a. 유저 모드(User mode)

    b. 이네이블 모드(Enable mode)

    c. 글로벌 컨피규레이션 모드(Global configuration mode)

    d. VLAN 모드

    e. 인터페이스 컨피규레이션 모드(Interface configuration mode)

3. 시스코 카탈리스트 스위치는 기가비트 0/1 포트와 사용자의 PC를 연결했다. 최종 사용자는 PC의 OS를 직접 설정하여 1,000Mbps의 속도와 풀 듀플렉스를 사용하도록 하고, 자동 협의 기능은 비활성화하였다. 스위치의 G0/1 포트는 속도와 듀플렉스에 대해 기본 설정값을 가지고 있다. 스위치가 사용할 속도와 듀플렉스는 무엇일까? (2개를 선택할 것)

    a. Full duplex

    b. Half duplex

    c. 10Mbps

    d. 1,000Mbps

4. 다음 중 스틱키 러닝(sticky learning) 옵션과 함께 포트 시큐리티를 설정할 때 필요한 것은 무엇인가?

a. `switchport port-security maximum` 인터페이스 하부 명령으로 인터페이스에 허용되는 MAC 주소의 최대 수를 설정해야 한다.

b. `switchport port-security` 인터페이스 하부 명령으로 포트 시큐리티를 활성화해야 한다.

c. `switchport port-security mac-address` 인터페이스 하부 명령으로 구체적으로 허용되는 MAC 주소를 정의해야 한다.

d. 모든 보기의 명령어를 필요로 한다.

5. 스위치의 포트 Gi0/1은 정확하게 포트 시큐리티가 설정되었다. 규칙 위반 시(violation mode), 포트를 제한(restrict)하도록 설정하였다. 포트 시큐리티 정책을 위반한 프레임과 위반하지 않은 프레임이 차례대로 인터페이스로 들어갔다. 다음 중 이 시나리오에서 일어나는 것을 정확하게 설명하는 것은? (2개를 선택할 것)

a. 스위치는 첫 번째 프레임이 도착했을 때, 인터페이스의 상태를 에러-디스에이블드(err-disabled) 상태에 둔다.

b. 스위치는 첫 번째 프레임이 위반 트래픽이므로 시스로그 메시지를 발생시킨다.

c. 스위치는 Gi0/1에 대한 위반 수를 1 증가시킨다.

d. 스위치는 첫 번째와 두 번째 프레임 모두를 폐기한다.

6. 시스코 카탈리스트 스위치는 개별 사용자 PC들과 연결되었다. 각 포트는 다음과 같이 동일한 포트 시큐리티 설정이 되어있다.

```
interface range gigabitethernet 0/1 - 24
switchport mode access
switchport port-security
switchport port-security mac-address  sticky
```

다음 답변 중에서 어떤 것이 이 포트 시큐리티 설정의 결과를 설명하는가? (2개를 선택할 것)

a. 알려지지 않은 장치들이 알려지지 않은 MAC 주소로 스위치 포트에 데이터를 보내는 것을 막는다.

b. 사용자 PC를 스위치에 연결하면, 다수의 장치들이 스위치 포트로 데이터를 보내는 것을 막는다.

c. 스위치의 각 포트에 어떤 한 장치는 연결할 수 있고, 해당 장치의 MAC 주소는 스타트업-컨피그에 저장될 것이다.

d. 스위치의 각 포트에 어떤 한 장치는 연결할 수 있고, 해당 장치의 MAC 주소는 스타트업-컨피그에 저장되지 않을 것이다.

:: 스위치 인터페이스 설정

인터페이스(interface)는 다른 장치들에게 데이터를 보내는 데 사용하는 물리적 포트를 일컫는 용어다. 각 인터페이스의 설정은 인터페이스별로 다른 몇 가지로 구성될 수 있다. IOS는 이러한 설정을 위해 인터페이스 하부 모드에서 입력 가능한 명령어들을 사용한다. 이러한 설정은 인터페이스별로 다를 수 있으므로 먼저 특정 인터페이스를 선택하고 특정 설정 명령어를 입력한다.

이 섹션은 3개의 상대적으로 기본적인 인터페이스별 설정 즉, 포트 속도(speed), 듀플렉스(duplex), 설명(description)에 대한 논의로 시작한다. 그 다음으로 가장 일반적인 인터페이스 하부 명령어들, 관리자에 의해 인터페이스를 각각 사용하지 못하게 하거나 사용하게 하는 **shutdown**과 **no shutdown** 명령을 짧게 살펴볼 것이다. 이 섹션은 자동 협의 기능(autonegotiation)에 대한 설명으로 끝맺는다. 자동 협의 기능을 사용하면 스위치들은 선택할 파라미터들을 협의를 통해 결정한다.

속도, 듀플렉스, 설명 설정

다수의 속도들(10/100과 10/100/1000 인터페이스)을 지원하는 스위치는 기본적으로 사용할 속도를 자동 협의 기능을 통해 정한다. 또는 **duplex {auto|full|half}**와 **speed {auto |10|100|1000}** 인터페이스 하부 명령어들을 통해 속도와 듀플렉스를 지정할 수도 있는데 매우 간단하다.

대체로 듀플렉스와 속도를 지정할 때 자동 협의 기능을 사용하면 유용하기 때문에 해당 기능을 사용할 충분한 이유를 가진다. 예를 들어, 스위치 간의 링크에서 보다 느린 속도를 선택하는 것을 막고, 지원 속도 중 가장 빠른 속도로 지정하고 싶을 때 유용하다.

description 인터페이스 하부 명령은 인터페이스에 대한 문자 형태의 설명을 추가한다. 예를 들어, 포트의 속도와 듀플렉스를 설정하는 특별한 이유가 있다면, 해당 사유를 추가할 수 있다. [예 9-1]은 관리자가 설정하는 문자 형태의 설명인 **description** 명령뿐만 아니라 **duplex**와 **speed**를 설정하는 방법을 보여준다.

```
Emma# configure terminal
Enter configuration commands, one per line. End with CNTL/Z.
Emma(config)# interface FastEthernet 0/1
Emma(config-if)# duplex full
Emma(config-if)# speed 100
```

```
Emma(config-if)# description Printer on 3rd floor, Preset to 100/full is connected here
Emma(config-if)# exit
Emma(config)# interface range FastEthernet 0/11 - 20
Emma(config-if-range)# description end-users connect here
Emma(config-if-range)# ^Z
Emma#
```

[예 9-1] 스위치 엠마에 speed, duplex와 description을 설정하기

    첫째, 명령어 프롬프트를 자세히 알아봄으로써 설정 모드에서의 이동 방식에 대해 알아보자. 다양한 **interface** 명령은 사용자로 하여금 글로벌 모드(global mode)에서 특정 인터페이스에 대한 설정을 위한 인터페이스 컨피규레이션 모드(interface configuration mode)로 이동하도록 한다. 예를 들어, **duplex, speed**와 **description** 명령은 **interface FastEthernet 0/1** 명령 다음에 설정해야 하는 명령으로 다른 인터페이스가 아니라 Fa0/1 인터페이스에 적용해야 하는 설정 내용임을 의미한다.

    show interfaces status 명령은 인터페이스별로 단지 한 줄일지라도 [예 9-1]에서 설정한 항목들을 자세히 보여준다. [예 9-2]는 스위치에 [예 9-1]의 설정에 대한 결과다.

```
Emma#    show interfaces status
Port     Name              Status        Vlan   Duplex      Speed      Type
Fa0/1    Printer on 3rd floo  notconnect  1     full          100      10/100BaseTX
Fa0/2                      notconnect    1      auto          auto     10/100BaseTX
Fa0/3                      notconnect    1      auto          auto     10/100BaseTX
Fa0/4                      connected     1      a-full        a-100    10/100BaseTX
Fa0/5                      notconnect    1      auto          auto     10/100BaseTX
Fa0/6                      connected     1      a-full        a-100    10/100BaseTX
Fa0/7                      notconnect    1      auto          auto     10/100BaseTX
Fa0/8                      notconnect    1      auto          auto     10/100BaseTX
Fa0/9                      notconnect    1      auto          auto     10/100BaseTX
Fa0/10                     notconnect    1      auto          auto     10/100BaseTX
Fa0/11   end-users connect  notconnect   1      auto          auto     10/100BaseTX
Fa0/12   end-users connect  notconnect   1      auto          auto     10/100BaseTX
Fa0/13   end-users connect  notconnect   1      auto          auto     10/100BaseTX
Fa0/14   end-users connect  notconnect   1      auto          auto     10/100BaseTX
Fa0/15   end-users connect  notconnect   1      auto          auto     10/100BaseTX
Fa0/16   end-users connect  notconnect   1      auto          auto     10/100BaseTX
Fa0/17   end-users connect  notconnect   1      auto          auto     10/100BaseTX
Fa0/18   end-users connect  notconnect   1      auto          auto     10/100BaseTX
Fa0/19   end-users connect  notconnect   1      auto          auto     10/100BaseTX
Fa0/20   end-users connect  notconnect   1      auto          auto     10/100BaseTX
```

Fa0/21		notconnect	1	auto	auto	10/100BaseTX
Fa0/22		notconnect	1	auto	auto	10/100BaseTX
Fa0/23		notconnect	1	auto	auto	10/100BaseTX
Fa0/24		notconnect	1	auto	auto	10/100BaseTX
Gi0/1		notconnect	1	auto	auto	10/100/1000BaseTX
Gi0/2		notconnect	1	auto	auto	10/100/1000BaseTX

[예 9-2] 인터페이스 상태 확인

이 예의 결과를 보면,

- **FastEthernet 0/1(Fa0/1):** 첫 번째 인터페이스를 설명하는 name(Printer on 3rd floor)이 있다. 또한 [예 9-1]에서 speed와 duplex 명령으로 설정했던 속도 100Mbps와 풀 듀플렉스를 확인할 수 있다. 한편, Fa0/1은 인터페이스가 현재 작동하지 않는 상태임을 의미한 'not-connect' 상태다(이 예에서는 의도적으로 스위치 포트에 케이블을 연결하지 않았다).

- **FastEthernet 0/2(Fa0/2):** [예 9-1]에서 이 포트는 어떤 설정도 하지 않았다. 이 포트는 기본 설정값을 가지고 있다. 'auto'(Duplex와 Speed 항목에서) 포트가 살아나면 양쪽의 설정값을 자동 협의할 것이라는 것을 의미한다. 하지만 이 포트도 비교를 위해 의도적으로 케이블을 연결하지 않았다.

- **FastEthernet 0/4(Fa0/4):** Fa0/2와 같이 이 포트도 기본 설정값을 갖지만 비교 예를 제시하기 위해 다른 장치와 케이블로 연결되어 있다. 이 장치는 자동 협의 과정의 결과로 풀 듀플렉스와 100Mbps 속도로 결정되었으므로 듀플렉스와 속도는 a-full과 a-100으로 표시된다. 'a-'는 듀플렉스와 속도가 자동 협의(autonegotiation)된 결과임을 의미한다.

interface range 명령으로 다수의 인터페이스를 한꺼번에 설정하기

[예 9-1]은 다수의 연속적인 인터페이스들에 동일한 명령어를 입력할 때 설정 작업을 단축시키는 방법을 보여준다. 이를 위해 **interface range** 명령을 사용한다. 이 예에서 **interface range FastEthernet 0/11-20** 명령은 IOS에게 Fa0/11~20 인터페이스들에 다음 하부 명령어를 동일하게 적용하도록 한다. 모든 인터페이스가 같은 타입이고 인터페이스 번호가 연속적이라면 이 명령을 사용할 수 있다.

> **NOTE** 이 책은 혼동을 막기 위해 모든 파라미터들의 전체 명령어를 표시한다. 하지만, CLI에서 입력하는 대부분의 모든 단축된 명령은 가장 짧으면서도 유일해야 한다. 예를 들어, 설정 명령 **int f0/1** 및 **int ran f0/11-20**은 가능하다.

IOS는 설정 파일 내부에서 실제로 **interface range** 명령을 두지 않는다. 대신 각각의 개별 인터페이스에 하부 명령어를 별도로 입력한 것처럼 보인다. [예 9-3]은 [예 9-1]의 설정 이후에 F0/11~12 인터페이스에 대한 설정 내용을 보여주는 **show running-config** 명령으로부터 발췌한 부분이다. 이 예는 두 인터페이스에 대한 설명(description end-users connect here)을 보

여준다. 그리고 공간을 절약하기 위해 같은 설명을 포함하는 10개의 인터페이스들을 모두 보여
주지는 않았다.

```
Emma# show running-config
 ! 간략화를 위해 라인들이 생략되었음.
interface FastEthernet0/11
 description end-users connect here
 !
interface FastEthernet0/12
 description end-users connect here
 ! 간략화를 위해 라인들이 생략되었음.
```

[예 9-3] 인터페이스 description들

관리 측면에서 인터페이스를 비활성화하는 방법

네트워크 엔지니어는 스위치를 옮겨 다니며 케이블을 제거하지 않고도 인터페이스를 비활
성화하는 방법을 알아야 한다. 즉, 어느 포트를 활성화해야 하고 어느 포트를 비활성화해야 할
것인지를 정할 수 있어야 한다.

시스코 장치는 두 개의 인터페이스 하위 명령어 즉, **shutdown**(비활성화)와 **no shutdown**(활
성화) 명령으로 관리자가 직접 인터페이스를 비활성화 또는 활성화할 수 있다. **no shutdown**이
인터페이스를 살리는 명령으로 실습에서 이 명령을 많이 사용하므로 익숙해질 것이다(대부분의
사용자는 실제로 **shut** 과 **no shut**과 같이 약어를 사용한다).

[예 9-4]는 **shutdown** 인터페이스 하부 명령으로 인터페이스를 비활성화하는 과정을 보여
준다. 이 경우, SW1 스위치는 동작하는 F0/1 인터페이스를 가지고 있다. 사용자가 콘솔에 접
속하여 인터페이스를 비활성화해야 한다. IOS는 인터페이스가 다운되거나 복구될 때마다 로그
메시지를 발생시키고, 로그 메시지들은 예에서 보는 바와 같이 콘솔 화면에서 확인할 수 있다.

```
SW1# configure terminal
Enter configuration commands, one per line.  End with CNTL/Z.
SW1(config)# interface fastEthernet 0/1
SW1(config-if)# shutdown
SW1(config-if)#
*Mar 2 03:02:19.701: %LINK-5-CHANGED: Interface FastEthernet0/1,
changed state to administratively down
*Mar 2 03:02:20.708: %LINEPROTO-5-UPDOWN: Line protocol on Interface
 FastEthernet0/1, changed state to down
```

[예 9-4][7] shutdown 명령으로 인터페이스를 비활성화하는 방법

---

[7] 역자 주 [예 9-4] 끝에 있는 'Line protocol on Interface FastEthernet0/1, changed state to down'은 인터페이스의 2계층 상태로 역시 다운되
었음을 의미한다.

인터페이스를 다시 활성화하기 위해 해야할 일은 동일한 과정을 따르지만 사용하는 명령은
no shutdown이다.

shutdown/no shutdown 명령에 대한 설명을 마치기 전에 비활성화된 인터페이스의 상태를 보
여주는 두 개의 중요한 show 명령을 살펴보자. **show interfaces status** 명령은 인터페
이스별로 한 줄의 결과를 보여준다. 인터페이스가 **shutdown** 명령으로 비활성화 되었을 때 인
터페이스의 상태는 '**disabled**(비활성화)'이다. 이것은 논리적으로 이해하기 쉽다. **show
interfaces**(status 키워드 없는) 명령은 인터페이스별로 보다 많은 결과를 보여준다. 인터페이
스의 상태와 통계를 포함하는 훨씬 더 상세한 정보를 제공하기 때문이다. 이 명령은 인터페이
스의 상태를 두 부분으로 나눠보여 준다. 그중 한 부분은 [예 9-4]에서 강조하여 나타내고 있는
'**administratively down**'으로 인터페이스의 1계층의 상태가 다운되었음을 의미한다.

[예 9-5]는 이러한 명령들의 사용 예를 보여주는데, [예 9-4]와 [예 9-5]에서는 F0/1(Fast
Ethernet 0/1을 줄여)을 추가하였으므로 F0/1 인터페이스에 대한 정보만을 볼 수 있다. F0/1은
현재 비활성화된 상태다.

```
SW1# show interfaces f0/1 status

Port        Name            Status          Vlan        Duplex  Speed Type
Fa0/1                       disabled        1           auto    auto 10/100BaseTX

SW1# show interfaces f0/1
FastEthernet0/1 is administratively down, line protocol is down (disabled)
   Hardware is Fast Ethernet, address is 1833.9d7b.0e81 (bia 1833.9d7b.0e81)
   MTU 1500 bytes, BW 10000 Kbit/sec, DLY 1000 usec,
      reliability 255/255, txload 1/255, rxload 1/255
   Encapsulation ARPA, loopback not set
   Keepalive set (10 sec)
   Auto-duplex, Auto-speed, media type is 10/100BaseTX
   input flow-control is off, output flow-control is unsupported
   ARP type: ARPA, ARP Timeout 04:00:00
   Last input never, output 00:00:36, output hang never
   Last clearing of 'show interface' counters never
   Input queue: 0/75/0/0 (size/max/drops/flushes); Total output drops: 0
   Queueing strategy: fifo
   Output queue: 0/40 (size/max)
   5 minute input rate 0 bits/sec, 0 packets/sec
   5 minute output rate 0 bits/sec, 0 packets/sec
      164 packets input, 13267 bytes, 0 no buffer
      Received 164 broadcasts (163 multicasts)
      0 runts, 0 giants, 0 throttles
      0 input errors, 0 CRC, 0 frame, 0 overrun, 0 ignored
```

```
      0 watchdog, 163 multicast, 0 pause input
      0 input packets with dribble condition detected
      66700 packets output, 5012302 bytes, 0 underruns
      0 output errors, 0 collisions, 1 interface resets
      0 unknown protocol drops
      0 babbles, 0 late collision, 0 deferred
      0 lost carrier, 0 no carrier, 0 pause output
      0 output buffer failures, 0 output buffers swapped out
```

[예 9-5] 서로 다른 두 show 명령의 비활성화에 대한 다른 상태 정보

No 명령으로 설정 지우기

이 책의 파트 II는 구체적인 명령어들을 다룬다. 이 명령들은 이 책의 최종 목적이라기 보다는 CLI의 동작 방식을 설명하는 것이다. 다음의 짧은 주제는 명령어 그 자체보다는 명령 입력 과정에 대해 다룬다.

모든 IOS 설정 명령들이 다 그런 것은 아니지만, 입력한 명령어 앞에 no를 입력하여 해당 명령어를 디폴트 설정값으로 되돌릴 수 있다. 무슨 말일까? 다음 예를 통해 다시 정리해보자.

- 앞서 인터페이스에 **speed 100**을 설정했다면, 동일 인터페이스에 **no speed** 명령으로 디폴트 설정으로 되돌릴 수 있다(이 경우, speed auto로 설정됨).
- **duplex** 명령도 마찬가지다. **duplex half**나 **duplex full**을 설정했다면 동일 인터페이스에 **no duplex** 명령으로 디폴트 설정을 되돌릴 수 있다(이 경우, duplex auto로 설정됨).
- 몇 글자로 구성된 **description** 명령을 설정했다면 동일 인터페이스에 **no description** 명령을 입력하면 어떤 설명도 보이지 않는 초기 상태로 되돌린다.

[예 9-6]은 이 과정을 보여준다. 이 경우, SW1 스위치는 F0/2 포트가 **speed 100, duplex half, description link to 2901-2**와 **shutdown** 명령이 입력되었음을 보여준다. 이 예의 4가지 설정값들을 확인할 수도 있다(이 명령어들은 러닝-컨피그(running-config) 중에서 한 인터페이스에 대한 일부만 보여준다). 이 예는 이러한 명령들을 no를 사용하여 기본값으로 돌렸고, **show running-config interface f0/2**의 결과를 보면, 모든 설정이 기본 설정값으로 돌아갔음을 확인해준다.

```
SW1# show running-config interface f0/2
Building configuration...

Current configuration : 95 bytes
!
interface FastEthernet0/2
 description link to 2901-2
```

```
    shutdown
    speed 100
    duplex half
 end

 SW1# configure terminal
 Enter configuration commands, one per line. End with CNTL/Z.
 SW1(config)# interface fastEthernet 0/2
 SW1(config-if)# no speed
 SW1(config-if)# no duplex
 SW1(config-if)# no description
 SW1(config-if)# no shutdown
 SW1(config-if)# ^Z
 SW1#
 SW1# show running-config interface f0/2
 Building  configuration...
 Current configuration : 33 bytes
 !
 interface FastEthernet0/2
 end
 SW1#
```

[예 9-6] no 명령으로 다양한 컨피규레이션 설정을 삭제함.

자동 협의(Autonegotiation)

시스코 카탈리스트 스위치에서 다른 속도로 동작할 수 있는 가령, 10/100 또는 10/100/1000 인터페이스는 디폴트로 **duplex auto**와 **speed auto**로 설정되어 있다. 결과적으로 이러한 인터페이스들은 속도와 듀플렉스 타입을 자동으로 결정하려고 한다. 대신, 스위치를 포함하여 직접 대부분의 장치들의 인터페이스에 특정 속도와 듀플렉스를 사용하도록 설정할 수도 있다.

실제로 자동 협의 기능(autonegotiation)은 쉽다. 포트의 속도와 듀플렉스를 기본 설정 상태로 두면 스위치 포트는 각 포트에서 사용할 설정값을 자동 협의한다. 그러나 양쪽 포트에서 부적절한 조합의 설정 때문에 문제가 일어날 수 있다. 그래서 자동 협의 개념에 대해 보다 자세히 다루려 한다. 이를 통해 스위치의 **show** 명령의 의미와 특별한 설정이 언제 필요한지에 대해 보다 잘 이해할 수 있다.

작업 중인 상태에서 자동 협의 기능

링크 끝의 이더넷 장치들은 같은 표준을 사용해야 한다. 그렇지 않다면 데이터를 정확하게 전달할 수 없다. 예를 들어, NIC가 100Mbps를 지원하는 두 쌍의 UTP케이블을 사용하고, 반대편의 스위치 포트는 1000BASE-T를 사용한다면 통신이 불가능하다. NIC가 기가비트 이더넷을 지원하는 케이블을 사용한다 해도, NIC는 100Mbps로 보내려 하고 스위치 포트는 1000Mbps로 데이터를 수신하려 하기 때문에 해당 링크는 정상적으로 작동할 수 없다.

보다 빠른 최근의 이더넷 표준으로 개선하는 것은 양단의 장치가 동일한 표준을 지원해야 하기 때문에 문제가 될 수 있다. 예를 들어, 100BASE-T를 지원하는 오래된 PC를 1000BASE-T를 지원하는 새로운 PC로 교체한 경우, 링크의 다른 쪽의 스위치 포트도 이제 1000BASE-T를 지원해야 하고 따라서 이 스위치에 연결된 다른 모든 PC들도 업그레이드해야 한다. 그러므로 다수의 표준과 속도를 지원하는 NIC(network interface card)와 스위치 포트는 다음의 더 나은 표준으로 이전하는 과정을 용이하게 만든다.

IEEE 자동 협의 프로토콜은 NIC와 스위치 포트가 다수의 속도를 지원할 때, LAN 운용을 보다 쉽게 만든다. IEEE 자동 협의(IEEE 802.3u) 표준은 두 개의 UTP 기반의 이더넷 장치들이 자동 협의를 통해 동일한 속도와 듀플렉스 타입을 선택하도록 한다. 이 프로토콜의 메시지는 UTP 케이블 상에서 데이터 전송 시 사용하는 보통의 이더넷 밴드위스 밖의 주파수 신호(out-of-bandwidth signal)를 사용한다. 기본적으로 각 노드는 무엇을 지원할 수 있는지를 알리고, 두 노드가 지원하는 최상의 옵션을 선정한다. 즉, 최상의 속도와 듀플렉스 설정을 선택하는데, 하프 듀플렉스보다는 풀 듀플렉스가 우선 순위가 높다.

많은 네트워크들이 [그림 9-1]과 같이 특히, 사용자 장치들과 액세스 계층 LAN 스위치 간에 자동 협의 기능을 사용한다. 이 회사는 1000BASE-T를 지원하기 위한 적정한 규격인 UTP 케이블링을 설치했다. 결과적으로 선은 10-Mbps, 100-Mbps와 1000-Mbps의 이더넷 옵션을 지원한다. 각 링크 상의 두 장치들은 상호 간에 자동 협의 메시지들을 교환한다. 이 경우, 스위치는 10/100/1000 겸용 포트인 반면, PC NIC들은 다양한 옵션을 지원한다.

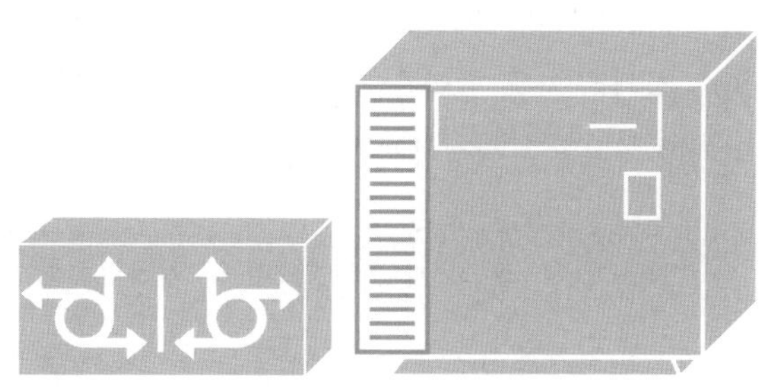

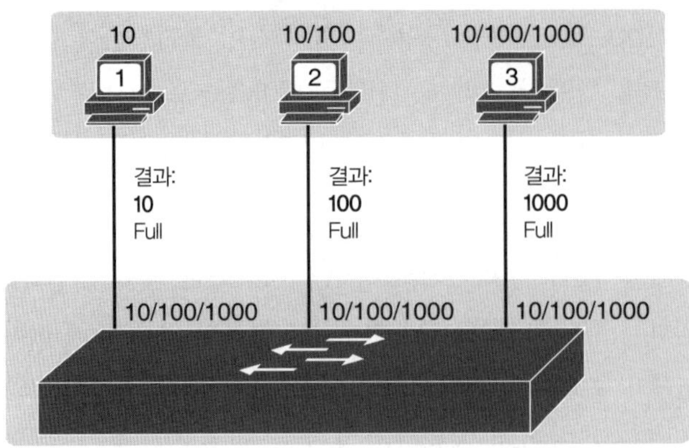

[그림 9-1] 양쪽이 모두 IEEE 자동 협의 기능이 켜졌을 때의 자동 협의 결과

다음은 각 PC에서의 자동 협의 결과를 설명한다.

- **PC1:** 스위치 포트가 1,000Mbps까지 지원 가능하다고 말하지만, PC1의 NIC 최대 속도는 10Mbps이다. PC와 스위치는 양자가 지원 가능한 속도 중 최고의 속도(10Mbps)와 최선의 듀플렉스 타입(풀 듀플렉스)으로 결정된다.

- **PC2:** PC2는 최대 속도 100Mbps를 주장한다. 이것은 PC2가 10BASE-T 혹은 100BASE-T를 지원할 수 있다는 것을 의미한다. 스위치 포트와 NIC는 자동 협의를 통해 최상의 속도인 100Mbps와 풀 듀플렉스로 결정한다.

- **PC3:** PC3는 세 가지 속도와 표준 모두를 지원하는 10/100/1000 NIC를 사용하므로 두 NIC와 스위치 포트는 1,000Mbps와 풀 듀플렉스로 결정한다.

단지 하나의 노드만 자동 협의를 지원할 때의 자동 협의 결과

[그림 9-1]은 양 노드들이 IEEE 자동 협의를 지원할 때의 결과를 보여준다. 하지만 대부분의 이더넷 장치들은 자동 협의 기능을 끌 수 있어서, 노드가 자동 협의 기능을 사용하려 하지만 응답을 얻지 못할 때, 일어나는 것을 아는 것은 중요하다.

자동 협의 기능을 끄는 것은 나쁜 아이디어는 아니다. 예를 들어, 다수의 네트워크 엔지니어들은 스위치들 간의 링크 상의 자동 협의 기능을 끄고, 양 스위치에서 원하는 속도와 듀플렉스를 설정한다. 하지만 이더넷의 한 장치에는 속도와 듀플렉스(자동 협의 기능을 끔)를 설정한 반면, 반대 장치는 자동 협의를 시도하면 오류가 발생할 수 있다. 이 경우, 링크는 제대로 동작하지 않거나 아니면 부적정하게 동작한다.

> **NOTE** 시스코 스위치 인터페이스에 속도와 듀플렉스를 설정하면, 자동 협의 기능을 비활성화한다.

IEEE 자동 협의 기능은 자동 협의가 실패했을 때 기본적으로 사용해야 하는 일부 규칙들(디폴트)을 정의한다. 가령, 노드가 자동 협의를 하려했지만, 다른 장치로부터 어떤 것도 수신할 수 없을 때의 규칙은:

- **속도**: 가장 낮은 속도를 사용한다(종종 10 Mbps).
- **듀플렉스**: 속도 = 10 또는 100이라면, 하프 듀플렉스, 그 외 풀 듀플렉스를 사용한다.

시스코 스위치는 IEEE의 자동 협의 기능을 사용하지 않아도 다른 노드들이 사용하는 속도를 감지할 수 있기 때문에 IEEE 로직보다 나은 선택을 할 수 있다. 결과적으로 자동 협의가 실패했을 때, 시스코 스위치가 속도를 선택하기 위해 사용하는 로직은 조금 다르다.

- **속도**: 속도를 감지하지만(자동 협의 기능 없이), 실패하면 IEEE 디폴트(가장 낮은 지원 속도, 예를들어, 10Mbps)를 사용한다.
- **듀플렉스**: IEEE 디폴트를 사용한다: 속도 = 10 또는 100이라면, 하프 듀플렉스, 그 외의 경우는 풀 듀플렉스를 사용한다.

[그림 9-2]에서 세 명의 사용자가 NIC 설정값들을 변경하고 자동 협의 기능을 껐지만, 스위치는 자동 협의 기능을 켠 세 가지 예를 보여준다. 가령, 스위치 포트는 기본적으로 **speed auto** 및 **duplex auto**로 설정되었다. 그림의 윗부분은 각 PC NIC의 설정값들을 보여준다.

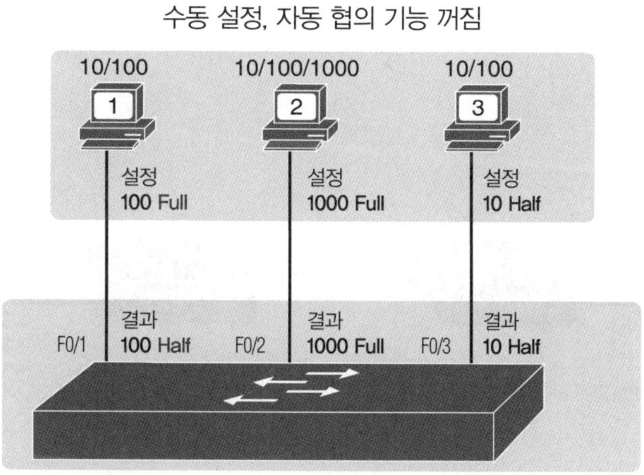

[**그림 9-2**] 한쪽에서 자동 협의를 껐을 때의 IEEE 자동 협의 결과(시스코)

각 링크를 왼쪽에서 오른쪽으로 살펴보자:

- **PC1**: 스위치는 어떤 자동 협의 메시지들을 수신할 수 없으므로, PC1이 100Mbps로 데이터를 전송하는지를 확인하기 위해 전기 신호를 감지한다. 스위치는 IEEE 기본 듀플렉스인 하프 듀플렉스(100Mbps = 하프 듀플렉스)를 사용한다.

- **PC2**: 스위치가 IEEE 기본 듀플렉스인 풀 듀플렉스(1,000Mbps=풀 듀플렉스)를 사용하는 것을 제외하고는 PC1 연결 링크에서 사용한 로직과 동일한 단계들을 사용한다.

- **PC3**: 사용자가 보다 느린 속도(10Mbps)와 보다 나쁜 듀플렉스 설정(half)를 선택했다. 하지만, 시스코 스위치는 IEEE 자동 협의 기능을 사용하지 않고 속도를 감지하고, 10Mbps 링크에 대한 기본적인 IEEE 듀플렉스(하프 듀플렉스)를 사용한다.

PC1은 불행히도 일반적인 결과인 듀플렉스 미스매치(duplex mismatch)를 발생시킨다. 두 노드(PC1과 SW1의 F0/1 포트)는 100Mbps로 데이터를 보낼 수 있다. 하지만, 풀 듀플렉스를 적용한 PC1은 CSMA/CD(carrier sense multiple access with collision detection) 로직을 사용하지 않으므로 언제라도 프레임을 보낸다. 하프 듀플렉스가 적용된 스위치 포트 F0/1은 CSMA/CD를 사용한다. 결과적으로 스위치 포트 F0/1은 링크에서 컬리전이 발생할 것이라 믿을 것이다. 컬리전이 감지되면, 스위치 포트는 전송을 멈추고, 잠시 기다렸다가 프레임을 다시 보낸다. 결과적으로 링크는 살아있지만, 제대로 동작할 수는 없다.

LAN 허브와 자동 협의 기능

LAN 허브도 자동 협의 기능의 동작 방식에 영향을 준다. 기본적으로 허브는 자동 협의 메시지에 반응하지 않는다. 결과적으로 허브에 연결된 장치들은 기본 설정을 선택하기 위해 IEEE 규칙들을 사용하는데 이것 때문에 보통 10Mbps와 하프 듀플렉스를 사용하게 된다.

[그림 9-3]은 낡은 10BASE-T 허브를 사용하는 소규모 이더넷 LAN의 예를 보여준다. 이 LAN에서 모든 장치들과 스위치 포트들은 10/100/1000 포트들이다. 허브는 단지 10BASE-T만 지원한다.

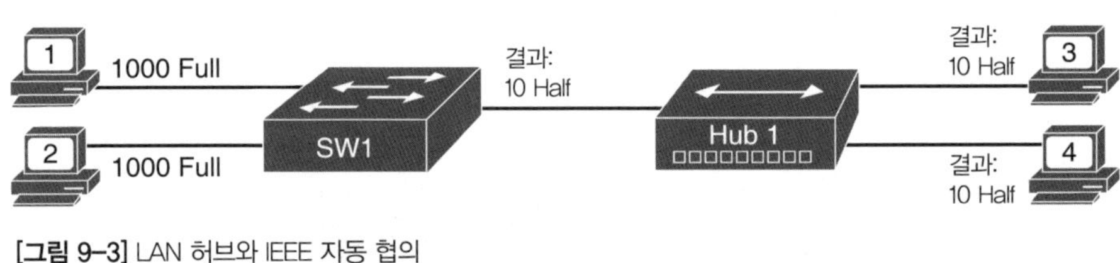

[그림 9-3] LAN 허브와 IEEE 자동 협의

:: 포트 시큐리티(Port Security)

네트워크 엔지니어가 스위치의 특정 인터페이스에 어떤 장치가 연결되어야 하는지를 알고 있다면, 엔지니어는 정해진 장치만 해당 인터페이스에 접속할 수 있도록 제한하기 위해 포트 시큐리티(port security)를 설정할 수 있다. 이 솔루션은 사용하지 않는 스위치 포트에 랩탑을 연결하려는 공격자의 시도를 무력화할 수 있다. 부적정한 장치가 해당 스위치 인터페이스에 프레임을 보내면, 스위치는 다양한 조치를 취한다. 즉, 단순히 경고 메시지를 발생시킬 수도 있고 아니면 인터페이스를 다운시킬 수도 있다.

포트 시큐리티는 장치가 보낸 이더넷 프레임의 출발지 MAC 주소를 보고 장치를 구분한다. 예를 들어, [그림 9-4]에서 PC1은 출발지 MAC 주소로 PC1의 MAC 주소를 가진 프레임을 보낸다. SW1의 F0/1 인터페이스는 포트 시큐리티가 설정되었다면, SW1은 도착한 프레임의 출발지 MAC 주소를 보고 이 프레임의 F0/1 인터페이스에 대한 접속을 허용할지를 결정한다.

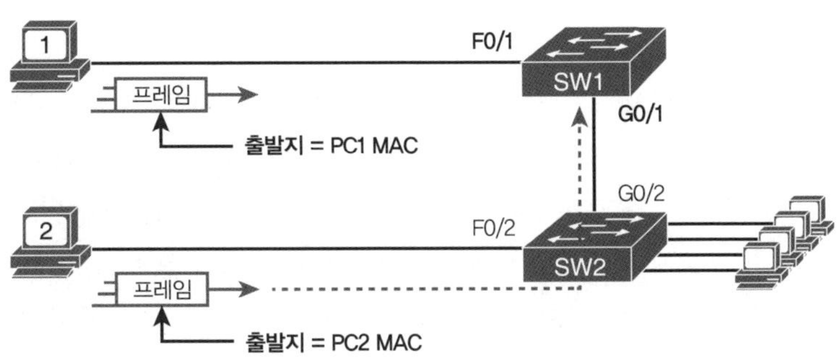

[그림 9-4] 포트 시큐리티 기능

포트 시큐리티는 또한 프레임이 직접 연결된 장치에서 출발한 것인지, 아니면 다른 스위치를 거쳐 들어온 것인지에 대해서는 아무런 제약 조건을 가지지 않는다. 예를 들어, SW1 스위치가 G0/1 인터페이스에 포트 시큐리티를 적용하면, SW1은 프레임이 SW2로부터 SW1으로 보낼 때 프레임의 출발지 MAC 주소를 확인한다.

포트 시큐리티는 몇 가지 다양한 옵션이 있지만, 그 핵심 개념은 모두 동일하다. 먼저, 스위치에 포트별로 다양한 설정 옵션을 활용하여 포트 시큐리티를 설정할 수 있다. 예를 들어, 각 포트는 접속 가능한 MAC 주소의 수를 제한할 수 있다. 이것은 포트에 들어오는 모든 프레임들은 접속 가능한 MAC 주소 수만큼 다른 출발지 MAC 주소를 가질 수 있다. 최대 접속 가능한 MAC 주소 수를 초과하는 경우, 포트 시큐리티는 규칙을 위반(violation)하였다 판단한다. 새로운 출발지 MAC 주소를 가진 프레임이 도착하면, 허용되는 최대 MAC 주소 수를 초과하였으므로 포트 시큐리티 규칙을 위반한 셈이 된다.

이 시점에서 스위치가 취하는 기본적인 동작은 해당 포트에 들어오는 모든 트래픽을 버린다.

다음은 다양한 포트 시큐리티 기능의 일반적인 아이디어들을 요약한다:

- 인터페이스에 들어올 수 있는 프레임들에 대해 최대 출발지 MAC 주소 수를 정의한다.
- 모든 수신 프레임들을 보고, 모든 출발지 MAC 주소들을 목록화하고 상이한 출발지 MAC 주소의 수를 센다.
- 새로운 출발지 MAC 주소가 확인되었을 때, 설정된 최대 MAC 주소 수를 초과하였다면, 포트 시큐리티에 대한 규칙 위반(violation)이 발생한 것이다. 이때 스위치는 조치를 취하는데, 기본적인 조치는 인터페이스를 다운시키는 것이다.

이러한 규칙은 기본적인 것으로 포트 시큐리티는 다른 옵션 기능들도 제공한다. 즉, 해당 인터페이스에 접속 가능한 MAC 주소를 구체적으로 설정할 수 있다. 예를 들어, [그림 9-4]에서 SW1 스위치는 F0/1 인터페이스에 PC1이 연결되는데 접속 가능한 MAC 주소로 PC1의 MAC 주소를 직접 설정한다. 포트 시큐리티를 위해 MAC 주소들을 미리 설정하는 방식이 필수적인 것은 아니다. 아무 주소도 설정하지 않을 수도 있고, 모든 MAC 주소들을 설정할 수도 있고 또는 일부만 설정할 수도 있다.

포트 시큐리티를 위해 MAC 주소를 미리 설정하는 방식을 선호할 수도 있지만, 각 장치의 MAC 주소를 알아내는 것은 번거로운 일이다. 포트 시큐리티는 스틱키(sticky)라 불리는 방식을 제공하여 MAC 주소를 네트워크 관리자가 조사해야 하는 부담을 덜어준다. 이 방식을 사용하면 포트 시큐리티는 각 포트에 수신되는 프레임의 출발지 MAC 주소를 보고 각 포트의 MAC 주소를 알게 되고, 이 MAC 주소를 포트 시큐리티 설정에 자동으로 추가하여 준다(즉, running-config 파일에 관리자가 설정한 적이 없는 MAC 주소가 자동으로 설정됨). 이 기능은 각 장치에 대한 MAC 주소를 알아내는 데 필요한 성가신 과정을 줄여 준다.

알다시피, 포트 시큐리티는 많은 세부적인 옵션들을 제공한다. 다음 섹션에서 전체적인 동작을 보여주는 이러한 옵션들을 설명할 것이다.

포트 시큐리티 설정

포트 시큐리티 설정은 다음 단계들을 포함한다. 첫째, Chapter 11 '이더넷 VLAN(Virtual LAN) 설정'에서 설명하는 액세스(access) 포트와 트렁크(trunk) 포트를 결정하기 위한 자동 협의 기능을 꺼야 한다. 여기서는 포트 시큐리티 기능을 위해 포트가 액세스 포트 혹은 트렁크 포트로 설정되어야 한다는 것을 그냥 받아들이기 바란다. 나머지 명령은 포트 시큐리티 기능을 켜고, 포트별 최대 허용 MAC 주소 수를 정하고, 실제 MAC 주소를 설정한다.

> **단계 ①** 각각 `switchport mode access` 혹은 `switchport mode trunk` 인터페이스 하부 명령으로 인터페이스를 액세스 혹은 트렁크 인터페이스로 설정한다.
>
> **단계 ②** `switchport port-security` 인터페이스 하부 명령으로 포트 시큐리티 기능을 켠다.
>
> **단계 ③** (선택 명령) `switchport port-security maximum value` 인터페이스 하부 명령으로 인터페이스에 접속 가능한 MAC 주소의 최대 수를 디폴트 값에서 다른 값으로 변경한다.
>
> **단계 ④** (선택 명령) `switchport port-security violation {protect | restrict | shutdown}` 명령으로 포트 시큐리티 규칙 위반 시의 기본적인 대응 조치(shutdown)를 다른 대응 조치로 변경한다.
>
> **단계 ⑤** (선택 명령) `switchport port-security mac-address mac-address` 명령으로 인터페이스에 허용되는 출발지 MAC 주소를 정의한다. 이 명령을 여러 번 사용하여 한 개 이상의 MAC 주소를 정의할 수도 있다.

[그림 9-5]와 [예 9-7]은 포트 시큐리티 설정을 위한 4가지 예들을 보여준다. 세 포트는 액세스 포트로 동작하고, 다른 스위치에 연결된 F0/4 포트는 트렁크로 동작한다. 포트 시큐리티는 트렁크든, 액세스 포트든 상관 없으나 포트는 자동 협의 없이 트렁크 혹은 액세스 포트로 직접 설정해주어야 한다.

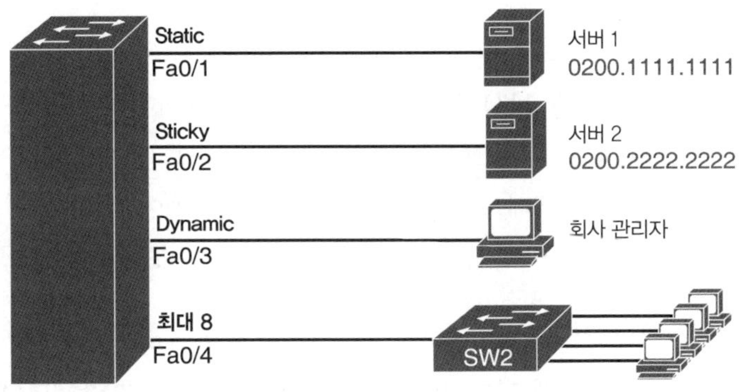

[그림 9-5] 포트 시큐리티 설정 예

```
SW1# show running-config
(Lines omitted for brevity)

interface FastEthernet0/1
 switchport mode access
 switchport port-security
 switchport port-security mac-address 0200.1111.1111
!
interface FastEthernet0/2
 switchport mode access
 switchport port-security
 switchport port-security mac-address sticky
!
interface FastEthernet0/3
 switchport mode access
 switchport port-security
!
interface FastEthernet0/4
 switchport mode trunk
 switchport port-security
 switchport port-security maximum 8
```

[예 9-7] 다양한 포트 시큐리티 설정

먼저, [예 9-7]에서 4개의 인터페이스들을 위한 설정에서 첫 번째 두 인터페이스 하부 명령에 초점을 맞춰 보자. 이 예에서 첫 번째 세 인터페이스들은 [그림 9-5]에 앞서 설명한 첫 번째 두 설정 단계에 속하는 첫 번째 두 인터페이스 하부 명령들을 동일하게 설정한다. **switchport port-security** 명령은 포트 시큐리티를 켜는데 이때 디폴트 설정값이 적용된다. **switchport mode access** 명령은 포트가 액세스 혹은 트렁크 포트로 설정해야 한다는 조건을 충족시킨다. 마지막 포트인 F0/4는 액세스 포트가 아니라 트렁크로 설정한다는 것을 제외하고는 동일한 설정을 하였다.

다음으로 4개의 인터페이스들을 다시 보고 첫 번째 두 인터페이스 하부 명령 뒤에 다르게 설정한 명령들을 주목해보자. 각 인터페이스는 이해를 돕기 위해 다른 예를 보여 준다.

첫 번째 인터페이스 F0/1은 선택 명령으로 포트 시큐리티 하부 명령인 **switchport port-security mac-address 0200.1111.1111**을 추가하는데 구체적인 출발지 MAC 주소를 명확하게 표시한다. 학습될 수 있는 최대 MAC 주소의 수는 디폴트로 '1'이기 때문에 출발지 MAC 주소로 0200.1111.1111을 가진 프레임만이 F0/1 인터페이스에 들어갈 수 있다. 포트 시큐리티의 규칙 위반 시의 기본적인 대응 조치는 인터페이스의 비활성화(disable)이다.

두 번째 예에서, F0/2는 스틱키 러닝(sticky learning) 기능을 적용한 것을 제외하고는 F0/1과 동일하다. F0/2 포트에서 **switchport port-security mac-address sticky** 명령은 스위치에게 자동으로 학습한 출발지 MAC 주소를 관리자가 설정한 것처럼 러닝-컨피그(running-config) 파일에 추가한다. [예 9-8]의 끝에서 스틱키 러닝이 적용된 러닝-컨피그 파일을 보여 준다.[8]

> **NOTE** 포트 시큐리티는 스틱키 주소의 설정을 자동으로 저장하지 않기 때문에 필요하다면, copy running-config startup-config 명령을 사용해야 한다.

F0/3과 F0/4 인터페이스들은 MAC 주소를 미리 설정하지도 않았고, 스틱키 러닝 기능을 설정하지도 않았다. 두 인터페이스들의 포트 시큐리티 설정의 차이는 F0/4 가 다른 스위치에 연결하여 다양한 출발지 MAC 주소를 가진 프레임들을 수신해야 하고 최대 8개의 MAC 주소까지 지원한다. F0/3 인터페이스는 디폴트값인 최대 1개의 MAC 주소만 접속 가능하다.

포트 시큐리티 확인

[예 9-8]은 **show port-security interface** 명령의 두 예를 보여준다. 이 명령은 인터페이스에 대한 포트 시큐리티를 위한 설정 내용을 보여주고 시큐리티 규칙 위반에 대한 정보를

---

[8] [예 9-7]의 끝 부분을 보면, switchport port-security mac-address sticky라고 설정했지만, 스위치가 해당 포트의 MAC 주소를 학습한 후에는 switchport port-security mac-address sticky 0200.2222.2222로 MAC 주소가 자동으로 설정되어 있음을 확인할 수 있다. Sticky 옵션은 dynamic 하게 학습된 정보가 마치 관리자가 static 하게 설정한 효과를 준다.

포함하여 포트 시큐리티의 현재 동작에 대한 몇 가지 중요한 통계를 보여준다. [예 9-8]에서 두 명령의 결과는 [예 9-7]의 설정을 바탕으로 하는 F0/1과 F0/2 인터페이스를 보여준다.

```
SW1# show port-security interface fastEthernet 0/1
Port Security                : Enabled
Port Status                  : Secure-shutdown
Violation Mode               : Shutdown
Aging Time                   : 0 mins
Aging Type                   : Absolute
SecureStatic Address Aging   : Disabled
Maximum MAC Addresses        : 1
Total MAC Addresses          : 1
Configured MAC Addresses     : 1
Sticky MAC Addresses         : 0
Last Source Address:Vlan     : 0013.197b.5004:1
Security Violation Count     : 1

SW1# show port-security interface fastEthernet 0/2
Port Security                : Enabled
Port Status                  : Secure-up
Violation Mode               : Shutdown
Aging Time                   : 0 mins
Aging Type                   : Absolute
SecureStatic Address Aging   : Disabled
Maximum MAC Addresses        : 1
Total MAC Addresses          : 1
Configured MAC Addresses     : 1
Sticky MAC Addresses         : 1
Last Source Address:Vlan     : 0200.2222.2222:1
Security Violation Count     : 0

SW1# show running-config interface f0/2
Building configuration...
Current configuration : 188 bytes
!
interface FastEthernet0/2
 switchport mode access
 switchport port-security
 switchport port-security mac-address sticky
 switchport port-security mac-address sticky  0200.2222.2222
```

[예 9-8] 특정 인터페이스에 적정한 MAC 주소를 정의하는 포트 시큐리티를 사용함.

[예 9-8]에서 첫 번째 두 명령은 F0/1에서 포트 시큐리티 규칙 위반이 발생했음(security violation count)을, F0/2에서는 그렇지 않음을 확인해준다. **show port-security interface fastethernet 0/1** 명령은 포트 시큐리티 때문에 인터페이스가 비활성화 (disable) 되었음을 의미하는 'secure-shutdown' 상태임을 보여준다. 이 경우 F0/1 포트에 연

결된 다른 장치가 0200.1111.1111 외의 출발지 MAC 주소를 가진 프레임을 보내 포트 시큐리티에 대한 규칙을 위반했다. 스틱키 러닝(sticky learning) 기능을 적용한 F0/2 포트는 서버 2가 사용하는 MAC 주소를 학습하여 사용한다.

[예 9-7]의 설정과 [예 9-8]의 제일 아래쪽을 비교해보면 스틱키 러닝 때문에 일어난 러닝-컨피그 파일의 변화를 보여준다. 즉, **switchport port-security mac-address sticky** 명령에 자동으로 학습한 MAC 주소가 **switchport port-security mac-address sticky 0200.2222.2222**와 같이 추가되어 있음을 확인할 수 있다. 0200.2222.2222는 서버 2의 MAC 주소다.

포트 시큐리티 규칙 위반 시의 조치들

마지막으로 스위치는 규칙 위반 시에 세 가지 조치들 중에 하나를 하도록 설정될 수 있다.

3가지 옵션 모두 스위치로 하여금 위반한 프레임을 버리도록 하지만, 옵션들 중 일부는 추가 조치를 취하도록 한다. 추가 조치에는 시스로그(syslog) 메시지를 콘솔 화면에 표시하도록 하거나 SNMP 트랩(trap)[9] 메시지를 네트워크 관리 장치에게 보내거나 인터페이스를 다운시킨다. [표 9-2]는 **switchport port-security violation {protect | restrict | shutdown}** 명령의 옵션들과 그 의미를 설명한다.

switchport port-security violation 명령의 옵션들	Protect	Restrict	Shutdown
위반 트래픽을 버린다.	Yes	Yes	Yes
SNMP 메시지와 로그 메시지를 보낸다.	No	Yes	Yes
각 규칙 위반 프레임의 규칙 위반 횟수를 센다.	No	Yes	Yes
인터페이스를 'err-disabled' 상태에 둠으로써 다운시키고, 모든 트래픽을 버린다.	No	No	Yes

[표 9-2] 포트 시큐리티 규칙 위반 시의 조치들　　　　　　　　　　　　* shutdown 옵션이 디폴트 설정이다.

위반 시에 'shutdown' 옵션이 인터페이스 설정에 **shutdown** 명령을 추가하지는 않는다. 대신에 IOS는 인터페이스를 수신 및 송신 프레임들을 차단하는 **'error disabled(err-disabled)'** 상태에 둔다. 이 상태로부터 복구하기 위해서는 관리자가 직접 **shutdown** 인터페이스 명령으로 인터페이스를 다운시켰다가 다시 **no shutdown** 명령으로 인터페이스를 살려야 한다.

 역자 주: SNMP 트랩(trap)은 특정 이벤트 발생 시에 SNMP 메니저(서버)에게 전달하는 메시지다.

스위치 포트 시큐리티 MAC 주소를 확인하는 방법

이 장을 마무리하기 위해 **show mac address-table** 명령의 결과와 함께 Chapter 7의 스위칭에 대한 논의를 잠깐 보자.

스위치 포트에 포트 시큐리티를 설정하면, 스위치는 MAC 주소들을 더 이상 자동으로 학습하는(dynamic) 정보로 간주하지 않으므로 **show mac address-table dynamic** 명령을 통해서도 학습된 MAC 주소를 확인할 수 없다. MAC 주소가 자동으로 학습되었다 하더라도 포트 시큐리티를 설정하면 포트 시큐리티를 사용하는 포트와 연동된 MAC 테이블을 보기 위해 다음 명령들 중에 하나를 사용해야 한다.

- **show mac address-table secure**: 포트 시큐리티를 사용하는 포트와 관련 있는 MAC 주소들을 보여준다.
- **show mac address-table static**: 직접 정의한 MAC 주소와 포트 시큐리티를 사용하는 포트와 관련 있는 MAC 주소들을 보여준다.

[예 9-9]는 이 결과를 보여준다. [그림 9-5]와 [예 9-7]에서 보이는 포트 시큐리티 예로부터 F0/2 인터페이스에 대한 두 명령들을 보여준다. 이 예에서는 F0/2에 스틱키 러닝과 함께 포트 시큐리티가 설정되었으므로 말 그대로 F0/2 포트에서 0200.2222.222의 MAC 주소를 학습한다. 그러나, **show mac address-table dynamic** 명령은 IOS가 포트 시큐리티를 설정하면 MAC 테이블의 정보는 자동으로 학습한(dynamic) 정보로 간주하지 않으므로 자동으로 학습한 주소와 포트는 보여주지 않는다. 대신, **show mac address-table secure** 명령을 사용하여 주소와 포트를 확인한다.

```
SW1# show mac address-table secure interface F0/2
          Mac Address table
-------------------------------------------------
Vlan      Mac Address       Type          Ports
----      -----------       --------      -----
1         0200.2222.2222    STATIC        Fa0/2
Total Mac Addresses for this criterion: 1

SW1# show mac address-table dynamic interface f0/2
          Mac Address table
-------------------------------------------------
Vlan      Mac Address       Type          Ports
----      -----------       --------      -----
SW1#
```

[예 9-9] 포트 시큐리티를 적용할 때, MAC 테이블을 보기 위해 secure 키워드를 사용함.

챕터 리뷰

시험의 좋은 결과를 위해서 리뷰 세션에 대한 복습이 중요하다. 책이나 DVD의 툴 혹은 책의 동반자 웹 사이트에서 찾을 수 있는 대화형 툴을 활용하여 이 장의 자료들을 리뷰하기 바란다. 특히, 서론의 '**단계 ②** 챕터 위주의 학습 습관을 만들어라'는 제목의 '당신의 학습 계획' 을 참조하기 바란다. [표 9–3]은 핵심 리뷰 요소들과 자료 출처를 보여준다. 학습 과정에 대해 보다 나은 추적을 위해 두 번째 열에 이미 완료한 날짜를 기록하도록 한다.

리뷰 항목	완료 날짜	자료 출처
핵심 주제 리뷰		책, DVD/웹 사이트
핵심 용어 리뷰		책, DVD/웹 사이트
사전 점검 퀴즈 반복		책, PCPT
메모리 테이블 리뷰		책, DVD/웹 사이트
컨피그 체크리스트 리뷰		책, DVD/웹 사이트
실습		심'라이트(Sim Lite), 블로그
명령어 테이블 리뷰		책

[표 9–3] 챕터 리뷰 확인

핵심 주제 복습

핵심 주제	설명	페이지
예 9–1	configuring speed, duplex 및 description 설정 예	200~201
예 9–4	shutdown 명령어에 의한 인터페이스 비활성화 예	203
리스트	다른 장치가 자동 협의에 참여하지 않을 때 시스코 스위치의 핵심적인 결정 규칙들	209
리스트	포트 시큐리티 개념 요약	211
표 9–2	포트 시큐리티 대응 방식과 결과	216

[표 9–4] 9장의 핵심 주제들

핵심 용어

포트 시큐리티(port security), 자동 협의(autonegotiation), 풀 듀플렉스(full duplex), 하프 듀플렉스(half–duplex), 10/100, 10/100/1000

심 라이트(Sim Lite) 소프트웨어는 피어슨의 완전한 시뮬레이터의 일부 실습을 포함한 버전인데 이 책에 무료로 포함되어 있다. 모든 실습들의 일부는 이 파트와 관련된다. 실습의 일부를 수행하기 바란다. 항상, 컨피규레이션 연습(Config Labs)을 위해 http://blog.certskills.com/ccent/의 저자 블로그도 확인하기 바란다.

참조 명령어

[표 9-5], [표 9-6]과 [표9-7]은 이 장에서 사용하는 설정과 확인 명령어들을 보여준다. 연습을 위해 표의 왼쪽 행을 가리고, 오른쪽 행을 읽고 해당 명령을 보지 않고 기억해보도록 한다. 다음으로 오른쪽 행을 덮고 명령이 무엇을 위한 것인지를 기업하는 연습을 반복한다.

명령어	모드 및 목적
interface *type port-number*	인터페이스 모드로 변경함. 타입(type)은 일반적으로 Fast Ethernet 또는 Gigabit Ethernet이다. 가능한 포트 번호는 스위치의 모델에 따라 다르다. 예를 들어, Fa0/1, Fa0/2 등.
interface range *type port-number - end-port-number*	연속적인 숫자의 인터페이스들의 범위를 포함하며 인터페이스 모드로 변경함. 다음 하부 명령어들은 범위에 포함된 모든 인터페이스에 적용됨.
shutdown | no shutdown	인터페이스 모드. 각각 인터페이스를 비활성화 또는 활성화함.
speed {10 | 100 | 1000 | auto}	인터페이스 모드. 10/100/1000의 속도를 수동적으로 설정하거나 auto일 경우, 속도를 자동 협의함.
duplex {auto | full | half}	인터페이스 모드. 하프 혹은 풀 듀플렉스를 수동적으로 설정하거나 auto일 경우, 듀플렉스를 자동 협의함.
description text	인터페이스 모드. 케이블의 다른 쪽 끝에 연결된 장치 등 엔지니어가 인터페이스를 추적하기 원할 때, 관리 정보를 표시함.
no duplex no speed no description	각 인터페이스 하부 명령의 기본 설정을 speed auto, duplex auto로, 그리고 description 명령을 삭제하도록 설정함.

[표 9-5] 스위치 인터페이스 설정

명령어	모드 및 목적
switchport mode {access | trunk}	스위치의 포트를 항상 액세스 포트 혹은 항상 트렁크 포트로 설정하는 인터페이스 컨피규레이션 모드 명령어
switchport port-security mac-address *mac-address*	인터페이스에서 허용되는 MAC 주소로써 특정 MAC 주소를 직접 설정하는 인터페이스 컨피규레이션 모드 명령어
switchport port-security mac-address sticky	스위치에게 인터페이스에서 학습한 MAC 주소를 해당 인터페이스에 대한 시큐어(secure) MAC 주소로 설정을 추가하도록 하는 인터페이스 하부 명령어
switchport port-security maximum *value*	하나의 인터페이스에서 할당 가능한 MAC 주소의 최대 값을 설정하는 인터페이스 하부 명령어
switchport port-security violation {protect | restrict | shutdown}	부적정한 MAC 주소가 시큐어 스위치 포트를 통해 네트워크에 접속했을 때, 스위치의 대응 방법을 설정하는 인터페이스 하부 명령어

[표 9-6] 포트 시큐리티 설정

명령어	모드 및 목적
show running-config	현재 사용 중인 컨피규레이션을 보여준다.
show running-config | interface *type number*	러닝-컨피규레이션 중에서 인터페이스와 인터페이스 하부 명령어만 발췌하여 보여준다.
show mac address-table dynamic [interface *type number*]	스위치의 주소(포워딩) 테이블에서 다이내믹하게 학습한 항목만 보여준다.
show mac address-table secure [interface *type number*]	포트 시큐리티가 설정된 포트에서 정의되거나 학습한 MAC 주소들을 보여준다.
show mac address-table static [interface *type number*]	포트 시큐리티가 설정된 포트에서 정의되거나 학습한 스태틱 MAC 주소들을 보여준다.
show interfaces [interface *type number*] status	각 인터페이스에 대한, 설명(description), 운영 상태, 듀플렉스, 속도를 표시하기 위해 인터페이스마다 한 줄의 아웃풋으로 표시한다.
show interfaces [interface *type number*]	모든 인터페이스들(지정한 인터페이스)의 상세한 상태와 통계 정보를 표시한다.
show port-security interface *type number*	인터페이스의 포트 시큐리티 설정과 운영 상태를 보여준다.
show port-security	활성화된 인터페이스에 대한 포트 시큐리티 설정값들을 요약하여 인터페이스마다 한 줄로 표시한다.

[표 9-7] 9장의 EXEC 명령어 참조

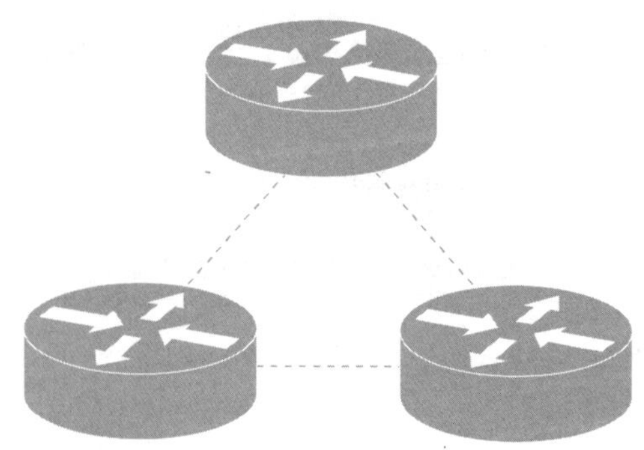

Part II 리뷰

[표 P2-1]의 체크리스트와 함께 파트 리뷰 과정을 추적하기 바란다. 각 과제의 상세한 내용은 표와 같다.

과제	첫 번째 완료일	두 번째 완료일
모든 사전 점검 퀴즈를 반복하라		
파트 리뷰 문제를 풀어라		
핵심 주제들을 리뷰하라		
용어 마인드 맵을 만들어라		
카테고리별, 명령어 마인드 맵을 만들어라		
랩을 수행하라		

[표 P2-1] Part II 리뷰 체크리스트

모든 사전 점검 퀴즈를 반복하라

이 과제를 위해, Part II에 포함된 장들에 대해 PCPT 소프트웨어를 이용해 사전 점검 퀴즈를 다시 풀도록 한다

파트 리뷰 문제를 풀어라

이 과제를 위해, Part I에 대한 파트 리뷰 문제에 대해 PCPT 소프트웨어를 이용하여 푼다. PCPT 소프트웨어에서 Part I에 대한 리뷰 퀴즈만 보이도록 설정하는 방법을 알기 위해, 이 책의 소개 '파트 리뷰 문제를 보는 방법' 섹션을 참조하도록 한다.

핵심 주제들을 리뷰하라

DVD 혹은 동반자 웹 사이트 상의 핵심 주제(Key Topics) 애플리케이션들을 이용하거나 장들을 검색함으로써 이 Part, 모든 장의 모든 핵심 주제들을 리뷰하도록 한다.

용어 마인드 맵의 생성

Part I 리뷰에서 수행한 연습과 같이, 장들 혹은 노트들을 다시 살펴보지 않고, 책의 Part II에서 기억할 수 있는 모든 용어들로 마인드 맵을 생성해본다. 해야할 일은 다음과 같다:

- 이 책의 Part II로부터 기억할 수 있는 모든 용어를 생각해본다.
- 용어들을 두 가지 즉, 이더넷 용어와 CLI 용어로 분류해본다(CLI 명령어가 아니라 용어만 포함한다. 예를 들어, enable mode).
- 기억할 수 있는 모든 용어를 마인드 맵의 하나에 쓴 뒤에 6장에서 9장의 끝 부분의 핵심 용어들을 재검토하여 마인드 맵에 잊어버린 용어를 추가하도록 한다.

카테고리별로 명령어 마인드 맵을 생성하기

이 책의 Part II는 상당수의 컨피규레이션과 EXEC 명령어들을 소개했다. 명령어들의 실제 수는 다소 압도적이기 때문에 어떤 명령어들이 존재하는지와 특정 기능을 위해 어떤 명령어들이 함께 작동하는지를 기억하는 과정에 대한 연습이다. 이 마인드 맵은 해당 과제에 초점을 둔다.

다음 각 카테고리별, 명령어들에 대해 하나의 마인드 맵을 생성하도록 한다:

패스워드와 함께 콘솔 및 텔넷 보호, SSH, 스위치의 IPv4 지원, 스위치 포워딩, 포트 시큐리티, 기타 스위치 관리 기능, 기타 인터페이스 하부 명령어들

각 카테고리별로, 모든 EXEC 명령어들(대부분 **show** 명령어들)과 모든 컨피규레이션 명령어들을 고려한다. 이 경우에도, EXEC 명령어와 컨피규레이션 명령어 그룹으로 나눈다. [그림 P-1]은 스위치의 IPv4 명령어들의 예를 보여준다.

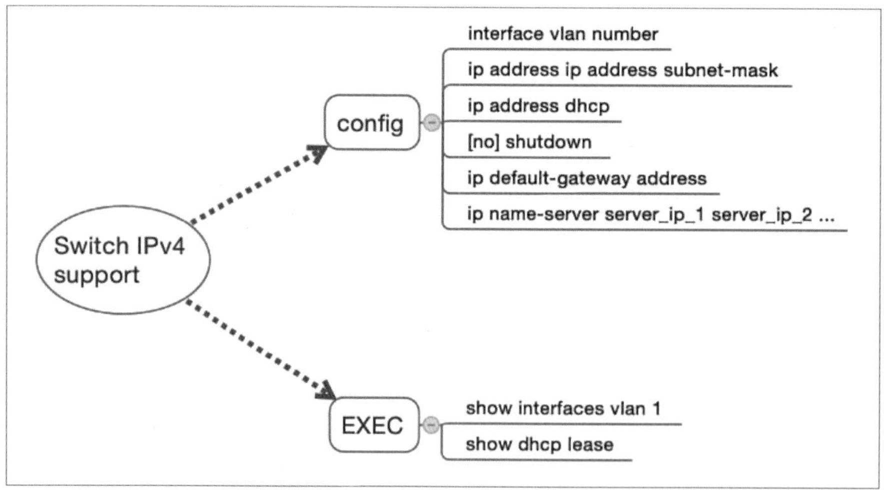

[그림 P2-1] 스위치의 IPv4 지원에 대한 마인드 맵 예

마지막으로 이 프로젝트를 수행할 때는 중요한 다음 항목들을 준수해야 한다:

- 대부분 학습은 직접 연습할 때 발생한다. 몇 가지 다른 마인드 맵을 보고, 그냥 명령어 참조 테이블을 읽는 것은 암기에 도움이 되지 않는다.

- 노트 없이, 책을 보지 않고, 이 작업을 수행해야 한다.

- 마무리 후에, 그것을 재검토하고 각 장 뒷부분의 명령어 요약 표들과 그것을 비교하고, 어떤 명령어가 누락되었는지 확인해야 한다.

- 마지막 파라미터 혹은 정확한 구문에 대해 너무 신경 쓰지 않도록 한다. 그냥 명령어의 첫 번째 몇 단어만 쓰면 된다.

- 이후의 학습을 위해, 어떤 명령어들을 완전히 이해했는지, 어떤 명령어에 대해 확신할 수 없는지를 표시해 둔다.

- 10분의 여유가 있다면, 기억한 것을 노트 없이 확인하기 위해 연습을 되풀이하도록 한다.

부록 L '마인드 맵 솔루션들'은 샘플 마인드 맵들을 보여준다.

실습

이것은 책에서 스위치 명령어들을 소개하는 첫 번째 파트다. 아직 하지 않았다면, 각 장들에서 제시한 명령어를 적용해보기 위해 무슨 실습 툴을 사용할 것인지 선택하기 바란다. 각 장의 예들을 보고 모든 **show** 명령어들을 사용해보기 바란다. 심렛(SimLet) 문제들을 위해 show 명령어는 매우 중요하다:

- **심 라이트(Sim Lite)**: CLI에 익숙해지고 일부 실습들을 위해 이 책에 포함된 피어슨 네트워크 시뮬레이터 라이트를 사용할 수 있다. ICND1 심 라이트 제품의 모든 실습들은 책에서 이 파트의 주제들에 대한 것이므로, 이러한 실습들을 확실히 함으로써 CLI에 대한 학습을 시작하기 바란다.

- **피어슨 네트워크 시뮬레이터(Pearson Network Simulator)**: 피어슨 ICND1 혹은 CCNA 시뮬레이터의 풀 버전을 사용한다면, Part II 내의 주제들과 관련된 시나리오 실습에 대한 설정과 장애 해결에 초점을 맞추기 바란다(Part II의 주제들에 속하는 실습들을 찾는 방법을 위해 소개 부분을 참조한다).

- **컨피그 랩스(Config Labs)**: 시간이 날 때, 저자 블로그에서 이 책 부분의 Config Labs를 다시 살펴보고 반복할 수 있다. blog.certskills.com/ccent에 접속하여 Config labs를 탐색해보기 바란다.

이 책의 Part Ⅲ는 Part Ⅱ의 이더넷 설치 기초 개념에 기반하여 개념, 설정, 문제 해결에 대한 다음 단계를 다룬다.

시스코 카탈리스트 스위치들로 소규모 이더넷 LAN을 구축하는 기초적인 방법을 아는 지금, Part Ⅲ는 전형적인 이더넷 LAN 설계를 살펴보는 것으로 시작한다. 1~2개의 스위치들로 구성한 소규모 LAN의 동작 원리에 대한 이해는 다음 논의를 위한 훌륭한 출발점이지만, 경험 많은 네트워크 엔지니어가 대규모 LAN을 구축할 때 특정 방식을 사용하는 이유를 이해하는 것은 LAN이 실제 네트워크에서의 동작 원리를 이해하는 데 도움을 준다.

VLAN은 네트워크 설계자를 위한 가장 강력한 설계툴 중 하나다. VLAN은 스위치 동작과 관련하여 영향력이 크므로 캠퍼스 LAN의 동작을 확인하고 문제 해결할 때도 영향력을 행사한다. 이 Part의 두 번째 장은 VLAN 트렁킹을 포함하여 VLAN 동작에 대해 자세히 다룬다.

이 Part의 마지막 장은 이더넷에 초점을 둔다. 이더넷 LAN을 설치한 후의 이더넷 LAN의 문제를 해결하는 방법을 자세하게 설명한다. 학습 측면에서, 이 장은 Part Ⅱ와 Ⅲ의 많은 부분에서 복습에 도움이 된다.

Part III

이더넷 LAN: 설계, VLAN과 문제 해결

Chapter 10: 이더넷 LAN 설계 분석

Chapter 11: 이더넷 VLAN(Virtual LAN) 설정

Chapter 12: 이더넷 LAN 장애 해결

Part III 리뷰

Chapter 10
이더넷 LAN 설계 분석

이 장은 다음 시험 주제를 다룬다.

1.0 네트워크 기초

1.3 기업 네트워크의 인프라 요소의 영향

    1.3.b 액세스 포인트(Access point)

    1.3.c 무선 컨트롤러(Wireless controllers)

1.4 코어 생략 구성과 3 계층 구성 비교

1.5 네트워크 토폴로지 비교

    1.5.a 스타(Star)

    1.5.b 메시(Mesh)

    1.5.c 하이브리드(Hybrid)

1.6 설치 조건에 기초한 적정한 케이블링 타입의 선택

2.0 LAN 스위칭 기술

2.3 인터페이스와 케이블 이슈(collisions, errors, duplex, speed) 문제 해결

이더넷은 각 이더넷 링크 상에서의 동작을 정의하지만, 보다 흥미롭고 보다 구체적인 일은 그러한 링크들에 연결된 장치 즉, 네트워크 인터페이스 카드(NIC)나 LAN 스위치에서 일어난다. 이 장에서는 Chapter 2 '이더넷 LAN 기초'에서 소개한 이더넷 LAN의 기본 개념을 활용하여 최신 이더넷 LAN의 많은 측면들을 깊이 있게 다루고 이 LAN을 구성하는 주요 장치인 LAN 스위치에 초점을 맞출 것이다.

이 장에서는 이더넷과 LAN 스위칭에 대한 논의를 두 개의 섹션으로 나눈다. 첫 번째 섹션은 이더넷 프레임을 처리할 때 LAN 스위치가 사용하는 논리와 관련된 용어를 살펴본다. 두 번째 섹션에서는 새로운 빌딩과 캠퍼스에 이더넷 LAN을 새롭게 구축할 때의 설계 및 설치 이슈들을 다룬다. 두 번째 섹션에서는 이더넷 링크들의 종류들을 선정하는 다른 경우와 이더넷 자동 협의 기능의 장점을 활용하는 방법 등의 설계 이슈들을 다룬다.

이 장의 학습을 위해 필요한 시간을 가늠하기 위해 시험(이 페이지나 PCPT 소프트웨어를 사용 가능)을 보기 바란다. 정답은 퀴즈 다음 페이지의 아랫 부분에 나와 있고, 설명은 DVD 부록 C와 PCPT 소프트웨어에 있다.

핵심 주제 섹션	해당 문제
컬리전 도메인과 브로드캐스트 도메인 분석	1-2
캠퍼스 LAN 토폴로지 분석	3-5
LAN 물리적 표준 선택	6

[표 10-1] 사전 점검 문제의 핵심 주제와 문제

1. 다음 장치 중 PC1과 동일한 컬리전 도메인 내에 위치하는 것은?

   a. PC1과 같이 이더넷 허브에 연결된 PC2

   b. PC1과 같이 트랜스페어런트 브릿지에 연결된 PC3

   c. PC1과 같이 이더넷 스위치에 연결된 PC4

   d. PC1과 같이 라우터에 연결된 PC5

2. 다음 장치 중 PC1과 동일한 브로드캐스트 도메인 내에 위치하는 것은? (3개를 고를 것)

   a. PC1과 같이 이더넷 허브에 연결된 PC2

   b. PC1과 같이 트랜스페어런트 브릿지에 연결된 PC3

   c. PC1과 같이 이더넷 스위치에 연결된 PC4

   d. PC1과 같이 라우터에 연결된 PC5

3. 2계층 캠퍼스 LAN 설계에서 다음 중 토폴로지 설계에 대해 일반적으로 옳은 것은? (2개를 고를 것)

   a. 액세스와 디스트리뷰션 스위치 간에 풀 메시 링크를 적용한다.

   b. 이 설계는 액세스와 디스트리뷰션 스위치 간에 파샬 메시 링크를 적용한다.

   c. 이 설계는 디스트리뷰션과 코어 스위치 간에 파샬 메시 링크를 적용한다.

   d. 최종 사용자와 서버 장치는 액세스 계층 스위치에 직접 연결한다.

4. 3계층 캠퍼스 LAN 설계에서 다음 중 토폴로지 설계에 대해 일반적으로 옳은 것은? (2개를 고를 것)

    a. 이 설계는 액세스와 디스트리뷰션 스위치 간에 파샬 메시 링크를 적용한다.

    b. 이 설계는 액세스와 디스트리뷰션 스위치 간에 풀 메시 링크를 적용한다.

    c. 이 설계는 디스트리뷰션과 코어 스위치 간에 파샬 메시 링크를 적용한다.

    d. 최종 사용자와 서버 장치는 디스트리뷰션 계층 스위치에 직접 연결한다.

5. 전형적인 3계층 디자인의 계층별 토롤로지 설계 방식 중 가장 적절한 것은?

    a. 액세스 계층은 파샬 메시로 구성한다.

    b. 디스트리뷰션 계층은 풀 메시로 구성한다.

    c. 디스트리뷰션 계층은 하이브리드 방식으로 구성한다.

    d. 액세스 계층은 스타 방식으로 구성한다.

6. 다음 이더넷 표준 중 100미터를 넘는 케이블 길이를 제공하는 것은? (2개를 선택할 것)

    a. 100BASE-T

    b. 1000BASE-SX

    c. 1000BASE-T

    d. 1000BASE-LX

:: 컬리전 도메인과 브로드캐스트 도메인 분석

이더넷 장치와 이더넷 장치가 사용하는 논리는 최근의 LAN 설계 방식과 관련하여 엔지니어에게 큰 영향을 준다. 핵심 설계 특성을 설명하기 위해 사용하는 용어들 중 일부는 오래된 이더넷의 역사로부터 기원한 것이고, 그것 때문에 각 용어의 의미는 오늘날 이더넷을 배우는 사람에게는 명확할 수도 있고, 모호할 수도 있다. 이 장의 첫 섹션은 특별히 이러한 오래된 용어들 중 두 개 즉, 컬리전 도메인(collision domain)과 브로드캐스트 도메인(broadcast domain)을 살펴본다. 그리고 이 용어들을 이해하고 최근의 이더넷 LAN에 적용하기 위해서 이더넷의 역사를 조금 거슬러 올라갈 필요가 있다.

이더넷 컬리전 도메인

컬리전 도메인은 이더넷 LAN의 오래된 역사에서 기원한다. 솔직히 적정하게 구성한 최신의 이더넷에서는 컬리전이 완벽하게 해소된다는 점에서 이더넷이 처음인 사람들은 최근의 이더넷 LAN의 맥락에서 컬리전 도메인이라는 용어에 다소 혼동스러울 수도 있다. 따라서 컬리전 도메인을 완전히 이해하기 위해서 이더넷의 역사를 약간 언급하면서 설명을 시작하기로 한다. 이 장의 다음 섹션은 컬리전 도메인을 정의하기 위해 예전의 몇몇 이더넷 장치들을 살펴보고, 스위치들을 사용하는 최신 이더넷 LAN에 어떻게 이 용어를 적용할 것인가에 대한 설명으로 끝맺는다.

허브(Hub)와 10BASE-T

1990년에 소개된 10BASE-T는 오늘날 구성과 비슷하게 이더넷 LAN에 중대한 변화를 가져왔다. 10BASE-T는 UTP(unshielded twisted-pair) 케이블로 중심 장치에 각 장치를 연결하는 오늘날의 이더넷 LAN과 동일한 케이블링 모델을 도입했다. 그러나 10BASE-T는 처음부터 LAN 스위치를 사용한 것은 아니었다. 대신, 10BASE-T 네트워크는 이더넷 허브라고 불리는 장치를 사용했다(그 당시는 기본적인 LAN 스위치를 만드는 기술조차 개발되지 않았다).

허브와 스위치 모두 동일한 스타형 구성(star topology)을 사용할 지라도 이더넷 허브는 스위치와 같이 트래픽을 처리하지 않는다. 허브는 수신한 전기 신호를 이더넷 프레임으로 해석하지 않기 때문에 출발지와 목적지 MAC 주소 등을 인식할 수도 없다. 기본적으로 허브는 포트 수가 많은 리피터(repeater)처럼 동작한다. 리피터는 전기 신호를 수신하여 수신 포트를 제외한 모든 다른 포트들로 재생된 신호를 보낸다. 같은 피지컬 계층 장치인 허브 역시 수신한 전기 신호의 재생 버전을 보내는데, [그림 10-1]과 같이 래리가 보낸 신호는 오른쪽의 두 포트로 재생되어 보내진다.

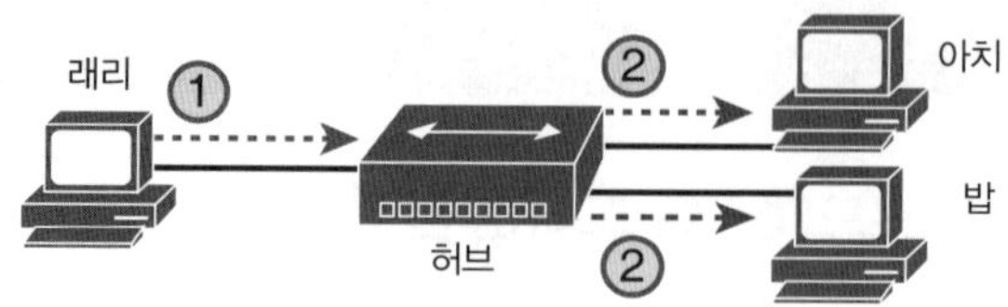

[그림 10-1] 10BASE-T(허브를 포함하는): 허브는 모든 포트로 신호를 재생한다.

허브에 의해 사용되는 피지컬 계층 동작 때문에 네트워크에 연결된 장치들을 교대로 보내기 위해 CSMA/CD(carrier sense multiple access with collision detection)를 적용해야 한다(Chapter 2의 마지막 부분에서 소개함). 허브 그 자체는 CSMA/CD 논리를 사용하지 않는다. 허브는 전기 신호를 수신하여 CSMA/CD를 고려하지 않고 모든 포트들로 신호를 재생 반복하여 보낼 뿐이다. 이러한 허브의 프로세스가 모든 장치들이 프레임의 복사본을 수신할 수 있도록 하겠지만 한편으로 컬리전을 유발하기도 한다. [그림 10-2]는 그림의 오른쪽의 두 장치가 동시에 프레임을 보낼 때 허브는 왼쪽 포트(래리에게)를 통해 전기신호를 전송한다는 것을 보여준다.

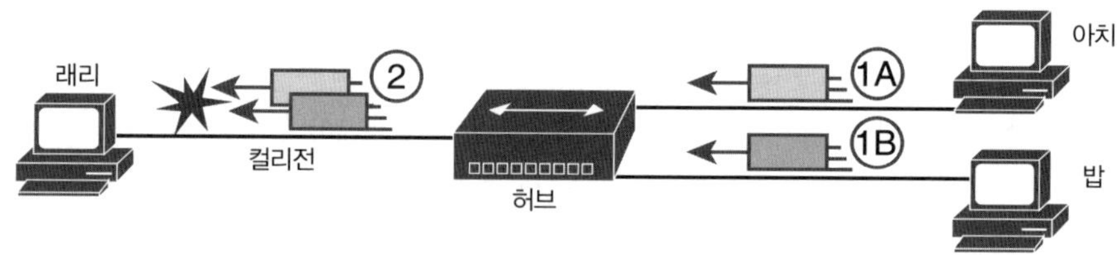

[그림 10-2] 컬리전을 일으키는 허브 동작

허브가 컬리전을 막지 못하므로 허브에 연결된 장치들은 동일 컬리전 도메인 내에 소속된다. 컬리전 도메인은 동시에 프레임을 전송할 때 프레임 컬리전을 일으키는 NIC와 장치 포트들의 집합이다. [그림 10-1]과 [그림 10-2]에서 3대의 PC들이 허브와 함께 동일 컬리전 도메인에 속한다. 허브에 대한 핵심 사항들을 다음과 같이 요약해보자.

- 허브는 CSMA/CD 규칙과 무관하게 수신하는 전기 신호를 모든 다른 포트들로 무조건 재생 반복하는 멀티포트 리피터(multiport repeater)다.
- 두 개 이상의 장치들이 동시에 전송하면 허브의 동작은 전기적으로 컬리전을 일으키고 이것은 다시 시그널 오류를 일으킨다.
- 연결된 장치들은 CSMA/CD 논리에 의해 교대로 프레임을 보내기 때문에 결과적으로 밴드위스를 공유해야 한다.
- 허브는 물리적으로는 스타 토폴로지를 생성한다.

사전 점검 퀴즈 정답

1 A **2** A, B, C **3** B, D **4** A, C **5** D **6** B, D

이더넷 트랜스페어런트 브릿지

설계 관점에서는 10BASE-T의 도입은 초기 타입의 이더넷에 비해 괄목할만한 개선을 가져왔다. 그것은 케이블링 구입 비용과 설치 비용을 낮추고, 네트워크의 가용성을 개선했다. 모든 장치들이 프레임을 보내기 위해 자기 차례를 기다려야 하는 LAN을 생각해보면 성능 이슈가 생길 수 밖에 없다. 동시에 다수의 장치들이 프레임을 보낼 수 있다면 이더넷의 성능은 개선될 것이다.

다수의 장치들이 동시에 프레임을 보내는 첫 번째 방법은 이더넷 트랜스페어런트 브릿지 (transparent bridge)다. 이더넷 트랜스페어런트 브릿지 또는 간단히 브릿지는 다음과 같은 개선된 특징을 갖는다:

- 허브들 사이에 위치하여 네트워크를 다수의 컬리전 도메인들로 나눈다.
- 브릿지는 각 컬리전 도메인이 기본적으로 독립된 CSMA/CD 단위로 동작하여 각 컬리전 도메인에서 한 순간에 한 장치만 전송할 수 있기 때문에 브릿지를 사용하면 전체 이더넷의 밴드위스 용량을 늘린다.

[그림 10-3]은 허브가 포함된 LAN을 브릿지로 분리했을 때의 효과를 보여준다. 브릿지 없이 단일 허브로 구성된 경우 10Mbps의 트래픽 전송만 가능한 반면, 브릿지에 의해 분리된 두 개의 컬리전 도메인은 각각 10Mbps의 트래픽 전송이 가능하다.

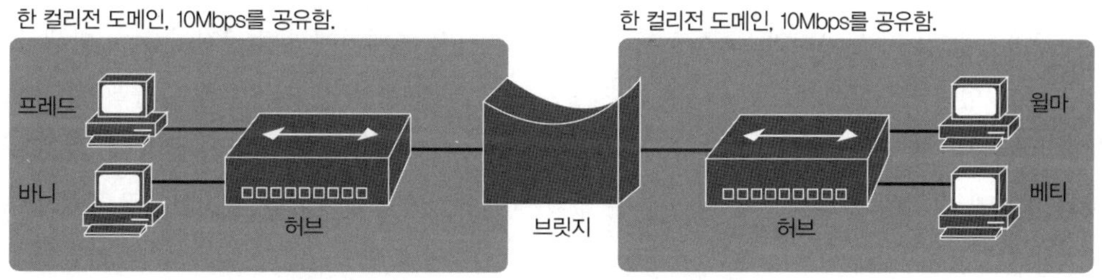

[그림 10-3] 브릿지에 의해 생성된 두 개의 공유 이더넷과 두 개의 컬리전 도메인

브릿지의 패킷 처리 효과 때문에 다수의 컬리전 도메인들을 생성시킨다. 브릿지는 최근의 LAN 스위치와 동일하게 패킷을 처리한다. 사실, 브릿지는 최근 LAN 스위치의 초기 형태의 장치다. 스위치처럼 브릿지는 메모리에 이더넷 프레임을 저장했다가 CSMA/CD 규칙에 따라 인터페이스를 통해 프레임을 내보낸다. 한편, 브릿지는 프레임을 내보내지 않을 필요도 있다. 예를 들어, 프레드가 바니의 MAC 주소를 향하는 프레임을 보내면, 브릿지는 왼쪽에서 오른쪽 영역으로 프레임을 내보내지 않을 것이다.

이더넷 스위치와 컬리전 도메인들

LAN 스위치는 브릿지와 같은 기본적인 핵심 기능들을 수행하지만 다수의 개선된 기능들과 훨씬 빠른 속도를 제공한다. 브릿지와 같이 스위치는 LAN을 분리된 컬리전 도메인들로 나누고, 각각 개별적인 밴드위스를 확보할 수 있다. 따라서 컬리전의 발생 여부와 관계없이 스위치로 연결되는 각각의 링크는 하나의 컬리전 도메인으로 간주된다.

예를 들어, [그림 10-4]는 스위치와 4대의 PC로 구성된 단순한 LAN을 보여준다. 4개의 링크 각각에서 100Mbps로 보낼 수 있는 4개의 컬리전 도메인을 생성한다. 또한 허브가 없다면 각각의 링크는 풀 듀플렉스로 동작할 수 있고 이 경우, 용량은 2배가 된다.

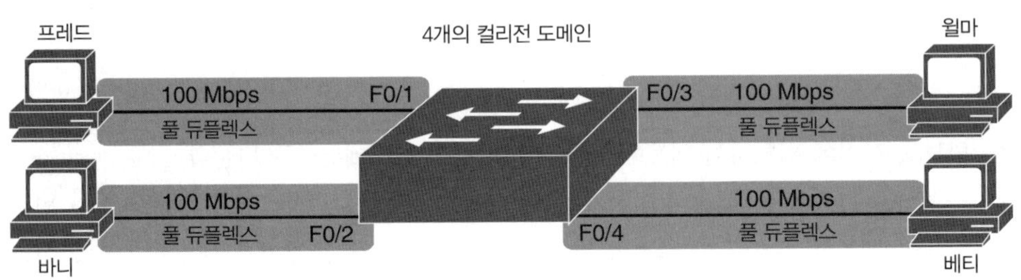

[그림 10-4] 스위치는 4개의 컬리전 도메인과 이더넷 세그먼트를 생성함.

최신의 이더넷 LAN에 대한 몇 가지 사실들을 다시 생각해보자. 오늘날 이더넷 허브나 브릿지를 사용하지 않고 이더넷 스위치로 이더넷 LAN을 구축한다. 스위치들은 서로 연결한다. 그리고 모든 각각의 링크는 독립된 컬리전 도메인이 된다.

이상하게 들릴 지 모르지만, 최신 LAN 내의 각 컬리전 도메인에서 컬리전이 전혀 발생하지 않을 수도 있다. 풀 듀플렉스를 적용한 링크 즉, 링크 상의 모든 장치들이 풀 듀플렉스를 사용하면 컬리전은 발생하지 않는다. 사실, 풀 듀플렉스의 기본적인 개념은 다음과 같다. 즉, 스위치와 연결된 장치에서 컬리전이 일어날 수 없기 때문에, 풀 듀플렉스를 설정함으로써 CSMA/CD 서킷을 끌 수 있다.

> **NOTE** 네트워크 구성에서 라우터의 LAN 인터페이스로 들어온 프레임은 다른 LAN 인터페이스의 프레임과 컬리전을 일으키지 않으므로 라우터는 컬리전 도메인을 나눈다.

컬리전과 LAN 설계

컬리전 도메인에 대한 논의를 통해 얻는 것은 무엇일까? 옛날에 컬리전은 이더넷에서 정상적인 것이었고, 컬리전 도메인의 범위를 확인하기 위해 이더넷 설계를 분석하는 것은 유용한 것이다. 현재, 캠퍼스 LAN은 스위치만(허브나 트랜스페어런트 브릿지 없이) 사용하고 모든 링크들은 풀 듀플렉스를 적용하여 전혀 컬리전을 유발하지 않는다. 이러한 경우에도 컬리전 도메인이란 용어가 중요할까? 즉, 컬리전을 고려할 필요가 있을까?

네트워크 엔지니어는 예외 상황을 대비하고 이해해야 하기 때문에 컬리전 도메인과 컬리전은 여전히 중요한 논의 대상이 된다. 컬리전을 제거하는 풀 듀플렉스가 가능한 포트라도 부주의한 설정에 의한 것이든, 자동 협의(autonegotiation)에 의한 것이든, 아니면 다른 어떤 이유에 의한 것이든, 하프 듀플렉스로 설정되면 컬리전은 일어난다. 이러한 경우, 엔지니어는 컬리전 도메인을 식별할 수 있어야 한다.

컬리전 도메인에 대한 핵심 항목을 요약해보자:

- LAN 스위치는 각 인터페이스별로 컬리전 도메인을 나눈다.
- 스위치와 동일한 논리를 사용하는 LAN 브릿지도 각 인터페이스별로 컬리전 도메인을 나눈다.
- 라우터도 각 인터페이스별로 컬리전 도메인을 나눈다(컬리전 도메인은 WAN 인터페이스에는 적용하지 않는다).
- LAN 허브는 각 인터페이스별로 컬리전 도메인을 나누지 않는다.
- 각 링크를 풀 듀플렉스로 설정한 LAN 스위치와 라우터를 포함한 LAN은 컬리전을 발생시키지 않는다.
- 스위치와 라우터를 포함하는 LAN에서 풀 듀플렉스가 컬리전을 유발하지 않는다 하더라도, 문제 해결 과정에서 각 이더넷 링크는 독립된 컬리전 도메인으로 간주한다.

[그림 10-5]는 허브, 브릿지, 스위치, 라우터를 포함하는 구성 예로 실제로 사용하지는 않는다 하더라도, 우리에게 어떤 장치가 컬리전 도메인을 나눌 수 있는지 알려주는 좋은 사례다.

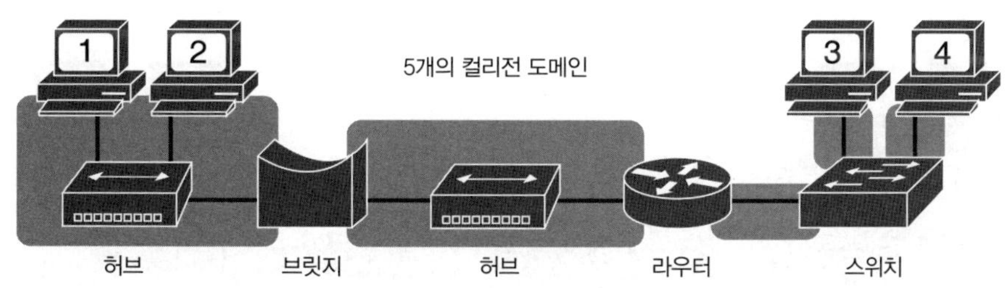

[그림 10-5] 허브는 컬리전 도메인을 나누지 못하지만, 다른 장치들은 나눔.

이더넷 브로드캐스트 도메인

이더넷 LAN에서 아무 장치라도 떠올려보자. 그리고 나서 그 장치가 이더넷 브로드캐스트를 내보내는지 생각해보자. 이더넷 브로드캐스트 도메인(broadcast domain)은 브로드캐스트가 전달되는 장치들의 집합이다.

브로드캐스트 프레임이 통과하는 최신의 LAN에 대해 고려해보자. 모든 스위치들의 모든 인터페이스들은 기본적으로 VLAN 1에 속한다. 결과적으로 한 장치가 보낸 브로드캐스트는 브로

드캐스트 프레임을 보낸 장치를 제외하고 모든 스위치들에 연결된 모든 장치들에게 플러딩될
것이다. 예를 들어, [그림 10-6]에서 모든 포트들이 VLAN 1에 속한다는 가정 하에 브로드캐
스트는 그림에서 보이는 모든 장치들에게 전달된다.

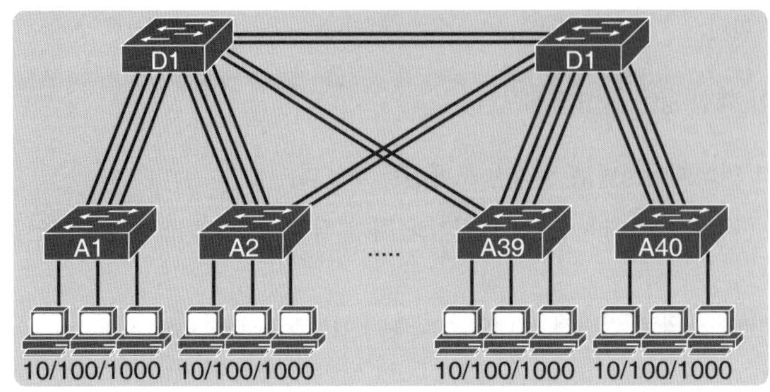

[그림 10-6] 하나의 거대 브로드캐스트 도메인

이 책에서 언급하는 일반적인 네트워킹 장치들 중에 라우터 만이 LAN 브로드캐스트를 차단
한다. 허브는 전기적 신호를 이더넷 프레임으로 인식하지 못하기 때문에 당연히 브로드캐스트
를 차단할 수 없다. 동일한 패킷 처리 논리를 갖는 브릿지와 스위치는 LAN 브로드캐스트를 플
러딩한다. 라우팅 논리의 부수적인 효과로 이더넷 브로드캐스트 프레임을 차단하는 라우터는
네트워크를 브로드캐스트 도메인들로 분할한다. [그림 10-7]은 이러한 개념을 하나의 예로 요
약한다.

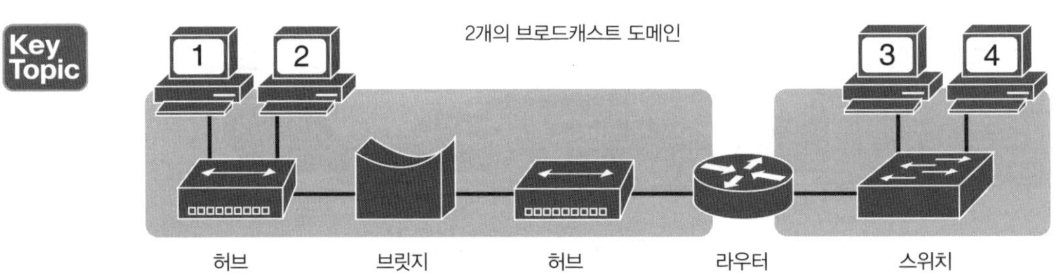

[그림 10-7] 라우터에 의해 나뉘는 브로드캐스트 도메인

정의상, 하나의 브로드캐스트 도메인 내부에 있는 장치가 보낸 브로드캐스트는 다른 브로드
캐스트 도메인 내의 장치에게 전달되지 않는다. 이 예에서는 두 개의 브로드캐스트 도메인이
존재한다. 라우터는 왼쪽 PC가 보낸 LAN 브로드캐스트를 오른쪽의 네트워크 영역으로 전달
하지 않는다.

VLAN(Virtual LAN)

라우터는 IP 라우팅이 작동하는 방법의 부수적인 효과로 다수의 브로드캐스트 도메인을 생성한다. 네트워크 설계자가 라우터 인터페이스들을 사용하여 보다 작은 규모의 많은 브로드캐스트 도메인을 만들려고 할 때, 더 많은 라우터 인터페이스들을 소비할 것이다. 그러나 브로드캐스트 도메인을 나누기 위한 보다 우수한 툴은 LAN 스위치에서 구현 가능한 VLAN(Virtual LAN)으로 라우터 포트를 필요로 하지 않는다.

지금까지 VLAN은 네트워크 설계자에게 브로드캐스트 도메인의 넓이 즉, 브로드캐스트 도메인 내의 장비 수를 적정하게 설계하기 위한 최상의 툴이다. VLAN의 효과를 평가하기 위해 LAN이 무엇인지에 대한 구체적인 정의를 먼저 해보아야 한다.

LAN은 동일한 브로드캐스트 도메인 내의 모든 장치들로 구성한다.

VLAN을 적용하기 위해 스위치의 각 포트를 특정 VLAN에 소속시킨다. 스위치가 일부 인터페이스들을 한 VLAN에 소속시키고, 다른 인터페이스들을 다른 VLAN에 소속시킴으로써 다수의 브로드캐스트 도메인을 생성한다. 스위치는 논리상, 한 VLAN에 속한 포트에서 다른 VLAN에 속한 포트로 프레임을 보내지 않는다. 대신에 라우터가 라우팅 논리에 의해 VLAN 간에 패킷을 교환한다. 스위치의 모든 포트들이 하나의 브로드캐스트 도메인을 구성하는 대신, VLAN 설정에 의해 다수의 브로드캐스트 도메인으로 분리된다.

이해를 위해, 스위치가 VLAN 개념을 갖지 않았을 때 어떻게 두 개의 브로드캐스트 도메인을 만들 수 있을지 생각해보자. VLAN이 없다면, 스위치는 한 포트에 도착한 브로드캐스트를 나머지 모든 포트들로 내보낸다.

그러므로 두 개의 브로드캐스트 도메인으로 나누기 위해 [그림 10-8]과 같이 두 대의 스위치가 각 브로드캐스트 도메인에 한 대씩 배치되어야 한다.

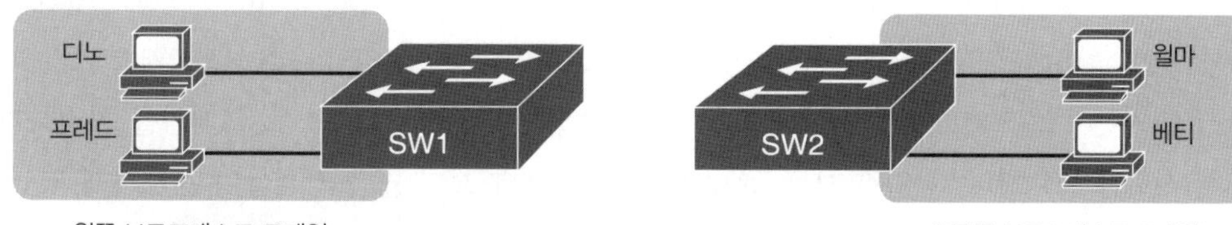

[그림 10-8] VLAN 없이 두 개의 브로드캐스트 도메인으로 나뉜 네트워크의 예

대신에 스위치에 VLAN을 적용하면 일부 포트들은 한 VLAN에 다른 포트들은 다른 VLAN에 둔다(시스코 카탈리스트 스위치에서 예를 들어, **switchport access vlan 2** 명령은 한 포트를 VLAN에 할당한다). [그림 10-9]는 [그림 10-8]에서 보이는 분리된 브로드캐스트 도메인을 하나의 스위치에서 2개의 VLAN으로 구성한 에다.

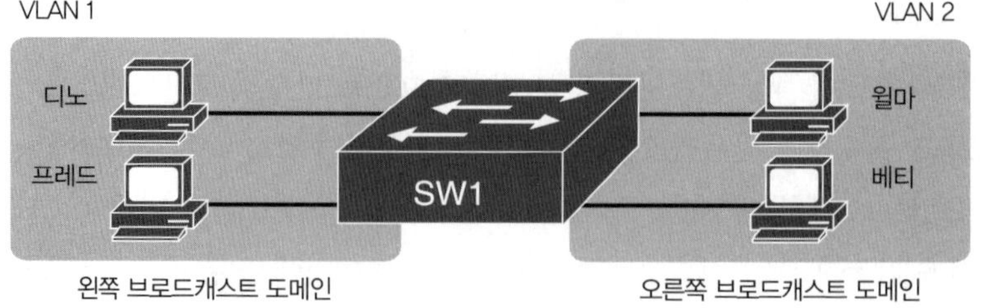

[그림 10-9] 하나의 스위치에 2개의 VLAN을 가진 네트워크 예

이 섹션은 VLAN의 개념에 대해 짧게 소개하지만, Chapter 11 '이더넷 VLAN 설치'는 캠퍼스 LAN에서 VLAN에 대한 자세한 설정 방법을 포함하여 보다 깊게 VLAN을 다룬다.

LAN 설계와 브로드캐스트 도메인의 영향

최근의 LAN 설계는 성능을 떨어뜨리는 컬리전을 피하기 위해 노력한다. 그러나 브로드캐스트 프레임이 많은 프로토콜들에서 중요한 역할을 수행하므로 LAN 설계가 브로드캐스트를 제거할 수는 없다. 따라서 브로드캐스트 도메인을 고려할 때는 브로드캐스트를 제거하는 설계보다는 균형을 유지하는 선택이 중요하다.

하나의 관점 즉, 브로드캐스트 도메인의 크기에 대해 생각해보자. 브로드캐스트 도메인의 크기는 동일 브로드캐스트 도메인 내의 장치들의 수다. 적은 수의 브로드캐스트 도메인들 즉, 큰 브로드캐스트 도메인들을 구성하면 해당 브로드캐스트 도메인 내의 장치들에게 성능 저하를 일으킨다. 그러나 반대로 보다 적은 수의 장치를 포함하는 많은 수의 브로드캐스트 도메인은 다른 문제를 일으킨다.

잠시 아주 큰 브로드캐스트 도메인에 대해 생각해보자. 브로드캐스트를 수신하면 호스트는 수신 프레임을 처리해야 한다. 모든 호스트들은 적정한 기능을 위해 몇몇 브로드캐스트를 보낼 필요가 있으므로 브로드캐스트가 도착하면 NIC는 브로드캐스트 프레임을 컴퓨터의 CPU에게 보내기 위해 CPU에게 인터럽트[10]를 요청한다(예를 들어, IP ARP(Address Resolution Protocol) 메시지는 Chapter 4 'IPv4 주소 체계와 라우팅'에서 다룬 바와 같이 대표적인 LAN 브로드캐스트다). 따라서 필요한 브로드캐스트가 발생하면 모든 호스트들은 각 브로드캐스트 프레임을 처리하기 위해 시간을 낭비한다. 동일한 브로드캐스트 도메인 내에 보다 많은 장치들이 존재하게 되면, 각 장치들의 CPU는 보다 불필요한 CPU 인터럽트가 발생한다.

이 섹션은 적정한 VLAN 설계를 위해 필요한 전체적인 검토를 하지는 않는다. 대신 VLAN의 크기를 고려하는데, 여기에는 많은 기타 항목들도 관여한다. VLAN은 얼마나 클 수 있나? VLAN

---

[10] 역자 주: 인터럽트(interrupt)는 프로그램이 실행되고 있을 때 외부의 어떤 변화에 의하여 그 프로그램의 실행이 정지되고, 변화에 대응하는 다른 프로그램이 먼저 실행되는 일.

에서 장치들은 어떤 규칙에 의해 나뉘나? VLAN은 모든 스위치 또는 일부 스위치들을 넘어서 확장될 수 있나? VLAN 설계에 대해 어떤 일관성을 유지하는 원칙이 있나 아니면, 무계획적인가? 이러한 질문들에 대해 답하다 보면, 설계자가 고려해야하는 것이 무엇인지와 더불어 실제로 운영 네트워크에서 무엇이 필요한지를 밝혀줄 것이다.

브로드캐스트 도메인에 대한 핵심 항목들을 요약해보자.

- 브로드캐스트는 존재해야 한다. 따라서 각 브로드캐스트 도메인의 범위를 확인하기 위해 구성을 분석해야 한다. 브로드캐스트 도메인은 브로드캐스트가 전달되는 장치들의 집합이다.
- VLAN은 스위치 설정을 통해 생성되는 브로드캐스트 도메인이다.
- 라우터는 브로드캐스트를 차단하기 때문에 이더넷 인터페이스별로 브로드캐스트 도메인은 분리된다.

∷ 캠퍼스 LAN 토폴로지 분석

캠퍼스 LAN은 하나의 빌딩 또는 인접한 다수의 빌딩 내부의 장치들을 지원하기 위해 생성한 LAN을 가리키는 용어다. 예를 들어, 업무 지구 내에 몇몇 빌딩 내의 사무 공간들을 위해 네트워크 엔지니어는 각 빌딩 내의 스위치들을 연결하는 이더넷 링크들로 대규모의 캠퍼스 LAN을 구축한다.

캠퍼스 LAN을 기획하고 설계할 때, 엔지니어는 적용 가능한 이더넷 타입과 각 타입에서 지원 가능한 케이블링 길이를 참고해야 한다. 엔지니어는 각 이더넷 영역에서 필요한 속도를 선택할 필요가 있다. 게다가 어떤 스위치들은 사용자 장치들에 직접 연결되어야 하고, 이 스위치를 연결하는 스위치도 있어야 한다. 마지막으로 대부분의 프로젝트에서 엔지니어는 이미 설치된 장치들의 유형과 특정 영역에서 속도 증가가 신규 장비의 도입 비용에도 불구하고 가치가 있는지를 고려해야 한다.

이 장에서 3개의 주요 섹션 중 두 번째는 캠퍼스 LAN 설계의 토폴로지를 논하는 것이다. 네트워크 설계자들은 실습실에서 한 책상 위의 소수의 장비에서 하는 것처럼 장치의 아무 포트에나 연결하지 않고, 임의적으로 스위치들을 서로 연결하지 않는다. 대신에 캠퍼스 LAN 토폴로지의 설계를 위한 보다 나은 방식들이 정의되어 있다. 이 장의 마지막 주요 섹션은 캠퍼스 LAN 설계에서 각 링크에서 사용할 이더넷 표준을 선정하는 방법과 선정한 사유를 다른 표준과 비교하여 살펴본다.

2계층 캠퍼스 설계(생략된 코어 계층(Collapsed Core))

캠퍼스 LAN에 대한 요구 조건들 중에서 중요한 것을 골라내기 위해 동료들과 합리적으로 대화해야 한다. 대부분의 시스코 기반 LAN 설계들은 이와 관련하여 일부 공통적인 용어들을 사용한다. 이 책의 목적상, 핵심 캠퍼스 LAN 설계 용어들을 알아야 한다.

2계층 캠퍼스 설계(Two-Tier Campus Design)

[그림 10-10]은 그림에 포함되는 용어와 함께 거대 캠퍼스 LAN의 전형적인 설계를 보여준다. 이 LAN은 대략 각각 25 포트를 가진 스위치들에 연결된 대략 1,000 PC들로 구성된다. 이 용어에 대한 설명은 그림 아랫쪽에 있다.

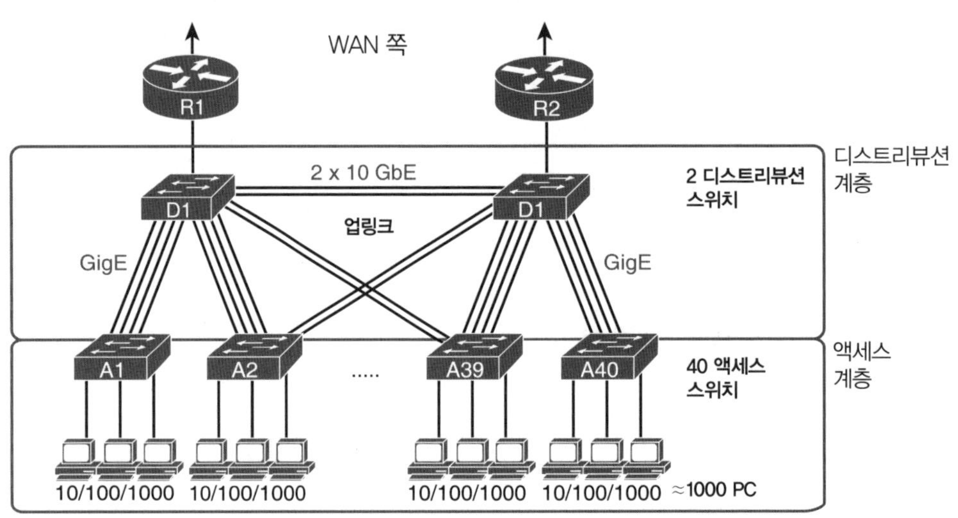

[그림 10-10] 설계 용어를 포함하는 캠퍼스 LAN

시스코는 캠퍼스 설계에서 각 스위치의 역할을 설명하는 3가지 용어 즉, 액세스, 디스트리뷰션과 코어를 사용한다. 이들은 스위치가 유저 장치들과 LAN의 나머지 간에 트래픽을 전달하는가(액세스 스위치)와 스위치와 스위치 간에 트래픽을 전달하는가(디스트리뷰션과 코어 스위치)에 따라 역할이 달라진다.

액세스 스위치(Access switch)는 최종 사용자에게 직접 연결돼 사용자 장치에게 LAN에 대한 접속을 제공한다. 액세스 스위치는 LAN의 가장자리에 위치하여 연결되는 최종 사용자 장치들과 트래픽을 교환한다.

디스트리뷰션 스위치(Distribution switch)는 스위치들 간의 트래픽을 전달하는 경로를 제공한다. 설계상, 각 액세스 스위치는 최소한 한 대의 디스트리뷰션 스위치에 연결되고, 대안 경로가 필요하다면 두 대의 디스트리뷰션 스위치에 연결된다. 디스트리뷰션 스위치들은 LAN의 다른 영역들로 트래픽을 전달한다. 대부분의 설계에서 액세스 스위치는 이중화를 위해 [그림

10-10]과 같이 두 대의 디스트리뷰션 스위치를 두고 각각의 디스트리뷰션 스위치에 연결하는 최소 두 개의 업링크(uplink)를 둔다.

이 그림은 액세스 계층과 디스트리뷰션 계층으로 구성되는 2계층 설계를 보여준다. 2계층 설계는 두 개의 주요 설계 요구 사항을 해결한다.

- 액세스 계층의 스위치들은 최종 사용자 단말들을 연결하는 곳이다.
- 적정한 수의 스위치와 포트로 구성된 40대의 액세스 스위치들을 두 대의 디스트리뷰션 스위치에 연결한다.

2계층 설계에서 사용하는 토폴로지 관련 용어

시험 주제는 LAN과 WAN 토폴로지, 설계에 대한 용어들을 포함한다. 지금이 이 용어들을 논의하기 위한 적당한 때다.

먼저, 4개의 토폴로지 관련 용어에 대한 보다 공식적인 정의들을 보자.

- **스타(Star):** 하나의 중심 장치에 다수의 장치들을 연결한다. 스타 토폴로지는 모든 방향으로 링크들이 뻗어나가 마치 모든 방향으로 빛이 퍼져나가는 별처럼 보인다.
- **풀 메시(Full mesh):** 특정 그룹의 네트워크 장치들에 대해 모든 장치들 간을 1:1로 직접 연결하는 구성
- **파샬 메시(Partial mesh):** 특정 그룹의 네트워크 장치들에 대해 모든 장치들이 아니라 특정 장치들만 1:1로 직접 연결하는 구성. 즉, 풀 메시가 아닌 메시 구성.
- **하이브리드(Hybrid):** 다양한 토폴로지 구성 방식을 섞어 만든 보다 크고 복잡한 구성.

이러한 공식적인 정의를 잘 숙지하였다면, 2계층 설계는 사실상, 액세스 계층에서는 스타 토폴로지를, 디스트리뷰션 계층에서는 파샬 메시를 사용하는 하이브리드 설계 방식이라는 것을 주목해야 한다. 그 이유를 확인하기 위해 [그림 10-11]을 보자. 그림은 전형적인 액세스 계층 스위치를 보여주지만, 모든 PC들을 스위치 아래에 배치하는 대신 스위치 주변에 동그랗게 나열하였다. 오른쪽 그림은 스타라는 용어를 쓰는 이유를 보여준다. 마치 어린이의 별 그림과 같아 보이는 구성이다.

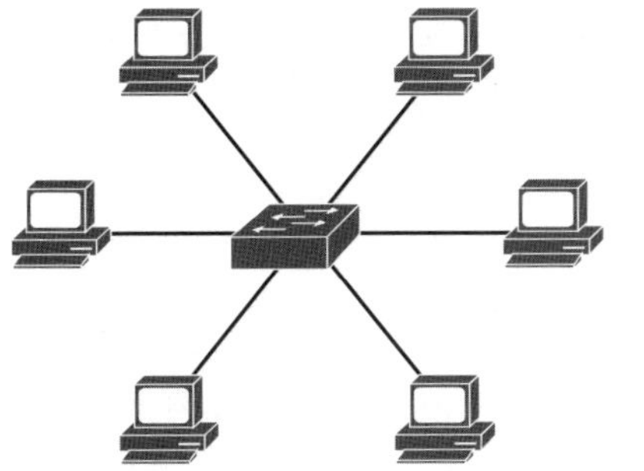
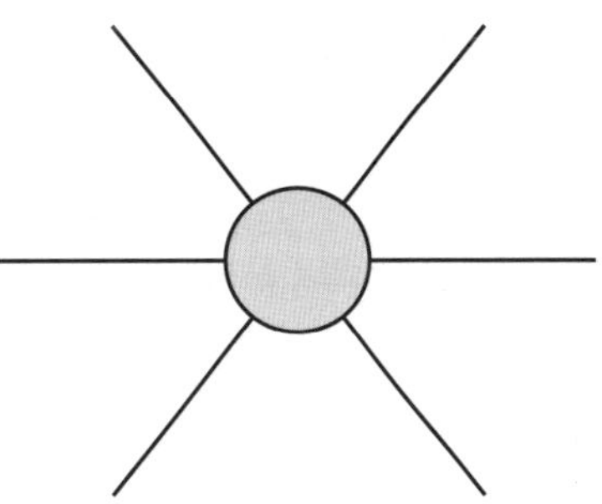

[그림 10-11] 네트워킹에서 스타 토폴로지 설계 개념

디스트리뷰션 계층은 파샬 메시 방식이다. 구성상에서 액세스와 디스트리뷰션 스위치를 하나의 노드(연결 단위)로 본다면, 일부 노드들은 서로 연결하지만 다른 노드들은 서로 연결하지 않는다. [그림 10-10]을 보면 어떤 액세스 계층 스위치들은 서로 연결하지 않았다.

마지막으로, 풀 메시 구성을 사용할 수도 있다. 하지만 여기서 설계 관련 논의를 벗어나는 다양한 이유 때문에 캠퍼스 설계는 일반적으로 다수의 링크와 포트를 필요로 하는 풀 메시 설계를 하지 않는다. 그렇다 해도 여기서 중요 항목을 확인하기 위해 [그림 10-12]에서 보이는 6개의 노드들을 풀 메시로 연결하기 위해 얼마나 많은 링크와 스위치 포트가 필요한지 계산해보자.

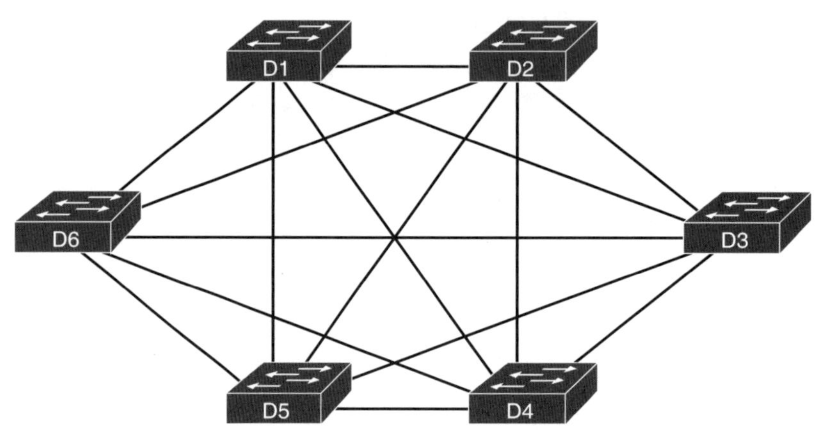

[그림 10-12] 6 스위치, 15 링크로 구성한 디스트리뷰션 계층의 풀 메시 구성

단지 6개의 스위치가 존재하지만, 풀 메시 구성은 15개의 링크를 필요로 한다(각 링크 당 두 포트가 필요하여 모두 30개의 스위치 포트와 함께).

[그림 10-10]과 같이 40대의 액세스 스위치와 2대의 디스트리뷰션 스위치를 갖는 경우에 디스트리뷰션 계층에 풀 메시 구성을 고려해보자. 필요한 링크 수를 알기 위해 구성도를 그린 다음, 링크 수를 세기보다는 고등학교 시절에 배운 수학 공식을 이용하여 계산한다. 즉, $N(N-1)/2$로 이 경우에는 $42 \times 41/2 = 861$ 링크가 필요하고 모든 스위치에서 1,722 포트가 필요하다.

비교를 위해 [그림 10-10]의 파샬 메시 설계에서 각 액세스 스위치(40대)가 각 디스트리뷰션 스위치(2대)에 한 쌍(2개)의 링크로 연결한다면 단지 160 링크가 필요하고 스위치의 포트는 320 포트가 필요하다.

3계층 캠퍼스 설계(코어 포함)

디스트리뷰션 계층에서 링크들의 파샬 메시를 구성하는 [그림 10-10]의 2계층 설계는 가장 일반적인 캠퍼스 LAN 구성이다. 이것은 두 가지 일반적인 이름 즉, 명백하게 확인할 수 있듯이 2계층 설계(two-tier design)와 덜 명확한 이름이지만 생략된 코어(collapsed core)라고 불린다.

생략된 코어는 2계층 설계가 세 번째 계층인 코어 계층을 포함하지 않기 때문에 붙여진 이름이다. 다음 주제는 코어를 포함하는 3계층 설계를 살펴본다.

두세 개의 빌딩으로 구성한 캠퍼스를 상상해보자. 각 빌딩은 빌딩 내부에서는 2계층 설계로 구성되고, 각 빌딩 내부에는 한 쌍의 디스트리뷰션 스위치들과 빌딩 내에 산재한 액세스 스위치들이 필요하다. 그렇다면 각 빌딩 내부의 LAN들을 어떻게 연결할 것인가? 빌딩 수가 적다면 [그림 10-13]과 같이 디스트리뷰션 스위치들을 단순하게 서로 연결하는 것이 합리적이다.

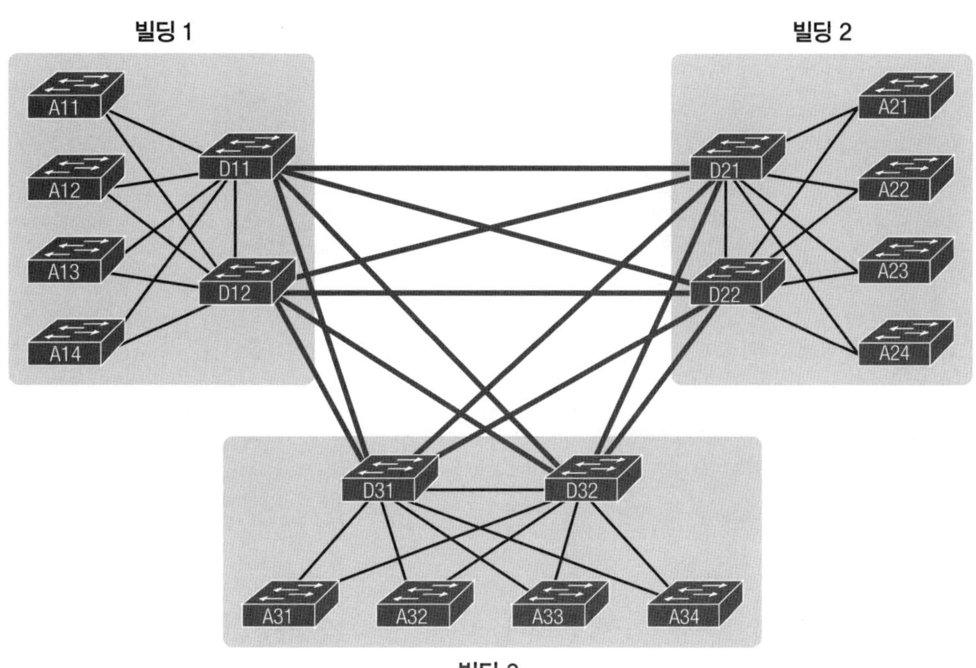

[그림 10-13] 3개의 빌딩에 대한 코어를 생략한 2계층 설계

많은 회사들이 [그림 10-13]의 설계방식을 적용한다. 빌딩 간의 설치된 케이블의 여유 정도에 따라 다르지만, 네트워크의 중심은 풀 메시를 적용하기도 하고, 파샬 메시를 적용하기도 한다.

반면에 코어 계층을 가지는 설계는 보다 대규모의 구성에서 스위치의 포트들과 케이블 수를 줄일 수 있다. 빌딩 간의 링크들은 빌딩 밖으로 확장될 경우 거의 대부분 광 케이블과 고가의 광 포트들로 연결하여 구축 비용이 비싸진다. 따라서 빌딩 간의 케이블 수를 줄일 수 있다면 구축 비용을 절감할 수 있다.

3계층 설계는 이제 흔히 볼 수 있는 구성으로 소수의 코어 스위치들을 추가해야 한다. 코어 스위치는 디스트리뷰션 스위치를 연결하는 기능을 제공한다. [그림 10-14]는 [그림 10-13]의 생략된 코어(코어 없는 설계)에서 코어 있는 3계층 설계로의 이전을 보여준다.

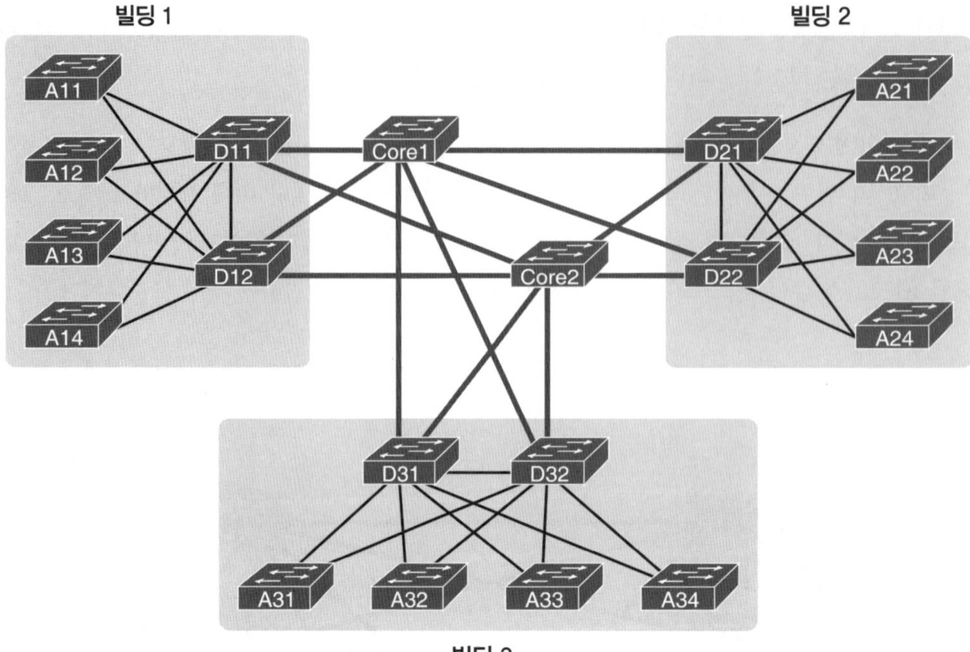

[그림 10-14] 세 빌딩에 대한 코어 있는 3계층 설계

> **NOTE** 코어 스위치는 그림의 중간에 위치한다. 실제로 코어 스위치는 보통 사무동 중앙의 별도의 방에 존재하는 것이 아니라 디스트리뷰션 스위치와 같은 방에 존재한다. 그림은 실제 위치가 아니라 토폴로지에 보다 초점을 맞춘 것이다.

코어에서 파샬 메시 설계를 사용하면 보다 소수의 링크로도 빌딩들의 모든 LAN 영역과 WAN에 패킷을 보내는 라우터들에게 연결할 수 있다.

다음은 캠퍼스 스위치들의 역할을 요약한 것이다.

- **액세스(Access)**: 최종 사용자 장치들에게 연결 지점을 제공한다. 일반적인 환경에서는 액세스 스위치 간에는 직접 프레임을 교환하지 않는다.

- **디스트리뷰션(Distribution)**: 액세스 스위치들이 연결되어 LAN의 나머지 장치들과 연결할 수 있고, 스위치 간에 프레임을 교환한다. 하지만, 최종 사용자 장치들을 직접 연결하지는 않는다.

- **코어(Core)**: 거대 규모 캠퍼스 LAN에서 디스트리뷰션 스위치들이 연결되어 대규모 네트워크에서 발생하는 대량의 트래픽을 고속으로 처리한다.

토폴로지 설계 용어

ICND1과 CCNA 시험 주제들은 토폴로지와 관련된 구체적인 설계 용어들을 포함한다. 다음 주제는 개념과 관련한 핵심 용어들을 요약한다.

먼저, 소수의 용어들을 설명하는 [그림 10-15]를 보자. 그림의 왼쪽에 케이블이 일렬로 나란히 연결된 액세스 스위치가 있다. 액세스 스위치와 액세스 링크들은 스타 토폴로지라고 불린다. 왜일까? 그림의 중앙에 다시 그린 액세스 스위치를 보자. 액세스 스위치는 중심에 배치되고, 케이블들은 중심으로부터 방사형으로 배치되었다. 그림은 진짜 별처럼 보이지는 않지만, 어린 이가 그린 별 그림과는 다소 비슷해 보인다. 이것이 스타 토폴로지란 용어를 쓰는 이유다.

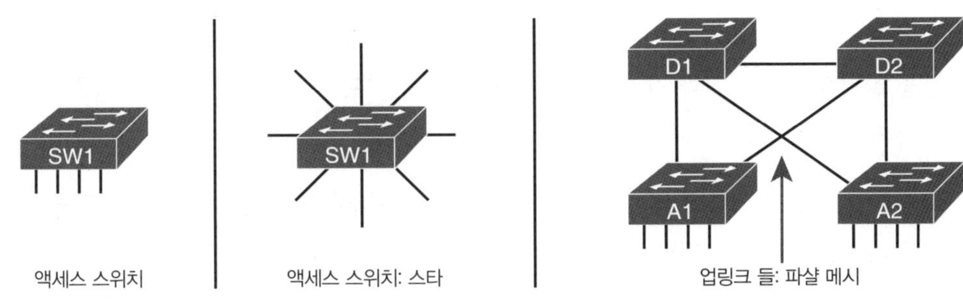

[그림 10-15] LAN 설계 용어

그림의 오른쪽은 액세스 스위치와 디스트리뷰션 스위치 간의 링크 연결을 중심으로 전형적인 2계층 설계를 보여준다. 스타 토폴로지보다 많은 링크들로 연결하는 경우, 보통 메시(mesh) 구성이라고 부른다. 그림의 메시는 모든 스위치 노드들을 직접 연결하지 않기 때문에 파샬 메시(partial mesh)다. 모든 노드들을 직접 연결할 경우 풀 메시(full mesh)가 된다.

실제 네트워크에서 이러한 토폴로지에 대한 아이디어를 사용하지만, 네트워크는 보통 이러한 아이디어를 결합하여 적용한다. 예를 들어, [그림 10-14]의 오른쪽에서 액세스 계층은 스타 토폴로지를 적용하고, 디스트리뷰션 계층은 파샬 메시를 적용한다. 따라서 다수의 아이디어들을 결합한 이러한 설계들을 하이브리드 설계(hybrid design)라 한다.

:: LAN의 물리적 표준 선정

당신이 누군가가 설계한 네트워크 구성을 볼 때, 적용된 다양한 유형의 케이블링과 스위치 포트들, 각 경우에 적용된 이너넷 표준을 확인할 수 있다. 스스로 답해보자. 왜 네트워크의 각 링크에서 특정 유형의 이더넷 링크를 선택할까? 이 문제에 대한 해답과 이에 대한 탐구는 물리적인 캠퍼스 LAN 구축에 대해 많은 부분들을 설명할 것이다.

IEEE는 네트워크 설계자를 위한 다양한 옵션의 이더넷 표준들을 개발하는 놀라운 과업을 수행해왔다. 특히, 다음의 두 가지 사실은 장기간 이더넷이 성장하도록 하였다:

- IEEE는 다양한 케이블 길이와 보다 빠른 속도를 위한 케이블링을 위해 추가적인 802.3 표준들을 개발해왔다.

- 모든 물리적 표준들은 동일한 표준 프레임 형식들과 함께 동일한 데이터 링크의 상세 규칙들에 의존한다. 즉, 이것은 하나의 이더넷 LAN은 거리, 예산과 케이블링 조건들을 충족시키는 다양한 유형의 물리 링크들을 사용할 수 있다는 것을 뜻한다.

예를 들어, 일반적인 설계 구성도에서 액세스 계층을 고려하고, 케이블링과 이더넷 표준들에 대해서는 고려하지 말자. 실제로 액세스 계층 스위치들은 최종 사용자 장치들과 동일한 층의 어딘가에 존재하는 배선실 내부에 들어있다. 배선 기술자는 배선실에서 각 사무실의 벽면 아웃렛 또는 LAN에 연결할 필요가 있는 이더넷 장치가 있는 곳까지 UTP(unshielded twisted pair) 케이블링을 설치한다. 배선실과 각 이더넷 아웃렛 간에 설치된 케이블링의 유형과 요구 품질에 의해 지원할 수 있는 이더넷 표준을 정한다.

특히, 케이블링을 설치했던 때에 LAN을 설계한 사람이 누구든지 해당 LAN에서 적용할 이더넷의 물리적인 표준을 지원할 수 있는 케이블링 유형을 고려해야 한다.

이더넷 표준들

시간을 두고, IEEE는 보다 빠른 속도와 새롭고 다양한 케이블링 유형과 케이블 길이를 위해 새로운 이더넷 표준들을 계속해서 개발하고 발표해왔다. [그림 10-16]은 여러 해에 걸친 이더넷 속도의 발전 단계를 보여준다. 1990년대 초반까지의 초기 표준들은 꾸준하게 개선된 케이블링과 토폴로지와 함께 10Mbps를 제공한다. 다음으로 1995년에 패스트 이더넷(100Mbps) 소개에서 시작하여 오늘날까지 IEEE는 수십 년에 걸쳐 속도를 지속적으로 증가시켜 왔다.

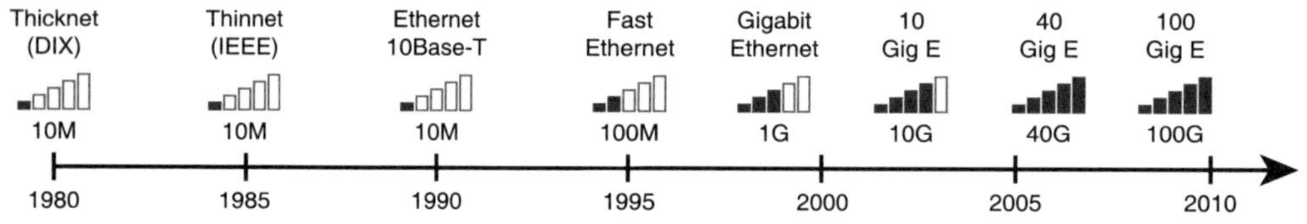

[그림 10-16] 이더넷 표준 개발 일정

> **NOTE** 때때로, IEEE는 먼저 광 섬유 케이블링을 이용하여 차세대의 보다 높은 속도를 지원했고 이후에 IEEE는 같은 속도를 UTP 케이블상에서 지원하기 위한 표준을 개발했다. [그림 10-16]은 가장 초기의 각 케이블링의 표준부터 보여준다.

IEEE는 지속적으로 새로운 유형의 케이블링 혹은 보다 빠른 속도를 소개하고 802.3의 새로운 표준을 만든다. 이러한 새로운 표준들은 이름 뒤에 소수의 문자를 추가한다. 따라서 표준을 구분할 때, 때때로 표준의 이름을 문자와 함께 표시한다. 예를 들어, IEEE는 저렴한 UTP 케이블링을 사용하는 기가비트 이더넷 표준을 표준 802.3ab라 한다. 하지만 보통 엔지니어들은 동일한 표준을 1000BASE-T 혹은 간단하게 기가비트 이더넷이라 부른다. [표 10-2]는 IEEE 802.3 물리 계층 표준과 관련된 이름들을 보여준다.

원래의 IEEE 표준	단축 명칭	비공식적 명칭	속도	일반적 표준 케이블링
802.3i	10BASE-T	Ethernet	10Mbps	UTP
802.3u	100BASE-T	Fast Ethernet	100Mbps	UTP
802.3z	1000BASE-X	Gigabit Ethernet, GigE	1,000Mbps (1Gbps)	광
802.3ab	1000BASE-T	Gigabit Ethernet, GigE	1,000Mbps (1Gbps)	UTP
802.3ae	10GBASE-X	10GigE	10Gbps	광
802.3an	10GBASE-T	10GigE	10Gbps	UTP
802.3ba	40GBASE-X	40GigE	40Gbps	광
802.3ba	100GBASE-X	100GigE	100Gbps	광

[표 10-2] IEEE 물리 계층 표준들

각 링크에서 적정한 이더넷 표준을 선택하기

이더넷 LAN 설계 시, 액세스 계층, 디스트리뷰션 계층과 더불어 필요하다면 코어 계층까지 포함하는 네트워크 구성을 고려할 수 있다. 그러나 네트워크 구성에 대한 고려가 각 링크에 적용할 구체적인 표준을 정해주지는 않는다. 궁극적으로 각 링크에서 사용할 이더넷 표준은 물리적 표준의 다음과 같은 특성들에 따라 선정해야 한다.

- 속도
- 표준/케이블링을 적용할 때 장치 간의 최대 허용 거리
- 케이블링 비용과 스위치 하드웨어
- 시설에 이미 설치된 케이블링 유형의 지원 여부

오늘날 이더넷의 가장 일반적인 세 가지 유형(10BASE-T, 100BASE-T, 1000BASE-T)을 살펴 보자. 이들 모두는 동일한 UTP 케이블을 사용하여 100미터의 장치 간 최대 허용 거리 한계를 갖는다. 그러나 모든 UTP 케이블이 동일한 표준 품질을 충족시키지는 못한다. 이더넷 표준의 속도가 빠르면 빠를수록 해당 표준을 지원하기 위한 높은 품질의 케이블 카테고리가 필요하다. 결과적으로 어떤 빌딩은 기가비트 이더넷과 같이 보다 높은 속도를 지원하기 위해 보다 우수한 케이블을 적용하는 반면, 어떤 빌딩은 단지 패스트 이더넷만 지원할 수도 있다.

TIA(Telecommunications Industry Association; tiaonline.org)는 이더넷 케이블링의 품질 표준을 정의한다. 각 이더넷 UTP 표준은 TIA 케이블 품질을 최소한의 카테고리(category)로 구분한 다. 예를 들어, 10BASE-T는 CAT3(카테고리 3) 이상의 케이블링을 요구한다. 100BASE-T는 CAT5 이상의 케이블링을, 1000BASE-T는 CAT5e 이상의 케이블링을 요구한다(TIA 표준들은 일반적으로 숫자가 높을수록 보다 나은 케이블링을 의미함). 예를 들어, 통신실과 각 단자함 간에 설치된 케이블이 CAT5뿐 이라면 엔지니어는 기가비트 이더넷을 지원하기 위해 케이블링의 업그

레이드를 고려해야만 할 것이다. [표 10-3]은 보다 일반적인 유형의 이더넷에 대한 적용 가능한 케이블 유형과 거리 한계를 보여준다.

이더넷 유형	지원 가능 케이블	최대 허용 거리
10BASE-T	TIA CAT3 이상, 2쌍 사용	100m(328feet)
100BASE-T	TIA CAT5 UTP 이상, 2쌍 사용	100m(328feet)
1000BASE-T	TIA CAT5e UTP 이상, 4쌍 사용	100m(328feet)
10GBASE-T	TIA CAT6a UTP 이상, 4쌍 사용	100m(328feet)
10GBASE-T[11]	TIA CAT6 UTP 이상, 4쌍 사용	38-55m(127-180feet)
1000BASE-SX	멀티모드 광 케이블(Multimode fiber)	550m(1,800feet)
1000BASE-LX	멀티모드 광 케이블(Multimode fiber)	550m(1,800feet)
1000BASE-LX	9 마이크론 싱글 모드 광 케이블 (9-micron single-mode fiber)	5km(3.1miles)

[표 10-3] 이더넷 타입별, 지원 케이블과 거리 제한(Per IEEE)

이더넷은 광 섬유 케이블을 위한 표준도 정의한다. 광 섬유 케이블은 빛이 통과하는 매우 가는 유리 가닥들을 사용한다. 비트들을 전송하기 위해 스위치들은 0과 1을 표시하기 위해 보다 밝은 빛과 보다 어두운 빛을 보낸다.

일반적으로 광 케이블과 UTP 케이블을 사용하는 이더넷 표준을 비교하면 두 가지의 명백한 차이를 확인할 수 있다. 광 표준은 훨씬 긴 거리의 케이블링을 가능하게 하는 반면, 일반적으로 케이블과 스위치 하드웨어 모듈 구입 비용이 높은 편이다. 광 케이블은 UTP 케이블보다 보다 긴 거리를 연결할 수 있을 뿐 아니라, 외부 환경에 의한 간섭에도 훨씬 더 강하다.

광 이더넷 링크에는 많은 표준들이 존재하지만 일반적인 것은 두 가지 카테고리다. 이 두 가지를 비교해보면, 보단 저렴한 것은 수백 미터 수준의 연결 거리를 제공하고 데이터 송신을 위한 광원으로 덜 비싼 LED(light-emitting diodes)를 사용한다. 다른 것은 수 킬로미터의 보다 긴 연결 거리를 제공하고, 데이터 송신을 위해 레이저(laser)를 사용한다. 장점이 있으면 단점도 있게 마련이다. 주어진 링크를 위해, 연결 거리를 지원하는 표준은 무엇이고 비용은 얼마나 드는지를 종합적으로 고려하여 케이블을 선택해야 한다.

대부분의 엔지니어들은 [표 10-3]과 같은 테이블로부터 UTP는 100미터, 멀티모드 광은 약 500미터, 일부 싱글 모드 광 이더넷 표준은 약 5,000미터 등 일반적인 사실들을 기억한다. 각 링크에 대해 구체적인 설계가 필요한 때에는 엔지니어는 건물 내의 케이블이 통과하는 경로들의 길이를 정확하게 계산해야 한다.

---

[11] 10GBASE-T에 대한 옵션은 약간 낮은 품질의 CAT6 케이블링과 함께 보다 짧은 거리에서 몇 가지 설치를 통해 10Gig 이더넷을 지원한다.

유선 LAN과 무선 LAN의 결합

최근의 캠퍼스 LAN들은 LAN의 액세스 계층에 연결하는 다양한 무선 장치들을 포함한다. 따라서 시스코는 무선 LAN에 대해 독립된 자격증 체계를 구성한다. 즉, CCNA, CCNP, CCIE Wireless 자격이 별도로 존재하기 때문에 CCNA R&S는 무선 LAN에 대해 제한된 내용만 다룬다. 현재 버전의 시험도 다르지 않아서 CCNA R&S가 언급하는 하나의 주제는 다음과 같다.

기업 네트워크에서 AP(Access Point)와 무선 컨트롤러와 같은 기반 요소들의 영향에 대해 설명하라.

무선 기술에 대한 언급이 적다고 해서 무선이 이더넷보다 덜 중요한 기술이라고 간주해서는 안된다. 사실 오늘날의 기업 네트워크에서는 액세스 계층에 유선보다도 무선 장치가 더 많다. 양자는 모두 중요하다. 시스코는 분리된 자격증 체계와 함께 다양한 무선에 대한 교육 자료를 제공한다.

이 장의 마지막은 시험 주제에 속하는 두 개의 무선 용어들을 살펴본다.

소규모 사무실을 위한 무선 LAN

첫째, IEEE는 이더넷 LAN과 무선 LAN을 정의한다. 명확한 표시가 없는 경우, 모든 이더넷 표준은 케이블을 사용한다. 즉, 이더넷은 유선 LAN을 정의한다. IEEE 작업 그룹이 Wi-Fi라고 불리는 무선 LAN을 정의한다. Wi-Fi는 시장에서 무선 LAN 개발을 장려하는 Wi-Fi 연합(wi-fi.org) 컨소시움이 만든 용어다.

어떤 사람은 집에 [그림 10-17]과 같은 몇 가지 기본 설정을 할 수도 있다. 집에서 무선 라우터라고 불리는 하나의 가입자 장치를 사용한다. 장치의 한쪽은 인터넷에 연결하고 다른 쪽은 집 안의 장치들에 연결한다. 집에서 장치들은 Wi-Fi 또는 유선 이더넷 케이블을 통해 연결한다.

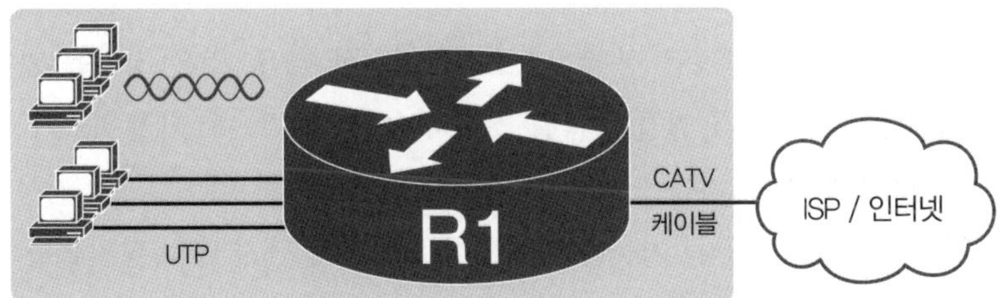

[그림 10-17] 전형적인 가정 내 유선과 무선 LAN

[그림 10-17]은 하드웨어를 하나의 라우터 아이콘으로 표시하는데 내부적으로 하나의 무선 라우터는 기업 캠퍼스 LAN에서 볼 수 있는 다음 3개의 분리된 장치와 같이 동작한다.

- 유선 이더넷 연결들을 위한 이더넷 스위치

- 무선 단말들과 통신하고 프레임을 유선 네트워크와 교환하기 위한 무선 AP(access point)

- LAN과 WAN(인터넷) 인터페이스를 통해 IP 패킷을 라우팅하기 위한 라우터

[그림 10-18]은 하나의 가입자 무선 라우터로 표현한 앞선 그림을 내부의 기능 요소들을 분리하여 다수의 별도의 장치들이 동작하는 것처럼 다시 그린 것이다.

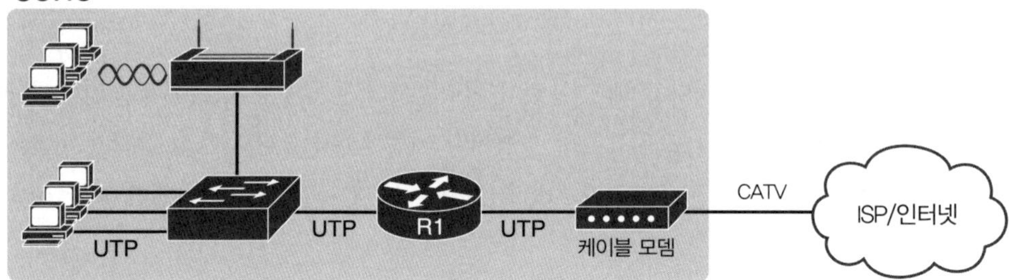

[그림 10-18] 가입자 무선 라우팅 제품의 기능적 표현

SOHO(small office/home office) 무선 LAN에서, 무선 AP는 무선 LAN(WLAN)을 생성하고 제어하는데 필요한 모든 작업을 자율적으로 처리한다(대부분의 기업 WLAN에서 AP는 자율적으로 작동하지 않는다). 즉, 자율적인 AP는 802.11 프로토콜 및 무선 전파를 사용하여 다양한 무선 장치와 통신한다. AP는 유선 네트워크 상의 이더넷 프로토콜을 사용한다. AP는 무선 네트워크 간의 통신을 위해 802.3 이더넷과 802.11 무선 프레임의 헤더 형식을 변환한다.

기본적인 전송을 넘어 자율적인 AP는 다양한 제어 및 관리 기능을 수행해야 한다. AP는 신규 참여 무선 단말을 인증하고, WLAN의 이름(SSID, service set ID라고도 함) 등의 기타 세부 항목들을 정의한다.

기업 무선 LAN과 무선 컨트롤러

집에서 태블릿, 스마트폰, 랩탑을 통해 WLAN에 접속한 다음, 같은 장치를 가지고 거리로 나오면 어느 지점에서는 Wi-Fi 연결이 끊길 것이다. 이웃의 Wi-Fi 네트워크가 다른 사람들의 접속을 차단하기 위한 보안 기능을 적용했다면, 이웃의 Wi-Fi 네트워크에 자동으로 접속하는 것을 기대할 수는 없을 것이다. 이웃들은 집들이나 아파트 단지 내의 장치들을 위한 하나의 WLAN을 사용하는 대신 수많은 소규모의 자율적인 WLAN들을 구성한다.

그러나 기업에서는 정반대의 상황이 일어난다. 사람들은 건물 내부, 사무 공간들을 옮겨 다녀도 계속 Wi-Fi 네트워크에 대한 접속을 유지해야 한다. 이를 위해 다수의 AP들을 필요로 한다. 즉, 하나의 무선 LAN을 생성해 자율적으로 동작하기보다는 함께 동작하는 다수의 AP가 필요하다.

먼저, 기업이 필요로 하는 AP의 수를 생각해보자. 각 AP는 다양한 조건들과 무선 표준에 따라 다르겠지만 단지 일부 공간만 담당할 수 있다(그 범위는 다양하지만, 100~200피트 영역까지 가능함). 동시에 정반대의 문제가 일어날 수도 있는데 WLAN의 용량을 늘리기 위해, 작은 공간에 수많은 AP들을 배치할 필요가 있을 수도 있다. 각 공간에 얼마나 많은 AP들을 배치할 것인지, 트래픽을 처리하기 위해 어떤 유형의 AP들을 배치할 것인지 등 WALN 설계를 위해 많은 시간을 쏟아야 한다.

무선 사용자들이 네트워크의 유선 영역과 통신할 필요가 있으므로 각 AP는 유선 LAN에 연결해야 한다. 사실 AP들은 일반적으로 사용자들이 위치한 곳에 가까이 설치돼야 하므로 [그림 10-19]와 같이 AP들도 엔드 유저와 동일한 액세스 스위치들에 연결한다.

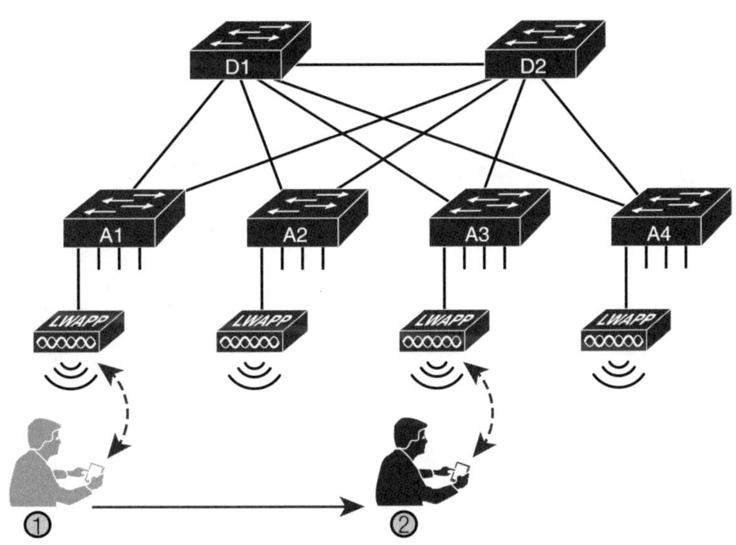

[그림 10-19] 로밍 기능과 함께 다수의 일반적인 AP들을 포함하는 캠퍼스 LAN

그림의 아래쪽에 사용자가 있다고 가정해보자. 사용자 스마트폰의 Wi-Fi가 켜져 있다면, 자동으로 회사의 WLAN에 접속한다. 업무, 회의, 점심 식사 등을 위해 돌아다니더라도 회사의 WLAN에 하루 종일 연결되어 있지만, 사실 스마트폰은 각각 다른 AP들을 사용할 것이다.

로밍(roaming)과 자율적인 AP(autonomous AP)를 포함하는 기업용 WLAN 기능들에 대한 이해와 관리는 매우 어려울 수 있다. 층당 12개의 AP가 배치되면, 전체 캠퍼스 내에는 수백 개의 AP들이 존재할 수 있다. 이러한 네트워크 환경에서는 WLAN에 대해 거의 모든것을 알아야 한다.

해결책 : AP로부터 모든 제어 및 관리 기능을 없애고 하나의 관리 장치로 무선 LAN 컨트롤러(Wireless LAN Controller) 또는 무선 컨트롤러(Wireless Controller)를 배치한다. 이제 AP들은 자율적으로 동작하는 대신, 단지 무선 LAN과 WLC 사이에 데이터를 전달할 뿐인 '경량 AP(lightweight AP)'로 동작한다. 로밍을 처리하는 모든 프로세스, WLAN(SSID)의 정의, 인증 등은 각 AP가 아니라 중앙의 WLC가 수행한다. 요약하면,

- **무선 LAN 컨트롤러(Wireless LAN controller)**: 모든 AP 기능을 제어하고 관리함(예를 들어, 로밍, WLAN 정의, 인증)
- **경량 AP(Lightweight AP)**: 유선과 무선 LAN 간의 데이터 교환과 특히, CAPWAP(Control and Provision Wireless Access Point) 프로토콜을 사용하여 WLC(무선 LAN 콘트롤러)를 통해 데이터를 보냄.

다수의 연결되지 않은 무선 네트워크보다는 WLC와 LWAP가 포함된 설계를 통해 결합된 경량 AP들과 WLC는 하나의 거대한 무선 네트워크를 생성할 수 있다. 거대 무선 네트워크가 제대로 동작하게 하는 핵심은 모든 무선 트래픽이 [그림 10-20]과 같이 WLC를 통해서 전달되도록 하는 것이다(게다가 LWAP들은 보통 CAPWAP라고 불리는 프로토콜을 사용한다).

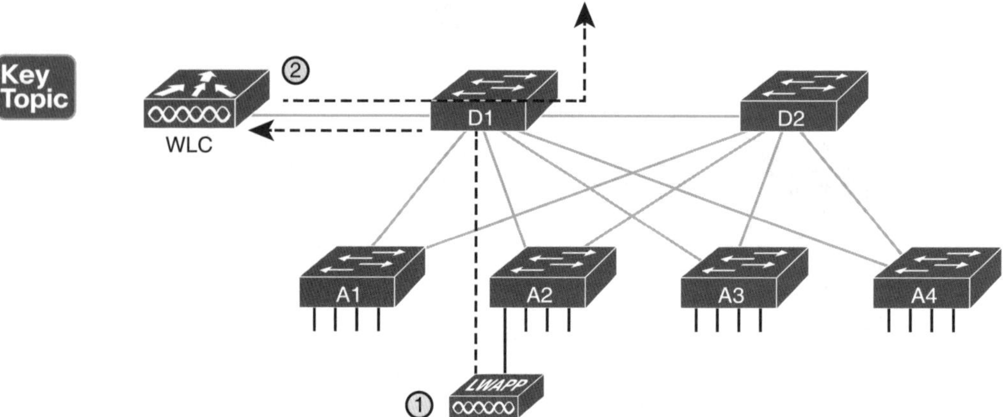

[그림 10-20] 로밍 기능과 함께 다수의 일반적인 AP들을 포함하는 캠퍼스 LAN

모든 트래픽이 WLC를 경유하도록 하면, WLC는 기업 네트워크에 대한 적정한 기능을 제공할 수 있다. 예를 들어, 마케팅팀을 위한 WLAN과 기술팀을 위한 WLAN 등을 구성할 수 있고, 모든 AP들은 이러한 다수의 다른 WLAN을 위한 접속을 지원한다. 즉, 기술팀 WLAN에 연결하는 사용자들은 어떤 AP에 접속하든 상관없이 동일한 인증 규칙을 사용해야 하는데, WLC가 이것을 가능하게 한다. 이제 로밍에 대해서도 알아보자.

AP1이 보낸 패킷이 스마트폰에 도착하면, 스마트폰은 AP1에 처음 연결되고, AP4의 영역으로 이동하면 다음 패킷은 유선 네트워크와 AP4를 거쳐 어떻게 당신의 스마트폰으로 적정하게 전달될까? 그것은 패킷이 항상 WLC로 보내지고, WLC가 AP들과 연결을 유지하며 스마트폰이 다른 AP로 이동했음을 WLC가 인식하고 패킷을 어느 AP에게 보내야할지를 알기 때문이다.

1장 'TCP/IP 네트워킹 기초' 바로 직전의 '당신의 학습 계획'은 다음 장으로 이동하기 전에 각 장에 대한 내용 학습 및 스킬 연습 방식을 논의한다. 이 요소는 각 장의 끝인 여기에서 사용하는 툴들을 소개한다. 이러한 것을 사용해보지 않았다면, 이 섹션을 읽기 위한 시간을 잠시 할애하기 바란다. 이 후에 다시 여기로 돌아와 방금 읽은 것을 기억 속에 저장하기 위해 이 장을 리뷰해보도록 한다.

DVD 또는 책의 동반자 웹 사이트에서 발견하는 대화형 툴을 사용하여 이 장의 자료를 리뷰하도록 한다. [표 10-4]는 핵심 리뷰 항목들과 자료 출처들을 보여준다. 학습 과정에 대한 보다 나은 확인을 위해 두 번째 열에 제시된 과업을 완료한 날짜를 기록한다.

리뷰 항목	완료 날짜	자료 출처
핵심 주제 리뷰		책, 앱
핵심 용어 리뷰		책, 앱
사전 점검 퀴즈 반복		책, PCPT
메모리 테이블 리뷰		책, 앱

[표 10-4] 챕터 리뷰 확인

핵심 주제 복습

핵심 주제	설명	페이지
그림 10-1	전기 신호를 재생하는 LAN 허브의 효과	230
리스트	허브에 대한 핵심 사항들	230
그림 10-4	스위치는 컬리전 도메인을 분할한다.	232
리스트	컬리전 도메인에 대한 핵심 요약	233
그림 10-5	컬리전 도메인 예	233
그림 10-7	브로드캐스트 도메인 예	234
리스트	브로드캐스드 도메인에 대한 핵심 요약	237
그림 10-10	캠퍼스 LAN 설계 용어들	238
리스트	메시 토폴로지 용어들	239
그림 10-11	스타 토폴로지	239
그림 10-13	2 계층(생략된 코어) LAN 토폴로지	241
그림 10-14	3계층(코어 포함) LAN 토폴로지	242
리스트	이더넷 기술에 대한 두 가지 핵심 비교	243
그림 10-20	로밍 기능과 함께 다수의 일반적인 AP들을 포함하는 캠퍼스 LAN	250

[표 10-5] 10장의 핵심 주제들

자동 협의(autonegotiation), 브로드캐스트 도메인(broadcast domain), 브로드캐스트 프레임(broadcast frame), 컬리전 도메인(collision domain), 플러딩(flooding), VLAN(virtual LAN), 액세스 포인트(access point), 무선 LAN 컨트롤러(wireless LAN controller), 스타 토폴로지(star topology), 풀 메시(full mesh), 파샬 메시(partial mesh), 허브(hub), 트랜스페어런트 브릿지(transparent bridge), 생략된 코어 설계(collapsed core design), 코어 설계(core design), 액세스 계층(access layer), 디스트리뷰션 계층(distribution layer), 코어 계층(core layer)

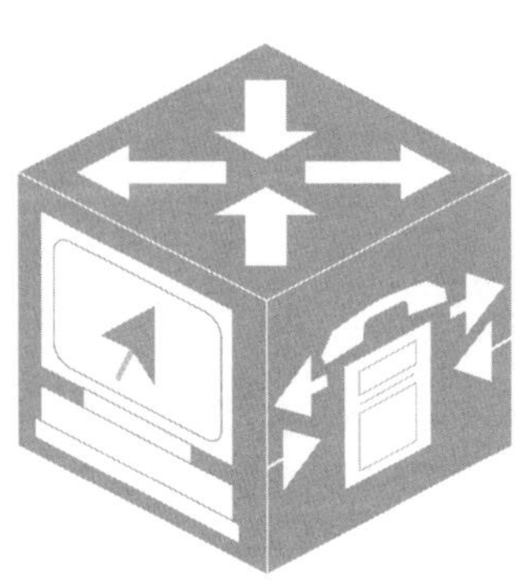

Chapter 11
이더넷 VLAN(Virtual LAN) 설정

이 장은 다음 시험 주제를 다룬다.

2.0 LAN 스위칭 기술들

2.1 스위칭 개념들에 대한 설명과 확인

    2.1.a MAC 러닝과 에이징

    2.1.b 프레임 스위칭

    2.1.c 프레임 플러딩

    2.1.d MAC 주소 테이블

2.4 멀티플 스위치 환경의 VLAN 설정, 확인 및 장애 해결

    2.4.a 액세스 포트 (데이터 & 보이스)

    2.4.b 디폴트 VLAN

2.5 스위치 간 연결 설정, 확인 및 장애 해결

    2.5.a 트렁크 포트

    2.5.b 802.1Q

    2.5.c 내이티브 VLAN

이더넷 스위치는 이더넷 프레임을 수신하고, 스위칭 결정을 하고, 이더넷 프레임을 보낸다(스위칭한다). 핵심 로직은 MAC 주소, 프레임이 도착하는 인터페이스와 스위치가 프레임을 보내는 인터페이스를 중심으로 한다. 몇몇 스위치 기능은 프레임을 보낼 곳을 결정하는 개별 스위치의 동작에 일부 영향을 주지만, 이 책의 모든 주제들 중에서 VLAN(Virtual LAN)이 가장 큰 영향을 준다.

이 장에서는 VLAN의 개념과 설정을 살펴본다. 이 장의 첫 번째 주요 섹션은 핵심 개념들을 설명한다. 이러한 개념은 하나의 스위치에서의 VLAN 동작 방식, 다수의 스위치들을 가로지르는 VLAN을 생성하기 위해 VLAN 트렁킹을 사용하는 방법과 라우터를 이용하여 VLAN 간에 트래픽을 보내는 방법을 포함한다. 두 번째 주요 섹션은 VLAN과 VLAN 트렁크를 설정하는 방법 즉, 인터페이스를 VLAN에 직접 할당하는 방법을 보여준다.

이 장의 학습을 위해 필요한 시간을 가늠하기 위해 다음 시험(이 페이지나 PCPT 소프트웨어를 사용 가능)을 보기 바란다. 정답은 퀴즈 다음 페이지의 아랫 부분에 나와 있고, 설명은 DVD 부록 C와 PCPT 소프트웨어에 있다.

핵심 주제 섹션	해당 문제
VLAN 개념들	1-3
VLAN과 VLAN 트렁킹 설정 및 확인	4-6

[표 11 -1] 사전 점검 퀴즈의 핵심 주제와 문제

1. LAN에서 다음 중 VLAN이란 용어와 가장 비슷한 것은?

   a. 컬리전 도메인(Collision domain)

   b. 브로드캐스트 도메인(Broadcast domain)

   c. 서브넷(Subnet)

   d. 하나의 스위치

   e. 트렁크(Trunk)

2. 세 개의 VLAN을 설정한 스위치를 가정해보자. 모든 VLAN 내부의 호스트들이 TCP/IP를 사용한다고 가정할 때, 얼마나 많은 IP 서브넷들이 필요할까?

   a. 0

   b. 1

   c. 2

   d. 3

   e. 제공된 정보로는 말할 수 없음.

3. 스위치 SW1은 802.1Q 트렁킹을 통해 스위치 SW2에게 프레임을 보낸다. 다음 중 프레임을 SW2에게 보내기 전에 이더넷 프레임을 변경 혹은 추가하는 방법을 설명하는 것은?

   a. 4바이트 헤더를 추가하고, MAC 주소를 변경한다.

   b. 4바이트 헤더를 추가하고, MAC 주소를 변경하지 않는다.

   c. 완전히 새로운 이더넷 헤더 뒤에 원래의 프레임을 캡슐화한다.

   d. 정답 없음.

4. 스위치 1은 스위치 2에 연결된 Fa0/5 인터페이스에 트렁킹을 위해 **dynamic auto** 파라미터와 함께 설정하였다. 당신은 스위치 2를 설정해야 한다. 다음 중 적절한 트렁킹을 위해 어떤 설정이 필요한가? (2개를 선택할 것)

a. on

b. dynamic auto

c. dynamic desirable

d. access

e. 정답 없음

5. 시스코 스위치를 구입했다. 스위치는 어떤 VLAN도 설정하지 않았으며, VTP도 비활성화되었다. 엔지니어는 컨피규레이션 모드에 들어가서 **vlan 22** 명령과 다음으로 **name Hannahs-VLAN** 명령을 입력했다. 다음 중 어떤 것이 사실인가? (2개를 선택할 것)

a. VLAN 22는 **show vlan brief** 명령의 아웃풋에서 볼 수 있다.

b. VLAN 22는 **show running-config** 명령의 아웃풋에서 볼 수 있다.

c. VLAN 22는 이 과정에서 생성되지 않는다.

d. VLAN 22는 최소한 하나의 인터페이스가 해당 VLAN에 할당되기 전까지는 스위치에 존재하지 않는다.

6. 다음 중 어떤 명령어가 스위치 인터페이스를 트렁킹 인터페이스 즉, 현재 VLAN 트렁크로 동작하는 인터페이스인지를 확인시켜주는가? (2개를 선택할 것)

a. show interfaces

b. show interfaces switchport

c. show interfaces trunk

d. show trunks

:: VLAN(Virtual LAN) 개념

VLAN을 이해하기 전에 먼저 LAN의 정의에 대해 정확한 이해가 필요하다. 예를 들어 하나의 관점에서 LAN은 한 장소에 존재하는 사용자 장치, 서버, 스위치, 라우터, 케이블과 무선 액세스 포인트 모두를 포함한다. 그러나 LAN에 대한 보다 좁은 정의도 VLAN에 대한 개념을 이해하는 데 도움이 된다.

LAN은 같은 브로드캐스트 도메인에 속하는 모든 장치를 포함한다.

브로드캐스트 도메인은 LAN에 연결된 모든 장치들의 집합이므로, LAN에 속하는 한 장치가 브로드캐스트 프레임을 보내면 다른 모든 장치는 브로드캐스트 프레임의 사본을 수신한다. 하나의 관점에서 LAN과 브로드캐스트 도메인은 기본적으로 동일한 것으로 생각할 수 있다.

VLAN이 없다면 스위치의 모든 인터페이스들은 동일한 브로드캐스트 도메인 내에 속한다. 즉, 한 스위치의 포트에 브로드캐스트 프레임이 들어가면 스위치는 모든 다른 포트들로 브로드캐스트 프레임을 내보낸다. 이러한 원리 때문에 두 개의 독립된 LAN 브로드캐스트 도메인을 만들고 싶다면, [그림 11-1]과 같이 두 대의 이더넷 LAN 스위치를 구매해야 한다.

[그림 11-1] 두 개의 스위치와 VLAN 설정이 없는 두 개의 브로드캐스트 도메인

VLAN을 적용하면 단일 스위치가 두 개의 브로드캐스트 도메인을 생성한 [그림 11-1]의 구성과 동일한 목적을 달성할 수 있다. VLAN을 적용하면, 스위치는 일부 인터페이스들을 하나의 브로드캐스트 도메인에 속하도록 설정하고, 또 다른 일부 인터페이스들은 다른 브로드캐스트 도메인에 속하도록 설정하여 다수의 브로드캐스트 도메인들을 생성한다. 스위치에 의해 생성되는 개별 브로드캐스트 도메인들을 VLAN(Virtual LAN)이라 부른다.

예를 들어, [그림 11-2]에서 단일 스위치가 두 개의 VLAN을 생성하면, 각 VLAN에 속한 포트들은 완전히 분리된다.[12] 스위치는 디노(VLAN 1에 존재함)가 보낸 프레임을 월마 또는 베티(VLAN 2에 존재함)에게는 보내지 않는다.

---

[12] '분리된다'의 의미는 브로드캐스트의 이동 범위가 분리된다는 의미다. 브로드캐스트 도메인(서브넷) 간에 유니캐스트 패킷은 라우터를 통해 통신 가능하다.

[그림 11-2] 하나의 스위치와 VLAN을 사용한 두 개의 브로드캐스트 도메인

보다 적은 수의 장치들을 포함하는 보다 많은 VLAN들을 캠퍼스 LAN에 설정하면 다양한 측면에서 LAN의 성능을 개선한다. 예를 들어, 한 VLAN에 속하는 한 호스트가 보내는 브로드캐스트는 VLAN 내부의 모든 호스트들에 의해 수신되고 처리될 것이다. 그러나 다른 VLAN에 속하는 호스트들은 수신할 수도 없고 따라서 처리하지도 않을 것이다. 브로드캐스트 도메인 내의 장치들의 수를 줄이면,[13] 브로드캐스트를 수신하는 빈도를 낮추므로 브로드캐스트로 인한 CPU 부하를 낮출 수 있다. 또한, 브로드캐스트 도메인은 특정 호스트가 보낸 브로드캐스트 프레임을 보다 소수의 호스트만이 볼 수 있기 때문에 보안 위험도 낮다. VLAN을 적용하여 호스트들을 분리하는 이유는 이것만이 아니다. 다음은 보다 작은 브로드캐스트 도메인(VLAN)들을 생성하는 보다 일반적인 이유들을 요약한다.

- 각 브로드캐스트 프레임을 수신하는 장치들의 수를 줄임으로써 각 장치의 CPU 부하를 줄이기 위해
- 스위치가 플러딩[14] 하는 프레임들(브로드캐스트, 멀티캐스트, 알려지지 않은 유니캐스트)을 수신하는 호스트의 수를 줄임으로써 보안 위험을 줄이기 위해
- 플러딩하는 프레임들이 민감한 데이터를 포함했을 때, 다른 VLAN에 전달하지 않음으로써 보안을 개선하기 위해
- 물리적인 위치 대신에 업무 단위로, 부서 단위로 브로드캐스트 도메인을 분할하여 보다 유연한 브로드캐스트 도메인 분할을 위해
- 많은 문제 상황에서 고장에 대한 고려 범위는 동일한 브로드캐스트 도메인 내부가 될 수 있으므로 작은 브로드캐스트 도메인 구성으로 문제 해결을 신속하게 하기 위해
- VLAN을 하나의 액세스 스위치로 제한함으로써 STP(Spanning Tree Protocol)로 인한 부하를 줄이기 위해(STP는 한 브로드캐스트 도메인[VLAN] 내부에서 동작함)

이 장은 VLAN 구성 사유에 대해 자세히 다루지는 않는다. 그러나 대부분의 기업 네트워크들은 VLAN을 꽤 많이 사용한다.

사전 점검 퀴즈 정답

1 B **2** D **3** B **4** A, C **5** A, B **6** B, C

[13] '브로드캐스트 도메인이 작다'는 의미는 브로드캐스트 도메인 내에 속하는 장치의 수가 적다는 것을 의미한다.

[14] 프레임을 수신한 포트를 제외한 모든 포트들로 내보내는 것을 플러딩(flooding)이라 한다. 브로드캐스트, 멀티캐스트, 알려지지 않은 유니캐스트(스위칭 테이블에 목적지 정보를 갖지 않은 유니캐스트)의 경우, 프레임이 수신한 포트가 속한 VLAN 내의 다른 포트들로 플러딩한다.

이 장의 나머지에서 다수의 시스코 스위치들이 있는 구성에서 VLAN의 동작 원리와 필요한 설정 명령을 보다 자세히 살펴본다. 이를 위해 다음 섹션은 하나 이상의 LAN 스위치들이 존재하는 경우 필요한 기능인 VLAN 트렁킹에 대해 알아본다.

트렁킹을 통한 멀티스위치 VLAN 생성

단일 스위치에서의 VLAN 설정은 보다 적은 노력이 필요하다. 포트별로 VLAN을 할당함으로써 간단하게 VLAN을 설정한다. 다수의 스위치들이 존재하는 환경에서 스위치에서 트래픽을 보내는 방식에 대한 추가적인 개념을 고려해야 한다.

다수의 상호 연결된 스위치들을 가지는 네트워크에서 VLAN을 사용할 때, 스위치들 사이의 링크들은 VLAN 트렁킹(trunking)을 사용해야 한다. VLAN 트렁킹은 스위치들에게 송신 스위치가 트렁크를 통해 프레임을 보내기 전에 헤더 하나를 더 추가하는 VLAN 태깅(tagging)이라는 과정을 사용하도록 한다. 추가되는 트렁킹 헤더는 VLAN ID(identifier) 필드를 포함하기 때문에 송신 스위치는 프레임의 소속 VLAN을 표시하여 보내고, 수신 스위치는 이 필드를 보고 각 프레임이 소속한 VLAN을 알게 된다.

[그림 11-3]은 다수의 스위치에 걸쳐 존재하는 VLAN을 보여주는 사례인데, 여기서는 트렁킹을 사용하지 않았다. 우선, 이 구성은 두 개의 VLAN, 즉 VLAN 10 및 VLAN 20을 사용한다. 각 스위치는 각 VLAN에 할당된 두 개의 포트가 있다. 즉, 두 스위치 모두 각 VLAN을 가지고 있다. 스위치 간에 VLAN 10에 속하는 트래픽을 전달하기 위해 스위치 사이에는 VLAN 10에 속하는 링크를 구성한다. 마찬가지로 스위치 간에 VLAN 20에 속하는 트래픽을 전달하기 위해 스위치 사이에 VLAN 20에 속하는 두 번째 링크를 구성한다.

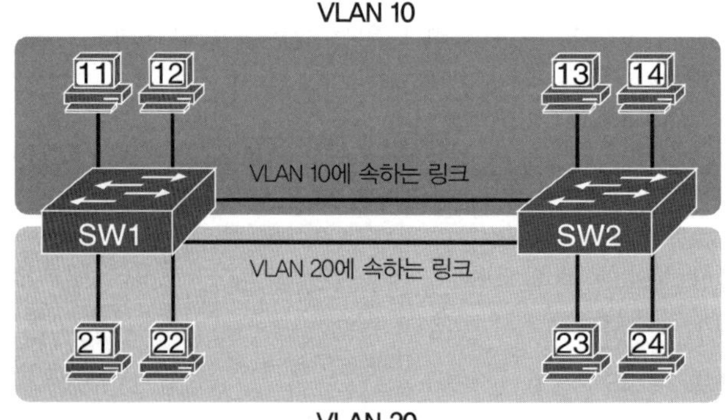

[그림 11-3] 트렁킹 없는 멀티스위치 VLAN 구성

[그림 11-3]의 구성은 적정하게 동작한다. 예를 들어, PC11(VLAN 10에 속하는)은 PC14에게 프레임을 보낼 수 있다. 이 프레임은 SW1에게 보내지고, 스위치 사이에 상단 링크(VLAN 10에 속하는)를 통해 SW2에 보내진다.

[그림 11-3]의 구성은 통신에는 문제가 없지만, 확장성에 문제가 있다. 즉, 이 구성은 각 VLAN을 지원하기 위해 스위치 사이에 VLAN별로 독립된 링크를 필요로 한다. 즉, 100개의 VLAN이 존재한다면 스위치와 스위치 사이에 각 VLAN별로 독립된 링크를 위해 100개의 포트가 필요하다.

VLAN 태깅 개념

VLAN 트렁킹은 VLAN 수와 관련없이 스위치 사이에 한 링크만 필요로 한다. 스위치는 VLAN 트렁크를 모든 VLAN들에 속하는 것으로 간주한다.

동시에 트렁크는 VLAN 트래픽을 분리하기 때문에 SW1에서 출발한 VLAN 10에 속하는 프레임은 VLAN 20에 속하는 포트로 내보내지 않고, 반대의 경우도 마찬가지다. 즉, SW2에서 VLAN 10에 속하는 포트들로만 내보낸다. 이것은 트렁크를 통과하는 각 프레임에 VLAN 번호를 표시하기 때문이다. [그림 11-4]는 두 스위치 사이에 단 하나의 물리적 링크로 구성되었고, 이 개념을 설명한다.

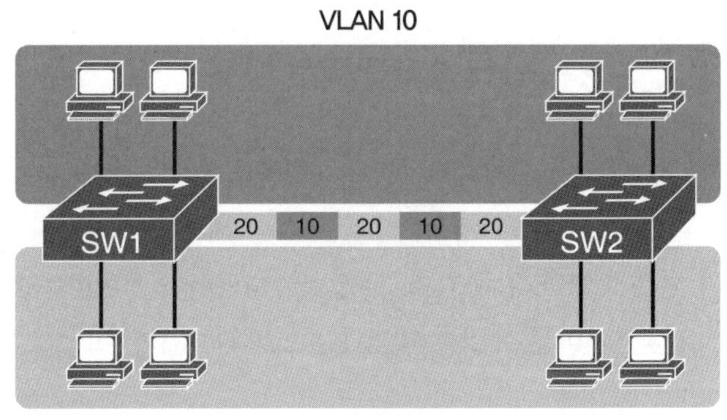

[그림 11-4] 트렁킹을 포함한 멀티스위치 VLAN 구성

트렁킹을 사용하면, 스위치들은 하나의 물리적 연결에서 이더넷 프레임에 작은 헤더를 추가함으로써 다수의 VLAN에 속하는 프레임들을 구분하여 보낸다. 예를 들어, [그림 11-5]는 단계① 에서 F0/1 인터페이스로 브로드캐스트 프레임을 보내는 PC11을 보여준다. 이 프레임을 플러딩하기 위해, SW1 스위치는 브로드캐스트 프레임을 SW2 스위치에게 보낼 필요가 있다. 여기서 SW1은 SW2에게 송신 프레임이 VLAN 10에 속한다는 것을 알려줘야 하고, 이를 통해 SW2는 VLAN 20이 아니라, VLAN 10에 속하는 포트들로만 수신 프레임을 플러딩할 것이다. 따라서 단계② 에서 보는 바와 같이 SW1은 프레임을 송신하기 전에 원래의 이더넷 프레임 앞에 VLAN ID로 10을 표시하는 VLAN 헤더를 추가한다.

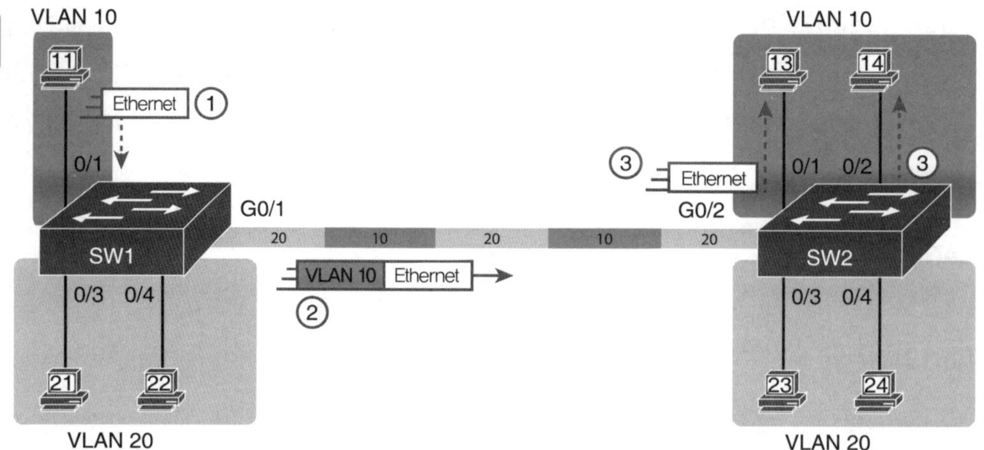

[그림 11-5] 두 스위치 간의 VLAN 트렁킹 구성

단계③에서 SW2가 프레임을 수신하면, 프레임이 VLAN 10에 속한다는 것을 알게 된다. 다음으로 SW2는 VLAN 헤더를 제거하고 VLAN 10에 속하는 인터페이스들로 원래의 프레임을 보낸다.

또 다른 예로, PC21(VLAN 20에 속하는)이 브로드캐스트를 보내는 경우를 가정해보자. SW1은 Fa0/4 포트(Fa0/4 포트가 VLAN 20에 속하기 때문에)와 Gi0/1(Gi0/1 포트가 다수의 VLAN에 속하는 트래픽들이 통과할 수 있는 트렁크이기 때문에)으로 브로드캐스트를 내보낸다. SW1은 Gi0/1 포트에서는 프레임에 VLAN ID가 20으로 표시된 트렁킹 헤더를 추가한다. SW2는 프레임이 VLAN 20에 속한다는 것을 확인한 후에 트렁킹 헤더를 제거한다. 따라서 SW2는 VLAN 20에 속하는 Fa0/3과 Fa0/4 포트로만 프레임을 내보내고, VLAN 10에 속하는 Fa0/1과 Fa0/2 포트로는 프레임을 내보내지 않는다.

802.1Q와 ISL VLAN 트렁킹 프로토콜

시스코는 수년 간 두 개의 상이한 트렁킹 프로토콜들, ISL(Inter-Switch Link)과 IEEE 802.1Q를 지원해왔다. 시스코는 IEEE가 아직 VLAN 트렁킹 표준을 정의하지 않았기 때문에, 802.1Q가 나오기 전에 ISL을 만들었다. 수년 이후에, IEEE는 트렁킹을 수행하는 다른 방식인 802.1Q 작업을 완료했다. 오늘날 802.1Q는 일반적인 트렁킹 프로토콜인데, 시스코조차도 이 책의 예로 사용되는 2960 스위치를 포함하여 새로운 모델의 LAN 스위치들의 일부는 ISL을 지원하지 않는다.

ISL과 802.1Q는 각 프레임에 VLAN ID라는 태그를 붙이는데, 자세한 것은 다르다. 802.1Q는 [그림 11-6]의 위쪽에서 보이는 바와 같이 원래의 이더넷 헤더 내부에 4바이트의 802.1Q VLAN 헤더를 추가로 끼워 넣는다. 802.1Q 헤더 내의 필드 중에 단지 12비트의 VLAN ID 필드가 이 책에서 논의되고 있는 주제와 관련이 있다. 이 12비트 필드는 이론적으로 최대 2^{12} (4096)개의

VLAN들을 지원할 수 있지만, 실제로는 최대 4,094개를 지원한다(802.1Q와 ISL은 12비트를 사용하여 VLAN ID를 표시하지만, 두 값 '0과 4,095'는 예비된다).

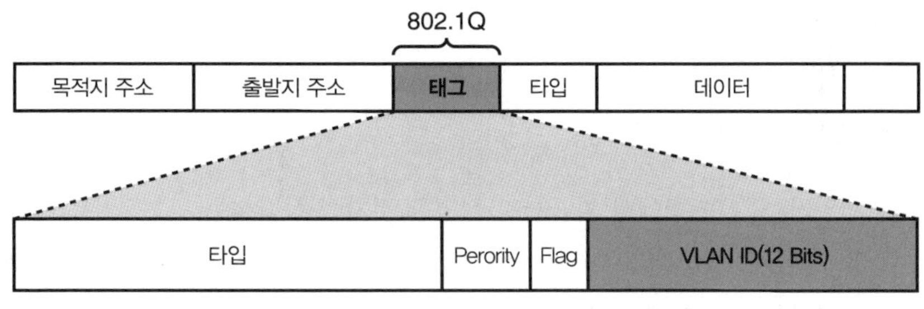

[그림 11-6] 802.1Q 트렁킹

시스코 스위치는 VLAN ID들(1~4094)의 영역을 두 개의 영역 즉, 정상 영역과 확장 영역으로 나눈다. 모든 스위치들은 1 ~ 1005의 정상 범위의 VLAN들을 사용할 수 있다. 단지 일부 스위치들만 1006 ~ 4094의 VLAN ID를 갖는 확장 범위의 VLAN들을 사용할 수 있다. 확장 범위의 VLAN들의 사용 가능 여부는 이 장 이후의 'VTP(VLAN Trunking Protocol)' 섹션에서 짧게 논의하는 VTP 설정에 의존한다.

802.1Q는 또한 각 트렁크 상에서 하나의 특별한 VLAN ID를 내이티브(native) VLAN(기본적으로 VLAN 1 사용)으로 정한다. 정의상으로, 802.1Q는 내이티브 VLAN에 속하는 프레임에는 802.1Q 헤더를 추가하지 않는다. 트렁크 반대편의 스위치가 802.1Q 헤더를 갖지 않은 프레임을 수신하면, 수신 스위치는 프레임이 네이티브 VLAN 소속임을 안다. 이러한 동작 때문에, 두 스위치들은 어떤 VLAN이 내이티브 VLAN인지에 동의해야 한다.

802.1Q 네이티브 VLAN은 트렁킹을 이해하지 못하는 장치들을 연결할 때, 사용할 수 있는 호환 기능을 제공한다. 예를 들어, 시스코 스위치는 내이티브 VLAN을 802.1Q 트렁킹을 지원하지 않는 스위치와 연결할 때 사용한다.

시스코 스위치는 내이티브 VLAN 소속의 프레임을 보낼 수 있는데, 이때의 프레임은 어떤 트렁킹 헤더도 갖지 않는다. 내이티브 VLAN 개념은 트렁크를 지원하는 스위치와 지원하지 않는 스위치 간에 최소한 하나의 VLAN(내이티브 VLAN)에 속하는 트래픽을 통과시킬 수 있는 방안을 제공한다. 이것 때문에 동일한 환경에서 스위치에 대한 텔넷 접속과 같이 일부 기본적인 기능들이 가능해진다.

VLAN 간의 데이터 포워딩

만약, 다수의 VLAN을 포함하는 캠퍼스 LAN을 구성한다면, 일반적으로 모든 장치들은 모든 다른 장치들에게 데이터를 보낼 수 있어야 한다. 다음 주제는 VLAN 간의 데이터 라우팅 방식에 대한 일부 개념들을 논의한다.

먼저, LAN 스위치의 일부 카테고리에 대한 소수의 용어들을 알아야 한다. 지금까지 이 책에서 설명한 이더넷 스위치의 모든 기능들은 OSI 2 계층 프로토콜들이 정의하는 로직과 상세 항목들을 활용한다. 예를 들어, 7장 '이더넷 LAN 스위칭 분석'은 LAN 스위치가 이더넷 프레임(2계층 개념)을 수신하고, 목적지 이더넷 MAC 주소(2계층 주소)를 보고, 특정 인터페이스로 이더넷 프레임을 내보내는 방식을 논의했다. 이 장은 VLAN의 개념을 또 하나의 2계층 개념인 브로드캐스트 도메인으로 이미 설명했다.

일부 LAN 스위치들은 이 책에서 지금까지 설명한 것처럼 동작하는 반면, 일부 LAN 스위치들은 보다 많은 기능들을 수행한다. 이 책에서 지금까지 설명한 대로 2계층에 기반하여 데이터를 보내는 LAN 스위치들은 종종 레이어 2 스위치라는 이름으로 부른다. 하지만 일부 다른 스위치들은 라우터와 같이 3계층 프로토콜에서 정의하는 추가적인 일부 기능들을 수행할 수 있다. 이러한 스위치들은 멀티레이어 스위치 혹은 레이어 3 스위치란 이름으로 부른다. 이 섹션은 먼저 레이어 2 스위치를 사용할 때의 VLAN 간의 데이터 포워딩 방법을 논의하고, 레이어 3 스위치를 사용하는 방법에 대한 짧은 논의로 끝맺는다.

라우터를 통한 VLAN 패킷 라우팅

캠퍼스 LAN 디자인에서 VLAN을 포함할 때, VLAN 내부 장치들은 동일한 서브넷에 속할 필요가 있다. 동일한 디자인 로직을 따라, 상이한 VLAN에 속하는 장치들은 상이한 서브넷에 속할 필요가 있다. 예를 들어, [그림 11-7]에서 왼쪽의 두 PC는 VLAN(10), 서브넷(10)에 속한다. 오른쪽의 두 PC는 다른 VLAN(20), 다른 서브넷(20)에 속한다.

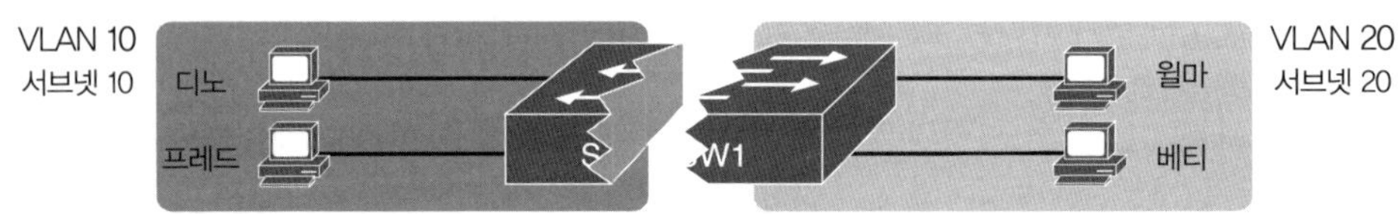

[그림 11-7] 레이어 2 스위치는 VLAN간 라우팅을 할 수 없음.

> **NOTE** 이 그림은 서브넷을 다소 일반적으로 '서브넷 10' 같이 표시했으므로 서브넷 번호 때문에 헷갈려서는 안된다. 또한, 서브넷 번호는 VLAN 번호와 동일한 번호일 필요가 없다는 것도 유의하기 바란다.

[그림 11-7]에서 VLAN의 개념은 스위치를 두 개의 스위치로 나눈 것과 유사하므로, 레이어 2 스위치는 두 VLAN 간에 데이터 포워딩을 할 수 없다는 점을 강조한다. 일부 포트를 VLAN 10으로 설정하고, 다른 포트를 VLAN 20으로 설정했을 때, 스위치는 두 개의 분리된 스위치들과 같이 동작하고, 각각의 분리된 스위치는 트래픽을 포워딩한다.

사실, VLAN의 한 목표는 VLAN별로 트래픽을 분리하여, 한 VLAN에 속한 프레임이 다른 VLAN으로 새지 않도록 하는 것이다.

예를 들어, 디노(VLAN 10에 속함)가 이더넷 프레임을 보낼 때, SW1이 레이어 2 스위치라면, 이 스위치는 VLAN 20에 속하는 오른쪽의 PC에 프레임을 보내지 않을 것이다.

레이어 2 스위치는 VLAN 외부로 프레임을 보낼 수 없지만, 네트워크는 각 VLAN의 내부로 혹은 외부로 이동하는 패킷을 지원할 필요가 있다. VLAN 외부로 데이터를 보내는 일은 라우터의 몫이다. 두 VLAN 사이에는 레이어 2 이더넷 프레임에 대한 스위칭 대신에, 네트워크는 두 서브넷 간에는 레이어 3 패킷에 대한 라우팅이 필요하다.

앞선 문장은 레이어 2와 3에 연관되는 매우 구체적인 용어들을 포함하므로 잠시나마 그것을 다시 읽고, 생각해보자. 레이어 2 로직은 레이어 2 프로토콜 데이터 단위(L2PDU) 즉, 이더넷 프레임을 VLAN 간에는 레이어 2 스위칭을 할 수 없도록 한다. 하지만 라우터는 본연의 임무로써 서브넷 간에 레이어 3 PDU(L3PDU)를 라우팅할 수 있다.

예를 들어, [그림 11-8]은 서브넷 10과 20 사이에 패킷을 라우팅할 수 있는 라우터를 보여준다. 이 그림에서 스위치는 두 개의 다른 VLAN과 함께 나뉘어져 있고, 동일한 VLAN, 동일한 서브넷 내의 PC들이 포함되는 [그림 11-7]과 같다. 이제 라우터 R1은 스위치에 연결되고 VLAN 10에 할당된 하나의 물리적 인터페이스를 가지고, 스위치에 연결되고 VLAN 20에 할당된 두 번째 물리적 인터페이스를 갖는다. 각 서브넷에 연결된 인터페이스와 함께, 레이어 2 스위치는 본연의 일 즉, VLAN 내부에서 프레임 보내기를 계속하는 반면, 라우터도 본연의 일 즉, 서브넷 간의 IP 패킷 라우팅을 할 수 있다.

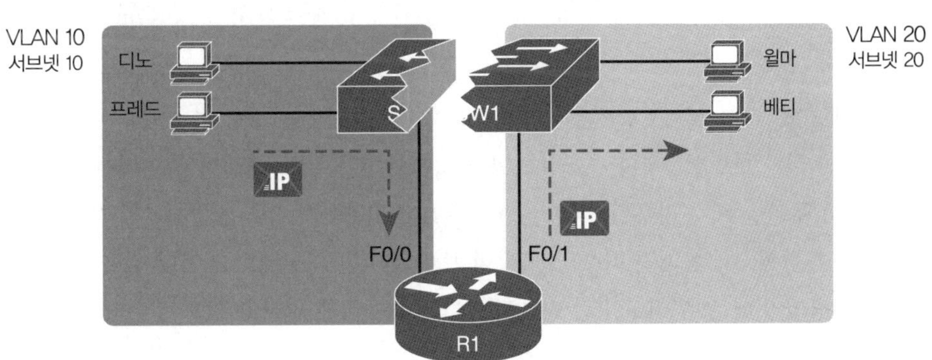

[그림 11-8] 두 개의 물리적 인터페이스를 통한 두 VLAN 간의 라우팅

그림은 한 VLAN/서브넷의 프레드에서 다른 VLAN/서브넷의 베티에게 라우팅되는 IP 패킷을 보여준다. 레이어 2 스위치는 두 개의 다른 레이어 2 이더넷 프레임을 보낸다. VLAN 10에 속하는 하나는 프레드로부터 R1의 F0/0 인터페이스로 보내지는 것이고, VLAN 20에 속하는 다른 하나는 R1의 F0/1 인터페이스에서 베티에게 보내지는 것이다. 레이어 3 관점에서, 프레드는 IP 패킷을 디폴트 라우터(R1)에게 보내고, R1은 다른 인터페이스(F0/1)를 통해 베티가 존재하는 다른 서브넷으로 패킷을 라우팅한다.

[그림 11-8]의 디자인 방식도 작동하긴 하지만, 너무 많은 물리 인터페이스들 즉, VLAN별로 하나의 인터페이스를 사용한다. 훨씬 저렴한(훨씬 선호하는) 옵션은 스위치와 라우터 간에 VLAN 트렁크를 사용하는데, 이 경우 라우터와 스위치 간에 모든 VLAN을 지원할 수 있는 하나의 물리적 링크만을 필요로 한다. 트렁킹은 두 스위치, 라우터와 스위치, 심지어 서버 하드웨어와 스위치 등 트렁킹을 사용하기로 한 두 장치 간에 적용할 수 있다.

[그림 11-9]는 프레드에서 베티로 보내는 동일한 패킷 등 [그림 11-8]과 동일한 디자인 아이디어를 보여주지만, 지금 R1은 각 VLAN별로 분리된 링크 대신에 VLAN 트렁킹을 적용한다.

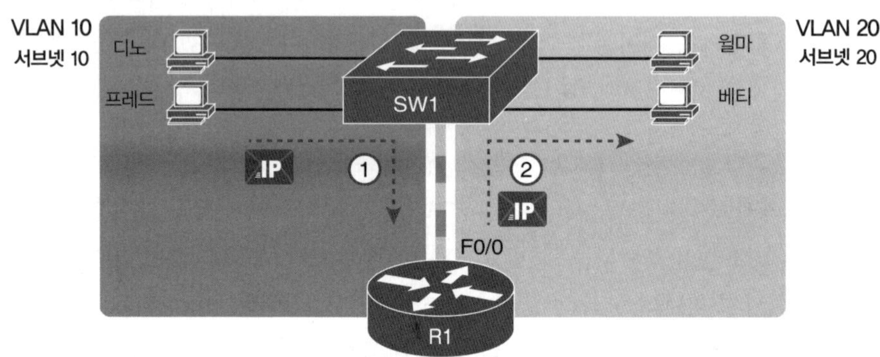

[그림 11-9] 라우터의 트렁크를 적용한 두 VLAN 간의 라우팅

> **NOTE** 라우터가 LAN 스위치에 연결된 하나의 물리적 링크를 가지기 때문에, 이 디자인을 라우터-온-어-스틱(router-on-a-stick)이라 한다.

이 용어에 대해 잠시 살펴보면, 많은 사람들은 [그림 11-8]과 [그림 11-9]의 개념을 'VLAN 간의 패킷 라우팅'으로 설명한다. 그러나 의미 상으로는 모두들 이해하고 넘어가지만 진실이 아니다. 서로 무관한 패킷 라우팅(3계층 개념)과 VLAN(2계층 개념)을 연결시키기 때문이다. 즉, '3계층 서브넷 간의 3계층 패킷 라우팅'과 같이 보다 길지만 사실대로 써야할 것을 서브넷이 곧 VLAN과 매핑되기 때문에 'VLAN 간 라우팅'이라고 단순하게 말하고 있는 것이다.

레이어 3 스위치에 의한 패킷 라우팅

물리적 라우터를 사용한 패킷 라우팅은 [그림 11-9]의 라우터-온-어-스틱(router-on-a-stick) 모델에서 VLAN 트렁크를 적용해도 여전히 하나의 중요한 문제를 가진다. 즉, 성능이다. 물리적 링크는 라우팅 속도에 한계를 가질 수도 있고, 저렴한 라우터는 낮은 성능을 제공하여 라우팅 트래픽 양을 수용하지 못할 수도 있다.

궁극적인 솔루션은 LAN 스위치 하드웨어 내부의 라우팅 기능에 있다. 제조사는 오래 전부터 레이어 2 스위치와 레이어 3 라우터의 하드웨어 및 소프트웨어 기능들을 조합하기 시작하여, 레이어 3 스위치(또한 멀티레이어 스위치로 알려진)라 부르는 제품을 만들었다. 레이어 3 스위치는 단지 레이어 2 스위치로만 동작하도록 설정할 수도 있고 아니면, 레이어 3 라우팅뿐만 아니라 레이어 2 스위칭 기능 모두를 수행하도록 설정할 수도 있다.

오늘날, 다수의 중대규모 기업의 캠퍼스 LAN은 캠퍼스 내의 서브넷들(VLAN들) 간의 패킷 라우팅을 위해 레이어 3 스위치를 사용한다.

개념적으로, 레이어 3 스위치의 동작은 레이어 2 스위치와 레이어 3 라우터, 두 장치로 구성되었을 때와 흡사하다. 실제로, 분리된 레이어 2 스위치와 레이어 3 라우터를 가진 [그림 11-8]의 개념과 패킷 흐름이 한 장치 내부에서 일어난다고 상상해보면, 레이어 3 스위치가 수행하는 일반적인 기능을 이해할 수 있다. [그림 11-10]은 [그림 11-8]의 세부 항목을 그대로 옮겨 왔지만, 하나의 레이어 3 스위치가 레이어 2 스위치 기능과 분리된 레이어 3 라우팅 기능을 수행한다는 것을 보여준다.

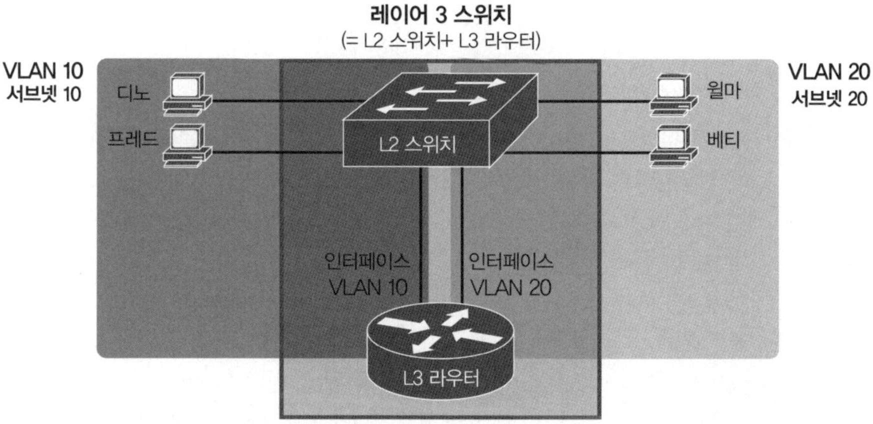

[그림 11-10] 멀티레이어 스위치: L2 스위치 + L3 라우터

이 장은 VLAN 간(보다 정확하게는 VLAN 위의 서브넷들 간)의 IP 패킷 라우팅에 대한 핵심 개념을 소개한다. 18장 'IPv4 주소와 스테틱 루트 설정'은 라우터-온-어-스틱 구성과 함께 외부 라우터를 사용한 디자인을 설정하는 방법을 보여준다. 이 장은 이제 VLAN과 VLAN 트렁크들에 대한 설정 및 확인 과정에 초점을 맞춘다.

∷ VLAN 및 VLAN 트렁킹 설정 및 확인

시스코 스위치는 동작을 위해 어떤 설정도 필요로 하지 않는다. 시스코 스위치를 구입하고, 적정한 케이블링으로 장치들을 설치하고, 스위치를 켜면 동작한다. 스위치를 연결만 하면, 하나 이상의 VLAN을 설정할 때까지는 아무런 설정 없이도 적정하게 동작한다. 하지만 대부분의 기업 네트워크들과 같이 VLAN들을 적용하기를 원한다면, 일부 설정을 추가해야 한다.

이 장은 VLAN 설정을 두 개의 주요 섹션으로 분할한다. 첫 번째 섹션은 VLAN 트렁킹을 사용하지 않는 스위치 인터페이스 즉, 액세스 인터페이스를 설정하는 방법을 살펴본다. 두 번째 섹션은 VLAN 트렁킹을 사용하는 인터페이스를 설정하는 방법을 보여준다.

VLAN 생성 및 인터페이스에 대한 액세스 VLAN 할당

이 섹션은 VLAN을 생성한 다음 VLAN에 이름을 부여하고, 인터페이스에 VLAN을 할당하는 방법을 보여준다. 이러한 기본 항목을 자세히 살펴보기 위해, 이 섹션의 예는 하나의 스위치를 사용하기 때문에 VLAN 트렁킹이 필요 없다.

시스코 스위치가 특정 VLAN 내에서 프레임을 포워딩하기 위해서는 스위치가 VLAN이 존재한다고 믿도록 설정해야 한다. 게다가 스위치는 VLAN이 할당된 액세스(트렁크가 아닌) 인터페이스와 VLAN을 지원하는 트렁크를 가진다. 액세스 인터페이스에 대한 설정 단계는 다음과 같고, 트렁크 설정은 이후의 섹션, 'VLAN 트렁킹 설정'에서 다룬다.

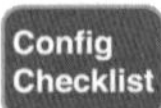

단계 ① 새 VLAN을 설정하기 위해, 다음 단계들을 따른다.

ⓐ 글로벌 컨피규레이션 모드에서, VLAN을 생성하고 VLAN 컨피규레이션 모드로 이동하기 위해 **vlan** *vlan-id* 명령어를 사용한다.

ⓑ (선택적) VLAN에 대한 이름을 표시하기 위해 VLAN 컨피규레이션 모드에서 **name** *name* 명령어를 사용한다.

단계 ② 각 액세스 인터페이스에 대해(각 인터페이스는 트렁크가 아니라 하나의 VLAN에 속함), 다음 단계들을 따른다.

ⓐ 설정 대상 인터페이스의 인터페이스 컨피규레이션 모드로 이동하기 위해 글로벌 컨피규레이션 모드에서 **interface** *type number* 명령어를 사용한다.

ⓑ 해당 인터페이스에 연관되는 VLAN 번호를 설정하기 위해 인터페이스 컨피규레이션 모드에서 **switchport access vlan** *id-number* 명령어를 사용한다.

ⓒ (선택적) 해당 포트를 항상 액세스 모드로 동작하도록 하기 위해 인터페이스 컨피규레이션 모드에서 **switchport mode access** 명령어를 사용한다.

상기의 과정은 다소 위협적으로 보일 수 있지만, 한 스위치에서의 과정은 사실 매우 단순하다. 예를 들어, 세 개의 VLAN들 11, 12와 13에 스위치의 포트들을 두길 원한다면, 그냥 세 개의 **vlan** 명령 즉, **vlan 11**, **vlan 12**와 **vlan 13**을 추가하면 된다. 다음으로 각 인터페이스별로, 적정한 VLAN에 인터페이스를 할당하기 위해 **switchport access vlan 11**(혹은 12 혹은 13) 명령어를 추가한다.

> **NOTE** 디폴트 VLAN(시험 주제에서 본)이란 용어는 switchport access vlan *vlan-id* 명령에 대한 디폴트 설정값을 말하는데, 디폴트 VLAN ID는 1이다. 즉, 기본적으로 각 포트는 액세스 VLAN 1에 할당된다.

VLAN 설정 예1: 완전한 VLAN 설정

[예 11-1]은 새로운 VLAN을 추가하고, 해당 VLAN에 액세스 인터페이스를 할당하는 설정 과정을 보여준다. [그림 11-11]은 하나의 LAN 스위치(SW1)와 세 개의 VLAN(1, 2와 3) 각각에 두 호스트를 포함한 샘플 네트워크를 보여준다. 이 예는 VLAN 2와 VLAN 2 내부의 인터페이스에 대한 두 단계의 과정을 보여주는데, VLAN 3에 대한 설정은 다음으로 설명할 것이다.

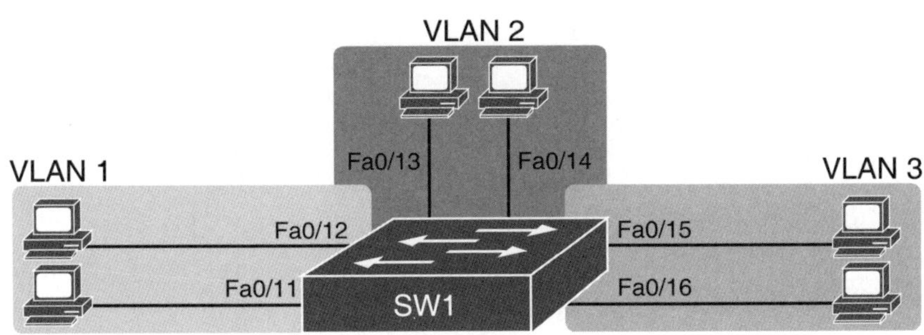

[그림 11-11] 하나의 스위치 및 세 개의 VLAN을 갖는 네트워크

```
SW1# show vlan brief
VLAN Name                            Status    Ports
---- -------------------------       --------- -------------------------------
1    default                         active    Fa0/1, Fa0/2, Fa0/3, Fa0/4
                                               Fa0/5, Fa0/6, Fa0/7, Fa0/8
                                               Fa0/9, Fa0/10, Fa0/11, Fa0/12
                                               Fa0/13, Fa0/14, Fa0/15, Fa0/16
                                               Fa0/17, Fa0/18, Fa0/19, Fa0/20
                                               Fa0/21, Fa0/22, Fa0/23, Fa0/24
                                               Gi0/1, Gi0/2
1002 fddi-default                    act/unsup
1003 token-ring-default              act/unsup
1004 fddinet-default                 act/unsup
1005 trnet-default                   act/unsup
! 위에, VLAN 2와 VLAN 3은 아직 없다.
! 아래에, VLAN 2에 할당된 두 인터페이스와 함께 Freds-vlan 이름으로 VLAN 2가 추가된다.

SW1# configure terminal
Enter configuration commands, one per line.  End with CNTL/Z.
SW1(config)# vlan 2
SW1(config-vlan)# name Freds-vlan
SW1(config-vlan)# exit
SW1(config)# interface range fastethernet 0/13 - 14
SW1(config-if)# switchport access vlan 2
SW1(config-if)# switchport mode access
SW1(config-if)# end
```

! 아래에, **show running config** 명령은 Fa0/13과 Fa0/14 인터페이스상의
! 인터페이스 부속 명령을 나열한다.
SW1# **show running-config**
! 많은 라인이 간략화를 위해 생략됨.
! 출력 초기:
vlan 2
 name Freds-vlan
!
! 좀 더 많은 라인이 간략화를 위해 생략됨.
interface FastEthernet0/13
 switchport access vlan 2
 switchport mode access
!
interface FastEthernet0/14
 switchport access vlan 2
 switchport mode access
!
SW1# **show vlan brief**

```
VLAN Name                             Status     Ports
---- -------------------------------- ---------- -------------------------------
1    default                          active     Fa0/1, Fa0/2, Fa0/3, Fa0/4
                                                 Fa0/5, Fa0/6, Fa0/7, Fa0/8
                                                 Fa0/9, Fa0/10, Fa0/11, Fa0/12
                                                 Fa0/15, Fa0/16, Fa0/17, Fa0/18
                                                 Fa0/19, Fa0/20, Fa0/21, Fa0/22
                                                 Fa0/23, Fa0/24, Gi0/1, Gi0/2
2    Freds-vlan                       active     Fa0/13, Fa0/14
1002 fddi-default                     act/unsup
1003 token-ring-default               act/unsup
1004 fddinet-default                  act/unsup
1005 trnet-default                    act/unsup
```

SW1# **show vlan id 2**
```
VLAN Name                             Status     Ports
---- -------------------------------- ---------- ------------------------------
2    Freds-vlan                       active     Fa0/13, Fa0/14
VLAN Type   SAID    MTU   Parent RingNo BridgeNo Stp  BrdgMode Trans1 Trans2
---- ------ ------- ----- ------ ------ -------- ---- -------- ------ ------
2    enet   100010  1500  -      -      -        -    -        0      0


Remote SPAN VLAN
----------------
Disabled
Primary Secondary Type             Ports
------- --------- ---------------- ------------------------------------------
```

[예 11-1] VLAN 설정 및 인터페이스에 VLAN 할당하기

이 예는 **show vlan brief** 명령으로 시작하는데, 다섯 개의 삭제 불가능한 VLAN들과 모든 인터페이스는 VLAN 1에 할당된다는 것을 확인할 수 있다(VLAN 1은 삭제할 수 없고 사용할 수는 있다. VLAN 1002 ~1005는 삭제할 수는 없고, 액세스 VLAN으로 사용할 수 없다). 특히, 2960 스위치는 24개의 패스트 이더넷 포트들(Fa0/1 Fa0/24)과 두 개의 기가비트 이더넷 포트들(Gi0/1과 Gi0/2)을 가지는데, 첫 번째 명령의 아웃풋과 같이 모든 포트들이 VLAN 1에 속한다

다음으로 VLAN 2를 생성하고, 인터페이스 Fa0/13과 Fa0/14을 VLAN 2에 할당하는 과정을 보여준다. 특별히 이 예는 **interface range** 명령을 사용하여 범위에 속하는 두 인터페이스에 **switchport access vlan 2** 인터페이스 하부 명령어를 한꺼번에 설정하도록 하고, 결과는 **show running-config** 명령 아웃풋의 마지막에서 확인할 수 있다.

설정이 추가된 후에, 새 VLAN을 확인하기 위해 이 예는 **show vlan brief** 명령을 반복한다. 이 명령은 VLAN 2, 이름은 Freds-vlan이고, 해당 VLAN에 할당된 인터페이스는 Fa0/13과 Fa0/14라는 것을 보여준다. 다음의 **show vlan id 2** 명령은 VLAN 2에 할당된 포트들 즉, Fa0/13과 Fa0/14을 확인시켜 준다.

[그림 11-11]은 여섯 개의 스위치 포트를 사용하고, 모든 포트들은 액세스 포트로 동작할 필요가 있다. 즉, 각 포트는 트렁킹을 적용하는 대신에, **switchport access vlan *vlan-id*** 명령어에 의해 하나의 VLAN에 할당되어야 한다. 하지만 [예 11-1]과 같이 설정된 이러한 인터페이스들도 포트의 트렁킹 자동 협의가 기본 기능이므로 액세스 인터페이스 혹은 트렁크 인터페이스로 동작할지를 결정하기 위해 자동 협의 기능을 사용할 수 있다.

항상 액세스 포트로 동작해야 하는 포트들을 위해서는 선택적인 인터페이스 하부 명령어, **switchport mode access**를 추가한다. 이 명령은 스위치의 인터페이스에게 액세스 인터페이스만 허용한다. 다가올 섹션, 'VLAN 트렁킹 설정'은 트렁킹 사용 여부를 결정하는 자동 협의 기능을 위한 명령어들에 대해 자세히 살펴본다.

> **NOTE** 이 책은 상이한 VLAN 설정 방식을 다루는 비디오를 포함한다. 또한 동반자 웹 사이트와 DVD에서 해당 비디오를 찾을 수 있다.

VLAN 설정 예 2: 보다 짧은 VLAN 설정

[예 11-1]은 필요한 것보다 조금 긴 설정 명령어들을 보여준다. [예 11-2]는 [예 11-1]이 끝난 곳에서 VLAN 3([그림 11-11]에서)을 추가로 보여주되, 훨씬 간략화된 대체 설정을 보여준다.

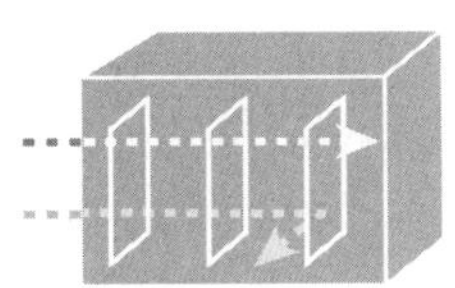

```
SW1# configure terminal
Enter configuration commands, one per line. End with CNTL/Z.
SW1(config)# interface range Fastethernet 0/15 - 16
SW1(config-if-range)# switchport access vlan 3

% Access VLAN does not exist. Creating vlan 3

SW1# show vlan brief

VLAN  Name               Status    Ports
----  -------            ------    -------------------------------
1     default            active    Fa0/1, Fa0/2, Fa0/3, Fa0/4
                                   Fa0/5, Fa0/6, Fa0/7, Fa0/8
                                   Fa0/9, Fa0/10, Fa0/11, Fa0/12
                                   Fa0/17, Fa0/18, Fa0/19, Fa0/20
                                   Fa0/21, Fa0/22, Fa0/23, Fa0/24
                                   Gi0/1, Gi0/2
2     Freds-vlan         active    Fa0/13, Fa0/14
3     VLAN0003           active    Fa0/15, Fa0/16
1002  fddi-default       act/unsup
1003  token-ring-default act/unsup
1004  fddinet-default    act/unsup
1005  trunet-default     act/unsup
```

[예 11-2] 보다 짧은 VLAN 설정 예 (VLAN 3)

[예 11-2]와 같이 **switchport access vlan *vlan-id*** 인터페이스 하부 명령의 VLAN ID와 현재 생성시키지 않은 VLAN ID와 동일하다면 다이내믹하게 VLAN을 생성(**vlan *vlan-id*** 글로벌 컨피그 명령 효과)할 수 있다. VLAN 3을 모르는 SW1으로 시작해보자. **switchport access vlan 3** 인터페이스 하부 명령이 입력되면, 스위치는 VLAN 3이 선언되지 않았다는 것을 알고, 예에서 음영 처리된 메시지와 같이 기본 이름으로 VLAN0003을 사용하는 VLAN 3을 생성시킨다. 즉, VLAN 3을 생성시키기 위한 별도의 단계가 필요하지 않다. 이제, **show vlan brief** 명령의 아웃풋의 음영 영역과 같이 스위치에는 VLAN이 선언되었고 인터페이스 Fa0/15 및 Fa0/16이 VLAN 3에 속한다.

VTP(VLAN Trunking Protocol)

설정 예들을 좀더 보기 전에, 시스코의 VTP(VLAN Trunking Protocol)라 불리는 툴을 알아야 한다. VTP는 선언된(**vlan number** 명령으로) 각 VLAN을 알리는 시스코 고유의 툴로 캠퍼스 내의 모든 다른 스위치들은 선언된 VLAN에 대해 배우게 된다. 하지만 다양한 이유로 다수의 기업들은 VTP를 선택하지 않는다.

이 책은 이것을 끝으로 VTP를 다루지 않는다. 하지만 VTP는 VTP를 적용하지 않으려 해도, 시스코 카탈리스트 스위치의 동작 방식에 일부 영향을 미친다. 이 섹션은 짧지만 VTP를 이해하고 다루는데 충분하다.

이 책은 VTP를 가능한 외면하고 있다. 이를 위해, 스위치를 VTP 트랜스페어런트 모드(**transparent mode, vtp mode transparent** 글로벌 명령으로 설정)로 설정하거나 아예 비활성화(**vtp mode off** 글로벌 명령)한다. 두 옵션은 관리자에게 표준 범위와 확장 범위의 VLAN들을 설정하도록 하고, 러닝-컨피그 파일에서 **vlan** 명령을 보여준다.

마지막으로 실용적인 유의 사항으로, 실제 스위치 혹은 시뮬레이터로 실습 연습을 할 때 VLAN에 관한 이상한 결과를 목격한다면, **show vtp status** 명령으로 VTP 상태를 확인해야 한다. 스위치가 VTP 서버 혹은 VTP 클라이언트 모드를 적용하고 있다면, 다음을 발견할 것이다:

- VTP 서버 스위치는 표준 범위 내(1 - 1005)의 VLAN을 설정할 수 있다.
- 클라이언트 스위치는 VLAN을 설정할 수 없다.
- 서버와 클라이언트는 VTP 때문에 새 VLAN을 배울 수 있고, 다른 스위치에 의해 삭제된 그들의 VLAN을 확인할 수 있다.
- **show running-config** 명령은 어떤 **vlan** 명령을 보여주지 않는다.

실습할 때 가능하면, ICND2의 주제 학습에서 VTP 동작 방식에 초점을 맞출 때까지 VTP 트랜스페어런트 모드로 변경하거나 VTP를 무시하도록 한다.

> **NOTE** VTP 동작 방식을 이해하고 경험 많은 동료로부터 배울 때까지 네트워크에 연결하는 스위치에 VTP 설정을 변경하지 말기 바란다. 설정한 스위치를 다른 스위치에 연결하면, 다른 스위치는 또 다른 스위치들과 연결되어 있으므로, 다른 스위치들에 대한 VLAN 설정을 의도치 않게 변경하게 되어 전체 네트워크에 심각한 영향을 주게 된다. 따라서 다른 스위치에 연결된 스위치의 VTP 설정에 주의하거나 사용 중인 LAN의 다른 스위치와 물리적인 연결을 가진 채로 설정 실험을 해서는 절대 안된다.

VLAN 트렁킹 설정

두 시스코 스위치 간에 직접 트렁킹을 설정한다면, 그 과정은 매우 간단하다. 예를 들어, 시스코 2960 스위치 간에 트렁킹을 설정한다면, 스위치들은 802.1Q만 지원할 뿐 ISL을 지원하지 않는다는 것을 주의해야 한다. 링크의 양쪽을 연결하는 스위치 인터페이스에 하나의 인터페이스 하부 명령(**switchport mode trunk**)을 설정하면, 각 스위치에 알려진 모든 VLAN들을 지원하는 VLAN 트렁크를 생성하게 된다.

하지만 시스코 스위치의 트렁킹 설정은 자동 협의를 통해 결정되는 다양한 트렁킹 설정 값을 포함하여 다음과 같은 많은 옵션들이 있다.

- 트렁킹 타입: IEEE 802.1Q, ISL 혹은 자동 협의
- 설정 모드(administrative mode): 트렁크, 액세스 링크(트렁크 아님), 자동 협의

먼저 트렁킹의 타입을 보자. ISL과 802.1Q를 지원하는 시스코 스위치들은 DTP(Dynamic Trunking Protocol)를 이용하여 트렁킹 타입을 결정한다. 두 스위치가 두 프로토콜을 모두 지원하면 ISL이 선택된다. 그렇지 않다면, 두 스위치가 지원하는 프로토콜을 선택한다. 오늘날 다수의 시스코 스위치들은 예전의 ISL 트렁킹 프로토콜을 지원하지 않는다. 두 타입의 트렁킹을 지원하는 스위치는 **switchport trunk encapsulation{dot1q | isl | negotiate}** 인터페이스 하부 명령을 통해 트렁킹 타입을 지정하거나 트렁킹 타입을 자동 협의하도록 한다.

또한 DTP는 스위치의 설정 모드에서 지정한 대로 링크 상의 두 장치는 트렁크를 구성할지를 협의할 수도 있다.

설정 모드에 따라 트렁킹이 구성될지가 결정된다. 각 인터페이스는 또한 DTP 자동 협의의 결과로 현재 인터페이스의 상황을 반영하는 운영 모드(operational mode)를 가진다. 시스코 스위치들은 **switchport mode** 인터페이스 하부 명령으로 [표 11-2]와 같이 트렁킹 설정 모드를 설정한다.

명령어	설명
access	항상 액세스(non trunk) 포트로 동작하도록 설정한다.
trunk	항상 트렁크(trunk) 포트로 동작하도록 설정한다.
dynamic desirable	자동 협의 메시지를 시작하고 대응하여 트렁킹을 시작할지를 유동적으로 선택한다.
dynamic auto	스위치는 트렁크 자동 협의 메시지를 수동적으로 기다린다. 자동 협의를 통해 트렁킹을 사용할지를 선택한다.

[표 11-2] switchport mode 명령으로 설정 가능한 트렁킹 설정 모드 옵션들

예를 들어, [그림 11-12]의 두 스위치를 보자. 이 그림은 트렁크를 통해 새로운 스위치(SW2)에게 연결하고, SW2에는 일부 포트들이 VLAN 1과 3에 속하는데, [그림 11-11] 네트워크의 확장을 보여준다. 두 스위치는 트렁크로 기가비트 이더넷 링크를 사용한다. 이 경우에, 두 2960 스위치의 디폴트 설정 모드가 먼저 트렁크 자동 협의 과정을 시작하지 않는 **dynamic auto** 모드이기 때문에 트렁크는 자동적으로 구성되지는 않는다.

한 스위치에서 자동 협의를 먼저 시작하는 **dynamic desirable** 모드로 변경하면, 2960 스위치가 802.1Q만 지원할 수 있으므로 802.1Q 트렁킹을 사용하도록 협의를 한다.

[예 11-3]은 [그림 11-12]의 두 스위치를 보여준다. 두 스위치의 기본 설정으로는 트렁크를 구성하지 못한다.

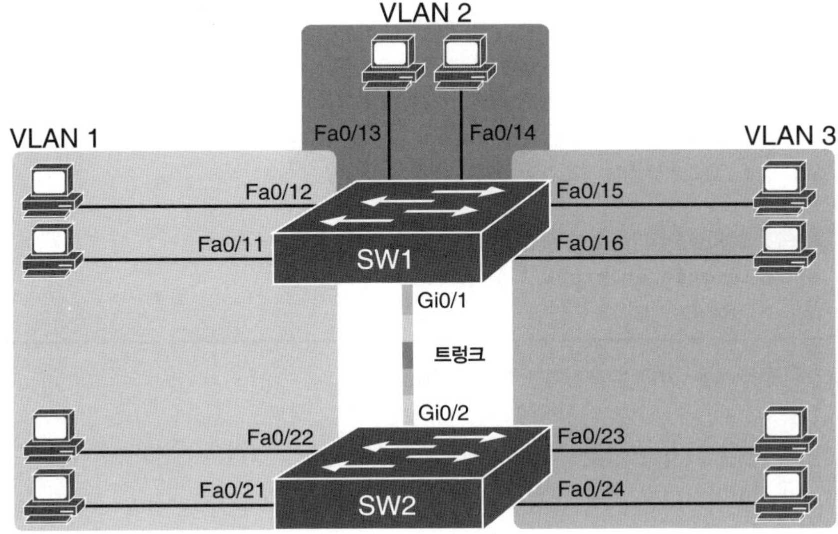

[그림 11-12] 세 개의 VLAN와 두 개의 스위치를 포함한 네트워크

```
SW1# show interfaces gigabit 0/1 switchport
Name: Gi0/1
Switchport: Enabled
Administrative Mode: dynamic auto
Operational Mode: static access
Administrative Trunking Encapsulation: dot1q
Operational Trunking Encapsulation: native
Negotiation of Trunking: On
Access Mode VLAN: 1 (default)
Trunking Native Mode VLAN: 1 (default)
Administrative Native VLAN tagging: enabled
Voice VLAN: none
Access Mode VLAN: 1 (default)
Trunking Native Mode VLAN: 1 (default)
Administrative Native VLAN tagging: enabled
Voice VLAN: none
Administrative private-vlan host-association: none
Administrative private-vlan mapping: none
Administrative private-vlan trunk native VLAN: none
Administrative private-vlan trunk Native VLAN tagging: enabled
Administrative private-vlan trunk encapsulation: dot1q
Administrative private-vlan trunk normal VLANs: none
Administrative private-vlan trunk private VLANs: none
Operational private-vlan: none
Trunking VLANs Enabled: ALL
Pruning VLANs Enabled: 2-1001
Capture Mode Disabled
Capture VLANs Allowed: ALL
```

```
      Protected: false
      Unknown unicast blocked: disabled
      Unknown multicast blocked: disabled
      Appliance trust: none

! 다음 명령의 아웃풋은 아무 것도 보여 주지 않는다는 것을 주목하라.
SW1# show interfaces trunk
SW1#
```

[예 11-3] 초기(디폴트) 상태: SW1과 SW2 사이의 액세스 링크 상태

먼저, [예 11-3]의 첫 부분 **show interfaces switchport** 명령의 결과에서 다음 부분에 초점을 맞춰보자. 이 결과에서 기본 설정 모드(administrative mode)가 'dynamic auto'임을 표시한다. SW2 또한, 기본 설정 모드는 'dynamic auto'이므로 SW1의 현재 운영 모드(operational mode)는 'access' 즉, 트렁킹을 구성하지 못한 상태임을 표시한다('dynamic auto'는 두 스위치에게 다른 스위치가 설정 협의를 시작할 때까지 기다리게 한다). 다섯 번째 줄은 2960 스위치에서 유일하게 지원하는 트렁킹 타입(802.1Q)을 확인시켜 준다. ISL과 802.1Q를 지원하는 스위치라면 인캡슐레이션 타입은 협의되어지는 'negotiate'로 표시된다. 마지막으로 운영 중인 트렁킹 타입은 'native'로 표시되는데, 802.1Q native VLAN을 의미한다.

이 예의 마지막은 **show interfaces trunk** 명령의 아웃풋을 보여주지만, 아무런 내용을 갖지 않는다. 이 명령은 현재 트렁크로 동작 중인 모든 인터페이스들에 대한 정보를 보여준다. 즉, 현재 VLAN 트렁킹을 사용하는 인터페이스들을 보여준다. 리스트에 포함된 인터페이스가 없다면, 이 명령은 또한 트렁킹 상태의 링크가 존재하지 않음을 의미한다.

다음으로, 트렁킹을 활성화하는 새로운 설정을 보여주는 [예 11-4]를 보자. 이 경우, SW1에 **switchport mode dynamic desirable** 명령을 설정하면, 스위치는 자동 협의 과정을 기다리지 않고 먼저 시작한다. 이 명령이 입력되자 마자, 인터페이스가 다운되었다가 다시 업 상태로 돌아오는 것을 보여주는 로그 메시지들을 볼 수 있는데, 이것은 인터페이스가 액세스 모드에서 트렁크 모드로 변경될 때 보이는 것이다.

```
SW1# configure terminal
Enter configuration commands, one per line. End with CNTL/Z.
SW1(config)# interface gigabit 0/1
SW1(config-if)# switchport mode dynamic desirable
SW1(config-if)# ^Z
SW1#
%LINEPROTO-5-UPDOWN: Line protocol on Interface GigabitEthernet0/1, changed
state to down
```

```
%LINEPROTO-T-UPDOWN: Line protocol on Interface GigabitEthernet0/1, changed
state to up
SW1# show interfaces gigabit 0/1 switchport
Name: Gi0/1
Switchport: Enabled
Administrative Mode: dynamic desirable
Operational Mode: trunk
Administrative Trunking Encapsulation: dot1q
Operational Trunking Encapsulation: dot1q
Negotiation of Trunking: On
Access Mode VLAN: 1 (default)
Trunking Native Mode VLAN: 1 (default)
! 간략화를 위해 라인 생략됨


! 다음 명령은 앞서 아웃풋에서 아무 것도 보여주지 않았지만, 현재 그것은
!1줄로 운영 중인 트렁크에 대한 정보를 보여준다.
SW1# show interfaces trunk

Port        Mode         Encapsulation   Status        Native vlan
Gi0/1       desirable    802.1q          trunking      1

Port        Vlans allowed on trunk
Gi0/1       1-4094

Port        Vlans allowed and active in management domain
Gi0/1       1-3

Port        Vlans in spanning tree forwarding state and not pruned
Gi0/1       1-3

SW1# show vlan id 2
VLAN   Name                            Status      Ports
----   -------------------------------- ---------- ----------------------
2      Freds-vlan                       active      Fa0/13, Fa0/14, G0/1

VLAN Type  SAID   MTU  Parent RingNo BridgeNo Stp  BrdgMode Trans1 Trans2
---- ----- ------ ---- ------ ------ -------- ---- -------- ------ ------
2    enet  100010 1500 -      -      -        -    -        0      0

Remote SPAN VLAN
----------------
Disabled

Primary Secondary Type             Ports
------- --------- ---------------- ----------------------------------
```

[예 11-4] SW1의 Dynamic Auto에서 Dynamic Desirable로 모드 변경

[예 11-4]에서 트렁킹이 현재 제대로 동작하고 있는지를 확인하기 위한 **show interfaces switchport** 명령을 보여준다. 이 명령은 현재 스위치가 수행하고 있는 운영 모드(operational mode)와 함께, 엔지니어가 설정한 관리 모드(administrative mode)를 여전히 보여준다. 이 경우, SW1에서 운영 중인 트렁킹 인캡슐레이션, dotqQ와 함께 운영 모드가 Trunk라는 것을 보여준다.

이 예의 마지막은 **show interfaces trunk** 명령의 아웃풋을 보여주는데, 현재 G0/1이 트렁킹 상태로 동작 중임을 확인할 수 있다. 다음 섹션은 이 명령의 아웃풋에 대해 그 의미를 논의한다.

시험에 대비하기 위해, **show interfaces switchport** 명령의 아웃풋을 해석할 수 있어야 한다. 즉, 아웃풋에서 표시된 관리 모드를 이해해야 하고, 해당 링크가 관리 모드의 설정 값에 기초하여 운영 모드에서 트렁크가 될 것인지를 알아야 한다. [표 11-3]은 트렁킹을 위한 관리 모드들과 구현된 설정 값의 결과로 기대되는 운영 모드(액세스 혹은 트렁크)의 조합을 보여준다. 이 표는 한쪽 끝에서 설정한 관리 모드와 다른 쪽 끝에서 지정한 관리 모드를 표시하고 있다.

설정 모드	Access	Dynamic Auto	Trunk	Dynamic Desirable
Access	Access	Access	사용 불가[15]	Access
dynamic auto	Access	Access	Trunk	Trunk
Trunk	사용 불가[15]	Trunk	Trunk	Trunk
dynamic desirable	Access	Trunk	Trunk	Trunk

[표 11-3] 설정한 관리 모드에 기초한 예상되는 트렁킹 운영 모드

마지막으로 트렁크 설정에 대한 논의를 마치기 전에, 시스코는 보다 나은 보안을 위해 대부분의 포트들에 트렁크 자동 협의 기능을 비활성화할 것을 권장하고 있다. 대부분의 스위치에서 대다수의 스위치 포트들은 사용자와 연결하기 위해 사용할 것이다. **switchport nonegotiate** 인터페이스 하부 명령을 사용하여 DTP 자동 협의 기능을 비활성화할 수 있다.

전화기에 연결된 인터페이스 설정

다음은 액세스 링크와 트렁크 링크의 맥락에서는 이상한 주제다. IP 텔레포니의 세계에서는 전화들은 이더넷 포트에서 이더넷 네트워크로 연결하고, IP 패킷들을 통해 보이스 트래픽을 송수신하는데 IP를 사용할 수 있다. 이것을 위해, 스위치의 이더넷 포트는 액세스 포트와 같이 동작하지만 동시에 트렁크와 같이 동작한다. 이 장의 마지막 주제는 이러한 주요 개념들을 살펴본다.

---

[15] 두 스위치가 한쪽 끝에서 '액세스' 모드로 설정하고, 다른 쪽 끝에서 '트렁크' 모드로 설정하면, 문제가 일어나기 때문에, 이 조합을 피해야 한다.

데이터와 보이스 VLAN 개념

IP 텔레포니 이전에 PC는 전화기와 동일한 책상 위에 놓여 있었다. 전화기는 일부 보이스 장치(보이스 스위치 혹은 *PBX(private branch exchange)*)와 UTP 케이블링을 통해 연결된다. PC도 물론 배선실 내의 보이스 스위치와 동일한 배선실 내의 LAN 스위치에 UTP(unshielded twisted-pair) 케이블을 통해 연결된다. [그림 11-13]은 이 아이디어를 보여준다.

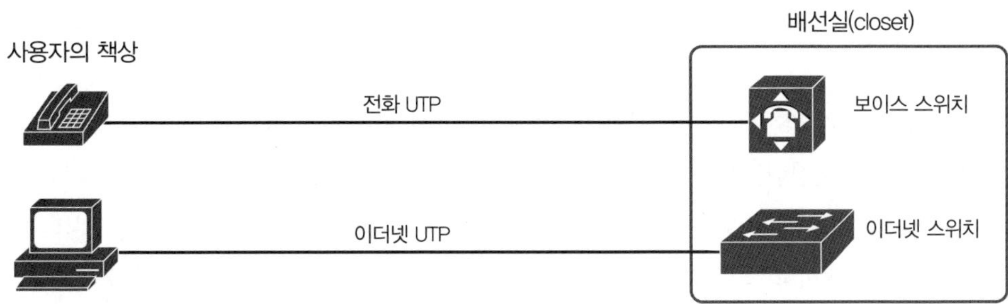

[그림 11-13] IP 텔레포니 이전: PC와 전화, 각 케이블은 두 개의 다른 장비에 하나씩 연결된다.

IP 텔레포니란 전화가 IP 패킷을 사용하여 IP 패킷의 데이터 영역에 비트로 표현되는 보이스를 송수신하도록 하는 네트워킹의 한 영역을 가리키는 용어다. 전화는 이더넷 혹은 WiFi를 활용하여 대부분의 다른 최종 사용자 장치와 같이 네트워크에 연결된다. 이러한 새로운 IP 폰들은 보이스 스위치에 직접 연결하는 대신, 전화가 가진 이더넷 포트와 이더넷 케이블을 사용하여 IP 네트워크에 연결된다. 전화는 PBX의 콜 셋업과 다른 기능들을 대체하는 소프트웨어를 갖는 IP 네트워크를 통해 통신한다(IP 텔레포니 제어 기능을 제공하는 현재의 시스코 제품은 시스코 유니파이드 커뮤니케이션 매니저(CUCM, Cisco Unified Communication Manager)라 부른다).

이미 설치된 전화 케이블링에서 이더넷을 지원하는 UTP 케이블로 전환하는 것은 일부 사이트에서 특정한 문제들을 일으킨다. 특히:

- 예전의 전화는 종종 100Mbps 또는 1,000Mbps 이더넷을 지원할 수 없는 카테고리의 UTP 케이블링을 사용했다.
- 대부분의 사무실은 배선실에서 각 책상까지 하나의 UTP 케이블만 가지지만, 현재는 두 장치들(PC와 새 IP 전화기)은 책상에서 배선실까지 두 개의 케이블을 필요로 한다.
- 모든 책상에서 새 케이블을 설치하는 것은 비용을 추가할 것이고, 보다 많은 스위치 포트들을 요구할 것이다.

이 문제를 해결하기 위해, 시스코는 각 전화기에 작은 세 포트짜리 스위치를 넣었다.

IP 전화는 초기의 IP 전화 제품부터 전화기의 아래쪽에 작은 LAN 스위치를 내장한다. [그림 11-14]는 배선실과 내장 스위치의 하나의 물리적 포트를 연결하는 케이블, PC와 스위치의 다른 물리적 포트를 연결하는 케이블, 전화기의 내부 CPU와 내부 스위치를 포트 간의 연결을 포함하는 기본적인 케이블링 구성을 보여준다.

[그림 11-14] 단일 케이블과 내장 스위치를 이용한 IP 전화기의 케이블링

오늘날, 대부분의 회사들이 사용하는 IP 텔레포니를 포함하는 사이트는 각 액세스 포트에 두 개의 장치들을 연결한다. 게다가 IP 텔레포니 디자인을 위한 최상의 시스코 방식은 전화기와 PC를 각각 다른 VLAN에 두는 것이다. 이를 위해, 스위치 포트는 조금은 액세스 링크(PC의 트래픽을 위해)로 동작하고, 조금은 트렁크(전화기의 트래픽을 위해)로 동작한다. 이 설정은 해당 포트에 두 개의 VLAN을 다음과 같이 정의한다:

- **데이터 VLAN**: 액세스 포트에 액세스 VLAN의 개념과 설정을 가지고, 책상 위의 전화기에 연결된 장치(일반적으로 사용자 PC)의 트래픽을 전달하기 위한 링크가 속한 VLAN으로 정의된다.
- **보이스 VLAN**: 전화기의 트래픽을 전달하기 위한 링크가 속한 VLAN으로 정의된다. 이 VLAN의 트래픽은 일반적으로 802.1Q 헤더를 적용한다.

[그림 11-15]는 IP 전화기를 지원하는 액세스 포트에서 두 개의 VLAN을 포함하는 디자인을 보여준다.

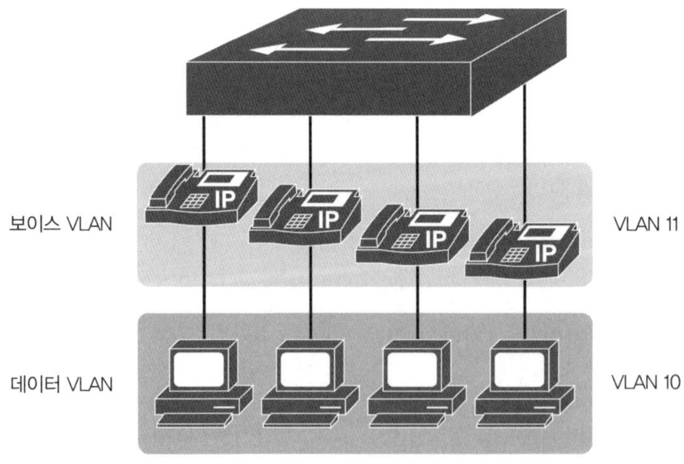

[그림 11-15] VLAN 10에는 PC, VLAN 11에는 전화기를 갖는 LAN 디자인

데이터 및 보이스 VLAN 설정과 확인

계획된 보이스와 데이터 VLAN ID를 알기만 하면 IP 폰을 지원하기 위해 스위치 포트를 설정하는 것은 쉽다. 오히려 설정 후의 **show** 명령을 이해하는 것이 다소 어려울 수 있다. 포트는 다양한 방식으로 액세스 포트와 같이 동작한다. 하지만, 대부분의 설정 옵션들과 함께 보이스 프레임은 802.1Q 헤더와 함께 전달되므로 링크에서 두 VLAN 소속의 프레임들을 지원할 수 있다. 그러나 다소 상이한 **show** 명령의 아웃풋을 만든다.

[예 11-5]는 그 예를 보여준다. 이 경우, 모든 네 개의 스위치 포트 F0/1–F0/4는 기본 설정으로 시작한다. 이 설정은 새로운 데이터와 보이스 VLAN들을 추가한다. 이 예는 네 개 포트 모두를 액세스 포트로 설정하고, IP 텔레포니를 논의할 때 데이터 VLAN이라 부르는 액세스 VLAN을 정의했다. 마지막으로, 설정은 해당 포트를 보이스 VLAN으로 정의하는 **switchport voice vlan 11** 명령을 포함한다. 예는 포트 F0/1–F0/4를 사용하는 [그림 11-15]에 상응한다.

```
SW1# configure terminal
Enter configuration commands, one per line.  End with CNTL/Z.
SW1(config)# vlan 10
SW1(config-vlan)# vlan 11
SW1(config-vlan)# interface range FastEthernet0/1 - 4
SW1(config-if)# switchport mode access
SW1(config-if)# switchport access vlan 10
SW1(config-if)# switchport voice vlan 11
SW1(config-if)#^Z
```

[예 11-5] 전화기에 연결된 포트에 보이스와 데이터 VLAN 설정하기

> **NOTE** 33장 '장치 관리 프로토콜들'에서 다루는 CDP가 시스코 IP 폰을 위한 보이스 액세스 포트에 반드시 활성화돼야 한다. CDP는 기본적으로 활성화돼 있기 때문에 여기서는 보이지 않는다.

다음 리스트는 보다 쉬운 복습과 학습을 위한 상세 설정 단계들이다:

단계 ① 스위치에 아직 존재하지 않는다면, 데이터와 보이스 VLAN들을 생성하기 위해 글로벌 컨피규레이션 모드에서 **vlan *vlan-id*** 명령을 사용한다.

단계 ② 데이터 VLAN을 종래의 액세스 VLAN과 같이 설정한다:

Ⓐ **interface type number** 명령을 사용하여 글로벌 컨피규레이션 모드에서 인터페이스 컨피규레이션 모드로 이동한다.

Ⓑ 인터페이스 컨피규레이션 모드에서 **switchport access vlan *id-number*** 명령을 사용하여 데이터 VLAN을 정의한다.

Ⓒ 인터페이스 컨피규레이션 모드에서 **switchport mode access** 명령을 사용하여 이 포트를 항상 액세스(트렁크가 아닌) 모드에서 동작하도록 한다.

[예 11-5]와 같이 설정된 스위치 포트의 상태를 확인하면 이 장에서 앞서 확인한 순수한 액세스 포트와 순수한 트렁크 포트 설정과 비교해볼 때 다소 다른 아웃풋을 볼 수 있다. 예를 들어, **show interfaces switchport** 명령은 액세스 포트에 대한 다수의 상세 항목들을 포함하여 인터페이스의 동작과 관련한 상세 항목들을 보여 준다. [예 11-6]은 [예 11-5]의 설정이 추가된 이후의 포트 F0/4에 대한 상세 항목들을 보여준다.

```
SW1# show interfaces FastEthernet 0/4 switchport
Name: Fa0/4
Switchport: Enabled
Administrative Mode: static access
Operational Mode: static access
Administrative Trunking Encapsulation: dot1q
Operational Trunking Encapsulation: native
Negotiation of Trunking: Off
Access Mode VLAN: 10 (VLAN0010)
Trunking Native Mode VLAN: 1 (default)
Administrative Native VLAN tagging: enabled
Voice VLAN: 11 (VLAN0011)
! 출력의 나머지는 간략화를 위해 생략됨.
```

[예 11-6] 데이터 VLAN(액세스 VLAN)과 보이스 VLAN 확인

아웃풋에서 첫 번째 세 개의 강조된 라인들이 액세스 포트에서 흔히 볼 수 있는 것이다. **switchport mode access** 명령은 관리 모드를 직접 액세스 포트로 설정하므로 당연히 해당 포트는 액세스 포트로 동작한다. 물론, 세 번째 강조 라인에서 본 바와 같이 **switchport access vlan 10** 명령은 여기서 강조하는 액세스 모드 VLAN을 정의한다.

다섯 번째 강조 라인은 새로운 정보의 작은 조각을 보여준다. 이 경우, **switchport voice vlan 11** 명령으로 설정되는 보이스 VLAN ID를 말한다. 이 아웃풋 라인은 이 장의 앞선 액세스 포트와는 다른 아웃풋 정보를 보여준다.

이러한 포트들은 트렁크 포트보다는 액세스 포트와 같이 동작한다. 사실, **show interfaces *type number* switchport** 명령은 명확하게 'Operational Mode: static access(운영 모드: 스태틱 액세스)'라고 선언하고 있다. 그런데 하나의 다른 show 명령은 보이스 프레임들에 대한 802.1Q 태깅과 함께 기본적인 운용에 대한 추가 정보를 제공한다.

앞서 언급한 대로, 특정 인터페이스를 포함하지 않는 **show interfaces trunk** 명령은 스위치에서 운영 중인 트렁크들을 보여준다. IP 텔레포니 포트들과 함께 이 포트들은 트렁크 리스트에 보이지 않는데, 이것은 이러한 링크들을 트렁크로 간주하지 않는다는 증거다. [예 11-7]은 그러한 예를 보여준다.

그러나 [예 11-7]과 같이 특정 인터페이스를 포함하는 **show interfaces trunk** 명령은 일부 추가적인 정보를 보여준다. 이 경우, **show interfaces F0/4 trunk** 명령에서 상태는 'not-trunking'이지만, 트렁크와 같이 두 개의 VLAN 즉, VLAN 10과 VLAN 20이 허용되고 있다(보통, 액세스 포트에서, 액세스 VLAN들만 아웃풋 중에서 'VLANs allowed on the trunk(트렁크에서 허용되는 VLAN들)'에서 보인다).

```
SW1# show interfaces trunk
SW1# show interfaces F0/4 trunk
Port            Mode          Encapsulation     Status              Native vlan
Fa0/4           off           802.1q            not-trunking        1

Port            Vlans allowed on trunk
Fa0/4           10-11

Port            Vlans allowed and active in management domain
Fa0/4           10-11

Port            Vlans in spanning tree forwarding state and not pruned
Fa0/4           10-11
```

[예 11-7] 허용되는 VLAN 리스트와 액티브 VLAN 리스트

요약: 스위치의 IP 텔레포니 포트

IP 텔레포니와 스위치 설정에 관한 이 짧은 주제는 복잡하고 사소한 것들을 너무 많이 포함하는 것 같고 실제로도 그렇다. 기억해야할 가장 중요한 항목들은 다음과 같다:

- 일반적인 액세스 포트와 같이 설정한다. 스태틱 액세스 포트로써 해당 포트에 액세스 VLAN을 할당한다.
- 보이스 VLAN을 정의하기 위해 하나 이상의 명령을 추가한다(**switchport voice vlan** *vlan-id*).
- 보이스 VLAN ID에 대한 정보를 확인하기 위해 **show interfaces** *type number* **switchport** 명령의 아웃풋을 참조한다.
- 보이스와 데이터(액세스) VLAN ID를 확인하기 위해 **show interfaces** *type number* **trunk** 명령의 아웃풋을 참조한다.
- 운영 중인 트렁크에서 **show interfaces trunk** 명령으로 보이스와 데이터 액세스 VLAN을 확인할 수 없다.

 챕터 리뷰

좋은 시험 결과를 위해서는 리뷰 세션에 대한 복습이 중요하다. 책이나 DVD의 툴 혹은 책의 동반자 웹 사이트에서 찾을 수 있는 대화형 툴을 활용하여 이 장의 자료들을 리뷰하기 바란다. 특히, '**단계②** 챕터 위주의 학습 습관을 만들어라'라는 제목의 '당신의 학습 계획'을 참조하기 바란다. [표 11-4]는 핵심 리뷰 요소들과 자료 출처를 보여준다. 학습 과정에 대해 보다 나은 추적을 위해 두 번째 열에 이미 완료한 날짜를 기록하도록 한다.

리뷰 항목	완료 날짜	자료 출처
핵심 주제 리뷰		책, DVD/웹 사이트
핵심 용어 리뷰		책, DVD/웹 사이트
사전 점검 퀴즈 반복		책, PCPT
Do labs		Blog
메모리 테이블 리뷰		DVD/웹 사이트
Review config checklists		책, DVD/웹 사이트
명령어 테이블 리뷰		Book

[표 11-4] 챕터 리뷰 확인

핵심 주제 복습

핵심 주제	설명	페이지
그림 11-2	기본적인 VLAN 개념	257
리스트	VLAN을 사용하는 이유들	257
그림 11-5	VLAN 트렁킹에 대한 구성도	260
그림 11-6	802.1Q 헤더	261
그림 11-9	라우터-온-어-스틱(router-on-a-stick)에 의한 VLAN 간 라우팅	264
그림 11-10	레이어 3 스위치에 의한 VLAN 간 라우팅	265
표 11-2	switchport mode 명령어의 옵션들	272
표 11-3	switchport mode 명령어의 설정에 기초한 트렁킹 결과 예측	276
리스트	데이터 VLAN과 보이스 VLAN에 대한 정의	278
리스트	데이터 및 보이스 VLAN 개념들, 설정과 확인에 대한 요약	281

[표 11-5] 11장의 핵심 주제들

참조 명령어

[표 11-6]과 [표 11-7]은 이 장에서 사용하는 설정과 확인 명령어들을 보여준다. 연습을 위해 표의 왼쪽 행을 가리고, 오른쪽 행을 읽고 해당 명령을 보지 않고 기억해보도록 한다. 다음으로 오른쪽 행을 덮고 명령이 무엇을 위한 것인지를 기억하는 연습을 반복한다.

명령어	모드 및 목적
vlan *vlan-id*	VLAN을 생성하고, CLI를 VLAN 컨피규레이션 모드로 이동시키는 글로벌 컨피그 명령어
name *vlan-name*	VLAN에 이름을 붙이는 VLAN 하부 명령어
[no] shutdown	VLAN을 활성화(no shutdown) 또는 비활성화 (shutdown) 하는 VLAN 모드 하부 명령어
[no] shutdown vlan *vlan-id*	[no] shutdown VLAN 모드 하부 명령어와 동일한 효과를 갖는 글로벌 컨피그 명령어
vtp mode {server | client |transparent | off}	VTP 모드를 정의하는 글로벌 컨피그 명령어
switchport mode {access | dynamic {auto | desirable} | trunk}	인터페이스에서 트렁킹 관리 모드를 설정하는 인터페이스 하부 명령어
switchport access vlan *vlan-id*	인터페이스에 하나의 VLAN을 직접 설정하는 인터페이스 하부 명령어
switchport trunk encapsulation {dot1q | isl | negotiate}	트렁킹을 직접 설정하든, 자동협의하든 사용할 트렁킹 유형을 정의하는 인터페이스 하부 명령어
switchport trunk native vlan *vlan-id*	트렁크 포트에 네이티브 VLAN을 정의하는 인터페이스 하부 명령어
switchport nonegotiate	VLAN 트렁킹 자동 협의를 비활성화 하는
switchport voice vlan *vlan-id*	포트에 보이스 VLAN을 정의하는 인터페이스 하부 명령어. 보이스 VLAN은 프레임에 802.1Q 태깅을 사용한다.
switchport trunk allowed vlan {add | all | except | remove} *vlan-list*	트렁크에서 허용되는 VLAN들을 정의하는 인터페이스 하부 명령어

[표 11-6] 11장 컨피규레이션 명령어 참조

명령어	모드 및 목적
show interfaces *interface-id* switchport	인터페이스의 관리 설정과 운영 설정 정보를 보여준다.
show interfaces *interface-id* trunk	트렁크에서 전송 가능한 VLAN 리스트를 포함하여 운영 중인 모든 트렁크들에 대한 정보를 보여준다.
show vlan [brief | id *vlan-id* | name *vlan-name* | summary]	VLAN에 대한 정보를 보여준다.
show vlan [*vlan*]	VLAN 정보를 보여준다.
show vtp status	VTP 설정과 상태 정보를 보여준다.

[표 11-7] 11장 EXEC 참조 명령어

Chapter 12
이더넷 LAN 장애 해결

이 장은 다음 시험 주제를 다룬다.

1.0 네트워크 기초

1.7 문제 해결을 위한 장애 해결 방법론의 적용

    1.7.a 장애 확인 및 문서화

    1.7.b 해결 혹은 지원 요청

    1.7.c 해결 확인 및 감시

2.0 LAN 스위칭 기술들

2.1 스위칭 개념들에 대한 설명과 확인

    2.1.a MAC 러닝과 에이징

    2.1.b 프레임 스위칭

    2.1.c 프레임 플러딩

    2.1.d MAC 주소 테이블

2.3 인터페이스와 케이블 이슈(컬리전, 에러, 듀플렉스, 속도) 문제 해결

2.4 멀티플 스위치 환경의 VLAN(일반적 범위) 설정, 확인 및 장애 해결

    2.4.a 액세스 포트(데이터 & 보이스)

    2.4.b 디폴트 VLAN

2.5 스위치 간 연결 설정, 확인 및 장애 해결

    2.5.a 트렁크 포트(trunk ports)

    2.5.b 802.1Q

    2.5.c 내이티브 VLAN

2.7 포트 시큐리티(port security) 설정, 확인, 트러블슈팅

    2.7.a 스태틱(static)

    2.7.b 다이내믹(Dynamic)

    2.7.c 스틱키(Sticky)

    2.7.d 최대 MAC 주소

    2.7.e 위반 시 대응들

    2.7.f 에러-디스에이블드 복구(Err-disable recovery)

이 장은 확인과 장애 해결 과정에 초점을 맞춘다. 확인(verification)이란 설계된 네트워크에 대한 동작 여부를 점검하는 과정을 말한다. 장애 해결(troubleshooting)이란 설계된 네트워크가 동작하지 않을 때 후속 과정으로 네트워크가 동작하지 않는 실제 원인을 정확하게 찾아내서 해결할 수 있도록 하는 것 이다.

대부분 첫 번째 시스코 시험을 칠 때, 확인과 장애 해결 관련 문제 수에 놀라게 된다. 이러한 문제들 각각은 암기 내용을 확인하기보다는 특징적인 문제 상황에서 네트워킹 지식을 응용할 것을 요구한다. 즉, 많은 사실에 대한 단순한 암기 이상의 기술을 가질 필요가 있다.

장애 해결 문제에 대비하기 위해 이 책뿐만 아니라 ICND2 책은 장애 해결에 다양한 요소들을 이용한다. 이러한 책의 요소들은 설정 관련 내용을 그냥 보여주거나 다양한 show 명령의 결과들을 단순하게 나열하지 않는다. 대신 이러한 요소들은 일어나야 하는 바람직한 결과를 확인하기 위해 다양한 명령어들을 사용하는 방법과 오류 발생시 문제의 근본 원인을 찾는 방법을 다룬다.

이 장은 광범위한 주제들을 다루는데, 이 주제의 다수가 이미 파트 II와 ICND1 책의 파트 III의 앞선 장들에서 논의하였다. 먼저, 이 장은 첫 번째 책의 구성 요소로써 장애 해결을 다룬다. 또한, 하나의 시험 주제로서 장애 해결 과정과 방법들에 대한 몇몇 대응 관점으로 시작한다. 이 시점에서 이 장에서는 이더넷 LAN의 동작을 확인하고, 장애 해결과 관련하여 다음과 같은 네 가지 핵심 기술 주제들을 살펴본다.

- 스위치 인터페이스와 케이블링 분석
- 스위치가 프레임들을 보낼 곳을 예측함
- 포트 시큐리티(port security) 장애 해결
- VLAN과 VLAN 트렁크 분석

QUIZ 사전 점검 퀴즈

이 장의 학습을 위해 필요한 시간을 가늠하기 위해 다음 시험(이 페이지나 PCPT 소프트웨어를 사용 가능)을 보기 바란다. 정답은 퀴즈 다음 페이지의 아랫 부분에 나와 있고, 설명은 DVD 부록 C와 PCPT 소프트웨어에 있다.

핵심 주제 섹션	해당 문제
장애 해결 방법론 적용에 대한 관점들	1
스위치 인터페이스의 상태와 통계 분석	2-4
스위치의 프레임 포워딩 위치 예측	5-6
인터페이스의 포트 시큐리티 동작 분석	7
VLAN과 VLAN 트렁크 분석	8

[표 12-1] 사전 점검 퀴즈의 핵심 주제와 문제

1. 다음 중 장애 해결 방법론을 적용하는 적정한 사례는? (2개를 선택할 것)

   a. 조사 결과를 신속하게 문서화하는 등 가능한 빨리 문제 확인을 수행한다.

   b. 장애 해결 과정의 마지막 단계는 문제의 근본 원인을 해결하기 위한 조치를 취하는 것이어야 한다.

   c. 장애 해결 과정의 마지막 단계는 문제가 실제로 해결되었고 재발 여부를 확인하기 위한 상태 감시를 포함해야 한다.

   d. 각 작업자는 특정 문제를 해결할 수 없을 때 그 사실을 알고 지원 요청 과정을 거친다.

2. 2960 스위치의 **show interfaces status** 명령의 아웃풋은 인터페이스 Fa0/1이 'disabled' 상태에 있음을 보여준다. 다음 중 인터페이스 Fa0/1에 대해 사실인 것은? (3개를 선택할 것)

   a. 인터페이스는 **shutdown** 명령이 설정되었다.

   b. **show interfaces fa0/1** 명령어에서 'administratively down & line protocol down'의 두 가지 상태를 확인할 수 있다.

   c. **The show interfaces fa0/1** 명령에서 'up & down'의 두 가지 상태를 확인할 수 있다.

   d. 인터페이스는 현재 프레임을 보내기 위해 사용할 수 없다.

   e. 인터페이스는 현재 프레임을 보내기 위해 사용할 수 있다.

3. 스위치 SW1은 기가비트 0/1 인터페이스를 이용하여 스위치 SW2의 기가비트 0/2 인터페이스에 연결한다. SW2의 Gi0/2인터페이스는 **speed 1000**와 **duplex full** 명령으로 설정되었다. SW1은 Gi0/1 인터페이스의 설정 명령으로 모두 디폴트 값을 사용한다. 다음 중 링크 업 이후의 상황으로 적정한 것은? (2개를 선택할 것)

   a. 링크는 1000 Mbps(1Gbps)로 동작한다.

   b. SW1은 SW2가 IEEE 표준 자동 협의 기능을 비활성화 하였으므로 10Mbps로 동작하려고 한다.

   c. 링크는 1Gbps로 동작하지만, SW1은 하프 듀플렉스를, SW2는 풀 듀플렉스를 사용한다.

   d. 둘다 풀 듀플렉스를 사용한다.

4. 다음 라인은 **show interfaces fa0/1** 명령어의 아웃풋인데, 다음 중 인터페이스에 대해 맞는 말은? (2개를 선택할 것)

```
Full-duplex, 100Mbps, media type is  10/100BaseTX
```

   a. 속도는 명백하게 **speed 100** 인터페이스 하부 명령에 의해 설정되었다.

   b. 속도는 **speed 100** 인터페이스 하부 명령에 의해 설정되었을 수 있다.

   c. 듀플렉스는 명백하게 **duplex full** 인터페이스 하부 명령에 의해 설정되었다.

   d. 듀플렉스는 **duplex full** 인터페이스 하부 명령에 의해 설정되었을 수 있다.

5. 다음 명령어 중 어떤 것이 포트 시큐리티가 설정된 MAC 주소들에 대한 MAC 주소 테이블 항목들을 보여주는가? (2개를 선택할 것)

a. `show mac address-table dynamic`

b. `show mac address-table`

c. `show mac address-table static`

d. `show mac address-table port-security`

6. 시스코 카탈리스 스위치에서, `show mac address-table` 명령을 입력했다. 다음 답변 중 어떤 것을 아웃풋 대부분의 라인들에서 볼 수 있을까? (2개를 선택할 것)

a. MAC 주소

b. IP 주소

c. VLAN ID

d. 유형(브로드캐스트, 멀티캐스트 혹은 유니캐스트)

7. `show port-security interface f0/1` 명령은 'secure-down'이란 포트 상태를 보여준다. 다음 중 어떤 것이 현재의 인터페이스를 제대로 설명하는가?

a. `show interface status` 명령은 인터페이스 상태를 '커넥티드'로 표시한다.

b. `show interface status` 명령은 인터페이스 상태를 '에러-디스에이블드'로 표시한다.

c. `show port-security interface` 명령은 셧다운 혹은 리스트릭티드 모드이지만 프로텍트 모드는 아니라는 것을 보여준다.

d. `show port-security interface` 명령은 위반 횟수를 10으로 보여줄 수 있다.

8. SW1의 `show interfaces g0/1 switchport` 명령은 연결된 링크의 트렁킹 상태를 보여준다. 이 아웃풋을 기초로, 다음 중 이 링크에 연결된 SW2의 포트와 관련하여 사실인 것은?

```
SW1# show interfaces gigabit0/1 switchport
Name: Gi0/1
Switchport: Enabled
Administrative Mode: trunk
Operational Mode: trunk
```

a. `show interfaces switchport`의 운영 상태는 'trunk'다.

b. `show interfaces switchport`의 관리 상태는 'trunk'다.

c. SW2는 G0/2에서 `switchport mode trunk` 컨피규레이션 명령을 설정하면, 트렁킹이 될 수 없을 것이다.

d. SW2는 `switchport mode dynamic auto` 컨피규레이션 명령을 사용하면 트렁킹이 될 것이다.

∷ 장애 해결 방법론 적용에 대한 관점들

이 장의 첫 번째 섹션은 하나의 특별한 큰 아이디어를 간략하게 알아본다. 어떤 장애 해결 (troubleshooting) 과정이 네트워킹 문제를 해결하기 위해 사용될 수 있을까? CCENT 및 CCNA 라우팅&스위칭 시험의 주제에는 몇 가지 기술 즉, 대부분 라우터와 스위치에서 설정하는 몇 가지 기능과 함께 '트러블슈트(troubleshoot)'라는 단어가 포함된다. 하나의 시험 주제는 장애 해결 과정에 대한 것이고, 첫 번째 섹션은 장애 해결 과정 그 자체를 목적으로써 알아본다.

장애 해결 과정에 대한 첫 번째 중요한 관점은 다음과 같다. 즉, 당신이 선호하는 어떤 과정 혹은 방법으로도 장애 해결은 가능하다. 그러나 항상 우수한 방법들의 공통된 특징은 보다 신속하게 문제를 해결하고, 향후에 동일한 문제를 일으킬 가능성을 낮춘다.

장애 해결 방법에 대한 하나의 시험 주제는 IT 내부나 다른 산업계에서도 사용하는 장애 해결 방법론에서도 발견되는 몇 가지 매우 일반적인 용어들을 사용한다. 장애 해결에 관련한 아이디어는 일반적인 상식에 해당한다. 시험 항목은 다음을 포함한다.

단계 ① **문제의 확인 및 문서화**: 문제 확인은 가능한 이슈에 대해 아는 것을 취합해 문제가 존재한다는 것을 확인하고, 어떤 장치와 케이블이 문제의 일부이고, 문제의 일부가 아닌 지를 결정한다. 이 단계는 또한 일반적으로 장애 추적 시스템을 활용하여 장애를 해결할 때, 발견한 것을 문서화 하는 과정을 포함한다.

단계 ② **해결 혹은 단계 별 지원**: 문제 확인은 결과적으로 문제의 근본 원인 즉, 해결을 위한 문제의 원인을 찾아내야 한다. 그래야 문제를 해결할 수 있다. 물론 근본 원인을 찾을 수 없거나 혹은 이미 발견한 근본 원인을 해결하거나 고칠 수 없다면, 무엇을 해야 할까? 문제에 대해 지원 요청을 해야 한다. 대부분의 회사들은 보다 기술적인 전문 지식 혹은 관리적인 의사 결정을 필요로 하는지 여부와 관련하여 다양한 단계의 기술 지원과 단계별 지원 요청 프로세스를 정의하고 있다.

단계 ③ **확인 혹은 감시**: 문제에 대한 요청을 받고, 문제를 확인하고, 문서화하고, 가능한 근본 원인을 찾고, 해결했다면, 이제 실제로 제대로 동작하는지를 확인할 필요가 있다. 어떤 경우에는 단지 소수의 show 명령들만 필요할 수도 있다. 또한 근본 문제를 해결했을 때라도, 일정 시간 동안 지속적으로 감시할 필요가 있다.

대부분의 실전 프로세스와 같이, 실제 장애 해결 과정은 여기서 목록화한 3단계의 장애 해결 과정처럼 정식화하기 어렵다. 단계들 간에 이동하며 문제를 해결하는 것은 잘 작동할 수도 있고, 그렇지 않을 수도 있다. 오히려 이 과정을 반복해서 수행하고 필요하다면 지원팀 등으로부터 도

사전 점검 퀴즈 정답
1 C, D **2** A, B, D **3** A, D **4** B, D **5** B, C **6** A, C **7** B **8** D

움을 얻을 수 있다. 하지만 이러한 종류의 단계들을 따르는 것이 문제를 보다 일관성 있게, 보다 신속하게, 특별히 문제 해결에 지원팀이 관련되어야 하는 상황에서 보다 도움이 될 수 있다.

장애 해결 관련 시험 문제

시험은 지식을 평가할 뿐 아니라, 장애 해결 기술을 평가한다. 그렇지만 시험은 특별한 장애 해결 방법들을 사용할 것을 요구하지는 않는다. 시험에서 장애의 근본 원인을 찾아내는데 초점을 맞추어야 하고 그 이후에, (a) 장애를 해결하거나 (b) 증상과 장애의 근본 원인에 대해 다지 선다 문제에 답해야 한다.

시험은 장애 해결 기술을 평가하기 위해 주요 수단으로 두 개의 문제 유형을 사용한다. 시뮬레이션 문제들은 오류를 가진 설정 내용을 제시하는 것으로 시작한다. 해야할 일은 설정 오류를 찾고 설정을 고치거나 보완해야 하는 것이다. 즉, 이러한 문제들은 직접적인 설정 오류 해결 문제들로 시험에서 그 오류들을 찾아내고 설정을 변경해야 한다.

심렛(Simlet) 문제들도 CLI(command-line interface)에 접속할 수 있는 시뮬레이터를 제시한다. 그러나 설정을 변경하는 대신, 이러한 문제들은 네트워크의 현재 동작을 확인하도록 하고 현재의 동작과 관련하여 다지 선다 질문들에 답하도록 한다. 이러한 문제들은 장애 확인과 문서화를 할 때 당신에게 필요한 명령어 유형을 사용하도록 하고 다음으로 다지 선다 문제들을 제시하여 발견한 것을 평가하도록 한다.

어떤 시점에서, 지금이나 10~15분 정도의 여분의 시간을 가질 때 학습을 잠깐 중지하고 Cisco.com에 접속하여 'exam tutorial'을 검색하기 바란다. 시스코의 'exam tutorial'은 시뮬레이션과 심렛과 같은 모든 문제 유형들을 보여주고, 시험과 동일한 사용자 인터페이스에서 이동하는 방법에 대해 보다 익숙한 감각을 가질 수 있도록 도와준다.

장애 발견에 대한 보다 깊은 관찰

시험에서, 하나의 심렛 문제에 포함된 다수의 다지 선다형 문제들에 대한 정답을 발견하기 위한 5~10개의 **show** 명령을 사용할 수 있다. 따라서 이 문제는 실제 네트워크에서 실행하는 것과 유사한 장애 확인 과정을 수행해야 한다. 일부 문제들은 스위치 혹은 VLAN과 관련된 것이 명백하지만, 다른 문제들은 WAN, LAN 혹은 라우팅 문제인지를 밝히기 위해 즉, 네트워크의 어느 부분에 장애가 있는지를 결정하기 위한 추가적인 장애 발견 과정을 필요로 할 수도 있다.

예를 들어, [그림 12-1]의 네트워크에 기초하여 다음 장애를 고려해보자. PC1과 PC2는 동일한 VLAN(10) 내부에 존재하는 것으로 가정한다. 한때 PC1에서 **ping 10.1.1.2**은 정상 동작했지만, 지금은 아니다.

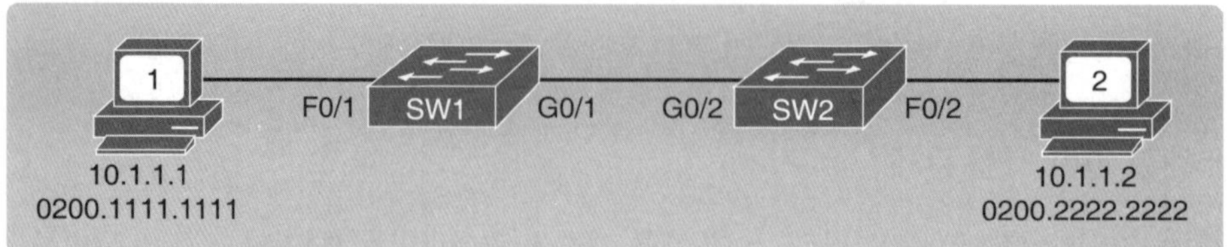

[그림 12-1] ping 장애를 가진 네트워크

> **NOTE** 이 책은 23장 'IPv4 장애 해결 툴들'에서 2개의 IP 장애 해결 툴들 즉, ping과 traceroute를 심도 있게 다룬다. 지금까지 ping 명령은 IP 네트워크가 양 방향으로 패킷을 전달할 수 있는지를 확인하기 위해 한 장치에서 다른 장치로 메시지(IPv4 패킷 내부에)를 보내고 다시 받는다.

따라서 이 문제를 어떻게 해결할 것인가? 그림이 정확한 것인지 의심스럽다면 네트워크 구성을 확인하기 위해 **show** 명령의 결과를 볼 수도 있다. 네트워크 구성에 대해 확신이 들면, LAN 스위칭에 대한 지식에 기초하여 정상적인 동작을 예측할 수 있다. 결과적으로, PC1이 PC2에게 보낸 프레임이 이동해야 하는 곳을 예측할 수 있다. 장애를 발견하기 위해 프레임이 보내지는 인터페이스를 확인하기 위해 스위치의 MAC 테이블을 볼 수도 있고, 혹은 PC2에 연결된 인터페이스가 다운되었음을 발견할 수도 있다.

이러한 첫 번째 문제는 단지 두 대의 네트워킹 장치들(두 대의 2 계층 스위치)로 구성된 상대적으로 소규모의 네트워크를 보여주었다. 결과적으로 시험 문제가 인터페이스 문제나 VLAN 문제나 이 책의 Part Ⅱ와 Part Ⅲ의 앞선 장에서 학습한 내용에 중점을 둘 것이라 추정할 수 있을 것이다.

기타 심렛 문제들은 보다 대규모 네트워크를 제시하는 대신, Part Ⅱ와 Ⅲ의 이더넷 주제들에 대해 장애를 발견하도록 한다. 그런데 다양한 장애들을 찾기 위해 장애 발견은 3계층에서 시작할 필요가 있을 수도 있다.

예를 들어, [그림 12-2]에서 PC1 사용자는 보통 오른쪽의 웹 서버에 접속하기 위해 PC1의 웹 브라우저에 www.example.com을 입력한다. 그런데 웹 브라우징 시도는 현재 실패했다. 사용자는 헬프 데스크에 전화를 걸었고, 이 장애는 해결을 위해 한 네트워크 엔지니어에게 할당되었다.

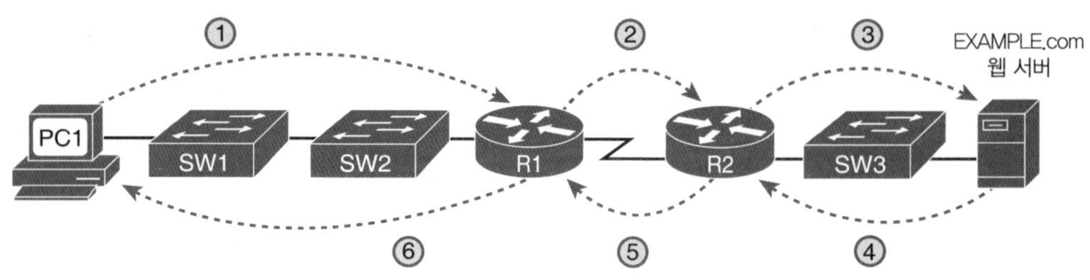

[그림 12-2] 3계층 문제 확인

분석을 시작하기 위해, 네트워크 엔지니어는 성공적인 웹 브라우징 세션이 일어날 때의 첫 번째 작업으로 시작할 수 있다. 예를 들어, 엔지니어는 PC1이 호스트네임(www.example.com)을 오른쪽 서버에서 사용하는 정확한 IP 주소로 변환할 수 있는지를 확인할 필요가 있다. 다음으로 그림에서 보이는 6개의 라우팅 단계들 중 어디가 실패했는지를 결정하기 위해 3계층의 IP 라우팅 관련 장애 발견 과정으로 옮긴다. [그림 12-2]의 라우팅 단계들은 다음과 같다.

단계 ① PC1은 목적지 IP 주소(웹 서버의 IP 주소)가 다른 서브넷에 존재하므로 디폴트 게이트웨이(R1)에게 패킷을 보낸다.

단계 ② R1은 R1의 라우팅 테이블에 기초하여 패킷을 R2에게 보낸다.

단계 ③ R2는 R2의 라우팅 테이블에 기초하여 웹 서버에게 패킷을 보낸다.

단계 ④ 웹 서버는 웹 서버의 디폴트 게이트웨이 설정(R2)에 기초하여 PC1에게 패킷을 돌려 보낸다.

단계 ⑤ R2는 PC1에게 보내는 패킷을 R2의 라우팅 테이블에 따라 R1에게 패킷을 보낸다.

단계 ⑥ R1은 R1의 라우팅 테이블에 기초하여 PC1에게 패킷을 보낸다.

다수의 엔지니어들은 이 리스트와 같이 네트워크 문제들을 분할하여, 네트워크 상의 경로에 대해 각 라우터별로 양 방향으로 분석한다. 이 과정은 문제 발견을 위해 첫 번째로 할 수 있는 일이다. 분석 결과가 경로 중에 어떤 홉(hop)에 문제가 있는지를 보여주면, 해당 영역을 좀더 자세히 살펴본다. 그리고 이 경우 문제 발견 과정에서 **단계①**, **③**, **④** 혹은 **⑥**이 실패라는 것을 찾았다면, 근본 원인은 이터넷 혹은 다른 2계층 이슈들과 관련될 수 있다.

예를 들어, 경로 분석이 PC1이 디폴트 게이트웨이(R1)에게 패킷을 보낼 수 없다는 사실 즉, 이것은 [그림 12-2]의 **단계①**이 실패했다는 것을 의미한다. 문제를 좀더 좁히고 근본 원인을 발견하기 위해, 엔지니어는 다음 항목들을 확인해야 한다:

- PC1과 R1의 LAN 인터페이스의 MAC 주소
- SW1과 SW2에서 사용하는 스위치 인터페이스들
- 각 스위치 인터페이스의 인터페이스 상태
- 사용해야 하는 VLAN들
- PC1에서 목적지 MAC 주소로 R1에게 보내진 프레임에 대한 기대되는 포워딩 동작

이러한 사실들을 수집하고 분석함으로써, 엔지니어는 대부분의 근본 원인을 식별하고 그것을 해결할 수 있다.

이 책에서 다루는 장애 해결

CCENT와 CCNA 라우팅 & 스위칭에 관련된 모든 시험들은 다양한 장애 해결 주제를 포함한다. ICND1과 ICND2 시험 주제의 현재 버전에서, 시스코는 'troubleshoot(장애 해결)'를 포함

하는 대략 30개의 주요 시험 주제들을 제시한다. 결과적으로 이 책은 장애 해결만을 다루는 세 개의 장들과 더불어 보다 적은 장애 해결 주제들은 다수의 장들에 분산되어 있다. 그리고 모든 개념, 설정과 확인 주제는 해당 기능에 대한 장애를 해결을 하기 위해 필요한 배경 지식을 제공한다.

이 장의 나머지는 네 개의 주요 주제들과 함께 이더넷 LAN과 관련한 장애 해결을 살펴본다. 이러한 모든 주제는 익숙한 설정과 확인 명령과 함께 익숙한 개념을 다룬다. 하지만 이러한 주제에 대한 설정과 확인 과정의 핵심은 먼저 정확하게 설정하는 방법과 정확하게 동작하는지 확인하는 방법이다. 이 경우, 장애 해결의 관점에서 전형적인 문제를 찾고, 확인 대상에 대해 주의를 기울여 네트워크 문제를 발견하는 방법을 찾는 것이다.

이 주제는 다음을 포함한다:

- **인터페이스 상태와 통계치 조사**: 스위치가 인터페이스에서 프레임을 보내기 전에 작동 상태에 있어야 한다. 인터페이스가 동작하는지를 결정해야하고, 문제가 있는 스위치 인터페이스의 잠재적인 근본 원인들을 결정해야 한다.
- **스위치의 프레임 포워딩 분석**: 스위치의 MAC 주소 테이블을 분석하는 방법과 스위치의 특정 프레임에 대한 포워딩 방식을 이해해야 한다.
- **포트 시큐리티 분석**: 포트 시큐리티는 규칙 위배 시에 인터페이스를 비활성화할 수 있지만, 인터페이스가 'up'인 상태에서도 프레임들을 차단할 수 있다. 이 섹션은 규칙 위배 시의 대응과 해당 대응이 일어나는 조건을 살펴본다.
- **VLAN 및 VLAN 트렁킹 분석**: 2계층 스위치에 중점을 두고, 이 마지막 섹션은 VLAN과 VLAN 트렁크와 관련한 오류를 찾는다.

∷ 스위치의 인터페이스 상태 및 통계 분석

앞선 섹션의 프로세스에 대한 초점을 이 섹션에서 네 개의 기술에 대한 초점으로 전환한다. 해당 프로세스는 각 스위치의 인터페이스가 동작하는지 여부를 발견하는 것과 동작한다면 어떤 통계치가 어떤 추가적인 문제를 밝히는지를 찾는 것으로부터 시작한다. 당연하게 시스코 스위치는 인터페이스가 먼저 기능 혹은 동작 가능한 상태에 있지 않으면, 해당 인터페이스를 사용하지 않는다. 또한 스위치 인터페이스가 동작 상태에 있어도, 간헐적으로 문제들이 일어날 수도 있다.

이 섹션은 시스코 스위치의 인터페이스 상태 코드들과 그것이 의미하는 것을 살펴봄으로써 인터페이스가 동작 가능한지를 알 수 있도록 한다. 이 섹션의 나머지는 인터페이스가 동작 중이긴 하지만, 상이한 인터페이스의 상태 코드와 통계치에 의해 밝혀지는 오동작과 같이 보다 드문 경우들을 살펴본다.

인터페이스 상태 코드 및 동작 불능 사유들

시스코 스위치는 실제로 두 개의 다른 세트의 인터페이스 상태 코드들을 사용한다. 두 코드 중 한 세트는 라우터 인터페이스 코드와 같이 두 개의 코드를 사용하고, 또 다른 세트는 하나의 코드만 사용한다. 두 세트의 상태 코드들은 인터페이스의 동작 여부를 알려준다.

스위치의 **show interfaces** 및 **show interfaces description** 명령은 '*line status*(라인 상태)'와 '*protocol status*(프로토콜 상태)'라 불리는 두 개의 코드 상태를 보여준다. 라인 상태는 일반적으로 1계층의 동작 여부를 표시하고, 프로토콜 상태는 일반적으로 2계층의 동작 여부를 표시한다.

> **NOTE** 이 책은 두 개의 상태 코드를 표시할 때, 두 상태 사이에 슬래시(/)를 넣어 짧게 가령, *up/up*과 같이 표시한다.

상태를 나타낼 때, 단일 코드 방식은 전통적인 두 개의 코드를 사용하는 방식과 상응하고, 명확한 상호 연관성을 가진다. 예를 들어, **show interfaces status** 명령은 동작 중인 인터페이스의 '커넥티드' 상태를 보여주는데, 이것은 **show interfaces**와 **show interfaces description** 명령에서 볼 수 있는 up/up 상태와 동일한 의미를 갖는다. [표 12-2]는 코드 조합을 보여주며, 특정 인터페이스 상태를 일으키는 일부 근본적인 원인들을 보여준다.

라인 상태	프로토콜 상태	인터페이스 상태	일반적인 근본 원인
administratively down	down	disabled	인터페이스에 **shutdown** 명령이 설정됨.
down	down	notconnect	케이블 없음, 케이블 문제, 케이블 핀아웃 오류, 속도 불일치, 이웃 장치가 (a) 전원 꺼짐, (b) **shutdown**, 혹은 (c) 오류로 비활성화됨.
up	down	notconnect	LAN 스위치의 물리적 인터페이스에서는 볼 수 없음.
down	down	err-disabled	포트 시큐리티 기능이 인터페이스를 비활성화함.
up	Up	connected	인터페이스가 정상 동작 중임.

[**표 12-2**] LAN 스위치 인터페이스 상태 코드

잠시, 'notconnect'에 대해 살펴보면, 이 상태는 이 책을 통해 언급한 다수의 원인들을 갖는다. 예를 들어, 2장 '이더넷 LAN 기초'에서 설명한 정확한 핀아웃 대신 부정확한 케이블링 핀아웃을 사용하면 문제를 일으킨다. 하지만, 다음 섹션에서 특별히 설명하는 속도와 듀플렉스 불일치와 같은 문제는 해결하기가 쉽지 않을 수도 있다.

이 표에서 볼 수 있는 바와 같이, 문제가 있는 케이블은 down/down(**show interfaces status** 명령에서는 notconnect) 상태에 대한 다수의 원인들 중에 하나가 된다. 케이블링 문제의 근본 원인들 중에 일부 예는 다음을 포함한다:

[표 12-2]에 표시된 다른 인터페이스 상태에 대해, up/up(connected) 상태는 좀 더 논의를 필요로 한다. 인터페이스가 동작 상태라도, 그것은 실제로 동작 가능한 상태이거나 아니면 낮은 성능으로 동작하고 있을 수 있다. 다음 몇몇 주제는 인터페이스가 제대로 동작하는지 아니면 문제를 가지고 있는지를 찾기 위해 up/up(connected) 인터페이스를 점검하는 방법을 다룬다.

인터페이스 속도 및 듀플렉스 이슈들

다수의 UTP(unshielded twisted-pair) 기반의 이더넷 인터페이스는 다양한 속도들과 풀 혹은 하프 듀플렉스를 지원하고 IEEE 표준의 자동 협의 기능(9장 '스위치 인터페이스 설정'의 '자동 협의' 섹션에서 논의했던)을 지원한다. 마찬가지로, 이 인터페이스는 **speed {10 | 100 | 1000}** 인터페이스 하부 명령을 통해 특정 속도를 사용하도록 설정하고, **duplex {half | full}** 인터페이스 하부 명령을 통해 특정 듀플렉스를 사용하도록 설정할 수 있다. 두 가지가 설정되면, 스위치 혹은 라우터는 해당 인터페이스에서 IEEE 표준의 자동 협의 기능을 비활성화한다.

show interfaces와 **show interfaces status** 명령은 [예 12-1]과 같이 인터페이스의 실제 속도와 듀플렉스 설정을 보여준다.

```
SW1# show interfaces status

Port          Name          Status       Vlan      Duplex   Speed   Type
Fa0/1                       notconnect   1          auto     auto    10/100BaseTX
Fa0/2                       notconnect   1          auto     auto    10/100BaseTX
Fa0/3                       notconnect   1          auto     auto    10/100BaseTX
Fa0/4                       connected    1          a-full   a-100   10/100BaseTX
Fa0/5                       connected    1          a-full   a-100   10/100BaseTX
Fa0/6                       notconnect   1          auto     auto    10/100BaseTX
Fa0/7                       notconnect   1          auto     auto    10/100BaseTX
Fa0/8                       notconnect   1          auto     auto    10/100BaseTX
Fa0/9                       notconnect   1          auto     auto    10/100BaseTX
Fa0/10                      notconnect   1          auto     auto    10/100BaseTX
Fa0/11                      connected    1          a-full     10    10/100BaseTX
Fa0/12                      connected    1          half      100    10/100BaseTX
Fa0/13                      connected    1          a-full   a-100   10/100BaseTX
Fa0/14                      disabled     1          auto     auto    10/100BaseTX
! 간략화를 위해 라인들 생략됨.

SW1# show interfaces fa0/13
FastEthernet0/13 is up, line protocol is up (connected)
  Hardware is Fast Ethernet, address is 0019.e86a.6f8d (bia 0019.e86a.6f8d)
  MTU 1500 bytes, BW 100000 Kbit, DLY 100 usec,
     reliability 255/255, txload 1/255, rxload 1/255
  Encapsulation ARPA, loopback not set
  Keepalive set (10 sec)
  Full-duplex, 100Mbps, media type is 10/100BaseTX
  input flow-control is off, output flow-control is unsupported
```

```
ARP type: ARPA, ARP Timeout 04:00:00
Last input 00:00:05, output 00:00:00, output hang never
Last clearing of "show interface" counters never
Input queue: 0/75/0/0 (size/max/drops/flushes); Total output drops: 0
Queueing strategy: fifo
Output queue: 0/40 (size/max)
5 minute input rate 0 bits/sec, 0 packets/sec
5 minute output rate 0 bits/sec, 0 packets/sec
   85022 packets input, 10008976 bytes, 0 no buffer
   Received 284 broadcasts (0 multicast)
   0 runts, 0 giants, 0 throttles
   0 input errors, 0 CRC, 0 frame, 0 overrun, 0 ignored
   0 watchdog, 281 multicast, 0 pause input
   0 input packets with dribble condition detected
   95226 packets output, 10849674 bytes, 0 underruns
   0 output errors, 0 collisions, 1 interface resets
   0 unknown protocol drops
   0 babbles, 0 late collision, 0 deferred
   0 lost carrier, 0 no carrier, 0 PAUSE output
   0 output buffer failures, 0 output buffers swapped out
```

[예 12-1] 스위치 인터페이스에서 속도와 듀플렉스 설정을 보여줌.

이 예에서 두 명령이 유용할 수 있다 하더라도, 단지 **show interfaces status** 명령만이 스위치가 속도와 듀플렉스를 지정한 방식을 보여준다. 이 명령어의 아웃풋은 **a-**의 프리픽스와 함께 자동 협의된 설정값이라는 것을 보여준다. 예를 들어, **a-Full**은 자동 협의된 풀 듀플렉스를 의미하는 반면, **full**은 풀 듀플렉스지만 수동적으로 설정된 것임을 의미한다. 이 예는 음영으로 표시한 아웃풋에서 스위치의 Fa0/12 인터페이스의 속도와 듀플렉스는 자동 협의의 결과가 아니지만, Fa0/13은 자동 협의를 수행했음을 의미한다. **show interfaces fa0/13** 명령(status 옵션 없이)은 패스트 이더넷 0/13 인터페이스의 속도와 듀플렉스만 표시할 뿐, 자동 협의를 통해 결정된 값인지를 의미하는 정보는 없다.

IEEE 자동 협의 프로세스가 두 장치에서 작동할 때, 두 장치가 지원하는 가장 빠른 속도를 선택한다. 또한 두 장치가 모두 풀 듀플렉스를 지원하면 두 장치는 풀 듀플렉스를 사용하고, 그렇지 않으면 하프 듀플렉스를 사용한다. 하지만, 한 장치에서 자동 협의 기능을 비활성화하고 다른 장치는 자동 협의 기능을 사용하면, 자동 협의 기능을 사용하는 장치는 현재 속도를 기준으로 기본 듀플렉스 설정을 선택한다. 결과는 다음과 같다:

- 속도를 모르면, 10Mbps, 하프 듀플렉스를 적용한다.
- 스위치가 케이블의 신호 감지를 통해, IEEE 자동 협의 기능 없이 성공적으로 속도를 감지하면:
  - 속도가 10 혹은 100Mbps라면, 기본적으로 하프 듀플렉스를 사용한다.
  - 속도가 1,000Mbps라면, 기본적으로 풀 듀플렉스를 사용한다.

자동 협의 기능은 제대로 작동하는 반면, 이러한 디폴트 설정은 듀플렉스 불일치(*duplex mismatch*)라 불리는 해결하기 힘든 장애를 낳는다. 9장의 '자동 협의' 섹션은 두 장치가 같은 속도를 사용하기 때문에 링크의 상태는 'up'이라 하더라도, 한 쪽은 하프 듀플렉스를, 다른 쪽은 풀 듀플렉스를 사용할 수 있다.

다음 예는 듀플렉스 불일치를 일으키는 특별한 경우를 보여준다. [그림 12-3]에서 SW2의 Gi0/2 인터페이스가 **speed 100**과 **duplex full** 명령으로 설정되었다고 가정해보자(어쨌든, 이러한 설정은 기가비트 인터페이스에서 권장되지 않는 것이다). 시스코 스위치에서 **speed**와 **duplex** 명령을 설정하면 해당 포트에서 자동 협의 기능을 비활성화한다. SW1의 Gi0/1 인터페이스가 자동 협의 기능을 사용하려 하면, SW1은 속도는 100Mbps를 사용하고, 듀플렉스는 기본값인 하프 듀플렉스를 사용할 것이다. [예 12-2]는 SW1의 이 특별한 경우의 결과를 보여준다.

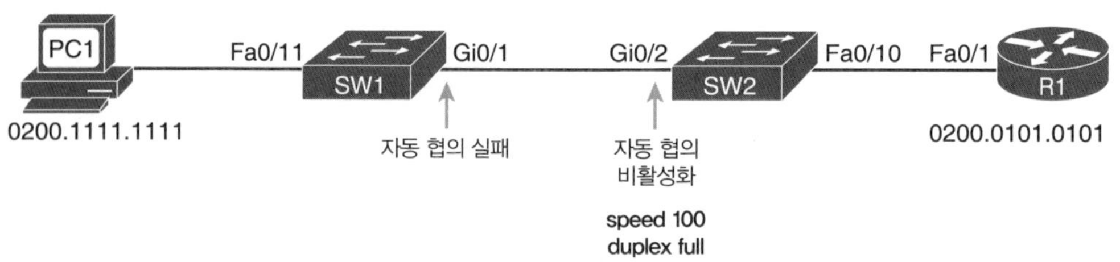

[그림 12-3] SW1과 SW2 간의 듀플렉스 불일치를 일으키는 조건

```
SW1# show interfaces gi0/1 status

Port    Name         Status      Vlan    Duplex  Speed  Type
Gi0/1                Connected   trunk   a-half  a-100  10/100/1000BaseTX
```

[예 12-2] 스위치 SW1에서 듀플렉스 불일치를 확인하기

먼저, 명령어의 아웃풋에 초점을 맞춰보면, 이 명령은 SW1의 속도와 듀플렉스를 보여준다. 또한, 아웃풋에서 프리픽스 **a-**는 자동 협의를 의미한다. SW1이 자동 협의 기능을 기본적으로 사용하고 이 명령의 결과는 여전히 이 값들이 자동 협의 과정을 통해 결정된 것임을 의미한다.

듀플렉스 불일치를 발견하는 것은 속도 불일치를 발견하는 것보다 훨씬 더 어렵다. 그 이유는 듀플렉스 설정이 이더넷 세그먼트의 양쪽 끝에서 일치하지 않는다 하더라도, 스위치 인터페이스는 여전히 커넥티드(up/up) 상태이기 때문이다. 이 경우, 인터페이스는 작동하지만, 낮은 성능과 간헐적인 문제 증상을 가질 수 있다. 그 이유는 하프 듀플렉스를 사용하는 장치는 CSMA/

CD(carrier sense multiple access collision detect) 로직을 사용하기 때문에, 프레임을 수신하면 전송을 멈추는데 이때 전송하면 컬리전이 일어날 것이라고 믿기 때문이다. 높은 트래픽 처리율과 더불어 인터페이스는 커넥트 상태일 수 있지만, 트래픽 처리는 매우 비효율적이다.

듀플렉스 불일치 문제를 확인하기 위해, 링크 양 쪽의 듀플렉스 설정을 확인하고, 다음 섹션에서 설명하는 바와 같이 컬리전(collision)과 늦은 컬리전(late collision) 수치가 증가하는지 보아야 한다.

동작 중인 인터페이스에 대한 일반적인 1계층 문제

인터페이스의 상태가 'up/up' 이라면, 스위치는 인터페이스가 정상 동작 중이라고 판단한다. 스위치는 당연히 이 인터페이스를 사용하려 하고, 동시에 다양한 인터페이스 관련 통계를 산출한다. 이 섹션은 관련된 개념들의 일부와 가장 일반적인 문제들 중 소수를 설명한다.

물리적인 전송에 문제가 있을 때는 보통 수신 장치는 비트 오류[16]를 가진 프레임을 수신할 수 있다. 이러한 프레임은 2장에서 설명한 이더넷 트레일러의 FCS 필드를 이용하여 수행되는 에러 탐지 과정을 통과할 수 없다. 수신 장치는 이 프레임을 폐기하고 인풋 에러(input error) 수치를 올린다. 시스코 스위치는 이 오류를 [예 12-3]에서 강조한 것과 같이 CRC 에러로도[17] 표시한다. CRC(Cyclic redundancy check)는 FCS(frame check sequence)가 에러를 탐지하는 방법과 관련된 용어다.

```
SW1# show interfaces fa0/13
! 간략화를 위해 라인들 생략됨
  Received 284 broadcasts (0 multicast)
  0 runts, 0 giants, 0 throttles
  0 input errors, 0 CRC, 0 frame, 0 overrun, 0 ignored
  0 watchdog, 281 multicast, 0 pause input
  0 input packets with dribble condition detected
  95226 packets output, 10849674 bytes, 0 underruns
  0 output errors, 0 collisions, 1 interface resets
  0 unknown protocol drops
  0 babbles, 0 late collision, 0 deferred
  0 lost carrier, 0 no carrier, 0 PAUSE output
  0 output buffer failures, 0 output buffers swapped out
```

[예 12-3] 1계층 문제에 대한 인터페이스 통계치

---

[16] 1비트가 0비트로 바뀌거나 그 반대로 바뀌는 오류

[17] CRC 에러는 인풋 에러(input error)에 포함된다.

인풋 에러의 수, CRC 에러의 수는 **show interfaces** 명령의 결과에서 확인 가능한 통계치들이다. 여기서 중요한 것은 어떤 카운트들을 고려할 필요가 있는지, 어떤 것이 문제가 발생했다는 것을 보여주고, 어떤 것이 정상적이고 신경 쓸 필요가 없는 것인지를 결정하는 것이다.

이 예는 몇 가지 카운트들을 강조하여 어느 것이 문제를 표시하고, 어느 것이 문제가 아닌 정상적인 이벤트를 표시하는 것인지를 이해할 수 있도록 한다. 다음 목록은 이 예에서 보여준 순서대로 강조된 항목에 대한 짧은 설명을 보여준다.

- 런츠(Runts): 최소 프레임 크기 조건(18바이트의 목적지 MAC, 출발지 MAC, 타입과 FCS를 포함하여 64바이트)을 충족시키지 못하는 프레임들, 컬리전 때문에 발생 가능함.

- 자이언츠(Giants): 최대 프레임 크기 조건(18바이트의 목적지 MAC, 출발지 MAC, 타입과 FCS를 포함하여 1,518바이트)을 넘는 프레임들.

- 인풋 에러들(Input Errors): 런트, 자이언츠, 노 버퍼(no buffer), CRC, 프레임(frame), 오버런(overrun), 이그노어드(ignored)의 총 수.

- CRC: FCS 계산을 통과하지 못한 프레임을 수신한 횟수로 컬리전 때문에 발생 가능.

- 프레임(Frame): 규칙에서 벗어난 형식을 가진 프레임으로 예를 들어, 바이트(8비트)를 제대로 구성하지 못한 채 프레임이 끝나는 경우로 컬리전에 의해 발생됨.

- 패킷 아웃풋(Packets Output): 해당 인터페이스에서 송신한 전체 패킷(프레임) 수

- 아웃풋 에러(Output Errors): 스위치 포트가 송신을 시도를 했지만 어떤 장애가 발생한 패킷(프레임)의 총 수

- 컬리전(Collisions): 인터페이스가 프레임을 송신할 때 발생하는 모든 컬리전의 수

- 늦은 컬리전(Late Collisions): 64바이트의 프레임이 전송된 이후에 발생하는 모든 컬리전 (적정하게 동작하는 이더넷 LAN에서, 컬리전은 첫 번째 64바이트를 보내기 전에 발생해야 하는데 늦은 컬리전은 종종 듀플렉스 불일치가 원인이다).

하프 듀플렉스가 적용되었을 때 즉, CSMA/CD와 관련된 다수의 통계치가 있다. 컬리전은 CSMA/CD 환경의 하프 듀플렉스 로직의 정상적인 부분이므로, 스위치 인터페이스의 컬리전 수치가 올라가도 문제라고 판단하지 않는다. 하지만, 늦은 컬리전은 전형적으로 듀플렉스 불일치 문제를 표시한다.

LAN 설계가 케이블링 지침을 따른다면, 모든 컬리전은 64바이트 프레임의 전송이 끝나기 전에 발생해야 한다. 스위치가 이미 64바이트 프레임을 전송한 직후, 스위치가 동일한 인터페이스를 통해 프레임을 수신하면 스위치는 컬리전이 일어났다고 생각한다. 이 경우에 컬리전은 늦은 컬리전(late collision)이 되며, 스위치는 늦은 컬리전의 카운터를 올리고 또한, 일반적인 CSMA/CD 동작의 일환으로 잼(jam) 시그널을 보내고 무작위의 시간을 기다린 후에 재시도한다.

[그림 12-3]에서 SW1과 SW2 간의 불일치와 같이 듀플렉스 불일치 상황에서는 하프 듀플렉스 인터페이스는 늦은 컬리전 카운트가 올라가는 것을 볼 것이다. 왜일까? 하프 듀플렉스 인터페

이스가 프레임을 보낼 때(SW1), 풀 듀플렉스 네이버(SW2)는 하프 듀플레스 스위치가 보낸 64 바이트의 프레임이 끝난 뒤에 언제라도 프레임을 보낸다. 따라서, **show interfaces** 명령을 계속 반복하여 하프 듀플레스 인터페이스에 늦은 컬리전 카운터가 계속 증가한다면, 듀플렉스 불일치 문제를 가졌을 수 있다.

동작 중인 인터페이스(up/up 상태)는 물리적 케이블링과 연관된 이슈들과 관련이 있다. 케이블링 문제는 완전한 전송 중단 외에, 일부 프레임이 케이블을 성공적으로 통과하지 못하게 할 수 있다. 예를 들어, 케이블에 대한 과도한 간섭은 다양한 인풋 에러 수치 특히, CRC 수치를 증가시킨다. 특별히 CRC 오류는 증가하지만 컬리전 수치는 그대로라면, 문제는 단지 케이블의 간섭에 있을 수 있다(스위치는 인풋 에러의 한 종류로 컬리전 프레임을 계산한다).

∷ 스위치의 프레임 포워딩 위치 예측

이 섹션은 이 장에서 다섯 가지 주요 섹션 중에 네 번째를 시작한다. 이 섹션은 이더넷 LAN에 대한 장애 해결 과정의 핵심 영역을 살펴 본다. 즉, LAN 내에서 프레임이 전달되어야 하는 곳을 예측하고, LAN 내에서 프레임이 실제로 전달되는 곳을 비교해본다.

MAC 주소 테이블의 내용 예측하기

7장 '이더넷 LAN 스위칭 분석'에서 설명한 바와 같이, 스위치는 MAC 주소들을 학습하고, 각 프레임에 대한 포워딩 또는 필터링을 결정할 때 MAC 주소 테이블의 정보들을 활용한다. 특정 스위치에 의한 이더넷 프레임의 포워딩 방식을 정확하게 이해하기 위해서, 시스코 스위치의 MAC 주소 테이블을 살펴볼 필요가 있다.

보다 공식적인 장애 해결 과정은 LAN 내에 프레임의 이동 방향을 예측하기 위해 [그림 12-4]를 다시 보고, 각 스위치에 대한 MAC 주소 테이블의 내용을 종이 위에 적어 보자. 두 PC의 MAC 주소뿐만 아니라, Gi0/1에는 R1의 MAC 주소를 포함해야 할 것이다(세 MAC 주소들은 VLAN 10에 할당된다고 가정하자). 다음으로 프레드, 바니와 R1이 다른 장치에게 프레임을 보낼 때 어떤 인터페이스를 사용할지를 예측해보자.

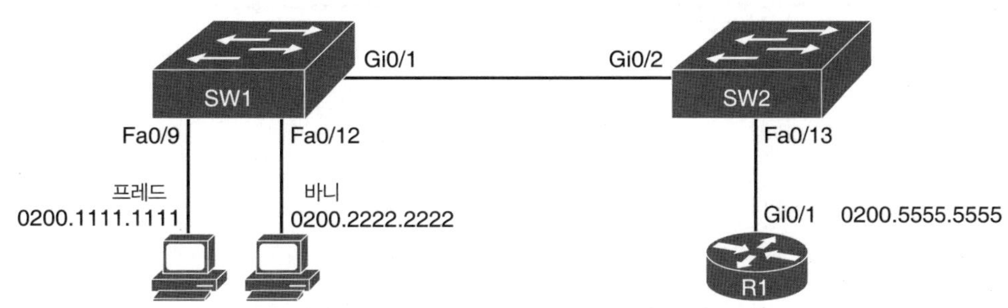

[그림 12-4] 스위치의 MAC 학습에서 사용되는 샘플 네트워크

이 경우 예측한 MAC 테이블 정보들은 프레임이 전달되어야 하는 곳을 정의한다. [그림 12-4]의 샘플 네트워크가 이더넷 LAN을 통과하는 하나의 물리적인 경로만 보여준다 해도, 연습은 가치가 있는데, 그 이유는 연습이 MAC 주소 테이블의 정보와 스위치의 프레임 포워딩 방식을 연결시키도록 하기 때문이다. [그림 12-5]는 라우터 R1뿐만 아니라, 프레드와 바니 PC에 대한 MAC 주소 테이블을 보여준다.

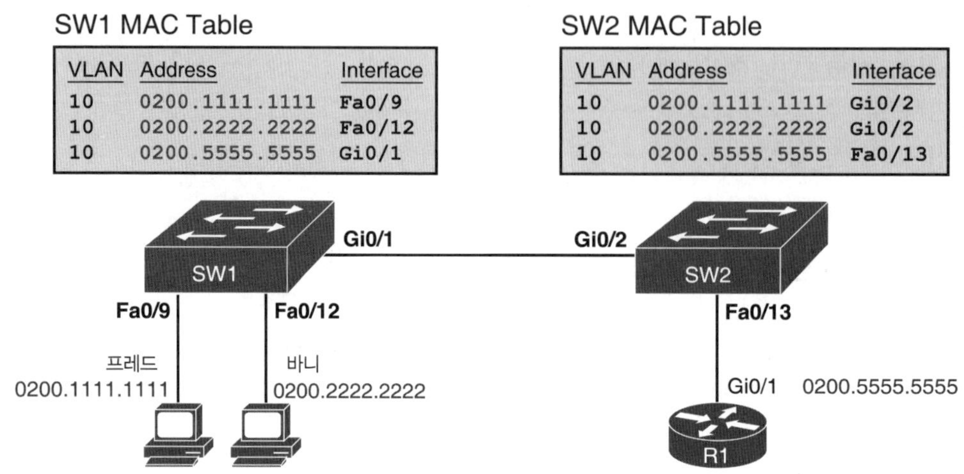

[그림 12-5] SW1과 SW2의 MAC 테이블 항목들에 대한 예측

[그림 12-5]가 이 개념을 보여주는 반면, [예 12-4]는 스위치에서 **show mac address-table dynamic** 명령어의 형식에서 동일한 항목들을 보여준다. 이 명령어는 모든 VLAN들에 대한 스위치가 학습한 모든 다이내믹 MAC 테이블 정보들을 보여준다.

```
SW1# show mac address-table dynamic
Mac Address Table
-------------------------------------------

Vlan      Mac Address        Type        Ports
----      -----------        --------    -----
10        0200.1111.1111     DYNAMIC     Fa0/9
10        0200.2222.2222     DYNAMIC     Fa0/12
10        0200.5555.5555     DYNAMIC     Gi0/1

SW2# show mac address-table dynamic
Mac Address Table
-------------------------------------------

Vlan      Mac Address        Type        Ports
----      -----------        --------    -----
10        0200.1111.1111     DYNAMIC     Gi0/2
10        0200.2222.2222     DYNAMIC     Gi0/2
10        0200.5555.5555     DYNAMIC     Fa0/13
```

[예 12-4] SW1과 SW2의 다이내믹 MAC 주소 테이블에 대한 점검

MAC 주소 테이블 항목들을 예측할 때, 한 장치가 LAN에서 다른 영역의 다른 장치로 전달되는 프레임을 가정하고 프레임이 LAN을 통과하면서 프레임이 들어가는 스위치의 포트를 찾아내야 한다. 예를 들어, 바니가 라우터 R1에게 프레임을 보낸다면, 프레임은 SW1의 Fa0/12 인터페이스로 들어가기 때문에, SW1은 바니의 0200.2222.2222 MAC 주소를 Fa0/12와 연결하는 MAC 주소 테이블 정보를 갖는다. SW1은 SW2에게 바니의 프레임을 보내고, SW2의 Gi0/2 인터페이스에 도착하기 때문에, SW2의 MAC 주소 테이블은 바니의 MAC 주소(0200.2222.2222)를 인터페이스 Gi0/2와 매핑하여 만든다.

MAC 주소 테이블의 내용을 예측하고, 다음 섹션에서 설명하는 바와 같이 스위치에서 실제로 일어나는 것을 점검할 수 있다.

포워딩 경로 분석

장애 해결은 세 개의 큰 아이디어 즉, 일어나야 하는 것을 예측하기, 일어나야 하는 것과 다른 것을 찾기, 다른 동작이 발생하는 이유를 이해하기를 중심으로 한다. 다음 섹션은 먼저, 스위치의 포워딩 로직에 대한 요약으로 다음의 예를 보여줌으로써 MAC 주소 테이블들에 기초하여 VLAN 내에서 실제로 일어나는 것을 살펴본다.

다음 리스트는 이 책에서 논의했던 LAN 스위칭 기능들을 포함하여 스위치의 포워딩 로직을 요약한다:

단계 ① 인터페이스가 현재 up/up(커넥티드) 상태일 때, 수신 인터페이스에서 다음과 같은 기능들을 수행한다:

Ⓐ 설정되었다면, 프레임 필터링을 위한 포트 시큐리티 로직을 적용한다.

Ⓑ 포트가 액세스 포트라면, 인터페이스의 액세스 VLAN을 확인한다.

Ⓒ 포트가 트렁크라면, 프레임의 소속 VLAN을 확인한다.

단계 ② 포워딩 결정을 한다. MAC 주소 테이블에서 프레임의 목적지 MAC 주소를 찾지만, 단계 1에서 확인한 VLAN에 속하는 항목들 중에서 찾는다. 다음과 같이 목적지 주소의 유형에 따라 처리 방법은 달라진다:

Ⓐ **발견됨(유니캐스트)**: 주소 테이블에서 일치하는 정보에 표시된 인터페이스로만 프레임을 보낸다.

Ⓑ **발견되지 않음(유니캐스트)**: 프레임을 수신 포트와 동일한 VLAN에 속하는 모든 다른 액세스 포트들(수신 포트는 제외)과 트렁크 중에서 해당 VLAN을 차단하지 않은 트렁크들(11장 '이더넷 VLAN(Virtual LAN) 설정'에서 show interfaces trunk 명령과 관련됨)로 플러딩한다.

Ⓒ **브로드캐스트**: Ⓑ와 동일한 규칙으로 프레임을 플러딩한다.

예를 들어, 바니가 디폴트 게이트웨이 R1(0200.5555.5555)으로 보낸 프레임을 고려해보자.
방금 살펴본 단계들을 기초로 구체적인 것은 다음과 같다:

단계 ① 수신 인터페이스:

   Ⓐ 포트에는 포트 시큐리티를 설정하지 않았다.

   Ⓑ SW1은 Fa0/12 인터페이스 즉, VLAN 10에 속하는 액세스 포트에서 프레임을 수신함.

단계 ② 포워딩 결정: SW1은 MAC 주소 테이블에서 VLAN 10에 속하는 항목들을 찾는다:

   Ⓐ SW1은 송신 인터페이스 Gi0/1과 VLAN 10에 속하는 0200.5555.5555에 대한 항목을 찾을 수
있으므로(알려진 유니캐스트), SW1은 해당 프레임을 인터페이스 Gi0/1 으로만 보낸다(링
크가 VLAN 트렁크이므로, SW1은 802.1 Q 트렁킹 헤더에 VLAN 10 태그를 추가한다).

예를 들어, 바니가 디폴트 게이트웨이, R1(0200.5555.5555)으로 보낸 프레임을 고려해보
자. 방금 살펴본 단계들을 기초로 구체적인 것은 다음과 같다:

단계 ① 수신 인터페이스:

   Ⓐ 포트에는 포트 시큐리티를 설정하지 않았다.

   Ⓑ SW2는 Gi0/2 인터페이스 즉, 트렁크에서 프레임을 수신하는데, 이 프레임은
VLAN 10 태그를 달고 있다(SW2는 802.1Q 헤더를 제거한다).

단계 ② 포워딩 결정: SW2는 MAC 주소 테이블에서 VLAN 10에 속하는 항목들을 찾는다:

   Ⓐ SW2는 송신 인터페이스 Fa0/13과 VLAN 10에 속하는 0200.5555.5555에 대한 항목을
찾을 수 있으므로(알려진 유니캐스트), SW2는 해당 프레임을 인터페이스 Fa0/13으로만
보낸다.

이제, 프레임은 SW2와 R1 사이의 케이블을 통과한다.

∷ 인터페이스의 포트 시큐리티 동작 분석

일반적으로 전달 과정을 분석할 때, 일부 프레임 혹은 패킷을 폐기할 수 있다면 보안 기능으로
간주한다. 예를 들어, 라우터와 스위치는 인터페이스에서 송수신하는 패킷과 프레임을 점검하여
이러한 패킷/프레임을 폐기하는 ACL(access control list)을 설정할 수 있다.

이 책과 시험은 스위치 ACL을 포함하지 않지만, 포트 시큐리티라 부르는 스위치 기능을 포
함한다. ICND1 책의 9장 '스위치 인터페이스 설정'에서 다루었던 포트 시큐리티 기능은 스위치로
하여금 인터페이스에서 송수신하는 일부 프레임들을 폐기할 수 있다. 포트 시큐리티는 차단할
프레임을 결정하기 위한 세 가지 기본 기능을 제공한다:

- 스위치 인터페이스에서 특정 MAC 주소들이 출발지/목적지인 프레임을 폐기함으로써 송수신할 수 있는 MAC 주소들을 제한함.

- 인터페이스에서 사용 가능한 최대 MAC 주소 수를 제한함. 학습 가능한 최대 한계치에 도달한 이후 학습된 MAC 주소들이 출발지/목적지인 프레임을 폐기한다.

- 앞선 두 가지를 조합한 방식

포트 시큐리티 장애 해결을 위한 첫 번째 단계는 어떤 인터페이스들이 포트 시큐리티를 적용하였는지와 현재 어떤 규칙 위반이 발생하고 있는지를 확인하는 것이다. 까다로운 부분은 규칙 위반에 대한 IOS의 대응책들을 구분하는 것인데, 규칙 위반 시에 스위치는 **switchport port-security violation *violation-mode*** 인터페이스 하부 명령에 기초하여 대응책을 설정한다. 포트 시큐리티 관련 이슈들을 찾기 위한 일반적인 과정은 다음과 같다.

단계 ① 포트 시큐리티를 설정한 인터페이스를 확인한다(**show running-config** 혹은 **show port-security**).

단계 ② 인터페이스의 포트 시큐리티 설정에서 다음과 같은 종류의 *violation mode* 설정에 기초하여 현재 보안 위반이 발생하고 있는지를 확인한다.

    Ⓐ 셧다운(shutdown): 포트 시큐리티가 설정된 인터페이스가 에러 디스에이블드(err-disabled) 상태로 보안을 위해 비활성화(secure-down)된다.

    Ⓑ 리스트릭트(restrict): 인터페이스는 커넥티드 상태일 것이고, 포트 시큐리티는 활성화 상태(secure-up)일 것이지만, **show port-security interface** 명령에서 규칙 위반 수치는 증가할 것이다.

    Ⓒ 프로텍트(protect): 인터페이스는 커넥티드 상태일 것이고, **show port-security interface** 명령에서 규칙 위반 수치는 증가하지 않을 것이다.

단계 ③ 모든 경우들에서, 그림에서 포트 시큐리티 설정과 **show port-security interface** 명령의 결과 내에서 'Last Source Address field(이전 출발지 주소 필드)'를 비교하라.

IOS는 셧다운 모드일 때, 리스트릭트와 프로텍트 모드와 비교해 보면 대응 방식은 전혀 다르기 때문에 다음 몇 페이지들은 이 차이를 설명한다. 일단 셧다운 모드에 대해 알아보고, 다음으로 다른 두 모드를 다룬다.

셧다운 모드 장애 해결과 에러-디스에이블드 복구

장애 해결 **단계 ②A**는 에러-디스에이블드(err-disabled) 상태에 대한 것이다. 이 상태는 인터페이스에 포트 시큐리티가 설정되었고, 규칙 위반이 일어나면 즉시 어떤 트래픽도 해당 인터페이스를 통과할 수 없다. 이 인터페이스 상태는 셧다운 규칙 위반 모드가 사용되고 있음을 의미하는데, 그 이유는 세 가지의 포트 시큐리티 모드들 중에 이 모드만 인터페이스를 비활성화시키기 때문이다.

에러-디스에이블드 상태로부터 복구하기 위해서, 인터페이스는 **shutdown** 명령으로 인터페이스를 비활성화시켜야 하고, **no shutdown** 명령으로 다시 활성화시켜야 한다. [예 12-5]는 인터페이스가 에러-디스에이블드 상태에 있는 예를 보여준다.

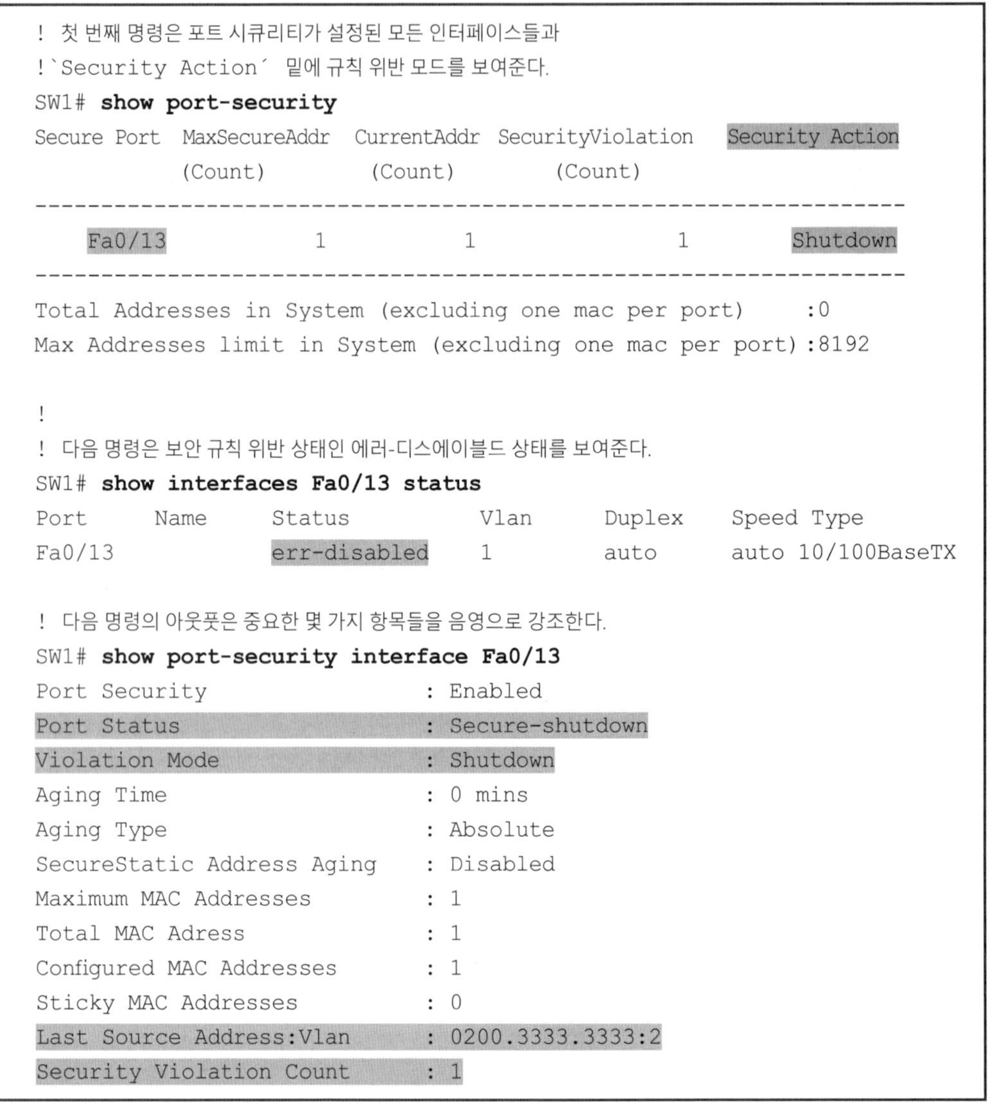

```
! 첫 번째 명령은 포트 시큐리티가 설정된 모든 인터페이스들과
!`Security Action´ 밑에 규칙 위반 모드를 보여준다.
SW1# show port-security
Secure Port  MaxSecureAddr  CurrentAddr  SecurityViolation    Security Action
             (Count)        (Count)      (Count)
----------------------------------------------------------------------------
    Fa0/13           1            1                   1        Shutdown
----------------------------------------------------------------------------
Total Addresses in System (excluding one mac per port)    :0
Max Addresses limit in System (excluding one mac per port) :8192

!
! 다음 명령은 보안 규칙 위반 상태인 에러-디스에이블드 상태를 보여준다.
SW1# show interfaces Fa0/13 status
Port      Name     Status       Vlan     Duplex    Speed Type
Fa0/13             err-disabled  1        auto      auto 10/100BaseTX

! 다음 명령의 아웃풋은 중요한 몇 가지 항목들을 음영으로 강조한다.
SW1# show port-security interface Fa0/13
Port Security                 : Enabled
Port Status                   : Secure-shutdown
Violation Mode                : Shutdown
Aging Time                    : 0 mins
Aging Type                    : Absolute
SecureStatic Address Aging    : Disabled
Maximum MAC Addresses         : 1
Total MAC Adress              : 1
Configured MAC Addresses      : 1
Sticky MAC Addresses          : 0
Last Source Address:Vlan      : 0200.3333.3333:2
Security Violation Count      : 1
```

[예 12-5] 포트 시큐리티를 사용하여 특정 인터페이스에 정확한 MAC 주소를 정함.

show port-security interface 명령의 결과는 장애 해결 단계에서 도움이 되는 두 가지 항목들을 보여준다. 'secure-shutdown'이라는 포트 상태는 포트 시큐리티의 셧다운 모드에서 규칙 위반의 결과로써 모든 트래픽이 차단됨을 뜻한다. 이 상태는 프로텍트와 리스트릭트 모드에서는 볼 수 없다. 'secure-shutdown'이라는 포트 시큐리티의 포트 상태는 인터페이스 상태가 에러-디스에이블드임을 의미한다.

셧다운 모드에서 규칙 위반 수치(예의 아래쪽에서)는 계속적으로 증가하지 않고 있다. 기본적으로 첫 번째 규칙 위반 프레임 때문에 IOS로 하여금 포트가 에러-디스에이블드 상태로 변경되면, IOS는 해당 인터페이스에서 엔지니어가 연속하여 **shutdown**과 **no shutdown** 명령을 입력하기 전에는 어떤 수신 프레임도 허용하지 않으며 이들을 세지도 않는다. 인터페이스를 복구하는 과정에서 규칙 위반 수치를 다시 0으로 바꾼다. 끝으로 두 번째에서 마지막 라인은 인터페이스에서 수신한 마지막 프레임의 출발지 MAC 주소를 표시한다. 이 값은 규칙 위반을 일으킨 장치의 MAC 주소를 확인하는 데 유용하다.

[그림 12-6]은 예에서 보았던 동일한 시나리오 환경에서 이러한 동작들을 요약한다.

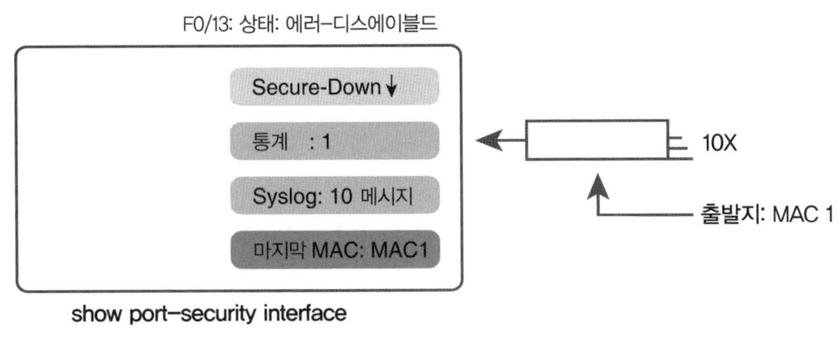

[그림 12-6] 동작 요약: 포트 시큐리티의 셧다운 모드

리스트릭트와 프로텍트 모드에 대한 장애 해결

리스트릭트(restrict)와 프로텍트(protect) 규칙 위반 모드의 포트 보안에 대한 접근 방법에는 많은 차이가 있다. 이러한 모드들은 규칙 위반 트래픽을 차단하지만, 인터페이스는 여전히 커넥티드(up/up) 상태이며, 'secure-up'이라는 포트 시큐리티 상태로 남아 있다. 결과적으로 포트는 허용 트래픽을 보내고 규칙 위반 트래픽은 버린다.

겉보기에는 정상 상태에 있는 포트가 트래픽을 폐기한다면, 장애 해결 과정이 복잡할 수 있다. 기본적으로 이러한 함정이 가능하다는 것을 알아야 하고, 다음으로 포트 시큐리티가 언제 정상 상태의 인터페이스를 통과하는 일부 트래픽을 폐기하는지를 알아야 한다.

show port-security interface 명령의 결과로부터 '**last source address**' 항목을 사용하여 프로텍트 모드가 폐기된 프레임을 가지는지를 보여준다. [예 12-6]은 프로텍트 모드를 사용할 때의 샘플 설정 예와 show 명령을 보여준다. 이 경우, Fa0/13 포트에 0200.1111.1111에서 보낸 프레임만 수신하도록 설정했다. 다양한 출발지 MAC 주소들을 가진 10개의 프레임들이 도착했고, 마지막 프레임 출발지 MAC 주소는 0200.3333.3333이다.

```
SW1# show running-config
!  간략화를 위해 라인 생략됨
interface FastEthernet0/13

switchport mode access
switchport port-security

switchport port-security mac-address 0200.1111.1111
switchport port-security violation protect
!  간략화를 위해 라인 생략됨


SW1# show port-security interface Fa0/13
Port Security                 : Enabled
Port Status                   : Secure-up
Violation Mode                : Protect
Aging Time                    : 0 mins
Aging Type                    : Absolute
SecureStatic Address Aging    : Disabled
Maximum MAC Addresses         : 1
Total MAC Addresses           : 1
Configured MAC Addresses      : 1
Sticky MAC Addresses
Last Source Address:Vlan      : 0200.3333.3333:1
Security Violation Count      : 0
```

[예 12-6] 프로텍트 모드를 사용한 포트 시큐리티

프로텍트 모드에서, **show port-security interface** 명령은 인터페이스가 트래픽을 폐기하는지, 폐기하지 않는지에 대해 실질적으로 아무것도 보여주지 않는다. 예를 들어, 이 경우에 **show** 명령의 결과는 많은 프레임들이 MAC 주소 0200.3333.3333을 가진 PC에 의해 보내지고, 포트 시큐리티 때문에 스위치가 모든 프레임들을 폐기한 이후의 통계를 보여준다. 이 명령의 결과는 수신 프레임의 마지막 출발지 MAC 주소로써 허용되지 않은 PC의 0200.3333.3333 MAC 주소를 보여준다. 하지만 허용된 MAC 주소를 가지고 프레임(이 경우, 출발지 MAC 0200.1111.1111)이 도착한 경우, 다음 예는 마지막 출발지 주소로 0200.1111.1111을 보여준다. 특히, 인터페이스는 '**secure-up**' 상태이고, 규칙 위반 수는 증가하지 않는다.

다양한 출발지 주소를 가진 프레임들이 섞여있는 환경에서 [그림 12-7]은 포트 시큐리티의 프로텍트 모드 동작에 대한 핵심 항목들을 요약한다. 이 그림은 결과에서 표시된 마지막 출발지 MAC이 예측 불가능하고, 규칙 위반 수치는 증가하지 않고, 규칙 위반 프레임 때문에 어떤 시스로그 메시지도 발생하지 않는다는 사실을 강조한다.

이 예가 규칙 위반 모드로 리스트릭티드를 사용했다면, 포트 상태는 '**secure-up**' 상태가 될 것이다. 하지만 IOS는 시스로그 메시지뿐만 아니라 규칙 위반 수치의 증가와 같은 포트 시큐리티의 일부 동작을 보여준다.

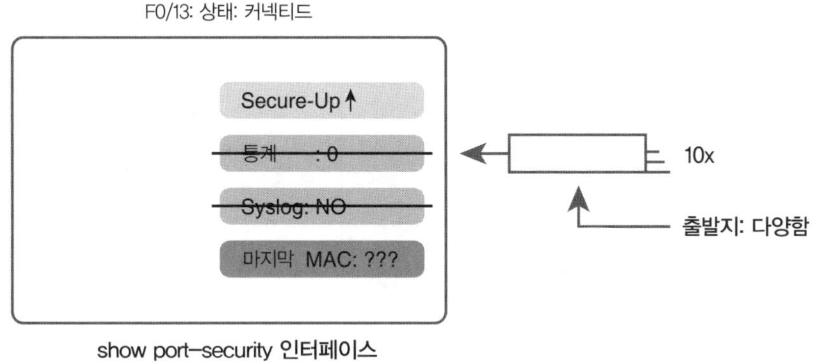

[그림 12-7] 액션 요약: 포트 시큐리티 규칙 위반 모드(프로텍트)

[예 12-7]은 규칙 위반 수치의 예를 보여주고, 포트 시큐리티 시스로그 메시지의 예로 끝맺는다. 이 경우, 지금까지 97개의 수신 프레임들이 규칙을 위반했는데, 가장 최근의 출발지 MAC 주소는 0200.3333.3333이다.

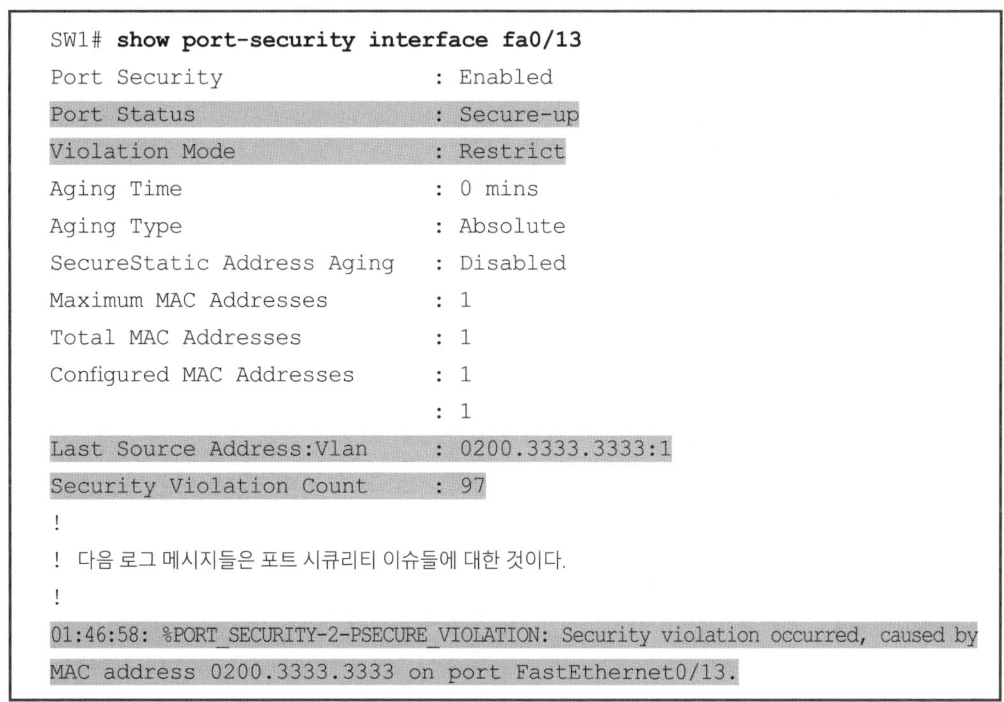

```
SW1# show port-security interface fa0/13
Port Security                   : Enabled
Port Status                     : Secure-up
Violation Mode                  : Restrict
Aging Time                      : 0 mins
Aging Type                      : Absolute
SecureStatic Address Aging      : Disabled
Maximum MAC Addresses           : 1
Total MAC Addresses             : 1
Configured MAC Addresses        : 1
                                : 1
Last Source Address:Vlan        : 0200.3333.3333:1
Security Violation Count        : 97
!
! 다음 로그 메시지들은 포트 시큐리티 이슈들에 대한 것이다.
!
01:46:58: %PORT_SECURITY-2-PSECURE_VIOLATION: Security violation occurred, caused by
MAC address 0200.3333.3333 on port FastEthernet0/13.
```

[예 12-7] 리스트릭티드 모드를 사용한 포트 시큐리티

[그림 12-8]은 포트 시큐리티를 위한 리스트릭티드 모드에 대한 핵심 항목들을 요약한다. 이 경우, 그림은 예로써 다시 같은 시나리오를 사용하는데, 지금까지 총 97개의 규칙 위반 프레임들을 수신하였고, 가장 최근의 출발지 MAC은 MAC3이다.

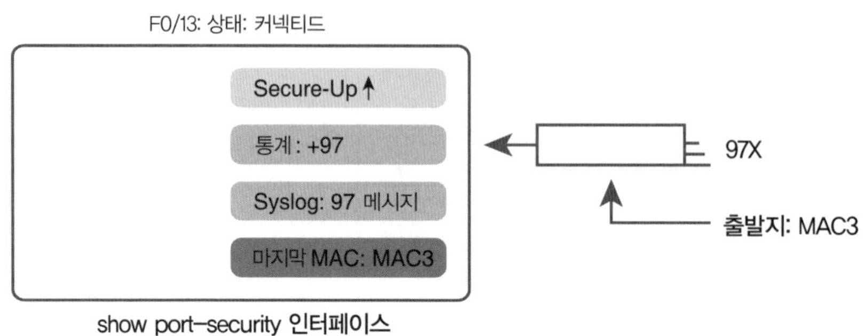

[그림 12-8] 액션 요약 : 포트 시큐리티 규칙 위반 모드 (리스트릭티드)

시험에는 포트 시큐리티 규칙 위반 문제는 출제되지 않을 수 있다. 기능에 대한 정확한 정의는 문제로 등장할 수 있다. 문제에서 포트 시큐리티가 무엇을 수행하는지를 명확하게 설명할 것이다. 이 경우, 포트 시큐리티 설정을 정확하게 이해해야 한다. 다음으로, 인터페이스에 연결된 장치들의 MAC 주소에 대한 설정을 비교해야 한다. 시험에서 출제 빈도가 높은 문제는 MAC 주소들을 잘못 설정하거나 MAC 주소들의 최대 숫자를 너무 낮게 설정한 경우다.

∷ VLAN과 VLAN 트렁크 분석

일찍이 '전송 경로 분석' 섹션에서 논의했던 바와 같이 스위치의 전달 과정은 VLAN 과 VLAN 트렁킹에 의존한다. 스위치가 특정 VLAN을 통해 프레임을 전달하기 전에, 스위치는 VLAN에 대해 알고 있어야 하고, VLAN은 활성화되어 있어야 한다.

또한 스위치가 VLAN 트렁크를 통해 프레임을 전달하기 전에, 트렁크는 현재 해당 VLAN이 트렁크를 통과할 수 있도록 허용되어 있어야 한다. 이 장의 다섯 개의 주요 섹션들 중에 마지막은 VLAN과 VLAN 트렁크 이슈 특히, 프레임에 대한 스위칭 과정에 영향을 주는 이슈들에 초점을 둔다. 네 개의 잠재적인 이슈들은 다음과 같다.

단계 ① 모든 액세스 인터페이스들과 각각에 할당된 액세스 VLAN을 확인하고, 필요하다면 정확한 VLAN들을 재할당한다.

단계 ② VLAN들이 선언되었는지(직접 설정했건 VTP로부터 학습을 했건) 즉, 각 스위치에서 활성화 되었는지 확인한다. 그렇지 않다면, 필요에 따라 해당 문제를 해결하기 위해 직접 설정하고 VLAN들을 활성화한다.

액세스 인터페이스별로 정확한 VLAN에 할당되었는지 확인함

각각의 인터페이스가 정확한 VLAN에 할당되었는지를 확인하기 위해 엔지니어들은 어떤 스위치 인터페이스들이 트렁크 대신 액세스 인터페이스인지를 구분하고, 각 인터페이스에 할당된 VLAN들을 확인하고, 관리 문서와 확인한 정보를 비교해야 한다. [표 12-3]에 표시된 **show** 명령들은 특별히 이 과정에서 도움이 될 수 있다.

EXEC 명령	설명
show vlan brief show vlan	각각의 VLAN과 해당 VLAN에 할당된 모든 인터페이스들(단, 동작 중인 트렁크들은 포함하지 않음).
show vlan id *num*	VLAN 내의 액세스와 트렁크 포트 모두 표시함.
show interfaces *type number* switchport	인터페이스의 액세스 VLAN과 보이스 VLAN과 더불어 설정 모드와 동작 모드(액세스 혹은 트렁크)를 표시함.
show mac address-table	소속 VLAN과 함께 MAC 테이블 항목을 표시함.

[표 12-3] 액세스 포트들과 VLAN들을 찾을 수 있는 명령어들

가능하면, **show vlan**과 **show vlan brief vlan** 명령으로 분석 단계를 시작한다. 그 이유는 이 명령들이 모든 VLAN과 각 VLAN에 속한 액세스 인터페이스를 보여주기 때문이다.

그런데, 두 명령이 동작 중인 트렁크들을 보여주지 않는다는 것을 유념해야 한다. 이 결과는 해당 인터페이스가 동작 중이든 아니든 상관없이, 모든 다른 인터페이스(트렁크가 아닌)를 보여준다.

show vlan과 **show interface switchport** 명령이 시험 문제로 제시되지 않는다면, **show mac address-table** 명령을 통해서도 액세스 VLAN을 확인할 수 있다. 이 명령은 MAC 주소, 관련 인터페이스와 VLAN ID를 포함한 MAC 주소 테이블을 보여준다. 시험 문제에서 스위치 인터페이스가 단일 PC에 연결된다면, 해당 액세스 인터페이스에 하나의 MAC 주소 항목만을 볼 수 있을 것이고, MAC 주소와 관련된 VLAN ID는 액세스 VLAN 번호를 표시한다(트렁킹 인터페이스에서는 이러한 가정을 사용할 수 없다).

액세스 인터페이스와 관련 VLAN들을 확인한 후에 인터페이스가 잘못된 VLAN에 할당되어 있다면, 정확한 VLAN ID를 할당하기 위해 **switchport access vlan** *vlan-id* 인터페이스 하부 명령을 사용한다.

정의되지 않은 액세스 VLAN들

스위치들은 (a)연결되지 않거나(not connected) (b)연결되었지만 비활성화(disabled, shutdown) 상태의 VLAN들에 대해서는 프레임을 보내지 않는다. 이 섹션은 특정 VLAN이 존재하는지와 존재한다면 VLAN의 상태를 확인하는 최상의 방법을 요약한다.

먼저, VLAN의 정의 이슈와 관련하여, VLAN은 스위치에 다음 두 가지 방식 즉, **vlan** *number* 글로벌 컨피규레이션 명령을 사용하거나 VTP를 사용하여 다른 스위치로부터 학습할 수 있다. 이 책은 의도적으로 가능하면 VTP를 무시하기 때문에 스위치에서 VLAN을 정의하는 유일한 방식으로 스위치에서 **vlan** *number* 명령을 통해 설정하는 방식을 주로 이용한다.

다음으로, **show vlan** 명령은 항상 스위치에 알려진 모든 VLAN들을 보여주지만, **show running-config** 명령은 그렇지 않다. VTP 서버와 클라이언트로 설정된 스위치들은 러닝-컨피그 혹은 스타트업-컨피그 파일에서 **vlan** 명령을 포함하지 않는다. 이러한 스위치들에서는 반드시 **show vlan** 명령을 사용해야 한다. VTP 트랜스페어런트 모드로 설정한 스위치들이나 VTP를 비활성화한 스위치들은 컨피규레이션 파일에서 **vlan** 설정 명령들을 보여준다(스위치의 현재 VTP 모드를 확인하기 위해서 **show vtp status** 명령을 사용한다).

VLAN이 존재하지 않는다는 것을 확인하면, VLAN을 정의하는 것만으로도 문제를 해결할 수 있다. 그렇다면 11장에서 다루었던 VLAN 설정 과정을 따르면 된다.

비활성화된 액세스 VLAN들

존재하는 VLAN들에 대해 VLAN이 액티브 상태인지를 확인해야 한다. **show vlan** 명령은 두 VLAN 상태 중에 하나 즉, *active* 혹은 *act/lshut*을 표시해야 한다. 이러한 상태들 중 두 번째는 VLAN이 셧다운 상태임을 의미한다. VLAN을 셧다운하면 해당 스위치에서만 해당 VLAN을 비활성화하여 스위치는 해당 VLAN에 속한 프레임을 보내지 않는다.

스위치 IOS는 두 개의 유사한 설정 명령 즉, VLAN을 비활성화하는 명령(**shutdown**)과 활성화하는 명령(**no shutdown**)을 제공한다. [예 12-8]은 먼저 **[no] shutdown vlan** *number* 글로벌 명령으로, 그 다음으로 **[no] shutdown** VLAN 모드 하부 명령의 설정 방법을 보여준다. 이 예는 VLAN 10과 20을 각각 활성화 및 비활성화하는 글로벌 명령들을 보여 주고, VLAN 하부 명령을 통해 VLAN 30 및 40을 각각 활성화와 비활성화한다.

```
SW2# show vlan brief
VLAN    Name            Status          Ports
----    --------------  --------------  ----------------------------
1       default         active          Fa0/1, Fa0/2, Fa0/3, Fa0/4
                                        Fa0/5, Fa0/6, Fa0/7, Fa0/8
                                        Fa0/9, Fa0/10, Fa0/11, Fa0/12
                                        Fa0/14, Fa0/15, Fa0/16, Fa0/17
```

```
                                                   Fa0/18, Fa0/19, Fa0/20, Fa0/21
10        VLAN0010        act/lshut          Fa0/13
20        VLAN0020        active
30        VLAN0030        act/lshut
40        VLAN0040        active
SW2# configure terminal
Enter configuration commands, one per line. End with CNTL/Z.
SW2(config)# no shutdown vlan 10
SW2(config)# shutdown vlan 20
SW2(config)# vlan 30
SW2(config-vlan)# no shutdown
SW2(config-vlan)# vlan 40
SW2(config-vlan)# shutdown
SW2(config-vlan)#
```

[예 12-8] 스위치의 VLAN 활성화 및 비활성화

일치하지 않는 트렁킹 동작 상태

트렁킹이 정확하게 설정된다면 두 스위치들은 동일한 범위의 VLAN들에 속하는 프레임들을 보낼 수 있다. 그런데 잘못 설정된 트렁크들은 두 가지의 상이한 결과를 발생시킬 수 있다. 어떤 경우에 두 스위치는 트렁크를 맺지 못할 수도 있다. 다른 경우에 한 스위치는 인터페이스가 정확하게 트렁킹되었다고 믿지만, 다른 스위치는 그렇지 않을 수 있다. 두 스위치가 트렁킹을 맺지 못하게 하는 대부분의 일반적인 설정 오류는 두 스위치에서 **switchport mode dynamic auto** 명령을 사용하는 경우다.

여기서 'auto'라는 옵션 때문에 모두에게 링크가 자동으로 트렁크가 될 것이라는 오해를 주지만, 이 옵션은 자동적이긴 하지만 수동적이기도 하다. 결과적으로 이 명령을 설정한 두 스위치는 다른 스위치가 협상을 시작하기를 수동적으로 기다린다.

특히, 이 부정확한 설정은 두 스위치에서 **show interfaces switchport** 명령을 통해 Administrative mode (관리 모드)는 'auto' 로, Operative mode(동작 모드)는 'static access' 로 동작한다는 사실을 확인시켜 준다. [예 12-9]는 이 명령의 결과 중에 이러한 부분들을 강조한다.

```
SW2# show interfaces gigabit0/2 switchport
Name: Gi0/2
Switchport: Enabled
Administrative Mode:       dynamic         auto
Operational Mode:          static          access
Administrative Trunking Encapsulation: dot1q
Operational Trunking Encapsulation: native
! 간결성을 위해 라인들 생략
```

[예 12-9] 트렁킹 상태

또 다른 부정확한 트렁킹 설정의 결과는 한 스위치에서는 동작 상태가 'trunk'지만, 다른 스위치에서는 동작 상태가 'static access'인 경우다. 이러한 조합이 일어나면 인터페이스는 부분적으로 동작한다. 양 단의 상태는 up/up이고 커넥티드다. 네이티브(native) VLAN에 속한 트래픽은 성공적으로 링크를 통과할 것이다. 하지만, 나머지 모든 VLAN에 속한 트래픽들은 링크를 통과하지 못할 것이다.

[그림 12-9]는 한쪽 트렁크는 부정확한 설정을 하고, 다른 쪽은 정확한 설정을 했을 경우를 보여준다. **switchport mode trunk** 명령으로 트렁크를 설정한 쪽(이 경우에 SW1)은 항상 트렁킹을 활성화한다. 그러나 이 명령은 DTP 자동 협상 기능을 끈다. 이 특별한 문제 상황을 만들기 위해 SW1은 **switchport nonegotiate** 명령으로 DTP 자동 협상 기능을 껐다. SW2의 설정은 트렁킹 옵션을 DTP에 의존하도록 함으로써 이 문제를 일으키도록 한다. SW1이 DTP를 껐으므로 SW2의 DTP 자동 협상은 실패하고 SW2는 트렁크를 생성시키지 못한다.

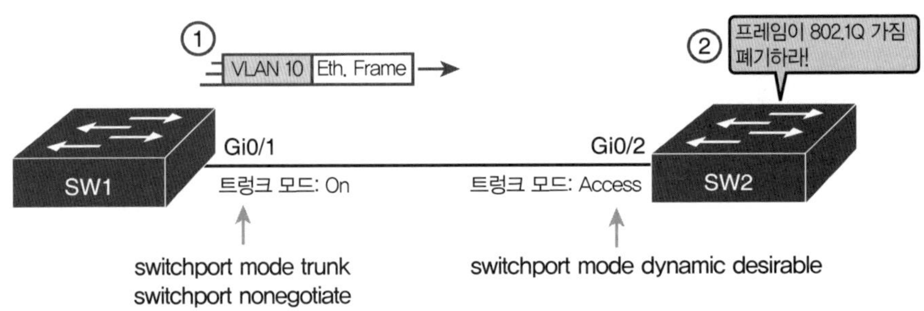

[그림 12-9] 일치하지 않는 트렁킹 동작 상태

이 경우, SW1은 G0/1 인터페이스를 트렁크로 간주하고, SW2는 G0/2 인터페이스를 액세스 포트로 간주한다. 그림의 단계 1과 같이, SW1은 VLAN 10에 속한 프레임을 보냈지만, SW2는 규칙에 어긋난 802.1Q 헤더를 볼 것인데, 그 이유는 SW2가 G0/2 포트를 액세스 포트로 간주하기 때문이다. 따라서 SW2는 해당 포트에서 수신한 802.1Q 프레임들을 폐기한다.

이 문제를 다룰 때, 트렁크의 양 끝에서 트렁크의 운영 상태를 항상 확인해야 한다. 트렁킹 관련 사항들을 점검하기 위한 최상의 명령어는 **show interfaces trunk**와 **show interfaces switchport**이다.

> **NOTE** 솔직히 실무에서 이런 종류의 설정을 피하도록 해야 한다. 그러면 스위치는 이런 종류의 실수를 일으키지 않을 것이다. 적절한 설정을 위해 준비할 필요가 있다.

챕터 리뷰

　좋은 시험 결과를 위해서 리뷰 세션에 대한 복습이 중요하다. 책이나 DVD의 툴 혹은 책의 동반자 웹 사이트에서 찾을 수 있는 대화형 툴을 활용하여 이 장의 자료들을 리뷰하기 바란다. 특히, '**단계②** 챕터 위주의 학습 습관을 만들어라'라는 제목의 '당신의 학습 계획'을 참조하기 바란다. [표 12-4]는 핵심 리뷰 요소들과 자료 출처들을 보여준다. 학습 과정에 대해 보다 나은 확인을 위해 두 번째 열에 완료한 날짜를 기록하도록 한다.

리뷰 항목	완료 날짜	자료 출처
핵심 주제 리뷰		책, DVD/웹 사이트
핵심 용어 리뷰		책, DVD/웹 사이트
사전 점검 퀴즈 반복		책, PCPT
메모리 테이블 리뷰		책, DVD/웹 사이트
명령어 테이블 리뷰		책

[**표 12-4**] 챕터 리뷰 확인

핵심 주제 복습

핵심 주제	설명	페이지
리스트	시험 주제별, 장애 해결 방법론에 대한 설명	288
표 12-2	두 가지의 인터페이스 상태 용어들과 의미	293
예 12-1	속도와 듀플렉스 설정을 찾는 방법과 자동 협의 기능을 적용 여부를 보여주는 예	294~295
리스트	IEEE 자동 협의 기능의 디폴트 설정	295
리스트	스위치 인터페이스의 다양한 에러 통계치에 대한 설명	298
리스트	스위치의 포워딩 단계들에 대한 요약	301~302
리스트	포트 시큐리티에 대한 장애 해결 체크 리스트	303
리스트	VLAN과 VLAN 트렁크를 점검할 때의 잠재적인 이슈들	308
표 12-3	포트에 할당된 액세스 VLAN을 확인하는 명령어들	309
그림 12-9	트렁크의 양쪽 끝에 불일치한 트렁크 운영 상태를 유발하는 스위치 설정 방식	312

[**표 12-5**] 12장의 핵심 주제들

참조 명령어

[표 12-6]과 [표 12-7]은 이 장에서 사용하는 설정과 확인 명령어들을 보여준다. 연습을 위해 표의 왼쪽 행을 가리고, 오른쪽 행을 읽고 해당 명령을 보지 않고 기억해보도록 한다. 다음으로 오른쪽 행을 덮고 명령이 무엇을 위한 것인지를 기억하는 연습을 반복한다.

명령어	모드 및 목적
shutdown no shutdown	VLAN을 생성하고, CLI를 VLAN 컨피규레이션 모드로 이동시키는 글로벌 컨피그 명령어
switchport port-security violation {protect | restrict | shutdown}	부적정한 MAC 주소가 포트 시큐리티를 적용한 인터페이스에 접속할 때, 스위치의 대응 조치를 설정하는 인터페이스 하부 명령어
speed {auto | 10 | 100 | 1000}	인터페이스 속도를 직접 설정하는 인터페이스 하부 명령
duplex {auto | full | half}	인터페이스 듀플렉스를 직접 설정하는 인터페이스 하부 명령

[표 12-6] 카탈리스트 스위치 설정을 위한 명령어들

명령어	모드 및 목적
show mac address-table [dynamic | static] [address *hw-addr*] [interface *interface-id*] [vlan *vlan-id*]	MAC 주소 테이블을 보여준다. 'static' 옵션은 리스트릭티드 혹은 스태틱 설정에 대한 정보를 보여준다.
show port-security [interface *interface-id*] [address]	해당 인터페이스에 설정된 시큐리티 옵션 정보들을 보여준다.
show interfaces [*type number*]	인터페이스 상태, 설정, 통계들에 대한 상세한 정보들을 보여준다.
show interfaces description	인터페이스의 두 가지 상태(show interfaces 명령과 유사)와 인터페이스를 위한 설명(description 명령에 의한)을 포함하여 인터페이스 마다 한 줄의 정보를 보여준다.
show interfaces [*type number*] status	실제 속도와 듀플렉스와 함께 인터페이스 상태와 설정에 관한 요약 정보를 보여주고, 자동 협의 기능의 적용 여부와 단일 항목의 상태 코드를 보여준다.
show interfaces [*type number*] switchport	VLAN 트렁킹 상세 항목, 액세스 및 보이스 VLAN과 네이티브 VLAN을 포함하는 다양한 설정값과 현재의 운영 상태를 보여준다.
show interfaces [*type number*] trunk	현재 운영 중인 트렁크들(혹은 이 명령에 표시한 트렁크만)과 트렁크에서 지원하는 VLAN 들에 대한 정보를 보여준다.
show vlan brief, show vlan	트렁크를 제외한 각 VLAN과 해당 VLAN에 속한 모든 인터페이스들을 보여준다.
show vlan id *num*	VLAN 내의 액세스와 트렁크 포트를 보여준다.
show vtp status	현재의 모드를 포함하여 현재의 VTP 상태를 보여준다.

[표 12-7] 12장 EXEC 참조 명령어

Part III 리뷰

[표 P3-1]의 체크리스트와 함께 파트 리뷰 과정을 추적하기 바란다. 각 과제의 상세한 내용은 표와 같다.

과제	첫 번째 완료일	두 번째 완료일
모든 사전 점검 퀴즈를 반복하라		
파트 리뷰 문제를 풀어라		
핵심 주제들을 리뷰하라		
카테고리별, 명령어 마인드 맵을 만들어라		
랩을 수행하라		

[표 P3-1] Part III 리뷰 체크리스트

모든 사전 점검 퀴즈를 반복하라

풀도록 한다.

파트 리뷰 문제를 풀어라

이 과제를 위해, Part III에 대한 파트 리뷰 문제에 대해 PCPT 소프트웨어를 이용하여 푼다.

핵심 주제들을 리뷰하라

DVD 혹은 동반자 웹 사이트 상의 핵심 주제(Key Topics) 애플리케이션들을 이용하거나 장들을 검색함으로써 이 파트, 모든 장의 모든 핵심 주제들을 리뷰하도록 한다.

용어, 명령어와 장애 원인들에 대한 마인트 맵을 만들어라

Part Ⅲ 는 보다 발전된 이더넷 개념을 다양한 방향 즉, 설계, 설치와 장애 해결 측면에서 다룬다. 이러한 다음 세 가지 마인드 맵들은 각 방향에서 당신의 사고를 수집하고 조직화한다.

- 용어: 빈 마인드 맵으로 시작하여 이 영역 특히, 10장(설계)과 11장(VLAN과 트렁킹)에서 기억할 수 있는 모든 용어들을 조직화하는 맵을 생성한다. 기억할 수 있는 모든 용어들을 추가하고 용어들을 계층화하거나 다른 것과 연결하여 조직화한 후에, 이 장의 마지막의 핵심 용어 리스트를 참조한다. 마인드 맵에서 누락한 용어들을 추가한다.
- 명령어들: VLAN과 트렁킹에 관련된 컨피그와 EXEC 명령어들을 기억하기 위한 마인드 맵을 생성시켜라. 각 명령의 모든 파라미터에 신경쓰지 않도록 한다. 즉, 이 연습은 각 기능을 위해 사용 가능한 명령어를 기억하기 위한 것이다. 기억할 수 있는 모든 것을 쓴 이후에, 11장의 마지막 부분에 있는 명령어 참조표를 보고, 누락한 것을 추가한다.
- 장애 원인들: 12장은 인터페이스, 포트 시큐리티, VLAN과 VLAN 트렁크에 대한 문제를 일으키는 다수의 이슈들을 다룬다. 각 항목별 가지를 가진 하나의 마인드 맵을 구성하는데, 이것은 기억을 되살리고, 머리 속에 연결 망을 구성하도록 한다. 다음으로 이 장을 훑어보고, 빠진 항목을 맵에 추가한다.

실습들

실습을 위해 다음과 같이 몇 가지를 제안할 수 있다:

- 피어슨 네트워크 시뮬레이터(Pearson Network Simulator): 만약 피어슨 ICND1 혹은 CCNA 시뮬레이터의 풀 버전을 사용한다면, 이 파트 내의 주제들과 관련된 시나리오 실습에 대한 설정과 장애 해결에 초점을 맞추기 바란다(이 파트의 주제들에 속하는 실습들을 찾는 방법을 위해 소개 부분을 참조한다).
- 컨피그 랩스(Config Labs): 저자의 블로그에서 이 책 부분의 Config Labs를 다시 살펴보고 반복할 수 있다. blog.certskills.com/ccent에 접속하여 Config labs를 탐색해보기 바란다.
- 기타: 다른 실습 툴들을 사용한다면, 다음과 같은 제안을 참조하기 바란다. VLAN 설정과 VLAN 트렁킹 설정을 확실히 해야 한다. 또한 12장에서 자세히 설명한 포트 시큐리티 설정 조합들을 실습해보고, **show port-security** 명령어의 아웃풋에 초점을 맞춰본다. 마지막으로 두 스위치 사이의 링크에 **speed**와 **duplex**와 같은 인터페이스 설정값을 변경하고 듀플렉스 불일치를 일으키는 조건을 이해할 수 있도록 한다.

이 책은 이 부분에서 큰 전환기를 맞는다. Part I은 네트워킹에 대한 광범위한 소개를 했다. Part II와 III는 오늘날의 중요한 LAN 기술 '이더넷(Ethernet)에 대해 자세히 풀어놓았다. Part IV는 이더넷으로부터 이더넷과 WAN기술 위에 있는 네트워크 계층의 구체적인 부분, IPv4를 다룬다. 즉, 다음 네 개의 Part는 [그림 P4-1]과 같이 IPv4 관련 기능들을 소개한다.

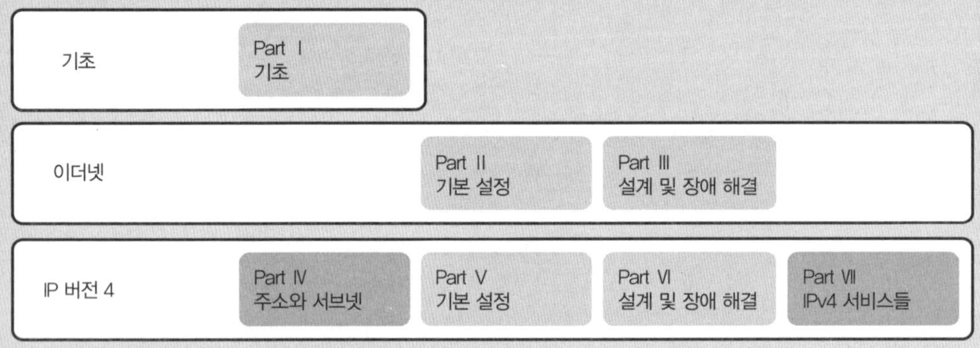

[그림 P4-1] 지금까지의 Part들에 대한 로드맵

이더넷 주소 체계는 중요한 것이지만, 어떤 계획을 필요로 하지는 않는다. 네트워크 엔지니어는 MAC 주소를 이해할 필요가 있지만, MAC은 각 이더넷 NIC에 이미 존재하고 스위치는 직접적인 설정 없이 다이나믹하게(유동적으로) 이더넷 MAC 주소들을 학습한다. 반대로, IP 주소 체계는 주소들의 내부 구조에 대한 훨씬 깊이 있는 이해를 바탕으로 계획해야 한다. 그래서 이 책은 주소 체계를 Part IV와 VI에 걸쳐 여섯 개의 장들로 나누었다.

Part IV는 IPv4 주소 체계와 서브네팅에 대한 대부분의 기본적인 상세 항목들을 다룬다. 13장은 전형적인 기업 네트워크 내부에 설정된 IPv4 주소 체계에 대한 광범위한 여행을 한다. 14, 15와 16장은 IPv4 네트워크를 운영할 때, 특징적인 몇 가지 질문들을 살펴본다. Part VI도 또한 IPv4 주소 체계에 관련된 기타 상세 항목들을 다루지만, IP 주소 체계에 대한 설계 관점에 집중한다.

IPv4 주소 체계와 서브네팅

Chapter 13: IPv4 서브네팅에 대한 관점들

Chapter 14: 클래스풀 IPv4 네트워크 분석

Chapter 15: 서브넷 마스크 분석

Chapter 16: 기존 서브넷 분석

Part Ⅳ 리뷰

Chapter 13
IPv4 서브네팅에 대한 관점들

이 장은 다음 시험 주제를 다룬다.

1.0 네트워크 기초

1.8 IPv4 주소 체계와 서브네팅에 대한 설정, 확인 및 장애 처리

1.9 IPv4 주소 유형에 대한 비교

    1.9.a 유니캐스트

1.10 사설 IPv4 주소 체계의 필요성

대부분의 초급 수준의 네트워크 업무는 기존의 IP 주소와 서브네팅 환경에서 네트워크 운용과 장애 해결을 요구한다. CCENT와 CCNA R&S 시험은 기존의 IP 주소와 서브네팅 정보를 이용하여 네트워크 감시, 가능한 장애에 대한 대응, 이러한 문제들에 대한 해결과 같은 전형적인 운용 업무들을 수행할 준비가 되었는지를 평가한다.

하지만, 그전에 네트워크를 어떻게 설계하고 왜 그렇게 하는지를 이해할 필요가 있다. 어떤 네트워크를 지속적으로 감시할 때, 사용하는 사고 과정들은 다음 질문을 던진다. '네트워크가 *계획한 대로* 동작하고 있나?' 문제가 있다면, 다음과 같은 질문을 할 수 있다. '네트워크가 정상 동작할 때 무슨 일이 일어나고, 현재 상황과는 어떤 차이가 있나?' 두 질문은 IP 주소와 서브네팅 설계에 대한 상세 항목들을 포함하여 네트워크에서 의도한 설계 내용을 제대로 이해할 것을 요구한다.

이 장은 IPv4 주소에 대한 보다 큰 이슈들에 대한 몇 가지 관점과 정답을 제공한다. 정상적인 동작을 위해 어떤 주소들이 사용될 수 있나? 언제 특정한 번호를 사용해야 하나? 일부 다른 네트워크 엔지니어들의 선택을 알기 위해 무엇을 사용해야 하나? 이러한 선택들은 스위치, 라우터, 호스트를 설정하고, 매일 네트워크를 운용하기 위한 실질적인 작업에 어떤 영향을 끼칠 것인가? 이 장은 IPv4 주소의 작동 방법에 대한 세부 사항들을 밝히는 한편, 이러한 질문에 답하고 있다.

이 장의 학습을 위해 필요한 시간을 가늠하기 위해 다음 시험(이 페이지나 PCPT 소프트웨어를 사용 가능)을 보기 바란다. 정답은 퀴즈 다음 페이지의 아랫 부분에 나와 있고, 설명은 DVD 부록 C와 PCPT 소프트웨어에 있다.

핵심 주제 섹션	해당 문제
요구 조건 분석	1-3
설계 선택하기	4-7

[표 13-1] 사전 점검 퀴즈의 핵심 주제와 문제

1. 호스트 A는 스위치 SW1에 연결된 PC이고 VLAN 1이 할당되었다. 다음 중 일반적으로 호스트 A와 동일한 서브넷에 포함된 IP 주소를 할당하는 것은? (2개를 선택할 것)

   a. 로컬 라우터의 WAN 인터페이스

   b. 로컬 라우터의 LAN 인터페이스

   c. 같은 스위치에 연결된 모든 다른 호스트들

   d. 같은 스위치에 연결되고, VLAN 1에 속한 다른 호스트들

2. 서브넷별 호스트 수를 구하는 공식($2^H - 2$)에서 2를 빼는 이유는?

   a. 여분의 디폴트 게이트웨이(라우터)를 위해

   b. DHCP 동작을 위해

   c. 서브넷 ID와 디폴트 게이트웨이(라우터)를 위해

   d. 서브넷 브로드캐스트 주소와 서브넷 ID를 위해

3. 클래스 B 네트워크가 100개의 서브넷과 서브넷별, 100개의 호스트를 지원하도록 서브넷으로 분할할 필요가 있다. 다음 조합 중 이 조건을 충족하는 네트워크, 서브넷과 호스트 비트는? (2개를 선택할 것)

   a. 네트워크 = 16, 서브넷 = 7, 호스트 = 7

   b. 네트워크 = 16, 서브넷 = 8, 호스트 = 8

   c. 네트워크 = 16, 서브넷 = 9, 호스트 = 7

   d. 네트워크 = 8, 서브넷 = 7, 호스트 = 17

4. 다음 중 사설 IP 네트워크는? (2개를 선택할 것)

   a. 172.31.0.0

   b. 172.32.0.0

   c. 192.168.255.0

   d. 192.1.168.0

   e. 11.0.0.0

5. 다음 중 공인 IP 네트워크는? (3개를 선택할 것)

   a. 9.0.0.0

   b. 172.30.0.0

   c. 192.168.255.0

   d. 192.1.168.0

   e. 1.0.0.0

6. 클래스 B 네트워크 172.16.0.0이 네트워크 엔지니어에 의해 서브넷으로 분할되기 전에, 이 네트워크에서 IP 주소 구조의 어떤 영역이 명확한 크기를 가지는가? (2개를 선택할 것)

   a. 네트워크

   b. 서브넷

   c. 호스트

   d. 브로드캐스트

7. 한 네트워크 엔지니어가 전체 클래스 B 네트워크 172.16.0.0에 대해 서브넷으로 분할하려고 한다. 그는 다음으로 메모지 위에 이 클래스 B 네트워크를 분할하는 방법과 주소 체계와 서브네팅 계획을 생성하는 방식을 선택했다. 만약 당신이 네트워크를 서브네팅하기 전의 그의 생각과 네트워크를 서브네팅한 후의 그의 생각을 비교한다면, 다음 중 이 네트워크에서 주소 구조의 영역에서 일어나는 것은 무엇인가?

   a. 서브넷 영역은 보다 작아진다.

   b. 호스트 영역은 보다 작아진다.

   c. 네트워크 영역은 보다 작아진다.

   d. 호스트 영역은 제거된다.

   e. 네트워크 영역은 제거된다.

:: 서브네팅 소개

가령 당신이 샌드위치 가게에 들렀는데, 그들은 세계에서 가장 긴 샌드위치를 팔고 있었다. 당신은 너무 배고파서 그것을 샀다. 이제 당신은 하나의 샌드위치를 가졌지만, 길이가 2킬로미터 이상이라 당신의 점심을 위해 필요한 양보다 훨씬 많다는 것을 안다. 샌드위치를 보다 쓸모 있게(보다 가져가기 좋게) 만들기 위해서는 당신은 샌드위치를 먹을 수 있는 크기로 자르고, 그 조각들을 당신 주변의 사람들에게 나눠주는 편이 낫다.

그렇다. 핵심 개념인 서브네팅(subnetting)은 샌드위치 이야기와 유사하다. 하나의 거대한 네트워크로 시작한다. 하나의 커다란 개체로써 유용하지 않을 만큼 너무 크다. 이것을 쓸모 있게 만들기 위해서 그것을 서브넷이라 불리는 보다 작은 조각들로 자르고, 그러한 서브넷들을 인터네트워크의 상이한 영역들에 사용될 수 있도록 할당해야 한다.

이 짧은 섹션은 IP 서브네팅을 소개한다. 먼저, 네트워크를 서브넷들로 자르는(혹은 서브네팅하는) 완벽한 서브넷 설계에 대한 일반적인 아이디어들을 보여준다. 이 섹션의 나머지는 서브넷 설계를 만들기 위해 사용하는 다수의 설계 단계들을 설명한다. 이 섹션이 끝날 때까지 이 장의 나머지를 통해 소개되는 서브네팅 설계 단계들을 읽기 위한 올바른 배경 지식을 가져야 한다.

> **NOTE** 이 책의 이 장과 28장 'IPv6 기초'까지 나머지 장들은 IPv6보다는 IPv4에 초점을 맞춘다. 모든 자료에서 별도의 언급이 없다면, IP는 IPv4를 지칭한다.

간단한 예를 통해 정의된 서브네팅

IP 네트워크 즉, 클래스 A, B 혹은 C 네트워크는 간단히 말해 일부 미리 정해진 규칙들을 따르는 연속적인 숫자를 가진 IP 주소들의 집합이다. 4장 'IP 주소 체계 및 라우팅 기초'의 '클래스 A, B와 C IP 네트워크' 섹션에서 먼저 소개한 클래스 A, B와 C 규칙은 네트워크 내의 모든 주소들이 주소의 일부 옥텟들에서 동일한 값을 가진다는 것을 정의한다. 예를 들어, 클래스 B 네트워크 172.16.0.0은 172.16으로 시작하는 모든 IP 주소 즉, 172.16.0.0, 172.16.0.1, 172.16.0.2에서 시작하여 172.16.255.255까지의 주소로 구성된다. 다른 예로 클래스 A 네트워크 10.0.0.0은 10으로 시작하는 모든 주소들을 포함한다.

IP 서브넷은 간단히 말해 클래스 A, B 혹은 C 네트워크의 하부 집합이다. 사실, 서브넷(subnet)이란 용어는 잘게 나누어진 네트워크(subdivided network)의 약어다. 예를 들어, 클래스 B 네트워크의 한 서브넷은 172.16.1.0으로 시작하는 모든 IP 주소들의 집합 즉, 172.16.1.0,

172.16.1.1, 172.16.1.2에서 시작하여 172.16.1.255까지의 모든 IP 주소들의 집합일 수 있다. 동일한 클래스 B 네트워크의 다른 서브넷은 172.16.2로 시작하는 모든 주소들일 수 있다.

일반적인 아이디어를 얻기 위해, [그림 13-1]은 엔지니어가 클래스 B 네트워크 172.16.0.0을 서브넷으로 분할할 때, 사용할 수 있는 서브넷 설계에 대한 일부 기본적인 문서를 보여준다.

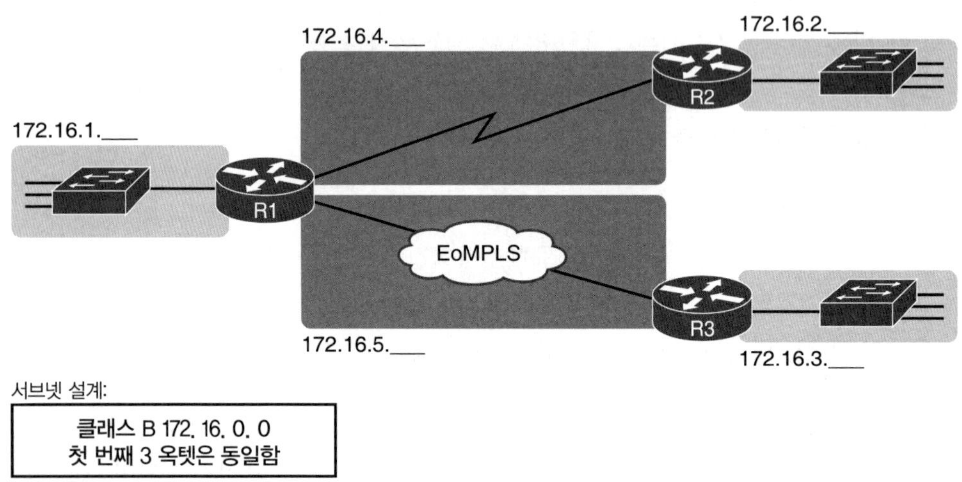

[그림 13-1] 서브넷 계획 문서

이 디자인은 다섯 개의 서브넷들 즉, 세 개의 VLAN들을 위한 각 서브넷, 두 개의 WAN 링크들을 위한 각 서브넷을 보여준다. 다음은 서브넷들에 대해 엔지니어가 사용하는 이유를 보여준다. 예를 들어, 왼쪽의 LAN에 대해, 번호는 172.16.1.을 보여주는데, '172.16.1.로 시작하는 모든 주소들'을 의미한다. 또한 보이는 바와 같이 디자인은 클래스 B 네트워크 172.16.0.0에 속하는 모든 주소들을 사용하지 않기 때문에 엔지니어는 네트워크 성장을 대비하여 대량의 주소를 남겨둔다.

서브네팅에 대한 운영자와 설계자의 관점

대부분의 IT 업무는 운영자의 관점에서 서브네팅을 다루는 것이다. 즉, 당신이 업무를 맡기 전에 누군가가 해당 기업 네트워크에 대해 IP 주소 할당과 서브네팅에 대한 설계를 했을 것이다. 당신은 누군가가 설계한 것을 해석할 필요가 있다.

IP 주소 할당과 서브네팅을 완벽하게 이해하기 위해서는 설계자 및 운영자, 두 사람의 관점에서 서브네팅을 고려할 필요가 있다. 예를 들어, [그림 13-1]은 모든 서브넷 내부에서 첫 번째 세 자리는 동일해야 한다는 것을 보여준다. 왜 이런 규칙이 필요할까? 다른 대안 규칙은 어떨까? 당신의 네트워크에 대해 어떤 규칙이 보다 나은 것일까? 이러한 질의는 운영자의 관점이라기보다는 서브네팅 설계자의 관점에 가까운 것이다.

두 개의 관점 모두를 위한 이 Part에서 일부 장들은 설계 이슈들에 초점을 맞추는 반면, 다른 장들은 기존 설계 환경을 해석함으로써 보다 운영의 관점에 초점을 맞춘다. 이 장은 IP 서브네팅에 대한 보다 큰 그림을 소개하기 위한 목적을 위해 전체적인 설계 과정을 다루어 나간다. 이 장 뒤의 다음 세 개의 장들은 이 장에 포함된 하나의 주제를 골라서 운영의 관점 혹은 설계의 관점에서 보다 자세하게 살펴본다.

이 장의 다음 세 개의 섹션은 [그림 13-2]의 단계들을 순서대로 살펴본다.

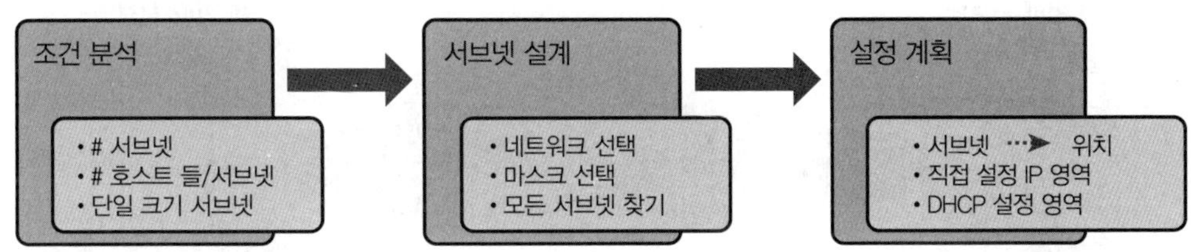

[그림 13-2] 서브넷 계획, 설계와 설정 업무

이 섹션은 신규 혹은 변경 대상의 기업 네트워크에 대한 주소 체계와 서브네팅의 요구 조건을 분석하기 위해 사용할 수 있는 네 가지 기본 질의와 그 의미를 논의한다:

1. 어떤 호스트들이 서브넷 그룹에 속해야 할까?

2. 이 네트워크는 얼마나 많은 서브넷들을 필요로 하나?

3. 각 서브넷은 얼마나 많은 호스트 IP 주소들을 필요로 하나?

4. 단순성을 위해 하나의 서브넷 크기를 사용할 것인가 혹은 사용하지 않을 것인가?

서브넷과 호스트 주소들이 갖는 규칙

IP 인터네트워크에 연결된 각 장치는 IP 주소를 가져야 한다. 이러한 장치들은 최종 사용자의 컴퓨터, 서버, 모바일 폰, 랩톱, IP 폰, 태블릿과 라우터, 스위치와 파이어월과 같은 네트워킹 장치들을 포함한다. 단적으로 패킷을 송수신하기 위해 IP를 사용하는 장치는 IP 주소를 필요로 한다.

> **✎ NOTE** IP 주소 체계를 논의할 때, 네트워크는 구체적으로 클래스 A, B 혹은 C IP 네트워크를 의미한다. 네트워크란 용어 사용과 관련하여 혼동을 피하기 위해, 이 책은 호스트, 라우터, 스위치 등의 집합을 언급할 때, 인터네트워크(internetwork)나 엔터프라이즈(기업) 네트워크(enterprise network)란 용어를 사용한다.

IP 주소들은 몇몇 기본적인 규칙과 적정한 사유에 따라 할당되어야 한다. 효과적인 라우팅을 위해, IP 주소 체계 규칙은 서브넷이라 불리는 그룹들로 주소들을 구분한다. 이 규칙은 다음과 같다:

- 동일한 서브넷에 속하는 주소들은 라우터에 의해 분리될 수 없다.
- 상이한 서브넷에 속하는 주소들은 라우터에 의해 분리되어야 한다.

[그림 13-3]은 한 서브넷에 호스트 A와 B, 다른 서브넷에 호스트 C가 있는 일반적인 개념을 보여준다. 특별히 호스트 A와 B는 어떤 라우터에 의해 서로 분리되지 않는다는 것을 주목하기 바란다. 하지만 호스트 A 그리고 B와 최소한 하나의 라우터에 의해 분리된 호스트 C는 상이한 서브넷에 소속되어야 한다.

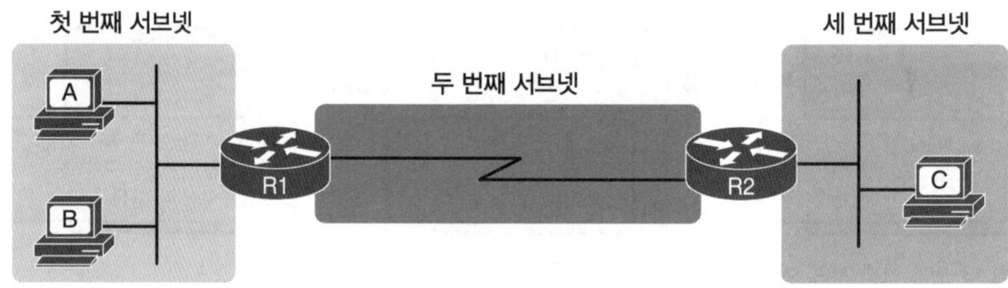

[그림 13-3] PC A와 B는 한 서브넷에, PC C는 다른 서브넷에 속함.

같은 링크 상의 호스트들은 동일한 서브넷에 속해야 한다는 아이디어는 우편 번호의 개념과 유사하다. 동일한 마을에 속한 모든 우편 주소들은 동일한 우편 번호(미국에서는 ZIP 코드)를 사용한다. 다른 마을의 주소들은 상대적으로 가깝든 멀든, 상이한 우편 번호를 갖는다. 우편번호는 우편 서비스로 하여금 정확한 장소로 편지를 배달하기 위해 자동으로 분류하는 보다 나은 기능을 제공한다. 일반적으로 동일한 사유로, 동일한 LAN에 속하는 호스트들은 동일한 서브넷에 속하고, 상이한 LAN에 속하는 호스트들은 상이한 서브넷들에 속한다.

그림에서 포인트-투-포인트 WAN 링크도 서브넷을 필요로 한다는 것을 유의하기 바란다. [그림 13-3]은 왼쪽으로는 LAN 서브넷에, 오른쪽으로는 WAN 서브넷에 연결된 라우터 R1을 보여준다. 라우터 R2는 동일한 WAN 서브넷에 연결된다. 이를 위해, R1과 R2는 각각의 WAN 인터페이스에 IP 주소를 가질 것이고, 이 주소들은 동일한 서브넷에 속해야 한다(예를 들어, EoMPLS(Ethernet over MPLS) WAN 링크를 통해 연결하는 두 라우터는 동일한 서브넷에 소속된 IP 주소들을 가져야 한다).

[그림 13-3]의 이더넷 LAN은 이더넷 스위치 없이 단순한 선을 사용하여 조금 다른 유형의 그림을 보여준다. 여기서 LAN 스위치의 존재 여부는 주제와 관련이 없으므로 이더넷 LAN을 그릴 때, [그림 13-3]과 같이 스위치 없이 단순하게 각 장치를 같은 선에 연결하였다(이런 식의 그림은 스위치와 허브가 존재하기 전인 원래의 이더넷을 흉내 낸 것이다).

마지막으로 라우터의 주요 과업은 한 서브넷에서 다른 서브넷으로 패킷을 보내는 것이기 때문에 라우터는 일반적으로 다수의 서브넷들에 연결된다. 예를 들어, 이 경우에 라우터 R1은 왼쪽으로 하나의 LAN 서브넷에 연결되고, 오른쪽으로 하나의 WAN 서브넷에 연결된다. 여기서 R1은 인터페이스마다 하나씩, 두 개의 다른 IP 주소들이 설정될 것이다. 각각의 인터페이스는 라우터를 다른 서브넷으로 연결하기 때문에, 이 주소들은 다른 서브넷에 속해야 한다.

필요한 서브넷 수의 결정

필요한 서브넷들의 수를 결정하기 위해, 엔지니어는 문서화된 인터네트워크를 기준으로 서브넷을 필요로 하는 위치를 세어야 한다. 이를 위해 엔지니어는 네트워크 구성도, VLAN 구성, WAN 링크들에 대해 상세하게 파악해야 한다. 이 책에 논의된 다음과 같은 유형의 링크들은 각각 하나의 서브넷으로 계획해야 한다.

- VLAN
- 포인트-투-포인트 시리얼 링크(Point-to-point serial link)
- EoMPLS(Ethernet emulation WAN link)

> **NOTE** MPLS와 같은 WAN 기술은 한 쌍의 라우터마다 하나의 서브넷 외의 서브네팅 옵션을 제공하지만, 이 책은 단지 두 라우터 간에 각각의 포인트-투-포인트 WAN에 대해 하나의 서브넷을 갖는 WAN 기술들을 사용한다.

예를 들어, 네트워크 설계자가 서브넷 설계를 위한 [그림 13-4]만 가졌다고 가정해보자.

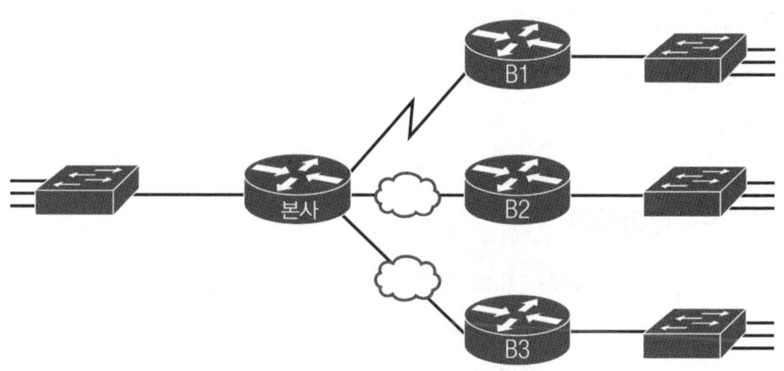

[그림 13-4] 소규모 본사를 포함하는 네 개 사이트의 네트워크

서브넷들의 수는 이 그림만으로는 완벽하게 추측하기가 불가능할 수 있다. 특히 세 개의 서브넷들이 WAN 링크들을 위해 필요할 것이다. 하지만 각 LAN 스위치에는 하나의 VALN 혹은 다수의 VLAN이 설정될 수 있다. 각 사이트의 LAN마다 최소한 하나의 서브넷을 필요로 하는 것은 확실하지만, 더 많은 서브넷을 필요로 할 수도 있다.

다음으로 [그림 13-5]와 같지만 보다 상세한 버전을 고려해보자. 이 경우에, 그림은 동일한 3계층 구성도(라우터에 연결된 링크들과 라우터들)에 더해 VLAN 수를 보여준다. 즉, 본사는 다수의 스위치들을 가지지만, 여기서 핵심 사항은 얼마나 많은 스위치들이 존재하는지와는 상관 없이 본사 사이트가 총 12개의 VLAN들을 가진다는 것이다. 마찬가지로, 이 그림은 각 지사마다 두개의 VLAN을 갖는다는 것을 보여준다. 세 개의 WAN 서브넷을 포함하여 이 인터네트워크는 21개의 서브넷을 필요로 한다.

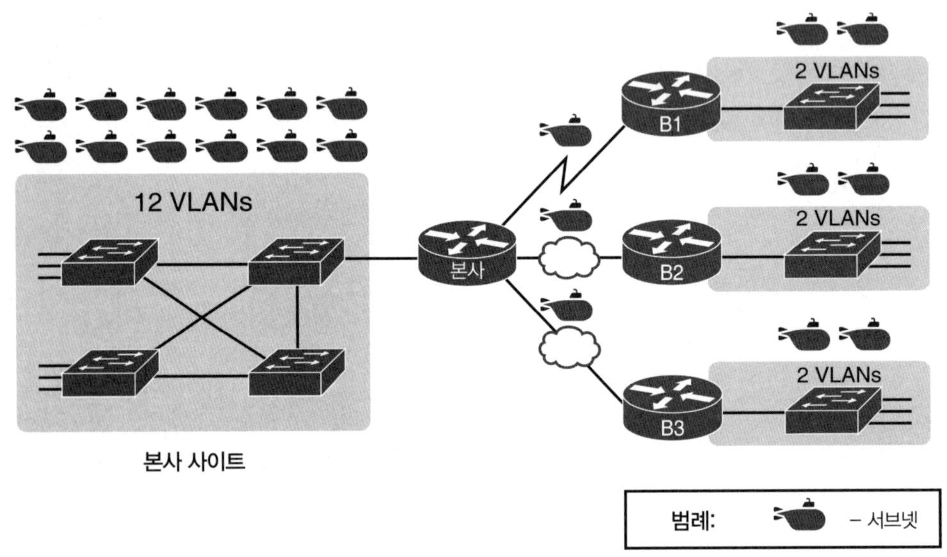

[그림 13-5] 대규모 본사를 포함하는 네 개 사이트의 네트워크

마지막으로 당신은 지금 실제로 필요한 것뿐만 아니라 시간을 두고 인터네트워크가 얼마나 성장할지를 고려해야 한다. 즉, 서브네팅 계획은 미래의 요구를 충족시키는 서브넷의 수를 합리적으로 예측해야 한다.

각 서브넷의 호스트 갯수 결정하기

서브넷마다 호스트의 갯수를 결정하는 것은 몇몇 개념에 대한 이해를 필요로 하고, 다음으로 많은 질문과 연구를 필요로 한다. 서브넷에 연결되는 각 장치는 IP 주소를 필요로 한다. 새로운 네트워크를 위해, 적용 가능한 장치들에 대한 어떤 아이디어를 얻기 위해, 사이트별 근무자 수, 주문 중인 장치들 등 구축 계획을 살펴 볼 수 있다. 기존 네트워크를 확장하여 새로운 사이트를 추가할 때, 비교를 위해 기존 사이트를 활용할 수 있는데 즉, 사이트를 보다 크게 혹은 보다 작게 만들지를 결정하기가 용이하다. 그리고 각 서브넷 내의 라우터 인터페이스 IP 주소와 스위치에 대한 원격 관리를 위해 사용할 스위치 IP 주소 수를 세는 것을 잊어버려서는 안된다.

계획을 위해 모든 사이트에 대한 정보를 수집하는 대신, 기획자는 종종 소수의 일반적인 사이트만 고려한다. 예를 들어, 일부 거대 영업소와 일부 소규모 영업소들이 존재할 수 있을 것이다. 하지만 단지 하나의 거대 영업소와 하나의 소규모 영업소만 고려할 수 있다. 다음으로 보다 많은 주소를 갖는 서브넷에 대한 분석에, 두 개의 주소만 갖는 포인트-투-포인트 링크 서브넷에 대한 분석을 추가한다면, 주소 체계와 서브네팅 설계를 위한 충분한 정보를 보유한 것이다.

예를 들어, [그림 13-6]에서 엔지니어는 거대 지사 B1에서 LAN 서브넷별 호스트 수를 보여주는 구성도를 그렸다. 두 개의 다른 지사에 대해서는 엔지니어는 필요한 호스트 수를 제시하지는 않았다. 사이트 B2와 B3에서 필요한 IP 주소 갯수는 사이트 B1보다 적은 50개 이하로 추정되지만, 엔지니어가 각 지사 LAN 서브넷에 50 호스트들이 포함된다고 가정하면, 서브넷별로 충분한 주소를 갖게 된다.

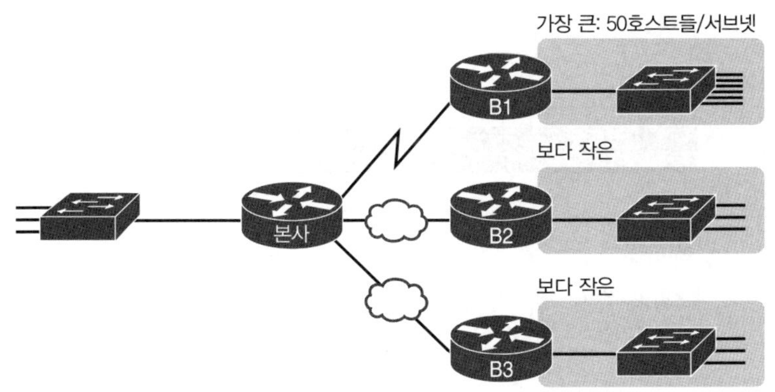

[그림 13-6] 50 호스트들/서브넷을 갖는 거대 지사 B1

단일 크기 서브넷의 적합성

초기 계획 단계에서 마지막 선택은 '하나의 서브넷이 모두를 충족시킨다'는 철학을 적용할 것이냐를 결정하는 것이다. 서브넷의 크기 혹은 길이는 간단히 말해 서브넷 내에 사용 가능한 IP 주소들의 갯수다. 서브네팅 설계는 동일한 크기의 서브넷을 사용할 수도 있고, 다양한 크기의 서브넷들을 사용할 수도 있는데 각각의 선택에 대해서는 장단점이 있다.

서브넷의 크기 결정하기

이 책을 끝내기 전에, 서브넷의 크기를 결정하는 방식에 대한 모든 것을 학습할 것이다. 아직까지는 서브넷의 크기에 대한 몇 가지 구체적인 항목만 알면 된다. 14장 '클래스풀 IPv4 네트워크 분석'과 15장 '서브넷 마스크 분석'은 한발 더 나아가 해당 지식에 대해 보다 깊이 있게 다룬다.

엔지니어는 각 서브넷에 서브넷 마스크(subnet mask)를 할당하고, 다른 것들 사이에서 선택된 그 마스크는 서브넷의 크기를 정한다. 마스크는 해당 서브넷 내에서 상이한 호스트 IP 주소들을 부여하기 위한 호스트 비트의 수도 결정한다. X 비트들이 있다면, 2^X 개의 숫자가 생성되기 때문에, 마스크의 호스트 비트 수가 H개면, 서브넷은 2^H 개의 상이한 숫자 값들을 갖는다.

하지만, 서브넷의 크기는 2^H개가 아니다. 서브넷별로 두 개의 숫자가 다른 목적을 위해 예비되기 때문에, 서브넷의 크기는 $2^H - 2$가 된다. 각 서브넷은 서브넷 번호(subnet number)를 위해 가장 낮은 숫자를, 서브넷 브로드캐스트 주소(subnet broadcast address)를 위해 가장 높은 숫자를 예비한다. 결과적으로 서브넷별로 사용 가능한 IP 주소들의 갯수는 $2^H - 2$다.

[그림 13-7]은 호스트 영역 즉, 서브넷의 크기에 초점을 맞추며, IP 주소의 세 영역 구조에 대한 일반적인 개념을 보여준다.

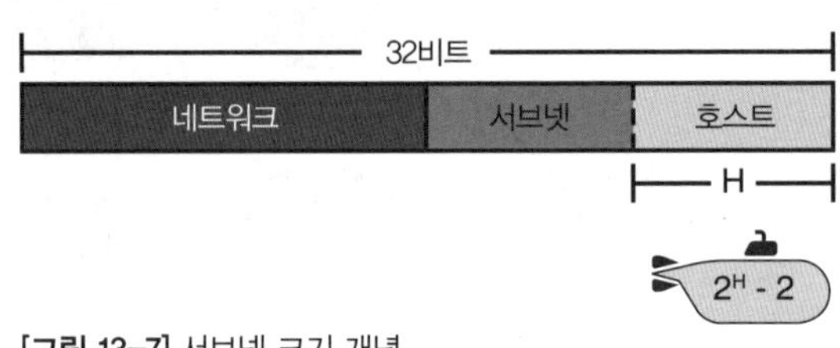

[그림 13-7] 서브넷 크기 개념

단일 크기 서브넷이 모든 서브넷을 만족시키는 경우

회사 네트워크에서 하나의 서브넷 크기를 사용하기로 했다면, 모든 서브넷에 동일한 마스크를 적용해야 한다. 그런데 어떤 마스크를 적용할까?

하나의 마스크를 선택할 때 고려해야할 하나의 요구 조건은 다음과 같다. 즉, 하나의 마스크는 가장 큰 서브넷을 지원할 수 있을 정도로 충분한 호스트 IP 주소들을 제공해야 한다. 이를 위해, 마스크에 의해 결정되는 호스트 비트의 수(H)가 충분히 커야하는데, 그러기 위해서는 $2^H - 2$가 가장 큰 서브넷에서 필요로 하는 호스트 IP 주소들의 수보다 크거나 동일해야 한다.

예를 들어, [그림 13-8]을 보자. 그것은 LAN 서브넷별로 필요한 호스트의 갯수를 보여준다 (그림은 각각 두 개의 IP 주소들만 필요로 하는 WAN 링크 상의 서브넷은 무시한다). 지사 LAN 서브넷들은 단지 50개의 호스트 주소를 필요로 하지만, 본사 LAN 서브넷은 200개의 호스트 주소를 필요로 한다. 가장 큰 서브넷을 수용하기 위해, 최소한 8개의 호스트 비트를 필요로 한다. 7개의 호스트 비트들은 충분하지 않은데 $2^7 - 2 = 126$이기 때문이다. 8개의 호스트 비트는 충분한데, $2^8 - 2 = 254$이기 때문이다. 이것은 서브넷에서 필요로 하는 200 호스트들을 수용하기에 충분하다.

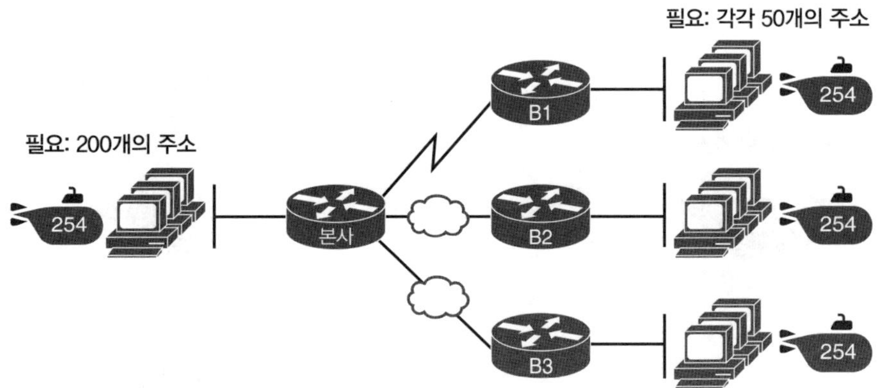

[그림 13-8] 단일 크기 서브넷을 적용한 네트워크

하나의 서브넷 크기를 사용하면 가장 큰 장점은 무엇일까? 바로, 운영의 단순성이다. 네트워킹 업무를 하는 IP 스탭은 하나의 마스크 환경에 익숙하기가 쉽다. 하나의 마스크 환경에서는 서브네팅 계산에 보다 익숙하기 때문에 엔지니어들은 모든 서브네팅 관련 문의에 대해 보다 쉽게 대응할 수 있을 것이다.

단일 크기 서브넷의 큰 약점은 IP 주소들의 낭비다. 예를 들어, [그림 13-8]에서 본사 LAN 서브넷은 254개의 주소만 필요로 하는 반면, 가장 큰 지사 서브넷은 50개의 주소만 필요로 한다. WAN 서브넷들은 두 개의 IP 주소만 요구하지만, 각각은 254개의 주소가 할당되기 때문에 보다 많은 IP 주소를 낭비하게 된다.

낭비된 IP 주소는 대부분의 경우에는 실질적인 문제를 일으키지는 않는다. 대부분의 조직들은 그들의 인터네트워크에서 낭비에 대한 염려가 없는 사설 IP 네트워크를 적용하는데, 하나의 클래스 A 혹은 클래스 B 사설 네트워크는 풍부한 IP 주소를 공급할 수 있기 때문이다.

다수의 서브넷 크기들(VLSM, Variable–Length Subnet Masks)

하나의 클래스 A, B 혹은 C 네트워크에서 다양한 크기의 서브넷들을 생성하기 위해서 엔지니어는 네트워크마다 다른 마스크를 갖는 서브넷들을 생성해야 한다. 상이한 마스크는 상이한 수의 호스트 비트들을 의미하고, 서브넷 내의 호스트의 수는 $2^H - 2$ 공식에 기초한다.

예를 들어, 앞서 [그림 13-8]에서 표시한 조건들을 보자. 왼쪽의 서브넷은 200개의 호스트 주소를 필요로 하고, 세 개의 지사 서브넷들은 50개의 주소를 필요로 하고, 세 개의 WAN 링크는 두 개의 주소만 필요로 한다. 이러한 조건들을 충족시키면서도, IP 주소의 낭비를 줄이기 위해서는 [그림 13-9]와 같이 세 개의 다른 크기의 서브넷들을 생성하는 세 개의 서브넷 마스크가 사용된다.

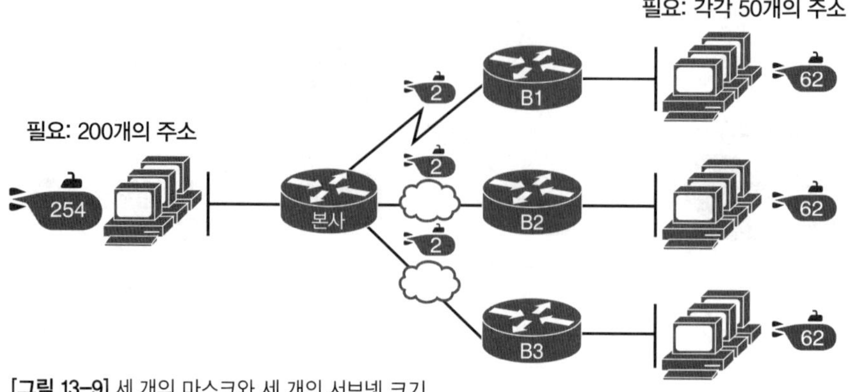

[그림 13-9] 세 개의 마스크와 세 개의 서브넷 크기

보다 적은 서브넷들은 앞서 [그림 13-8]에서 본 설계와 비교할 때보다 적은 수의 IP 주소를 낭비한다. 50개의 IP 주소를 필요로 하는 오른쪽의 서브넷들은 6개의 호스트 비트를 가진 서브넷들이 되는데, 그 이유는 6비트면, $2^6 - 2 = 62$개의 주소가 생성되기 때문이다. WAN 링크들은 2개의 호스트 비트를 가진 마스크를 사용하는데, 그 이유는 2비트면 $2^2 - 2 = 2$개의 주소가 생성되기 때문이다.

하지만 호스트의 수와 서브넷의 크기를 정확하게 맞출 수는 없으므로, 일부 주소는 여전히 낭비된다. 모든 서브넷들은 $2^H - 2$ 공식에 기초하여 크기를 정하는데, 여기서 H는 각 서브넷에 대해 마스크가 사용하는 호스트 비트의 수다.

이 책(대부분): 단일 크기 서브넷 적용

대부분 이 책은 모든 서브넷들에 대해 하나의 서브넷 크기를 생성하는 단일 마스크를 사용하여 서브네팅을 설명한다. 왜 그럴까? 첫째, 그것은 서브네팅 학습 과정을 보다 쉽게 만든다. 둘째, 네트워크에 대한 일부 유형의 분석 구체적으로는 클래스풀 네트워크에서 서브넷들의 수 계산은 단일 마스크를 사용할 때 이해가 쉽다.

하지만 여전히 동일한 클래스풀 IP 네트워크에서 상이한 서브넷들을 위한 상이한 마스크들을 적용하는 VLSM(variable-length subnet masks)을 다룰 준비가 되어있어야 한다. 22장 'VLSM(Variable-Length Subnet Masks)'은 VLSM에 초점을 맞춘다. 하지만, 22장 전의 모든 예들과 논의는 VLSM을 피하는데, 이것은 논의를 단순화하여 뛰기 전에 걸음마를 배워야 하는 이치와 동일하다.

∷ 설계 시의 선택 사항

IP 주소 체계와 서브네팅 조건들을 분석하는 방법을 다루는 지금, 다음 주요 단계는 그러한 조건들에 맞게 IP 주소 체계와 서브네팅의 규칙을 적용하고, 일부 결정 방식을 알아본다. 즉, 얼마나 많은 서브넷들이 필요한지, 가장 큰 서브넷에 얼마나 많은 호스트 주소가 필요한지를 아는 지금, 이러한 조건을 충족시키기 위해 어떻게 서브네팅 설계를 해야할까? 하는 이러한 짧은 질문은 [그림 13-10]의 오른쪽과 같이 세 개의 일을 필요로 한다.

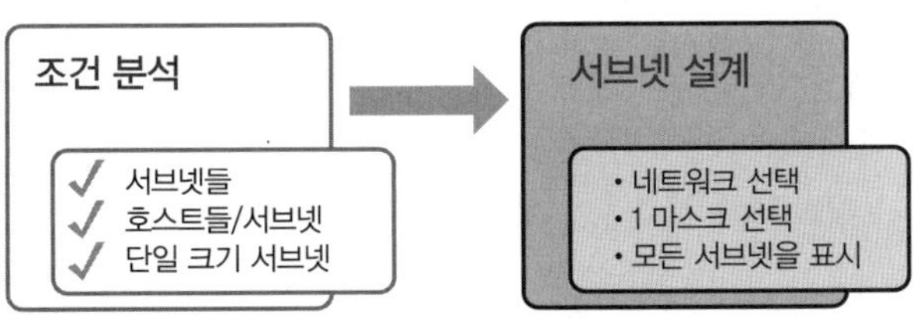

[그림 13-10] 설계에 대한 입력 변수와 설계 사항

클래스풀 네트워크 선정

오늘날 인터넷에 대한 원래의 디자인에서 회사 내에 TCP/IP를 설치할 때, 회사들은 등록된 공인 클래스풀 IP 네트워크를 사용했다. 1990년대 중반까지 대안인 사설 IP 네트워크가 보다 대중적이게 되었다. 이 섹션은 이러한 두 선택 항목들의 배경을 논의하는데, 그 이유는 회사의 인터네트워크에서 설계와 할당을 위해 사용할 IP 네트워크의 선택에 영향을 주기 때문이다.

공인(Public) IP 네트워크들

인터넷에 대한 원래의 디자인은 인터넷에 연결된 모든 회사는 등록된 공인 IP 네트워크를 사용할 것을 요구했다. 이를 위해 회사는 기업의 인터네트워크와 존재하는 호스트의 수와 성장 계획을 설명하는 문서 작업을 필요로 했다. 이 문서가 제출되면, 회사는 클래스 A, B 혹은 C 네트워크를 할당받았다.

공인 IP 네트워크들과 이들에 대한 관리 과정은 인터넷에 연결하는 모든 회사들이 유일한 IP 주소들을 사용하도록 했다. 특히 공인 IP 네트워크가 한 회사에 할당된 후에, 해당 회사만이 그 네트워크에 속하는 주소들을 사용해야 한다. 이러한 유일성의 보장 때문에 즉, 중복된 공인 IP 주소들이 없었기 때문에 인터넷 라우팅은 동작할 수 있었다.

예를 들어, [그림 13-11]의 예를 보자. 회사 1은 공인 클래스 A 네트워크 1.0.0.0을, 회사 2는 공인 클래스 A 네트워크 2.0.0.0을 할당했다. 인터넷에서 공인 주소를 할당하는 원래의 목적에 의해 이러한 공인 네트워크가 할당된 후에는 어떤 회사도 클래스 A 네트워크 1.0.0.0 또는 2.0.0.0에 속하는 주소들을 사용할 수 없다.

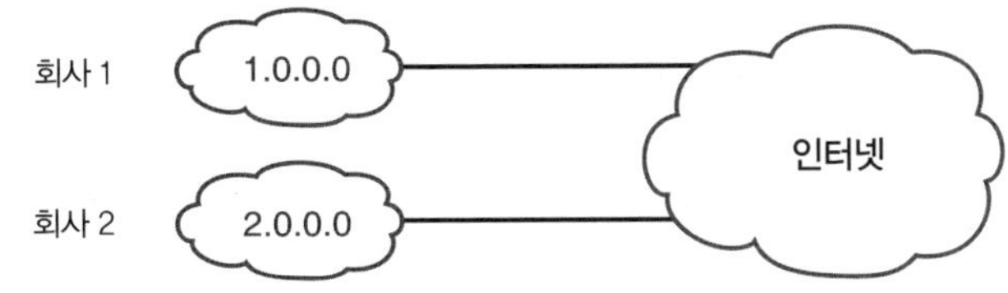

[그림 13-11] 유일한 공인 IP 네트워크를 갖는 두 개의 회사들

원래의 주소 할당 과정은 전체 지구에서 유일한 IP 주소를 보장했다. 이 아이디어는 당신의 전화 번호가 전 지구에서 유일해야 하고, 당신의 우편 주소, 심지어 당신의 이메일 주소 또한 유일해야한다는 사실과 일치한다. 누군가 당신에게 전화를 걸면, 당신의 전화가 울리지만, 다른 누군가의 전화는 울리지 않는다. 마찬가지로 회사 1에 클래스 A 네트워크 1.0.0.0을 할당했다면, 회사는 특정 PC에 주소 1.1.1.1을 할당한다. 목적지 1.1.1.1을 향해 패킷이 인터넷을 통과하면, 다른 호스트가 아니라 정확하게 회사 1의 해당 PC에 도착해야 한다.

공인 IP 주소 공간을 고갈시키는 성장

1990년 초반까지, 세계는 할당 가능한 공인 IP 네트워크들을 다 써버렸다. 1990년대에는 대부분 인터넷에 새로 연결되는 호스트의 갯수가 1개월마다 두 배 속도로 성장하고 있었다. 회사들은 공인 IP 네트워크를 요구하는 방식을 계속 고수하고 있었지만, 당시의 주소 할당 방식은 변경 없이 지속될 수 없음이 명확해졌다. 단순히 IPv4 내의 32비트 주소에 의해 지원되는 클래스풀 네트워크는 각 회사에 충분한 IP 주소를 제공할 수 있었지만, 클래스 A, B 와 C 네트워크들의 수는 조직마다 하나의 공인 클래스풀 네트워크를 지원하기에는 충분하지 않았다.

> **NOTE** 세계의 공인 IPv4 주소는 두 개의 경로 즉, IANA와 RIR에서 모두 사용하였다. 공인 IPv4 주소 블록들을 전 세계 다섯 개의 RIR(Regional Internet Registries)에 할당하는 IANA는 2011년 초까지 마지막 IPv4 주소 공간을 할당했다. 2015년까지, 북미의 RIR인 ARIN은 IPv4 주소가 고갈됐으므로, 회사들은 사용하지 않는 공인 IPv4 주소들을 다른 회사들이 사용할 수 있도록 ARIN에게 반납하였다. 가용한 IPv4 주소 공간을 보기 위해 'ARIN depletion(고갈)'을 검색해보기 바란다.

인터넷 공동체는 1990년대 동안, 이 문제를 풀기 위해 아주 고심한 끝에 다음을 포함하는 몇 가지 솔루션들을 만들어냈다:

- 훨씬 많은 주소들을 갖는 새로운 버전의 IP(IPv6) (128비트)
- 각 회사에 전체 공인 IP 네트워크 대신, 낭비를 줄이기 위해 공인 IP 네트워크의 하부 집합을 할당함.
- 사설 IP 네트워크를 사용하는 NAT(Network Address Translation)

이러한 세 가지 솔루션은 오늘날의 실제 네트워크에서 중요하다. 하지만 서브넷 설계 주제에 초점을 맞추기 위해 이 장은 특히, 세 번째 옵션인 NAT를 사용할 때 기업들이 사용할 수 있는 사설 IP 네트워크에 중점을 둔다. Part Ⅷ은 첫 번째 중요 항목에 대해 상세히 다루고, 부록 N 'CIDR(Classless Inter-Domain Routing)'은 상기 리스트의 두 번째 중요 항목을 자세히 다루어 이 주제에 관심 있는 사람들을 위한 학습 자료를 제공한다.

세 번째 항목인 NAT(27장 'NAT(Network Address Translation)'에서 상세히 다룸)는 다수의 회사들이 인터넷에 연결하기 위해 다른 회사들과 동일한 IP 주소 즉, 동일한 사설 IP 네트워크를 사용한다. 예를 들어, [그림 13-12]는 [그림 13-11]과 같이 인터넷에 연결하는 두 회사들을 보여주는데, 이때 둘 다 동일한 사설 클래스 A 네트워크 10.0.0.0을 사용하고 있다.

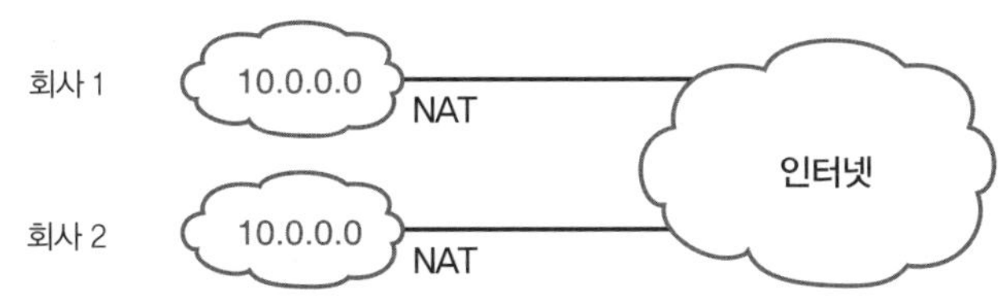

[**그림 13-12**] NAT에 의해 동일한 사설 네트워크 10.0.0.0을 사용함.

두 회사는 동일한 클래스풀 IP 네트워크(10.0.0.0)를 사용한다. 두 회사는 각각의 인터네트워크에 대해 내부 서브넷 설계를 할 때, 어떤 협의도 필요로 하지 않는다. 두 회사는 네트워크 10.0.0.0 내부에 정확하게 동일한 IP 주소들을 사용할 수 있다. 놀랍게도, 두 회사는 동시에 인터넷을 통해 서로 통신할 수도 있다.

NAT라 불리는 기술은 [그림 13-12]와 같이 회사들이 동일한 IP 네트워크를 재사용할 수 있도록 한다. NAT는 패킷이 기업에서 인터넷으로 보내질 때 패킷 내부의 IP 주소를 변환함으로써, 적은 수의 공인 IP 주소만으로도 수만 개의 사설 IP 주소들을 대신하게 한다. 이러한 짧은 설명만으로는 NAT의 동작 방식을 충분히 이해할 수 없다. 하지만, 서브네팅에 대한 초점을 유지하기 위해 이 책은 27장까지 NAT의 동작 방식에 대한 논의를 연기한다. 지금 대부분의 회사들은 NAT를 사용하기 때문에, 그들의 인터네트워크는 사설 IP 네트워크를 사용한다.

사설 IP 네트워크들

RFC(Request For Comments) 1918은 [표 13-2]와 같이 사설 IP 네트워크들의 집합을 정의한다. 이에 따라 이러한 사설 IP 네트워크들은

- 공인 IP 네트워크로서 할당하지 않을 것이다.
- 인터넷에 패킷을 보낼 때, NAT를 사용하는 곳에서 사용될 수 있다.
- 인터넷에 패킷을 보낼 필요가 없는 곳에서도 사용될 수 있다.

현재 거의 모든 조직들이 인터넷에 연결할 때 NAT를 사용한다. NAT를 사용할 때, 회사는 예비된 사설 IP 네트워크 번호들 중에서 하나 이상의 사설 IP 네트워크를 고를 수 있다. RFC 1918은 [표 13-2]와 같이 이 리스트를 정의한다.

네트워크의 클래스	사설 IP 네트워크	네트워크 수
A	10.0.0.0	1
B	172.16.0.0 ~ 172.31.0.0	16
C	192.168.0.0 ~ 192.168.255.0	256

[**표 13-2**] RFC 1918 사설 주소 공간

설계 시 IP 네트워크 선택하기

오늘날 일부 조직들은 NAT와 함께 사설 IP 네트워크를 사용하고, 일부는 공인 IP 네트워크를 사용한다. 대부분의 새로운 기업 인터네트워크는 인터넷에 연결할 때, NAT와 함께 사설 IP 주소들을 사용한다. 1990년대 초반, 주소가 고갈되기 시작하기 전에 등록된 공인 IP 네트워크를 받은 조직들은 자신들의 네트워크에서 공인 주소들을 계속 사용할 수 있다.

사설 IP 네트워크를 사용하기로 했다면, 충분한 IP 주소를 제공하는 것을 고른다. 비록 작은 인터네트워크를 가졌지만, 사설 클래스 A 네트워크 10.0.0.0을 사용할 수도 있다. 단지 수백 개의 주소만 필요하다면 16,000,000개 이상의 IP 주소를 갖는 클래스 A 네트워크를 선택하는 것은 낭비처럼 보일 수도 있다. 하지만, 현재 혹은 미래를 위해 그렇게 큰 사설 네트워크를 사용한다 해도 아무런 문제도 어떤 불이익도 없다.

책의 목적을 위해 대부분의 예는 사설 IP 네트워크 번호를 사용한다. 네트워크 번호를 선택하기 위한 설계 단계를 위해, RFC 1918 사설 네트워크의 리스트에 포함된 사설 클래스 A, B 혹은 C 네트워크 중에서 선택하기 바란다.

마스크 선택하기

지금까지 이 장의 주제들을 순서대로 따라온 설계 엔지니어는 다음을 이해할 것이다:

- 필요한 서브넷의 수
- 필요한 서브넷별, 호스트의 수
- 모든 서브넷들에 대해 단지 하나의 마스크를 사용한다는 것은 모든 서브넷들이 동일한 크기임을 의미한다(동일한 수의 호스트들/서브넷).
- 클래스풀 IP 네트워크 번호는 서브넷들로 분할 가능하다.

이 섹션은 모든 서브넷들에서 사용할 하나의 마스크를 선택하는 방법을 논의함으로써 설계 과정을 완성한다. 먼저 이 섹션은 비교를 위해 서브넷으로 분할되지 않았을 때의 기본(디폴트) 마스크를 살펴본다. 다음으로, 서브넷 비트들을 만들어내기 위해 호스트 비트들을 빌려오는 개념을 탐구한다. 마지막으로 이 섹션은 조건들에 대한 분석에 기초하여 서브넷 마스크를 생성하는 방법을 예를 들어 설명한다.

서브네팅 전의 클래스풀 IP 네트워크

엔지니어가 클래스풀 네트워크를 서브넷으로 분할하기 전에, 네트워크는 하나의 주소 그룹이다. 즉, 엔지니어는 네트워크를 서브넷이라 불리는 다수의 보다 작은 하부 집합들로 아직 분할하지 않았다.

서브넷으로 분할되지 않은 클래스풀 네트워크에 대해 생각할 때, 네트워크 내부의 주소들은 단지 두 영역 즉, 네트워크 영역과 호스트 영역을 가진다. 클래스풀 네트워크에서 두 주소를 비교하면:

- 주소들의 네트워크 영역은 동일한 값을 갖는다.
- 주소들의 호스트 영역은 상이한 값을 갖는다.

네트워크의 실제 크기와 네트워크 내의 주소들의 호스트 영역은 [그림 13-13]과 같이 쉽게 예측할 수 있다.

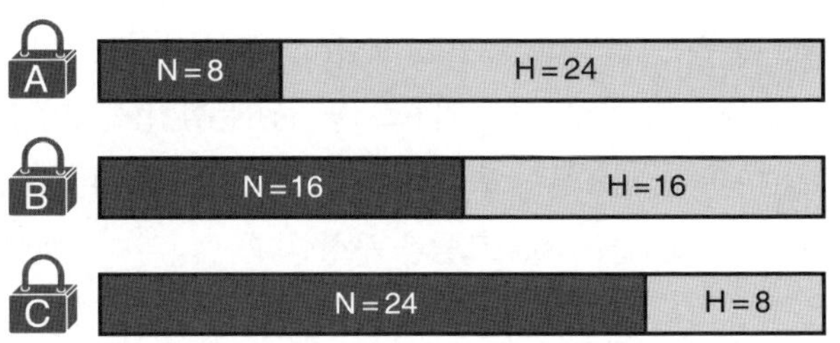

[그림 13-13] 서브넷으로 분할하지 않은 클래스 A, B와 C 네트워크의 형식

[그림 13-13]에서, N과 H는 각각 네트워크와 호스트 비트들의 수를 표시한다. 클래스 규칙은 클래스 A, B와 C에 대해 각각의 네트워크 옥텟들(1, 2 또는 3)의 수를 정의한다. 이 그림은 비트들의 수를 표시한다. 호스트 옥텟의 수는 각각 3, 2 또는 1이다.

서브네팅 전의 클래스풀 네트워크에 대한 분석을 계속해보면, 한 클래스풀 IP 네트워크에 속하는 주소들의 수는 앞서 설명한 바와 같이 $2^H - 2$의 공식으로 계산할 수 있다. 특히, 서브넷으로 분할하지 않은 클래스 A, B 혹은 C 네트워크의 크기는 다음과 같다:

- 클래스 A: $2^{24} - 2 = 16,777,214$
- 클래스 B: $2^{16} - 2 = 65,534$
- 클래스 C: $2^8 - 2 = 254$

서브넷 비트들을 확보하기 위해 호스트 비트들에서 빌리기

네트워크를 분할하기 위해 설계자가 [그림 13-13]의 네트워크와 호스트 영역에 대해 생각할 때, 엔지니어는 중간에 서브넷 영역이라 불리는 세 번째 영역을 추가한다. 하지만 설계자는 네트워크 영역의 크기와 전체 주소의 크기(32비트)를 변경할 수는 없다. 이 주소 구조에서 서브넷 파트를 확보하기 위해, 엔지니어는 호스트 영역으로부터 비트들을 빌려온다. [그림 13-14]는 일반적인 아이디어를 보여준다.

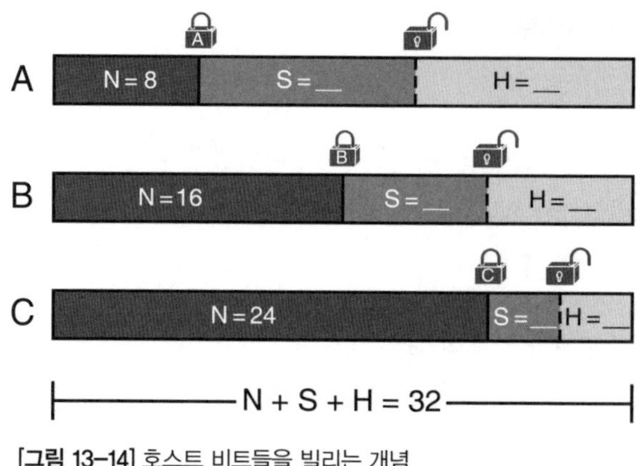

[그림 13-14] 호스트 비트들을 빌리는 개념

[그림 13-14]는 서브넷 마스크를 표시하는 사각형을 보여준다. 네트워크 비트들의 수를 표시하는 N은 클래스에 따라 8, 16 혹은 24로 고정된다. 개념적으로 설계자는 네트워크와 호스트 영역 사이에 서브넷 비트(S)들을 두기 위해, 대시 기호로 표시된 분할 선을 호스트 영역으로 이동시키는데, 이때 오른쪽에 남아있는 비트들이 호스트 비트들(H)이다. IPv4 주소는 32비트들로 구성되기 때문에 이러한 세 가지 영역들은 32비트들을 구성한다.

충분한 서브넷과 호스트 비트들을 선택하기

이 설계 과정은 [그림 13-14]와 같이 대시 라인의 위치 선정을 필요로 한다. 하지만, 무엇이 적정한 선택일까? 설계자는 얼마나 많은 서브넷 비트와 호스트 비트들을 선택할까? 정답은 계획 과정의 초기 단계에서 수집된 다음의 요구 조건에 전적으로 의존한다:

- 필요한 서브넷들의 수
- 서브넷별, 호스트들의 수

서브넷 영역의 비트들은 설계 엔지니어가 생성하기를 원하는 상이한 서브넷들에 유일한 숫자를 부여한다. 1개의 서브넷 비트가 존재한다면, 2^1 혹은 2개의 서브넷을, 2개의 비트가 존재한다면 2^2 혹은 4개의 서브넷을, 3개의 비트가 존재한다면 2^3 혹은 8개의 서브넷을 만들 수 있다. 계획 과정에서 결정되는 서브넷 비트의 수는 모든 서브넷들에 유일한 숫자를 배정할 수 있을 정도로 충분히 커야 한다.

동시에, 호스트 비트들의 남은 수는 가장 큰 서브넷 내의 호스트 IP 주소들에 번호를 부여할 수 있을 정도로 커야 한다. 이 장에서 우리는 모든 서브넷들에 대해 하나의 마스크를 사용할 것이라는 것을 상기하기 바란다. 단일 마스크는 필요한 서브넷들의 수와 가장 큰 서브넷 내에서 필요한 호스트들의 수를 지원할 수 있어야 한다. [그림 13-15]는 이 개념을 보여준다.

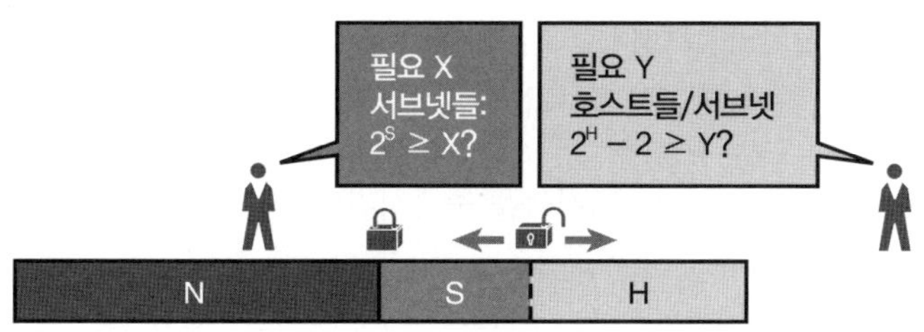

[그림 13-15] 서브넷과 호스트 비트를 만족하도록 호스트 비트를 빌려야 함.

[그림 13-15]는 서브넷(S)과 호스트(H) 비트들의 수를 선택하고, 계산을 확인하는 설계자의 아이디어를 보여준다. 2^S은 필요한 서브넷 수 이상이어야 하고, 그렇지 않다면 마스크는 해당 IP 네트워크에서 충분한 서브넷들을 제공하지 못할 것이다. 또한, $2^H - 2$는 필요한 (서브넷별)호스트 수 이상이어야 한다.

> **NOTE** 서브넷의 수를 2^S로 계산하는 것은 이 장에서 가정하는 바와 같이, 하나의 클래스풀 네트워크의 모든 서브넷들을 위해 단일 마스크를 사용되는 경우에만 적용한다.

효과적인 마스크 설계를 위해 혹은 누군가에 의해 선택된 마스크를 해석하기 위해, 2의 제곱 수들에 대해 기억할 필요가 있다. 부록 A '숫자 참조 표'는 참조를 위해 2^{32}까지의 2의 제곱 수 표를 제공한다.

설계 예: 172.16.0.0, 200 서브넷, 200 호스트

지금까지의 이론적인 논의에 대한 이해를 돕기 위해, 서브넷 마스크 선택에 초점을 맞추는 예를 보자. 이 경우, 계획과 설계 조건은 다음과 같다:

- 모든 서브넷들에 대해 단일 마스크를 적용할 것.
- 200 서브넷을 계획함.
- 서브넷별 200개의 호스트 IP 주소를 계획함.
- 사설 클래스 B 네트워크 172.16.0.0을 사용할 것.

마스크를 선택하기 위해, 설계자는 다음 질의에 응답해야 한다:

200개의 서브넷을 수용하기 위해, 얼마나 많은 서브넷 비트(S)가 필요할까?

[표 13-3]으로부터, S = 7은 ($2^7 = 128$)이므로 부족하지만, S = 8은 ($2^8 = 256$)이므로 충분하다. 따라서 최소한 8개의 서브넷 비트들이 필요하다.

다음으로 설계자는 서브넷별로 호스트의 수에 관한 유사한 질의에 응답해야 한다:

서브넷마다 200개의 호스트가 있다면, 얼마나 많은 호스트 비트(H)가 필요할까?

계산은 기본적으로 동일하지만, 서브넷별 호스트 수를 계산할 때의 공식은 2를 뺀다. [표 13-3]에서, H = 7은 ($2^7 - 2 = 126$)이므로 부족하지만, H = 8은 ($2^8 - 2 = 254$)이므로 충분하다.

이 경우에는 단지 하나의 마스크가 모든 조건들을 충족시킨다. 먼저 여기서 클래스 B 네트워크를 사용하고 있으므로 네트워크 비트의 수(N)는 16이다. 서브넷 조건 때문에, 마스크는 최소한 8개의 서브넷 비트들과 최소한 8개의 호스트 비트들을 필요로 한다. [그림 13-16]은 마스크의 결과를 보여준다.

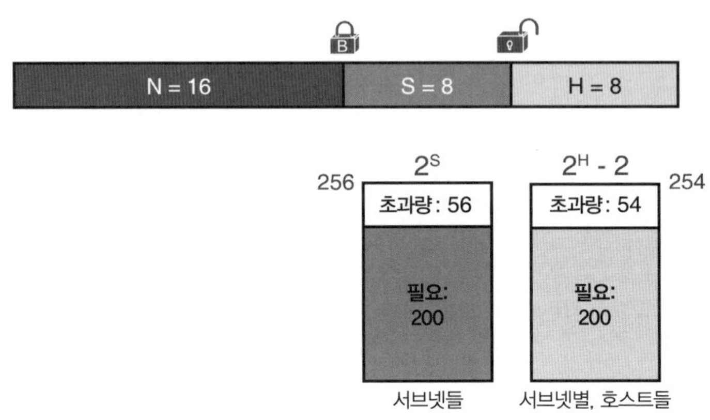

[그림 13-16] 마스크 선택 예, N = 16, S = 8, H = 8

마스크와 마스크 형식들

엔지니어가 설계 시에 IP 주소를 세 영역(네트워크, 서브넷과 호스트)으로 나누어 생각한다 엔지니어 간에는 서브넷 내의 모든 장치들에 적용한 서브넷 마스크에 대해 의사 소통하는 방법이 필요하다.

서브넷 마스크는 왼쪽에는 다수의 이진수 1들, 오른쪽에는 다수의 이진수 0들로 구성된 32비트 이진수다. 사실상 이것이 정확하게 마스크가 서브넷 내의 주소들의 호스트 영역의 크기를 공유하는 방법을 제공한다. 마스크에서 이진수 1로 시작하는 비트들은 서브넷 내에서 주소들의 네트워크와 서브넷 영역의 조합을 표시한다.

네트워크 영역이 항상 처음에 배치되고 다음으로 서브넷 영역과 호스트 영역이 배치되기 때문에 서브넷 마스크는 이진수 형식에서 1들과 0들을 교차 배치할 수 없다. 각 서브넷 마스크는 왼쪽에 이진수 1들, 비트의 나머지는 0들의 연속되는 한 줄로 구성된다.

엔지니어가 클래스풀 네트워크와 서브넷 내의 서브넷과 호스트 비트의 수를 선택한 다음 이진수 서브넷 마스크를 생성하는 것은 쉽다. 그냥 N과 S를 위해 1을, H를 위해 0을 쓰면 된다 (여기서 N, S와 H는 각각 네트워크, 서브넷과 호스트 비트의 수를 표현한다). [그림 13-17]은 클래스 B 네트워크에서 8개의 서브넷 비트들을 확보하고, 8개의 호스트 비트들을 남겨두는 앞선 예에 기초한 마스크를 보여준다.

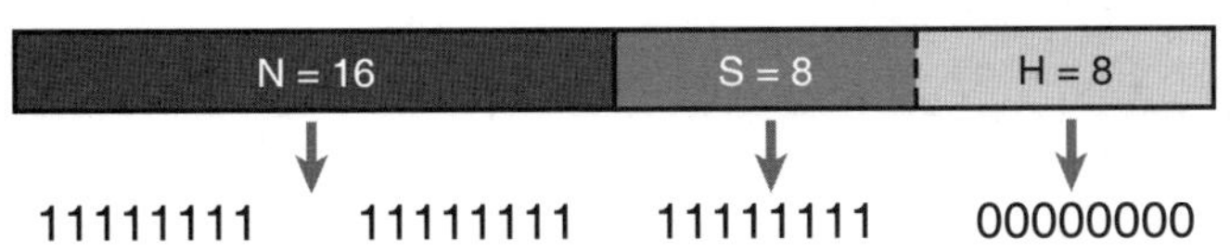

[그림 13-17] 클래스 B 네트워크에서 서브넷 마스크 생성(이진수)

[그림 13-17]의 이진수 마스크에 덧붙여 마스크는 두 개의 형식 즉, IP 주소에서 볼 수 있는 익숙한 DDN(dotted-decimal notation) 형식과 보다 짧은 프리픽스 형식으로 표시할 수 있다. 15장은 이러한 형식들과 상이한 형식들 간의 변환 방법을 논의한다.

모든 서브넷들에 대한 리스트 작성

서브넷 설계의 마지막 일은 앞선 모든 선택들에 기초하여 사용 가능한 실제 서브넷들을 정하는 것이다. 앞선 설계 과정에서 클래스 A, B 혹은 C 네트워크와 충분한 서브넷들과 충분한 서브넷별 호스트 IP 주소들을 수용할 수 있는 서브넷 마스크를 결정했다. 하지만 그러한 서브넷들은 무엇일까? 당신은 어떻게 서브넷을 구분하거나 설명하나? 이 섹션은 이러한 질의에 대한 답변으로 구성된다.

서브넷은 연속적인 번호들의 그룹으로 구성된다. 이러한 번호들의 대부분은 호스트들을 위한 IP 주소로 사용할 수 있다. 하지만 각 서브넷은 각 그룹에서 첫 번째와 마지막 번호들을 예비하는데, 이러한 두 개의 번호들은 IP 주소들로 사용할 수 없다. 특히 각 서브넷은 다음을 포함한다:

- **서브넷 번호**: 서브넷 ID 혹은 서브넷 주소(subnet address)라 부름. 이 번호는 서브넷을 구분한다. 이것은 서브넷에서 가장 낮은 숫자다. 이것은 호스트를 위한 IP 주소로 사용할 수 없다.
- **서브넷 브로드캐스트**: 서브넷 브로드캐스트 주소(subnet broadcast address) 혹은 다이렉티드 브로드캐스트 주소(directed broadcast address)라 부르는데, 서브넷에서 마지막(가장 높은) 숫자다. 이것은 호스트를 위한 IP 주소로 사용할 수 없다.
- **IP 주소들**: 서브넷 ID와 서브넷 브로드캐스트 주소 사이의 모든 번호들은 호스트 IP 주소로 사용할 수 있다.

예를 들어 앞선 경우를 고려하되, 설계 결과는 다음과 같다:

- **네트워크**   172.16.0.0(클래스 B)
- **마스크**   255.255.255.0 (모든 서브넷들에 대해)

일부 계산을 통해, 클래스 B 네트워크에 존재하는 각 서브넷은 계산될 수 있다. 이 경우, [표 13-3]은 첫 번째 열 개의 서브넷들을 보여준다. 이 표는 다음으로 다수의 서브넷들을 건너 뛰어 마지막 두 개(가장 큰 숫자)의 서브넷들을 보여준다.

서브넷 번호	IP 주소들	브로드캐스트 주소
172.16.0.0	172.16.0.1 - 172.16.0.254	172.16.0.255
172.16.1.0	172.16.1.1 - 172.16.1.254	172.16.1.255
172.16.2.0	172.16.2.1 - 172.16.2.254	172.16.2.255
172.16.3.0	172.16.3.1 - 172.16.3.254	172.16.3.255
172.16.4.0	172.16.4.1 - 172.16.4.254	172.16.4.255
172.16.5.0	172.16.5.1 - 172.16.5.254	172.16.5.255
172.16.6.0	172.16.6.1 - 172.16.6.254	172.16.6.255
172.16.7.0	172.16.7.1 - 172.16.7.254	172.16.7.255
172.16.8.0	172.16.8.1 - 172.16.8.254	172.16.8.255
172.16.9.0	172.16.9.1 - 172.16.9.254	172.16.9.255
다수를 건너 뛰고…,		
172.16.254.0	172.16.254.1 - 172.16.254.254	172.16.254.255
172.16.255.0	172.16.255.1 - 172.16.255.254	172.16.255.255

[표 13-3] 172.16.0.0 255.255.255.0에서 시작하여 첫 번째 10 서브넷들과 마지막 몇 개의 서브넷들

네트워크 번호와 마스크를 가진 다음에는 서브넷 ID들과 모든 서브넷들의 구체적인 다른 항목들을 도출하기 위해서는 일부 계산을 요구한다. 현장에서 대부분의 사람들은 서브넷 계산기 혹은 서브넷 계획 툴들을 사용한다. CCENT와 CCNA 라우팅 & 스위칭 시험에 대해, 이러한 종류의 정보를 찾을 준비가 필요하다. 이 책의 21장 '서브넷 설계'는 주어진 네트워크의 모든 서브넷들을 찾는 방법을 보여준다.

∷ 설정 계획

설정 계획은 서브넷을 만들기 위해 장비를 실제로 설정하기 전의 마지막 단계다. 엔지니어는 먼저 각 서브넷을 사용할 장소를 선택할 필요가 있다. 예를 들어 특정 도시의 한 지사에서, 서브넷 계획 차트(표 13-3) 상의 어떤 서브넷을 각 사이트의 각 VLAN에 적용할 것인가? 마지막으로 각 서브넷 내부의 IP 주소의 어떤 범위를 호스트에 대한 다이내믹한 IP 주소 할당을 위해 DHCP 서버에 적용해야 할 것인가? [그림 13-18]은 설정 계획 업무를 요약한다.

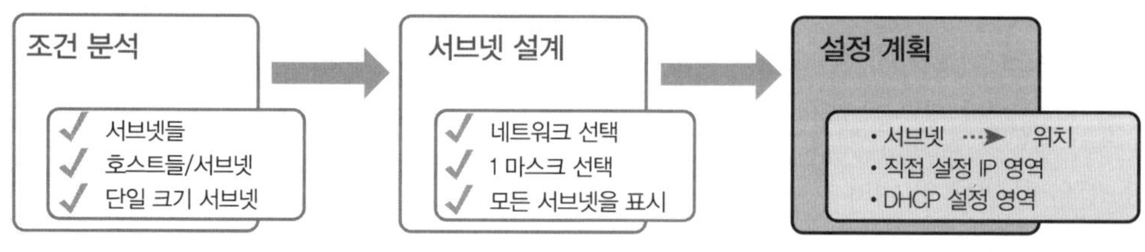

[그림 13-18] 설정 계획 단계에 제공되는 항목들

각각 다른 위치에 서브넷 할당하기

이 업무는 간단하다: 네트워크 구성도를 보고, 서브넷을 필요로 하는 각 위치를 구분한 다음, 모든 가능한 서브넷들로 만든 테이블로부터 하나를 고른다. 다음으로, 스프레드 시트나 기타 서브넷 계획 툴을 활용하여 어떤 서브넷을 어디에서 사용하였는지 추적하도록 한다. 그것이 전부다! [그림 13-19]는 [그림 13-1]의 초기 설계에 상응하는 [표 13-3]을 사용한 완전한 설계 샘플을 보여준다.

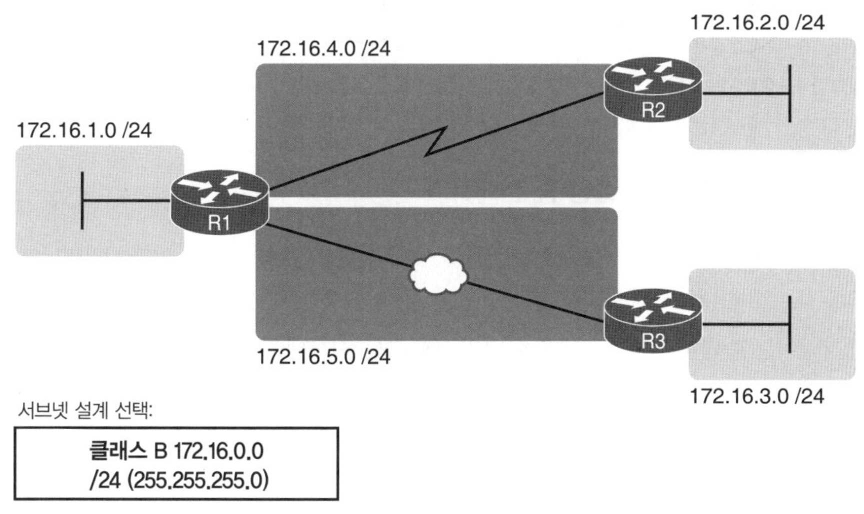

[그림 13-19] 각각 다른 위치에 할당된 서브넷들 예

이 디자인이 실제 네트워크에서 [표 13-3]에서 본 다섯 개의 서브넷들을 사용했지만, 엔지니 어들은 보통 서브넷 할당을 위한 전략에 다음 고민을 추가한다. 예를 들어 모든 LAN 서브넷들 에는 보다 낮은 번호들을, WAN 서브넷들에는 보다 높은 번호들을 할당할 수 있다. 아니면, 다 수의 서브넷들을 회사 조직의 각 부서별로 할당할 수도 있다. 아니면 유사한 전략이지만, 회사 조직의 부서에 상관없이 장소에 따라 할당할 수도 있다.

예를 들어, 유럽과 아시아에 보다 작은 규모의 지사를 갖는 미국 기반의 회사는 대륙에 기반하여 서브넷들의 범위를 할당할 수 있다. 이런 종류의 선택은 이후에 루트 요약(route summarization)이라 부르는 기능을 사용할 때 특히 유용하다.

> 📝 **NOTE** 이 책에서 다루지는 않았지만, 추가 정보를 필요로 하는 사람들을 위해 DVD 부록 O, '루트 요약'은 이 책의 앞선 판에 포함됐던 루트 요약에 대한 내용을 제공한다.

[그림 13-20]은 다시 [표 13-3]과 동일한 서브넷들을 사용하여 보다 쉬운 루트 요약을 위한 주소 할당 방식의 일반적인 이점을 보여준다.

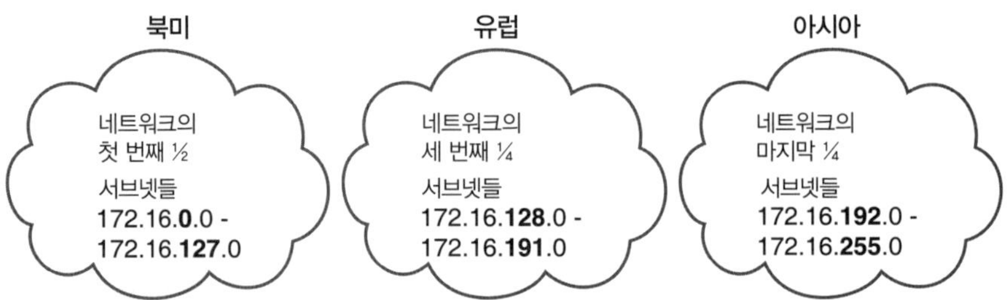

[그림 13-20] 서브넷들의 50%는 북미를 위해, 25%는 각각 유럽과 아시아에 배정

직접 설정과 DHCP를 통한 설정 중 선택하기

장치들의 IP 주소와 마스크는 둘 중에 한 방법 즉, DHCP(Dynamic Host Configuration Protocol)를 통해 유동적으로 할당하거나 혹은 직접 설정을 통해 할당한다. DHCP가 동작하기 위해, 네트워크 엔지니어는 할당해야 하는 IP 주소들을 포함하는 서브넷을 DHCP 서버에 설정해야 한다. DHCP 서버가 할당할 수 있는 주소 범위는 서브넷에 포함된 주소들의 일부일 수도 있으며 DHCP 서버에 사용할 IP 주소와 마스크를 직접 설정해야 한다.

단순성을 유지하기 위해 대부분의 가게들은 각 서브넷의 한 부분은 직접 설정을 위한 IP 주소로, 다른 부분은 DHCP를 위한 IP 주소로 분리한다. 직접 설정해야 하는 주소가 범위의 낮은 쪽을 차지하든, 높은 쪽을 차지하든 아무 상관이 없다.

예를 들어 엔지니어가 [그림 13-19]의 LAN 서브넷들에서, DHCP 풀의 주소들은 범위의 높은 쪽 즉, .101 - .254까지를 사용하기로 결정했다고 가정해보자(주소의 끝, .255는 물론 예비된 주소다). 또한 엔지니어는 주소 범위의 낮은 쪽 즉, .1 - .100은 직접 설정하는 주소로 사용하기로 했다. [그림 13-21]은 이 아이디어를 보여준다.

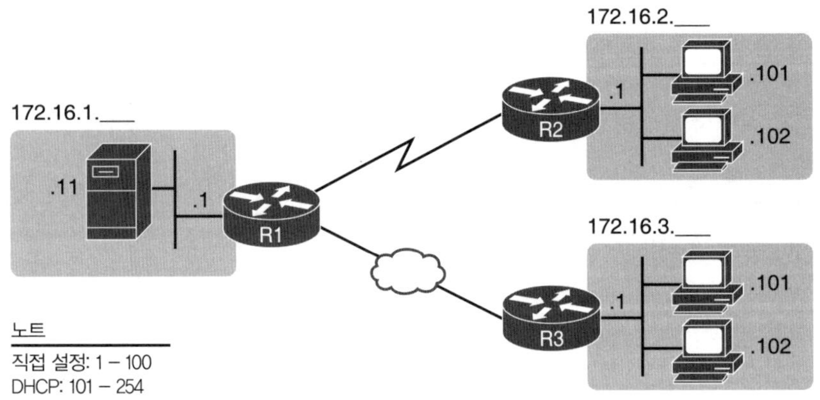

[그림 13-21] 주소의 낮은 쪽은 직접 설정 영역에, 높은 쪽은 DHCP에 배정

[그림 13-21]은 세 대의 라우터가 .1로 끝나는 IP 주소를 직접 설정했다는 것을 보여준다. 그림에서 그외 직접 설정하는 유일한 주소는 왼쪽의 서버에 할당된 주소 즉, 172.16.1.11(그림에서는 .11로 요약됨) 주소다.

오른쪽에서 각 LAN은 DHCP가 유동적으로 임대한 IP 주소를 사용하는 두 PC를 갖는다. DHCP 서버는 할당 가능한 주소 범위의 주소들을 임대하기 때문에, 각 LAN의 호스트들은 .101과 .102로 끝나는 주소를 임차하였다.

챕터 리뷰

좋은 시험 결과를 위해서 리뷰 세션에 대한 복습이 중요하다. 책이나 DVD의 툴 혹은 책의 동반자 웹 사이트에서 찾을 수 있는 대화형 툴을 활용하여 이 장의 자료들을 리뷰하기 바란다. 특히, '단계②) 챕터 위주의 학습 습관을 만들어라'라는 제목의 '당신의 학습 계획'을 참조하기 바란다. [표 13-4]는 핵심 리뷰 요소들과 자료 출처들을 보여준다. 학습 과정에 대해 보다 나은 추적을 위해 두 번째 열에 완료한 날짜를 기록하도록 한다.

리뷰 항목	완료 날짜	자료 출처
핵심 주제 리뷰		책, DVD/웹 사이트
핵심 용어 리뷰		책, DVD/웹 사이트
사전 점검 퀴즈 반복		책, PCPT
메모리 테이블 리뷰		책, DVD/웹 사이트

[표 13-4] 챕터 리뷰 확인

핵심 주제 복습

핵심 주제	설명	페이지
리스트	서브넷에 대한 핵심 사항들	326
리스트	네트워크 토폴로지에서 서브넷을 필요로 하는 곳에 대한 규칙들	327
그림 13-7	IPv4 주소에서 네트워크, 서브넷과 호스트 영역의 위치	330
리스트	IPv4의 수명을 연장하는 기능들	334
그림 13-13	서브넷으로 분할하지 않았을 때의 클래스 A, B와 C 주소의 형식	337
그림 13-14	서브넷으로 분할했을 때의 클래스 A, B와 C 주소의 형식	338
그림 13-15	서브넷에서 서브넷과 주소에서 호스트 영역의 크기를 선택할 때의 일반적인 로직	339
리스트	서브넷을 함께 정하는 항목들	341

[표 13-5] 13장의 핵심 주제들

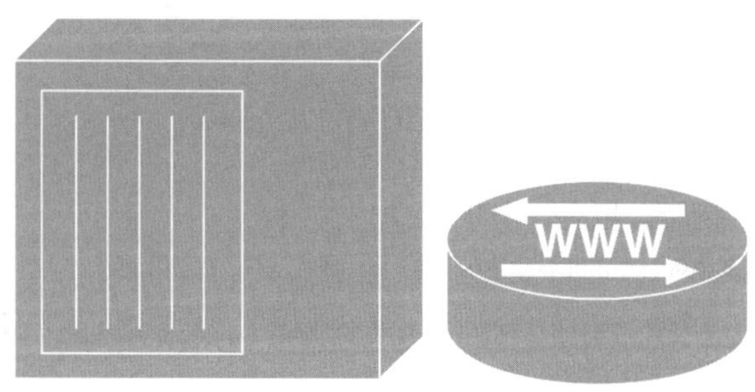

WWW

Chapter 14
클래스풀 IPv4 네트워크 분석

이 장은 다음 시험 주제를 다룬다.

1.0 네트워크 기초

1.8 IPv4 주소 체계와 서브네팅에 대한 설정, 확인 및 장애 처리

1.9 IPv4 주소 유형에 대한 비교

    1.9.a 유니캐스트

    1.9.b 브로드캐스트

    네트워크를 운용할 때, 당신은 종종 IP 주소와 마스크 관련 문제를 점검할 때가 있다. IP 주소에만 기초하여 IP 주소가 속한 클래스 A, B 혹은 C 네트워크에 대한 몇 가지 항목들을 확인할 수 있어야 한다. 이러한 항목들은 몇몇 네트워킹 문제를 해결할 때 유용할 수 있다.

    이 장은 클래스풀(classful) IP 네트워크에 대한 핵심 사항들을 살펴보고, 이러한 사항들을 찾아내는 방법을 설명한다. 다음으로 이 장은 몇몇 연습 문제들을 제시한다. 다음 장으로 이동하기 전에, IP 주소에 기초하여 이러한 모든 사항들을 신속하고 확실하게 결정할 수 있을 때까지 연습해야 한다.

QUIZ 사전 점검 퀴즈

이 장의 학습을 위해 필요한 시간을 가늠하기 위해 시험(이 페이지나 PCPT 소프트웨어를 사용 가능)을 보기 바란다. 정답은 퀴즈 다음 페이지의 아랫 부분에 나와 있고, 설명은 DVD 부록 C와 PCPT 소프트웨어에 있다.

핵심 주제.섹션	해당 문제
클래스풀 네트워크 개념	1–5

[표 14 –1] 사전 점검 퀴즈의 핵심 주제와 문제

1. 다음 중 유효한 클래스 A 네트워크 ID가 아닌 것은? (2개를 선택할 것)

   a. 1.0.0.0

   b. 130.0.0.0

   c. 127.0.0.0

   d. 9.0.0.0

2. 다음 중 유효한 클래스 B 네트워크 ID가 아닌 것은?

   a. 130.0.0.0

   b. 191.255.0.0

   c. 128.0.0.0

   d. 150.255.0.0

   e. 모두 유효한 클래스 B 네트워크 ID들임

3. 다음 중 IP 주소 172.16.99.45의 IP 네트워크에 대해 맞는 것은? (2개를 선택할 것)

   a. 네트워크 ID는 172.0.0.0이다.

   b. 네트워크는 클래스 B 네트워크다.

   c. 네트워크의 디폴트 마스크는 255.255.255.0이다.

   d. 서브넷으로 분할하지 않는 네트워크의 호스트 비트 수는 16이다.

4. 다음 중 IP 주소 192.168.6.7의 IP 네트워크에 대해 맞는 것은? (2개를 선택할 것)

   a. 네트워크 ID는 192.168.6.0이다.

   b. 네트워크는 클래스 B 네트워크이다.

   c. 네트워크의 디폴트 마스크는 255.255.255.0이다.

   d. 서브넷으로 분할하지 않는 네트워크의 호스트 비트 수는 16이다.

5. 다음 중 네트워크 브로드캐스트 주소는?

   a. 10.1.255.255

   b. 192.168.255.1

   c. 224.1.1.255

   d. 172.30.255.255

:: 클래스풀 네트워크 개념

첫 IT 직장을 얻기 위한 면접에 참여한다고 가정해보자. 면접관이 면접 질문으로 10.4.5.99 255.255.255.0이라는 IPv4 주소를 제시하면 IP 주소들을 포함하는 클래스풀 네트워크(이 경우, 클래스 A 네트워크)를 무엇이냐고 묻는다면, 답할 수 있는가?

이 장의 두 개의 주요 섹션 중에 첫 번째인 이 섹션은 클래스풀 IP 네트워크(즉 클래스 A, B와 C 네트워크)를 복습한다. 특히, 이 장은 단일 IP 주소로 시작해 다음의 사실을 결정하는 방법에 대해 검토한다.

- 클래스(A, B, C)
- 디폴트 마스크(Default mask)
- 네트워크 비트/옥텟(bit/octet) 수
- 호스트 비트/옥텟(bit/octet) 수
- 네트워크 내부의 호스트 주소 수
- 네트워크 ID
- 네트워크 브로드캐스트 주소
- 네트워크에서 사용 가능한 주소의 범위

IPv4 네트워크 클래스와 관련 사항

IPv4(IP version 4)는 다섯 개의 주소 클래스를 정의한다. 클래스 중 세 개 즉, 클래스 A, B와 C는 유니캐스트 IP 주소들로 구성된다. 유니캐스트 주소는 단일 호스트 혹은 인터페이스를 구분하기 위해 개별 장치에게 할당하는 주소다. 클래스 D 주소는 멀티캐스트 주소로 사용되기 때문에 클래스 D에 속하는 멀티캐스트 IPv4 주소가 목적지인 패킷은 실제로 다수의 호스트들에게 전송된다. 마지막으로 클래스 E 주소는 원래는 실험용으로 할당된 영역이었지만, 현재는 미래의 사용을 위해 예비해 두었다. 클래스는 [표 14-2]와 같이 주소의 첫 번째 옥텟값으로 구분할 수 있다.

클래스	첫 번째 옥텟의 숫자	목적
A	1 – 126	유니캐스트(대규모 네트워크)
B	128 – 191	유니캐스트(중규모 네트워크)
C	192 – 223	유니캐스트(소규모 네트워크)
D	224 – 239	멀티캐스트
E	240 – 255	예비 주소(원래는 실험용)

[표 14-2] 첫 번째 옥텟값에 기초한 IPv4 주소 클래스들

	클래스 A	클래스 B	클래스 C
첫 번째 옥텟 범위	1 - 126	128 - 191	192 - 223
유효한 네트워크 번호	1.0.0.0 - 126.0.0.0	128.0.0.0 - 191.255.0.0	192.0.0.0 - 223.255.255.0
총 네트워크 수	$2^7 - 2 = 126$	$2^{14} = 16,384$	$2^{21} = 2,097,152$
네트워크별 호스트 수	$2^{24} - 2$	$2^{16} - 2$	$2^8 - 2$
네트워크 부분의 옥텟 수(비트 수)	1 (8)	2 (16)	3 (24)
호스트 부분의 옥텟 수(비트 수)	3 (24)	2 (16)	1 (8)
디폴트 마스크	255.0.0.0	255.255.0.0	255.255.255.0

[표 14-3] 클래스 A, B와 C에 대한 핵심 사항들

때때로, 어떤 사람들은 이 표를 보고는 의아해 한다. 즉, 두 개의 쓰지 않고 남겨둔 네트워크를 포함하여 128개의 클래스 A 네트워크이 존재하는 것인가? 아니면 실제로 126 클래스 A 네트워크만 존재하는 것인가? 솔직히 이 차이는 중요하지 않다. 이 말들은 단지 동일한 개념을 설명하는 두 가지 방법일 뿐이다. 중요한 사실은 클래스 A 네트워크 0.0.0.0과 네트워크 127.0.0.0은 예비 주소다. 실제로 RFC 791(1981년에 발표된)의 설명대로 클래스 A 네트워크를 정의할 때부터 예비 영역으로 남겨두었다.

관련된 사항으로 시간이 지나면서 보다 흥미로운 것은 다른 새로운 RFC들에서 클래스 A, B와 C 주소 영역에서 예비 영역을 정의해왔다. 그래서 [표 14-3]에서 확인할 수 있는 클래스 A, B와 C 네트워크에 대한 숫자들은 그 크기를 짐작할 수 있도록 한다. 그러나 예비된 네트워크의 수는 다양한 예비된 주소 영역의 필요에 따라 시간을 두고 조금씩 느리게 변화하여 왔다.

> **NOTE** 모든 예비된 IPv4 주소 영역을 보고 싶다면, 'IANA IPv4 special-purpose 주소 registry(IANA IPv4 특별한 목적의 주소 등록 항목)'에 대해 인터넷 검색을 해보기 바란다.

클래스 A, B와 C 네트워크의 수와 크기

[표 14-3]은 클래스 A, B와 C 네트워크의 영역을 보여준다. 그러나 일부 핵심 사항은 표에서 누락되어 있다. 이 섹션은 클래스 A, B와 C 네트워크 수를 점검하고 보다 중요한 항목들, 예외들과 특이한 경우들을 중점적으로 살펴본다.

먼저, 각 클래스에 속하는 네트워크들의 수는 큰 차이가 있다. 클래스 A에는 단지 126개의 네트워크들이 존재한다. 즉, 1.0.0.0, 2.0.0.0, 3.0.0.0에서 시작하여 126.0.0.0까지다. 이에

사전 점검 퀴즈 정답
1 B, C **2** E **3** B, D **4** A, C **5** D

반해, 클래스 B에는 16,384개의 네트워크들이 존재하고, 클래스 C에는 200만 개 이상의 네트워크들이 존재한다.

다음으로 각 클래스별로 네트워크의 크기도 큰 차이가 있음을 주목해야 한다. 각각의 클래스 A 네트워크는 상대적으로 커서 네트워크 마다 1,600만 개 이상의 호스트 IP 주소를 포함한다. 그러므로 클래스 A 주소는 원래 거대 기업이나 조직을 위한 것이었다. 클래스 B 네트워크는 보다 작아서 네트워크마다 6만 5,000개 이상의 호스트 IP 주소를 포함한다. 끝으로 클래스 C 네트워크는 작은 조직들을 위한 것으로 각 네트워크별로 254개의 호스트를 갖는다. [그림 14-1]은 이러한 사항들을 요약한다.

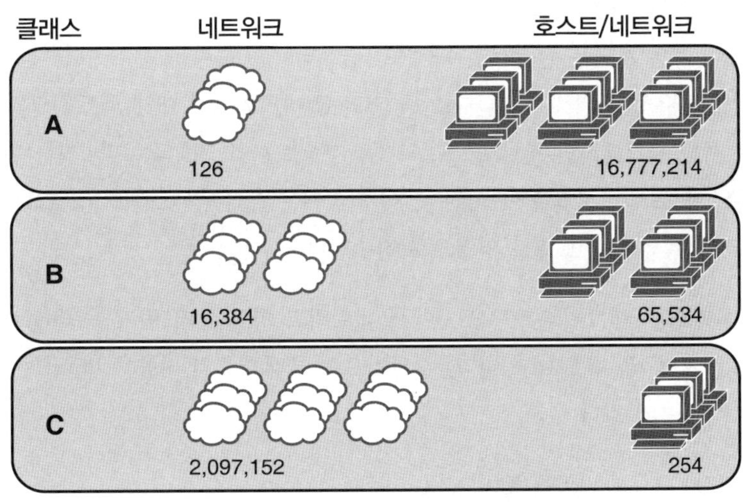

[그림 14-1] 클래스 A, B와 C 네트워크의 수와 크기

주소 형식

어떤 경우, 엔지니어는 클래스 A, B와 C 네트워크를 서브네팅 과정을 거쳐 나누지 않은 그 자체로 생각할 필요가 있을 수 있다. 그러한 경우, 클래스풀 네트워크 내의 주소들은 두 부분으로 나뉜 구조 즉, 네트워크 영역(때로는 프리픽스(prefix)라 부름)과 호스트 영역으로 나뉘는 구조다. 예를 들어, 동일한 네트워크에 속하는 두 IP 주소를 비교하는 다음의 설명을 보자:

- 같은 네트워크에 속하는 주소들은 네트워크 영역에 같은 숫자를 가진다.
- 같은 네트워크에 속하는 주소들은 호스트 영역에 다른 숫자를 가진다.

예를 들어, 클래스 A 네트워크 10.0.0.0에서 네트워크 영역은 첫 번째 옥텟이 된다. 따라서 모든 주소들은 네트워크 영역에서 같은 숫자 즉, 첫 번째 옥텟에서 '10'을 가진다. 네트워크 내부의 두 개의 주소들을 비교한다면, 마지막 세 옥텟(호스트 옥텟)은 다른 숫자를 가진다. 예를 들어, IP 주소 10.1.1.1과 10.1.1.2는 네트워크 영역에서 같은 숫자(10)를 가지지만, 호스트 영역에서는 다른 숫자를 갖는다.

[그림 14-2]는 서브네팅을 적용하기 전의 클래스 A, B와 C 네트워크별로 IP 주소의 네트워크와 호스트 영역의 형식과 크기(비트의 수)를 보여준다.

[그림 14-2] 서브네팅하지 않는 클래스풀 네트워크들의 네트워크와 호스트 영역

디폴트 마스크(Default Mask)

[그림 14-2]의 숨은 개념을 잘 이해한다해도, 컴퓨터들은 숫자를 선호한다. 컴퓨터들이 동일한 아이디어를 공유하기 위해, 각 클래스 A, B와 C 네트워크에 대해 네트워크와 호스트 영역의 크기를 표시하는 기본적인 서브넷 마스크 즉, *디폴트 마스크*를 갖는다. 이를 위해, 디폴트 마스크를 IP 주소에 포개어 보았을 때 이진수 1이 겹쳐지는 자리는 네트워크 영역으로 간주하고, 이진수 0이 겹쳐지는 자리는 호스트 영역으로 간주한다.

예를 들어, 클래스 A 네트워크 10.0.0.0에서 네트워크 영역은 첫 번째 옥텟(8bit)까지 이고, 호스트 영역은 마지막 세 옥텟(24bit)이다. 결과적으로 클래스 A의 디폴트 마스크는 255.0.0.0 이고 이진수로는 다음과 같다.

11111111 00000000 00000000 00000000

[그림 14-3]은 각 네트워크 클래스의 디폴트 마스크를 이진수와 십진수 형식으로 보여준다.

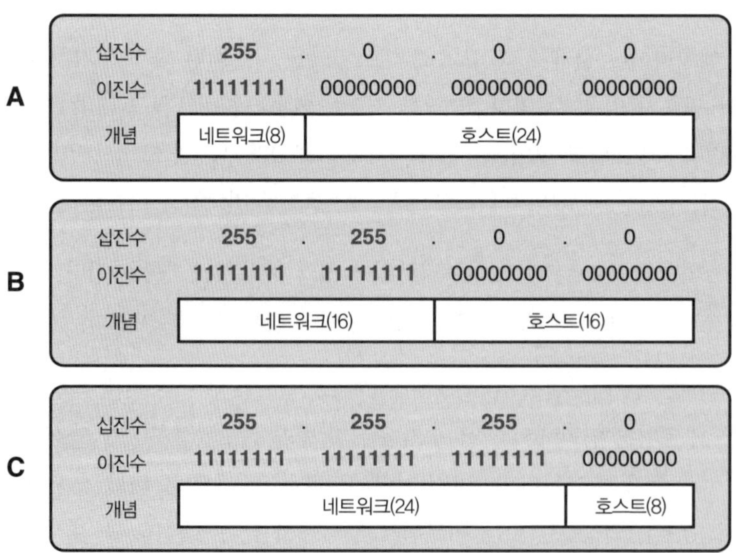

[그림 14-3] 클래스 A, B와 C의 디폴트 마스크

네트워크별 호스트 수

네크워크별 호스트 수를 계산하기 위해서는 기본적인 이진수 계산이 필요하다. 먼저, 한 자리의 이진수가 존재한다고 가정해보자. 여기에는 얼마나 많은 경우의 수가 가능할까? 물론 두 개의 숫자, 0과 1이 존재한다. 2비트가 있다면, 네 개의 조합 즉, 00, 01, 10, 11을 만들 수 있다. 이와 같이 N 비트로 만들 수 있는 숫자의 총 조합수는 2^N이다.

호스트 주소 즉, 호스트에 할당된 IP 주소는 유일해야 한다. 호스트 비트의 존재 목적은 호스트 영역에서 다른 숫자를 사용하여 각 호스트에게 유일한 IP를 할당하기 위한 것이다. 그러므로 H개의 호스트 비트들이 존재한다면, 2^H개의 유일한 IP 조합들이 나온다.

그러나 네트워크 내부의 호스트의 수는 2^H개가 아니라 $2^H - 2$개다. 각 네트워크는 두 개의 주소를 호스트 주소 용도가 아니라 특별한 용도를 위해 예비해 둔다. 하나는 네트워크 ID를 위한 것이고, 다른 하나는 네트워크 브로드캐스트 주소를 위한 것이다. 결과적으로 클래스 A, B와 C 네트워크에서 호스트의 수를 계산하는 공식은 다음과 같다.

$$2^H - 2$$

여기서 H는 호스트 비트의 자릿수다.

네트워크 ID와 관련된 숫자들 구하기

각 클래스풀 네트워크는 네트워크에서 사용하는 네 개의 핵심 숫자를 가진다. 만약, 네트워크 내의 하나의 IP 주소가 주어진다면, 이러한 네 개의 숫자들을 구할 수 있다. 숫자들은 다음과 같다.

- 네트워크 번호
- 첫 번째(가장 낮은 숫자의) 사용 가능한 주소
- 마지막(가장 높은 숫자의) 사용 가능한 주소
- 네트워크 브로드캐스트 주소

먼저, 네트워크 번호와 첫 번째 사용 가능한 주소를 알아보자. 네트워크 ID 혹은 네트워크 주소로 불리기도 하는 네트워크 번호는 네트워크를 식별한다. 네트워크 번호는 네트워크에서 가장 낮은 번호다. 하지만 애매 모호함을 차단하기 위해 IP 주소 체계를 만든 사람들이 네트워크 번호는 IP 주소로 할당할 수 없다는 제약 조건을 두었다. 따라서 네트워크에서 가장 낮은 숫자는 네트워크 ID다. 그러므로 첫 번째(가장 낮은 숫자의) 호스트 IP 주소는 네트워크 번호보다 하나 크다.

다음으로, 네트워크 브로드캐스트 주소와 함께 마지막(가장 높은 숫자의) 사용 가능한 IP 주소를 알아보자. TCP/IP RFC들은 네트워크 브로드캐스트 주소를 각 네트워크에서 특별한 것으로 정의한다. 브로드캐스트 주소는 패킷의 목적지 주소로 사용될 수 있고, 라우터들은 해당 클래스풀 네트워크의 모든 호스트들에게 하나의 패킷의 복사본을 보낸다. 숫자상 네트워크 브로드캐스트 주소는 네트워크에서 항상 가장 높은 숫자다. 결과적으로 IP 주소로 이용 가능한 가장 높은(마지막) 숫자는 네트워크 브로드캐스트 주소보다 하나 작은 주소다.

간단히 말해, 당신이 네트워크 번호와 네트워크 브로드캐스트 주소를 발견할 수 있다면, 네트워크에서 첫 번째와 마지막으로 사용 가능한 IP 주소들을 찾기란 쉽다. 시험을 위해, 당신은 네 가지 값 모두를 쉽게 찾을 수 있어야 한다. 이 과정은 다음과 같다.

단계 ①	첫 번째 옥텟에 기초하여 클래스(A, B 혹은 C)를 결정한다.
단계 ②	클래스에 기초하여 네트워크와 호스트 옥텟들을 마음 속으로 나눈다.
단계 ③	네트워크 번호를 찾기 위해 IP 주소의 호스트 옥텟을 0으로 바꾼다.
단계 ④	첫 번째 주소를 찾기 위해, 네트워크 ID의 네 번째 옥텟에 1을 더한다.
단계 ⑤	브로드캐스트 주소를 찾기 위해, 네트워크 ID의 호스트 옥텟을 255로 바꾼다.
단계 ⑥	마지막 주소를 찾기 위해, 네트워크 브로드캐스트 주소의 네 번째 옥텟에서 1을 뺀다.

지면 상의 과정은 보통 실제보다 어렵게 보인다. [그림 14-4]는 클래스 A의 IP 주소 10.17.18.21을 이용하여 이 과정을 보여주는데, 동그라미 속 숫자는 이 과정의 순서를 나타낸다.

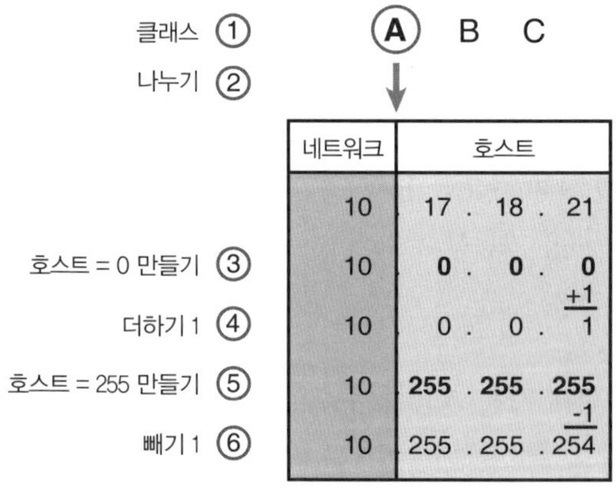

[그림 14-4] 10.17.18.21에서 네트워크 ID와 기타 숫자 구하기

먼저 [그림 14-4]에서 클래스 A(단계①)에 속하고 네트워크/호스트의 옥텟 수는 각각 1과 3이다. 그래서 단계③ 에서 네트워크 ID를 찾기 위해 그림은 단지 첫 번째 옥텟만 베껴 쓰고 마지막 세(호스트) 옥텟들은 0으로 설정하면 된다. 단계④ 에서 네트워크 ID의 네 번째 옥텟에 1을 더한다. 동일하게, 단계⑤ 에서 브로드캐스트 주소를 찾기 위해 네트워크 옥텟을 베껴 쓰지만 호스트 옥텟을 255로 설정한다. 다음으로 단계⑥ 에서 마지막(가장 높은 숫자의) 사용 가능한 IP 주소를 찾기 위해 네 번째 옥텟에서 1을 뺀다.

다른 예로, IP 주소 172.16.8.9를 보자. [그림 14-5]는 이 주소에 적용된 과정을 보여준다.

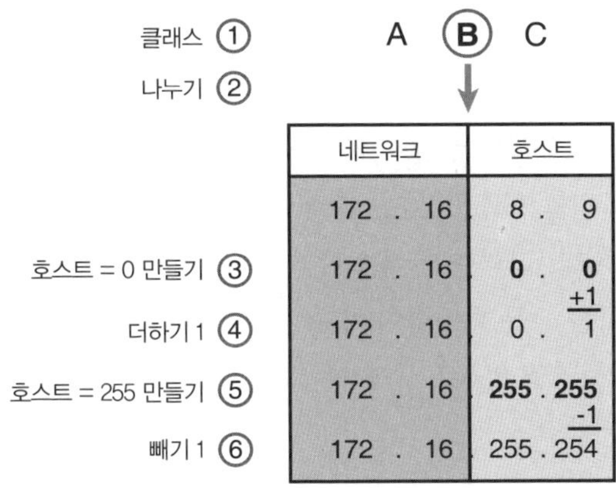

[그림 14-5] 172.16.8.9에서 네트워크 ID와 기타 숫자 구하기

[그림 14-5]는 클래스 B에 속하고, 네트워크/호스트 옥텟 수는 각각 2와 2다. 따라서 단계③ 에서 네트워크 ID를 찾기 위해 그림은 단지 첫 번째 두 옥텟을 베껴 쓰고, 마지막 두(호스트) 옥텟은 0으로 설정한다. 단계⑤ 는 동일한 동작을 보여주지만, 마지막 두(호스트) 옥텟은 255로 설정한다.

특이한 네트워크 ID와 네트워크 브로드캐스트 주소

클래스 A, B와 C 네트워크의 범위 내부와 주변의 사용 불가능한 숫자들의 일부는 혼동을 일으킬 수 있다. 이 섹션은 숫자의 의미에 대해 잘못된 가정을 일으키는 숫자들에 대해 설명한다.

클래스 A에서 첫 번째 특이한 사항은 첫 번째 옥텟의 범위에서 0과 127이 제외된다는 것이다. 알다시피, 클래스 A 네트워크 0.0.0.0은 원래 브로드캐스팅 용도로 예비된 것이었으므로, 0으로 시작하는 모든 주소들은 예비 주소로 남긴다. 룹백 주소(127.0.0.1)라 불리는 특별한 주소로 소프트웨어 테스팅을 위해 사용되기 때문에 클래스 A 네트워크 127.0.0.0도 예비 주소로 남았다.

클래스 B(와 C)에 속한 네트워크 번호중에는 IP 주소 중 0으로 끝나는 숫자는 네트워크 ID로,

255로 끝나는 숫자는 네트워크 브로드캐스트 주소로 습관적으로 생각하기 때문에 이상하게 보일 수 있다. 먼저, 클래스 B 네트워크 번호들은 128.0.0.0에서 191.255.0.0까지, 총 2^{14}개의 네트워크들의 범위를 갖는다. 하지만, 첫 번째(가장 낮은 숫자의) 클래스 B 네트워크 번호(128.0.0.0)는 클래스 A 네트워크 번호처럼 보이는데 그 이유는 네트워크 번호가 세 개의 0으로 끝나기 때문이다. 하지만, 첫 번째 옥텟이 128이므로 두 옥텟이 네트워크 파트(128.0) 영역인 클래스 B 네트워크에 속한다.

또 다른 클래스 B 예로, 클래스 B 영역의 가장 높은 네트워크(191.255.0.0)는 처음 보기에 이상하게 보일 수 있지만, 실제로 이것은 가장 높은 숫자의 유효한 클래스 B 네트워크 번호다. 이 네트워크의 브로드캐스트 주소 192.255.255.255는 끝에 세 개의 255 때문에 클래스 A의 브로드캐스트 주소처럼 보일 수 있지만, 사실 이것은 클래스 B 네트워크의 브로드캐스트 주소다.

클래스 B 네트워크들과 같이, 유효한 클래스 C 네트워크 번호들 중 일부는 이상하게 보인다. 예를 들어, 클래스 C 네트워크 192.0.0.0은 클래스 A 네트워크처럼 보이는데, 그 이유는 마지막 세 옥텟이 0이기 때문이다. 그러나 클래스 C 네트워크에 속하기 때문에 이 네트워크는 192.0.0의 세 옥텟으로 시작하는 모든 주소들이 포함된다. 동일하게 또 다른 유효한 클래스 C 네트워크 223.255.255.0은 223.255.255로 시작하는 모든 주소들을 포함한다.

∷ 클래스풀 네트워크들을 통한 연습

IP 주소 설정 및 서브네팅의 모든 분야와 마찬가지로 CCENT와 CCNA R&S 시험을 준비하기 위해 연습이 필요하다. 이 과정들을 이해할 수 있도록 이 장에서 읽은 것을 연습해야 한다. 이 시점에서 이 과정을 이해하기 위한 목적으로 당신의 노트와 이 책을 활용할 수 있다. 그 이후에 이것과 다른 모든 서브네팅 과정들에 대해 계속 연습해야 한다. 시험을 치르기 전에 항상 신속하고 정확한 답을 찾을 수 있어야 한다. [표 14-4]는 목표들을 요약하고 제안한다.

시점	이 장을 읽고 난 후	시험 응시 전
중점 대상	학습 방법	신속과 정확
허용되는 도구들	전체	당신의 두뇌와 노트
목표: 정확성	90% 정확성	100% 정확성
목표: 속도	무관함	10초

[표 14-4] 이 장의 주제들에 대한 책 읽기 및 시험 응시 목표

IP 주소를 기초로 핵심 항목들에 대한 유도 연습

이 장을 전체에서 논의한 바와 같이, IP 주소로부터 유도할 수 있는 다양한 항목들에 대한 찾기 연습을 해보자. 이를 위해, [표 14-5]를 완성해야 한다.

	IP 주소	클래스	네트워크 옥텟 1, 2 또는 3?	호스트 옥텟 1, 2 또는 3?	네트워크 ID	네트워크 브로드캐스트 주소
1	1.1.1.1					
2	128.1.6.5					
3	200.1.2.3					
4	192.192.1.1					
5	126.5.4.3					
6	200.1.9.8					
7	192.0.0.1					
8	191.255.1.47					
9	223.223.0.1					

[표 14-5] 연습 문제: 네트워크 ID 및 네트워크 브로드캐스트 찾기

정답은 이 장 이후의 '앞선 연습 문제에 대한 해답' 섹션에서 확인 가능하다.

주소 클래스들에 대한 상세 항목들 기억 연습

이 장에서 앞선 [표 14-2]와 [표 14-3]은 IPv4 클래스들에 대한 몇 가지 핵심 정보를 요약했다. [표 14-6]과 [표 14-7]은 동일한 표에 대한 대략적인 형식을 보여준다. 그러한 핵심 사항들을 연습하기 위해 특히, 첫 번째 옥텟의 숫자 범위는 주소의 클래스를 구분하고, 이러한 표를 완성하게 한다. 다음으로, 당신의 답변을 점검하기 위해 [표 14-2]와 [표 14-3]을 참조하기 바란다. 이 표에 대한 모든 정보를 기억할 때까지 이 과정을 반복하기 바란다.

클래스	첫 번째 옥텟값?	목적
A		
B		
C		
D		
E		

[표 14-6] [표 14-2]의 대략적인 형식에 의한 확인 학습

	클래스 A	클래스 B	클래스 C
첫 번째 옥텟 범위			
유효한 네트워크 번호들			
총 네트워크 수			
네트워크별 호스트들			
네트워크 영역의 옥텟들(비트들)			
호스트 영역의 옥텟들(비트들)			
디폴트 마스크			

[표 14-7] [표 14-3]의 대략적인 형식에 의한 확인 학습

 챕터 리뷰

좋은 시험 결과를 위해서 리뷰 세션에 대한 복습이 중요하다. 책이나 DVD의 툴 혹은 책의 동반자 웹 사이트에서 찾을 수 있는 대화형 툴을 활용하여 이 장의 자료들을 리뷰하기 바란다. 특히, '단계② 챕터 위주의 학습 습관을 만들어라'라는 제목의 '당신의 학습 계획'을 참조하기 바란다. [표 14-8]은 핵심 리뷰 요소들과 자료 출처를 보여준다. 학습 과정에 대해 보다 나은 추적을 위해 두 번째 열에 완료한 날짜를 기록하도록 한다.

리뷰 항목	완료 날짜	자료 출처
핵심 주제 리뷰		책, DVD/웹 사이트
핵심 용어 리뷰		책, DVD/웹 사이트
사전 점검 퀴즈 반복		책, PCPT
메모리 테이블 리뷰		책, DVD/웹 사이트
클래스풀 IPv4 네트워크 분석 연습		DVD 부록 D, 웹 사이트

[표 14-8] 챕터 리뷰 확인

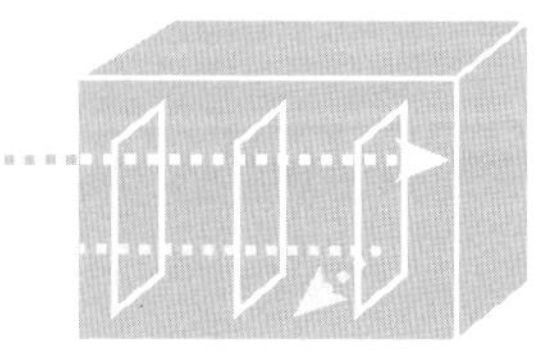

핵심 주제 복습

핵심 주제	설명	페이지
표 14-2	주소 클래스들	349
표 14-3	클래스 A, B와 C 네트워크들에 대한 핵심 사항들	350
리스트	동일한 클래스풀 네트워크 내의 주소들의 네트워크와 호스트 영역 비교	351
그림 14-3	디폴트 마스크	352
문장	네트워크별 호스트의 수를 계산하기 위한 공식	353
리스트	클래스풀 네트워크에 대한 정보를 발견하기 위한 단계들	354

[표 14-9] 14장의 핵심 주제들

핵심 용어

네트워크, 클래스풀 IP 네트워크, 네트워크 번호(network number), 네트워크 ID, 네트워크 주소, 네트워크 브로드캐스트 주소, 네트워크 영역(network part), 호스트 영역(host part), 디폴트 마스크(default mask)

∷ 클래스풀 네트워크 분석에 대한 추가적인 연습

클래스풀 네트워크들을 분석할 때, 추가적인 연습을 위해, 동일한 세트의 연습 문제들을 다음 툴들을 사용하여 수행할 수 있다:

- **애플리케이션**: DVD 혹은 동반자 웹 사이트의 클래스풀 IPv4 네트워크 분석 애플리케이션을 사용하도록 한다.
- **PDF**: 대안으로 DVD 부록 D '14장: 클래스풀 IPv4 네트워크 분석 연습'의 동일한 문제를 연습한다.

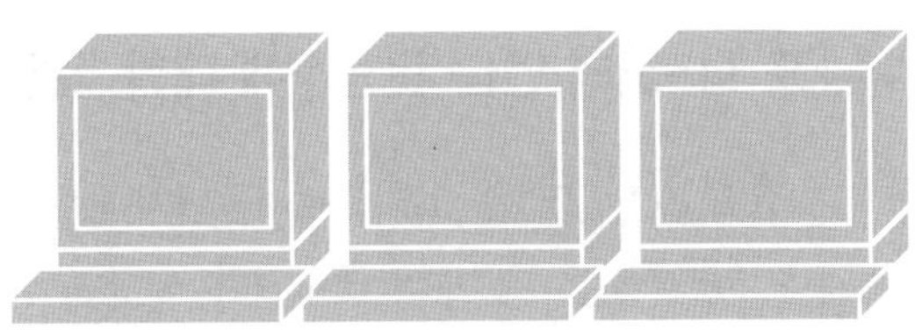

앞서 본 [표 14-5]는 몇 가지 연습 문제들을 제시했다. [표 14-10]은 이에 대한 답안이다.

	IP 주소	클래스	네트워크 옥텟 수?	호스트 옥텟 수?	네트워크 ID	네트워크 브로드캐스트
1	1.1.1.1	A	1	3	1.0.0.0	1.255.255.255
2	128.1.6.5	B	2	2	128.1.0.0	128.1.255.255
3	200.1.2.3	C	3	1	200.1.2.0	200.1.2.255
4	192.192.1.1	C	3	1	192.192.1.0	192.192.1.255
5	126.5.4.3	A	1	3	126.0.0.0	126.255.255.255
6	200.1.9.8	C	3	1	200.1.9.0	200.1.9.255
7	192.0.0.1	C	3	1	192.0.0.0	192.0.0.255
8	191.255.1.47	B	2	2	191.255.0.0	191.255.255.255
9	223.223.0.1	C	3	1	223.223.0.0	223.223.0.255

[표 14-10] 연습 문제: 네트워크 ID와 네트워크 브로드캐스트 찾기

클래스, 네트워크 옥텟들의 수, 호스트 옥텟들의 수를 발견하려면, 먼저 클래스를 알기 위해 IP 주소의 첫 번째 옥텟을 봐야 한다. 첫 번째 옥텟값이 1과 126 사이면, 그 주소는 하나의 네트워크 옥텟과 세 개의 호스트 옥텟을 갖는 클래스 A 주소다. 첫 번째 옥텟값이 128과 191 사이면, 그 주소는 두 개의 네트워크 옥텟과 두 개의 호스트 옥텟을 갖는 클래스 B 주소다. 첫 번째 옥텟 값이 192와 223 사이면, 그 주소는 세 개의 네트워크 옥텟과 한 개의 호스트 옥텟을 갖는 클래스 C 주소다.

마지막 두 행들은 [표 14-3], 구체적으로는 IP 주소에 대한 네트워크 옥텟과 호스트 옥텟의 수에 기초하여 발견될 수 있다. 네트워크 ID를 찾기 위해, IP 주소를 복사하되, 호스트 옥텟은 0으로 바꾼다. 마찬가지로 네트워크 브로드캐스트 주소를 찾기 위해, IP 주소를 복사하되, 호스트 옥텟을 255로 바꾼다.

다음의 마지막 세 문항들은 혼동될 수 있다. 이 예들은 의도적인 것으로 드문 경우들을 볼 수 있도록 한다.

❖ [표 14-5]의 연습 문항 7에 대한 정답

IP 주소 192.0.0.1을 고려해보자. 먼저 192는 클래스 C의 첫 번째 옥텟 범위의 가장 낮은 숫자다. 이 주소는 세 개의 네트워크 옥텟과 한 개의 호스트 옥텟을 갖는다. 네트워크 ID를

찾기 위해 주소를 복사하되, 하나의 호스트 옥텟(네번째 옥텟)을 0으로 바꾸어, 네트워크 ID 192.0.0.0을 구한다. 이상하게 보이더라도 사실 아무 문제가 없는 네트워크 ID다.

문항 7에 대한 네트워크 브로드캐스트 주소도 이상하게 보일 수 있다. 브로드캐스트 주소를 찾기 위해, IP 주소(192.0.0.1)를 복사하지만, 마지막 옥텟(유일한 호스트 옥텟)을 255로 바꾸면 브로드캐스트 주소인 192.0.0.255를 얻는다. 특히, 당신이 브로드캐스트 주소로 192.255.255.255를 사용하기로 했다면, '네트워크 ID의 모든 0을 255로 변경하라'라고 하는 착각하기 쉬운 부정확한 논리에 따른 함정에 빠진 셈이다. 대신에 IP 주소(혹은 네트워크 ID)의 모든 호스트 옥텟을 255로 변경해야 한다.

:: [표 14-5]의 연습 문항 8에 대한 정답

문항 8의 주소(191.255.1.47)의 첫 번째 옥텟은 클래스 B 범위 즉, 128 – 191에서 가장 높은 숫자다. 네트워크 ID를 찾기 위해, 마지막 두 옥텟(호스트 옥텟)을 0으로 변경하여 네트워크 ID 191.255.0.0을 구한다. 이 주소는 때때로 사람들에게 혼동을 주는데, 그 이유는 255는 어쨌든 브로드캐스트 주소를 의미한다고 생각하는데 익숙하기 때문이다.

두 옥텟을 255로 바꾸어 발견하는 브로드캐스트 주소는 191.255.255.255다. 이것은 클래스 A 네트워크를 위한 브로드캐스트 주소처럼 보이지만, 사실은 클래스 B 네트워크 191.255.0.0의 브로드캐스트 주소다.

:: [표 14-5]의 연습 문항 9에 대한 정답

문항 9의 주소(223.223.0.1)는 클래스 C 범위에 속한다. 결과적으로 단지 마지막(호스트) 옥텟만 0으로 변경하여 네트워크 ID 223.223.0.0을 구한다. 이것은 두 옥텟이 0으로 끝나기 때문에, 처음 보기에는 클래스 B 네트워크 번호처럼 보인다. 하지만 사실 클래스 C 네트워크 ID다(첫 번째 옥텟값을 기준으로).

Chapter 15
서브넷 마스크 분석

이 장에서는 다음 시험 주제를 다룬다.

1.0 네트워크 기초

1.8 IPv4 주소 체계와 서브네팅에 대한 설정, 확인과 문제 해결

IP 네트워크에서 하나 혹은 다수의 서브넷들에서 사용하는 서브넷 마스크는 서브넷 설계 계획에 대해 많은 것을 알려준다. 먼저 마스크(mask)는 주소를 두 개의 부분 즉, 프리픽스(prefix)와 서브넷의 크기를 결정하는 호스트(host)로 나눈다. 또한 클래스(A, B와 C)는 서브넷 내의 주소 구성을 나누는데 즉, 프리픽스 부분을 네트워크와 서브넷 부분으로 나눈다. 서브넷 부분은 하나의 마스크를 사용하는 클래스풀 IP 네트워크를 분할하였을 때 존재 가능한 서브넷의 수를 정한다.

서브넷 마스크는 몇몇 중요한 서브네팅 설계 항목들에 대한 핵심 사항을 가지고 있다. 그런데 서브넷 마스크를 해석하기 위해서는 먼저 마스크와 관련하여 기본적인 수학 솜씨가 필요하다. 여기서 사용되는 수학은 마스크를 표시하는 다음의 세 가지 다른 형식 간에 마스크를 바꾸기 위한 것이다.

- 이진수
- 점으로 구분된 십진수 표현(Dotted-decimal notation)
- 프리픽스(Prefix , CIDR(Classless interdomain routing)이라고도 함)

이 장은 두 개의 주요 섹션으로 나뉜다. 첫 번째 섹션은 전적으로 마스크 포맷과 세 형식 간의 전환을 위해 사용하는 수학에 중점을 둔다. 두 번째 섹션은 IP 주소와 서브넷 마스크를 도출하고 이러한 숫자들을 해석하는 방법을 설명한다. 특히, 이 섹션은 IPv4 의 세 영역으로 구성된 형식을 결정하는 방법과 마스크가 표시하는 서브네팅 설계에 대한 사항들을 설명한다.

QUIZ 사전 점검 퀴즈

이 장의 학습을 위해 필요한 시간을 가늠하기 위해 다음 시험(이 페이지나 PCPT 소프트웨어를 사용 가능)을 보기 바란다. 정답은 퀴즈 다음 페이지의 아랫 부분에 나와 있고, 설명은 DVD 부록 C와 PCPT 소프트웨어에 있다.

핵심 주제 섹션	해당 문제
서브넷 마스크 변환	1-3
IPv4 주소들의 포맷 정의	4-7

[표 15-1] 사전 점검 퀴즈의 핵심 주제와 문제

1. 다음 중 프리픽스(CIDR) 형식 255.255.254.0에 해당하는 것은?

   a. /19

   b. /20

   c. /23

   d. /24

   e. /25

2. 다음 중 프리픽스(CIDR) 형식 255.255.255.240에 해당하는 것은?

   a. /26

   b. /28

   c. /27

   d. /30

   e. /29

3. 다음 중 /30에 해당하는 십진수(DDN, dotted-decimal notation) 형식은?

   a. 255.255.255.192

   b. 255.255.255.252

   c. 255.255.255.240

   d. 255.255.254.0

   e. 255.255.255.0

4. 헬프 데스크에서 일하는 당신은 전화 요청에서 사용자의 PC IP 주소와 마스크(10.55.66.77, 마스크 255.255.255.0)를 알게 되었다. 클래스풀 논리를 기준으로 네트워크 비트의 수(N), 서브넷 비트의 수(S)와 호스트 비트 수(H)를 가정할 때 다음 중 옳은 것은?

    a. N = 12

    b. S = 12

    c. H = 8

    d. S = 8

    e. N = 24

5. 헬프 데스크에서 일하는 당신은 전화 요청에서 사용자의 PC IP 주소와 마스크 (192.168.9.1/27)를 알게 되었다. 클래스풀 논리를 기준으로 네트워크 비트의 수(N), 서브넷 비트의 수(S)와 호스트 비트 수(H)를 가정할 때 다음 중 옳은 것은?

    a. N = 24

    b. S = 24

    c. H = 8

    d. H = 7

6. 다음 중 클래스리스(classless) IP 주소의 개념에 대해 옳은 설명은?

    a. 128비트 IP 주소를 사용한다.

    b. 클래스 A와 B 네트워크만 적용한다.

    c. IP 주소를 네트워크, 서브넷, 그리고 호스트 영역으로 나눈다.

    d. 클래스 A, B와 C의 규칙들을 무시한다.

7. 클래스 B 네트워크를 할당받았을 때, 다음 마스크 중 100개의 서브넷을 수용할 수 있는 것은? (2개를 선택할 것)

    a. /24

    b. 255.255.255.252

    c. /20

    d. 255.255.252.0

 **핵심 주제**

:: 서브넷 마스크 변환

이 섹션은 서브넷 마스크의 상이한 형식들 간의 변환 방법을 설명한다. 반복 연습을 해야 익숙해질 수 있다. 형식 간의 변환 방식을 이미 알고 있다면 이 장의 다음 섹션인 '서브넷 마스크 변환 연습'으로 이동하기 바란다.

3개의 마스크 형식

서브넷 마스크들은 32비트 이진수로 쓸 수 있지만, 단순한 이진수가 아니다. 특히, 이진수 서브넷 마스크는 다음 규칙들을 따라야 한다:

- 이 값은 1과 0을 번갈아 배치해서는 안된다.
- 1은 왼쪽에 위치한다.
- 0은 오른쪽에 위치한다.

예를 들어, 다음 숫자들은 규칙에 위배된다. 첫 번째는 0과 1이 번갈아 배치되었으므로 규칙에 위배된다. 두 번째는 왼쪽에 0이 위치하고 오른쪽에 1이 위치하므로 규칙에 위배된다.

```
10101010 01010101 11110000 00001111
00000000 00000000 00000000 11111111
```

다음 두 이진수는 조건을 충족시킨다. 즉, 모든 1은 왼쪽에, 모든 0은 오른쪽에 위치하며, 1과 0은 번갈아 배치되지도 않았다.

```
11111111 00000000 00000000 00000000
11111111 11111111 11111111 00000000
```

두 개의 서브넷 마스크 형식이 존재하기 때문에 사람들이 32비트 이진수를 다루지 않도록 한다. 한 형식, DDN(dotted-decimal notation)은 8비트로 구성된 각각을 십진수로 변경한다.

예를 들어, 앞선 두 개의 이진수 마스크는 다음의 DDN 서브넷 마스크로 변경된다. 그 이유는 이진수 11111111이 십진수 255로 변경되고, 이진수 00000000은 십진수 0으로 변경되기 때문이다:

```
255.0.0.0
255.255.255.0
```

DDN 형식은 IPv4 주소의 출현 이래로 존재해온 반면, 세 번째 마스크 형식, 프리픽스(prefix) 형식은 1990년 초에 추가되었다. 이 형식은 서브넷 마스크가 일부 1로 시작하고 숫자의 나머지는

0이라는 규칙을 활용한다. 프리픽스 형식은 슬래시(/) 다음에 이진수 마스크의 이진수 1들의 개수를 표기한다. 방금 다룬 두 마스크 예에 대해 프리픽스 형식의 마스크로 표시하면 다음과 같다:

```
/8
/24
```

프리픽스 혹은 프리픽스 마스크라는 용어가 사용될 수 있지만, CIDR 마스크 혹은 슬래시 마스크도 사용될 수 있다. 보다 새로운 프리픽스 스타일의 마스크는 1990년 초반에 CIDR(classless interdomain routing) 규격과 동일한 시기에 생성되었고, CIDR이라는 축약어는 프리픽스 스타일의 마스크를 포함하여 CIDR에 관련된 항목들을 위해 사용하도록 성장했다. 게다가 슬래시 마스크란 용어는 때때로 이 값이 슬래시 마크(/)를 포함하기 때문에 사용된다.

다양한 형식의 마스크들에 익숙해야 한다. 이 섹션의 나머지는 세 형식들 사이에 전환하는 방법을 살펴본다.

이진수와 프리픽스 마스크 간의 변환

프리픽스값은 이진수 마스크에서 단지 이진수 1들의 숫자이기 때문에 이진수와 프리픽스 마스크 간의 변환은 상대적으로 직관적이다. 완벽함을 위해서, 각 방향별 과정은

- **이진수에서 프리픽스로**: 이진수 마스크에서 이진수 1들의 숫자를 세고 총 수를 / 뒤에 십진수로 쓴다.
- **프리픽스에서 이진수로**: P개의 이진수 1들을 쓰고(여기서 P는 프리픽스값), 그 다음에 32비트 숫자를 만들 수 있을 만큼의 이진수 0들을 쓴다.

[표 15-2] 및 [표 15-3]은 일부 예들을 보여준다.

이진수 마스크	계산 로직	프리픽스 마스크
11111111 11111111 11000000 00000000	계산 8 + 8 + 2 = 18개의 이진수 1	/18
11111111 11111111 11111111 11110000	계산 8 + 8 + 8 + 4 = 28개의 이진수 1	/28
11111111 11111000 00000000 00000000	계산 8 + 5 = 13개의 이진수 1	/13

[표 15-2] 변환 예: 이진수에서 프리픽스로

프리픽스 마스크	계산 로직	이진수 마스크
/18	18개의 1, 다음으로 14개의 0을 써라.	11111111 11111111 11000000 00000000
/28	28개의 1, 다음으로 4개의 0을 써라.	11111111 11111111 11111111 11110000
/13	13개의 1, 다음으로 19개의 0을 써라.	11111111 11111000 00000000 00000000

[표 15-3] 변환 예: 프리픽스에서 이진수로

이진수와 DDN 마스크 간의 변환

DDN(dotted-decimal number)은 점으로 구분되는 네 개의 십진수 숫자를 포함하는 IPv4 주소와 함께 사용된다. 각 십진수는 8비트를 대신하는 것이다. 따라서 하나의 DDN은 모두 합해 32비트의 이진수를 표시하는 십진수 숫자들이다.

DDN 마스크에서 동등한 이진수로의 변환은 상대적으로 단순하지만, 그 과정이 수고스러울 수 있다. 변환을 위한 과정은 다음과 같다:

각 옥텟에 대해, 십진수에서 이진수로 변환을 수행한다.

하지만 십진수에서 이진수로의 변환 작업에 얼마나 익숙한가에 따라 이 과정은 어려울 수도 있고 혹은 시간이 많이 걸릴 수도 있다. 만약, 시험을 위해 이진수 형식의 마스크를 원한다면, 다음 변환 방법들 중에서 하나를 선택하고, 신속하고 정확한 변환을 할 수 있을 때까지 연습해야 한다.

- 십진수에서 이진수로 변환할 때, 십진수-이진수 변환을 신속하게 할 수 있도록 연습해야 한다. 이 변환 경로를 선택했다면, CLN(Cisco Learning Network, http://learning network.cisco.com)에서 검색하여 찾을 수 있는 Cisco Binary Game(시스코 이진수 게임)을 활용할 수 있다.
- 부록 A '수 참조표'의 십진수-이진수 변환 차트를 사용한다. 이 표는 보다 신속하게 답을 찾을 수 있도록 하지만, 시험 당일 이 차트를 사용할 수는 없다.
- 십진수 마스크 내에 존재할 수 있는 9개의 가능한 십진수를 기억하고, 그러한 숫자들과 함께 참조표를 사용하여 연습한다.

이 책에서 권장한 방법인 세 번째 방법은 모든 DDN 마스크 옥텟이 단지 9가지 값 중에 하나여야 한다는 사실을 활용한다. 왜 그럴까? 이진수 마스크는 1들과 0들을 번갈아 배치할 수 없으며, 0들은 오른쪽에 위치해야 한다는 것을 기억하기 바란다. 단지 9가지의 다른 8비트 이진수들이 생기는 이유는 이러한 규칙을 따르기 때문이다. [표 15-4]는 다른 관련된 정보와 함께 이러한 십진수들을 보여준다.

이진수 마스크 옥텟	십진수 변환	이진수 1의 숫자
0 0 0 0 0 0 0 0	0	0
1 0 0 0 0 0 0 0	128	1
1 1 0 0 0 0 0 0	192	2
1 1 1 0 0 0 0 0	224	3
1 1 1 1 0 0 0 0	240	4
1 1 1 1 1 0 0 0	248	5
1 1 1 1 1 1 0 0	252	6
1 1 1 1 1 1 1 0	254	7
1 1 1 1 1 1 1 1	255	8

[표 15-4] 서브넷 마스크의 한 옥텟에서 가능한 9가지 십진수

다수의 서브네팅 과정들은 이진수 계산을 필요로 할 수도 있고, 그렇지 않을 수도 있다. 마스크 변환을 포함하여 이러한 과정들의 일부는 [표 15-4]의 정보를 활용하도록 한다. 이를 위해, 표의 정보를 기억하도록 해야 한다. 표의 복사본을 만들어 연습하는 동안 휴대할 것을 권장한다 (정확하게 신속한 변환이 가능할 때까지 연습을 함으로써 이 표의 내용들을 암기할 것이다).

이 표를 사용한 이진수와 십진수 마스크를 위한 각 방향의 변환 과정은 다음과 같다.

- **이진수에서 십진수로**: 비트들을 각 세트당 8개의 비트로 모두 4세트로 구성한다. 각 옥텟에 대해 표에서 이진수를 찾고 상응하는 십진수를 쓴다.
- **십진수에서 이진수로**: 각 옥텟에 대해, 표에서 십진수를 찾고, 상응하는 8비트 이진수를 쓴다.

[표 15-5] 및 [표 15-6]은 몇몇 예들을 보여준다.

이진수 마스크	계산 로직	십진수 마스크
11111111 11111111 11000000 0000000	11111111은 255로 맵핑 11000000은 192로 맵핑 00000000은 0으로 맵핑	255.255.192.0
11111111 11111111 11111111 11110000	11111111은 255로 맵핑 11110000은 240으로 맵핑	255.255.255.240
11111111 11111000 00000000 00000000	11111111은 255로 맵핑 11111000은 248로 맵핑 00000000은 0으로 맵핑	255.248.0.0

[표 15-5] 변환 예: 이진수에서 십진수로

십진수 마스크	계산 로직	이진수 마스크
255.255.192.0	255는 11111111로 맵핑 192는 11000000으로 맵핑 0은 00000000으로 맵핑	11111111 11111111 11000000 00000000
255.255.255.240	255는 11111111로 맵핑 240은 11110000으로 맵핑	11111111 11111111 11111111 11110000
255.248.0.0	255는 11111111로 맵핑 248은 11111000으로 맵핑 0은 00000000으로 맵핑	11111111 11111000 00000000 00000000

[표 15–6] 변환 예: 십진수에서 이진수로

프리픽스와 DDN 마스크 간의 변환

프리픽스와 십진수 형식 간의 최상의 변환 방법은 먼저 이진수로 변환하는 것이다. 예를 들어, 십진수에서 프리픽스로 변환하고자 한다면 먼저 십진수를 이진수로 변환하고 다음으로 이진수에서 프리픽스로 변환한다.

시험을 위해, 머리 속의 변환 계산에 익숙하도록 어떤 목표를 세우기 바란다. 학습할 때는 지면을 사용하기를 원할 것이다. 이 모든 것들을 필기 없이 수행하도록 훈련하기 위해, 각 옥텟을 이진수로 쓰는 대신, 그냥 해당 옥텟의 이진수 1들의 갯수만 써라.

[그림 15-1]은 프리픽스–십진수 변환 예를 보여준다. 왼쪽은 이진수로 변환한 중간 단계도 보여준다. 비교를 위해 오른쪽은 이진수 마스크에서 그냥 각 옥텟의 이진수 1들의 개수를 표시한 간략화한 중간 단계를 보여준다.

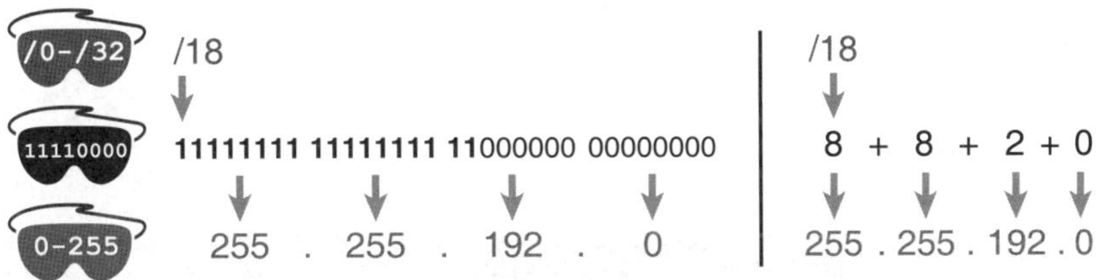

[그림 15–1] 프리픽스에서 십진수로의 변환: 이진수 대 약칭 이진수

마찬가지로 십진수에서 프리픽스로 변환할 때 먼저 이진수로 변환하는데, 익숙해지면 이진수를 각 옥텟의 1들의 개수로 생각하면 된다. [그림 15-2]는 이러한 변환 예를 보여준다.

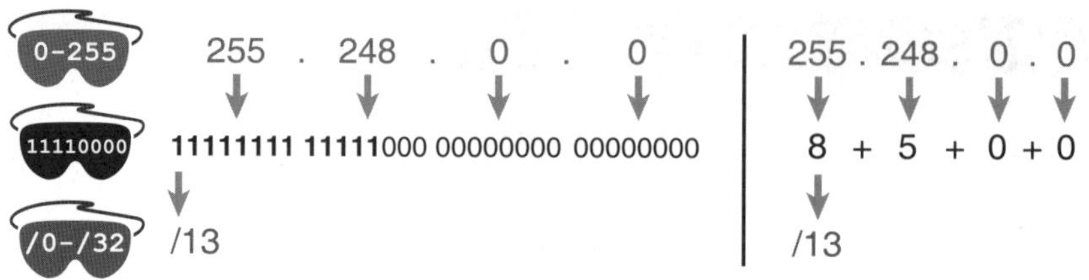

[그림 15-2] 십진수에서 프리픽스로의 변환: 이진수 vs 약칭 이진수

부록 A는 이미 본 세 가지 형식의 33개의 유효한 서브넷 마스크 모두를 목록화한다.

서브넷 마스크 변환 연습

이 장의 나머지 절반으로 이동하기 전에 서브넷 마스크가 의미하는 것에 대해 생각해보고 몇 가지 연습을 해보자. 매번 정확한 답을 얻을 수 있을 때까지 이 장에서 논의했던 과정들을 연습하기 바란다. 이후 시험을 치기 전에, [표 15-7]의 오른쪽 칸의 목표와 같이 이 장의 주제들에 숙달되고 매우 신속하게 변환할 수 있을 때까지 더 연습하기 바란다.

시점	다음 섹션으로 이동하기 전	시험 응시 전
중점 대상	학습 방법	신속과 정확
허용되는 도구들	전체	당신의 두뇌와 노트
목표: 정확성	90% 정확성	100% 정확성
목표: 속도	무관함	10초

[표 15-7] 이 장의 주제들에 대한 책 읽기 및 시험 응시

[표 15-8]은 8개의 연습 문제들을 보여준다. 이 표는 각 마스크 포맷별로 하나씩, 세 개의 열을 가진다. 각 행은 하나의 형식으로 하나의 마스크를 표기한다. 해야할 일은 각 행별로 다른 두 형식의 마스크값을 찾는 것이다. 이 장의 후반부 '앞선 연습 문제들에 대한 정답' 섹션의 [표 15-12]에 정답이 있다.

프리픽스	이진수 마스크	십진수 마스크
	11111111 11111111 11000000 00000000	
		255.255.255.252
/25		
/16		
		255.0.0.0
	11111111 11111111 11111100 00000000	
		255.254.0.0
/27		

[표 15-8] 연습 문제들: 다른 두 형식의 마스크 값들 찾기

:: 마스크를 이용한 서브넷 설계 식별

서브넷 마스크들은 다수의 목적을 갖는다. 사실, 10 명의 경험 많은 네트워크 엔지니어들에게 '서브넷 마스크의 목적인 무엇인가?' 하고 물으면, 엔지니어들은 다양한 답변을 할 것이다.

이 장은 서브넷 마스크에 대해 하나의 특별한 적용 방법 즉, 서브넷에서 IP 주소들의 프리픽스 영역에 대한 정의에 초점을 맞춘다. 이 프리픽스 영역은 서브넷 내의 모든 주소들은 동일한 숫자여야 한다. 사실, 단일 서브넷은 그들의 IPv4 주소들의 프리픽스 영역에서 동일한 숫자를 갖는 모든 IP 주소들로 정의될 수 있다.

앞선 문장은 조금 형식적으로 들리지만 그 아이디어는 [그림 15-3]에서 본 것처럼 상대적으로 쉬운것이다. 그림은 두 서브넷 즉, 172.16.2로 시작하는 모든 주소들로 구성된 하나의 서브넷과 172.16.3으로 시작하는 모든 주소들로 구성된 또 하나의 서브넷에 중점을 두는 네트워크 구성을 보여준다. 이 예에서 서브넷 내의 모든 주소들이 동일한 숫자를 갖는 부분인 프리픽스는 첫 번째 세 옥텟들이다.

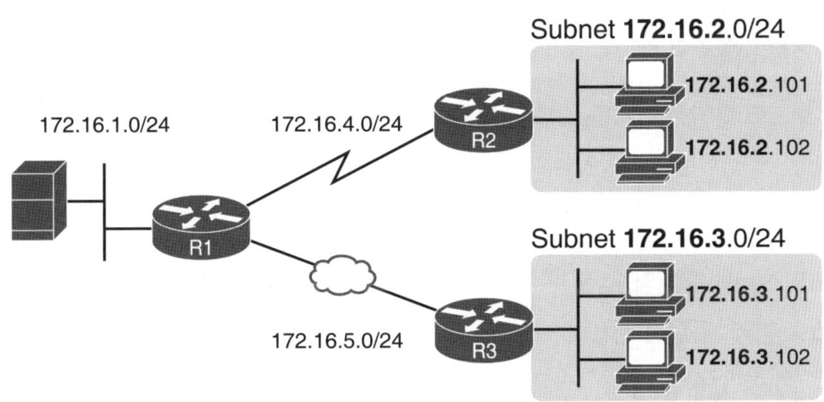

[그림 15-3] /24 마스크를 적용한 간단한 서브넷 설계

사람들이 회의 테이블에 둘러 앉아 어떻게 프리픽스가 세 옥텟 길이인지를 토의하는 것과 마찬가지로, 컴퓨터들도 서브넷 마스크에 대한 동일한 개념을 가지고 통신한다. 이 경우, 서브넷들은 주소의 프리픽스 영역이 24비트(3옥텟) 길이라는 것을 의미하는 /24의 서브넷 마스크를 사용하고 있다.

이 섹션은 서브넷 마스크를 활용하는 다른 예와 더불어, IPv4 주소의 프리픽스 영역의 개념을 이해하기 위해 서브넷 마스크를 활용하는 방법에 대해 알아본다. 이 섹션은 다음 중 첫 번째 다섯 항목들에 대해 설명하고 있다.

- 서브넷에서 주소들의 프리픽스(네트워크와 서브넷을 포함한) 영역의 크기를 정의한다.
- 서브넷에서 주소들의 호스트 영역의 크기를 정의한다.

- 서브넷에서 호스트들의 숫자를 계산하기 위해 사용할 수 있다.

- 네트워크 설계자들에게 서브넷과 네트워크 내의 장치들을 구분하는 호스트 비트들의 숫자와 같이 상세한 설계 항목들에 대한 의사 소통을 위한 수단을 제공한다.

- 어떤 가정 하에 전체 클래스풀 네트워크 내의 서브넷들의 숫자를 계산하는데 사용할 수 있다.

- 서브넷 ID 및 서브넷 브로드캐스트 주소에 대한 이진수 계산에 사용될 수 있다.

서브넷의 주소를 두 영역으로 분할하는 마스크

서브넷 마스크는 서브넷에서 IP 주소들을 두 영역 즉, *프리픽스* 혹은 *서브넷* 영역과 호스트 영역으로 구분한다.

프리픽스 영역은 동일한 서브넷에 존재하는 주소들을 식별하는데, 그 이유는 동일 서브넷 내의 모든 IP 주소들은 주소들의 프리픽스 영역에 동일한 숫자를 가지기 때문이다. 이 아이디어는 우편 주소들의 우편 번호(미국의 ZIP 코드)와 거의 동일하다. 동일한 도시의 모든 우편 주소는 동일한 우편 번호를 갖는다. 이와 마찬가지로, 동일한 서브넷 내의 모든 IP 주소들은 주소들의 프리픽스 영역에 동일한 숫자들을 갖는다.

주소의 호스트 영역은 서브넷 내부에서 호스트를 유일한 것으로 식별한다. 동일 서브넷 내의 두 개의 IP 주소들을 비교하면 이들의 프리픽스 영역은 동일한 숫자를 가지지만, 호스트 영역은 다를 것이다. 이러한 핵심 비교 사항들을 요약해보자:

- **프리픽스(서브넷) 영역**: 동일한 서브넷 내의 모든 주소에서 동일함.

- **호스트 영역**: 동일한 서브넷 내의 모든 주소에서 상이함.

예를 들어, 첫 번째 세 옥텟이 10.1.1인 모든 주소들을 포함하는 서브넷을 가정해보자. 이에 따라 다음 리스트는 이 서브넷에 속하는 몇 가지 주소들을 보여준다:

    10.1.1.**1**
    10.1.1.**2**
    10.1.1.**3**

이 리스트에서 프리픽스 혹은 서브넷 영역(10.1.1의 첫 번째 세 옥텟)은 동일하다. 호스트 영역(굵은 글씨로 표시한 마지막 옥텟)은 상이하다. 주소의 프리픽스 혹은 서브넷 영역은 그룹을 식별하고, 호스트 영역은 그룹 내의 특정 멤버를 식별한다.

서브넷 마스크는 프리픽스와 호스트 영역 간의 분할 선을 정의한다. 이것을 위해 이진수 마스크에서 이진수 1들과 0들 사이의 개념적인 선을 생성한다. 요약하면, 마스크가 P개의 이진수 1들을 가지면, 프리픽스 영역은 P 비트 길이이고 나머지 비트들은 호스트 비트들이다. [그림 15-4]는 일반적인 개념을 보여준다.

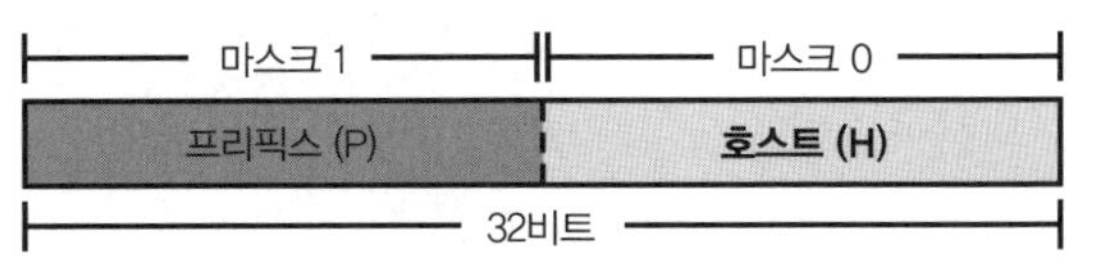

[그림 15-4] 마스크 1들과 0들로 구분하는 프리픽스(서브넷)과 호스트

[그림 15-5]는 마스크 255.255.255.0을 사용하는 구체적인 예를 보여준다. 마스크, 255.255.255.0 (/24)는 24개의 이진수 1이 있고, 프리픽스 길이는 24비트다.

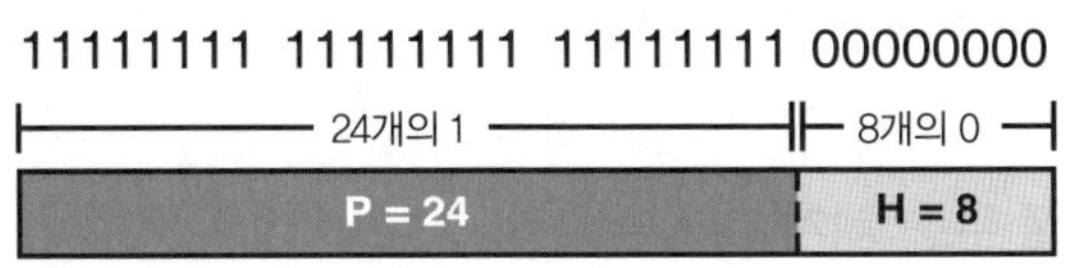

[그림 15-5] 마스크, 255.255.255.0: P = 24, H = 8

주소를 세 영역으로 구분하는 마스크와 클래스

IPv4 주소들의 두 영역에 더해, IPv4 주소들을 세 영역으로 나누어 생각할 수도 있다. 이를 위해, 주소의 시작 부분에 네트워크 영역을 정의하기 위해 주소 형식에 클래스 A, B와 C 규칙을 적용한다. 추가된 로직은 프리픽스를 두 영역 즉, 네트워크 영역과 서브넷 영역으로 나눈다. 클래스는 네트워크 영역의 길이를 정의하고, 프리픽스의 나머지는 서브넷 영역이 된다. [그림 15-6]은 이 아이디어를 보여준다.

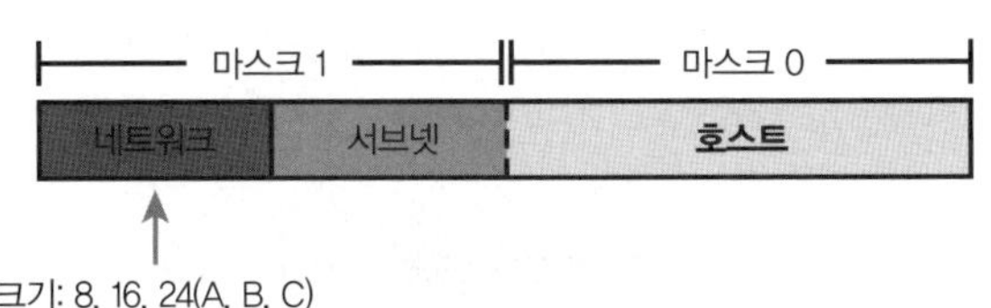

[그림 15-6] 세 개의 영역으로 구분하는 클래스 개념

동일 서브넷 내의 모든 주소들은 네트워크와 서브넷 영역에서 동일한 숫자들을 가지기 때문에 네트워크와 서브넷 영역의 조합은 프리픽스와 같이 동작한다. 주소들이 두 영역 혹은 세 영역을 갖든 상관 없이 호스트 영역의 크기는 변하지 않는다.

완벽을 기하기 위해, [그림 15-7]은 앞선 섹션, '10.1.1로 시작하는 모든 주소들'과 동일한 예를 보여준다. 이 예에서 서브넷은 마스크 255.255.255.0을 사용하고, 주소들은 모두 클래스 A 네트워크 10.0.0.0 내에 존재한다. 클래스는 8개의 네트워크 비트들을 정의하고, 마스크는 24개의 프리픽스 비트들을 정의하여 16(24−8=16)개의 서브넷 비트들이 존재한다. 호스트 영역은 8비트로 남아 있다.

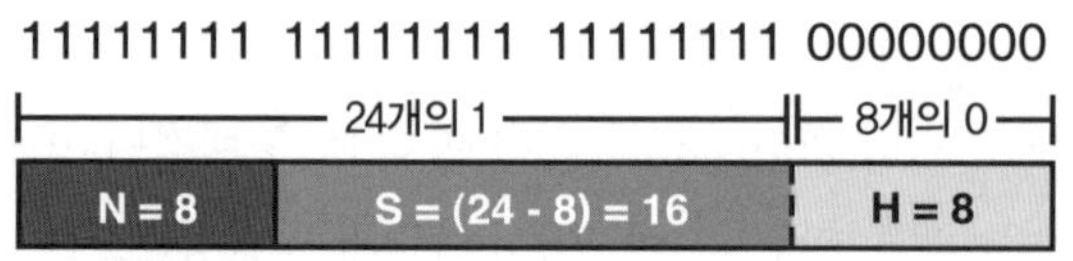

[그림 15-7] 서브넷 10.1.1.0, 마스크 255.255.255.0: N = 8, S = 16, H = 8

클래스리스와 클래스풀 주소 체계

클래스리스 주소 체계(classless addressing)와 클래스풀 주소 체계(classful addressing)라는 용어는 지금까지 이 장에서 설명한 IPv4 주소에 대한 두 가지 고려 방식을 가리킨다. 클래스풀 주소 체계는 클래스 A, B와 C 규칙을 적용하고, 프리픽스는 [그림 15-6]과 [그림 15-7]에서 본 것처럼 네트워크, 서브넷 부분으로 나뉜다. 클래스리스 주소 체계는 클래스 A, B와 C 규칙을 무시하고, [그림 15-4]와 [그림 15-5]에서 본 것처럼 프리픽스를 한 영역으로 취급한다. 다음의 공식적인 정의는 학습과 참고를 위한 것이다.

- **클래스리스 주소 체계**: IPv4 주소는 클래스(A, B 혹은 C)를 고려하지 않고, 마스크에서 정의하는 대로 두 영역 즉, 프리픽스 영역과 호스트 영역을 갖는다는 개념.
- **클래스풀 주소 체계**: 마스크와 클래스(A, B 혹은 C) 규칙에 정의된 대로 Pv4 주소가 세 영역 즉, 네트워크, 서브넷과 호스트 영역을 갖는다는 개념.

> **NOTE** 불행히도, 네트워킹 세계는 클래스리스와 클래스풀이란 용어를 두 가지 방식으로 사용한다. 여기서 설명하는 클래스리스와 클래스풀 주소 체계 외에 각 라우팅 프로토콜은 클래스리스 라우팅 프로토콜과 클래스풀 라우팅 프로토콜로 나뉘어진다. 라우팅 업데이트에 마스크 정보의 포함 여부에 따라 클래스리스 라우팅 프로토콜(포함)과 클래스풀 라우팅 프로토콜(포함하지 않음)로 나뉜다. 결과적으로 이러한 용어는 쉽게 혼동되고 오용될 수 있다. 따라서 클래스리스와 클래스풀이란 용어를 볼 때는 주소 체계, 라우팅 혹은 라우팅 프로토콜과 같은 문맥을 구성하는 다른 단어에 유의해야 한다.

IPv4 주소 형식에 기초한 계산

클래스리스와 클래스풀 주소 체계 규칙을 활용하여 주소들을 분할하는 방법을 숙지하고 나면, 일부 기본적인 계산 공식을 사용하여 두 개의 중요한 항목들을 쉽게 계산할 수 있다.

먼저, 어떤 서브넷이든 호스트 비트들의 개수를 안 다음에는 해당 서브넷 내의 호스트 IP 주소들의 개수를 계산할 수 있다. 다음으로 서브넷 비트(클래스풀 주소 체계의 개념을 사용하여)들의 개수를 알고, 전체 네트워크에서 단지 하나의 서브넷 마스크가 적용되었다면, 네트워크 내의 서브넷들의 개수를 계산할 수도 있다. 공식이 있기 때문에 그저 2의 제곱만 알면 된다:

- 서브넷 내의 호스트 수: 2H − 2, H는 호스트 비트들의 개수
- 네트워크 내의 서브넷 수: 2S, S는 서브넷 비트들의 개수. 전체 네트워크에서 단지 하나의 마스크가 사용된다면 이 공식을 사용한다.

> **NOTE** 13장 'IPv4 서브네팅에 대한 관점들'의 '마스크 선택' 섹션에서 하나의 클래스 A, B 혹은 C 네트워크에서 단일 마스크에 대한 설명을 포함하여 마스크와 연관된 다수의 개념을 자세하게 다룬다.

IPv4 주소들의 영역별 크기는 계산될 수 있다. 계산은 간단하지만, 그 개념은 중요하다. IPv4 주소의 길이는 32비트이고, 클래스리스 주소 체계의 두 영역은 $32(P + H = 32)$비트로 구성되어야 하고, 클래스풀 주소 체계의 세 영역은 $32(N + S + H = 32)$비트로 구성되어야 한다. [그림 15-8]은 이 관계성을 보여준다.

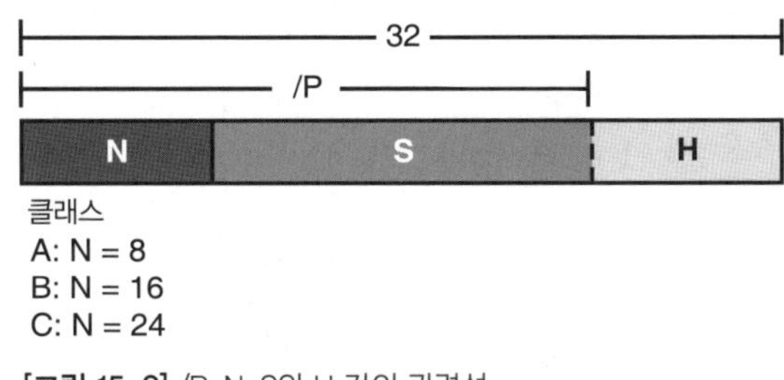

[그림 15-8] /P, N, S와 H 간의 관련성

종종 CCENT와 CCNA 라우팅 & 스위칭 문제에 답할 때나 실제 네트워크에서 발생하는 문제들을 점검할 때 IP 주소와 마스크로 시작한다. 이 장과 앞선 장들의 정보에 기초하여, [그림 15-8]의 모든 정보를 발견할 수 있어야 하고, 네트워크에서 호스트들/서브넷의 수와 서브넷들의 수를 계산할 수 있어야 한다. 참조를 위해 다음 과정은 해당 단계들을 자세히 다룬다:

단계 ① 필요하다면 마스크를 프리픽스 형식(/P)으로 변환한다(복습을 위해 앞선 섹션 '서브넷 마스크 변환 연습'을 보기 바란다).

단계 ② 클래스에 기초하여 N을 결정한다(복습을 위해, 14장 '클래스풀 IPv4 네트워크 분석'을 보기 바란다).

단계 ③ $S = P - N$을 계산하라.

단계 ④ $H = 32 - P$를 계산하라.

단계 ⑤ 서브넷별 호스트 수를 계산하라: $2^H - 2$

단계 ⑥ 서브넷의 수를 계산하라: 2^S.

예를 들어, IP 주소 8.1.4.5와 마스크 255.255.0.0인 경우를 고려해보자. 다음 과정을 따른다:

단계 ① 255.255.0.0 = /16. 따라서 P = 16.

단계 ② 8.1.4.5는 첫 번째 옥텟이 1 – 126 범위에 속하므로 클래스 A이다. 따라서 N = 8이다.

단계 ③ S = P − N = 16 − 8 = 8.

단계 ④ H = 32 − P = 32 − 16 = 16.

단계 ⑤ 호스트들/서브넷: $2^{16} - 2 = 65,534$.

단계 ⑥ 서브넷들: $2^8 = 256$.

[그림 15–9]는 동일한 문제에 대한 시각적 분석을 보여준다.

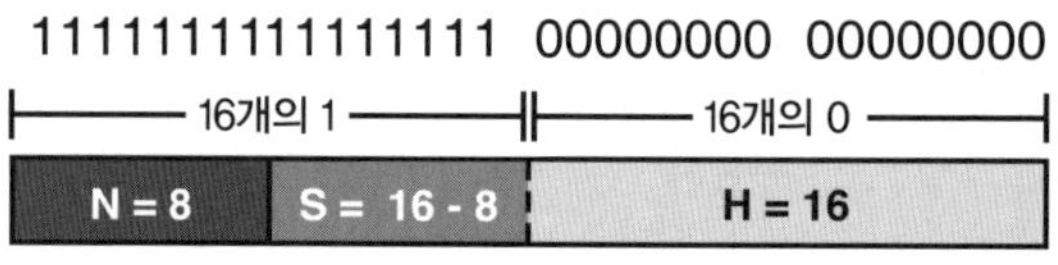

[그림 15–9] 문제에 대한 시각적 표현: 8.1.4.5, 255.255.0.0

또 하나의 예로, IP 주소 200.1.1.1과 mask 255.255.255.252인 경우를 고려해보자. 다음 과정을 따른다:

단계 ① 255.255.255.252 = /30. 따라서 P = 30.

단계 ② 200.1.1.1은 첫 번째 옥텟이 192 – 223 범위에 속하므로 클래스 C이다. 따라서 N = 24이다.

단계 ③ S = P − N = 30 − 24 = 6.

단계 ④ H = 32 − P = 32 − 30 = 2.

단계 ⑤ 호스트들/서브넷: $2^2 - 2 = 2$.

단계 ⑥ 서브넷들: $2^6 = 64$.

이 예는 시리얼 링크를 위해 흔히 사용하는 마스크를 사용한다. 시리얼 링크는 단지 두 개의 호스트 주소만 필요로 하고, 이 마스크는 단지 두 개의 호스트 주소만 지원한다.

서브넷 마스크 분석 연습

이 책에서 다른 서브네팅 계산과 같이, 두 단계 접근 방식이 도움이 될 수 있다. 이 과정을 이해했다고 판단할 때까지 연습을 해야한다. 시험을 치기 전에, 이 계산에 숙달돼야 한다. [표 15-9]는 이 두 단계 접근 방식에 대한 목표를 제안한다.

시기	다음 장으로 이동하기 전	시험을 치기 전
초점	방법 학습	신속 및 정확
허용되는 툴	모든 툴들	두뇌와 노트
목표: 정확도	90%	100%
목적: 속도	상관 없음	15초

[표 15-9] 이 장의 주제에 대한 학습 및 응시 목표

메모 용지 위에 다음 질의에 응답하도록 한다, 다음 문제 1~5에 대해:

- 클래스풀 IP 주소 체계 개념을 사용하여 클래스와 마스크를 기초로 각 서브넷 내의 주소들의 구조를 결정한다. 즉, 주소의 네트워크, 서브넷과 호스트 영역의 크기를 찾는다.
- 서브넷 내의 호스트의 수를 계산한다.
- 동일한 마스크가 사용된다는 가정 하에, 네트워트 내의 서브넷의 수를 계산한다.

1. 8.1.4.5, 255.255.254.0
2. 130.4.102.1, 255.255.255.0
3. 199.1.1.100, 255.255.255.0
4. 130.4.102.1, 255.255.252.0
5. 199.1.1.100, 255.255.255.224

이 장의 이후, '앞선 연습 문제에 대한 정답' 섹션에 정답이 있다.

챕터 리뷰

좋은 시험 결과를 위해서는 리뷰 세션에 대한 복습이 중요하다. 책이나 DVD의 툴 혹은 책의 동반자 웹 사이트에서 찾을 수 있는 대화형 툴을 활용하여 이 장의 자료들을 리뷰하기 바란다. 특히, **단계②** 챕터 위주의 학습 습관을 만들어라'라는 제목의 '당신의 학습 계획'을 참조하기 바란다. [표 15-10]은 핵심 리뷰 요소들과 자료 출처들을 보여준다. 학습 과정에 대해 보다 나은 추적을 위해 두 번째 열에 완료한 날짜를 기록하도록 한다.

리뷰 항목	완료 날짜	자료 출처
핵심 주제 리뷰		책, DVD/웹 사이트
핵심 용어 리뷰		책, DVD/웹 사이트
사전 점검 퀴즈 반복		책, PCPT
메모리 테이블 리뷰		책, DVD/웹 사이트
서브넷 마스크 분석 연습		DVD 부록 E, DVD/웹 사이트

[표 15-10] 챕터 리뷰 확인

핵심 주제 복습

핵심 주제	설명	페이지
리스트	이진수 서브넷 마스크값들에 대한 규칙들	365
리스트	이진수와 프리픽스 마스크 간의 변환 규칙들	366
표 15-4	십진수 서브넷 마스크에서 9가지 가능한 숫자들	368
리스트	이진수와 DDN 마스크 간의 변환 규칙들	368
리스트	서브넷 마스크의 일부 기능들	371
리스트	동일한 서브넷 내의 IP 주소들 비교	372
그림 15-4	IP 주소의 두 영역 클래스리스 관점	373
그림 15-6	IP 주소의 세 영역 클래스풀 관점	373
리스트	클래스풀 주소 체계와 클래스리스 주소 체계의 정의	374
리스트	마스크를 분석하기 위한 공식적 단계들과 숫자 계산	375

[표 15-11] 15장의 핵심 주제들

핵심 용어

이진수 마스크(binary mask), DDN(dotted-decimal notation), 십진수 마스크(decimal mask), 프리픽스 마스크(prefix mask), CIDR 마스크, 클래스풀 주소 체계, 클래스리스 주소 체계

∷ 클래스풀 네트워크 분석에 대한 추가적인 연습

클래스풀 네트워크들을 분석할 때, 추가적인 연습을 위해, 동일한 세트의 연습 문제들을 다음 툴들을 사용하여 수행할 수 있다:

- **애플리케이션**: DVD 혹은 동반자 웹 사이트의 클래스풀 IPv4 네트워크 분석 애플리케이션을 사용하도록 한다.
- **PDF**: 대안으로 DVD 부록 E, '15장: 서브넷 마스크 분석'의 동일한 문제를 연습한다.

앞선 연습 문제에 대한 정답

[표 15–8]은 서브넷 마스크 변환을 위한 몇 가지 연습 문제를 보여준다. [표 15–12]는 정답을 알려준다.

프리픽스	이진수 마스크	십진수
/18	11111111 11111111 11000000 00000000	255.255.192.0
/30	11111111 11111111 11111111 11111100	255.255.255.252
/25	11111111 11111111 11111111 10000000	255.255.255.128
/16	11111111 11111111 00000000 00000000	255.255.0.0
/8	11111111 00000000 00000000 00000000	255.0.0.0
/22	11111111 11111111 11111100 00000000	255.255.252.0
/15	11111111 11111110 00000000 00000000	255.254.0.0
/27	11111111 11111111 11111111 11100000	255.255.255.224

[표 15–12] [표 15–8]에 대한 정답

[표 15–13]은 앞의 섹션, '서브넷 마스크 분석 연습'의 연습 문제에 대한 정답이다.

	문항	/P	클래스	N	S	H	2^S	$2^H - 2$
1	8.1.4.5 255.255.254.0	23	A	8	15	9	32,768	510
2	130.4.102.1 255.255.255.0	24	B	16	8	8	256	254
3	199.1.1.100 255.255.255.0	24	C	24	0	8	N/A	254
4	130.4.102.1 255.255.255.252.0	22	B	16	6	10	64	1,022
5	199.1.1.100 255.255.255.224	27	C	24	3	5	8	30

[표 15–13] 리뷰 이전 문제에 대한 정답

다음 리스트는 문항들을 살펴본다:

① 8.1.4.5에 대해, 첫 번째 옥텟(8)은 1–126 범위에 속하므로 클래스 A 주소로 네트워크 비트는 8이다. 마스크 255.255.254.0은 /23으로 변환되므로, P – N = 15, 서브넷 비트는 15이다. H는 32에서 /P(23)을 뺌으로써 발견되는데, 9호스트 비트가 된다.

② 130.4.102.1에 대해, 첫 번째 옥텟(130)은 128–191 범위에 속하므로 클래스 B 주소로 네트워크 비트는 16이다. 마스크 255.255.255.0은 /24로 변환되므로, P – N = 8, 서브넷 비트는 8이다. H는 32에서 /P(24)을 뺌으로써 발견되는데 8 호스트 비트가 된다.

③ 세 번째 문항은 마스크가 주소의 서브넷 영역을 생성하지 않은 경우를 의도적으로 보여준다. 주소 199.1.1.100은 192와 223 사이의 첫 번째 옥텟이므로, 24 네트워크 비트를 갖는 클래스 C 주소다.

마스크의 프리픽스 버전은 /24이므로, 서브넷 비트 수는 24 – 24 = 0이다. 호스트 비트의 수, H는 32에서 /P(24)를 뺌으로써 발견되는데, 8이 된다. 따라서, 이 경우 마스크는 네트워크 엔지니어가 어떤 서브넷 비트들과 서브넷들을 만들지 않는 디폴트 마스크를 사용하고 있다는 것을 보여준다.

④ 두 번째 문항과 동일한 주소 130.4.102.1은 N = 16비트를 갖는 클래스 B 주소다.
이 문제는 상이한 마스크 255.255.252.0을 사용하는데 /22로 변환된다.
이 마스크의 서브넷 비트의 수는 22 – 16 = 6으로 만든다. 22 프리픽스 비트로 만들어지는 호스트 비트의 수는 32 – 22 = 10이다.

⑤ 세 번째 문항과 동일한 주소 199.1.1.100은 N = 24비트를 갖는 클래스 C 주소다.
이 문제는 상이한 마스크 255.255.255.224를 사용하는데, /27로 변환된다. 이 마스크의 서브넷 비트의 수는 27 – 24 = 3으로 만든다. 27 프리픽스 비트로 만들어지는 호스트 비트의 수는 32 – 27 = 5이다.

Chapter 16
기존의 서브넷 해석

이 장은 다음 시험 주제를 다룬다.

1.0 네트워크 기초
1.8 IPv4 주소 체계와 서브네팅에 대한 설정, 확인 및 장애 처리
1.9 IPv4 주소 유형에 대한 비교
    1.9.a 유니캐스트
    1.9.b 브로드캐스트

종종 네트워킹 작업은 일부 호스트에서 사용하는 IP 주소와 마스크를 찾는 것으로 시작한다. 다음으로 인터네트워크에서 해당 호스트로 패킷을 라우팅하는 방법을 이해하기 위해, 서브넷에 대해 구체적으로 다음과 같은 핵심 정보의 조각들을 찾아야 한다.

- 서브넷 ID
- 서브넷 브로드캐스트 주소
- 서브넷의 사용 가능한 유니캐스트 IP 주소들의 범위

이 장은 사용 중인 IP 주소와 마스크를 알아내기 위한 계산 방법과 개념들을 다루고, 이 리스트에서 대상이 되는 값들을 찾기 위해 서브넷을 자세하게 설명한다. 이러한 구체적인 작업들은 전체 IP 주소 체계와 서브네팅 주제들에서 가장 중요한 IP 기술들인데, 그 이유는 실제 네트워크를 운용하고 장애를 해결할 때, 가장 일반적으로 이용되기 때문이다.

이 장의 학습을 위해 필요한 시간을 가늠하기 위해 다음 시험(이 페이지나 PCPT 소프트웨어를 사용 가능)을 보기 바란다. 정답은 퀴즈 다음 페이지의 아랫 부분에 나와 있고, 설명은 DVD 부록 C와 PCPT 소프트웨어에 있다.

핵심 주제 섹션	해당 문제
서브넷 정의	1
기존 서브넷 분석: 이진수	2
기존 서브넷 분석: 십진수	3–6

[표 16–1] 사전 점검 퀴즈의 핵심 주제와 문제

1. 클래스풀 주소 체계 규칙에서 IP 주소를 생각할 때, 주소는 세 개의 파트들 즉, 네트워크, 서브넷과 호스트를 갖는다. 당신이 이진수로 한 서브넷 내의 모든 주소를 점검할 때, 세 영역의 주소들 중에서 한 서브넷 내의 모든 주소들이 동일한 부분은? (최상의 정답을 선택할 것)

   a. 네트워크 영역만

   b. 서브넷 영역만

   c. 호스트 영역만

   d. 네트워크 및 서브넷 영역

   e. 서브넷 및 호스트 영역

2. 다음 중 하나의 서브넷 내의 이진수 서브넷 ID, 서브넷 브로드캐스트 주소와 호스트 IP 주소 값과 관련하여 올바른 설명은? (2개를 선택할 것)

   a. 브로드캐스트 주소의 호스트 영역은 이진수로 모두 0이다.

   b. 서브넷 ID의 호스트 영역은 이진수로 모두 0이다.

   c. 사용 가능한 IP 주소의 호스트 영역은 이진수로 모두 1일 수 있다.

   d. 사용 가능한 IP 주소의 호스트 영역은 이진수로 모두 0이어선 안된다.

3. 다음 중 IP 주소 10.7.99.133 /24의 서브넷 ID는?

   a. 10.0.0.0

   b. 10.7.0.0

   c. 10.7.99.0

   d. 10.7.99.128

4. 다음 중 IP 주소 192.168.44.97 /30의 서브넷은?

   a. 192.168.44.0

   b. 192.168.44.64

   c. 192.168.44.96

   d. 192.168.44.128

5. 다음 중 IP 주소 172.31.77.201 /27이 속한 서브넷의 서브넷 브로드캐스트 주소는?

   a. 172.31.201.255

   b. 172.31.255.255

   c. 172.31.77.223

   d. 172.31.77.207

6. 동료 엔지니어는 당신에게 DHCP 서버로 하여금 서브넷 10.1.4.0 /23의 마지막 100개의
   이용 가능한 IP 주소들을 임대할 수 있도록 설정하라고 요청했다. 다음 IP 주소 중 새로운
   DHCP 설정의 결과로 임대할 수 있는 것은?

   a. 10.1.4.156

   b. 10.1.4.254

   c. 10.1.5.200

   d. 10.1.7.200

   e. 10.1.255.200

:: 서브넷 정의

IP 서브넷은 네트워크 엔지니어가 선택하여 만든 클래스풀 네트워크의 하위 집합이다. 그러나 그 엔지니어는 주소 중에서 그냥 임의의 하위 집합을 선택할 수는 없다. 대신, 엔지니어는 다음과 같은 특정 규칙을 따라야 한다.

- 서브넷은 연속적인 숫자의 집합이다.
- 서브넷은 2^H개만큼 보유하는데, 여기서 H는 서브넷 마스크에 의해 결정되는 호스트 비트의 수다.
- 해당 범위에서 두 개의 특별한 숫자는 IP 주소로 사용할 수 없다.
  - 첫 번째(가장 낮은) 번호는 서브넷에 대한 식별자(서브넷 ID)의 역할을 한다.
  - 마지막(가장 높은) 번호는 서브넷 브로드캐스트 주소의 역할을 한다.
- 나머지 주소 즉, 서브넷 ID와 서브넷 브로드캐스트 주소 사이의 주소는 유니캐스트 IP 주소로 사용한다.

이 섹션은 서브넷 ID, 서브넷 브로드캐스트와 서브넷 내부의 주소 범위에 대한 기본 개념을 다시 살펴보고, 확장한다.

172.16.0.0 네트워크와 4개의 서브넷 예

당신이 컴퓨터가 고장난 고객들로부터 초기 지원 요청 전화를 처리하는 고객 지원 센터에서 일하고 있다고 가정해보자. 당신은 고객에게 IP 주소와 마스크(예를 들어, 172.16.150.41, 마스크 255.255.192.0)를 찾아보도록 안내할 수 있다. 당신이 해야할 최우선적이면서 가장 공통적인 일 중에 하나는 해당 주소가 속한 서브넷의 서브넷 ID를 찾는 것이다(사실, 이 서브넷 ID는 때때로 IP 주소가 해당 서브넷에 속하거나 존재하기 때문에 소속 서브넷(resident subnet)이라 부른다).

계산하기 전에 마스크(255.255.192.0)와 클래스풀 네트워크(172.16.0.0)를 보자. 이 마스크로부터 15장 '서브넷 마스크 분석'에서 학습한 것에 기초하여 호스트와 서브넷 비트들의 숫자를 포함하여 서브넷에 포함된 주소의 구조를 알 수 있다. 이 분석은 두 개의 서브넷 비트가 존재하기 때문에 4개(2^2)의 서브넷이 존재한다는 것을 의미한다. [그림 16-1]은 이 아이디어를 보여준다.

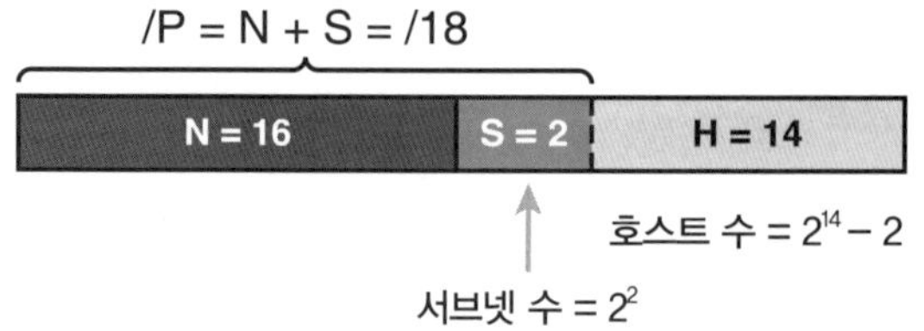

[그림 16-1] 주소 구조: 클래스 B 네트워크, /18 마스크

각 서브넷은 하나의 마스크를 사용하기 때문에, 하나의 IP 네트워크에 속하는 모든 서브넷들은 같은 크기다. 이 예에서 모든 4개의 서브넷이 그림에서 보이는 구조를 가질 것이므로, 모든 4개의 서브넷은 $2^{14} - 2$개의 호스트 주소를 가질 것이다.

다음으로 이 예와 함께 서브넷 디자인을 할 때 일어나는 것에 대한 큰 그림을 보자. 하나의 클래스 B 네트워크는 동일한 크기의 4개의 서브넷을 갖는다. 개념적으로 전체 클래스 B 네트워크를 하나의 수직선으로 표시한다면, 각 서브넷은 [그림 16-2]와 같이 수직선의 1/4 만큼을 차지한다. 각 서브넷은 서브넷 ID를 가지는데, 서브넷 ID는 서브넷에서 가장 낮은 숫자를 가지므로 서브넷의 가장 왼쪽에 위치한다. 또한 각 서브넷은 서브넷 브로드캐스트 주소를 가지는데, 서브넷에서 가장 높은 숫자를 가지므로 서브넷의 가장 오른쪽에 위치한다.

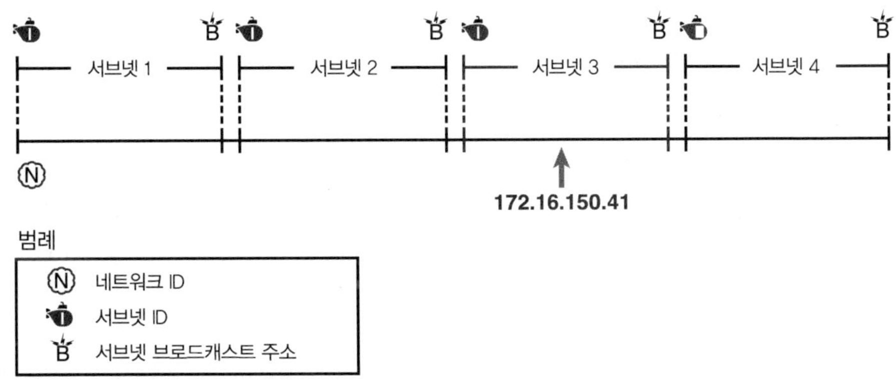

[그림 16-2] 네 개의 서브넷으로 분할된 네트워크 172.16.0.0

이 장의 나머지는 하나의 IP 주소와 마스크를 선택하여 해당 주소가 존재하는 서브넷에 대한 상세 항목들을 발견하는 방법에 초점을 맞춘다. 즉, IP 주소가 속한 서브넷을 찾는 방법을 배울 것이다. 예로써 IP 주소 172.16.150.41과 마스크 255.255.192.0을 이용하여, [그림 16-3]은 서브넷 소속 IP 주소의 범위가 되는 서브넷 ID와 서브넷 브로드캐스트 주소와 함께 해당 서브넷을 보여준다.

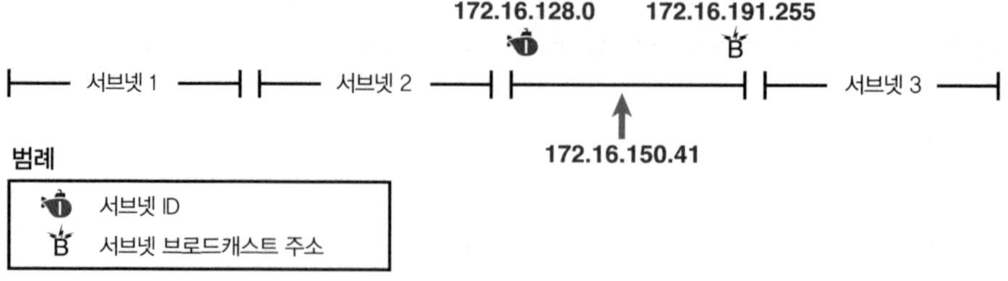

[그림 16-3] 172.16.150.41, 255.255.192.0이 속한 서브넷

서브넷 ID 개념

서브넷 ID는 간단하게 서브넷을 대표하기 위해 사용하는 숫자다. 해당 서브넷 마스크와 함께 서브넷 ID는 서브넷을 식별하고 서브넷 브로드캐스트 주소와 서브넷 내의 주소 영역을 유도하기 위해 사용할 수 있다. 서브넷에 대해 이러한 모든 항목들을 관리하기 보다는 단지 서브넷 ID와 마스크만으로도 서브넷을 설명하기에 충분한 정보를 보유한 것이 된다.

서브넷 ID는 많은 곳에서 보이지만, IP 라우팅 테이블에 가장 빈번하게 볼 수 있다. 예를 들어, 엔지니어가 라우터에 IP 주소와 마스크를 설정할 때, 라우터는 서브넷 ID를 계산하여 해당 서브넷을 위한 라우팅 테이블에 경로 정보(루트)를 추가한다. 라우터는 일반적으로 어떤 IP 라우팅 프로토콜로 이웃 라우터들에게 서브넷 IP/마스크 조합을 보내준다. 결과적으로 회사 내의 모든 라우터들은 서브넷에 대해 학습해야 하고 다시, 서브넷 ID와 서브넷 마스크를 포함하는 정보를 자신의 라우팅 테이블에서 보여준다(**show ip route** 명령을 이용하여 라우터의 IP 라우팅 테이블의 내용을 볼 수 있다).

불행히도 서브넷과 관련된 용어는 문제들을 야기할 수 있다. 먼저 서브넷 ID, 서브넷 번호, 서브넷 주소는 동의어다. 게다가 사람들은 때때로 서브넷과 서브넷 ID로 사용하는 숫자를 언급할 때 단순하게 서브넷이라 한다. 라우팅에 대해 얘기할 때, 사람들은 때때로 서브넷 대신에 그냥 프리픽스란 용어를 사용한다. 프리픽스란 용어는 서브넷과 동일한 개념이므로 15장의 '클래스리스와 클래스풀 주소체계' 섹션에서 설명한 바와 같이 IP 주소를 설명하기 위한 클래스리스 주소 체계 방식에서 나온 용어다.

가장 큰 용어 혼동은 네트워크와 서브넷 사이에 발생한다. 실제 사람들은 종종 이러한 용어들을 동의어로 사용하는데, 이는 경우에 따라 옳다. 다른 경우, 이러한 용어들의 특별한 의미와 차별성때문에 논의되어온 것과 달라 문제가 된다.

예를 들어, 사람들은 실제로 서브넷 ID에 대해 알기 원할 때, '네트워크 ID는 무엇인가?'라고 질문할 수 있다. 또 사람들은 클래스 A, B 혹은 C 네트워크 ID에 대해 궁금할 수 있다. 그래서 '172.16.150.41 /18에 대한 네트워크 ID는 무엇인가'라고 물었을 때, 클래스풀 네트워크 ID(이 경우, 172.16.0.0) 혹은 서브넷 ID(이 경우, 172.16.128.0)를 원하는 것인지를 구분하기 위해 설명하는 글의 문맥을 잘 살펴보아야 한다.

예를 들어, 서브넷과 네트워크란 용어가 사용될 때 신경써야 하고, 이 경우에 이 용어의 구체적인 의미를 설명하는 글의 맥락을 보아야 한다.

[표 16-2]는 보다 쉬운 복습과 학습을 위한 가능한 동의어들과 함께 서브넷 ID에 대한 핵심 사항들을 요약한다.

정의	서브넷을 대표하는 숫자
번호	서브넷 내의 첫 번째(가장 작은) 번호
동의어들	서브넷 번호, 서브넷 주소, 프리픽스, 소속(resident) 서브넷
일반적인 동의어로 사용	네트워크, 네트워크 ID, 네트워크 번호, 네트워크 주소
적용 사례	라우팅 테이블, 문서

[표 16-2] 서브넷 ID 핵심 사항들의 요약

서브넷 브로드캐스트 주소

서브넷 브로드캐스트 주소는 두 개의 주요 역할을 갖는데 즉, 서브넷 내의 모든 호스트들에게 패킷들을 보내기 위한 목적지 IP 주소로 사용하고, 서브넷 내의 주소 범위의 한쪽 한계를 찾기 위한 수단으로 사용한다.

서브넷 브로드캐스트 주소의 원래 목적은 호스트에게 서브넷 내의 모든 호스트들에게 패킷을 효과적으로 보내는 방법을 제공한다. 예를 들어, 서브넷 A 내의 호스트가 서브넷 B의 서브넷 브로드캐스트 주소를 목적지 주소로 패킷을 보낼 수 있다. 라우터는 이 패킷을 서브넷 B에 속한 호스트에게 보내는 패킷처럼 이 패킷을 보낸다. 패킷이 서브넷 B에 연결된 라우터에 도착한 뒤에, 마지막 라우터는 일반적으로 데이터 링크 브로드캐스트 프레임에 패킷을 인캡슐레이션하여 서브넷 B 내의 모든 호스트들에게 해당 패킷을 보낸다. 결과적으로, 호스트 B가 속한 서브넷 내부의 모든 호스트들은 패킷의 복사본을 수신하게 된다.

또한 서브넷 브로드캐스트 주소는 서브넷의 주소들의 범위를 찾게 하는데 그 이유는 브로드캐스트 주소가 서브넷의 주소 범위의 가장 마지막(가장 높은) 숫자이기 때문이다. 주소의 가장 낮은 숫자를 발견하기 위해 서브넷 ID를 계산하고, 가장 높은 숫자를 발견하기 위해 서브넷 브로드캐스트 주소를 계산한다.

[표 16-3]은 보다 쉬운 복습과 학습을 위해 가능한 동의어들과 함께 서브넷 브로드캐스트 주소에 대한 핵심 사항들을 요약한다.

정의	목적지 주소로 사용할 때 서브넷 내의 모든 호스트들에게 패킷을 보내는 주소로 각 서브넷에 예비된 번호
번호	서브넷에서 마지막(가장 높은) 번호
동의어	다이렉티드 브로드캐스트 주소
일반적으로 동의어 사용	네트워크 브로드캐스트
적용 사례	서브넷 내의 주소 범위를 계산할 때

[표 16-3] 서브넷 브로드캐스트 주소의 핵심 사항들에 대한 요약

사용 가능한 주소들의 범위

IP 인터네트워크를 설치하는 엔지니어들은 각 서브넷 내의 유니캐스트 IP 주소 범위를 알 필요가 있다. IP 주소를 직접 할당하든, DHCP 서버에 의한 임대 방식을 사용하든 어떤 주소들을 사용할지와 나중에 사용하기 위한 예비 주소들을 계획하기 전에 사용 가능한 주소들의 범위를 알아야 한다.

서브넷에서 사용 가능한 IP 주소들의 범위를 찾기 위해, 먼저 서브넷 ID와 서브넷 브로드캐스트 주소를 찾아야 한다. 다음으로 첫 번째(가장 낮은) 사용 가능한 주소를 얻기 위해 서브넷 ID의 네 번째 옥텟에 1을 더하고, 서브넷의 마지막(가장 높은) 사용 가능한 주소를 얻기 위해 서브넷 브로드캐스트 주소의 네 번째 옥텟에서 1을 뺀다.

예를 들어, [그림 16-3]은 서브넷 ID 172.16.128.0, 마스크 /18을 보여준다. 첫 번째 사용 가능한 주소는 서브넷 ID보다 1 크다(이 경우 172.16.128.1). 동일한 그림은 서브넷 브로드캐스트 주소 172.16.191.255를 보여주는데, 마지막 사용 가능한 주소는 1 작은 172.16.191.254다.

이 섹션은 서브넷을 종합적으로 정의하는 숫자들과 관련된 개념들을 설명한다. 이 장의 나머지는 이러한 값들을 찾기 위해 사용하는 계산 방식에 초점을 둔다.

∷ 기존 서브넷 분석: 이진수

'서브넷 분석'은 무엇을 의미할까? 이 책에서 IP 주소와 마스크로 시작하여 해당 주소가 소속된 서브넷에 대한 핵심 사항들을 찾을 수 있어야 한다. 구체적으로 서브넷 ID, 서브넷 브로드캐스트 주소와 주소들의 범위들에 대한 발견을 의미한다. 분석은 15장에서 논의한 서브넷 내의 주소들의 수에 대한 계산을 포함하지만, 이 장은 이러한 개념들을 다시 다루지 않는다.

다수의 방법들이 주소/마스크에 기초하여 서브넷에 대한 상세 항목들을 계산하기 위해 존재한다. 이 섹션은 이진수 계산을 사용하는 방법들을 설명하는데, 다음 섹션은 십진수 계산만 사용하는 대안을 보여준다. 다수의 사람들이 시험에서 신속한 십진수 방법을 더 선호하지만, 이진수 계산은 궁극적으로 IPv4 주소 체계에 대한 보다 나은 이해를 제공한다. 특히, CCNA

R&S 이상의 시스코 자격증을 얻고자 한다면, CCNA 시험이 십진수 방법을 사용한다 하더라도, 이 섹션에서 논의하는 이진수 방식들을 이해하기 위해 시간을 할애해야 한다.

서브넷 ID 찾기: 이진수

이진수를 사용하는 이 섹션을 시작하기 위해, 먼저 간단한 십진수 계산 문제를 생각해보자. 문제는 '4로 시작하는 가장 작은 3자리의 십진수를 찾아라'이다. 해답은 물론 400이다. 대부분의 학습자들이 여기서 사용하는 로직을 단계별로 수행하지 못한다 하더라도, 십진수에서 어떤 자리에서든 사용할 수 있는 가장 작은 숫자는 0이라는 사실을 안다. 첫 번째 숫자가 4인 세 자리 숫자는 마지막 두 자리에 가장 낮은 숫자(0)을 사용하면 답은 400이라는 것을 발견한다.

동일한 개념을 이진수 IP 주소에 적용해보면, 서브넷 ID를 구할 수 있다. 다른 장들에서 모든 관련된 개념들을 보았기 때문에, 직관적으로 이진수로 서브넷 ID를 찾는 방법을 이미 안다면 매우 훌륭한 것이다. 그렇지 않다면, 다음 핵심 사항들이 이 로직을 이해하도록 도와줄 것이다.

- 서브넷 내의 모든 숫자들(서브넷 ID, 서브넷 브로드캐스트 주소와 모든 사용 가능한 IP 주소들)은 프리픽스 영역에서 동일한 숫자를 갖는다.
- 서브넷 ID는 서브넷에서 가장 낮은 숫자이므로, 서브넷 ID의 호스트 영역은 이진수에서 모두 0들이다.

이진수로 서브넷 ID를 찾기 위해, IP 주소를 이진수로 변경하고 모든 호스트 비트들을 이진수 0으로 변경한다. 이를 위해, IP 주소를 이진수로 변경할 필요가 있다. 또한, 프리픽스와 호스트 비트들을 식별해야 하는데, 이때 필요하다면 마스크를 프리픽스 형식으로 변환해야 한다. (부록 A, '수 참조 테이블'은 십진수-이진수 변환표를 포함한다). [그림 16-4]는 이 장의 앞선 예와 같은 주소/마스크(172.16.150.41 /18)를 사용하여 이 예를 보여주고 있다.

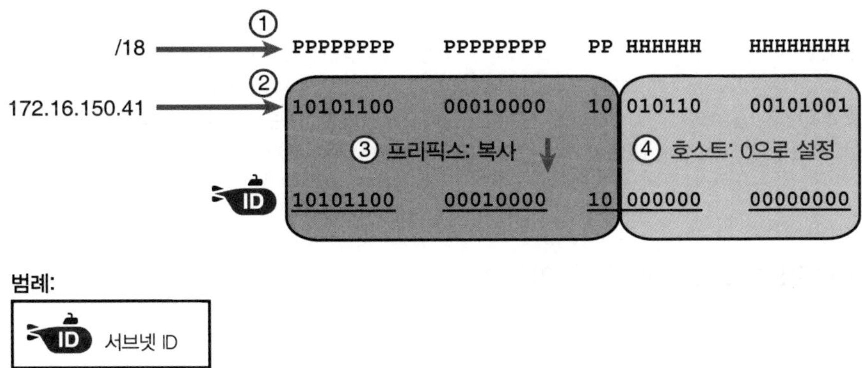

[그림 16-4] 이진수 개념: IP 주소에서 서브넷 ID로의 변경

[그림 16-4]의 상단에서 시작하면, IP 주소의 형식은 마스크(단계①)에서 18개의 프리픽스(P)와 14개의 호스트(H) 비트들로 표현된다. 두 번째 행(단계②)은 DDN(dotted-decimal notation) 172.16.150.41에서 변환된 IP 주소의 이진수 버전을 보여준다(부록 A의 변환 표를 아직 사용하지 않았다면, 표는 모든 네 개의 옥텟 변환을 이중 확인하는데 유용하다).

다음 두 단계들은 IP 주소의 프리픽스 비트들(단계③)을 복사하도록 하고, 호스트 비트들에는 이진수 0을 부여한다(단계④). 결과적인 숫자가 서브넷 ID(이진수로)다.

[그림 16-4]에서 볼 수 없는 마지막 단계는 서브넷 ID를 이진수에서 십진수로 변환하는 것이다. 이 책은 다수의 사람들이 이 단계에서 실수를 하기 때문에 [그림 16-5]와 같이 분리된 단계로 변환 단계를 설명한다. 32비트 숫자(IP 주소 혹은 IP 서브넷 ID와 같이)를 IPv4 DDN으로 다시 변환할 때, 다음 규칙을 따라야 한다:

숫자의 프리픽스와 호스트 영역이 어디든 상관 없이, 이진수에서 십진수로 8비트를 한 번에 변환한다.

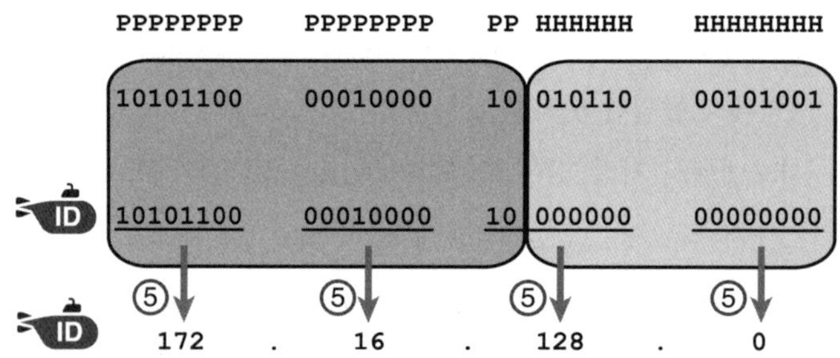

[그림 16-5] 서브넷 ID의 이진수에서 DDN으로의 변환

[그림 16-5]는 마지막 단계를 보여준다. 세 번째 옥텟(세 번째 세트의 8비트들)은 숫자에서 프리픽스, 2비트와 호스트 영역, 6비트를 가지지만, 8비트를 하나의 십진수로 변환해야 한다.

> 📝 **NOTE** [그림 16-4]와 [그림 16-5]에서 부록 A의 변환표를 참조하여 숫자 변환을 할 수 있다. 각 옥텟에 대해 DDN에서 이진수로 변환하기 위해, 표에서 십진수를 찾고 그에 상응하는 8비트 이진수를 쓴다. 각 8비트 옥텟에 대해 이진수에서 다시 DDN으로 변환하기 위해서 표에서 일치하는 이진수 항목을 찾고, 그에 상응하는 십진수를 쓴다. 예를 들어, 172는 이진수 10101100으로, 이진수 00010000은 십진수 16으로 변환된다.

서브넷 브로드캐스트 주소 찾기: 이진수

서브넷 브로드캐스트 주소 찾기는 동일한 과정을 거친다. 서브넷 브로드캐스트와 서브넷 ID를 찾기 위해 사용했던 동일한 이진수 처리 과정을 거치지만, 모든 호스트 비트들을 가장 낮은 값(모두 이진수 0)으로 설정하는 대신 가장 높은 값(모두 이진수 1)으로 설정한다. [그림 16-6]은 이 개념을 보여준다.

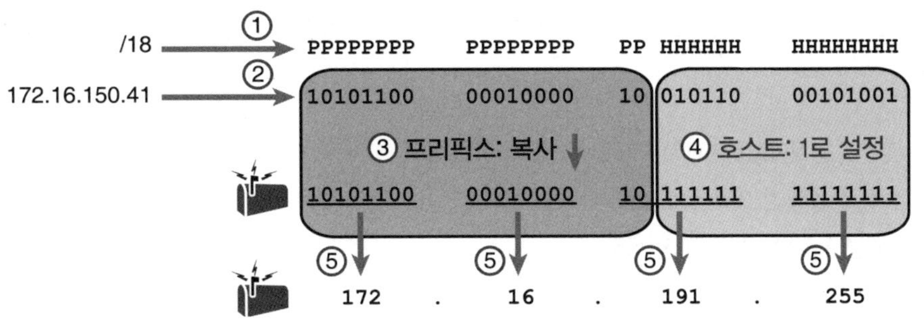

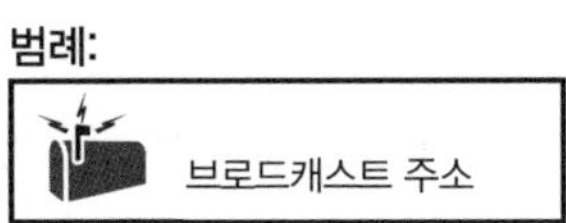

범례:

[그림 16-6] 서브넷 브로드캐스트 주소 찾기 :이진수

[그림 16-6]의 과정은 [그림 16-4]에서 본 것과 동일한 첫 번째 세 단계를 포함한다. 구체적으로, 프리픽스와 호스트 비트들(**단계①**)을 식별하고, IP 주소 172.16.150.41을 이진수로 변환하고(단계 2), 프리픽스 비트들(이 경우, 첫 번째 18비트들)을 복사한다. 오른쪽의 호스트 비트들에서 발생하는 차이는 모든 호스트 비트들(이 경우, 마지막 14비트들)을 가장 큰 값(모두 이진수 1)으로 변경하는 것이다. 마지막 단계는 32비트 서브넷 브로드캐스트 주소를 DDN 형식으로 변환한다. 또한 DDN에서 이진수로 변환하거나 반대 방향의 변환과 함께, 이 과정은 항상 8비트들을 하나의 십진수로 변환한다. 특히, 이 경우에 세 번째 옥텟의 이진수 10111111은 십진수 191로 다시 변환된다.

이진수 연습 문제들

[그림 16-4] 및 [그림 16-5]는 이진수 계산을 사용하여 서브넷 ID를 찾는 과정을 설명한다. 다음 과정은 보다 쉬운 참조와 연습을 위해 이 단계들을 요약한다.

Key Topic

단계 ① 프리픽스 길이(/P)와 호스트 영역의 길이(32-P)를 발견하기 위해 마스크를 프리픽스 형식으로 변환한다.

단계 ② IP 주소를 32비트의 이진수로 변환한다.

단계 ③ IP 주소의 프리픽스 비트들을 복사한다.

단계 ④ 호스트 비트들에 대해서는 0을 쓴다.

단계 ⑤ 한 번에 8비트씩 모두 32비트 번호를 다시 십진수로 변환한다.

서브넷 브로드캐스트 주소를 찾기 위한 과정은 [그림 16-6]에서 비트들을 1로 설정하는 **단계④**를 제외하고는 정확하게 일치한다.

메모 용지에 다음 다섯 개의 연습 문제들에 시간을 할애하기 바란다. 각 경우의 서브넷 ID와

서브넷 브로드캐스트 주소를 찾아보기 바란다. 또한, 프리픽스 스타일의 마스크도 찾아보기 바란다:

1. 8.1.4.5, 255.255.0.0
2. 130.4.102.1, 255.255.255.0
3. 199.1.1.100, 255.255.255.0
4. 130.4.102.1, 255.255.252.0
5. 199.1.1.100, 255.255.255.224

[표 16-4]에서 [표 16-8]은 5개의 상이한 예들에 대한 결과를 보여준다. 표들은 굵은 글씨로 호스트 비트를 보여주는데, 주소와 마스크의 이진수 버전과 서브넷 ID와 서브넷 브로드캐스트 주소의 이진수 버전을 포함한다.

프리픽스 길이	/16	11111111 11111111 **00000000 00000000**
주소	8.1.4.5	00001000 00000001 **00000100 00000101**
서브넷 ID	8.1.0.0	00001000 00000001 **00000000 00000000**
브로드캐스트 주소	8.1.255.255	00001000 00000001 **11111111 11111111**

[표 16-4] 주소 8.1.4.5, 마스크 255.255.0.0을 가진 서브넷 분석

프리픽스 길이	/24	11111111 11111111 11111111 **00000000**
주소	130.4.102.1	10000010 00000100 01100110 **00000001**
서브넷 ID	130.4.102.0	10000010 00000100 01100110 **00000000**
브로드캐스트 주소	130.4.102.255	10000010 00000100 01100110 **11111111**

[표 16-5] 주소 130.4.102.1, 마스크 255.255.255.0을 가진 서브넷 분석

프리픽스 길이	/24	11111111 11111111 11111111 **00000000**
주소	199.1.1.100	11000111 00000001 00000001 **01100100**
서브넷 ID	199.1.1.0	11000111 00000001 00000001 **00000000**
브로드캐스트 주소	199.1.1.255	11000111 00000001 00000001 **11111111**

[표 16-6] 주소 199.1.1.100, 마스크 255.255.255.0을 가진 서브넷 분석

프리픽스 길이	/22	11111111 11111111 111111**00 00000000**
주소	130.4.102.1	10000010 00000100 011001**10 00000001**
서브넷 ID	130.4.100.0	10000010 00000100 011001**00 00000000**
브로드캐스트 주소	130.4.103.255	10000010 00000100 011001**11 11111111**

[표 16-7] 주소 130.4.102.1, 마스크 255.255.252.0을 가진 서브넷 분석

프리픽스 길이	/27	11111111 11111111 11111111 11100000
주소	199.1.1.100	11000111 00000001 00000001 01100100
서브넷 ID	199.1.1.96	11000111 00000001 00000001 01100000
브로드캐스트 주소	199.1.1.127	11000111 00000001 00000001 01111111

[표 16-8] 주소 199.1.1.100, 마스크 255.255.255.224를 가진 서브넷 분석

이진수 처리 과정에 대한 지름길

지금까지 이 섹션에서 설명한 이진수 처리에서는 4개의 옥텟 모두를 이진수로 변환한 다음, 다시 십진수로 변환하였다. 그러나 적어도 4개 중 3개의 옥텟은 DDN 마스크에 따라 결과를 쉽게 예측할 수 있다. 그러므로 모든 자리가 아니라 하나의 옥텟에 대해서만 이진수를 계산하여 이진수 변환에 드는 수고를 줄인다. 첫째, DDN 마스크가 255인 옥텟만 고려하면 된다. 255라는 마스크값은 11111111로 바뀌는데 이것은 8비트가 프리픽스 비트라는 것을 뜻한다. 둘째, 일부 주소만 이진수로 변환한다. 셋째, 일부 주소는 베껴 쓴다. 마지막으로 이진수를 다시 십진수로 변환한다.

요약하면, 서브넷 ID와 서브넷 브로드캐스트 주소는 IP 주소 중 마스크가 255인 IP 주소 부분은 동일하다.

예를 들어, 마스크가 255.255.192.0인 172.16.150.41의 서브넷 ID는 172.16.128.0이다. 첫 번째 두 개의 마스크 옥텟이 255다. 이 자리에 대해서는 이진수 변환을 생략하여 그냥 두 옥텟의 주소값인 172.16을 복사하면 된다.

또 다른 지름길은 DDN 마스크값이 십진수로 0 혹은 이진수로 00000000인 옥텟에 존재한다. IP 주소의 시작이야 어떻든, 십진수 마스크 값이 0인 자리는 서브넷 ID를 구할 때 항상 십진수로 0이 된다. 이 예에서 넷째와 다섯째 단계를 보면, 넷째 단계에서 8개의 이진수 0을 쓰고, 다섯째 단계에서 00000000을 다시 십진수 0으로 변환한다.

다음 수정된 처리 단계는 방금 설명한 두 개의 지름길을 적용한 것이다. 그러나 마스크가 0도 아니고 255도 아닌 자리에 대해서는 이진수 변환이 필요하다. 기껏해야 단지 하나의 옥텟만 변환하면 된다. 서브넷 ID를 찾기 위해 4 옥텟들의 각각에 대해 다음 단계의 로직을 적용해보자.

단계 ① 마스크 = 255면, 해당 옥텟의 십진수 IP 주소를 베껴 쓴다.

단계 ② 마스크 = 0이면, 해당 옥텟 자리를 위해 십진수 0을 쓴다.

단계 ③ 마스크가 0도 아니고 255도 아니면, 이 섹션에서 보인 동일한 이진수 변환 로직을 사용한다. 이 장에서 앞서 다룬 '서브넷 ID 찾기'를 참조하기 바란다.

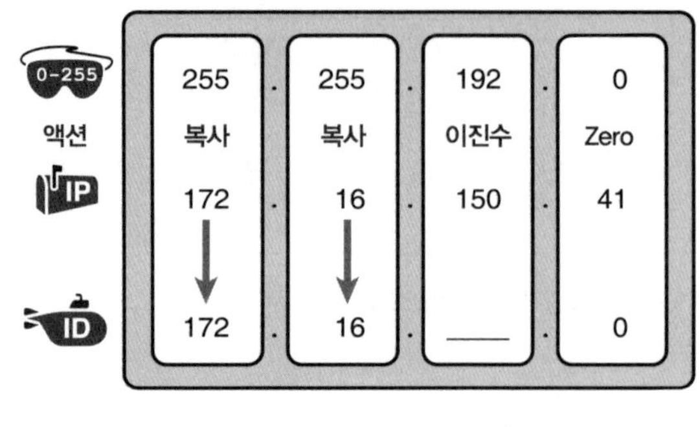

범례:

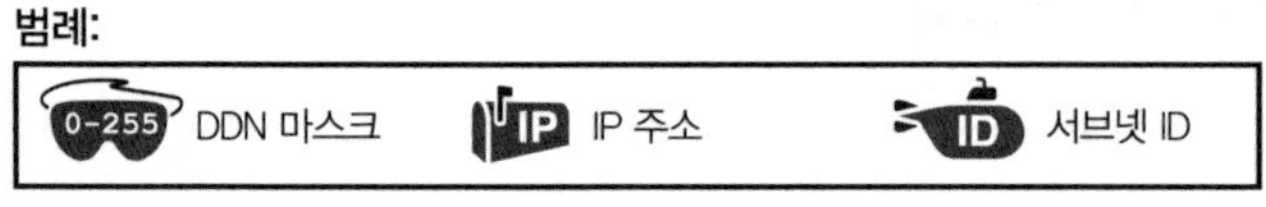

[그림 16-7] 이진수 변환을 일부 생략한 손쉬운 방법 예

서브넷 브로드캐스트 주소도 서브넷 ID를 찾기 위해 사용했던 것과 동일하게 십진수 계산에서도 지름길을 제공한다. 즉, 다음과 같이 DDN 마스크 옥텟이 십진수 0이면 십진수 서브넷 브로드캐스트 주소를 0 대신 255로 맞춘다.

단계 ① 마스크 = 255이면, 해당 옥텟의 십진수 IP 주소를 베껴 쓴다.

단계 ② 마스크 = 0이면, 해당 옥텟 자리를 위해 십진수 255를 쓴다.

단계 ③ 마스크가 0도 아니고 255도 아니면, 이 섹션에서 보인 동일한 이진수 변환 로직을 사용한다. 이 장에서 앞서 다룬 '서브넷 브로드캐스트 주소 찾기'를 참조하기 바란다.

부울 수학(Boolean Math)에 대한 짧은 노트

지금까지 이 장은 서브넷 ID와 서브넷 브로드캐스트 주소를 찾기 위한 이진수 계산 방법을 설명했다. 그러나, 컴퓨터는 일반적으로 같은 주소를 발견하기 위해 전혀 다른 이진수 처리 방식인 '부울 대수(Boolean algebra)'라 불리는 수학의 한 갈래를 사용한다. 컴퓨터는 이미 IP 주소와 마스크를 이진수 형식으로 저장했으므로 십진수로 변환할 필요가 전혀 없다. 즉, 컴퓨터의 부울 계산은 소수의 CPU 처리만으로 서브넷 ID와 서브넷 브로드캐스트 주소를 계산하도록 한다.

IP 서브네팅에 대한 나은 이해를 위한 부울 수학을 알 필요는 없다. 그러나 관심이 있다면, 다음과 같은 컴퓨터의 서브넷 ID와 서브넷 브로드캐스트 주소 각각을 찾기 위한 부울 로직을 참고하기 바란다.

서브넷 ID찾기: IP 주소와 마스크의 *부울 AND*(Boolean AND)를 수행한다. 이 과정은 모든 호스트 비트들을 이진수 0으로 변환한다.

주소들의 범위 찾기

서브넷 ID와 서브넷 브로드캐스트 주소를 파악한 다음에 서브넷 내의 사용 가능한 주소들의 범위를 찾기 위해서는 간단한 덧셈과 뺄셈만 필요하다. 서브넷 내의 첫 번째(가장 낮은) IP 주소를 찾기 위해, 서브넷 ID의 네 번째 옥텟에 1만 더하면 된다. 마지막(가장 높은) IP 주소를 찾기 위해, 서브넷 브로드캐스트 주소의 마지막 옥텟에 1만 빼면 된다.

∷ 기존 서브넷들 분석: 십진수

이진수 변환을 이용한 기존 서브넷에 대한 분석은 쉽다. 그러나 대부분의 사람들은 계산 특히, 십진수-이진수 변환에 시간이 걸린다. 시스코 CCENT와 CCNA의 라우팅 및 스위칭 시험을 위해서는 계산을 신속하게 할 필요가 있다. 시험을 위해 IP 주소와 마스크를 보고 약 15초 이내에 서브넷 ID와 사용 가능한 주소 범위를 계산할 수 있어야 한다. 이진수 변환 방식을 사용할 때, 대부분의 사람들은 약식의 이진수 변환 과정을 사용한다 해도, 정확한 해답을 찾기 위해서는 많은 연습을 해야 한다.

이 섹션은 십진수 계산만으로 서브넷 ID와 브로드캐스트 주소를 찾기 위한 방법을 논의한다. 대부분의 사람들은 이러한 과정을 통해 이진수 변환 방식과 비교했을 때 보다 적은 연습만으로도 보다 신속하게 정답을 찾을 수 있다. 그러나 십진수 방식은 계산 이면의 의미에 대해서는 아무것도 설명하지 않는다. 그래서 앞선 섹션인 '기존 서브넷 분석: 이진수'를 읽지 않았다면 서브네팅에 대한 이해를 위해 읽어보는 것이 유익할 것이다. 이 섹션은 이 방식을 활용하여 올바른 해답을 얻고 연습을 통해 훨씬 빨라지는 것에 초점을 둔다.

쉬운 마스크들을 통한 연습

특별히 세 개의 쉬운 서브넷 마스크로 서브넷 ID와 서브넷 브로드캐스트 주소를 찾는 것은 계산 없이 쉬운 로직만으로 가능하다. 다음의 쉬운 마스크를 생각해보자.

```
255.0.0.0
255.255.0.0
255.255.255.0
```

이러한 쉬운 마스크들은 십진수로 단지 255와 0만 가진다. 비교해보면 어려운 마스크들은 마스크에서 255와 0을 갖지 않는 옥텟을 가지므로 로직을 보다 복잡하게 만든다.

문제가 쉬운 마스크를 사용한다면, DDN 형식의 IP 주소와 마스크에 기초하여 서브넷 ID를 빠르게 찾을 수 있다. 서브넷 ID를 찾기 위해 네 번째 옥텟에 다음 과정을 적용하면 된다:

단계 ① 마스크 옥텟 = 255자리라면, 십진수 IP 주소를 복사한다.

단계 ② 마스크 옥텟 = 0자리라면, 십진수 0을 쓴다.

서브넷 브로드캐스트 주소를 찾기 위해 단순한 유사 과정을 거치는데 다음과 같다:

단계 ① 마스크 옥텟 = 255자리라면, 십진수 IP 주소를 복사한다.

단계 ② 마스크 옥텟 = 0자리라면, 십진수 255를 쓴다.

다음 섹션으로 이동하기 전에, [표 16-9]의 빈칸들을 채우기 위한 시간이 필요하다. 이 장의 이후, '앞선 연습 문제들에 대한 정답' 섹션의 [표 16-15]에서 답을 점검하기 바란다.

	IP 주소	마스크	서브넷 ID	브로드캐스트 주소
1	10.77.55.3	255.255.255.0		
2	172.30.99.4	255.255.255.0		
3	192.168.6.54	255.255.255.0		
4	10.77.3.14	255.255.0.0		
5	172.22.55.77	255.255.0.0		
6	1.99.53.76	255.0.0.0		

[표 16-9] 연습 문제들: 쉬운 마스크 조건에서 서브넷 ID와 브로드캐스트 주소 찾기

흥미로운 옥텟에서의 서브넷 ID 예측

세 개의 마스크(255.0.0.0, 255.255.0.0, 255.255.255.0)와 함께 하면 쉽지만, 그외 다른 마스크의 십진수 계산은 조금 더 어렵게 만들기 때문에 이러한 마스크를 어려운 마스크라고 부른다. 어려운 마스크를 사용하면 옥텟값은 0도 아니고 255도 아니다. 다른 세 옥텟에서의 계산은 쉬우며 지루하기까지 하다. 그래서 이 책은 보다 어려운 계산을 유발하는 '흥미로운 옥텟(interesting octet)'이라 부르는 옥텟을 다룬다.

만약 흥미로운 옥텟에 초점을 두고 다양한 문제들을 생각해 본다면, 하나의 패턴을 볼 수 있다.

이 섹션은 이러한 과정을 통해 십진수로 패턴을 예측하는 방법을 배우고 또한 서브넷 ID를 찾는다.

첫째, 서브넷 ID 값은 하나의 서브넷 마스크가 하나의 클래스풀 네트워크의 모든 서브넷을 위해 사용된다는 가정 때문에 예측 가능한 십진수 값을 갖는다. 이 책, 이 파트의 장들은 주어진 클래스풀 네트워크에서 설계 엔지니어가 모든 서브넷에 대한 하나의 서브넷 마스크를 사용하도록 한다(자세한 것은 13장 'IPv4 서브네팅의 이해'의 '모두에 적합한 또는 적합하지 않은 단일 사이즈 서브넷'을 참조할 것).

예측 가능성을 확인하기 위해, [그림 16-8]과 같이 네트워크 엔지니어가 작성한 몇 가지 계획 정보를 보자. 그림은 클래스 B 네트워크 172.16.0.0과 함께 엔지니어가 IPv4 네트워크 내부에서 사용하려 하는 4개의 다양한 서브넷 마스크를 보여준다. 그림은 위에서 아래까지 서브넷 마스크 255.255.128.0, 255.255.192.0, 255.255.224.0과 255.255.240.0을 사용할 때 생성되는 서브넷 ID의 세 번째 옥텟들을 보여준다.

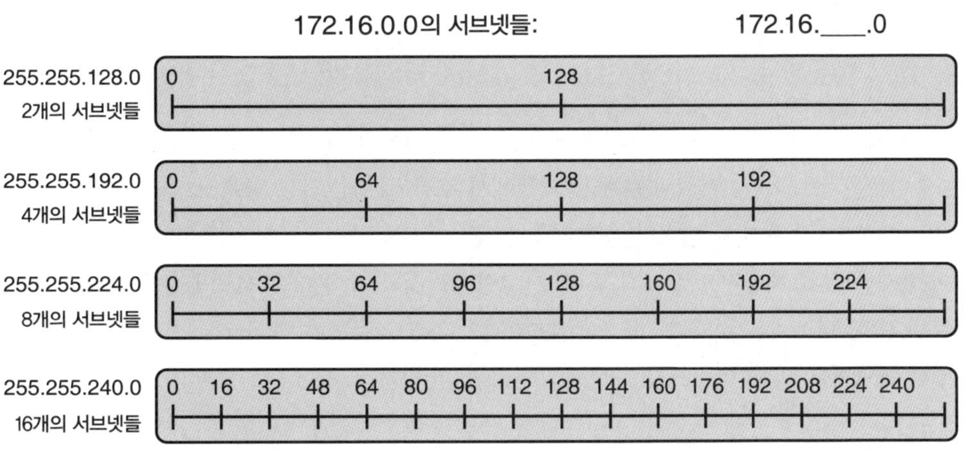

[그림 16-8] 흥미로운 옥텟에서의 숫자 패턴

먼저, 그림을 좀 더 설명하기 위해 그림의 첫 번째 열을 보자. 엔지니어가 마스크로써 255.255.128.0을 사용한다면, 이 마스크는 두 개의 서브넷 즉, 서브넷 ID 172.16.0.0과 172.16.128.0을 생성한다. 엔지니어가 마스크로써 255.255.192.0을 사용한다면, 이 마스크는 네 개의 서브넷 즉, 서브넷 ID 172.16.0.0, 172.16.64.0, 172.16.128.0과 172.16.192.0을 생성한다.

이 그림을 시간을 두고 살펴보면, 그 패턴은 명확해진다. 이 경우,

마스크: 255.255.128.0　　패턴: 128의 배수

마스크: 255.255.192.0　　패턴: 64의 배수

마스크: 255.255.224.0   패턴: 32의 배수

마스크: 255.255.240.0   패턴: 16의 배수

서브넷 ID를 발견하기 위해서는 패턴이 무엇인지를 파악하는 방법을 필요로 할 뿐이다. IP 주소와 마스크가 주어졌다면, 다음 섹션에서 설명하는 바와 같이 IP 주소에 가장 가까운 서브넷 ID를 지나치지 말고 찾아야 한다.

서브넷 ID 찾기: 어려운 마스크들

다음 과정은 십진수 계산 만으로 서브넷 ID를 찾는 모든 단계들을 보여준다. 이 과정은 쉬운 마스크들과 함께 사용했던 앞선 프로세스에 몇 가지를 추가한다. 각 옥텟에 대해

단계 ① 마스크 옥텟 = 255라면, 십진수 IP 주소를 복사한다.

단계 ② 마스크 옥텟 = 0이라면, 십진수 0을 쓴다.

단계 ③ 마스크가 0도 아니고 255도 아니라면 이 옥텟을 흥미로운 옥텟(interesting octet)이라 부른다:
ⓐ *매직 넘버*를 '256-마스크'로 계산한다.
ⓑ 서브넷 ID는 IP 주소에 가장 가까운 매직 넘버의 배수다.

이 과정은 이 책에서 생성한 두 개의 새로운 용어들 즉, *매직 넘버*와 *흥미로운 옥텟*을 사용한다. 흥미로운 옥텟이란 용어는 **단계③** 과정에서 포함되는데, 다른 말로 255도 아니고 0도 아닌 마스크를 가진 옥텟을 말한다. **단계③**의 ⓐ는 DDN 마스크에서 도출하는 *매직 넘버*라는 용어를 사용한다. 개념적으로 매직 넘버는 [그림 16-8]과 같이 다음 서브넷 ID를 얻기 위해 한 서브넷 ID에 더해지는 숫자다. 숫자상 **단계③**의 A에서 설명한 바와 같이 256에서 흥미로운 옥텟에 해당하는 DDN 마스크값을 뺌으로써 구할 수 있다.

이 프로세스를 익히기 위한 최선의 방법은 그 과정을 보는 것이다. 가능하다면, 지금 학습을 멈추고 이 책에 포함된 DVD를 사용하여 어려운 마스크를 가진 경우에 서브넷 ID를 발견하는 방법에 대한 비디오를 보기 바란다. 이 비디오는 이 과정을 자세히 설명한다. 아니면, 지면을 이용하여 이 과정을 보여주는 다음 몇 페이지들의 예를 사용할 수도 있다. 그리고 나서, 이 장의 이후의 섹션 '기존 서브넷의 분석 연습'에서 제시한 연습 기회도 활용하기 바란다.

서브넷 찾기 예 1

예를 들어, IP 주소, 130.4.102.1과 마스크, 255.255.240.0에 대한 소속 서브넷을 찾기 위한 조건을 고려해보자. 이 과정은 프리픽스 비트들과 호스트 비트들의 경계를 생각하고, 마스크를 변환하고, 이진수 형태의 마스크를 생각하고, IP 주소를 이진수로 변환하거나 십진수로 변환할 필요가 없다. 대신, 네 옥텟들의 각각에 대해 마스크 내부의 숫자에 기초하여 액션을 결정한다. [그림 16-9]는 결과들을 보여준다. 그림에서 동그라미 속의 숫자는 앞선 몇몇 페이지에서 표시한 바와 같이 서브넷 ID를 찾기 위한 과정의 단계를 표시한다.

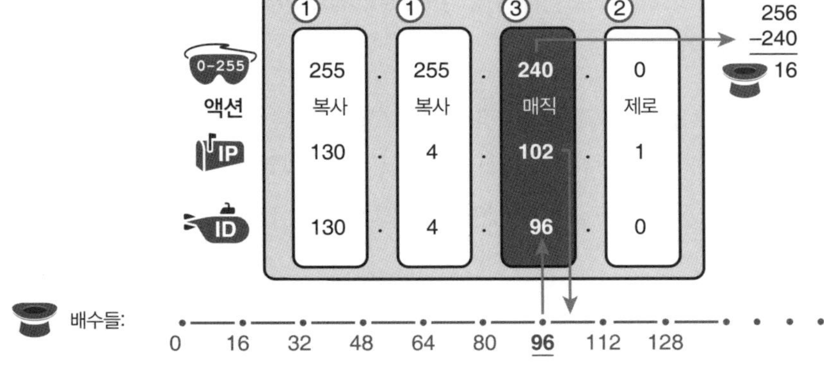

[**그림 16-9**] 서브넷 ID 발견하기: 130.4.102.1, 255.255.240.0

먼저, 세 개의 흥미롭지 않은 옥텟(이 예에서는 1, 2와 4)을 살펴보자. 이 마스크에서 핵심은 첫 번째 두 옥텟들이 255 마스크를 가지므로 서브넷 ID를 찾기 위해 이 두 자리는 그냥 IP 주소를 베껴 쓴다. 네 번째 옥텟은 0 마스크를 가지므로 서브넷 ID의 네 번째 옥텟은 0을 쓴다.

가장 도전적인 로직은 이 예에서 마스크 값이 240이기 때문에, 세 번째 옥텟인 흥미로운 옥텟 자리에서 일어난다. 이 옥텟에서 **단계 ③A** 는 매직 넘버를 '256-마스크'로 계산하도록 한다. 매직 넘버는 256에서 흥미로운 옥텟(이 경우, 240)의 마스크값을 뺀다. 즉, 256-240=16이다. 이 옥텟의 서브넷 ID값은 16의 배수가 돼야 한다.

단계 ③B 는 매직 넘버(이 경우는 16)의 배수를 찾도록 하고 고민 없이 해당 IP 주소에 가장 가까운 것을 선택하도록 한다. 구체적으로 0에서 시작하여 매직 넘버의 배수를 계산해야만 한다(0으로부터 시작해야 한다는 것을 잊지 말아야 한다). 0에서 시작하여 0, 16, 32, 48, 64, 80, 96, 112 등과 같이 센다. 그리고 나서, 이 옥텟의 IP 주소(이 경우는 102)에 가장 가까운 배수를 찾으면 된다. [그림 16-9]와 같이 세 번째 옥텟 값인 96을 발견하고 완전한 서브넷 ID인 130.4.96.0을 만든다.

서브넷 찾기 예 2

또 하나의 예를 고려해보자: 192.168.5.77, 마스크 255.255.255.224. [그림 16-10]은 결과를 보여준다.

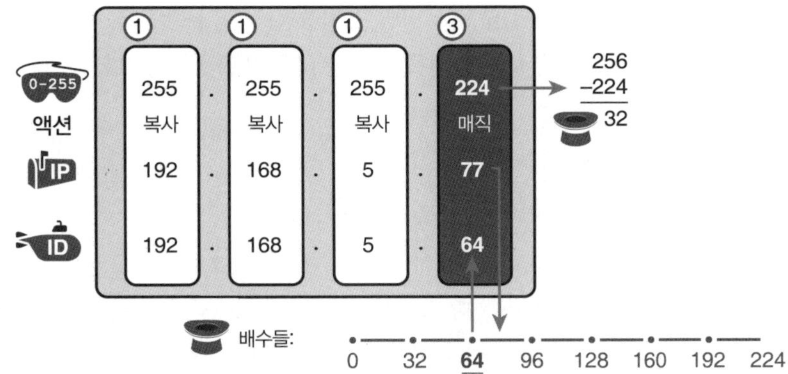

[**그림 16-10**] 192.168.5.77, 255.255.255.224의 서브넷 찾기

첫 세 개의 옥텟들(이 경우, 1, 2와 3)에 대해서는 간단하다. 255 마스크를 갖는 각각에 대해 IP 주소를 단순히 복사하면 된다.

흥미로운 옥텟에 대해서는, 3단계의 A에서 매직 넘버는 256 − 224 = 32다. 매직 넘버의 배수들은 0, 32, 64, 96 등이다. 네 번째 옥텟에 해당하는 IP 주소는 77이기 때문에 이 경우, 배수는 77을 넘지 않고, 77에 가장 가까운 숫자가 돼야 한다. 그러므로 서브넷 ID는 64로 끝나므로 결국, 192.168.5.64가 된다.

소속 서브넷 연습 문제

다음 섹션으로 넘어가기 전에, [표 16-10]의 빈칸을 채우기 위한 시간을 가져보자. 이 장의 이후에서 '앞선 연습 문제들에 대한 정답' 섹션의 [표 16-16]에서 제시하는 정답과 맞춰보기 바란다. 각 경우별, 서브넷 ID를 찾아 표를 채우기 바란다. 또한 [표 16-16] 다음에는 각 문항에 대하여 설명한다.

문항	IP 주소	마스크	서브넷 ID
1	10.77.55.3	255.248.0.0	
2	172.30.99.4	255.255.192.0	
3	192.168.6.54	255.255.255.252	
4	10.77.3.14	255.255.128.0	
5	172.22.55.77	255.255.254.0	
6	1.99.53.76	255.255.255.248	

[표 16-10] 연습 문제들: 어려운 마스크 조건에서 서브넷 ID 찾기

서브넷 브로드캐스트 주소 찾기: 어려운 마스크들

서브넷의 브로드캐스트 주소를 찾기 위해, 동일한 프로세스가 사용될 수 있다. 단순화를 위해, 이 과정은 IP 주소가 아니라 서브넷 ID로 시작한다. 대신에 IP 주소로 시작한다면, 먼저 서브넷 ID를 발견하기 위한 이 장에서 앞서 설명한 단계를 사용하기 바란다. 그리고 나서 동일한 서브넷의 서브넷 브로드캐스트 주소를 발견하기 위한 다음 프로세스를 따른다. 각 옥텟에 대해:

단계 ① 마스크 옥텟 = 255라면, 서브넷 ID를 복사한다.

단계 ② 마스크 옥텟 = 0이라면, 255를 쓴다.

단계 ③ 마스크가 255도 아니고 0도 아니라면, 옥텟은 흥미로운 옥텟이 된다.

    Ⓐ *매직 넘버*를 '256 − 마스크'로 계산한다.

    Ⓑ 서브넷 ID 숫자를 구해서 매직 넘버를 더하고 1을 뺀다(ID + magic − 1).

서브넷 ID를 찾기 위해 사용하는 유사한 프로세스로써, 이 과정에 대한 최상의 학습 방법에 대한 몇몇 옵션들을 가질 수 있다. 가능하다면, 지금 학습을 멈추고 이 책에 포함된 DVD를 사용하여 어려운 마스크를 가진 경우에 서브넷 브로드캐스트 주소를 발견하는 방법에 대한 비디오를 보기 바란다. 아니면, 지면을 이용하여 이 과정을 보여주는 이 섹션의 예를 보기 바란다. 그리고 나서, 이 섹션 '이 장의 프로세스에 대한 추가적인 연습'에서 제시한 연습 기회를 활용하기 바란다.

서브넷 브로드캐스트 찾기 예 1

첫 번째 예는 이 장의 초기에 [그림 16-9]에서 설명한 '서브넷 ID 찾기: 어려운 마스크들' 섹션의 첫 번째 예를 활용한다.

이 예는 IP 주소/마스크가 130.4.102.1, 255.255.240.0으로 시작하여 서브넷 ID 130.4.96.0을 발견하는 방법을 보여주었다. [그림 16-11]은 현재 서브넷 ID와 동일한 마스크로 시작한다.

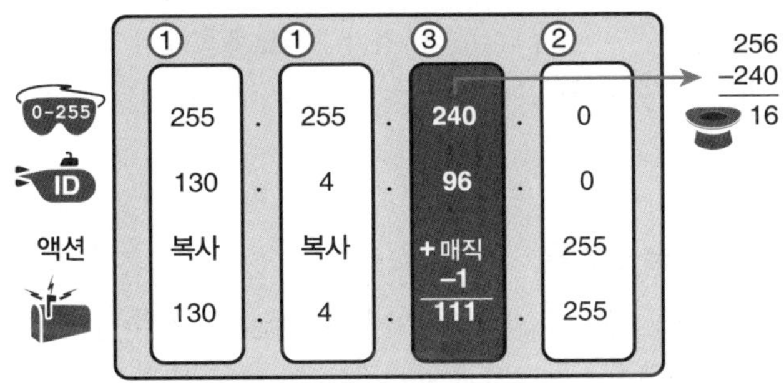

[그림 16-11] 130.4.96.0, 255.255.240.0에서 서브넷 브로드캐스트 찾기

먼저, 세 개의 흥미롭지 않은 옥텟들(1, 2와 4)부터 보자. 마스크를 이용하는 핵심은 첫 번째 두 옥텟들이 마스크값 255를 가지므로, 서브넷 브로드캐스트 주소를 쓰려고 하는 위치에 그냥 서브넷 ID를 복사한다. 네 번째 옥텟은 마스크값 0을 가지므로, 네 번째 옥텟에는 255를 쓴다.

흥미로운 옥텟과 관련된 로직은 이 경우, 마스크값 240을 가지는 세 번째 옥텟에서 일어난다. 첫 번째, 단계 ③A 에서 '256-마스크' 공식으로 매직 넘버를 구한다(당신이 이 책에서 십진수로 서브넷 ID를 계산했다면, 이미 매직 넘버를 알 것이다). 단계 ③B 에서, 서브넷 ID값(96)에 매직 넘버(16)를 더하고, 거기서 1을 빼 111이라는 결과를 얻는다. 이로써 서브넷 브로드캐스트 주소 130.4.111.255를 찾았다.

서브넷 브로드캐스트 찾기 예 2

'서브넷 찾기 예 2' 섹션의 [그림 16-10]에서 설명한 앞선 예를 다시 보자. 해당 예는 서브넷 ID 192.168.5.64를 찾기 위해 IP 주소 192.168.5.77, 마스크 255.255.255.224로 시작한다. 이제, [그림 16-12]는 같은 서브넷 ID와 같은 서브넷 마스크로 시작한다.

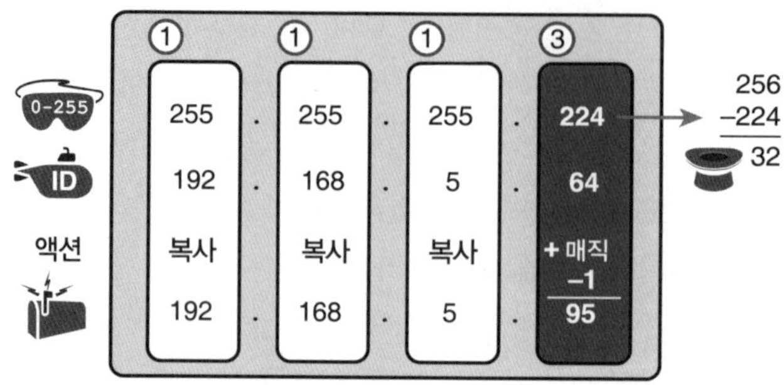

[그림 16-12] 192.168.5.64, 255.255.255.224에서 서브넷 브로드캐스트 찾기

먼저, 세 개의 흥미롭지 않은 옥텟들(1, 2와 3)부터 보자. 마스크를 이용하는 핵심은 첫 번째 세 옥텟들이 마스크값 255를 가지므로, 서브넷 브로드캐스트 주소를 쓰려고 하는 위치에 그냥 서브넷 ID를 복사한다.

흥미로운 로직은 흥미로운 옥텟에서 일어나는데 이 경우, 마스크값 224를 가지는 네 번째 옥텟에서 일어난다. 첫 번째, 단계 3A에서 '256-마스크' 공식으로 매직 넘버를 구한다(이 책에서 십진수로 서브넷 ID를 계산했다면, 이미 매직 넘버를 알 것이다). **단계 3B**에서, 서브넷 ID 값(64)에 매직 넘버(32)를 더하고, 거기서 1을 빼 95라는 결과를 얻는다. 이로써 서브넷 브로드캐스트 주소 192.168.5.95를 찾았다.

서브넷 브로드캐스트 주소 연습 문항들

다음 섹션으로 이동하기 전에, 메모 용지에 몇 가지 연습 문제들을 수행해보자. IP 주소들과 마스크들을 보여주는 [표 16-10]으로 돌아가서 표의 모든 문제들에 대해 서브넷 브로드캐스트 주소를 찾기 위한 연습을 해보자. 이 장의 뒷부분에서 '앞선 실습 문제에 대한 정답' 섹션에서 [표 16-17]에 대한 정답을 확인하기 바란다.

∷ 기존 서브넷 분석 연습

이 책에서 다른 서브네팅 계산과 같이, 두 단계 접근 방식이 도움이 될 수 있다. 당신이 이 과정을 이해했다고 판단될 때까지 연습을 해야한다. 시험을 치기 전에, 이 계산에 숙달돼야 한다. [표 16-11]은 이 두 단계 접근 방식에 대한 목표를 제안한다

시기	다음 장으로 이동하기 전	다음 장으로 이동하기 전
초점	방법 학습	신속 및 정확
허용되는 툴	모든 툴들	두뇌와 노트
목표: 정확도	90%	100%
목적: 속도	상관 없음	20 – 30초

[표 16-11] 이 장의 주제에 대한 학습 및 응시 목표

선택: 기억하거나 혹은 계산하거나

이 장에서 설명한 바와 같이, 십진수로 서브넷 ID와 서브넷 브로드캐스트 주소를 찾기 위해서는 매직 넘버(256-마스크)를 포함하는 몇 가지 계산이 필요하다. 이 과정은 DDN 마스크를 사용하지만, 시험 문제가 프리픽스 형태의 마스크를 제시한다면, 이 책에서 설명하는 바와 같이 DDN 형태로 변환해야 한다.

일부 엔지니어들은 매직 넘버를 찾기 위한 표를 암기하는 것이 좋다고 생각한다. 이 표는 상이한 DDN 마스크와 프리픽스 마스크에 대한 매직 넘버를 보여주므로, 프리픽스 마스크를 DDN으로 변환할 때의 수고를 덜어준다. [표 16-12]는 이 표의 예다. 이 표를 무시해도 좋고, 사용해도 좋고, 암기해도 좋다.

프리픽스, 흥미로운 옥텟 2	/9	/10	/11	/12	/13	/14	/15	/16
프리픽스, 흥미로운 옥텟 3	/17	/18	/19	/20	/21	/22	/23	/24
프리픽스, 흥미로운 옥텟 4	/25	/26	/27	/28	/29	/30		
매직 넘버	128	64	32	16	8	4	2	1
흥미로운 옥텟의 DDN 마스크	128	192	224	240	248	252	254	255

[표 16-12] 참조 표: DDN 마스크값, 매직 넘버와 프리픽스

챕터 리뷰

좋은 시험 결과를 위해서 리뷰 세션에 대한 복습이 중요하다. 책이나 DVD의 툴 혹은 책의 동반자 웹 사이트에서 찾을 수 있는 대화형 툴을 활용하여 이 장의 자료들을 리뷰하기 바란다. 특히, '당신의 학습 계획'을 참조하기 바란다. [표 16-13]은 핵심 리뷰 요소들과 자료 출처들을 보여준다. 학습 과정에 대해 보다 나은 추적을 위해 두 번째 열에 완료 날짜를 기록하도록 한다.

리뷰 항목	완료 날짜	자료 출처
핵심 주제 리뷰		책, DVD/웹 사이트
핵심 용어 리뷰		책, DVD/웹 사이트
사전 점검 퀴즈 반복		책, PCPT
메모리 테이블 리뷰		책, DVD/웹 사이트
마스크 분석 연습		DVD 부록 F, DVD/웹 사이트
기존 서브넷 분석 연습		DVD 부록 F, DVD/웹 사이트

[표 16-13] 챕터 리뷰 확인

핵심 주제	설명	페이지
리스트	서브넷의 핵심 번호들의 정의	384
표 16-2	서브넷 ID에 대한 핵심 사항들	387
표 16-3	서브넷 브로드캐스트 주소에 대한 핵심 사항들	388
리스트	서브넷 ID를 찾기 위한 이진수 계산 단계들	391
리스트	서브넷 ID를 찾기 위한 이진수 및 십진수 계산을 일반적 단계들	393
리스트	서브넷 브로드캐스트 주소를 찾기 위한 이진수 및 십진수 계산 단계들	394
리스트	서브넷 ID를 찾기 위해 십진수만 사용하는 계산 단계들	398
리스트	서브넷 브로드캐스트 주소를 찾기 위해 십진수만 사용하는 계산 단계들	400

[표 16-14] 16장의 핵심 주제들

핵심 용어

소속 서브넷(resident subnet), 서브넷 ID(subnet ID), 서브넷 번호(subnet number), 서브넷 주소(subnet address), 서브넷 브로드캐스트 주소(subnet broadcast address)

:: 이 장의 서브넷 분석을 위한 추가적인 연습

서브넷들을 분석할 때, 추가적인 연습을 위해, 동일한 세트의 연습 문제들을 다음 툴들을 사용하여 수행할 수 있다:

- **애플리케이션**: DVD 혹은 동반자 웹 사이트의 기존 서브넷 분석 애플리케이션을 사용하도록 한다.
- **PDF**: 대안으로, DVD 부록 F '16장: 기존 서브넷 분석'의 앱에서 발견되는 동일한 문제를 연습한다.

 **앞선 연습 문제에 대한 정답**

이 장은 다양한 영역에 산재하는 실습 문제들이 있다. 정답은 [표 16–15], [표 16–16]과 [표 16–17]과 같다.

	IP 주소	마스크	서브넷 ID	브로드캐스트 주소
1	10.77.55.3	255.255.255.0	10.77.55.0	10.77.55.255
2	172.30.99.4	255.255.255.0	172.30.99.0	172.30.99.255
3	192.168.6.54	255.255.255.0	192.168.6.0	192.168.6.255
4	10.77.3.14	255.255.0.0	10.77.0.0	10.77.255.255
5	172.22.55.77	255.255.0.0	172.22.0.0	172.22.255.255
6	1.99.53.76	255.0.0.0	1.0.0.0	1.255.255.255

[표 16–15] [표 16–9] 문제에 대한 정답

	IP 주소	마스크	서브넷 ID
1	10.77.55.3	255.248.0.0	10.72.0.0
2	172.30.99.4	255.255.192.0	172.30.64.0
3	192.168.6.54	255.255.255.252	192.168.6.52
4	10.77.3.14	255.255.128.0	10.77.0.0
5	172.22.55.77	255.255.254.0	172.22.54.0
6	1.99.53.76	255.255.255.248	1.99.53.72

[표 16–16] [표 16–10] 문제에 대한 정답

다음은 [표 16–16]의 정답을 설명한다:

1. 두 번째 옥텟이 흥미로운 옥텟이므로 매직 넘버는 256 − 248 = 80이다. 8의 배수는 0, 8, 16, 24, …, 64, 72, 80이다. 72가 흥미로운 옥텟(77)을 지나치지 않는 가장 가까운 IP 주소이므로 서브넷 ID는 10.72.0.0이 된다.

2. 세 번째 옥텟이 흥미로운 옥텟이므로 매직 넘버는 256 − 192 = 64이다. 64의 배수는 0, 64, 128과 192다. 64가 흥미로운 옥텟(99)을 지나치지 않는 가장 가까운 IP 주소이므로 서브넷 ID는 172.30.64.0이 된다.

3. 네 번째 옥텟이 흥미로운 옥텟이므로 매직 넘버는 256−252=4이다. 4의 배수는 0, 4, 8, 12,16, …, 48, 52, 56이다. 52가 흥미로운 옥텟(54)을 지나치지 않는 가장 가까운 IP 주소이므로 서브넷 ID는 192.168.6.52가 된다.

4. 세 번째 옥텟이 흥미로운 옥텟이므로 매직 넘버는 256 − 128 = 128이다. 128의 배수는 0과 128뿐이다. 0이 흥미로운 옥텟(3)을 지나치지 않는 가장 가까운 IP 주소이므로 서브넷 ID는 10.77.0.0이 된다.

5. 세 번째 옥텟이 흥미로운 옥텟이므로 매직 넘버는 256 − 254 = 2이다. 2의 배수는 0, 2, 4, 6, 8 등으로 모든 짝수다. 54가 흥미로운 옥텟(55)을 지나치지 않는 가장 가까운 IP 주소이므로 서브넷 ID는 172.22.54.0이 된다.

6. 네 번째 옥텟이 흥미로운 옥텟이므로 매직 넘버는 256 − 248 = 8이다. 8의 배수는 0, 8, 16, 24, …, 64, 72, 80이다. 72가 흥미로운 옥텟(76)을 지나치지 않는 가장 가까운 IP 주소이므로 서브넷 ID는 1.99.53.72가 된다.

	서브넷 ID	마스크	브로드캐스트 주소
1	10.72.0.0	255.248.0.0	10.79.255.255
2	172.30.64.0	255.255.192.0	172.30.127.255
3	192.168.6.52	255.255.255.252	192.168.6.55
4	10.77.0.0	255.255.128.0	10.77.127.255
5	172.22.54.0	255.255.254.0	172.22.55.255
6	1.99.53.72	255.255.255.248	1.99.53.79

[표 16-16] [표 16-10] 문제에 대한 정답

다음은 [표 16-17]의 정답을 설명한다:

1. 두 번째 옥텟이 흥미로운 옥텟이다. 세 개의 쉬운 옥텟 때문에 브로드캐스트 주소는 10.__.255.255가 된다. 매직 넘버는 256 − 248 = 8이므로, 흥미로운 옥텟 자리는 '서브넷 ID(72) + 매직넘버(8) − 1 = 79'가 된다.

2. 세 번째 옥텟이 흥미로운 옥텟이다. 세 개의 쉬운 옥텟 때문에 브로드캐스트 주소는 172.30.__.255가 된다. 매직 넘버는 256 − 192 = 64이므로, 흥미로운 옥텟 자리는 '서브넷 ID(64) + 매직넘버(64) − 1 = 127'이 된다.

3. 네 번째 옥텟이 흥미로운 옥텟이다. 세 개의 쉬운 옥텟 때문에 브로드캐스트 주소는 192.168.6.__ 가 된다. 매직 넘버는 256 − 252 = 4이므로, 흥미로운 옥텟 자리는 '서브넷 ID(52) + 매직넘버(4) − 1 = 55'가 된다.

4. 세 번째 옥텟이 흥미로운 옥텟이다. 세 개의 쉬운 옥텟 때문에 브로드캐스트 주소는 10.77.__.255 가 된다. 매직 넘버는 256 − 128 = 128이므로, 흥미로운 옥텟 자리는 '서브넷 ID(0) + 매직넘버(128) − 1 = 127'이 된다.

5. 세 번째 옥텟이 흥미로운 옥텟이다. 세 개의 쉬운 옥텟 때문에 브로드캐스트 주소는 172.22.__.255가 된다. 매직 넘버는 256 − 254 = 2이므로, 흥미로운 옥텟 자리는 '서브넷 ID(54) + 매직넘버(2) − 1 = 55'가 된다.

6. 네 번째 옥텟이 흥미로운 옥텟이다. 세 개의 쉬운 옥텟 때문에 브로드캐스트 주소는 1.99.53.__가 된다. 매직 넘버는 256 − 248 = 8이므로, 흥미로운 옥텟 자리는 '서브넷 ID(72) + 매직넘버(8) − 1 = 79'가 된다.

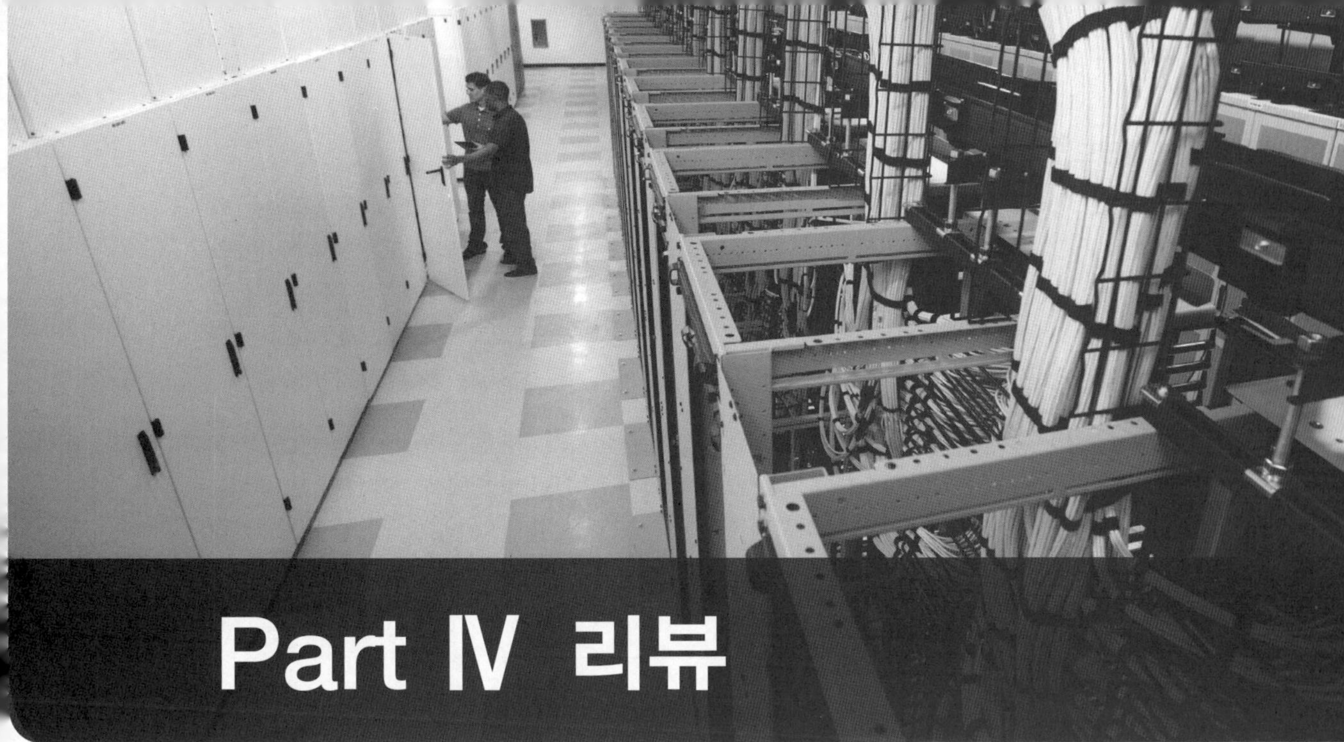

Part IV 리뷰

[표 P4-1]의 체크리스트와 함께 파트 리뷰 과정을 추적하기 바란다. 각 과제의 상세한 내용은 표와 같다.

과제	첫 번째 완료일	두 번째 완료일
모든 사전 점검 퀴즈를 반복하라		
파트 리뷰 문제를 풀어라		
핵심 주제들을 리뷰하라		
서브넷 용어 마인드 맵을 생성하라		
서브네팅 연습		

[표 P4-1] Part IV 리뷰 체크리스트

모든 사전 점검 퀴즈를 반복하라

이 과제를 위해, 이 Part에 포함된 장들에 대해 PCPT 소프트웨어를 이용하여 사전 점검 퀴즈를 다시 풀도록 한다.

파트 리뷰 문제를 풀어라

이 과제를 위해, 이 Part IV에 대한 파트 리뷰 문제에 대해 PCPT 소프트웨어를 이용하여 푼다.

핵심 주제들을 리뷰하라

DVD 혹은 동반자 웹 사이트 상의 핵심 주제(Key Topics) 애플리케이션을 이용하거나 장들을 검색함으로써 이 파트, 모든 장의 모든 핵심 주제들을 리뷰하도록 한다.

용어 마인드 맵의 생성

IPv4 주소 체계와 서브네팅에 대한 주제들은 다른 용어에 대해 설명하는 용어들과 함께 동일한 의미를 갖는 즉, 말그대로 동의어를 갖는 다수의 용어들을 포함한다. 당신이 기억할 모든 IP 주소 체계와 서브네팅 용어들을 조직화하기 위한 마인드 맵(맵 A라고 부르자)을 생성해보자. 네 개의 주요 주제 영역들 즉, IP 주소 체계, IP 네트워크, IP 서브넷과 마스크를 적용하도록 한다. 그 내부에는 동의어, 비슷한 말 혹은 설명으로 분할한다.

[그림 P4-1]은 일반적인 아이디어를 위한 마인드 맵의 한 가지의 시작을 보여준다. 이 가지는 'IP 주소'에 관련된 용어들을 기억하도록 하고, 그들을 이 세 가지 카테고리들 중에 하나에 둔다. 먼저 책과 당신의 노트 없이 이 연습을 수행한다. 이후에 책을 다시 보고, 장의 마지막에서 모든 핵심 용어들과 비교하여 누락된 것을 보완한다.

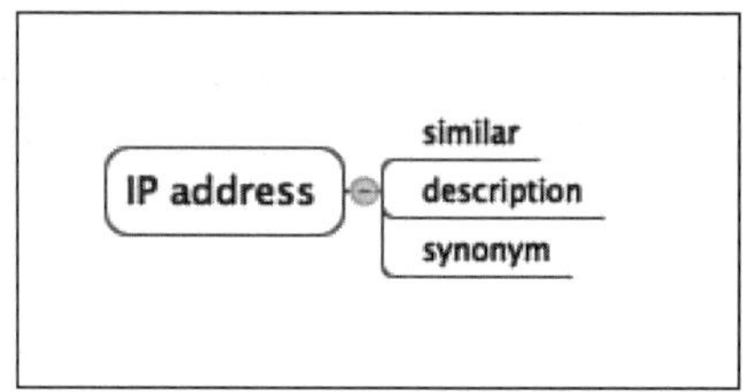

[그림 P4-1] Part Ⅳ 마인드 맵 A에 대한 시작 지점 예

> **NOTE** 마인드 맵핑에 대한 정보가 좀더 필요하면, 소개의 '마인드 맵에 대하여' 섹션을 참조하기 바란다.

마인드 맵 소프트웨어를 사용한다면, [표 P4-2]에서 파일을 저장한 곳을 기록하기 바란다. 부록 L '마인드 맵 솔루션'은 마인드 맵 정답 사례를 보여주지만, 보통 당신이 만든 마인드 맵은 다를 수 있고, 다르게 보일 수 있을 것이다.

맵	설명	저장 장소
1	마인드 맵: 서브네팅 용어들	

[표 P4-2] Part Ⅳ 리뷰를 위한 마인드 맵 구성

서브네팅 연습

14장 '클래스풀 IPv4 네트워크 분석'과 15장 '기존 서브넷 분석'은 속도 및 정확도 목표와 함께 일부 서브네팅 연습들을 보여준다. 지금이 그러한 목표들을 위한 적정한 시간이다. 사용 가능한 일부 옵션들로 다음이 포함된다:

이 책의 DVD 부록들 혹은 DVD/웹 애플리케이션들을 이용한 연습: 14, 15와 16장의 리뷰 섹션은 주소 체계와 서브네팅 연습들을 포함한다.

DVD 혹은 동반자 웹 사이트에서 Part IV 리뷰 섹션 내의 모든 관련 애플리케이션들을 찾고, 문제들을 포함하는 간단한 PDF를 보기 위해 DVD 부록 D '14장 연습: 클래스풀 IPv4 네트워크 분석', 부록 E '15장 연습: 서브넷 마스크 분석', 부록 F '16장 연습: 기존 서브넷 분석'을 참조하기 바란다. 이러한 연습들은 클래스풀 네트워크 분석, 서브넷 마스크 분석, 서브넷 마스크 변환과 기존 서브넷 분석과 같은 활동을 포함한다.

- **피어슨 네트워크 시뮬레이터**: 전체 피어슨 ICND1 혹은 ICND2 시뮬레이터는 CLI 명령어를 사용하여 수행할 수 있는 서브네팅 계산 연습들을 포함한다. 'IP 주소 거부(IP address Rejection)와 '서브넷 ID 계산'이란 이름의 실습들을 찾아보기 바란다.
- **저자의 CCENT 블로그**: 저자는 수년 간, 수십 개의 연습 문제를 만들었다. 페이지 상단의 문제 카테고리를 보면 다양한 IPv4 주소 체계 및 서브네팅 문제 유형들을 볼 수 있을 것이다. blog.certskills.com/ccent에서 시작하기 바란다.

이 책의 Part V는 시스코 라우터의 기능과 기능들에 대한 기초적인 설정 방식을 제공한다. 시스코 스위치를 사용하는 대부분의 사이트에서 사용하는 모든 일반적인 기능들, CLI, 스위치의 특성들을 소개한 이 책의 Part II와 마찬가지로, Part V는 시스코 라우터의 가장 일반적인 기능들을 하나씩 살펴본다.

17장은 시스코 라우터의 설치와 운용에 대한 기초 지식에 초점을 둔다. 그러나 라우터는 정확한 패킷 라우팅을 수행하기 전에 일부 설정을 필요로 한다. 따라서 18과 19장에서는 라우터가 모든 목적지로 IPv4 패킷을 라우팅하기 위해 필요로 하는 IP 주소와 서브넷들을 학습하는 방법을 다룬다. 18장에서는 스태틱 IP 루트와 더불어 IP 주소 설정을 살펴본다. 19장은 RIPv2(Routing Information Protocol Version 2)와 같은 라우팅 프로토콜을 사용하여 직접 연결되지 않는 서브넷 정보들을 다이나믹하게 학습하는 방법을 다룬다.

20장에서는 IPv4 네트워크에서 호스트에 보다 초점을 맞추면서 Part V를 마친다. 이 섹션은 네트워크에 호스트를 처음으로 연결할 때 일어나는 일들을 다룬다. 예를 들어, DHCP(Dynamic Host Configuration Protocol)에 의해 IPv4 주소를 얻고, DNS(Domain Name System)에 의해 호스트 네임에 해당하는 IPv4 주소를 찾고, ARP(Address Resolution Protocol)에 의해 IP 주소에 해당하는 MAC을 찾는 과정을 다룬다.

Part V

IPv4 설정

Chapter 17: 시스코 라우터 운영

Chapter 18: IPv4 주소와 스태틱 루트 설정

Chapter 19: RIPv2와 라우팅 테이블 만들기

Chapter 20: 호스트와 DHCP/IP 네트워킹

Part V 리뷰

Chapter 17
시스코 라우터 운영

이 장은 다음 시험 주제를 다룬다.

1.0 네트워크 기초

1.6 설치 조건에 맞는 케이블 선택하기

1.8 IPv4 주소 체계와 서브네팅에 대한 설정, 확인 및 장애 처리

5.0 인프라스트럭처 관리

5.3 장비의 초기 설정 및 확인

IPv4 네트워크의 정상적인 동작을 위해서는 몇몇 기본적인 단계들 즉, 라우터 설치, IPv4 주소 설정, 선택적으로 일부 스태틱 IPv4 루트 설정과 경로 정보의 다이나믹한 학습을 위해 라우팅 프로토콜의 설정을 필요로 한다. 이 장은 1단계 즉, 라우터의 정상 동작을 위해 필요한 설정을 포함하는 기업용 시스코 라우터 설치 작업에 초점을 맞춘다.

이 장은 두 개의 주요 주제로 나뉜다. 첫째는 기업용 시스코 라우터의 물리적인 설치를 다룬다. 둘째는 시스코 스위치 CLI(command-line interface)와 동일한 모습의 시스코 라우터의 CLI를 살펴보고, 라우터의 인터페이스에서 IP 패킷을 보내는데 필요한 설정을 소개한다.

이 장의 학습을 위해 필요한 시간을 가늠하기 위해 시험(이 페이지나 PCPT 소프트웨어를 사용 가능)을 보기 바란다. 정답은 퀴즈 다음 페이지의 아랫 부분에 나와 있고, 설명은 DVD 부록 C와 PCPT 소프트웨어에 있다.

핵심 주제 섹션	해당 문제
시스코 라우터 설치	1
시스코 라우터에서 IPv4 활성화	2-6

[표 17 -1] 사전 점검 퀴즈의 핵심 주제와 문제

1. 다음 설치 단계들 중 일반적으로 시스코 라우터에서는 필요하지만 시스코 스위치에서는 필요하지 않는 것인가? (2개를 선택할 것)

    a. 이더넷 케이블의 연결

    b. 시리얼 케이블의 연결

    c. 콘솔 포트 연결

    d. 파워 케이블 연결

    e. On/off 스위치를 'on' 상태로 켬.

2. 다음 명령 중 스위치 CLI에서는 볼 수 없지만, 라우터 CLI에서는 볼 수 있는 것은?

    a. **clock rate** 명령

    b. **ip address** *address mask* 명령

    c. **ip address dhcp** 명령

    d. **interface vlan** 1 명령

3. 실습을 위해 두 대의 시스코 라우터를 구입했다고 가정하자. 각 라우터의 Fa0/0 인터페이스는 각각의 LAN 스위치에 연결하였다. 또한 두 라우터는 시리얼 인터페이스를 백투백(back-to-back)[18] 케이블을 통해 연결하였다. 다음 단계들 중 두 라우터의 인터페이스 간에 IPv4 패킷의 전송을 위해 필요하시 않는 단계는 무엇인기? (2개를 선택할 것)

    a. 각 라우터의 패스트 이더넷과 시리얼 인터페이스에 IP 주소 설정하기

    b. 한 라우터의 시리얼 인터페이스에 **bandwidth** 명령 설정하기

    c. 한 라우터의 시리얼 인터페이스에 **clock rate** 명령 설정하기

    d. 각 라우터의 패스트 이더넷과 시리얼 인터페이스에 **description** 명령 설정하기

---

[18] 백투백 케이블 연결과 구성 방식은 [그림 17-7]에서 설명한다.

4. R1의 **show ip interface brief** 명령의 아웃풋은 인터페이스 시리얼 0/0에 대한 인터페이스 상태 코드로 'down/down'을 보여준다. 다음 중 사실인 것은?

   a. 해당 인터페이스에 현재 **shutdown** 명령이 설정되었다.

   b. R1의 시리얼 인터페이스는 프레임 릴레이를 사용하도록 설정되었지만, 시리얼 링크의 반대편 라우터는 PPP를 사용하도록 설정되었다.

   c. R1의 시리얼 인터페이스는 시리얼 케이블이 설치되지 않았다.

   d. 두 라우터(CSU/DSU를 포함하여)는 적정한 시리얼 케이블로 연결되었지만, 단지 한 라우터에만 IP 주소를 설정하였다.

5. 다음 명령어 중 적어도 한 인터페이스의 IP 주소와 마스크도 보여주지 않는 것은? (2개를 선택할 것)

   a. show running-config

   b. show protocols type number

   c. show ip interface brief

   d. show interfaces

   e. show version

6. 다음 중 시스코 라우터 CLI와 비교해볼 때, 시스코 스위치 CLI와 다른 것은?

   a. 콘솔을 위한 간단한 패스워드 확인을 설정하는 명령어

   b. 설정 가능한 IP 주소 수

   c. 장치의 호스트 네임 설정

   d. 인터페이스에 대한 설명(description) 설정

:: 시스코 라우터 설치

라우터는 네트워크를 통과하여 패킷을 전달하는 네트워크 계층의 주요 기능들을 제공한다. 4장 'IPv4 주소와 라우팅 기초'에서 소개했듯이 라우터는 이더넷, 시리얼 링크, 프레임 릴레이와 같은 다양한 물리적 링크들에서 각 패킷을 보내기 위한 3계층의 라우팅 로직을 사용한다. 또한 2장 '이더넷 LAN 기초'에서 이더넷 네트워크에 대한 물리적 연결에 대한 상세한 구성 방식을, 3장 'WAN 기초'에서는 WAN 링크를 위한 기초적인 케이블링 방법을 다루었다.

이 섹션은 먼저 일반적인 기업의 라우터 설치 방법을 다루고, 다음으로 일반적인 SOHO (small office/home office)에서 초고속 인터넷을 통해 ISP(internet service provider)에 연결하는 관점에서 라우터의 설치와 케이블링 방식에 대해 자세히 살펴본다.

엔터프라이즈(기업) 라우터 설치

일반적인 기업 네트워크는 수 많은 지사 사이트뿐 아니라 소수의 본사 사이트를 갖는다. 각 사이트의 장치들 즉, 컴퓨터, IP 폰, 프린터, 기타 장치들을 연결하기 위해 각 사이트에는 적어도 하나의 LAN 스위치를 포함한다. 게다가 각 사이트는 LAN 스위치와 WAN 링크를 연결하는 라우터를 가진다. WAN 링크는 각 지사 사이트를 본사 사이트 또는 본사 사이트를 통해 다른 지사 사이트와 연결한다.

[그림 17-1]과 [그림 17-2]는 기업 네트워크의 구성도이지만 대조적이다. 두 그림 모두 왼쪽에는 몇몇 최종사용자 PC들과 라우터를 포함하는 전형적인 지사 사무실이 있다. 오른쪽의 본사는 기본적으로 동일한 요소들과 일부 서버들을 포함한다. 이 사이트들은 포인트-투-포인트 시리얼 링크[19]를 통해 라우터 두 대를 연결한다. 첫 번째 그림은 상세한 케이블링 부분을 생략하여 일반적인 3계층 개념을 논의할 때 유용하다. 두 번째 그림은 케이블링 부분을 상세하게 그렸다.

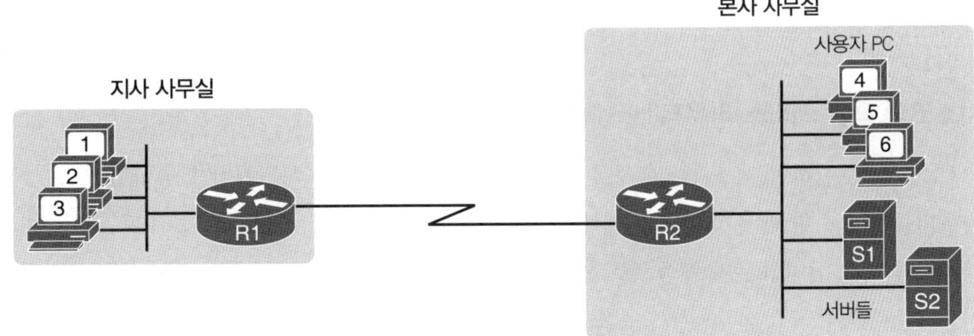

[그림 17-1] 일반적인 엔터프라이즈(기업) 네트워크 구성도

---

[19] 전용회선을 말한다.

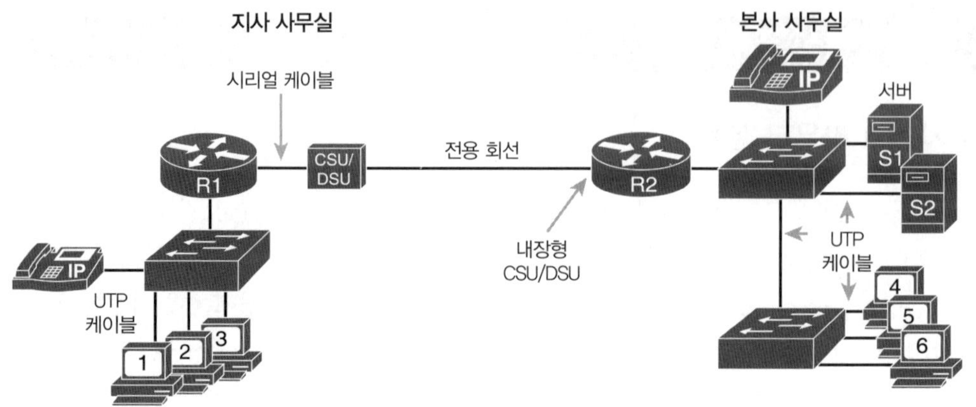

[그림 17-2] 같은 기업의 상세한 케이블링을 포함한 네트워크 구성도

[그림 17-2]의 이더넷 케이블들은 익숙한 것이다. 특히, 라우터는 PC와 동일한 이더넷 케이블링의 핀아웃을 사용하므로 각 라우터를 스위치와 연결할 때, 스트레이트스루(straight-through) 핀아웃을 가진 UTP 케이블을 사용한다.

다음으로 시리얼 링크의 양단의 하드웨어 특히, CSU/DSU(channel service unit/data service unit)에 대해 알아보자. 이 장치는 왼쪽 그림과 같이 라우터 외장형일 수도 있고, 오른쪽 그림과 같이 라우터에 내장형으로 존재할 수 있다. 오늘날 새롭게 설치하는 대부분의 라우터의 시리얼 인터페이스는 CSU/DSU를 포함하는 것이 보통이다.

마지막으로 시리얼 링크는 배선실 내에 전화 회사의 시리얼 선이 종결되는 지점(예, CSU/DSU)과 랙(rack)이나 선반 위의 라우터 사이에 특정 케이블링을 필요로 한다. 전화 회사에서 설치한 WAN 케이블은 일반적으로 RJ-45 커넥터와 동일한 크기와 모양인 RJ-48 커넥터를 가진다. RJ-48 커넥터를 가진 전화 회사의 케이블은 CSU/DSU에 연결된다. [그림 17-2] 예의 본사에서 전화 회사의 케이블은 라우터의 시리얼 인터페이스에 직접 연결되고, 지사 사무실 라우터에서는 외장형 CSU/DSU에 연결된다. 외장형 CSU/DSU와 라우터의 시리얼 인터페이스 사이의 연결은 몇몇 다른 종류의 시리얼 케이블을 사용한다(3장의 섹션인 '전용 회선 케이블링'에서 이 케이블링을 소개한다).

시스코의 통합 서비스 라우터(Integrated Services Router)

시스코를 포함하여 제조사들은 보통 몇몇 다른 종류의 라우터 하드웨어를 공급한다. 오늘날 라우터들은 단순한 패킷 라우팅 외에 훨씬 많은 일을 수행한다. 사실, 다수의 네트워크 서비스들을 제공하는 장치 또는 플랫폼으로 동작한다. 시스코는 기업용 라우터들을 단순히 라우터라고

사전 점검 퀴즈 정답

1 B, E 2 A, 3 B, D 4 C 5 C, E 6 B

부르는 대신, 제품의 다목적성을 강조하여 통합 서비스 라우터(integrated services router)라고 한다.

예를 들어, 전형적인 지사에 적정한 네트워킹 기능을 생각해보자. 전형적인 지사는 WAN/LAN 연결을 위한 라우터를 필요로 하고, LAN 스위치는 라우터/WAN에 연결하고 고성능의 LAN 네트워크를 가능하게 한다. 또한 많은 지사는 IP 폰을 지원하기 위한 VoIP(Voice of IP) 서비스와 더불어 몇몇 보안 서비스도 필요로 한다. 게다가 요즘은 Wi-Fi 접속이 불가능한 네트워크를 상상하기 어렵다. 따라서 한 곳에 다수의 분리된 장치들을 배치하기 보다 [그림 17-2]와 같이 시스코는 라우터와 스위치의 기능뿐만 아니라 기타 기능들도 제공하는 단일 장치를 제공한다.

기타 기능들을 쉽게 배우고 이해하기 위해, 'CCENT'와 'CCNA Routing and Switching' 시험은 보다 명확한 방식인 분리된 스위치와 분리된 라우터에 초점을 맞춘다.

[그림 17-3]은 보다 중요한 부분을 표시한 Cisco 4321 ISR 라우터다. 그림의 윗 부분은 라우터 뒷면의 전체 모습을 보여준다. 이 모델은 두 개의 기가비트 이더넷 인터페이스와 NIM(Network Interface Module)이라고 불리는 작은 카드들을 장착할 수 있는 두 개의 모듈형 슬롯을 제공한다. 그림의 아랫 부분은 NIM의 한 예(두 개의 시리얼 인터페이스를 제공하는 NIM)를 보여준다. 라우터는 RJ-45와 USB 콘솔 포트와 같은 다른 인터페이스들도 가진다.

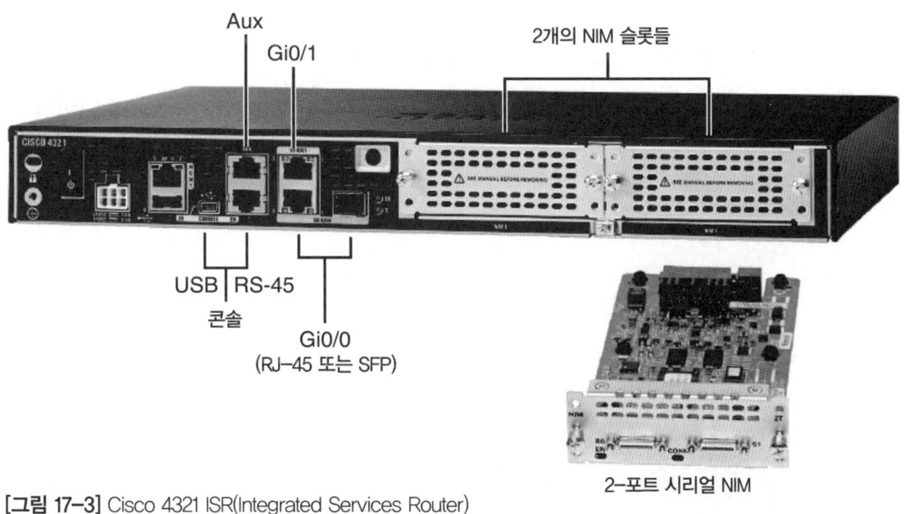

[그림 17-3] Cisco 4321 ISR(Integrated Services Router)

물리적 설치

[그림 17-2]의 상세한 케이블 연결과 [그림 17-3]의 라우터 하드웨어를 자세하게 살펴 보았으므로 이제 물리적으로 라우터를 설치할 수 있다. 다음은 라우터 설치를 위한 단계들이다.

단계 ① LAN 케이블을 LAN 포트에 연결한다.

단계 ② 외장형 CSU/DSU를 사용하고 있다면, 라우터의 시리얼 인터페이스를 CSU/DSU에 연결하고, 텔코에서 온 선에 CSU/DSU를 연결한다.

단계 ③ 내장형 CSU/DSU를 사용하고 있다면, 텔코에서 온 선에 라우터의 시리얼 인터페이스를 연결한다.

단계 ④ 라우터의 콘솔 포트를 PC에 연결하고(롤오버 케이블을 사용하여), 필요하다면 라우터를 설정한다.

단계 ⑤ 배전반에서 나온 파워 케이블을 라우터의 파워 포트에 연결한다.

단계 ⑥ 라우터의 전원을 켠다.

시스코의 기업용 라우터들이 일반적으로 on/off 스위치를 포함하는 대신, 스위치는 그렇지 못하다는 것을 제외하고, 라우터의 설치 단계들은 스위치와 동일하다.

인터넷 접속 라우터 설치

라우터는 SOHO 네트워크에서 LAN에 연결된 최종 사용자 장치들을 고속 인터넷 접속 서비스에 연결하는 핵심 기능을 수행한다. 그러나 대부분의 SOHO 제품들은 라우터란 이름을 달고 있지만, 하나의 장치 안에 다수의 네트워킹 기능들을 포함한다. 장치가 수행하는 다양한 기능들 때문에 네트워킹에 대한 학습은 어려울 수 있다.

SOHO 환경에서 사용되는 라우터 제품의 기능들을 이해하기 위해서 [그림 17-4]는 먼저 SOHO 네트워크 내에서 각 기능을 수행하는 독립된 장치들을 사용하는 사례를 보여준다. 첫째, 고속 인터넷 서비스를 위해 CATV(cable TV)를 통한 인터넷 연결과 함께 장치들과 케이블링을 보여준다.

SOHO

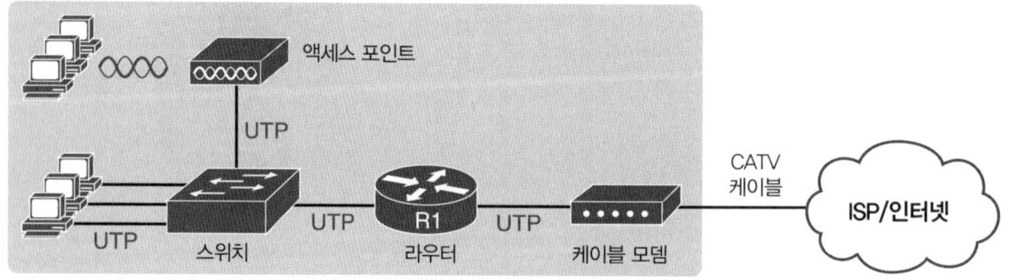

[그림 17-4] 고속 CATV 인터넷으로 연결한 SOHO 네트워크의 장치들

이 그림은 전형적인 기업의 지사를 보여주는 [그림 17-2]와 많은 유사점을 가진다. 몇몇 최종 사용자 PC들은 여전히 스위치에 연결하고, 스위치는 라우터의 이더넷 인터페이스에 연결한다. 다른 최종 사용자 장치들은 이더넷 LAN에 접속하는 무선 액세스 포인트를 이용하여 무선 LAN을 사용

한다. 유선 및 무선 장치들을 위해 라우터는 라우팅 서비스를 통해 IP 패킷을 보낸다.

[그림 17-4]에서 SOHO 연결과 [그림 17-2]의 기업 지사 사이의 주요 차이점은 인터넷 접속과 관련된다. CATV나 DSL(digital subscribe line)을 사용하는 인터넷 접속은 CATV 케이블 혹은 DLS과 라우터가 사용하는 이더넷에서 사용하는 1과 2계층 표준 간의 변환을 위한 장치를 필요로 한다. 보통 케이블 모뎀과 DSL 모뎀이라 불리는 이러한 장치들은 각각 CATV의 1과 2계층 표준을 이더넷으로 변환하며, 그 반대의 변환도 수행한다. 마찬가지로 DSL 모뎀은 가정용 전화 선을 거치는 DSL 신호와 이더넷 사이의 변환을 수행한다.

[그림 17-4]의 장치들을 포함하는 SOHO 네트워크를 물리적으로 설치하기 위해, 이더넷 연결을 위한 적정한 UTP 케이블과 CATV 케이블(케이블 인터넷 서비스용) 혹은 전화 선(DSL 서비스용)을 필요로 한다. [그림 17-4]에서 사용한 라우터는 두 개의 이더넷 인터페이스 즉, 하나는 LAN 스위치에 연결하기 위한 것이고, 또 하나는 케이블 모뎀에 연결하기 위한 인터페이스를 필요로 한다.

요즈음, 대부분의 새로운 SOHO 설치는 [그림 17-4]와 같이 분리된 장치들보다는 통합된 장치를 사용한다. 이러한 장치들은 보통 케이블 라우터 혹은 DSL 라우터라고 불리며, 다음 역할이 분리되어 있는 [그림 17-4]의 모든 기능들을 수행한다.

- 라우터
- 스위치
- 케이블 혹은 DSL 모뎀
- 무선 액세스 포인트
- 하드웨어 기반의 암호화

새로 설치한 고성능 SOHO 인터넷 접속은 통합된 서비스 기능 때문에 [그림 17-5]와 같이 보인다.

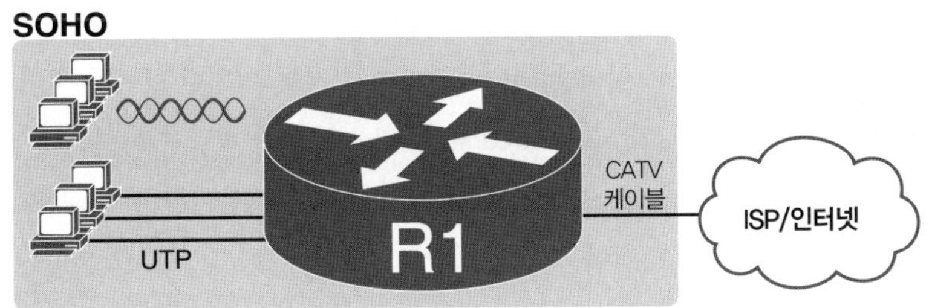

[그림 17-5] 케이블 인터넷과 통합 장치를 적용한 SOHO 네트워크

❖ 시스코 라우터 인터페이스의 IPv4 활성화

라우터는 상대적으로 많은 기능들을 지원하는데, 이를 위해 다양한 설정 및 EXEC 명령어들을 제공한다. 책의 나머지 부분들을 통해 이러한 기능들을 배우게 될 것이다.

> **📝 NOTE** 이해를 위해, 시스코 라우터 관련 문서는 모든 라우터의 명령에 대해 색인과 함께 참조 명령어를 포함한다. 최신 IOS 버전의 CLI 명령어들의 숫자는 비공식적으로 약 5,000개 정도다.

이 장의 두 번째 섹션은 라우터의 인터페이스 관련 명령어들에 초점을 둔다. IPv4 패킷들을 라우팅하기 위해 인터페이스들이 설정되어야 한다. 이 섹션은 인터페이스를 설정, 동작하도록 하고, 인터페이스에 IP 주소와 마스크를 할당하기 위한 대부분의 일반적인 명령어들을 소개한다.

라우터 CLI 접속

라우터의 CLI(command-line interface)에 대한 접속은 스위치와 거의 동일하다. 사실, 시스코 스위치의 CLI 접속과 거의 동일하기 때문에, 이 책은 여기서 똑같은 것을 반복 설명하는 대신 6장 'CLI(Command-Line Interface) 활용'을 이용하기로 한다. 6장의 자세한 내용들이 기억 속에 남아 있지 않다면, 진도를 나가기 전에 6장뿐만 아니라 9장 '스위치 인터페이스 설정'을 짧게 재복습하는 것이 도움이 될 것이다.

시스코 스위치와 라우터는 CLI 이동 기능들과 관리 기능을 위한 설정 명령들은 다음 항목들과 더불어 거의 동일하다.

- 유저 및 이네이블(프리빌리지드) 모드
- **configure terminal, end, exit** 명령과 Ctrl+Z 키를 통해 컨피규레이션 모드에 들어가고 나가는 방법
- 콘솔, 텔넷(vty)와 이네이블 시크릿 패스워드 설정
- SSH(Secure Shell) 암호화 키와 유저네임/패스워드 로그인 인증 정보 설정
- 호스트 네임과 인터페이스에 대한 설명(description) 설정
- **speed** 및 **duplex** 명령으로 이더넷 인터페이스에서 자동 협의할 항목들에 대한 설정
- **shutdown**(관리상 비활성화) 및 **no shutdown**(관리상 활성화) 명령을 통한 인터페이스 설정
- **line console 0** 및 **interface type number** 명령으로 상이한 설정 모드 간의 이동
- CLI 헬프, 명령어 편집과 명령어 자동 입력 기능들
- 컨피규레이션 파일과 IOS 이미지를 복사하기 위해 copy 명령을 사용하는 방법과 함께 스타트업-컨피그(NVRAM 내부의), 러닝-컨피그(RAM 내부의)와 외부 서버들(TFTP와 같이)의 이용 방법과 의미

흡사 이 리스트는 8장에서 다루었던 모든 것과 그 상세한 항목까지 포함하는 것처럼 보인다.

그러나 8장에서 다루었던 한 쌍의 주제들에 있어서 라우터 CLI는 스위치 CLI와 비교할 때 다음과 같이 조금 다르게 동작한다:

- IP 주소들의 설정은 몇 가지 방식에서 차이가 있다. 즉, 스위치는 VLAN 인터페이스에 설정하지만, 라우터는 각각의 동작 중인 인터페이스에 IP 주소를 설정한다.
- 다수의 시스코 라우터 모델들은 외장형 모뎀에 연결 가능하며, 원격 사용자들이 전화선을 거쳐 전화선을 통해 라우터의 CLI에 접속하도록 하는 Aux(auxiliary) 포트를 가진다. 시스코 스위치는 Aux 포트를 갖지 않는다.
- 라우터 IOS는 기본적으로는 vty 설정 모드에서 **transport input none** 명령이 디폴트로 설정되어 있기 때문에 기본적으로는 라우터에 텔넷과 SSH 접속을 허용하지 않는다. 8장 '기본 스위치 관리 설정'에서 텔넷(**transport input telnet**), SSH(**transport input ssh**) 혹은 모두(**transport input all or transport input telnet ssh**)를 허용하는 다양한 옵션들을 이미 논의했다.

라우터 CLI는 또한 스위치와 라우터의 다른 기능들 때문에 스위치 CLI와 차이가 있다. 예를 들어, 시스코 2계층 스위치들은 **show mac address-table** 명령을 지원하지만, 이러한 2계층 관련 장치들은 라우터에서 IPv4 루트들을 보여주는 **show ip route** 명령을 지원하지 않는다. 즉, 시스코 라우터들은 IP 라우팅을 수행하지만, 2계층 스위칭을 수행하지 않기 때문에 이들은 **show ip route** 명령은 지원하지만, **show mac address-table** 명령은 지원하지 않는다.

> **NOTE** 이 책은 라우터 CLI에서 이동하는 방법을 보여주는 비디오를 포함한다. 당신은 이 비디오를 DVD와 동반자 웹 사이트에서 찾을 수 있다.

라우터 인터페이스

시스코 스위치와 라우터의 부수적인 차이 하나는 라우터가 훨씬 광범위한 종류의 인터페이스들을 지원한다는 것이다. 오늘날 LAN 스위치는 다양한 속도의 이더넷 LAN 인터페이스들을 지원한다. 라우터는 시리얼 인터페이스, 케이블 TV, DSL, 3G/4G 무선과 이 책에서 언급하지 않은 기타 다양한 인터페이스들을 지원한다.

대부분의 시스코 라우터는 어떠한 유형이라도 최소한 하나의 이더넷 인터페이스를 갖는다. 이러한 이더넷 인터페이스들 중 다수가 다양한 속도와 자동 협의 기능을 제공하는데, 라우터의 인터페이스 이름은 지원속도 중, 가장 빠른 속도를 적용한다. 예를 들어, 10Mbps만 제공하는 이더넷 인터페이스는 **interface ethernet *number*** 명령으로 설정하고, 10/100 인터페이스는 **interface fastethernet *number*** 명령, 10/100/1000 인터페이스는 **interface gigabitethernet *number*** 명령으로 설정한다.

일부 시스코 라우터들은 시리얼 인터페이스를 가진다. 3장의 내용을 상기해보면 시스코 라우터는 시리얼 링크에 연결하기 위해 시리얼 인터페이스를 사용한다. 각 포인트 투 포인트 시리얼 링크는 HDLC(High-Level Data Link Control, 기본 설정) 혹은 PPP(Point-to-Point Protocol)를 사용할 수 있다.

라우터는 인터페이스의 유형(Ethernet, Fast Ethernet, Serial 등) 과 다음으로 번호로 인터페이스를 구분한다. 라우터에서 인터페이스 번호들은 하나의 숫자, 슬래시(/)로 구분되는 두 개의 숫자 혹은 슬래시로 구분되는 세 개의 숫자일 수 있다. 예를 들어, 다음 설정 명령들을 시스코 라우터에서 사용한다.

```
interface ethernet 0
interface fastEthernet 0/1
interface gigabitethernet 0/0
interface serial 1/0/1
```

가장 일반적인 명령어 중에 **show ip interface brief**와 **show interfaces** 명령은 인터페이스들과 그들의 상태를 보여준다. 첫 번째 명령은 인터페이스별로 한 줄씩 인터페이스의 IP 주소와 인터페이스 상태를 포함하여 일부 기본적인 정보를 보여준다. 두 번째 명령은 인터페이스를 보여주지만, 인터페이스별로 보다 많은 정보를 보여준다. [예 17-1]은 각 명령의 예를 보여준다.

```
R1# show ip interface brief
Interface                   IP-Address   OK?   Method   Status                   Protocol
Embedded-Service-Engine0/0  unassigned   YES   NVRAM    administratively down    down
GigabitEthernet0/0          172.16.1.1   YES   NVRAM    down                     down
GigabitEthernet0/1          unassigned   YES   manual   administratively down    down
Serial0/0/0                 172.16.4.1   YES   NVRAM    up                       up
Serial0/0/1                 172.16.5.1   YES   NVRAM    up                       up
Serial0/1/0                 unassigned   YES   NVRAM    up                       up
Serial0/1/1                 unassigned   YES   NVRAM    administratively down    down

R1# show interfaces serial 0/0/0
Serial0/0/0 is up, line protocol is up
  Hardware is WIC MBRD Serial
  Description: Link in lab to R2's S0/0/1
  Internet address is 172.16.4.1/24
  MTU 1500 bytes, BW 1544 Kbit/sec, DLY 20000 usec,
     reliability 255/255, txload 1/255, rxload 1/255
  Encapsulation HDLC, loopback not set
  Keepalive set (10 sec)
  Last input 00:00:03, output 00:00:06, output hang never
  Last clearing of "show interface" counters never
```

```
    Input queue: 0/75/0/0 (size/max/drops/flushes); Total output drops: 0
    Queueing strategy: fifo
    Output queue: 0/40 (size/max)
    5 minute input rate 0 bits/sec, 0 packets/sec
    5 minute output rate 0 bits/sec, 0 packets/sec
       42 packets input, 3584 bytes, 0 no buffer
       Received 42 broadcasts (0 IP multicasts)
       0 runts, 0 giants, 0 throttles
       0 input errors, 0 CRC, 0 frame, 0 overrun, 0 ignored, 0 abort
       41 packets output, 3481 bytes, 0 underruns
       0 output errors, 0 collisions, 4 interface resets
       3 unknown protocol drops
       0 output buffer failures, 0 output buffers swapped out
       0 carrier transitions
       DCD=up  DSR=up  DTR=up  RTS=up  CTS=up
```

[예 17-1] 라우터의 인터페이스 보기

> 📝 **NOTE** 라우터 인터페이스 명령어들은 짧게 줄여서 사용할 수 있다. 예를 들어, **sh int fa0/0** 명령은 **show interfaces fastethernet 0/0** 명령 대신 사용될 수 있다. 사실, 대다수의 네트워크 엔지니어들은 누군가에게 지시할 때, 이 명령의 전체를 불러주기 보다는 그냥 'show int F-A-영/영'과 같이 줄여 말한다.

또한 **show interface** 명령이 입력되었다면, 세 번째 줄에서 문자로 인터페이스 설명을 보여준다. 이 경우, 인터페이스 S0/0/0은 이를 위한 인터페이스 설정 모드에서 **description Link in lab to R2's S0/0/1** 명령에 앞서 입력되었다. **description** 인터페이스 하부 명령은 라우터 인터페이스가 어떤 이웃 장치들에 연결되는지에 대한 짧은 메모를 유지하는 쉬운 방법을 제공하는데, **show interfaces** 명령을 통해 이 정보를 확인할 수 있다.

인터페이스 상태 코드들

각 인터페이스는 두 가지의 인터페이스 상태 코드(interface status codes)를 갖는다. 인터페이스를 사용하기 위해서는 두 가지 상태 코드가 모두 'up' 상태에 있어야 한다. 첫 번째 상태 코드는 1계층이 제대로 동작하는지를, 두 번째 상태 코드는 항상 그런 것은 아니지만 주로 데이터 링크 계층 프로토콜이 제대로 동작하는지를 나타낸다. [표 7-2]는 두 가지 상태 코드들을 요약한다.

이름	위치	일반적 의미
라인 상태 (Line status)	첫 번째 상태 코드	1계층 상태를 보여줌(예를 들어, 케이블이 설치되었는지, 케이블이 적정한지 부적정한지, 케이블의 반대편 장치가 전원을 켰는지?).
프로토콜 상태 (Protocol status)	두 번째 상태 코드	일반적으로 2계층 상태를 보여줌. 라인 상태가 다운이면 항상 다운임. 라인 상태가 업이면서 프로토콜이 다운이면 보통 데이터 링크 계층의 설정 불일치에 의해 발생함.

[표 17-2] 인터페이스 상태 코드와 의미

[표 17-3]에서 요약한 바와 같이, 인터페이스 상태 코드들의 몇 가지 조합이 존재한다. 이 표는 의도적인 설정에 의해 비활성화한 경우에서 완전한 동작 상태까지 순서대로 상태 코드들을 보여준다.

라인 상태	프로토콜 상태	일반적 원인
Administratively down	Down	인터페이스에 shutdown 명령이 설정됨.
Down	Down	인터페이스는 셧다운(shutdown) 되진 않았지만, 물리 계층에 문제를 가짐. 예를 들어, 어떤 케이블도 해당 인터페이스에 연결되지 않았거나 이더넷일 경우, 케이블 반대편의 스위치 인터페이스가 셧다운되거나 스위치의 전원을 켜지 않았다.
Up	Down	거의 대부분 데이터 링크 계층 문제를 표시하는데 대체로 설정 오류가 원인임. 예를 들어, 시리얼 링크는 한 라우터는 PPP를, 다른 라우터는 기본 설정인 HDLC를 사용하는 경우 발생함.
Up	Up	인터페이스의 1과 2계층이 정상 동작함.

[표 17-3] 인터페이스 상태 코드들의 전형적인 조합들

몇 가지 예를 위해, 다음 세 인터페이스 들에 대해 [예 17-1]의 **show ip interface brief** 명령으로 돌아가 보자. 이 리스트의 인터페이스들은 인터페이스 상태 코드의 다른 조합을 가진다. 이 리스트는 이 책을 위한 예를 만들기 위해 사용된 랩의 상태 코드들에 대해 구체적인 이유들을 자세히 설명한다.

- G0/0: 인터페이스 상태 코드는 down/down이다. 이 경우, 인터페이스에 연결된 케이블이 존재하지 않았기 때문이다
- G0/1: 인터페이스의 상태 코드는 administratively down/down이다. 이 경우, G0/1 인터페이스에 **shutdown** 명령을 포함하기 때문이다.
- S0/0/0: 인터페이스의 상태 코드는 up/up이다. 이 경우, 랩에서 시리얼 케이블이 다른 라우터에 연결되었고 정상 동작 중이다.

라우터 인터페이스의 IP 주소들

시스코 기업 라우터들은 기본적인 일 즉, IP 패킷을 라우팅 하기 전에 최소한의 몇가지 설정을 필요로 한다. 다음 항목들은 라우터로 하여금 인터페이스에서 IPv4 패킷들을 라우팅을 할 수 있도록 한다. 즉, 인터페이스를 활성화하고 IPv4 주소를 할당해야 한다:

- 대부분의 시스코 라우터 인터페이스는 기본적으로 비활성화(shutdown) 상태이므로 **no shutdown** 인터페이스 하부 명령으로 활성화시켜야 한다.
- 시스코 라우터들은 인터페이스에 IP 주소와 마스크를 설정하기 전에는 IP 패킷들을 라우팅하지 않는다. 디폴트로 어떤 인터페이스도 IP 주소와 마스크를 갖지 않는다.
- 시스코 라우터들은 up/up 상태이며 IP 주소/마스크가 설정된 인터페이스를 통해 IP 패킷들을 라우팅한다.

주소와 마스크를 설정하기 위해 **ip address *address mask*** 인터페이스 하부 명령을 사용한다. [그림 17-6]은 간단한 IPv4 네트워크, 이 책의 Part Ⅳ의 몇몇 서브네팅 예에서 사용했던 동일한 네트워크를 보여준다. 이 그림에 상응하는 설정을 보여주는 [예 17-2]는 라우터 R1의 IPv4 주소를 보여준다.

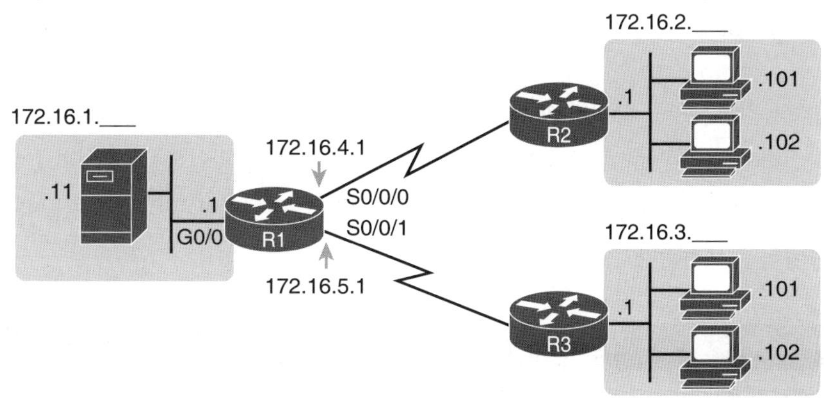

[그림 17-6] [예 17-2]에서 사용된 IPv4 주소들

```
R1# configure terminal
Enter configuration commands, one per line. End with CNTL/Z.
R1config)# interface G0/0
R1(config-if)# ip address 172.16.1.1 255.255.255.0
R1(config-if)# no shutdown
R1(config-if)# interface S0/0/0
R1(config-if)# ip address 172.16.4.1 255.255.255.0
R1(config-if)# no shutdown
R1(config-if)# interface S0/0/1
R1(config-if)# ip address 172.16.5.1 255.255.255.0
R1(config-if)# no shutdown
R1(config-if)# ^Z
R1#
```

[예 17-2] 시스코 라우터에서 IP 주소 설정

[예 17-3]은 **show protocols** 명령의 결과를 보여준다. 이 명령은 [그림 17-6]에서 세 개의 R1 인터페이스 각각의 상태와 인터페이스에 설정된 IP 주소와 마스크를 보여준다.

```
R1# show protocols
Global values:
Internet Protocol routing is enabled
Embedded-Service-Engine0/0 is administratively down, line protocol is down
GigabitEthernet0/0 is up, line protocol is up
  Internet address is 172.16.1.1/24
GigabitEthernet0/1 is administratively down, line protocol is down
```

```
Serial0/0/0 is up, line protocol is up
Internet address is 172.16.4.1/24
Serial0/0/1 is up, line protocol is up
  Internet address is 172.16.5.1/24
Serial0/1/0 is administratively down, line protocol is down
Serial0/1/1 is administratively down, line protocol is down
```

[예 17-3] 시스코 라우터의 IP 주소 확인

라우터가 동작하는지를 확인할 때 처음으로 해야할 일은 인터페이스들을 찾아 인터페이스의 상태를 확인하고 정확한 IP 주소들과 마스크가 사용되었는지를 확인하는 것이다. [예 17-1]과 [예 17-3]은 주요 **show** 명령의 예들을 보여주고, [표 17-4]는 이러한 명령들과 이들이 나타내는 정보의 유형들을 보여준다.

명령어	인터페이스별 상태 정보의 행 수	IP 설정 정보	보유 인터페이스
show ip interface brief	1	주소	Yes
show protocols [*type number*]	1 또는 2	주소/마스크	Yes
show interfaces [*type number*]	다수	주소/마스크	Yes

[표 17-4] 라우터 인터페이스 상태를 확인하기 위한 주요 명령어들

시리얼 인터페이스와 대역폭과 클록 속도

CCNA 라우팅과 스위칭 시험 내용의 절반을 포함하는 ICND2에서 WAN 기술들에 대해 보다 많은 내용들을 포함한다. 여기서는 라우터의 시리얼 인터페이스를 포함하여 ICND1 시험 준비를 위해 라우터 설정을 연습해야 한다. 실제 장치로 실습을 한다면, 시리얼 링크에 대해 좀더 많은 정보를 알아야 한다. 이 장의 마지막 주제는 이러한 내용들을 상세하게 다룬다.

3장에서 언급한 것처럼, WAN 시리얼 링크는 다양한 속도로 운영할 수 있다. 다양한 속도를 제공하기 위해, 라우터는 물리적으로 CSU/DSU가 지시하는 속도에 따르기 위해 클록킹(clocking)이라는 기능을 사용한다. 그 결과, 라우터는 시리얼 링크의 속도를 결정하기 위한 자동 협의 과정이나 추가 설정 없이 시리얼 링크를 사용한다. CSU/DSU는 텔코의 전송속도를 속도를 인지하고, 라우터에 케이블을 통해 클록 펄스를 전송하고 라우터는 클록 신호에 반응한다.

가정에서 시리얼 링크를 사용하여 실습실을 구성할 때, 라우터는 일반적으로 외장형 CSU/DSU를 사용하는 시리얼 인터페이스 카드를 사용할 수 있지만, 고가의 CSU/DSU 없이 시리얼 링크를 구성할 수 있다. 3장의 [그림 3-5]에서 소개한 개념을 여기 [그림 17-7]에서 다시 보자. 시리얼 링크를 위해 링크는 두 개의 시리얼 케이블을 사용한다. 하나는 DTE 케이블이고 다른 하나는 케이블에서 송신과 수신 쌍을 교환하는 DCE 케이블이다.

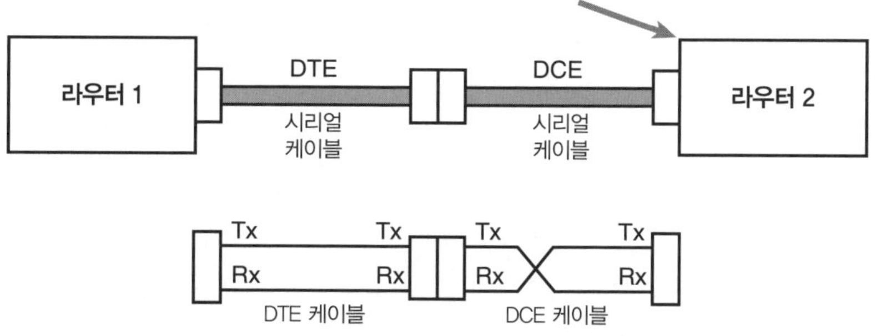

[그림 17-7] 실습실에서의 시리얼 링크 구성 방법

적정한 케이블을 선택해도 동작을 위해서는 하나의 명령 즉, **clock rate** 인터페이스 하부 명령이 필요하다. 이 명령은 [그림 17-7]과 같은 라우터의 시리얼 링크에서 비트들의 전송 속도를 설정하기 위한 것이다. **clock rate** 명령은 실제 시리얼 링크에서 필요하지 않는데, 그 이유는 CSU/DSU가 클럭 시그널을 제공하기 때문이다. 실습실에서 CSU/DSU 없이 케이블만으로 시리얼 링크를 구성할 때, DCE 케이블이 연결된 라우터에 **clock rate** 명령을 사용하여 클럭 시그널을 제공할 수 있도록 해야 한다.

> **NOTE** 보다 새로운 라우터 IOS 버전들은 DCE 케이블이 연결된 시리얼 인터페이스에 기본적으로 **clock rate 2000000** 명령을 자동으로 추가한다. 유용하긴 하지만, 이 속도는 어떤 유형의 백-투-백(DCE-DTE) 시리얼 케이블에는 너무 높은 속도이므로 실습시에 보다 낮은 속도를 사용할 필요가 있다.

[예 17-4]는 앞선 [예 17-2]의 동일한 라우터 R1에서 **clock rate** 명령 설정을 보여준다. 이 예의 마지막은 이 라우터가 **clock rate** 명령을 사용할 수 있음을 **show controllers** 명령으로 확인해준다. 즉, R1에 V.35 DCE 케이블이 연결되어 있음을 확인해준다.

```
R1# show running-config
! 간략화를 위해 생략함.
interface Serial0/0/0
 ip address 172.16.4.1 255.255.255.0
 clock rate 2000000
!
interface Serial0/0/1
 ip address 172.16.5.1 255.255.255.0
 clock rate 128000

! 간략화를 위해 생략함.

R1# show controllers serial 0/0/1
Interface Serial0
Hardware is PowerQUICC MPC860
DCE V.35, clock rate 128000
idb at 0x8169BB20, driver data structure at 0x816A35E4
! 간략화를 위해 라인 생략됨
```

[예 17-4] clock rate 명령을 가진 라우터 R1의 설정

어떤 엔지니어들은 라우터의 **bandwidth** 명령과 **clock rate** 명령을 혼동한다. **clock rate** 명령은 방금 설명한 바와 같이 CSU/DSU를 사용하지 않는 경우에 링크에서 실제로 사용할 1계층 속도를 설정한다. 반대로 모든 라우터의 인터페이스들은 디폴트로 혹은 직접 밴드위스를 설정한다. 인터페이스의 밴드위스는 인터페이스에서 실제 사용할 1계층 속도에 일치할 필요가 없는 속도다.

밴드위스 설정은 인터페이스의 데이터 전송 속도에 아무런 영향을 끼치지 않는다. 대신, 라우터는 인터페이스의 밴드위스 설정을 일부 프로세스를 위한 입력값으로 사용한다. 예를 들어, CCNA 라우팅&스위칭의 ICND2에서 다룰 OSPF(Open Shortest Path First)와 EIGRP(Enhanced Interior Gateway Routing Protocol)는 라우팅 프로토콜 메트릭(metric)으로 여기서 거론한 밴드위스를 사용한다.

[예 17-5]는 앞선 예의 설정과 같이 라우터 R1의 S0/0/1 인터페이스의 밴드위스 설정을 강조한다. 앞선 예에서, **clock rate 128000** 명령은 클록 레이트를 128Kbps로 맞추지만, 밴드위스 명령은 설정하지 않는다. 결과적으로, IOS는 디폴트로 시리얼 밴드위스인 1544를 사용한다. 1544는 1,544Kbps 즉, 시리얼 링크의 디폴트(기본) 속도인 T1 속도다.

```
R1# show interfaces s0/0/1
Serial0/0/1 is up, line protocol is up
  Hardware is WIC MBRD Serial
  Description: link to R3

  Internet address is 10.1.13.1/24
  MTU 1500 bytes, BW 1544 Kbit/sec, DLY 20000 usec,
     reliability 255/255, txload 1/255, rxload 1/255
  Encapsulation HDLC, loopback not set
```

[예 17-5] 라우터의 밴드위스 설정

사람들이 하는 일반적인 실수는 밴드위스 설정값을 '클록 레이트'로 오해하는 것이다. 사실은 그렇지 않다. 두 가지 인터페이스 설정을 찾기 위해 다음 규칙들을 따른다:

- **클록 레이트를 보기 위해**, 설정 파일에서 **clock rate** 인터페이스 하부 명령을 찾거나, [예 17-4]와 같이 **show controllers serial *type number*** 명령을 사용한다.
- **인터페이스의 밴드위스 설정을 보기 위해**, **bandwidth** 인터페이스 하부 명령을 찾거나 [예 17-5]와 같이 **show interfaces** [***type number***] 명령을 사용한다.

대부분의 라우터 시리얼 인터페이스는 예외적으로 디폴트 밴드위스 설정값을 갖는다. IOS는 시리얼 인터페이스에 대해 1.544Mbps 혹은 1544Kbps를 의미하는 1544의 밴드위스 기본 설정값을 갖는다. 이 기본 설정값은 서비스 제공업자 혹은 실습에서 **clock rate** 명령에 의해 설정한 속도와 무관하다. 대부분의 엔지니어들은 예를 들어, 128Kbps로 운용하는 링크에서 **bandwidth 128** 인터페이스 하부 명령을 통해 실제 속도와 일치하도록 밴드위스를 설정한다. 이더넷 10/100 혹은 10/100/1000 인터페이스에서, 라우터는 결정 속도를 알고, 이에 일치하도록 이더넷 인터페이스의 밴드위스를 유동적으로 설정한다.

라우터 Aux(Auxiliary) 포트

라우터와 스위치는 관리자 접속을 위해 콘솔 포트를 갖지만, 대부분의 시스코 라우터들은 Aux(auxiliary) 포트라고 불리는 여분의 포트를 갖는다. 이 Aux 포트는 일반적으로 전화 연결을 통해 라우터에 접속하여 CLI를 통해 명령어를 입력할 수 있도록 한다.

Aux 포트는 외장형 아날로그 모뎀과 연결하여 전화선을 통한 접속을 위한 일반적인 용도 외에 콘솔 포트로 사용할 수 있다. 엔지니어들은 이 포트를 PC, 터미널 에뮬레이터, 모뎀을 사용하여 원격지 라우터에 대한 전화 접속을 위해 사용한다. 전화 접속이 되면, 엔지니어는 터미널 에뮬레이터를 이용하여 통상 유저 모드에서 시작하는 라우터의 CLI 모드에 접속할 수 있다.

Aux 포트는 **line aux 0** 명령을 통해 Aux 라인 컨피규레이션 모드에 들어가서 설정한다. 여기에서 대부분 8장 '기본적인 스위치 관리 설정'에서 다루었던 콘솔 라인을 위한 모든 명령어들을 사용할 수 있다. 예를 들어, Aux 라인의 **login**과 **password** 명령은 유저가 전화 접속했을 때의 간단한 패스워드 확인 과정을 설정하는 데 사용한다.

챕터 리뷰

　좋은 시험 결과를 위해서는 리뷰 세션에 대한 복습이 중요하다. 책이나 DVD의 툴 혹은 책의 동반자 웹 사이트에서 찾을 수 있는 대화형 툴을 활용하여 이 장의 자료들을 리뷰하기 바란다. 특히, '당신의 학습 계획'을 참조하기 바란다. [표 17–5]는 핵심 리뷰 요소들과 자료 출처들을 보여준다. 학습 과정에 대해 보다 나은 확인을 위해 두 번째 열에 이미 완료한 날짜를 기록하도록 한다.

리뷰 항목	완료 날짜	자료 출처
핵심 주제 리뷰		책, DVD/웹 사이트
핵심 용어 리뷰		책, DVD/웹 사이트
사전 점검 퀴즈 반복		책, PCPT
메모리 테이블 리뷰		책, DVD/웹 사이트
실습 실행		블로그
명령어 테이블 리뷰		책

[표 17–5] 챕터 리뷰 확인

핵심 주제 복습

핵심 주제	설명	페이지
리스트	라우터 설치에 필요한 단계들	418
리스트	라우터 CLI 와 스위치 CLI의 유사점	420
리스트	6장과 8장의 스위치에 대한 항목들과 라우터 간의 몇 가지 차이점	421
표 17–2	라우터 인터페이스의 상태 코드와 의미	423
표 17–3	인터페이스의 두 가지 상태 코드 조합과 각 조합에 대한 가능한 원인들	424
표 17–4	IPv4 주소, 마스크와 인터페이스 상태를 보여주는 명령어들	426

[표 17–6] 17장의 핵심 주제들

핵심 용어

밴드위스(bandwidth), 클록 레이트(clock rate)

∷ 명령어 참조

[표 17-7]과 [표 17-8]은 이 장에서 사용하는 설정과 확인 명령어들을 보여준다. 연습을 위해 표의 왼쪽 행을 가리고, 오른쪽 행을 읽고 해당 명령을 보지 않고 기억해보도록 한다. 다음으로 오른쪽 행을 덮고 명령이 무엇을 위한 것인지를 기억하는 연습을 반복한다.

명령어	모드 및 목적
interface *type number*	사용자를 해당 인터페이스의 컨피규레이션 모드로 이동시키는 글로벌 명령어.
ip address *address mask*	라우터의 IPv4 주소와 마스크를 설정하는 인터페이스 하부 명령어.
[no] shutdown	인터페이스를 활성화(no shutdown) 혹은 비활성화(shutdown) 하는 인터페이스 하부 명령어.
duplex {full | half | auto}	다수의 속도를 지원하는 라우터의 LAN 인터페이스에서 듀플렉스 혹은 IEEE 자동 협의 기능을 설정하는 인터페이스 명령어.
speed {10 | 100 | 1000}	라우터의 기가비트(10/100/1000) 인터페이스에 대해 라우터 인터페이스의 데이터 송수신 속도를 설정하는 인터페이스 명령어.
clock rate *rate-in-bps*	라우터가 DCE 케이블이 설치되었을 때만 적용하는 명령으로, 라우터가 제공하는 클록 신호를 설정하는 인터페이스 명령어. 단위는 bits/second.
description *text*	특정 인터페이스에 대한 정보를 보여주기 위해 문자로 입력하는 인터페이스 하부 명령어.
bandwidth *rate-in-kbps*	라우터가 인터페이스의 동작 속도로 간주하는 속도를 설정하는 인터페이스 명령어. 하지만 이 속도는 실제로 적용되는 운영 속도나 제어 속도가 아니다. IOS는 이 설정 속도를 인터페이스의 속도에 대한 정보를 필요로 하는 기능들을 위해 사용한다(예를 들어, 일부 라우팅 프로토콜들은 메트릭을 계산할 때 사용한다). 단위는 Kilobits/second.

[표 17-7] 17장 설정 명령어 참조

명령어	모드 및 목적
show interfaces [*type number*]	모든 인터페이스 또는 특정 인터페이스에 대한 대량의 정보 메시지들을 보여준다.
show ip interface brief	각 인터페이스에 대한 IP 주소, 라인과 프로토콜 상태, 주소 설정 방식(직접 설정 혹은 DHCP, Dynamic Host Configuration Protocol)을 포함하는 한 줄의 정보를 보여준다.
show protocols [*type number*]	모든 인터페이스 또는 특정 인터페이스에 대한 IP 주소, 마스크와 라인/프로토콜 상태를 포함하는 정보를 보여준다.
show controllers [*type number*]	인터페이스의 하드웨어 컨트롤러에 대한 모든 인터페이스 혹은 한 인터페이스의 정보를 보여준다. 인터페이스에 연결된 케이블이 DCE 혹은 DTE 케이블인지 확인시켜 준다.

[표 17-8] EXEC 명령어 참조

Chapter 18
IPv4 주소와 스태틱 루트 설정

이 장은 다음 시험 주제를 다룬다.

1.0 네트워크 기초

1.8 IPv4 주소 체계와 서브네팅에 대한 설정, 확인 및 장애 처리

3.0 라우팅 기술들

3.1 라우팅 개념들

    3.1.a 네트워크 경로를 거치는 패킷 처리

    3.1.b 루트에 기초한 라우팅

    3.1.c 프레임 리라이트(Frame rewrite)

3.2 라우팅 테이블의 요소 해석

    3.2.a 프리픽스

    3.2.b 네트워크 마스크

    3.2.c 넥스트 홉(Next Hop)

    3.2.e 어드미니스트레이티브 디스턴스(Administrative distance)

    3.2.g 라스트 리조트 게이트웨이(Gateway of last resort)

3.4 VLAN 간 라우팅 설정, 확인 및 장애 해결

    3.4.a 라우터–온–어–스틱(Router on a stick)

3.5 스태틱 라우팅과 다이내믹 라우팅 비교

3.6 IPv4와 IPv6 스태틱 라우팅 설정, 확인 및 장애 해결

    3.6.a 디폴트 루트(Default route)

    3.6.b 네트워크 루트(Network route)

    3.6.c 호스트 루트(Host route)

    3.6.d 플로팅 스태틱(Floating static)

라우터는 IPv4 패킷을 라우팅한다. 단순한 문장은 실제로는 수많은 숨겨진 의미를 지닌다. 라우터가 패킷들을 라우팅하기 위해서 라우팅 프로세스를 거친다. 이 라우팅 프로세스는 IP 루트(route: 경로)라고 불리는 정보에 의존한다. 각 IP 루트는 목적지 정보 즉, IP 네트워크, IP 서브넷 또는 기타 다른 집합의 IP 주소를 포함한다. 라우터가 패킷 라우팅을 제대로 하기 위해 정확한 IP 루트 리스트를 가질 필요가 있다.

라우터는 IPv4 라우팅 테이블에 IPv4 루트를 추가하기 위해 세 가지 방법을 사용한다. 첫째, 라우터는 라우터 인터페이스에 연결된 서브넷에 대한 루트로써 연결된 루트(*connected routes*)를 학습한다.

둘째, 라우터는 라우터의 IPv4 라우팅 테이블에 설정 명령(**ip route**)을 통해 특정 루트를 입력하도록 하는 스태틱 루트(*static routes*)를 사용한다. 셋째, 라우터는 라우팅 프로토콜을 사용하여 라우터 간에 이미 학습한 루트들을 교환하게 하여 모든 라우터들이 모든 네트워크와 서브넷 들에 대한 루트 들을 학습하도록 즉, 라우팅 테이블을 만들도록 한다.

이 장은 이러한 루트들에 의존하는 IP 라우팅 프로세스를 다시 소개하면서 시작한다. 이 IP 라우팅에 대한 논의는 4장 'IPv4 주소와 라우팅'의 개념을 다시 살펴보고, IP 루트 정보를 포함하여 보다 깊이 있는 개념들을 다룬다. 그리고 나서, 이 장의 두 번째 주요 주제는 라우터의 VLAN 트렁크에 포함된 각 VLAN에 대한 연결된 루트와 3계층 스위치에 연결된 루트를 포함하는 다양한 연결된 루트(경로 정보)들을 다룬다.

마지막 주요 섹션은 라우터에게 루트 설정을 통해 IP 라우팅 테이블에 루트를 추가하게 하는 스태틱 루트를 살펴본다. 스태틱 루트 섹션은 또한 IP 패킷이 라우팅하기 위한 루트가 없을 때 사용되는 스태틱 디폴트 루트를 설정하는 방법을 보여 준다.

RIP(Routing Information Protocol) 즉, 다이내믹 라우팅에 대한 논의는 19장, 'RIPV2과 IPv4 루트 학습'까지 기다려야 한다.

QUIZ 사전 점검 퀴즈

이 장의 학습을 위해 필요한 시간을 가늠하기 위해 시험(이 페이지나 PCPT 소프트웨어를 사용 가능)을 보기 바란다. 정답은 퀴즈 다음 페이지의 아랫 부분에 나와 있고, 설명은 DVD 부록 C와 PCPT 소프트웨어에 있다.

핵심 주제 섹션	해당 문제
IP 라우팅	1 – 2
커넥티드 루트 설정	3 – 5
스태틱 루트 설정	6 – 7

[표 18-1] 사전 점검 퀴즈의 핵심 주제와 문제

1. PC 사용자가 명령어 프롬프트를 열고 **ipconfig** 명령을 사용하여 PC의 IP 주소와 마스크가 192.168.4.77과 255.255.255.224임을 알았다. 다음으로 사용자는 **ping 192.168.4.117** 명령으로 테스트했다. 다음 답변 중 일어날 수 있는 것은?

    a. PC는 192.168.4.117 주소를 가진 호스트에게 직접 패킷을 보낸다.

    b. PC는 디폴트 게이트웨이에게 패킷을 보낸다.

    c. PC 는 192.168.4.117에 대한 DNS 쿼리를 보낸다.

    d. PC 는 DHCP 서버에 대한 MAC 주소를 찾기 위한 ARP 리퀘스트를 보낸다.

2. 라우터 R1은 라우팅 테이블에 한 루트를 갖는다. 다음 중 라우터가 패킷의 목적지 주소와 비교하는 루트로부터 얻는 것은? (2개를 선택할 것)

> **a.** 마스크(Mask)
> **b.** 다음 라우터 주소(Next-hop router)
> **c.** 서브넷 ID
> **d.** 송신 인터페이스(Outgoing interface)

3. 라우터 R1의 패스트 이더넷 인터페이스 0/0의 IP 주소는 10.1.1.1이다. 이 인터페이스는 스위치에 연결되어 있다. 이후에 이 연결 802.1Q 트렁킹을 사용하도록 변경하였다. 다음 명령어 중 라우터 R1의 Fa0/0 인터페이스를 위한 설정이 될 수 있는 것은? (2개를 선택할 것)

> **a.** `interface fastethernet 0/0.4`
> **b.** `dot1q enable`
> **c.** `dot1q enable 4`
> **d.** `trunking enable`
> **e.** `trunking enable 4`
> **f.** `encapsulation dot1q 4`

4. 레이어 3 스위치는 각각 서브넷 172.20.1.0/25, 172.20.2.0/25와 172.20.3.0/25을 연결하는 VLAN 1, 2와 3 사이의 IP 패킷을 라우팅하도록 설정되었다. 레이어 3 스위치에서 **show ip route** 명령을 입력하면 커넥티드 루트들을 보여준다. 다음 답변 중 반드시 존재해야 할 정보에 속하는 것은?

> **a.** Interface Gigabit Ethernet 0/0.3
> **b.** 다음 라우터 주소 172.20.4.1
> **c.** Interface VLAN 2
> **d.** 마스크 255.255.255.0

5. 엔지니어가 라우터 R1에 스태틱 IPv4 루트를 설정한다. 다음 정보들 중 스태틱 IPv4 루트를 생성하기 위한 설정 명령어에 포함된 파라미터가 아닌 것은?

> **a.** 목적지 서브넷의 서브넷 ID
> **b.** 다음 라우터의 IP 주소
> **c.** 다음 라우터의 인터페이스
> **d.** 서브넷 마스크

6. 다음 명령어들 중 스태틱 루트를 정확하게 설정하는 것은?

> **a.** `ip route 10.1.3.0 255.255.255.0 10.1.130.253`
> **b.** `ip route 10.1.3.0 serial 0`
> **c.** `ip route 10.1.3.0 /24 10.1.130.253`
> **d.** `ip route 10.1.3.0 /24 serial 0`

7. 네트워크 엔지니어는 라우터에 `ip route 10.1.1.0 255.255.255.0 s0/0/0` 명령을 입력하고 다음으로 이네이블 모드에서 `show ip route` 명령의 아웃풋을 확인했다. 서브넷 10.1.1.0 /24에 대한 루트가 보이지 않는다. 다음 중 사실인 것은?

> **a.** `ip route` 명령은 부정확하게 설정되어 컨피그 모드에서 거부된다.
> **b.** 인터페이스 s0/0/0의 상태는 다운(down)이다.
> **c.** 라우터는 클래스 A 네트워크 10.0.0.0에 속한 up/up 상태의 인터페이스를 갖지 못한다.
> **d.** `ip route` 명령은 다음 라우터의 IP 주소를 누락하였다.

:: IP 라우팅

IP 라우팅 즉, IP 패킷을 전달하는 프로세스는 IP 패킷을 만든 장치에서 패킷을 수신해야 하는 장치에게 TCP/IP 네트워크를 통해 패킷을 보낸다. 즉, IP 라우팅은 송신 호스트에서 수신 호스트로 IP 패킷을 보낸다.

완벽한 엔드-투-엔드 라우팅 프로세스는 호스트와 라우터의 네트워크 계층 로직에 의존한다. 송신 호스트는 IP 패킷을 만든 다음, 3계층 개념을 활용하여 호스트의 디폴트 게이트웨이(디폴트 라우터)에게 IP 패킷을 전달한다. 라우터도 3계층 로직에 의해 IP 패킷을 다음으로 어디로 보내야할지를 결정하기 위해 패킷의 목적지 주소와 라우팅 테이블을 대조하는 프로세스를 거친다.

라우팅은 피지컬 및 데이터 링크 계층의 세부적인 항목들에 의존한다. IP 라우팅은 시리얼 링크, 이더넷 LAN들, 무선 랜과 데이터 링크 및 피지컬 계층 표준을 구현하는 다수의 네트워크들에 의존한다. 이러한 하위 계층 장치 및 프로토콜들은 데이터 링크 계층의 프레임 내부에 패킷을 캡슐화하고 전송하여 IP 패킷을 TCP/IP 네트워크를 통과하도록 한다.

이러한 이전 두 문장은 4장에서 소개되었던 IP 라우팅의 핵심 개념을 요약한다. 다음으로 이 섹션은 한두 단계 깊은 수준의 논의와 이 책의 Part Ⅱ 및 Ⅲ에서 논의되었던 추가적인 지식을 통해 IP 라우팅을 복습한다.

> 📝 **NOTE** 어떤 참조 자료는 IP 라우팅(IP routing)이 IP 라우팅 프로토콜들로 하여금 루트들을 다이내믹하게 학습하도록 하는 기능으로 오인한다. IP 라우팅 프로토콜이 중요한 역할을 하지만, IP 라우팅이란 용어는 패킷 포워딩 프로세스만을 지칭하는 것이다.

IPv4 라우팅 과정 참조

4장에서 기본적인 것들을 다루었기 때문에 이 섹션은 전체적인 라우팅 과정을 리뷰한다. 여기서는 이 책의 Part Ⅱ 및 Ⅲ에서 논의되었던 다수의 구체적인 용어들을 사용한다. 곧 다룰 설명 및 예제를 통해 각 단계의 라우팅 논리를 보다 구체적으로 정리하기로 한다.

라우팅 과정은 IP 패킷을 생성시키는 호스트에서 시작한다. 먼저 호스트는 다음 질의를 한다. 새 패킷의 목적지 IP 주소가 호스트와 동일한 네트워크에 속하는가? 호스트는 자신의 IP 주소와 서브넷 마스크를 활용하여 호스트가 속한 네트워크의 주소 영역을 계산한다. 이 주소 영역에 기초하여 LAN 기반의 호스트는 다음과 같이 동작한다.

단계 ① 목적지가 호스트와 같은 네트워크이면 다음과 같이 직접 보낸다.

    Ⓐ 목적지 호스트의 MAC 주소를 알아내기 위해 ARP(Address Resolution Protocol) 테이블을 찾아보거나 없다면 MAC 주소를 얻기 위해 ARP 메시지를 보낸다.

    Ⓑ ARP에 의해 IP 패킷을 목적지 호스트의 데이터 링크 주소를 가진 데이터 링크 프레임으로 캡슐화한다.

단계 ① 목적지가 호스트와 다른 네트워크이면 디폴트 게이트웨이에게 보낸다.

    Ⓐ 디폴트 게이트웨이의 MAC 주소를 찾는다. ARP(Address Resolution Protocol) 테이블의 정보를 사용하거나 존재하지 않는다면 ARP 메시지를 보내 해당 정보를 찾는다.

    Ⓑ 디폴트 게이트웨이의 데이터 링크 주소를 목적지로 하는 데이터 링크 프레임 내부에 IP 패킷을 캡슐화한다.

[그림 18-1]은 동일한 개념을 요약한다. 그림에서, 호스트 A는 로컬[20] 패킷을 호스트 D에게 직접 보낸다. 하지만, 라우터의 다른 쪽 즉, 다른 서브넷에 존재하는 호스트 B에 대한 패킷은 디폴트 라우터(R1)에게 보낸다. 디폴트 게이트웨이(default gateway)와 디폴트 라우터(default router)는 동의어다.

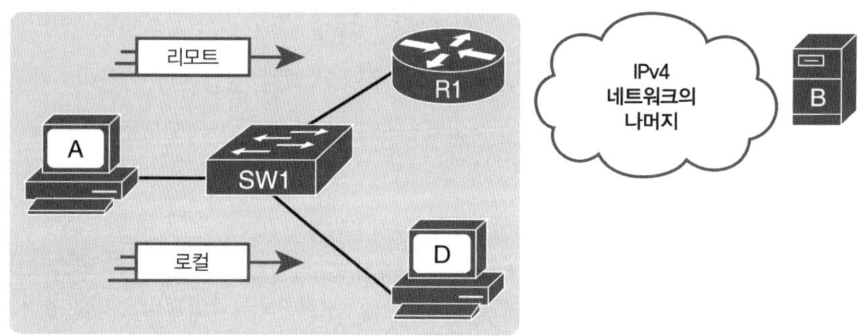

[그림 18-1] 호스트 라우팅 로직 요약

라우터의 라우팅 로직은 호스트에 비해 조금 더 복잡하다. 호스트 로직은 메모리에 저장된 IP 패킷에서 시작하는 반면, 라우터는 이 시점에 이르기 전에 해야할 작업들이 있다. 다음 다섯 단계는 라우터의 라우팅 로직을 요약하는 것으로, 라우터는 프레임을 수신하고 그 프레임에서 IP 패킷을 추출하는 과정이 첫 번째 두 단계에 속하고 다음 **단계③** 에서 패킷의 목적지 주소를 본다. 구체적인 것은 다음과 같다:

사전 점검 퀴즈 정답

1 B **2** A, C **3** A, F **4** C **5** C, **6** A **7** B

---

[20] 로컬: 동일한 서브넷에 존재하는(리모트: 다른 서브넷에 존재하는)

단계 ③

① 수신한 각 데이터 링크 프레임에 대해 프레임을 처리할 지를 결정한다. 다음에 해당하면 처리 가능하다.

    Ⓐ 프레임이 에러를 가지지 않음(데이터 링크 프레임에서 트레일러의 FCS(Frame Check Sequence) 필드를 확인함).

    Ⓑ 프레임의 목적지 데이터 링크 주소가 라우터의 주소임[21] (혹은 적정한 멀티캐스트나 브로드 캐스트 주소임).

② **단계①** 에서 프레임이 처리 가능하다고 판단하면, 데이터 링크 프레임으로부터 패킷을 디인캡 슐레이션(de-encapsulation)한다.

③ 라우팅을 한다. 이를 위해, 패킷의 목적지 IP 주소와 라우팅 테이블을 비교한 다음 목적지 주소에 해당하는 루트를 찾는다. 이 루트는 라우터의 아웃바운드 인터페이스와 패킷이 다음으로 거쳐야할 라우터를 알려준다.

④ 패킷을 아웃바운드 인터페이스에 적정한 데이터 링크 프레임으로 인캡슐레이션한다. LAN 인터 페이스로 내보낼 때, 다음 장치의 MAC 주소를 알아내기 위해 ARP를 사용한다.

⑤ 라우팅 테이블의 IP 루트에 표시된 아웃바운드 인터페이스를 통해 프레임을 내보낸다.

이 라우팅 프로세스 요약은 다수의 세부 사항을 포함하지만, 라우팅 프로세스에 대해 보다 단순한 용어로 설명할 수도 있다. 예를 들어, 세부 사항을 생략하여 이러한 단계들을 설명하는 큰 개념을 다음 문장과 같이 나타낼 수 있다.

라우터는 프레임을 수신하고, 프레임 내부에서 패킷을 꺼내서 패킷을 보내야할 곳을 결정하고, 다른 프레임 헤더 내부에 패킷을 끼워 넣은 다음 프레임을 보낸다.

이러한 단계들에 대한 더 나은 이해를 위해, [그림 18-2]는 동일한 다섯 단계의 라우팅 프로세스를 구분하고 있다. 이 그림은 호스트 C의 IP 목적지를 가지고 라우터를 통과하는 패킷을 보여준다. 이 그림에서 패킷은 이더넷 프레임(헤더와 트레일러를 포함) 내부에 인캡슐레이션되어 도착하였으며, HDLC 프레임으로 인캡슐레이션되어 떠난다.

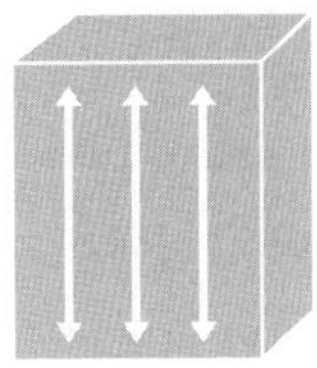

---

[21] 데이터 링크 계층의 주소는 네트워크를 통과할 때마다 바뀌므로 라우터에 도착한 유니캐스트 프레임의 목적지 주소는 프레임이 도착한 라우터의 인터페이스 주소가 된다.

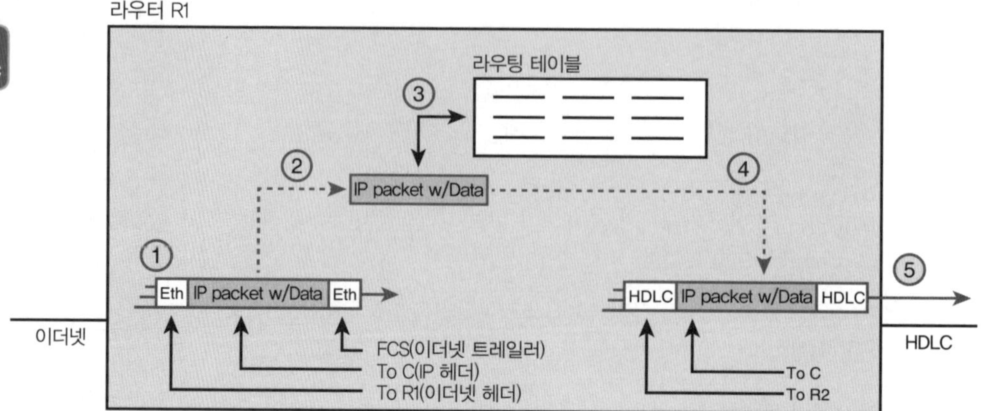

[그림 18-2] 라우터의 라우팅 로직 요약

R1 라우터는 그림의 숫자들의 순서대로 프레임과 패킷을 처리한다. 이것은 앞선 그림에서 설명한 5단계와 동일하다.

① R1 라우터는 수신한 이더넷 프레임의 FCS 체크를 통과하고 목적지 이더넷 MAC 주소가 R1의 MAC 주소인지 확인한 다음 프레임을 처리한다.

② R1은 이더넷 프레임의 헤더와 트레일러에서 IP 패킷을 꺼낸다.

③ R1은 IP 패킷의 목적지 IP 주소와 R1의 IP 라우팅 테이블을 대조한다.

④ R1은 새로운 데이터 링크 프레임 내부, 이 경우는 HDLC(High Level Data Link Control) 내부에 IP 패킷을 인캡슐레이션한다.

⑤ R1은 오른쪽의 시리얼 링크 밖으로 새 HDLC 프레임 내의 IP 패킷을 전송한다.

NOTE 이 장은 데이터 링크 계층 프레임 내부에 캡슐화된 IP 패킷을 보여주는 다양한 그림들을 사용하고 있다. 이러한 그림은 종종 중간에 IP 패킷과 함께 데이터-링크 트레일러와 함께 데이터-링크 헤더를 보여준다. 모든 IP 패킷은 IP 헤더와 캡슐화된 데이터를 포함한다.

다음 몇 페이지는 다수의 장치들을 순서대로 통과하는 라우팅 단계를 논의한다. 이 예는 호스트의 라우팅 로직과 R1이 패킷을 내보내는 다섯 단계를 포함하여 호스트 A(172.16.1.9)가 호스트 B(172.16.2.9)에게 패킷을 보내는 경우다.

[그림 18-3]은 간략화된 주소를 포함하여 IPv4 네트워크의 전형적인 IP 주소 할당 사례다. 이 그림에서 라우터의 모든 인터페이스에 전체 IP 주소를 표시한다면 다이어그램은 조금 어지러워 보일 수 있다. 가능하면 이러한 그림은 보통 서브넷과 개별 IP 주소의 마지막 또는 마지막 두 개의 옥텟만 표시한다. 이를 통해서 혼란스럽지 않을 뿐 아니라, IP 주소를 구분하기에도 충분하다. 예를 들어, 호스트 A는 서브넷(모든 주소가 172.16.1로 시작하는)으로부터 호스트 A의 아이콘 옆에 표시한 .9의 IP 주소 즉, 172.16.1.9를 사용한다. 또 다른 예로, R1은 LAN 인터페

이스에서 172.16.1.1을, 한 시리얼 인터페이스에서 172.16.4.1을, 또 다른 시리얼 인터페이스에서 172.16.5.1을 사용한다.

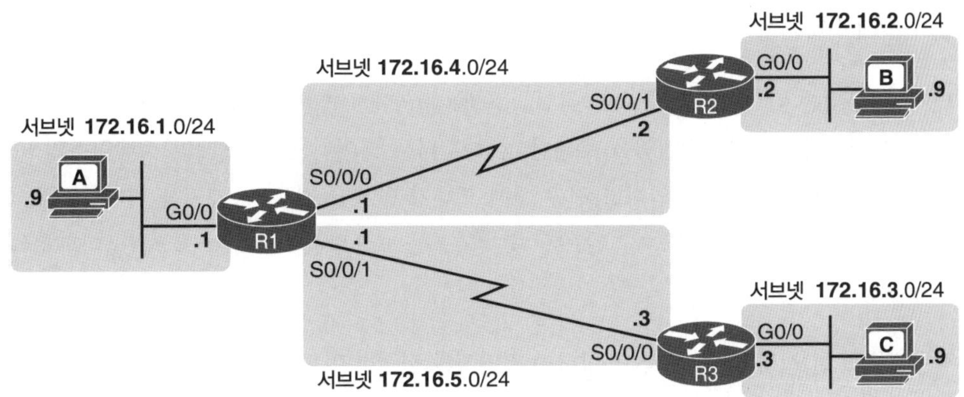

[그림 18-3] 다섯 단계의 라우팅을 보여주기 위한 IPv4 네트워크 예

이제 호스트 A(172.16.1.9)가 호스트 B(172.16.2.9)에게 패킷을 보내는 예로 다시 돌아가자.

호스트는 IP 패킷을 디폴트 라우터(게이트웨이)에게 보냄

이 예에서, 호스트 A는 특정 애플리케이션을 사용하여 호스트 B(172.16.2.9)에게 데이터를 보낸다. 호스트 A가 메모리에 IP 패킷을 가졌다면 호스트 A의 로직은 다음과 같다.

- 나의 IP 주소/마스크는 172.16.1.9/24이므로, 내가 속한 서브넷의 IP 주소 영역은 172.16.1.0 – 172.16.1.255이다(서브넷 ID와 서브넷의 브로드캐스트 주소를 포함하여).
- 목적지 주소 172.16.2.9는 명확하게 내가 속한 서브넷이 아니다.
- 패킷을 나의 디폴트 게이트웨이인 172.16.1.1에게 보낸다.
- 패킷을 보내기 위해, 이더넷 프레임으로 패킷을 인캡슐레이션한다. 이때 프레임의 목적지 (데이터 링크) 주소는 R1의 G0/0 MAC 주소(호스트 A의 디폴트 게이트웨이)로 한다.

[그림 18-4]는 이러한 개념들을 조합한 것으로, 이 경우 호스트 A가 보낸 프레임과 패킷의 목적지 MAC 주소와 목적지 IP 주소를 보여준다. 그림에서는 2계층 스위치의 상세한 구성을 생략하여 몇 줄의 선으로 이더넷을 표시한다.

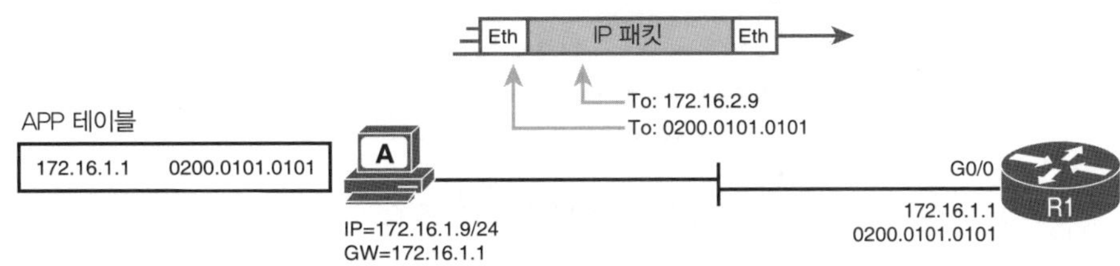

[그림 18-4] 호스트 B에게 패킷을 보내는 호스트A

라우터는 인터페이스, 특히 LAN 인터페이스에서 많은 프레임을 받는다. 그러나 라우터는 프레임의 일부를 무시할 수 있고, 무시해야 한다. 따라서 라우팅의 첫 번째 단계는 라우터가 프레임을 처리해야 하는지를 결정하는데, 다음의 몇몇 경우에 프레임을 버린다(무시한다).

먼저, 라우터는 간단하지만 중요한 점검(프로세스 요약에서 **단계①**의 **Ⓐ**)를 통해 전송 도중에 오류 비트가 발생한 모든 프레임을 무시한다. 라우터는 데이터 링크 프레임 트레일러의 FCS 필드를 사용하여 프레임을 확인하고 전송 중에 오류가 발생한 경우, 프레임을 버린다(라우터는 오류 복구(error recovery)를 시도하지 않는다. 즉, 라우터는 송신 장치에게 데이터를 재전송하도록 요청하지 않는다).

라우터는 또한 프레임이 라우터를 향하는 것인지를 결정하기 위해 목적지 데이터 링크 주소를 확인한다(요약에서 **단계①**의 **Ⓑ**). 예를 들어, 라우터 인터페이스의 유니캐스트 MAC 주소로 보내진 프레임은 라우터에게 보내지는 것이다. 그러나 라우터는 실제로 일부 다른 장치의 유니캐스트 MAC 주소로 보내진 프레임을 수신할 수도 있고, 이때 라우터는 해당 프레임들을 무시해야 한다.

예를 들어, 라우터는 LAN 스위치의 동작 방식때문에 VLAN 내부의 다른 장치들에 보내지는 일부 유니캐스트 프레임들을 수신할 것이다. LAN 스위치가 언노운 유니캐스트 프레임(unknown unicast frame)을 보내는 방식으로 돌아가 보자. 여기서 언노운 유니캐스트 프레임이란 프레임의 목적지 MAC 주소가 스위치의 MAC 주소 테이블에 존재하지 않는 경우를 말한다. LAN 스위치는 언노운 유니캐스트 프레임을 플러딩한다. 결과는? 라우터는 때때로 목적지 주소로 다른 장치의 MAC 주소를 가진 즉, 다른 장치를 향하는 프레임들을 수신하게 된다. 라우터는 이러한 프레임을 무시해야 한다.

이 예에서, 호스트 A는 R1의 MAC 주소로 향하는 프레임을 보낸다. 따라서 프레임이 수신되면, R1이 FCS를 통해 오류가 일어나지 않았음을 확인한 후에, R1은 프레임이 R1의 MAC 주소(이 경우, 0200.0101.0101)를 향한다고 확인한다. 모든 확인이 통과하면, R1은 [그림 18–5]와 같이 프레임을 처리할 것이다(그림에서 큰 사각형은 R1 라우터의 내부를 표시한다).

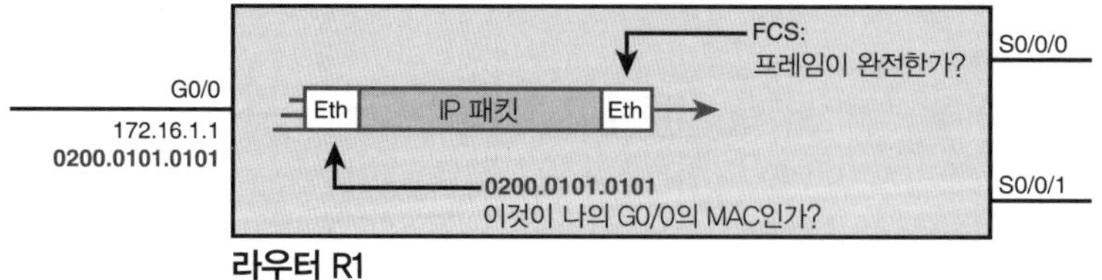

[그림 18–5] 라우터 R1의 라우팅 단계 1: FCS 및 목적지 MAC 확인

라우터가 수신 프레임을 처리해야겠다고 판단한 후에(**단계①**), 다음 단계는 상대적으로 간단한 단계로 패킷을 디인캡슐레이션한다. 라우터의 메모리에서 라우터는 더 이상 원래 프레임의 데이터 링크 헤더와 트레일러를 필요로 하지 않으므로 [그림 18-6]과 같이 라우터는 IP 패킷은 남겨 두고, 그것들을 버린다. 목적지 IP 주소(172.16.2.9)는 변경되지 않은 채, 그대로라는 것에 주목하기 바란다.

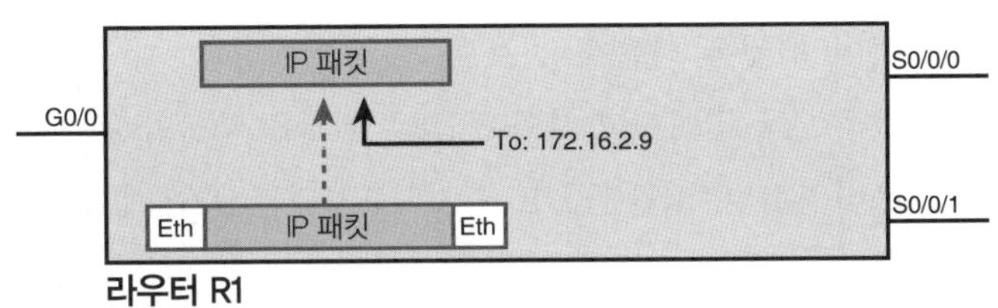

[그림 18-6] 라우터 R1의 라우팅 단계 2: 패킷 디-인캡슐레이션

라우팅 단계 3 패킷 보낼 곳을 선택하기

라우팅 단계 2는 비교적 단순했지만, **단계③**은 모든 단계들 중에서 가장 많은 고려가 필요하다. 이 시점에서 라우터는 패킷을 다음으로 보내야할 곳을 선택해야 한다. 이 프로세스는 IP 라우팅 테이블과 패킷의 목적지 주소를 비교한다.

먼저 IP 라우팅 테이블은 다수의 루트들을 목록화한다. 각 개별 루트는 [그림 18-7]에서 보이는 바와 같이 몇 가지 정보들을 포함한다. 각 루트의 일부 정보는 패킷의 목적지 주소와 비교하기 위해 사용되고, 루트의 나머지 정보는 패킷을 다음으로 보낼 곳을 표시한다.

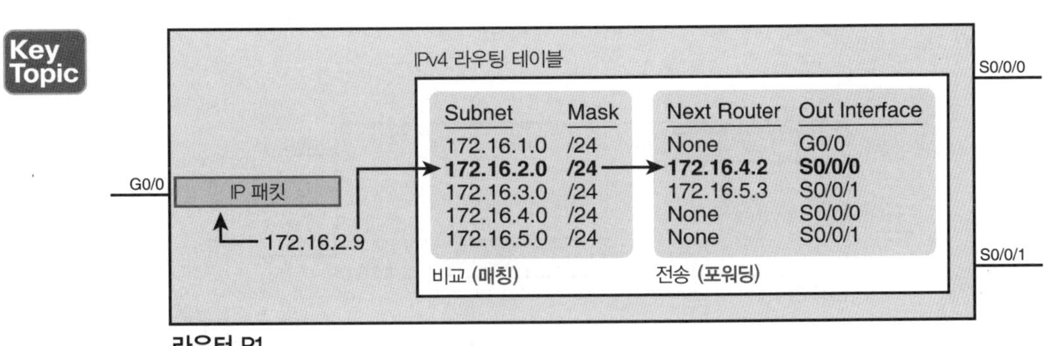

[그림 18-7] 라우터 R1의 라우팅 단계 3: 라우팅 테이블 비교

잠시 전체 라우팅 테이블에 초점을 맞추고, 다섯 개의 루트들을 살펴보자. 일찍이 [그림 18-3]은 다섯 개의 서브넷을 가진 전체적인 네트워크 사례를 보여주었고, 여기서 R1은 다섯 개의 서브넷들의 각각에 대한 루트를 가진다.

R1 라우터가 도착한 패킷과 비교하기 위해 사용할 루트들의 일부를 살펴보자. 각 서브넷을 완전히 정의하기 위해 각 루트는 서브넷 ID와 서브넷 마스크를 표시한다. 라우터가 IP패킷의 목적지를 라우팅 테이블과 비교할 때, 패킷의 목적지 IP 주소(172.16.2.9)를 보고, 라우팅 테이블의 각 서브넷에서 정의하는 주소 범위와 비교한다. 구체적으로 라우터는 서브넷과 마스크 정보를 보고, 비교를 통해 172.16.2.9가 존재하는 서브넷을 찾아낼 수 있다(이 경우, 172.16.2.0 /24 서브넷에 대한 루트).

마지막으로 이러한 다섯 개의 루트들에 대한 전송 정보를 위해 그림의 오른쪽을 보자, 라우터가 루트의 정보를 사용하여 패킷을 다음으로 보낼 곳을 결정한다. 이 경우, 라우터는 172.16.2.0 /24 서브넷에 대한 루트를 찾아냈고 따라서 R1은 패킷을 자신의 S0/0/0 인터페이스를 통해 내보내고, 다음 라우터의 IP 주소인 172.16.4.2로 표시되는 R2에게 보낸다.

> **NOTE** 직접 연결되지 않은 서브넷들에 대한 루트들은 일반적으로 송신 인터페이스(outgoing interface)와 다음 홉 라우터의 IP 주소를 가진다. 라우터에 직접 연결된 서브넷들에 대한 루트들은 단지 송신 인터페이스만 가지는데, 그 이유는 이러한 목적지로 향하는 패킷들은 다른 라우터로 보낼 필요가 없기 때문이다.

라우팅 단계 4 새로운 프레임으로 패킷 인캡슐레이션

이 시점에서 라우터는 패킷 전송 방식을 알고 있다. 하지만, 라우터는 패킷에 데이터 링크 헤더와 트레일러로 인캡슐레이션하지 않고서는 패킷을 전송할 수 없다.

HDLC와 PPP 프로토콜의 단순성때문에 시리얼 링크에서 패킷 인캡슐레이션도 간단하다. 3장 'WAN 기초'의 후반부에서의 설명과 같이 시리얼 링크는 링크 상에서 단지 두 대의 장치들 즉, 송신 장치와 반대편의 수신 장치만 존재하므로 데이터 링크 주소는 존재하지 않는다. 이 예에서 [그림 18-8]에서 보이는 바와 같이 HDLC 프레임 내부에 패킷을 인캡슐레이션한 후에 R1은 패킷을 S0/0/0으로 내보낸다.

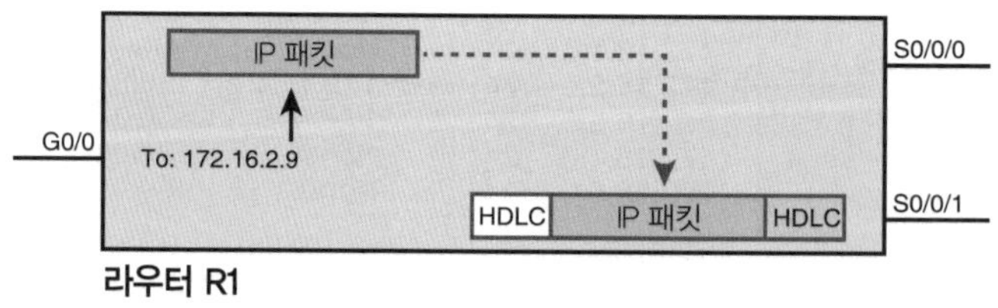

[그림 18-8] 라우터 R1의 라우팅 단계 4: 패킷 인캡슐레이션

일부 다른 타입의 데이터 링크와 함께 라우터는 이 라우팅 단계에서 조금 더 많은 프로세스를 필요로 한다. 예를 들어, 라우터가 이더넷 인터페이스 밖으로 패킷을 전송할때는 IP 패킷을 인캡슐레이션하기 위해 라우터는 이더넷 헤더를 만들 필요가 있고, 이더넷 헤더의 목적지 MAC 주소는 정확하게 지정되어야 한다.

예를 들어, R1과 R2 라우터 사이에 이더넷 WAN 링크로 연결된 다른 네트워크 예를 생각해보자. R1은 라우팅 정보에 의해 패킷을 R1의 G0/1 이더넷 인터페이스 밖으로 다음 라우터인 172.16.6.2(R2)에게 패킷을 전송하라고 지시한다. R1은 헤더에 R2의 MAC 주소를 표시해야 하는데, 이것을 위해 R1은 [그림 18-9]와 같이 R1의 IP ARP 테이블 정보를 사용한다. R1이 172.16.6.2에 대한 ARP 테이블 항목을 갖지 않았다면, R1은 먼저 일치하는 MAC 주소를 학습하기 위해 ARP를 사용해야 한다.

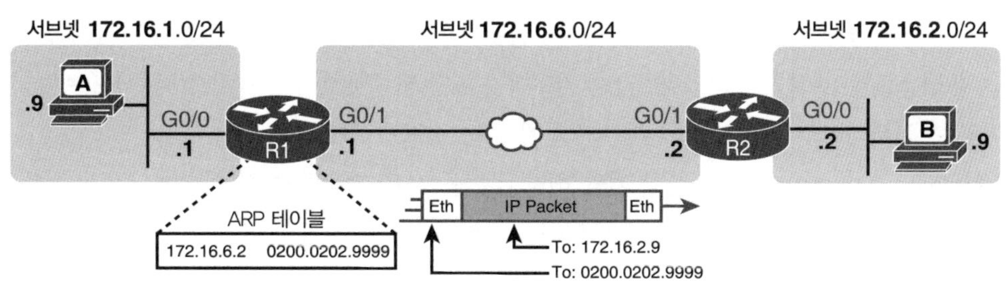

[그림 18-9] 라우터 R1의 라우팅 단계 4(LAN 송신 인터페이스 포함)

라우팅 단계 5   프레임 전송

프레임이 준비되었다면, 라우터는 해당 프레임을 전송한다. 특히, 다른 프레임들이 인터페이스를 빠져나가기 위해 차례를 기다리고 있다면 프레임은 대기해야 한다.

∷ IP 주소 설정과 연결된 경로

시스코 라우터에는 기본적으로 IPv4 라우팅이 활성화[22] 되어 있다. 다음으로 라우터가 특정 인터페이스에서 패킷 라우팅을 준비하기 위해 인터페이스에는 IP 주소가 설정돼야 하고, 인터페이스는 살아있도록 설정되어 `line status up, line protocol up` 상태가 돼야 한다. 이 시점에서 라우터는 특정 인터페이스를 통해 IP 패킷들을 라우팅할 수 있다. 라우터가 한 개 이상의 인터페이스에서 IP 패킷을 라우팅할 수 있게 된 후에 라우터는 몇몇 루트를 필요로 한다. 라우터는 다음 세 가지 방법을 통해 라우팅 테이블에 루트들을 추가한다.

- **커넥티드 루트(Connected routes)**: 라우터에서 **ip address** 인터페이스 하부 명령을 설정하여 추가됨.
- **스태틱 루트(Static routes)**: 라우터에서 **ip route** 글로벌 명령을 설정하여 추가됨.
- **라우팅 프로토콜(Routing protocols)**: 모든 라우터들에 설정을 통해 추가됨. 라우터들은 네트워크들에 대해 서로 다이내믹하게 알려주어 모든 루트들을 학습하도록 함.

---

[22] IPv4 라우팅을 활성화시키는 명령은 Router(config)#ip routing이다. 시스코 라우터에는 이 명령이 기본적으로 설정되어 있다.

커넥티드 루트와 ip address 명령

시스코 라우터는 자동적으로 각 인터페이스에 연결된 서브넷에 대한 루트를 라우팅 테이블에 추가한다. 이 때, 다음 두 가지 조건이 충족되어야 한다.

- 인터페이스는 작동 상태에 있다. 즉, **show interfaces** 명령에서 확인 가능한 인터페이스 상태는 up/up(line status is up, protocol status is up)이어야 한다.
- 인터페이스는 **ip address** 인터페이스 하부 명령을 통해 IP 주소가 할당돼야 한다.

커넥티드 루트의 개념은 상대적으로 쉽다. 물론, 라우터는 해당 인터페이스의 각각에 연결된 서브넷 번호를 알 필요가 있고, 이를 통해 라우터는 해당 서브넷에 대해 패킷을 라우팅할 수 있다. 라우터는 인터페이스의 IP 주소와 마스크를 가지고, 서브넷 ID를 계산해낸다. 그러나 라우터는 그 인터페이스가 살아 있고 동작할 때만 해당 루트를 사용 가능하므로, 인터페이스가 동작 가능할 때만 라우팅 테이블에 커넥티드 루트를 포함한다.

[예 18-1]은 [그림 18-10]의 R1 라우터의 커넥티드 루트들을 보여준다. 이 예의 첫 번째 부분은 R1의 세 개의 인터페이스 모두의 IP 주소 설정을 보여준다. 이 예의 끝은 **show ip route** 명령의 결과를 보여주는데, 루트 코드로서 C를 가진 루트는 **connected**를 의미한다.

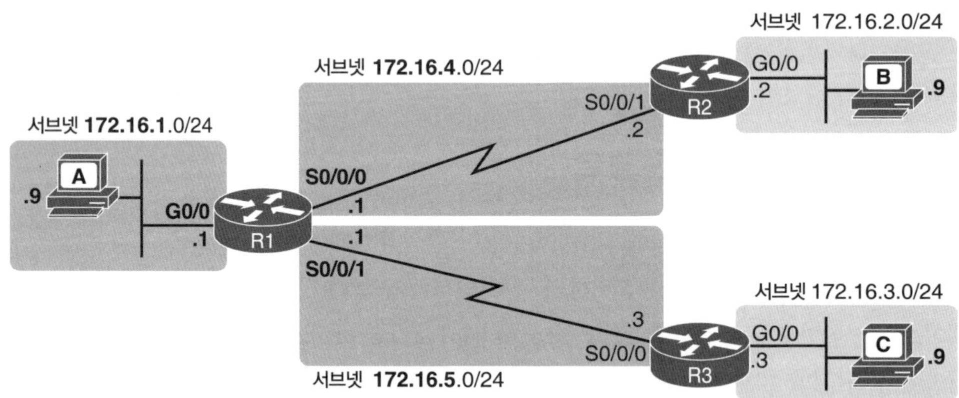

[그림 18-10] 커넥티드 루트들을 보여주는 샘플 네트워크

```
 ! show running-config 명령의 아웃풋이다...
 !
interface GigabitEthernet0/0
 ip address 172.16.1.1 255.255.255.0
 !
interface Serial0/0/0
 ip address 172.16.4.1 255.255.255.0
 !
interface Serial0/0/1
 ip address 172.16.5.1 255.255.255.0
```

```
R1# show ip route
Codes: L - local, C - connected, S - static, R - RIP, M - mobile, B - BGP
       D - EIGRP, EX - EIGRP external, O - OSPF, IA - OSPF inter  area
       N1 - OSPF NSSA external type 1, N2 - OSPF NSSA external type 2
       E1 - OSPF external type 1, E2 - OSPF external type 2
       i - IS-IS, su - IS-IS summary, L1 - IS-IS level-1, L2 - IS-IS level-2
       ia - IS-IS inter area, * - candidate default, U - per-user static route
       o - ODR, P - periodic downloaded static route, H - NHRP, l - LISP
       + - replicated route, % - next hop override

Gateway of last resort is not set

      172.16.0.0/16 is variably subnetted, 6 subnets, 2 masks
C        172.16.0.0/24 is directly connected, GigabitEthernet0/0
L        172.16.0.0/32 is directly connected, GigabitEthernet0/0
C        172.16.0.0/24 is directly connected, Serial0/0/0
L        172.16.4.1/32 is directly connected, Serial0/0/0
C        172.16.0.0/24 is directly connected, Serial0/0/1
L        172.16.5.1/32 is directly connected, Serial0/0/1
```

[예 18-1] 라우터 R1의 커넥티드 및 로컬 루트들

show ip route의 아웃풋에서 세 개의 강조된 루트들을 자세히 살펴보자. 각 리스트는 첫
번째 행에서 C를 보여주는데, C는 '**directly connected**(직접 연결된)'를 의미하는 문자로 이
루트가 라우터에 직접 연결되었음을 확인시켜 준다. 각 루트의 첫 부분은 [그림 18-7]의 앞선
예에서 본 것과 일치하는 파라미터들(서브넷 ID와 마스크)을 보여준다. 이러한 루트의 마지막은
송신 인터페이스(outgoing interface)를 보여준다.

라우터가 로컬 루트(local route)라고 부르는 다른 종류의 루트도 자동적으로 생성한다는 것을
유의하기 바란다. 로컬 루트는 라우터의 인터페이스에 설정된 하나의 특정 IP 주소에 대한 루
트를 정의한다. 각 로컬 루트는 하나의 IP 주소에 대한 루트를 정의하는 호스트 루트를 정의
하기 위해 /32 프리픽스 길이를 가진다. 예를 들어, 172.16.5.1/32이라는 로컬 루트는 IP 주소
172.16.5.1에만 일치하는 루트를 정의한다. 라우터는 라우터 자신을 향하는 패킷을 보다 효과적
으로 구분하고 전달하기 위해 자신의 IP 주소에 상응하는 로컬 루트를 사용한다.

시스코 라우터와 ARP 테이블

라우터는 이러한 연결된 루트를 추가하고난 후, 해당 서브넷 간에 IPv4 패킷을 라우팅할 수
있다. 이렇게 하기 위해, 라우터는 IP ARP 테이블을 사용한다.

IPv4 ARP 테이블에 라우터와 동일한 서브넷에 연결된 호스트들의 IPv4 주소와 그에 해당하는
MAC 주소를 표시한다. 동일한 서브넷에 있는 호스트에 패킷을 전달할 때, 라우터는 ARP

테이블에서 발견된 목적지 MAC 주소로 캡슐화한다. 라우터가 라우터와 같은 서브넷에 있는 IP 주소로 패킷을 전달하고자 하지만 ARP 테이블에서 해당 IP 주소에 대한 MAC 주소를 발견하지 못하는 경우, 라우터는 그 장치의 MAC 주소를 알기 위해 ARP 메시지를 사용한다.

[예 18-2]는 앞의 예에 기초한 R1의 ARP 테이블이다. 결과는 R1 자신의 IP 주소 172.16.1.1은 'age'를 '-'로 표시하는데 이것은 이 항목이 시간이 지남에 따라 삭제되지 않음을 의미한다. 자동으로 학습한 ARP 테이블의 항목들은 ARP 테이블에서 172.16.1.9의 35-minute와 같이 증가하는 숫자를 갖는다. 기본적으로 IOS는 ARP 정보가 사용되지 않는다면 240분 이후에 해당 ARP 정보를 삭제(timeout)한다(IOS는 ARP 테이블의 정보가 사용되면 타이머를 다시 0으로 맞춘다). 실습실에서 테스트를 위해 일부러 모든 정보 항목들(아니면 한 IP 주소에 대한 단일 정보)을 삭제하기를 원할 수 있는데 이때 **clear ip arp** [*ip-address*] EXEC 명령을 사용한다.

```
R2# show ip arp
Protocol   Address         Age (min)     Hardware Addr     Type     Interface
Internet   172.16.1.1            -       0200.2222.2222    ARPA     GigabitEthernet0/0
Internet   172.16.1.9           35       0200.3333.3333    ARPA     GigabitEthernet0/0
```

[예 18-2] 라우터의 IP ARP 테이블 보기

라우터 R1이 마지막 서브넷을 통해 호스트 A(172.16.1.9)에게 패킷을 보내는 방식에 대해 생각해보자. R1은 다음을 수행한다:

① R1은 172.16.1.9에 대한 2계층 주소를 알기 위해 ARP 테이블을 찾는다.

② R1은 이더넷 헤더에(ARP 테이블에서 얻은) 목적지 0200.3333.3333을 포함한 이더넷 프레임 내의 IP 패킷을 캡슐화한다.

③ R1은 인터페이스 G0/0 밖으로 프레임을 전송한다.

VLAN 내, 서브넷들 간의 라우팅

거의 모든 기업 네트워크들은 VLAN을 사용한다. 이러한 VLAN들, 보다 정확하게 말하면, 이러한 각 서브넷들(VLAN) 간의 IP 패킷 라우팅을 위해서 라우터는 각 서브넷에 속하는 IP 주소를 가져야 하고, 각 서브넷에 대한 커넥티드 루트를 가져야 한다. 그래야 각 서브넷 내의 호스트들은 각각의 디폴트 게이트웨이로 라우터의 IP 주소를 적용할 수 있다.

라우터를 VLAN 내의 각 서브넷에 연결하기 위해 다음과 같은 세 가지 옵션들이 존재한다. 하지만, 첫 번째 옵션은 너무 많은 인터페이스들과 링크들을 필요로 하기 때문에 현실적으로 사용하지 않는 방식이다.

- 각각의 VLAN별로 하나의 라우터 LAN 인터페이스와 케이블로 스위치와 연결하는 방식 (일반적으로 사용하지 않음).
- 스위치와 라우터 사이에 VLAN 트렁크를 사용하는 방식
- 레이어 3 스위치를 사용하는 방식.

[그림 18-11]은 두 번째와 세 번째 옵션의 구성 예를 보여준다. 이 그림은 12개의 VLAN들을 갖는 왼쪽의 본사 캠퍼스 LAN을 보여준다. 본사 사이트에서 두 대의 스위치는 라우터와 스위치의 기능을 조합한 레이어 3 스위치로 12개의 VLAN/서브넷 간의 라우팅을 수행한다. 그림에서 오른쪽의 지사 사이트들은 각각 두 개의 VLAN들을 사용하는데, 각 라우터는 두 VLAN들에 연결하고 라우팅을 위해 VLAN 트렁크를 적용하고 있다.

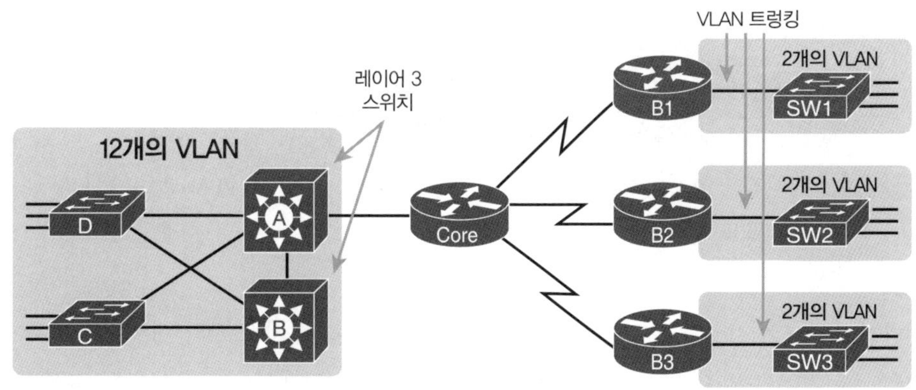

[그림 18-11] 본사 사이트의 레이어 3 스위칭

[그림 18-11]은 한 예를 보여준다. 엔지니어는 각 사이트에서 레이어 3 스위칭 혹은 VLAN 트렁킹과 함께 라우터를 사용할 수도 있다. 이 장은 다음 몇 페이지들에서 해당 기능들을 설정하는 방법에 대해 보다 자세히 다룬다.

라우터에서 802.1Q를 사용하여 VLAN 간 라우팅 설정하기

다음 주제는 802.1Q 트렁크에 언결된 VLAN 들 즉, 서브넷들 간의 패킷 라우팅 방식을 다룬다. 이 긴 설명은 사람들이 해당 기능을 논의할 때마다 반복되는 것인데, 대신 네트워크 세계에서는 보다 짧고 보다 흥미로운 이름 즉, 라우터-온-어-스틱(ROAS: Router-On-A-Stick)이라 부른다.

ROAS는 각 VLAN에 연결하는 논리적인 라우터 인터페이스와 분리된 VLAN에 해당하는 서브넷들을 제공하기 위해 라우터의 VLAN 트렁킹 설정을 사용한다. 이 트렁킹 설정은 서브인터페이스들을 중심으로 한다. 라우터는 트렁크에서 각 VLAN에 연관된 IP 주소/마스크를 가질 필요가 있다. 하지만 라우터는 **ip address** 명령을 설정할 수 있는 단 하나의 물리적인 인터페이스만 가질 뿐이다 시스코는 트렁크에서 각 VLAN과 연동되는 다수의 가상 라우터 인터페이스

(최소한 VLAN별로 하나의)를 생성함으로써 이 문제를 해결한다. 시스코는 이러한 가상 인터페이스를 서브인터페이스(subinterface)라 부른다.

ROAS 설정은 트렁크에서 VLAN별로 하나의 서브인터페이스를 생성하고, 라우터는 연관된 VLAN ID를 표시한 모든 프레임들이 마치 해당 서브인터페이스를 들어가고 나오는 것처럼 처리한다. [그림 18-12]는 [그림 18-11]의 지사 라우터들 중의 하나인 라우터 B1과 함께 그 개념을 보여준다. 이 라우터가 단지 두 개의 VLAN들 간의 라우팅을 필요로 하기 때문에 이 그림은 두 개의 서브인터페이스 즉, G0/0.10과 G0/0.20을 보여주는데, 각 서브인터페이스는 VLAN별 설정을 위한 새로운 장소가 된다.

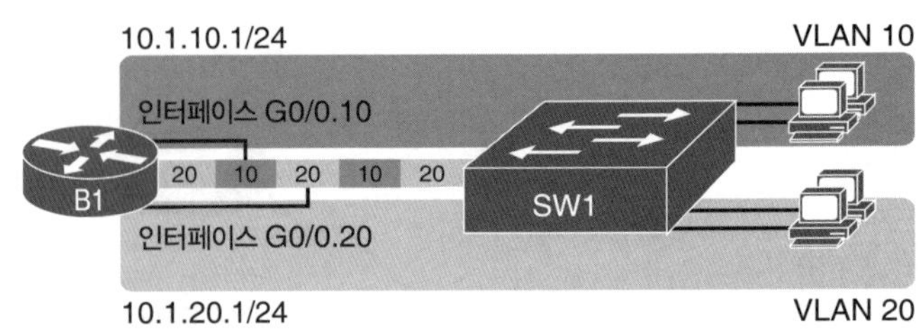

[그림 18-12] 라우터 B1의 서브인터페이스들

게다가 대부분의 시스코 라우터들은 트렁킹을 자동 협의하지 않으므로, 대부분의 경우에, 라우터와 스위치는 트렁킹을 직접 설정해야 한다. 스위치 인터페이스에서 트렁킹 설정을 위해 **switchport mode trunk** 명령이 필요하다.

[예 18-3]은 그림에서 라우터 B1에서 필요한 802.1Q 트렁킹 설정의 전체 예를 보여준다. 보다 일반적으로, 다음 단계들은 라우터에서 802.1Q 트렁킹을 설정하는 구체적인 방법들이다:

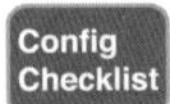

단계 ① 글로벌 컨피규레이션 모드에서 **interface type number.subint** 명령을 사용하여 라우팅을 위해 필요한 각 VLAN에 대한 유일한 서브인터페이스를 생성한다.

단계 ② 서브인터페이스 컨피규레이션 모드에서 **encapsulation dot1q vlan_id** 명령을 사용하여 서브인터페이스별로 802.1Q를 활성화하고 연관된 하나의 VLAN을 설정한다.

단계 ③ 서브인터페이스 컨피규레이션 모드에서 **ip address address mask** 명령을 사용하여 IP 주소와 마스크를 설정한다.

```
B1# show running-config
! 관련 행만 표시됨
interface gigabitethernet 0/0
! 여기에 IP 주소가 없음! 여기에 인캡슐레이션 없음!
!
interface gigabitethernet 0/0.10
```

```
 encapsulation dot1q 10
 ip address 10.1.10.1 255.255.255.0
!
interface gigabitethernet 0/0.20
 encapsulation dot1q 20
 ip address 10.1.20.1 255.255.255.0
!
B1# show ip route
Codes: L - local, C - connected, S - static, R - RIP, M - mobile, B - BGP
! 간략화를 위해 생략함.

      10.0.0.0/8 is variably subnetted, 4 subnets, 2 masks
C        10.1.10.0/24 is directly connected, GigabitEthernet0/0.10
L        10.1.10.1/32 is directly connected, GigabitEthernet0/0.10
C        10.1.20.0/24 is directly connected, GigabitEthernet0/0.20
L        10.1.20.1/32 is directly connected, GigabitEthernet0/0.20
```

[예 18-3] [그림 18-12]에서 본 802.1Q 인캡슐레이션 설정

먼저, 서브인터페이스의 번호를 보자. 이 경우 .10 과 .20과 같이 마침표로 시작한다. 이러한 번호들은 1에서 매우 큰 숫자(40억 이상)까지 어떤 숫자라도 된다. 이 번호는 하나의 물리 인터페이스에서 모든 서브인터페이스들까지 유일한 것이어야 한다. 사실, 서브인터페이스 번호는 VLAN ID와 일치시킬 필요가 없다(**encapsulation** 명령은 서브인터페이스 번호가 아니라, 서브인터페이스와 관련된 VLAN ID를 정의한다).

> **NOTE** 꼭 필요한 것은 아니지만, 대부분의 사이트들은 혼란을 피하기 위해 [예 18-3]과 같이 서브인터페이스 번호와 VLAN ID를 일치시킨다.

각 서브인터페이스 설정은 두 개의 하부 명령어들을 포함한다. 한 명령(**encapsulation**)은 트렁킹을 활성화하고 서브인터페이스에서 입출력되는 프레임의 VLAN을 정의한다. **ip address** 명령은 다른 인터페이스와 동일한 방법으로 설정한다.

물리 이더넷 인터페이스가 up/up 상태가 되면, 서브인터페이스도 동일한 상태가 되고, 이것은 예의 하단에서 보는 바와 같이 라우터로 하여금 커넥티드 루트를 추가하도록 한다.

이제 라우터는 IPv4 주소가 설정된 동작 가능한 인터페이스를 가지고 있고, 이러한 서브인터페이스들을 통해 IPv4 패킷들을 라우팅할 수 있다. 즉, 라우터는 이러한 서브인터페이스들을 커넥티드 루트들에 추가하고, 커넥티드 서브넷들에서 입출력되는 패킷을 라우팅하는 측면에서 물리 인터페이스와 동일하게 취급한다.

[예 18-3]은 라우터에서 ROAS를 설정하는 하나의 방법을 보여주지만, 내이티브 VLAN을 사용하지 않았다. 하지만 각 802.1Q 트렁크는 하나의 내이티브 VLAN을 가지며, 라우터 쪽에서 내이티브 VLAN을 사용하기 위한 설정은 상이하며 두 가지 옵션이 있다:

- 물리 인터페이스에 **encapsulation** 명령 없이, **ip address** 명령을 설정한다. 라우터는 물리 인터페이스가 내이티브 VLAN을 사용하는 것으로 간주한다.
- 서브인터페이스에 **ip address** 명령을 설정하고 **encapsulation...native** 하부 명령을 사용한다.

[예 18-4]는 [예 18-3]의 동일한 설정에 상기의 두 가지 설정 옵션들을 보여준다. 이 경우, VLAN 10은 내이티브 VLAN이 된다. 예의 상단 부분은 스위치도 또한 내이티브 VLAN 10을 사용하도록 설정되었다는 가정하에 라우터가 내이티브 VLAN 10을 사용하도록 설정하는 옵션을 보여준다. 이 예의 아랫쪽 절반은 서브인터페이스에서 내이티브 VLAN을 설정하는 방법을 보여준다.

```
! 첫 번째 옵션: 물리 인터페이스에 네이티브 VLAN IP 주소를 설정한다.
interface gigabitethernet 0/0
 ip address 10.1.10.1 255.255.255.0
!
interface gigabitethernet 0/0.20
encapsulation dot1q 20
ip address 10.1.20.1 255.255.255.0

! 두 번째 옵션: 모두 동일하지만, native 키워드를 추가한다
interface gigabitethernet 0/0.10
encapsulation dot1q 10 native
 ip address 10.1.10.1 255.255.255.0
!
interface gigabitethernet 0/0.20
encapsulation dot1q 20
ip address 10.1.20.1 255.255.255.0
```

[예 18-4] 라우터 B1의 네이티브 VLAN 10 설정

설정 내용을 단순히 살펴보는 것과 별도로, 라우터의 **show vlans** 명령은 어느 라우터 트렁크 인터페이스가 어떤 VLAN들을 사용하는지, 어떤 VLAN이 네이티브 VLAN인지와 일부 패킷 관련 통계치들을 보여준다. [예 18-5]는 내이티브 VLAN 10이 서브인터페이스 G0/0.10에 설정된 [예 18-4(아래 절반)]의 라우터 R1의 설정에 기초한 예를 보여준다. 이 아웃풋은 VLAN 1이

물리 인터페이스에 소속되고, VLAN 10은 G0/0.10에 소속한 내이티브 VLAN이고, VLAN 20
은 G0/0.20에 소속된다는 것을 보여준다.

```
R1# show vlans

Virtual LAN ID:  1 (IEEE 802.1Q Encapsulation)

   vLAN Trunk Interface:   GigabitEthernet0/0

   Protocols Configured:    Address:            Received:          Transmitted:
       Other                                        0                    83

   69 packets, 20914 bytes input
   147 packets, 11841 bytes output

Virtual LAN ID:  10 (IEEE 802.1Q Encapsulation)

   vLAN Trunk Interface:   GigabitEthernet0/0.10

  This is configured as native Vlan for the following interface(s) :
GigabitEthernet0/
   Protocols Configured:    Address:       Received:        Transmitted:
       IP               10.1.10.1            2                    3
       Other                                 0                    1

   3 packets, 722 bytes input
   4 packets, 264 bytes output

Virtual LAN ID:  20 (IEEE 802.1Q Encapsulation)

   vLAN Trunk Interface:   GigabitEthernet0/0.20

   Protocols Configured:    Address:       Received:        Transmitted:
       IP               10.1.20.1            0                  134
       Other                                 0                    1

   0 packets, 0 bytes input
   135 packets, 10498 bytes output
```

[예 18-5] 샘플 라우터 트렁크 설정에 상응하는 샘플 Show VLAN 명령

레이어 3 스위치를 사용할 때의 VLAN들에 대한 라우팅 설정

VLAN들로 트래픽을 라우팅하기 위한 옵션은 레이어 3 스위치 혹은 멀티레이어 스위치라는
장치를 사용한다. 11장 '이더넷 VLAN 설정'에서 소개한 바와 같이 레이어 3 스위치는 두 가지
주요 기능들 즉, 레이어 2 LAN 스위칭과 레이어 3 IP 라우팅을 수행하는 장치다. 레이어 2 스
위치 기능은 각 VLAN 내부에서 프레임들을 전달하지만, VLAN들 간에는 프레임들을 전달할
수 없다. 레이어 3 전달 로직인 라우팅은 VLAN들 간에 IP 패킷들을 전달한다.

레이어 3 스위치의 설정은 레이어 3 기능들을 위해 추가되는 일부 설정을 제외하고는 이 책의 Part Ⅱ에서 본 레이어 2 스위칭 설정과 거의 동일하다. 레이어 3 스위칭 기능은 스위치 내부의 각 VLAN에 연결되는 버추얼 인터페이스를 필요로 한다. 이러한 버추얼 인터페이스는 IP 주소와 마스크와 함께, 라우터 인터페이스와 동일하게 동작한다. 레이어 3 스위치는 이러한 VLAN 인터페이스들의 각각에 커넥티드 루트들을 가진 IP 라우팅 테이블을 갖는다(이러한 VLAN 인터페이스들은 SVI(switched virtual interface)라고 한다).

이 개념을 보여주기 위한, [그림 18-13]은 [그림 18-11]과 [그림 18-12]에서 사용한 것과 동일한 환경에서의 설정을 보여준다. 이 그림은 스위치가 패킷들을 라우팅하는 것을 강조하기 위해 스위치 내부에 라우터 아이콘과 함께 레이어 3 스위치 기능을 보여준다. 이 구성에서는 2개의 사용자 VLAN들을 가지므로 레이어 3 스위치는 각 VLAN별로 하나의 VLAN 인터페이스를 필요로 한다. 게다가 트래픽은 WAN에 접속하기 위해 라우터로 향해야 하므로 스위치는 라우터 B1에 대한 링크를 위해 세 번째 VLAN(이 경우, VLAN 30)을 사용한다. 이 링크는 트렁크가 아니라 액세스 링크다.

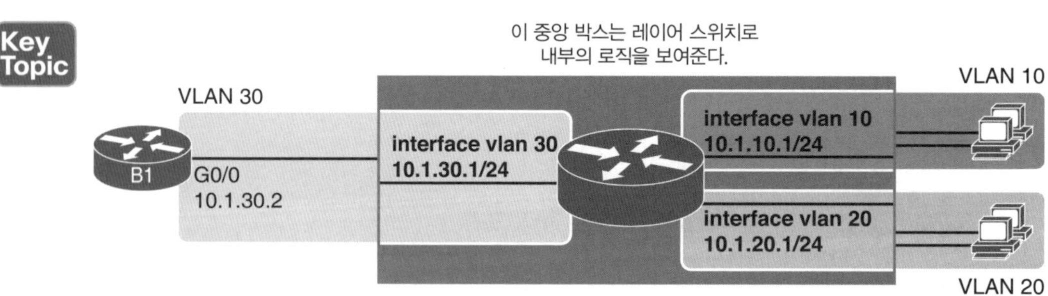

[그림 18-13] 레이어 스위치의 VLAN 인터페이스 간의 라우팅

다음 단계들은 레이어 3 스위칭(Layer 3 switching)을 설정하는 방법을 보여준다. 이 책의 다양한 예에서 사용한 2960 스위치와 같은 일부 스위치들에서 IPv4 패킷에 대한 라우팅 기능을 설정을 통해 켜고, **reload** 명령으로 기능을 활성화해야 한다. 단계① 이후의 나머지 단계들은 레이어 3 스위칭을 수행할 수 있는 모든 모델들의 시스코 스위치에도 적용한다.

단계① 일부 오래된 스위치 모델들은 하드웨어 기반의 IPv4 라우팅을 활성화시켜야 한다. 예를 들어, 2960 스위치에서 글로벌 컨피규레이션 모드에서 **sdm prefer lanbase-routing** 명령을 사용하고 스위치에서 **reload** 명령으로 재부팅한다.

단계② 스위치에서 IPv4 라우팅을 활성화하기 위해 글로벌 컨피규레이션 모드에서 **ip routing** 명령을 사용한다.

단계③ 레이어 3 스위치가 패킷을 라우팅하기 위해, 각 VLAN 별로 VLAN 인터페이스를 생성하기 위해 글로벌 컨피규레이션 모드에서 **interface vlan vlan_id** 명령을 설정한다.

[예 18-6]은 [그림 18-13]에 상응하는 설정을 보여준다. 이 경우, 스위치 SW1, 2960은 이미 **sdm prefer lanbase-routing** 글로벌 명령을 입력하고 재부팅하였다. 이 예는 세 개의 VLAN 인터페이스별로 관련 설정을 보여준다.

```
ip routing
!
interface vlan 10
 ip address 10.1.10.1 255.255.255.0
!
interface vlan 20
 ip address 10.1.20.1 255.255.255.0
!
interface vlan 30
 ip address 10.1.30.1 255.255.255.0
```

[예 18-6] 레이어 3 스위치을 위한 VLAN 인터페이스 설정

여기서 보이는 VLAN 설정과 함께 스위치는 [그림 18-13]에서 보이는 VLAN 간의 패킷 라우팅을 할 준비가 되었다. 패킷 라우팅을 지원하기 위해 스위치는 [예 18-7]과 같이 커넥티드 IP 루트를 추가한다. 개별 루트는 각각의 VLAN 인터페이스에 커넥티드된 것처럼 보인다.

```
SW1# show ip route
! 간략화를 위해 범례 생략됨.

     10.0.0.0/8 is variably subnetted, 6 subnets, 2 masks
C        10.1.10.0/24 is directly connected, Vlan10
L        10.1.10.1/32 is directly connected, Vlan10
C        10.1.20.0/24 is directly connected, Vlan20
L        10.1.20.1/32 is directly connected, Vlan20
C        10.1.30.0/24 is directly connected, Vlan30
L        10.1.30.1/32 is directly connected, Vlan30
```

[예 18-7] 레이어 3 스위치의 커넥티드 루트들

라우터는 또한 [그림 18-11]과 같은 환경에서 나머지 네트워크들에 대하여 이 장의 마지막 주요 섹션에서 다루는 바와 같이 스태틱 루트에 의한 추가 루트들을 필요로 한다.

∷ 스태틱 루트 설정

앞선 섹션에서의 논의와 같이 모든 라우터들은 직접 연결된 루트(route)를 추가한다. 다음으로 대부분의 네트워크는 각 라우터가 인터네트워크 내부의 나머지 루트들을 학습하기 위해 다이내믹 라우팅 프로토콜들을 사용한다. 혹은 다이내믹 라우팅 프로토콜보다 훨씬 덜 사용하긴 하지만, 관리자가 직접 설정을 통해 라우팅 테이블에 루트를 추가하는 스태틱 루트를 사용한다. 이때의 설정은 훨씬 간단하다. 스태틱 루트는 유용할 뿐 아니라 쓸모 있는 도구다. 이 장의 마지막 섹션들은 스태틱 루트를 다룬다.

스태틱 루트 설정

IOS 는 **ip route** 글로벌 컨피규레이션 모드 명령을 사용하여 개별적인 스태틱 루트를 설정한다. 각각의 **ip route** 명령은 통상적으로 서브넷 ID와 마스크로 목적지를 정의한다. 이 명령은 또한 목적지 네트워크에 대한 경로를 표시하기 위해 다음 라우터의 IP 주소 혹은 라우터의 아웃바운드(outbound) 인터페이스를 설정한다. 그러면 IOS는 IP 라우팅 테이블에 해당 정보가 표시하는 루트를 추가한다.

예를 들어, [그림 18-14]는 소규모 IP 네트워크를 보여준다. 이 그림은 실제로 이 장의 처음에 보았던 [그림 18-3]의 일부로 관련 없는 부분을 생략하였다.

이 그림은 R1에서 오른쪽에 위치한 172.16.2.0 /24 서브넷에 대한 스태틱 루트에 관련된 상세한 사항만 보여준다. R1에서 스태틱 루트를 설정할때, R1은 서브넷 ID와 마스크, R1의 아웃바운드 인터페이스(S0/0/0) 혹은 다음 라우터인 R2의 IP 주소(172.16.4.2)를 설정한다.

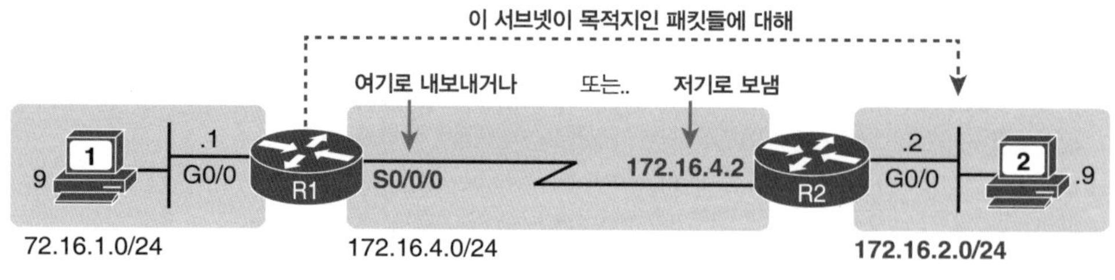

[그림 18-14] 스태틱 루트 설정 개념

[예 18-8]은 한 쌍의 스태틱 루트 설정 예를 보여준다. 특히 [그림 18-15]의 오른쪽에 있는 두 서브넷을 위한 라우터 R1의 스태틱 루트를 보여준다.

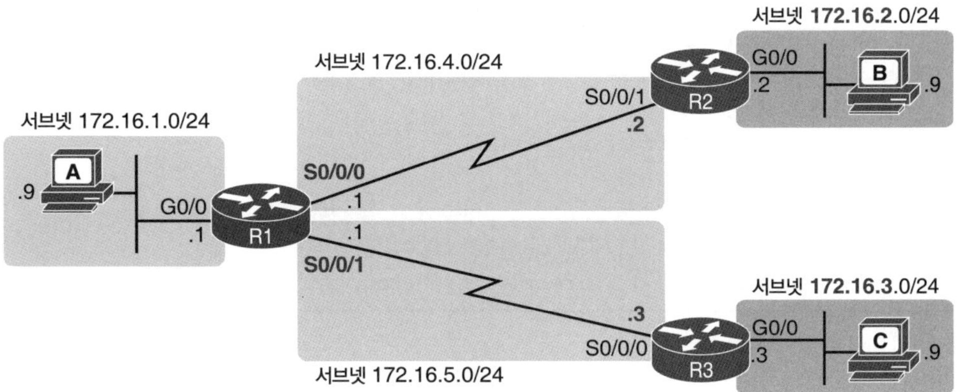

[그림 18-15] 스태틱 루트 컨피규레이션을 사용한 네트워크의 예

```
ip route 172.16.2.0 255.255.255.0 172.16.4.2
ip route 172.16.3.0 255.255.255.0 S0/0/1
```

[예 18-8] R1에 추가된 스태틱 루트들

ip route 명령 예는 두 가지 다른 유형을 보여준다. 첫 번째 명령은 라우터 R2 근처의 서브넷 172.16.2.0, 마스크 255.255.255.0을 가리키고, 다음(next-hop) 라우터 주소인 172.16.4.2를 보여준다. 이 루트는 기본적으로 다음을 의미한다. 즉, 라우터 R2에 연결된 서브넷에 패킷을 보내기 위해서는 R2에게 보내라.

두 번째 루트는 같은 유형의 로직을 가지지만, 다음 라우터의 IP 주소로 루트를 표시하는 대신, 로컬 라우터(R1)의 송신 인터페이스로 표시한다. 이 루트는 기본적으로 다음을 말한다. 즉, R3 라우터에 연결된 서브넷에 패킷을 보내기 위해서는 자신의(R1에 연결된) S0/0/1 인터페이스로 내보내라.

두 개의 **ip route** 명령에 의해 생성된 두 루트는 IP 라우팅 테이블에서 실제로 조금 다르다. 둘 다 스태틱 루트다. 하지만, 송신 인터페이스를 적용한 루트는 커넥티드 루트로 표기된다. [예 18-9]의 **show ip route** 명령의 결과를 참조하기 바란다.

[예 18-9]는 **show ip route static** 명령을 사용했을 때의 두 루트를 보여준다. 이 명령은 스태틱 루트만 보여주고, 모든 IPv4 루트들에 대한 몇몇 통계치도 보여준다. 예를 들어, 이 예는 [예 18-8]의 두 개의 스태틱 루트들에 대한 정보를 보여주지만, 이 라우터가 10개의 서브넷들에 대한 루트를 가진다는 통계치도 보여준다.

```
R1# show ip route static
Codes: L - local, C - connected, S - static, R - RIP, M - mobile, B -  BGP
! 간략화를 위해 라인 생략됨.
Gateway of last resort is not set

      172.16.0.0/16 is variably subnetted, 10 subnets, 2 masks
S        172.16.2.0/24 [1/0] via 172.16.4.2
S        172.16.3.0/24 is directly connected, Serial0/0/1
```

[예 18-9] R1에 추가된 스태틱 루트들

IOS는 이러한 스태틱 루트를 시간이 지남에 따라 송신 인터페이스(outgoing interface)의 상태에 따라 유동적으로 추가 또는 삭제한다. 예를 들어, 이 경우에 R1의 S0/0/1 인터페이스가 고장나면, R1은 IPv4 라우팅 테이블에서 172.16.3.0/24에 대한 스태틱 루트를 삭제한다. 이후에, 인터페이스가 다시 up 상태가 되면, IOS는 라우팅 테이블에 해당 루트를 다시 추가한다.

대부분의 사이트는 다이내믹 라우팅 프로토콜을 사용하여 리모트 서브넷들에 대한 모든 루트들을 학습한다. 하지만, 다이내믹 라우팅 프로토콜을 사용하지 않는다면, 라우터는 스태틱 루트를 설정해야 한다. 예를 들어 라우터가 지금까지의 예에서 본 설정만 가진다면, 라우터 R2가 PC A의 서브넷에 대한 루트를 갖지 못하므로, PC A(그림 18-15)는 PC B로부터 패킷을 다시 수신하지 못할 것이다. R2도 R3와 마찬가지로 다른 서브넷들에 대한 스태틱 루트를 설정해야 한다.

> **NOTE** 이 장에서 지금까지 본 스태틱 루트들을 네트워크 루트 또는 서브넷 루트라고 부르는데, 그 이유는 해당 명령이 IP 네트워크 혹은 서브넷에 대한 루트를 정의하기 때문이다. 다음 몇 페이지에서는 이와 대조적인 호스트 루트 혹은 디폴트 루트를 다룬다.

스태틱 호스트 루트

이 장의 처음에 호스트 루트를 IP 주소와 /32 마스크로 표시하는 단일 호스트 주소에 대한 루트로 정의하였다. 앞선 예들은 **ip address** 명령의 결과로써 추가되는 로컬 루트에 초점을 맞추었다. 즉, 이러한 루트들은 /32 마스크를 갖는 호스트 루트이다.

ip route 명령은 255.255.255.255 마스크를 사용하여 리모트 호스트들에 대한 스태틱 루트를 설정할 수 있다. 이것은 다수의 대안 루트들이 존재할 때, 해당 서브넷에 속하는 대부분의 호스트들에 대한 트래픽은 한 경로를 사용하게 하고, 특정 호스트에 대한 트래픽만 다른 경로를 사용하기 원할 때 적용한다. 예를 들어, 다음과 같이 서브넷 10.1.1.0/24와 호스트 10.1.1.9에 대해 다른 다음(next-hop) 라우터 주소를 갖는 두 개의 스태틱 루트들을 정의하였다:

```
ip route 10.1.1.0 255.255.255.0 10.2.2.2
ip route 10.1.1.9 255.255.255.255 10.9.9.9
```

이러한 두 개의 루트는 중복된다는 점을 주목하기 바란다. 즉, 10.1.1.9로 향하는 패킷은 두 루트에 모두 일치한다. 이때, 라우터는 가장 구체적인 루트를 사용한다(즉, 가장 긴 프리픽스(the longest prefix match)와 일치하는 루트를 선택한다).

따라서 10.1.1.9로 향하는 패킷은 다음 라우터 주소, 10.9.9.9로 보내지고, 10.1.1.0 /24 서브넷에 속하는 다른 목적지를 향하는 패킷은 다음 라우터 10.2.2.2에게 보내진다.

보다 상세한 정보를 얻고 싶다면, 24장 'IPv4 라우팅 장애 해결'의 '가장 구체적인 루트에 의한 IP 포워딩' 섹션을 참조하기 바란다.

경쟁 루트들을 갖지 않는 경우의 스태틱 루트들

설정된 루트가 경쟁 루트들을 갖지 않는다면, 라우터는 여전히 IP 라우팅 테이블에 해당 루트를 추가하기 전에 소수의 규칙을 확인한다. 라우터는 먼저 어떤 경쟁 루트들이 있는지 확인한다(가령, 정확하게 동일한 서브넷에 대해 다른 루트들이 존재하는지 확인한다). 다른 루트들은 라우팅 프로토콜 혹은 또 하나의 스태틱 루트에 의해 학습될 수 있다.

경쟁 루트들이 존재하지 않는다 하더라도, IOS는 루트를 자신의 라우팅 테이블에 추가하기 전에 다음을 고려한다.

- 아웃바운드 인터페이스를 포함하는 **ip route** 명령일 경우, 해당 인터페이스가 up/up 상태여야 한다.
- 다음 라우터(next-hop)의 IP 주소를 포함하는 **ip route** 명령일 경우, 해당 IP 주소에 대한 루트를 가져야 한다.

예를 들어, [예 18-8]에서 R1의 명령, **ip route 172.16.2.0 255.255.255.0 172.16.4.2**는 스태틱 루트를 정의한다. 이때 어떤 경쟁 루트들도 존재하지 않고, 모든 링크들은 정상 작동한다고 가정한다. 스태틱 루트가 설정되면 R1은 IP 라우팅 테이블을 보고 다음 라우터 주소 172.16.4.2에 해당하는 루트를 찾는다(서브넷 172.16.4.0/24는 R1의 커넥티드 루트임). 결과적으로, R1은 서브넷 172.16.2.0/24에 대한 스태틱 루트를 라우팅 테이블에 추가한다. 이후에 R1의 S0/0/0이 고장이 나면, R1은 172.16.4.0/24에 대한 커넥티드 루트를 삭제할 것이고, 이것은 결국 R1에게 172.16.2.0/24에 대한 스태틱 루트도 삭제한다.

또한 스태틱 루트를 설정할 때, IOS가 이러한 기본적인 확인을 무시하도록 설정하여 라우팅 테이블에 해당 IP 루트가 항상 남아 있도록 할 수도 있다. 이를 위해, 단지 **ip route** 명령에 **permanent** 키워드만 추가하면 된다. 예를 들어, [예 18-10]에 설명한 바와 같이 [예 18-8]의 두 명령의 끝에 **permanent** 키워드를 추가함으로써, R1은 두 WAN 링크의 상태에 관련 없이 이러한 루트들을 항상 유지한다.

```
ip route 172.16.2.0 255.255.255.0 172.16.4.2 permanent
ip route 172.16.3.0 255.255.255.0 S0/0/1 permanent
```

[예 18-10] IP 라우팅 테이블(라우터 R1)에 permanent 키워드를 포함한 스태틱 루트 설정

permanent 키워드가 라우터에게 송신 인터페이스 혹은 다음 라우터 주소에 대한 루트를 확인하지 않고, 라우팅 테이블에 루트를 유지하도록 하지만, 그것이 고장난 루트를 해결하는 솔루션은 아니다. 예를 들어, 송신 인터페이스가 고장나면, 루트는 라우팅 테이블에 남을 것이지만, 송신 인터페이스가 다운되었으므로 라우터는 패킷을 내보낼 수는 없다.

경쟁 루트들을 가진 스태틱 루트들

다음으로, 스태틱 루트가 다른 스태틱 루트들 혹은 라우팅 프로토콜에 의해 학습된 루트들과 경쟁하는 경우를 고려해보자. 가령, **ip route** 명령은 서브넷에 대한 루트를 정의하지만, 라우터는 또한 다른 스태틱 루트 혹은 동일한 서브넷에 도달하기 위해 다이내믹하게 학습된 루트들을 알고 있다. 이러한 경우에, 라우터는 어떤 라우팅 정보가 보다 나은(낮을수록 낫다) 어드미니스트레이티브 디스턴스(administrative distance)를 갖는지를 결정해야 하고, 보다 나은 루트를 사용한다.

동작 방식을 이해하기 위해, 두 개의 WAN 링크를 갖는 지사를 보여주는 [그림 18-16]의 예를 고려해보자. 하나의 WAN 링크는 매우 빠른 기가비트 이더넷 링크이고, 다른 하나는 보다 느린(그러나 저렴한) T1 링크다. 이 디자인에서 네트워크는 주 링크에는 OSPFv2 (Open Shortest Path First Version 2)를 적용하여 서브넷 172.16.2.0/24에 대한 루트를 학습한다. R1은 또한 정확하게 동일한 서브넷에 대해 백업 링크에서는 스태틱 루트를 정의하기 때문에, R1은 스태틱 루트 혹은 OSPF-학습 루트 중 무엇을 사용할 지를 선택해야 한다.

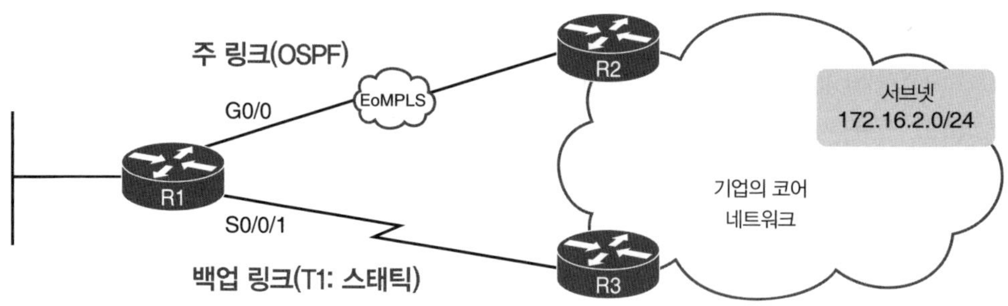

[그림 18-16] 서브넷, 172.16.2.0/24에 대해 플로팅 스태틱 루트 사용하기

IOS는 OSPF-학습 경로들보다는 스태틱 루트들을 보다 나은 것으로 간주한다. 기본적으로 IOS는 스태틱 루트에게 어드미니스트레이티브 디스턴스 1을 부여하고, OSPF 루트에게 어드미니스트레이티브 디스턴스 110을 부여한다. [그림 18-16]에서 이러한 기본값을 사용하면, R1은 이 경우 서브넷 172.16.2.0 /24에 도달하기 위해 어드미니스트레이티브 디스턴스가 보다 낮은 값의 경로를 사용할 것이다. 그러나 엔지니어는 보다 빠른 주 링크로 OSPF-학습 경로를 사용하고자 하고, 스태틱 루트는 주 링크 고장 시에만 즉, 백업 링크로 스태틱 루트를 사용하고자 한다.

대신 OSPF 루트를 선택하기 위해, 설정은 어드미니스트레이티브 디스턴스값을 변경할 필요가 있고, 다수의 네트워커들은 플로팅 스태틱(floating static) 루트라고 부르는 것을 설정한다. 플로팅 스태틱 루트는 라우팅 프로토콜에 의해 학습된 보다 나은(낮은) 어드미니스트레이티브 디스턴스 루트가 현재 존재하는지 여부에 따라 IP 라우팅 테이블에 추가될 수도 있고, 제외될 수도 있다. 기본적으로 라우터는 보다 나은 라우팅 프로토콜에 의한 루트가 존재하는 동안에는 플로팅 스태틱 루트를 무시한다.

플로팅 스태틱 루트를 설정하기 위해, 그냥 스태틱 루트의 기본 어드미니스트레이티브 디스턴스를 변경하되, 라우팅 프로토콜의 기본 어드미니스트레이티브 디스턴스보다 큰 값으로 설정하면 된다. 예를 들어, R1에서 **ip route 172.16.2.0 255.255.255.0 172.16.5.3 130** 명령은 스태틱 루트의 어드미니스트레이티브 디스턴스를 130으로 설정한다. 주 링크가 살아있는 한, R1에서 OSPF는 어드미니스트레이티브 디스턴스, 110을 가지고 172.16.2.0 /24에 대한 루트를 학습하기 때문에 이제 R1은 스태틱 루트를 무시하게 된다.

마지막으로, **show ip route** 명령은 대부분의 루트들에 대해 괄호 안에 두 숫자 중 첫 번째 숫자로 어드미니스트레이티브 디스턴스를 표시하고, **show ip route subnet** 명령은 분명하게 어드미니스트레이티브 디스턴스를 표시한다. [예 18-11]은 상기 설명을 반영하는 것이다.

```
R1# show ip route static
! 간략화를 위해 범례 생략됨.

      172.16.0.0/16 is variably subnetted, 6 subnets, 2 masks
S        172.16.2.0/24 is directly connected, Serial0/0/1

R1# show ip route 172.16.2.0
Routing entry for 172.16.2.0/24
  Known via "static", distance 130, metric 0 (connected)
  Routing Descriptor Blocks:
  * directly connected, via Serial0/0/1
      Route metric is 0, traffic share count is 1
```

[예 18-11] IP 라우팅 테이블(라우터 R1)에 permanent 키워드를 포함한 스태틱 루트 설정

디폴트 스태틱 루트들

라우터가 패킷을 라우팅하려 할 때, 라우터가 패킷의 목적지 IP 주소가 어느 루트에도 일치하지 않을 수도 있다. 이때, 라우터는 보통 패킷을 폐기한다.

직접 설정하거나 다이내믹하게 학습한 디폴트 루트를 사용하도록 라우터를 설정할 수 있다. 디폴트 루트는 모든 패킷들에 일치하므로, 패킷이 라우팅 테이블의 다른 구체적인 루트에 일치하지 않으면, 라우터는 디폴트 루트에 기초하여 패킷을 내보낸다.

회사들이 그들의 TCP/IP 네트워크 내에 디폴트 스태틱 루트를 사용하는 고전적인 예는 회사에서 다수의 지사들이 하나의 느린 WAN을 통해 연결할 때이다. 각 지사는 네트워크의 나머지로 패킷을 보내기 위해 사용 가능한 단지 하나의 가능한 물리적 루트를 갖는다. 그래서, WAN에서 메시지들을 보내 비싼 WAN 밴드위스를 소모하는 라우팅 프로토콜을 사용하기보다는 각 지사 라우터는 [그림 18-17]과 같이 본사에 트래픽들을 보내기 위해 디폴트 루트를 사용한다.

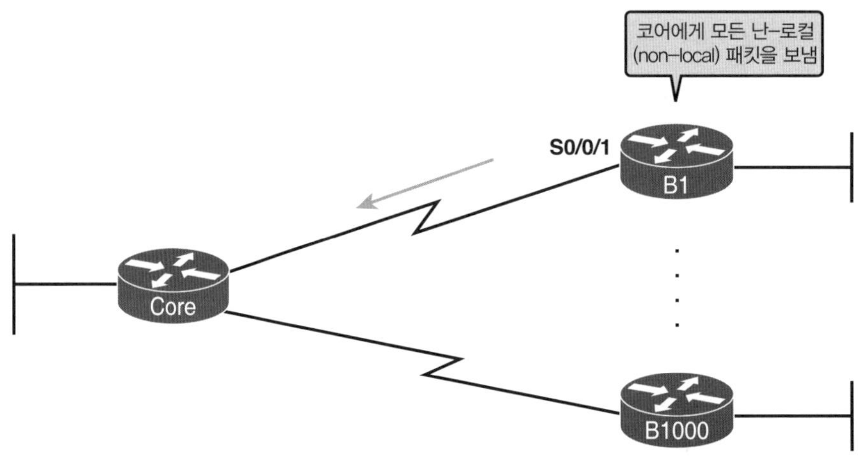

[**그림 18-17**] 1,000개의 저속 리모트 사이트들에서 디폴트 스태틱 루트의 사용 예

IOS는 **ip route** 명령의 서브넷과 마스크 필드에 0.0.0.0과 0.0.0.0이란 특별한 값들을 이용하여 스태틱 디폴트 루트를 설정할 수 있다. 예를 들어, **ip route 0.0.0.0 0.0.0.0 S0/0/1** 명령으로 라우터 B1에서 디폴트 스태틱 루트를 생성한다. 이 루트는 모든 IP 패킷들에 대해 인터페이스 S0/0/1으로 보내겠다는 의미를 갖는다.

[예 18-12]는 [그림 18-16]의 라우터 R2를 사용한 디폴트 스태틱 루트의 예를 보여준다. 앞서, [예 18-10]과 함께 [그림 18-16]은 그림의 오른쪽 두 서브넷들에 대한 스태틱 루트를 갖는 R1을 보여주었다. [예 18-12]는 그림의 왼쪽을 향하는 패킷들을 라우팅하기 위한 스태틱 디폴트 루트를 사용하는 R2를 보여준다.

```
R2# configure terminal
Enter configuration commands, one per line. End with CNTL/Z.
R2(config)# ip route 0.0.0.0 0.0.0.0 s0/0/1
R2(config)# ^Z
R2# show ip route
Codes: L - local, C - connected, S - static, R - RIP, M - mobile, B - BGP
       D - EIGRP, EX - EIGRP external, O - OSPF, IA - OSPF inter  area
       N1 - OSPF NSSA external type 1, N2 - OSPF NSSA external type 2
       E1 - OSPF external type 1, E2 - OSPF external type 2
       i - IS-IS, su-IS-IS summary, L1 - IS-IS level-1, L2 - IS-IS level-2
       ia - IS-IS inter area,* -candidate default, U-per-user static route

Gateway of last resort is 0.0.0.0 to network 0.0.0.0

S*      0.0.0.0/0 is directly connected, Serial0/0/1
        172.16.0.0/16 is variably subnetted, 4 subnets, 2 masks
C          172.16.2.0/24 is directly connected, GigabitEthernet0/0
L          172.16.2.2/32 is directly connected, GigabitEthernet0/0
C          172.16.4.0/24 is directly connected, Serial0/0/1
L          172.16.4.2/32 is directly connected, Serial0/0/1
```

[예 18-12] R2에 스태틱 디폴트 루트 추가(그림 18-16)

show ip route 명령의 아웃풋은 소수의 새롭고 흥미로운 사실들을 보여준다. 먼저 S 코드는 스태틱 루트를 의미하지만, *는 디폴트 루트 후보라는 것을 의미한다. 라우터가 하나 이상의 디폴트 루트를 학습한다면, 사용할 하나의 디폴트 루트를 선택해야 한다. 즉, *는 디폴트 루트가 될 수 있는 후보를 의미한다. 조금 위쪽에 'Gateway of Last Resort(마지막으로 의지할 수 있는 게이트웨이)'는 선택된 디폴트 루트로 이 경우에 송신 인터페이스 S0/0/1을 갖는 방금 설정한 스태틱 루트가 된다.

스태틱 루트에 대한 장애 해결

이 섹션은 스태틱 루트에 대한 장애를 해결하기 위해 필요한 명령들이 산재해있다. 이 버전의 시험 주제에는 특별히 스태틱 루트에 대한 장애 해결 영역들이 포함된다. 이 목적을 달성하기 위해, 이 장의 마지막 주제는 스태틱 루트에 대한 장애 해결과 관련된 핵심 항목들을 요약하고, 일부는 이번 장에서 이미 설명하였으며, 일부는 이 섹션에서 추가된다.

이 주제는 스태틱 루트 장애 해결을 세 가지 경우로 나눈다. 즉, 라우팅 테이블에 존재하지만 부정확한 루트, 라우팅 테이블에 존재하지 않는 루트, 라우팅 테이블에 있고 정확하지만 패킷이 도착하지 못하는 경우이다.

IP 라우팅 테이블에 존재하지만 부정확한 루트에 대한 장애 해결

첫 번째 장애 해결 항목은 명확하기 때문에 생각할 여지가 없다. **ip route** 명령으로 입력한 스태틱 루트는 유효한 것이어야 한다. IOS는 앞서 언급한 또는 다음 섹션에서 다시 살펴볼 몇 가지 소수의 확인을 통해 명령어 구문을 확인한다. 명령어 구문이 완벽하면, IOS는 루트가 잘못 선택된 파라미터가 있더라도 해당 루트를 IP 라우팅 테이블에 추가한다.

예를 들어, 시험 문제가 주소 192.168.1.101과 마스크 /26을 제시하고, 이 서브넷에 대한 스태틱 루트로 라우터에서 **ip route 192.168.1.64 255.255.255.224 192.168.1.65** 명령을 보여준다. 이 문제를 어떻게 생각하나? 서브넷 192.168.1.64와 마스크 255.255.255.224의 주소 범위에는 .101과 .102 주소를 포함하지 않는다. 따라서 **ip route** 명령은 올바른 구문이기 하지만, 서브네팅 계산에 오류를 포함한 것이다.

스태틱 루트가 있는 시험 문제에서 **show ip route**의 아웃풋에서 해당 루트를 보여줄 때, 다음 항목들을 확인해야 한다:

- 서브넷 ID와 마스크에서 서브네팅 계산 오류가 있는가?
- 다음 라우터의 IP 주소가 정확하고, 이웃 라우터의 IP 주소인가?
- 송신 인터페이스(outgoing interface)가 정확하고, 로컬 라우터의 인터페이스인가? (즉, 스태틱 루트가 설정된 동일한 라우터)

IP 라우팅 테이블에 존재하지 않는 루트에 대한 장애 해결

ip route 명령은 러닝-컨피그 파일에 추가되고, 스타트업 컨피그 파일에 저장되는 정확한 구문을 가져도, IP 라우팅 테이블에서 보이지 않을 수 있다. 왜 그럴까? 앞서 '어떤 경쟁 루트들을 갖지 않는 경우의 스태틱 루트들'과 '경쟁 루트들을 갖는 스태틱 루트들'이란 제목으로 이 이유를 설명하였다.

CLI에서 **ip route** 명령이 입력되었지만 해당 루트가 라우팅 테이블에 보이지 않을 수 있다. 다음 세 가지 이유는 수시로 바뀔 수도 있다는 점을 유의하기 바란다. 가령, 해당 루트는 사라졌다, 조건들이 변경되면 다시 보이기도 한다.

- **ip route** 명령에서 표시된 송신(outgoing) 인터페이스의 상태가 up/up이 아닐 수 있다.
- **ip route** 명령에서 표시한 다음 라우터(next-hop)의 IP 주소가 도달하지 못할 수 있다 (즉, 다음 라우터의 IP 주소에 대한 루트가 존재해야 한다).
- 보다 나은 경쟁 루트(정확하게 동일한 서브넷 ID와 마스크에 대한 또 다른 루트)가 존재하고, 그 경쟁 루트가 보다 나은(즉, 낮은) 어드미니스트레이티브 디스턴스를 갖는다.

정확한 스태틱 루트가 보이지만, 제대로 동작하지 못하는 경우에 대한 장애 해결

여기에는 두 가지 원인 즉, 하나는 일반적인 것과 다른 하나는 보다 사소한 것이 있다.

먼저, 일반적인 관점에서, 스태틱 루트는 완벽할 수 있지만, 한 호스트에서 보낸 패킷이 다른 호스트로 도착하지 못할 수 있다. 부정확한 스태틱 루트 설정은 '호스트 A가 서버 B에 연결할 수 없다'와 같은 문제를 해결할 때, 다수의 항목들 가운데 하나의 이유가 될 수 있다. 근본적인 이유는 스태틱 루트 혹은 무언가 다른 것일 수도 있다. 23과 24장은 이러한 유형의 문제들을 보다 깊이 있게 다룬다.

보다 사소한 원인은 '어떤 경쟁 루트들을 갖지 않는 경우의 스태틱 루트들' 제목의 섹션에서 다룬 **ip route** 명령과 **permanent** 키워드를 상기해보자. 기본적으로 이 키워드는 IOS에게 송신 인터페이스의 현재 상태와 다음 라우터의 IP 주소에 대한 루트가 존재하는 지에 대한 확인을 무시하도록 한다. 만약, 시험 문제에서 **permanent** 키워드와 함께 **ip route** 명령이 제시되었다면, 이러한 확인들을 직접 할 필요가 있다. IOS는 라우팅 테이블에 이 루트를 둘 것이므로, 인터페이스가 'down' 상태가 되거나 다음 라우터의 주소가 도달 불가능이라면 라우터는 해당 루트에 대해 패킷을 보낼 수 없을 것이다.

 챕터 리뷰

좋은 시험 결과를 위해서는 리뷰 세션에 대한 복습이 중요하다. 책이나 DVD의 툴 혹은 책의 동반자 웹 사이트에서 찾을 수 있는 대화형 툴을 활용하여 이 장의 자료들을 리뷰하기 바란다. 특히, '**단계②** 챕터 위주의 학습 습관을 만들어라'라는 제목의 '당신의 학습 계획'을 참조하기 바란다. [표 18-2]는 핵심 리뷰 요소들과 자료 출처들을 보여준다. 학습 과정에 대해 보다 나은 확인을 위해 두 번째 열에 완료한 날짜를 기록하도록 한다.

리뷰 항목	완료 날짜	자료 출처
핵심 주제 리뷰		책, DVD/웹 사이트
핵심 용어 리뷰		책, DVD/웹 사이트
사전 점검 퀴즈 반복		책, PCPT
메모리 테이블 리뷰		책, DVD/웹 사이트
실습 실행		블로그
명령어 테이블 리뷰		책

[표 18-2] 챕터 리뷰 확인

핵심 주제 복습

핵심 주제	설명	페이지
리스트	IP 패킷을 보내기 위한 호스트의 단계들	436
리스트	IP 패킷을 보내기 위한 라우터의 단계들	437
그림 18-2	라우터의 라우팅 5단계에 대한 그림	438
그림 18-7	IP 라우팅 테이블의 정보 비교와 포워딩	441
리스트	라우터가 IP 루트들을 만들기 위한 세 가지 방식들	443
리스트	라우터가 커넥티드 루트를 생성할 때의 규칙들	444
리스트	각 VLAN과 라우터를 연결하는 세 가지 방식들	447
그림 18-12	라우터의 VLAN 서브인터페이스의 개념	448
리스트	ROAS 설정에서 내이티브 VLAN을 설정하는 두 개의 방법들	450
그림 18-13	레이어 3 스위칭 개념과 설정	452
그림 18-14	스태틱 루트 설정 개념	454
리스트	IP 라우팅 테이블에 보이는 루트들에 대한 장애 해결 체크리스트	462
리스트	IP 라우팅 테이블에 보이지 않는 스태틱 루트들에 대한 장애 해결 체크리스트	462

[표 18-4] 18장의 핵심 주제들

핵심 용어

디폴트 게이트웨이/라우터(default gateway/router), ARP 테이블, 라우팅 테이블
(routing table), 다음-홉 라우터(next-hop router), 송신 인터페이스(outgoing interface)
서브인터페이스(Subinterface), VLAN 인터페이스, 레이어 3 스위치(Layer 3 switch),
커넥티드 루트(connected route), 스태틱 루트(static route), 디폴트 루트(default route),
호스트 루트(host route), 플로팅 스태틱 루트(floating static route), 네트워크 루트
(network route), 어드미니스트레이티브 디스턴스(administrative distance)

∷ 명령어 참조

[표 18-4]와 [표 18-5]는 이 장에서 사용하는 설정과 확인 명령어들을 보여준다. 연습을 위해
표의 왼쪽 행을 가리고, 오른쪽 행을 읽고 해당 명령을 보지 않고 기억해보도록 한다. 다음으로
오른쪽 행을 덮고 명령이 무엇을 위한 것인지를 기억하는 연습을 반복한다.

명령어	모드 및 목적
ip address *ip-address mask*	라우터의 IPv4 주소와 마스크를 설정하는 인터페이스 하부 명령어.
interface *type number.subint*	해당 서브인터페이스에 대한 컨피규레이션 모드에 들어가기 위해 서브인터페이스를 생성하는 글로벌 명령.
encapsulation dot1q *vlan-id* [native]	인터페이스를 활성화(no shutdown) 혹은 비활성화(shutdown) 하는 인터페이스 하부 명령어.
encapsulation isl *vlan-identifier*	라우터로 하여금, 특정 VLAN에 대해 ISL 트렁킹을 사용하도록 하는 서브인터페이스 하부 명령어.
sdm prefer lanbase—routing	스위치로 하여금, IP 라우팅을 구동시키는 시스코 스위치를 위한 명령어.
[no] ip routing	라우터와 레이어 3 스위치에서 IPv4 패킷에 대해IP 라우팅을 활성화(ip routing) 또는 비활성화(no ip routing) 시키는 글로벌 명령어.
interface *vlan vlan_id*	레이어 3 스위치에서 VLAN 인터페이스를 위한 컨피규레이션 모드에 들어가기 위해 VLAN 인터페이스를 생성시키는 글로벌 명령어.
ip route prefix mask {*ip-address* | *interface-type interface-number*} [*distance*] [*permanent*]	스태틱 루트를 생성하기 위한 글로벌 컨피규레이션 명령어.

[표 18-4] 18장 설정 명령어 참조

명령어	모드 및 목적
show ip route	라우터의 전체 라우팅 테이블을 보여줌.
show ip route [connected | static | rip]	IP 라우팅 테이블의 일부를 보여줌.
show ip route *ip-address*	표시한 IP 주소에 일치하는 루트에 대한 상세한 정보를 보여줌.
show vlans	VLAN 설정과 라우터에 설정된 VLAN 트렁크에 대한 통계치를 보여줌.
show arp, show ip arp	라우터의 IPv4 ARP 테이블을 보여줌.
clear ip arp [*ip-address*]	다이내믹하게 학습한 ARP 테이블의 모든 정보를 삭제하거나 명령이 IP 주소를 명시하면, 해당 IP 주소 관련 정보만 삭제함.

[표 18-5] 18장의 EXEC 명령어 참조

Chapter 19
RIPv2에 의한 IPv4 루트 학습

이 장은 다음 시험 주제를 다룬다.

3.0 라우팅 기술들

3.2 라우팅 테이블의 요소 해석

 3.2.a 프리픽스

 3.2.b 네트워크 마스크

 3.2.c 넥스트 홉(Next hop)

 3.2.d 라우팅 프로토콜 코드(code)

 3.2.e 어드미니스트레이티브 디스턴스(Administrative distance)

 3.2.f 메트릭(Metric)

 3.2.g 래스트 리조트 게이트웨이(Gateway of last resort)

3.3 다수의 라우팅 정보 소스들로 라우팅 테이블을 만드는 방법

 3.3.a 어드민 디스턴스(Admin distance)

3.5 스태틱 라우팅과 다이내믹 라우팅 비교

3.7 IPv4에 대한 RIPV2 설정, 확인 및 장애 해결(인증, 필터링, 수동 요약, 리디스트리뷰션은 제외)

라우터는 IP 패킷을 라우팅한다. 그러나 라우터는 상호 연결된 네트워크에서 목적지에 대한 경로 정보 없이는 패킷을 라우팅할 수 없다. 라우터들은 원격지 서브넷들에 대한 경로들을 학습하기 위한 가장 일반적인 방법은 다이나믹 라우팅 프로토콜(dynamic routing protocol)을 적용하는 것이다.

RIPV2(Routing Information Protocol Version 2)는 이 책에서 깊이 있게 다루는 유일한 IP 라우팅 프로토콜이다. 전체적인 개념은 단순하다. 엔지니어가 각 라우터에 RIPV2를 설정한다. RIPV2는 IP 주소 설정을 통해 알게 된 연결된 경로 정보를 이웃 라우터들에게 보내준다. 시간이 지나면서, 각각의 라우터는 보다 많은 경로 정보들을 받게 되고, 그들 또한 경로 정보들을 보낸다. 이 과정이 끝나면, 모든 라우터들은 각 서브넷에 도착하기 위한 중복 경로들에 대한 정보를 포함하여 모든 서브넷들에 대한 경로들을 학습한다.

각 라우터는 각 서브넷을 향하는 트래픽을 보내기 위한 최상의 경로[23] 만을 라우팅 테이블에 둠으로써 경로 학습 목표를 마무리한다.

보다 많은 페이지로 구성된 이 장은 RIPV2와 라우팅 프로토콜의 기초 개념에서 시작하여 설정, 확인 방법을 거쳐 문제 해결 방법으로 끝맺는다.

---

[23] 라우팅 테이블에는 최상의 경로(best route) 정보만 올라온다.

이 장의 학습을 위해 필요한 시간을 가늠하기 위해 시험(이 페이지나 PCPT 소프트웨어를 사용 가능)을 보기 바란다. 정답은 퀴즈 다음 페이지의 아랫 부분에 나와 있고, 설명은 DVD 부록 C와 PCPT 소프트웨어에 있다.

핵심 주제 섹션	해당 문제
RIP과 라우팅 프로토콜 개념	1-2
핵심 RIPv2 설정 및 확인	3-5
선택적 RIPv2 설정 및 확인	6
RIPv2 장애 해결	7

[표 19 -1] 사전 점검 퀴즈의 핵심 주제와 문제

1. 다음 중 RIPv2의 기능은? (2개를 선택할 것)

  a. 홉-카운트(hop-count) 메트릭을 사용함

  b. 브로드캐스트 주소 255.255.255.255로 업데이트 메시지를 보냄

  c. 컨버전스 후에는, 변화가 발생할 때만 업데이트를 보냄.

  d. 룹 방지 메커니즘으로 스플릿 호라이즌(split horizon)을 사용함.

2. 다음 중 RIP의 홉-카운트(hop-count) 메트릭의 개념을 가장 잘 설명하는 것은?

  a. 루트에서 위성 링크들의 수

  b. 출발 라우터를 제외한 라우터와 서브넷 간의 라우터들의 수

  c. 출발 라우터를 포함한 라우터와 서브넷 간의 라우터들의 수

  d. 서브넷이 존재하는 링크를 제외한 라우터와 서브넷 간의 링크들의 수

  e. 서브넷이 존재하는 링크를 포함한 라우터와 서브넷 간의 링크들의 수

3. 라우터 R2가 주소/마스크, 10.1.1.2/24와 11.1.1.1/24를 가진 인터페이스들을 가진다. 다음 명령어 중 두 인터페이스에 RIPv2를 활성화하기 위해 R2의 RIPv2 설정에 포함되는 것은? (3개를 선택할 것)

  a. `router rip`

  b. `router rip 3`

  c. `network 10.0.0.0`

  d. `network 10.1.1.1`

  e. `network 11.0.0.0`

  f. `network 11.1.1.2`

4. router rip 명령을 따르는 다음 **network** 명령어 중 IP 주소 10.1.2.1과 10.1.1.1, 마스크 255.255.255.0인 두 인터페이스들에서 RIP 업데이트를 보내게 하는 것은?

   a. **network 10.0.0.0**

   b. **network 10.1.1.0 10.1.2.0**

   c. **network 10.1.1.1. 10.1.2.1**

   d. **network 10.1.0.0 255.255.0.0**

   e. **network 10**

5. 라우터에서 **show ip route** 명령의 다음 토막 정보를 살펴보자:

```
R  10.1.2.0 [120/1] via 10.1.128.252, 00:00:13,  Serial0/0/1
```

다음 중 이 아웃풋과 관련하여 사실인 것은? (2개를 선택할 것)

   a. 어드미니스트레이티브 디스턴스는 1이다.

   b. 어드미니스트레이티브 디스턴스는 120이다.

   c. 메트릭은 1이다.

   d. 메트릭은 보이지 않는다.

   e. 라우터는 13초 전에 라우팅 테이블에 이 루트를 추가했다.

   f. 라우터는 루트를 다시 보내기 전에 13초를 기다려야 한다.

6. 라우터에서 **show ip protocols** 명령의 다음 토막 정보를 살펴보자:

```
Automatic network summarization is not in effect
Maximum path: 5
Routing for Networks:
  192.168.1.0
  192.168.5.0
Passive Interface(s):
  GigabitEthernet0/1
```

다음 명령어 중 RIP 컨피규레이션 모드를 보여주는 **show running-config** 명령에서 기대할 수 있는 것은? (2개를 선택할 것)

   a. **auto-summary**

   b. **network 192.168.5.1**

   c. **maximum-paths 5**

   d. **passive-interface gigabitethernet0/1**

7. 라우터 R1과 R2는 RIPv2를 적용하고, 서로 루트들을 교환해야 한다. R1과 R2는 G0/0 인터페이스를 사용하여 이더넷 링크를 통해 연결되었다. R2는 R1으로부터 루트들을 학습하지만, R1은 R2로부터 루트들을 학습하지 못한다. 다음 실수들 중 이 증상을 일으키는 것은?

   a. R2가 **passive-interface gigabitethernet0/0** 명령을 설정했다.

   b. R1과 R2의 IP 주소/마스크는 각각 10.1.1.1/25 와 10.1.1.201/25이다.

   c. R1은 R1의 G0/0 인터페이스 IP 주소에 일치하는 RIP **network** 명령을 갖지 않는다.

   d. R2는 **no auto-summary** 명령을 누락하였다.

:: RIP과 라우팅 프로토콜 개념들

IP의 긴 역사 때문에 다수의 IP 라우팅 프로토콜들이 존재한다. 그러나 모든 라우팅 프로토콜들을 비교하면, 공통적인 핵심 특성을 갖는다. 각 라우팅 프로토콜은 라우터 혹은 레이어 3 스위치로 하여금 다음의 동작을 일으킨다.

> ① 다른 이웃 라우터들로부터 IP 서브넷들에 대한 라우팅 정보를 학습한다.
>
> ② IP 서브넷들에 대한 라우팅 정보를 이웃 라우터들에게 보낸다.
>
> ③ 라우터가 한 서브넷에 대해 하나 이상의 경로 정보를 가지면, 메트릭[24] 을 비교하여 최상의 경로를 선정한다.
>
> ④ 네트워크 토폴로지에 변화가 일어나면 최상의 경로를 변경한다. 즉, 링크를 사용할 수 없으면, 각 목적지 서브넷에 대한 새로운 최상의 경로를 사용하도록 라우팅 정보를 변경한다.

모든 라우팅 프로토콜들이 동일하게 네 가지 기능을 수행하지만, 라우팅 프로토콜들이 이러한 기능을 수행하는 과정의 세부 항목에는 차이를 보인다. 이 장의 나머지는 다른 프로토콜 들에 대한 몇 가지를 언급하고 RIPv2(Routing Information Protocol Version 2)에 의해 수행되는 이러한 과정을 자세히 다룬다.

IGP(Interior Gateway Protocols)의 역사

역사적으로 말하자면, [그림 19-1]과 같이 RIPv1(RIP Version 1)은 잠시 후에 소개될 시스코의 IGRP(Interior Gateway Routing Protocol)와 함께 첫 번째로 광범위하게 사용된 IP 라우팅 프로토콜이다.

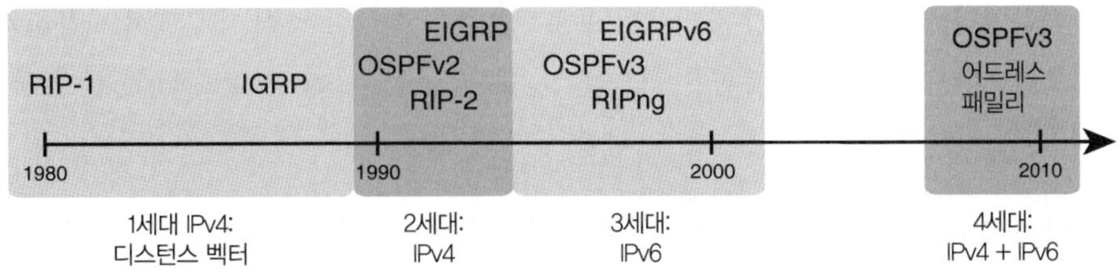

[그림 19-1] IP IGP 연대표

---

[24] 라우팅 프로토콜이 최상의 경로를 선정하기 위해 경로들 간에 비교하는 기준 값. 예를 들어, 홉(hop: 목적지까지 거치는 라우터의 수), 대역폭(bandwidth) 등을 사용한다.

1990년 초반까지, 비즈니스와 기술적 요소들 때문에 IPv4를 지원하기 위한 2세대의 보다 나은 라우팅 프로토콜들이 도래하게 되었다. 2세대 라우팅 프로토콜에는 RIPv2(RIP Version 2), OSPFv2(OSPF Version 2)와 EIGRP(Enhanced Interior Gateway Routing Protocol)를 비롯하여 IPv4를 위해 오늘날 사용하는 모든 프로토콜들을 포함한다.

1세대와 2세대의 라우팅 프로토콜들은 IPv4를 지원하지만, IPv6를 지원하지 않는다. 인터넷에서 IPv4 주소 고갈에 대한 장기 솔루션으로 1990년대 중반에 IPv6가 출현하였다. 새로운 IPv6를 지원하는 라우팅 프로토콜들은 EIGRPv6(EIGRP for IPv6), OSPFv3(OSPF Version 3), RIPng(RIP next generation)를 포함한다. RIPng라는 이름은 스타트렉 시리즈의 이름(next generation)을 따랐다.

[그림 19-1]의 4세대는 OSPF의 일부 약점을 극복하기 위한 것이다. OSPFv4가 처음 출현했을 때 IPv6 경로 정보만 전달할 수 있었다. 따라서 수년 동안, OSPFv2는 IPv4와 관련된 것이었고, OSPFv3는 IPv6와 관련된 것이었다. 2010년 쯤에 OSPFv3는 어드레스 패밀리(address family)라는 기능을 사용하여 IPv4와 IPv6 경로 정보 모두를 전달할 수 있도록 개선되었다.

IGP 비교

오늘날 대부분의 네트워크에서 아마 2세대나 3세대 라우팅 프로토콜들을 사용하고 있을 것이다. 사실 시스코는 IGRP가 너무 오래된것이라 보다 최근의 IOS 버전에는 IGRP를 포함조차 하지 않고 있다. EIGRP와 OSPFv2는 가장 일반적인 라우팅 프로토콜인데 비해 RIPv2는 훨씬 덜 사용한다. 그러나 RIPv2는 ICND1 시험 주제에 속하고, EIGRP와 OSPF에 비해 하나의 장점을 갖는다. 즉, RIPv2는 훨씬 배우기가 쉽다.

먼저 IGP는 무엇일까? 이 장에서 지금까지 언급한 모든 라우팅 프로토콜들은 EGP(Exterior Gateway Protocol)가 아니라 IGP(Interior Gateway Protocol)에 속한다. 이러한 두 용어에서 라우터 대신 게이트웨이란 단어를 쓰는 이유는 IP 라우팅의 초창기에 라우터를 게이트웨이라고 불렀기 때문이다. 개발자들은 일부 라우팅 프로토콜들을 회사나 조직 내부에서 사용하기 위한 것(IGP)으로, 다른 라우팅 프로토콜은 회사들 간, ISP(Internet Service Provider) 간에 적용하기 위한 것(EGP)으로 만들었다.

이 장에서 언급하는 모든 라우팅 프로토콜에 대한 논의는 대부분 IGP에 관한 것이다.

엔지니어가 무슨 라우팅 프로토콜을 사용할지를 고려할 때, 라우팅 프로토콜들 간에 몇몇 기본적인 비교를 할 수 있다. 다음 목록에서는 이러한 라우팅 프로토콜들에 대한 4가지 주요 비교 항목이 있다.

- **근본적인 라우팅 프로토콜 알고리즘**: 라우팅 프로토콜의 알고리즘 로직에 따라 디스턴스 벡터(distance vector) 혹은 링크 스테이트(link state) 방식으로 나뉨.

- **메트릭의 유용성**: 라우팅 프로토콜은 어떤 루트가 최상인지를 메트릭을 기준으로 선정한다. 메트릭이 우수할수록 라우팅 프로토콜은 보다 나은 선택을 할 수 있다.

- **컨버전스(convergence) 속도**: 네트워크에서 모든 라우터들이 변화를 학습하고 자신의 IPv4 라우팅 데이블을 갱신하는데 걸리는 시간. 컨버전스 타임(convergence time)은 라우팅 프로토콜에 따라 다르다.

- **표준 프로토콜인지 제조사 고유의 프로토콜인지**: RIP과 OSPF는 RFC에서 정의하는 표준이다. EIGRP는 시스코에서 정의되었고, 2013년까지는 표준이 아니었다.

RIP의 메트릭은 홉 카운트다. 홉 카운트는 라우터와 어떤 먼 서브넷 간의 라우터들의 수다. RIP의 메트릭이 홉 카운트라는 것은 RIP이 가장 작은 수의 링크들 또는 라우터들을 통과하는 루트를 선택한다는 것을 의미한다. 그러나 가장 홉 카운트를 갖는 루트가 가장 느린 링크들일 수도 있다. 사실, [그림 19-2]의 왼쪽에서 RIP은 라우터 B에서 서브넷 10.1.1.0에 대해 2홉 루트인 1Gbps 링크 대신, 보다 느린 100Mbps 링크를 선택하는데, 이 경로가 1홉 루트이기 때문이다.

메트릭으로 링크 밴드위스를 사용하는 라우팅 프로토콜은 [그림 19-2]의 토폴로지에서 보다 나은 선택을 할 수 있다. 예를 들어, EIGRP는 그림의 오른쪽에서 네트워크에서 통과하는 보다 많은 링크들(보다 많은 홉들)을 거치는 루트를 선택하지만, 거치는 두 링크는 각 링크에서 보다 빠른 1Gbps의 밴드위스를 제공한다.

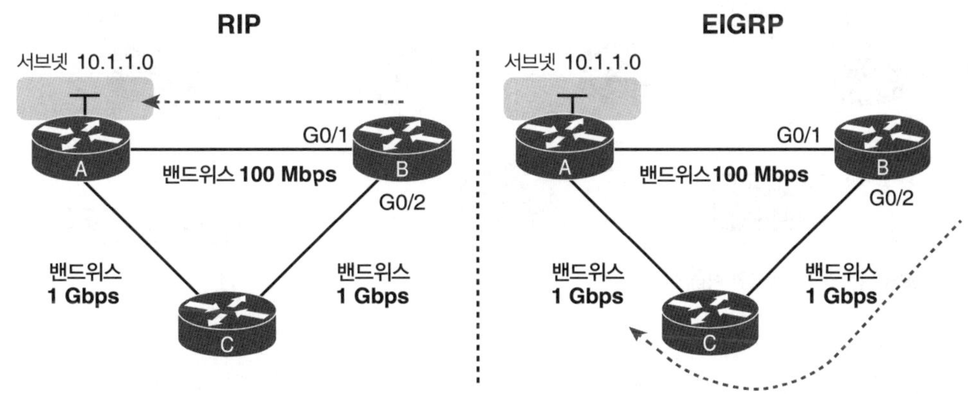

[그림 19-2] EIGRP는 서브넷 10.1.1.0에 대해 보다 길지만 보다 나은 경로를 선택함

디스턴스 벡터(Distance Vector) 기초

각 IGP는 내부 로직에 기초하여 다음 두 가지 카테고리 즉, 디스턴스 벡터(RIP이 속함)와 링크 스테이트 계열로 구분한다. 다음 몇 페이지들은 DV 프로토콜, 여기서는 RIPv2를 사용하여 실제로 라우팅 정보를 교환하는 방식에 대해 좀더 자세히 설명한다. ICND2 책의 장들은 OSPF와 관련하여 링크 스테이트 로직과 EIGRP와 관련하여 일부 개선된 디스턴스 벡터 특성들을 보다 자세히 설명한다.

디스턴스(Distance)와 벡터(Vector)의 개념

디스턴스 벡터(distance vector)라는 용어는 라우터가 각 경로(route)에 대해 무엇을 아는가를 설명한다. 라우터가 서브넷에 대한 경로를 학습할 때, 라우터는 각 루트에 대한 세 가지 중요한 항목들 즉, 목적지 서브넷, 디스턴스(가령, 라우팅 프로토콜의 메트릭에 해당함), 벡터(가령, 경로의 일부로서 목적지 서브넷에 도착하기 위해 다음으로 통과할 라우터(next-hop router)와 링크) 정보를 학습한다.

[그림 19-3]에서 왼쪽 작은 박스 안의 RIP 업데이트를 보자. 예를 들어, R1 라우터는 세 대의 이웃 라우터들로부터 RIP 업데이트들을 받는다. 각 업데이트는 서브넷 X에 대해 다른 메트릭과 함께 다른 경로를 설명한다. RIP 업데이트 메시지를 보내는 특정 라우터는 곧 해당 목적지 네트워크에 대한 넥스트 홉 라우터(next-hop router)[25] 가 된다. 이 경우, 세 개의 RIP 업데이트는 다음 경로 정보들을 포함한다.

- 서브넷 X에 대해 R2(벡터)를 거치는 4홉(디스턴스) 경로
- 서브넷 X에 대해 R5(벡터)를 거치는 3홉(디스턴스) 경로
- 서브넷 X에 대해 R7(벡터)을 거치는 2홉(디스턴스) 경로

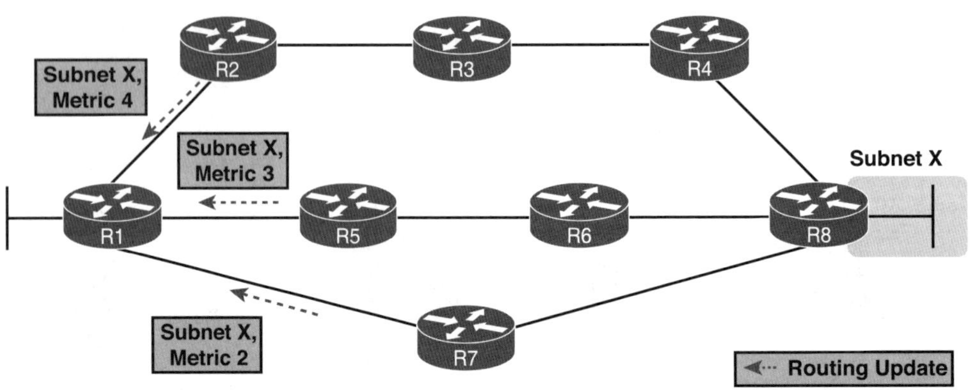

[그림 19-3] 디스턴스 벡터의 학습 정보

다음 설명을 위해 [그림 19-3]을 보고, R1이 서브넷 X에 대해 하나의 경로 즉, R2로부터만 경로 정보를 학습했다 가정해보자. 이 경로는 서브넷 X에 대해 R1이 아는 유일한 경로이기 때문에 이 경로를 사용할 것이다. 그러나 서브넷 X에 대해 세 개의 경로를 학습하였다면, R1은 최상의(가장 낮은) 메트릭을 가진 경로 즉, R7 라우터를 거치는 2홉 경로를 선택한다.

---

[25] 즉, 예를 들어 10.0.0.0 /8 경로 정보를 보낸 라우터는 곧, 10.0.0.0 /8 네트워크에 대한 경로 정보가 된다. 경로 정보란 목적지 네트워크로 가기 위해 다음으로 통과해야 할 라우터(next-hop router)임을 의미한다.

풀 업데이트 메시지와 스플릿 호라이즌(Split Horizon)

[그림 19-3]이 개념적인 그림을 보여주는 반면, [그림 19-4]는 보다 구체적인 RIPv2의 실제 동작을 보여준다. 다수의 DV 프로토콜들과 마찬가지로, RIPv2는 상대적으로 짧은 주기로 라우팅 업데이트를 보낸다. 주기적이란 RIP가 아무 변화가 없을 때조차 동일한 업데이트를 반복적으로 보낸다는 의미다. [그림 19-4]는 세부적으로 구분되는 단계들을 통해 이 개념을 설명한다.

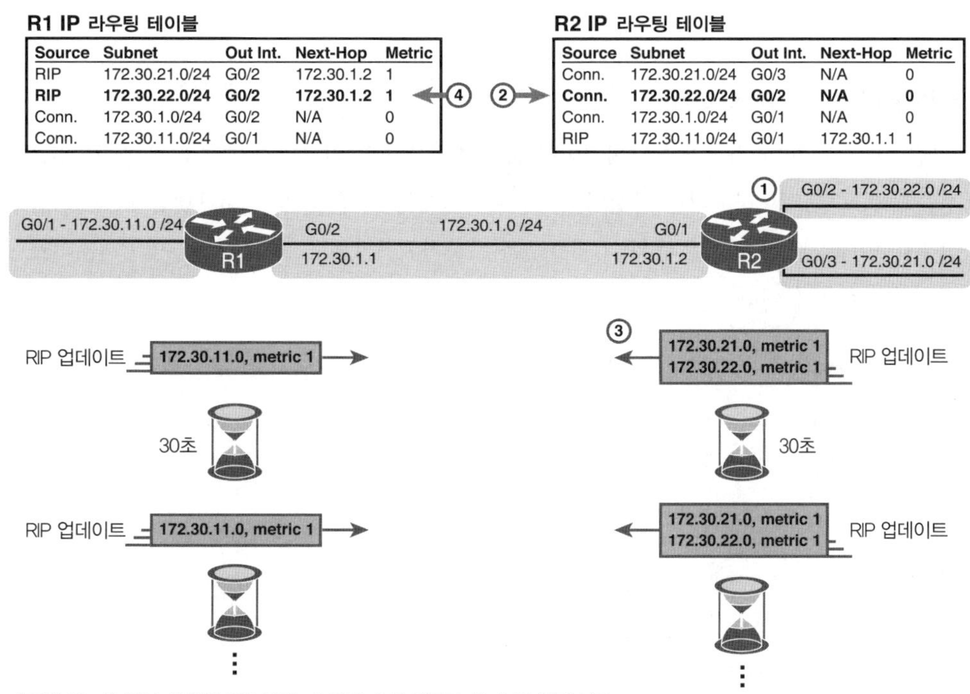

[그림 19-4] 정상 상태의 RIP 동작: 스플릿 호라이즌과 함께 풀 업데이트

이 그림은 많은 정보를 보여 주므로 시간을 두고 다음 항목들과 숫자들을 자세히 보자. 예를 들어, R1 라우터가 R2의 G0/2 인터페이스에 연결된 서브넷 172.30.22.0/24에 대해 학습한 정보를 고려해보자.

① R2의 인터페이스 G0/2는 IP 주소를 가지고 업/업(up/up)[26] 상디디.

② R2는 인터페이스 G0/2 의 172.30.22.0/24를 라우팅 테이블에 커넥티드 루트(connected route)[27]로 올라온다.

③ R2는 메트릭 1로 172.30.22.0/24 경로 정보를 RIP 업데이트를 통해 R1에게 보낸다. 메트릭 1은 이 서브넷에 도달하기 위한 R1의 메트릭 즉, 홉 카운트가 1임을 의미한다.

④ R1은 서브넷 172.30.22.0/24에 대해 메트릭 1로 라우팅 테이블에 추가한다.

---

[26] G0/2 is up, line protocol is ip는 show interface의 결과로 up/up 상태는 각각 1계층과 2계층의 상태를 의미한다. Up/up 상태는 인터페이스를 사용할 수 있는 상태 임을 의미한다.

[27] 라우팅 테이블에 올라오는 네트워크 정보는 해당 라우터에 연결된(connected) 네트워크 정보와 연결되지 않은(not connected) 네트워크 정보로 구분한다.

위의 **단계④** 에서 학습한 경로 정보 즉, R1의 라우팅 테이블의 굵은 글씨에 대해 좀더 초점을 맞춰보자. 이 경로는 R2로부터 학습한 172.30.22.0/24 정보다. 이 정보는 R1이 G0/2인터페이스를 통해 업데이트를 수신하였으므로 R1 자신의 G0/2 인터페이스를 해당 목적지 서브넷으로 향하는, 송신 인터페이스(outgoing interface)로 등록한다. 또한 R1은 경로 정보를 보내준 IP 주소인 172.30.1.2 즉, R2의 IP 주소를 넥스트 홉 라우터(next-hop router) 주소로 등록한다. 해당 목적지 서브넷에 대해 R1의 나가는 인터페이스와 넥스트 홉 라우터 정보를 라우팅 정보로 사용한다.

스플릿 호라이즌(Split Horizon)

[그림 19-4]는 또한 스플릿 호라이즌이라 불리는 일반적인 디스턴스 벡터 라우팅 프로토콜의 특성을 보여 준다. 두 라우터는 자신의 IP 라우팅 테이블 안에 네 개의 서브넷을 보여 준다. 하지만 RIP 업데이트 메시지는 네 개의 서브넷을 포함하지 않는다. 그 이유는 무엇일까? 바로 스플릿 호라이즌 때문이다.

스플릿 호라이즌은 라우터에게 해당 인터페이스로 나가는 일부 정보를 누락하도록 하는 디스턴스 벡터 라우팅 프로토콜의 특성이다. 인터페이스 X에서 보내지는 정보중, 누락되는 것은 무엇일까? 한 인터페이스에서 보내지지 않는 정보는 해당 인터페이스로 수신된 라우팅 업데이트를 통해 학습한 정보들이다.

스플릿 호라이즌은 단어 그 자체만 가지고는 무슨 뜻인지 알기 어렵고, 예를 통해 훨씬 쉽게 이해할 수 있다. [그림 19-5]는 [그림 19-4]의 예와 동일하지만, R1의 G0/2 인터페이스 밖으로 R2에게 보낸 R1의 RIP 업데이트에 초점을 맞춘다. [그림 19-5]에서 R1의 라우팅 테이블은 옅은 색으로 표시된 모두 G0/2가 송신 인터페이스인 세 개의 경로 정보들을 갖는다. G0/2 인터페이스로 내보낼 RIP 업데이트를 만들 때, 이러한 옅은 색의 경로 정보들을 누락시키라는 스플릿 호라이즌 규칙이 적용된다. 오로지 굵은 색으로 표시한 경로 정보 즉, 송신 인터페이스로 G0/2로 선택하지 않은 경로 정보만 G0/2에서 내보내지는 R1의 RIP 업데이트 정보에 포함된다.

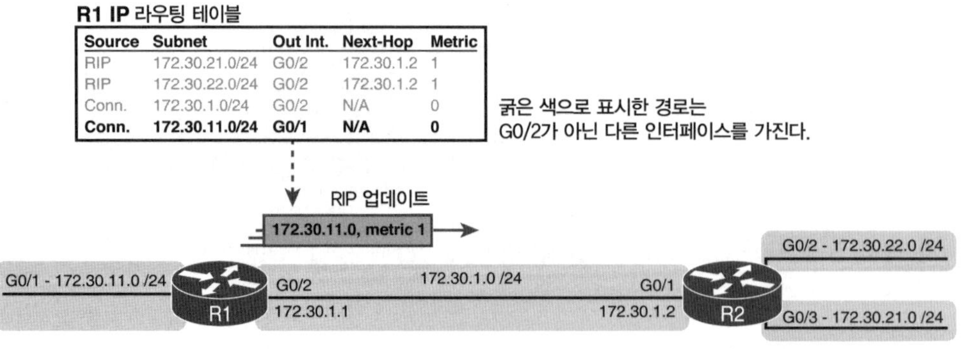

[그림 19-5] R1은 스플릿 호라이즌 때문에 세 루트들을 보내지 않음

루트 포이저닝(Route Poisoning)

DV 프로토콜들은 루트가 유효하지 못하다는 사실을 가능한 빨리 모든 라우터에게 알림으로써 라우팅 룹(routing loop)을 방지하도록 한다. 라우팅 룹은 특정 라우터들에 남아 있는 다운된 목적지에 대한 루트들 때문에 어떤 목적지로 향하는 패킷들이 라우터들 간에 순환하며 목적지에는 도착하지 못하는 현상이다. 라우팅 프로토콜들은 라우팅 룹을 방지하기 위한 기능들을 갖는다. 이 기능들 중 하나가 루트 포이저닝으로 모든 라우터가 루트를 사용할 수 없다는 것을 모든 라우터들이 알도록 한다.

루트 포이저닝은 유효하지 않는 루트 정보를 알리는 기능이지만, 실제 보내지는 정보에는 무한대(infinity)의 특별한 메트릭값을 사용한다. 라우터는 무한대의 메트릭으로 수신된 루트들을 유효하지 못하다고 간주한다.

[그림 19-6]은 R2의 G0/2 인터페이스가 다운되었을 때 즉, R2의 172.30.22.0/24에 대한 루트가 유효하지 않을 때의 RIP 환경에서 루트 포이저닝의 예를 보여준다. RIP의 무한대 메트릭값은 16이다.

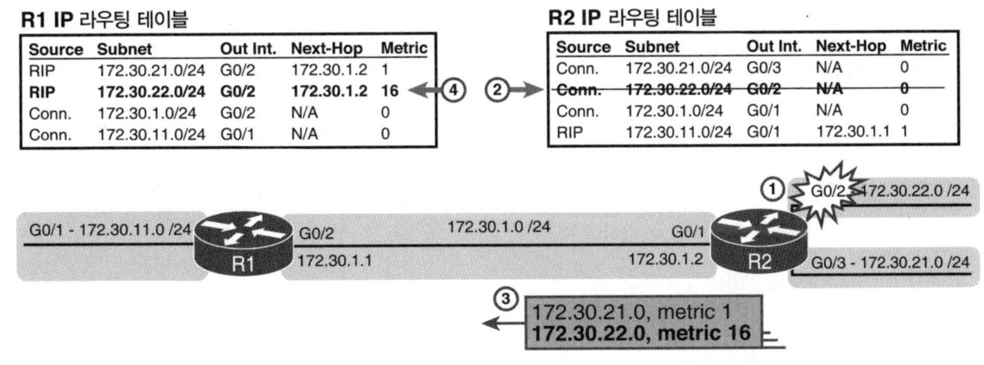

[그림 19-6] 루트 포이저닝

[그림 19-6]은 다음 과정을 보여주는데, 그림에서의 숫자 순서를 따른다.

① R2의 G0/2 인터페이스에 고장이 났다.

② R2는 라우팅 테이블에서 172.30.22.0/24에 대한 커넥티드 루트를 삭제한다.

③ R1은 172.30.22.0/24에 대한 루트는 더 이상 유효하지 않는다고 인식한다. 여기서 논의하지 않은 조건에 기초하여 R1은 라우팅 테이블에서 이 루트를 삭제하거나 루트를 삭제하기 전에 수분 동안 루트를 사용 불가능(무한대의 메트릭을 가진)한 것으로 표시한다.

이 과정의 마지막까지, R1 라우터는 서브넷 172.30.22.0/24에 대한 오랜 루트가 사용할 수 없다는 것을 확실히 알아야 IP 루트들이 룹을 일으키는 것을 방지한다.

모든 라우팅 프로토콜들이 루트들을 어떤 방법으로 루트들을 유효하지 않은 것으로 표시하는데, 일부 경우에 RIP과 같이 무한대의 메트릭값을 사용한다. RIP은 RIP 프로토콜 정의에 의해 16을 사용한다. 홉 카운트 16을 가진 루트를 수신하면 포이전 루트(poison route; 네트워크 다운)라고 간주하기 때문에 결과적으로 홉 카운트 15인 루트가 RIP 네트워크에서 사용할 수 있는 가장 긴 유효한 루트가 된다.

RIPv2 기능 요약

마지막 섹션은 RIPv2의 기능에 대해 간략하게 조금 더 언급하고, 보다 쉬운 복습과 학습을 위해 이러한 기능들을 정리해본다.

물론, RIPv2는 RIPv1 이상의 기능들을 추가한다. 예를 들어, RIPv2는 다른 믿을 만한 라우터들만 루트들을 교환할 수 있도록 패스워드 확인 메커니즘을 사용하여 인증 기능을 지원한다. 또한, RIPv2는 엔지니어로 하여금 라우팅 테이블의 크기를 계획하고 줄이기 위한 수동 루트 서머라이제이션을 지원한다(이 책의 앞선 판에서 복사한 DVD 부록 O, '루트 서머라이제이션'은 보다 상세한 내용을 제공하는데 관심이 있다면 참고하기 바란다). 하지만, 이 책은 이러한 기능들에 대해 자세히 다루지 않는다.

또 하나의 차이는 RIPv2가 라우팅 정보를 포함하는 업데이트 메시지를 224.0.0.9 멀티캐스트 IP 주소로 보낸다. RIPv1은 로컬 서브넷 브로드캐스트 주소, 255.255.255.255를 사용한다.

멀티캐스트 주소를 사용하면 RIP과 관련없는 호스트들에 대한 영향을 줄일 수 있어 보다 효과적이다.

마지막으로, RIPv2는 VLSM(variable-length subnet masks)을 지원한다. 22장 'VLSM(Variable Length Subnet Masks)'은 VLSM을 자세히 다룬다. VLSM은 한 클래스풀 네트워크(하나의 클래스 A, B 혹은 C 네트워크) 내에 하나 이상의 서브넷 마스크가 사용됨을 의미한다.

예를 들어, [그림 19-7]의 네트워크는 모든 서브넷들이 클래스 A 네트워크 10.0.0.0에 속하지만, 일부 서브넷들은 /24 마스크를 적용한 반면 다른 것들은 /30 마스크를 사용하기 때문에 VLSM을 사용하고 있다.

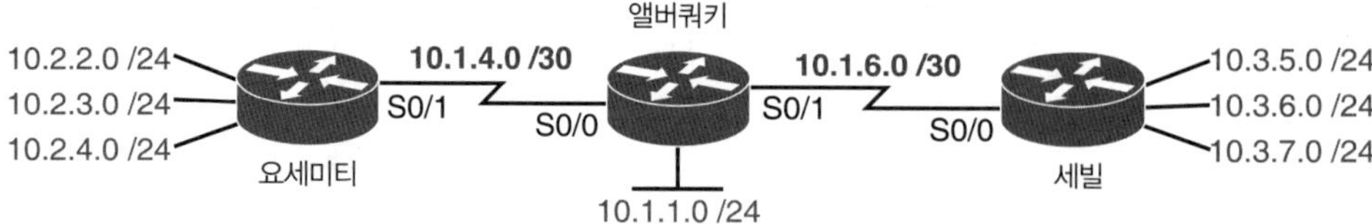

[그림 19-7] VLSM 예

[표 19-2]는 RIPv1과 RIPv2의 기능들을 비교한다. 하지만 이 표의 기능들의 목록은 두 버전의 차이를 강조하기보다는 RIPv2의 기능을 강조한다.

기능	RIPv1	RIPv2
홉-카운트 메트릭	Yes	Yes
유효한 루트의 최대 메트릭은 15	Yes	Yes
전체 라우팅 업데이트를 보냄	Yes	Yes
스플릿 호라이즌(split horizon) 사용 여부	Yes	Yes
루트 포이저닝(route poisoning) 사용, 메트릭 16은 '무한대'임	Yes	Yes
라우팅 업데이트에 마스크 포함(VLSM 지원 여부)	No	Yes
수동 루트 서머라이제이션 지원	No	Yes
224.0.0.9 멀티캐스트 주소로 업데이트 보냄	No	Yes
인증 지원 여부	No	Yes

[표 19-2] RIPv1과 RIPv2의 기능 비교

∷ 핵심 RIPv2 설정 및 확인

RIPv2 는 세 개의 기본 설정 명령을 요구하고, 두 개의 **show** 명령으로 RIPv2의 상태를 확인한다. 이 장의 네 개의 주요 섹션들 중에서 두 번째는 핵심 설정과 확인 방법에 초점을 맞춘다.

핵심 RIPv2 기능들 설정하기

RIPv2 설정은 라우팅 프로토콜들에 연관된 개념에 비해 간단하다. 이 설정 과정은 세 개의 명령을 필요로 하는데, 단지 **network** 명령만이 실질적인 고민을 요구한다. 또한, 라우팅 프로토콜을 분석하고 장애 해결을 위해 보다 일반적인 **show** 명령을 사용한다.

RIPv2 설정 과정은 다음 세 단계만을 필요로 하는데, 세 번째 단계는 동일한 라우터에서 수차례 반복될 수 있다:

단계 ① 글로벌 컨피규레이션 모드에서 **router rip** 명령으로 RIP 컨피규레이션 모드로 이동한다.

단계 ② RIP 컨피규레이션 모드에서 **version 2** 명령은 라우터에게 RIP 버전 2만 사용하도록 한다.

단계 ③ RIP 컨피규레이션 모드에서 하나 이상의 **network** *net-number* 명령으로 정확한 인터페이스들에 RIP을 구동시킨다.

RIP의 network 명령에 대한 이해

RIPv2를 설정하기 위해, 항상 컨피그 체크리스트의 첫 번째 두 명령어로 시작하고, 세 번째 단계인 **network** 명령에 대해서는 깊이 생각해야 한다. RIP의 **network**는 RIP을 구동하는 인터페이스들을 간접적으로 식별한다. 이 명령은 하나의 파라미터 즉, 클래스풀 IP 네트워크 번호를 갖는다. IOS는 **network** 명령의 IP 네트워크와 각 인터페이스의 IP 주소를 비교한다. IOS는 인터페이스의 IP 주소가 동일한 클래스풀 네트워크에 속하면 RIP을 해당 인터페이스에서 적용한다.

예를 들어, [그림 19-8]에서 왼쪽 설정은 두 개의 **network** 명령을 사용한다. 첫 번째 **network** 명령은 오른쪽의 네 개의 인터페이스들 중에서 한 개의 인터페이스 IP 주소와 일치하는데, 그 이유는 인터페이스들 중에 하나가 클래스풀 네트워크, 10.0.0.0에 속하기 때문이다. 두 번째 명령은 두 개의 인터페이스에 일치하는데, 클래스풀 네트워크, 172.16.0.0에 두 개의 인터페이스가 속하기 때문이다. 두 **network** 명령 중에 어떤 것도 클래스풀 네트워크 192.168.1.0에 속하는 네 번째 인터페이스에 일치하지 않는다.

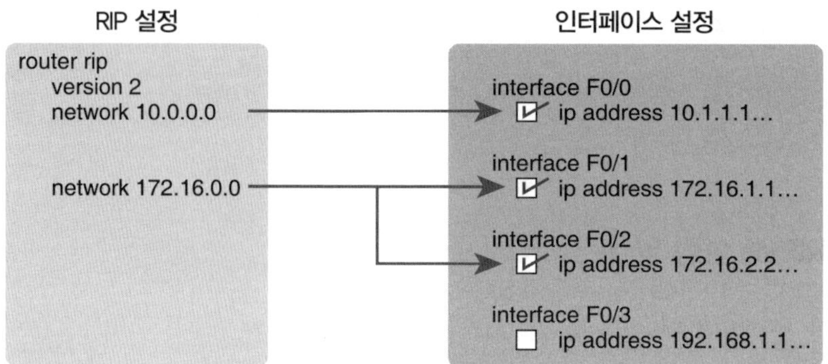

[**그림 19-8**] RIP network 명령은 RIP을 인터페이스별로 활성화함

그렇다면 RIPv2는 RIPv2가 구동된 인터페이스에서 무엇을 할까? RIP는 인터페이스에서 세 개의 분리된 동작을 한다. 인터페이스에서 RIP을 구동하는 것을 하나의 아이디어로 간주하는 것이 아니라 이후의 설정과 장애 해결 주제들에 대해 생각할 때 도움이 되기 때문에 세 개의 동작으로 분리하는 편이 낫다. 다음은 세 가지 동작들이다:

- 라우터는 해당 인터페이스에서 라우팅 업데이트들을 보낸다.
- 라우터는 동일한 인터페이스에서 수신 업데이트들을 기다리고 처리한다.
- 라우터는 인터페이스에 연결된 서브넷 정보를 알린다.

version 2 명령으로 송신 및 수신되는 업데이트들은 RIP 버전 2 업데이트들이 된다.

다수의 IP 네트워크를 가진 경우의 RIP 설정 예

이러한 사실들을 마음속에 담고, 이제 하나의 라우터에서 RIP을 설정하는 방법을 고려해보자. 잠시 [그림 19-9]를 보면서 라우터에 첫 번째 세 개의 설정 단계를 적용해보고, 모든 인터페이스에 RIP을 구동시키기 위해 라우터에 필요한 명령을 예측해 보자.

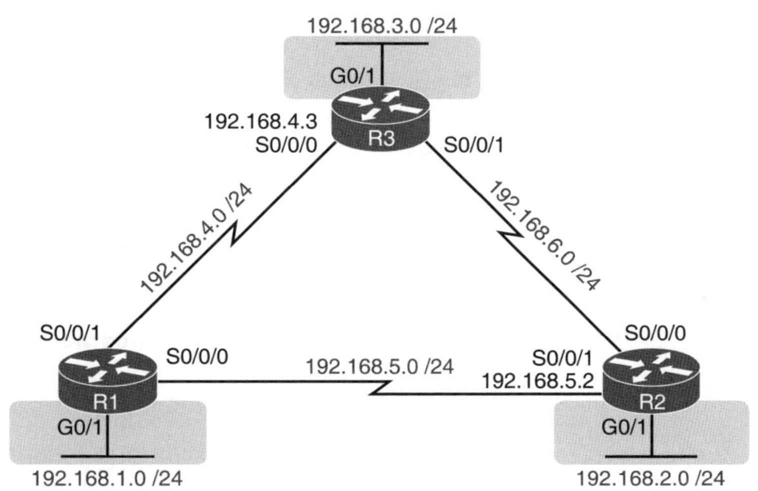

[그림 19-9] RIPv2 설정: 세 라우터, 세 네트워크에 연결된 각각의 라우터

그림에서 표시한 IP 서브넷들을 자세히 살펴보자. 링크들은 모두 클래스 C 네트워크를 사용한다. 의도적으로 각 라우터가 다수의 클래스풀 네트워크에 연결하게 하기 위해 각 링크에 상이한 클래스 C 네트워크를 사용하도록 했다. 예를 들어, R2는 네트워크들, 192.168.2.0, 192.168.5.0과 192.168.6.0을 위한 **network** 명령들이 필요할 것이다. [예 19-1]은 3대의 라우터들을 위한 설정을 보여준다.

```
! 라우터 R1 설정
router rip
 version 2
 network 192.168.1.0
 network 192.168.4.0
 network 192.168.5.0
! 라우터 R2 설정
router rip
 version 2
 network 192.168.2.0
 network 192.168.5.0
 network 192.168.6.0
! 라우터 R3 설정
router rip
 version 2
 network 192.168.3.0
 network 192.168.4.0
 network 192.168.6.0
```

[예 19-1] [그림 19-9]에 대한 R1, R2와 R3 RIPv2 설정

먼저, 주요 목적을 달성하는데 초점을 맞춰보자. 라우터에 RIPv2를 활성화시키기 위해서 인터페이스에 RIPv2와 관련된 **router rip**과 **version 2** 명령을 설정하지는 않는다.

다음으로, 각 라우터 상의 세 개의 **network** 명령에 초점을 맞추자. 각 라우터는 이 예에서 세 개의 다른 클래스풀 네트워크에 연결되기 때문에 세 개의 **network** 명령을 가진다. 예를 들어, 그림에서 R1은 IP 네트워크 192.168.1.0, 192.168.4.0과 192.168.5.0의 세 개의 네트워크에 직접 연결되므로 세 개의 **network** 명령으로 설정한다. 이러한 세 개의 명령은 RIPv2를 R1의 G0/1, S0/0/0과 S0/0/1 인터페이스에 구동시킨다. 다른 두 라우터의 **network** 명령도 각각의 인터페이스들에 RIPv2를 구동시킨다.

이 특별한 설정 예는 RIPv2 설정과 **network** 명령에 대한 일반적인 의문을 논의할 수 있는 좋은 배경을 제공한다. 먼저, 어떤 라우터도 모든 여섯 개의 클래스풀 IP 네트워크 번호들을 위한 **network** 명령을 갖지 않았다. **network** 명령은 전체 토폴로지 내의 모든 클래스풀 네트워크들을 정의하지 않는다.[28] 대신, [그림 19-8]과 같이 라우터의 인터페이스 IP 주소들 중 **network** 명령에 일치하는 인터페이스별로 RIPv2 로직을 활성화시킨다.

마지막으로, RIP **network** 명령에 대해 완벽을 기하기 위해 부수적인 사항을 알아보자. IOS는 클래스풀 네트워크 외의 값도 입력할 수는 있다. 그래도, IOS는 에러 메시지조차 발생시키지 않을 것이다. 하지만 입력한 네트워크 값이 클래스풀 네트워크 번호여야 한다는 것을 아는 IOS는 IP 주소를 해석하고 이에 상응하는 적정 네트워크 번호로 변경한다. 예를 들어, RIP 컨피규레이션 모드에서 **network 10.1.2.3** 명령을 입력했다면, IOS는 이 명령을 받아들이고 에러 메시지 없이 입력한 것을 **network 10.0.0.0** 명령으로 변경한다. 원래 입력한 **network 10.1.2.3** 명령은 사라진다.

하나의 IP 네트워크를 가진 RIP 설정 예

첫 번째 RIP 설정 예에서 사용한 [그림 19-9]는 의도적으로 다수의 IP 네트워크들을 사용하여 설정은 다수의 RIPv2 **network** 명령을 요구했다. 하지만 종종 설계는 [그림 19-10]과 같이 하나의 클래스풀 네트워크에 속하는 서브넷들을 사용할 것이다. 이 경우, 모든 6개의 서브넷들은 클래스 A 네트워크, 10.0.0.0의 서브넷들이다. [그림 19-9]와 [그림19-10]은 IPv4 서브넷들이 사용되는 것외에 다른 것은 모두 동일하다.

---

[28] network 명령은 라우팅 테이블을 만드는 명령이 아니라, RIPV2의 동작 범위를 설정하는 것이다.

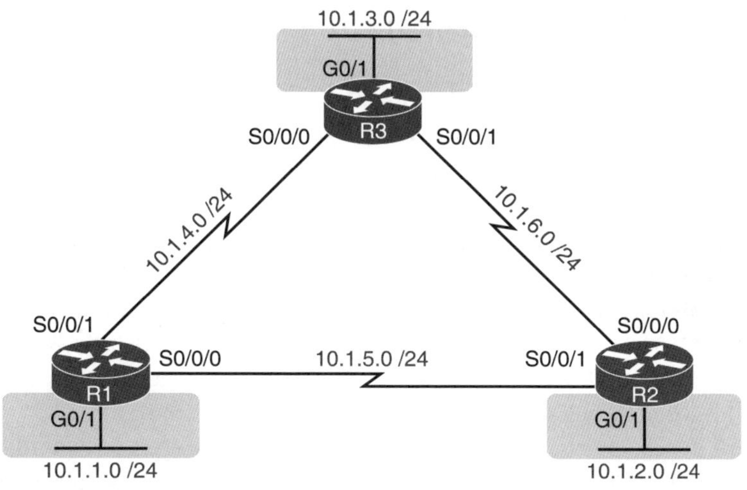

[그림 19-10] 세 라우터, 클래스 A 네트워크 10.0.0.0의 서브넷들에 연결된 각각의 라우터

모든 인터페이스들에 RIPv2를 구동시키기 위해서, 각 라우터에서 단지 하나의 **network** 명령 즉, **network 10.0.0.0**만 필요하다. 라우터에서 하나의 명령은 세 개의 인터페이스 모두와 일치한다. [예 19-2]는 세 라우터 모두에 사용되는 동일한 설정을 보여준다.

```
router rip
  version 2
  network 10.0.0.0
```

[예 19-2] [그림 19-10]의 R1, R2, R3를 위한 동일한 RIPv2 설정

RIPv2 확인

IOS는 RIPv2가 얼마나 잘 동작하는지를 확인하는 데 도움이 되는 세 개의 주요 **show** 명령을 포함한다. [표 19-3]은 명령과 이들의 주 목적을 목록화한다.

명령어	목적
show ip route [*rip*]	루트들: 이 명령은 RIP에 의해 학습된 IPv4 루트들을 보여준다. **show ip route** 명령은 모든 IPv4 루트들을 보여주고, **show ip route rip** 명령은 RIP-학습 루트들만 보여준다.
show ip protocols	설정: 이 명령은 RIP 설정 정보와 루트들을 보내준 이웃 RIP 라우터들의 IP 주소들을 보여준다.
show ip rip database	베스트 루트들: 이 명령은 이웃들로부터 학습한 루트들과 RIP이 구동된 인터페이스들에 대한 커넥티드 루트들을 포함하여 해당 라우터의 RIP에 알려진 모든 베스트 루트들의 프리픽스/길이를 표시한다.

[표 19-3] RIP 동작 확인 명령어

IP 라우팅 테이블에서 RIP 루트들을 조사하기

먼저, [그림 19-9]와 [예 19-1]의 설정에 기초한 R1의 라우팅 테이블을 고려해보자. 이 예는
세 라우터 환경에서 6개의 상이한 클래스 C 네트워크들을 가지고 있다. [예 19-3]은 RIP-학
습 루트들 뿐만 아니라, 전체 IP 라우팅 테이블을 보여준다.

```
R1# show ip route
Codes: L - local, C - connected, S - static, R - RIP, M - mobile, B - BGP
       D - EIGRP, EX - EIGRP external, O - OSPF, IA - OSPF inter area
       N1 - OSPF NSSA external type 1, N2 - OSPF NSSA external type 2
       E1 - OSPF external type 1, E2 - OSPF external type 2
       i - IS-IS, su - IS-IS summary, L1 - IS-IS level-1, L2 - IS-IS level-2
       ia - IS-IS inter area, * - candidate default, U - per-user static route
       o - ODR, P - periodic downloaded static route, H - NHRP, l - LISP
       a - application route
       + - replicated route, % - next hop override

Gateway of last resort is not set

      192.168.1.0/24 is variably subnetted, 2 subnets, 2 masks
C        192.168.1.0/24 is directly connected, GigabitEthernet0/1
L        192.168.1.1/32 is directly connected, GigabitEthernet0/1
R        192.168.2.0/24 [120/1] via 192.168.5.2, 00:00:21, Serial0/0/0
R        192.168.3.0/24 [120/1] via 192.168.4.3, 00:00:05, Serial0/0/1
      192.168.4.0/24 is variably subnetted, 2 subnets, 2 masks
C        192.168.4.0/24 is directly connected, Serial0/0/1
L        192.168.4.1/32 is directly connected, Serial0/0/1
      192.168.5.0/24 is variably subnetted, 2 subnets, 2 masks
C        192.168.5.0/24 is directly connected, Serial0/0/0
L        192.168.5.1/32 is directly connected, Serial0/0/0
R        192.168.6.0/24 [120/1] via 192.168.5.2, 00:00:21, Serial0/0/0
                        [120/1] via 192.168.4.3, 00:00:05, Serial0/0/1
R1# show ip route rip
! 범례와 같은 행이 여기에 표시된다. - 간략화를 위해 제거됨.

R        192.168.2.0/24 [120/1] via 192.168.5.2, 00:00:21, Serial0/0/0
R        192.168.3.0/24 [120/1] via 192.168.4.3, 00:00:05, Serial0/0/1
R        192.168.6.0/24 [120/1] via 192.168.5.2, 00:00:21, Serial0/0/0
                        [120/1] via 192.168.4.3, 00:00:05, Serial0/0/1
```

[예 19-3] show ip route 명령

먼저, **show ip route** 명령 내부의 상세 항목 모두를 살펴보자. 아웃풋에서 10줄 정도를 차
지하는 상단의 범례는 모든 **show ip route** 명령에서 동일하다. 이 범례는 루트가 어디에서
학습된 것인지를 식별하는 짧은 코드들인 라우팅 코드들을 표시한다. 이 경우, 라우터 R1의

IPv4 루트들은 세 개의 코드들 C, L과 R을 갖는데 각각 Connected, local과 RIP을 의미한다.

개별 루트들을 확인하기 위해 아웃풋의 보다 아래 쪽으로 내려가보자. 루트는 프리픽스 형식에서 서브넷과 마스크를 보여주고 다음으로 기타 상세 항목들이 표시된다. 상세 항목들은 다음 기회에 다루기로 하고, 예의 끝 부분의 **show ip route** 명령과 **show ip route rip** 명령의 아웃풋에서 세 개의 강조된 RIP-학습 루트들을 살펴보자. 강조된 줄들은 동일한 루트들을 보여주지만, **show ip route rip** 명령은 커넥티드와 로컬 루트들은 제외하고, 단지 RIP 루트들만 보여준다.

이러한 명령들의 아웃풋의 각 라인은 루트에 대한 다수의 상세 항목들을 보여준다. 예로써, R1의 192.168.2.0/24에 대한 루트의 상세 항목들에 대한 설명은 다음과 같다:

- 네트워크 번호와 마스크가 표시된다. 이 경우에는, 192.168.2.0과 /24다(몇몇 경우들에서, 마스크는 루트 정보보다 위에 위치한다).

- 다음 라우터(next-hop router)의 IP 주소는 이 경우에 192.168.5.2다.

- 송신 인터페이스는 이 경우에 Serial0/0/0이다.

- 주기적인 RIP 업데이트에서 R1이 해당 루트를 수신한 후 얼마나 경과했는지를 측정한 RIP 업데이트 타이머를 보면 이 경우에 21초다.

- 이 루트에 대한 RIP 메트릭(이 경우, 1)은 사각 괄호 내의 두 번째 숫자로 표시된다. 예를 들어, R1과 서브넷 192.168.2.0/24 사이에 하나의 라우터(R2)가 존재하기 때문에 1홉 루트가 된다.

- 루트의 어드미니스트레이티브 디스턴스는 이 경우에 120이다. 괄호 안의 첫 번째 숫자다.

이제 루트들의 다양한 항목들과 수치들에 주목하면서, 다른 두 개의 RIP 루트를 다시 살펴보자.

RIP 메트릭에 대한 보다 나은 이해를 위해, R1의 S0/0/0 인터페이스에 문제가 발생했다면, [그림 19-9]의 세 라우터 토폴로지에서 무엇이 발생할지 잠시 생각해보자. 192.168.2.0/24에 대한 R1의 1-홉 루트의 송신 인터페이스를 사용해야 하지만, 고장이 났다면, R1은 다음으로 R3를 거치는 2-홉 루트를 사용하도록 베스트 루트를 다시 선정해야 한다. [예 19-4]는 고장 이후의 R1의 RIP 루트들을 다시 보여준다.

```
R1# show ip route rip
 !  범례와 같은 행이 여기에 표시된다. - 간략화를 위해 제거됨.

R      192.168.2.0/24 [120/2] via 192.168.4.3, 00:00:01,  Serial0/0/1
R      192.168.3.0/24 [120/1] via 192.168.4.3, 00:00:01,  Serial0/0/1
R      192.168.6.0/24 [120/1] via 192.168.4.3, 00:00:01,  Serial0/0/1
```

[예 19-4] 서브넷 192.168.2.0에 대해 새 메트릭 2를 보여주는 show ip route 명령

강조된 루트를 상세히 살펴보고 앞선 예의 192.168.2.0에 대한 R1의 루트와 비교해보기 바란다. 이 경우, 네트워크, 마스크와 어드미니스트레이티브 디스턴스는 동일한 값으로 남아 있다. 하지만, 메트릭은 현재 2인데, 그 이유는 이 루트가 R3, 다음으로 R2를 거치는 2-홉 경로이기 때문이다. 이 루트는 또한 192.168.4.3(R3의 S0/0/0 IP 주소)로 보내야 하고, R1의 S0/0/1 인터페이스를 통해 내보낸다는 전송 방향을 표시한다.

어드미니스트레이티브 디스턴스로 라우팅 정보 비교

방금 살펴본 바와 같이 인터네트워크가 다수의 링크들을 가지고 라우팅 프로토콜을 사용하면, 각 라우터는 특정 서브넷에 도달하기 위한 다수의 루트들을 학습할 수 있다. 라우팅 프로토콜은 베스트 루트를 선정하기 위해 메트릭을 사용하고 라우팅 테이블에 그 루트를 추가한다. 예를 들어 R1은 모든 링크들이 정상 동작하고 있을 때, 192.168.2.0 /24에 대해 메트릭, 1인 루트를 사용하고, 이 루트가 고장났을 때 다음으로 192.168.2.0 /24에 대해 메트릭, 2인 루트를 사용한다.

하지만, 일부 회사들은 다수의 IP 라우팅 프로토콜들을 사용한다. 한 라우터는 상이한 라우팅 프로토콜들을 사용하여 특정 서브넷에 대해 다수의 루트들을 학습할 수 있다. 이 경우, 메트릭은 라우터가 베스트 루트를 선정할 때 사용되지 않는데, 이것은 각 라우팅 프로토콜이 라우팅 프로토콜마다 독특한 메트릭을 사용하기 때문이다. 예를 들어, RIP은 메트릭으로 홉 수를 사용하지만, EIGRP는 입력값으로 밴드위스와 딜레이를 사용한 계산 결과를 사용한다. 동일한 서브넷에 대해 메트릭 1을 가진 RIP 루트와 메트릭 4,132,768(EIGRP 메트릭은 보통 큰 숫자다)을 가진 EIGRP 루트를 비교해야 하지만, 숫자들이 다른 의미를 가지기 때문에 메트릭들을 비교하기 위한 실질적인 방법이 없다.

라우터는 상이한 라우팅 프로토콜들에 의해 학습되는 루트들 간에 혹은 라우팅 프로토콜들과 스태틱 루트 간에 베스트 루트를 선정할 필요가 있다. IOS는 각 라우팅 프로토콜에 기준값 할당하여 이 문제를 해결한다. 그런 다음, IOS는 그 기준값이 낮은 라우팅 프로토콜이 제공한 루트를 선택한다. 이 수치를 어드미니스트레이티브 디스턴스(AD)라고 부른다. 예를 들어, [예 19-3]과 [예 19-4]의 루트들에서 보는 바와 같이 EIGRP는 기본적으로 AD값으로 90을 사용하고, RIP은 기본적으로 AD값으로 120을 사용한다. AD값은 '낮을수록 좋은' 규칙을 적용하기 때문에 어떤 서브넷에 대한 EIGRP 루트가 경쟁하는 RIP 루트 대신 선택된다.

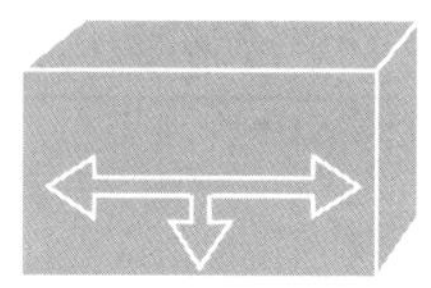

루트 정보	어드미니스트레이티브 디스턴스
커넥티드 루트	0
스태틱 루트	1
EIGRP	90
OSPF	110
RIP(v1 and v2)	120
DHCP default route	254
Unknown or unbelievable	255

[표 19-4] IOS의 기본적인 어드미니스트레이티브 디스턴스

> **NOTE** 18장, 'IPv4 주소와 스태틱 루트 설정'에서 어드미니스트레이티브 디스턴스에 대한 짧은 언급을 상기해 볼 수 있다. 이 장은 어드미니스트레이티브 디스턴스를 핵심 메커니즘으로 주어진 서브넷에 대해 라우팅 프로토콜이 루트를 학습하지 못할 때만 사용하는 플로팅(floating) 스태틱 루트를 설정하는 방법을 설명했다.

show ip protocols 명령으로 RIP 설정 확인

show ip route 명령은 RIP 동작의 결과를 보여주지만, **show ip protocols** 명령은 RIP의 동작 방식과 RIP 설정을 보여준다. [예 19-5]는 이 명령의 아웃풋으로, 다시 [예 19-1]의 설정에 기초하여 [그림 19-9]의 라우터 R1의 아웃풋이다.

```
R1# show ip protocols
Routing Protocol is "rip"
  Outgoing update filter list for all interfaces is not set
  Incoming update filter list for all interfaces is not set
  Sending updates every 30 seconds, next due in 23 seconds
  Invalid after 180 seconds, hold down 180, flushed after 240
  Redistributing: rip
  Default version control: send version 2, receive version 2
    Interface           Send  Recv  Triggered RIP  Key-chain
    GigabitEthernet0/1    2     2
    Serial0/0/0           2     2
    Serial0/0/1           2     2
  Automatic network summarization is in effect
  Maximum path: 4
  Routing for Networks:
    192.168.1.0
    192.168.4.0
    192.168.5.0
  Routing Information Sources:
    Gateway         Distance      Last Update
    192.168.4.3          120      00:00:18
    192.168.5.2          120      00:00:05
  Distance: (default is 120)
```

[예 19-5] [예 19-1] 설정에 기초한 show ip protocols 명령

이 예는 다음과 같이 최소한 이 장에서 언급한 설정 명령들에 대한 아웃풋으로 수집될 수 있는 설정 정보를 강조한다.

- R1에서 설정한 **version 2** RIP 하부 명령은 RIPv2 업데이트들만 송신 및 수신하도록 한다.
- 자동 요약(**Automatic summarization**, **auto-summary** 명령이 기본 설정임)이 활성화됨.
- **maximum-paths** 명령이 4(기본 값)로 설정됨.
- 'Routing for Networks' 부분은 **network** 명령의 설정 내용을 보여주는데, 이 명령에서 표시한 네트워크 번호들을 표시한다. 이 경우, 세 개의 RIP 하부 명령들이 보인다: **network 192.168.1.0**, **network 192.168.4.0**과 **network 192.168.5.0**.

이 아웃풋은 또한 RIP 상태 정보를 보여준다. 예를 들어, 예의 하단부, 'Routing Information Sources' 부분(강조되지 않았음)을 보자. 여기에 IP 주소로 두 개의 게이트웨이(즉, 라우터)를 표시한다. 이 리스트는 R1에게 RIP 업데이트들을 보낸 이웃 라우터들의 IP 주소들을 보여준다([그림 19-9]를 다시 본다면, 두 개의 IP 주소들이 각각 R2와 R3의 주소들 임을 확인할 수 있다). 마지막 업데이트 타이머는 R1이 네이버 라우터로부터 업데이트를 수신한 다음 흐른 시간을 표시한다. RIP은 네이버가 여전히 존재하는 지를 확인하기 위해 RIP 업데이트들의 주기적인 수신에 의존한다는 사실을 기억하기 바란다. 이 리스트는 R1이 아직 이러한 두 라우터들로부터 RIP 루트들을 학습하고 있다는 것을 보여준다.

RIP 데이터베이스를 이용하여 최상의 RIP 루트들 조사하기

추가 명령 즉, **show ip rip database** 명령이 라우터에서 RIP 동작에 대해 몇 가지 중요한 세부 항목을 알려준다. 이 명령은 라우터의 RIP 프로세스를 통해 학습한 각 서브넷의 프리픽스/프리픽스 길이를 보여준다. 또한 이 명령은 학습된 각 서브넷에 대한 베스트 루트를 보여준다. 특히, 이 명령은 다음을 보여준다:

- 다른 RIP 라우터들로부터 학습한 서브넷들에 대한 루트들
- RIP **network** 명령에 의해 RIP이 활성화된 인터페이스들의 커넥티드 서브넷들에 대한 루트들

show ip rip database 명령이 학습된 루트들과 RIP – 구동 인터페이스들에 대한 커넥티드 루트들을 표시한다는 사실은 이 명령을 독특하게 만든다. 비교를 해보면, [예 19-3]과 [예 19-4]는 [그림 19-10]의 R1에서의 **show ip route** 명령 예를 보여준다. 하지만, 여기서 어떤 인터페이스들에 RIP이 활성화 되었는지를 아웃풋만으로 확실하게 말할 수 없다. [예 19-5]는 **show ip protocols** 명령이 어떤 인터페이스들에 RIP이 활성화 되었는 지를 표시하는 방법을 보여주는데, 여기서는 라우터 R1의 세 인터페이스들이 해당된다. 하지만, 이 명령은 어떤 RIP 학습 루트들도 보여주지 않는다.

[예 19-6]과 같이, **show ip rip database** 명령은 커넥티드와 RIP 학습 루트들을 보여준다.

이 예는 [그림 19-10]에서 모든 인터페이스들이 작동하는 라우터 R1의 결과다. 이 아웃풋은 괄호 안의 홉 카운트 메트릭과 다음 라우터의 IP 주소들(R2 주소, 10.1.5.2와 R3, 10.1.4.3)를 포함하여 [예 19-4]와 동일한 세 개의 RIP 학습 루트들을 보여준다. 또한, 이 아웃풋은 RIP이 활성화된 인터페이스들에 상응하는 커넥티드 서브넷들을 표시한다.

```
R1# show ip rip database
10.0.0.0/8      auto-summary
10.1.1.0/24     directly connected, GigabitEthernet0/1
10.1.2.0/24
    [1] via 10.1.5.2, 00:00:00, Serial0/0/0
10.1.3.0/24
    [1] via 10.1.4.3, 00:00:08, Serial0/0/1
10.1.4.0/24     directly connected, Serial0/0/1
10.1.5.0/24     directly connected, Serial0/0/0
10.1.6.0/24
    [1] via 10.1.5.2, 00:00:00, Serial0/0/0
    [1] via 10.1.4.3, 00:00:08, Serial0/0/1
```

[예 19-6] 라우터 R1 [그림 19-10]의 show ip rip database 명령

∷ 선택적 RIPv2 설정 및 확인

이 장의 네 개의 주요 섹션들 중에서 세 번째인 다음 섹션은 소수의 선택적인 RIPv2 기능들을 소개한다. 이 기능들은 패시브 인터페이스(passive interface), 최대 경로 수(maximum [routing] paths), 자동 루트 요약과 불연속 네트워크다.

passive-interface 명령에 의한 RIP 업데이트 제한

당신은 인터페이스에 RIP을 활성화하여 커넥티드 서브넷을 알릴 수 있지만, 어떤 경우에는 인터페이스 상의 루트들을 알리기를 원하지 않을 수 있다. 이것은 일반적으로 LAN에 연결된 라우터가 유일할 때, 해당 라우터의 LAN 인터페이스에 적용된다. 다른 라우터가 LAN에 연결되어 있지 않기 때문에 라우터는 LAN으로 업데이트들을 보낼 필요가 없기 때문이다.

RIPv2 **passive-interface** 명령은 **network** 명령에 상응하는 인터페이스에서 보내지는 RIPv2 업데이트들을 차단하는데 사용할 수 있다. RIP에 대해 인터페이스를 수동적으로 만들어, RIP 프로세스는 해당 인터페이스 밖으로 RIP 업데이트들을 더 이상 보내지 않는다. 하지만 RIP은 여전히 passive-interface가 설정된 인터페이스에서 수신한 업데이트들을 처리한다.

IOS는 인터페이스를 수동적으로 만드는 두 가지 설정 방법들이 있다. 첫째는 명확하다. RIP에 대해 수동적으로 만들길 원하는 인터페이스를 포함하는 **passive-interface** *type number* RIP 하부 명령을 사용한다.

[예 19-7]은 [예 19-2]에서 처음 본 라우터 R1 설정의 수정된 버전을 보여준다. 이 예에서, 세 라우터들(그림 19-10의)은 네트워크 10.0.0.0의 서브넷들에 연결되어 있다. 세 라우터들은 어떤 라우터도 연결되지 않는 LAN에 .G0/1 LAN 인터페이스에 연결되었다. [예 19-7]은 [예 19-2]의 원래 설정에 LAN 인터페이스를 수동적으로 만드는 **passive-interface** 명령이 추가되었다.

```
router rip
  version 2
  network 10.0.0.0
  passive-interface G0/1
```

[**예 19-7**] passive-interface에 의한 RIPv2의 업데이트 제한

두 번째 설정 방법은 이 로직을 뒤집는다. 즉, **passive-interface default** RIP 하부 명령으로 모든 인터페이스를 기본적으로 수동적으로 만든 다음, 일부 인터페이스들만 **no passive-interface** *type* *number* RIP 하부 명령으로 비수동적으로 만든다. 이 방법은 라우터가 대부분 수동적인 인터페이스들과 소수의 비수동적인 인터페이스들을 가질 때 합리적이다. 그런데 [예 19-8]은 단지 설정을 보기 위해 [예 19-7]의 설정을 대안 스타일로 변경하였는데, 이때 가정은 R1은 RIP이 구동된 세 개의 인터페이스들, S0/0/0(비수동적), S0/0/1(비수동적)과 G0/1(수동적)을 가진다는 것이다.

```
router rip
  version 2
  network 10.0.0.0
  passive-interface default
  no passive-interface s0/0/0
  no passive-interface s0/0/1
```

[**예 19-8**] passive-interface default 명령어 옵션 사용하기

최대 경로(Maximum paths) 설정과 다수의 이퀄-코스트 루트들 지원

동일한 서브넷에 대해 다수의 루트들을 학습했지만, 메트릭이 동일할 때 라우터는 어떻게 할까? 라우팅 프로토콜들은 각 목적지 서브넷에 대해 베스트 루트를 선정하기 위해 메트릭을 사용하지만, RIP의 홉 수 메트릭의 경우, 동일한 경우가 쉽게 일어난다. 따라서 RIP은 동일한 경우를 처리하는 옵션들을 필요로 한다.

RIP은 동등한 메트릭의 한 루트 이상을 학습할 때 라우터의 기본 동작은 다수의 루트들을 동시에 라우팅 테이블에 올리고 이들 모두를 사용하는 것이다. 라우팅 테이블에 올라오면, 라우터의 전송 로직은 이러한 동일 메트릭 루트들 간에 패킷들을 분산한다.

예를 들어, [그림 19-11]을 고려해보자. R1은 서브넷 10.1.4.0에 대해 두 개의 다른 2-홉 루트들(R3가 다음 라우터인 루트와 R2가 다음 라우터인 루트)을 학습할 것이다. R1은 라우팅 테이블에 두 루트들을 모두 두는데, 이때의 메트릭(2)은 동일하다. R1이 서브넷 10.1.4.0으로 패킷을 보낼 때, R1은 일부 패킷들은 한 루트를 통해 보내고, 일부 패킷들은 다른 루트를 통해 보내 로드를 분산한다.

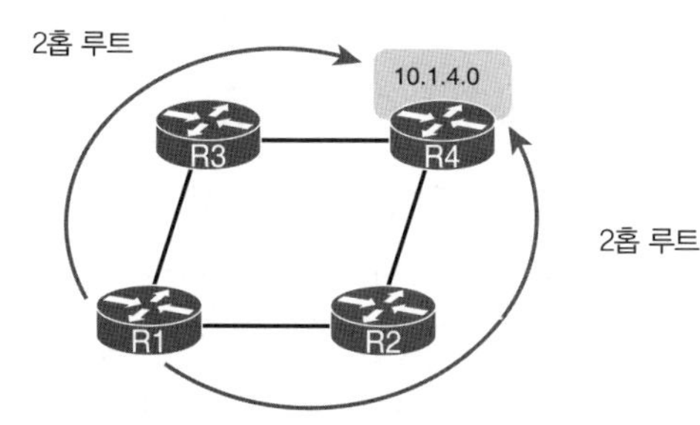

[그림 19-11] RIP과 이퀄-코스트 루트

시스코는 동일 목적지에 대해 다수의 동일한 메트릭 루트들을 사용하는 기능을 '이퀄 코스트 로드 분산(equal-cost load balancing)'이라고 한다. RIP은 **maximum-paths** *number-of- paths* RIP 하부 명령으로 이 동작을 제어할 수 있는데, 이 명령의 기본 설정값 4는 RIP이 기본적으로 각 서브넷에 대해 4개의 동일 코스트 루트들까지 사용할 것이라는 것을 의미한다. 이 명령은 보다 높게 설정할 수도 있고(최대 설정값은 라우터 모델과 IOS 버전에 따라 다르다), 1까지 낮게 설정할 수도 있다.

1로 설정하면, 로드 분산 기능을 끄기 때문에, RIP은 첫 번째 학습한 동일 메트릭 루트를 라우팅 테이블에 둔다.

자동 요약 및 불연속 클래스풀 네트워크에 대한 이해

RIPv1과 IGRP와 같이 오래된 라우팅 프로토콜들은 클래스풀 라우팅 프로토콜(classful routing protocol)로 분류된다. 이러한 오래된 클래스풀 라우팅 프로토콜들은 불연속(discontiguous) 클래스풀 네트워크라 불리는 문제를 피하기 위해 보다 주의 깊은 서브넷 설계 계획이 필요하다. 이러한 보다 단순하고 오랜 라우팅 프로토콜들은 자동 요약(autosummarization)이라 불리는 클래스풀 라우팅 프로토콜들의 특징 때문에 클래스풀 네트워크가 불연속하면 혼동에 빠지게 된다.

오늘날, 대부분의 기업들은 OSPF 혹은 EIGRP를 사용하고 흔하진 않지만 RIPv2를 사용한다. 이러한 모든 프로토콜들은 클래스리스 라우팅 프로토콜들이다. 이러한 클래스리스 라우팅 프로토콜들은 불연속 클래스풀 네트워크에서 아무 문제가 없거나 아무 문제가 없도록 설정할 수 있다. 사실, RIPv2를 사용할 때 라우터에서 **no auto-summary** RIP 하부 명령을 설정하면 이러한 문제들을 완전히 해결할 수 있다. 그러나 이 명령이 문제가 무엇인지를 이해하도록 돕기도 하는데, 이 섹션은 자동 요약과 불연속 네트워크 문제를 살펴본다.

자동 요약을 사용하는 라우팅 프로토콜은 자동적으로 어떤 조건 하에서 요약 루트를 생성한다. 이러한 자동 요약 프로세스는 다음의 경우에 발생한다:

- 한 라우터가 다수의 상이한 클래스풀 네트워크들에 속하는 서브넷들에 연결될 때
- 그 라우터가 자동 요약 기능을 사용하는 라우팅 프로토콜을 사용할 때(클래스풀 라우팅 프로토콜들은 이 기능을 사용해야만 하고 이 기능을 끌 수 없다.)

무엇을 의미하는지 구체적으로 알아보기 위해 오른쪽에 네트워크 10.0.0.0에 속하는 다수의 서브넷들에 연결되고, 왼쪽에는 네트워크 172.16.0.0 의 시리얼 링크에 연결하는 한 라우터(R3)를 보여주는 [그림 19-12]를 고려해보자. 달리 말해, R3는 상기 리스트의 첫 번째 기준을 충족시킨다. 자동 요약 기능을 가진 라우팅 프로토콜을 사용한다면, 왼쪽의 R2에게 루트를 보낼 때, R3는 요약 루트 즉, 그림에서 보여지는 것처럼 전체 클래스 A 네트워크 10.0.0.0 루트를 자동으로 생성한다.

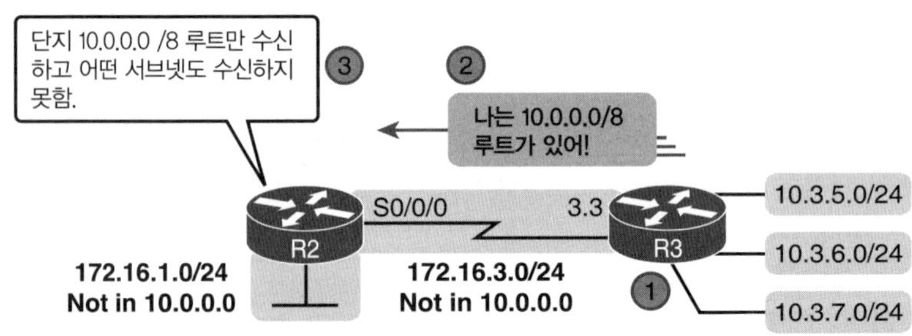

[**그림 19-12**] 자동 요약(Autosummarization) 예

그림은 다음 단계를 따른다:

① R3는 RIPv2 auto-summary 라우터 하부 명령어와 함께 자동 요약이 활성화되었다.

② R3는 네트워크 10.0.0.0 내의 각 서브넷에 대한 루트들을 보내는 대신, 전체 클래스 A 네트워크 10.0.0.0에 대한 루트를 보내는데, 이것은 R2에 연결된 WAN 링크가 다른 네트워크(172.16.0.0)에 속하기 때문이다.

③ R2는 네트워크 10.0.0.0에 대해 한 루트 즉, 10.0.0.0 /8에 대한 루트를 학습한다. 이 루트는 네트워크 10.0.0.0에 대해 R3을 다음 홉 라우터로 한다.

자동 요약은 그 자체로 나쁜 것은 아니지만, 불연속적인 클래스풀 네트워크를 포함하는 디자인과 자동 요약의 조합은 나쁜 것이 된다. 불연속적인 클래스풀 네트워크란 무엇인가에 대해 알아보도록 하자. 먼저, 보다 공식적으로:

- **연속적 네트워크**: 네트워크 X의 서브넷들이 어떤 다른 클래스풀 네트워크의 서브넷들에 의해 분리되지 않는 네트워크 구성
- **불연속적 네트워크**: 네트워크 X의 서브넷들이 일부 다른 클래스풀 네트워크의 서브넷들에 의해 분리되는 네트워크 구성

[그림 19-13]은 아이디어를 보다 명확하게 한다. 먼저, 네트워크 10.0.0.0의 몇몇 서브넷들에 대한 서브넷 ID를 가장 왼쪽과 가장 오른쪽에서 볼 수 있다. 다음으로 중앙을 보면, 네트워크 172.16.0.0의 서브넷들을 볼 수 있다. 네트워크 10.0.0.0의 서브넷들은 또 다른 네트워크(172.16.0.0)에 의해 분리되므로, 네트워크 10.0.0.0은 불연속하다.

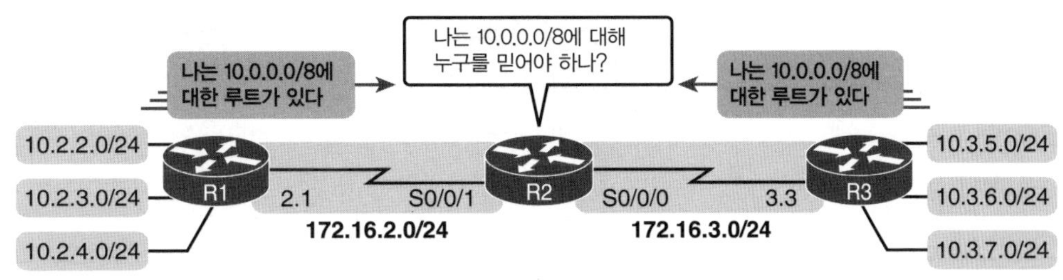

[그림 19-13] 불연속적 네트워크 10.0.0.0

이 그림은 자동 요약과 불연속적 네트워크의 조합이 이슈가 된다는 것을 지적한다. R1과 R3의 자동 요약 때문에, R1은 '네트워크 10.0.0.0 전체가 여기에 있다'라고 주장하는 라우팅 업데이트를 보낸다. R3도 동일하다. 중간의 R2는 혼동스럽지만, 혼동된 상태라는 것을 인지하지도 못한다. R2가 네트워크 10.0.0.0을 향하는 모든 패킷을 왼쪽으로 보내면, 오른쪽의 서브넷들과는 통신이 안될 것이고, 반대의 경우도 마찬가지다. R2가 네트워크 10.0.0.0에 대해 두 루트들로 트래픽을 분산시키면, 일부는 왼쪽으로, 일부는 오른쪽으로 보내지기 때문에, 짧은 시간을 주기로 통신이 되었다 안되었다를 반복하게 된다.

이 문제는 솔루션을 가지고 있다. 오래된 솔루션은 불연속적인 클래스풀 네트워크를 구성하지 않도록 IP 주소를 할당하는 것이다. 즉, IP 디자인 시에 각 클래스풀 네트워크의 모든 서브넷들은 함께 모아 둔다. 예를 들어, 이 경우, 그림 중앙의 링크들에 네트워크 10.0.0.0을 할당하거나 가장 왼쪽에서 네트워크 10.0.0.0의 서브넷 대신에 클래스풀 네트워크 172.16.0.0의 세 번째 서브넷을 할당한다.

이 문제를 해결하기 위한 다른 솔루션은 **no auto-summary** RIPv2 하부 명령어로 자동 요약 기능을 끄는 것이다. 이 명령은 두 개의 클래스풀 네트워크에 연결하는 라우터들([그림 19-13]의 라우터 R1과 R3)에서 필요한데, 이 라우터들이 자동 요약을 하고 있기 때문이다. [그림 19-14]가 이 솔루션의 결과를 보여준다. R1과 R3는 자신들의 모든 서브넷들을 R2에게 보내고, R2는 각 서브넷에 대한 구체적인 루트들을 알기 때문에 이 문제를 해결한다.

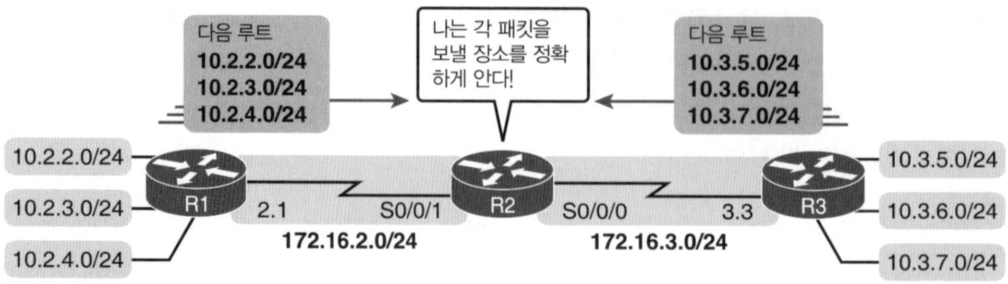

[그림 19-14] [그림 19-13]의 네트워크에서 no auto-summary의 효과

선택적인 RIP 기능들에 대한 확인

이러한 선택적인 기능들에 대한 모든 설정들은 **show ip protocols** 명령의 아웃풋에서 볼 수 있다. [예 19-9]는 원래의 [그림 19-9]와 [예 19-1]에 기초한 라우터 R1의 예이다(이것은 6개의 다른 IP 네트워크를 가진 예로, 각 라우터는 세 개의 **network** 명령을 필요로 한다). 이 예에서 RIP 설정은 예의 상단에서 디폴트 설정을 변경한 여러 가지 선택적인 설정을 포함한다.

```
R2# show running-config
! RIP 설정 이외의 행들은 생략됨.
router rip
 version 2
 network 192.168.1.0
 network 192.168.4.0
 network 192.168.5.0
 no auto-summary
 maximum-paths 3
 passive-interface gigabitethernet0/1
R1# show ip protocols
Routing Protocol is "rip"
  Outgoing update filter list for all interfaces is not set
  Incoming update filter list for all interfaces is not set
  Sending updates every 30 seconds, next due in 23 seconds
  Invalid after 180 seconds, hold down 180, flushed after 240
  Redistributing: rip
  Default version control: send version 2, receive version 2
    Interface             Send  Recv  Triggered RIP  Key-chain
    Serial0/0/0           2     2
    Serial0/0/1           2     2
  Automatic network summarization is not in effect
  Maximum path: 3
  Routing for Networks:
    192.168.1.0
    192.168.4.0
    192.168.5.0
  Passive Interface(s):
    GigabitEthernet0/1
  Routing Information Sources:
```

```
    Gateway            Distance         Last Update
    192.168.4.3          120            00:00:03
    192.168.5.2          120            00:00:09
 Distance: (default is 120)
```

[예 19–9] show ip protocols 아웃풋에서 RIPv2의 선택적 설정 확인

패시브 인터페이스와 관련한 마지막 설명에서, **show ip protocols**의 아웃풋은 패시브 인터페이스의 리스트 혹은 패시브하지 않은 인터페이스의 리스트를 보여준다. 두 리스트에 동시에 속할 수는 없다. 예를 들어, 인터페이스 G0/1은 '**Passive Interface(s)**' 제목 밑에 포함되지만, 'Interface' 제목 밑에는 포함되지 않는다.

이 섹션에서 끝으로 [예 19-10]은 라우터가 다수의 이퀄-코스트(equal-cost) 루트들을 학습한 예를 보여준다. 이 경우, [그림 19-11]과 같이 R1은 서브넷 192.168.6.0 /24에 대한 두 개의 1-홉 루트들을 학습했다. **show ip route** 명령은 두 세트의 포워딩 정보(송신 인터페이스와 다음 홉의 IP 주소)와 함께 한 줄의 서브넷 ID를 보여준다.

```
R1# show ip route rip
! 간략화를 위해 범례 생략됨.

      192.168.1.0/24 is variably subnetted, 2 subnets, 2 masks
C        192.168.1.0/24 is directly connected, GigabitEthernet0/1
L        192.168.1.1/32 is directly connected, GigabitEthernet0/1
R     192.168.2.0/24 [120/1] via 192.168.5.2, 00:00:21, Serial0/0/0
R     192.168.3.0/24 [120/1] via 192.168.4.3, 00:00:05, Serial0/0/1
      192.168.4.0/24 is variably subnetted, 2 subnets, 2 masks
C        192.168.4.0/24 is directly connected, Serial0/0/1
L        192.168.4.1/32 is directly connected, Serial0/0/1
      192.168.5.0/24 is variably subnetted, 2 subnets, 2 masks
C        192.168.5.0/24 is directly connected, Serial0/0/0
L        192.168.5.1/32 is directly connected, Serial0/0/0
R        192.168.6.0/24 [120/1] via 192.168.5.2, 00:00:21, Serial0/0/0
                        [120/1] via 192.168.4.3, 00:00:05, Serial0/0/1
```

[예 19-10] 이퀄-코스트 로드 밸런싱의 증명

이 장은 소수의 선택적인 RIPv2 기능들을 살펴봄으로써 끝맺는다. 다음 리스트는 이러한 옵션들과 이들의 설정 방식을 보여준다:

단계 ① 일부 인터페이스들에서 RIP 업데이트 전송을 다음과 같이 차단한다:

Ⓐ RIP 컨피규레이션 모드에서 **passive-interface** *type number* 명령을 설정하여 RIP에 포함된 인터페이스에서 RIP 업데이트를 보내지 않도록 한다.

RIPv2 디폴트 루트들

리모트 사이트에서 단일 라우터를 사용하는 네트워크 구성에서, 리모트 라우터는 라우팅 프로토콜보다는 디폴트 루트를 사용할 수 있다. 18장의 '디폴트 스태틱 루트들' 섹션은 단일 라우터를 갖는 지사와 함께 정확한 시나리오를 보여준다. 각 지사 라우터는 기업의 본사 네트워크에 대해 하나의 WAN 링크를 통해 패킷을 보내는 디폴트 스태틱 루트를 사용한다.

일부 디자인에서, 네트워크 엔지니어는 다수의 라우터들이 네트워크의 해당 영역에 존재하는 경우를 제외하고는 디폴트 루트 개념을 사용하려 한다. 해당 네트워크 영역의 모든 라우터들은 기업의 다른 영역이나 인터넷에 연결하기 위해 하나의 WAN 링크로 연결된 하나의 라우터로 패킷을 보낼 필요가 있다.

[그림 19-15]는 라우터 R1과 함께, R1에 연결된 인터넷을 사용하기를 원하는 B01과 B02를 보여준다. 정상적인 동작을 위해, R1은 인터넷에 연결된 링크를 직접 가리키는 디폴트 루트를 사용한다. 라우터 B01과 B02는 R1에게 패킷을 보내기 위한 디폴트 루트를 가지므로, 다음으로 R1은 인터넷 쪽으로 패킷을 보낼 것이다(그림은 각 라우터의 디폴트 루트들을 화살표로 보여준다.)

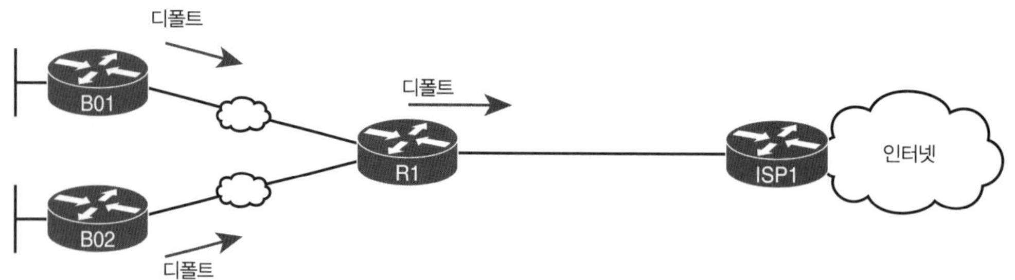

[**그림 19-15**] R1 방향으로 디폴트 루트를 갖는 지사 라우터들과 인터넷 방향으로 디폴트 루트를 갖는 R1

스태틱 루트와 RIPv2를 통한 디폴트 루트 학습

디자인에서 기업 라우터들은 각각 디폴트 스태틱 루트를 사용하지만, RIPv2는 한 라우터에서만 디폴트 스태틱 루트를 사용하는 대안을 제공한다. 디폴트 루트의 링크에 직접 연결된 한 라우터가 디폴트 스태틱 루트를 설정한다. 다음으로, 라우터는 RIPv2를 통해 디폴트 루트(0.0.0.0, 마스크/0에 대한 루트)를 다른 라우터에게 보낸다. 기본적으로 [그림 19-15]의 라우터 B01과 B02와 같은 리모트 라우터들은 처음에 디폴트 루트를 보낸 라우터를 향하는 디폴트 루트들을 학습하게 된다.

[그림 19-16]은 디폴트 스태틱 루트가 설정된 라우터에서 일어나는 동작에 대한 큰 그림을 보여준다. R1은 단계 1에서 인터넷에 대한 스태틱 루트를 설정하고 다음으로 **단계 ②**에서 해당 스태틱 루트를 RIPv2를 통해 다른 라우터들에게 보낸다.

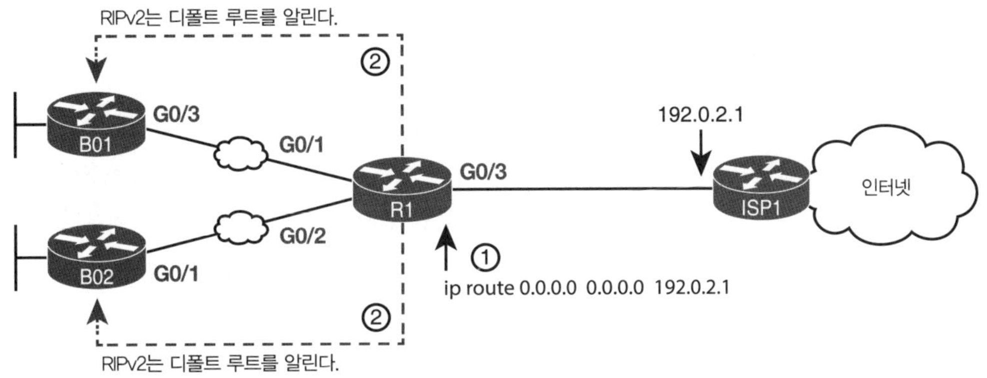

[그림 19-16] 디폴트 루트를 알리는 RIPv2 시나리오

[예 19-11]에서 설명하는 바와 같이 디폴트 스태틱 루트가 설정된 라우터의 RIP 설정에 **default-information originate** 명령을 추가하는 것이 이 작업의 핵심이다. 이 새로운 RIP 하부 명령어는 라우터로 하여금 다음을 하게 한다:

IPv4 라우팅 테이블이 디폴트 루트를 가지면, RIP을 통해 디폴트 루트(디폴트 루트의 최종 전달 대상인)를 다른 라우터들에게 알린다.

디폴트 루트를 처음에 보낸 라우터(그림에서는 라우터 R1)만 **default-information originate** 명령을 필요로 한다. 다른 B01과 B02와 같은 RIPv2 라우터는 다른 RIP 루트와 같이 디폴트 루트를 학습한다.

```
R1# configure terminal
R1(config)# ip route 0.0.0.0 0.0.0.0 192.0.2.1
R1(config)# router rip
R1(config-router)# default-information originate
R1(config-router)# end
R1#
```

[예 19-11] RIPv2로 디폴트 루트를 알리도록 라우터 R1을 설정하기

이 설정을 확인하기 위해, 먼저 디폴트 스태틱 루트를 확인한다. 라우터 R1의 디폴트 스태틱 루트에 대한 설정과 확인 방법은 18장의 '디폴트 스태틱 루트들' 섹션에서와 동일하다. [예 19-12]는 라우터 R1의 샘플을 보여준다. 프리픽스/길이, 0.0.0.0/0에 대한 스태틱 루트와 'Gateway of Last Resort(마지막으로 의지할 게이트웨이)'가 다음 라우터, 192.0.2.1로 잡힌 것을 확인할 수 있다.

```
R1# show ip route static
 ! 범례 생략됨
Gateway of last resort is 192.0.2.1 to network 0.0.0.0

S*      0.0.0.0/0 [1/0] via 192.0.2.1
```

[예 19-12] 라우터 R1에서 설정한 스태틱 디폴트 루트 확인

다른 라우터들은 라우팅 테이블에 디폴트 루트들을 보여주지만, 루트들은 스태틱 루트 대신에 RIP 학습 루트로 보여준다. 0.0.0.0/0에 대한 루트는 코드, R로 보여주는데 이는 RIP 학습 루트임을 의미한다. 이 루트는 또한 R 옆에 *를 보여주는데, 이는 이 루트가 이 라우터에 대한 디폴트 루트에 대한 후보자라는 것을 의미한다. 'Gateway of Last Resort(이 라우터에서 디폴트 루트로 선택한 루트)'는 RIP 학습 디폴트 루트의 IP 주소와 동일한 다음 라우터의 IP 주소를 보여준다. [예 19-13]은 WAN 링크에서 R1의 IP 주소인 10.1.12.1을 다음 라우터 주소로 하는 디폴트 루트를 사용하는 라우터 B01을 보여준다.

```
R1# show ip route rip
 ! 범례 생략됨
Gateway of last resort is 10.1.12.1 to network 0.0.0.0

R*0.0.0.0/0 [120/1] via 10.1.12.1, 00:00:06,  GigabitEthernet0/1
```

[예 19-13] RIPV2를 사용하여 디폴트 루트를 학습한 라우터 B01

DHCP를 통한 디폴트 루트 학습

20장, 'DHCP와 호스트의 IP 네트워킹'은 호스트들의 IP 주소 학습을 위해 DHCP(Dynamic Host Configuration Protocol)를 어떻게 사용하는 지를 다룬다. 또한 호스트들은 사용할 서브넷 마스크, DNS 서버의 IP 주소와 디폴트 게이트웨이로 사용할 서브넷 상의 라우터의 IP 주소와 같은 기타 중요 항목들을 DHCP를 통해 학습한다.

인터넷에 연결된 라우터들도 DHCP를 사용할 수 있다. 특히, 인터넷에 대한 링크를 갖는 라우터는 다이나믹하게 자신이 사용할 인터페이스의 IPv4 주소를 학습한다. 게다가, DHCP는 인터넷 연결의 반대쪽에 있는 ISP 라우터의 IP 주소를 DHCP 메시지에서 디폴트 게이트웨이로 표시하여 알려준다. 그리고 디폴트 게이트웨이 IP 주소는 보통 기업 라우터가 인터넷에 대한 디폴트 루트에서 다음 라우터의 주소로 사용한다.

이런 아이디어들을 통합하기 위해, [그림 19-17]을 자세히 따져보자. 이 그림은 하나만 제외하고, 앞선 두 그림에서 본 것과 동일한 디자인이다. 이 경우, 라우터 R1은 DHCP를 사용하여 자신의 IP 주소(192.0.2.2)를 학습했다. 또한, DHCP 프로세스는 디폴트 게이트웨이로 링크의 ISP 라우터의 IP 주소인 192.0.2.1을 보여준다.

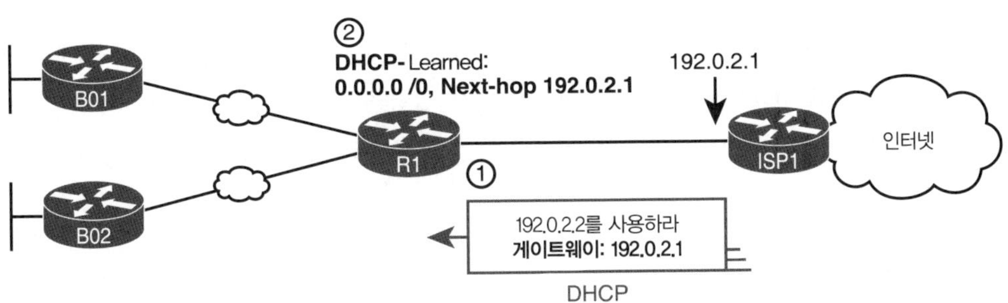

[그림 19-17] DHCP 클라이언트에 대한 엔터프라이즈 라우터 생성 및 배포

ISP 라우터의 IP 주소를 다이나믹하게 학습함으로써, 라우터 R1은 자신의 라우팅 테이블에 디폴트 루트를 다이나믹하게 추가할 수 있다. R1의 새로운 디폴트 루트는 DHCP 메시지로부터 ISP 라우터의 IP 주소를 디폴트 게이트웨이 IP 주소로 사용할 것이다. 다음으로, 라우터 R1에서 설정된 **default-information originate** RIP 하부 명령어와 RIPv2를 통해 R1은 다른 라우터들에게 디폴트 루트를 배포할 것이다.

[예 19-14]는 라우터 R1의 설정을 보여준다. 이 예는 **ip address dhcp** 명령으로 해당 인터페이스에서 사용할 IP 주소를 학습하기 위해 DHCP를 사용하도록 G0/1 인터페이스를 설정하는 명령으로 시작한다.

```
R1# configure terminal
R1(config)# interface gigabitethernet0/1
R1(config-if)# ip address dhcp
R1(config-if)# end
R1#
R1# show ip route static
! 범례 생략됨
Gateway of last resort is 192.0.2.1 to network 0.0.0.0

S*       0.0.0.0/0 [254/0] via 192.0.2.1
```

[예 19-14] DHCP로 디폴트 스태틱 루트와 주소를 학습함

이 예의 마지막은 DHCP로부터 학습한 192.0.2.1을 디폴트 게이트웨이 주소로 하는 R1의 라우팅 테이블에 추가된 디폴트 루트를 보여준다. 이상하게 보이지만, 이 루트는 다이나믹하게 학습되었지만, 스태틱 루트로 표시한다. 사실, **ip route** 명령으로 설정한 스태틱 루트와 비교

해볼 때, **show ip route static**에서 보이는 루트와 유일한 차이점은 이 경우의 어드미니스트레이티브 디스턴스가 254라는 것뿐이다. IOS는 **ip route** 컨피규레이션 명령[예 19-12]으로 설정한 스태틱 루트의 디폴트 어드미니스트레이티브 디스턴스로 1을 사용한다. DHCP를 통해 학습한 디폴트 게이트웨이에 대한 루트를 추가할 때, IOS는 [예 19-14]에서 본 바와 같이 디폴트 어드미니스트레이티브 디스턴스값으로 254를 사용한다.

마지막으로 예에서 볼 수 없었던 리모트 라우터들은 여전히 루트들을 학습해야 하기 때문에, R1은 **default-information originate** RIP 하부 명령을 필요로 한다. B01과 B02와 같은 리모트 라우터들에서, 디폴트 루트에 대한 **show** 명령의 아웃풋에는 아무런 차이가 없다.

:: RIPv2 장애 해결

RIPv2 장애 해결에 초점을 맞추는 이 장의 마지막 주요 섹션에 온 것을 환영한다.

ICND1, ICND2와 CCNA R&S 시험에서 장애 해결 영역은 문제 유형에 대해 고려할 필요가 있다. 먼저 심(Sim) 문제들은 오류를 가진 설정으로 시작하고, 이 문제에 답하기 위해서는 설정을 수정하기 위해 한 대 이상의 장치들을 재설정해야 한다. 심 문제들을 대비하기 위해서, 당신은 부정확한 설정을 인지하는, 정확한 설정의 달인이 될 필요가 있다. 앞선 주제들은 어느 정도 깊이 있게 이러한 설정들을 다루어 왔다.

한편, 심렛(Simlet) 문제는 당신의 장애 해결 및 확인 스킬들을 점검하는데 이 마지막 섹션은 이러한 스킬들에 좀더 초점을 맞춘다. 심렛 문제를 위해 명령어를 입력할 수 있는 시뮬레이터를 찾기 바란다. 실습 문제는 정확한 설정을 가질 수도 있고 아닐 수도 있고 또한 당신은 설정을 볼 수도 있고 못볼 수도 있다.

이러한 유형의 문제들을 준비하기 위해, 네트워크가 특정한 방식의 설정 오류를 가졌을 때 발생하는 증상들과 관련 **show** 명령의 결과가 보여줄 것을 예상할 수 있어야 한다. 이것은 RIPv2가 적용된 경우, 설정 오류를 찾기 위해서는 **show ip route**와 **show ip protocols** 명령어의 아웃풋을 해석해야 한다는 것을 의미한다.

이 섹션은 이 장에 포함된 RIP 설정에 대한 대부분 평범한 설정 오류와 함께 일반적인 증상에 대해 논의한다. 이 섹션의 마지막은 보다 쉬운 학습과 복습을 위한 이러한 일반적인 이슈들을 요약한다.

이 섹션의 모든 예들은 이슈들을 논의하기 위한 좋은 배경으로 특별히 선택된 작은 샘플 구성도를 사용한다. [그림 19-18]은 구성도, 인터페이스와 IP 서브넷들을 보여주고, 다음의 [예 19-15]는 두 라우터의 정확한 설정을 보여준다.

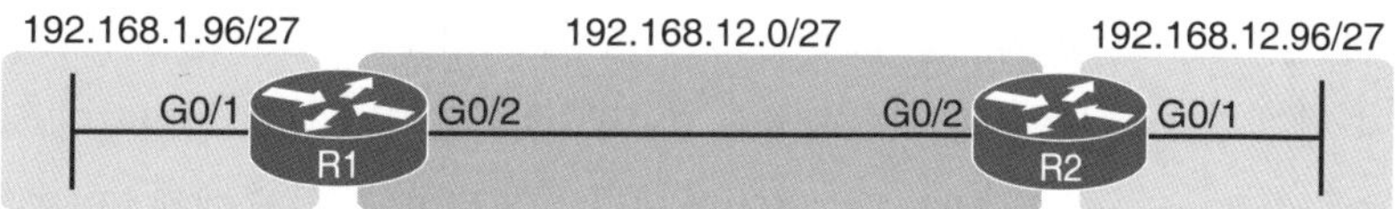

[그림 19-18] 트러블슈팅 예를 위한 샘플 네트워크

```
 ! 라우터 R1 설정
interface G0/1
 ip address 192.168.1.101 255.255.255.224
interface G0/2
 ip address 192.168.12.1 255.255.255.224
!
router rip
 version 2
 no auto-summary
 network 192.168.1.0
 network 192.168.12.0
 ! 라우터 R2 설정
interface G0/1
 ip address 192.168.12.102 255.255.255.224
interface G0/2
 ip address 192.168.12.2 255.255.255.224
!
router rip
 version 2
 network 192.168.12.0
```

[예 19-15] R1과 R2의 정확한 RIPv2 설정

network 명령의 누락 및 부정확한 설정의 결과

첫 번째 예로 라우팅 프로토콜 설정 시에 **network** 명령을 누락하거나 인터페이스의 IP 주소와 일치하지 않는 오류가 일어났을 때의 증상에 대해 생각해보자. 기본적으로 두 가지가 발생한다.

- 라우터는 해당 인터페이스의 서브넷 정보를 보내지 않는다.
- 라우터는 해당 인터페이스에서 다른 라우터와 라우팅 정보를 교환하지 않는다.

[예 19-15]의 라우터 R1에서 엔지니어가 **network** 명령어들 중 하나를 누락시켰다고 생각해보자. 결과는 어떻게 될까? **show ip protocols** 명령의 아웃풋을 예측 가능한가? 이 명령은 **show running-config** 명령어 보다 RIPv2 설정에 대한 상세 내용을 보여준다.

먼저 R1에서 **network 192.168.12.0** 명령을 빠뜨렸다고 가정해보자. 이것은 그림에서 R1이 R1과 R2 사이의 링크에 RIPv2를 구동시키지 않을 것이므로, R1과 R2는 RIPv2 루트들을 교환하지 않는다. R1에서 **show ip protocols** 명령은 R2를 'Gateway (루트 제공 라우터)'
로 표시하지 않고 R1의 아웃풋의 인터페이스 리스트에서 R1의 G0/2 인터페이스를 누락시
킨다. [예 19-16]은 **network 192.168.12.0** 명령을 누락한 경우에 대해, R1의 **show ip
protocols** 명령의 아웃풋을 보여준다.

```
R1# show ip protocols
Routing Protocol is "rip"
  Outgoing update filter list for all interfaces is not set
  Incoming update filter list for all interfaces is not set
  Sending updates every 30 seconds, next due in 4 seconds
  Invalid after 180 seconds, hold down 180, flushed after 240
  Redistributing: rip
  Default version control: send version 2, receive version 2
    Interface             Send  Recv  Triggered RIP  Key-chain
    GigabitEthernet0/1    2     2
  Automatic network summarization is not in effect
  Maximum path: 4
  Routing for Networks:
    192.168.1.0
  Routing Information Sources:
    Gateway          Distance       Last Update
  Distance: (default is 120)
```

[예 19-16] R1의 show ip protocols를 통한 network 192.168.12.0 누락 확인

특히, 강조한 부분들에서 R1은 인터페이스 리스트에서 하나의 인터페이스(G0/1)만 보여주고,
게이트웨이(Gateway)는 갖지 않는다. 또한 'Routing for Networks'란 제목 밑에는 하나의 네
트워크만 보여주는데, 이 네트워크는 **network** 명령으로 설정한 네트워크들이다.

반대 경우를 생각해보자. 즉, [예 19-17]의 설정은 **network 192.168.1.0** 명령을 누락했
지만, **network 192.168.12.0** 명령을 포함한 경우다. 이 경우, R1과 R2는 RIP을 통해 통
신할 것이다. 하지만 무슨 증상을 예측할 수 있을까? 이 경우, R1은 R1의 G0/1 인터페이스에
속한 서브넷, 192.168.1.96 /27을 알리지 않을 것인데 이것은 해당 인터페이스에 일치하는
network 명령이 존재하지 않기 때문이다. 결과적으로 R2는 IP 라우팅 테이블에 192.168.1.96
/27을 표시할 수 없고, R1은 **show ip protocols** 명령의 아웃풋에서 인터페이스들의 리스
트에서 G0/1 인터페이스를 표시하지 않을 것이다.

```
R1# show ip protocols
Routing Protocol is "rip"
  Outgoing update filter list for all interfaces is not set
  Incoming update filter list for all interfaces is not set
  Sending updates every 30 seconds, next due in 4 seconds
```

```
     Invalid after 180 seconds, hold down 180, flushed after 240
     Redistributing: rip
     Default version control: send version 2, receive version 2
       Interface                Send  Recv  Triggered RIP  Key-chain
       GigabitEthernet0/2        2     2
     Automatic network summarization is not in effect
     Maximum path: 4
     Routing for Networks:
       192.168.12.0
     Routing Information Sources:
       Gateway          Distance        Last Update
       192.168.12.2        120           00:00:12
     Distance: (default is 120)
```

[예 19-17] R1의 show ip protocols를 통한 network 192.168.1.0 누락 확인

다시, 이 예는 중요한 장애 해결 스킬을 연습할 또 하나의 기회를 제공하는데 즉, **show ip protocols** 명령의 아웃풋에 기초하여 RIP 설정의 **network** 명령을 보완, 설정할 수 있다. [예 19-17]에서 'Routing for Networks' 제목을 포함한 부분은 192.168.12.0만을 표시하는데, 이것은 **network 192.168.12.0** 명령만 존재한다는 것을 뜻한다. 일찍이, [예 19-16]에서 192.168.1.0만 표시되는 것은 **network 192.168.1.0** 명령만 존재한다는 것을 의미한다.

패시브(passive) 인터페이스에 관한 이슈들

passive-interface 명령은 기본적이고 유용한 기능이지만, 부정확하게 사용되면 장애를 일으키고, 장애는 특이한 증상을 일으킨다. 패시브 인터페이스 기능은 또 하나의 RIP 라우터와 연결하는 인터페이스에는 절대 사용해서는 안된다. 만약 한 라우터는 부적절하게 패시브 인터페이스를 설정하고 이웃 라우터는 그렇지 않다면, 패시브 라우터는 여전히 RIP 업데이트를 수신하지만, 정확하게 설정한 반대편 라우터는 업데이트를 수신할 수 없다.

예를 들어, 다시 [예 19-15]의 정확한 설정을 가정해보자. 엔지니어가 이 그림을 잘못 해석하여 R1에 **passive-interface g0/1** 명령(적정한 명령) 대신에 **passive-interface g0/2** 명령을 추가했다고 가정해보자. [그림 19-19]는 다음과 같은 결과를 보여준다. R1은 R2에게 RIP 업데이트를 보내는 것을 멈추지만, R2는 R1에게 업데이트를 계속 보낸다. R1의 부정확한 설정때문에 R2는 장애를 겪는다.

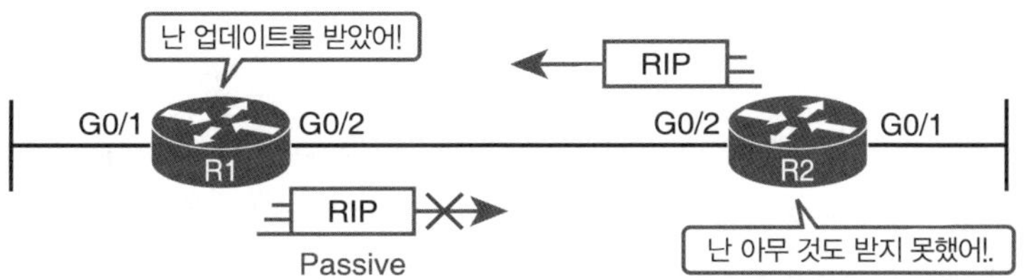

[그림 19-19] 부정확한 패시브 인터페이스로 인한 한 방향의 루트 교환

루트가 학습되지 않는 RIP 문제일 경우, **show ip protocols** 혹은 설정에서 패시브 인터페이스 설정 여부를 확인해야 한다.

auto-summary 명령과 관련된 고려 사항

앞선 섹션, '자동 요약과 불연속 클래스풀 네트워크'에서 네트워크가 자동 요약 기능을 꺼야 하는 경우를 논의했다. 하지만 자동 요약 기능을 끌 필요가 있을 때, 하나의 일반적인 실수가 있는데, 바로 해당 없는 라우터에 **no auto-summary** 명령을 입력하는 것이다.

앞선 언급하였듯이, **auto-summary** 및 **no auto-summary** 설정은 다수의 클래스풀 네트워크들에 연결되는 라우터들에만 영향을 준다. 이 장애 해결 섹션에서 사용한 소규모 네트워크 구성 [그림 19-18]에서, R1은 두개의 상이한 클래스풀 네트워크들에 속하는 서브넷들에 연결되므로, **no auto-summary** 명령은 영향력을 가진다. R2는 두개의 상이한 클래스풀 네트워크들에 속하는 서브넷들에 연결되지 않으므로, R2에서 **no auto-summary** 명령은 아무런 효과를 발휘하지 못한다.

먼저, [예 19-15]의 원래 설정은 라우터 R1의 **no auto-summary** 명령을 보여준다. 결과적으로 R1은 자동 요약을 수행하지 않고 대신 192.168.1.96 /27에 대한 루트를 R2에게 보낸다. [예 19-18]은 예의 상단에서 라우터 R2의 루트를 보여준다.

```
! R1에서 no auto-summary가 설정되었을 때의 R2의 RIP 루트 ([예 19-12]에 대하여)
R2# show ip route | section 192.168.1.0
! 간략화를 위해 라인 생략함.
   192.168.1.0/27 is subnetted, 1 subnets
R    192.168.1.96 [120/1] via 192.168.12.1, 00:00:16,  Serial0/0/1
```

```
! R1에서 auto-summary가 설정되었을 때의 R2의 RIP 루트
R2# show ip route rip
! 간략화를 위해 라인 생략함.
R    192.168.1.0/24 [120/1] via 192.168.12.1, 00:00:03,  Serial0/0/1
```

[예 19-18] R1의 다른 auto-summary 설정에 따른 R2의 show ip route rip의 아웃풋

다른 라우터의 기능들에 의한 RIP 이슈들

RIP이 완벽하게 설정되어도 기타 이슈들 때문에 동작하지 않을 수 있다. 이 장애 해결 섹션의 마지막은 이러한 기타 기능들을 짧게 살펴본다.

먼저 RIP은 구동 중인 인터페이스들 가령, **show interfaces**와 **show ip interfaces** 명령에서 up/up 상태인 인터페이스들에서만 동작한다. 17장 '시스코 라우터 운용'과 24장 'IPv4 라우팅 장애 해결'은 인터페이스에 고장을 일으키는 이슈들에 대해 보다 자세히 다룬다.

RIP은 링크 상의 모든 이웃들이 동일한 서브넷에 존재해야 한다. 이것은 IP 설계의 관점에서 타당한 것이고, 오류 찾기 시험 문제로 쉽게 만들 수 있는 항목이기도 한다. 예를 들어, 장애 해결 섹션의 예들과 [그림 19-16]을 반영한 정확한 설정을 포함한 [예 19-15]는 공유 이더넷 링크에서 마스크 /27, 주소는 각각 192.168.12.1과 192.168.12.2를 가진 R1과 R2를 보여준다. 만약, R2가 192.168.12.202 /27로 잘못 설정된다면, R1의 192.168.12.1 /27, 주소/마스크는 다른 서브넷에 존재하게 되고, R1과 R2는 상대로부터 수신한 RIP 업데이트들을 무시한다.

마지막으로 아직 접하지 않은 ACL이 있다. ACL(access control lists)은 25장 '기본 IPv4 ACL(access control lists)'와 26장 '고급 IPv4 ACL'에서 다루게 되는데, 이는 패킷 필터로써 동작한다. 라우터는 라우터를 통과하는 패킷을 감시할 수 있고, 패킷 헤더를 보고, 일치 여부에 따라 일부 패킷들을 차단한다. ACL 설정은 비의도적으로 일치한 RIP 메시지를 폐기할 수도 있다. 알려진 바와 같이 RIP은 전송 프로토콜로 UDP를, 알려진 UDP 포트 번호로 520을 사용한다. 이러한 패킷들에 일치하는 ACL이 있다면 패킷들은 폐기되고 결국, RIP 설정에는 문제가 없어도 라우터들은 서로 업데이트를 교환하지 못한다.

RIP 장애 해결 이슈들에 대한 요약

보다 쉬운 복습과 학습을 위해 이 섹션에서 언급한 장애 해결 이슈들을 요약해보자:

단계 ① RIP **network** 명령은 RIP이 동작하는 범위를 정의한다. **network** 명령을 누락하면 인터페이스에 RIP을 활성화시키지 못한다:

  Ⓐ RIP은 상응하는 커넥티드 서브넷을 알리지 않을 것이다.

  Ⓑ RIP은 해당 인터페이스로 루트 정보를 보내지 않을 것이고, 해당 인터페이스에서 수신한 루트 정보를 처리하지 않을 것이다.

단계 ② 다른 라우터에 연결된 인터페이스에 **passive-interface** 명령을 사용해서는 안된다. 설정하면, 패시브 라우터가 해당 인터페이스를 통해 들어오는 RIP 메시지들로부터 RIP 루트들을 학습한다 할지라도, 패시브 라우터는 이웃 라우터들에게 루트들을 보내지 않을 것이다.

단계 ③ **no auto-summary** 명령은 하나 이상의 클래스풀 네트워크에 직접 연결된 라우터에서만 영향력을 발휘한다. 즉, 이 명령은 불연속적인 클래스풀 네트워크가 존재할 때만 필요하다.

단계 ④ 일부 RIP 이외의 기능이 RIP 동작에 영향을 준다. 즉,

  Ⓐ RIPv2가 인터페이스를 사용하기 위해 인터페이스는 동작 중이어야 한다.

  Ⓑ 동일한 링크 상의 두 라우터들은 RIPv2가 라우팅 정보의 교환을 위해 동일한 서브넷 내에 속하는 IP 주소들을 가져야 한다.

  Ⓒ ACL은 RIP 업데이트 메시지들을 차단할 수 있고, 이를 통해 RIP에 오류를 일으킨다.

챕터 리뷰

좋은 시험 결과를 위해서 리뷰 세션에 대한 복습이 중요하다. 책이나 DVD의 툴 혹은 책의 동반자 웹 사이트에서 찾을 수 있는 대화형 툴을 활용하여 이 장의 자료들을 리뷰하기 바란다. 특히, '당신의 학습 계획'을 참조하기 바란다. [표 19-5]는 핵심 리뷰 요소들과 자료 출처들을 보여준다. 학습 과정에 대해 보다 나은 추적을 위해 두 번째 열에 완료한 날짜를 기록하도록 한다

리뷰 항목	완료 날짜	자료 출처
핵심 주제 리뷰		책, DVD/웹 사이트
핵심 용어 리뷰		책, DVD/웹 사이트
사전 점검 퀴즈 반복		책, PCPT
메모리 테이블 리뷰		책, DVD/웹 사이트
컨피그 체크리스트 리뷰		책, DVD/웹 사이트
실습		블로그
명령어 테이블 리뷰		책

[표 19-5] 챕터 리뷰 확인

핵심 주제 복습

핵심 주제	설명	페이지
리스트	IGP 비교	471
표 19-2	RIPv1과 RIPv2의 기능 비교 리스트	477
그림 19-8	RIP network 명령을 갖는 한 라우터의 매칭 로직	478
리스트	RIP이 인터페이스에서 활성화되었을 때의 세 가지 액션	478
표 19-3	RIP 확인 명령어들	481
리스트	show ip route 명령어의 아웃풋에서 단일 IP 루트에 대한 내용 분석	483
표 19-4	어드미니스트레이티브 디스턴스 값에 대한 리스트	485
리스트	일반적인 장애 해결 이슈들	503

[표 19-6] 19장의 핵심 주제들

핵심 용어

어드미니스트레이티브 디스턴스(administrative distance), 디스턴스 벡터(distance vector), EGP(exterior gateway protocol), IGP(interior gateway protocol), 메트릭 (metric), 라우팅 업데이트(routing update), 연속적 네트워크(contiguous network), 불연 속적 네트워크(discontiguous network), 자동 요약(auto-summarization), 패시브 인터 페이스(passive interface), IP 라우팅 테이블(routing table), 홉 카운트(hop count)

:: 명령어 참조

[표 19-7]과 [표 19-8]은 이 장에서 사용하는 설정과 확인 명령어들을 보여준다. 연습을 위해 표의 왼쪽 행을 가린 후 오른쪽 행을 읽고 해당 명령을 보지 않고 기억해보도록 한다. 다음으로 오른쪽 행을 덮고 명령이 무엇을 위한 것인지를 기억하는 연습을 반복한다.

명령어	모드 및 목적
router rip	사용자를 RIP 컨피규레이션 모드로 이동시키는 글로벌 명령어.
network *network-number*	클래스풀 네트워크에 속하는 라우터의 모든 인터페이스에서 RIP을 활성화하기 위헤 클래스풀 네트워크를 표시하는 RIP 하부 명령어
version 2	RIP 버전을 설정하는 RIP 하부 명령어
passive-interface {*interface-type interface-number*}	RIP으로 하여금, 지정한 인터페이스로는 더 이상 RIP 업데이트를 전송하지 않도록 하는 RIP 하부 명령어.
passive-interface default	RIP 활성화 인터페이스에 대해 디폴트 설정을 패시브가 아님(not passive)에서 패시브로 변경하는 RIP 하부 명령어
no passive-interface {*interface-type interface-number*}	passive-interface default 명령에 의한 디폴트 패시브 설정을 무효화하는 RIP 하부 명령어
[no] auto-sunmmary	RIP의 자동 요약 기능을 켜거나(auto-summary), 끄는(no auto-summary) RIP 하부 명령어.
maximum-paths *number*	RIP이 동일한 서브넷에 대해 IP 라우팅 테이블에 추가할 수 있는 이퀄-메트릭 루트의 수를 설정하는 RIP 하부 명령어
default-information originate	로컬 라우터가 라우팅 테이블에 디폴트 루트를 이미 가지고 있다면, RIP으로 하여금 디폴트 루트를 보내도록 하는 RIP 하부 명령어.
ip address dhcp	인터페이스에서 사용할 IPv4 주소, 스태틱 루트에서 다음 홉 IP 주소를 DHCP가 보낸 디폴트 게이트웨이로 사용하도록 하는 디폴트 루트를 학습하기 위해 라우터로 하여금 DHCP 클라이언트로 동작하도록 하는 인터페이스 하부 명령어.

[표 19-7] 19장 설정 명령어 참조

명령어	모드 및 목적
show ip interface brief	IP 주소, 인터페이스 상태를 포함하여 라우터 인터페이스마다 한 줄씩 표시한다. 인터페이스에서 RIP 동작을 위해, 인터페이스는 IP 주소를 가져야 하고, up/up 상태여야 한다.
show ip route [rip]	RIP 학습 루트들을 포함하는 라우팅 테이블을 보여준다. [rip] 옵션을 사용하면 RIP 학습 정보만 보여준다.
show ip route *ip-address*	라우터가 표시한 IP 주소에 상응하는 루트만 자세히 보여준다.
show ip protocols	RIP 설정과 로컬 라우터가 루트들을 학습한 이웃 RIP 라우터의 IP 주소들에 대한 정보를 보여준다.
show ip rip database	IP 주소, 인터페이스 상태를 포함하여 라우터 인터페이스마다 한 줄씩 표시한다. 인터페이스에서 RIP 동작을 위해, 인터페이스는 IP 주소를 가져야 하고, up/up 상태여야 한다.

[표 19-8] 19장 EXEC 명령어 참조

Chapter 20
DHCP와 호스트의 IP 네트워킹

이 장은 다음 시험 주제를 다룬다.

1.0 네트워크 기초

1.8 IPv4 주소 체계와 서브네팅에 대한 설정, 확인 및 장애 처리

1.9 IPv4 주소 유형에 대한 비교

    1.9.a 유니캐스트

    1.9.b 브로드캐스트

    1.9.c 멀티캐스트

4.0 인프라스트럭처 서비스

4.1 DNS 동작 원리

4.3 라우터의 DHCP 설정 및 확인

    4.3.a 서버

    4.3.b 릴레이

    4.3.c 클라이언트

    4.3.d TFTP, DNS와 게이트웨이 옵션들

4.4 클라이언트와 라우터 기반의 DHCP 연결 이슈에 대한 장애 해결

TCP/IP 세계에서 호스트란 IP 주소를 필요로 하거나 서비스를 제공하기 위해 IP 주소를 사용하는 모든 장치 즉, IP 전화기, 태블릿, PC, 라우터, 스위치를 가리킨다. 또한 호스트는 쇼핑몰의 전자 광고 비디오 화면, 과금을 위해 전기 계량 정보를 전송하기 위한 휴대폰과 동일한 기술을 사용하는 전기 전력 계량기, 새로운 차량과 같이 덜 일반적인 장치들도 포함한다.

호스트의 종류에 관계 없이, IPv4를 사용하는 모든 호스트는 적정한 동작을 위해 다음과 같은 IPv4 설정을 필요로 한다.

- IP 주소
- 서브넷 마스크
- 디폴트 라우터
- DNS 서버의 IP 주소

이 Part의 마지막 장으로 호스트의 IPv4 설정에 초점을 맞춰 기본적인 IPv4 네트워크를 구축하는 방법에 대한 논의를 끝맺는다. 특히, 이 장은 호스트의 DHCP(Dynamic Host Configuration Protocol)를 사용한

네 가지의 설정을 다이나믹하게 학습하는 방법에 대한 논의로 시작한다. 이 장의 중간 섹션은 호스트가 이러한 네 가지 IPv4 설정을 갖는지를 확인하는 방법을 논의한다. 세 번째와 마지막 섹션은 세 가지 주요 유형의 IPv4 주소들 즉, 유니캐스트, 멀티캐스트와 브로드캐스트의 차이점을 간단하게 설명하고 요약한다.

QUIZ 사전 점검 퀴즈

이 장의 학습을 위해 필요한 시간을 가늠하기 위해 시험(이 페이지나 PCPT 소프트웨어를 사용 가능)을 보기 바란다. 정답은 퀴즈 다음 페이지의 아랫 부분에 나와 있고, 설명은 DVD 부록 C와 PCPT 소프트웨어에 있다.

핵심 주제 섹션	해당 문제
DHCP를 지원하기 위한 라우터 설정	1-3
호스트 IPv4 설정 확인	4
IPv4 주소 유형들	5-6

[표 20 -1] 사전 점검 퀴즈의 핵심 주제와 문제

1. LAN에 연결된 PC는 처음에 DHCP를 사용하여 IP 주소를 임대한다. PC와 DHCP 서버 간의 일반적인 네 개의 DHCP 메시지들 중에 어떤 것이 클라이언트가 보내는 것인가? (2개를 선택할 것)

   a. 확인(Acknowledgment)

   b. 발견(Discover)

   c. 제공(Offer)

   d. 요청(Request)

2. 기업은 애틀랜타의 VLAN 10/서브넷 10에 DHCP와 DNS 서버를 두는데, DHCP 서버의 IP 주소는 10.1.10.1이고, DNS 서버의 IP 주소는 10.1.10.2이다. 애틀랜타의 DHCP와 DNS 서버를 사용하는 보스턴 LAN의 장치들과 함께 리모트 라우터는 보스턴에 있다. 다음 중 DHCP와 DNS를 지원하기 위해 기업 내 라우터들에 설정되어야 하는 것은?

   a. 애틀랜타 라우터에서 `ip helper-address 10.1.10.1` 명령어

   b. 보스턴 라우터에서 `ip helper-address 10.1.10.2` 명령어

   c. 애틀랜타 라우터에서 `ip name-server 10.1.10.2` 명령어

   d. 보스턴 라우터에서 `ip dhcp-server 10.1.10.1` 명령어

   e. 정확한 정답 없음.

3. 프레드는 본사 빌딩에서 오래된 DHCP 서버 플랫폼을 시스코 라우터로 이전하기로 했다. 시스코 라우터의 IOS의 설정을 통해 생성된 DHCP 서버는 200개의 리모트 서브넷들을 지원한다. 다음 중 서브넷별 주소 풀(pool)의 외부에 속하는 설정은?

    a. 클라이언트 IP 주소

    b. 서버의 임대에서 제외되는 서브넷 내의 주소들

    c. 디폴트 라우터

    d. DNS 서버

    e. 주소의 임대 기간

4. 새로운 PC인 PC1은 기업 네트워크에 연결되었을 때 처음으로 부팅하였다. PC1은 IP 주소 10.1.1.1, 마스크 255.255.255, DNS 서버 10.9.9.9, 디폴트 게이트웨이 10.1.1.2와 임대 기간 7일의 정보를 DHCP 서버로부터 수신했다. DHCP 프로세스가 끝난 다음에 PC는 네트워크로 아무 것도 보내지 않았다. 다음으로 사용자는 웹 브라우저를 열고, www.ciscopress.com을 입력했다. 다음으로 일어나는 동작은?

    a. PC1은 웹 서버의 MAC 주소를 찾기 위해 ARP 요청을 보낸다.

    b. PC1은 디폴트 게이트웨이(10.1.1.2)의 MAC 주소를 찾기 위해 ARP 요청을 보낸다.

    c. PC1은 www.ciscopress.com에 대한 DNS 요청을 DNS 서버(10.9.9.9)에게 보낸다.

    d. PC1은 www.ciscopress.com 웹 서버의 IP 주소로 IP 패킷을 보낸다.

5. 패킷은 목적지 주소로 보내진다. 하나의 패킷을 라우팅을 통해 한 서브넷에 연결된 모든 호스트들에게 보내기 위해 마지막 라우터에게 보낸다. 다음 IP 주소 유형 중에서 목적지 IP 주소로 사용되는 것은?

    a. 유니캐스트 주소(unicast address)

    b. 네트워크 브로드캐스트 주소(network broadcast address)

    c. 서브넷 브로드캐스트 주소(subnet broadcast address)

    d. 멀티캐스트 주소(multicast address)

6. 패킷은 목적지 주소로 보내진다. 하나의 패킷은 해당 목적지 주소로 보내지는 패킷을 수신하도록 앞서 등록한 호스트들에 대한 라우터들의 정보에 기초하여 복사된다. 라우터는 호스트가 등록하지 않는 서브넷들로는 패킷의 복사본을 보내지 않고, 최소한 하나의 호스트가 해당 패킷을 수신하기 위해 등록한 서브넷으로 패킷의 복사본을 보낸다. 다음 IP 주소 유형 중에서 목적지 IP 주소로 사용되는 것은?

    a. 유니캐스트 주소(unicast address)

    b. 네트워크 브로드캐스트 주소(network broadcast address)

    c. 서브넷 브로드캐스트 주소(subnet broadcast address)

    d. 멀티캐스트 주소(multicast address)

:: DHCP 설정과 문제 해결

DHCP(Dynamic Host Configuration Protocol)는 TCP/IP 네트워크에서 가장 일반적으로 사용하는 프로토콜들 중 하나다. TCP/IP 네트워크에서 대다수의 호스트들은 사용자 장치들이고, 사용자 장치들의 대다수는 DHCP를 통해 자신의 IPv4 주소를 얻는다.

DHCP를 사용하면 IPv4 주소를 직접 설정하는 것에 비해 다수의 장점들을 갖는다. 호스트에 대한 IP 설정은 DHCP 서버에 포함되어 각 클라이언트는 DHCP 메시지들을 통해 IP 설정값을 얻는다. 결과적으로 각 호스트에 대한 IP 설정은 각 호스트의 사용자의 직접 설정이 아니라 IT 운영자에 의해 제어되므로 보다 적은 오류를 유발한다.

DHCP는 호스트들에게 영속적인 주소를 할당할 수도 있지만, 보다 일반적으로는 IP 주소를 임시적으로 임대한다. 이러한 임대 시스템에 의해 DHCP 서버는 장치가 네트워크에서 제거되었을 때, IP 주소들을 회수하기 때문에 주소의 가용성을 개선한다.

DHCP는 또한 이동성도 제공한다. 예를 들어, 사용자가 태블릿 컴퓨터를 가지고 새로운 장소 즉, 커피숍, 고객 면담 장소, 다시 사무실로 이동할 때마다 사용자 장치는 해당 LAN에서의 새로운 IP 주소를 임대하기 위해 DHCP를 사용하여 새로운 네트워크에서도 업무를 즉시 시작할 수 있다. DHCP가 없다면, 사용자는 현재 네트워크에 대한 IP 설정 정보를 요청하여 직접 설정해야 하며 또한 이 과정에서 적지 않은 사용자가 설정 오류를 일으킬 것이다.

DHCP가 사용자 호스트들에게 자동으로 작동하지만, 라우터에서의 몇 가지 설정을 포함하여 네트워크에서 일부 준비가 필요하다. 기업 네트워크에서 라우터의 설정은 라우터의 다수의 LAN 인터페이스들에 하나의 명령어 입력(**ip helper- address *server-ip***)을 필요로 할 수 있다. 이 명령은 DHCP 서버의 IP 주소로 표시하는 것이다. 다른 경우에 라우터는 DHCP 서버로 동작한다. 하여튼 라우터는 일정한 역할을 수행한다.

이 장의 첫 번째 섹션은 개념으로부터 라우터의 설정, 확인, 문제 해결까지 DHCP에 대한 완벽한 둘러보기를 제공한다.

DHCP 개념

잠시, 호스트 컴퓨터를 위한 DHCP의 역할에 대해 생각해보자. 호스트는 DHCP 클라이언트로 동작한다. DHCP 클라이언트로써 호스트는 IPv4 설정 즉, IPv4 주소, 마스크, 디폴트 라우터, DNS 서버 주소 등 어떤 설정도 갖지 않는다. 그러나 DHCP 클라이언트는 DHCP 프로토콜에 대한 지식을 가지고, DHCP 프로토콜을 이용하여 (a)DHCP 서버를 발견하고, (b)IPv4 주소에 대한 임대를 요청한다.

IP 주소를 임대하기 위한 DHCP 프로세스는 클라이언트와 서버 사이에 4개의 메시지들을 사용한다(기억을 돕기 위해 메시지들의 첫 글자를 따서 DORA라고 외움).

- **발견(Discover)**: DHCP 클라이언트가 DHCP 서버를 찾기 위해 보내는 메시지
- **제공(Offer)**: DHCP 서버가 클라이언트에게 IP 주소와 기타 파라미터값을 제공(임대)하기 위해 보내는 메시지
- **요청(Request)**: 서버가 보낸 제공(Offer) 메시지에 포함된 IPv4 주소에 대한 임대 요청을 위해 보내는 메시지
- **확인(Acknowledgment)**: DHCP 서버가 IP 주소, 마스크, 디폴트 라우터, DNS 서버 IP 주소를 할당하기 위해 보내는 메시지.

그런데 DHCP 클라이언트는 다소 독특한 문제를 갖는다. 즉, 그들이 아직 IP 주소를 갖지 못한 상태에서 IP 패킷을 보낼 필요가 있다. 이 동작을 위해, DHCP 메시지는 IP 주소를 갖지 못한 호스트가 같은 서브넷 내에서 메시지들을 교환할 수 있도록 하는 두 개의 특별한 IPv4 주소를 사용한다:

- **0.0.0.0**: IP 주소를 아직 갖지 못한 호스트들의 출발지 IPv4 주소로 사용하기 위해 예비된 주소
- **255.255.255.255**: 로컬 브로드캐스트 IP 주소. 이 주소로 보낸 패킷들은 로컬 데이터 링크에서 브로드캐스트이지만, 라우터는 이 패킷을 전송하지 않는다.

이러한 주소의 동작 방식을 이해하기 위해, [그림 20-1]은 동일한 LAN의 호스트 A와 DHCP 서버 사이에 사용되는 IP 주소의 예를 보여준다. 호스트 A 클라이언트는 아직 IP 주소를 갖지 못했으므로, 0.0.0.0을 출발지 IP 주소로 하는 발견(Discover) 메시지를 보낸다. 호스트 A는 LAN 브로드캐스트 프레임 즉, 255.255.255.255를 목적지 주소로 하는 패킷을 보내므로 서브넷 내의 모든 호스트들에 도착한다. 클라이언트는 DHCP 서버가 로컬 서브넷 내에 있을 것이라 희망한다. 왜 그럴까? 255.255.255.255로 보낸 패킷은 로컬 서브넷 내의 호스트들에게만 전달되기 때문이다. 즉, 라우터 R1은 이 패킷을 내보내지 않기 때문이다.

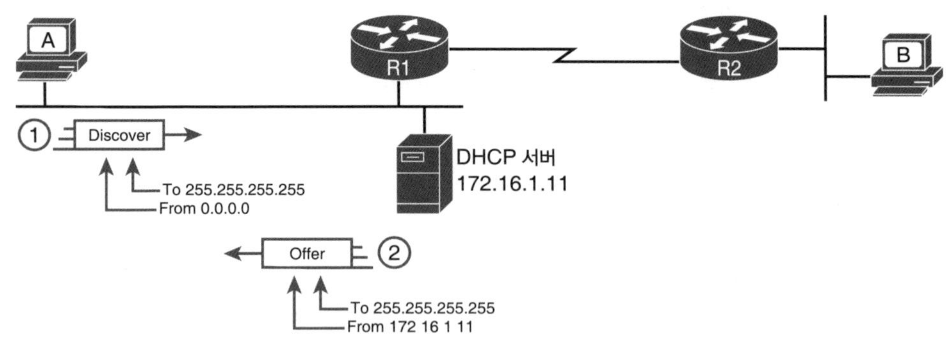

[그림 20-1] DHCP 발견(Discover)과 제공(Offer)

사전 점검 퀴즈 정답

1 B, D **2** E **3** B **4** B **5** C, **6** D

이제 DHCP 서버가 보낸 제공(Offer) 메시지를 살펴보자. 서버는 다시 목적지 IP 주소로 255.255.255.255를 다시 사용한다. 왜 그럴까? 호스트 A는 여전히 IP 주소를 갖지 않았으므로, 서버는 호스트 A에게 직접 패킷을 보낼 수 없다. 따라서 서버는 '서브넷 내의 올 로컬 호스트' 주소(255.255.255.255)로 패킷을 보낸다(이 패킷은 이더넷 브로드캐스트 프레임 내부에 캡슐화된다).

서브넷 내부의 모든 호스트들은 제공(Offer) 메시지를 수신한다. 하지만 원래의 발견(Discover) 메시지는 원래의 호스트를 식별하기 위해(이 경우에 호스트 A) 일반적으로 호스트의 MAC 주소에 기초하는 클라이언트 ID라 불리는 번호를 포함한다. 결과적으로 호스트 A는 제공(Offer) 메시지가 호스트 A를 위한 것이라는 것을 인식한다. 호스트들의 나머지도 제공(Offer) 메시지를 수신하겠지만, 이 메시지가 다른 장치의 DHCP 클라이언트 ID를 표시하므로 나머지 호스트들은 이 제공 메시지를 무시한다.

DHCP 릴레이를 통한 리모트 서브넷에 대한 DHCP 지원

네트워크 엔지니어들은 DHCP와 함께 주요한 설계 방식들을 갖는다. DHCP 서버를 모든 LAN 서브넷에 두어 분산시킬 것인가 혹은 중앙 사이트에만 DHCP 서버를 둘 것인가? 질문은 타당하다. 시스코 라우터는 DHCP 서버로 동작할 수 있으므로, 분산형 설계는 DHCP 서버로 각 사이트의 라우터를 사용할 수도 있다. [그림 20-1]의 모든 서브넷에 DHCP 서버가 있어 DHCP 프로토콜의 트래픽은 각각의 서브넷(LAN)을 벗어나지 않는다.

한편, 중앙형 DHCP 접근 방식은 장점을 갖는다. 사실 몇몇 시스코 설계 자료는 중앙형 접근 방식을 최상의 구성 방식으로 제안하는데, 그 이유는 전체 조직에 대한 모든 IPv4 주소들의 제어와 설정을 한 곳에서 할 수 있기 때문이다.

중앙형 DHCP 접근 방식에서는, [그림 20-1]의 로컬 서브넷에서 출발한 DHCP 메시지들을 IP 네트워크를 통해 중앙의 DHCP 서버에게 보내고, 다시 받을 필요가 있다. 이 동작을 위해, 리모트 LAN 서브넷에 연결된 라우터에는 **ip helper-address** *server-ip* 인터페이스 하부 명령어가 필요하다.

ip helper-address *server-ip* 인터페이스 하부 명령은 라우터로 하여금, DHCP 클라이언트로부터 수신한 메시지들에 다음을 수행하도록 한다:

① 목적지 IP 주소, 255.255.255.255인 수신 DHCP 메시지를 발견한다.
② 패킷의 출발지 IP 주소를 라우터의 수신 인터페이스 IP 주소로 변경한다.
③ 패킷의 목적지 IP 주소(ip helper-address 명령어로 설정한)를 DHCP 서버의 주소로 변경한다.
④ 패킷을 DHCP 서버에게 라우팅한다.

이 명령은 '255.255.255.255로 보낸 패킷을 라우팅하지 말 것' 규칙을 목적지 IP 주소를 변경함으로써 해결한다. 목적지가 DHCP 서버의 IP 주소로 변경되면, 네트워크는 이 패킷을 서버에게 라우팅할 수 있다.

> **NOTE** 이 기능으로 라우터는 패킷 헤더의 IP 주소를 변경함으로써 DHCP 메시지를 전달하는데, 이것을 DHCP 릴레이(DHCP relay)라고 부른다.

[그림 20-2]는 이 과정의 예를 보여준다. 왼쪽의 호스트 A는 DHCP 클라이언트다. 오른쪽에는 DCHP 서버(172.16.2.11)가 있다. R1은 G0/0 인터페이스에 **ip helper-address 172.16.2.11** 명령이 설정되었다. 단계 1에서, 라우터 R1은 255.255.255.255로 향하는 DHCP 패킷을 발견한다. **단계②**에서 R1은 출발지와 목적지 IP 주소를 변경한 다음, 라우팅한다.

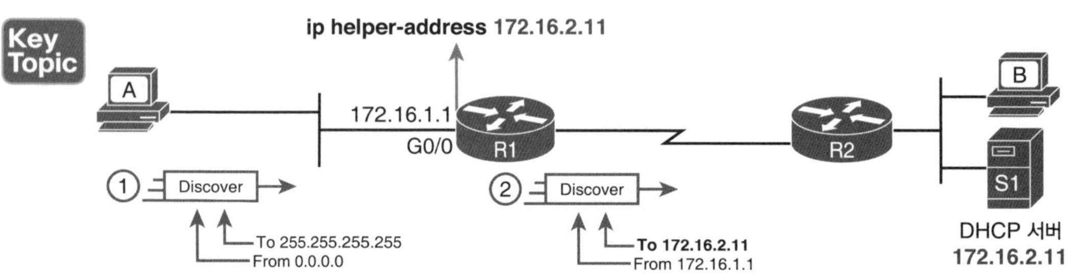

[그림 20-2] IP 헬퍼 어드레스(Helper-address) 설정 효과

라우터는 서버가 보낸 DHCP 메시지들에 대해서도 유사한 과정을 사용한다. 먼저, DHCP 서버로 부터의 응답 패킷에 대해서, 서버는 라우터(릴레이 에이전트)로 수신한 패킷의 출발지와 목적지 IP 주소를 단순하게 바꾼다. 예를 들어, [그림 20-2]에서 발견(Discover) 메시지의 출발지 IP 주소가 172.16.1.1이므로, 서버가 보내는 제공(Offer) 메시지의 목적지 IP 주소가 172.16.1.1이 된다.

라우터가 라우터 자신의 IP 주소들 중 하나를 향하는 DHCP 메시지를 수신하면, 라우터는 DHCP 릴레이 동작의 일부로 인식한다. 이때, 아직 IP 주소를 갖지 못한 DHCP 클라이언트(호스트 A)들이 이 패킷을 수신할 수 있도록 DHCP 릴레이 에이전트(라우터 R1)는 이 패킷의 목적지 IP 주소를 변경해야 한다. [그림 20-3]은 R1이 R1 자신의 172.16.1.1 주소를 향하는 DHCP

제공 메시지를 수신했을 때의 주소들의 변경 예를 보여준다. R1은 패킷이 G0/0의 172.16.1.1 IP 주소를 향하기 때문에, 패킷의 목적지를 255.255.255.255로 변경하고, G0/0을 통해 보낸다. 결과적으로, 해당 LAN에서 모든 호스트(DHCP 클라이언트 A를 포함하여)들은 이 메시지를 수신할 수 있다.

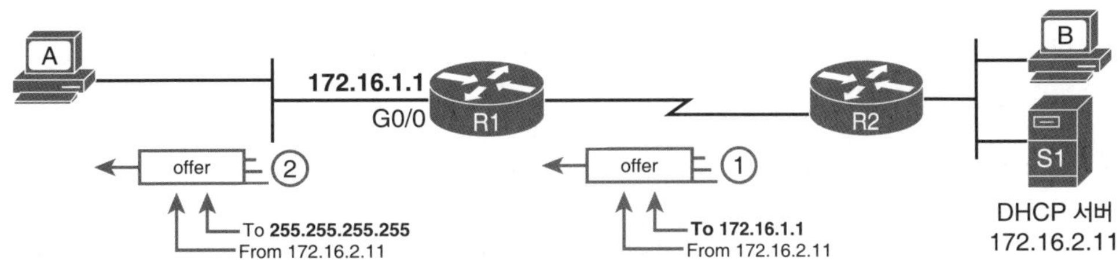

[그림 20-3] DHCP 서버가 응답한 제공(Offer) 메시지에 대한 IP 헬퍼 어드레스 기능

다수의 기업 네트워크들은 중앙형 DHCP 서버를 사용하기 때문에 정상적인 라우터의 설정은 모든 LAN 인터페이스/서브인터페이스에 **ip helper-address** 명령을 포함한다. 이 표준 설정과 함께 라우터의 LAN 인터페이스에 연결된 호스트들은 DHCP와 통신할 수 있고, IP 주소를 임대할 수 있다.

DHCP 서버에 저장된 정보

DHCP 서버는 다수의 에어컨에 의해 적정 온도로 유지되고 보안 장치를 갖춘 전산실 내의 대규모 하드웨어를 지칭하는 것처럼 들린다. 하지만 대부분의 서버처럼, 이 서버는 일부 서버 OS 상에서 실제로 운용하는 소프트웨어를 말한다. DHCP 서버는 무료로 다운로드하고 오래된 PC에 설치된 소프트웨어일 수 있다. 하지만 서버는 새로운 DHCP 클라이언트들을 지원하기 위해 지속적으로 사용할 수 있어야 하기 때문에, 대부분의 회사들은 높은 안정성과 가용성을 제공하는 데이터 센터에 해당 소프트웨어를 설치한다. 하지만 어찌되었든 DHCP 서비스는 소프트웨어가 제공하는 것이다.

DHCP 클라이언트들에게 응답하고, IPv4 주소와 기타 정보를 제공하기 위해 DHCP 서버(소프트웨어)는 설정이 필요하다. DHCP 서버는 일반적으로 서브넷별로 IPv4 설정을 구분하는데, 그 이유는 서버가 클라이언트에게 전달하는 정보는 동일한 서브넷 내의 모든 호스트들에 대해 같지만, 상이한 서브넷에 대해서는 다르기 때문이다. 예를 들어, IP 주소 체계의 규칙 상, 동일한 서브넷 내의 모든 호스트들은 동일한 마스크를 사용해야 하고, 다른 서브넷에 속하는 호스트들은 디폴트 게이트웨이 설정이 달라야 한다.

다음 리스트는 DHCP 서버가 DHCP 클라이언트들을 지원하기 위해 설정해야 하는 것들을 보여준다:

- **서브넷 ID와 마스크**: DHCP 서버는 서브넷 내의 주소의 범위를 알기 위해 이 정보를 사용할 수 있다(DHCP 서버는 서브넷 ID와 서브넷 브로드캐스트 주소는 임대하지 않는다).

- **예비된(제외된) 주소들**: 서버는 어떤 주소를 임대하지 않을지를 알고 있어야 한다. 이 리스트는 엔지니어가 직접 설정하는 IP 주소로 사용하도록 하기 위한 것이다. 예를 들어, 라우터와 스위치의 IP 주소, 서버 주소와 사용자 장치 외의 대부분의 주소들은 직접 할당한 IP 주소를 사용한다. 대개, 엔지니어들은 모든 서브넷들에 대해 동일한 규칙을 따른다. 즉, 모든 서브넷의 가장 낮은 IP 주소와 가장 높은 IP 주소는 제외한다.

- **디폴트 라우터**: 이것은 해당 서브넷 내의 라우터의 IP 주소다.

- **DNS IP 주소**: 이것은 DNS 서버의 IP 주소 리스트다.

[그림 20-4]는 두 개의 LAN 기반 서브넷 즉, 172.161.0 /24와 172.16.2.0 /24에 대한 DHCP 서버의 설정을 보여준다. DHCP 서버는 오른쪽에 있다. 각 서브넷에 대해 서버는 리스트에 모든 항목들을 정의한다. 이 경우, 직접 설정을 위해 서브넷의 낮은 범위의 IP 주소들을 예비하고 있다.

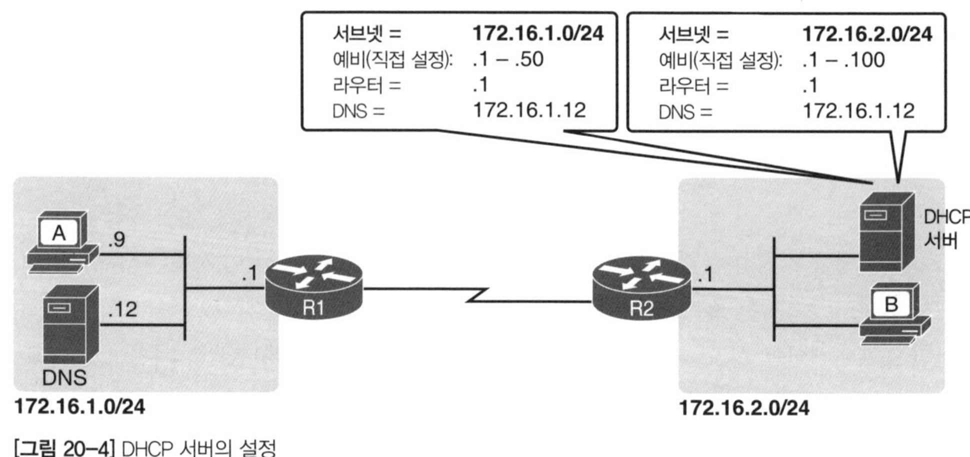

[**그림 20-4**] DHCP 서버의 설정

DHCP 설정은 다른 파라미터들도 보여준다. 예를 들어, IP 주소를 임대하는 임대 기간을 설정할 수 있다. 서버는 일정 기간 동안(보통 며칠 단위) 주소를 임대하고, 클라이언트는 주소의 갱신을 요청할 수 있다. 클라이언트가 갱신을 요청하지 않으면, 서버는 IP 주소의 임대를 취소하고, 가용한 IP 주소로 사용하기 위해 주소 풀로 옮긴다. 서버의 설정은 임대를 위한 최대 시간을 설정할 수 있다.

DHCP는 DHCP 서버의 설정에서 작은 차이점에 기초하여 세 가지의 할당 모드들을 사용한다. 다이내믹 할당(dynamic allocation)은 이 장에서 설명한 DHCP 메커니즘과 설정 방식을 지칭한다. 또 하나의 방법인 오토매틱 할당(automatic allocation)은 DHCP의 임대 기간을 무한대로 설정한다. 결과적으로, 서버가 풀에서 선택한 IP 주소를 클라이언트에게 할당하면, 해당 IP 주소는 클라이언트가 무한대로 사용할 수 있다. 세 번째 방법인, 스태틱 할당(static allocation)은 클라이언트의 MAC 주소에 근거하여 클라이언트가 사용할 특정 IP 주소를 미리 설정하는 방식이다. 특정 클라이언트는 특정 IP 주소를 사용하는 유일한 클라이언트가 된다(이 장은 다이내믹 할당에 대한 예와 설정 방식만 보여 주었다).

시험 주제로서 DHCP 클라이언트에게 보내질 수 있는 DHCP 서버 설정에는 TFTP(Trivial File Transfer Protocol)의 IP 주소가 있다. TFTP 서버는 클라이언트 호스트에게 보내는 파일을 저장한다. 알다시피, 시스코 IP 폰들은 IP 폰이 초기화할 때 필요한 몇몇 설정 파일들을 수신할 때, TFTP에 의존한다. DHCP는 IP 폰들이 사용해야 하는 TFTP 서버의 IP 주소들을 제공한다.

라우터의 DHCP 서버 설정

구글 검색으로 'DHCP server products(DHCP 서버 제품들)'를 찾아 보면, DHCP 서버 소프트웨어를 제공하는 다수의 회사들이 있다. 시스코 라우터(일부 시스코 스위치 포함)는 소수의 추가 설정과 함께 DHCP 서버로 동작할 수 있다.

시스코 라우터를 DHCP 서버로 동작하도록 설정하려면, 서브넷별로 하나의 DHCP 풀(pool)이라 불리는 새로운 설정 개념을 사용한다. 모든 서브넷별 설정은 서브넷별 DHCP 풀을 설정하는 것이다. 풀 외부의 유일한 DHCP 명령은 DHCP의 임대 범위에서 제외되는 주소들을 정의하는 것이다. 시스코 IOS DHCP 서버의 설정 단계들은 다음과 같다:

단계 ① 글로벌 컨피규레이션 모드에서 **ip dhcp excluded-address** *first last* 명령을 통해 제외할(즉, DHCP가 임대하지 않을) 주소들을 설정한다.

단계 ② 글로벌 컨피규레이션 모드에서 **ip dhcp pool name** 명령으로 서브넷에 대한 DHCP 풀을 생성하고, DHCP 풀 컨피규레이션 모드로 이동한다. 또한 다음으로:

ⓐ DHCP 풀 컨피규레이션 모드에서 **network subnet-ID mask** 혹은 **network subnet-ID prefix-length** 명령을 사용하여 이 풀에 대한 서브넷을 정의한다.

ⓑ DHCP 풀 컨피규레이션 모드에서 **default-router** *address1 address2*… 명령을 사용하여 해당 서브넷에 대한 디폴트 라우터의 IP 주소들을 설정한다.

ⓒ DHCP 풀 컨피규레이션 모드에서 **dns-server** *address1 address2*… 명령을 사용하여 해당 서브넷의 호스트들이 사용할 DNS 서버의 IP 주소들을 설정한다.

ⓓ DHCP 풀 컨피규레이션 모드에서 **lease** *days hours minutes* 명령을 사용하여 일, 시간과 분의 형식으로 임대 기간을 정의한다.

ⓔ DHCP 풀 컨피규레이션 모드에서 **domain-name** *name* 명령을 사용하여 DNS 도메인 네임을 정의한다.

ⓕ DHCP 풀 컨피규레이션 모드에서 **next-server** *ip-address* 명령을 TFTP 서버를 필요로 하는 호스트들(예를 들어, IP 폰들)이 사용할 TFTP 서버의 IP 주소를 정의한다.

물론, 특히 다수의 설정 명령어들을 가진 예는 도움이 된다. [그림 20-5]는 구체적인 설정 명령어들 대신 약식의 정보로 표시한 설정의 구성을 보여준다(이후의 [예 20-1]은 이에 일치하는 실제 설정을 보여준다). 두 LAN 서브넷들의 각각에 대해, 주소들을 제외하기 위한 글로벌 명령이 있고, 다음으로 두 DHCP 풀들에 대한 설정 그룹이 존재한다.

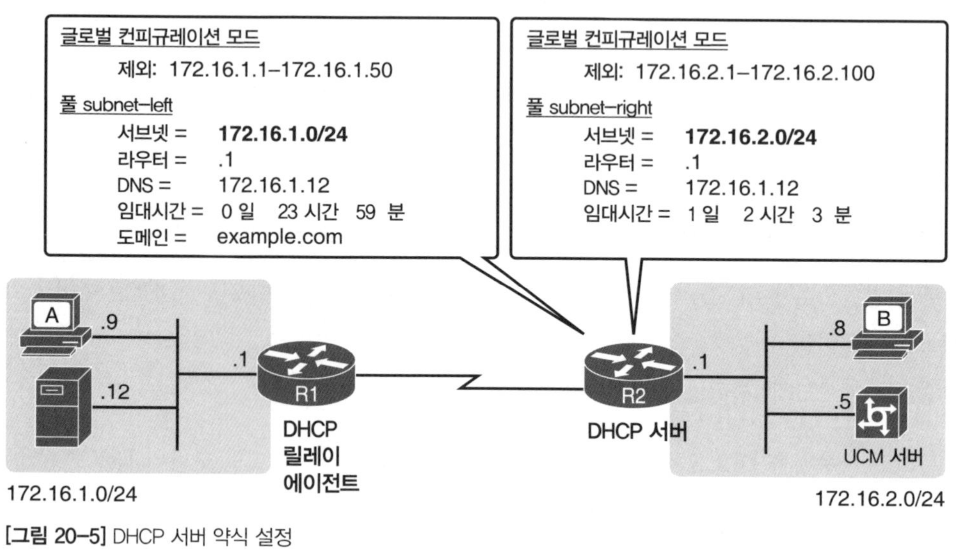

[그림 20-5] DHCP 서버 약식 설정

```
ip dhcp excluded-address 172.16.1.1 172.16.1.50
ip dhcp excluded-address 172.16.2.1 172.16.2.100
!
ip dhcp pool subnet-left
 network 172.16.1.0 255.255.255.0
 dns-server 172.16.1.12
 default-router 172.16.1.1
 lease 0 23 59
 domain-name example.com
 next-server 172.16.2.5
!
ip dhcp pool subnet-right
 network 172.16.2.0 /24
 dns-server 172.16.1.12
 default-router 172.16.2.1
 lease 1 2 3
 next-server 172.16.2.5
```

[예 20-1] [그림 20-5]의 개념에 대한 R2의 DHCP 서버 설정

잠시 172.16.1.0 /24 서브넷, 'subnet-left' 풀로 설정한 서브넷에 초점을 맞추어 보자. 서브넷 ID와 마스크는 해당 서브넷에서 선택한 서브넷 ID와 일치한다. 다음으로 바로 위의 **ip dhcp excluded-address** 글로벌 명령은 172.16.1.1에서 172.16.1.50까지의 주소를 제외하므로, DHCP 서버는 이러한 주소들을 임대하지 않을 것이다. 서버는 마찬가지로 자동으로 서브넷 ID(172.16.1.0)도 제외하기 때문에, DHCP 서버는 .51 주소로부터 시작하는 IP 주소들을 임대하기 시작할 것이다.

'subnet-right'에 대해서도 자세히 살펴보자. DHCP 풀(pool) 컨피규레이션 모드의 **network** 명령은 마스크와 함께 사용한다. 또한 다른 서브넷을 위한 풀과 마찬가지로, 동일한 DNS 서버를 정의하지만, 디폴트 라우터 설정은 상이하게 설정하였는데, 이것은 각 서브넷 마다 디폴트 라우터가 다르기 때문이다. 이 풀은 예와 같은 1:02:03(1일, 2시간, 3분)의 임대 시간을 포함한다.

두 서브넷은 **next-server** 명령으로 UCM(Unified Communications Manager) 서버의 TFTP 서버 IP 주소들을 설정했다는 것도 유의하기 바란다. 대부분의 경우에, IP 폰들이 있는 서브넷들의 풀에는 이 설정을 포함한다.

마지막으로, 라우터를 DHCP 서버로 설정하면, **ip helper-address** 명령을 필요로 하지 않는다. DHCP 서버를 갖지 않는 LAN에 DHCP 클라이언트들이 존재한다면, 이러한 LAN에 연결된 라우터들에는 **ip helper-address** 명령이 필요하다. 예를 들어, [그림 20-5]에서 R1은 LAN 인터페이스에서 **ip helper-address** 명령이 필요하다. R2는 LAN 인터페이스에 이 명령을 필요로 하지 않는데, 그 이유는 R2가 DHCP 서비스를 제공하기 때문에 DHCP 메시지들을 다른 서버에게 전달할 필요가 없기 때문이다.

IOS DHCP 서버 확인

IOS DHCP 서버 기능은 몇 가지 **show** 명령어들을 갖는다. 이러한 세 명령어는 대부분의 상세 항목들을 보여준다:

- **show ip dhcp binding**: 클라이언트에게 현재 임대된 각 IP 주소에 대한 상태 정보를 보여준다.
- **show ip dhcp pool** [*poolname*]: 설정된 IP 주소의 범위와 현재 임대된 주소들에 대한 수와 각 풀에서 최고 임대 당시의 주소 수를 보여준다.
- **show ip dhcp server statistics**: DHCP 서버 통계를 보여준다.

[예 20-2]는 [그림 20-5]와 [예 20-1]의 설정에 기초한 이러한 두 명령어의 아웃풋을 보여준다. 이 경우에, 아웃풋의 강조된 부분과 같이, DHCP 서버는 각 풀에서 하나의 IP 주소 즉, 호스트 A를 위해 하나, 호스트 B를 위해 하나를 임대했다.

```
R2# show ip dhcp binding
Bindings from all pools not associated with VRF:
IP address              Client-ID/                  Lease expiration        Type
                        Hardware address/
                        User name
172.16.1.51             0063.6973.636f.2d30.        Oct 12 2012 02:56 AM    Automatic
                        3230.302e.3131.3131.
                        2e31.3131.312d.4661.
                        302f.30
172.16.2.101            0063.6973.636f.2d30.        Oct 12 2012 04:59 AM    Automatic
                        3230.302e.3232.3232.
                        2e32.3232.322d.4769.
                        302f.30
R2# show ip dhcp pool subnet-right
Pool subnet-right :
 Utilization mark (high/low)    : 100 / 0
 Subnet size (first/next)       : 0 / 0
 Total addresses                : 254
 Leased addresses               : 1
 Pending event                  : none
 1 subnet is currently in the pool :
 Current index          IP address range                    Leased addresses
 172.16.2.102           172.16.2.1        - 172.16.2.254        1
```

[예 20-2] 라우터 기반의 DHCP 서버에 대한 현재 동작 확인

[예 20-2]의 아웃풋은 제외된 주소들을 보여주지 않지만, 그 효과를 보여준다. 클라이언트에 할당된 주소들은 .51(호스트 A, 서브넷 172.16.1.0)과 .101(호스트 B, 서브넷 172.16.2.0)로 끝나는데, 서버가 [예 20-1]의 설정에서 보이는 주소들을 제외한다는 것을 증명한다.

> **NOTE** DHCP 서버는 주소를 임대한 각 DHCP 클라이언트에 대한 상태 정보를 유지한다. 구체적으로 DHCP 클라이언트 ID와 클라이언트에 임대한 IP 주소를 저장한다. 결과적으로, IPv4 DHCP 서버는 스테이트풀 (stateful) DHCP 서버로 간주될 수 있다. 이 설명은 31장 '호스트의 IPv6 주소 설정'에서 IPv6를 위한 DHCP에 대해 읽을 때 유용할 것이다.

DHCP 서비스에 대한 문제 해결

19장 'RIPv2 에 의한 IPv4 경로 학습'은 RIPv2 문제 해결에 대한 섹션으로 끝맺는다. 이 섹션은 특별히 심렛(Simlet) 문제들을 준비하기 위한 항목들을 포함한다. 이를 위해 네트워크가 특정 방식으로 잘못 설정되면 어떤 증상이 일어날 것인지를 예견할 수 있어야 한다. 다음 섹션은 동일한 접근 방식으로 부정확하거나 일부 누락된 설정 때문에 발생 가능한 가장 전형적인 이슈들을 찾아내고, 어떤 징후가 발생하는지와 어떻게 이러한 문제들을 인지할 것인지를 토론한다.

이 섹션은 그러한 실수로 인해 발생하는 설정 실수와 징후들에 대한 전형적인 예로 시작한다. 특히, 이 섹션은 IOS DHCP 서버 설정뿐만 아니라 DHCP 메시지의 릴레이 에이전트(relay agent)와 관련한 문제를 살펴본다. 다음으로 이 섹션은 DHCP와 관련 없는 데이터 전달과 관련된 부분을 살펴보는데, 이 문제를 클라이언트와 릴레이 에이전트 간과 릴레이 에이전트와 DHCP 서버 간의 이슈들로 나눈다. 마지막 섹션은 DHCP 서버가 IP 주소들을 직접 설정하는 호스트들과 DHCP를 사용하는 호스트들 간에 IP 주소들의 중복을 방지하는 방법을 짧게 살펴본다.

DHCP 릴레이 에이전트 설정 오류와 증상

DHCP 클라이언트가 IP 주소 임대를 실패하는 경우는 보통, 설정 오류 혹은 DHCP 릴레이 에이전트로 동작하는 라우터에서 **ip helper-address** 인터페이스 하부 명령을 누락하기 때문이다. 릴레이 에이전트는 DHCP 메시지를 받아서, 패킷의 목적지 주소를 **ip helper-address** *address* 명령의 주소로 변경하고, 해당 주소로 패킷을 보낸다. 이 명령이 누락되면, 라우터는 DHCP 메시지들을 전혀 전달하지 못하고, 부정확하다면 릴레이 에이전트는 DHCP 패킷을 보내기는 하지만, 실제 DHCP 서버에 도착하지 못할 것이다.

이 경우에, 주요 문제 증상은 DHCP 클라이언트의 주소 임대가 실패한다는 것이다. 당신이 문제를 갖는 클라이언트를 식별할 수 있고, 클라이언트가 속한 VLAN 혹은 서브넷을 안다면, 해당 서브넷에 연결된 라우터를 찾아 **ip helper-address** 하부 명령어를 찾고 수정할 수 있어야 한다.

다음 리스트는 몇 가지 기타 관련 항목들을 요약한다.

- 인터페이스에서 설정하는 DHCP 릴레이 에이전트 기능은 DHCP 서버가 상이한 서브넷에 존재할 때만 필요하다. 즉, DHCP 서버가 클라이언트와 동일한 서브넷에 존재하면 필요하지 않다.
- VLAN 트렁크(라우터-온-어-스틱, router-on-a-stick, ROAS)를 가진 라우터에서는, 서브인터페이스에서 **ip helper-address** 명령어를 설정한다(이 리스트의 첫 번째 기준을 충족시키는 경우).
- 시험에서 설정 파일(show running-config)을 보는 것을 허용하지 않는다면, 해당 인터페이스에 **ip helper-address** 설정을 보기 위해 **show ip interface** [*type number*] 명령을 사용한다.

마지막으로, [예 20-3]은 **show ip interface g0/0** 명령의 예를 보여준다. 이 경우에, 이 인터페이스에는 **ip helper-address 172.16.2.11** 명령이 설정되었다. 즉, **show** 명령은 해당 사실을 기본적으로 다시 설명한다(이 설정은 라우터 R1에 대한 [그림 20-2]와 [그림 20-3]을 둘러싼 앞선 예에 상응하는 것이다). 해당 인터페이스에 **ip helper-address** 명령이 설정되어 있지 않다면, 대신 'Helper address is not set(헬퍼 주소 설정되지 않음)'이란 문자가 보일 것이다.

```
R1# show ip interface g0/0
GigabitEthernet0/0 is up, line protocol is up
  Internet address is 182.16.1.1/24

  Broadcast address is 255.255.255.255
  Address determined by non-volatile memory
  MTU is 1500 bytes
  Helper address is 172.16.2.11
! 간략화를 위해 생략됨. (약 20줄)
```

[예 20-3] show ip interface로 현재의 헬퍼 주소 설정을 확인함.

IOS DHCP 서버 설정 실수와 증상

IOS DHCP 서버를 사용할 때, 장애 해결의 관점에서 이슈들을 두 개의 광범위한 카테고리 즉, DHCP 클라이언트로 하여금 주소 임대를 방해하는 것과 임대는 하지만 클라이언트에게 부정확한 설정을 제공하는 것으로 나눈다.

먼저, DHCP 임대 과정에서의 실패를 일으키는 주요 설정 실수는 **network** 명령의 설정 오류다. 이 문제는 다음 핵심 사항들을 중심으로 한다:

- 릴레이 에이전트(relay agent)에서 DHCP 서버에게 보내지는 패킷은 전달되는 DHCP 메시지의 출발지 IP 주소로 릴레이 에이전트의 인터페이스 IP 주소를 사용한다(확인을 위해 [그림 20-2]를 참조 바람).
- DHCP 서버는 수신한 DHCP 패킷의 출발지 IP 주소에 해당하는 주소 풀을 찾기 위해 DHCP 풀들 내의 **network** 명령과 비교한다.
- 각각의 **network** *subnet mask* 명령은 주소의 범위를 의미하는데, 이것은 서브넷 마스크와 함께 보이는 어떤 다른 IP 네트워크 혹은 서브넷과 동일한 표현 방식이다.
- 패킷의 출발지 IP 주소가 모든 풀들 내에서 **network** 명령으로 표시하는 주소의 범위 내에 있지 않다면, DHCP 서버는 해당 요청을 위해 사용할 풀을 가지지 못한다. DHCP 서버는 응답 방법을 찾지 못하고 어떤 응답도 하지 않는다.

실패의 한 예로써, [그림 20-6]의 설정을 고려해보자. 왼쪽은 R1과 **ip helper-address 172.16.2.11** 명령이 설정된 두 인터페이스를 가진 DHCP 릴레이 에이전트의 설정을 보여준다. 오른쪽의 DHCP 서버 설정은 두 개의 풀들을 갖는데, 그 중 하나의 풀은 라우터 R1에 연결된 서브넷을 위한 것이다. 하지만 **network 172.16.3.0 /25** 명령은 주소 범위 172.16.3.0 ~ 172.16.3.127을 나타내고, 릴레이 에이전트의 인터페이스 주소 172.16.3.254는 숫자의 범위에 속하지 않는다. 이때 솔루션은 DHCP 서버의 **network** 명령을 수정하여 /24 마스크를 사용하도록 한다.

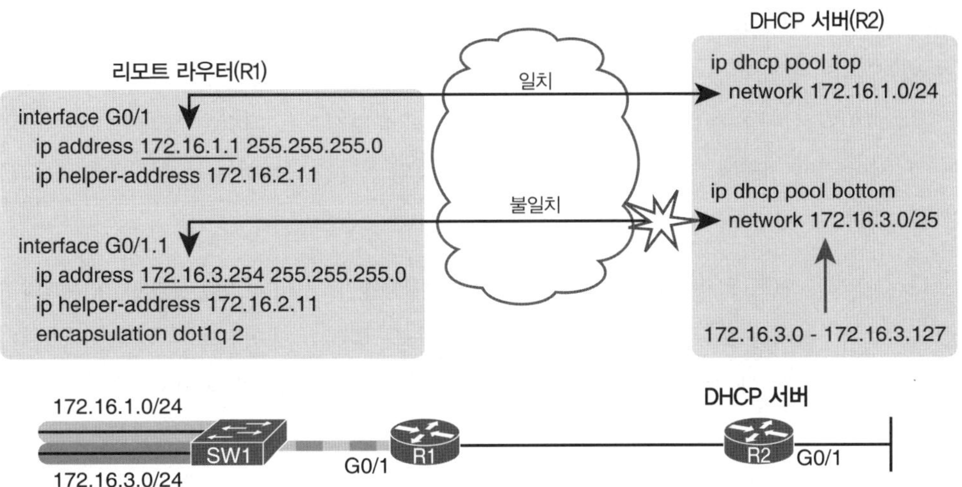

[그림 20-6] DHCP 풀의 network 명령 오류

이런 종류의 문제를 찾고 설정을 수정할 필요가 있고, 시험에서는 **show** 명령과 증상에 기초하여 근본 원인을 발견할 수 있어야 한다. 따라서 DHCP 이슈들에 대한 장애를 해결할 때, 클라이언트가 주소 임대에 실패한다면, IOS DHCP 서버의 **network** 명령을 살펴봐야 한다. 즉, 해당 명령으로 서브넷을 정의할 때와 마찬가지로 IP 주소의 범위를 계산한다. 다음으로 각각의 풀을 정의하는 **network** 명령의 주소 범위와 DHCP 릴레이 에이전트 라우터의 인터페이스 주소(즉, **ip helper-address** 명령이 설정된 모든 인터페이스 주소)를 비교한다. 모든 릴레이 에이전트 인터페이스 주소는 IOS DHCP 서버에 정의된 풀 내부에 포함되어야 한다. DHCP 서버의 설정 오류는 주소 임대를 하더라도 다른 문제들을 일으킬 수 있다. 즉, 임대 과정이 동작하긴 하지만 클라이언트에게 제공되는 나머지 파라미터들이 부정확하거나 누락된다면, 클라이언트는 부적절하게 동작한다.

다음 리스트는 실수의 종류와 그 증상을 요약한다:

- 서버에서 DNS 서버 IP 주소를 부정확하게 설정하거나 혹은 누락하면, 호스트는 호스트 네임에 상응하는 IP 주소로 변환하는데 실패한다.
- 서버에서 디폴트 게이트웨이 IP 주소를 부정확하게 설정하거나 혹은 누락하면, 호스트는 외부 서브넷과 통신할 수 없다.
- 서버에서 TFTP 서버 IP 주소가 부정확하게 설정하거나 혹은 누락하면, IP 폰은 자신의 설정을 수신하는데 실패한다.

24장 'IPv4 라우팅 장애 해결'은 이러한 이슈들을 포함하여 호스트 장애 해결을 깊이 있게 다룬다.

DHCP 릴레이 에이전트에서 DHCP 서버까지의 IP 연결

중앙형 서버 방식의 DHCP 프로세스를 위해서는 IP 브로드캐스트 패킷들은 클라이언트와 릴레이 에이전트 사이에 전달될 수 있어야 하고, IP 유니캐스트 패킷은 릴레이 에이전트와 DHCP 서버 간에 전달될 수 있어야 한다. 이러한 패킷의 전달을 방해하는 문제는 DHCP 동작을 멈추게 한다.

이해를 위해, 왼쪽에 릴레이 에이전트와 오른쪽에 DHCP 서버가 있는 [그림 20-7]의 구성도를 보자. 서버는 IP 주소 172.16.2.11을 사용하고, 릴레이 에이전트는 인터페이스 주소 172.16.1.1을 사용한다. 어떤 오류는 두 IP 주소 간의 IP 패킷 전달을 방해하여 결국, IP 주소의 임대가 실패한다.

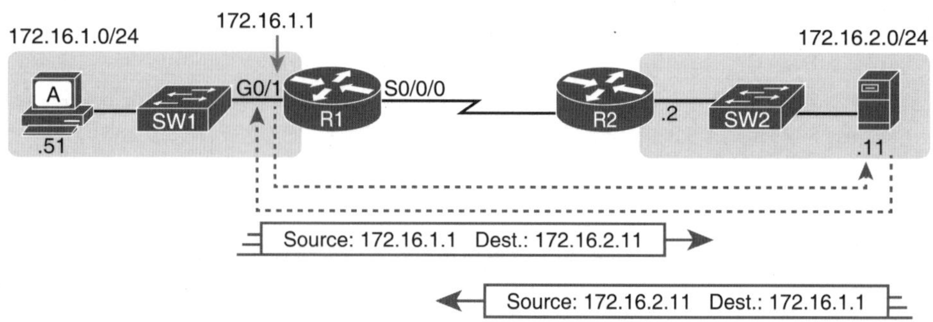

[그림 20-7] 릴레이 에이전트와 서버 간에 사용된 주소들

이 장은 IP 장애 해결에 대해 다루지 않는다. 하지만 다음 두 장들은 두 개의 유용한 툴들(확장형 **ping**과 **traceroute** 명령어, 23장 'IPv4 장애 해결 툴들'에서 다룸)을 소개하고, 다음으로 특히 DHCP 연결성에 대한 장애 해결 방식(24장에서 'DHCP 이슈들')을 설명한다. 이제 릴레이 에이전트와 서버 간의 패킷에서 사용하는 IP 주소들을 기억하고, 이러한 패킷들이 전달될 수 있도록 IP 라우팅에 대한 장애를 해결할 필요가 있을 수 있다.

DHCP 클라이언트와 릴레이 에이전트 사이의 LAN 연결

[그림 20-1], [그림 20-2]와 [그림 20-3]으로 돌아가서, DHCP 클라이언트와 동일한 LAN에서 모든 DHCP 메시지들은 목적지 IP 주소로 255.255.255.255를 사용한다. 이것이 실제로 의미하는 바는 무엇일까? 패킷이 255.255.255.255 주소를 사용할 때:

- 이 주소는 로컬 브로드캐스트 주소(local broadcast address)라고 부른다.
- 이 주소로 보낸 패킷들은 라우터에 의해 전송되지 않는다.
- LAN에서 IP 로컬 브로드캐스트 패킷의 송신자는 이더넷 브로드캐스트 목적지 주소 (FFFF.FFFF.FFFF)를 가진 이더넷 프레임 내부에 IP 패킷들을 캡슐화하므로 LAN은 이 프레임을 브로드캐스팅한다.

이러한 단계들의 결과로, 브로드캐스트 DHCP 메시지들은 LAN이 작동하는 한, 쉽게 전송할 수 있다. 12장 '이더넷 LAN 장애 해결'은 LAN에 대한 장애 해결 방법을 논의한다.

DHCP 장애 해결 요약

학습 툴로서, 다음 리스트는 이 장에서 다룬 핵심 장애 해결 아이디어들을 요약한다:

단계 ① 중앙형 DHCP 서버를 사용한다면, DHCP 클라이언트를 갖는 각 리모트 서브넷 상의 최소 한 한 대의 라우터는 DHCP 릴레이 에이전트로서 해당 서브넷에 연결된 인터페이스에 **ip helper-address** *address* 하부 명령으로 정확하게 설정해야 한다.

단계 ② 중앙형 IOS DHCP 서버를 사용한다면, DHCP 풀[29]의 **network** 명령의 주소 범위는 DHCP 서버를 가리키는 **ip helper-address** 명령을 갖는 라우터 인터페이스의 IP 주소를 포함해야 한다.

단계 ③ DHCP 릴레이 에이전트와 DHCP 서버 간의 IP 연결 이슈는 릴레이 에이전트의 인터페이스 IP 주소와 서버의 IP 주소를 패킷의 출발지와 목적지로 활용하여 장애를 해결한다.

단계 ④ DHCP 클라이언트와 DHCP 릴레이 에이전트 간의 LAN 이슈들에 대한 문제를 해결한다.

DHCP에 대한 실무적인 마지막 노트로서, 이 섹션에서 대부분의 최종 사용자 장치들이 사용하는 DHCP의 중요성과 함께 잠재적인 문제에 초점을 맞추다 보니, DHCP는 다소 위험한 것처럼 보인다. 하지만 DHCP는 가용성을 위한 훌륭한 기능들을 가진다. 먼저 대부분의 DHCP 서버들은 최소한 며칠에서 종종 한 주 혹은 그 이상의 임대 기간을 설정할 수 있다. 이 기능과 관련하여, DHCP 프로토콜은 클라이언트가 서버와 기존의 임대를 다시 확인하고, 임대 만료 뒤에도 계속 동일한 IP 주소를 사용할 수 있도록 하는 다양한 프로세스를 갖는다. 클라이언트들은 임대 기간이 만료될 때까지 가만히 기다리는 대신, DHCP 서버에게 미리 연결하여 기존의 주소를 사용하기를 희망한다. 따라서 DHCP 서버에게 가는 네트워크에 문제가 있어도 주소를 이미 임대한 DHCP 클라이언트들은 어떤 문제 없이 계속적으로 동작할 수 있다.

제공한 주소와 사용 중인 주소의 충돌 탐지

DHCP의 비정상 동작과 관련한 문제 해결 외에, IOS DHCP 서버는 또 다른 유형의 문제 즉, DHCP가 할당한 IP 주소를 다른 호스트가 이미 직접 설정하여 사용하는 경우를 방지하려고 노력한다. DHCP 서버가 주소 풀(pool)에 포함되는 주소 영역과 해당 풀에서 배제되어 할당하지 않는 주소 영역을 명확하게 설정한다 해도, 호스트는 여전히 DHCP 풀 내부의 주소를 직접 설정할 수 있다. 즉, 어떤 프로토콜도 호스트가 DHCP 서버에 의해 사용되는 주소 영역의 IP 주소를 직접 설정하는 것을 막을 수는 없다.

---

[29] DHCP가 할당하기 위해 보유한 주소 영역

어떤 호스트가 DHCP 풀 내부의 주소 영역에 속하는 IP를 직접 설정할 수 있다는 것을 아는 DHCP 서버와 클라이언트는 클라이언트가 새로 임대한 주소를 사용하기 전에 주소 충돌(conflict)이라 불리는 이 문제를 탐지하려 한다.

DHCP 서버는 핑(ping)을 통해 주소 충돌을 탐지한다. 클라이언트에게 새 IP 주소를 제공하기 전에, DHCP 서버는 해당 주소로 핑을 보낸다. 서버가 해당 핑에 대한 응답을 받으면 어떤 호스트가 IP를 이미 사용 중이므로 서버는 주소 충돌이 존재한다는 것을 알게 된다. 서버는 특정 주소가 충돌 중인 것으로 표시하고 해당 주소를 제공하는 대신 풀의 다음 주소로 이동한다.

DHCP 클라이언트도 주소 충돌을 탐지할 수 있지만, 핑 대신 ARP(Address Resolution Protocol)[30]를 사용한다. 클라이언트의 경우, DHCP 클라이언트가 DHCP 서버로부터 특정 IP 주소를 사용하도록 제안을 받으면 클라이언트는 해당 주소에 대한 ARP 요청 메시지를 보낸다. 또 다른 호스트가 이 ARP에 대해 응답 메시지를 보내오면 DHCP는 주소 충돌이 존재한다고 간주한다.

[예 20-4]는 호스트 B가 ARP를 이용하여 주소 충돌을 감지한 후의 라우터 기반의 DHCP 서버인 R2에서 확인한 결과를 보여준다. 이 장면에 앞서, 호스트 B는 DHCP를 사용하여 주소 임대를 요청하고 호스트 B는 ARP를 이용하여 다른 장치가 이미 172.16.2.102 주소를 사용 중이라는 것을 탐지했다. 이때, 호스트 B는 172.16.2.102 주소를 거절하는 DHCP 메시지를 서버에게 보냈다. 이 예는 호스트 B의 주소 충돌 발견과 관련한 라우터의 로그 메시지와 충돌 상태의 주소들을 보여 주는 **show** 명령을 보여준다.

```
*Oct 16 19:28:59.220: %DHCPD-4-DECLINE_CONFLICT: DHCP address conflict:
  client  0063.6973.636f.2d30.3230.302e.3034.3034.2e30.3430.342d.4769.302f.30
    declined 172.16.2.102.
R2# show ip dhcp conflict

IP address          Detection method     Detection time          VRF
172.16.2.102        Gratuitous ARP       Oct 16 2012 07:28 PM
```

[예 20-4] IOS에서 DHCP 충돌에 대한 정보 확인

show ip dhcp conflict 명령은 충돌 상태의 주소와 충돌 탐지 방법을 보여 준다. 클라이언트는 GARP(gratuitous ARP)에 의해 탐지하고, 서버는 핑에 의해 탐지한다. 서버는 엔지니어가 **clear ip dhcp conflict** 명령에 의해 충돌 주소를 삭제하기 전에는 어떤 미래의 클라이언트들에게 이러한 충돌 상태의 주소를 할당하지 않는다.

---

[30] 이러한 ARP를 GARP(gratuitous ARP)라 한다.

∷ 호스트 IPv4 설정 확인

일부 호스트들은 DHCP를 사용하여 IPv4 설정값들을 학습한다. 다른 호스트들은 IPv4 설정값들을 직접 설정한다. 다른 호스트들은 실제로 일부는 직접 설정하고 다른 설정은 DHCP로부터 학습한다.

어떤 호스트가 IPv4 설정을 어떻게 하든지 간에, 호스트는 제대로 작동할 수도 있고, 그렇지 않을 수도 있다. 호스트에 문제가 있다면, 문제를 대비하고 해결해야 한다. 이것은 호스트 상에서 IPv4 설정들을 발견할 수 있어야 하고, 정확한지 확인하고 다음으로 호스트 IP 설정과 관련된 문제들을 해결할 수 있어야 한다.

이 짧은 섹션은 호스트의 IPv4 설정을 확인하는 방법을 가볍게 다룬다. 이 섹션은 이러한 설정을 다루는 방법으로 각 설정값을 확인하기 위한 일부 호스트 명령을 보여줄 뿐만 아니라 제대로 작동하는지 아닌지에 대한 확인 방법에 관련된 힌트들을 제시한다.

IP 주소와 마스크 설정

모든 OS 즉, 사람들이 매일 작업하는 일반적인 OS들은 한 장소에서 모든 IPv4 설정값늘을 보여주진 않지만, 대부분을 보여주는 접근 가능한 창을 갖는다. 예를 들어, [그림 20-8]은 IPv4 설정값을 포함하는 사용자 호스트 OS(이 경우에, MAC OS X)의 네트워크 설정 스크린을 보여준다. 특히, 이 예는 중요한 네 개의 설정값(주소, 마스크, 라우터와 DNS)을 보여준다.

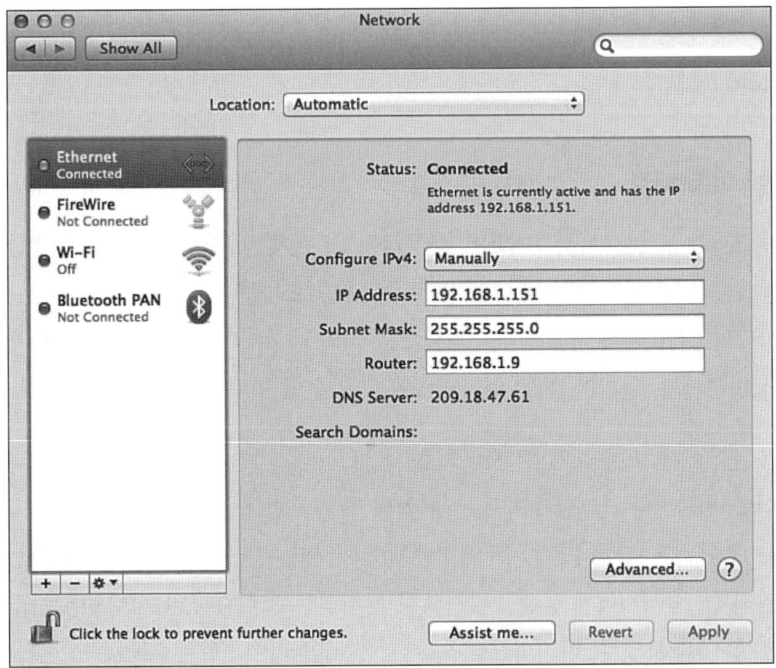

[그림 20-8] MAC OS의 IP 주소, 마스크, 디폴트 라우터 설정

하지만 OS의 GUI(graphical user interface) 윈도 외에도 대부분의 OS는 다양한 네트워킹 명령어들을 가진다. 흥미롭게도, 명령어들의 일부는 다수의 상이한 OS들 예를 들어, 마이크로소프트 윈도우 버전들과 다른 OS들에서 동일하다.

예를 들어, IP 주소, 마스크, 디폴트 라우터와 기타 설정값들을 확인하기 위해 OS들은 일반적으로 **ipconfig**(Windows) 혹은 **ifconfig**(Linux & Mac OS) 명령을 지원한다. 두 명령은 끝에 **-?**를 추가하여 보이는 다수의 옵션들을 가진다. [예 20-5]는 윈도 PC의 예를 보여준다.

```
C:\DOCUME1\OWNER> ipconfig /all
Windows IP Configuration

Ethernet adapter Wireless Network Connection 3:

        Connection-specific DNS Suffix  . : Belkin
        Description . . . . . . . . . . . : Linksys WUSB600N Dual-Band Wireless-N USB
        Network Adapter
        Physical Address. . . . . . . . . : 00-1E-E5-D8-CB-E4
        Dhcp Enabled. . . . . . . . . . . : Yes
        Autoconfiguration Enabled . . . . : Yes
        IP Address. . . . . . . . . . . . : 192.168.2.13
        Subnet Mask . . . . . . . . . . . : 255.255.255.0
        Default Gateway . . . . . . . . . : 192.168.2.1
        DHCP Server . . . . . . . . . . . : 192.168.2.1
        DNS Servers . . . . . . . . . . . : 192.168.2.1
        Lease Obtained. . . . . . . . . . : Wednesday, October 10, 2012 3:25:00AM
        Lease Expires . . . . . . . . . . : Monday, January 18, 2013 11:14:07 PM
```

[예 20-5] ipconfig /all(윈도)

DNS에 의한 이름 해결

DNS(Domain Name System)는 DNS를 사용하는 전 세계 범위의 서버 시스템뿐만 아니라 프로토콜을 정의한다. TCP/IP 세상에서 가장 중요한 프로토콜들 중의 하나로써 매우 유용하지만, 사용자 장치들과 DNS 서버 사이의 라우터와 스위치와는 무관한 프로토콜이다. 이 짧은 섹션은 그 이유를 설명하지만, 편리한 DNS 관련된 소수의 라우터 명령어들을 소개한다.

단일 조직 내부에서, 복수의 DNS 서버들을 사용하는데, 각각은 회사 내부의 호스트들을 위해 호스트 네임을 변환한다. [그림 20-9]는 왼쪽의 클라이언트들과 함께 그림의 상단에 위치한 DNS 서버를 보여준다. 단계 1은 DNS 서버에게 'Server1'이란 이름을 이에 상응하는 IP 주소로 변환하기 위해 DNS 서버에게 묻는 DNS 요청 메시지를 보여준다. DNS 서버는 IP 주소를 포함하는 DNS 응답을 보낸다. 마지막으로, 단계 3에서, 클라이언트는 Server1이 사용하는 주소, 10.1.2.3에게 패킷을 보낼 수 있다.

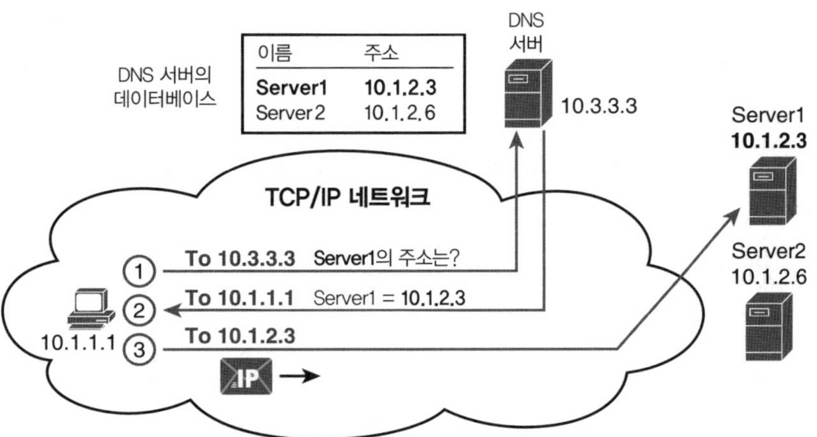

[그림 20-9] 호스트는 Server1에게 패킷을 보내기 전에 이름을 IP 주소로 변환함

이제 잠시 멈추고, 세 가지의 메시지들에 초점을 맞추어 보자. 각 패킷은 알려진 유니캐스트 목적지 주소를 가진다. TCP/IP 네트워크의 라우터는 이러한 패킷들을 단순히 전송한다. 어떤 특별한 설정도, DHCP와 같이 **ip helper-address** 와 같은 명령이나 기능도 필요 없다. 즉, 라우터와 스위치는 어떤 부수적인 일을 하지 않고, 호스트와 DNS 서버 간에 DNS를 지원하기 위해 어떤 부수적인 설정도 필요하지 않다.

디폴트 라우터

18장에서 일부 자세히 논의한 바와 같이, IPv4 호스트 라우팅 로직은 기본적으로 두 가지 선택으로 나뉜다. 패킷의 목적지가 호스트와 동일한 서브넷에 속하면, 로컬 호스트는 패킷을 해당 호스트에게 직접 보내기 때문에, 라우터는 무시한다. 패킷의 목적지가 호스트와 다른 서브넷에 속하면, 로컬 호스트는 패킷을 호스트의 디폴트 게이트웨이(즉, 디폴트 라우터)에게 보내는데 이는 라우터가 패킷을 전달할 것이라 믿기 때문이다.

흥미롭게도, 한 쌍의 간단한 오류들이 LAN 기반의 호스트와 디폴트 라우터 사이에 발생할 수 있다. LAN 기반 호스트의 적정한 디폴트 라우터 설정을 위해서는 다음 조건을 충족시켜야 한다:

- LAN에 연결된 호스트 링크와 디폴트 라우터 링크가 동일한 VLAN 내에 속해야 한다.
- 호스트와 디폴트 라우터 IP 주소는 동일한 서브넷 내에 속해야 한다.
- 호스트 디폴트 라우터 설정은 라우터에 설정된 IP 주소와 동일해야 한다(즉, 호스트가 디폴트 라우터의 주소를 10.1.1.1로 설정하면, 라우터의 인터페이스 IP 주소가 10.1.1.2와 같이 상이하면 안된다).
- LAN 스위치는 포트 시큐리티 설정 때문에 프레임을 폐기해서는 안된다.

앞선 모든 설정들과 선택들은 호스트와 디폴트 라우터 간에 불일치할 수 있다. 라우터의 설정은 일반적인 CLI 명령 즉, **show interfaces**, **show ip interface brief**, **show protocols**와 **show running-config** 명령으로 확인할 수 있다. 스위치에서 VLAN 할당을 확인하기 위해 **show interfaces status**, **show vlan**, **show interfaces switchport**와 같은 명령을 사용할 수 있다.

호스트에서 디폴트 라우터 설정을 확인하기 위한 방법은 물론 OS에 따라 상이한데, 간단하게 GUI로 디폴트 라우터에 대한 설정을 확인할 수도 있다. 하지만 대부분 OS에서 일반적인 명령은 **netstat -rn**인데, 디폴트 게이트웨이 주소에 대한 기본적인 목적지 주소로 0.0.0.0을 사용한다. [예 20-6]은 강조된 디폴트 라우터의 설정과 함께 MAC의 **netstat -rn** 명령을 보여준다.

```
Wendell-Odoms-iMac:~ wendellodom$ netstat -rn
Routing tables
Internet:
Destination        Gateway            Flags     Refs   Use       Netif Expire
default            192.168.1.1        UGSc      45     0         en0
127                127.0.0.1          UCS       0      0         lo0
127.0.0.1          127.0.0.1          UH        36     9143335   lo0
169.254            link#4             UCS       0      0         en0
192.168.1          link#4             UCS       4      0         en0
192.168.1.1/32     link#4             UCS       1      0         en0
192.168.1.1        5c:d9:98:59:b3:fc  UHLWIir   44     553       en0   1190
192.168.1.150/32   link#4             UCS       0      0         en0
192.168.1.255      ff:ff:ff:ff:ff:ff  UHLWbI    0      5         en0
```

[예 20-6] netstat -rn 명령(맥 OS X)

디폴트 라우터를 확인하기 위한 또 다른 단계는 디폴트 라우터에 대해 ARP의 동작 여부를 점검하는 것이다. 예를 들어, [그림 20-10]에서 호스트 A는 동일한 서브넷에 속하는 호스트 D에게 해당 패킷을 직접 보낼 것이다. 따라서 호스트 A는 먼저 호스트 D에 대한 ARP 정보를 필요로 한다. 마찬가지로 다른 서브넷에 존재하는 서버 B에게 패킷을 보내기 전에, 호스트 A는 R1의 MAC 주소에 대한 ARP 정보를 필요로 할 것이다.

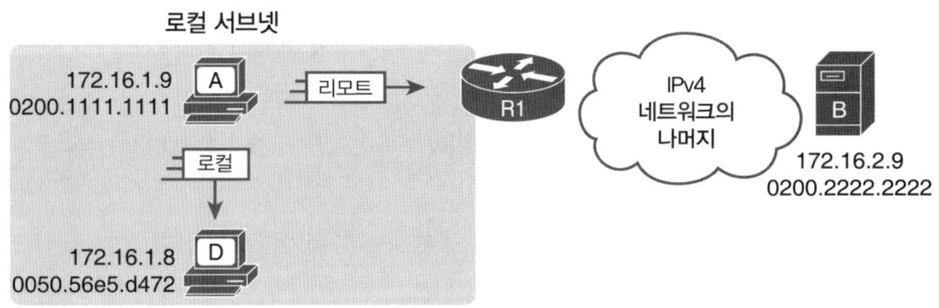

[그림 20-10] 다음 두 ARP 테이블을 위한 호스트 IP 및 MAC 주소 예

arp -a 명령은 다수의 사용자 OS에서 사용하는 또 하나의 공통된 명령어다. [예 20-7]은 호스트 A가 서버 B와 호스트 D에게 패킷을 성공적으로 보낸 이후의 호스트 A의 ARP 테이블을 보여준다. 서버 B의 IP 주소인 172.16.2.9는 보이지 않는데, 그 이유는 ARP 테이블은 상이한 서브넷이 아니라 동일한 서브넷에 속하는 IP 주소들만 보여주기 때문이라는 점을 유의하기 바란다.

```
C:\Users\wodom> arp -a

Interface: 172.16.1.9 --- 0xa
Internet Address      Physical Address      Type
172.16.1.1            02-00-01-01-01-01      dynamic
172.16.1.8            00-50-56-e5-d4-72      dynamic
```

[예 20-7] 호스트 A의 ARP 테이블(윈도)

라우터도 ARP 테이블을 보유해야 IP 패킷들을 이더넷 프레임 내부에 캡슐화할 수 있다. [예 20-8]은 라우터 R1의 **show arp** 명령의 아웃풋을 보여주는데, 여기서 호스트 A(172.16.1.9)와 라우터 자체(172.16.1.1)에 대한 정보를 볼 수 있다(호스트들은 일반적으로 자신의 ARP 캐시 내에 자신의 IP 주소들을 보여주지는 않지만, 시스코 라우터는 ARP 캐시 내에서 보여준다).

```
R1# show arp

Protocol   Address       Age (min)   Hardware Addr   Type   Interface
Internet   172.16.1.1    -           0200.0101.0101  ARPA   GigabitEthernet0/0
Internet   172.16.1.9    2           0200.1111.1111  ARPA   GigabitEthernet0/0
```

[예 20-8] 라우터 R1의 ARP 테이블

:: IPv4 주소 유형들

IPv4 주소 공간은 세 개의 주요 카테고리들 즉, 유니캐스트, 브로드캐스트와 멀티캐스트 주소로 나뉜다. 현재 시험에서 시스코는 이러한 주소 유형들에 대한 비교 관련 주제를 포함한다. 이 섹션은 적정한 비교와 아이디어들을 통합하기 위해 멀태캐스트 주소 체계에 대해 설명하는 한편, 이미 소개한 유니캐스트와 브로드캐스트 IP 주소들에 대한 핵심 개념들을 함께 정리한다.

당신은 IPv4의 주소 유형에 대한 주제가 호스트의 DHCP와 IP 네트워킹을 다루는 장의 마지막에 배치된 점에 대해 어리둥절할 수 있다. 사실 여러 장에 걸쳐 이 주제를 배치해 복습을 유도했다. 이 장에서 다룬 255.255.255.255 로컬 브로드캐스트를 포함하여 IP 브로드캐스트 주소들에 대해서도 설명하였다.

유니캐스트(클래스 A, B 및 C) IP 주소 리뷰

유니캐스트 IP 주소는 호스트, 라우터 인터페이스와 기타 네트워킹 장치들에 할당하는 클래스 A, B와 C IP 주소들이다. IP 주소 체계에 대한 대부분의 논의는 유니캐스트 IP 주소들에 대한 것이기 때문에, 대부분의 사람들이 유니캐스트 IP 주소를 논할 때 유니캐스트란 단어를 생략한다.

개념을 완성하고 정의하자면, 유니캐스트 주소는 IP로 한 장치에 있는 하나의 인터페이스를 식별한다. 우편 주소가 우체국에게 주어져 우편을 보낼 수 있는 것과 마찬가지로, 유니캐스트 IP 주소는 IP 네트워크에게 특정 호스트에 패킷을 보내기 위한 주소를 부여한다. 하지만 IP는 장치에 주소를 부여하지 않고, 유니캐스트 주소는 개별 인터페이스별로 부여한다. 예를 들어:

- 네 개의 LAN 인터페이스와 두 개의 WAN 인터페이스를 갖는 라우터는 각 인터페이스별로 각각 상이한 서브넷에 속하는 여섯 개의 유니캐스트 주소를 갖는다.
- 이더넷 NIC(network interface card)과 무선 NIC를 갖는 PC는 각 인터페이스별로 두 개의 유니캐스트 IPv4 주소를 갖는다.

IP 브로드캐스트 주소

브로드캐스트 IPv4 주소는 IP에게 네트워크에서 다수의 호스트들에게 하나의 패킷을 전달하기 위한 방법을 제공한다. IPv4는 상이한 집합의 호스트들에게 보내기 위해 사용되는 몇 가지 유형의 브로드캐스트 주소를 정의한다. 이러한 상이한 브로드캐스트 IP 주소들은 특정 영역의 네트워크 내의 모든 호스트들에게 효과적으로 보내기 위한 방법을 DHCP와 같은 다양한 오버헤드 프로토콜들에게 필요하다. 다음 리스트는 세 가지의 IP 브로드캐스트 주소 유형들을 다시 정리한다:

- 로컬 브로드캐스트 주소(Local broadcast address): 255.255.255.255. 로컬 서브넷 내에 패킷을 보낼 때 사용하는 주소로, 라우터는 이 패킷을 내보내지 않는다. 제한된 브로드캐스트(limited broadcast)라고도 한다.
- 서브넷 브로드캐스트 주소(Subnet broadcast address): 각 서브넷에서 예비된 주소로, 15장 '서브넷 마스크 분석'에서 살펴본 바와 같이 숫자상 서브넷에서 가장 높은 번호다. 서브넷 브로드캐스트 주소로 보낸 패킷은 라우팅을 통해 해당 서브넷에 연결된 라우터에 보내지고, 다음으로 해당 서브넷의 모든 호스트들에게 데이터 링크 브로드캐스트로 보내진다. 서브넷 내의 모든 호스트들이 수신해야 한다는 점을 강조하여 올-호스트 브로드캐스트(all-hosts broadcast)라고도 하고 또는 다이렉티드 브로드캐스트(directed broadcast)라고도 한다.
- 네트워크 브로드캐스트 주소(Network broadcast address): 각각의 클래스풀 네트워크를 위해 예비된 주소로 네트워크에서 숫자상, 가장 높은 번호다. 한 네트워크 내의 모든 호스트들에게 한 패킷을 보내기 위해 사용한다. 올-서브넷 브로드캐스트(all-subnet broadcast)라고도 하는데, 패킷이 네트워크 내의 모든 서브넷들에 보내지기 때문이다.

로컬 브로드캐스트의 동작은 제일 처음 전송되는 서브넷에는 보내지만, 더 이상 다른 서브넷에는 전달하지 않는 것으로 이미 설명했다. 하지만, 다른 두 유형은 조금 더 흥미롭다.

서브넷과 네트워크 브로드캐스트는 효율적으로 각각 서브넷 혹은 네트워크 내의 모든 호스트들에게만 패킷들을 보내기 위한 방법을 제공한다. 예를 들어, 서브넷 브로트캐스트를 적용하여, 라우터는 해당 서브넷을 향하는 다른 IP 패킷과 동일하게 패킷을 보낸다. 패킷이 해당 서브넷에 연결된 라우터에 도착하면, 마지막 라우터는 LAN 브로드캐스트 내에 패킷을 캡슐화하여, 모든 호스트들이 그 패킷을 수신할 수 있도록 한다. [그림 20-11]은 이 아이디어를 보여준다.

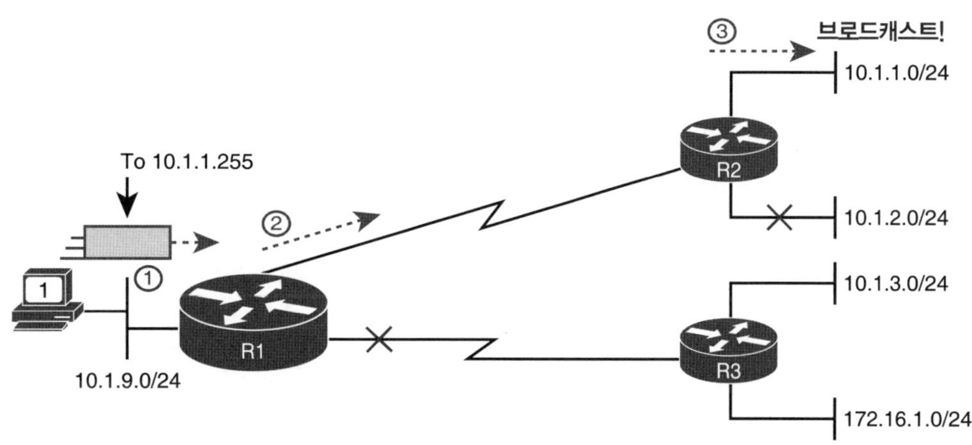

[그림 20-11] 10.1.1.255에 대한 서브넷 브로드캐스트의 예

그림은 두 가지의 핵심 항목을 보여준다. R1은 모든 라우터에게 프레임을 보내는 대신, 다음 라우터(이 경우, R2)에게만 보내 패킷이 서브넷 10.1.1.0/24에 도착하도록 한다. 서브넷 10.1.1.0/24에 연결된 R2는 패킷을 LAN에 보낼 때, 이더넷 브로드캐스트 프레임 내부에 패킷을 캡슐화하여 서브넷 내의 모든 호스트들에게 도착할 수 있도록 한다.

그림은 서브넷 브로드캐스트 주소의 사용 목적을 보여준다. 한편, 이것은 오늘날 보안 이슈를 일으킨다. 다수의 공격들은 서브넷 브로드캐스트 주소로 핑을 하여, 다수의 호스트들이 이에 응답하기를 바란다. 수년 전에, 시스코는 IOS의 디폴트 설정을 연결된 서브넷에 대한 서브넷 브로드캐스트 전달을 비활성화하는 것으로 변경했다(가령, [그림 20-11]에서 단계③ 을 비활성화한다). 이 디폴트 설정은 **no ip directed-broadcast** 인터페이스 하부 명령으로 설정할 수 있다.

네트워크 브로드캐스트 패킷(목적지 주소로 네트워크 브로드캐스트 주소를 사용하는 패킷)도 유사한 방식으로 동작한다. 모든 서브넷들에 보내기 위해, 라우터는 패킷의 복사본을 생성하여 클래스풀 네트워크 내부의 모든 서브넷들로 보낸다. [그림 20-11]의 단계③ 과 같이, LAN 인터페이스에서 패킷은 LAN 브로드캐스트로 전달된다.

IPv4 멀티캐스트 주소들(클래스 D 주소들)

멀티캐스트 IP 주소들과 관련된 프로토콜들은 브로드캐스트 주소들과 비교할 때 동일한 문제를 해결할 수 있지만, 브로드캐스트 주소들에 의해 발생하는 보안 이슈들은 존재하지 않고 주로 애플리케이션들을 위해 사용한다. 동작 방식을 보기 위해 다음 예를 고려해보자. 비디오 애플리케이션은 생방송을 보도록 만들어질 수 있다. 같은 지사의 동일한 서브넷에 속하는 10명의 사람들이 동시에 동일한 비디오를 보기를 원할 때 유니캐스트를 사용한다면, 애플리케이션은 동일한 서브넷 내의 각 클라이언트에게 한 번씩 보내서, 동일한 비디오 데이터를 10번 보낸다. 클래스 D 멀티캐스트 주소들을 사용하도록 만들어진 애플리케이션은 1 패킷만 보내는데, 라우터가 WAN을 거쳐 라우팅하고, 다음으로 목적지 서브넷에서 10 호스트들 모두에게 복사본을 전달한다.

멀티캐스트를 사용할 때, 모든 호스트들은 자신의 일반적인 트래픽을 위해서는 계속 개별적인 유니캐스트 IP 주소를 사용하는 반면, 멀티캐스트 애플리케이션을 위해서는 동일한 멀티캐스트 IPv4 주소를 사용한다. IP 멀티캐스트의 장점을 살리도록 만들어진 애플리케이션을 사용하는 서버 혹은 클라이언트는 애플리케이션이 선택한 클래스 D 주소들을 사용한다.

클래스 D 주소들을 멀티캐스트 그룹으로 간주할 수 있다. 사실, 종종 그렇게 부르는데, 그 이유는 호스트들이 그룹에 가입함으로써 멀티캐스트 애플리케이션이 보낸 패킷을 수신할 수가 있기 때문이다.

클래스 D 주소들은 224와 239 사이의 첫 번째 옥텟으로 시작하는데, 다양한 목적을 위해 일부 범위는 예비되어 있다. 다수의 클래스 D 주소 공간은 멀티캐스트 애플리케이션의 하나를 적용하는 회사를 위한 것으로, 해당 클래스 D 주소 공간의 주소를 선택하여 멀티캐스트 애플리케이션을 사용하도록 설정한다.

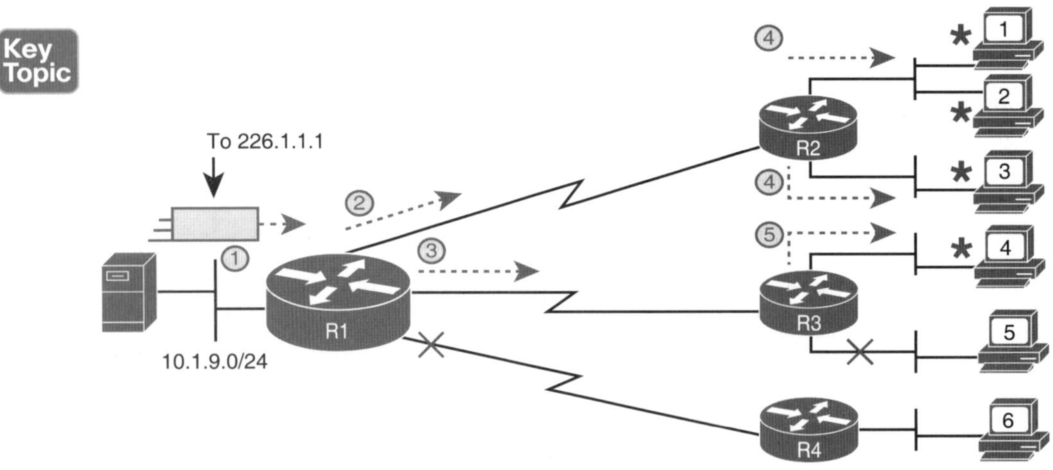

[그림 20-12] 세 개의 등록된 호스트들에 대한 멀티캐스트 패킷 흐름 예

예로써 클래스 D 주소 226.1.1.1을 사용하는 비디오 애플리케이션을 가정해보자. [그림 20-12]는 왼쪽 서버의 애플리케이션이 목적지 주소 226.1.1.1을 갖는 하나의 멀티캐스트 패킷을 보내는 과정을 설명한다. 이 과정의 작동을 위해, *옆의 호스트는 호스트가 멀티캐스트 주소 226.1.1.1을 향하는 패킷을 수신하기를 원한다는 것을 라우터에게 알리기 위해 로컬 라우터에 등록한다. 이 그림에서 액션이 시작하면, 라우터는 226.1.1.1로 멀티캐스트 복사본을 보내기를 원하는 호스트가 있는 서브넷과 그렇지 않은 서브넷으로 종합적으로 인식한다.

[그림 20-12]는 다음 단계를 따른다.

① 왼쪽의 서버는 멀티캐스트 패킷을 생성하고 보낸다.

② 라우터 R1은 패킷을 복사하여 보내는데 그 목적지는 다음 두 라우터 R2…

③ 그리고 R3에게 보낸다. R1은 R4에게는 보내지 않는데, 그 이유는 226.1.1.1이 목적지인 패킷을 수신하기를 원하는 호스트가 R4 근처에는 없기 때문이다.

④ R2는 초기의 호스트에 의한 등록 과정 때문에 R1에서 도착한 멀티캐스트 패킷을 처리하는데, R2는 LAN 인터페이스에 최소한 하나의 호스트가 226.1.1.1로 보내지는 패킷을 수신하기를 원한다는 것을 알고 있다. 따라서 R2는 패킷의 복사본을 각각의 LAN 인터페이스로 보낸다.

⑤ R3도 R1으로부터 도착한 멀티캐스트 패킷을 수신하고, R2와 동일한 로직을 사용한다. 하지만 R3는 초기의 호스트 등록 과정으로부터 LAN 인터페이스들 중 하나만이 226.1.1.1을 향하는 패킷을 수신하기를 원하는 호스트를 포함하고 있다는 것을 알고 있다. 따라서 R3은 패킷의 복사본을 해당 인터페이스로만 보낸다.

이 예에서 본 바와 같이, 서버는 하나의 패킷을 보냈고, 라우터는 패킷을 복제하여 네트워크 내부의 모든 정확한 장소들에 도착할 수 있도록 한다.

유니캐스트와 멀티캐스트 주소의 또 다른 비교로, 유니캐스트 주소를 목적지와 출발지 주소로 사용할 수 있는 반면, 멀티캐스트 주소는 목적지 주소로만 사용할 수 있다. 예를 들어, [그림 20-12]의 예에 포함된 패킷을 보자. 모든 패킷들은 한 호스트에서 시작되었으므로, 패킷은 호스트의 유니캐스트 IP 주소를 출발지 주소로 사용한다.

마지막으로, 유니캐스트 IP 주소 체계와 멀티캐스트 IP 주소 체계에 대한 비교를 완성하기 위해, [그림 20-11]의 예에서 마지막 홉 라우터를 생각해보자. R2, R3와 같은 라우터가 유니캐스트 IP 패킷을 보낼 때, 라우터는 연결된 서브넷들이 목적지인 유니캐스트 IP 주소에 상응하는 유니캐스트 MAC 주소를 ARP 캐시에서 찾는다. 이것은 멀티캐스트(클래스 D) 목적지 IP 주소를 가진 멀티캐스트 패킷을 보낼 때는 적용되지 않는다.

이더넷 LAN 상에서 멀티캐스트 IP 패킷을 캡슐화하기 위해, IP 멀티캐스트는 간단한 과정을 거쳐 목적지 MAC 주소를 계산하다. 이 과정은 IP 주소의 마지막 23비트를 복사하여 예비된 25비트 프리픽스 뒤에 붙여, 48비트의 목적지 MAC 주소를 만든다. 이러한 MAC 주소를 멀티캐스트 MAC 주소라고 부르며, 16진수 01005E로 시작한다. 따라서 멀티캐스트 IP 패킷은 멀티캐스트 이더넷 프레임 내부에 캡슐화되어 라우터 인터페이스를 거쳐 LAN으로 내보낸다. 이 시점에서, 스위치는 프레임을 보내기 위한 다음 접근 방법들 중 하나를 사용하여 프레임의 복사본을 원하는 모든 호스트들이 해당 복사본을 수신하도록 한다:

- 브로드캐스트와 마찬가지로 멀티캐스트 프레임들을 모든 포트들로 내보낸다.
- 다른 이더넷 멀티캐스트 기능을 이용하여 복사본을 수신하기 위해 등록한 장치들에게만 프레임을 보낼 수도 있다.

적은 양을 할애해 IP 멀티캐스트에 관해 자세한 내용을 알아봤다고 느낄 수 있다. 그러나 IP 멀티캐스트에 관해서만 다루는 책들만 있을 정도로 이 주제는 사실 광대한 것이다. 이 책의 목적에 따라 여기서는 유니캐스트 주소 체계와의 주요한 비교 항목만 확인하면 된다. 멀티캐스트 주소 체계는 다수의 호스트들에게 동시에 동일한 데이터를 보낼 필요가 있는 애플리케이션들에게 보다 효과적인 방법을 제공한다. 애플리케이션이 IP 멀티캐스트를 사용하도록 개발되었다면, 애플리케이션은 모든 호스트에게 패킷의 복사본을 보내기 위해 유니캐스트 IP 주소를 사용하는 경우와 비교할 때, 네트워크에서 훨씬 적은 트래픽을 발생시킨다.

IP 주소 유형 비교

마지막 몇 페이지는 유니캐스트와 브로드캐스트 주소를 다시 살펴보았고, IP 멀티캐스트 주소의 배경이 되는 핵심 개념들을 설명하였다. [표 20-2]는 학습의 편의를 위해 이 섹션에서 언급했던 핵심 비교 항목들을 요약한다.

핵심 비교 항목들	유나캐스트	브로드캐스트	멀티캐스트
가장 일반적인 사용자 앱들(웹, 이메일, 채팅 등)이 데이터 전송을 위해 주로 사용됨.	Yes	No	No
DHCP로 호스트에게 주소 할당	Yes	No	No
클래스 A, B와 C 주소 사용	Yes	No	No
오버헤드 프로토콜(DHCP, ARP)이 한 메시지를 하나 이상의 장치들에게 보낼 때 주로 사용.	No	Yes	No
목적지 IP 주소로만 사용.	No	Yes	Yes
애플리케이션들이 동일한 데이터를 동시에 다수의 클라이언트들에게 보낼 때 주로 사용.	No	No	Yes
클래스 D 주소를 사용함.	No	No	Yes

[표 20-2] 유니캐스트, 브로드캐스트 및 멀티캐스트 IP 주소 비교

좋은 시험 결과를 위해서는 리뷰 세션에 대한 복습이 중요하다. 책이나 DVD의 툴 혹은 책의 동반자 웹 사이트에서 찾을 수 있는 대화형 툴을 활용하여 이 장의 자료들을 리뷰하기 바란다. 특히, '당신의 학습 계획'을 참조하기 바란다. [표 20-3]은 핵심 리뷰 요소들과 자료 출처들을 보여준다. 학습 과정에 대해 보다 나은 확인을 위해 두 번째 열에 완료한 날짜를 기록하도록 한다.

리뷰 항목	완료 날짜	자료 출처
핵심 주제 리뷰		책, DVD/웹 사이트
핵심 용어 리뷰		책, DVD/웹 사이트
사전 점검 퀴즈 반복		책, PCPT
메모리 테이블 리뷰		책, DVD/웹 사이트
컨피그 체크리스트 리뷰		책, DVD/웹 사이트
실습		블로그
명령어 테이블 연습		책

[표 20-3] 챕터 리뷰 확인

핵심 주제 복습

핵심 주제	설명	페이지
리스트	특별한 IPv4 주소 0.0.0.0과 255.255.255.255의 정의	510
리스트	**ip helper-address** 명령에 의해 생성되는 네 가지 로직 단계들	512
그림 20-2	DHCP 발견(Discover) 메시지에서 ip helper-address 명령이 변경하는 것	512
리스트	DHCP 확인 명령어들	517
체크리스트	DHCP 장애 해결 체크리스트	523
체크리스트	디폴트 라우터의 IPv4 설정과 호스트의 IPv4 설정을 비교할 때의 체크리스트	527
리스트	IPv4 브로드캐스트 주소의 세 가지 다른 유형들에 대한 설명	530
그림 20-12	IPv4 멀티캐스트 메시지의 흐름 예	532
표 20-2	유니캐스트, 브로드캐스트와 멀티캐스트 IP 주소의 비교 항목들	534

[표 20-4] 20장의 핵심 주제들

핵심 용어

DHCP 클라이언트(DHCP client), DHCP 서버(DHCP server), DHCP 릴레이 에이전트(DHCP relay agent), 로컬 브로드캐스트 IP 주소(local broadcast IP address), 서브넷 브로드캐스트 IP 주소(subnet broadcast IP address), 네트워크 브로드캐스트 IP 주소(network broadcast IP address), 멀티캐스트 IP 주소(multicast IP address), DNS 요청(DNS Request), DNS 응답(DNS Reply)

∷ 명령어 참조

[표 20-5], [표 20-6]과 [표 20-7]은 이 장에서 사용하는 설정과 확인 명령어들을 보여준다. 연습을 위해 표의 왼쪽 행을 가려서 오른쪽 행을 읽고 해당 명령을 보지 않고 기억해보도록 한다. 다음으로 오른쪽 행을 덮고 명령이 무엇을 위한 것인지를 기억하는 연습을 반복한다.

명령어	모드 및 목적
ip dhcp excluded-address *first last*	이 명령에 포함되는 주소 범위를 제외하여, DHCP 서버가 이 주소를 임대하지 않도록 하는 글로벌 명령어.
ip dhcp pool *pool-name*	이름으로 주소 풀을 생성하고, 사용자를 DHCP 서버 풀 컨피규레이션 모드로 이동시키는 글로벌 명령어.
network subnet-id {*ddn- mask* | */prefix-lengtft*}	DHCP 서버로 하여금 네트워크와 서브넷 내의 IP 주소들을 임대할 수 있도록 하는DHCP 풀 모드 하부 명령어.
default-router *address1 address2…*	이 풀에서 서비스되는 클라이언트들을 위해 전달되는 정보와 함께 하나 이상의 라우터를 디폴트 라우터로 정의하는 DHCP 풀 모드 하부 명령어.
dns-server *address1 address2…*	이 풀에서 서비스되는 클라이언트들을 위해 DHCP 서버가 전달할 DNS 서버 리스트를 정의하는 DHCP 풀 모드 하부 명령어.
lease {*days* [*hours* [*minutes*]] | infinite}	이 풀에서 서비스되는 클라이언트들을 위해 임대 기간을 정의하는 DHCP 풀 모드 하부 명령어.
ip helper-address *IP-address*	라우터로 하여금, UDP를 사용하는 로컬 서브넷 브로드캐스트 (255.255.255.255)를 인지하고, 출발지와 목적지 IP 주소를 변경하여 리모트 서브넷의 DHCP 서버를 사용하도록 하는 인터페이스 하부 명령어.

[표 20-5] 20장 설정 명령어 참조

명령어	모드 및 목적
show arp, show ip arp	라우터의 IPv4 ARP 테이블을 보여준다.
show ip dhcp binding	클라이언트 ID와 임대 기간과 함께, DHCP 서버에서 현재 임대된 IP 주소들을 보여준다.
show ip dhcp pool *name*	현 사용 통계와 최대/최소 사용 통계와 함께 설정된 주소 풀의 범위를 보여준다.
show ip dhcp server statistics	DHCP 서버가 서비스한 요청에 대한 통계 치를 보여준다.
show ip dhcp conflict	서버가 호스트에게 주소를 임대할 때, 이미 사용 중인 것으로 DHCP 서버가 발견한 IP 주소들을 표시한다.
clear ip dhcp conflict	DHCP 서버의 중복 리스트의 모든 항목들을 삭제한다.

[표 20-6] 20장 EXEC 명령어 참조

명령어	모드 및 목적
ipconfig, ifconfig	인터페이스(NIC)에 대한 IP 설정값들을 보여준다.
netstat - rn	호스트의 라우팅 테이블을 보여주는데, 종종 0.0.0.0에 대한 디폴트 라우터를 표시한다.
arp - a	호스트의 ARP 테이블을 보여준다.

[표 20-7] 20장 일반적인 호스트 네트워킹 명령어 참조

Part V 리뷰

[표 P5–1]의 체크리스트와 함께 파트 리뷰 과정을 추적하기 바란다. 각 과제의 상세한 내용은 표와 같다.

과제	첫 번째 완료일	두 번째 완료일
모든 사전 점검 퀴즈를 반복하라		
파트 리뷰 문제를 풀어라		
핵심 주제들을 리뷰하라		
카테고리별, 명령어 마인드 맵을 만들어라		
랩을 수행하라		

[표 P5–1] Part V 리뷰 체크리스트

모든 사전 점검 퀴즈를 반복하라

이 과제를 위해, 이 Part에 포함된 장들에 대해 PCPT 소프트웨어를 이용하여 사전 점검 퀴즈를 다시 풀도록 한다.

Part 리뷰 문제를 풀어라

이 과제를 위해, 이 Part에 대한 Part 리뷰 문제에 대해 PCPT 소프트웨어를 이용하여 푼다.

핵심 주제들을 리뷰하라

DVD 혹은 동반자 웹 사이트 상의 핵심 주제(Key Topics) 애플리케이션들을 이용하거나 장들을 검색함으로써 이 파트, 모든 장의 모든 핵심 주제들을 리뷰하도록 한다.

카테고리별로 명령어 마인드 맵을 생성하기

이 책의 Part II와 III와 같이 Part V는 라우터에 관한 많은 CLI 명령어들을 소개했다. 명령어들의 실제 갯수는 다소 압도적이기 때문에 상세 항목들로부터 한발짝 뒤로 물러나서, 당신이 기억한 것, 함께 생각해야 할 것을 두뇌가 걸러내도록 하여, 어떤 명령어들을 리뷰할 필요가 있는지를 인식하면서 잘 기억해내도록 연습한다.

마인드 맵 연습의 목적은 명령을 기억하기 위한 것이다. 이 연습은 상세 항목 즉, 모든 명령어의 모든 파라미터들과 이들의 의미에 초점을 맞추지 않는다. 목표는 이러한 명령어들을 내면적으로 조직화하여 실무 문제 혹은 시험 문제에 직면했을 때 어떤 명령을 고려해야할 지를 아는 것이다.

Part II의 마인드 맵과 같이, 다음 각 카테고리별, 명령어들에 대해 하나의 마인드 맵을 생성하도록 한다:

1과 2계층에 영향을 끼치는 라우터 인터페이스, IP 주소 체계, 스태틱 및 디폴트 라우팅, 라우터 트렁킹 및 레이어 3 스위칭, RIPv2, DHCP 서버, 호스트 네트워킹 명령어들, 기타

마인드 맵에서, 각 카테고리별로, 모든 EXEC 명령어들(대부분 **show** 명령어들)과 모든 컨피규레이션 명령어들을 고려한다. 각 카테고리에 대해, EXEC 명령어와 컨피규레이션 명령어 그룹으로 나눈다. [그림 P5-1]은 스위치의 IPv4 명령어들에 대한 예를 보여준다.

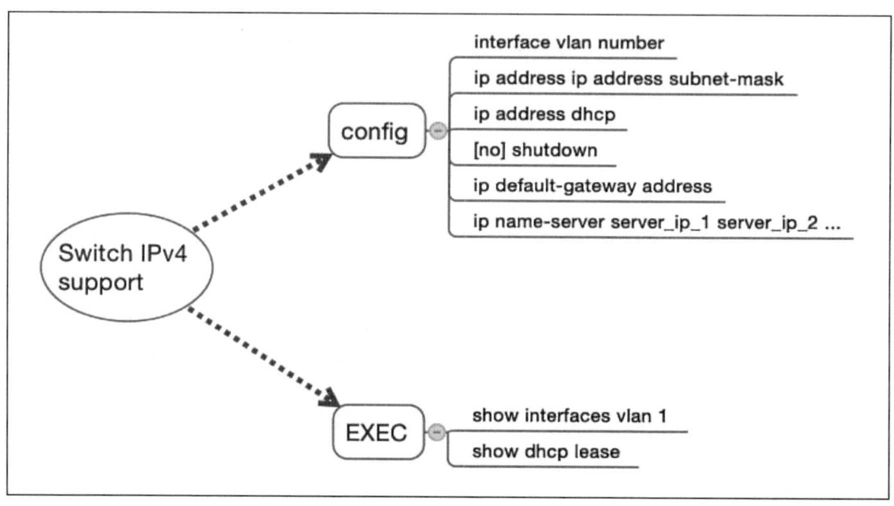

[그림 P5-1] 스위치의 IPv4 가지로부터의 샘플 마인드 맵

> **NOTE** 마인드 맵에 대한 추가 정보를 위해서, 소개에서 '마인드 맵에 대하여' 섹션을 참조하기 바란다.

종이 대신 마인드 맵 소프트웨어를 사용한다면, 마인드 맵 파일을 저장한 곳을 기억해야 할 것이다. [표 P5-2]는 Part 리뷰를 위한 마인드 맵들과 관련 파일 이름을 기록할 수 있도록 한다.

맵	설명	저장 장소
1	명령어 마인드 맵	

[표 P5-1] Part V 리뷰 체크리스트

실습들

실습을 위해 다음과 같이 몇 가지를 제안할 수 있다:

- **피어슨 네트워크 시뮬레이터(Pearson Network Simulator):** 당신이 피어슨 ICND1 혹은 CCNA 시뮬레이터의 풀 버전을 사용한다면, 이 파트 내의 주제들과 관련된 시나리오 실습에 대한 설정과 장애 해결에 초점을 맞추기 바란다(이 파트의 주제들에 속하는 실습들을 찾는 방법을 위해 소개 부분을 참조한다).

- **컨피그 랩스(Config Labs):** 시간이 날 때, 저자의 블로그에서 이 책 부분의 Config Labs를 다시 살펴보고, 반복할 수 있다. blog.certskills.com/ccent에 접속하여 Config labs를 탐색해보기 바란다.

- **기타:** 다른 실습 툴들을 사용한다면, 다음과 같은 제안을 참조하기 바란다. IPv4 주소, 스태틱 라우팅, RIPV2에 대해 비중을 두고 연습해야 한다. 테스트를 위해 LAN 스위치 혹은 라우터를 **ip address dhcp** 명령으로 DHCP 클라이언트로 설정할 수 있는데, 이를 통해 DHCP를 이용하여 주소를 임대할 수 있다. **show ip route**와 **show ip protocols** 와 같은 핵심 명령어에 대한 명확한 이해도 필요하다.

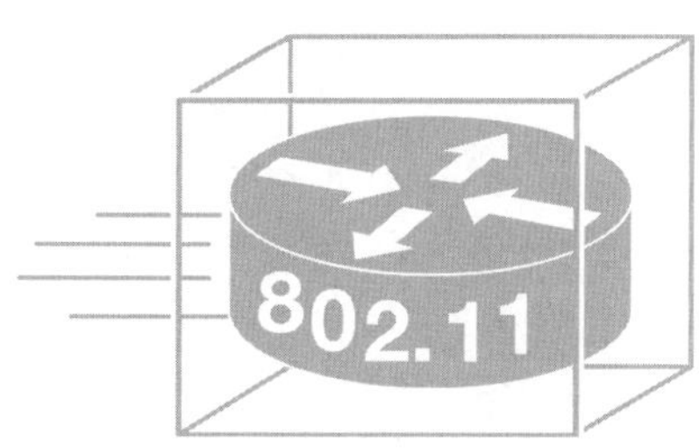

IPv4 적용 과정은 IPv4 주소 설계와 서브네팅, 다음으로 호스트들과 라우터들에 주소와 마스크의 설정까지를 포함한다. 이것을 학습하기 위해, Part VI는 IPv4 주소 체계의 기본을 소개하고, Part V는 라우터와 호스트에 대한 주소 적용과 IPv4 라우팅 적용 과정을 보여준다.

Part VI은 동일한 주제들을 다루지만, 보다 깊이가 있다. 이 Part는 서브네팅에 대해 두 개 이상의 장들로 시작하는데, 둘다 설계의 시각에서 고민하도록 한다. 하나의 마스크, 하나의 주소 혹은 하나의 서브넷에 초점을 맞추는 대신, 작업은 전체 기업 네트워크를 기준으로 한다. 어떤 서브넷들이 사용될 수 있나? 어떤 서브넷들이 현재 사용 중이고 사용을 위해서 계획되었나? 어떤 다른 서브넷들이 사용될 수 있나? 21장은 여전히 하나의 마스크를 사용하는 디자인에서 이러한 질문들을 살펴보고, 22장은 다른 서브넷들에서 서로 다른 마스크를 사용하는 디자인에서 이러한 질문들(과 일반적인 실수들)을 살펴본다.

다음 두 장들은 IPv4에 대해 깊이 살펴보되, 설계 대신 장애 해결에 초점을 맞춘다. 23장은 IPv4 라우팅 문제를 해결하기 위한 가장 일반적인 툴들, 이른바 핑(ping)과 트레이스루트(traceroute)를 사용하는 방법을 보여준다. 24장은 다음으로 이러한 툴들을 적용한 IPv4 장애 해결 과정을 보여준다. Part의 마지막 장으로서 가능한 근본 원인들의 리스트와 더불어 증상들에 대한 설명과 함께 다양한 IPv4 이슈들을 논의한다.

Part VI

IPv4 설계와 트러블슈팅

Chapter 21: 서브넷 설계

Chapter 22: VLSM(Variable-Length Subnet Masks)

Chapter 23: IPv4 장애 해결 툴들

Chapter 24: IPv4 라우팅 장애 해결

Part VI 리뷰

Chapter 21
서브넷 설계

이 장은 다음 시험 주제를 다룬다.

1.0 네트워크 기초
1.8 IPv4 주소 체계와 서브네팅에 대한 설정, 확인 및 장애 처리

지금까지 이 책에서 IPv4에 대한 논의의 대부분은 이미 주어진 주소와 마스크를 가진 사례를 사용했다. 이 책은 이미 다수의 사례들을 보여주었지만, 지금까지의 예들은 당신에게 IP 주소 혹은 마스크를 선택하도록 하지 않았다. 대신 13장 'IPv4 서브네팅 이해'에서 설명한 바와 같이 이 책은 지금까지 누군가가 설정한 IP 주소와 서브네팅을 사용했지만, 이제 이것을 수행하는 방법을 설명한다.

이 장은 이 모델을 바꾼다. 13장 또는 [그림 21-1]과 같이 IPv4를 구성하고 설정하는 과정을 다시 보자. 이 장은 네트워크 엔지니어가 기업의 IPv4 네트워크에 사용할 클래스 A, B 또는 C 네트워크를 선택한 후의 이야기를 다룬다. 그리고 모든 서브넷을 위해 사용할 하나의 서브넷 마스크를 선택하고(첫 번째 주요 섹션), 이 선택이 생성하는 서브넷 ID들을 찾는 것을 다룬다(두 번째 주요 섹션).

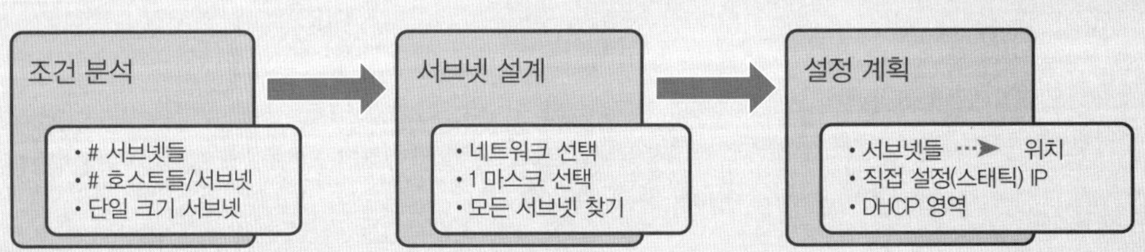

[그림 21-1] 13장에서 본 서브넷 설계 및 설정 과정

22장 'VLSM(Variable-Length Subnet Masks)'은 단일 마스크를 선택하는 설계 방식을 벗어나 각 서브넷에 어떤 마스크라도 허용하는 VLSM(Variable-Length Subnet Masks) 방식을 사용한다.

이 장의 학습을 위해 필요한 시간을 가늠하기 위해 시험(이 페이지나 PCPT 소프트웨어를 사용 가능)을 보기 바란다. 정답은 퀴즈 다음 페이지의 아랫 부분에 나와 있고, 설명은 DVD 부록 C와 PCPT 소프트웨어에 있다.

핵심 주제 섹션	해당 문제
조건을 충족시키는 마스크 선정	1-3
모든 서브넷 ID 찾기	4-6

[표 21 -1] 사전 점검 퀴즈의 핵심 주제와 문제

1. 한 회사에서 IP 서브네팅 설계를 진행 중이다. 지금까지 선임 엔지니어는 클래스 B 네트워크 172.23.0.0을 사용하기로 결정했다. 이 설계는 100개의 서브넷들을 요구하는데, 이중 가장 큰 서브넷은 500개의 호스트들이 존재한다. 관리 담당은 서브넷의 수와 가장 큰 서브넷의 크기가 50% 성장할 가능성을 염두에 두라고 지시한다. 이 조건은 또한, 클래스 B 네트워크에서 단일 마스크를 사용해야 할 것을 포함한다. 얼마나 많은 마스크들이 이 조건을 충족시킬까?

  a. 0

  b. 1

  c. 2

  d. 3+

2. 한 IP 서브네팅 설계는 200개의 서브넷들과 가장 큰 서브넷에서 120개의 호스트들/서브넷을 요구하고, 하나의 사설 IP 네트워크와 단일 마스크를 적용하려고 한다. 또한 이 설계는 서브넷들의 수와 가장 큰 서브넷의 호스트들/서브넷의 수에 대해 20% 성장을 염두에 둘 것을 요구한다. 다음 답변들 중 이 조건을 충족시키는 사설 IP 네트워크와 마스크는?

  a. 10.0.0.0/25

  b. 10.0.0.0/22

  c. 172.16.0.0/23

  d. 192.168.7.0/24

3. 엔지니어는 전체 네트워크에서 클래스 B 네트워크 172.19.0.0과 단일 서브넷 마스크를 사용하려고 한다. 답변들은 엔지니어가 고려하는 마스크들이다. 서브넷별로 최대 호스트 수를 제공하는 한편, 또한 1,000개의 서브넷들을 제공하기에 충분한 마스크를 선택하라.

  a. 255.255.255.0

  b. /26

  c. 255.255.252.0

  d. /28

4. 엔지니어가 172.30.0.0 네트워크에서 /22 마스크를 적용하여 연속적인 순서대로 서브넷 ID
들을 계산하고 있다. 다음 중 사실인 것은? (2개를 선택할 것)

    a. 어떤 연속적인 두 개의 서브넷 ID들은 세 번째 옥텟에서 22만큼 차이가 난다.

    b. 어떤 연속적인 두 개의 서브넷 ID들은 네 번째 옥텟에서 16만큼 차이가 난다.

    c. 이 리스트는 64개의 서브넷 ID들을 포함한다.

    d. 마지막 서브넷 ID는 172.30.252.0이다.

5. 다음 중 전체 네트워크에서 마스크 /29를 사용하는 네트워크 192.168.9.0에서 유효한 서브넷
ID는?

    a. 192.168.9.144

    b. 192.168.9.58

    c. 192.168.9.242

    d. 192.168.9.9

6. 다음 중 전체 네트워크에서 마스크 /24를 사용하는 네트워크 172.19.0.0에서 유효하지 않은
서브넷 ID는?

    a. 172.19.0.0

    b. 172.19.1.0

    c. 172.19.255.0

    d. 172.19.0.16

:: 조건을 충족하는 마스크 선정

이 첫 번째 주요 섹션은 서브넷 수와 서브넷별 호스트 수에 대해 언급된 조건을 충족시키는 마스크를 찾기 위한 방법을 다룬다. 이를 위해, 설계자는 이미 이러한 조건들을 결정했고 서브넷을 위해 사용할 네트워크를 선택했다는 것을 의미한다. 또한 설계자는 클래스풀 네트워크에서 하나의 서브넷 마스크를 선택한다.

이 장의 학습을 끝낸 당신은 다음과 같은 시스코 시험과 현장 기술 업무에 대한 질문에 응답할 수 있다:

당신이 클래스 B 네트워크 172.16.0.0를 사용하고 있다. 그런데 200개의 서브넷들을 필요로 하고, 서브넷별로 200개의 호스트들이 존재한다. 다음 서브넷 마스크들 중 어떤 것이 이 조건을 충족시킬까? (이 질문은 다양한 서브넷 마스크들이 정답이 될 수 있다.)

먼저, 이 섹션은 13장의 섹션 '마스크 선택'의 개념을 복습한다. 이 섹션은 서브넷을 설계할 때 엔지니어가 조건에 맞은 마스크를 선택하는 방법에 대한 주요 개념들을 소개한다.

13장의 관련 개념들을 다시 살펴본 후에, 이 섹션은 보다 깊이 이 주제를 연구한다. 특히, 이 장은 세 개의 일반적인 경우들을 살펴본다:

- 어떤 마스크도 이 조건을 충족시키지 못한다.
- 단지 하나의 마스크가 이 조건을 충족시킨다.
- 다수의 마스크가 이 조건을 충족시킨다.

마지막 경우를 위해, 이 조건을 충족시키는 모든 마스크들을 찾아내고, 사용할 하나의 마스크를 결정할 때의 균형(trade-offs)에 대해 논의한다.

리뷰: 서브넷과 호스트 비트의 최소한의 숫자 찾기

네트워크 설계자는 서브넷과 서브넷별 호스트 수에 대한 조건들을 살펴봐야 한다. 15장 '서브넷 마스크 분석'에서 상세하게 논의한 바와 같이 클래스풀 IP 주소들의 시각은 IP 주소를 세 부분의 구조 즉, 네트워크, 서브넷과 호스트 구조로 나눈다. 네트워크 설계자는 이 조건을 충족시키는 서브넷과 호스트 비트들([그림 21-2]에서 각각 S와 H로 표시함)의 수를 가진 마스크를 선택해야 한다.

사전 점검 퀴즈 정답

1 A **2** B **3** B **4** C, D **5** A **6** D

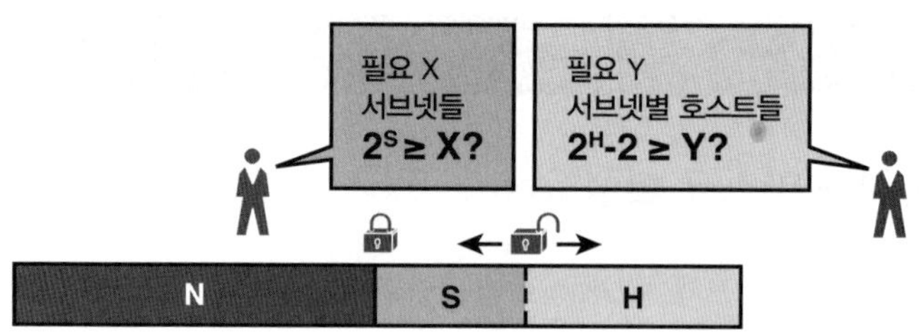

[그림 21-2] 서브넷과 호스트 비트들의 수 선택

기본적으로, 설계자는 최소한 필요로 하는 서브넷들의 수를 수용할 수 있는 S 서브넷 비트들 (2^S)을 선택해야 한다. 설계자는 호스트 비트들 H의 수에 동일한 로직을 적용하되, 이때 서브넷 내의 호스트 수를 계산하는 공식은 $2^H - 2$이다. 2를 빼는 것은 각 서브넷에 두 개의 적용하지 않는 번호가 있기 때문이다. 따라서 [표 21-2]와 같이 2의 제곱을 이용하면, 이러한 문제들을 풀 때 유용할 것이다.

비트들의 수	2^X	비트들의 수	2^X	비트들의 수	2^X	비트들의 수	2^X
1	2	5	32	9	512	13	8,192
2	4	6	64	10	1,024	14	16,384
3	8	7	128	11	2,048	15	32,768
4	16	8	256	12	4,096	16	65,536

[표 21-2] 마스크 설계를 위한 2의 제곱 참고

보다 공식적으로, 이 과정은 이 조건을 충족시키는 S와 H에 대한 최소한의 숫자들을 정의한다. 다음 리스트는 마스크를 결정하기 위한 초기 단계들을 요약한다:

단계 ① 클래스를 기초로 네트워크 비트들(N)의 수를 결정한다.

단계 ② 다음을 이용하여 S의 가장 작은 수를 결정한다. 즉, $2^S \geq X$, 여기서 X는 필요한 서브넷들의 수이다.

단계 ③ 다음을 이용하여 H의 가장 작은 수를 결정한다. 즉, $2^H - 2 \geq Y$, 여기서 Y는 필요한 서브넷별 호스트들의 수이다.

다음 세 섹션들은 서브넷 마스크를 선택하기 위한 초기 단계들을 사용하는 방법을 살펴본다.

어떤 마스크도 조건을 충족시키지 못할 때

필요한 서브넷과 호스트 비트들의 수를 결정한 후에, 이러한 비트들은 32비트 IPv4 서브넷 마스크에 맞지 않을 수 있다. 마스크는 네트워크와 서브넷 영역은 1들로, 호스트 영역은 0들로 표시하여 항상 총 32비트로 구성된다는 것을 기억하기 바란다. 시험에서 문제는 총 32비트를 구성할 수 없는 조건들을 제시할 수 있다.

예를 들어, 다음의 샘플 시험 문제를 고려해보자:

앞선 섹션에서 살펴본 3단계 프로세스를 통해 이러한 조건들이 전체 34비트들이 필요할 것이라는 것을 알 수 있으므로 어떤 마스크도 이러한 조건을 충족시킬 수 없다. 먼저 클래스 B 네트워크로서, 16개의 네트워크 비트들이 존재하고, 나머지 16개의 호스트 비트들을 서브넷 영역과 각 서브넷 내의 호스트들을 위한 호스트 영역을 위해 나누어 사용해야 한다. 서브넷 비트들을 위한 숫자로, S = 8은 부족한데, $2^8 = 256 < 300$이기 때문이다. 하지만, S = 9는 적정한데, $2^9 = 512 \geq 300$이기 때문이다. 마찬가지로, $2^8 - 2 = 254$이기 때문에, 수용 가능한 호스트 수가 300개 이하이므로 8 호스트 비트들은 충분하지 않지만, 9 호스트 비트들($2^9 - 2 = 510$)은 충분하다.

이러한 조건들은 네트워크, 서브넷과 호스트 영역들이 32비트들을 초과하기 때문에, 모든 호스트들과 서브넷을 위한 충분한 공간을 갖지 못한다:

[그림 21-3]은 엔지니어가 9개의 서브넷 비트들을 할당한 이후의 이 서브넷 내부의 IP 주소들에 대한 결과를 보여준다. 단지 7개의 호스트 비트들이 남았지만, 엔지니어는 9개의 호스트 비트들을 필요로 한다.

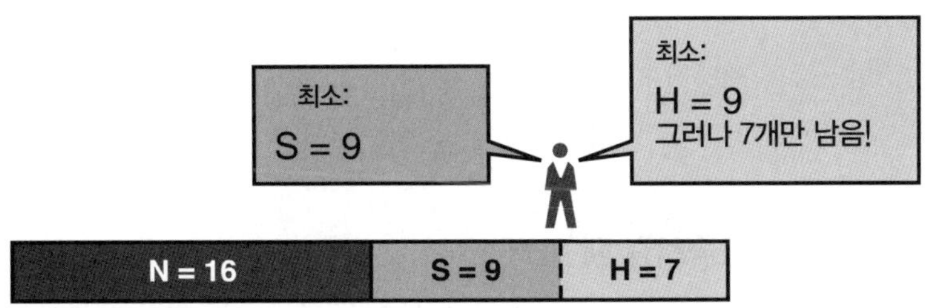

[그림 21-3] 주어진 조건에 비해, 호스트 영역이 너무 적은 비트들

하나의 마스크가 조건을 충족시킬 때

이 장에서 다룬 프로세스는 가장 작은 수의 서브넷 비트들과 이 조건들을 충족시키기 위한

가장 작은 수의 호스트 비트들을 찾는데 초점을 맞춘다. 엔지니어가 이러한 최소한의 숫자를 사용하고 네트워크, 서브넷과 호스트 영역의 조합이 정확하게 32비트가 된다면, 마스크는 조건을 정확하게 충족시킨다.

예를 들어, 다음과 같이 앞선 섹션에서 다룬 예의 변경된 버전 즉, 보다 적은 수의 서브넷과 호스트 수를 가진 경우를 고려해보자:

네트워크, 최소한의 서브넷과 최소한의 호스트 비트들 수를 결정하기 위한 3단계 프로세스는 각각 16, 8과 8비트들을 필요로 한다는 결론을 얻는다. 이전처럼, 클래스 B 네트워크를 적용하면, 16개의 네트워크 비트들이 존재한다. 단지 200 서브넷들이 필요하다면, S=8은 적정한데, 2^8 = 256 ≥ 200이기 때문이다. 하지만 7 서브넷 비트들은 충분한 서브넷들(2^7 = 128)을 제공할 수 없다. 마찬가지로 호스트들을 위해서 2^8 - 2 = 254 ≥ 180이므로, 8 호스트 비트들은 조건을 충족시킨다. 하지만 7 호스트 비트들(서브넷별로 총 126 호스트들)은 충분하지 않다.

[그림 21-4]는 이 서브넷에서 결정된 서브넷 마스크를 보여준다.

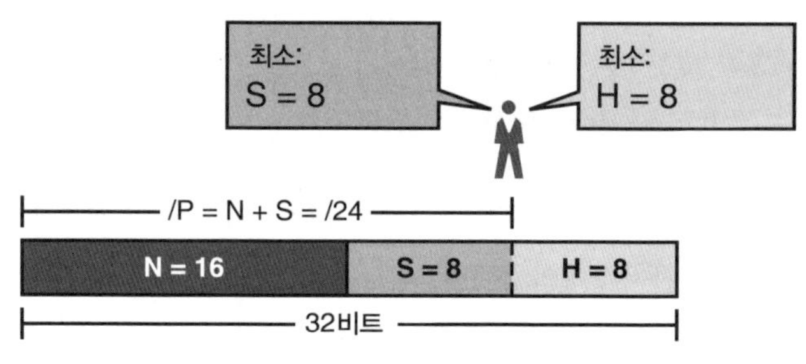

[그림 21-4] 조건을 충족시키는 하나의 마스크

[그림 21-4]는 마스크를 개념적으로 보여준다. 실제 마스크값을 찾기 위해, 프리픽스 형식(/P)으로 마스크를 기록하기 바란다. 여기서 P = N + S 즉, /24다.

다수의 마스크가 조건을 충족시킬 때

네트워크의 조건과 선택에 따라, 다수의 마스크들이 서브넷들과 서브넷별 호스트들 수에 대한 조건을 충족시킬 수도 있다. 이러한 경우에 사용할 수 있는 모든 마스크들을 발견할 필요가 있다. 그 다음, 조건을 충족시키는 마스크들 중에 하나를 선택할 때 무엇을 고려해야 할까? 이 섹션은 모든 마스크들을 찾는 방법뿐만 아니라 이 리스트로부터 하나의 마스크를 선택할 때 고려해야 하는 항목들을 보여준다.

모든 마스크 찾기: 개념들

이진수로 모든 서브넷 마스크를 찾는 방법을 잘이해하기 위해서 이 섹션은 두 개의 주요 단계를 사용한다. 첫 번째 단계에서 지면에 32비트 이진수 서브넷 마스크를 만든다. 항상 그러하듯, 네트워크 비트들은 이진수 1을, 서브넷 비트들을 위해서 이진수 1을 그리고 호스트 비트들은 이진수 0을 쓴다. 그러나 S와 H를 위해 최소한의 숫자를 사용할 것이다. 그러면, 이러한 비트들은 이진수로 32비트들을 구성하지 못할 것이다.

예를 들어, 이 장의 앞선 예와 유사하지만 조건에 일부 변경을 가진 다음 문제를 고려해보자.

네트워크 엔지니어는 서브넷 설계를 계획하고 있다. 엔지니어는 클래스 B 네트워크 172.16.0.0을 사용하려 한다. 네트워크는 50개의 서브넷들과 서브넷별로 180개의 호스트들을 필요로 한다. 다음 마스크들 중 어떤 것을 엔지니어가 선택할까?

이 예는 단지 50개의 서브넷들만 필요하다는 것을 제외하고는 앞선 예와 유사하다. 다시, 엔지니어는 사설 IP 네트워크 172.16.0.0을 사용하는데 이것은 16개의 네트워크 비트들을 가진다. 설계는 이 경우에 단지 6개의 서브넷 비트들만 갖는데 이것은 $2^6 = 64 \geq 50$이기 때문이고, 단지 5개의 서브넷 비트들만 갖는다면 $2^5 = 32 < 50$으로 부족하기 때문이다. 다음으로 이 설계는 최소한 8개의 호스트 비트들을 필요로 한다.

이 개념을 다루고, 조건들을 충족시키기 위한 모든 마스크들을 찾기 위한 방법은 서브넷 마스크들의 비트들 즉, 네트워크와 서브넷 영역을 위해서는 이진수 1을, 호스트 영역은 이진수 0을 적어 보는 것이다. 즉, 가장 오른쪽부터 이진수 0들을 적을 때, 32비트 마스크를 생각해본다. [그림 21-5]는 일반적인 아이디어를 보여준다.

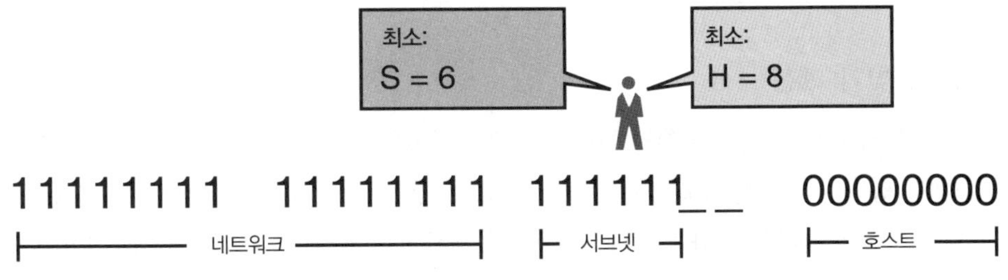

[그림 21-5] N = 16, S = 6과 H = 8인 불완전한 마스크

[그림 21-5]는 30비트의 마스크를 보여주지만, 마스크는 32비트를 가져야 한다. 남아 있는 2개의 비트는 이진수 1로 표시되는 서브넷 비트들이 될 수 있다. 대신 이러한 2비트는 이진수 0으로 표시되는 호스트 비트들이 될 수도 있다. 엔지니어는 보다 많은 서브넷들을 수용하기 위해서는 서브넷 비트들을 늘려야 할 지, 보다 많은 서브넷별 호스트들을 수용하기 위해서는 호스트 비트들을 늘려야 할 지를 결정해야 한다.

조건에 상관 없이, IPv4 서브넷 마스크를 선택할 때, 항상 다음 규칙을 따라야 한다.

서브넷 마스크의 시작은 이진수 1들로 연속되고, 다음으로 이진수 0들이 연속적으로 뒤따른다. 1들과 0들의 교차는 일어나지 않는다.

[그림 21-5]의 예에서 2개의 정해지지 않은 비트들 중에서 하나(이진수 01)는 이 규칙을 어긴다. 하지만 나머지 세 개의 2비트 조합(00, 10과 11)은 이 규칙을 어기지 않는다. 결과적으로, 세 개의 마스크는 [그림 21-6]과 같다.

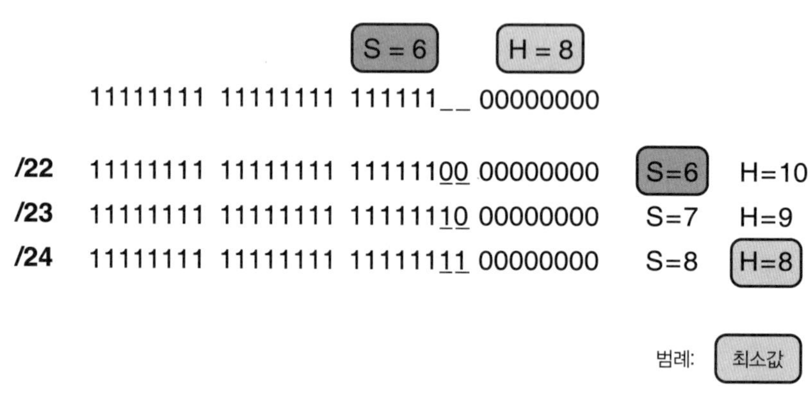

[그림 21-6] 조건을 충족시키는 세 개의 마스크

세 마스크에서 첫 번째는 세 마스크 중에서 최소한의 서브넷 비트들을 갖지만, 최대한의 호스트 비트들을 갖는다. 그래서 첫 번째 마스크는 서브넷별 호스트들의 수를 최대화한다. 마지막 마스크는 최소한의 호스트 비트들을 사용하므로 조건을 충족시키면서 최대한의 서브넷 비트들을 허용한다. 결과적으로 마지막 마스크는 허용되는 서브넷들의 수를 최대화한다.

모든 마스크 찾기: 계산

[그림 21-5]와 [그림 21-6]의 예와 관련된 개념이 중요하긴 하지만, 간단한 계산을 통해 보다 쉽게 조건을 충족시키는 마스크들의 범위를 찾을 수 있다. 마스크들을 찾기 위한 과정은 N과 S와 H의 최소한의 숫자를 알아낸 후에 몇 단계의 계산이 필요하다. 최소한의 서브넷 비트들을 사용하고, 최소한의 호스트 비트들을 사용할 때의 /P 값을 발견하는 과정은 다음과 같다.

단계 ① S의 *최소값*에 기초하여 최소 프리픽스 마스크(/P)를 계산한다. 여기서, P = N + S이다.

단계 ② H의 *최소값*에 기초하여 최대 프리픽스 마스크(/P)를 계산한다. 여기서, P = 32 − H이다.

단계 ③ 유효한 마스크들의 범위는 앞선 단계에서 계산한 두 값 사이의 모든 /P 값들을 포함한다.

예를 들어, [그림 21-6]의 예에서 N=16, 최소한의 S=6이고, 최소한의 H=8이다. 첫 단계는 가장 짧은 프리픽스 마스크(가장 작은 값의 P를 갖는 /P)인 /22는 N과 S의 합(16+6)이다. 두 번째 단계는 32에서 가장 작은 H(이 경우에, 8)를 뺌으로써 조건을 충족하는 가장 긴 프리픽스 마스크(/24)를 찾는다.

세 번째 단계는 그 범위가 /22에서 /24까지라는 것을 상기한다. 즉, /23도 옵션이 될 수 있다.

최상의 마스크 선택

다수의 마스크들이 주어진 조건을 만족하면, 엔지니어는 마스크를 선택해야 한다. 당연히 몇 가지 질문들을 할 수 있다: 어떤 마스크를 선택해야 하나? 마스크들 중 한 마스크를 선택하는 이유는 무엇일까? 그 이유들은 다음 세 가지 주요 항목들로 요약할 수 있다.

- **서브넷별 호스트들의 수를 최대화하기 위해:** 이 선택을 하기 위해 가장 짧은 프리픽스 마스크(가령, 가장 작은 /P를 가진 마스크)를 사용하는데 이 마스크가 가장 큰 호스트 영역을 가지기 때문이다.
- **서브넷들의 수를 최대화하기 위해 :** 이를 위해서는 이 마스크가 가장 큰 서브넷 영역을 가지므로 가장 긴 프리픽스 마스크(가령, 가장 큰 /P값을 가진 마스크)를 사용해야 한다.
- **지원되는 서브넷들과 호스트들의 수를 늘리기 위해:** 이를 위해서는, 서브넷 비트들 또는 호스트 비트들을 늘려 조건을 만족시키는 마스크를 선택한다.

예를 들어, [그림 21-6]에서 조건을 충족시키는 마스크의 범위는 /22 ~ /24이다. 가장 짧은 마스크 /22는 최소한의 서브넷 비트들을 갖지만, 최대한의 호스트 비트 수(10)를 갖는데, 이것은 호스트들/서브넷의 수를 최대화한다. 가장 긴 마스크 /24는 선택 항목들 중에서 서브넷 비트들의 수(8)를 최대화 즉, 서브넷들의 수를 최대화한다. 그 가운데 마스크 /23은 중간 수준의 서브넷들과 호스트들/서브넷 수를 제공한다.

서브넷 마스크 선정 과정의 공식

이 장이 설계 조건들을 만족시키는 서브넷 마스크들을 찾는 다양한 단계들을 설명했다 하더라도, 아직 이러한 개념들을 전체적인 과정으로 정리하지 않았다. 다음 리스트는 참고를 위해 이러한 모든 단계들을 정리한다. 다음 리스트는 이 장의 나머지와 비교할 때 어떤 새로운 개념들을 소개하지 않는다. 그냥 모든 아이디어들을 정리하기 위한 것이다.

단계 ① 클래스 규칙에 따라서 네트워크 비트들의 수(N)를 찾는다.

단계 ② 최소한의 서브넷 비트들의 수(S)를 계산한다. 즉, $2^S \geq$ 필요한 서브넷들의 수이다.

단계 ③ 최소한의 호스트 비트들의 수(H)를 계산한다. 즉, $2^H - 2 \geq$ 필요한 호스트들/서브넷의 수이다.

단계 ④ N + S + H > 32라면, 어떤 마스크도 조건을 충족시키지 못한다.

단계 ⑤ N + S + H = 32라면, 하나의 마스크가 조건을 충족시킨다. /P의 프리픽스 마스크를 계산한다. 여기서 P = N + S다.

단계 ⑥ N + S +H < 32라면, 다수의 마스크들이 조건을 충족시킨다:

Ⓐ 최소한의 S에 기초하여 마스크 /P를 계산한다. 여기서 P=N+S이다. 이 마스크는 호스트들/서브넷의 수를 최대화한다.

Ⓑ 최소한의 H에 기초하여 마스크 /P를 계산한다. 여기서 P=32−H이다. 이 마스크는 가능한 서브넷들의 수를 최대화한다.

Ⓒ 모든 범위의 마스크들은 단계 ⑥Ⓐ 와 ⑥Ⓑ에 계산된 두 값 사이의 모든 프리픽스 길이를 포함한다.

서브넷 마스크 선정 연습

서브네팅 계산과 과정들을 학습하기 위한 유용한 두 단계 접근 방식을 취하기 바란다. 지금은 이 책과 필요하다면 노트를 사용하여 기본 항목들을 확실히 이해하기 위한 연습을 해야한다. 다음으로, 시험을 치기 전에는 [표 21-3]의 오른쪽 행의 목표를 달성할 수 있는 수준으로 숙달돼야 한다.

시점	다음 섹션으로 이동하기 전	시험 응시 전
중점 대상	방법 학습	신속과 정확
허용되는 도구들	전체	당신의 두뇌와 노트
목표: 정확성	90% 정확성	100% 정확성
목표: 속도	무관함	15 초

[표 21-3] 서브넷 마스크 선정에 대한 책 읽기 및 시험 응시 목표

서브넷 마스크 선정을 위한 연습 문제들

다음 리스트는 클래스풀 네트워크 번호와 필요한 서브넷들의 수와 필요한 호스트들/서브넷들의 수를 제시하는 세 개의 문제들을 보여준다. 각 문제에 대해, 조건을 충족시키는 서브넷과 호스트 비트의 최소수를 정하도록 한다. 하나 이상의 마스크가 존재한다면, 어떤 마스크가 호스트들/서브넷의 수를 최대화하고, 어떤 마스크가 서브넷들의 수를 최대화할 지를 주목하기 바란다. 단지 하나의 마스크가 조건을 충족시킨다면, 그냥 그 마스크만 표기하면 된다. 프리픽스 형식으로 마스크들을 표시하기 바란다:

① 네트워크 10.0.0.0, 필요 조건 1,500 서브넷들, 300 호스트들/서브넷

② 네트워크 172.25.0.0, 필요 조건 130 서브넷들, 127 호스트들/서브넷

③ 네트워크 192.168.83.0, 필요 조건 8 서브넷들, 8 호스트들/서브넷

이후의 섹션, '앞선 연습 문제에 대한 정답'의 [표 21-8]은 정답들을 보여준다.

:: 모든 서브넷 ID 찾기

IP 서브네팅 설계를 위해 클래스 A, B 혹은 C 네트워크에서 사용할 하나의 마스크를 선택한 후에, 특정 VLAN, 시리얼 링크와 서브넷을 필요로 하는 인터네트워크 내부의 다른 영역들에 사용할 서브넷 ID들을 할당할 필요가 있을 것이다. 하지만, 무엇이 서브넷 ID들일까? 이미 설명한 바와 같이 모든 서브넷들에 대한 네트워크 ID와 하나의 서브넷 마스크가 선택된 다음에는 서브넷 ID 모두를 발견하기 위해서는 계산이 필요하다. 이 장의 두 번째 주요 섹션은 다음과 같은 하나의 질문과 관련한 계산에 초점을 맞춘다.

> 모든 서브넷들을 사용하기 위한 하나의 클래스 A, B 혹은 C 네트워크와 하나의 서브넷 마스크가 주어졌을 때, 서브넷 ID들은 무엇인가?

이 질문에 답변하기 위한 방법을 학습할 때, 이진수 혹은 십진수를 생각할 수 있다. 이 장은 십진수를 사용하여 문제에 접근한다. 이 자체가 단순한 계산만을 요구하지만, 이 문제에 자신 있게 답하기 위해서는 대부분의 사람들에게는 연습이 필요하다.

십진수 과정은 첫 번째 혹은 숫자상 가장 낮은 서브넷 ID를 찾음으로써 시작한다. 이후에 이 과정은 주어진 서브넷 마스크에 대한 모든 서브넷 ID들이 가진 패턴을 확인하여 단순한 더하기를 통해 연속적인 서브넷 ID를 찾을 수 있다. 이 섹션은 먼저 이 과정 이면의 핵심 아이디어를 살펴보고, 다음으로 이 과정에 대한 공식적인 정의를 한다.

> **NOTE** 동봉된 DVD에 포함된 일부 비디오들은 모든 서브넷 ID들을 찾기 위한 동일한 기본적인 과정들을 설명한다. 당신이 혼자서 모든 서브넷 ID들을 학습하는 한, 이 섹션을 읽기 전후에 혹은 심지어 이 섹션을 읽는 대신 이와 관련한 비디오를 볼 수 있다. 비디오에서 프로세스 단계에 할당된 번호는 이번 책의 단계들과 일치하지 않을 수도 있다.

첫 번째 서브넷 ID: 제로 서브넷

모든 서브넷 ID들을 발견하는 첫 단계는 믿을 수 없을 만큼 간단하다. 즉, 네트워크 ID를 복사하면 된다. 가령, 클래스 A, B 혹은 C 네트워크 ID 즉, 클래스풀 네트워크 ID를 가지면 그것을 첫 번째 서브넷 ID로 쓰면 된다. 클래스 A, B 혹은 C 네트워크 중에 무엇을 사용하든, 어떤 서브넷 마스크를 사용하든, 첫 번째(가장 낮은 숫자의) 서브넷 ID는 네트워크 ID와 동일하다.

예를 들어, 172.20.0.0 클래스풀 네트워크로 시작하면, 마스크가 무엇이든 첫 번째 서브넷 ID는 172.20.0.0이다.

각 네트워크의 첫 번째 서브넷 ID는 두 개의 특별한 이름 즉, 서브넷 제로(subnet zero) 혹은 제로 서브넷(zero subnet)으로 부른다. 이러한 이름들의 근원은 네트워크의 제로 서브넷은 이진 수로 보았을 때 서브넷 영역이 모두 이진수 0을 가지기 때문이다. 십진수로 제로 서브넷은 쉽 게 확인될 수 있는데, 그 이유는 제로 서브넷이 항상 네트워크 ID 자체와 정확하게 동일한 숫 자를 가지기 때문이다.

과거에 엔지니어들은 하나의 숫자가 전체 클래스풀 네트워크 혹은 클래스풀 네트워크 내의 하나의 서브넷을 나타낼 수도 있다는 모호성때문에 제로 서브넷을 사용하기를 꺼려 했다. 이것 을 제어하기 위해, IOS는 두 가지 방법으로 설정할 수 있는 글로벌 명령을 갖는다.

- ip subnet-zero: 제로 서브넷 내의 주소들을 설정할 수 있도록 함.
- no ip subnet-zero: 제로 서브넷 내의 주소들을 설정할 수 없도록 함.

대부분의 사이트에서 제로 서브넷을 허용하지만, **no ip subnet-zero** 명령으로 제로 서브 넷에 속하는 주소를 설정하지 못하도록 할 수 있다. [예 21-1]은 **no ip subnet-zero** 명령으 로 변경한 후에 라우터가 **ip address** 명령을 거부하고 있다. 에러 메시지는 제로 서브넷을 언 급하지 않는 대신, 단지 'bad mask'로 표시하고 있다.

```
R1# configure terminal
Enter configuration commands, one per line.    End with CNTL/Z.
R1(config)# no ip subnet-zero
R1(config)# interface g0/1
R1(config-if)# ip address 10.0.0.1 255.255.255.0
Bad mask /24 for address 10.0.0.1
```

[예 21-1] 로컬 라우터의 [no] ip subnet-zero의 효과

라우터에서 **no ip subnet-zero** 명령은 해당 라우터에서 **ip address** 명령 뿐만 아니라 **ip route** 명령(스태틱 루트를 정의하는 명령)에 영향을 끼치지만, 라우팅 프로토콜을 통해 학습 한 루트들에는 아무런 영향을 주지 못한다.

매직 넘버를 이용하여 패턴 찾기

네트워크의 모든 서브넷들에 하나의 서브넷 마스크를 적용할 때는 서브넷 ID들은 예측 가능한 패턴을 따른다. 이 패턴은 16장 '기존 서브넷 분석'에서 다루었던 매직 넘버를 사용한다. 복습을 위해, 매직 넘버는 '256 빼기 마스크의 십진수'가 되는데 여기서 마스크의 십진수는 이 책에서 흥미로운 옥텟이라 부르는 특별한 옥텟의 마스크의 십진수를 말한다.

[그림 21-7]은 네 개의 다른 마스크에 대해 네 가지 패턴들을 보여준다. 예를 들어, 그림의 상 단에서 시작해보자. 왼쪽에 마스크는 255.255.128.0으로 표시되어 있다. 세 번째 옥텟이 0 혹은

255가 아닌 다른 값의 마스크값을 가진 흥미로운 옥텟이다. 왼쪽은 매직 넘버가 '256 – 128 = 128'로 계산됨을 보여준다. 따라서 서브넷 ID들의 패턴은 강조된 수직선에서 확인할 수 있다. 즉, 서브넷 ID들은 이 마스크를 사용할 때 세 번째 옥텟에서 0 혹은 128이 될 것이다. 예를 들어, 172.16.0.0 네트워크를 사용한다면 서브넷 ID는 172.16.0.0 과 172.16.128.0이 된다.

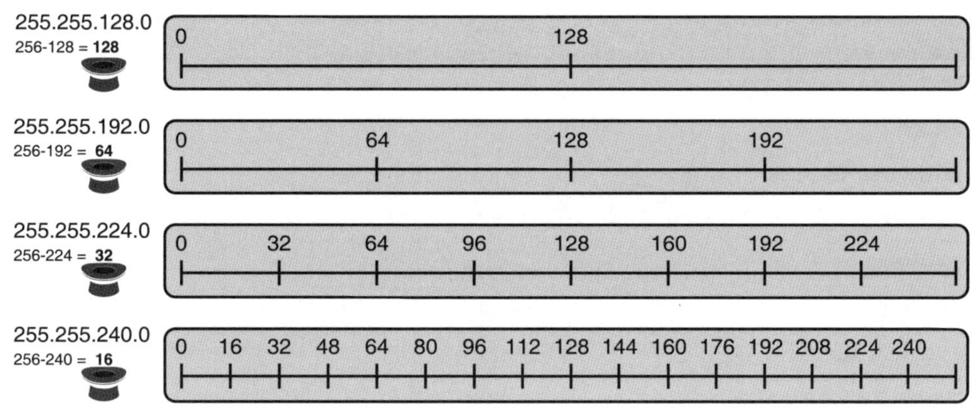

[그림 21-7] 마스크 /17 – /20에 대한 매직 넘버들의 패턴

이제 255.255.192.0 마스크를 가진 또 다른 예인 두 번째 행에 초점을 맞춰 보자. 이 행은 매직 넘버가 64(256 – 192 = 64)이므로, 서브넷 ID들은 0, 64, 128 혹은 192(64의 배수)라는 숫자를 사용할 것이다. 예를 들어, 172.16.0.0 네트워크를 사용한다면, 서브넷 ID들은 172.16.0.0, 172.16.64.0, 172.16.128.0과 172.16.192.0이 될 것이다.

255.255.224.0 마스크를 가진 세 번째 행의 예를 보자. 이 행은 매직 넘버가 32(256−224=32)이므로, 그림에서 확인할 수 있듯이, 서브넷 ID들은 32의 배수가 될 것이다. 예를 들어, 172.16.0.0 네트워크를 다시 사용한다면, 서브넷 ID들은 172.16.0.0, 172.16.32.0, 172.16.64.0, 172.16.96.0 등이 될 것이다.

마지막으로 하단의 예에서 마스크 255.255.240.0은 세 번째 옥텟에서 매직 넘버, 16(255−240=16)을 만들고, 모든 서브넷 ID들은 세 번째 옥텟에서 16의 배수가 될 것이다. 16의 배수는 그림의 하단에서 발견할 수 있는 숫자들과 같다.

8개 이하의 서브넷 비트를 갖는 경우의 모든 서브넷 찾기

[그림 21-7]의 패턴들을 확인하는 것이 쉬울 수 있다 하더라도, 모든 경우에 모든 서브넷 ID 들을 발견하기 위해 이러한 개념을 적용하는 것이 정확하게 맞아 떨어지지 않을 수 있다. 이 섹션은 모든 서브넷 ID들을 찾는 구체적인 과정을 설명한다.

설명을 쉽게 하기 위해, 이 섹션은 8개의 이하의 서브넷 비트가 존재한다고 가정해본다.

이후의 '8개 이상의 서브넷 비트를 가진 경우에 모든 서브넷 찾기' 섹션은 모든 경우에 적용할 수 있는 전체 과정을 설명한다.

먼저, 당신의 생각들을 체계화하기 위해 [표 21-4]에 데이터를 입력할 수 있다. 이 책은 이 차트를 모든 서브넷 찾기(list-all-subnet) 차트라 칭한다.

옥텟	1	2	3	4
마스크				
매직 넘버				
네트워크 번호/제로 서브넷				
다음 서브넷				
다음 서브넷				
다음 서브넷				
브로드캐스트 서브넷				
영역 밖(프로세스에 의해 사용)				

[표 21-4] 일반적인 모든-서브넷들-리스트 차트

네트워크와 하나의 서브넷 마스크가 주어졌을 때, 모든 서브넷 ID들을 찾기 위한 공식적인 과정은 다음과 같다.

단계 ① 테이블의 첫 번째 빈 열에 십진수로 서브넷 마스크를 써라.

단계 ② 마스크 옥텟이 0 혹은 255 이외의 값을 가진 흥미로운 옥텟을 찾는다. 흥미로운 옥텟에 사각형을 그린다.

단계 ③ 2560에서 서브넷 마스크의 흥미로운 옥텟을 빼서 얻은 매직 넘버를 계산하고 쓴다.

단계 ④ 모든 서브넷 찾기 차트의 다음 빈 열에 제로 서브넷과 동일한 번호인 클래스풀 네트워크 번호를 쓴다.

단계 ⑤ 각각의 연속적인 서브넷 번호를 찾는다:

ⓐ 세 개의 흥미롭지 않은 옥텟들에 대해서는 앞선 서브넷 숫자들을 베껴 쓴다.

ⓑ 흥미로운 옥텟들에 대해서는 앞선 서브넷 번호의 흥미로운 옥텟에 매직 넘버를 더한다.

단계 ⑥ 단계 ⑤ⓑ 에서 계산된 합계가 256에 이르면, 이 과정을 멈춘다. 256은 영역 밖의 숫자이며 앞선 서브넷 번호는 브로드캐스트 서브넷이 된다.

작성 과정이 길어도, 연습을 통해 대부분의 사람들은 이진수 계산보다는 십진수 계산을 통해 훨씬 더 빨리 정답을 찾을 수 있다. 보통 대부분의 사람들에게 이 과정을 가장 잘 학습하는 방법은 보고, 직접 해보고, 연습하는 것이다. 이 목적을 달성하기 위해서, 다음 두 개의 예를 복습하고 추가적인 예들을 보기 위해 이 책과 함께 제공되는 비디오를 보기 바란다.

예 1 **네트워크 172.16.0.0, 마스크 255.255.240.0**

먼저 이 예에서, 네트워크 172.16.0.0을 마스크 255.255.240.0을 사용하여 서브네팅할 때, 여섯 단계들의 첫 번째 네 단계에 초점을 맞춰보자. [그림 21-8]은 이러한 첫 번째 네 단계들의 결과들을 보여준다.

단계 ① 문제의 일부로 제공되는 마스크 255.255.240.0을 쓴다([그림 21-8]은 또한 편의를 위해 네트워크 ID, 172.16.0.0도 보여준다).

단계 ② 마스크의 세 번째 옥텟은 0과 255가 아니므로, 흥미로운 옥텟이 된다.

단계 ③ 세 번째 옥텟의 마스크 값이 240이므로, 매직 넘버 = 256 − 240 = 16이다.

단계 ④ 네트워크 ID가 172.16.0.0이므로, 첫 번째 서브넷 ID 즉, 제로 서브넷도 172.16.0.0이다.

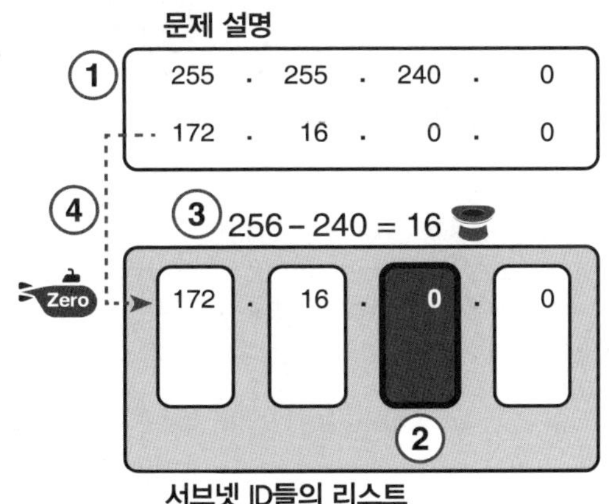

[그림 21-8] 첫 번째 네 단계들의 결과: 172.16.0.0, 255.255.240.0

첫 번째 네 단계에서는 첫 번째 서브넷(제로 서브넷)을 발견하고, 흥미로운 옥텟과 매직 넘버를 식별함으로써 남아 있는 단계들을 위한 준비를 한다. **단계 ⑤**는 세 개의 심심한(흥미롭지 않은) 옥텟을 복사하고, 흥미로운 옥텟(이 경우, 옥텟 3)에 매직 넘버(이 경우, 16)를 추가한다. 흥미로운 옥텟값이 256이 될 때까지(**단계 ⑥**), 이 단계를 반복한다. 합이 256이 되면, 모든 서브넷 ID들을 구한 것인데, 256을 가진 서브넷 ID는 적정하지 못한 것으로 제외해야 한다. [그림 21-9]는 5 단계 동작의 결과를 보여준다.

> **NOTE** 네트워크의 모든 서브넷 ID들의 리스트에서, 숫자상 가장 높은 서브넷 ID를 *브로드캐스트 서브넷*(broadcast subnet)이라 한다. 수십 년 전에, 엔지어들은 브로드캐스트 서브넷을 사용하지 않았다. 하지만 브로드캐스트의 사용은 문제를 유발하지 않는다. *브로드캐스트 서브넷*이란 브로드캐스트 서브넷 내부의 서브넷 브로드캐스트 주소가 전체 네트워크에서 사용하는 브로드캐스트와 동일한 번호를 사용한다는 사실에서 비롯된다.

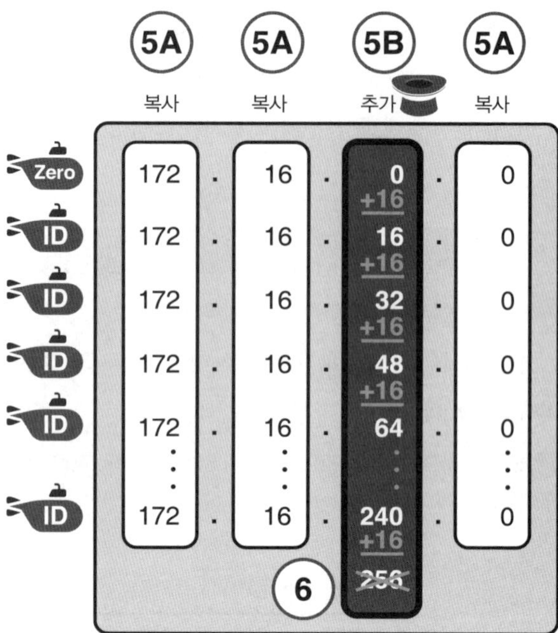

[그림 21-9] 서브넷 ID 리스트: 172.16.0.0, 255.255.240.0

> **NOTE** 사람들은 때때로 브로드캐스트 서브넷(broadcast subnet)과 서브넷 브로드캐스트(subnet broadcast)란 용어에 대해 혼동한다. 브로드캐스트 서브넷은 숫자상, 가장 높은 서브넷으로 네트워크마다 단지 하나의 서브넷이 존재한다. 서브넷 브로드캐스트 주소란 용어는 각 서브넷에서 숫자상, 가장 높은 번호를 말한다.

예 2 네트워크 192.168.1.0, 마스크 255.255.255.224

클래스 C 네트워크와 마스크, 255.255.255.224를 제시한 이 예에서 네 번째 옥텟이 흥미로운 옥텟이다. 하지만 그 과정은 동일한 로직으로 그저 다른 옥텟에 흥미로운 옥텟 로직이 적용될 뿐이다. 앞선 예와 같이, 다음 리스트는 첫 번째 네 단계의 결과를 보여주는 [그림 21-10]과 함께, 첫 번째 네 단계들을 설명한다:

단계 ① 문제의 일부로써 주어지는 마스크 255.255.255.224를 쓰고, 네트워크 번호(192.168.1.0)만 선택하여 쓴다.

단계 ② 마스크의 네 번째 옥텍은 0과 255가 아니므로, 흥미로운 옥텟이 된다.

단계 ③ 네 번째 옥텟의 마스크값이 224이므로, 매직 넘버 = 256 − 224 = 32이다.

단계 ④ 네트워크 ID가 192.168.1.0이므로, 첫 번째 서브넷 ID 즉, 제로 서브넷도 192.168.1.0이다.

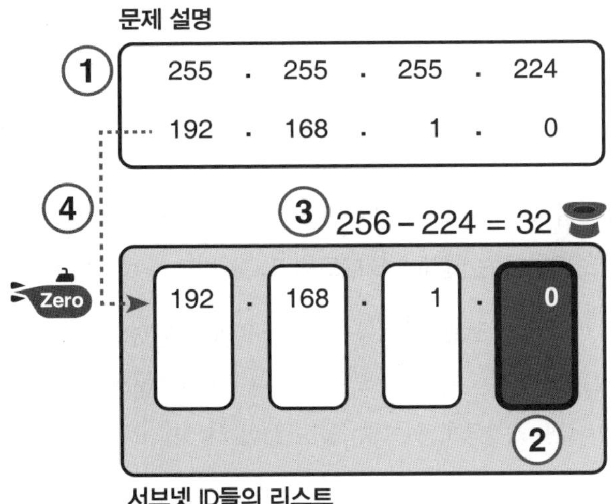

[그림 21-10] 첫 네 단계의 결과: 192.168.1.0, 255.255.255.224

단계⑤는 첫 번째 세 개의 옥텟을 복사하고, 흥미로운 옥텟(이 경우, 옥텟 4)에 매직 넘버(이 경우, 32)를 추가한다. 흥미로운 옥텟값이 256이 될 때까지(단계⑥), 이 단계를 반복한다. 합이 256이 되면, 모든 서브넷 ID들을 구한 것인데, 256을 가진 서브넷 ID는 적정하지 못한 것으로 제외해야 한다. [그림 21-11]은 5단계 동작의 결과를 보여준다.

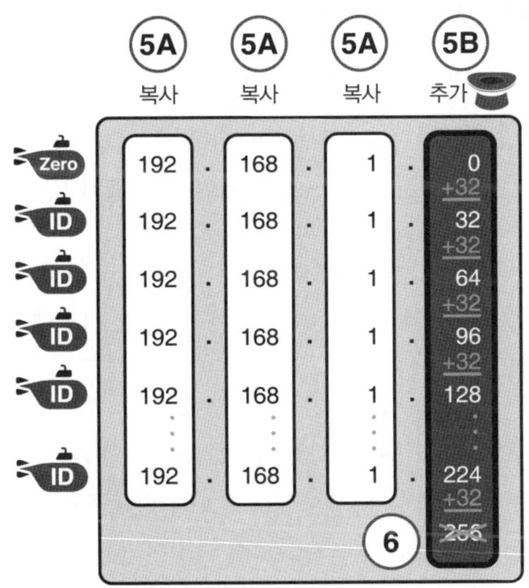

[그림 21-11] 서브넷 ID들의 리스트: 192.168.1.0, 255.255.255.224

정확하게 8개의 서브넷 비트를 갖는 경우의 모든 서브넷 찾기

앞선 섹션, '8개 이하의 서브넷 비트를 갖는 경우의 모든 서브넷 찾기'의 공식적인 과정은 마스크값이 255도 아니고 0도 아닌 흥미로운 옥텟을 식별했다. 마스크가 정확하게 8개의 서브넷 비트를 갖는다면 이 경우, 흥미로운 옥텟을 찾기 위해 상이한 로직을 사용해야 하는 반면에, 처리 과정은 동일할 수 있다. 사실, 실제 서브넷 ID는 좀더 직관적일 수 있다.

단지 두 개의 경우가 정확하게 8개의 서브넷 비트를 갖는다:

- 마스크 255.255.0.0을 갖는 클래스 A 네트워크: 두 번째 옥텟 전체가 서브넷 비트들이다.
- 마스크 255.255.255.0을 갖는 클래스 B 네트워크: 세 번째 옥텟 전체가 서브넷 비트들이다.

각각의 경우에, 8개 이하의 서브넷 비트를 갖는 경우와 동일한 과정을 거치지만, 흥미로운 옥텟은 서브넷 비트들을 포함하는 하나의 옥텟이 된다. 또한 마스크값이 255이기 때문에, 매직 넘버는 256 − 255 = 1일 것이므로 서브넷 ID는 앞선 서브넷 ID보다 각각 1큰 수가 된다.

예를 들어, 172.16.0.0, 마스크 255.255.255.0에 대해, 세 번째 옥텟이 흥미로운 옥텟이고 매직 넘버는 256 − 255 = 1이 된다. 네트워크 번호 172.16.0.0인 제로 서브넷에서 시작하여 세 번째 옥텟에 1을 더한다. 예를 들어, 첫 번째 네 개의 서브넷은 다음과 같다:

172.16.0.0(제로 서브넷)
172.16.1.0
172.16.2.0
172.16.3.0

8개 이상의 서브넷 비트를 갖는 경우의 모든 서브넷 찾기

앞선 섹션, '8개 이하의 서브넷 비트를 갖는 경우의 모든 서브넷 찾기'는 학습 과정을 단순화 하기 위해 8개 이하의 서브넷 비트를 갖는 경우를 가정하였다. 실무에서는 유효한 마스크를 갖는 모든 서브넷 ID들을 찾을 필요가 있으므로, 8개 이하의 서브넷 비트들을 가정할 수 없다.

9개의 서브넷 비트들을 갖는 예는 최소한 512개의 서브넷 ID들을 가지므로, 전체 리스트를 작성하는 데도 시간이 꽤 걸린다. 이 경우, 수백 혹은 수천의 서브넷 ID들을 모두 쓰기보다는 공간을 절약할 수 있도록 짧게 표현한다.

8개 이하의 서브넷 비트들을 가질 때는 한 옥텟에서 매직 넘버를 더하도록 한다. 8개 이상의 서브넷 비트들을 가질 때는 새로 확장된 프로세스로 다수의 옥텟에서 더하도록 한다. 따라서, 이 섹션은 두 개의 일반적인 경우들로 구분한다. 즉, (a) 9~16개의 서브넷 비트들이 존재하는 경우 즉, 서브넷 필드가 두 옥텟에 걸쳐 존재하는 경우와 (b) 17개 이상의 서브넷 비트들이 존 재하는 경우 즉, 서브넷 필드가 세 옥텟에 걸쳐 존재하는 경우다.

9~16개의 서브넷 비트들이 존재하는 경우

이 과정을 이해하기 위해서, 이 과정에서 사용할 몇몇 용어들을 알 필요가 있다. [그림 21-12]는 클래스 B 네트워크 130.4.0.0과 마스크 255.255.255.192를 사용하는 예와 함께 상세 항목들을 보여준다. 이 그림의 하단에서는 마스크와 관련하여 주소의 구조를 자세하게 표시한다. 즉, 이 주소가 클래스 B에 속하므로 네트워크 영역은 두 옥텟이고, 마스크(/26)에 의해 서브넷 영역은 10비트이고, 호스트 영역은 6비트다.

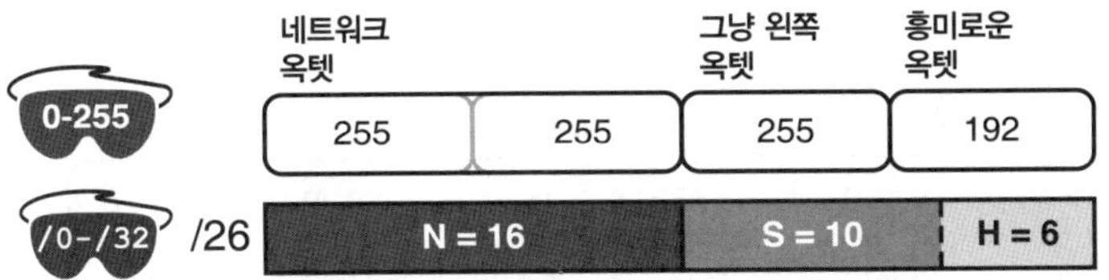

[그림 21-12] 8비트 이상의 서브넷 비트를 갖는 경우의 기본적인 개념과 용어들

이 경우에, 서브넷 비트는 두 옥텟들 즉, 옥텟 3과 4에 걸쳐 존재한다. 이 옥텟들 중 가장 오른쪽 옥텟은 흥미로운 옥텟이고, 바로 왼쪽의 옥텟은(흥미로운 옥텟의) 그냥-왼쪽 옥텟이라 이름 지었다.

한 옥텟 이상의 서브넷 필드를 갖는 경우에는 흥미로운 옥텟은 매직 넘버만큼 더하지만, 그냥-왼쪽 옥텟은 1씩 더해야 한다. 공식을 보면:

Key Topic

단계 ① 8비트 이하의 과정을 적용하여 서브넷 ID들을 계산한다. 하지만, 합이 256이 되면, 다음 단계로 이동한다. 즉, 다른 서브넷 블록(subnet block)으로 표시한 서브넷 ID들을 찾아낸다.

단계 ② 앞선 서브넷 블록을 복사하지만, 모든 서브넷 ID들에서 그냥-왼쪽 옥텟에 1을 더한다.

단계 ③ 그냥-왼쪽 옥텟이 255를 가진 블록을 생성하여, 더 이상 추가하지 못할 때까지 단계 ② 를 반복한다.

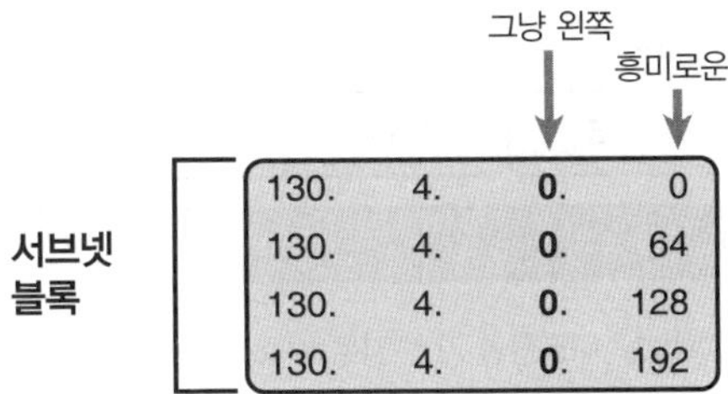

[그림 21-13] 단계 1: 첫 번째 서브넷 ID 블록을 찾아냄

네 개의 서브넷 ID로 구성된 서브넷 ID 블록을 생성하기 위한 단계 1의 로직은 앞에서 본 것과 동일한 매직 넘버 프로세스를 따른다. 첫 번째, 서브넷 ID 130.4.0.0은 제로 서브넷이다. 다음 세 서브넷 ID들은 각각 64가 큰데, 이것은 이 경우의 매직 넘버가 256-192=64이기 때문이다.

공식에 따라 단계 ② 와 ③은 256개의 서브넷 블록들을 생성하는 방법을 설명하고, 이 단계를 통해 1,024개의 모든 서브넷 ID들을 찾아낼 수 있다. 이를 위해, 총 256개의 서브넷 블록들을 생성하도록 한다. 즉, 그냥-왼쪽 옥텟이 0인 것, 그냥-왼쪽 옥텟이 1인 것 그리고, 그냥-왼쪽 옥텟이 2인 것 등으로 시작하여 그냥-왼쪽 옥텟이 255인 것까지다. 이 과정은 그냥-왼쪽 옥텟 (이 경우, 세 번째 옥텟)이 255를 가진 서브넷 블록을 생성할 때까지 계속된다. [그림 21-14]는 첫 번째 일부 서브넷 블록을 추가하여 그 아이디어를 보여주고 있다.

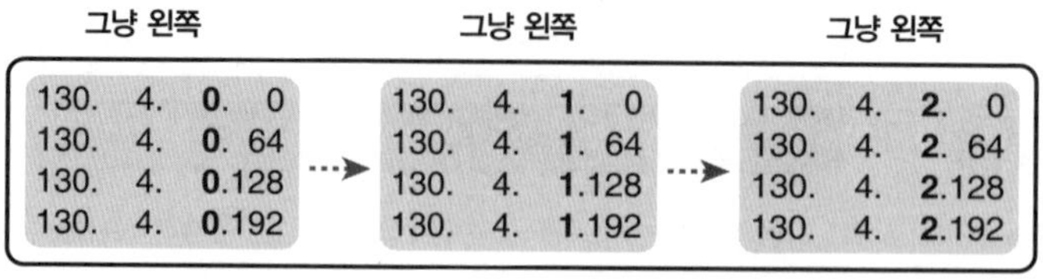

[그림 21-14] 단계② 그냥-왼쪽 옥텟의 +1과 함께 서브넷 블록의 복제

총 10개의 서브넷 비트들을 가진 이 예는 각각 네 개의 서브넷들을 가지는 256블록들로 총 1,024개의 서브넷들을 생성한다. 이 계산은 $2^{10}=1,024$이기 때문에 서브넷들을 계산하는 일반적인 계산 결과와 일치한다.

17개 이상의 서브넷 비트들이 존재하는 경우

17개 이상의 서브넷 비트들이 존재하는 경우의 서브넷 설계를 위해, 클래스 A 네트워크를 사용해야 한다. 게다가 서브넷 영역은 두 번째와 세 번째 옥텟과 더불어 네 번째 옥텟의 일부로 구성된다. 이것은 다수의 서브넷 ID들 즉, 최소한 2^{17}(or 131,072)개의 서브넷들을 만들 수 있음을 의미한다. [그림 21-15]는 클래스 A 네트워크와 /26 마스크를 가진 경우의 주소 구조 예를 보여준다.

[그림 21-15] 18개의 서브넷 비트들을 가진 경우의 주소 구조

이 예에서 모든 서브넷 ID들을 찾기 위해, 9~16개의 서브넷 비트들을 갖는 경우와 동일한 과정을 사용하지만, 훨씬 많은 서브넷 블록들을 생성하게 된다. 즉, 두 번째와 세 번째 옥텟에서 모든 조합의 수(0~255를 포함하는)에 해당하는 서브넷 블록들을 만들어야 한다. [그림 21-16]은 일반적인 아이디어를 보여준다. 이 예에서는 네 번째 옥텟에서 단지 2개의 서브넷 비트들로, 서브넷 블록들은 각각 4개의 서브넷들을 포함할 것이다.

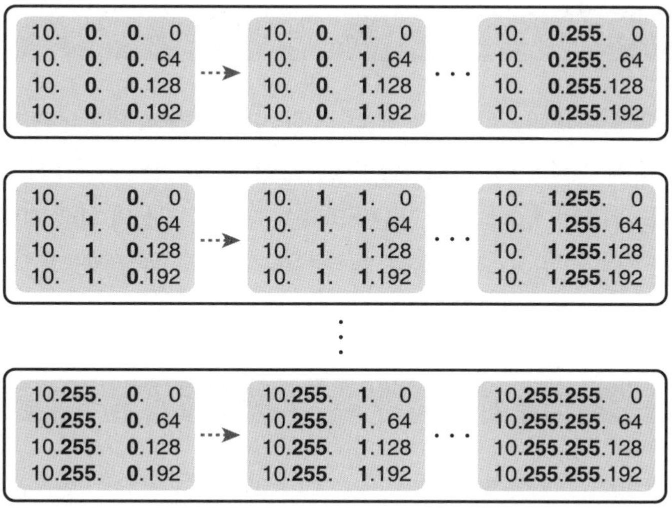

[그림 21-16] 네 개의 서브넷을 갖는 256개의 서브넷 블록들이 256개 존재함.

모든 서브넷 ID 찾기 연습

다음 장으로 이동하기 전에, 올바른 해답을 얻을 때까지 연습해보자. 이때, 당신이 원하는 툴을 사용해도 좋고, 시간도 개의치 말기 바란다. 그렇게 계속 학습을 진행하기 바란다. 시험을 치르기 전에는, [표 21-5]의 오른쪽 행의 목표를 달성할 때까지 연습하기 바란다. 이 표는 두 단계 목표를 제시한다.

시기	다음 장으로 이동하기 전	시험을 치르기 전
초점	방법을 배움	신속 및 정확
허용되는 툴	모든 툴들	두뇌와 노트
목표: 정확도	90%	100%
목적: 속도	상관 없음	45초

[표 21-5] 이 장의 주제에 대한 학습 및 응시 목표

모든 서브넷 ID들을 찾도록 하는 실제 문제들

다음 리스트는 각각 클래스풀 네트워크 번호와 프리픽스–스타일의 마스크를 가진 세 개의 독립된 문제들이다. 각 문제에 대한 모든 서브넷 ID들을 찾아라:

1. 192.168.9.0/27
2. 172.30.0.0/20
3. 10.0.0.0/17

이 장의 이후에 '앞선 실습 문제에 대한 정답' 섹션에서 정답이 나와 있다.

챕터 리뷰

좋은 시험의 결과를 위해서는 리뷰 세션에 대한 복습이 중요하다. 책이나 DVD의 툴 혹은 책의 동반자 웹 사이트에서 찾을 수 있는 대화형 툴을 활용하여 이 장의 자료들을 리뷰하기 바란다. 특히, ' 단계② 챕터 위주의 학습 습관을 만들어라'라는 제목의 '당신의 학습 계획'을 참조하기 바란다. [표 21-6]은 핵심 리뷰 요소들과 자료 출처들을 보여준다. 학습 과정에 대해 보다 나은 추적을 위해 두 번째 열에 완료한 날짜를 기록하도록 한다.

리뷰 항목	완료 날짜	자료 출처
핵심 주제 리뷰		책, DVD/웹 사이트
핵심 용어 리뷰		책, DVD/웹 사이트
사전 점검 퀴즈 반복		책, PCPT
서브넷 설계 연습		DVD 부록 G, DVD/웹 사이트

[표 21-6] 챕터 리뷰 확인

핵심 주제 복습

핵심 주제	설명	페이지
정의	서브넷 마스크에서 이진수에 대한 사항들	550
리스트	특정 조건들을 충족시키기 위한 모든 프리픽스 마스크들을 발견하기 위한 보다 짧은 3단계 프로세스	550
리스트	해당하는 하나의 서브넷 마스크를 선택하는 이유들	551
단계 리스트	특정 조건들을 충족시키기 위한 마스크들을 찾고 선택하는 완전한 프로세스	551~552
단계 리스트	8개 이하의 서브넷 비트들이 존재할 때, 모든 서브넷 ID들을 찾는 공식적인 단계들	556
그림 21-9	모든 서브넷 ID들을 찾기 위해 흥미로운 옥텟에 매직 넘버를 추가하는 예	558
단계 리스트	8개 이상의 서브넷 비트들이 존재할 때, 모든 서브넷 ID들을 찾는 공식적인 단계들	561

[표 21-7] 21장의 핵심 주제들

핵심 용어

제로 서브넷(zero subnet), 서브넷 제로(subnet zero), 브로드캐스트 서브넷(broadcast subnet)

:: 서브넷 마스크 설계와 서브넷 ID 찾기에 대한 추가적인 연습

서브넷 마스크 설계와 모든 서브넷 ID를 찾기 위한 추가적인 연습을 위해, 당신은 동일한 세트의 연습 문제들을 다음 툴들을 선택하여 수행할 수 있다:

- 애플리케이션: DVD 혹은 동반자 웹 사이트의 서브넷 설계 애플리케이션을 사용하도록 한다.
- PDF: 대안으로, DVD 부록 G, '21장 서브넷 설계에 대한 연습'을 적용한 앱들에서 동일한 문제를 연습하도록 한다.

 **앞선 연습 문제에 대한 정답**

앞선 섹션, '서브넷 마스크 선택 연습'은 세 개의 연습 문제들을 보여주었다. 정답은 여기에서 표시하여 문제와 동일한 페이지에서는 확인할 수 없도록 하였다. [표 21-8]에 정답을 정리하였고, 이 표 다음으로 각 문제에 관련된 설명을 하였다.

문제	클래스	최소한의 서브넷 비트들	최소한의 호스트 비트들	프리픽스 범위	서브넷 수를 최대화 하는 프리픽스	호스트 수를 최대화 하는 프리픽스
1	A	11	9	/19 – /23	/23	/19
2	B	8	8	/24	—	—
3	C	3	4	/27 – /28	/28	/27

[표 21-8] 연습 문제: 조건을 충족시키는 마스크 찾기

1. 1번 문제에서 클래스 A 네트워크 10.0.0.0에 속하기 때문에, N = 8이다. 1,500개의 서브넷들이 필요한데, 10개의 서브넷 비트는 단지 1,024개의 서브넷들([표 21-2]에 따라)만 제공하지만, 11개의 서브넷 비트는 2,048개의 서브넷들(즉, 1,500개 이상)을 제공한다. 마찬가지로 호스트 비트들의 최소한의 수는 9인데, 그 이유는 $2^8 - 2 = 254$로 설계 조건에서 300 호스트들/서브넷을 필요로 하기 때문이다. 가장 짧은 프리픽스 마스크는 가장 짧은 서브넷 비트들의 수, S(11)에 N(8)을 더한 /19가 된다. 동일하게 최소한의 H값은 9이기 때문에, 서브넷들의 수를 최대화하는 가장 긴 프리픽스 마스크는 32−H = /23이 된다.

2. 2번 문제에서 클래스 B 네트워크 172.25.0.0에 속하기 때문에, N = 16이다. 130개의 서브넷들이 필요한데, 7개의 서브넷 비트는 단지 128개의 서브넷들([표 21-2]에 따라)만 제공하지만, 8개의 서브넷 비트는 256개의 서브넷들(즉, 130개 이상)을 제공한다. 마찬가지로, 호스트 비트들의 최소한의 수는 8인데, 그 이유는 $2^7 - 2 = 126$으로 필요로 하는 127에 가깝지만, 충분하지는 않기 때문에 H = 8이 설계 조건을 충족시키는 호스트 비트들의 최소수가 된다. 네트워크, 최소한의 서브넷 비트들과 최소한의 호스트 비트들의 합은 32가 돼야 하므로, 단지 하나의 마스크만 즉, /24만이 조건을 충족시킨다. /24는 네트워크 비트들의 수(16)에 최소한의 서브넷 비트들의 수(8)를 더하여 찾은 값이다.

3. 3번 문제에서 클래스 C 네트워크 192.168.83.0에 속하기 때문에, N = 24이다. 8개의 서브넷들이 필요한데, 3개의 서브넷 비트면 되지만, 여유는 전혀 없다. 호스트 비트들의 최소한의 수는 4인데, 그 이

유는 $2^3 - 2 = 60$이고, 설계 조건은 8개의 호스트들/서브넷을 필요로 하기 때문이다. 가장 짧은 프리픽스 마스크는 가장 짧은 서브넷 비트들의 수, S(3)에 N(24)를 더한 /27이 된다. 동일하게, 최소한의 H값은 4이기 때문에, 서브넷들의 수를 최대화하는 가장 긴 프리픽스 마스크는 32 − H = /28이 된다.

∷ 모든 서브넷 ID 찾기 연습에 대한 정답

앞선 섹션, '모든 서브넷 ID 찾기 연습'은 세 개의 연습 문제들을 제시하였다. 여기에서 표시하여 문제와 동일한 페이지에서는 확인할 수 없도록 하였다.

연습 문제 1 에 대한 정답

 문제 1 은 네트워크 192.168.9.0, 마스크 /27을 제시한다. 이 마스크는 DDN 마스크 255.255.255.224로 변환된다. 24개의 네트워크 비트를 갖는 클래스 C 네트워크가 단지 3개의 서브넷 비트를 가지는데, 이 서브넷 비트는 모두 네 번째 옥텟에 속한다. 따라서, 이 문제는 8개 이하의 서브넷 비트들을 갖는 경우로, 네 번째 옥텟이 흥미로운 옥텟이 된다.

서브넷들을 찾기 전에, 먼저 제로 서브넷을 쓰고 다음으로, 흥미로운 옥텟에서 매직 넘버 더하기를 시작한다. 제로 서브넷은 네트워크 ID(192.168.9.0)와 동일하다. 매직 넘버는 256−224=32가 되어, 앞선 서브넷 ID의 흥미로운 옥텟에 더하기를 해야 한다. [표 21-9]는 결과를 보여준다.

옥텟	1	2	3	4
마스크	255	255	255	224
매직 넘버	—	—	—	32
클래스풀 네트워크/서브넷 제로	192	168	9	0
첫 번째 난−제로(Non−zero) 서브넷	192	168	9	32
다음 서브넷	192	168	9	64
다음 서브넷	192	168	9	96
다음 서브넷	192	168	9	128
다음 서브넷	192	168	9	160
다음 서브넷	192	168	9	192
브로드캐스트 서브넷	192	168	9	224
유효하지 않은 서브넷	192	168	9	256

[표 21-9] 리스트−모든−서브넷 차트: 192.168.9.0/27

문제 2 는 네트워크 172.30.0.0, 마스크 /20을 제시한다. 이 마스크는 DDN 마스크 255.255.240.0으로 변환된다. 16개의 네트워크 비트를 갖는 클래스 B 네트워크가 단지 4개의 서브넷 비트를 가지는데, 이 서브넷 비트는 모두 세 번째 옥텟에 속한다. 따라서 이 문제는 8개 이하의 서브넷 비트들을 갖는 경우로, 세 번째 옥텟이 흥미로운 옥텟이 된다.

서브넷들을 찾기 전에 먼저 제로 서브넷을 쓰고, 다음으로 흥미로운 옥텟에서 매직 넘버 더하기를 시작한다. 제로 서브넷은 네트워크 ID(172.30.0.0)와 동일하다. 매직 넘버는 256−240=16이 되어, 앞선 서브넷 ID의 흥미로운 옥텟에 더하기를 해야 한다. 결과는 [표 21−10]과 같다.

옥텟	1	2	3	4
마스크	255	255	240	0
매직 넘버	—	—	16	—
클래스풀 네트워크/서브넷 제로	172	30	0	0
첫 번째 난−제로(Non−zero) 서브넷	172	30	16	0
다음 서브넷	172	30	32	0
다음 서브넷	172	30	건너 뜀…	0
다음 서브넷	172	30	224	0
브로드캐스트 서브넷	172	30	240	0
유효하지 않은 서브넷	172	30	256	0

[표 21−10] 172.30.0.0/20의 모든 서브넷들

문제 3 은 네트워크 10.0.0.0, 마스크 /17을 제시한다. 이 마스크는 DDN 마스크 255.255.128.0으로 변환된다. 8개의 네트워크 비트를 갖는 클래스 B 네트워크가 9개의 서브넷 비트를 가진다. 이 장에서 사용하는 독특한 용어를 사용하여 즉, 옥텟 3이 흥미로운 옥텟이 된다. 흥미로운 옥텟에서 단지 1개의 서브넷 비트를 가지고, 옥텟 2는 8개의 서브넷 비트들을 갖는 그냥−왼쪽(just−left) 옥텟이다.

이 경우에, 첫 번째 서브넷 블록을 찾는 것으로 시작한다. 매직 넘버는 256 − 128 = 128이다. 첫 번째 서브넷(제로 서브넷)은 네트워크 ID와 동일하다. 따라서 첫 번째 서브넷 ID 블록은 다음을 포함한다:

10.0.0.0
10.0.128.0

다음으로, 이 경우에 그냥-왼쪽 옥텟 즉, 옥텟 2에서 256개의 가능한 모든 숫자들로 모든 서브넷 블록들을 생성한다. 다음 리스트는 서브넷 ID들을 몇 페이지에 걸쳐 나열하기보다는 그냥 첫 번째 세 개의 서브넷 ID 블록들과 마지막 서브넷 ID 블록을 보여준다.

10.0.0.0(제로 서브넷) 10.0.128.0
10.1.0.0
10.1.128.0
10.2.0.0
10.2.128.0
…
10.255.0.0
10.255.128.0(브로드캐스트 서브넷)

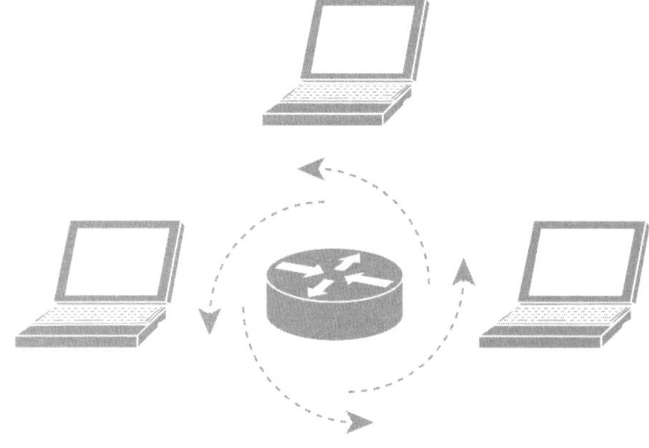

Chapter 22
VLSM(Variable-Length Subnet Masks)

이 장은 다음 시험 주제를 다룬다.

1.0 네트워크 기초
1.8 IPv4 주소와 서브네팅의 설정, 확인, 트러블슈팅

IPv4 주소와 서브네킹은 많은 용어와 계산 과정과 개념들을 함께 사용한다. 이러한 개념들을 배우면서 가능한 한 간단하게 다루려고 한다. 이 책에서는 지금까지 보다 쉬운 주제를 다루었는데 그것은 단일 클래스 A, B, 또는 C 네트워크 내부에서 한 마스크만을 사용하는 것이었다.

이 장은 VLSM(variable-length subnet masks)을 도입하여 다양한 길이의 서브넷 마스크를 적용한다. VLSM은 간단히 동일한 클래스풀 네트워크에서 하나 이상의 마스크를 사용하는 서브넷 설계를 의미한다. VLSM은 장점과 단점을 모두 가지지만, 학습할 때, 주요한 어려움은 VLSM을 적용한 설계가 보다 많은 계산을 필요로 하고, 보다 다양한 이슈들을 고려해야 한다는 점이다. 이 장은 VLSM의 개념, 이슈와 계산 방법을 자세히 다룬다.

QUIZ 사전 점검 퀴즈

이 장의 학습을 위해 필요한 시간을 가늠하기 위해 시험(이 페이지나 PCPT 소프트웨어를 사용 가능)을 보기 바란다. 정답은 퀴즈 다음 페이지의 아랫 부분에 나와 있고, 설명은 DVD 부록 C와 PCPT 소프트웨어에 있다.

핵심 주제 섹션	해당 문제
VLSM 개념과 설정	1-2
VLSM 중복 찾기	3-4
기존 VLSM 설계에 새 서브넷 추가하기	5

[표 22-1] 사전 점검 퀴즈의 핵심 주제와 문제

1. 다음 중 VLSM을 지원하는 라우팅 프로토콜은? (3개를 선택할 것)

    a. RIPv1

    b. RIPv2

    c. EIGRP

    d. OSPF

2. 약어 VLSM은 무엇을 지칭하나?

    a. Variable−length subnet mask

    b. Very long subnet mask

    c. Vociferous longitudinal subnet mask

    d. Vector−length subnet mask

    e. Vector loop subnet mask

3. R1은 `ip address 10.5.48.1 255.255.240.0` 명령으로 Fa0/0 인터페이스를 설정했다. 다음 서브넷들 중에서 R1의 다른 인터페이스에 설정할 때, 중복되는 VLSM 서브넷에 해당하지 않는 것은?

    a. 10.5.0.0 255.255.240.0

    b. 10.4.0.0 255.254.0.0

    c. 10.5.32.0 255.255.224.0

    d. 10.5.0.0 255.255.128.0

4. R4는 172.16.8.0/22라는 커넥티드 루트를 가진다. 다음 중에서 이 서브넷과 중복되는 서브넷은?

    a. 172.16.0.0/21

    b. 172.16.6.0/23

    c. 172.16.16.0/20

    d. 172.16.11.0/25

5. 디자인은 이미 192.168.1.0/26, 192.168.1.128/30과 192.168.1.160/29 서브넷들을 포함했다. 당신이 /28 마스크를 사용하는 서브넷을 추가하기를 원한다면, 다음 서브넷들 중 이 디자인에 추가될 수 있는 숫자 상 가장 낮은 서브넷 ID는? .

    a. 192.168.1.144/28

    b. 192.168.1.112/28

    c. 192.168.1.64/28

    d. 192.168.1.80/28

    e. 192.168.1.96/28

:: VLSM 개념과 설정

VLSM은 클래스 A, B 혹은 C 네트워크의 다수의 서브넷들에 둘 이상의 마스크를 사용하는 경우를 말한다. [그림 22-1]은 클래스 A 네트워크 10.0.0.0을 활용한 VLSM의 예를 보여준다.

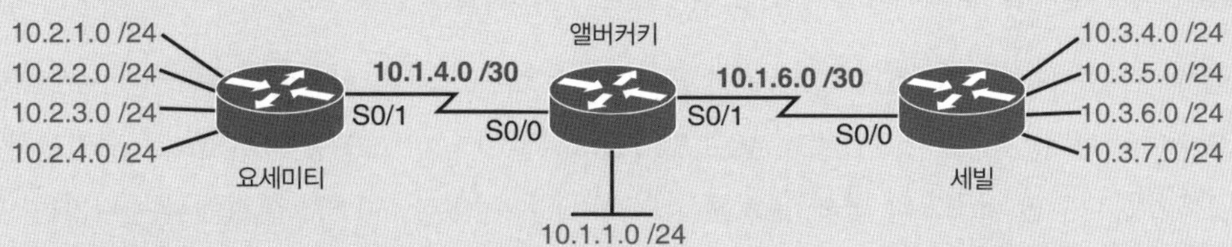

[그림 22-1] 네트워크 10.0.0.0에서 VLSM 적용:마스크 /24와 /30

[그림 22-1]은 LAN 서브넷들에는 /24(255.255.255.0) 마스크를 적용하고, 포인트-투-포인트 시리얼 링크들에는 /30(255.255.255.252) 마스크를 적용한 전형적인 사례를 보여준다. 클래스 A 네트워크 10.0.0.0의 모든 서브넷들은 두 종류의 마스크를 사용하고 있으므로 VLSM에 해당한다.

이상하지만, 일반적으로 사람들은 VLSM을 '하나의 클래스풀 네트워크 내에서 둘 이상의 마스크를 사용하는 것'이라기보다는 '인터네트워크에서 둘 이상의 마스크를 사용하는 것'이라고 생각하는 실수를 한다. 예를 들어, 하나의 인터네트워크 구성에서 네트워크 10.0.0.0의 모든 서브넷들은 255.255.240.0 마스크를 사용하고, 네트워크 11.0.0.0의 모든 서브넷들은 255.255.255.0 마스크를 사용한다면 이 설계는 두 개의 서브넷 마스크를 사용한다. 그러나 이 경우의 설계는 VLSM을 사용한 것이 아니다.

VLSM은 실제 네트워크들에서 주로 IP 주소 공간을 활용하고 할당하는 방식과 관련하여 많은 장점을 제공한다. 마스크가 서브넷의 크기(서브넷 내부의 호스트 주소의 수)를 정하기 때문에, VLSM은 엔지니어로 하여금 가장 적정한 크기의 서브넷을 선정하도록 한다. 예를 들어, 보다 적은 주소 수를 필요로 하는 서브넷들에 대해 엔지니어는 보다 적은 호스트 비트 자리를 가진 마스크를 사용하게 함으로써 서브넷은 보다 적은 호스트 IP 주소들을 가지게 한다. 이러한 유연성 때문에 각 서브넷에서 낭비되는 IP 주소들의 수를 줄일 수 있다. 보다 적은 수의 주소들을 낭비함으로써 보다 많은 주소 공간을 남길 수 있다.

VLSM은 공인과 사설 IP 주소들에 모두 도움이 될 수 있지만, 공인 주소 네트워크들에 훨씬 더 큰 이익이 된다. 공인 네트워크들에서 주소를 절약할 수 있다면, 엔지니어들로 하여금 지역 IP 주소 할당 기관으로부터 또 하나의 공인 IP 네트워크를 얻을 필요가 없도록 한다. RFC 1918에서 정의한 사설 주소를 사용하는 네트워크에서는 사설 주소로 팔요한 주소를 충족시킬 수 있기 때문에 주소의 고갈을 염려하여 굳이 VLSM을 적용할 필요가 없다.

클래스리스와 클래스풀 라우팅 프로토콜들

VLSM 설계를 적용하기 전에, 먼저 VLSM을 지원하는 라우팅 프로토콜을 사용해야 한다. VLSM을 지원하기 위해, 라우팅 프로토콜은 각 서브넷과 함께 마스크 정보를 보내야 한다. 마스크 정보가 없다면, 업데이트를 수신한 라우터는 추측을 해야 한다.

예를 들어, 라우터가 마스크 정보 없이 10.1.8.0에 대한 루트를 학습하였다면, 마스크를 무엇으로 추측할까? 즉, 10.1.8.0 /24, 10.1.8.0/23 혹은 10.1.8.0/30 중에 무엇으로 결정할까? 10.1.8.0은 다양한 마스크와 함께 유효한 서브넷 ID일 수 있다. VLSM 환경에서는 다양한 마스크를 적용할 수 있기 때문에, 라우터는 전달되지 않은 마스크를 추측할 수 있는 적정한 방법을 갖지는 않는다. 효과적으로 VLSM을 지원하기 위해서는 라우팅 프로토콜은 수신 라우터가 올바른 서브넷 정보를 받도록 각 서브넷과 함께 정확한 마스크를 전달할 필요가 있다.

정의상, 클래스리스 라우팅 프로토콜은 각 전달하는 라우팅 정보에 마스크를 포함하고, 클래스풀 라우팅 프로토콜은 마스크를 포함하지 않는다. [표 22-2]와 같이 클래스리스 라우팅 프로토콜들은 보다 새롭고, 보다 개선된 라우팅 프로토콜들이다. 보다 개선된 클래스리스 라우팅 프로토콜은 VLSM을 지원할 뿐 아니라 라우팅 프로토콜로 하여금 나누어진 서브넷들에 대해 다수의 루트들 대신 요약한 하나의 서브넷만을 전달하도록 하는 수동 루트 서머라이제이션도 지원한다.

라우팅	클래스리스인가?	업데이트에 마스크 포함 여부	VLSM 지원 여부	수동 루트 서머라이제이션 지원 여부
RIPv1	No	No	No	No
RIPv2	Yes	Yes	Yes	Yes
EIGRP	Yes	Yes	Yes	Yes
OSPF	Yes	Yes	Yes	Yes

[표 22-2] 클래스리스 및 클래스풀 IGP(Interior IP Routing Protocols)

라우팅 프로토콜은 VLSM을 지원하거나 클래스리스 라우팅 프로토콜로 설정할 필요가 없다. 라우팅 정보에 마스크를 포함하는 클래스리스 라우팅 프로토콜을 활성화 또는 비활성하기 위한 명령은 존재하지 않는다. 당신이 할 수 있는 유일한 것은 클래스리스 라우팅 프로토콜을 선택하는 것이다.

사전 점검 퀴즈 정답

1 B, C, D **2** A **3** A **4** D **5** C

VLSM 설정과 확인

시스코 라우터는 VLSM을 활성화하거나 비활성화하기 위해 어떤 설정도 필요로 하지 않는다. 설정 관점에서 VLSM은 **ip address** 인터페이스 명령어의 부수적인 결과에 불과하다. VLSM은 라우터의 IP 주소를 동일한 클래스풀 네트워크 내부에서 다양한 마스크로 설정한 것이다.

예를 들어, [예 22-1]은 [그림 22-1]의 요세미티 라우터의 두 인터페이스를 보여준다. 이 예는 두 인터페이스의 IP 주소 할당을 보여주는데, 두 개의 IP 주소가 모두 클래스 A 네트워크 10.0.0.0에 속하지만, 하나는 /24 마스크, 다른 하나는 /30 마스크가 설정되었다.

```
Yosemite# configure terminal
Yosemite(config)# interface Fa0/0
Yosemite(config-if)# ip address 10.2.1.1 255.255.255.0
Yosemite(config-if)# interface S0/1
Yosemite(config-if)# ip address 10.1.4.1 255.255.255.252
```

[예 22-1] 요세미티에서 두 인터페이스의 설정으로 VLSM 적용하기

VLSM을 사용하는 지는 show ip route 명령의 결과를 유심히 살펴보면 알 수 있다. 이 명령은 클래스풀 네트워크별로 루트들을 모아서 보여주기 때문에 단일 클래스 A, B 혹은 C 네트워크의 모든 서브넷들을 일렬로 보여준다. 얼마나 다양한 마스크들이 있는지 확인하기 위해 아래까지 보기 바란다.

예를 들어, [예 22-2]는 [그림 22-1]의 앨버커키의 라우팅 테이블이다. 앨버커키는 예에서 강조한 부분과 같이 10.0.0.0 네트워크 내부에서 /24와 /30 마스크를 사용한다.

```
Albuquerque# show ip route
! 간략화를 위해 범례 생략됨.

     10.0.0.0/8 is variably subnetted, 14 subnets, 3 masks
D       10.2.1.0/24 [90/2172416] via 10.1.4.1, 00:00:34, Serial0/0
D       10.2.2.0/24 [90/2172416] via 10.1.4.1, 00:00:34, Serial0/0
D       10.2.3.0/24 [90/2172416] via 10.1.4.1, 00:00:34, Serial0/0
D       10.2.4.0/24 [90/2172416] via 10.1.4.1, 00:00:34, Serial0/0
D       10.3.4.0/24 [90/2172416] via 10.1.6.2, 00:00:56, Serial0/1
D       10.3.5.0/24 [90/2172416] via 10.1.6.2, 00:00:56, Serial0/1
D       10.3.6.0/24 [90/2172416] via 10.1.6.2, 00:00:56, Serial0/1
D       10.3.7.0/24 [90/2172416] via 10.1.6.2, 00:00:56, Serial0/1
C       10.1.1.0/24 is directly connected, FastEthernet0/0
L       10.1.1.1/32 is directly connected, FastEthernet0/0
C       10.1.6.0/30 is directly connected, Serial0/1
L       10.1.6.1/32 is directly connected, Serial0/1
C       10.1.4.0/30 is directly connected, Serial0/0
L       10.1.4.1/32 is directly connected, Serial0/0
```

[예 22-2] [그림 22-1]의 앨버커키의 라우팅 테이블

이제 VLSM 그 자체에 대한 논의는 마친다. 이 장은 VLSM을 위한 것이지만, VLSM을 설명하기 위한 페이지는 불과 몇 페이지뿐이다. 왜 전체 장을 VLSM 설명을 위해 사용하지 않을까? VLSM 환경에서 일하고, VLSM 관련 문제를 찾고, 기존 설계에 새로운 서브넷들을 추가하거나 처음부터 VLSM을 이용하여 설계하기 위해 즉, 실제 네트워크에 VLSM을 적용하기 위해서는 기술과 연습이 필요하다. 이 장의 나머지는 VLSM 적용하는 기법을 살펴보고, 다음 두 가지 주요 영역에 대한 몇 가지 연습을 한다.

- VLSM 중복 발견하기
- 중복 없이 새 VLSM 서브넷 추가하기

∷ VLSM 중복 발견하기

VLSM을 사용하든 그렇지 않든, IP 인터네트워크 설계에서 사용되는 서브넷들의 주소 범위가 중복되면 안된다. 다른 장소에서 서브넷들의 주소가 중복으로 사용되면, 라우터의 라우팅 테이블에도 중복되어 올라온다. 결과적으로 다른 장소의 호스트들에게 동일한 IP 주소가 할당된다. 라우터는 이 경우 정확하게 패킷을 라우팅할 수 없다. IP가 중복된 서브넷 설계는 부정확한 설계의 결과로 사용되어서는 안된다.

이 섹션은 VLSM 중복 설계에 숨어있는 핵심을 이해하기 위해 VLSM 설계에 대한 짧은 논의로 시작한다. 다음으로 이 주제에 대해 기존의 설계를 관찰하여 IP 중복을 찾는 문제 해결 관점에서 접근한다.

VLSM과 함께 서브네팅 설계하기

VLSM을 적용하여 서브네팅할 때, 무슨 서브넷들을 사용할 것인지를 선택할 때 훨씬 더 주의해야 한다. 먼저 VLSM 설계에서 무슨 마스크를 사용하든지, 각각의 서브넷 ID는 서브넷에서 사용하는 주어진 마스크에 대해 유효한 것이어야 한다.

예를 들어, 클래스 B 네트워크 172.16.0.0에 대한 서브넷 계획을 고려해보자. /24 마스크를 가진 서브넷을 생성할 때, 서브넷 ID는 전체 클래스 B 네트워크를 동일한 마스크(/24)로 분할했을 때 각 서브넷의 첫 번째 주소다. 21장, '서브넷 설계'는 이러한 서브넷들을 생성하는 방법을 깊이 있게 다루었고, 클래스 B 네트워크와 /24 마스크가 주어졌을 때, 가능한 서브넷 ID들은 쉽게 계산할 수 있다. 즉, 172.16.0.0(제로 서브넷), 172.16.1.0, 172.16.2.0, 172.16.3.0, 172.16.4.0에서 172.16.255.0까지다.

서브넷 ID를 VLSM 설계 환경으로 확장해보자. 우선, 조건으로 다수의 서브넷들이 다양한 크기를 가지는 조건을 만족시키기 위해, 일부 서브넷들은 한 마스크를 적용하고, 다른 서브넷들은 또 다른 마스크를 적용하고, 그외 다른 마스크가 적용된 서브넷들이 존재한다고 가정해보자. 예를 들어, 클래스 B 네트워크 172.16.0.0으로 새로운 VLSM 설계를 해보자. 여기서 당신은 일부 서브넷은 /22 마스크를 적용하고, 일부 서브넷은 /23 마스크를 적용하고, 일부 서브넷은 /24 마스크를 적용하기로 했다고 가정하자. 당신은 [그림 22-2]와 같이 계획표를 만들 수 있다.

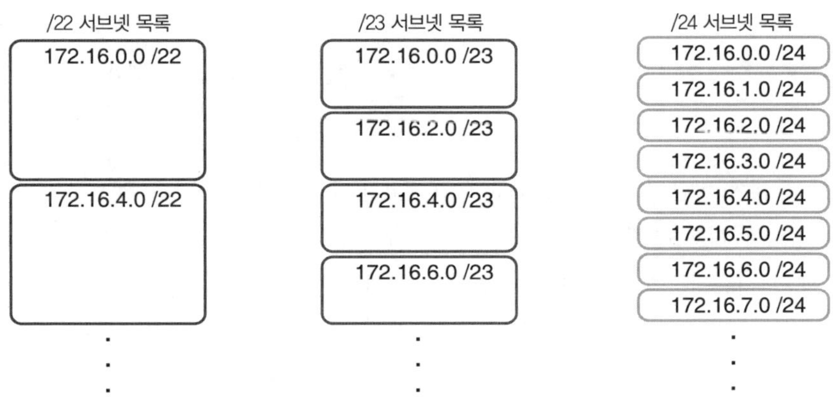

[**그림 22-2**] 네트워크 172.16.0.0의 가능한 서브넷 ID들: /22, /23와 /24 마스크별

이 그림은 각 마스크에서 활용 가능한 첫 번째 몇몇 서브넷 ID들을 보여주지만, 설계에서 표시된 세 개의 모든 서브넷들을 사용할 수는 없다. 한 행(column)에 속한 하나의 서브넷을 선택하면, 서브넷들은 중복될 수 없기 때문에 다른 행의 일부 서브넷을 제외해야 한다. 서브넷들이 중복되면 서브넷들은 일부 동일한 주소를 사용하는 주소들의 범위가 생긴다.

예로써, [그림 22-3]은 클래스 B 네트워크 172.16.0.0의 첫 번째 가능한 몇몇 /22, /23과 /24 서브넷들을 보여준다. 선택된 두 개의 서브넷들 옆에 체크 표시를 보여준다. 즉, 서브네팅 계획을 만든 사람은 네트워크의 어딘가에 이러한 두 서브넷들을 사용하기로 결정했다. 진한 회색으로 표시된 서브넷들은 체크 표기한 서브넷들(172.16.3.0 /24와 172.16.4.0 /22)과 일부 중복되기 때문에 더 이상 사용할 수 없다.

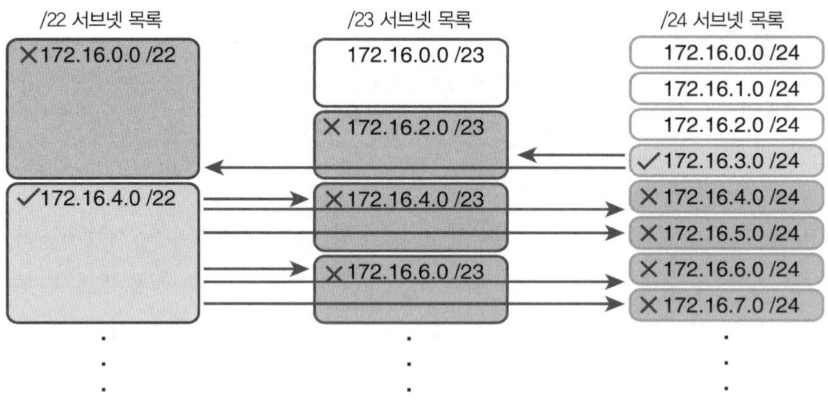

[그림 22-3] 다른 열(Column)에서 허용되지 않는 서브넷 찾기

예에 대한 완전한 이해를 위해, 왼쪽 하단의 서브넷 172.16.4.0을 먼저 살펴 본다. 이 서브넷은 서브넷 ID 172.16.4.0에서 서브넷 브로드캐스트 주소 172.16.7.255까지의 주소들을 포함한다. 서브넷 ID의 오른쪽을 보면 동일한 범위의 주소들을 사용하고 화살표로 표시한 모든 서브넷들을 찾을 수 있다.

이제 그림 오른쪽 상단의 서브넷 172.16.3.0 /24를 보자. 이 서브넷은 서브넷 ID와 서브넷 브로드캐스트 주소를 포함하여 172.16.3.0 ~ 172.16.3.255의 범위를 갖는다. 서브넷은 왼쪽에 표시된 두 개의 서브넷들과 중복된다. 예를 들어, 서브넷 172.16.0.0 /22는 172.16.0.0 ~ 172.16.3.255의 범위를 포함한다. 여기에 일부 중복이 일어나기 때문에 설계에서 172.16.3.0 /24 서브넷을 할당했다면, 172.16.2.0 /23과 172.16.0.0 /22 서브넷들은 다음과 같은 문제를 일으키므로 사용할 수 없다.

VLSM을 사용하든 하지 않든, 서브네팅 설계는 주소의 범위가 중복되는 서브넷들을 허용할 수 없다. 중복된 서브넷들이 존재하면, 라우팅 문제들이 발생하고 일부 호스트들은 서브넷 외부와 통신할 수 없다.

이러한 주소 중복은 VLSM을 사용하지 않을 때 발견하기가 쉽다. VLSM을 사용하지 않을 때, 중복된 서브넷들은 동일한 서브넷 ID들을 사용하므로, 중복 상황을 발견하기 위해 그냥 서브넷 ID들만 조사하면 된다. VLSM을 사용할 때, 중복된 서브넷들은 동일한 서브넷 ID를 사용하지 않을 수 있다. [그림 22-3]에서 설명한 예가 그런 경우다. 이때, 중복을 발견하기 위해서는 서브넷 ID에서 시작하여 서브넷 브로드캐스트 주소까지의 각 서브넷에 포함되는 주소의 범위를 다른 서브넷의 범위와 비교해봐야 한다.

VLSM 중복 발견 예

예를 들어, CCENT 시험 연습 문제가 [그림 22-4]를 보여준다고 가정해보자. 세 개의 상이한 마스크들 즉, /23, /24와 /30을 사용하기 때문에 하나의 클래스 B 네트워크(172.16.0.0)에 VLSM을 적용하고 있다.

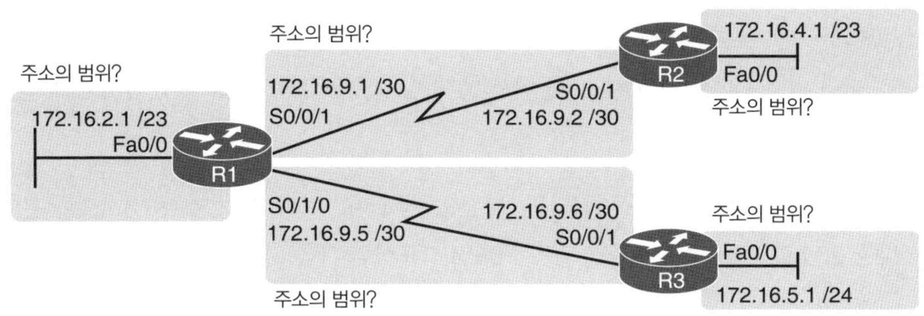

[그림 22-4] 주소 중복을 포함하는 VLSM 디자인

이제, 시험 문제가 당신에게 그림을 보여주고, 중복된 서브넷들이 존재하는지를 직접 혹은 간접적으로 묻는다. 이런 유형의 문제는 당신에게 어떤 호스트들이 서로 핑이 불가능한지를 알려줄 수는 있어도 문제의 원인이 서브넷들의 일부가 중복된다는 것이라는 것을 언급하지는 않는다. 이러한 질문에 답하기 위해서는 단순하지만 수고스러운 과정을 거쳐야 한다:

단계 ① 각 서브넷에 대한 서브넷 ID와 서브넷 브로드캐스트 주소를 계산하고, 이것은 해당 서브넷의 주소들의 범위가 된다.

단계 ② 숫자의 순서에 맞춰 서브넷 ID들(서브넷 브로드캐스트 주소들과 함께)을 나열한다.

단계 ③ 위에서 아래까지 나열하고, 인접 항목들과 주소들의 범위가 겹치는지 확인한다.

예를 들어, [그림 22-4]의 서브넷 ID들을 [표 22-3]은 숫자의 순서에 맞추어 서브넷 ID들과 서브넷 브로드캐스트 주소들을 나열하여 첫 번째 두 단계를 완성한다.

서브넷	서브넷 번호	브로드캐스트 주소
R1 LAN	172.16.2.0	172.16.3.255
R2 LAN	172.16.4.0	172.16.5.255
R3 LAN	172.16.5.0	172.16.5.255
R1–R2 serial	172.16.9.0	172.16.9.3
R1–R3 serial	172.16.9.4	172.16.9.7

[표 22-3] [그림 22-4]에서 숫자 순서에 따른 서브넷 ID들과 브로드캐스트 주소들

이 VLSM 디자인은 R2의 LAN 서브넷과 R3의 LAN 서브넷 간의 중복때문에 이 경우 적용 불가능하다. 단계들 중 **단계③**은 어떤 중복이 일어나는지를 확인하기 위해 주소의 범위들을

비교하는 단계다. 이 경우, 다른 서브넷 번호들은 일치하지 않지만, 두 항목들(강조된)은 중복된다. 이 디자인은 중복때문에 적용할 수 없으며, 두 서브넷 중 하나는 변경될 필요가 있다.

3단계 프로세스에서 두 개의 인접 항목들이 중복되면, 다음 단계로 세 개의 항목들을 비교한다. 이미 중복되는 것으로 표시한 두 개의 서브넷들은 리스트의 다음 서브넷과도 중복될 수 있다. 예를 들어, 다음 리스트의 세 개의 서브넷들에서 첫 번째 서브넷은 리스트상의 두 번째와 세 번째 서브넷들과 중복된다.

만약 여기에서 설명한 과정을 따른다면, 당신은 먼저 리스트의 첫 번째 두 서브넷들 간에 중복을 찾을 것이고, 다음 중복 상황을 찾기 위해 리스트상의 다음 서브넷도 확인할 필요가 있다.

10.1.0.0/16(서브넷 ID 10.1.0.0, 브로드캐스트 10.1.255.255)

10.1.200.0/24(서브넷 ID 10.1.200.0, 브로드캐스트 10.1.200.255)

10.1.250.0/24(서브넷 ID 10.1.250.0, 브로드캐스트 10.1.250.255)

VLSM 중복 찾기 연습

IP 주소 할당과 서브네팅을 제대로 적용하기 위해 연습은 필수적이다. 이 목적을 위해, [표 22-4]는 세 개의 연습 문제를 제시한다. 하나의 열에 표시한 다섯 개의 IP 주소들에 대해 VLSM 중복을 찾기 위해 앞선 섹션에서 제시한 3단계 과정을 따르도록 한다. 정답은 이 장의 마지막 부문, '앞선 연습 문제의 정답' 섹션에서 찾을 수 있다.

문제 1	문제 2	문제 3
10.1.34.9/22	172.16.126.151/22	192.168.1.253/30
10.1.29.101/23	172.16.122.57/27	192.168.1.113/28
10.1.23.254/22	172.16.122.33/30	192.168.1.245/29
10.1.17.1/21	172.16.122.1/30	192.168.1.125/30
10.1.1.1/20	172.16.128.151/20	192.168.1.122/30

[표 22-4] VLSM 중복 연습 문제

⁖ 기존 VLSM 환경에 새 서브넷 추가하기

이 섹션에서 설명할 업무 즉, 기존 설계에 새 서브넷을 추가하는 업무는 실제 네트워크에서 자주 발생한다. 실제 네트워크에 중복되지 않는 새 서브넷을 추가하도록 돕는 IPAM(IP Address Management) 툴을 사용할 수 있다. 그러나 실제로나 CCENT 와 CCNA R&S 시험을 위해서 중복되지 않는 VLSM 서브넷들을 생성하기 위한 계산을 할 수 있어야 한다. 즉, 실수 없이 적정한 새로운 서브넷을 선정할 수 있어야 한다.

예를 들어, 클래스풀 네트워크 172.16.0.0을 포함하는 [그림 22-2]의 인터네트워크를 고려해보자. 시험 문제는 기본 설계에 추가되어야 하는 /24 프리픽스 길이의 새 서브넷에 대한 제안을 요구할 수 있다. 문제는 또한 새 서브넷으로 사용할 수 있는 숫자상, 가장 낮은 서브넷 번호를 선택하라고 요구할 수 있다. 즉, 172.16.4.0과 172.16.6.0이 해당된다면 172.16.4.0을 선택해야 한다.

따라서 실제로 두 가지를 해야 한다. 사용할 수 있는 모든 서브넷 ID들을 찾기 위해 중복을 일으키는 것들을 배제하고 난 다음, 문제에서 요구하는 것이 무엇인지 예를 들어, 숫자상 가장 낮은 혹은 가장 높은 서브넷 ID 등을 확인해야 한다. 다음 리스트는 구체적인 단계들을 설명한다:

단계 ① 설계 조건에 따라 새 서브넷을 위한 서브넷 마스크(프리픽스 길이)를 선택한다(문제의 일부로서 이미 주어지지 않았다면).

단계 ② 단계 ①의 마스크를 사용하는 클래스풀 네트워크의 서브넷 브로드캐스트 주소와 함께 모든 가능한 서브넷 번호들을 계산한다.

단계 ③ 기존 서브넷 ID들과 해당 서브넷 브로드캐스트 주소들을 목록화한다.

단계 ④ 기존 서브넷을 새 서브넷 후보들과 비교하여 중복되는 새 서브넷을 제외한다.

단계 ⑤ 단계 ④에서 남아있는 서브넷들로부터 새로운 서브넷의 ID를 선택한다. 이때, 문제가 가장 낮은 숫자의 혹은 가장 높은 숫자의 서브넷 ID 중 무엇을 요구하는지 주의를 기울여야 한다.

새 VLSM 서브넷 추가 예

예를 들어, [그림 22-5]는 VLSM을 적용한 기존 인터네트워크를 보여준다. 이 그림은 [그림 22-4]와 동일한 IP 주소를 사용하지만, [그림 22-4]의 VLSM 중복을 수정하기 위해 R3의 LAN IP 주소가 변경되었다. 이 경우, 300개의 호스트들을 지원하기 위한 새 서브넷을 지원할 필요가 있다. 시험 문제가 가장 작은 서브넷(최소한의 호스트 수를 갖는 서브넷)을 사용하는 조건을 제시했다고 가정해보자. 서브넷에서 510 호스트($2^9 - 2 = 510$)를 수용하기 위해서는 9개의 호스트 비트가 필요하기 때문에 /23 마스크를 선택해야 한다는 계산 로직에 대해 앞서 배웠다.

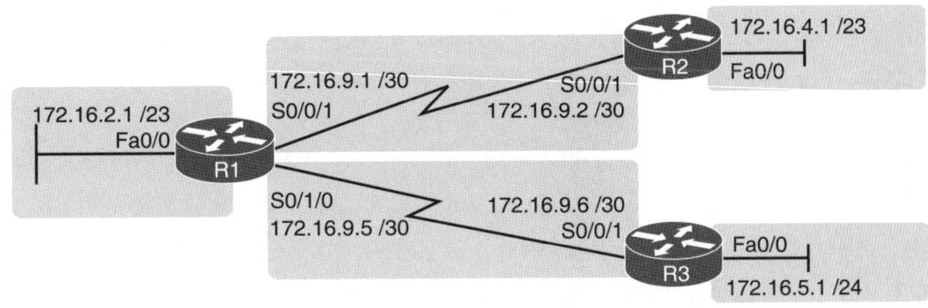

[그림 22-5] /23 서브넷, 네트워크 172.16.0.0 추가할 인터네트워크

이제 [그림 22-5] 앞에 표시한 단계들을 따라가 보자. **단계①**로 이미 /23 마스크가 주어졌다. **단계②**로 /23 마스크를 가정할 때 172.16.0.0 내부의 모든 서브넷 번호와 브로드캐스트 주소를 목록화할 필요가 있다. 목록은 모든 서브넷들을 사용하기 위해서가 아니라 기존의 서브넷과 대조하기 위해 필요하다. [표 22-5]는 이 결과로 첫 번째 다섯 개의 /23 서브넷들을 보여준다.

서브넷	서브넷 번호	서브넷 브로드캐스트 주소
첫째(zero)	172.16.0.0	172.16.1.255
둘째	172.16.2.0	172.16.3.255
셋째	172.16.4.0	172.16.5.255
넷째	172.16.6.0	172.16.7.255
다섯째	172.16.8.0	172.16.9.255

[표 22-5] 가능한 /23 서브넷들 중 첫 번째 다섯 개

다음으로 **단계③**에서 [표 22-5]와 같이 기존의 서브넷 번호와 브로드캐스트 주소를 목록화한다. 이를 위해, IP 주소/마스크를 근거로 계산을 통해 서브넷 ID와 서브넷 브로드캐스트 주소를 찾는다. [표 22-6]은 서브넷 위치, 서브넷 번호, 브로드캐스트 주소를 요약한다.

서브넷	서브넷 번호	서브넷 브로드캐스트 주소
R1 LAN	172.16.2.0	172.16.3.255
R2 LAN	172.16.4.0	172.16.5.255
R3 LAN	172.16.6.0	172.16.6.255
R1–R2 시리얼	172.16.9.0	172.16.9.3
R1–R3 시리얼	172.16.9.4	172.16.9.7

[표 22-6] [그림 22-5]의 기존 서브넷 ID들과 브로드캐스트 주소들

이제, **단계④**에서 중복을 찾을 수 있는 모든 정보를 가졌다. 이를 위해 앞선 두 개의 표에서 서브넷들의 범위를 대조해보자. [표 22-5]의 새로운 /23 서브넷들 중 [표 22-6]의 기존의 서브넷들과 중복되는 것은 무엇일까? 이 경우, [표 22-5]의 두 번째에서 다섯 번째 서브넷들은 중복되므로, 이러한 서브넷들은 후보에서 제외되어야 한다([표 22-5]는 이러한 서브넷들을 회색으로 강조했다).

단계⑤는 실제 네트워크 설계보다는 시험을 위해 필요하지만 별도의 단계로서 여전히 가치가 있다. 선택형 문제들은 때때로 하나의 정답을 요구하므로 가장 낮은 숫자의 서브넷 혹은 가장 높은 숫자의 서브넷을 요구한다. 만약 가장 낮은 숫자의 서브넷을 요구하는 경우, 172.16.0.0 /23이 해답이 된다.

챕터 리뷰

좋은 시험의 결과를 위해서는 리뷰 세션에 대한 복습이 중요하다. 책이나 DVD의 툴 혹은 책의 동반자 웹 사이트에서 찾을 수 있는 대화형 툴을 활용하여 이 장의 자료들을 리뷰하기 바란다. 특히, '**단계②** 챕터 위주의 학습 습관을 만들어라'라는 제목의 '당신의 학습 계획'을 참조하기 바란다. [표 22-7]은 핵심 리뷰 요소들과 자료 출처들을 보여준다. 학습 과정에 대한 보다 나은 추적을 위해 두 번째 열에 완료한 날짜를 기록하도록 한다.

리뷰 항목	완료 날짜	자료 출처
핵심 주제 리뷰		책, DVD/웹 사이트
핵심 용어 리뷰		책, DVD/웹 사이트
사전 점검 퀴즈 반복		책, PCPT
메모리 테이블 리뷰		책, DVD/웹 사이트
VLSM 주소 중복 찾기 연습		DVD 부록 H, DVD/웹 사이트
새로운 VLSM 서브넷 추가하기 연습		DVD 부록 H, DVD/웹 사이트

[표 22-7] 챕터 리뷰 확인

핵심 주제 복습

핵심 주제	설명	페이지
표 22-2	클래스리스 및 클래스풀 라우팅 프로토콜 종류와 비교	572
문장	서브넷의 중복을 허용하지 않는 서브네팅 설계 규칙	574
리스트	어떤 VLSM 중복들을 찾기 위한 기존 설계의 분석 단계들	577
리스트	기존 VLSM 설계에 새로운 서브넷을 추가할 때 거쳐야할 단계들	579

[표 22-8] 22장의 핵심 주제들

핵심 용어

클래스풀 라우팅 프로토콜(classful routing protocol), 클래스리스 라우팅 프로토콜 (classless routing protocol), 중복 서브넷(overlapping subnets), VLSM(variable−length subnet masks)

:: VLSM 중복과 새 서브넷의 추가를 위한 추가적인 연습

VLSM 중복과 새로운 서브넷을 VLSM 디자인에 추가하기 위한 추가적인 연습을 위해, 당신은 동일한 세트의 연습 문제들에서 다음 툴들을 선택하여 수행할 수 있다:

- 애플리케이션: DVD 혹은 동반자 웹 사이트의 서브넷 설계 애플리케이션을 사용하도록 한다.
- PDF: 대안으로, DVD 부록 G, '21장 서브넷 설계에 대한 연습'을 적용한 앱들에서 동일한 문제를 연습하도록 한다.

 앞선 연습 문제에 대한 정답

이 섹션은 'VLSM 중복 발견하기' 섹션의 [표 22–4]에서 보여준 세 개의 연습 문제들의 정답을 보여준다. [표 22–4]는 상세한 답변을 위한 과정의 일부로 [표 22–9]와 같이 형식을 조금 변경하였다.

문제 1 에서, [표 22–9]의 두 번째와 세 번째 서브넷 ID들은 중복된다. 두 번째 서브넷의 범위는 세 번째 서브넷의 주소 범위를 완전히 포함한다.

순서	원래의 주소와 마스크	서브넷 ID	브로드캐스트 주소
1	10.1.1.1/20	10.1.0.0	10.1.15.255
2	10.1.17.1/21	10.1.16.0	10.1.23.255
3	10.1.23.254/22	10.1.20.0	10.1.23.255
4	10.1.29.101/23	10.1.28.0	10.1.29.255
5	10.1.34.9/22	10.1.32.0	10.1.35.255

[표 22–9] VLSM 중복 문제 1의 정답(중복 부분은 강조함)

문제 2 에서, [표 22–10]의 두 번째와 세 번째 서브넷 ID들은 중복된다. 두 번째 서브넷의 범위는 세 번째 서브넷의 주소 범위를 완전히 포함한다. 또한 두 번째와 세 번째 서브넷 ID들은 동일하므로, 주소 중복은 명확하다.

순서	원래의 주소와 마스크	서브넷 ID	브로드캐스트 주소
1	172.16.122.1/30	172.16.122.0	172.16.122.3
2	172.16.122.57/27	172.16.122.32	172.16.122.63
3	172.16.122.33/30	172.16.122.32	172.16.122.35
4	172.16.126.151/22	172.16.124.0	172.16.127.255
5	172.16.128.151/20	172.16.128.0	172.16.143.255

[표 22–10] VLSM 중복 문제 2의 정답(중복 부분은 강조함)

문제 3 에서, 세 개의 서브넷들이 중복된다. [표 22-11]과 같이 서브넷 1의 범위는 두 번째와 세 번째 서브넷의 주소 범위를 완전히 포함한다. 두 번째와 세 번째 서브넷들은 서로 중복되지 않는다. 이 책에서 모든 주소 중복들을 찾기 위한 과정으로 당신이 첫 번째 두 서브넷들의 중복을 찾은 후에, 두 개의 중복 항목(1과 2)과 표의 다음 항목과 비교하도록 한다.

순 서	원래의 주소와 마스크	서브넷 ID	브로드캐스트 주소
1	192.168.1.113/28	192.168.1.112	192.168.1.127
2	192.168.1.122/30	192.168.1.120	192.168.1.123
3	192.168.1.125/30	192.168.1.124	192.168.1.127
4	192.168.1.245/29	192.168.1.240	192.168.1.247
5	192.168.1.253/30	192.168.1.252	192.168.1.255

[**표 22-11**] VLSM 중복 문제 3의 정답(중복 부분은 강조함)

Chapter 23
IPv4 장애 해결 툴들

이 장은 다음 시험 주제를 다룬다.

1.0 네트워크 기초

1.8 IPv4 주소 체계와 서브네팅에 대한 설정, 확인 및 장애 처리

4.0 인프라스트럭처 서비스

4.1 DNS 동작 원리

4.2 DNS 관련 클라이언트 연결 이슈에 대한 장애 해결

5.0 인프라스트럭처 관리

5.6 문제를 발견하고 해결하기 위한 시스코 IOS 툴들

    5.6.a 확장 옵션을 갖는 핑과 트레이스루트

Part VI의 첫 번째 두 장들은 IPv4 네트워크를 전체적으로 생각하도록 한다. 21장 '서브넷 설계'는 이미 사용 중인 서브넷을 넘어서서 서브네팅 계획에서 모든 서브넷들을 살펴봄으로써, 조직의 네트워크를 전체적으로 보도록 하고 어떤 서브넷들이 사용될 수 있는지를 이해하도록 한다. 22장 'VLSM(Variable—Length Subnet Masks)'은 한발 더 나아가, 어떤 서브넷들이 존재하고, 어떤 것들이 VLSM 규칙을 위반하지 않고 사용될 수 있는지를 포함하는 VLSM을 사용할 때의 전체 IPv4 네트워크를 살펴본다.

이 장과 다음 장은 전체적인 네트워크에 대한 접근을 유지한다. 하지만, 주제는 서브네팅 디자인에서 장애 해결로 이동한다. IPv4 네트워크에서의 장애 처리는 어떤 과정을 거치는가? 어떻게 정확한 동작을 확인하고, 근본 원인을 식별하고, 다양한 IP 라우팅 기능들을 수정하는가? IP 주소와 서브네팅 계획이 세워졌을 때, Part IV와 지난 몇 개의 장에서 다룬 서브네팅 계산 방식을 어떻게 적용할 것인가? 이 장과 다음 장은 이러한 질문들의 일부에 대답할 것이다.

특히, 이 장은 두개의 IP 장애 해결 툴들 특히, 핑과 트레이스루트(traceroute)에 초점을 맞춘다. 두 툴들은 IPv4 데이터 전송 여부를 점검한다. 즉, 각 네트워킹 장치가 IPv4 패킷을 라우팅하거나 포워딩할 수 있는지를 점검한다. 예를 들어, 인터페이스 고장, 라우팅 프로토콜 이슈들, 다양한 기능의 설정 오류와 같은 라우팅과 관련된 문제는 종종 증상일 뿐, 다른 문제에 대한 근본적인 원인이 아니다.

이 장은 장애 해결에 유용한 두 개의 다른 라우터 툴들 즉, 텔넷과 SSH(Secure Shell)에 대한 짧은 논의로 끝맺는다.

이 책의 장애 해결 관련 장들은 다수의 다른 장들에 포함된 개념들을 통합한다. 사실, IPv4에 대한 장애 해결은 CCENT와 CCNA R&S 자격을 위해 배워야되는 가장 중요한 주제들 중 하나일 수 있다. 그래서 당신의 현재 지식 수준과 관련 없이, 이 장(IPv4 네트워크들에 대한 장애 해결을 다루는 다음 장)을 읽는 것은 유용하다. 이러한 이유들 때문에, 일부 장애 해결 관련 장들은 사전 점검 퀴즈들을 포함하지 않는다.

핵심 주제

:: ping 명령에 의한 문제 확인

누군가는 이메일, 문자, 음성 메시지를 보내 사용자가 겪는 네트워크 문제를 찾는다. 보통은 라우터에 SSH(Secure Shell)와 **ping**을 활용한다. 이러한 툴들을 사용하여 얻은 결과를 가지고 문제들에 대한 가능한 원인들 중에 어떤 것들을 제외시킬 수 있을까? 가능한 근본 원인으로써 마지막까지 남을 수 있는 것은 무엇일까?

어떤 주소로 **ping**을 실행했을 때, **ping**이 실패했다면, 이 **ping** 명령의 실패는 무엇을 말하는 것일까? IPv4 라우팅의 어떤 부분이 문제일까?

ping 명령은 네트워크 문제 해결 도구 중에 가장 일반적인 것이다. **ping** 명령이 성공했다면, IP 라우팅과 관련한 대부분의 영역들이 정상적이라는 것을 확인시켜 주기 때문에 이와 관련한 문제들 중 가능한 원인들을 제외시킨다. **ping** 명령이 실패했다면, 인터네트워크에서 문제의 근본 원인이 되는 곳을 좁혀 나가 결국에는 문제의 원인을 찾아내는데 도움이 된다.

이 섹션은 **ping**의 동작 원리에 대한 짧은 설명으로 시작한다. 다음으로 **ping** 명령을 사용하여 문제의 가능한 원인들 중에서 몇몇 항목들을 제외시켜 나감으로써 문제의 근본 원인을 찾도록 하는 방법에 대해 자세히 알아본다.

ping 명령 기초

ping 명령으로 어떤 IP 주소에 패킷을 보내면 해당 주소를 가진 장치가 패킷을 돌려 보내기 때문에 연결 가능성을 테스트할 수 있다. 이 명령은 '당신에게 보내진 이 패킷을 받으면, 응답을 돌려 보내시오'라는 의미를 지닌 패킷을 보낸다. **ping** 명령은 이러한 패킷들을 보낼 때마다 목적지 호스트가 돌려 보낸 메시지를 받는다. 즉, **ping** 명령은 패킷이 출발지 호스트에서 목적지 장치까지 왕래할 수 있는지를 확인시켜 준다.

보다 공식적으로 **ping** 명령은 ICMP(Internet Control Message Protocol), 구체적으로 말하면 ICMP 에코 요청과 ICMP 에코 응답 메시지를 활용한다. ICMP는 다수의 다른 메시지들도 정의하지만, 이 두 메시지들만이 **ping** 명령에 의해 연결 가능성을 테스트하기 위해 사용된다. 프로토콜로써, ICMP는 TCP나 UCP에 의존하지 않고 애플리케이션 계층의 프로토콜을 활용하지도 않는다. ICMP는 IP 네트워크 기능을 돕는 3계층 프로토콜이다.

[그림 23-1]은 IP 헤더를 가진 ICMP 메시지들을 보여준다. 이 경우, 호스트 A의 사용자는 명령어 프롬프트에서 호스트 B에 대한 네트워크 연결성을 테스트하기 위해 **ping 172.16.2.101** 명령을 입력한다. 이 명령은 하나의 에코 요청을 보내고 기다린다(**단계①**). 호스트 B는 이 메시지를 받고 에코 응답을 돌려 보낸다(**단계②**).

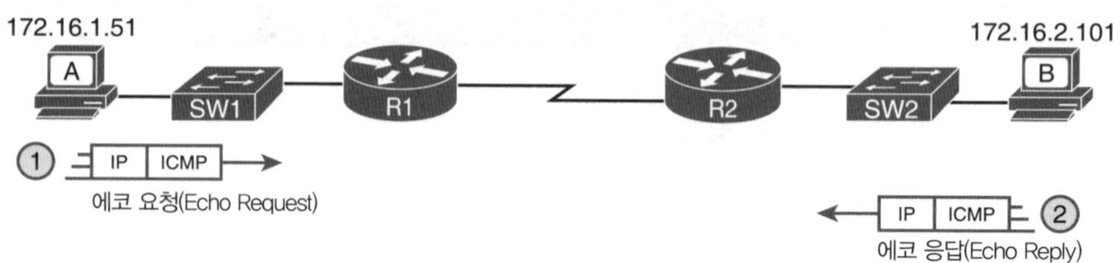

[그림 23-1] 호스트 A에서 ping 172.16.2.101 의 개념

ping 명령은 다양한 장치들과 다수의 일반적인 OS(Operating System)에서 지원된다. 이 명령은 많은 옵션들을 가진다. 즉, 목적지의 이름 혹은 IP 주소, 명령이 에코 요청을 몇 번이나 보낼 것인지, 명령이 에코 응답을 기다리는 시간, 패킷의 크기와 기타 다른 옵션들을 가진다. [예 23-1]은 [그림 23-1]의 호스트 A에서 **ping 172.16.2.101** 명령을 입력했을 때의 결과를 보여준다.

```
Wendell-Odoms-iMac:~ wendellodom$ ping 172.16.2.101
Ping 172.16.2.101 (172.16.2.101): 56 data bytes
64 bytes from 172.16.2.101: icmp_seq=0 ttl=64 time=1.112  ms
64 bytes from 172.16.2.101: icmp_seq=1 ttl=64 time=0.673  ms
64 bytes from 172.16.2.101: icmp_seq=2 ttl=64 time=0.631  ms
64 bytes from 172.16.2.101: icmp_seq=3 ttl=64 time=0.674  ms
64 bytes from 172.16.2.101: icmp_seq=4 ttl=64 time=0.642  ms
64 bytes from 172.16.2.101: icmp_seq=5 ttl=64 time=0.656  ms
^C
--- 172.16.2.101 ping statistics ---
6 packets transmitted, 6 packets received, 0.0% packet loss
round-trip min/avg/max/stddev = 0.631/0.731/1.112/0.171  ms
```

[예 23-1] 호스트 A의 ping 172.16.2.101 명령의 아웃풋 샘플

ping 명령으로 테스트할 때의 전략과 결과

고객으로부터 장애 처리 요청을 응대하는 엔지니어(CSR–Customer Support Rep)는 사용자의 장치에서 **ping** 명령을 실행할 수 없다. 어떤 경우에는 올바른 명령을 입력하거나 제대로 마우

스를 클릭하도록 사용자에게 얘기하는 것이 어려울 수 있다. 아니면 요청을 수행할 사용자가 존재하지 않을 수도 있다. 대안으로 다른 라우터들에서 **ping** 명령을 사용해 문제를 찾아내는 것이 도움이 될 수 있다.

문제를 가진 호스트 대신에 라우터에서 **ping** 명령을 사용할 때, 라우터에서의 **ping** 명령은 사용자 장치에서 실행한 **ping** 명령과 동일한 점검 결과를 내지 않기 때문에 다양한 장치로부터의 **ping** 명령은 문제를 찾는데 도움이 될 수 있다. **Ping** 명령에 대한 이 섹션의 나머지는 라우터의 CLI(command-line interface)에서 다양한 **ping** 명령을 사용함으로써 IPv4 라우팅에 대한 문제 해결 과정을 다룬다.

문제의 근원에서 가까운 곳으로부터 보다 먼 곳으로 테스트

문제의 분석은 '호스트 X가 호스트 Y와 통신할 수 없다'는 사실에서 시작한다. 첫 번째 문제 해결을 위한 중요한 첫 단계로 X로부터 Y의 IP 주소로의 **ping** 명령으로 확인한다. 하지만 엔지니어가 호스트 X에 접속할 수 없다고 할 때, 최선은 문제를 갖는 호스트에서 가장 가까운 라우터에서 호스트 X의 IP 주소로 핑을 보낸다.

예를 들어, [그림 23-1]에서 호스트 A의 사용자는 호스트 B에게 패킷을 송신하는 것과 관련된 문제 때문에 IT 팀에게 지원을 요청했다. 호스트 A에서 **ping 172.16.2.101** 명령은 문제 해결을 위한 첫 단계지만, 엔지니어는 호스트 A에 접속을 못하거나 호스트 A의 사용자에게 요청할 수도 없다. 그래서 엔지니어는 [예 23-2]와 같이 R1 라우터에 텔넷을 한 후에 R1 라우터로부터 호스트 B에게 핑을 보냈다.

```
R1# ping 172.16.2.101
Type escape sequence to abort.
Sending 5, 100-byte ICMP 에코s to 172.16.2.101, timeout is 2  seconds:
.!!!!
Success rate is 80 percent (4/5), round-trip min/avg/max = 1/2/4 ms
R1# ping 172.16.2.101
Type escape sequence to abort.
Sending 5, 100-byte ICMP 에코s to 172.16.2.101, timeout is 2  seconds:
!!!!!
Success rate is 100 percent (5/5), round-trip min/avg/max = 1/2/4  ms
```

[예 23-2] 라우터 R1의 호스트 B에 대한 핑

먼저, 첫 번째 IOS **ping** 명령의 출력을 다시 살펴보자. 기본적으로 Cisco IOS **ping** 명령은 5개의 에코 메시지를 보내는데 이때, 각 에코 메시지에 대해 응답 메시지를 기다리는 타임아웃 시간은 2초다. 이 명령이 에코 응답을 2초 내에 받지 못하면, 이 명령은 실패라고 생각하고 '.'로 표시한다. 2초 내에 응답 메시지를 성공적으로 수신하면, 이 명령은 '!'를 표시한다. 따라서 [예

23-2]의 첫 번째 명령에서 첫 번째 에코 응답이 타임아웃된 반면, 다음 네 개의 에코 응답 메시지는 2초 내에 수신했다.

이 예는 **ping** 명령에 대한 일반적이며 정상적인 동작을 보여준다. 첫 번째 **Ping** 명령은 실패로 시작하지만, 나머지 메시지들은 정상적이다. 이것은 일반적으로 엔드-투-엔드 경로에서 일부 장치가 ARP 테이블의 항목을 누락했기 때문에 발생한다.

이제 정상 동작을 하는 **ping** 명령이 인터네트워크의 동작에 대해 의미하는 것은 무엇이며 문제 해결 방법에 대해 생각해보자. 먼저 큰 그림에 초점을 맞춰보자.

- R1이 호스트 B(172.16.2.101)에게 ICMP 에코 요청 메시지를 보낼 수 있다.
- R1은 송신 인터페이스의 IP 주소(172.16.4.1)를 출발지 주소로 하여(기본적으로) 이 메시지들을 보낸다.
- 호스트 B는 R1의 172.16.4.1 IP 주소로 에코 응답 메시지를 보낼 수 있다(호스트는 에코 요청을 보낸 IP 주소로 에코 응답 메시지를 보낸다).

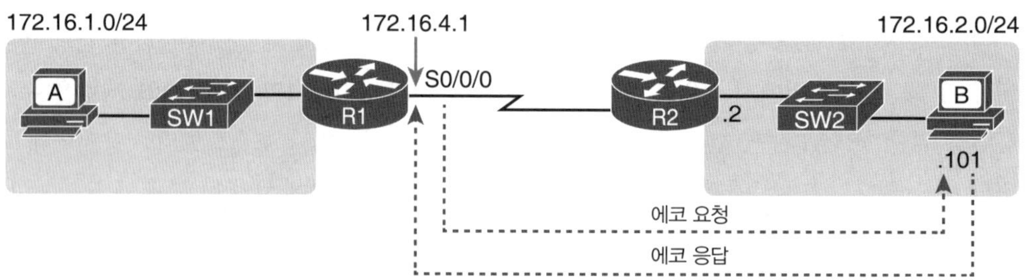

[그림 23-2] 출발지 인터페이스 IP 주소를 사용하는 표준 ping 172.6.2.101 명령

다음으로 IPv4 라우팅에 대해 생각해보자. [그림 23-3]에서 위쪽 화살표로 표시한 것처럼 오른쪽 방향의 패킷 전송에서, R1은 호스트 B의 주소(172.16.2.101)에 일치하는 루트를 가져야 한다. 이 루트는 스태틱 루트 혹은 라우팅 프로토콜로부터 학습한 루트일 것이다. R2 또한 호스트 B의 주소에 대한 루트, 이 경우는 호스트 B의 서브넷(172.16.2.0 /24)은 R2에 커넥티드 루트다.

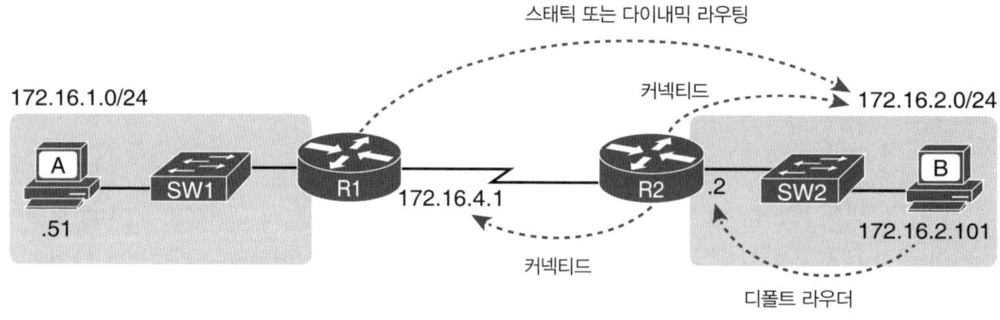

[그림 23-3] R1의 Ping 172.16.2.101이 동작하기 위한 3계층 루트들

[그림 23-3]의 아래쪽 화살표는 ICMP 에코 응답 메시지가 다시 R1 라우터의 172.16.4.1 인터페이스로 보내기 위한 루트를 보여준다. 먼저 172.16.4.1이 호스트 B와 다른 서브넷에 존재하므로 호스트 B에는 디폴트 라우터 주소가 정확하게 설정되어야 한다. R2는 또한 172.16.4.1 목적지에 일치하는 루트를 보유해야 한다(이 경우는 R2의 커넥티드 루트다).

[예 23-2]의 **ping** 명령이 정상적으로 작동하기 위해서는 데이터 링크와 피지컬 계층에 아무 문제가 없어야 한다. 즉, 시리얼 링크가 정상 동작해야 하고, 라우터 인터페이스들도 up/up 상태가 돼야 한다. 게다가 **ping**의 성공은 패킷들이 R1에서 호스트 B로 전달되는 모든 경로와 그 반대의 모든 경로를 성공적으로 이동했다는 것을 의미하므로, 이더넷 LAN에 관해 논의했던 모든 항목들도 정상 동작해야 한다. 특히,

- 사용 중인 스위치의 인터페이스들은 커넥티드(up/up) 상태이다.
- 포트 시큐리티(Port security)는 R2 혹은 호스트 B가 보낸 프레임을 필터링하지 않는다.
- STP는 포워딩 상태의 포트를 정확하게 선정한다.

> **NOTE** ICND2 책은 STP를 깊이 있게 다루지만, 여기서는 CCNA R&S 자격을 취득하기 위해 다루는 주제의 완전성을 위해 언급되었다.

또한, [예 23-2]의 **ping 172.16.2.101** 명령은 IP ACL(access control list)이 ICMP 메시지들을 필터링하지 않고 있음을 확인시켜 준다. 다시 강조하건대, 라우터에 설정된 ACL은 라우터에서 생성된 패킷들을 필터링하지 않기 때문에 R1은 그 자신의 ICMP 에코 요청 메시지를 필터링하지 않는다. ICMP 메시지의 나머지는 라우터 인터페이스를 들어가거나 나올 때 필터링될 수 있다. [그림 23-4]는 R1의 **ping 172.16.2.101** 명령의 결과로써 생성되는 메시지를 IP ACL이 필터링할 수 있는 장소를 보여준다.

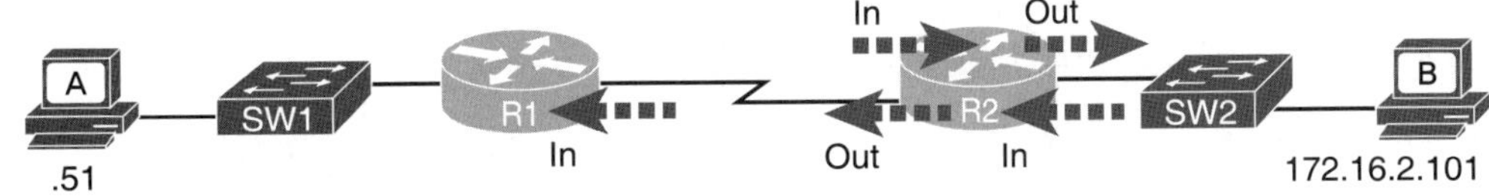

[그림 23-4] 핑 메시지를 차단할 수 있는 IP ACL들의 위치들

마지막으로, R1에서 **ping 172.16.2.101** 명령의 성공은 R2와 호스트 B에서 ARP가 정상적으로 동작하고 SW2 스위치는 MAC 주소를 학습하여 MAC 주소 테이블을 만들었다. R2와 호스트 B는 서로의 MAC 주소를 알아야 즉, 양자는 해당 ARP 테이블 항목을 만들어야 이더넷 프레임 내부에 IP 패킷을 캡슐화할 수 있다. 스위치는 R2와 호스트 B가 ARP 메시지를 보내거나 IP 패킷을 포함하는 프레임을 보내면, R2와 호스트 B가 사용하는 MAC 주소를 학습한다. [그림 23-5]는 이러한 MAC 주소 테이블들을 보여준다.

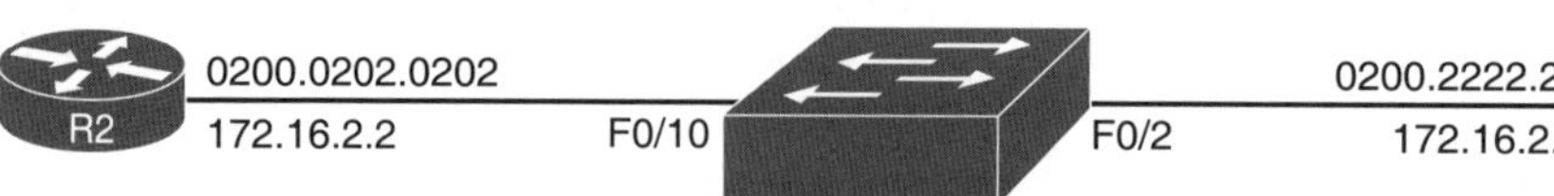

[그림 23-5] 스위치 MAC 주소 테이블과 라우터/호스트의 ARP 테이블

마지막 몇 페이지에서 확인할 수 있는 바와 같이, 문제 근원에 가까운 곳부터 **ping** 명령을 사용해나가는 전략은 **ping**이 성공했다면, 두 호스트 간 문제의 근본 원인들 중 다수를 제외할 수 있다. 그런데 이 **ping** 명령은 실제 호스트 들에서 **ping** 명령과 동일하게 작동하지는 않는다. 또한, 호스트와 가까운 라우터에서의 **ping** 명령에서 확인할 수 없는 것을 보완하기 위해 다음 몇 가지 예는 현재 장애를 가진 두 호스트 간의 경로들 중 영역별 테스트를 위한 몇 가지 전략을 보여준다.

반대 방향의 루트를 테스트하기 위해 확장(Extended) ping 사용하기

지난 몇 페이지에서 논의한 바와 같이, 디폴트 라우터로부터의 **ping** 명령은 모든 IP 루트들을 테스트할 수는 없다. 특히, 반대 방향의 루트 중 원래의 호스트로 향하는 루트를 테스트할 수 없다.

예를 들어, [그림 23-2]의 인터네트워크를 다시 참조하면, 반대 방향의 루트는 호스트 A의 서브넷에 속한 주소들을 향하지 않는다. R1이 **ping 172.16.2.101** 명령을 실행할 때, R1은 에코 요청의 출발지 주소를 선택해야 하는데, 라우터는 송신 인터페이스의 IP 주소를 선택한다. R1으로부터 호스트 B로 보낸 에코 요청은 출발지 IP 주소로 172.16.4.1(R1의 S0/0/0 IP 주소)를 사용한다. 에코 요청은 돌아올 때도 목적지 IP 주소도 같은 주소(172.16.4.1)을 사용한다.

표준 핑은 종종 테스트를 필요로 하는 반대 방향의 루트를 테스트할 수 없다. 이 경우 R1에서의 표준(standard) **ping 172.16.2.101** 명령은 서브넷 172.16.4.0에 대한 루트를 테스트하는 대신, 서브넷 172.16.1.0 /24에 대해 R2 라우터가 라우팅할 수 있는지를 테스트하지 않는다. 호스트 A의 서브넷에 대한 루트를 테스트하고자 한다면 R1으로부터의 확장 핑을 하면 된다. 확장 핑은 R1의 핑 명령에서 서브넷 172.16.1.0 /24에 포함된 R1의 LAN IP 주소를 출발지 주소로 지정할 수 있다. 그러면 에코 응답 메시지의 목적지 주소는 [그림 23-6]과 같이 호스트 A가 소속된 서브넷이 된다.

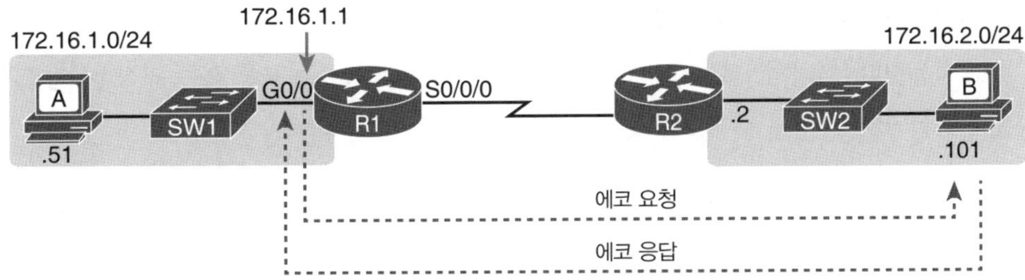

[그림 23-6] 172.16.1.51에 대한 루트를 점검하기 위한 확장 핑 명령(호스트 A)

확장 핑 명령은 사용자에게 입력 가능한 모든 파라미터들을 입력하도록 한다. 이를 위해 사용자는 **ping** 명령만 입력하고 엔터키를 누르면, IOS는 [예 23-3]과 같이 명령을 완성하기 위해 사용자로 하여금 질문에 답하도록 한다. 예는 [그림 23-6]의 로직에 일치하는 R1의 **ping** 명령을 보여준다. 동일한 효과를 가진 명령으로 **ping 172.16.2.101 source 172.16.1.1**과 같이 입력할 수도 있다.

```
R1# ping
Protocol [ip]:
Target IP address: 172.16.2.101
Repeat count [5]:
Datagram size [100]: Timeout in seconds [2]:
Extended commands [n]: y
Source address or interface: 172.16.1.1
Type of service [0]:
Set DF bit in IP header? [no]:
Validate reply data? [no]:
Data pattern [0xABCD]:
Loose, Strict, Record, Timestamp, Verbose[none]:
Sweep range of sizes [n]:
Type escape sequence to abort.
Sending 5, 100-byte ICMP Echos to 172.16.2.101, timeout is 2 seconds:
Packet sent with a source address of 172.16.1.1
!!!!!
Success rate is 100 percent (5/5), round-trip min/avg/max = 1/2/4 ms
```

[예 23-3] 확장 핑을 사용한 반대 방향의 루트에 대한 테스트

여기서 확장 **ping** 명령은 오른쪽 방향에 대한 에코 요청은 동일한 루트를 테스트 하지만, 왼쪽 방향에 대한 ICMP 에코 응답은 보다 다양한 테스트를 가능하게 한다. 왼쪽 방향에 대해 R2는 172.16.1.1 주소 즉, 호스트 A가 존재하는 172.16.1.0/24 서브넷에 대한 루트를 필요로 한다.

문제 해결의 관점에서 표준과 확장형 **ping** 명령은 모두 유용하다. 그러나 라우터가 호스트의 IP 주소로 패킷을 보낼 수 없기 때문에 둘다 정확하게 호스트에서 생성된 **Ping** 명령을 흉내낼 수는

없다. 예를 들어, [예 23-3]에서 확장 **ping**은 호스트 A의 IP 주소가 아닌 172.16.1.1을   출발지 주소로 사용했다. 결과적으로, 지금까지 이 장의 두 예에서 보여준 표준 혹은 확장 **ping** 명령은 다음과 같은 일부 유형의 문제들을 찾을 수 없다.

- ACL들은 호스트 IP 주소를 기준으로 패킷을 폐기하는 반면, 동일한 ACL이 라우터의 IP 주소를 사용하는 패킷들은 허용한다.

- 호스트 A의 패킷들을 차단(A의 MAC 주소에 기초하여)하는 LAN 스위치의 포트 시큐리티 이슈들

- R1의 172.16.1.1 주소에 일치하는 루트 외에, 호스트 A의 172.16.1.51에 일치하는 라우터의 IP 루트들에 테스트

- 호스트 A의 디폴트 라우터 설정과 관련된 문제들

> **NOTE** ACL은 ICND1, 25장 '기본 IPv4 ACL'과 26장 '고급IPv4 ACL'에서 다룬다. 라우터는 인터페이스를 들어가고 나오는 패킷을 보고, 헤더 필드와 비교하여, 일치하면 패킷을 통과시키거나 폐기한다. ACL은 네트워크 엔지니어가 라우터에 설정한 기준에 따르는 패킷 필터로써 동작한다.

표준 핑으로 LAN 이웃 테스트

LAN 상의 다른 장치에 대한 핑 테스트는 LAN이 패킷들과 프레임들을 통과시킬 수 있을 지를 신속하게 확인할 수 있다. 구체적으로 핑의 결과가 정상적이면 장애의 가능한 근본 원인들의 많은 부분들을 제외시킬 수 있다. 예를 들어, [그림 23-7]은 R1이 R1과 동일한 VLAN에 위치한 호스트 A에게 핑을 위한 **ping 172.16.1.51** 명령을 입력했을 때 발생하는 ICMP 메시지들을 보여준다.

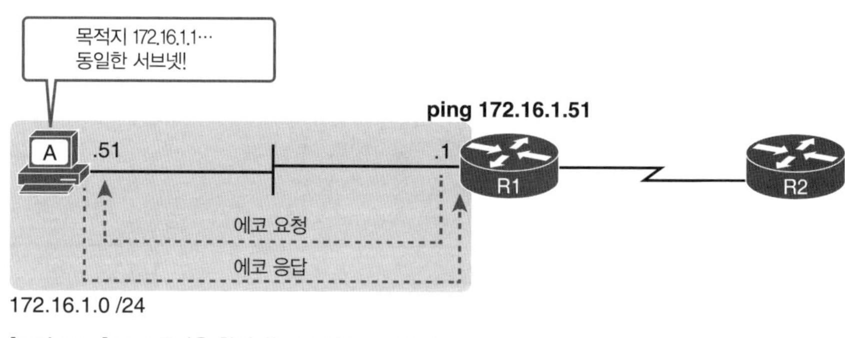

[그림 23-7] LAN 동작을 확인하는 표준형 ping 명령

핑이 정상적으로 동작하면, 다음과 같은 몇 가지 잠재적인 이슈들을 배제할 수 있다:

- 주소 172.16.1.51을 가진 호스트가 응답하였다.

- LAN이 R1에서 호스트 172.16.1.51로 유니캐스트 프레임을 통과시킬 수도 있고, 반대 방향도 가능하다.

- 스위치가 라우터와 호스트에 대한 MAC 주소들을 MAC 주소 테이블에 학습했다고 가정할 수 있다.
- 호스트 A와 라우터 R1은 ARP 프로세스를 완료하여 각자의 ARP(Address Resolution Protocol) 테이블에 상대에 대한 정보를 포함하고 있다.

동일한 서브넷에 속하는 두 장치 간의 핑이 실패하면, 다음 리스트에서 언급하는 종류의 다양한 문제들을 점검해야 한다. 예를 들어, R1에서 **ping** 172.16.1.51 이 실패하면([그림 23-7]), 다음과 같은 잠재적인 근본 원인들을 의심할 수 있다:

- **IP 주소 문제**: 호스트 A는 잘못된 IP 주소가 직접 설정되었을 수 있다.
- **DHCP 문제**: 만약, DHCP(Dynamic Host Configuration Protocol)를 사용한다면, 다수의 문제들이 존재할 수 있다. 즉, 호스트 A가 172.16.1.51과 다른 IP 주소를 사용하거나 DHCP 설정에 오류가 있거나 라우터에서 DHCP 릴레이 설정을 누락함으로써 호스트 A가 IPv4 주소 임대에 실패했을 수 있다.
- **VLAN 트렁킹 문제**: 라우터는 802.1Q 트렁킹를 설정하였으나 스위치는 그렇게 하지 않았다(혹은 반대의 경우도 가능).
- **LAN 문제**: ICND1 책의 Part II와 Ⅲ와 ICND2 책의 Part Ⅰ에서 다루는 LAN 문제.

따라서 핑이 성공하든 실패하든, 라우터에서 LAN 호스트에 대한 간단한 핑만으로도 문제를 찾는데 도움이 된다.

확장 핑을 통한 LAN 이웃들에 대한 테스팅

라우터로부터 LAN 호스트에 대한 표준 핑은 호스트의 디폴트 라우터 설정을 점검하지 못한다. 하지만 확장 핑(extended ping)은 호스트의 디폴트 라우터 설정을 테스트할 수 있다. 두 가지의 테스트 방법은 문제 식별을 위해 특별히 유용할 수 있다. 그 이유는:

- 로컬 LAN 호스트에 대한 표준 핑은 성공하는데… .
- 하지만 동일한 LAN 호스트에 대한 확장 핑이 실패한다면….
- 문제는 아마 호스트의 디폴트 라우터의 설정과 관련되어 있을 수 있기 때문이다.

먼저, 표준 핑과 확장 핑이 다른 결과를 갖는 이유를 이해하기 위해, 앞서 [그림 23-7]에서 본 것과 같이 R1에서 표준 **ping 172.16.1.51** 명령을 고려해보자. 표준 핑을 통해, R1은 ICMP 에코의 출발지 주소로 LAN 인터페이스 IP 주소(172.16.1.1)를 사용한다. 따라서 호스트 A가 ICMP 에코 응답(에코 reply)을 돌려보낼 때, 목적지가 동일한 서브넷에 속하는 172.16.1.1이라고 생각한다. 172.16.1.1로 돌려보내는 ICMP 에코 응답 메시지는 호스트 A가 디폴트 라우터에 대한 설정을 갖지 않더라도 성공적으로 172.16.1.1에 도착한다.

반면, [그림 23-8]은 라우터 R1이 확장 핑을 사용하는 경우다. 로컬 라우터 R1은 확장 핑에서 ICMP 에코 요청(echo request)의 출발지로 R1의 S0/0/0 IP 주소인 172.16.4.1을 사용하는데, 이는 호스트 A의 ICMP 에코 응답은 다른 서브넷의 주소로 보내지기 때문에 호스트 A는 적정한 디폴트 라우터 설정이 필요하다.

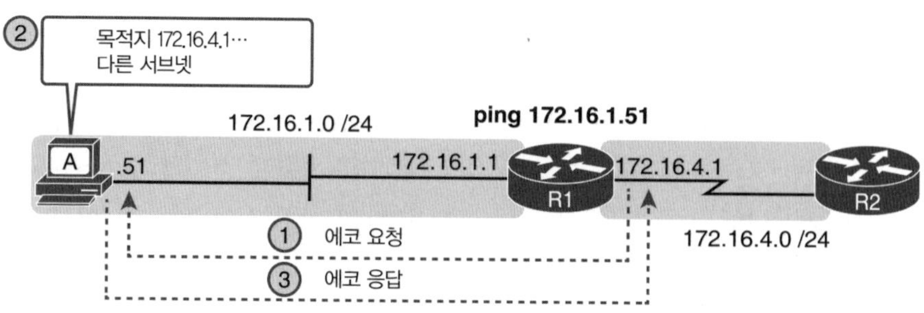

[그림 23-8] 호스트 A의 디폴트 라우터 설정을 테스트하는 확장형 ping 명령

앞선 두 그림의 비교는 네트워크에 대한 장애 해결을 할 때 만나는 가장 일반적인 실수 중의 하나를 보여준다. 보통 라우터에 연결된 LAN의 호스트에게 핑을 해보는데, 잘 동작하는 것을 확인한다. 따라서 호스트의 디폴트 라우터 설정과 관련한 문제가 여전히 남아있더라도 라우터와 호스트 간의 네트워크 계층 이슈들은 완벽하다고 생각하고, 다음 항목으로 넘어간다.

표준 핑으로 WAN 이웃 테스트

LAN과 마찬가지로, 표준 핑 테스트는 라우터 간의 시리얼 WAN 링크를 통해 IPv4 패킷들을 통과시킬 수 있는지를 점검할 수 있다. 동일한 시리얼 링크에 연결된 두 라우터가 적정하게 설계된 IPv4 주소를 가졌다면, 동일한 서브넷에 속하는 IP 주소를 가져야 한다. [그림 23-9]에서 R1의 **ping 172.16.4.2** 명령과 같이 한 라우터에서 다른 라우터의 시리얼 IP 주소에 대한 핑은 IP 패킷이 송신되고, 다시 수신할 수 있음을 확인해 준다.

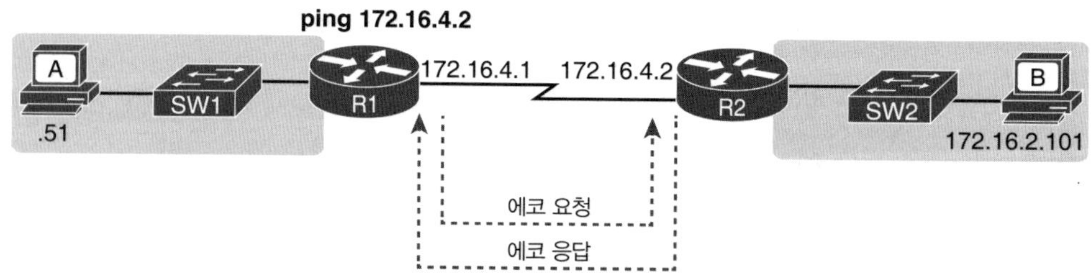

[그림 23-9] WAN 링크에서의 핑 테스트

두 라우터 사이의 시리얼 링크에서 반대 쪽 IP 주소에 대한 성공적인 핑은 다음과 같은 몇 가지 구체적인 사항들을 확인시켜준다:

- 두 라우터의 시리얼 인터페이스의 상태는 up/up이다.
- 링크의 1과 2계층의 기능들은 정상적으로 동작한다.
- 라우터는 이웃 라우터의 IP 주소가 동일한 서브넷에 속한다. 두 라우터에서 각각의 인바운드(inbound) ACL은 송신 패킷들을 차단하지 않는다.
- 리모트 라우터는 IP 주소로 172.16.4.2를 가진 것으로 예상된다.

시리얼 링크에 대한 장애 해결은 이 책에서 순서상 약간의 문제가 발생하는데, 이것은 시스코가 CCNA R&S 시험 주제들 중에서 거의 모든 WAN 주제들을 ICND2 파트에 배치하기 때문이다. 즉, WAN에 대한 상세한 내용은 ICND2 책에 있다. 사실 이 책, ICND1은 핑과 트레이스루트(traceroute)와 같은 다른 기능들에 대한 논의를 뒷받침하기 위해 일부 WAN 주제들을 포함한다. 지금으로서는 CCNA R&S 시험을 치루려는 계획을 가진 ICND1의 독자라도 ICND2 책의 WAN 주제로 들어가기 전까지는 기다려야 한다. 지금 당장 상세한 정보를 얻고 싶은 당신을 위해 ICND 책의 '포인트-투-포인트 WAN 설치하기(Implementing Point- to-Point WANs)'의 복사본을 ICND1 책의 DVD에 포함시켜 두었다. 만약 ICND2 책이 없다면, DVD(DVD에만 포함된 부록 P)를 이용하기 바란다.

다른 이웃 라우터에 대한 핑 테스트는 다수의 기타 기능들을 점검할 수 있다. 예를 들어, 이웃 라우터의 시리얼 IP 주소에 대한 핑은 각 라우터의 하나의 루트 즉, 시리얼 링크 상의 서브넷에 대한 커넥티드 루트만 테스트한다. 이때의 핑은 LAN 상의 서브넷들에 대한 루트를 테스트하지 않는다. 또한 이때의 핑 테스트는 근본적인 문제를 갖고 있는(라우터가 아닌) 두 호스트들의 출발지 혹은 목적지 주소를 사용하지 않기 때문에 ACL과 관련한 이슈들을 찾는데 큰 도움이 되진 않는다. 어쨌든 이 테스트의 범위가 제한적이라 하더라도, 의심의 대상에서 1 혹은 2계층 문제를 가진 WAN 링크를 제외할 수 있고, 일부 3계층 문제도 제외할 수 있다.

이름 혹은 IP 주소에 의한 핑 테스트

이 장에서 지금까지의 모든 핑 예들은 IP 주소에 의한 핑을 보여주었다. 하지만, **ping** 명령은 호스트네임을 사용할 수 있고, 호스트네임에 대한 핑은 네트워크 엔지니어로 하여금 DNS(Domain Name Systems) 프로세스가 정상적으로 동작하는지 점검할 수 있게 한다.

먼저, 대부분의 TCP/IP 애플리케이션은 오늘날 다른 장치를 식별하기 위해 IP 주소보다는 호스트네임을 사용한다. 아무도 웹 브라우저를 열고, http://72.163.4.161/를 입력하지는 않는다. 대신, 호스트네임을 의미하는 www.cisco.com과 같은 웹 주소를 입력한다. 그러면 호스트는 구체적인 IP 주소로 데이터를 보내기 전에, 호스트는 호스트네임에 상응하는 IP 주소로 변환하기 위해 DNS 서버에게 먼저 물어보아야 한다.

예를 들어, 이 장의 몇 가지 예들에서 사용된 소규모의 인터네트워크에서, [그림 23-10]과 같이 호스트 A에서의 **ping B** 명령은 호스트 A의 DNS 설정을 확인할 수 있게 한다. 호스트 A가 호스트네임(B)이 사용된 것을 보았을 때, 먼저 이름 B에 대한 변환 정보를 가졌는지를 확인하기 위해 자신의 DNS 네임 캐시를 찾는다. 존재하지 않는다면, 호스트 A는 먼저 이름을 이에 상응하는 IP 주소를 변환하기 위해 DNS에게 묻는다(그림에서 **단계①**). 그리고 나서야, 호스트 A는 패킷을 호스트 B의 IP 주소인 172.16.2.101에게 보낸다(**단계②**).

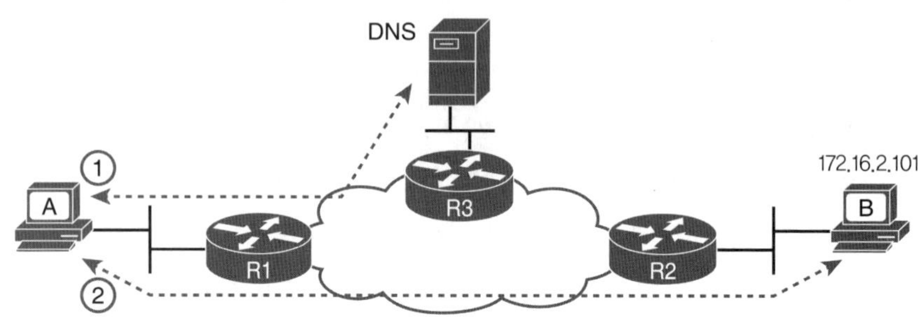

[그림 23-10] 호스트 A에 의한 DNS 이름 변환(Name Resolution)

∷ 트레이스루트(traceroute) 명령으로 문제 찾기

ping과 같이 **traceroute** 명령도 문제를 찾으려는 네트워크 엔지니어에게 도움이 된다. 여기 두 가지 툴에 대한 비교를 보자:

- 둘 다 네트워크의 연결성을 테스트하기 위해 메시지들을 보낸다.
- 둘 다 응답을 돌려 받기 위해 다른 장치에 의존한다.
- 둘 다 다수의 OS(operating system)에서 광범위하게 지원된다.
- 둘 다 목적지를 구분하기 위해 호스트네임 혹은 IP 주소를 사용할 수 있다.
- 라우터에서 둘 다 표준형과 확장형 버전을 제공하여 반대 방향의 루트에 대한 보다 다양한 점검을 할 수 있다.

트레이스루트 기능의 가장 큰 특징은 **traceroute** 명령의 아웃풋이 보여주는 보다 상세한 결과와 아웃풋을 만드는데 필요한 노력과 시간과 관련된다. 세 개의 주요 섹션들 중에 이번 세 번째 섹션의 목표는 트레이스루트의 동작 방식과 이러한 상세한 정보를 사용하여 보다 빨리 IP 라우팅 문제들을 식별하는 것이다.

트레이스루트 기본

어떤 네트워크 엔지니어가 특정 문제를 해결하려고 한다고 가정해보자. 그들은 사용자의 호스트에서 핑을 하고, 근처의 라우터에서도 핑을 하고, 몇 가지 명령어를 시도한 다음에, 호스트는 실제로 IP 패킷을 송수신할 수 있다는 결론을 내린다. 그러나 문제가 해결되지 않았을 수도 있고, 네트워크 문제가 아니라는 결론을 내릴 수도 있다.

이제, **ping** 명령이 실패하는 문제가 발생했다고 가정해보자. 분명 IP 네트워크에 어떤 문제가 있는 것 같긴 한데 어디에 문제가 있을까? 엔지니어는 어디를 집중적으로 점검 해야할까? **Ping**이 문제의 원인을 찾는데 도움이 되지만, **traceroute** 명령이 보다 나은 도구일 수 있다. **traceroute** 명령은 패킷이 폐기되기 전에 IP 네트워크를 통과하여 얼마나 멀리 갈 수 있는지를 보여줌으로써 라우팅 문제가 발생하는 위치를 정확하게 찾아준다.

또한 **traceroute** 명령은 출발지 호스트에서 목적지 호스트까지 통과하는 라우터들을 알려준다. 구체적으로 그것은 개별 루트의 각각에 존재하는 다음 라우터의 IP 주소를 표시한다. 예를 들어, [그림 23-11]에서 호스트 A의 **traceroute 172.16.2.101** 명령은 그림에서 라우터 R1의 IP 주소, 라우터 R2의 IP 주소, 다음으로 호스트 B의 IP 주소를 보여준다. [예 23-4]는 호스트 A에서 이 명령의 결과를 보여준다.

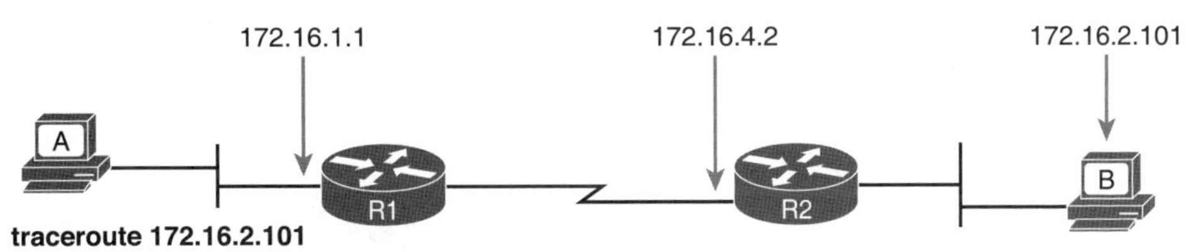

[그림 23-11] 성공적인 traceroute 172.16.2.101 명령에 의한 IP 주소 확인

```
Wendell-Odoms-iMac:~ wendellodom$ traceroute 172.16.2.101
traceroute to 172.16.2.101, 64 hops max, 52 byte packets
1  172.16.1.1 (172.16.1.1)  0.870 ms  0.520 ms  0.496 ms
2  172.16.4.2 (172.16.4.2) 8.263 ms  7.518 ms  9.319 ms
3  172.16.2.101 (172.16.2.101) 16.770 ms  9.819 ms  9.830 ms
```

[예 23-4]호스트 A의 traceroute 172.16.2.101 의 결과

traceroute 명령의 동작 방식

traceroute 명령은 라우터들에게 에러 메시지를 생성시키는 패킷을 보냄으로써 정보를 수집한다. 즉, 이 에러 메시지가 통과하는 라우터의 주소를 포함하기 때문에, **traceroute** 명령의 아웃풋은 라우터의 IP 주소들을 표시할 수 있다. 이 에러 메시지는 ICMP TTL Exceeded(Time-to-Live Exceeded)[31] 메시지로 원래, 패킷이 네트워크 내부에서 목적지를 찾지 못하고 순환(routing looping)할 때, 출발지 호스트에게 해당 사실을 알리기 위한 것이다.

---

[31] TTL Exceeded 메시지는 IP의 비신뢰성을 보완하기 위한 ICMP 프로토콜에서 정의하는 기능이다. ICMP는 TCP처럼 오류를 해결하지는 못하지만, 네트워크에서 발생한 오류의 원인을 패킷의 주인 즉, 패킷을 보낸 호스트에게 보낸다.

잠시, 트레이스루트를 잊고 IP 라우팅에 초점을 맞춰보자. IPv4 라우터는 순환하는 IP 패킷을 폐기함으로써 라우팅 룹 문제를 해결한다. 이를 위해, IPv4 헤더는 TTL(Time-to-Live)이라는 필드를 갖는다. 호스트가 처음 패킷을 생성할 때, 초기 TTL값을 설정한다. 다음으로, 패킷이 라우터를 통과할 때마다 각 라우터는 TTL 값을 1씩 차감한다. TTL이 0이 되면, 라우터는 패킷이 목적지를 찾지 못한 채, 순환(looping)하고 있다고 판단하고, 해당 패킷을 폐기한다. 다음으로 라우터는 폐기한 패킷을 보낸 호스트에게 ICMP TTL Exceeded 메시지를 보내 해당 사실을 알린다.

이제, 다시 트레이스루트로 돌아와서, 트레이스루트는 패킷이 통과하는 라우터가 TTL Exceeded 메시지를 돌려보내게 하기 위해 낮은 TTL값으로 메시지를 보낸다. 구체적으로, 처음으로 **traceroute** 명령은 몇 개(보통은 3개)의 패킷들을 헤더의 TTL 필드를 1로 설정하여 보낸다. 이 패킷들이 다음 라우터 즉, [그림 23-12]의 예에서 호스트 A의 디폴트 라우터 R1에 도착하면, 라우터는 TTL을 0으로 차감하기 때문에 패킷은 폐기된다. 다음으로 라우터는 호스트 A에게 TTL Exceeded 메시지를 보내는데, 이 메시지의 출발지가 **traceroute** 명령의 아웃풋에서 관찰되는 라우터 R1의 IP 주소가 된다.

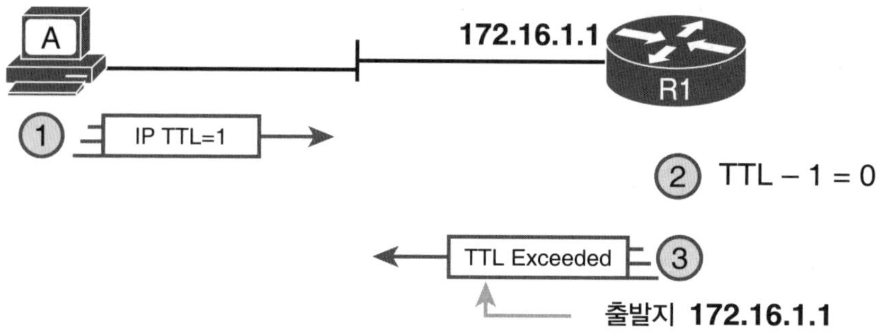

[**그림 23-12**] traceroute가 루트 상의 첫 번째 라우터를 식별하는 방법

처음에 **traceroute** 명령은 몇 개의 TTL = 1인 패킷을 보내, TTL Exceeded 메시지의 출발지 IP 주소에 기초하여 동일한 라우터로부터 TTL Exceeded 메시지가 도착하는지 확인한다. 메시지들이 동일한 라우터에서 도착한다고 판단하면, **traceroute** 명령은 명령의 아웃풋에 해당 IP 주소를 표시한다.

경로상의 모든 라우터들을 찾고, 마지막으로 패킷이 목적지 호스트까지의 모든 경로를 확인하기 위해서, **traceroute** 명령은 최종 목적지 호스트가 응답할 때까지, TTL = 1, TTL = 2, 다음으로 3, 4 등인 패킷을 보낸다. [그림 23-13]은 TTL = 2인 패킷을 보여준다. 이 경우, 한 라우터(R1)는 패킷을 보내지만, 또 다른 라우터(R2)에서 이 패킷의 TTL = 0이 되므로, TTL Exceeded 메시지가 호스트 A에게 보내진다.

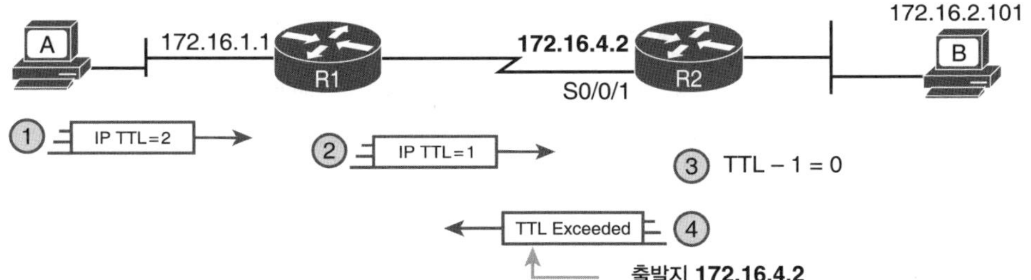

[그림 23-13] traceroute가 보내는 TTL = 2인 메시지

이 그림은 다음 네 단계들을 보여준다:

① **traceroute** 명령은 TTL = 2인 두 번째 패킷을 보낸다.

② 라우터 R1은 패킷을 처리하되, TTL = 1로 차감한다. R1은 패킷을 보낸다.

③ 라우터 R2는 패킷을 처리하되, TTL = 0으로 차감하기 때문에 패킷은 폐기된다.

③ R2는 폐기된 패킷의 송신 호스트에게 TTL Exceeded ICMP 메시지를 보낸다. 이 메시지의 출발지 IP 주소는 172.16.4.2가 된다.

라우터가 돌려보낸 TTL Exceeded 메시지가 사용하는 출발지 IP 주소는 **traceroute** 명령의 아웃풋에 표시된다. 대부분의 라우터들은 **traceroute** 명령의 아웃풋을 보다 의미있게 만들기 위해 단순한 로직을 사용한다. 즉, 로직은 TTL값 때문에 폐기한 라우터의 출발지 인터페이스의 IP 주소를 TTL Exceeded 메시지의 출발지 IP 주소로 선택한다. [그림 23-13]의 예에서, 단계 ② 에서 원래의 패킷은 R2의 S0/0/1 인터페이스에 도착했으므로, 단계 ③ 에서 R2는 TTL Exceeded 메시지의 출발지 IP 주소로 S0/0/1의 IP 주소를 사용하는데 그 이유는 S0/0/1을 메시지를 보내는 인터페이스로 사용하기 때문이다.

표준형 및 확장형 트레이스루트

표준형(standard) 및 확장형(extended) **traceroute** 명령은 **ping** 명령과 동일한 다수의 옵션들을 제공한다. 예를 들어, [예 23-5]는 라우터 R1에서의 표준형 **traceroute** 명령의 아웃풋을 보여준다. 표준형 **ping** 명령과 같이, 표준형 **traceroute** 명령도 명령에 의해 보내지는 패킷의 송신 인터페이스의 IP 주소를 출발지 주소로 선택한다. 즉, 이 예에서 R1이 보낸 패킷은 R1의 S0/0/0의 IP 주소 즉, 172.16.4.1을 출발지 주소로 보낸다.

```
R1# traceroute 172.16.2.101
Type escape sequence to abort.
Tracing the route to 172.16.2.101
VRF info: (vrf in name/id, vrf out name/id)
  1 172.16.4.2 0 msec 0 msec 0 msec
  2 172.16.2.101 0 msec 0 msec *
```

[예 23-5] R1에서 표준형 **traceroute** 명령어 실행

[예 23-6]의 확장형 **traceroute** 명령은 확장형 **ping** 명령과 동일한 명령어 구조를 따른다. 사용자는 한 명령어 줄에 모든 파라미터들을 입력할 수 있지만, **traceroute**를 그냥 입력하고 엔터를 누르면, IOS는 패킷의 출발지 IP 주소(이 경우에 172.16.1.1)를 포함한 각각의 파라미터에 대해 프롬프트를 띄운다.

```
R1# traceroute
Protocol [ip]:
Target IP address: 172.16.2.101
Source address: 172.16.1.1
Numeric display [n]:
Timeout in seconds [3]:
Probe count [3]:
Minimum Time to Live [1]:
Maximum Time to Live [30]:
Port Number [33434]:
Loose, Strict, Record, Timestamp, Verbose[none]:
Type escape sequence to abort.
Tracing the route to 172.16.2.101
VRF info: (vrf in name/id, vrf out name/id)
  1 172.16.4.2 0 msec 0 msec 0 msec
  2 172.16.2.101 0 msec 0 msec *
```

[예 23-6] R1에서 확장형 **traceroute** 명령어 실행

> **NOTE** 호스트 OS의 **traceroute** 명령은 보통 ICMP 에코 요청을 생성한다. 시스코 IOS **traceroute** 명령은 대신에 UDP 헤더와 함께 IP 패킷을 생성시킨다. 이 차이가 지금은 사소한 것처럼 보인다. 그러나 ACL이 호스트의 **traceroute** 메시지는 차단하지만, 라우터의 **traceroute** 메시지는 차단하지 못할 수 있다. 혹은 그 반대의 경우도 가능하다.

두 라우터들에 대한 문제를 찾기 위해 traceroute 사용하기

ping과 비교했을 때, **traceroute** 명령의 최상의 기능 중 하나는 실패시에, 다음으로 찾을 곳에 관한 즉각적인 단서를 준다는 점이다. 핑은 핑이 실패하면, 다음 단계는 보통 보다 많은 **ping** 명령을 사용하는 것이다. 트레이스루트는 어느 라우터에 어떤 경로로 연결하려고 했는지를 말해준다.

> **NOTE** 상기해보면, 이 책은 정방향 루트(*forward route*)란 용어를 사용하는데, ping 혹은 **traceroute** 명령에 의해 패킷을 보낼 때 사용하는 루트를 말하고, 역방향 루트(*reverse router*, 반대 방향의 루트)는 패킷이 돌아올 때 사용하는 루트를 말한다.

문제가 있을 때, **traceroute** 명령은 라우터의 부분 리스트를 보여준다. 이 명령은 불완전한 리스트로 끝나거나 사용자가 명령을 멈출 때까지 진행한다. 문제가 있다면 아웃풋은 끝에서 끝까지 전체 경로에 속하는 모든 라우터들을 보여주지 않는다.

traceroute 명령의 아웃풋에서 표시한 마지막 라우터는 우리에게 문제를 찾기 위해 다음으로 점검해야 할 곳을 다음과 같이 알려준다:

- 표시된 마지막 라우터의 CLI에 접속하여 루트(경로 정보) 이슈들을 찾는다.
- 그 다음 라우터의 CLI에 접속하여, 반대 방향의 루트 이슈들을 찾는다.

그 이유를 알기 위해, [그림 23-14]의 예를 고려해보자. 이 경우에, R1은 출발지 IP 주소를 1.1.1.1로 하고, 호스트 5.5.5.5에 대한 확장형 트레이스루트를 사용했다. 이 명령의 아웃풋은 라우터 2.2.2.2와 다음으로 3.3.3.3을 보여주고, 다음으로 아웃풋을 완성하지 못했다.

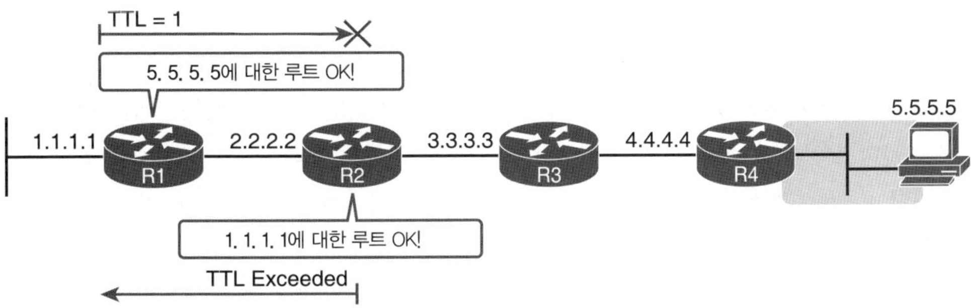

[그림 23-14] traceroute 명령에 의해 2.2.2.2를 표시하는 메시지

먼저, [그림 23-14]는 첫 번째 홉 라우터 2.2.2.2를 보여주는 아웃풋의 첫 번째 라인에 초점을 맞춘다.

이 그림은 상단에서 TTL = 1인 메시지를 보여주고, 하단에서 TTL Exceeded 메시지가 돌아오는 것을 보여준다. 이 그림에서 첫 번째 쌍의 메시지들은 정확하게 동작하고 있는데, 그 이유는 이러한 메시지들 없이는 R1의 **traceroute** 명령은 주소 2.2.2.2를 가진 라우터에 대해 학습할 수 없기 때문이다.

R1은 첫 번째(상단) 메시지를 5.5.5.5에게 보내기 위해 다음 라우터를 R2로 하는 루트를 가져야 한다. R2는 TTL Exceeded 메시지를 R1의 LAN IP 주소에게 돌려보내기 위해, 1.1.1.1 주소에 대한 루트를 가져야한다.

다음으로, [그림 23-15]는 R1의 샘플 **traceroute** 명령의 아웃풋의 두 번째 라인을 만드는 메시지에 초점을 맞춘다. 즉, 이 라인은 루트에서 다음 라우터로써 정확하게 3.3.3.3을 표시하고 있다.

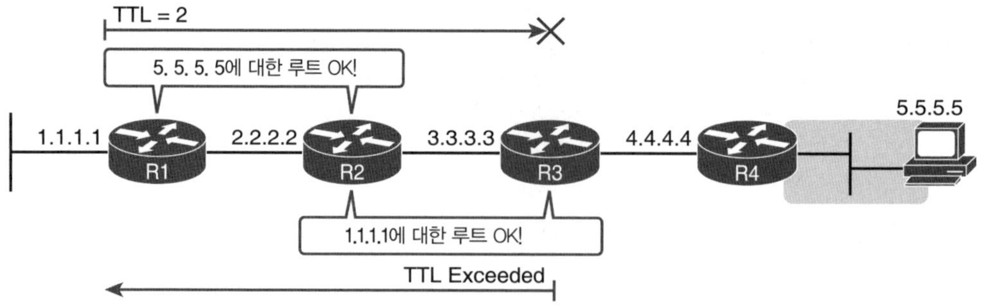

[그림 23-15] traceroute 명령에 의해 3.3.3.3을 표시하는 메시지

동일한 로직을 따르는 트레이스루트의 아웃풋은 [그림 23-15]의 메시지들이 정상적이기 때문에 3.3.3.3을 보여준다. 이러한 메시지들이 전달되기 위해서는, [그림 23-14]에서 표시한 루트들과 더불어 [그림 23-15]에서 새롭게 표시한 루트들도 존재해야 한다. 구체적으로, R2는 상단에서 TTL = 2인 패킷을 라우팅하기 위해 5.5.5.5에 대한 루트 즉, 패킷을 다음으로 R3으로 보내는 루트를 가져야 한다. R3은 TTL Exceeded 메시지를 R1의 LAN IP 주소로 돌려 보내기 위해 1.1.1.1 주소에 해당하는 루트를 가져야 한다.

예를 들어, **traceroute 5.5.5.5** 명령은 2.2.2.2와 3.3.3.3을 넘어서는 어떤 라우터도 표시하지 못하고 있다고 가정해 보자. 어쨌든 이 그림에 기초하여 다음으로 표시되어야 할 IP 주소는 4.4.4.4가 되어야 한다는 것은 명확하다. 문제를 명확하게 하기 위해, 다음 메시지 즉, TTL = 3인 메시지와 응답 메시지는 왜 실패했을까?

[그림 23-16]은 이 명령이 다음 라우터로써 4.4.4.4를 표시할 수 없었던 원인으로 라우팅 문제를 지적한다. 먼저, R3은 목적지 5.5.5.5에 일치하는 루트를 가져야 하고, 패킷을 라우터 R4에게 보내야 한다. 응답 메시지는 목적지 1.1.1.1에 일치하는 역방향의 루트를 가져야하고, 패킷을 라우터 R3에게 보내야 한다.

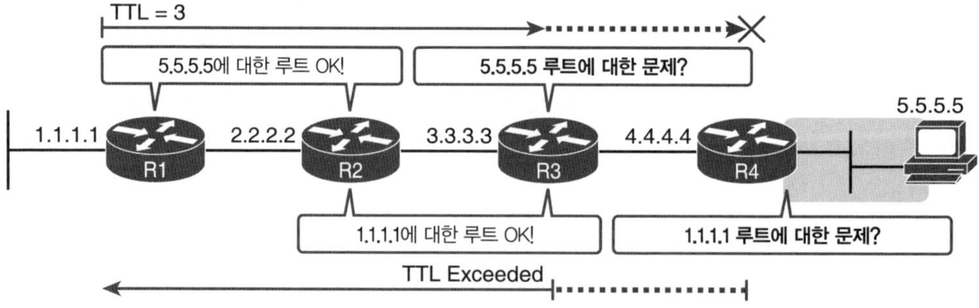

[그림 23-16] traceroute 명령이 4.4.4.4를 표시하지 못하는 문제

결과적으로 이 예에서, 라우팅 문제는 **traceroute** 명령의 동작을 방해하고, 문제는 둘 중에 한 곳에서 발생한다. 즉, 라우터 R3에서 5.5.5.5에 대한 루트와 R4에서 1.1.1.1에 대한 역방향의 루트의 존재 여부다.

∷ 텔넷과 SSH

ping과 **traceroute** 명령은 네트워크 엔지니어에게 IP 라우팅 문제의 원인을 찾기 위한 매우 유용한 툴들이다. 하지만 이러한 두 명령은 다양한 네트워크 장치 내부의 운영 상태에 대해서는 아무 것도 알려주지 않는다. **ping**과 **traceroute**를 사용하여 문제들의 가능한 위치와 종류를 알았다면, 다음 단계는 라우터와 스위치의 다양한 기능들의 상태를 점검하는 것이다. 이것을 위해 장치에 로그인할 때, 텔넷 혹은 SSH를 이용할 수 있다.

IOS 텔넷과 SSH 클라이언트를 사용하는 일반적인 이유들

보통 네트워크 엔지니어는 PC, 태블릿 혹은 어떤 다른 사용자 장치에서 텔넷 혹은 SSH 클라이언트를 사용하여 리모트 장치에 로그인한다. 보통, 동일한 소프트웨어 패키지가 텔넷과 SSH를 모두 지원한다. 하지만 어떤 경우에는 시스코 장치에서 다른 장치로 텔넷/SSH 접속을 위해, 라우터와 스위치의 IOS에 내장된 텔넷과 SSH 클라이언트를 활용할 수도 있다.

그 이유를 이해하기 위해, [그림 23-17]의 예를 보자. 이 그림은 세 대의 시스코 라우터 위의 별도의 IP 주소들 세 개에 대한 화살표를 보여준다. PC1은 PC1의 텔넷/SSH 클라이언트에서 각 주소에 대한 텔넷을 시도한다. 하지만 R2는 라우팅 프로토콜 설정에 오류를 가지므로, R1, R2와 R3는 서로 루트를 학습하는데 실패한다. 결과적으로 PC1의 10.1.2.2(R2)와 10.1.3.2(R3)에 대한 텔넷 시도는 실패한다.

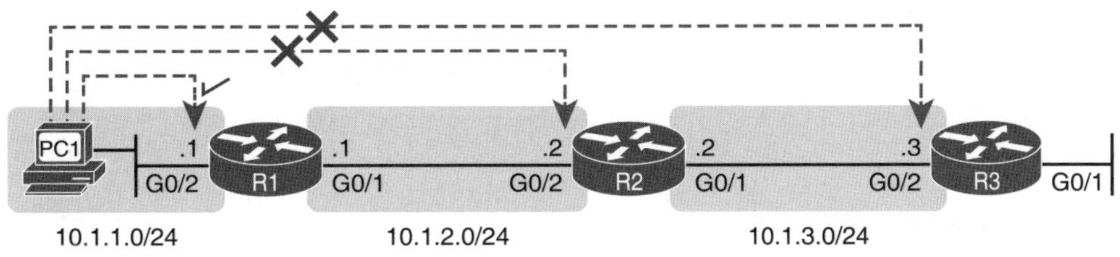

[그림 23-17] PC1에서 R1까지의 텔넷은 가능하지만, R2 혹은 R3까지는 불가능함.

이전 사례와 같이, 네트워크 엔지니어의 사용자 장치에서 텔넷 혹은 SSH 로그인이 실패할 때 라우터 혹은 스위치 상의 텔넷과 SSH 클라이언트를 이용하여 **telnet**과 **ssh** 명령으로 접속할 수도 있다. 이 시나리오에서 모든 개별 데이터 링크 계층들은 정상 작동하고 있다. 즉, 문제는 라우팅 프로토콜의 루트 교환에 있다. PC1은 R1의 10.1.1.1 IP 주소에 핑을 할 수 있고,

R1은 R2의 10.1.2.2 주소에 핑을 할 수 있고, R2는 R3의 10.1.3.2 주소에 핑을 할 수 있다. 각 링크가 동작하고, 각 라우터는 공유하는 데이터 링크 상의 이웃과 패킷을 송수신할 수 있기 때문에, 각 이웃 장치에 대한 텔넷/SSH 접속이 가능하다.

[그림 23-18]은 이 아이디어를 보여준다. 왼쪽의 PC1은 콘솔 연결을 통해 라우터 R1에게 텔넷/SSH 접속을 시작한다. 다음으로 사용자는 R1으로부터 R2로 텔넷하기 위해 **telnet 10.1.2.2** 명령을 입력한다. R2에 접속한 뒤, 사용자는 R2에서 명령을 입력할 수 있다. 다음으로 사용자는 R2에서 R3으로 텔넷하기 위해 **telnet 10.1.3.3** 명령을 입력한다. 이제 사용자는 R3에서 명령어를 입력할 수 있다.

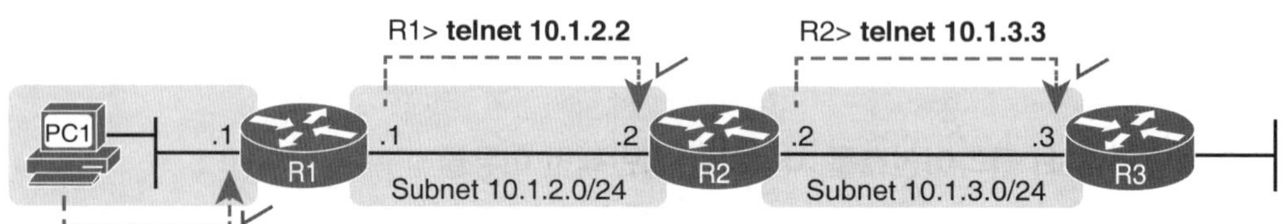

[그림 23-18] 연속적인 텔넷 연결들: PC1에서 R1으로, R1에서 R2로, 그리고 R2에서 R3로

[그림 23-18]과 같은 텔넷 연결은 가능한데, 그 이유는 이 경우의 각 텔넷은 동일한 서브넷 내의 주소를 출발지와 목적지로 사용하기 때문이다. 예를 들어, R1의 **telnet 10.1.2.2** 명령은 목적지로 당연히 10.1.2.2를 사용한다. R1은 이 경우 10.1.2.2로 패킷을 보내기 위해 송신 인터페이스의 IP 주소로 10.1.2.1을 사용한다. 이러한 각각의 telnet 명령은 직접 연결된 서브넷의 IP 주소를 사용하기 때문에 라우팅 프로토콜에 설정 오류가 있다해도, 연결된 장치에 대한 연속적인 텔넷/SSH 접속을 통해 문제를 찾고 해결할 수 있다.

네트워크 엔지니어들은 IOS 텔넷과 SSH 클라이언트를 사용하는 것을 선호한다. 예를 들어, 다른 시스코 장치들에 텔넷 혹은 SSH 접속을 위해 PC에서 윈도우와 탭을 열고, 로그인을 한다 (네트워크가 아무런 문제를 갖지 않는다는 가정 하에). 아니면 PC에서 어떤 가까운 시스코 라우터 혹은 스위치로 접속하고 다음으로 거기서 다른 시스코 장치들로 텔넷이나 SSH로 접속한다.

IOS Telnet과 SSH 예

telnet host 명령을 통해 IOS 텔넷 클라이언트를 사용하는 방법은 매우 간단하다. 접속을 원하는 호스트를 표시하는 IP 주소나 호스트네임을 입력하고, 엔터키를 누른다. [예 23-7]은 10.1.2.2(R2)에 접속하기 위해 텔넷을 사용하는 R1을 포함하는 [그림 23-18]에 기초한 예를 보여준다.

```
R1# telnet 10.1.2.2
Trying 10.1.2.2 ... Open

User Access Verification

Username: wendell
Password:
R2>
R2> show ip interface brief
Interface           IP-Address     OK? Method Status                 Protocol
GigabitEthernet0/0  unassigned     YES unset  administratively down  down
GigabitEthernet0/1  10.1.3.2       YES manual up                     up
GigabitEthernet0/2  10.1.2.2       YES manual up                     up
GigabitEthernet0/3  unassigned     YES unset  administratively down  down
```

[예 23-7] R2의 인터페이스 상태를 확인하기 위한 R1에서 R2로의 텔넷

명령어 프롬프트를 자세히 살펴보자. 이 예는 **R1#** 명령어 프롬프트와 함께 라우터 R1에 로그인한 사용자로 시작한다. 첫 번째 밍령은 [그림 23-17]과 [그림 23-18]의 라우터 R1의 IP 주소들과 인터페이스들을 보여준다.

telnet 10.1.2.2 명령을 입력한 후에, R2는 유저네임(username)과 패스워드(password)를 사용자에게 요청하는데, 이것은 라우터 R2가 자격 확인을 위해 유저네임 인증을 사용하기 때문이다. **show ip interfaces brief** 명령은 아웃풋의 마지막 부분에서 [그림 23-17]과 [그림 23-18]에 따른 라우터 R2의 인터페이스들과 IP 주소들을 보여준다.

[예 23-8]의 **ssl -l username host** 명령은 SSH 클라이언트를 포함한다는 것을 제외하면, **telnet host** 명령과 동일하다. 이 경우, 사용자는 라우터 R1에 로그인하고, 다음으로 **ssh -l wendell 10.1.2.2** 명령으로 라우터 R2에게 SSH 접속을 한다. R2는 **wendell/odom**이라는 유저네임/패스워드를 기대하는데, **wendell**은 명령어에서 제공되었고, **odom**은 R2가 사용자에게 제시할 것을 요구했을 때 사용자가 입력해야 한다.

```
R1# ssh -l wendell 10.1.2.2

Password:

R2>
R2> show ip interface brief
Interface           IP-Address     OK? Method Status                 Protocol
GigabitEthernet0/0  unassigned     YES unset  administratively down  down
GigabitEthernet0/1  10.1.3.2       YES manual up                     up
GigabitEthernet0/2  10.1.2.2       YES manual up                     up
GigabitEthernet0/3  unassigned     YES unset  administratively down  down
```

[예 23-8] R2의 인터페이스 상태를 보기 위한 R1의 R2에 대한 SSH 접속

라우터에서 해야할 작업을 끝냈다면, **exit** 혹은 **quit** 명령을 사용하여 텔넷 혹은 SSH 연결로부터 로그아웃할 수 있다.

끝으로, IOS는 CLI로부터 다수의 텔넷 혹은 SSH 세션들 간을 이동하도록 하는 핫키들(hotkeys)을 사용한다. 기본적으로 한 라우터에서 시작하여, 다른 라우터로 텔넷 혹은 SSH 접속을 한 다음 어떤 명령어들을 입력하고, 연결을 종료하기 위해 **exit** 명령을 입력하는 대신, 원래의 라우터의 명령어 프롬프트로 다시 돌아왔을 때도 커넥션을 열어둘 수 있다. 예를 들어, 라우터 R1에서 시작하여 R2, R3와 R4로 텔넷 한다면, 텔넷 연결들을 종료하는 것이 아니라 중지하는 것이다. 다음으로 당신은 몇 개의 키로 구성된 새 명령어들을 입력하여 세션들 간을 쉽게 이동할 수 있다.

 ## 챕터 리뷰

좋은 시험 결과를 위해서는 리뷰 세션에 대한 복습이 중요하다. 책이나 DVD의 툴 혹은 책의 동반자 웹 사이트에서 찾을 수 있는 대화형 툴을 활용하여 이 장의 자료들을 리뷰하기 바란다. 특히, '단계② 챕터 위주의 학습 습관을 만들어라'라는 제목의 '당신의 학습 계획'을 참조하기 바란다. [표 23-1]은 핵심 리뷰 요소들과 자료 출처들을 보여준다. 학습 과정에 대해 보다 나은 추적을 위해 두 번째 열에 완료한 날짜를 기록하도록 한다.

리뷰 항목	완료 날짜	자료 출처
핵심 주제 리뷰		책, DVD/웹 사이트
핵심 용어 리뷰		책, DVD/웹 사이트

[표 23-1] 챕터 리뷰 확인

핵심 주제 복습

핵심 주제	설명	페이지
그림 23-5	2계층 스위치의 MAC 주소 테이블과 3계층 호스트들의 ARP 테이블	590
그림 23-6	IOS에서 확장 핑이 반대 방향의 루트에 대해 보다 개선된 테스트를 수행하는 방식	591
리스트	라우터의 ping 명령에서 발견할 수 없는 호스트의 연결성 문제들에 대한 근본 원인들의 유형들	592
그림 23-7	LAN에서 표준 핑이 호스트의 디폴트 라우터 로직을 점검하지 못하는 이유	592
리스트	동일한 LAN 서브넷에서 라우터와 호스트 간의 핑 실패를 일으키는 네트워크 계층 문제들	593
리스트	확장 핑을 사용하여 호스트의 디폴트 라우터 설정을 점검함	593
리스트	ping과 traceroute 명령 비교	596
리스트	traceroute 명령의 결과가 완전하지 못할 때, 라우팅 문제를 확인해야할 두 위치	601

[표 23-2] 23장의 핵심 주제들

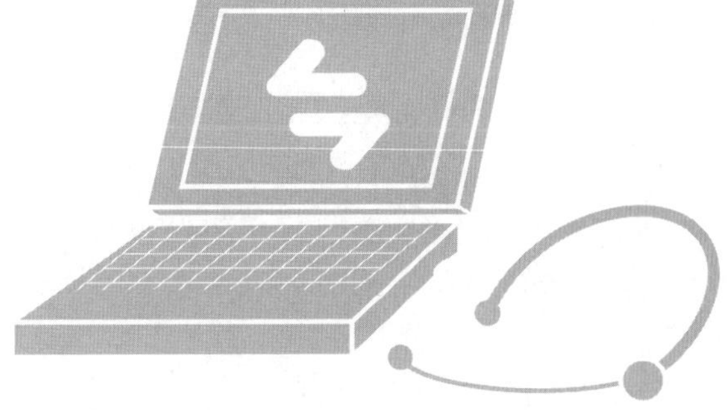

Chapter 24
IPv4 라우팅과 장애 해결

이 장은 다음 시험 주제를 다룬다.

1.0 네트워크 기초

1.8 IPv4 주소 체계와 서브네팅에 대한 설정, 확인 및 장애 처리

3.0 라우팅 기술들

3.2 라우팅 테이블의 요소 해석

    3.2.a 프리픽스

    3.2.b 네트워크 마스크

    3.2.c 넥스트 홉(Next hop)

    3.2.d 라우팅 프로토콜 코드

4.0 인프라스트럭처 서비스

4.2 DNS 관련 클라이언트 연결 이슈에 대한 장애 해결

4.4 클라이언트와 라우터 기반의 DHCP 연결 이슈에 대한 장애 해결

5.0 인프라스트럭처 관리

5.6 문제를 발견하고 해결하기 위한 시스코 IOS 툴들

    5.6.a 확장 옵션을 갖는 핑과 트레이스루트

이 책에서 지금까지 IPv4 주소 체계, 서브네팅과 라우팅에 대해 많은 것을 배웠다. Part IV의 네 개의 장들은 IPv4 주소 체계의 기본에 대해 설명했다. 다음으로 Part V는 라우터가 정확한 루트들을 학습할 수 있는 프로토콜을 설정하는 방법을 보여주면서 라우터에 단순한 IPv4 네트워크를 설정하는 방법도 보여준다. 또한 이 Part는 호스트들이 근처의 디폴트 라우터를 활용하는 방식도 다룬다. 그리고 이제 Part VI는 앞선 장의 장애 해결 툴들과 다음 단계의 IP 주소 체계와 서브네팅 주제들과 함께 당신의 지식에 보다 상세한 항목들을 추가한다.

이 장은 명확한 목표와 그렇게 명확하지 않은 목표를 하나씩 갖는다. 명확한 목표는 IPv4 라우팅 동작에 대한 장애 해결을 설명하는 것이다. 이 장은 Part IV, V와 VI에서 다루었던 IPv4 데이터 처리 영역의 아이디어들을 통합한다. 이 장은 장애 해결 차원의 접근 방식을 취하는데 즉, 무언가 잘못되었을 때, 증상이 무엇인지, 어떤 것이 오동작 할 수 있는지를 논의한다.

또한 이 장은 하나의 장에서 모든 IPv4 데이터 처리에 관련된 몇 가지 주제들을 점검한다. 이 책은 IPv4에 대한 다수의 내용을 포함하고, 이 장의 내용을 읽으면서 당신이 이미 잘 이해했거나 아직 숙달되지 않은 주제들이 무엇인지 확인할 수 있다.

이 장의 두 번째 주요 목표는 이 책에서 다음 영역으로 이동하기 전에, 부족한 영역들을 확인하고 이해를 강화할 기회를 주는 것이다.

이 장은 두 개의 주요 섹션들로 주제들을 분리한다. 첫 번째 주요 섹션은 호스트와 디폴트 라우터 간의 이슈들에 초점을 맞춘다. 두 번째 주요 섹션은 라우터가 패킷 라우팅을 막는 이슈들을 살펴본다.

사전 점검 퀴즈

이 책의 장애 해결 관련 일부 장들은 장애 해결 주제들을 논의하고 몇 가지 중요한 주제들을 요약하고 점검하기 위한 툴들을 설명한다. 이 장은 그러한 장들 중에 하나다. 결과적으로 당신의 현재 지식 수준과 관련 없이, 이 장을 읽는 것은 유용하다. 이러한 이유들 때문에 일부 장애 해결 관련 장들은 사전 점검 퀴즈들을 포함하지 않는다. 하지만 당신이 이 책에서 다루는 IPv4 라우팅 기능들에 대한 장애 해결에 자신 있다면, 이 장을 건너뛰어 이 장의 마지막, '리뷰'로 이동해도 좋다.

핵심 주제

∷ 호스트와 디폴트 라우터 간의 문제들

당신이 사용자가 겪는 장애 대응을 위한 고객 지원 센터에서 일하고 있다고 가정해보자. 사용자가 서버에 연결할 수 없다는 메시지를 남겨 두었다. 당신이 사용자에게 전화를 했으나 연결되지 않아, 호스트의 디폴트 라우터로부터 핑 테스트를 실행해 보았다. 이러한 핑 테스트의 결론으로 당신은 사용자 장치와 디폴트 라우터 사이 어딘가 예를 들어, [그림 24-1]의 라우터 R1과 호스트 A 사이에 문제가 있다는 결론을 냈다.

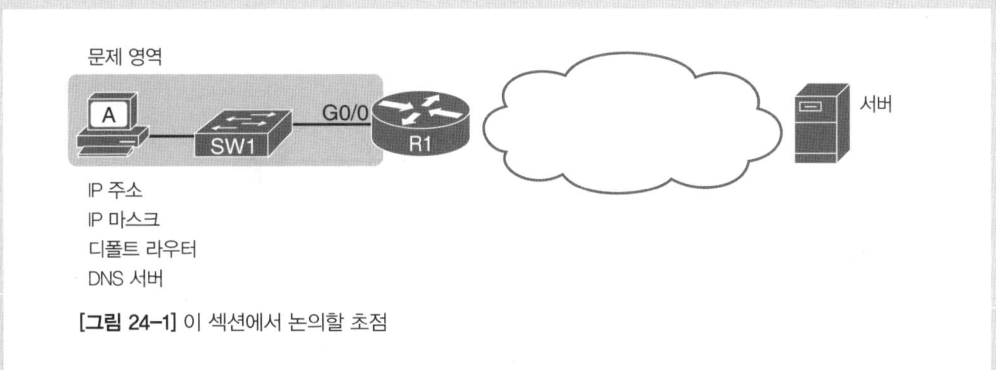

[그림 24-1] 이 섹션에서 논의할 초점

이 장의 첫 번째 주요 섹션은 호스트, 디폴트 라우터와 둘 사이에 발생할 수 있는 문제들에 초점을 맞춘다. 먼저, 이 섹션은 호스트 그 자체와 그림에서 표시한 네 개의 IPv4 설정값을 살펴본다. 다음 논의는 디폴트 라우터로 이동하여, LAN 인터페이스와 호스트의 디폴트 라우터로서 동작하기 위한 라우터의 설정값에 중점을 둔다.

호스트의 IPv4 설정과 관련한 근본 원인들

일반적인 IPv4 호스트는 핵심적인 네 가지 IPv4를 설정하기 위해 두 종류의 방법을 사용하는데 즉, 직접 설정하거나 DHCP(Dynamic Host Configuration Protocol)를 사용하는 방법이 그것이다. 이 두 경우에 설정이 실제 부정확할 수도 있다. 즉, 직접 설정 방식의 경우, 관리자가 숫자를 입력하는 과정에서 틀린 숫자를 입력할 수 있다. 주의해야 할 것은 DHCP도 틀린 숫자를 설정할 수 있다는 사실이다. 즉, DHCP 프로세스가 동작할 수는 있어도 DHCP 서버에 부정확한 값들이 설정된다면 호스트는 부정확한 IPv4 설정값을 수신할 수 밖에 없다.

이 섹션은 먼저 호스트의 설정 항목들과 정확하게 설정해야 하는 것을 다시 살펴보고 다음으로 전형적인 이슈들을 논의한다.

IPv4 설정 항목들과 정확하게 설정해야 하는 것

엔지니어가 호스트와 디폴트 라우터 간의 어딘가에 문제가 있다고 생각한다면, 엔지니어는 호스트의 실제 IPv4 설정이 정상적인지 확인해야 한다. 이 과정은 호스트의 OS가 제공하는 GUI(graphical user interface) 창이나 호스트의 OS에 고유한 CLI(command line interface)상의 명령어들 즉, **ipconfig**와 **ifconfig**와 같은 명령을 사용하여 확인한다. 이 과정은 완전히 누락된 파라미터 문제 혹은 DHCP를 사용한다면 IPv4 설정 중 하나를 학습하기 위한 DHCP의 실패와 같은 명백한 이슈들을 찾아내야 한다.

호스트가 모든 설정값을 가졌다면, 다음 단계는 인터네트워크의 나머지와 일치하도록 설정했는지 확인한다. 예를 들어, DNS(Domain Name System) 서버의 IP 주소(보통 최소한 두 개의 주소를 설정함)는 인터네트워크 내에서 실제로 사용하는 DNS 서버 주소와 일치해야 한다. 다음으로 호스트의 디폴트 라우터로 사용되는 라우터 상의 정확한 LAN 인터페이스와 일치하는지 비교해보아야 한다. [그림 24-2]는 다음 일부 설명과 함께 일치해야 하는 모든 항목들을 모은 것이다.

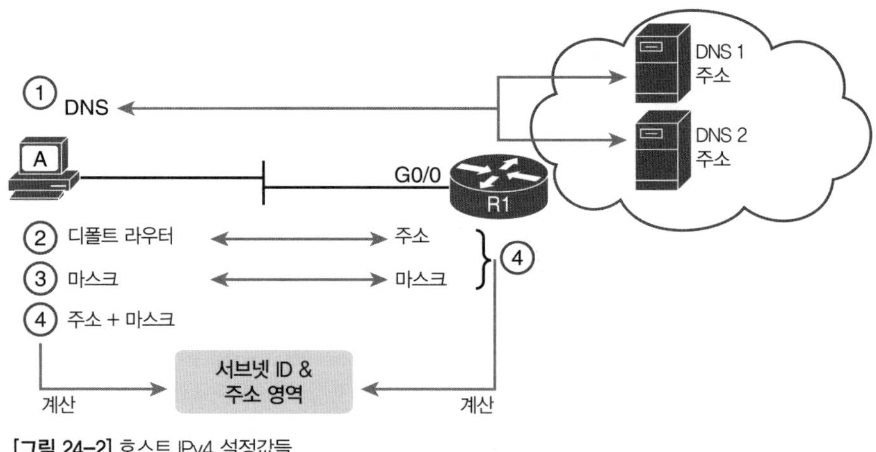

[그림 24-2] 호스트 IPv4 설정값들

그림의 숫자로 표시한 단계들을 따라 호스트의 IPv4 설정들을 확인하도록 한다.

단계 ① 호스트에 설정한 DNS 서버의 주소들이 실제 서버들의 주소와 일치하는지 확인한다.

단계 ② 호스트의 디폴트 라우터 설정이 라우터의 LAN 인터페이스 설정 즉, **ip address** 명령과
일치하는지 확인한다.

단계 ③ 라우터와 호스트가 사용하는 서브넷 마스크를 확인한다. 다른 마스크를 사용한다면, 서브
넷들이 정확하게 일치하지 않을 것이고 이것은 몇몇 호스트 주소들에 문제를 야기한다.[32]

단계 ④ 호스트와 라우터는 정확하게 동일한 서브넷에 연결되어야 한다. 즉, 동일한 서브넷 ID와
동일한 IP 주소 영역에 포함돼야 한다. 따라서 라우터와 호스트의 IP 주소와 마스크를 함
께 사용하여 서브넷 ID와 주소 영역을 계산하고, 라우터의 **ip address** 명령의 주소/마스
크에 의해 계산되는 서브넷과 동일한 서브넷 내부에 존재하는 것인지를 확인한다.

IPv4 호스트 설정값이 누락되거나 단순히 잘못 설정하면 이러한 설정값들을 확인하여 신속
하게 근본 원인을 찾을 수 있다. 예를 들어, 라우터에 로그인할 수 있고, **show interfaces
G0/0** 명령을 통해 라우터의 설정을 확인한 다음 사용자에게 **ipconfig /all**(혹은 유사 명령) 명
령을 입력하라고 요청하고 그 결과를 읽어달라고 한 다음 [그림 24-2]의 모든 설정값들을 비
교한다.

하지만 호스트의 설정값을 확인하는 것이 실제로 매우 유용한 것이긴 해도, 호스트에 관련된
일부 문제들은 찾기가 쉽지 않다. 다음의 몇 가지 주제들은 명백하지 않은 문제가 발생했을 때의
증상들을 사례를 통해 다룬다.

라우팅에 영향을 미치는 마스크 불일치

호스트 및 호스트의 디폴트 라우터는 서브넷의 주소 범위에 동의해야 한다. 때때로, 사람들은
한 장치에서 사용되는 마스크가 다른 장치의 마스크와 동일해야 한다고 생각하지만 호스트와
라우터의 마스크를 무시하여 이것에 대한 확인을 건너뛰는 경향이 있다. 하지만, 호스트와 라
우터가 다른 서브넷 마스크를 가져 각 장치가 서브넷에 포함된 주소의 범위를 상이하게 계산하면
장애가 발생한다.

이 예를 보기 위해, [그림 24-3]의 네트워크를 보자. 호스트 A는 디폴트 라우터 10.1.1.150과
함께 IP 주소/마스크는 10.1.1.9 /24를 갖는다. 빨리 계산해 보았을 때 디폴트 라우터 주소인
10.1.1.150은 호스트 A의 서브넷 내부에 정말 속할까? 확실히 그렇고, 그러해야 한다. 이 서
브넷에 대한 호스트 A의 계산은 10.1.1.1에서 10.1.1.254까지의 주소 범위와 함께 서브넷 ID
10.1.1.0과 서브넷 브로드캐스트 주소 10.1.1.255를 도출한다.

---

[32] 호스트 또는 라우터가 IP 주소에 대한 MAC 주소를 알고자 할 때, ARP를 보낸다. IP 주소가 다른 네트워크에 존재한다면 라우터에게 보
내야 하므로 라우터의 MAC 주소를 알기 위한 ARP를 보낸다. 그러나 서브넷 마스크를 잘못 설정하면, 다른 네트워크의 목적지인 패킷을 출
발지 장치와 동일한 네트워크에 존재한다고 생각해 결국 라우터에게 보내지 않게 되고, 라우팅에 실패하게 된다.

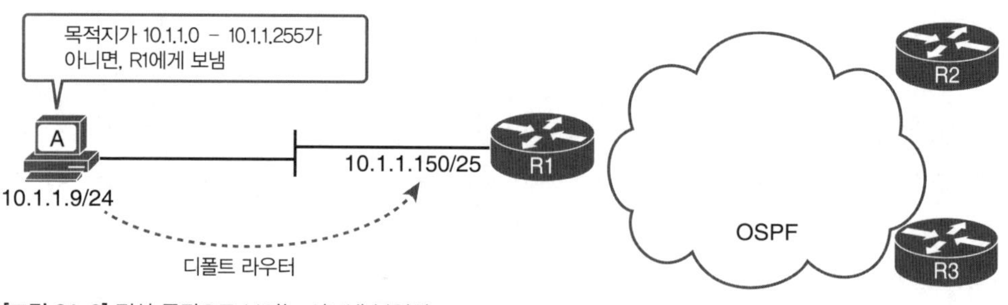

[그림 24-3] 정상 동작으로 보이는 서브넷 불일치

이 경우, 서브넷 외부의 목적지를 향하는 패킷에 대한 호스트 라우팅은 적정하게 동작한다. 하지만 나머지 네트워크에서 호스트를 다시 돌아오는 반대 방향의 라우팅은 제대로 동작하지 않는다. 라우터 R1의 설정에 대해 확인해보면, [그림 24-3]과 [예 24-1]과 같이 IP 주소/마스크는 10.1.1.128/25라는 것을 보여준다.

```
R1# show running-config interface g0/0
Building configuration...

Current configuration: 185 bytes
!
interface GigabitEthernet0/0
 description LAN at Site 1
 mac-address 0200.0101.0101
 ip address 10.1.1.150 255.255.255.128
 ip helper-address 10.1.2.130
 duplex auto
 speed auto
end

R1# show ip route connected
! 간략화를 위해 범례 생략됨

      10.0.0.0/8 is variably subnetted, 9 subnets, 4 masks
C        10.1.1.128/25 is directly connected, GigabitEthernet0/0
L        10.1.1.150/32 is directly connected, GigabitEthernet0/0
! 다른 루트들은 간략화를 위해 생략됨
```

[예 24-1] R1의 IP 주소, 마스크와 커넥티드 서브넷(호스트 A의 주소는 포함되지 않음)

이 마스크의 불일치 때문에 R1의 서브넷에 대한 시각에서는 호스트 A(10.1.1.9)는 R1의 서브넷(10.1.1.128/25, 범위:10.1.1.129~10.1.1.254) 외부에 존재한다. R1은 R1의 라우팅 테이블에 서브넷 10.1.1.128/25를 커넥티드 루트로 추가하고 이 루트를 [그림 24-4]의 네트워크 내의 다른 라우터들에 알린다(이 경우 OSPF, Open Shortest Path First를 통해). 모든 라우터들은 10.1.1.128/25

서브넷에 대한 정보를 알게 되었지만, 불행히도 이 루트는 호스트 A의 10.1.1.9 IP 주소를 포함하지 않는다.

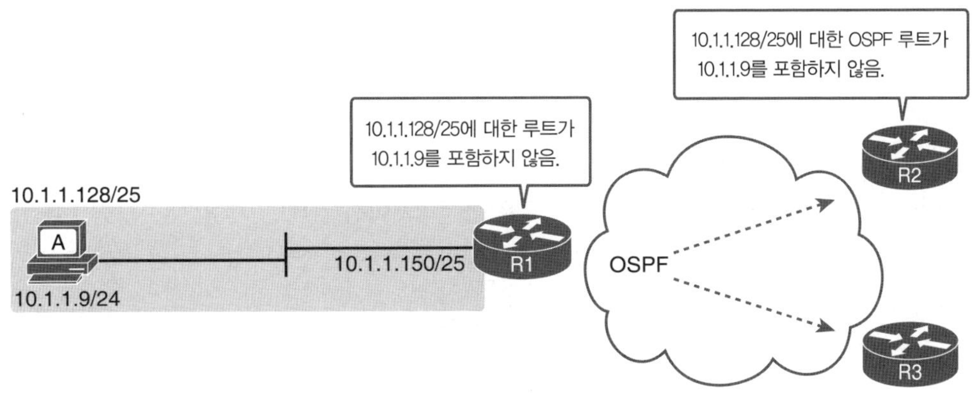

[그림 24-4] 라우터는 호스트 A의 10.1.1.9 주소에 해당하는 루트를 갖지 않음.

호스트들은 디폴트 라우터와 동일한 서브넷 마스크를 사용해야 하고, 두 장치들은 그들의 공통 LAN에서 존재하는 서브넷에 대해 동의해야 한다. 그렇지 않다면 이 예와 같은 장애들이 즉시 발생할 수 있고 아니면, 차후에 예와 같은 IP 설정값을 가진 호스트가 추가될 때 장애가 발생한다.

DNS 장애들의 전형적인 근본 원인들

호스트가 DNS 서버들의 IP 주소들을 잘못 설정했을 때의 증상은 명확하다. 이름을 IP 주소로 바꾸려는 사용자의 시도는 실패하게 된다. 부정확한 DNS 설정 하에서, 이름을 사용한 **ping**과 **traceroute**와 같은 네트워크 테스트는 실패하지만, 이름 대신 IP 주소를 사용하면 성공한다.

호스트 이름에 대한 핑이 실패했지만, 동일한 호스트의 IP 주소에 대한 핑은 성공했을 때, 문제는 DNS에 있다. 예를 들어, 사용자가 서버 1에 연결할 수 없다고 헬프 데스크에 신고했다고 생각해보자. 고객 지원 담당은 자신의 PC에서 **ping server1** 명령을 실행해보니 성공했고, 서버 1의 IP 주소는 1.1.1.1이라는 것을 확인했다.

그리고 나서 고객 지원 담당은 사용자에게 사용자의 PC에서 두 명령 즉, **ping Server1** 명령(실패)과 **ping 1.1.1.1**(성공)을 실행해 볼 것을 요청한다. 이 경우는 명백하게 사용자 PC의 DNS 이름 변환 과정에 문제가 있다.

이 책은 이 장면 배후에서 DNS가 실제로 동작하는 방식에 대해 더 상세한 부분으로 들어가진 않지만, 기본적인 분석으로도 두 가지 주요 유형의 잠재적인 DNS 이슈들은 명확하다:

- 사용자 호스트(DNS 클라이언트) 가 DNS 서버 IP 주소에 대해 부정확한 설정값을 가진 경우
- 사용자 호스트와 정확하게 설정한 DNS 서버 간에 IP 통신 문제

첫 번째 문제가 보다 명확한데, 호스트의 직접 설정과 DHCP 때문에 발생 가능하다. 호스트가 DNS 서버의 잘못된 IP 주소를 보여준다면, 설정을 바꾸기만 하면 된다. DHCP 서버로부터 잘못된 DNS 서버 주소가 학습되면, DHCP 서버 설정을 조사해볼 필요가 있다(IOS DHCP 서버 기능을 사용하고 있다면, DHCP 풀 모드에서 **dns-server *server-address*** 명령으로 설정 한다).

두 번째 중요 항목은 실제 네트워킹 문제를 해결할 때 중요한 이슈를 가져온다. 대부분의 이용자 애플리케이션은 실제로 주소가 아니라 이름을 사용하고, 대부분의 호스트들은 이름을 변환하기 위해 DNS를 사용한다. 따라서 새로운 애플리케이션에 대한 커넥션은 [그림 24-5]와 같이 두 세트의 패킷들 즉, 호스트와 DNS 서버 간의 흐름과 호스트와 실제 서버 간의 흐름으로 나뉜다.

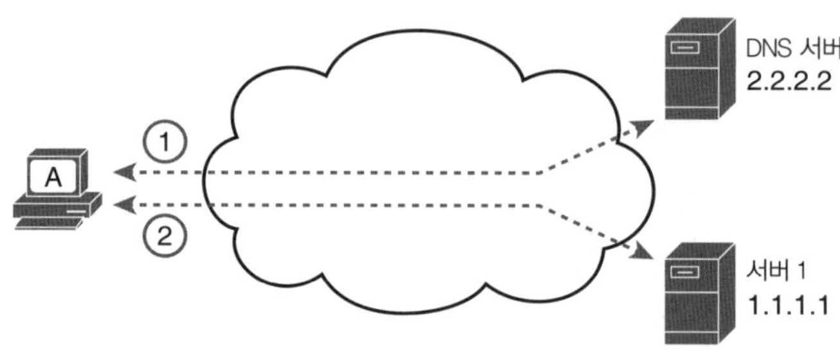

[그림 24-5] DNS 이름 변환 패킷 흐름 뒤의 실제 서버에 대한 패킷 흐름

마지막으로, 이름 변환 주제들을 떠나기 전에, 라우터에 DNS 서버들의 IP 주소를 설정하여 이름을 변환할 수 있다는 것을 주의하기 바란다.

예를 들어, CLI(command-line interface)의 사용자가 **ping *server1*** 명령을 입력할 수 있고, 이 server1에 일치하는 IP 주소로 변환하기 위해 DNS 요청을 보낸다. 라우터에 이름 변환을 위해 DNS 서버 주소를 설정하기 위해 라우터는 **ip name-server *dns1-address dns2-address*···** 글로벌 명령을 필요로 한다. 또한 기본적으로 설정되는 **ip domain-lookup** 글로벌 명령을 필요로 한다.

장애 해결을 위해, 연결된 호스트들과 동일하게 라우터 혹은 스위치에 DNS 관련 설정을 하면 된다. 하지만 이러한 설정은 사용자의 DNS 요청들에 아무런 영향을 갖지 않는다.

> **NOTE** IOS는 ip domain-lookup 명령이 디폴트 설정이지만, DNS IP 주소는 설정되지 않았다. 대부분의 엔지니어들은 DNS 서버 주소를 설정하거나 **no ip domain-lookup** 명령으로 DNS 이름 변환 기능을 비활성화 한다.

잘못된 디폴트 라우터 IP 주소 설정

명확하게, 호스트의 디폴트 라우터를 잘못 설정하면 문제가 발생한다. 호스트는 다른 서브넷에 패킷을 보낼 때 디폴트 라우터에게 보내는데, 호스트의 디폴트 라우터 설정에 오류가 있으면, 호스트는 다른 서브넷에 패킷을 보낼 수 없을 것이다.

[그림 24-6]은 이러한 예를 보여준다. 이 경우에, 호스트 A와 B는 디폴트 라우터로 10.1.3.4를 잘못 설정하였다. 라우터 R3은 IP 주소 10.1.3.3을 사용하고 있다(추가 설명으로 이 서브넷 내의 어떤 호스트 또는 라우터도 현재 10.1.3.4 주소를 사용하지 않고 있다).

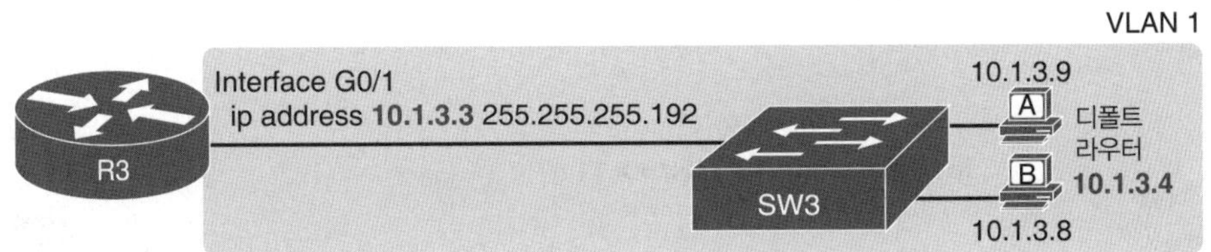

[그림 24-6] 호스트 A와 B의 디폴트 라우터 설정 오류

이 경우에, 몇 가지 기능들이 작동하지 않는다. 예를 들어, 호스트 A와 B는 같은 LAN에 있는 다른 호스트에 패킷을 보낼 수 있다. 라우터 CLI에 접속한 엔지니어는 **ping 10.1.3.9**와 **ping 10.1.3.8** 명령을 실행할 수 있고, 양자의 결과는 정상적이다. 이러한 두 **ping**의 결과로써, R3는 **show arp** 명령의 아웃풋에서 두 PC들의 MAC 주소를 보여줄 것이다. 동일하게 호스트들은 ARP 캐시(보통 **arp -a** 명령으로 확인 가능함)에서 R3의 10.1.3.3 IP 주소와 이에 상응하는 MAC 주소를 보여줄 것이다. 이 경우 문제는 호스트들이 서브넷을 벗어나는 패킷들을 보낼 때 발생한다. 이때 호스트들은 IP 주소 10.1.3.4에게 패킷들을 보내려 하지만, 실패한다.

디폴트 라우터의 설정에 기초한 근본 원인들

호스트들은 적정한 동작을 위해 정확한 IPv4 설정이 필요하지만, 정확한 설정이 LAN 기반의 호스트가 디폴트 라우터에게 성공적으로 패킷을 보내는 것을 보장하지는 않는다. 호스트와 라우터 간의 LAN은 작동 가능해야 한다. 게다가 라우터는 인터네트워크 설계에 기초하여 정확하게 동작해야 한다.

다음 주제는 호스트와 호스트의 디폴트 라우터 간의 문제들을 살펴보는데, 두 문제 영역들에 초점을 맞춘다. 먼저 전형적인 DHCP 이슈들을 살펴보고, 다음으로 라우터 인터페이스와 인터페이스를 고장나게 하는 원인들에 대해 다룬다.

DHCP 이슈들

IP 주소를 임대하고, 다른 설정값을 학습하기 위해 DHCP를 사용하는 호스트들은 DHCP 메시지들을 교환하기 위해 네트워크에 의존한다. 특히, 인터네트워크가 다수의 LAN 서브넷들과 함께 집중형 DHCP 서버를 사용한다면, 라우터들은 DHCP 동작을 위해 DHCP 릴레이(DHCP relay)라 불리는 기능을 구동시켜야 한다. DHCP 릴레이가 없다면, 호스트들로 부터의 DHCP 요청은 해당 LAN 서브넷을 벗어날 수 없다.

[그림 24-7]은 DHCP 릴레이 동작 방식에 대한 큰 아이디어를 보여준다. 이 예에서, DHCP 클라이언트(호스트 A)는 왼쪽에 위치하고, DHCP 서버(172.16.2.11)는 오른쪽에 위치한다. 클라이언트는 DHCP 발견(Discover) 메시지를 보냄으로써 DHCP 임대 과정을 시작한다. DHCP 발견 메시지는 라우터 R1에서 DHCP 릴레이가 설정되지 않았다면, 로컬 LAN을 벗어날 수 없다. 발견 메시지를 전달하기 위해, R1은 G0/0 인터페이스 아래에 **ip helper-address 172.16.2.11** 명령으로 DHCP 릴레이를 설정해야 한다.

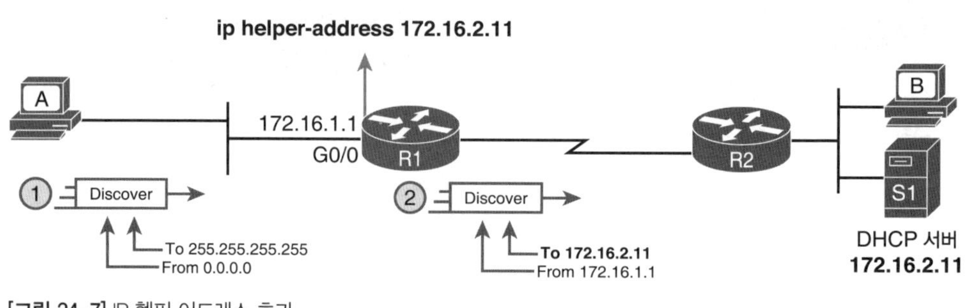

[그림 24-7] IP 헬퍼 어드레스 효과

그림에서 단계들은 DHCP 릴레이의 필요성을 지적한다. **단계①** 에서, 호스트 A는 목적지 IP 및 L2 브로드캐스트 주소로 각각 255.255.255.255 및 ff:ff:ff:ff:ff.ff로 메시지들을 보낸다. 이 IP 주소 즉, '로컬 서브넷 브로드캐스트 주소'로 보내진 패킷은 라우터를 통과할 수 없다. 서브넷 내의 모든 장치들은 이 프레임을 수신하고 처리한다. 또한 R1에 설정된 **ip helper-address** 명령 때문에, 라우터 R1은 프레임을 디-인캡슐레이션할 것이고, 이것이 DHCP 요청임을 식별하고 적정한 동작을 취한다. 단계 2는 이 명령에 표시된 주소(172.16.2.11)로 패킷에 대한 R1의 라우팅과 함께 출발지 및 목적지 IP 주소를 변경하는 DHCP 릴레이의 기능을 보여준다. 다음 장애 해결 체크리스트는 DHCP 관련 이슈들을 해결할 때, 출발선을 제공한다.

단계① 집중형 DHCP 서버를 사용한다면, DHCP 클라이언트를 갖는 각 원격지 서브넷의 최소한 하나의 라우터는 DHCP 릴레이 에이전트로 동작해야 하고, 해당 서브넷에 연결된 인터페이스에 **ip helper-address address** 명령으로 정확하게 설정해야 한다.

단계② 인터페이스 IP 주소와 서버의 IP 주소를 패킷의 출발지와 목적지로 하는 DHCP 패킷의 교환을 위해 DHCP 릴레이 에이전트와 DHCP 서버 간의 통신이 가능해야 한다.

단계③ 분산형 혹은 집중형 DHCP 서버의 사용 여부와 관련없이 DHCP 클라이언트와 DHCP 릴레이 에이전트 간의 LAN 이슈들을 해결해야 한다.

단계④ 부정확한 서버 설정을 해결해야 한다.

또한 설정이 **ip helper-address** 명령을 포함하지만, 잘못된 DHCP 서버 IP 주소를 표시하였다면, DHCP는 정상 동작할 수 없다.

예를 들어, [예 24-2]는 [그림 24-7]과 동일한 시나리오에 기초하여 라우터 R3의 ROAS를 위한 수정된 설정을 보여준다. 라우터 설정은 IPv4를 지원하고 통신이 가능하므로 적정하다. 하지만 하나의 서브인터페이스는 **ip helper-address** 명령이 필요하다.

```
interface GigabitEthernet0/1
 ip address 10.1.3.3 255.255.255.192
 ip helper-address 10.1.2.130
!
interface GigabitEthernet0/1.2
 encapsulation dot1q 2
 ip address 10.1.3.65 255.255.255.192
 ! 이 서브인터페이스에 ip-helper-address 명령이 필요함!
```

[예 24-2] ROAS 서브인터페이스에서 DHCP 릴레이 설정을 누락함

이 경우에, 서브넷 10.1.3.0 /26(인터페이스 G0/1에 연결된) 내의 호스트들은 10.1.2.130 주소를 가진 호스트가 DHCP 서버라고 가정한다. 하지만 서브넷 10.1.3.64/26(서브인터페이스 G0/1.2에 연결된) 내의 호스트들은 **ip helper-address** 명령의 누락 때문에 DHCP로부터 설정값들을 학습하는데 실패할 것이다.

이 체크리스트의 두 번째 단계는 확장 **ping** 혹은 확장 **traceroute** 명령의 사용을 요청한다. DHCP 릴레이 에이전트는 원래의 DHCP 요청의 출발지와 목적지 IP 주소에 대해 릴레이 에이전트의 인터페이스 IP 주소를 출발지로 변경한다. [그림 24-8]은 DHCP 릴레이 에이전트 인터페이스는 172.16.1.1을, 서버는 172.16.2.11을 가진 예를 보여준다. 릴레이 에이전트 라우터(R1)의 CLI로부터, 확장 핑의 목적지 주소는 172.16.2.11, 출발지 주소로 R1의 G0/0 IP 주소인 172.16.1.1을 사용하는데 그림과 동일한 IP 주소들이다.

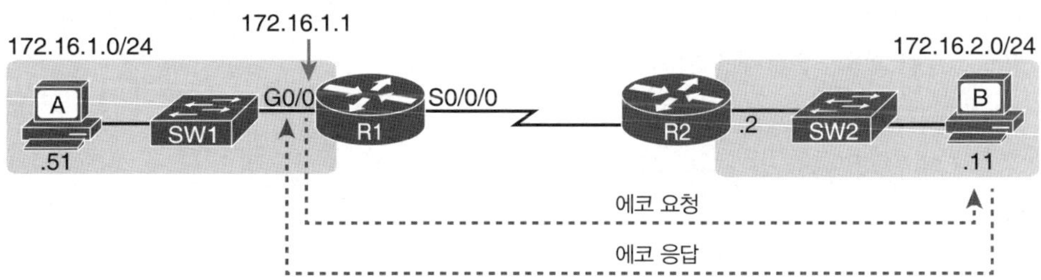

[그림 24-8] IP 헬퍼 어드레스(Helper Address)의 효과

DHCP 릴레이 에이전트 관련 장애 해결 팁에 대한 리스트에서 **단계③**과 ④의 다음 주제는 로컬 LAN의 인터페이스에 초점을 두는 단계 3에 관련된 이슈들을 살펴본다. DHCP 서버의 설정 오류에 초점을 두는 **단계④**에 대해서는 이 ICND1 책의 20장 'DHCP 와 호스트의 IP 네트워킹'에서 서버 설정 이슈들에 대해 깊이 다루었다.

라우터 LAN 인터페이스와 LAN 이슈들

장애 발견 과정에서 호스트가 디폴트 라우터로 핑을 할 수 없고, 반대로도 그렇다. 가령 같은 서브넷에 어떤 장치도 다른 장치에게 IP 패킷을 보낼 수 없다. 이 기본적인 테스트는 엔지니어에게 원인이 무엇이든 라우터, 호스트와 그들 사이의 LAN이 두 장치 간의 이더넷 프레임에 캡슐화된 패킷을 통과시킬 수 없다는 것을 알려준다.

이 기본적인 LAN 연결 이슈에 대한 근본 원인들은 다음 두 가지 범주로 구분한다:

- 라우터 LAN 인터페이스에 고장을 일으키는 문제들
- LAN 자체의 문제

라우터가 해당 인터페이스에서 패킷을 보내기(혹은 해당 인터페이스에서 패킷을 받기) 전에, 라우터의 LAN 인터페이스는 동작 가능해야 한다. 구체적으로, 라우터의 LAN 인터페이스는 up/up 상태가 되어야 한다. 즉, 다른 상태라면, 라우터는 패킷 전달을 위해 해당 인터페이스를 사용할 수 없다. 따라서 라우터에서 LAN 호스트에 대한(혹은 반대 방향의) 핑이 실패하면 인터페이스의 상태를 점검해야 한다. up 상태가 아니면, 라우터 인터페이스가 up이 아닌 근본 원인을 찾아야한다.

혹은 라우터의 인터페이스가 up/up 상태라도, LAN 자체에 문제가 있을 수 있다. 이 경우, 이더넷 LAN에 연관된 모든 항목들이 근본 원인이 될 수 있다. 특히, 이더넷 케이블의 핀 아웃들, 포트 시큐리티, STP(Spanning Tree Protocol)가 LAN 이슈들의 근본 원인이 될 수 있다.

예를 들어, [그림 24-9]에서 라우터 R3는 네 개의 스위치를 가진 LAN에 연결된다. R3와 SW1을 연결하는 링크가 동작한다면, R3의 LAN 인터페이스(G0/1)의 상태는 up/up일 것이다. 하지만, 다수의 다양한 문제들이 R3이 이더넷 프레임에 캡슐화된 IP 패킷을 스위치 SW3와 SW4에 연결된 호스트들에게 보낼 수 없도록 한다.

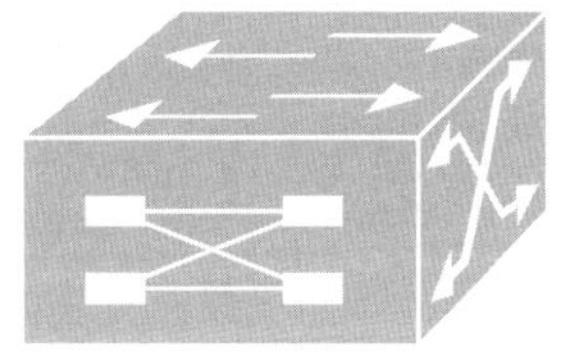
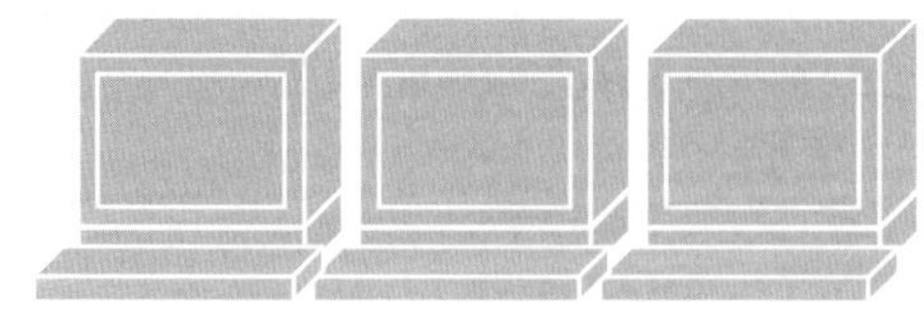

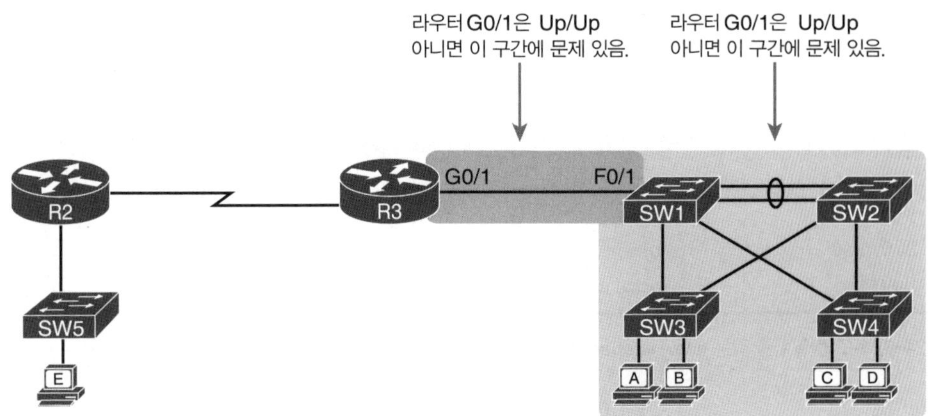

[그림 24-9] 라우터의 LAN 인터페이스 상태에 기초하여 문제 구간 찾기

> **NOTE** 이 책은 [그림 24-9]의 오른쪽에서 발생하는 LAN 이슈에 대한 논의를 ICND1과 ICND2의 다양한 LAN 관련 장들에서 하기로 한다.

라우터의 LAN 인터페이스는 [표 24-1]에 표시한 일반적인 이유들을 포함하여 몇 가지 이유 때문에 up/up 상태에 이를 수 없다.

이유	설명	라우터 인터페이스 상태
속도 불일치	라우터와 스위치가 **speed** 인터페이스 하부 명령으로 속도를 설정하였는데, 다른 속도로 설정하였다.	Down/down
라우터에서 셧다운	라우터 인터페이스가 **shutdown** 인터페이스 하부 명령으로 설정되었다.	Admin down/down
스위치에서 셧다운	이웃 스위치의 인터페이스는 **shutdown** 인터페이스 하부 명령을 설정하였는데, 라우터 인터페이스는 **no shutdown**을 설정하였다.	Down/down
에러-디스에이블드 스위치	이웃 스위치 포트는 포트 시큐리티를 적용하였는데, 이것 때문에 에러-디스에이블드(err-disabled) 포트 상태가 되었다.	Down/down
케이블 없거나 케이블 고장	라우터는 설치된 케이블이 없거나 케이블의 핀 아웃들이 부정확*하다.	Down/down

[표 24-1] 라우터 LAN 인터페이스가 up/up이 아닌 일반적인 이유들

* 시스코 스위치의 auto-mdix 기능은 부정확한 케이블링 핀 아웃을 자동으로 감지하고, 케이블을 사용할 수 있도록 핀 로직을 내부적으로 변경한다.

근본 원인이 속도 불일치인 예로, 당신은 [그림 24-9]의 R3의 G0/1은 **speed 1000** 명령으로 설정하였고, SW1의 F0/1은 **speed 100** 명령으로 설정하였다. 이 링크는 이러한 상이한 속도로는 정상 동작할 수 없으므로, 라우터와 스위치의 인터페이스의 상태는 down/down이 된다. [예 24-3]은 **show interfaces description** 명령의 결과로, 인터페이스들의 상태를 한 줄씩 보여준다.

```
R3# show interfaces description
Interface              Status              Protocol Description
Gi0/0                  up                  up
Gi0/1                  down                down               link to campus LAN
Se0/0/0                admin down          down
Se0/0/1                up                  up
Se0/1/0                up                  up
Se0/1/1                admin down          down
```

[예 24-3] 속도 불일치를 갖는 **show interfaces description** 명령어

∷ 라우터 간의 패킷 라우팅 문제

이 장의 첫 번째 절반은 IPv4 패킷이 네트워크를 통과할 때 거치는 첫 번째 홉에 초점을 맞춘다. 두 번째 섹션은 라우터가 디폴트 라우터에서 마지막 호스트에게 패킷을 보내는 방식과 관련한 이슈들을 살펴본다.

특히, 이 섹션은 먼저 한 라우터 내부의 IP 라우팅 로직을 살펴본다. 이러한 주제들은 라우터가 수행하는 것을 리뷰한다. 다음으로 특히, VLSM(variable-length subnet mask)을 적용할 때, 부적절한 IP 주소 할당으로 인한 라우팅 문제들의 근본 원인들에 대한 탐구로 확장한다.

이 섹션의 마지막은 핵심 IP 포워딩 로직에서, 라우터의 인터페이스 상태(up/up 상태가 돼야 함)와 IPv4 트래픽에 대한 IPv4 ACL의 차단 방식을 포함하여 패킷 포워딩에 영향을 끼치는 기타 이슈들로 초점을 옮긴다.

가장 구체적인 루트에 의한 IP 포워딩

라우터의 IP 라우팅 프로세스는 각 패킷의 목적지 IP 주소와 라우터의 IP 라우팅 테이블의 정보와 비교한다. 종종 한 루트만 특정 목적지 주소에 일치한다. 하지만 어떤 경우에는 패킷의 목적지 주소가 하나 이상의 루트들과 일치한다.

다음 라우터의 기능들은 라우팅 테이블에서 중복되는 루트들을 생성시킨다:

- 자동 요약(Autosummarization)
- 직접 루트 요약(Manual route summarization)
- 스태틱 루트들(Static routes)
- 서브넷들의 주소 범위들을 겹치게 하는 부정확하게 설계된 서브네팅 계획

어떤 경우에는, 중복되는 루트들이 문제를 일으킨다. 하지만, 다른 경우에, 중복되는 루트들은 일부 기능을 사용했을 때의 정상적인 결과에 지나지 않는다. 이 섹션은 중복되는 루트들이 문

제가 되는지는 무시하고, 라우터가 중복되는 루트들 중에서 사용할 루트를 선택하는 방법에 초점을 맞춘다. 이 장의 이후, '부정확한 주소 계획에 의한 라우팅 문제들' 섹션에서 중복되는 루트와 관련한 문제를 다룬다.

이제, 라우팅 테이블에 중복되는 루트들을 가졌을 때, 라우터가 라우팅 테이블을 이용하는 방법을 알아보자. 주어진 패킷과 단지 하나의 루트가 일치한다면, 라우터는 해당 루트를 사용한다. 하지만 하나 이상의 루트들이 패킷의 목적지 주소와 일치한다면, 라우터는 다음과 같은 방식으로 최상의(best) 루트를 선택한다:

특정 목적지 IP 주소가 라우터의 IPv4 라우팅 테이블에서 하나 이상의 루트와 일치한다면, 라우터는 가장 구체적인 루트 즉, 가장 긴 프리픽스 길이의 마스크를 가진 루트를 사용한다.

show ip route와 서브넷 계산을 통해 최상의 루트 찾기

라우터가 최상의 루트를 선택하는 방식을 설명하는 두 가지 방법이 있다. 첫 번째 방법은 **show ip route** 명령과 함께 라우터가 선택할 루트를 결정하기 위해 시브네팅 계산이 필요하다. 이 옵션의 사용법을 이해하기 위해 [예 24-4]는 일련의 중복된 루트들을 보여준다.

```
R1# show ip route ospf
Codes: L - local, C - connected, S - static, R - RIP, M - mobile, B - BGP
       D - EIGRP, EX - EIGRP external, O - OSPF, IA - OSPF inter area
       N1 - OSPF NSSA external type 1, N2 - OSPF NSSA external type 2
       E1 - OSPF external type 1, E2 - OSPF external type 2
       i - IS-IS, su - IS-IS summary, L1 - IS-IS level-1, L2 - IS-IS level-2
       ia - IS-IS inter area, * - candidate default, U - per-user static route
       o - ODR, P - periodic downloaded static route, H - NHRP, l - LISP
       + - replicated route, % - next hop override

Gateway of last resort is 172.16.25.129 to network 0.0.0.0

      172.16.0.0/16 is variably subnetted, 9 subnets, 5 masks
O        172.16.1.1/32 [110/50] via 172.16.25.2, 00:00:04, Serial0/1/1
O        172.16.1.0/24 [110/100] via 172.16.25.129, 00:00:09, Serial0/1/0
O        172.16.0.0/22 [110/65] via 172.16.25.2, 00:00:04, Serial0/1/1
O        172.16.0.0/16 [110/65] via 172.16.25.129, 00:00:09, Serial0/1/0
O        0.0.0.0/0 [110/129] via 172.16.25.129, 00:00:09, Serial0/1/0
!
```

[예 24-4] 중복된 루트들을 보여주는 show ip route 명령어

라우터가 어떤 루트를 사용할지를 결정하기 위해, 두 종류의 정보 즉, 패킷의 목적지 IP 주소와 라우팅 테이블의 내용이 필요하다. 루트에서 정의되는 서브넷 ID와 마스크는 해당 루트에 일치하는 주소들의 범위를 정의한다. 간단한 서브네팅 계산을 통해, 네트워크 엔지니어는 각 루트에 일치하는 주소들의 범위를 찾을 수 있다 예를 들어, [표 24-2]는 [예 24-4]에서 표시하는 다섯 개의 서브넷들과 각 서브넷이 포함하는 주소 범위를 보여준다.

서브넷/프리픽스	주소의 범위
172.16.1.1/32	172.16.1.1(단지 하나의 주소만 포함함)
172.16.1.0/24	172.16.1.0 – 172.16.1.255
172.16.0.0/22	172.16.0.0 – 172.16.3.255
172.16.0.0/16	172.16.0.0 – 172.16.255.255
0.0.0.0/0	0.0.0.0 – 255.255.255.255(모든 주소를 포함함)

[표 24-2] [예 24-4]에 대한 서브넷들의 주소 범위

이러한 범위들에서 볼 수 있는 바와 같이, 몇몇 루트들의 주소 범위는 중복된다. 하나 이상의 루트와 일치한다면, 보다 긴 프리픽스 길이를 가진 루트가 사용된다. 즉, /16을 가진 루트는 /10을 가진 루트보다 우선시 되고, /25 프리픽스를 가진 루트는 /20 프리픽스를 가진 루트보다 우선시 된다.

예를 들어, 172.16.1.1로 보내는 패킷은 실제로 [예 24-4]의 라우팅 테이블에 표시된 모두 다섯 개의 루트들에 일치된다. 가장 긴 프리픽스(가장 큰 /P값을 갖는 루트는 최상 또는 가장 구체적인 루트를 의미한다)는 /32이다. 따라서 172.16.1.1로 보낸 패킷은 다른 루트들 대신, 172.16.1.1 /32에 대한 루트를 사용한다.

다음 리스트는 목적지 IP 주소들을 보여준다. 각 주소에 대해, 라우터가 사용할 수 있는 [표 24-2]의 루트들과 라우터가 구체적으로 어떤 루트를 사용할 것인지를 설명한다.

- **172.16.1.1**: 모두 다섯 개의 루트들에 일치함; 가장 긴 프리픽스는 /32이다. 따라서 172.16.1.1/32에 대한 루트를 사용함.
- **172.16.1.2**: 마지막 네 개의 루트들에 일치함; 가장 긴 프리픽스는 /24이다. 따라서 172.16.1.0/24에 대한 루트를 사용함.

- **172.16.2.3**: 마지막 세 개의 루트들에 일치함; 가장 긴 프리픽스는 /22이다.
  따라서 172.16.0.0/22에 대한 루트를 사용함.

- **172.16.4.3**: 마지막 두 개의 루트들에 일치함; 가장 긴 프리픽스는 /16이다.
  따라서 172.16.0.0/16에 대한 루트를 사용함.

show ip route address를 사용하여 최상의 루트 찾기

라우터가 사용할 루트를 찾기 위한 두 번째 방법은 **show ip route address** 명령을 사용하는 것으로, 어떤 서브네팅 계산도 필요로 하지 않는다. 이 명령의 마지막 파라미터는 대상이 되는 IP 패킷의 IP 주소다. 이 명령은 해당 주소로 보낼 패킷을 라우팅하기 위해 라우터가 사용할 루트를 보여준다.

예를 들어, [예 24-5]는 [예 24-4]에서 사용한 동일한 라우터에서 **show ip route 172.16.4.3** 명령어의 아웃풋을 보여준다. 아웃풋에서 강조된 첫 번째 라인은 일치하는 루트 즉, 172.16.0.0/16을 보여준다. 아웃풋의 나머지는 해당 루트에 대한 송신 인터페이스 S0/1/0과 다음 홉 라우터 172.16.25.129와 같은 상세 항목들을 보여준다.

```
R1# show ip route 172.16.4.3
Routing entry for 172.16.0.0/16
  Known via "ospf 1", distance 110, metric 65, type intra area
  Last update from 10.2.2.5 on Serial0/1/0, 14:22:06 ago
  Routing Descriptor Blocks:
  * 172.16.25.129, from 172.16.25.129, 14:22:05 ago, via Serial0/1/0
      Route metric is 65, traffic share count is 1
```

[예 24-5] 중복 루트들을 포함하는 show ip route 명령어

분명히, **show ip route** 명령과 함께 옵션([예 24-5]에서 172.16.4.3이라는 주소)을 사용한다면, 서브네팅 계산을 할 때 신속하게 라우터가 실제로 선택하는 루트를 확인할 수 있다.

show ip route 참고 사항

IP 라우팅과 IP 라우팅 문제에 대한 장애 해결에서 **show ip route** 명령은 큰 역할을 한다. ICND1과 ICND2 책에서 다수의 장들이 이 명령어에 대한 다양한 사항들을 언급한다. 이 섹션은 보다 쉬운 학습과 참고를 위해 이 개념을 종합적으로 다룬다.

[그림 24-10]은 **show ip route** 명령의 아웃풋 예를 보여준다. 그림은 보다 쉬운 참조를 위해 명령어 아웃풋의 다양한 부분에 번호를 부여하고, [표 24-3]에서는 각 번호가 표시하는 아웃풋을 설명한다.

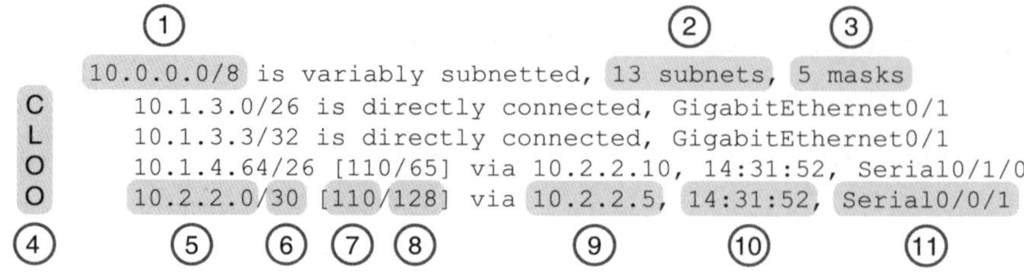

[그림 24-10] show ip route 명령어 아웃풋 참조

항목	아이디어	그림 속의 숫자	설명
1	클래스풀 네트워크	10.0.0.0/8	클래스풀 네트워크 단위로 구분되는 라우팅 테이블. 이 라인은 클래스풀 네트워크 10.0.0.0에 대한 제목 라인이다. 즉, 클래스 A 네트워크에 대한 디폴트 마스크를 보여준다(/8).
2	서브넷들의 수	13 subnets	로컬 루트(각 라우터의 인터페이스 IP 주소에 해당하는 /32 루트)를 포함하여 모든 방법으로 해당 라우터가 알게 된 클래스풀 네트워크의 서브넷들에 대한 루트들의 수를 표시한다.
3	마스크들의 수	5 masks	해당 클래스풀 네트워크 내부에서 이 라우터에 알려진 사용 중인 마스크의 가지 수
4	범례 코드	C, L, O	라우팅 정보의 학습 방법을 표시하는 짧은 코드. O는 OSPF, D는 EIGRP, C는 커넥티드, S는 스태틱 그리고 L은 로컬 루트를 의미한다(범례 샘플을 위해 [예 24-4]를 보도록 한다.)
5	서브넷 ID	10.2.2.0	특정 루트의 서브넷 번호
6	프리픽스 길이	/30	이 서브넷에서 사용하는 프리픽스 마스크
7	어드미니스트레이티브 디스턴스	110	라우터가 하나 이상의 학습 방식을 통해 해당 서브넷에 대한 루트들을 학습했다면, 라우터는 가장 낮은 어드미니스트레이티브 디스턴스(AD)를 갖는 방식을 사용한다.
8	메트릭	128	루트의 메트릭
9	넥스트홉(next-hop) 라우터	10.2.2.5	해당 루트에 일치하는 패킷들에 대해, 패킷을 보낼 다음 라우터의 IP 주소
10	타이머	14:31:52	OSPF와 EIGRP 루트들에 대해, 루트가 학습된 이후 지난 시간을 표시한다.
11	송신(Outgoing) 인터페이스	Serial0/0/1	해당 루트에 일치하는 패킷들에 대해, 패킷을 송신하는 인터페이스

[표 24-3] show ip route 명령어 아웃풋에 대한 설명

부정확한 주소 계획에 의한 라우팅 문제들

라우터의 라우팅 테이블에 중복된 루트들이 있다고 해서, 무조건 문제가 되는 것이 아니다. 자동 또는 수동의 루트 요약은 몇몇 라우터들에서 중복된 루트들을 발생시키지만, 이것이 문제를 일

으키지는 않는다. 하지만 특히 주소 할당 실수와 관련한 일부 중복은 라우팅에 문제를 일으킨다. 따라서 장애 해결시에 중복된 루트들이 존재한다면, 엔지니어는 실제로 문제를 일으키는 중복의 원인들을 찾아야 한다.

주소 할당 계획 혹은 해당 계획의 설정 과정에서 단순한 실수들은 문제를 일으키는 주소 중복을 만들 수 있다. 이러한 경우, 한 라우터는 하나의 주소 범위를 갖는 서브넷과 연결되었고 한편, 또 다른 라우터도 앞선 주소 범위와 중복된 범위를 갖는 서브넷과 연결되었다면 이것은 IP 주소 할당 규칙에 위배된다. 이때의 증상을 보면, 라우터들이 때로는 패킷을 정확하게 호스트에게 보내지만, 때로는 그렇지 못하게 된다.

이 문제는 VLSM의 사용 여부와 관련 없이 발생할 수 있다. 그런데 이 문제는 VLSM이 사용될 때, 찾기가 훨씬 힘들다. 이 섹션은 VLSM을 다시 살펴보고, VLSM이 적용된 경우와 적용되지 않는 경우의 문제의 예들을 보여주고, 이러한 문제들과 관련된 설정 및 확인 명령어들을 논의한다.

VLSM의 사용 여부를 확인하기

다양한 서브넷 마스크들이 하나의 클래스풀 네트워크 내의 다수의 서브넷들을 위해 사용될 때, 인터네트워크는 VLSM을 사용하는 것으로 간주된다. 예를 들어, 한 인터네트워크 내에서 모든 서브넷들이 네트워크 10.0.0.0에서 도출되었지만, 마스크가 /24, /26과 /30을 사용하고 있다면, 인터네트워크는 VLSM을 사용하고 있다고 본다.

때때로 사람들은 인터네트워크가 하나 이상의 마스크를 사용하면 VLSM을 사용하는 것으로 생각하는 함정에 빠지는데, 항상 그런 것은 아니다. 예를 들어, 인터네트워크가 네트워크 10.0.0.0의 서브넷들을 사용하는데 모든 서브넷들이 마스크 255.255.240.0을 사용하고, 네트워크 172.16.0.0의 서브넷들을 사용하는데 모든 서브넷들이 마스크 255.255.255.0을 사용한다면, 이 디자인은 VLSM을 사용하는 것이 아니다. 두 가지의 다른 마스크를 사용하지만, 하나의 클래스풀 네트워크에서는 하나의 마스크를 사용하기 때문이다. 이 디자인이 VLSM을 적용한 것이 되려면, 하나의 클래스풀 네트워크의 서브넷들에 둘 이상의 마스크를 사용해야 한다.

단지 클래스리스 라우팅 프로토콜(classless routing protocol)들만 VLSM을 지원할 수 있다. 현재의 CCNA 라우팅 & 스위칭 자격 시험에 포함되는 세 개의 IPv4 IGP 라우팅 프로토콜들 (RIPv2, OSPF와 EIGRP)은 모두 클래스리스 라우팅 프로토콜이다.

VLSM을 사용하지 않을 때의 주소 중복

VLSM을 사용하지 않을 때도, 서브넷 중복을 일으키는 주소 할당 실수가 발생할 수 있다. 예를 들어, [그림 24-11]은 라우터의 LAN IP 주소/마스크 정보를 포함하는 샘플 네트워크를 보여준다. 주소 중복이 존재하지만, 처음부터 명확하게 알아차리기는 어렵다.

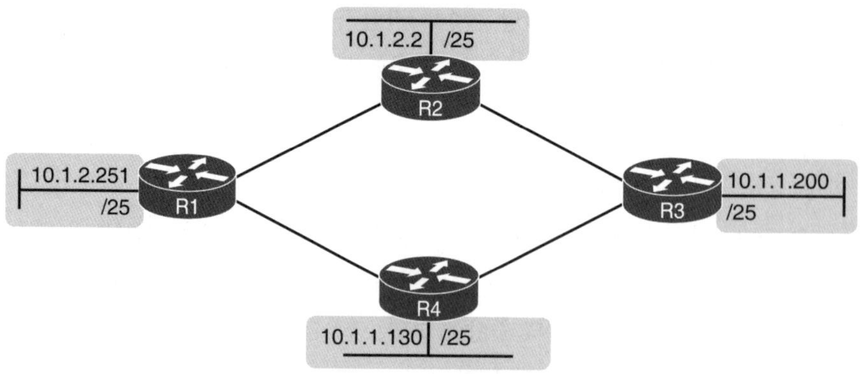

[**그림 24-11**] 네트워크 10.0.0.0에서 하나의 마스크(/25)를 갖는 LAN 인터페이스 주소들

　모든 서브넷들이 동일한 마스크를 사용할 때, 주소 중복이 존재하면, 중복된 서브넷들은 정확하게 동일한 서브넷 ID와 서브넷 내부에는 정확하게 동일한 범위의 IP 주소들을 갖게 된다. 주소 중복을 발견하기 위해, 당신이 해야할 것은 각 서브넷의 서브넷 ID를 계산하여 그 번호들을 비교하는 것이다. 예를 들어, [그림 24-12]는 R3와 R4의 LAN이 IP 주소 대신 동일한 서브넷 ID를 표시하도록 [그림 24-11]을 변경한 것이다.

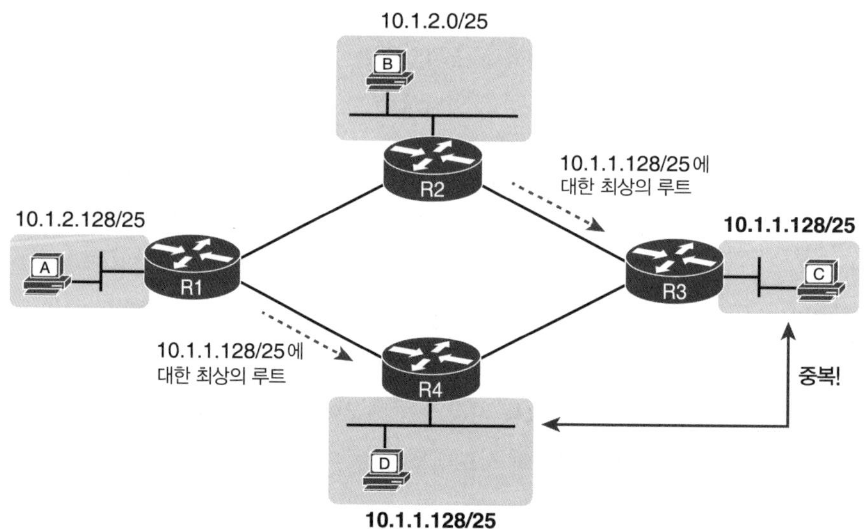

[**그림 24-12**] [그림 24-11]로부터 계산된 서브넷 ID들

　두 개의 다른 장소에서 [그림 24-12]와 같이 동일한 서브넷을 사용하면, IPv4 주소 할당 규칙을 어기게 되는데, 이것은 라우터들이 패킷을 보낼 장소를 결정할 때 혼동에 빠지기 때문이다. 이 경우, 서브넷 10.1.1.128 /25가 목적지인 패킷들에 대해, 일부 라우터들은 R3에게 보내는 반면, 또 다른 라우터들은 R4 방향을 최상의 루트로 생각한다. 모든 라우터들이 OSPF와 같은 라우팅 프로토콜을 사용한다고 가정할 때, R3과 R4는 10.1.1.128 /25에 대한 라우팅 정보(루트)를 보낸다.

이 경우, R1과 R2는 서브넷 10.1.1.128 /25에 대해 두 가지 다른 경우에 따라 패킷을 보낼 것이다. 이러한 루트들은 R1 근처의 호스트들이 R4의 LAN에 연결된 10.1.1.128 /25 호스트들과 통신할 수 있게 하지만, R3의 LAN에 연결된 호스트들과는 통신할 수 없게 하고, 반대의 경우도 마찬가지다.

즉, 증상이 어떤 종류의 라우팅 이슈 때문인 것 같지만, 근본 원인은 유효하지 않은 IP 주소 계획 때문이다. 방금 설명한 경우와 같이, 어떤 IP 주소 계획도 두 개의 다른 LAN들에서 동일한 서브넷을 할당해서는 안된다. 해결책은 R3 혹은 R4의 LAN 인터페이스에서 중복되지 않은 다른 서브넷을 사용하면 된다.

VLSM을 사용할 때의 주소 중복

VLSM을 사용할 때, 동일한 주소를 할당하는 실수도 중복된 서브넷들을 만든다. 그런데 이 경우는 인지하기가 조금 더 힘들다.

첫째, 다른 마스크들을 갖는 서브넷들 간의 중복은 부분적인 주소 중복만을 유발한다. 가령, 두 개의 중복된 서브넷들은 다른 크기와 아마도 다른 서브넷 ID들을 가질 것이다. 주소 중복은 보다 작은 서브넷의 모든 주소들과 보다 큰 서브넷의 일부 주소들 사이에서 발생한다. 둘째, 호스트들 간의 문제들은 일부 목적지에 대해서만 발생하는데(구체적으로 중복된 범위의 주소 일부에서), 그것은 문제의 발견을 보다 힘들게 한다.

예를 들어, [그림 24-13]은 VLSM 중복을 가진 예를 보여준다. 이 그림은 라우터와 호스트 인터페이스의 IP 주소/마스크 쌍을 보여 준다. 먼저, 예를 보고 IP 주소들을 봄으로써 중복을 찾으려고 노력해보자.

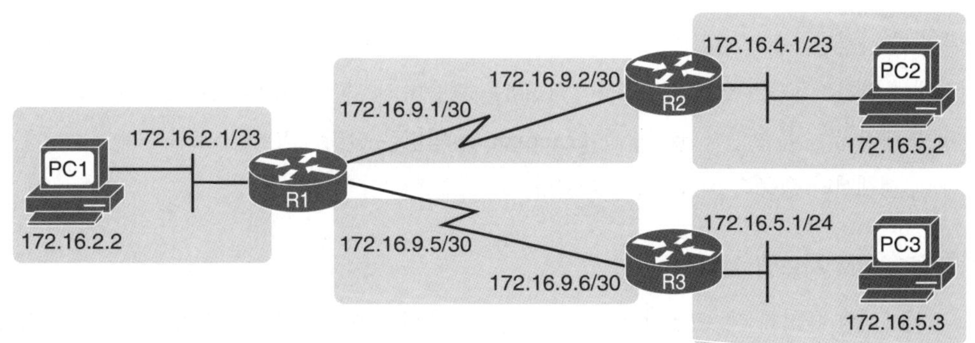

[그림 24-13] 네트워크 172.16.0.0 내의 VLSM IP 주소 계획

주소 중복을 찾기 위해, 문제를 해결하려는 사람은 각 서브넷을 분석할 필요 즉, 서브넷 ID 뿐만 아니라 서브넷 브로드캐스트 주소와 서브넷에 포함된 주소들의 범위를 찾을 필요가 있다. 분석이 서브넷 ID 발견에서 멈춘다면, 주소 중복을 발견하지 못할 수 있다(이 경우처럼).

[그림 24-14]는 각 서브넷에 대한 분석을 서브넷 ID를 찾는 것으로 시작하는 것을 보여준다. 두 개의 중복된 서브넷들은 상이한 서브넷 ID들을 갖지만, 왼쪽 하단의 서브넷(172.16.5.0 /24)은 오른쪽 상단의 서브넷(172.16.4.0 /23)과 완전히 중복된다(서브넷 172.16.5.0/24는 서브넷 브로드캐스트 주소로 172.16.5.255를 가지고, 서브넷 172.16.5.0 /24는 서브넷 브로드캐스트 주소로 172.16.5.255를 가진다).

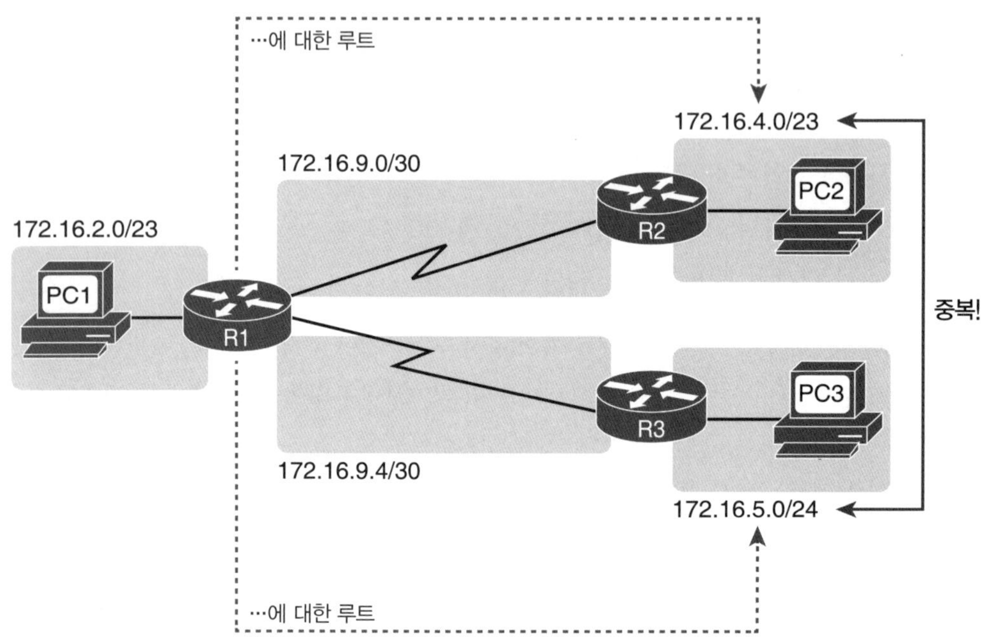

[그림 24-14] VLSM 중복 예(다른 서브넷 ID들을 갖는 경우)

분명히 하자면, 주소 범위들이 중복되는 실제 서브넷들을 갖는 디자인은 부정확하기 때문에 변경돼야 한다. 어쨌든 일단 설정하면, VLSM을 적용하지 않은 경우와 마찬가지로, 증상은 라우팅 문제인 것처럼 보인다. **ping** 과 **traceroute** 명령은 단지 몇몇 호스트들(전체 호스트가 아니라)에 대해서만 성공적인 결과를 보여준다.

중복된 VLSM 서브넷 설정

IP 서브네팅 규칙에 따르면, 인터네트워크에서 사용된 서브넷들에서 주소의 범위들은 중복되어서는 안된다. IOS는 때로는 새로운 **ip address** 명령이 중복된 서브넷을 생성시키게 하지만, 때로는 다음과 같이 생성시키지 않게도 한다:

- 같은 라우터에서 주소 중복 방지: IOS는 **ip address** 명령을 입력하면 동일한 라우터의 또 다른 **ip address** 명령과의 중복을 탐지한다.
- 다른 라우터에서 주소 중복 허용: IOS는 **ip address** 명령을 입력해도 또 다른 라우터의 **ip address** 명령과 중복이 되면 탐지할 수 없다.

[예 24-6]의 라우터는 중복된 VLSM 서브넷 설정을 피한다. 예는 라우터 R3의 Fa0/0에는 IP 주소 172.16.5.1/24를 설정하고, Fa0/1에는 172.16.5.193/26을 설정하려고 한다. 각 서브넷의 주소 범위는 다음과 같다:

- 서브넷 172.16.5.0/24:   172.16.5.1 – 172.16.5.254
- 서브넷 172.16.5.192/26: 172.16.5.193 – 172.16.5.254

```
R3# configure terminal
R3(config)# interface Fa0/0
R3(config-if)# ip address 172.16.5.1 255.255.255.0
R3(config-if)# interface Fa0/1
R3(config-if)# ip address 172.16.5.193 255.255.255.192
% 172.16.5.192 overlaps with FastEthernet0/0
R3(config-if)#
```

[예 24-6] 같은 라우터에서는 중복된 서브넷을 거절함.

IOS는 서브넷에 포함된 주소 범위의 중복은 규칙에 위배된다고 판단한다. 이 경우, 두 서브넷들이 모두 하나의 라우터에 연결된 서브넷들이므로, 서브네팅 규칙의 위배 때문에 라우터는 이러한 두 서브넷들이 공존해서는 안된다고 생각하고, IOS는 두 번째 명령을 거부한다.

IOS가 이러한 오류들을 처리하는 방식으로써, IOS는 '**shutdown**' 상태에 있지 않은 인터페이스에 대해 서브넷 중복 확인을 수행한다. 인터페이스가 '**shutdown**' 상태면, IOS는 주소 중복을 일으키는 **ip address** 명령을 받아들인다. 이후에, **no shutdown** 명령을 입력하면, IOS는 서브넷 중복을 확인하고, [예 24-6]에서 본 것과 동일한 오류 메시지를 발생시킨다. IOS는 주소 중복 조건이 해결될 때까지 인터페이스를 '**shutdown**' 상태로 남겨 둔다.

IOS는 [예 24-7]과 같이, 상이한 라우터들의 중복된 서브넷 설정을 탐지할 수 없다. 예는 [그림 24-13]의 R2와 R3에서 두 개의 중복된 서브넷 설정을 보여준다.

```
! 먼저, 라우터 R2에서
R2# configure terminal
R2(config)# interface G0/0
R2(config-if)# ip address 172.16.4.1 255.255.254.0

! 다음으로, 라우터 R3에서
R3# configure terminal
R3(config)# interface G0/0
R3(config-if)# ip address 172.16.5.1 255.255.255.0
```

[예 24-7] 두 라우터들은 중복된 서브넷들을 받아들임.

관련된 장애 해결 주제들에 대한 조언

라우터의 데이터 전송은 이 책 혹은 이 장에서 언급한 이상의 기능들 때문에 실패할 수도 있다. 하지만, ICND1과 ICND2 책의 다른 장들은 라우터의 라우팅 로직에 직접적인 영향을 주는 두 가지 다른 기능들에 대한 장애 해결 과정을 설명한다. 이 짧은 섹션은 자세한 것들은 다른 장들에서 다룰 기타 주제들을 설명한다.

라우터의 WAN 인터페이스 상태

'라우터 LAN 인터페이스와 LAN 이슈들' 섹션에서 설명한 IP 라우팅 장애 해결 과정의 단계들 중의 하나는 관련된 인터페이스가 동작 중인지를 확인하기 위해, 인터페이스의 상태를 점검하도록 한다. 라우터 인터페이스가 정상 동작하기 위해서는 두 인터페이스 상태 코드가 모두 up 이 돼야 하는데, 이때 엔지니어들은 보통 인터페이스가 'up & up'이라고 말한다.

지금까지, ICND1 책은 시리얼 링크의 동작 방식에 대해 기본적인 것만 다루었고, 상세한 것은 ICND2 책을 위해 남겨두었다. 이 책은 시리얼 링크에 대해, 두 라우터가 서로 IPv4 패킷들의 교환을 위해서는 시리얼 인터페이스의 상태가 up/up이 되어야 한다고 했다. 또한 두 대의 라우터는 동일한 서브넷에 속하는 IP 주소들을 가져야 한다.

> **NOTE** 당신이 여기서 잠시 멈추고 지금, WAN 링크에 대해 좀더 배우고 싶다면, ICND1 책만 구매한 여러분을 위해 DVD의 부록 P에 ICND2 책의 '포인트-투-포인트 WAN 설치' 장이 포함되어 있다.

액세스 리스트에 의한 패킷 필터링

실제로 오늘날 사용되는 대부분의 네트워킹 장치는 데이터 처리 영역에서 트래픽을 차단할 수 있다. 즉, 장치는 포워딩 과정 중에 패킷을 감시하고, 차단 규칙과 이러한 패킷들을 비교한 다음, 규칙에 기초하여 일부 패킷들을 차단(필터링)한다. 시스코 IOS는 이러한 기능을 액세스 컨트롤 리스트(access control list)라고 부르는데, 다음 장들의 주제로 등장한다.

데이터 처리 영역과 관련된 장애 해결 체크리스트는 'ACL에 의해 패킷이 차단되는지 확인해 볼 것'과 같은 항목을 포함할 수 있다. 어쨌든, 이 책에서는 ACL 관련 장들은 이번 장 다음에 배치된다. 또한 26장 '고급 IPv4 ACL(Access Control Lists)'에서 ACL 관련 장애 해결에 대한 상세 항목들을 점검할 수 있도록 한다. 이 장은 ACL의 패킷 차단 과정과 ACL과 **ping** 명령의 관계를 자세하게 다룬다.

좋은 시험 결과를 위해서는 리뷰 세션에 대한 복습이 중요하다. 책이나 DVD의 툴 혹은 책의 동반자 웹 사이트에서 찾을 수 있는 대화형 툴을 활용하여 이 장의 자료들을 리뷰하기 바란다. 특히, '단계② 챕터 위주의 학습 습관을 만들어라'라는 제목의 '당신의 학습 계획'을 참조하기 바란다. [표 24-4]은 핵심 리뷰 요소들과 자료 출처들을 보여준다. 학습 과정에 대해 보다 나은 추적을 위해 두 번째 열에 완료한 날짜를 기록하도록 한다.

리뷰 항목	완료 날짜	자료 출처
핵심 주제 리뷰		책, DVD/웹 사이트
메모리 테이블 리뷰		책, DVD/웹 사이트

[표 24-1] 챕터 리뷰 확인

핵심 주제 복습

핵심 주제	설명	페이지
그림 24-2, 체크리스트	호스트와 디폴트 라우터 사이의 IPv4 설정 이슈들을 해결하는 방법에 대한 체크리스트	610
리스트	DNS 문제들에 대한 두 가지 근본 원인들	613
리스트	클라이언트에서 DHCP 서버로 DHCP 메시지가 전달되기 위한 조건들	616
표 24-1	라우터의 LAN 인터페이스 상태가 up/up이 아닌 일반적 이유들	619
정의	하나의 이상의 루트가 패킷의 목적지 주소와 일치하면, 라우터는 최상의(보다 구체적인) 루트를 선택한다.	621
그림 24-10, 표 24-3	ping과 traceroute 명령 비교 show ip route 필드에 대한 참조와 설명	624
리스트	IOS가 인식할 수 없는 중복된 IP 주소 설정 이슈들에 대한 유형	628

[표 24-2] 24장의 핵심 주제들

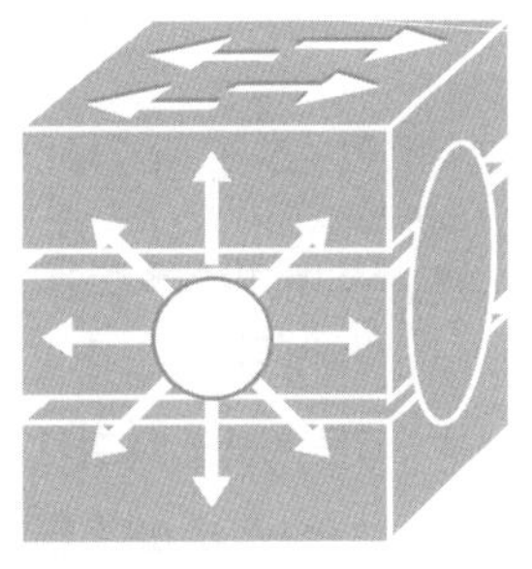

Part VI 리뷰

[표 P6-1]의 체크리스트와 함께 파트 리뷰 과정을 추적하기 바란다. 각 과제의 상세한 내용은 표와 같다.

과제	첫 번째 완료일	두 번째 완료일
모든 사전 점검 퀴즈를 반복하라		
파트 리뷰 문제를 풀어라		
핵심 주제들을 리뷰하라		
프러세스 마인드 맵을 생성하라		
실습을 하라		

[표 P6-1] Part VI 리뷰 체크리스트

모든 사전 점검 퀴즈를 반복하라

이 과제를 위해, 이 파트에 포함된 장들에 대해 PCPT 소프트웨어를 이용하여 사전 점검 퀴즈를 다시 풀도록 한다.

Part 리뷰 문제를 풀어라

이 과제를 위해, 이 Part에 대한 Part 리뷰 문제에 대해 PCPT 소프트웨어를 이용하여 푼다.

핵심 주제들을 리뷰하라

DVD 혹은 동반자 웹 사이트 상의 핵심 주제(Key Topics) 애플리케이션들을 이용하거나 장들을 검색함으로써 이 Part, 모든 장의 모든 핵심 주제들을 리뷰하도록 한다.

프로세스 마인드 맵들을 생성하라

여기서는 이 장에서 설명한 다음 프로세스들로 해결할 수 있는 몇 가지 문제들을 설명한다. 다음 마인드 맵 연습은 문제의 유형들에 대한 큰 그림을 제공한다. 이 리뷰는 하나의 문제에 답하기 위해 필요한 상세 항목들에 초점을 맞추고자 하는 것이 아니다. 그러한 것은 21장 '서브넷 설계'와 22장 'VLSM(Variable-Length Subnet Masks)'의 마지막 부분에 포함된 기타 실습 제안들을 위해 남겨두었다.

이러한 장들은 몇 가지 연산을 통해 해결할 수 있는 다음 유형의 문제들을 다룬다:

- **서브넷 마스크 선정**: 디자인 조건에 기초하여, 클래스풀 IP 네트워크에서 사용 가능한 하나의 마스크를 선택한다.
- **모든 서브넷 ID 찾기**: 네트워크의 모든 서브넷 ID들을 계산한다.
- **VLSM 중복 찾기**: 두 개 이상의 서브넷들의 주소 범위가 겹치도록 한 실수를 찾는다.

- **기존 VLSM 디자인에 새 서브넷을 추가하기**: 기존 서브넷 디자인에 추가 가능한 새 VLSM 서브넷 찾기.

리스트에서 각 주제에 대한 가지를 갖는 마인드 맵을 생성한다. 각 가지는 [그림 P6-1]과 다음 리스트와 같이 핵심 개념과 가지를 세 개의 하부 주제들로 나눔으로써 시작한다:

- **주어진 조건**: 문제를 풀기 위해 당신이 가진 정보와 만든 가정들.
- **프로세스**: 프로세스 도중 사용하는 정보 혹은 용어들. 프로세스의 구체적인 단계들을 쓰지 말고, 여기서 목표는 그것이 해당 프로세스에 속하는 것이라는 것을 알도록 기억 속의 연결만 만들면 된다.
- **Result**: 문제를 해결함으로써 얻은 사실들.

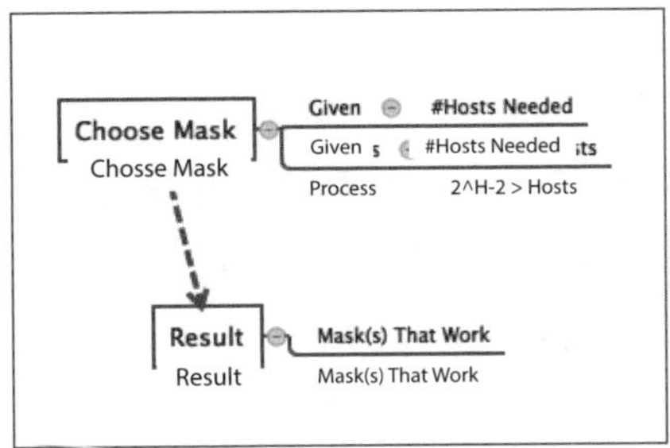

[그림 P6-1] Part VI에 대한 샘플 마인드 맵

종이보다는 마인드 맵 소프트웨어를 사용하기로 했다면, 마인드 맵 파일들을 저장한 위치를 기억할 필요가 있다. [표 P6-2]는 이 파트 리뷰를 위한 마인드 맵들과 그러한 파일들을 저장한 장소를 정리할 수 있도록 한다.

맵	설명	저장 장소
1	마인드 맵: 프로세스 기억하기	

[표 P6-2] Part VI 리뷰를 위한 마인드 맵 구성

부록 L '마인드 맵 솔루션들'은 샘플 마인드 맵에 대한 모범 사례를 보여주는데, 당신이 직접 만든 마인드 맵과 다를 수 있다.

실습들

실습을 위해 다음과 같이 몇 가지를 제안할 수 있다:

- **피어슨 네트워크 시뮬레이터(Pearson Network Simulator)**: 당신이 피어슨 ICND1 혹은 CCNA 시뮬레이터의 풀 버전을 사용한다면, 이 파트 내의 주제들과 관련된 시나리오 실습에 대한 설정과 장애 해결에 초점을 맞추기 바란다(이 파트의 주제들에 속하는 실습들을 찾는 방법을 위해 소개 부분을 참조한다).
- **기타**: 다른 실습 툴들을 사용한다면, 다음과 같은 제안을 참조하기 바란다. IPv4 네트워크, 표준 및 확장 핑과 트레이스루트 뿐만 아니라 텔넷과 SSH 클라이언트 명령어들을 가진 실습을 해야 한다. 24장 'IPv4 라우팅과 장애 해결'에서 근본 원인들의 유형들을 본 바와 같이, 실습에서 그러한 몇 가지들을 확인해보아야 한다.

Part Ⅶ은 인터넷에 연결할 때, 유용한 주소 기준의 ACL들을 만들고, 기업 네트워크들을 보호하기 위한 다양한 서비스들을 살펴봄으로써 IPv4 네트워크들에 대한 이 책의 주제들을 마무리한다.

25장과 26장은 IPv4 ACL(access control lists)에 대한 기본적인 기능들과 보다 개선된 기능들을 논의한다. ACL들은 IPv4 패킷 헤더를 보고, 선택하고, 패킷을 허용할지와 폐기할지를 결정하도록 만들어진 IPv4 패킷 필터다. 25장과 25장은 몇 가지 유형의 IPv4 ACL들에 대해, 설정에서 시작하여 확인과 장애 해결까지를 포함하는 주제들을 깊이 논의한다.

이 Part의 마지막 장인 27장은 NAT(Network Address Translation)를 다룬다. NAT는 인터넷에서 IPv4 주소 체계의 주소 부족 문제를 해결하도록 하고, 거의 모든 기업과 가정 사용자들이 인터넷 연결을 위해 사용한다.

Part VII

IPv4 서비스: ACL과 NAT

Chapter 25: 기본 IPv4 ACL(Access Control List)

Chapter 26: 고급 IPv4 ACL(Access Control List)

Chapter 27: NAT(Network Address Translation)

Part VII 리뷰

Chapter 25
기본 IPv4 ACL(Access Control List)

이 장은 다음 시험 주제를 다룬다.

4.0 인프라스트럭처 서비스들

4.6 라우팅 가능한 인터페이스에서 IPv4 표준 번호형과 이름형 액세스 리스트에 대한 설정, 확인 및 장애 해결

CCENT와 CCNA R&S 영역에서 거의 모든 주제들은 TCP/IP 네트워크의 핵심 목표를 성취하는 것 즉, IPv4 패킷들을 출발지 호스트에서 목적지 호스트로 전달하는 것에 초점을 맞춘다. 대신, 다음 장과 함께 이번 장은 IPv4 액세스 컨트롤 리스트(ACL)를 사용하여 패킷의 일부가 그들의 목적지에 도착하지 못하도록 하는데 초점을 맞춘다.

IPv4 ACL들은 다수의 활용도를 갖지만, CCENT와 CCNA R&S 자격은 그들의 가장 일반적인 활용 즉, 패킷 필터 기능에 초점을 맞춘다. 한 서브넷의 호스트들이 회사 네트워크를 통해 통신하기를 바라지만, 그곳에는 보호해야할 민감한 데이터를 가진 몇몇 서버들이 존재할 수 있다. 관리 부서의 보안 정책은 당신에게 보다 안전하고 보호된 접속을 위해, 유저네임과 로그인 보안 뿐만 아니라 보호 대상인 호스트 혹은 서버에 대한 패킷 전달을 차단할 것을 요구한다. IP ACL들은 이러한 목표를 달성하기 위한 유용한 솔루션을 제공한다.

IPv4 ACL들은 라우터에게 필터를 구성할 수 있도록 한다. 각 라우터는 각 인터페이스에서 인바운드와 아웃바운드 방향으로 각각, 다른 규칙을 가진 다른 ACL을 적용할 수 있다. 각 ACL의 규칙들은 라우터에게 어떤 패킷들을 폐기하고, 어떤 패킷들을 허용할지를 지시한다.

이 장은 IPv4 ACL의 기본을 논의하고 특히, 한 유형의 ACL 즉, 표준 번호형 IP ACL을 다룬다. 26장 '고급 IPv4 ACL'은 다른 유형들의 IP ACL 모두를 설명한다.

이 장의 학습을 위해 필요한 시간을 가늠하기 위해 시험(이 페이지나 PCPT 소프트웨어를 사용 가능)을 보기 바란다. 정답은 퀴즈 다음 페이지의 아랫 부분에 나와 있고, 설명은 DVD 부록 C와 PCPT 소프트웨어에 있다.

핵심 주제 섹션	해당 문제
IP ACL(Access Control List) 기본	1
표준 번호형 IPv4 ACLs	2 – 5
표준형 IP ACL 적용 연습	6

[표 25-1] 사전 점검 퀴즈의 핵심 주제와 문제

1. 바니는 서브넷 10.1.1.0 /24 내의 IP 주소 10.1.1.1을 갖고 있다. 다음 중 바니의 IP 주소에 대한 표준형(standard) IP ACL로 설정할 수 있는 것은? (2개를 선택할 것)

  a. 정확하게 하나의 출발지 IP 주소만 정의한다.

  b. 하나의 **access-list** 명령으로 IP 주소, 10.1.1.1 ~ 10.1.1.4 까지를 정의한다.

  c. 하나의 **access-list** 명령으로 바니의 서브넷 내의 모든 IP 주소들을 정의한다.

  d. 패킷의 목적지 IP 주소만을 정의한다.

2. 다음 중 표준 번호형(standard numbered) IP ACL이 사용할 수 있는 숫자는? (2개를 선택할 것)

  a. 1987

  b. 2187

  c. 187

  d. 87

3. 다음 와일드카드 마스크들 중 서브넷 10.1.128.0, 마스크 255.255.255.0 내의 모든 IP 패킷들을 정의하기 위해 가장 유용한 것은?

  a. 0.0.0.0

  b. 0.0.0.31

  c. 0.0.0.240

  d. 0.0.0.255

  e. 0.0.15.0

  f. 0.0.248.255

4. 다음 와일드카드 마스크들 중 서브넷 10.1.128.0, 마스크 255.255.240.0 내의 모든 IP 패킷들을 정의하기 위해 가장 유용한 것은?

    a. 0.0.0.0

    b. 0.0.0.31

    c. 0.0.0.240

    d. 0.0.0.255

    e. 0.0.15.255

    f. 0.0.248.255

5. ACL 1은 다음과 같은 주소와 와일드카드 마스크와 함께 순서대로 세 개의 문장을 갖는다: 1.0.0.0 0.255.255.255, 1.1.0.0 0.0.255.255와 1.1.1.0 0.0.0.255. 라우터가 IP 주소 1.1.1.1에서 출발한 패킷을 수신하였을 때, 라우터는 어떤 ACL 문장이 이 패킷과 일치한다고 생각할까?

    a. First

    b. Second

    c. Third

    d. ACL 마지막의 '무조건 deny'

6. 다음 **access-list** 명령어들 중 서브넷 172.16.4.0 /23 내의 호스트들에서 출발한 모든 패킷들에 대응되는 것은?

    a. `access-list 1 permit 172.16.0.5 0.0.255.0`

    b. `access-list 1 permit 172.16.4.0 0.0.1.255`

    c. `access-list 1 permit 172.16.5.0`

    d. `access-list 1 permit 172.16.5.0 0.0.0.127`

:: IPv4 ACL(Access Control List) 기초

IPv4 ACL(access control list)은 네트워크 엔지니어에게 다른 유형의 패킷들을 식별하는 방법을 제공한다. 이를 위해 ACL 설정은 라우터가 IP, TCP, UDP와 다른 헤더들에서 볼 수 있는 변수들을 표시한다. 예를 들어, ACL은 출발지 IP 주소가 1.1.1.1인 패킷, 목적지 IP 주소가 서브넷 10.1.1.0 /24 내의 어떤 주소인 패킷, 목적지 포트가 TCP 포토 23(텔넷)인 패킷 등을 식별할 수 있다.

IPv4 ACL들은 대부분 패킷 필터로써 사용하지만, 시스코 라우터에서는 다수의 기능들을 수행한다. 엔지니어들은 라우터에 ACL들을 적용하여 패킷이 라우터를 통과하면서 거치는 전송 경로상에 배치시킨다. ACL을 적용하면 라우터는 각 IP 패킷을 폐기할지, 아니면 ACL이 존재하지 않을 때와 같이 허용할지를 결정한다.

하지만 ACL들은 다수의 다른 IOS 기능들을 위해서도 사용될 수 있다. 예로써, ACL들은 QoS(quality of service) 기능을 적용할 때 패킷들을 구분하기 위해 사용할 수 있다. QoS는 라우터에게 일부 패킷들에게는 보다 우선적인 서비스를, 다른 패킷들에게는 보다 지연된 서비스를 제공하게 한다. 예를 들어, 디지털 보이스를 포함한 패킷들은 매우 낮은 지연을 가져야 하기 때문에 QoS 로직은 ACL들은 보이스 패킷을 구분하고, 데이터 패킷들보다 우선하여 보이스 패킷들을 처리한다.

첫 번째 섹션은 패킷 필터링을 위해 사용하는 IP ACL들을 소개하고, ACL의 이러한 측면 즉, ACL들을 적용하는 위치와 방향, 헤더 기준의 패킷 구분, 패킷을 식별한 후의 대응에 초점을 맞춘다.

ACL 위치와 방향

시스코 라우터들은 IP 패킷들이 인터페이스로 들어가거나 나가는 지점에 ACL 로직을 적용할 수 있다. 달리 말하면, ACL은 인터페이스와 패킷 흐름의 방향(in 혹은 out)과 관련된다. 가령, ACL에서 인바운드 ACL은 라우터의 라우팅(포워딩) 결정 전에 적용하고, 아웃바운드 ACL은 라우터의 라우팅과 송신 인터페이스 결정 이후에 적용한다.

[그림 25-1]에서 화살표는 구성도의 왼쪽에서 오른쪽으로 흐르는 패킷들을 차단할 수 있는 위치들을 보여준다. 예를 들어, 호스트 A에서 서버 S1으로 보내지는 패킷들을 허용하지만, 호스트 B에서 서버 S1으로 향하는 패킷들은 폐기하기를 원한다고 가정해보자. 각 화살표는 호스트 B가 보낸 패킷을 차단하는 ACL을 적용할 수 있는 위치와 방향을 표시한다.

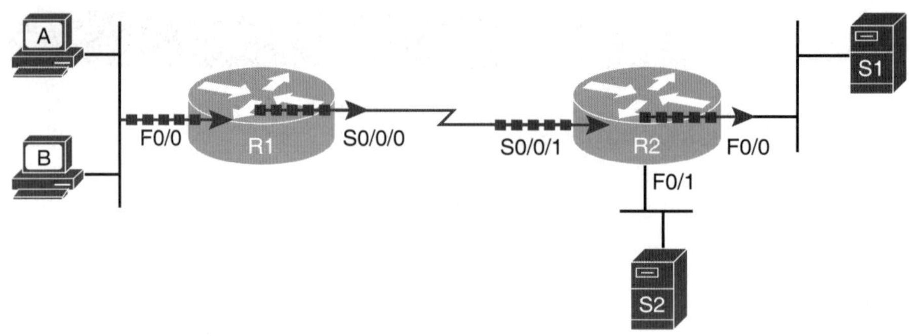

[그림 25-1] 호스트 A와 B에서 서버 S1으로 보내는 패킷을 차단하기 위한 위치

그림에서 네 개의 화살표는 호스트 B에서 서버 S1으로 패킷이 이동할 때 거치는 라우터 인터페이스의 위치와 방향을 표시한다. 이 특별한 예에서, 이러한 인터페이스들과 방향은 R1의 F0/0 인터페이스의 인바운드 방향, R1의 S0/0/0 인터페이스의 아웃바운드 방향, R2의 S0/0/1 인터페이스의 인바운드 방향, R2의 F0/0 인터페이스의 아웃바운드 방향이 된다. 예를 들어, R2의 F0/1 인터페이스에 어떤 방향으로 ACL을 적용했다면, ACL은 R2의 F0/1 인터페이스는 호스트 B에서 서버 S1으로 갈 때의 루트의 일부가 아니기 때문에 B에서 S1으로 향하는 패킷을 차단할 수 없다.

단적으로, 패킷 필터링을 위해 패킷을 처리하는 인터페이스에 패킷이 인터페이스를 통과하는 것과 같은 방향으로 ACL을 적용해야 한다.

설정되면, 라우터는 모든 인바운드 혹은 아웃바운드 IP 패킷에 ACL을 적용한다. 예를 들어, R1에서 인바운드 방향으로 인터페이스의 F0/0에 ACL을 적용하면, R1은 패킷의 운명 즉, 통과시킬지 혹은 폐기할지를 결정하기 위해 ACL과 F0/0의 인바운드 IP 패킷을 대조한다.

패킷 식별

ACL의 위치와 방향에 대해 고려할 때, 당신은 무슨 패킷들을 차단(폐기)할지, 무슨 패킷들을 허용(통과)할지를 미리 생각해야 한다. 라우터에게 동일한 아이디어를 전달하기 위해, 당신은 패킷들을 식별하는 IP ACL을 라우터에 설정해야 한다. 패킷 식별(matching packet)이란 어떤 패킷들이 폐기되어야 하고, 어떤 패킷들이 통과되어야 하는지를 구분하기 위해 각 패킷을 검사하는 ACL 명령어를 설정하는 방법을 말한다.

각 IP ACL은 한 개 이상의 설정 명령어들로 구성되는데, 각 명령은 패킷 헤더 내부의 변수들을 포함한다. 일반적으로 ACL 명령은 '패킷 헤더 내의 변수들을 보고, 발견되면, 패킷을 폐

사전 점검 퀴즈 정답

1 A, C **2** A, D **3** D **4** E **5** A **6** B

기하라'와 같은 로직을 사용한다(이 동작은 패킷을 폐기하는 대신 허용할 수도 있다). 구체적으로, ACL은 출발지와 목적지 IP 주소들, TCP 및 UDP 포트 번호들을 포함하여 당신이 이미 잘 파악하고 있을 헤더 필드들을 검사한다.

예를 들어, 당신이 호스트 A에서 서버 S1으로 향하는 패킷을 허용하기를 원하지만, 호스트 B에서 동일한 서버로 향하는 패킷을 폐기하도록 하는 [그림 25-2]의 예를 고려해보자. 그림에서 모든 호스트들은 IP 주소를 가지고 있고, R2 밑에서 ACL과 유사한 표현을 보여준다. [그림 25-2]는 또한 ACL을 적용하기 위해 선택된 장소와 방향 즉, R2의 S0/0/1 인터페이스에서 인바운드 방향으로 설정하였음을 보여준다.

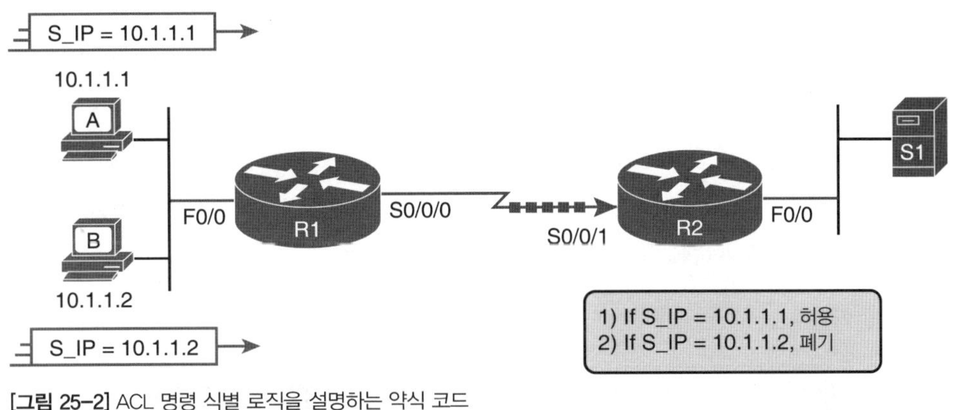

[그림 25-2] ACL 명령 식별 로직을 설명하는 약식 코드

[그림 25-2]는 아랫쪽의 사각형 내부에 단순한 식별 로직을 가진 두 줄의 ACL을 보여준다. 두 ACL 문장은 패킷의 출발지 IP 주소들을 검사한다. 적용되면, R2는 해당 인터페이스에 대한 모든 인바운드 IP 패킷을 검사하고, 각 패킷을 두 개의 ACL 명령과 비교한다. 호스트 A(출발지 IP 주소 10.1.1.1)가 보낸 패킷들은 허용되고, 호스트 B(출발지 IP 주소 10.1.1.2)에서 출발한 패킷들은 폐기된다.

식별 시, 대응 동작

IP ACL을 사용하여 패킷을 차단할 때, 두 동작 중에 하나만 선택할 수 있다. 설정 명령들은 **deny**와 **permit** 키워드 중 하나를 사용해야 하는데, 각각 패킷을 폐기할 것인지 혹은 ACL이 존재하지 않는 것처럼 통과시킬 것인지를 의미한다.

이 책은 ACL들을 사용하여 패킷 차단에 초점을 두지만, IOS는 ACL을 보다 많은 기능들을 위해 사용한다. 이러한 기능들은 일반적으로 동일한 식별 로직을 사용한다. 하지만, 다른 경우에 **deny**와 **permit** 키워드는 일부 다른 동작을 의미한다. 예를 들어, 27장 'NAT(Network Address Translation)'는 ACL을 패킷들을 식별하기 위해 사용하지만, 이 때의 **permit** 키워드는 식별되면 라우터에게 IP 주소를 변환하도록 NAT 기능을 적용하라는 것을 의미한다.

IP ACL 유형들

시스코 IOS는 초기의 시스코 라우터들로부터 IP ACL들을 지원해왔다. 앞서 [그림 25-2]의 로직을 적용 가능한 초기 IOS의 표준 숫자형 IP ACL에서 시작하여, 시스코는 다음과 같은 다수의 ACL 기능들을 추가했다:

- 표준 숫자형(standard numbered) ACL들(1 - 99)
- 확장 숫자형(extended numbered) ACL들(100 - 199)
- 추가적인 ACL 번호들(1300 - 1999: 표준, 2000 - 2699: 확장)
- 이름(named) ACL들
- 순서 번호를 이용한 개선된 편집 기능

이 장은 표준 숫자형 IP ACL에만 중점을 두는 반면, 다음 장은 IP ACL의 다른 세 가지 주요 카테고리를 논의한다. 단적으로 IP ACL들은 설정에서 ACL을 숫자나 이름 중 무엇으로 구분하는가에 따라 숫자형 혹은 이름형 ACL로 나눈다. ACL은 또한 표준 혹은 확장형일 수 있는데, 확장형 ACL은 패킷을 식별할 수 있는 훨씬 다양한 기준들을 갖는다. [그림 25-3]은 IP ACL 카테고리의 분류 기준을 요약한다.

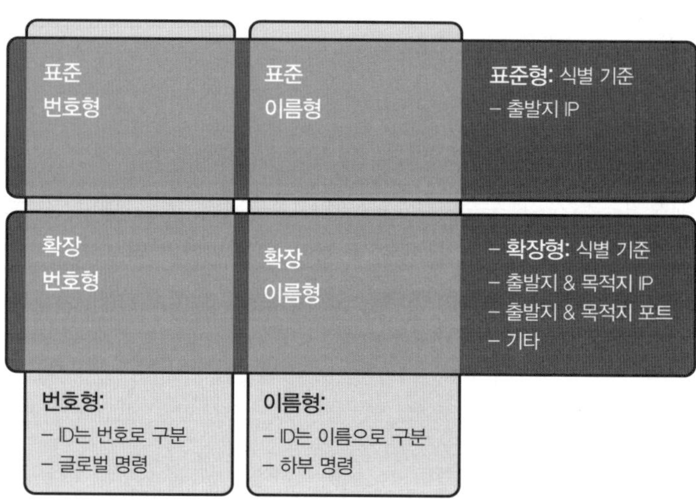

[그림 25-3] IP ACL 유형 비교

⁚⁚ 표준 숫자형(standard numbered) IPv4 ACLs

이 섹션의 제목에서 시스코가 의도하는 것을 이해하는 것은 중요하다. 이 섹션은 패킷의 출발지 IP 주소만을 식별 기준으로(표준형, standard) 하고, 이름보다는 숫자를 사용하여 ACL을 구분(숫자형, numbered)하여 설정하는 시스코 필터(ACL) 종류 즉, 표준 숫자형 ACL에 대한 것이다.

먼저, 하나의 ACL인 경우와 다수의 ACL로 구성된 경우에 적용하는 로직을 알아본다. 다음으로, 명령어의 구문과 함께 패킷 헤더 내의 출발지 IP 주소 필드를 식별하는 방법을 알아본다. 이 섹션은 표준 ACL을 설정하기 위한 설정 및 확인 명령어들을 자세히 살펴본다.

IP ACL 적용 로직

하나의 ACL은 단일 항목일 수도 있고, 동시에 하나 이상의 설정 명령어들을 가질 수도 있다. 단일 ACL로 앞서 [그림 25-1]과 같이 한 인터페이스에 특정한 방향으로 ACL을 적용한다. 하나 이상의 명령어들로, 각 명령어는 ACL을 사용하여 차단할 때, 라우터가 각 패킷에 적용해야 하는 상이한 식별 로직을 갖는다.

ACL 적용시에 라우터는 패킷을 다음과 같이 ACL과 비교하여 처리한다:

ACL들은 첫번째-매칭(first-match) 로직을 사용한다. 패킷이 ACL 내에서 한 줄이 일치하면, 라우터는 ACL에 표시된 동작을 취하고, ACL 찾기를 멈춘다.

이것이 의미하는 바를 정확하게 이해하기 위해, [그림 25-4]의 예를 고려해보자. 그림은 세 줄의 ACL과 비슷한 표현을 가진 ACL1의 예를 보여준다. 이 예는 R2의 S0/0/1 인터페이스에 인바운드 방향으로 ACL1을 적용한다(앞에서 본 [그림 25-2]와 같은 위치).

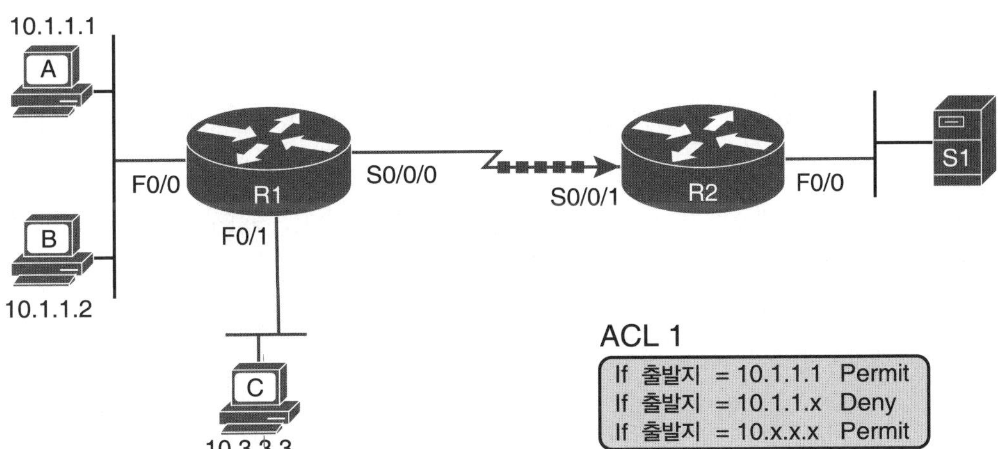

[그림 25-4] IP ACL 프로세스

호스트 A에서 서버 S1으로 보내진 패킷에 대한 첫번째-매칭 ACL 로직을 고려해보자. 출발지 IP 주소는 10.1.1.1일 것이고, 라우팅되어 R2의 S0/0/1 인터페이스로 들어가서 R2의 ACL1 로직을 구동시킨다. R2가 ACL과 패킷을 비교해보니 ACL 리스트 중에서 Permit 액션을 가진 첫 번째 항목에 일치한다. 따라서 [그림 25-5]와 같이 이 패킷은 통과가 허용되어야 한다.

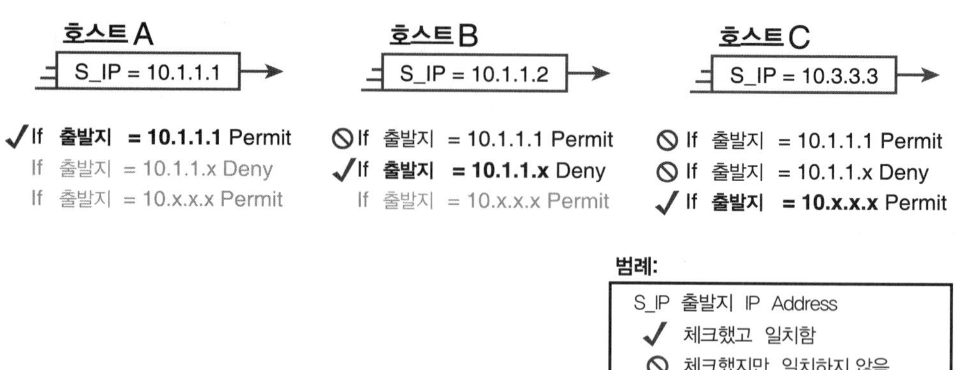

[그림 25-5] [그림 25-4]의 호스트 A, B와 C로부터의 패킷들과 비교되는 항목들

다음으로, 출발지 IP 주소 10.1.1.2인 호스트 B가 보낸 패킷을 고려해보자. 패킷이 R2의 S0/0/1 인터페이스로 들어갈 때, ACL1의 첫 번째 문장과 패킷에 대한 비교 결과가 일치하지 않는다(10.1.1.1은 10.1.1.2와 동일하지 않다). R2는 다음으로 두 번째 문장으로 이동하는데 몇 가지 설명이 필요하다. [그림 25-4]로 돌아가서 ACL의 유사 표현, 10.1.1.x에서 마지막 옥텟의 x는 어떤 숫자도 가능하다는 것을 의미한다. 첫 번째 세 옥텟만 비교한 R2는 표시된 액션(deny)을 취하므로 패킷들을 폐기한다. R2는 또한 패킷에 대한 ACL 처리를 멈추고, ACL 내의 세 번째 줄을 무시한다.

마지막으로, 호스트 C에서 다시 서버 S1으로 보내진 패킷을 고려해보자. 패킷은 출발지 IP 주소 10.3.3.3을 가지고, 패킷이 R2의 S0/0/1 인터페이스로 들어가서 R2의 ACL 프로세스를 구동시키면, R2는 ACL1의 첫 번째 명령을 조사한다. 하지만 첫 번째 ACL 명령과 일치하지 않는다(명령의 10.1.1.1은 패킷의 10.3.3.3과 일치하지 않는다). R2는 두 번째 명령을 조사하고 첫 번째 세 옥텟(10.1.1)을 패킷의 출발지 IP 주소(10.3.3)와 비교하지만 여전히 일치하지 않는다. R2는 다음으로 세 번째 명령을 조사한다. 이 경우, 와일드카드(wildcard)는 마지막 세 옥텟을 무시하라는 것을 의미하므로 첫 번째 옥텟(10)만 비교하므로 패킷은 일치한다. R2는 표시된 액션(permit)을 취하므로 패킷을 통과시킨다.

이러한 ACL리스트를 처리하는 순서는 모든 타입의 IOS ACL 즉, IP, IP 외의 다른 프로토콜들, 표준 혹은 확장형, 이름 혹은 숫자형 ACL에서도 동일하다.

마지막으로 패킷이 ACL의 어떤 항목에도 일치하지 않는다면, 패킷은 폐기된다. 그 이유는 모든 IP ACL은 ACL의 끝에 암묵적으로 'deny all' 문장을 포함하기 때문이다. 이 문장은 설정에는 존재하지 않지만, 라우터가 리스트를 탐색할 때, 리스트의 끝까지 일치하는 항목이 없다면, IOS는 모든 패킷에게 'deny' 액션을 취한다.

식별 로직과 명령어 구문

표준 숫자형(standard numbered) IP ACL들은 다음 글로벌 명령을 사용한다:

access-list {1-99|1300-1999} {permit|deny} *matching-parameters*

각 표준 숫자형 ACL은 하나 이상의 access-list 명령어를 가지는데, 이때의 숫자는 표시한 범위 내의 숫자를 사용해야 한다(범위 내의 한 숫자는 다른 숫자와 같다).

ACL 숫자 외에, 각 **access-list** 명령은 또한 액션(**permit** 혹은 **deny**)과 더불어 식별 로직을 갖는다. 이 섹션의 나머지는 표준형 ACL에 대해 식별 파라미터들을 설정하는 방법을 알아본다. 표준형 ACL은 식별 기준으로 출발지 IP 주소 또는 ACL 와일드카드 마스크(wildcard mask)을 이용하여 출발지 IP 주소 중에서 일부를 구분한다.

정확한 IP 주소의 식별

특정 출발지 IP 주소, 전체 IP 주소를 식별하기 위해, 당신이 해야 하는 것은 명령어의 끝에 IP 주소를 입력하는 것이다. 예를 들어, 앞선 예는 '**If** 출발지 **= 10.1.1.1, Permit**(허용)'과 같이 ACL의 유사 표현을 사용하였다. 다음 명령은 ACL 번호 1을 사용하여 정확한 구문을 가지고 로직을 설정한다:

access-list 1 permit 10.1.1.1

이와 같이, 정확한 IP 주소를 식별하는 구문은 단순하다.

앞선 IOS 버전들에서, 구분은 **host**란 키워드를 포함했었다. 전체 IP 주소를 단순히 입력하는 대신, 먼저 **host**란 키워드를 입력하고 다음으로 IP 주소를 입력한다.

최근의 IOS 버전에서, **host** 키워드를 사용하면 IOS는 이 명령을 받아들이지만 이 키워드를 삭제한다.

access-list 1 permit host 10.1.1.1

와일드카드를 이용하여 주소의 일부분만 식별하기

종종, ACL로 당신이 수행하기 원하는 목적은 하나의 특정 IP 주소가 아니라 IP 주소들의 범위에 적용하는 것이다. 당신은 서브넷 내의 모든 IP 주소들에 ACL을 적용하기를 원할 수 있다. 아니면 주소들의 범위 내부에 하나 이상의 IP 주소들에 적용하기를 원할 수도 있다.

IOS는 표준 ACL에서 와일드카드 마스크라 불리는 툴을 사용하여 주소들의 범위를 식별할 수 있도록 한다. 이것은 서브넷 마스크가 아님을 주의하기 바란다. 와일드카드 마스크(이 책에서는 WC 마스크로 줄인다)는 IOS가 비교할 때 주소의 일부는 일치해야 하지만, 다른 일부는 무시하도록 하는 방법을 제공한다.

당신은 WC 마스크는 십진수 또는 이진수일 수 있고, 양자는 각자의 사용 방식을 갖는다. 먼저, 다음 규칙을 따르는 십진수 WC 마스크를 생각해보자:

- **십진수 0**: *라우터는 이 옥텟을 정상적으로 비교해야 한다.*
- **십진수 255**: *라우터는 이 옥텟을 무시한다. 이 옥텟은 이미 일치하는 것으로 간주한다.*

이러한 두 규칙들을 염두에 두고, 세 개의 상이하지만 일반적인 WC 마스크를 사용하는 [그림 25-6]을 고려해보자. 첫 번째 WC 마스크는 라우터에게 마지막 옥텟을 무시하라고 하고, 두 번째 WC 마스크는 마지막 두 옥텟을 무시하라고 하고, 마지막 WC 마스크는 마지막 세 옥텟을 무시하라고 한다.

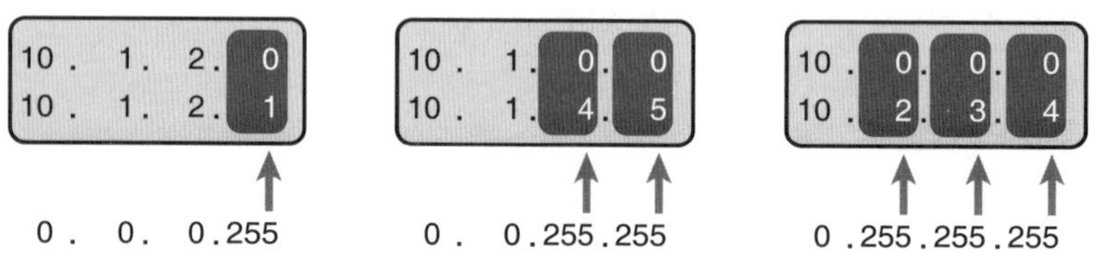

[그림 25-6] WC 마스크 로직: 0.0.0.255, 0.0.255.255와 0.255.255.255

[그림 25-6]의 세 가지 예들은 분명하게 상이한 두 숫자를 보여준다. WC 마스크는 IOS로 하여금 옥텟의 일부만 비교하게 하고 나머지 옥텟은 무시하도록 한다. 세 가지 예들 모두는 식별을 위한 것으로 각 와일드카드 마스크는 IOS에게 일부 옥텟들을 무시하도록 한다. 가장 왼쪽의 예는 라우터에게 마지막 옥텟을 와일드카드로 취급하도록 한다. 즉, 해당 옥텟을 무시하는 WC 마스크 0.0.0.255를 보여준다. 중앙의 예는 라우터에게 오른쪽 두 옥텟을 무시하도록 하는 WC 마스크 0.0.255.255를 보여준다. 가장 오른쪽의 경우는 라우터에게 마지막 세 옥텟을 무시하도록 하는 WC 마스크 0.255.255.255를 보여준다.

실질적으로 WC 마스크를 보기 위해 [그림 25-4]와 [그림 25-5]에 관련된 앞선 예로 돌아가 보자. 두 그림에서 ACL의 유사 표현은 WC 마스크를 적용하여 생성될 수 있는 로직을 사용했다. 상기해보면, 두 그림의 ACL 유사 표현이 가진 로직은 다음 내용을 포함한다:

- **라인 1**: 출발지 주소가 정확하게 10.1.1.1인 모든 패킷을 식별하고 허용한다.
- **라인 2**: 첫 세 옥텟이 10.1.1인 출발지 주소를 가진 모든 패킷들을 식별하고 차단한다.
- **라인 3**: 첫 한 옥텟이 10인 출발지 주소를 가진 모든 패킷들을 식별하고 허용한다.

[그림 25-7]은 [그림 25-4]의 변경된 버전으로 WC 마스크를 포함하여 완전하고 정확한 구문을 갖추었다. 특히, 중요한 것은 두 번째 명령에서 WC 마스크 0.0.0.255는 R2에게 10.1.1.0의 마지막 옥텟을 무시하라고 하고, 세 번째 명령에서 WC 마스크 0.255.255.255는 R2에게 10.0.0.0의 마지막 세 옥텟을 무시하라고 명령한다.

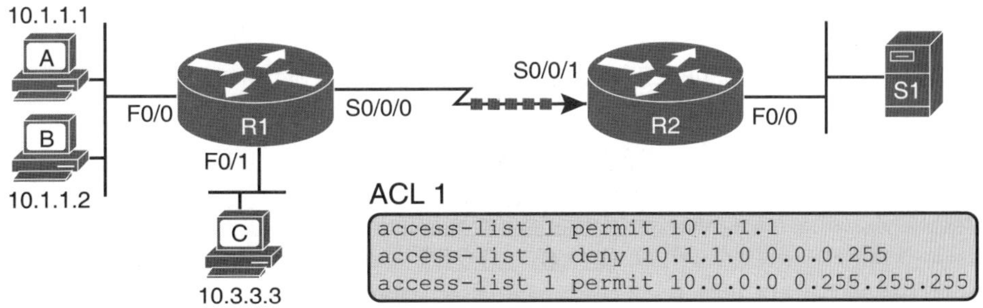

[그림 25-7] [그림 25-4]의 약식 표현을 대체하는 정확한 ACL

마지막으로, access-list에서 WC 마스크를 사용할 때, WC 마스크가 255인 위치는 어느 옥텟에서나 출발지 주소 자리는 0이어야 한다. 출발지 주소 중에서 무시되어질 부분은 0이 아닌 값으로 설정한다 하더라도 이후에 IOS는 0으로 표시한다.

이진수 와일드카드 마스크

DDN(dotted-decimal number) 값인 와일드카드 마스크는 실제로는 32비트 이진수를 나타낸다. 32비트 이진수로서, WC 마스크는 라우터의 로직을 1비트씩 처리하도록 한다. 즉, WC 마스크의 0비트는 정상적으로 비교되어야 하지만, 1비트는 와일드카드로 숫자를 비교할 때 무시한다.

다행히도, CCENT와 CCNA R&S 학습의 목적을 위해, 또는 대부분의 실제 적용을 위해 당신은 이진수 WC 마스크에 대해 염려할 필요가 없다. 왜 그럴까? 우리는 일반적으로 실제 서브넷이거나 서브넷들을 함께 합친 요약 루트에 상관없이 서브넷 번호와 마스크에 의해 주소의 범위를 식별한다(요약 루트에 대해 좀더 알고자 하면 DVD 부록 O '루트 요약'을 참조하기 바란다). 당신이 서브넷 번호와 마스크로 주소의 범위를 표시할 수 있다면, 다음에서 설명할 단순한 십진수 계산으로 ACL에서 사용할 WC 숫자들도 쉽게 찾을 수 있다.

> **NOTE** 이진수 마스크 로직을 알고자 한다면, ACL이 비교할 두 개의 DDN 번호(하나는 **access-list** 명령으로부터, 다른 하나는 패킷 헤더로부터)를 선택하고, 다음으로 둘 다 이진수로 변환한다. 또 WC 마스크도 이진수로 변환한다. 첫 번째 두 개의 이진수를 비트별로 비교하지만, WC 마스크값이 이진수 1인 비트는 무시하도록 한다. 그 이유는 WC 마스트에서 이진수 1의 의미는 해당 비트를 무시하라는 것이기 때문이다. 당신이 체크한 모든 비트들이 동일하다면, 그것은 일치된 것이다!

서브넷에 일치하는 올바른 와이드카드 마스크 찾기

많은 경우에, ACL은 특정 서브넷 내의 모든 호스트들을 식별할 필요가 있다. ACL로 서브넷을 식별하기 위해 다음 지름길을 사용할 수 있다:

- **access-list** 명령의 출발지 숫자로 서브넷 번호를 사용한다.
- 255.255.255.255에서 서브넷 마스크를 뺌으로써 발견되는 와일드카드 마스크를 사용한다.

예를 들어, 서브넷 172.16.8.0 255.255.252.0에 대해, 주소 파라미터로 서브넷 번호 (172.16.8.0)를, 와일드카드 마스크를 찾기 위해 다음 계산을 수행한다:

$$
\begin{array}{r}
255.255.255.255 \\
-\ 255.255.252.0 \\
\hline
0.\quad 0.\quad 3.255
\end{array}
$$

이 예에서, 동일한 서브넷에 대한 완전한 명령어는 다음과 같다:

```
access-list 1 permit 172.16.8.0  0.0.3.255
```

다가올 섹션, '표준 IP ACL 적용 연습'은 ACL을 설정할 때 서브넷을 와일드카드 마스크를 사용하여 표현하기 위한 연습을 한다.

모든 주소들에 대한 표현 방법

어떤 경우에, 당신은 모든 패킷들을 일치시키는 하나의 ACL 명령을 원할 수 있다. 먼저, **any** 키워드를 사용하여 모든 패킷들을 일치시키는 간단한 방법을 숙지해야 한다. 보다 중요한 것은 모든 패킷들을 일치시켜야 하는 경우를 고려하는 것이다.

먼저, ACL 명령으로 모든 패킷들을 일치시키기 위해 주소를 대신하여 **any** 키워드를 사용하면 된다. 예를 들어, 모든 패킷들을 허용하기 위해:

```
access-list 1 permit any
```

언제 그리고 어디서 그러한 명령을 사용해야 할까? 모든 시스코 IP ACL들은 각 ACL의 끝에는 '무조건 차단'이 암묵적으로 생략되어 있음을 상기하기 바란다. 즉, 라우터가 패킷을 ACL과 비교할 때, 설정된 명령어들의 어떤 것과도 일치하지 않으면 라우터는 패킷을 폐기한다. 이러한 기본적인 동작을 무효화시키고자 한다면 어떻게 해야 할까? 이를 위해 ACL의 끝에 **permit any**를 설정하면 된다.

당신은 ACL의 끝에 모든 트래픽을 차단하도록 명령어(예를 들어, **access-list 1 deny any**)를 설정하기를 원할 수도 있다. 왜 그렇게 해야 할까? 동일한 로직이 이미 ACL의 끝에 존재하지 않는가? 이유는 다음과 같다. ACL **show** 명령은 ACL에서 각 명령어에 의해 일치하는 패킷들의 수에 대한 통계를 표시하지만, ACL의 끝에 존재하는 '무조건 차단'을 위한 통계는 존재하지 않는다. 따라서 ACL의 끝의 '무조건 차단' 로직에 일치하는 패킷들의 통계치를 보기 원한다면, **deny any** 명령을 설정한다.

표준 IP ACL 설정

이 장은 이미 모든 설정 단계들을 소개했다. 이 섹션은 설정 단계로서 이러한 조각들을 요약한다. 또한 **access-list** 명령에 대해 언급하고, 이 명령의 일반적인 구문들도 반복 설명한다:

access-list *access-list-number* {**deny** | **permit**} *source* [*source-wildcard*]

단계 ① 해당 인터페이스의 위치(라우터와 인터페이스)와 방향(in 혹은 out)을 계획한다:

    ⓐ 표준 ACL은 패킷의 목적지 근처에 위치해야 한다. 이것은 폐기되어서는 안될 패킷을 위한 것이다.

    ⓑ 표준 ACL은 패킷의 출발지 IP 주소가 유일한 기준이므로, ACL이 조사하는 방향으로 지나가는 패킷의 출발지 IP 주소를 확인한다.

단계 ② ACL을 만들기 위해 하나 이상의 **access-list** 글로벌 컨피규레이션 명령어를 설정하되, 아래 내용은 기억해둬야 한다:

    ⓐ 이 리스트는 첫 번째–매칭(first–match) 로직을 사용하므로 순서대로 검색된다.

    ⓑ 패킷이 어떤 **access-list** 명령에도 일치하지 않았을 때의 기본 동작은 모든 패킷을 폐기(deny)하는 것이다.

단계 ③ **ip access-group number** {**in** | **out**} 명령으로 정확한 방향으로 선택된 라우터 인터페이스에 ACL을 활성화한다.

이 섹션의 나머지는 두 개의 예들을 보여준다.

표준 번호형 ACL 예 1

첫 번째 예는 [그림 25-4]와 [그림 25-5]에서 설명한 동일한 조건들에 대한 설정을 보여준다. 다시 언급하면, 이 ACL에 대한 조건들은 다음과 같다:

① R2의 S0/0/1 인터페이스에 ACL을 인바운드(inbound) 방향으로 설정한다.

② 호스트 A에서 들어오는 패킷들은 허용한다.

③ 호스트 A의 서브넷의 다른 호스트들로부터 들어오는 패킷들은 폐기한다.

④ 클래스 A 네트워크 10.0.0.0에 속하는 다른 주소들로부터 오는 패킷들은 허용한다.

⑤ 원래의 예에서 기본 동작에 대해서는 아무런 언급이 없으므로, 다른 모든 트래픽은 폐기하기로 한다.

[예 25-1]은 정확한 설정을 보여주고, 다음으로 **show running-config** 명령어의 아웃풋을 보여준다.

```
R2# configure terminal
Enter configuration commands, one per line.  End with CNTL/Z.
R2(config)# access-list 1 permit 10.1.1.1
R2(config)# access-list 1 deny 10.1.1.0 0.0.0.255
R2(config)# access-list 1 permit 10.0.0.0 0.255.255.255
R2(config)# interface S0/0/1
```

```
R2(config-if)# ip access-group 1 in
R2(config-if)# ^Z
R2# show running-config
! 간략화를 위해 생략됨

access-list 1 permit 10.1.1.1
access-list 1 deny 10.1.1.0 0.0.0.255
access-list 1 permit 10.0.0.0 0.255.255.255
```

[예 25-1] 표준 번호형 ACL 예 1 설정

먼저, 이 예 상단의 설정 과정에 대해 자세히 살펴보자. **access-list** 명령은 글로벌 컨피규레이션 명령이고 **access-list** 명령이 글로벌 컨피규레이션 모드 프롬프트에서 명령어 프롬프트를 변경하지도 않는다. **show running-config** 명령의 아웃풋을 보면 컨피규레이션 모드에서 추가된 다른 명령어와 동일하다. 끝으로, R2의 S0/0/1 인터페이스 아래에 ACL 로직(장소와 방향을 결정)을 활성화시키는 **ip access-group 1 in** 명령을 주목하기 바란다.

[예 25-2]는 이 ACL에 대한 정보를 보여주는 라우터 R2의 아웃풋을 보여준다. **Show ip access-lists** 명령은 IPv4 ACL들에 대한 상세 정보만을 보여주는 반면, **show access-lists** 명령은 IPv4 ACL과 더불어 예를 들어, IPv6 ACL과 같이 현재 구현된 다른 유형의 ACL들에 대한 상세 항목들을 보여준다.

```
R2# show ip access-lists
Standard IP access list 1
    10 permit 10.1.1.1 (107 matches)
    20 deny   10.1.1.0, wildcard bits 0.0.0.255 (4 matches)
    30 permit 10.0.0.0, wildcard bits 0.255.255.255 (10 matches)
R2# show access-lists
Standard IP access list 1
    10 permit 10.1.1.1 (107 matches)
    20 deny   10.1.1.0, wildcard bits 0.0.0.255 (4 matches)
    30 permit 10.0.0.0, wildcard bits 0.255.255.255 (10 matches)
R2# show ip interface s0/0/1
Serial0/0/1 is up, line protocol is up
  Internet address is 10.1.2.2/24
  Broadcast address is 255.255.255.255
  Address determined by setup command
  MTU is 1500 bytes
  Helper address is not set
  Directed broadcast forwarding is disabled
  Multicast reserved groups joined: 224.0.0.9
  Outgoing access list is not set
  Inbound  access list is 1
! 간략화를 위해 생략됨
```

[예 25-2] R2의 ACL show 명령어

이 명령어들의 아웃풋에서 두 가지 항목을 보자. 이 경우, 아웃풋의 첫 번째 줄은 타입(표준, standard)과 번호를 보여준다. 하나 이상의 ACL이 존재한다면, 아웃풋의 예와 같이 한 줄의 제목 줄과 함께 ACL마다 한 줄씩, 다수의 비슷한 줄들을 보여준다. 다음으로, 라우터가 각 명령에 일치되었던 패킷들의 수를 보여준다. 예를 들어, 지금까지 107개의 패킷들이 ACL의 첫 번째 줄에 일치되었다.

마지막으로, 이 예의 끝에는 **show ip interface** 명령의 아웃풋을 보여준다. 이 명령은 다수의 다른 항목들 중에 **ip access-group** 인터페이스 하부 명령으로 인터페이스에 적용된 IP ACL의 번호 혹은 이름을 보여준다.

표준 번호형 ACL 예 2

두 번째 예로, [그림 25-8]에서 당신의 팀장이 당신에게 급하게 몇 가지 조건들을 제시했다고 가정해보자. 즉, 그는 당신에게 오른쪽의 서버에서 왼쪽의 클라이언트들로 향하는 패킷들을 필터링하기를 원한다고 하였다. 구체적으로 그는 서버 S1에서 호스트 A와 같은 서브넷의 다른 호스트들에 대한 접속은 허용하지만, 해당 서버에서 호스트 C의 서브넷 내의 호스트들에 대한 접속을 차단하기를 원한다. 다음으로 호스트 A의 서브넷 내의 호스트들에 대한 서버 S2의 접속은 차단되지만, 호스트 C의 서브넷 내의 호스트들에 대한 서버 S2의 접속은 허용되기를 바란다. 또한, 그는 오른쪽에서 왼쪽으로 가는 패킷들을 필터링하되, R2의 F0/0 인터페이스에 인바운드 ACL을 설정하도록 하였다.

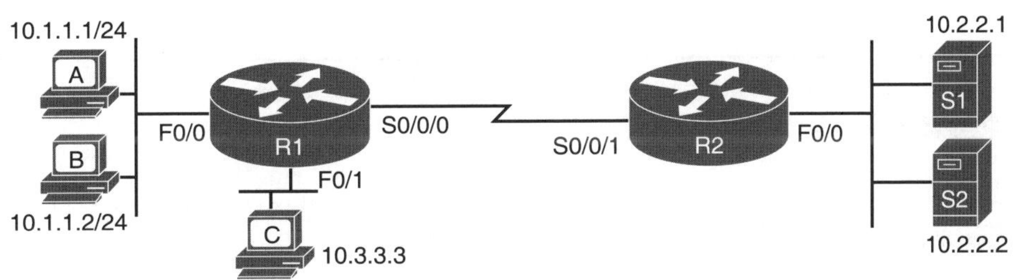

[그림 25-8] 표준 번호형 ACL 예 2

당신이 팀장의 요청들을 정리하면, 조건들을 다음과 같이 요약할 수 있다:

① R2의 F0/0 인터페이스에 인바운드 ACL을 설정한다.

② 서버 S1에서 A의 서브넷 내의 호스트들에게 가는 패킷들은 허용한다.

③ 서버 S1에서 C의 서브넷 내의 호스트들에게 가는 패킷들은 폐기한다.

④ 서버 S2에서 C의 서브넷 내의 호스트들에게 가는 패킷들은 허용한다.

⑤ 서버 S2에서 A의 서브넷 내의 호스트들에게 가는 패킷들은 폐기한다.

⑥ (기본 동작에 대한 어떤 요구도 없기 때문에, 나머지 패킷들에 대해서는 **deny all**을 적용하기로 한다.)

알다시피, 팀장이 요구한 모든 것을 하나의 표준 ACL로 구성할 수는 없다. 예를 들어, 위 조건 ②를 반영하는 ACL 2번을 생각해보자. 즉, **access-list 2 permit 10.2.2.1**은 출발지 IP가 10.2.2.1(서버 S1)인 모든 트래픽을 허용한다. 바로 다음 조건은 당신에게 같은 IP 주소에서 출발한 패킷을 필터링(deny) 하라는 것이다! 다음으로 다시 출발지 IP 주소, 10.2.2.1을 포함하는 다른 명령을 추가하더라도, 라우터는 그것을 사용하지 않는데, 그것은 라우터가 ACL을 검색할 때, 첫 번째-매칭(first-match) 로직을 사용하기 때문이다. 표준 ACL이 목적지 IP 주소를 확인하지 않기 때문에, 현재로서는 목적지와 출발지 IP 주소를 모두 체크하지 않는다.

이 문제를 해결하기 위해, 당신은 팀장을 새로 바꾸어야 할까? 대신, 문제를 다시 생각하고 규칙을 변경해야 할까? 실무에서, 당신은 아마도 출발지와 목적지 IP 주소를 모두 확인하는 확장형 ACL을 사용할 것이다.

또 하나의 표준 ACL을 연습하기 위해, 당신의 팀장이 조건을 변경했다고 가정해보자. 먼저, 라우터 R1에서 두 개의 아웃바운드 ACL들을 사용할 것이고, 각 ACL은 다음과 같이 수정된 조건들을 위해, 단일 서버에서 연결된 LAN으로 이동하는 트래픽을 허용할 것이다:

① R1의 F0/0 인터페이스에서 아웃바운드 ACL을 사용하여, 서버 S1에서 출발한 패킷들을 허용하고 다른 모든 패킷들은 폐기한다.

② R1의 F0/1 인터페이스에서 아웃바운드 ACL을 사용하여, 서버 S2에서 출발한 패킷들을 허용하고 다른 모든 패킷들은 폐기한다.

[예 25-3]는 이러한 조건들을 완성하는 설정을 보여준다.

```
access-list 2 remark This ACL permits server S1 traffic to host A's subnet
access-list 2 permit 10.2.2.1
!
access-list 3 remark This ACL permits server S2 traffic to host C's subnet
access-list 3 permit 10.2.2.2
!
interface F0/0
 ip access-group 2 out
!
interface F0/1
 ip access-group 3 out
```

[예 25-3] [예 25-3] 라우터 R1의 대안 설정

예에서 강조한 대로, ACL 2는 S1 서버에서 출발한 모든 트래픽을 허용하는데, R1의 F0/0 인터페이스에서 나가는 패킷들에 적용된다. ACL의 끝에는 기본적으로 나머지 모든 패킷들을 차단한다는 문장을 포함하므로 그외 다른 트래픽은 차단될 것이다. 게다가 ACL 3은 S2 서버에서 출발한 모든 트래픽을 허용하는데, R1의 F0/1 인터페이스에서 나가는 패킷들에 적용된다. 또한

이 솔루션은 **access-list remark** 파라미터의 사용을 보여주는데, 이것은 ACL에 대한 설명을 덧붙이도록 한다.

문제 해결과 확인 팁들

IPv4 ACL들에 대한 장애 해결은 상세 항목에 대한 주의가 필요하다. 특히, 주소와 와일드카드 마스크를 살펴보고, 조합된 파라미터들에 의해 일치되는 주소들을 확실하게 예측할 수 있어야 한다. 이 장의 조금 뒤에 제시할 연습 문제들은 이 영역의 일을 대비하도록 한다. 또한, 덧붙이는 몇 마디의 조언들도 시험에서도 ACL 문제들을 확인하고 관련 장애를 해결할 수 있도록 돕는다.

먼저, 두 가지 툴들로 라우터가 패킷들을 식별하고 있는지를 확인할 수 있다. [예 25-2]에서 IOS가 ACL의 각 라인에 일치하는 패킷들에 대한 통계를 유지한다는 것을 이미 보여주었다. 또한 **access-list** 명령의 마지막에 **log** 키워드를 추가하면, IOS는 ACL의 특정 라인에 대한 일치 통계와 함께 로그 메시지를 발생시킨다. 통계치와 로그 메시지는 ACL의 어떤 라인에 패킷이 일치되고 있는지를 확인하는 데 도움이 된다.

예를 들어, [예 25-4]는 log 키워드를 추가하여, [예 25-3]의 ACL2에 대한 수정된 버전을 보여 준다. 이 예의 하단은 전형적인 로그 메시지를 보여주는데, 이것은 출발지 IP 주소 10.2.2.1(ACL에 일치 조건)에서 목적지 주소 10.1.1.1을 향하는 패킷에 의한 로그 메시지를 보여준다.

```
R1# show running-config
! 간략화를 위해 라인 삭제됨
access-list 2 remark This ACL permits server S1 traffic to host A's subnet
access-list 2 permit 10.2.2.1 log
!
interface F0/0
 ip access-group 2 out

R1#
Feb 4 18:30:24.082: %SEC-6-IPACCESSLOGNP: list 2 permitted 0 10.2.2.1 -> 10.1.1.1, 1
  packet
```

[예 25-4] ACL 통계를 위한 로그 메시지 생성

매칭 로직에 대해 자세히 알아보기 전에, 먼저 ACL에 대한 장애를 해결할 때는 ACL이 적용된 인터페이스와 패킷의 전달 방향을 고려해야 한다. 때때로 매칭 로직은 완벽하지만, ACL이 부적절한 인터페이스나 부적절한 방향으로 적용되었을 수 있다.

예를 들어, [그림 25-9]는 앞서 [그림 25-7]에서 보았던 동일한 ACL을 반복한다. 이 ACL의 첫 번째 줄은 특정 호스트 주소 10.1.1.1을 위한 것이다. 라우터 R2에 ACL을 적용한다면, R2의 S0/0/1 인터페이스에 인바운드 ACL을 적용해야 하는데, 그 이유는 그림 왼쪽의 호스트 10.1.1.1이 보낸 패킷은 R2의 S0/0/1인터페이스로 들어가기 때문이다. 하지만 R2가 F0/0 인터페이스에 인바운드 ACL1을 적용한다면, ACL은 출발지 IP 주소 10.1.1.1을 가진 패킷을 발견할 수 없을 것인데, 그 이유는 호스트 10.1.1.1이 보낸 패킷은 이 인터페이스로 들어가지 않을 것이기 때문이다. 10.1.1.1이 보낸 패킷들은 R2의 F0/0 인터페이스로 나갈 것이지만, 네트워크 구성 때문에 다시 들어오지는 않는다.

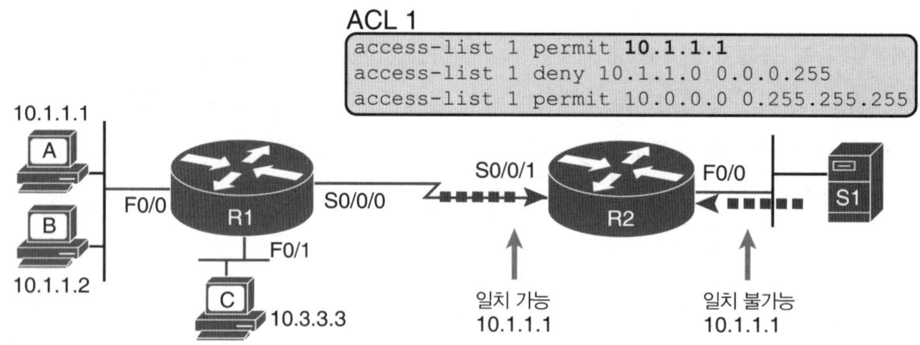

[그림 25-9] ACL 인터페이스와 방향 체킹 예

:: 표준 IP ACL 적용 연습

ACL과 같이, 일부 CCENT 및 CCNA R&S 주제들은 다른 항목들보다 많은 연습을 필요로 한다. ACL은 숫자들의 범위를 정하는 파라미터들을 고려해야 하는데, 이것은 일부 계산과 프로세스의 사용을 필요로 한다.

이 섹션은 두 가지 관점에서 일부 연습 문제들과 조언들을 제공한다. 첫 번째, 이 섹션은 일부 패킷들을 식별하는 한 줄짜리 표준형 ACL을 구성하도록 한다. 두 번째, 이 섹션은 기존 ACL 명령을 해석하여 ACL이 어떤 패킷들을 식별하는지를 설명하도록 한다. 두 스킬들이 시험을 위해 모두 유용하다.

access-list 명령 구성 연습

이 섹션에서, 특히 정확한 매칭 로직을 선택하는 것을 포함하여, **access-list** 명령의 구문에 익숙해지기 위한 연습을 한다. 이러한 스킬들은 다음 장의 확장형과 이름형 ACL들에 대해 학습할 때도 도움이 될 것이다.

먼저, 다음 리스트는 **access-list** 명령에서 매칭 파라미터들을 선택할 때 고려해야할 몇 가지 중요한 조언들을 요약한 것이다:

- 특정 주소를 정의하기 위해, 그냥 그 주소를 쓴다.
- 모든 주소들을 정의하기 위해, **any** 키워드를 쓴다.
- 주소의 첫 번째 하나, 둘 혹은 세 옥텟들을 정의하기 위해, 0.255.255.255, 0.0.255.255와 0.0.0.255 WC 마스크를 각각 사용한다. 또한 와일드카드 옥텟(와일드카드 마스크에서 255를 갖는 옥텟) 자리는 출발지 주소에 0을 갖도록 한다.
- 서브넷을 정의하기 위해, 서브넷 ID를 출발지로 사용하고, 255.255.255.255에서 DDN 서브넷 마스크를 뺌으로써 WC 마스크를 찾는다.

[표 25-2]는 몇 가지 연습 문제들의 매칭 기준을 보여준다. 당신이 해야할 일은 각 패킷들에 일치하는 한 줄의 표준형 ACL을 구성하는 것이다. 정답은 이 장의 이후, '앞선 연습 문제에 대힌 정답' 섹션을 보기 바란다.

문제	기준
1	172.16.5.4에서 출발한 패킷들
2	첫 번째 세 옥텟이 192.168.6인 호스트에서 출발한 패킷들
3	첫 번째 두 옥텟이 192.168인 호스트에서 출발한 패킷들
4	모든 호스트에서 출발한 패킷들
5	서브넷 10.1.200.0/21에서 출발한 패킷들
6	서브넷 10.1.200.0/27에서 출발한 패킷들
7	서브넷 172.20.112.0/23에서 출발한 패킷들
8	서브넷 172.20.112.0/26에서 출발한 패킷들
9	서브넷 192.168.9.64/28에서 출발한 패킷들
10	서브넷 192.168.9.64/30에서 출발한 패킷들

[표 25-2] 한줄짜리 표준형 ACL 연습

ACL에서 주소 범위로의 역 변환

일부 경우에, 당신은 스스로 ACL을 생성하는 대신, 기존의 **access-list** 명령을 해석해야 할 수도 있다. 시험에서 이러한 유형의 문제에 답하기 위해, 각 ACL 문장의 특정 주소/와일드 카드 마스크 조합에서 정의하는 IP 주소의 범위를 찾을 필요가 있다.

CCENT와 CCNA R&S 자격에 대한 합리적인 가정 하에, ACL에 일치하는 주소들의 범위를 계산하는 것은 상대적으로 단순하다. 기본적으로, 주소의 범위는 ACL 명령으로 설정된 주소로부터 시작한다. 이 주소의 범위는 주소 필드와 와일드카드 마스크의 합과 함께 끝난다. 즉, 다음과 같다.

예를 들어, **access-list 1 permit 172.16.200.0 0.0.7.255** 명령과 함께, 범위의 첫 주소는 간단하게 명령어 자체에서 직접 얻은 172.16.200.0이다. 다음으로 범위의 마지막 주소는 다음과 같이 이 번호에 WC 마스크를 더한다:

$$
\begin{array}{r}
172.16.200.0 \\
+\ 0.\ \ 0.\ \ \ 7.255 \\
\hline
172.16.207.255
\end{array}
$$

조금 더 연습을 위해, [표 25-3]의 **access-list** 명령을 보자. 각 경우에, 이 명령에 일치하는 정확한 IP 주소 혹은 IP 주소들의 범위를 찾아보자.

문제	출발지 주소 범위를 찾기 위한 명령어들
1	access-list 1 permit 10.7.6.5
2	access-list 2 permit 192.168.4.0 0.0.0.127
3	access-list 3 permit 192.168.6.0 0.0.0.31
4	access-list 4 permit 172.30.96.0 0.0.3.255
5	access-list 5 permit 172.30.96.0 0.0.0.63
6	access-list 6 permit 10.1.192.0 0.0.0.31
7	access-list 7 permit 10.1.192.0 0.0.1.255
8	access-list 8 permit 10.1.192.0 0.0.63.255

[표 25-3] 기존의 ACL들을 보고 IP 주소들/범위 찾기

흥미롭게도, IOS는 CLI 사용자로 하여금 컨피규레이션 모드에서 **access-list** 명령을 입력하도록 하고, IOS는 이 명령을 러닝-컨피그 파일에 두기 전에 주소 파라미터를 적정한 형태로 변경할 수 있다. **access-list** 명령에 일치하는 주소들의 범위를 찾으라는 [표 25-3]의 예는 **access-list** 명령이 라우터에서 비롯된 것으로 완벽한 것이다.

access-list 명령으로 IOS가 만드는 변환은 와일드카드 마스크 옥텟 자리가 255인 주소의 옥텟을 0으로 바꾸는 것이다. 예를 들어, 와일드카드 마스크가 0.0.255.255라면, IOS는 마지막 두 옥텟들을 무시한다. IOS는 주소 필드가 두 개의 0으로 끝날 것이라고 생각한다. 0으로 입력하지 않아도 IOS는 여전히 **access-list** 명령을 받아들이지만, IOS는 마지막 두 옥텟의 주소를 0으로 바꾼다. [예 25-5]는 주소 10.1.1.1이지만 와일드카드 마스크는 0.0.255.255인 설정 예를 보여준다.

```
R2# configure terminal
Enter configuration commands, one per line.  End with CNTL/Z.
R2(config)# access-list 21 permit 10.1.1.1 0.0.255.255
R2(config)# ^Z
R2#
R2# show ip access-lists
Standard IP access list 21
    10 permit 10.1.0.0, wildcard bits 0.0.255.255
```

[예 25-5] IOS가 access-list 명령어에 있는 주소 필드 변환

주소의 범위를 찾기 위한 계산 문제는 명령이 완벽하게 정확하거나 혹은 IOS가 예에서 본 것과
같이 이러한 주소 옥텟을 적정하게 0으로 이미 설정하였다는 것을 전제로 한다.

> 📝 **NOTE** WC 마스크들은 이진수로 0과 1을 번갈아 배치하지 않는다. 이 책은 이러한 유형의 WC 마스크의 사
> 용만을 가정한다. 그러나 시스코 IOS는 0과 1이 교차되는 WC 마스크를 허용하지만, 이러한 WC 마스크는 주
> 소의 영역을 계산하는 단순한 방식을 사용할 수 없다. 당신이 이후의 CCIE 학습을 준비한다면, ACL이 정의하는
> 것을 찾는 방법과 관련하여 이 방식을 다루어야야 한다.

챕터 리뷰

좋은 시험 결과를 위해서는 리뷰 세션에 대한 복습이 중요하다. 책이나 DVD의 툴 혹은 책의 동
반자 웹 사이트에서 찾을 수 있는 대화형 툴을 활용하여 이 장의 자료들을 리뷰하기 바란다. 특히,
'**단계②** 챕터 위주의 학습 습관을 만들어라'라는 제목의 '당신의 학습 계획'을 참조하기 바란다.
[표 25-4]은 핵심 리뷰 요소들과 자료 출처들을 보여준다. 학습 과정에 대해 보다 나은 추적을
위해 두 번째 열에 완료한 날짜를 기록하도록 한다.

리뷰 항목	완료 날짜	자료 출처
핵심 주제 리뷰		책, DVD/웹 사이트
핵심 용어 리뷰		책, DVD/웹 사이트
사전 점검 퀴즈 반복		책, PCPT
명령어 테이블 연습		책

[표 25-4] 챕터 리뷰 확인

핵심 주제 복습

핵심 주제	설명	페이지
문단	ACL의 위치와 방향에 대한 일반적인 규칙 요약	640
그림 25-3	시스코 IOS에서 IPv4 ACL의 네 가지 주요 카테고리 요약	642
문단	모든 ACL이 사용하는 첫 번째–일치(first–match) 로직 요약	643
리스트	십진수 0과 255에 대한 와일드카드 마스크 로직	646
리스트	서브넷을 정의하는 와일드카드 마스크 로직	647
리스트	표준 IP ACL에 대한 계획과 설정 단계들	649
리스트	access–list 명령의 출발지 주소 필드에 대한 매칭 로직 생성 시의 조언들	655

[표 25-5] 25장의 핵심 주제들

핵심 용어

표준형 액세스 리스트(standard access list), 와일드카드 마스크(wildcard mask)

:: 기본 ACL에 대한 추가적인 연습

ACL에 대한 추가적인 연습을 위해서, 당신이 선택한 툴을 사용하여 동일한 연습 문제들을 학습할 수 있다:

- 애플리케이션: DVD 혹은 동반자 웹사이트에서 기본적인 IPv4 ACL 애플리케이션을 사용한다.
- PDF: 그 대신, DVD 부록 I '25장, 기본 IPv4 ACL(Access Control Lists)'을 사용하여 앱 들에서 발견할 수 있는 동일한 문제를 연습한다.

:: 명령어 참조

[표 25-6]과 [표 25-7]은 이 장에서 사용하는 설정과 확인 명령어들을 보여준다. 연습을 위해 표의 왼쪽 행을 가리고, 오른쪽 행을 읽고 해당 명령을 보지 않고 기억해보도록 한다. 다음으로 오른쪽 행을 덮고 명령이 무엇을 위한 것인지를 기억하는 연습을 반복한다.

명령어	모드 및 목적
access–list *access-list-number* {deny | permit} *source* [*source–wildcard*] [log]	표준 번호형 액세스 리스트를 위한 글로벌 명령어. 1 ~ 99 또는 1300~1999 사이의 번호를 사용한다.
access–list *access-list-number* remark text	ACL이 무엇을 수행하는지를 상기시키는 문장을 정의한다.
ip access–group *number* {in | out}	액세스 리스트를 활성화는 인터페이스 하부 명령어.

[표 25-6] 25장 설정 명령어 참조

명령어	모드 및 목적
show ip interface [*type number*]	인터페이스에 적용된 액세스 리스트에 대한 참조 사항을 포함한다.
show access-lists [*access-list-number* | *access-list-name*]	모든 프로토콜들을 위해 설정된 액세스 리스트에 대한 상세 항목들을 보여 준다.
show ip access-lists [*access-list-number* | *access-list-name*]	IP 액세스 리스트들을 보여준다.

[표 25-7] 25장 EXEC 명령어 참조

 ## 앞선 연습 문제에 대한 정답

[표 25-8]은 앞선 [표 25-2]에서 제시한 문제들에 대한 정답들이다. [표 25-9]는 앞선 [표 25-3]에 대한 정답들이다.

문제	정답
1	access-list 1 permit 172.16.5.4
2	access-list 2 permit 192.168.6.0 0.0.0.255
3	access-list 3 permit 192.168.0.0 0.0.255.255
4	access-list 4 permit any
5	access-list 5 permit 10.1.200.0 0.0.7.255
6	access-list 6 permit 10.1.200.0 0.0.0.31
7	access-list 7 permit 172.20.112.0 0.0.1.255
8	access-list 8 permit 172.20.112.0 0.0.0.63
9	access-list 9 permit 192.168.9.64 0.0.0.15
10	access-list 10 permit 192.168.9.64 0.0.0.3

[표 25-8] [표 25-2]의 한 줄 표준형 ACL 구성하기: 정답

문제	정답
1	하나의 주소: 10.7.6.5
2	192.168.4.0 – 192.168.4.127
3	192.168.6.0 – 192.168.6.31
4	172.30.96.0 – 172.30.99.255
5	172.30.96.0 – 172.30.96.63
6	10.1.192.0 – 10.1.192.31
7	10.1.192.0 – 10.1.193.255
8	10.1.192.0 – 10.1.255.255

[표 25-9] [표 25-3]의 문제에 대한 추가 주소 범위들: 정답

Chapter 26
고급 IPv4 ACL(Access Control List)

이 장은 다음 시험 주제를 다룬다.

4.0 인프라스트럭처 서비스

4.6 라우팅 가능한 인터페이스에서 IPv4 표준 번호형과 이름형 액세스 리스트에 대한 설정, 확인 및 장애 해결

시스코 라우터들은 다수의 다양한 적용 분야들 즉, 필터링이나 NAT(Network Address Translation) 또는 QoS(quality of servive)나 기타 다른 이유로 패킷들을 지정하기 위해 IPv4 ACL(access control list)을 사용한다.

IPv4 ACL은 표준형 혹은 확장형 ACL인데, 표준 ACL은 출발지 IP 주소만 대조하고, 확장 ACL은 다양한 패킷 헤더 필드들을 대조한다. 동시에 IP ACL은 번호형 혹은 이름형이 있다. [그림 26-1]은 앞선 장에서 설명한 바와 같이 이 카테고리들과 각각의 주요 특성을 보여준다.

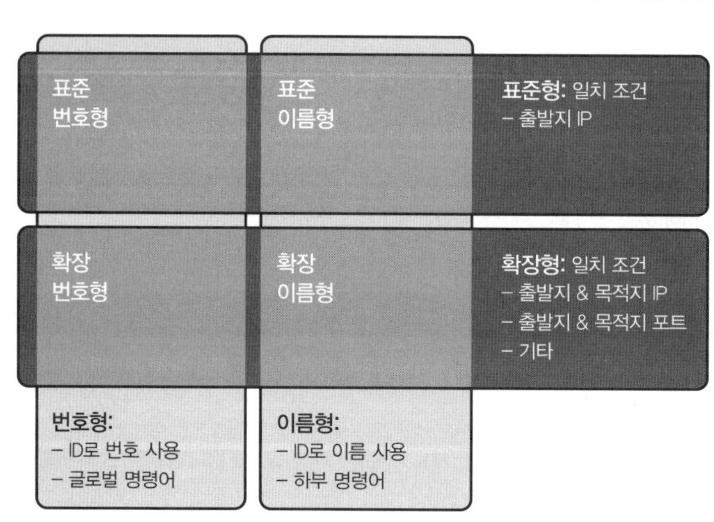

[그림 26-1] IP ACL 유형들 비교

이 장은 표준 번호형 IP ACL 외의 다른 세 개의 카테고리들을 다루고, 시스코 라우터와 스위치를 보호하기 위한 몇몇 잡다한 기능들로 끝맺는다.

QUIZ 사전 점검 퀴즈

이 장의 학습을 위해 필요한 시간을 가늠하기 위해 시험(이 페이지나 PCPT 소프트웨어를 사용 가능)을 보기 바란다. 정답은 퀴즈 다음 페이지의 아랫 부분에 나와 있고, 설명은 DVD 부록 C와 PCPT 소프트웨어에 있다.

핵심 주제 섹션	해당 문제
확장형 IP ACL	1–3
이름형 ACL과 ACL 편집	4
IPv4 ACL 관련 장애 해결	5–6

[표 26 –1] 사전 점검 퀴즈의 핵심 주제와 문제

1. 다음 필드들 중 확장형 IP ACL의 비교 기준이 아닌 것은? (2개를 선택할 것)

   a. 프로토콜

   b. 출발지 IP 주소

   c. 목적지 IP 주소

   d. TOS 바이트

   e. URL

   f. FTP 전송을 위한 파일 이름

2. 다음 `access-list` 명령어 중 호스트 10.1.1.1에서 172.16.5로 시작하는 IP 주소들을 갖는 모든 웹 서버들로 이동한 패킷들을 허용하는 것은? (2개를 선택할 것)

```
a. access-list 101 permit tcp host 10.1.1.1 172.16.5.0 0.0.0.255 eq www
b. access-list 1951 permit ip host 10.1.1.1 172.16.5.0 0.0.0.255 eq www
c. access-list 2523 permit ip host 10.1.1.1 eq www 172.16.5.0 0.0.0.255
d. access-list 2523 permit tcp host 10.1.1.1 eq www 172.16.5.0 0.0.0.255
e. access-list 2523 permit tcp host 10.1.1.1 172.16.5.0 0.0.0.255 eq www
```

3. 다음 `access-list` 명령어 중 172.16.5로 시작하는 IP 주소들을 갖는 모든 웹 서버들로부터 모든 웹 클라이언트로 향하는 패킷을 허용하는 것은?

```
a. access-list 101 permit tcp host 10.1.1.1 172.16.5.0 0.0.0.255 eq www
b. access-list 1951 permit ip host 10.1.1.1 172.16.5.0 0.0.0.255 eq www
c. access-list 2523 permit tcp any eq www 172.16.5.0 0.0.0.255
d. access-list 2523 permit tcp 172.16.5.0 0.0.0.255 eq www 172.16.5.0
   0.0.0.255
e. access-list 2523 permit tcp 172.16.5.0 0.0.0.255 eq www any
```

4. 최근의 IOS 버전(최소한 버전 15.0)을 운용하는 라우터에서, 엔지니어는 4줄의 명령으로 구성된 ACL의 두 번째 줄을 삭제하려 한다. 다음 옵션들 중 어떤 것이 사용될 수 있는가? (2개를 선택할 것)

    a. 전체 ACL을 삭제하고, ACL에 남아야 할 세 개의 ACL 문장을 다시 설정해야 한다.

    b. **No access-list...** 글로벌 명령을 사용해서 ACL로부터 한 줄을 삭제한다.

    c. ACL 컨피규레이션 모드에서 순서 번호에 기초하여 두 번째 라인만 삭제한다.

    d. 글로벌 컨피규레이션 모드에서 ACL의 마지막 세 라인을 삭제하고, ACL에 다시 마지막 두 문장을 추가한다..

5. 엔지니어가 라우터 R1에서 ACL 설정을 고려하고 있다. 엔지니어는 인터페이스 G0/1에 **ip access-group A out** 명령으로 ACL A를 적용하거나 같은 인터페이스에 **ip access-group B in** 명령으로 ACL B를 적용할 수 있다. 다음 답변들 중 이러한 옵션들을 비교할 때, 맞는 것은? (2개를 선택할 것)

    a. ACL A는 ACL B보다 중요한 오버헤드 트래픽을 차단할 위험이 있다.

    b. ACL B 는 ACL A보다 중요한 오버헤드 트래픽을 차단할 위험이 있다.

    c. R1에서 **ping 1.1.1.1** 명령은 ACL A를 우회할 것이다.

    d. R1에서 **ping 1.1.1.1** 명령은 ACL B를 우회할 것이다.

6. 엔지니어는 ACL을 설정했지만, 설정을 저장할 것을 잊어버렸다. 이 시점에서, 다음 명령어들 중 라인 번호를 포함하여 IPv4 ACL의 설정을 보여주는 것은? (2개를 선택할 것)

    a. `show running-config`

    b. `show startup-config`

    c. `show ip access-lists`

    d. `show access-lists`

:: 확장 숫자형 IP ACL

확장 숫자형(Extended numbered) IP ACL은 앞선 장에서 다룬 표준 숫자형 ACL과 많은 유사점이 있다. 표준 IP ACL과 같이 인터페이스에 들어오거나 나가는 패킷들에 대해 확장 액세스 리스트를 적용할 수 있다. 확장 ACL은 또한 첫 번째 ACL과 일치하면 더 이상의 검색을 멈추고 첫 번째 ACL 문장에서 정의한 조치를 실행한다. 이러한 특성은 표준 숫자형(또는 이름형) ACL에 대해서도 동일하다.

확장 ACL은 패킷을 확인하기 위해 적용할 수 있는 패킷 헤더 필드들이 훨씬 더 다양하기 때문에 표준 ACL과는 상이하다. 하나의 확장 ACL 문장은 패킷 헤더의 다양한 부분을 조사하여 모든 파라미터값들이 한 ACL 문장과 정확하게 일치되는지를 확인한다. 이 정밀한 확인 로직은 확장 액세스 리스트를 표준 액세스 리스트보다 복잡하고 좀더 유용하게 만든다.

프로토콜, 출발지 IP, 목적지 IP 확인

표준 숫자형 IP ACL처럼 확장 숫자형 ACL도 **access-list** 글로벌 명령어를 사용한다. 구문은 동일한데 **permit** 또는 **deny** 키워드로 시작한다. 특히, 이 명령은 다음으로 다양한 식별 파라미터들 즉, IP 프로토콜 유형, 출발지 IP 주소와 목적지 IP 주소를 순서대로 사용한다.

IP 헤더의 프로토콜 필드는 IP 헤더 다음의 헤더를 식별한다. [그림 26-2]는 참조를 위해 IP 헤더 일부를 자세하게 보여주면서, IP 프로토콜 필드의 위치와 다음 헤더의 종류를 구분해주는 프로토콜 필드의 역할을 보여준다.

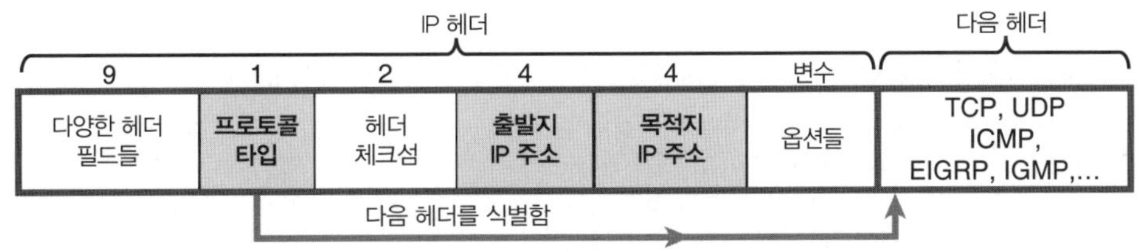

[그림 26-2] 확장형 IP ACL에서 필요한 필드에 초점을 맞춘 IP 헤더

IOS는 [그림 26-2]에서 강조된 3가지 변수들을 설정하도록 요구한다. 프로토콜 유형을 위해 TCP, UDP 혹은 ICMP와 같은 키워드를 사용하여 IP 헤더 다음에 각각 TCP, UDP 혹은 ICMP 헤더를 갖는 IP 패킷들을 식별하도록 한다. 또는 ip 키워드를 사용할 수 있는데 이것은 모든 IPv4 패킷들을 의미한다. 또한 출발지와 목적지 IP 주소 필드들을 위한 몇몇 수치들을 다음과 같이 설정해야 한다. 즉, 이러한 필드들은 25장에서 설명했던 IP 주소를 표시하기 위한 동일한 구문과 옵션들을 사용한다.

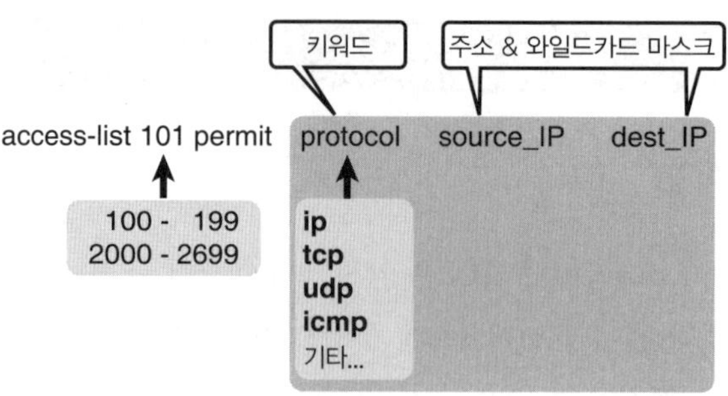

[그림 26-3] 확장 ACL의 확인 필드들

> **NOTE** 출발지와 목적지 필드에서 IP 주소들을 매칭할 때, 표준 ACL과 관련하여 하나의 차이점이 있다. 특정 IP 주소를 정의할 때, 확장형 ACL은 host 키워드를 사용해야 한다. 즉, 단순히 IP 주소만 정의하면 안된다.

[표 26-2]는 필요한 대응 매개 변수를 사용하는 몇 가지 샘플 **access-list** 명령을 보여준다. 연습을 위해 가능하면 오른쪽을 가리고 이 표를 사용하기 바란다. 그리고 나서 몇몇 샘플 명령어들에 포함된 로직에 대한 개념을 잡기 위해 설명을 살펴보기 바란다.

access-list 문장	일치해야 하는 것
access-list 101 deny tcp any any	TCP헤더를 갖는 모든 IP 패킷
access-list 101 deny udp any any	UDP헤더를 갖는 모든 IP 패킷
access-list 101 deny icmp any any	ICMP헤더를 갖는 모든 IP 패킷
access-list 101 deny ip host 1.1.1.1 host 2.2.2.2	IP 헤더 뒤의 헤더 종류에 관련 없이, 호스트 1.1.1.1에서 호스트 2.2.2.2로 향하는 모든 패킷들
access-list 101 deny udp 1.1.1.0 0.0.0.255 any	1.1.1.0 /24 서브넷에서 모든 목적지로 향하며, IP 헤더 뒤에 UDP 헤더가 포함된 모든 IP 패킷들

[표 26-2] 확장형 **access-list** 명령어들과 로직

[표 26-2]의 마지막 항목은 IOS가 확장 ACL을 처리하는 방법에서 중요한 부분이다.

즉, 확장 ACL의 ***access-list*** *명령의 모든 비교 매개 변수는 패킷과 정확하게 일치해야 한다.*

예를 들어, [표 26-2]의 마지막 예에서 명령은 UDP이면서, 1.1.1.0 /24 서브넷이 출발지 주소인지 점검한다. 한편, 모든 네트워크가 목적지 주소이므로 목적지 주소는 상관 없다. 출발지 IP 주소가 1.1.1.1인 패킷은 출발지 IP 주소는 일치하지만, UDP 대신 TCP 헤더를 가졌다면 이 **access-list** 명령에 일치하지 않는다. 모든 매개 변수가 일치해야 한다.

사전 점검 퀴즈 정답
1 E, F **2** A, E **3** E **4** A, C **5** B, C **6** C, D

TCP와 UDP 포트 번호 매칭

또한 확장 ACL은 TCP 및 UDP 헤더의 일부 특히, 출발지 및 목적지 포트 번호 필드를 대조할 수 있다. 포트 번호들은 데이터를 송신 혹은 수신하기 위한 애플리케이션을 구분한다.

대조할 가장 일반적인 포트들은 서버들에 의해 사용되는 웰노운 포트(well-known port)들이다. 예를 들어, 웹 서버는 기본적으로 잘 알려진 포트로 80을 사용한다. [그림 26-4]는 IP 헤더 다음의 TCP 헤더 내부의 포트 번호의 위치를 보여준다.

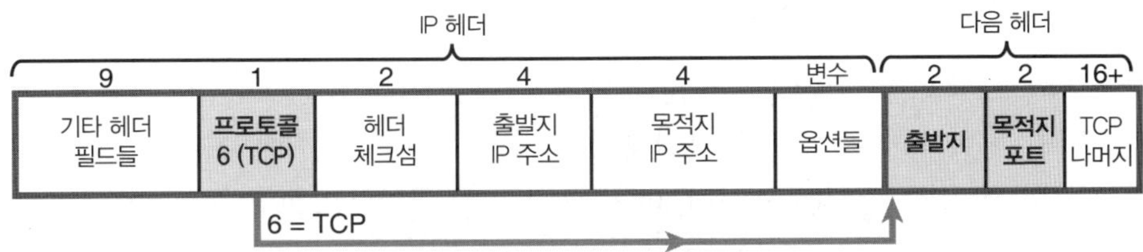

[그림 26-4] TCP 헤더와 포트 번호 필드 뒤의, IP 헤더

확장 ACL 명령이 **tcp** 혹은 **udp** 키워드를 포함할 때, 이 명령은 선택적으로 출발지 and/or 목적지 포트를 포함할 수 있다. 이 명령은 적정한 포트의 범위를 지정하기 위해, 이상(greater than), 이하(less than), 같은(equal), 같지 않은(not equal)과 같은 키워드를 사용한다. 또한 이 명령은 십진수의 포트 번호 혹은 몇몇 애플리케이션 포트를 위해 보다 편리한 키워드를 사용한다.

[그림 26-5]는 **access-list** 명령의 출발지 및 목적지 포트 필드의 위치와 포트 번호 키워드를 보여준다.

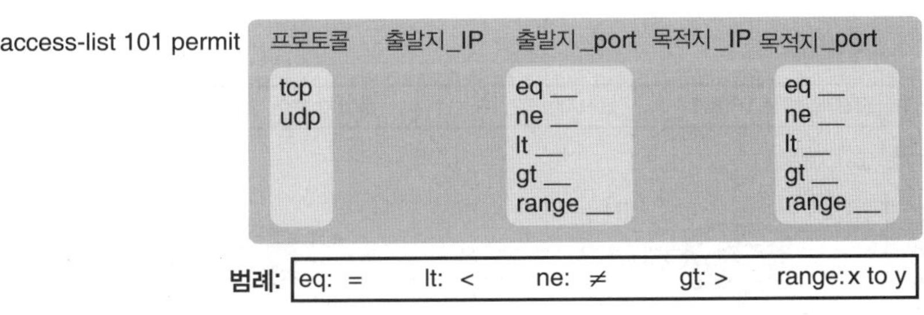

[그림 26-5] TCP/UDP 포트 번호를 포함하는 확장형 ACL 구문

예를 들어, [그림 26-6]의 간단한 네트워크를 보자. FTP 서버는 오른쪽에 위치하고 클라이언트는 왼쪽에 위치한다. 이 그림은 다음 조건에 일치하는 ACL의 설정 구문을 보여준다.

- TCP 헤더를 포함하는 패킷들
- 클라이언트 서브넷에서 출발한 패킷들
- 서버 서브넷으로 향하는 패킷들
- TCP 목적지 포트 번호가 21인 패킷들(FTP 서버 컨트롤 포트)

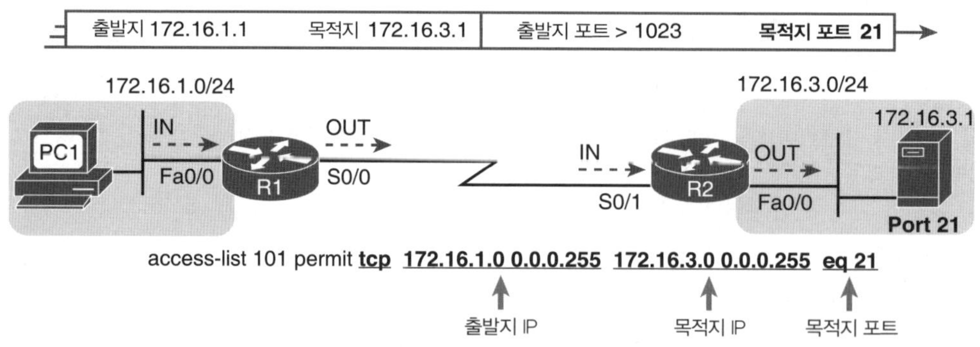

[그림 26-6] 목적지 포트에 기초한 패킷 필터링

eq 21 파라미터로 목적지 포트의 매칭에 대해 제대로 이해하기 위해, 왼쪽에서 오른쪽으로 PC1에서 서버로 이동하는 패킷을 고려해보자. 서버가 잘 알려진 포트 21(FTP 컨트롤 포트)을 사용한다는 가정 하에, 패킷의 TCP 헤더는 목적지 포트 번호로 21을 사용한다. ACL 설정 구문은 목적지 IP 주소 뒤에 **eq 21** 파라미터를 포함한다. 목적지 주소 파라미터 뒤의 위치는 중요하다. 즉, 해당 위치의 **eq 21** 파라미터는 패킷의 목적지 포트와 비교해야 한다. 결과적으로, [그림 26-6]의 ACL 설정 문장은 그림에서 네 개의 점선 화살표에 표시하는 네 개의 장소 중 어느 곳에 사용된다면, 목적지 포트 21을 가진 이 패킷을 식별해낼 것이다.

역으로, [그림 26-7]은 서버에서 다시 PC1으로 보내지는 패킷 즉, 반대 흐름을 보여준다. 이 경우, 패킷의 TCP 헤더는 출발지 포트 21을 가지므로, ACL은 출발지 포트 21을 확인하고 ACL은 상이한 인터페이스들에 위치해야 한다. 이 경우, **eq 21** 파라미터는 출발지 주소 필드 다음에, 목적지 주소 필드 앞에 위치한다.

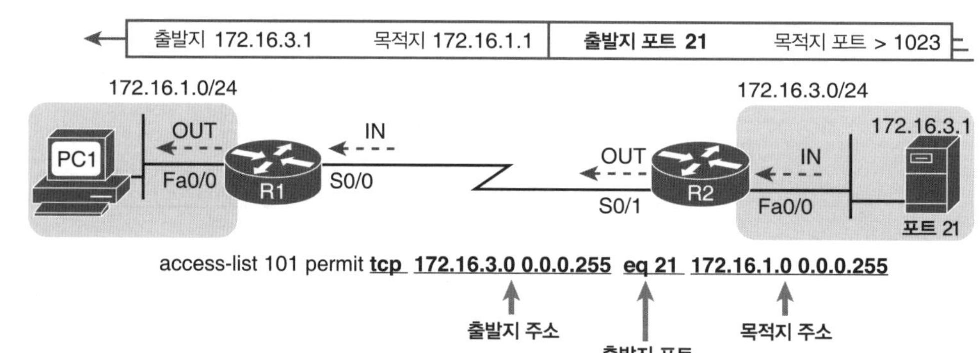

[그림 26-7] 출발지 포트에 기초한 패킷 필터링

포트 번호들을 일치시키는 ACL을 검토할 때는 먼저 ACL이 적용될 위치와 방향을 고려해야 한다. 방향은 패킷이 서버 쪽으로 보내질 것인지 혹은 서버로부터 출발하는 것인지로 결정한다. 여기서 당신은 패킷의 출발지 혹은 목적지를 확인할 필요가 있는지를 결정할 수 있다.

참고로, [표 26-3]은 다수의 일반적인 포트 번호, 전송 계층의 프로토콜들과 애플리케이션들을 보여준다. **access-list** 명령의 구분은 포트 번호 또는 애플리케이션 이름의 키워드 모두를 사용할 수 있다.

포트 번호	프로토콜	애플리케이션	access-list 명령어 키워드
20	TCP	FTP 데이터	ftp-data
21	TCP	FTP 컨트롤	ftp
22	TCP	SSH	—
23	TCP	텔넷(Telnet)	telnet
25	TCP	SMTP	Smtp
53	UDP, TCP	DNS	domain
67	UDP	DHCP 서버	—
68	UDP	DHCP 클라이언트	—
69	UDP	TFTP	tftp
80	TCP	HTTP (WWW)	www
110	TCP	POP3	pop3
161	UDP	SNMP	snmp
443	TCP	SSL	—
514	UDP	Syslog	—
16,384 - 32,767	UDP	RTP(voice, video)	—

[표 26-3] 일반적인 애플리케이션들과 웰노운(well-known) 포트 번호들

[표 26-4]는 포트 번호에 기초하여 식별하는 **access-list** 명령의 몇 가지 예를 보여준다. 표의 오른쪽을 덮고, 각 명령이 식별하는 패킷들을 구분해보도록 한다. 그리고 설명과 일치하는지를 확인하기 위해 표의 오른쪽을 확인한다.

access-list 문장	일치 대상
access-list 101 deny tcp any gt 1023 host 10.1.1.1 eq 23	TCP 헤더, 1023 이상(gt)의 출발지 포트, 정확하게 목적지 IP 주소, 10.1.1.1과 23에 해당하는 목적지 포트를 갖는 패킷들.
access-list 101 deny tcp any host 10.1.1.1 eq 23	앞선 예와 동일하지만, 출발지 포트를 누락하였으므로 모든 출발지 포트가 해당됨.
access-list 101 deny tcp any host 10.1.1.1 eq telnet	앞선 예와 동일함. 포트 23대신, telnet 키워드를 사용하였음.
access-list 101 deny udp 1.0.0.0 0.255.255.255 lt 1023 any	UDP, 1023 이하(lt)의 출발지 포트를 사용하며 네트워크 1.0.0.0/8인 출발지이고, 모든 목적지 IP 주소를 갖는 패킷들

[표 26-4] 확장형 access-list 명령 예와 로직 설명

확장형 IP ACL 설정

확장 ACL들은 IP 패킷 내의 다양한 헤더에서 다수의 필드들을 식별할 수 있기 때문에, 명령어 구문은 하나의 일반적인 명령어로 쉽게 요약하기 어렵다. 그러나, [표 26-5]는 이 책에서 다루는 구문 옵션들을 요약한다.

명령어	설명
access—list *access-list-number* {deny | permit} *protocol source source-wildcard destination destination-wildcard* [log | log—input]	확장 번호형 액세스 리스트를 위한 글로벌 명령어. 100 ~ 199 혹은 2000 ~ 2699 번호를 사용한다.
access—list *access-list-number* {deny | permit} {tcp | udp} *source source-wildcard* [*operator* [*port*]] *destination destination-wildcard* [*operator* [*port*]] [established] [log]	TCP와 UDP에 구체적인 파라미터들을 갖는 access—list 명령어

[표 26–5] 확장형 IP 엑세스 리스트 설정 명령들

확장 ACL들에 대한 설정 과정은 표준 ACL과 동일하다. 당신은 ACL을 적용하기 위한 위치와 방향을 선택해야 한다. 특히, 방향을 결정하면 특정 주소와 포트가 출발지 혹은 목적지인지를 결정할 수 있다. **access-list** 명령을 사용하여 ACL을 설정하고, 설정이 끝나면 ACL을 표준 ACL과 마찬가지로 **ip access-group** 명령을 통해 ACL을 적용한다. 이러한 단계들 모두는 표준형 ACL과 동일하다. 하지만, 설정할 때는 다음 차이를 염두에 두어야 한다:

- 확장 ACL은 차단되는 패킷의 출발지에 가능하면 가까이 배치한다. 패킷의 출발지에 가까이 배치하면 밴드위스(대역폭)를 절약할 수 있다.

- 하나의 **access-list** 명령 내의 모든 필드들이 패킷과 일치해야 한다.

- **access-list** 명령에서 번호들은 100 – 199와 2000 – 2699를 사용해야 한다. 어떤 숫자를 사용하든 상관없다.

확장형 IP 액세스 리스트: 예 1

이 예는 기본적인 구분을 이해하는 데 초점을 맞춘다. 이 경우, ACL은 R1의 이더넷 상의 모든 FTP 서버들에 대한 밥의 접속을 차단하고, 서버1(웹 서버)에 대한 래리의 접속을 차단한다. [그림 26–8]은 네트워크 토폴로지를 보여주고, [예 26–1]은 R1의 설정을 보여준다.

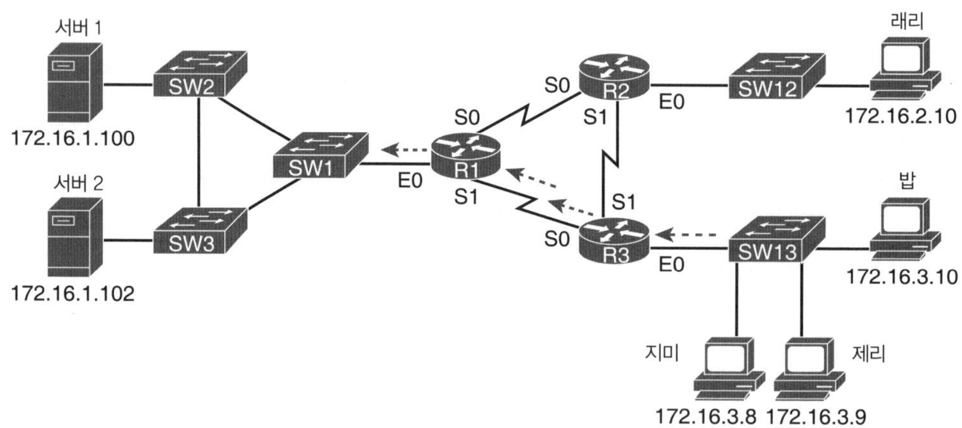

[그림 26–8] [액세스 리스트 예 1]에 대한 네트워크 구성도

```
interface Serial0
 ip address 172.16.12.1 255.255.255.0
 ip access-group 101 in
!
interface Serial1
 ip address 172.16.13.1 255.255.255.0
 ip access-group 101 in
!
access-list 101 remark Stop Bob to FTP servers, and Larry to Server1 web
access-list 101 deny tcp host 172.16.3.10 172.16.1.0 0.0.0.255 eq ftp
access-list 101 deny tcp host 172.16.2.10 host 172.16.1.100 eq www
access-list 101 permit ip any any
```

[예 26-1] R1의 [확장형 액세스 리스트: 예 1]

첫 번째 ACL 문장은 서브넷 172.16.1.0의 FTP 서버들에 대한 밥의 접속을 막는다. 두 번째 문장은 서버1 상의 웹 서비스에 대한 래리의 접속을 막는다. 마지막 문장은 모든 다른 트래픽을 허용한다.

지금 이 구문에 초점을 맞추면, 재검토할 몇 가지 새로운 항목들이 있다. 먼저, 확장형 액세스 리스트에 대한 액세스 리스트의 번호는 100 ∼ 199 혹은 2000 ∼ 2699까지다. '**permit** 또는 **deny**' 액션 다음의 프로토콜(protocol) 파라미터는 모든 IP 패킷들 혹은 TCP 혹은 UDP 헤더와 같이 특정 헤더들 중 무엇을 체크할지를 정한다. TCP 혹은 UDP 포트 번호를 지정할 때, TCP 혹은 UDP 프로토콜을 지정해야 한다. 가령, FTP와 웹은 모두 TCP를 사용한다.

이 예는 eq 파라미터를 사용하는데, 이것은 FTP 컨트롤(키워드 ftp)과 HTTP(키워드 www) 트래픽에 대한 목적지 포트 번호를 지정하기 위한 것으로 '**equals**'를 의미한다. 숫자값을 사용할 수도 있고, 보다 일반적인 옵션일 경우에는 보다 명백한 키워드도 유효하다(만약, **eq 80**을 입력한다면, 컨피그 상으로는 **eq www**로 보일 것이다).

이 예는 R1에서 두 장소 즉, 각 시리얼 인터페이스에 인바운드 방향으로 ACL을 적용한다. 이러한 위치는 ACL의 목적을 완수하는데 아무 문제가 없다. 하지만, 시스코는 ACL을 패킷의 출발지에 가능하면 가깝게 배치할 것을 권고하고 있다. 즉, [예 26-2]는 본사의 FTP 서버에 대한 밥의 접속을 차단하는 [예 26-1]과 동일한 목적을 달성하되, R3에 ACL을 위치시킨다.

```
interface Ethernet0
 ip address 172.16.3.1 255.255.255.0
 ip access-group 103 in

access-list 103 remark deny Bob to FTP servers in subnet 172.16.1.0/24
access-list 103 deny tcp host 172.16.3.10 172.16.1.0 0.0.0.255 eq ftp
access-list 103 permit ip any any
```

[예 26-2] R3의 확장형 ACL: R1 근처의 FTP 서버에 대한 밥의 접속을 차단함.

R3의 새로운 설정은 밥의 트래픽을 차단시키되, 패킷의 출발지에 가깝게 ACL을 배치하여 무엇보다 중요한 디자인 목표를 만족시킨다. R3의 ACL 103은 [예 26-1]에서 R1의 ACL 101과 흡사하게 보이지만, 이번의 ACL은 래리의 트래픽이 R3의 이더넷 0 인터페이스로 들어올 리가 없기 때문에, 번거롭게 래리의 트래픽에 일치하는 기준을 세울 필요는 없다. ACL 103은 서브넷 172.16.1.0/24가 목적지인 밥의 FTP 트래픽을 차단하고, R3의 E0 인터페이스로 들어오는 다른 트래픽은 허용한다.

확장형 IP 액세스 리스트: 예 2

[그림 26-9]의 네트워크에 기초한 [예 26-3]은 확장형 IP 액세스 리스트의 사용법에 대한 또 다른 예를 보여준다. 이 예는 다음 기준들을 사용한다:

- 샘은 벅스 혹은 데피의 서브넷에 접속할 수 없다.
- 요세미티 이더넷의 호스트들은 세빌 이더넷의 호스트들에게 접속할 수 없다.
- 모든 다른 조합은 허용된다.

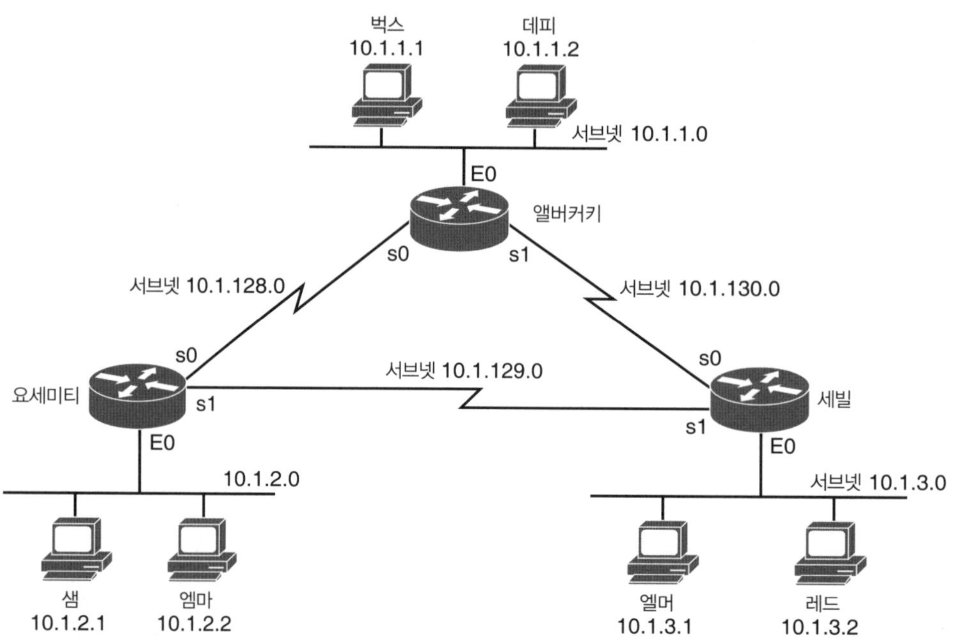

[**그림 26-9**] [확장형 액세스 리스트: 예 2]를 위한 네트워크 구성도

```
interface ethernet 0
 ip access-group 110 in
!
access-list 110 deny ip host 10.1.2.1 10.1.1.0 0.0.0.255
access-list 110 deny ip 10.1.2.0 0.0.0.255 10.1.3.0 0.0.0.255
access-list 110 permit ip any any
```

[**예 26-3**] [확장형 액세스 리스트 예]에 대한 요세미티 설정

이 설정은 문제의 해결을 위해 확장형 ACL을 가능한 트래픽의 출발지에 가까이 배치하도록 하는 시스코 디자인의 가이드라인을 지키고 있다. ACL은 샘이 보낸 패킷이 처음으로 만나는 요세미티의 E0 인터페이스에서 해당 패킷을 차단한다. 요세미티와 다른 서브넷들 간의 루트가 변경되어도, ACL은 여전히 효과적이다. 또한 두 번째 조건에 대한 필터링(요세미티의 LAN 호스트들은 세빌 LAN에 접속할 수 없음)은 두 번째 **access-list** 문장에 의해 충족된다. 요세미티 LAN 서브넷에서 세빌의 LAN 서브넷으로의 패킷 차단은 사실상 두 서브넷 간의 통신을 막는다. 대신 사용할 수 있는 것으로, 정반대의 로직을 사용하여 세빌에서 설정할 수도 있다.

Access-list 명령 구성 연습

[표 26-6]은 확장형 **access-list** 명령의 구문을 사용해 특히, 정확한 매칭 로직을 선택하는데 익숙해질 수 있도록 연습 문제를 제공한다. 당신이 해야할 일은 패킷에 대응하는 한 줄의 확장형 ACL을 만드는 것이다. 정답은 이 장의 후반부, '앞선 연습 문제에 대한 정답' 섹션에서 확인할 수 있다. 기준에서 특정 애플리케이션 프로토콜을 지정한다면, 예를 들어, '웹 클라이언트'는 구체적으로 해당 애플리케이션 프로토콜을 지칭하는 것이다.

문제	기준
1	웹 클라이언트 10.1.1.1에서 서브넷 10.1.2.0/24의 웹 서버에게 보내는 것
2	텔넷 클라이언트 172.16.4.3/25에서 서브넷 172.16.3.0/25의 텔넷 서버에게 보내는 것. 클라이언트 서브넷의 모든 호스트들을 포함해야 한다.
3	192.168.7.200/26이 존재하는 서브넷에서 192.168.7.14/29가 존재하는 서브넷의 모든 호스트들에게 보내는 ICMP 메시지들
4	웹 서버 10.2.3.4/23의 서브넷에서 호스트 10.4.5.6/22와 동일한 서브넷 내의 클라이언트들에게 보내는 것.
5	텔넷 서버 172.20.1.0/24의 서브넷에서 호스트 172.20.44.1/23과 동일한 서브넷 내의 모든 호스트에게 보내는 것
6	웹 클라이언트 192.168.99.99/28에서 서브넷 192.169.176.0/28 내의 웹 서버에게 보내는 것. 클라이언트 서브넷의 모든 호스트들을 포함해야 함.
7	10.55.66.77/25가 존재하는 서브넷에서 20.66.55.44/26이 존재하는 서브넷 상의 모든 호스트들에게 보내는 ICMP 메시지들
8	모든 IPv4 패킷들

[표 26-6] 한 줄짜리 확장형 ACL 연습

:: 이름형 ACL과 ACL 편집

이제, IOS IP ACL에 대한 핵심 개념들을 정확하게 이해하게 되었고, 이 섹션은 ACL에 대한 IOS의 몇 가지 개선된 기능들 즉, 이름형 ACL과 순서 번호를 통한 ACL 편집 기능을 알아보고자 한다. 두 기능들이 유용하고 중요하긴 하지만, 라우터가 필터링할 수 있는 것과 없는 것에 대해 추가된 기능은 없다. 대신, 이름형 ACL과 ACL 순서 번호는 ACL에 변경이 필요할 때, ACL 이름을 기억하고, 기존의 ACL을 편집하기가 용이하다.

이름형 IP 액세스 리스트

이름형 IP ACL은 번호형 IP ACL과 거의 유사하다. 이들은 패킷 필터링과 다수의 다른 목적을 위해 사용될 수 있다. 이들은 번호형 필드와 동일한 필드를 비교한다. 즉, 표준 번호형 ACL은 표준 이름형 ACL과 동일한 필드들을 비교하고, 확장 번호형 ACL은 확장 이름형 ACL과 동일한 필드들을 비교한다.

물론, 이름형과 번호형 ACL 간에는 차이점도 있다. 이름형 ACL은 번호형 ACL과 비교할 때, 기본적으로 세 가지 큰 차이점을 가진다:

- 번호 대신 이름을 사용하여 ACL을 식별하기 때문에, ACL의 목적을 기억하기 쉽다.
- 파라미터와 대응 액션을 정의할 때, ACL 글로벌 명령이 아니라 ACL 하부 명령어를 사용한다.
- CLI 사용자에게 ACL의 개별 라인을 삭제하거나 삽입하게 하는 ACL 편집 기능을 제공한다.

번호형 ACL을 동등한 이름형 ACL 설정으로 변환해봄으로써 이름형 ACL 설정 방법을 쉽게 배울 수 있다. [그림 26-10]은 간단한 세 줄짜리 표준형 ACL 번호 1을 사용하여 이러한 변환을 보여준다. 이름형 ACL 형식으로 세 개의 **permit** 하부 명령어를 생성하기 위해, **permit** 키워드로 시작하는 세 줄의 번호형 ACL 명령어들을 부분적으로 카피한다.

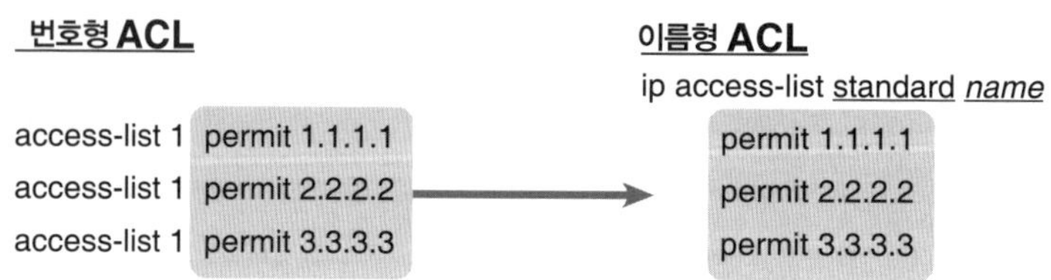

[그림 26-10] 이름형 ACL과 번호형 ACL 설정 비교

이름형 ACL 설정에서 새로운 부분은 **ip access-list** 글로벌 컨피규레이션 명령어뿐이다. 이 명령은 ACL이 표준형 혹은 확장형 ACL인지와 그 이름을 정의한다. 이 명령은 또한, [예 26-4]와 같이 사용자를 ACL 컨피규레이션 모드로 이동시킨다. ACL 컨피규레이션 모드에 들어오면, 번호형 ACL의 **access-list** 명령어의 구문과 동일한 **permit**, **deny**와 **remark** 명령어를 설정할 수 있다. 만약, 표준 이름형 ACL을 설정한다면, 이러한 명령어들은 표준 번호형 ACL의 구문과 일치하고, 확장 이름형 ACL을 설정한다면, 이러한 명령어들은 확장 번호형 ACL의 구문과 일치한다.

[예 26-4]는 확장 이름형 ACL의 설정을 보여준다. ACL 컨피규레이션 모드를 보여주는 설정 모드 프롬프트에 주의를 기울여 보기 바란다.

```
Router# configure terminal
Enter configuration commands, one per line.  End with Ctrl-Z.
Router(config)# ip access-list extended barney
Router(config-ext-nacl)# permit tcp host 10.1.1.2 eq www any
Router(config-ext-nacl)# deny udp host 10.1.1.1 10.1.2.0 0.0.0.255
Router(config-ext-nacl)# deny ip 10.1.3.0 0.0.0.255 10.1.2.0 0.0.0.255
Router(config-ext-nacl)# deny ip 10.1.2.0 0.0.0.255 10.2.3.0 0.0.0.255
Router(config-ext-nacl)# permit ip any any
Router(config-ext-nacl)# interface serial1
Router(config-if)# ip access-group barney out
Router(config-if)# ^Z
Router# show running-config
Building configuration...

Current configuration:

! 간략화를 위해 라인 생략됨.
interface serial 1
 ip access-group barney out
!
ip access-list extended barney
 permit tcp host 10.1.1.2 eq www any
 deny    udp host 10.1.1.1 10.1.2.0 0.0.0.255
 deny    ip 10.1.3.0 0.0.0.255 10.1.2.0 0.0.0.255
 deny    ip 10.1.2.0 0.0.0.255 10.2.3.0 0.0.0.255
 permit ip any any
```

[예 26-4] 이름형 액세스 리스트 설정

[예 26-4]는 'barney'란 이름을 가진 ACL의 생성으로 시작한다. **ip access-list extended barney** 명령은 ACL을 생성하는데, 이름을 barney로 하고, 사용자를 ACL 컨피규레이션 모드로 이동시킨다. 또한, 이 명령은 IOS에게 barney가 확장형 ACL임을 알린다. 다음으로, 다섯 개의 다양한 **permit** 혹은 **deny** 문장은 매칭 로직을 정의하고 일치 시에 취할 액션을 정의한다. **show running-config** 명령의 아웃풋은 다음에 편집을 위해 유용한 하나의 항목을 포함한 이름형 ACL 설정을 보여준다.

이름형 ACL은 사용자에게 ACL 컨피규레이션 모드에서 ACL의 한 라인만 삭제하거나 하나의 라인만 추가하도록 한다. [예 26-5]는 **no deny ip...** 명령으로 ACL로부터 하나의 라인을 삭제하는 방법을 보여준다. 예의 마지막 부분에서 **show access-list** 명령의 아웃풋은 다섯 개 대신, 네 개의 **permit**과 **deny** 명령어들을 가진 ACL을 보여주고 있다.

```
Router# configure terminal
Enter configuration commands, one per line.  End with Ctrl-Z.
Router(config)# ip access-list extended barney
Router(config-ext-nacl)# no deny ip 10.1.2.0 0.0.0.255 10.2.3.0 0.0.0.255
Router(config-ext-nacl)# ^Z
Router# show access-list

Extended IP access list barney
    10 permit tcp host 10.1.1.2 eq www any
    20 deny   udp host 10.1.1.1 10.1.2.0 0.0.0.255
    30 deny   ip 10.1.3.0 0.0.0.255 10.1.2.0 0.0.0.255
    50 permit ip any any
```

[예 26–5] 이름형 ACL로부터 하나의 명령어를 삭제하기

순서 번호를 사용하는 ACL 편집

번호형 ACL들은 초창기의 시스코 라우터와 IOS부터 존재해왔다. 하지만, 수년 동안 다수의 IOS 버전들을 거치면서도, 번호형 IP ACL에 대한 편집 기능은 부족했다. 예를 들어, ACL에서 한 라인만을 삭제하는 것이 불가능하기 때문에 사용자는 전체 ACL을 삭제하고 그것을 다시 설정해야 했다.

ACL 편집 기능은 각각의 ACL **permit** 혹은 **deny** 문장에 추가된 ACL 순서 번호를 사용한다. 이때의 순서 번호는 ACL에 속한 문장들의 순서를 표시하는데, 번호형과 이름형 ACL에서 다음과 같은 기능들을 제공한다:

- *번호형을 위한 새로운 설정 스타일:* 번호형 ACL은 동일한 ACL에 대해 전통적인 스타일 뿐만 아니라 이름형 ACL과 같은 설정 스타일을 사용한다. 이 새로운 스타일은 개선된 ACL 편집 기능을 제공한다.
- *단일 라인 삭제:* 개별 ACL의 **permit** 혹은 **deny** 문장은 **no sequence-number** 하부 명령어로 삭제할 수 있다.
- *새로운 라인 삽입:* ACL의 삽입 위치를 표시하는 **deny** 혹은 **permit** 명령어 전의 순서 번호를 사용하여 기존의 문장 사이에 새로운 라인을 추가할 수 있다.
- *자동적인 순서 번호 할당:* IOS는 순서 번호를 포함하지 않았을 때도, 설정한 명령어들에 순서 번호를 추가한다.

ACL에 라인들을 삭제 또는 추가할 수 있는 이점을 살리기 위해, 번호형과 이름형 ACL들은 이름형 ACL에서 사용하는 명령어와 전체적으로 동일한 설정 스타일을 사용해야 한다. 구문에서 유일한 차이점은 이름 혹은 번호의 사용 여부다. [예 26-6]은 대안적인 설정 스타일을 사용하는 표준 번호형 IP ACL의 설정을 보여준다. 이 예는 편집을 위한 ACL 순서 번호의 효과를 보여준다. 이 예에서, 다음을 참조하기 바란다:

NOTE 이 예에서, 사용자는 컨피규레이션 모드를 떠나는 대신, do 명령을 통해 IOS로 하여금 컨피규레이션 모드에서 show ip access-lists EXEC 명령을 사용하도록 한다.

```
! 단계 1: 3 줄의 표준 번호형 IP ACL이 설정된다.
R1# configure terminal
Enter configuration commands, one per line.  End with Ctrl-Z.
R1(config)# ip access-list standard 24
R1(config-std-nacl)# permit 10.1.1.0 0.0.0.255
R1(config-std-nacl)# permit 10.1.2.0 0.0.0.255
R1(config-std-nacl)# permit 10.1.3.0 0.0.0.255

! 단계 2: 컨피규레이션 모드를 벗어나지 않고 ACL의 내용을 보여줌.
R1(config-std-nacl)# do show ip access-lists 24
Standard IP access list 24
    10 permit 10.1.1.0, wildcard bits 0.0.0.255
    20 permit 10.1.2.0, wildcard bits 0.0.0.255
    30 permit 10.1.3.0, wildcard bits 0.0.0.255

! 단계 3: 아직, ACL 24 컨피규레이션 모드에 있으면서 순서 번호 20을 갖는 라인을 삭제함.
R1(config-std-nacl)# no 20

! 단계 4: 컨피규레이션 모드를 벗어나지 않고 ACL의 내용을 보여줌.
! 라인 번호 20은 더 이상 보이지 않는다.
R1(config-std-nacl)#do show ip access-lists 24
Standard IP access list 24
    10 permit 10.1.1.0, wildcard bits 0.0.0.255
    30 permit 10.1.3.0, wildcard bits 0.0.0.255

! 단계 5: ACL에 새로운 첫 번째 라인을 삽입함.
```

```
R1(config-std-nacl)# 5 deny 10.1.1.1

! 단계 6: 새로운 문장과 함께 지난 ACL의 내용을 보여줌.
!(순서 번호 5) 첫 번째로 보인다.
R1(config-std-nacl)# do show ip access-lists 24
Standard IP access list 24
     5 deny    10.1.1.1
    10 permit 10.1.1.0, wildcard bits 0.0.0.255
    30 permit 10.1.3.0, wildcard bits 0.0.0.255
```

[예 26-6] 순서 번호를 사용하는 ACL 편집

[예 26-6]이 번호형 ACL을 사용했다 하더라도, 이름형 ACL도 엔트리 편집(추가와 삭제)을 위해 동일한 과정을 사용한다.

번호형 ACL 설정과 이름형 ACL 설정 비교

번호형 ACL에 대해 별도로 짧게 언급할 것은 IOS는 보다 최신의 IOS 버전들에서 번호형 ACL을 설정하기 위한 두 가지 방식을 지원한다는 점이다. 첫째, IOS는 앞선 [예 26-1], [예 26-2]와 [예 26-3]에서 본 **access-list** 글로벌 명령어를 사용하는 전통적인 방법을 지원한다. IOS는 또한 [예 26-6]과 같이 이름형 ACL과 같은 번호형 ACL 설정 방식을 지원한다.

이상하게 들릴지 모르지만, IOS는 항상 ACL을 설정하는 방식에 상관없이, 글로벌 **access-list** 명령 즉, 원래 스타일의 명령으로 번호형 ACL을 저장한다. [예 26-7]은 다음 추가적인 단계들과 함께 [예 26-6]이 끝나는 지점을 선택하여 이러한 사실들을 설명한다.

단계 ⑦ 엔지니어는 ACL이 새로운 스타일의 명령어로 생성되었다 하더라도, 예전 스타일의 명령어들을 보여준다(**show running-config**).

단계 ⑧ 엔지니어는 예전 스타일의 **access-list 24 permit 10.1.4.0 0.0.0.255** 글로벌 컨피규레이션 명령을 사용하여 ACL의 마지막에 새로운 문장을 추가한다.

단계 ⑨ 앞선 단계에서 예전 스타일의 **access-list** 명령은 ACL의 끝에만 추가된다는 규칙을 **show ip access-lists** 명령이 확인해준다.

단계 ⑩ 엔지니어는 새로운 스타일과 예전 스타일의 명령어로 설정된 ACL 24의 부분이 똑같이 예전 스타일의 ACL로 보여준다는 것을 확인해준다(**show running-config**).

```
! 단계 7: ACL 24 설정.
R1# show running-config
! 유일하게 보이는 라인들은 ACL 24로부터의 라인들이다.
access-list 24 deny    10.1.1.1
access-list 24 permit 10.1.1.0 0.0.0.255
```

```
access-list 24 permit 10.1.3.0 0.0.0.255
```



```
R1# configure terminal
Enter configuration commands, one per line.  End with CNTL/Z.
R1(config)# access-list 24 permit 10.1.4.0 0.0.0.255
R1(config)# ^Z
```



```
R1# show ip access-lists 24
Standard IP access list 24
    5 deny    10.1.1.1
    10 permit 10.1.1.0, wildcard bits 0.0.0.255
    30 permit 10.1.3.0, wildcard bits 0.0.0.255
    40 permit 10.1.4.0, wildcard bits 0.0.0.255
```



```
R1# show running-config
! ACL 24로부터 보이는 라인들
access-list 24 deny    10.1.1.1
access-list 24 permit 10.1.1.0 0.0.0.255
access-list 24 permit 10.1.3.0 0.0.0.255
access-list 24 permit 10.1.4.0 0.0.0.255
```

[예 26-7] 번호형 ACL 설정의 추가와 확인

ACL 적용 시의 고려 사항들

ACL은 네트워크 보안을 향상시키는 유용한 툴이다. 또한, 엔지니어들은 문제를 해결하기 위해 ACL을 설정하기 전에, 보다 광범위한 이슈들을 고려해야 한다. CCNA R&S 시험의 기반이 되는 교육 과정에서 시스코는 다음과 같은 일반적인 권고 사항들을 제시한다:

- 확장형 ACL은 가급적이면 패킷의 출발지에 가깝게 배치한다. 이 전략은 폐기될 패킷의 이동 거리를 줄인다.
- 표준형 ACL은 가급적이면 패킷의 목적지에 가깝게 배치한다. 이 전략은 표준형 ACL(출발지 IPv4 주소만을 기준으로 삼는)이 폐기해선 안되는 패킷들을 폐기하는 실수를 방지한다.
- 보다 구체적인 문장일수록, ACL의 상단에 배치한다.
- ACL을 변경하기 전에, 인터페이스로부터 ACL을 비활성화(**no ip access-group** 인터페이스 하부 명령을 사용하여) 한다.

첫 번째 중점 사항은 ACL의 위치와 관련한 개념이다. 패킷을 필터링할 때, 패킷의 출발지에 가깝게 필터링을 하는 이유는 폐기될 패킷이 네트워크의 밴드위스(대역폭)를 사용하는 것을 방지하므로, 보다 효과적인 방법이기 때문이다. 그러므로, 시스코는 확장형 ACL을 가능하면 출발지에 가깝게 배치할 것을 제안한다.

두 번째 중점 사항은 표준형 ACL에 관한 것으로 ACL을 목적지에 가깝게 배치한다는 점에서 첫 번째와 반대되는 것처럼 보인다. 왜 그럴까? 표준형 ACL은 출발지 IP 주소들만 보기 때문에, 출발지에 가깝게 배치했을 때, 당신이 필터링하기를 원하는 그 외의 패킷들을 필터링할 수 있다. 예를 들어, 프레드와 바니가 네 대의 라우터들에 의해 분리되어 있다고 가정해보자. 프레드에게 보내는 바니의 트래픽을 첫 번째 라우터에서 필터링한다면, 바니는 다른 세 대의 라우터들에 연결된 어떤 호스트에게도 갈 수 없다. 따라서 시스코는 표준형 ACL에 의한 의도하지 않은 필터링을 막기 위해 목적지에 가깝게 배치하도록 권고를 하고 있다.

이 리스트의 세 번째 항목은 각 액세스 리스트에서 보다 구체적인 매칭 파라미터를 보다 상단에 배치함으로써, ACL의 실수를 줄일 수 있다. 예를 들어, ACL의 첫 번째 명령어는 10.1.1.0/24로 가려는 트래픽을 허용하는 것이고, 두 번째 명령어는 호스트 10.1.1.1로 가려는 트래픽을 차단하는 것이다. 이때, 호스트 10.1.1.1로 가려는 패킷은 첫 번째 명령에도 일치하기 때문에, 보다 구체적인 두 번째 명령을 적용할 기회는 없다. 이후의 [예 26-11]과 같이, 보다 최근의 IOS 버전들은 몇몇 경우에 설정 도중에 이와 같은 실수를 방지하도록 한다.

마지막으로, 시스코는 액세스 리스트의 문장을 변경하기 전에, 인터페이스에서 ACL을 비활성화할 것을 권고한다. 그렇게 함으로써, 도중에 발생 가능한 ACL 관련 이슈들을 피할 수 있다. 먼저, 전체 ACL을 삭제한다면, 인터페이스에서 IP ACL을 활성화하는 **ip access-group**(ip access group 명령으로) 명령을 남겨두어도 좋다. 이때, IOS는 어떤 패킷도 차단하지 않는다(초기 IOS 버전의 경우 항상 그런 것은 아니다). 하지만, ACL이 활성화된 상태에서 하나의 ACL 명령이라도 추가되자마자 IOS는 해당 ACL에 기초하여 패킷들을 필터링하기 시작한다. 이렇게 ACL을 설정하는 도중에는 문제를 일으킬 수 있다.

예를 들어, S0/0/0 인터페이스에 아웃바운드 방향으로 ACL 101을 적용했다고 가정해보자. 만약, ACL 101을 삭제하면 모든 패킷들이 통과할 것이다. 다음으로, 하나의 **access-list 101** 명령이라도 입력하고, Enter↵ 키를 누르자마자, 해당 리스트는 존재하는 것이 된다. 라우터는 한 라인의 액세스 리스트를 기초로 S0/0/0 인터페이스로 나가는 일부 패킷들을 필터링할 것이다. 긴 ACL을 입력하려고 했다면, 통과시키려 했던 패킷들은 일시적으로 차단된다. 그러므로, 보다 나은 방법은 인터페이스에서 해당 ACL을 비활성화하고, ACL을 변경하고, 다음으로 인터페이스에서 해당 ACL을 다시 적용하는 것이다.

∷ IPv4 ACL 관련 장애 해결

IPv4 ACL을 사용한다면, IPv4 라우팅에 대한 장애 해결을 보다 어렵게 한다. 데이터 처리 과정에 대한 장애 해결 과정은 ACL에 대한 포괄적인 확인을 포함해야 한다. 네트워크는 모든 호스트들이 정상 동작하고, DHCP 설정이 완벽하며, 모든 LAN들이 정상적이고, 모든 라우터의 인터페이스들도 동작하고 있으며 모든 라우터들이 모든 서브넷들에 대한 모든 루트들을 학습하고 있더라도, ACL들이 패킷을 차단할 수 있다. 즉, ACL이 일부 패킷들을 차단할 수 있는 중요한 서비스를 제공하긴 하지만, 장애 해결 과정을 훨씬 어렵게 만들 수 있다.

세 개의 주요 섹션들 중에 세 번째인 이 섹션은 IPv4 ACL이 설정되었을 때의 장애 해결 과정에 초점을 맞춘다. 여기서는 이 논의를 두 개의 영역으로 나눈다. 첫 번째 영역은 당신이 시험에서 볼 수 있는 일반적인 문제들에 대한 조언과 **show** 명령과 몇 가지 분석을 통해 이들을 발견하는 방법을 제공한다. 두 번째 영역은 ACL이 **ping** 명령에 어떤 영향을 미치는가를 살펴본다.

네트워크에서 ACL 동작 분석

ACL은 실제 네트워킹 업무에서 문제를 해결할 때, 가장 큰 난관이 된다. 핑과 트레이스루트(traceroute)와 같은 명령어들에 의해 생성된 패킷들은 최종 사용자가 생성한 패킷들의 필드들과 정확하게 일치하지 않는다. ACL은 때때로 **ping**과 **traceroute** 트래픽을 필터링하기 때문에, 문제가 전혀 없는 상황에서도, 네트워크 엔지니어는 일부 문제가 있다고 간주하게 된다. 아니면, 최종 사용자의 트래픽과 관련된 문제는 실제로 ACL 때문일 수 있다. 즉, 최종 사용자의 트래픽은 차단되지만, **ping**이나 **traceroute** 트래픽이 정상 동작하는 이유는 ACL이 **ping**과 **traceroute** 트래픽에 대해서는 **permit** 액션으로 대응하지만, 다른 트래픽에 대해서 **deny** 액션으로 대응하기 때문이다.

결과적으로, 대부분의 ACL 장애 해결은 ACL 설정과 네트워크를 통과하는 패킷들을 고려하기보다는 문제의 근본 원인을 확인할 수 있는 한 쌍의 IOS 명령어를 사용하는 편이 낫다. 도움이 되는 **show** 명령어는 ACL 설정 내용을 보여주고, ACL이 활성화된 인터페이스를 알려준다. 또한 어떤 ACL 문장들이 일치되고 있는지에 대한 통계를 볼 수 있다. 그리고 **ping**과 **traceroute**를 사용하더라도 이러한 패킷들과 다른 최종 사용자 트래픽에 대해 다른 대응 방식을 적용하고 있는지를 기억하는 한, 도움이 될 수 있다.

다음 리스트는 보다 쉬운 학습을 위한 ACL 장애 해결 단계들을 보여준다. 이 리스트는 **단계 ③** 에서 각 ACL을 분석하기 위한 아이디어를 확장한다. 이 리스트의 아이디어들 중 어떤 것도 이 장과 앞선 장에서 새로운 것이 없는 단지, 일반적인 이슈들에 대한 요약들이다:

단계 ① 어떤 인터페이스 ACL이 어떤 방향으로 적용되었는지 확인한다(**show running-config, show ip interfaces**).

단계 ② 각 ACL의 설정을 찾는다(**show access-lists, show ip access-lists, show running-config**).

단계 ③ 어떤 패킷들이 ACL에 일치될지를 분석하기 위해, 다음 항목들에 초점을 맞춘다.

Ⓐ **순서 오류를 가진 ACL들:** 순서 오류를 가진 ACL 문장들을 찾는다. IOS는 ACL을 검색할 때, 첫 번째-매칭(first-match) 로직을 사용한다.

Ⓑ **바뀐 출발지/목적지 주소들:** ACL 문장에서 정의하는 IP 주소 범위의 위치와 비교하여, ACL이 적용된 라우터 인터페이스와 방향을 분석한다. 출발지 IP 주소 필드가 목적지가 아니라 해당 출발지 IP 주소를 가진 패킷들과 매칭될 수 있는지를 확인해야 한다. 목적지 주소 필드도 마찬가지다.

Ⓒ **바뀐 출발지/목적지 포트들:** UDP 혹은 TCP 포트 번호들을 참조하는 확장형 ACL에 대해서, 웰노운(well-known) 포트를 사용하는 서버로 동작하는 호스트에 초점을 맞춰 호스트들에 대한 ACL의 위치와 방향을 분석해야 한다. 서버가 패킷을 보내거나 받을지를 기준으로 ACL이 출발지 혹은 목적지 포트를 정확하게 정의하는지를 확인해야 한다.

Ⓓ **구문(Syntax):** 확장형 ACL 명령은 명령이 포트 번호들을 포함한다면, 반드시 tcp와 udp 키워드를 사용해야 한다.

Ⓔ **구문:** ICMP 패킷들은 TCP 혹은 UDP를 사용하지 않는다. ICMP은 **icmp** 키워드(tcp 또는 udp 대신)를 사용하는 또 하나의 프로토콜로 간주된다.

Ⓕ **Explicit deny any(나머지는 모두 폐기):** 각 ACL의 끝에 디폴트 설정값인 **explicit deny any**를 사용하는 대신, ACL의 끝에 모든 트래픽을 차단한다는 명확한 설정 명령을 사용하면, **show** 명령의 통계에서 해당 액션이 취해진 횟수를 볼 수 있다.

Ⓖ **위험한 인바운드(inbound) ACL:** 인바운드 ACL을 주의해야 한다. ACL의 끝에 'deny all' 로직을 갖는 경우, 라우팅 프로토콜과 같은 오버헤드 프로토콜의 메시지들을 폐기할 수 있다.

Ⓗ **표준형 ACL의 위치:** 표준형 ACL을 출발지 주소 가까이 배치하면, 원하는 패킷들을 폐기할 수 있지만, 통과되어야 하는 패킷들도 폐기하게 된다. 이러한 경우, 항상 ACL의 조건들에 대해 주의를 기울여야한다.

이 장(25장 포함)은 이미 **단계③** 에 대한 상세 내용들을 다루었다. 첫 번째 두 단계는 컨피규레이션을 제공하지 않은 경우의 심렛(Simlet) 문제들을 위해 중요하다. 하지만, 관련된 모든 ACL 설정을 확인하기 위해 다른 **show** 명령어들을 사용할 수 있다. 다음 몇 페이지에서는 방금 입력한 ACL에 대한 체크리스트에서 설명하는 이슈들을 확인하는 방법과 관련된 명령어들의 일부를 보여준다.

ACL 장애 해결 명령어들

문제의 원인으로 ACL이 의심스럽다면, 첫 번째 문제 확인 단계는 ACL의 위치와 방향을 확인하는 것이다. 이것을 위한 가장 신속한 방법은 **show running-config** 명령의 아웃풋을 보고, 각 인터페이스 아래에서 **ip access-group** 명령을 찾는 것이다. 하지만 어떤 경우에는 **show** 명령이 필요하지만, 이네이블 모드에 대한 접속이 허용되지 않을 수도 있다. 이때, **show ip interfaces** 명령을 사용하여 어떤 ACL이 어떤 인터페이스에 적용되었는지를 [예26-8]과 같이 찾을 수 있다.

```
R1> show ip interface s0/0/1
Serial0/0/1 is up, line protocol is up
  Internet address is 10.1.2.1/24
  Broadcast address is 255.255.255.255
  Address determined by setup command
  MTU is 1500 bytes
  Helper address is not set
  Directed broadcast forwarding is disabled
  Multicast reserved groups joined: 224.0.0.9
  Outgoing access list is not set
  Inbound  access list is 102
 ! 간략화를 위해 대략 라인 26라인 이상 생략됨.
```

[예 26-8] 샘플 show ip interface 명령어

이 명령어의 아웃풋은 ACL의 적용 여부, 적용 방향과 적용 ACL을 보여준다. 이 예는 **show ip interface S0/0/1**의 축약 버전인데, 한 인터페이스에 대한 메시지들만 보여준다. 대신, **show ip interface** 명령은 라우터의 모든 인터페이스에 대해 동일한 메시지들을 보여준다.

ACL 장애 해결 체크리스트의 단계② 에서는 ACL의 내용을 확인할 수 있어야 한다. 다시, ACL을 확인하는 가장 신속한 방법은 **show running-config** 명령을 사용하는 것이다. 이 명령을 사용할 수 없다면, **show access-lists**와 **show ip access-lists** 명령으로 자세한 설정 항목들을 확인할 수 있다. 이러한 명령어는 또한 ACL의 각 라인에 매칭된 바 있는 패킷들의 수와 같은 유용한 통계를 보여준다. [예 26-9]는 한 예를 보여준다.

```
R1# show ip access-lists
Extended IP access list 102
    10 permit ip 10.1.2.0 0.0.0.255 10.1.4.0 0.0.1.255 (15 matches)
```

[예 26-9] 샘플 show ip access-lists 명령어

이 통계는 장애 해결 과정에서 매우 유용할 수 있다. 당신이 ACL의 특정 라인에 상응하는 트래픽을 생성시킬 수 있다면, 해당 통계치가 증가하는 것도 목격할 수 있어야 한다. 상응하는 트래픽을 생성시켰음에도 불구하고, 해당 라인의 통계치가 증가하지 않는다면, 그러한 패킷들은 해당 ACL 라인에 일치되지 않는 것이다. 즉, 그러한 패킷들은 같은 ACL의 보다 앞선 라인에 일치되거나 아니면, 여러 가지 이유 때문에 라우터에 도착하지 못했을 수도 있다.

다양한 ACL의 장소, 방향과 설정 항목들을 단계 1과 2에서 발견한 후에, 어려운 부분은 ACL이 실제로 수행하는 것을 분석하는 것이다. 예를 들어, 당신이 수행하는 가장 일반적인 작업들 중의 하나는 주소 필드들을 보고, 해당 필드에 주소의 범위가 일치하는지를 확인하는 것이다. 라우터에 설정된 ACL에 대해서, 그 주소 범위를 쉽게 찾을 수 있다는 것을 기억하기 바

란다. 범위에서 가장 낮은 것은 주소(첫 번째 번호)이고 범위에서 가장 높은 것은 주소와 와일드카드 마스크의 합이다. 예를 들어, 일부 라우터의 명확한 설정 예를 보여주는 [예 26-9]의 ACL 102는 그 범위가 다음과 같다:

- 출발지 10.1.2.0, 와일드카드 0.0.0.255: 10.1.2.0 ~ 10.1.2.255까지를 포함함.
- 목적지 10.1.4.0, 와일드카드 0.0.1.255: 10.1.4.0 ~ 10.1.5.255까지를 포함함.

다음 몇 페이지는 장애 해결 체크리스트에서 **단계③** 에 속하는 몇 가지 항목에 대한 분석을 다룬다.

이슈 예: 바뀐 출발지/목적지 IP 주소

IOS는 출발지 혹은 목적지 주소 필드의 잘못된 주소와 비교하는 경우를 인식할 수 없다. 따라서 네트워크에서 적용된 ACL과 그들의 방향, 네트워크 내의 서브넷들의 위치를 분석할 준비가 되어야 한다. 즉 ACL에 적용되는 패킷들을 따져봐야 한다. 그러한 패킷들의 출발지와 목적지 주소는 무엇인가? 그리고, ACL은 주소의 범위를 정확하게 정의하고 있는가 혹은 그렇지 않은가?

예를 들어, 이 장에서 몇 가지 장애 해결 예에서 사용할 [그림 26-11]을 고려해보자. 그림 다음에는 ACL에 대한 조건을 보여준다.

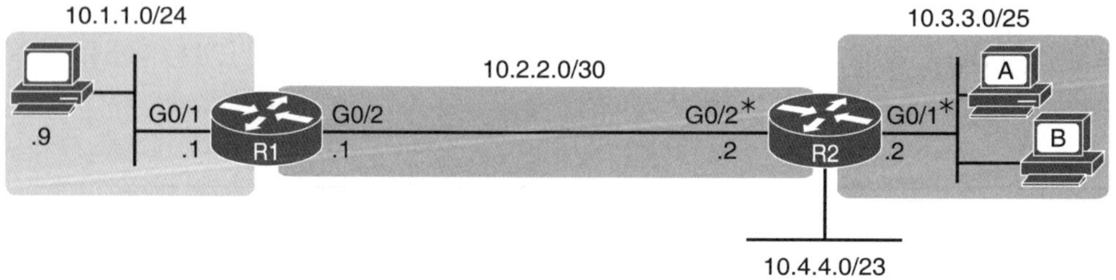

[그림 26-11] IPv4 장애 확인 예에서 사용하는 샘플 네트워크

* 원서에서는 G 0/1, G 0/2의 표기가 반대이나 역자가 바로 잡음.

다음 ACL에 대해, 요구 조건들은 다음과 같이 다양한 트래픽을 허용하거나 차단하도록 한다:

- 서브넷 10.3.3.0/25와 서브넷 10.1.1.0/24 내의 호스트들이 통신할 수 있도록 한다.
- 서브넷 10.4.4.0/23과 서브넷 10.1.1.0/24 내의 호스트들이 통신할 수 없도록 한다.
- 네트워크 10.0.0.0 내의 호스트들 간의 모든 다른 통신은 허용한다.
- 모든 다른 통신은 차단한다.

[예 26-10]은 이 경우 R2에서 사용된 ACL을 보여준다. 처음에 이 ACL은 리스트의 모든 조건들을 만족시키는 것처럼 보인다.

```
R2# show ip access-lists
Standard IP access list Step3B
 10 permit 10.3.3.0 0.0.0.127
 20 deny 10.4.4.0 0.0.1.255
 30 permit 10.0.0.0 0.255.255.255 (12 matches)
R2#
R2# show ip interface G0/2 | include Inbound
 Inbound access list is Step3B
```

[예 26-10] 단계③B 에 대한 장애 해결 예 2: 출발지 & 목적지 불일치

이 경우의 문제는 ACL이 R2의 G0/2 인터페이스에 인바운드 방향으로 적용되어 있는 것이다. 그림을 보면, 서브넷 10.3.3.0/25와 10.4.4.0/23이 출발지 주소인 패킷들은 R2의 G0/2 인터페이스로 들어오기 보다는, 해당 인터페이스로부터 나간다. 따라서, 요구 조건들을 완벽하게 반영하도록 ACL의 매칭 로직을 체크해야 한다. 즉, ACL의 위치와 방향과 더불어 IP 주소들의 위치를 명확하게 확인해야 한다.

단계③C 는 TCP와 UDP와 함께 잘 알려진 포트의 매칭과 관련하여 비슷한 이슈들을 제시한다. 이 장의 앞선 섹션, 'TCP와 UCP 포트 번호 매칭'은 이러한 아이디어들을 아주 자세하게 설명했다. 서버의 위치와 더불어 ACL의 위치와 방향을 확인할 수 있도록 해야한다.

단계③D & ③E 일반적인 구문 오류

단계③D 와 ③E 는 한 쌍의 구문 오류를 설명한다. 첫째, ACL 문장에서 TCP 포트를 정의(매칭)하기 위해, 당신은 **ip** 혹은 다른 값 대신, **tcp** 프로토콜 키워드를 반드시 사용해야 한다. 그렇지 않다면, IOS는 부정확한 구문을 갖는 이 명령어를 거부한다. UDP 포트들을 매칭할 때, 동일한 이슈가 발생한다. 즉, **udp** 프로토콜 키워드가 필요하다.

ICMP를 정의하기 위해, IOS는 **tcp** 혹은 **udp** 대신, **icmp** 프로토콜 키워드를 포함해야 한다. 사실, 주된 개념적인 실수는 ICMP를 TCP 혹은 UDP를 사용하는 애플리케이션 프로토콜로 간주하는 것이다. ICMP는 둘 다 사용하지 않는다. 모든 ICMP 메시지들을 정의하기 위해, 확장 이름형 ACL에서 **permit icmp any any** 명령어를 사용한다.

이슈 예: 라우팅 프로토콜 패킷들을 차단하는 인바운드 ACL

라우터는 라우터 자체에서 발생시킨 패킷들에 대해서는 아웃바운드 ACL 로직을 적용하지 않는다. 이것은 상식처럼 들리지만, 그 문맥 속에 포함된 사실에 대해 조금 더 생각할 필요가 있다. 라우터는 아웃바운드 ACL을 가질 수 있고, 그 ACL은 라우터가 한 인터페이스에서 수신한 다음, 다른 인터페이스로 나가려는 패킷을 폐기할 것이다. 예를 들어 라우터가 라우팅 프로토콜 메시지와 같은 패킷을 생성시키면, 라우터는 해당 패킷에 아웃바운드 ACL을 적용시키지 않는다.

그러나 라우터는 인바운드 ACL 로직을 무조건 적용시킨다. 인바운드 ACL이 적용되고 해당 인터페이스에 한 패킷이 도착하면, 라우터는 ACL을 확인한다. 라우팅 프로토콜 업데이트와 같은 중요한 오버헤드 패킷들을 포함한 모든 IPv4 패킷들에 ACL이 적용된다.

예를 들어, [예 26-11]의 **단계③** ACL과 같이, 라우터가 보기에 아무 문제가 없는 ACL을 고려해보자. 해당 ACL은 한 쌍의 **permit** 명령을 보여주고, 액세스 리스트의 마지막에는 '**implicit deny any**(나머지 모든 패킷은 모두 폐기함)'를 갖는다. 처음에 그것은 다른 합리적인 ACL과 같아 보인다.

```
R1# show ip access-lists
Standard IP access list Step3G
 10 permit host 10.4.4.1
 20 permit 10.3.3.0 0.0.0.127 (12 matches)
! 나머지 모드에 어울리기 위해 무조건 폐기를 사용
R1#
! 라우터 R1 상에서:
R1# show ip interface G0/2 | include Inbound
 Inbound access list is Step3G
```

[예 26-11] **단계③**에 장애 해결 예 2: RIP 필터링

이제, 위치와 방향(R1의 G0/2, 인바운드)을 보고, 위치와 [그림 26-11]의 구성도를 잠시 생각해보자. 그러한 **permit** 문장 중 어떤 것도 R2가 G0/1 인터페이스를 통해 R1에게 보낸 RIP 업데이트를 정의하지 않는다. RIP 메시지들은 UDP(웰노운 포트 520)를 사용하고, R2의 G0/1 인터페이스의 주소는 그림에서 10.2.2.2이다. R1의 경우, 액세스 리스트는 마지막에 '무조건 폐기(implicit deny any)'를 포함하므로, 수신하는 RIP 메시지들에 일치할 것이다. 이 경우, 증상은 R1은 R2로부터 루트들을 학습하지 않지만, R2는 R1으로부터 여전히 RIP 루트들을 학습할 수 있다는 것이다.

ICND1과 ICND2 책에서 논의한 세 개의 라우팅 프로토콜 중 RIPv2는 트랜스포트 계층에서 UDP를 사용하는 반면, OSPF와 EIGRP는 트랜스포트 프로토콜을 아에 사용하지 않는다. 결과적으로 ACL에서 RIPv2 패킷들을 정의하기 위해, **udp** 키워드와 잘 알려진 포트 520을 포함해야 한다. OSPF와 EIGRP는 [표 26-7]과 같이 특별한 키워드로 정의할 수 있다. 또한 표는 각 프로토콜이 사용하는 주소들을 보여준다.

프로토콜	출발지 IP 주소	목적지 IP 주소	ACL 프로토콜 키워드
RIPv2	출발지 인터페이스	224.0.0.9	udp (port 520)
OSPF	출발지 인터페이스	224.0.0.5, 224.0.0.6	ospf
EIGRP	출발지 인터페이스	224.0.0.10	eigrp

[표 26-7] 라우팅 프로토콜 메시지를 정의하는 핵심 필드들

명령어 구문을 포함한 [예 26-12]는 라인마다 각각의 라우팅 프로토콜을 정의하는 세 줄의 샘플 ACL을 보여준다. 이 경우, ACL은 **any** 키워드로 주소 필드를 정의한다는 점을 주목하기 바란다. 라우팅 프로토콜 패킷들의 허용을 보장하기 위해 인바운드 ACL에 이와 같은 라인들을 포함할 수 있다.

```
R1# show ip access-lists
ip access-list extended RoutingProtocolExample
 10 permit udp any any eq 520
 20 permit ospf any any
 30 permit eigrp any any
 remark a complete ACL would also need more statements here
R1#
```

[예 26-12] permit과 함께 RIPv2, OSPF와 EIGRP를 매칭하는 ACL의 예

라우터 생성 패킷들과 ACL

라우터는 같은 라우터에서 생성된 패킷들로 하여금 아웃바운드 ACL을 적용하지 않는다. 이러한 로직은 라우터 자신이 출발지인 트래픽을 삭제하는 것을 방지한다. 즉, **ping**과 **traceroute**와 같은 명령뿐만 아니라, 라우팅 프로토콜과 같은 오버헤더 프로세스를 위해 라우터가 생성한 패킷들 (예를 들어, 라우팅 업데이트)에 적용된다. 이 섹션은 ACL들이 문제 해결에 대해 어떠한 영향을 주는지와 ACL 명령어에서 아웃바운드 ACL 로직을 적용할 때의 예외에 대한 설명을 추가한다.

라우터 ACL과 라우터로부터의 ping

첫 번째 시나리오로 라우터에서 시도한 **ping** 명령에 대해 생각해보자. 이 명령은 패킷을 생성하고 라우터는 그러한 패킷들을 라우터의 인터페이스들 중 하나를 통해 보내고(ICMP 에코 요청 (echo request) 메시지들을 보내고) 일반적으로 몇몇 ICMP 에코 응답(echo reply) 메시지가 돌아온다. 이미 설명한 것과 같이 모든 ACL들이 이러한 패킷들을 필터링하는 것은 아니다.

논의의 배경으로서 [그림 26-12]는 시리얼 링크로 연결된 두 라우터들로 구성된 간단한 네트워크 구성을 보여준다. 이 그림에서는 두꺼운 화살표로 표시된 4개의 ACL 즉, Ⓐ, Ⓑ, Ⓒ와 Ⓓ ACL들이 보인다. 즉, ACL A는 R1의 S0/0/0의 아웃바운드 ACL이고, ACL Ⓑ는 R2의 S0/0/1의 인바운드 ACL이다.

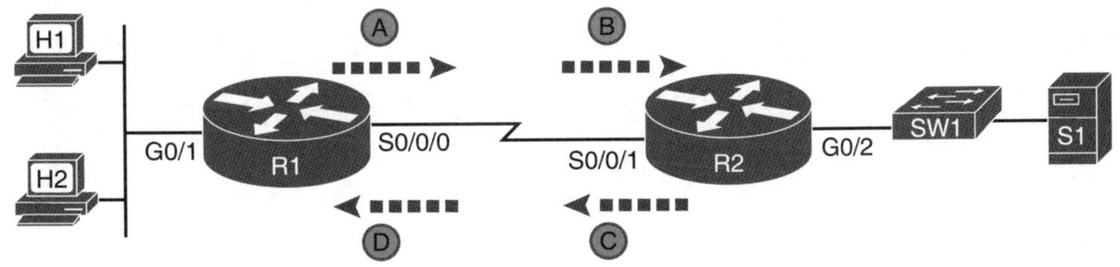

[그림 26-12] 네 장소에서 IP ACL을 배치하는 샘플 네트워크

예를 들어, (사용자가 SSH를 사용하여 R1에 접속한 후) R1의 CLI에서 입력한 **ping** 명령을 생각해 보자. 여기서 **ping** 명령은 서버 S1의 IP 주소에 대한 **ping**이다. ICMP 메시지를 포함한 IPv4 패킷은 R1에서 S1으로 간 다음, 다시 돌아온다. 네 개의 ACL들 중 S1으로 향하는 ICMP 에코 요청(echo request)과 R1으로 다시 돌아오는 ICMP 에코 응답(echo reply)을 필터링할 수 있을까?

라우터는 [그림 26-13]과 같이 라우터에서 생성된 패킷들이 자신의 아웃바운드 ACL을 적용하지 않는다. 비록 라우터 R1에 아웃바운드 ACL이 존재하지만, R1은 R1에 의해 생성된 ICMP 에코 요청에 대해 ACL A를 무시한다.

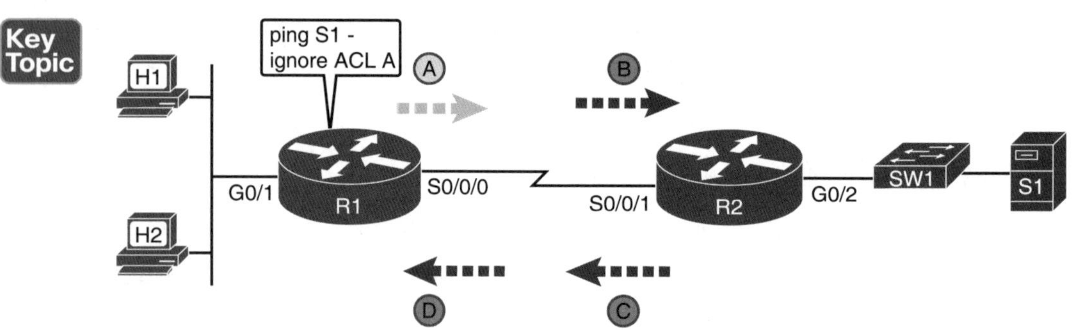

[그림 26-13] ping 명령으로 자신이 생성한 패킷을 무시하는 R1의 아웃바운드 ACL

시리얼 인터페이스 IPv4 주소에 대한 라우터의 셀프-핑(Self-Ping)

앞선 예들은 호스트에 핑을 할 때 라우터의 **ping** 명령을 사용한다. 하지만 네트워크 엔지니어들은 종종 라우터의 IP 주소로 핑 즉, 셀프 핑(**self-ping**)을 할 필요가 있다. 셀프 핑이란 용어는 장치 자신의 IPv4 주소에게 핑을 하는 것을 말한다. 그리고 포인트-투-포인트 시리얼 링크에서 셀프 핑은 시리얼 링크를 통해 실제로 패킷을 내보내는데 이것은 ACL과 함께 할 때 몇몇 흥미로운 효과를 일으킨다.

사용자가 라우터 자신의 시리얼 IP 주소로 셀프 핑을 하면 라우터는 실제로 ICMP 에코 요청을 다른 라우터에게 보낸다. 이웃 라우터는 이 패킷을 받은 다음 원래의 라우터에게 ICMP 에코 요청을 돌려 보낸다. [그림 26-14]는 R1 라우터에서 R2 라우터에게 ICMP 에코 요청을 보내는 포인트-투-포인트 시리얼 링크 상의 자신의 IP 주소에 대한 셀프 핑(**ping 172.16.4.1**)의 예를 보여준다. 다음 단계로 R2는 R2 자신의 IPv4 주소들 중 하나를 향하지 않는 다른 패킷들과 같이 이 패킷을 처리한다. 즉, 이 패킷을 라우팅한다. 어디로? 그림과 같이 R1 라우터에게 즉시 돌려 보낸다.

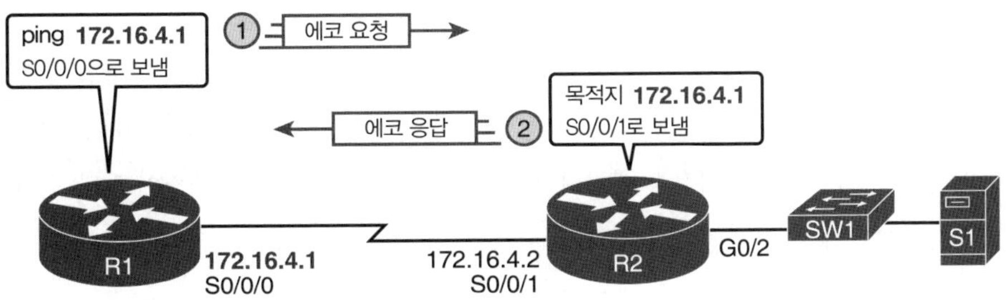

[그림 26-14] R1의 S0/0/0 IP 주소에 대한 셀프-핑의 첫 단계

[그림 26-14]와 대비되는 앞선 그림에서의 네 개의 ACL들에 대해 다시 생각해보자. R1은 ICMP 에코 요청을 생성하고, R1은 아웃바운드 ACL A를 적용시키지 않는다. ACL B, C와 D는 패킷을 필터링한다. 이 경우, R2가 R1으로 돌려 보낸 패킷은 R2에서 생성된 것이 아니라는 것을 주목하자. 즉, R2는 R1이 보낸 원래의 패킷을 R1에게 그냥 라우팅했을 뿐이다.

시리얼 인터페이스에 대한 셀프-핑은 다음과 같이 실제로 포인트-투-포인트 시리얼 링크의 많은 부분들을 시험한다.

- 링크는 1, 2와 3계층에서 동작해야 한다. 구체적으로 두 라우터의 정확한 IPv4 주소가 설정되어야 하며 동작 가능(up/up)해야 한다.
- ACL B, C와 D는 ICMP 에코 요청과 응답 패킷들을 필터링해서는 안된다.

따라서 장애 해결 시에 당신이 셀프-핑을 하고 실패했지만, 시리얼 인터페이스의 상태가 up/up이라면, ACL이 ICMP(Internet Control Management Protocol) 트래픽을 차단하는지를 확인해야 한다.

이더넷 인터페이스 IPv4 주소에 대한 라우터의 셀프-핑

라우터의 자신의 이더넷 인터페이스 IP 주소에 대한 셀프-핑이 라우터의 시리얼 IP 주소에 대한 셀프-핑과 비슷하지만 두 가지 다른 점이 있다:

- 시리얼 인터페이스와 같이 로컬 라우터 인터페이스는 동작 가능(up/up) 상태이어야 하고 그렇지 않다면, 핑은 실패한다.
- 시리얼 인터페이스와 달리, 라우터는 다른 인터페이스 밖으로 ICMP 메시지를 보내지 않으므로, 이웃 스위치(포트 시큐리티와 같은) 혹은 라우터(ACL과 같은)의 보안 기능들은 **ping** 명령에 의해 사용되는 메시지들을 차단할 수 없다.
- 시리얼 인터페이스와 같이, 로컬 라우터 상의 인바운드 IP ACL은 라우터의 이더넷 IP 주소에 대한 셀프-핑을 처리한다.

[그림 26-15]는 한 예를 제시한다. 이 경우, R2는 자신의 G0/2 IP 주소에 대한 핑을 위해 **ping 172.16.2.2**를 입력한다. 시리얼 링크에 대한 셀프-핑과 같이, R2는 ICMP 에코 요청을

보낸다. 하지만 R2는 기본적으로 자신의 TCP/IP 스택에서 핑 다운[33]과 다시 핑 업하는 과정을 점검한다. 결과적으로, R2의 인터페이스가 up/up 상태가 아니라면 실패를 보여주기 때문에 이더넷 인터페이스의 상태를 점검하는 효과가 있다. R2는 패킷에 아웃바운드 ACL 로직을 적용하지 않는데, 이것은 R2가 패킷을 생성시키기 때문이다. 하지만 R2는 패킷이 해당 인터페이스에서 물리적으로 수신한 것처럼, 패킷에 인바운드 ACL 로직을 적용할 것이다.

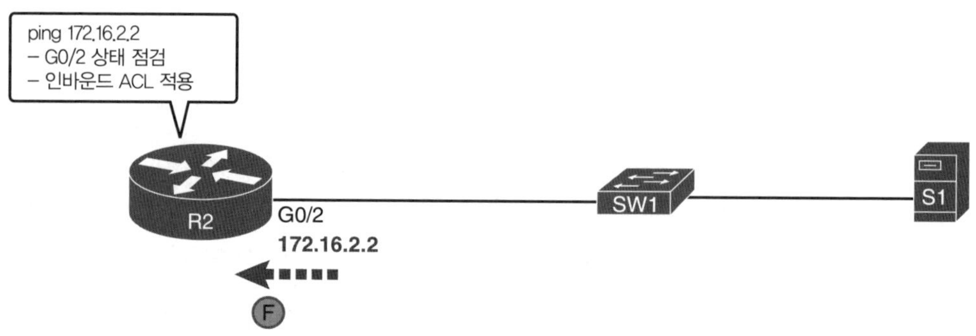

[그림 26-15] 라우터의 이더넷 주소에 대한 셀프-핑

챕터 리뷰

좋은 시험 결과를 위해서는 리뷰 세션에 대한 복습이 중요하다. 책이나 DVD의 툴 혹은 책의 동반자 웹 사이트에서 찾을 수 있는 대화형 툴을 활용하여 이 장의 자료들을 리뷰하기 바란다. 특히, '단계② 챕터 위주의 학습 습관을 만들어라'라는 제목의 '당신의 학습 계획'을 참조하기 바란다. [표 26-8]은 핵심 리뷰 요소들과 자료 출처들을 보여준다. 학습 과정에 대해 보다 나은 확인을 위해 두 번째 열에 완료한 날짜를 기록하도록 한다.

리뷰 항목	완료 날짜	자료 출처
핵심 주제 리뷰		책, DVD/웹 사이트
핵심 용어 리뷰		책, DVD/웹 사이트
사전 점검 퀴즈 반복		책, PCPT
메모리 테이블 리뷰		책, DVD/웹 사이트
명령어 테이블 리뷰		책

[표 26-8] 챕터 리뷰 확인

---

[33] 핑 다운은 TCP/IP 모델의 3계층에서 정의되는 ICMP에서 2계층, 1계층으로 보냈다가 핑 업은 다시 1계층, 2계층, 다음으로 ICMP를 정의하는 3계층으로 돌아온다는 것을 의미한다.

핵심 주제 복습

핵심 주제	설명	페이지
그림 26-3	확장형 ACL access-list 명령 세 가지 확인 필드에 대한 구분과 노트들	664
문장	확장형 ACL의 요약	664
그림 26-4	TCP 헤더 다음의 IP 헤더에 대한 그림	665
그림 26-5	확장형 ACL access-list 명령어의 TCP와 UDP 포트 매칭에 대한 구분과 노트들	665
그림 26-7	TCP 출발지 포트 매칭에 대한 논리와 구분	666
리스트	확장 번호형 IP ACL을 사용할 때의 가이드라인들	668
리스트	이름형과 번호형 ACL의 차이점	672
리스트	IOS 12.3 ACL 순서 번호에 의한 기능들	674
리스트	ACL 설정 권고 사항들	677
체크리스트	ACL 장애 해결 체크리스트	679
그림 26-13	라우터의 아웃바운드 ACL이 라우터가 생성시키는 패킷을 우회시키는 예	686

[표 26-9] 26장의 핵심 주제들

핵심 용어

확장형 액세스 리스트(extended access list), 이름형 액세스 리스트(named access list)

∷ 명령어 참조

[표 26-10]과 [표 26-11]은 이 장에서 사용하는 설정과 확인 명령어들을 보여준다. 연습을 위해 표의 왼쪽 행을 가리고, 오른쪽 행을 읽고 해당 명령을 보지 않고 기억해보도록 한다. 다음으로 오른쪽 행을 덮고 명령이 무엇을 위한 것인지를 기억하는 연습을 반복한다.

명령어	설명
access-list *access-list-number* {deny | permit} *protocol source source-wildcard destination destination-wildcard* [log]	확장 번호형 access list들에 대한 글로벌 명령어. 100 ~ 199 혹은 2000 ~ 2699 사이의 숫자를 사용한다.
access-list *access-list-number* {deny | permit} tcp *source source-wildcard* [*operator* [*port*]] *destination destination-wildcard* [*operator* [*port*]] [log]	TCP의 구체적인 파라미터들을 갖는 access-list 명령어 버전
access-list *access-list-number* remark *text*	무엇을 위한 ACL인지를 기억할 수 있도록 돕는 설명을 정의한다.
ip access-group {*number* | *name* [in | out]}	액세스 리스트를 적용하기 위한 인터페이스 하부 명령어.
access-class *number* | *name* [in | out]	Vty 라인들에 대한 표준형 혹은 확장형 액세스 리스트를 적용하기 위한 라인 하부 명령어.

ip access–list {standard	extended} *name*	이름 표준형 혹인 확장형 ACL을 설정하고 ACL 컨피규레이션 모드에 들어가도록 하는 글로벌 명령어.
{deny	permit} *source* [*source wildcard*] [log]	표준 이름형 ACL에 대한 매칭 로직과 대응 액션을 설정하기 위한 ACL 모드 하부 명령어.
{deny	permit} *protocol source source-wildcard destination destination-wildcard* [log]	확장 이름형 ACL에 대한 대칭 로직과 대응 동작을 설정하기 위한 ACL 모드 하부 명령어.
{deny	permit} tcp *source source-wildcard* [*operator* [*port*]] *destination destination-wildcard* [*operator* [*port*]] [log]	TCP 세그먼트를 매칭하기 위한 이름형 ACL의 매칭 로직과 대응 동작을 설정하기 위한 ACL 모드 하부 명령어.
remark *text*	이름형 ACL에 대한 설명을 설정하기 위한 ACL 모드 하부 명령어.

[표 26–10] 26장 설정 명령어 참조

명령어	모드 및 목적
show ip *interface* [*type number*]	해당 인터페이스에 적용된 액세스 리스트들을 보여준다.
show access–lists [*access-list-number	access-list-name*]	모든 프로토콜들을 위해 구현된 액세스 리스트들을 보여준다.
show ip access–lists [*access-list-number	access-list-name*]	IP 액세스 리스트들을 보여준다.

[표 26–11] EXEC 명령어 참조

앞선 연습 문제에 대한 정답

[표 26–12]는 [표 26–6]에서 제시한 연습 문제들에 대한 정답이다. 클라이언트 관련 문제들에 대해, 당신은 1023 이상의 포트 번호를 매칭하도록 할 수 있다. 이 표에서 정답은 거의 이 옵션을 무시하지만, 첫 번째 문제의 정답에서 하나는 1023 이상의 클라이언트 포트를 참조하고, 다른 하나는 생략한다. 남아 있는 정답들은 이 부분을 생략한다.

문제	정답
1	`access-list 101 permit tcp host 10.1.1.1 10.1.2.0 0.0.0.255 eq www` 또는 `access-list 101 permit tcp host 10.1.1.1 gt 1023 10.1.2.0 0.0.0.255 eq www`
2	`access-list 102 permit tcp 172.16.4.0 0.0.0.127 172.16.3.0 0.0.0.127 eq telnet`
3	`access-list 103 permit icmp 192.168.7.192 0.0.0.63 192.168.7.8 0.0.0.7`
4	`access-list 104 permit tcp 10.2.2.0 0.0.1.255 eq www 10.4.4.0 0.0.3.255`
5	`access-list 105 permit tcp 172.20.1.0 0.0.0.255 eq 23 172.20.44.0 0.0.1.255`
6	`access-list 106 permit tcp 192.168.99.96 0.0.0.15 192.168.176.0 0.0.0.15 eq www`
7	`access-list 107 permit icmp 10.55.66.0 0.0.0.127 10.66.55.0 0.0.0.63`
8	`access-list 108 permit ip any any`

[표 26–12] 한 줄의 확장형 ACL 구성하기: [표 26–6]의 정답

Chapter 27
NAT(Network Address Translation)

이 장은 다음 시험 주제를 다룬다.

1.0 네트워크 기초
1.10 사설 IPv4 주소 체계의 필요성
4.0 인프라스트럭처 서비스
4.7 출발지 NAT 설정, 확인 및 장애 해결
    4.7.a 스태틱
    4.7.b 풀
    4.7.c PAT

IPv4 주제들에 대한 이러한 마지막 장들은 기업과 SOHO(small office/home office) 네트워크 모두에서 매우 일반적이고 중요한 영역 즉, NAT(Network Address Translation)를 살펴본다. NAT는 IPv4와 관련된 중요한 문제를 해결한다. IPv4 주소 공간은 1990년 중반에 완전히 고갈되었다. 고갈된 후에도 인터넷은 계속 성장해왔지만, 이것은 인터넷의 성장을 늦추는 중대한 원인이 되었다.

이 장은 IPv4 주소 고갈 이슈에 대한 두 가지의 단기 솔루션들을 다루는데, 이 솔루션들은 IPv6(IP version 6)에 앞서 적용하는 우수한 대안들이기도 하다. CIDR(classless interdomain routing)과 함께 NAT는 1990년대에서 2010년대까지 인터넷의 네트워크 계층 프로토콜로써 IPv4의 수명을 연장시켜 왔다. 이 책의 파트 Ⅷ는 인터넷 표준이 된 장기 솔루션 즉, IPv6(IP version 6)를 다룬다.

이 장은 주제들을 세 개의 주요 섹션으로 나눈다. 첫 번째 섹션은 1990년대의 인터넷 혁명에 의해 야기된 IPv4 주소 공간의 부족 문제를 설명한다. 두 번째 섹션은 NAT의 기본적인 개념 즉, NAT의 몇 가지 변종들의 동작 원리와 PAT(Port Address Translation) 옵션의 IP 주소 공간 절약 원리를 설명한다. 마지막 섹션은 시스코 IOS 소프트웨어 CLI(command-line interface)에서 NAT 설정 방법과 NAT와 관련된 장애 해결 방법을 보여준다.

이 장의 학습을 위해 필요한 시간을 가늠하기 위해 시험(이 페이지나 PCPT 소프트웨어를 사용 가능)을 보기 바란다. 정답은 퀴즈 다음 페이지의 아랫 부분에 나와 있고, 설명은 DVD 부록 C와 PCPT 소프트웨어에 있다.

핵심 주제 섹션	해당 문제
IPv4 주소 확장성에 대한 관점들	1-2
NAT(Network Address Translation) 개념들	3-4
NAT 설정 및 장애 해결	5-7

[표 27-1] 사전 점검 퀴즈의 핵심 주제와 문제

1. 다음 요약된 서브넷들 중 인터넷 라우팅 테이블의 크기를 줄이기 위한 CIDR의 목적과 관련 있는 루트는?

    a. 10.0.0.0 255.255.255.0

    b. 10.1.0.0 255.255.0.0

    c. 200.1.1.0 255.255.255.0

    d. 200.1.0.0 255.255.0.0

2. 다음 중 RFC 1918에 따른 사설 주소가 아닌 것은? (2개를 선택할 것)

    a. 172.31.1.1   **b.** 172.33.1.1   **c.** 10.255.1.1

    d. 10.1.255.1   **e.** 191.168.1.1

3. 인사이드 주소들에 대해서만 변환을 수행하는 스태틱 NAT와 관련하여, NAT 테이블 엔트리를 생성시키는 것은 무엇인가?

    a. 인사이드 네트워크에서 아웃사이드 네트워크로 향하는 첫 번째 패킷

    b. 아웃사이드 네트워크에서 인사이드 네트워크로 향하는 첫 번째 패킷

    c. `ip nat inside source` 명령을 사용하는 설정

    d. `ip nat outside source` 명령을 사용하는 설정

4. 인사이드 주소들에 대해서만 변환을 수행하는 다이내믹 NAT와 관련하여, NAT 테이블 엔트리를 생성시키는 것은 무엇인가?

    a. 인사이드 네트워크에서 아웃사이드 네트워크로 향하는 첫 번째 패킷

    b. 아웃사이드 네트워크에서 인사이드 네트워크로 향하는 첫 번째 패킷

    c. `ip nat inside source` 명령을 사용하는 설정

    d. `ip nat outside source` 명령을 사용하는 설정

5. NAT는 네트워크의 인사이드 영역 중에서 액세스 컨트롤 리스트에 의해 정의되는 일부 호스트들에 대해서만 패킷들의 출발지 주소를 변환하도록 설정한다. 다음 명령어 중 해당 호스트들을 간접적으로 가리키는 것은?

a. ip nat inside source list 1 pool barney

b. ip nat pool barney 200.1.1.1 200.1.1.254 netmask 255.255.255.0

c. ip nat inside

d. ip nat inside 200.1.1.1 200.1.1.2

6. 다음 설정 명령어들을 살펴보자:

```
interface Ethernet0/0
  ip address 10.1.1.1 255.255.255.0 ip nat inside
  interface Serial0/0
ip address 200.1.1.249 255.255.255.252
  ip nat inside source list 1 interface Serial0/0
access-list 1 permit 10.1.1.0  0.0.0.255
```

이 명령에서 출발지 NAT 오버로드를 적용하고자 한다면, 다음 명령어들 중 이 설정을 완성시키는 것은? (2개를 선택할 것)

a. ip nat outside 명령어

b. ip nat pat 명령어

c. overload 키워드

d. ip nat pool 명령어

7. 다이내믹 NAT를 설정한 라우터의 **show** 명령어의 아웃풋을 보자:

```
-- Inside Source
access-list 1 pool fred refcount 2288
 pool fred: netmask 255.255.255.240
    start 200.1.1.1 end 200.1.1.7
    type generic, total addresses 7, allocated 7 (100%), misses   965
```

사용자들이 인터넷을 사용할 수 없다고 불평하고 있다. 다음 중 원인이 될 수 있는 것은?

a. 명령어 아웃풋의 정보에 기초하여, 문제는 NAT와 관련된 것이 아니다.

b. NAT 풀은 모든 요청들을 충족시킬 정도로 충분하지 않다.

c. 표준 ACL1은 사용될 수 없다. 대신 확장형 ACL이 사용돼야 한다.

d. 이 명령어의 아웃풋은 문제를 식별할 만한 정보를 제공하지 않는다.

:: IPv4 주소 확장성에 관한 관점들

인터넷에 대한 원래의 계획은 모든 조직이 한 개 이상의 등록된 클래스풀 IPv4 네트워크를 할당하도록 하는 것이었다. 이 프로그램을 관리하는 사람은 IP 네트워크의 어떤 것도 재사용되지 않을 것이라 확신했다. 모든 조직이 등록된 네트워크 번호 내부의 IP 주소만 사용하는 한, IP 주소는 중복되지 않을 것이고 IP 라우팅도 제대로 동작할 것이다.

단지 하나 또는 소수의 등록된 네트워크 번호만 사용하여 인터넷에 연결하는 방식은 한동안 잘 작동했다. 1990년대 중반 초에 인터넷이 너무 빨리 성장하여 모든 IP 네트워크 번호들이 1990년대 중반에 모두 할당되었다. 사용 가능한 네트워크 주소가 완전히 할당되어 일부 조직들은 인터넷에 연결할 수 없을 것이라는 우려가 대두되었다.

IPv4 주소 확장성 문제에 대한 주요한 장기 솔루션은 IP 주소의 크기를 증가하는 것이었다. 이것이 IPv6(IP version 6) 출현의 가장 강력한 이유였다(버전 5는 훨씬 이전에 정의되었지만, 실제로 적용하지는 않았다. 다음 솔루션은 버전 6으로 분류되었다). IPv6는 IPv4의 32비트 주소 대신 128비트 주소를 사용한다. 인터넷에 연결된 모든 조직에 고유한 주소를 할당하기 위한 동일하거나 개선된 프로세스와 함께, IPv6는 전 세계 모든 조직과 개인에게 이론적으로 10^{38}개 이상에서 IPv6 주소 수를 제공할 수 있다.

주소 부족에 대한 다수의 단기 솔루션이 제안되었지만 세 가지 표준이 이 문제를 해결하기 위해 공동으로 작동한다. 먼저 두 가지 표준 즉, NAT(Network Address Translation)와 사설 주소 (private addressing)는 밀접한 관련성을 갖는다. 이 기능들은 많은 조직들이 내부에서 등록되지 않은 동일한 IPv4 네트워크 번호를 사용하면서도 인터넷과 통신을 할 수 있게 한다. 세 번째 표준인 CIDR(classless interdomain routing)은 ISP(Internet Service Provider)로 하여금 전체 네트워크를 할당하는 것이 아니라 네트워크의 하부 단위를 고객 회사에 할당하도록 하여 IPv4 주소의 낭비를 줄인다. CIDR은 또한 ISP로 하여금, 다수의 클래스 A, B와 C 네트워크들에 대한 루트들을 하나의 루트로 요약하도록 하여 전체 라우팅 테이블의 크기를 줄이도록 한다.

> **NOTE** 이러한 툴들은 잘 작동해왔다. 1990년대 초반에는 1990년대 중반까지 전세계에서 IPv4 주소들이 소진될 것이라 예상했지만, IANA는 2011년 2월까지 IPv4 주소를 소진시키지 않았고, ARIN(북미를 위한 RIR)은 2015년 9월까지 공인 IPv4 주소를 공급했다.

사전 점검 퀴즈 정답

1 D **2** B, E **3** C **4** A **5** A **6** A, C **7** B

CIDR

CIDR은 개별 조직들에게 IANA(Internet Assigned Numbers Authority), 부속 단체와 ISP들이 전세계에서 유일한 IPv4 주소 공간을 할당하는 방법이다.

RFC 4632에서 정의하는 CIDR은 두 가지 주요 목적을 갖는다. 첫째, CIDR은 전 지구적 범위에서 루트 요약(route aggregation 또는 route summarization)을 가능하게 하는 공인 IP 주소에 대한 할당 방식을 정의한다. 이러한 요약된 루트들은 인터넷 라우터들의 라우팅 테이블의 크기를 대폭 줄인다.

[그림 27-1]은 CIDR 루트 요약의 전형적인 경우로 CIDR이 65,000개 이상의 루트들을 하나의 루트로 대체하는 방법을 보여준다. 먼저, ISP1이 클래스 C 네트워크 198.0.0.0에서 198.255.255.0을 소유했다고 가정해보자. 이 경우, 이것은 우연한 것이 아니며 루트 요약을 가능하게 하기 위한 의도적인 계획의 결과다. 즉, IANA는 다섯 개의 RIR(Regional Internet Registries) 중 하나에게 198로 시작하는 모든 주소들을 할당했고, RIR은 인터넷의 일부인 하나의 거대 ISP에게 전체 영역을 할당했다.

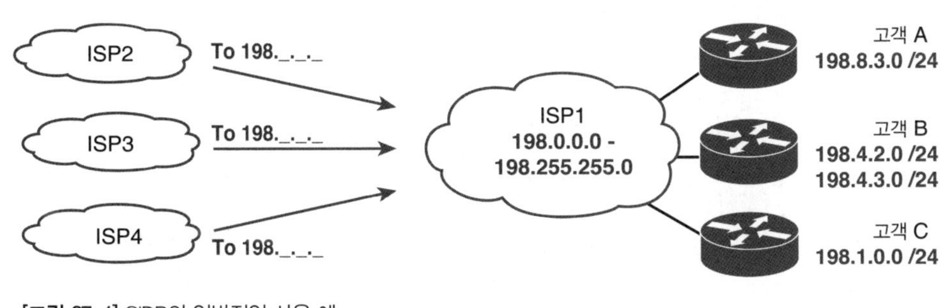

[그림 27-1] CIDR의 일반적인 사용 예

하나의 ISP에 198로 시작하는 모드 주소를 할당하면 다른 ISP는 하나의 루트 즉, 198.0.0.0 /8 루트를 사용하여 이 정보에 일치하는 모든 주소들을 향하는 패킷들을 ISP1에게 보낸다. [그림 27-1]에서 왼쪽의 ISP들은 각각 198.0.0.0/8이라는 하나의 루트 즉, IP 주소가 198로 시작하는 모든 호스트들에 대한 루트를 가진다. 65,536개의 클래스 C IP 네트워크들은 198로 시작하기 때문에 이 하나의 요약 루트는 이 모든 65,536개의 IP 네트워크들을 대표한다.

두 번째 주요 CIDR의 기능은 RIR과 ISP들로 하여금 클래스풀 네트워크의 서브넷들을 고객들에게 할당하여 낭비를 줄이는 것이다. 예를 들어, ISP1의 고객 A는 단지 10개의 IP 주소만 필요로 하고, 고객 C는 25개의 IP 주소를 필요로 한다고 가정해보자. ISP1은 다음과 같이 대응한다:

- 고객 A에게 14개의 할당 가능한 주소들인 198.8.3.17에서 198.8.3.30까지를 포함하는 CIDR 블록, 198.8.3.16/28을 할당한다.
- 고객 B에게 30개의 할당 가능한 주소들인 198.8.3.33에서 198.8.3.62까지를 포함하는 CIDR 블록, 198.8.3.32/27을 할당한다.

이러한 CIDR 블록들은 공인 IP 네트워크에서 일반적인 것으로 각 회사에게 연속된 공인 IPv4 주소 그룹을 할당한다. 이러한 공인 주소의 할당 과정은 이전보다 주소 낭비를 대폭 줄인다. 사실, 지난 20년 동안 대부분의 공인 주소 할당은 하나의 클래스 A, B 또는 C 네트워크를 할당하는 것이 아니라 CIDR 블록 단위였다.

부록 N 'CIDR(Classless Inter-domain Routing)'은 관련 용어들, 프로세스, CIDR 블록 할당과 관련된 계산 방식에 대해 보다 상세한 설명을 제공한다.

사설 주소

일부 컴퓨터들은 인터넷에 연결하지 않을 수 있다. 이러한 컴퓨터의 IP 주소들은 인터넷에 등록된 IP 주소들과 중복될 수도 있다. 이러한 네트워크에서 IP 주소를 설계할 때는 원하는 어떤 네트워크 번호를 적용해도 아무 문제가 없다. 예를 들어, 소수의 라우터들을 구입하여 사무실에서 이들을 연결하고 1.0.0.0 네트워크에 속하는 IP 주소들을 설정하면 잘 동작한다.

당신이 적용한 IP 주소들이 인터넷에 존재하는 실제 IP 주소들과 중복될 수 있지만 당신이 원하는 것이 사무실 내의 실습을 통한 학습이 전부라면 문제될 것은 없다.

인터넷에 연결하지 않는 사설 네트워크를 구축할 때, RFC 1918, 사설 인터넷을 위한 주소 할당(Address Allocation for Private Internets)에서 정의한 사설 인터넷(private internet)이라 불리는 IP 네트워크 번호들을 사용할 수 있다. 이 RFC는 조직들이 필요로 하는 등록된 네트워크 번호로써 사용해서는 안되는 네트워크들을 정의한다. 사설 주소로 어떤 조직의 등록된 네트워크 번호들을 사용하면 안되겠지만, 공공 인터넷에 어떤 누구도 사용하지 않는 번호들을 사용할 수는 있다. [표 27-2]는 RFC 1918에서 정의하는 사설 주소 공간을 보여준다.

IP 주소 범위	네트워크(들)	네트워크 클래스	네트워크 수
10.0.0.0 – 10.255.255.255	10.0.0.0	A	1
172.16.0.0 – 172.31.255.255	172.16.0.0 – 172.31.0.0	B	16
192.168.0.0 – 192.168.255.255	192.168.0.0 – 192.168.255.0	C	256

[표 27-2] RFC 1918 사설 주소 공간

즉, 어떤 조직이라도 이러한 네트워크 번호들을 사용할 수 있다. 그러나 어떤 조직도 라우팅 프로토콜을 사용하여 인터넷으로 이러한 네트워크 정보들을 내보낼 수는 없다.

∷ NAT(Network Address Translation) 개념들

RFC 3022에서 정의한 NAT는 유효한, 등록된, 전 지구에서 유일한 IP 주소를 갖지 못한 호스트로 하여금 인터넷 상의 다른 호스트들과 통신하도록 한다. 이 호스트는 사설 주소들 혹은 다른 조직에 할당된 주소들을 사용할 수 있다. 어떤 경우든, NAT는 인터넷에서는 사용할 수 없는 이러한 주소들을 사용하여 인터넷에 존재하는 호스트들과 통신을 가능하게 한다.

NAT는 인터넷에 접속하기 위해 사설 주소를 대신할 수 있는 유효하며 등록된 IP 주소로 변환하여 이 목적을 달성한다. NAT 기능은 [그림 27-2]와 같이 사설 IP 주소들을 공개적으로 등록된 IP 주소들로 변환한다.

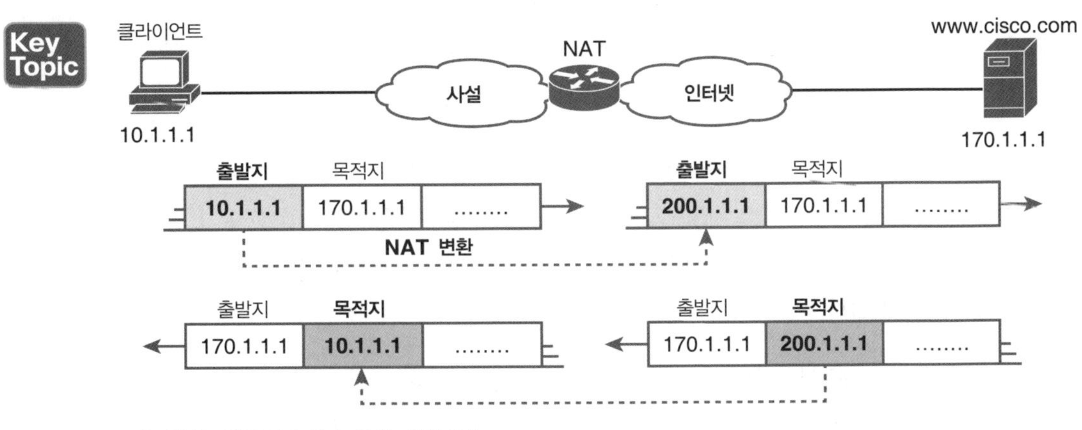

[그림 27-2] NAT IP 주소 교환: 사설 주소

NAT를 수행하는 라우터는 패킷이 개별 조직을 벗어날 때 패킷의 출발지 IP 주소를 변환한다. 또한 NAT를 수행하는 라우터는 사설 네트워크로 돌아오는 각 패킷의 목적지 주소를 변환한다(네트워크 200.1.1.0은 [그림 27-2]에서 등록된 공인 네트워크다). NAT라고 표시된 라우터에서 설정된 NAT 기능은 변환을 수행한다.

이 책은 기업들로 하여금 사설 주소들을 사용하도록 하는 NAT의 유형으로 인터넷 상의 호스트들과 계속 통신할 수 있게 하는 출발지 NAT(source NAT)를 다룬다. 출발지 NAT에서 시스코 IOS는 NAT를 구성하기 위한 몇 가지 다른 방식들을 지원한다. 다음 몇 페이지는 몇몇 변종들을 위한 개념들을 다룬다.

스태틱 NAT

스태틱 NAT는 [그림 27-2]의 예와 같이 동작하지만, IP 주소는 서로 1:1로 대응한다. 스태틱 NAT의 의미를 이해하고 몇몇 핵심 용어들을 설명하기 위해 [그림 27-3]은 보다 많은 정보를 가진 유사한 예를 보여 준다.

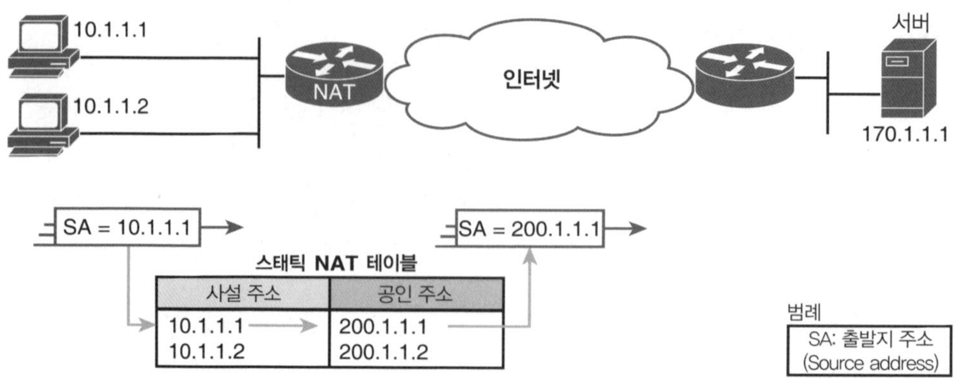

[그림 27-3] 인사이드 로컬과 글로벌 주소를 보여주는 스태틱 NAT

먼저 개념을 보면, 회사의 ISP는 200.1.1.0이라는 등록된 네트워크를 할당했다. 그러므로 NAT 라우터는 사설 IP 주소들이 200.1.1.0 네트워크에 존재하는 것처럼 보이게 만들어야 한다. 이를 위해 NAT 라우터는 그림의 왼쪽에서 오른쪽으로 향하는 패킷 내부의 출발지 IP 주소를 바꾼다.

이 예에서 NAT 라우터는 출발지 주소(source address, 그림에서 SA로 표시함), 10.1.1.1을 200.1.1.1로 바꾼다. 스태틱 NAT에서 NAT 라우터는 단순히 사설 주소와 등록된 공인 주소 사이의 1:1 맵핑을 설정한다.

두 번째 IP 호스트에게도 스태틱 NAT를 지원하려면 공인 주소 영역의 두 번째 IP 주소를 사용하여 두 번째 스태틱 1:1 맵핑이 필요하다. 예를 들어, 10.1.1.2를 지원하기 위해 라우터는 직접 10.1.1.2를 200.1.1.2로 맵핑해야 한다. 이 경우 기업이 하나의 등록된 클래스 C 네트워크를 보유했다면, 일반적인 두 개의 예비 숫자(네트워크 번호와 네트워크 브로드캐스트 주소)와 함께 많아 봐야 254개의 사설 IP 주소들을 지원할 수 있다.

특히, 설정과 관련한 NAT 용어는 다소 혼동을 줄 수 있다. [그림 27-3]에서 NAT 테이블은 사설 IP 주소들을 '사설(private)'과 네트워크 200.1.1.0의 등록된 주소들을 '공인(public)'이라고 표시한다는 것을 주목하기 바란다. 시스코는 이 예에서 사설 IP 주소들을 인사이드 로컬(inside local), 공인 IP 주소들을 인사이드 글로벌(inside global)이란 용어로 구분한다.

NAT 용어를 사용하여, 사설 주소들을 사용하고 그러므로 NAT를 필요로 하는 기업 네트워크는 네트워크의 '인사이드(inside)' 영역이다. NAT 기능의 인터넷 측은 네트워크의 '아웃사이드(outside)' 영역이다. NAT를 필요로 하는 호스트(예에서 가령, 10.1.1.1)는 네트워크 내부에서 사용하는 주소를 갖고, 아웃사이드 네트워크에서 이 주소를 대신하기 위한 IP 주소를 필요로 한다. 따라서 호스트 는 필수적으로 호스트를 대표하는 두 개의 다른 주소들을 필요로 하기 때문에 두 용어를 필요로 한다. 시스코는 인사이드 네트워크에서 사용하는 사설 IP 주소를 인사이드 로컬(inside local) 주소라 하고, 나머지 인터넷에서 호스트를 표시하기 위해 사용하는 주소를 인사이드 글로벌(inside global) 주소라 한다. [그림 27-4]는 일부 용어와 함께 동일한 예를 다시 보여준다.

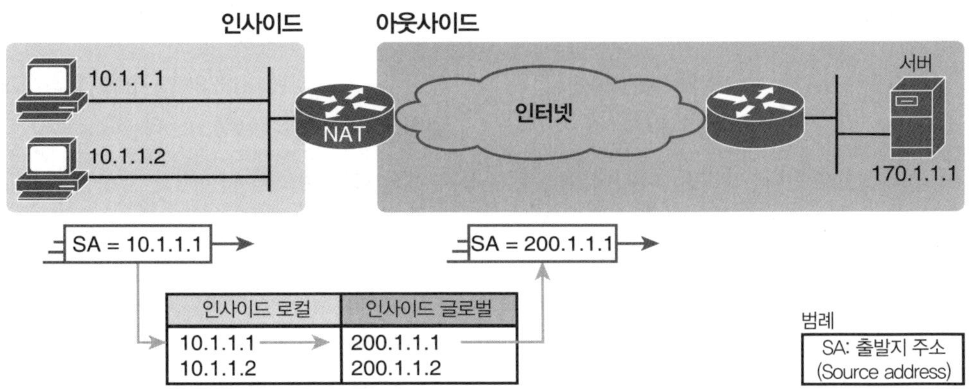

[그림 27-4] 스태틱 NAT 용어

출발지 NAT는 인사이드 호스트들의 IP 주소들만 변환한다. 그러므로 [그림 27-4]의 현재의 NAT 테이블은 인사이드 로컬과 이에 상응하는 인사이드 글로벌 등록 주소들을 보여준다. 인사이드 로컬(inside local)이란 용어는 기업 내부의 호스트들을 위해 사용되는 주소를 일컫는 것으로 전 지구적 인터넷이 아니라 기업 내부를 의미하는 로컬 환경에서 사용하는 주소라는 의미이다. 반대로 인사이드 글로벌(inside global)이란 용어는 기업의 호스트 측을 위해 사용되는 주소를 일컫지만, 패킷이 인터넷을 통과하는 동안 사용하는 글로벌 주소라는 것을 의미이다.

이 책에서 다루지 않는 NAT의 기능 중 하나인 목적지 NAT(destination NAT)는 아웃사이드 로컬(outside local)과 아웃사이드 글로벌(outside global)이란 비슷한 용어들을 사용한다는 것을 주목하기 바란다. 하지만, 출발지 NAT도 아웃사이드 글로벌이란 용어를 사용한다. 이 용어는 기업 외부에 존재하는 호스트를 일컬으며 출발지 NAT는 이 주소를 변환하지 않는다.

[표 27-3]은 이러한 네 가지 유사한 용어들을 요약하고, 예로 마지막 세 개의 그림에서 샘플로 사용한 IPv4 주소들을 사용한다.

용어	그림 속의 주소	의미
인사이드 로컬 (Inside local)	10.1.1.1	**인사이드:** 기업의 관점에서 내부 호스트가 위치하는 기업의 내부를 뜻한다. **로컬:** 글로벌이 아님. 글로벌 인터넷보다는 기업 내부에서 패킷 라우팅을 위해 사용하는 주소. **대안:** 일반적으로 사설 주소이기 때문에 인사이드 프라이빗(inside private)이라고 함.
인사이드 글로벌 (Inside global)	200.1.1.1	**인사이드:** 기업의 관점에서 내부 호스트를 위한 주소임을 의미한다. **글로벌:** 글로벌 인터넷에서 사용됨. 패킷이 인터넷을 통과하는 동안 사용하는 주소. **대안:** 일반적으로 공인 IPv4 주소이기 때문에 인사이드 글로벌(inside global)이라고 함.
아웃사이드 글로벌 (Outside global)	170.1.1.1	출발지 NAT와 함께 기업 외부에 존재하는 호스트가 사용하는 주소이므로, NAT는 어떤 변환도 하지 않으므로 이에 대응할 만한 용어도 없다. **대안:** 일반적으로 공인 IPv4 주소이기 때문에 아웃사이드 퍼블릭(outside public)이라고 함.
아웃사이드 로컬 (Outside local)	—	이 용어는 출발지 NAT와 함께 사용하지 않음. 목적지 NAT와 함께 이 주소는 기업 외부에 존재하는 호스트를 표시하지만, 패킷이 기업 내부를 통과할 때 호스트를 표시하기 위해 사용하는 주소.

[표 27-3] NAT 주소 체계 용어

다이내믹(Dynamic) NAT

다이내믹 NAT는 스태틱 NAT와 유사점과 차이점이 있다. 스태틱 NAT와 같이 NAT 라우터는 인사이드 로컬과 인사이드 글로벌 주소 간에 1:1 맵핑을 생성하고, 패킷이 나가거나 들어올 때 IP 주소를 변환한다. 하지만, 다이내믹 NAT는 인사이드 로컬 주소의 인사이드 글로벌 주소로의 맵핑은 동적으로 일어난다.

다이내믹 NAT는 가능한 인사이드 글로벌 주소들의 풀을 설정하고 NAT를 통해 전환되어야 하는 인사이드 로컬 IP 주소들을 결정해야 한다. 예를 들어, [그림 27-5]에서 다섯 개의 인사이드 글로벌 IP 주소들의 풀(200.1.1.1부터 200.1.1.5까지)이 설정되었다. 또한 NAT는 10.1.1로 시작하는 인사이드 로컬 주소들을 전환하도록 설정되어야 한다.

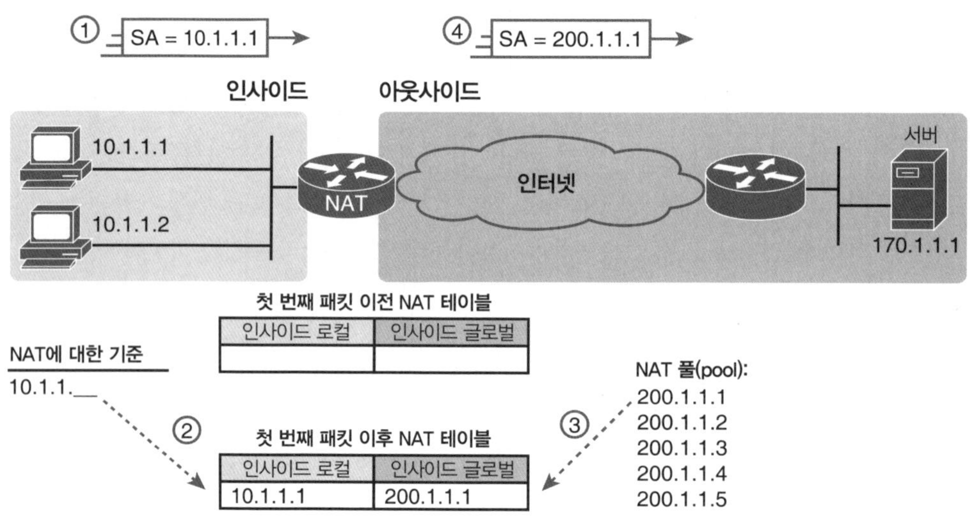

[그림 27-5] 다이내믹 NAT

그림에서 숫자 ①, ②, ③과 ④는 다음 순서의 이벤트들을 표시한다.

① 호스트 10.1.1.1은 170.1.1.1의 서버에게 첫 번째 패킷을 보낸다.

② 패킷이 NAT 라우터에 들어가면, 라우터는 패킷에 NAT를 적용할 것인지를 결정하기 위해 매칭 로직을 적용한다. 이 로직이 10.1.1로 시작하는 출발지 IP 주소들을 찾도록 설정되었기 때문에, 라우터는 10.1.1.1을 인사이드 로컬 주소로 NAT 테이블에 정보를 추가한다.

③ NAT 라우터는 유효한 인사이드 글로벌 주소들의 풀로부터 IP 주소를 할당해야 한다. 그것은 첫 번째 사용 가능한 주소(이 경우, 200.1.1.1)를 선택하고 정보를 완성하기 위해 NAT 테이블에 이 주소를 추가한다.

④ NAT 라우터는 출발지 IP 주소를 변환하고 패킷을 보낸다.

트래픽이 지속적으로 지나가는 한, NAT 변환 정보는 테이블에 지속적으로 남는다. 해당 주소에 해당하는 패킷이 변환 정보를 사용하지 않을 때, NAT 변환 정보를 삭제하기 전에 라우터가 기다리는 시간을 설정할 수 있다. 또한 **clear ip nat translation *** 명령으로 테이블의 다이내믹 NAT 변환 정보를 직접 삭제할 수도 있다.

NAT는 인사이드 글로벌 주소 풀보다 많은 인사이드 로컬 주소들을 가지도록 설정할 수 있다. 라우터는 모든 주소들이 할당될 때까지 풀의 주소들을 할당한다. 또 하나의 내부 호스트에서 출발한 새로운 패킷이 도착하여 NAT 정보를 필요로 하지만 풀 내의 모든 주소들이 사용 중이라면, 라우터는 패킷을 그냥 폐기한다. 사용자는 NAT 정보가 타임 아웃될 때 즉, NAT 기능이 정상화되어 다음 호스트가 패킷을 보낼 수 있을 때 까지 다시 시도해야 한다. 기본적으로 인사이드 글로벌 풀 내의 주소들은 다음 섹션에서 설명할 PAT를 사용하지 않는다면, 인터넷을 동시에 사용할 필요가 있는 동시 접속자의 수만큼 많아야 한다.

PAT와 오버로딩(overloading) NAT

일부 네트워크는 전체는 아니라도 대부분의 IP 호스트가 인터넷에 접속 가능해야 한다. 해당 네트워크가 사설 IP 주소를 사용한다면, NAT 라우터는 상당히 많은 등록된 IP 주소들을 필요로 한다. 스태틱 NAT의 경우, 인터넷 접속을 필요로 하는 각 개별 IP 호스트를 위해, 공인 IP 주소들을 필요로 하는데, 이것은 해당 조직을 위해 필요한 공인 IPv4 주소들의 수를 줄이려는 목표를 좌절시킨다. 다이내믹 NAT는 인터네트워크 상의 모든 개별 호스트가 동시에 인터넷에 접속하는 경우가 적어야 어느 정도 문제를 완화할 수 있다. 그러나 네트워크에서 대부분의 IP 호스트들이 회사의 정상 업무 시간 동안 인터넷 접속을 필요로 한다면, NAT는 여전히 다수의 등록된 IP 주소를 필요로 하게 되고, 결국 IPv4 주소들의 소비를 줄이는 데 실패한다.

PAT(Port Address Translation)라고 불리는 NAT 오버로드(Overload) 기능이 이 문제를 해결한다. 오버로딩은 NAT로 하여금 소수의 공인 IP 주소들만으로도 다수의 클라이언트들을 지원할 수 있도록 한다.

오버로딩의 동작 방식을 이해하기 위한 핵심은 호스트들이 TCP와 UDP 포트들을 사용하는 방법을 되짚어봐야 한다. 그 원리를 이해하기 위해, 먼저 [그림 27-6]과 같이 세 개의 호스트들로부터 한 웹 서버에 대한 세 개의 분리된 TCP 커넥션을 고려해보자.

[그림 27-6] 세 PC로부터의 세 개의 TCP 커넥션들

다음으로, 세 개의 TCP 커넥션들과 유사한 [그림 27-6]의 세 개의 TCP 커넥션들은 [그림 27-7]과 같이 한 클라이언트로부터의 세 개의 TCP 커넥션들과 비교해본다. 서버는 그 차이를 구분할 수 있는데, 두 그림에서 클라이언트들이 사용하는 IP 주소와 TCP 포트 번호를 서버가 알기 때문이다. 하지만 서버는 실제로 TCP 커넥션들이 다른 호스트들 혹은 같은 호스트에서 시작한 것인지를 상관하지 않는다. 즉, 서버는 그냥 각 커넥션을 통해 데이터를 송수신할 뿐이다.

[그림 27-7] 한 PC로부터의 세 개의 TCP 커넥션들

NAT는 트랜스포트 계층의 관점에서 서버가 세 개의 다른 호스트들에 대해 각각 하나의 커넥션을 가지는지 혹은 하나의 단일 호스트 IP 주소에 대해 세 개의 커넥션들을 가지는지에 대해 상관하지 않는다는 장점이 있다. NAT 오버로드(overload) 즉, PAT는 주소뿐만 아니라 필요하다면 포트 번호를 변환하여 다른 호스트들에서 출발한 TCP 혹은 UDP 흐름들을 한 호스트에서 출발한 같은 수의 흐름과 같이 보이게 한다. [그림 27-8]은 이 로직을 설명한다.

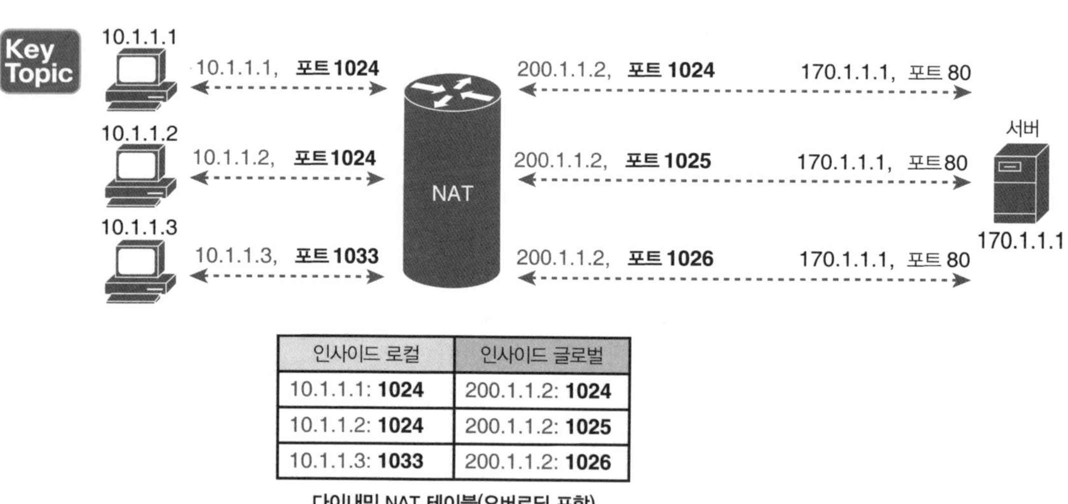

인사이드 로컬	인사이드 글로벌
10.1.1.1: **1024**	200.1.1.2: **1024**
10.1.1.2: **1024**	200.1.1.2: **1025**
10.1.1.3: **1033**	200.1.1.2: **1026**

다이내믹 NAT 테이블(오버로딩 포함)

[그림 27-8] NAT 오버로드(PAT)

PAT가 다이내믹 매핑 테이블을 생성할 때, PAT는 인사이드 글로벌 IP 주소뿐만 아니라 해당 주소가 사용하는 유일한 포트 번호도 포함한다. NAT 라우터는 인사이드 로컬 IP 주소와 포트로 구성되는 각각의 유일한 조합에 대해, 인사이드 글로벌 주소와 인사이드 글로벌 주소와

함께 유일한 포트 번호를 NAT 테이블에 유지한다. 포트 번호 필드가 16비트이기 때문에, NAT 오버로드는 65,000개 이상의 포트 번호를 사용할 수 있는데, 다수의 공인 IP 주소들이 없어도 무방하다. 많은 경우에, 단지 하나의 인사이드 글로벌 IP 주소만을 필요로 한다.

지금까지 이 장에서 다룬 세 가지 유형의 NAT 중에서, PAT는 단연코 가장 유용하며 일반적인 옵션이다. 스태틱 NAT와 다이내믹 NAT는 인사이드 로컬에서 인사이드 글로벌 주소로 변환할 때, 일대일(1 : 1) 맵핑이 필요하다. PAT는 다른 NAT 방식들에 비해 필요한 등록된(공인) IP 주소들의 수를 대폭 줄인다.

:: NAT 설정과 장애 해결

다음 섹션들에서, 세 개의 일반적인 NAT 형태들 즉, 스태틱 NAT, 다이내믹 NAT와 PAT를 설정하는 방법들을 NAT에 대한 장애 해결을 위해 사용하는 **show**와 **debug** 명령과 함께 다룬다.

스태틱 NAT 설정

스태틱 NAT 설정은 몇 개의 설정 단계만을 필요로 한다. 로컬(사설) 주소와 글로벌(공인) 주소 간에 각각 스태틱 매핑이 설정돼야 한다. 또한 NAT는 특정 인터페이스 간에 적용되기 때문에, NAT를 적용하는 인터페이스가 어떤 것인지 라우터에게 알려주어야 한다. 이러한 동일한 인터페이스 하부 명령어들은 인터페이스가 인사이드 쪽인지, 아니면 아웃사이드 쪽인지를 NAT에게 알려주어야 한다. 구체적인 단계들은 다음과 같다:

> **단계 ①** NAT 디자인에서 인사이드 영역인 인터페이스를 설정하기 위해 인터페이스 컨피규레이션 모드에서 **ip nat inside** 명령을 사용한다.
>
> **단계 ②** NAT 디자인에서 아웃사이드 영역인 인터페이스를 설정하기 위해 인터페이스 컨피규레이션 모드에서 ip nat outside 명령을 사용한다.
>
> **단계 ③** 스태틱 매핑을 설정하기 위해, 글로벌 컨피규레이션 모드에서 **ip nat inside source static inside-local inside-global** 명령어를 사용한다.

[그림 27-9]는 앞선 스태틱 NAT에 대한 설명에서 사용한 익숙한 네트워크를 보여주는데, 또한 이것은 첫 번째 몇 가지 설정 예들을 위해서도 사용된다. [그림 27-9]에서, 서트스킬즈(Certskills) 사는 등록된 네트워크 번호로 클래스 C 네트워크 200.1.1.0을 할당받았다는 것을 알 수 있다. 마스크 255.255.255.0을 갖는 네트워크가 서트스킬즈 사와 인터넷 간의 시리얼 링크에 설정되었다. 포인트-투-포인트 시리얼 링크는 네트워크 내부의 254개의 사용 가능한 IP 주소들 중에 단지 두 개만 사용하고 나머지 252개 주소들은 남겨둔다.

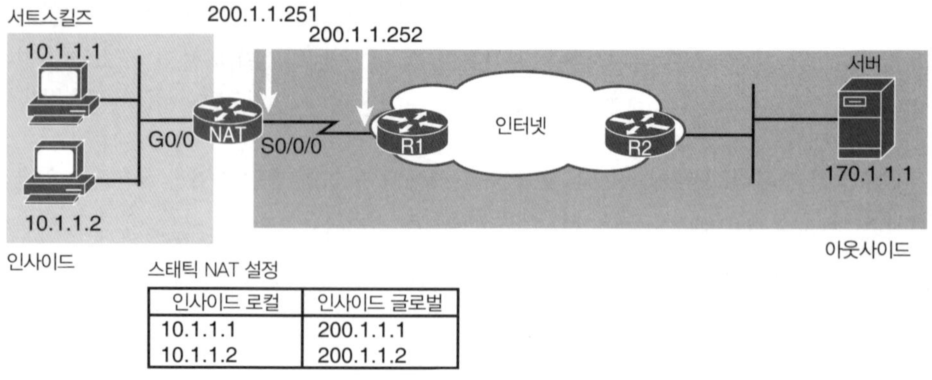

인사이드 로컬	인사이드 글로벌
10.1.1.1	200.1.1.1
10.1.1.2	200.1.1.2

[그림 27-9] 공인 클래스 C 200.1.1.0/24를 갖는 NAT 예를 위한 샘플 네트워크

NAT 설정을 계획할 때, 당신은 인사이드 글로벌 IP 주소들로 사용할 일부 IP 주소들을 확보해야 한다. 이 네트워크의 주소들은 공인 IP 주소 범위에 속해야 하기 때문에, 기업을 인터넷에 연결하기 위해 서브넷에 있는 여분의 주소들을 사용하는 것이 일반적이다. 예를 들어, 이 경우에 네트워크 200.1.1.0에 여분으로 252개의 IP 주소들이 있다. 또한 라우터는 룹백 인터페이스를 설정할 수 있고, 이 범위의 공인 IP 주소를 할당할 수도 있다.

[예 27-1]은 두 개의 스태틱 NAT 매핑을 위해 200.1.1.1과 200.1.1.2를 사용하는 NAT 설정을 보여준다.

```
NAT# show running-config
!
! 간략화를 위해 라인들 생략됨.
!
interface GigabitEthernet0/0
 ip address 10.1.1.3 255.255.255.0
 ip nat inside
!
interface Serial0/0/0
 ip address 200.1.1.251 255.255.255.0
 ip nat outside
!
ip nat inside source static 10.1.1.2 200.1.1.2
ip nat inside source static 10.1.1.1 200.1.1.1

NAT# show ip nat translations
Pro Inside global     Inside local      Outside local      Outside global
--- 200.1.1.1         10.1.1.1          ---                ---
--- 200.1.1.2         10.1.1.2          ---                ---
```

```
NAT# show ip nat statistics
Total active translations: 2 (2 static, 0 dynamic; 0 extended)
Outside interfaces:
  Serial0/0/0
Inside interfaces:
  GigabitEthernet0/0
Hits: 100  Misses: 0
Expired translations: 0
Dynamic mappings:
```

[예 27-1] 스태틱 NAT 설정

스태틱 매핑들은 **ip nat inside source static** 명령어를 사용하여 생성된다. **Inside** 키워드는 네트워크의 인사이드 영역의 호스트들을 위해 NAT가 주소들을 변환한다는 것을 의미한다. **Source** 키워드는 NAT가 인사이드 인터페이스로 들어오는 패킷의 출발지 IP 주소를 변환한다는 것을 의미한다. **Static** 키워드는 타임아웃으로 NAT 테이블에서 삭제되지 않을 스태틱 정보를 정의한다는 것을 의미한다. 디자인은 두 호스트들, 10.1.1.1과 10.1.1.2의 인터넷 접속을 요구하므로, 두 개의 **ip nat inside source static** 명령이 필요하다.

스태틱 NAT 테이블을 생성한 후에, 라우터는 어떤 인터페이스가 'inside(안쪽)'인지, 어떤 인터페이스가 'outside(바깥쪽)'인지를 알 필요가 있다. **ip nat inside**와 **ip nat outside** 인터페이스 하부 명령어로 각 인터페이스를 적정하게 구분해야 한다.

한 쌍의 **show** 명령어는 NAT에 대한 가장 중요한 정보를 보여준다. **show ip nat trans lations** 명령어는 설정으로 생성된 두 개의 스태틱 NAT 목록들을 보여준다. **show ip nat statistics** 명령은 현재 사용 중인 변환 목록의 수와 같은 통계치를 보여준다. 이 통계에는 NAT가 주소들을 변환한 패킷들의 수 즉, 히트(hits) 수를 포함한다.

다이내믹 NAT 설정

상상과 같이, 다이내믹 NAT 설정은 스태틱 NAT와 일부 방식에서 차이점이 있지만, 일부 공통점도 갖는다. 다이내믹 NAT는 여전히 인터페이스를 인사이드 혹은 아웃사이드로 구분할 필요가 있고, 물론 더 이상 스태틱 매핑을 필요로 하지 않는다. 다이내믹 NAT는 주소 변환의 대상이 되는 인사이드 로컬(사설) IP 주소들을 정의하기 위해 ACL(access control list)을 사용하고, 등록된 공인 IP 주소들의 풀을 정의한다. 구체적인 단계들은 다음과 같다:

단계 ① 인터페이스 컨피규레이션 모드에서 **ip nat inside** 명령을 사용하여 NAT 디자인의 인사이드 영역에 속하는 인터페이스를 설정한다(스태틱 NAT와 동일함).

단계 ② 인터페이스 컨피규레이션 모드에서 **ip nat outside** 명령을 사용하여 NAT 디자인의 아웃사이드 영역에 속하는 인터페이스를 설정한다(스태틱 NAT와 동일함).

다음 예는 [그림 27-9]의 네트워크 구성에 대한 샘플 다이내믹 NAT 설정을 보여준다. 이 경우, 동일한 두 개의 인사이드 로컬 주소들, 10.1.1.1과 10.1.1.2의 변환이 필요하다. 하지만 앞선 스태틱 NAT 예와 달리, [예 27-2]의 설정은 공인 IP 주소들(200.1.1.1과 200.1.1.2)을 유동적으로 할당 가능한 인사이드 글로벌 주소 풀에 포함시킨다.

```
NAT# show running-config
!
! 간략화를 위해 라인 생략됨
!
interface GigabitEthernet0/0
 ip address 10.1.1.3 255.255.255.0
 ip nat inside
!
interface Serial0/0/0
 ip address 200.1.1.251 255.255.255.0
 ip nat outside
!
ip nat pool fred 200.1.1.1 200.1.1.2 netmask 255.255.255.252
ip nat inside source list 1 pool fred
!
access-list 1 permit 10.1.1.2
access-list 1 permit 10.1.1.1
```

[예 27-2] 다이내믹 NAT 설정

다이내믹 NAT는 인사이드 글로벌 주소의 범위에 포함되는 첫 번째와 마지막 주소를 정의하는 **ip nat pool** 명령어를 사용하여 공인(글로벌) 주소들의 풀을 설정한다. 예를 들어, 풀이 10개의 주소들을 포함한다면, 명령은 200.1.1.1과 20.1.1.10으로 그 범위를 설정할 수 있는데, 이것은 NAT가 200.1.1.1에서 200.1.1.10까지를 사용할 수 있음을 의미한다.

또한 다이내믹 NAT는 **ip nat pool** 명령과 함께, 필수 파라미터인 **netmask**를 사용하여 확인 기능을 수행한다. 즉, 구현된 **netmask**는 설정된 범위의 주소들에 적용하는 것으로써 설정된 주소의 범위가 동일한 서브넷에 포함되지 않으면, IOS는 **ip nat pool** 명령을 거부한다. 예를 들어, 200.1.1.1을 가장 낮은 주소로, 200.1.1.2를 가장 높은 주소로 하고 마스크는 255.255.255.252로 설정하면, IOS는 200.1.1.1과 200.1.1.2가 동일한 서브넷에 있는지를 확인하기 위해 다음 확인 방법들을 사용할 것이다:

- 200.1.1.1과 마스크 255.255.255.252는 서브넷 200.1.1.0과 브로드캐스트 주소 200.1.1.3을 의미한다.
- 200.1.1.2와 마스크 255.255.255.252는 서브넷 200.1.1.0과 브로드캐스트 주소 200.1.1.3을 의미한다.

명령이 대신에 낮은 쪽과 높은 쪽 주소로 200.1.1.1과 200.1.1.6, 마스크로 255.255.255.252를 보여준다면, IOS는 이 명령을 거부할 것이다. IOS는 상이한 서브넷들에 존재하는 번호들을 인식하기 위해, 다음과 같은 계산한다:

- 200.1.1.1과 마스크 255.255.255.252는 서브넷 200.1.1.0과 브로드캐스트 주소 200.1.1.3을 의미한다.
- 200.1.1.6과 마스크 255.255.255.252는 서브넷 200.1.1.4와 브로드캐스트 주소 200.1.1.7을 의미한다.

[예 27-1]에서 다이내믹 NAT와 스태틱 NAT 설정에서 또 다른 큰 차이점은 **ip nat inside source** 명령에서 두 옵션들과 관련이 있다. 이 명령의 다이내믹 NAT 버전은 인사이드 글로벌 주소들에 대한 NAT 풀의 이름을 자신이 사용하기 원하는 것으로 정할 수 있는데, 이 경우는 'fred'를 사용한다. 이 명령은 또한 인사이드 로컬 IP 주소들을 정의하기 위해 사용하는 IP ACL을 참조한다. 즉, 이 예의 **ip nat inside source list 1 pool fred** 에 대한 로직은 다음과 같다:

인사이드 인터페이스로 들어가는 ACL 1에 정의되는 호스트들에게 fred란 이름의 풀에 속하는 인사이드 글로벌 주소를 할당하는 NAT 테이블 엔트리를 생성하라.

다이내믹 NAT 확인

[예 27-3]과 [예 27-4]는 다이내믹 NAT가 빈 NAT 테이블로 시작했지만, 사용자 트래픽이 NAT 기능을 구동시킨 뒤의 라우터의 대응 동작을 보여준다.

[예 27-3]은 사용자가 NAT 동작을 일으키는 트래픽을 발생시키기 전의 **show ip nat translations**와 **show ip nat statistics** 명령어의 아웃풋을 보여준다. NAT 테이블 정보를 보여주는 **show ip nat translations** 명령은 빈 라인만 보여주고, NAT가 얼마나 많은 NAT 테이블 정보들을 생성시켰는지를 보여주는 **show ip nat statistics** 명령은 0개의 'active translation(사용 중인 변환 정보)' 통계를 보여준다.

```
    ! 다음 명령어는 아직 동적으로 생성된 엔트리가 없으므로
    ! 리스트는 비어있다.
    NAT# show ip nat translations

    NAT# show ip nat statistics
    Total active translations: 0 (0 static, 0 dynamic; 0 extended)
    Peak translations: 8, occurred 00:02:44 ago
    Outside interfaces:
      Serial0/0
    Inside interfaces:
      Ethernet0/0
    Hits: 0 Misses: 0
    CEF Translated packets: 0, CEF Punted packets: 0
    Expired translations: 0
    Dynamic mappings:
    -- Inside Source
    [id 1] access-list 1 pool fred refcount 0
     pool fred: netmask 255.255.255.252
        start 200.1.1.1 end 200.1.1.2
        type generic, total addresses 2, allocated 0 (0%), misses 0

    Total doors: 0
    Appl doors: 0
    Normal doors: 0
    Queued Packets: 0
```

[예 27-3] 트래픽을 발생시키기 전의 다이내믹 NAT 확인

예의 마지막에 **show ip nat statistics** 명령은 예에서 강조한 바와 같이 'Misses'라는 이름을 가진 다른 두 개의 통계를 통해, 장애 해결을 위한 특별히 흥미로운 정보를 보여준다. 첫 번째 경우의 'Misses'는 NAT 엔트리를 요구하는 새 패킷이 도착했으나, 해당 엔트리를 찾지 못한 횟수를 말한다. 이 시점에서, 다이내믹 NAT는 엔트리를 만든다. 아웃풋의 아랫쪽에 위치한 두 번째 경우의 'Misses'는 풀과 관련한 'Misses'의 발생 횟수를 말한다. 이 통계는 다이내믹 NAT가 새로운 NAT 테이블 엔트리를 할당할 때 사용 가능한 주소가 남아있지 않다면 증가한다. 따라서 패킷은 변환될 수 없고, 결과적으로 최종 사용자는 NAT 기능을 이용할 수 없다.

[예 27-4]는 10.1.1.1의 호스트 사용자가 170.1.1.1의 호스트에게 텔넷한 후, 두 명령어의 아웃풋을 다시 보여준다.

이 예는 호스트 10.1.1.1에서 170.1.1.1(보이지 않음)로의 텔넷 때문에 생성한 NAT 엔트리로 시작한다. NAT 테이블은 10.1.1.1에서 200.1.1.1로 매핑하는 하나의 엔트리를 보여준다. 그리고 **show ip nat statistics** 명령의 아웃풋에서 첫 번째 줄은 예 상단의 NAT 테이블에서 확인할 수 있는 'active translation' 통계를 1로 보여준다.

```
NAT# show ip nat translations
Pro Inside global      Inside local      Outside local      Outside global
--- 200.1.1.1          10.1.1.1          ---                ---

NAT# show ip nat statistics
Total active translations: 1 (0 static, 1 dynamic; 0 extended)
Peak translations: 11, occurred 00:04:32 ago
Outside interfaces:
  Serial0/0
Inside interfaces:
  Ethernet0/0
Hits: 69  Misses: 1
Expired translations: 0
Dynamic mappings:
-- Inside Source
access-list 1 pool fred refcount 1
[eml fred: netmask 255.255.255.252
    start 200.1.1.1 end 200.1.1.2
    type generic, total addresses 2, allocated 1 (50%), misses 0
```

[예 27-4] 트래픽을 발생시킨 후의 다이내믹 NAT 확인

show ip nat statistics 명령어에서 1 miss와 69 hits를 보여주는 강조된 라인을 좀더 생각해보자. 첫 번째, 현재 1인 miss 통계는 NAT를 필요로 하는 패킷이 도착하였으나 해당하는 NAT 테이블 엔트리가 존재하지 않음을 의미한다. 이때, NAT는 NAT 엔트리를 추가하는데, 현재 69인 hit 통계는 다음으로 69개의 패킷이 새롭게 추가된 NAT 엔트리를 사용했다는 것을 의미한다. 두 번째 miss 통계는 아직 0인데, 이것은 NAT 풀이 새로운 NAT 테이블 엔트리를 위해 할당할 수 있는 인사이드 글로벌 IP 주소가 충분하기 때문에 증가하지 않았다. 또한 풀의 속한 주소들에 대한 마지막 라인의 통계는 'allocated(1)'로 1개의 주소가 할당되었음을, 현재 풀에 속한 주소의 사용률이 50%임을 보여준다.

다이내믹 NAT 테이블 엔트리들은 휴지(무 활동) 기간 이후에는 타임 아웃으로 엔트리에서 삭제되고, 미래의 사용을 위해 인사이드 글로벌 주소 풀에 복귀시킨다. [예 27-5]는 두 개의 다른 호스트들이 인사이드 글로벌 주소 200.1.1.1을 순서대로 사용하는 경우를 보여준다. 호스트 10.1.1.1은 예의 시작에서 인사이드 글로벌 주소 200.1.1.1을 사용한다. 다음으로 NAT 엔트리의 타임 아웃을 기다리는 대신, **clear ip nat translation *** 명령으로 NAT 엔트리를 삭제하였다. 이 시점에서, 10.1.1.2 사용자가 170.1.1.1로 텔넷하였고, 동일한 200.1.1.1을 인사이드 글로벌 주소로 사용하는 새로운 NAT 테이블 엔트리가 생성된다.

```
! 호스트 10.1.1.1은 현재 인사이드 글로벌 200.1.1.1을 사용한다.
NAT# show ip nat translations
Pro Inside global      Inside local       Outside local      Outside global
--- 200.1.1.1          10.1.1.1           ---                ---
NAT# clear ip nat translation *

!

! 다음으로 10.1.1.2에서 170.1.1.1(볼 수 없음)로 텔넷함
!
! 현재 호스트 10.1.1.2는 인사이드 글로벌 주소 200.1.1.1을 사용한다.

NAT# show ip nat translations
Pro Inside global      Inside local       Outside local      Outside global
--- 200.1.1.1          10.1.1.2           ---                ---
!
! 다음으로 10.1.1.1에서 170.1.1.1(볼 수 없음)로 텔넷함
!
NAT# debug ip nat
IP NAT debugging is on

Oct 20 19:23:03.263: NAT*: s=10.1.1.1->200.1.1.2, d=170.1.1.1 [348]
Oct 20 19:23:03.267: NAT*: s=170.1.1.1, d=200.1.1.2->10.1.1.1 [348]
Oct 20 19:23:03.464: NAT*: s=10.1.1.1->200.1.1.2, d=170.1.1.1 [349]
Oct 20 19:23:03.568: NAT*: s=170.1.1.1, d=200.1.1.2->10.1.1.1 [349]
```

[예 27-5] 다이내믹 인사이드 글로벌 IP 주소의 재사용 예

마지막으로 [예 27-5]의 끝에서, 호스트 10.1.1.1이 인터넷 상의 또다른 호스트에 대한 텔넷과 **debug ip nat** 명령의 아웃풋을 보여준다. 이 **debug** 명령은 패킷의 주소가 NAT 때문에 변환될 때마다 라우터로 하여금 메시지를 발생시키도록 한다. 10.1.1.1에서 170.1.1.1로의 텔넷 커넥션을 통해 해당 결과를 발생시킬 수 있다. 이 **debug**의 아웃풋은 호스트 10.1.1.1이 새로운 커넥션을 위해 인사이드 글로벌 주소 200.1.1.2를 사용하고 있다는 것을 보여준다.

NAT 오버로드(PAT) 설정

스태틱과 다이내믹 NAT 설정도 중요하지만, 이 섹션의 NAT 오버로드(PAT) 설정이 보다 더 중요하다. PAT는 공인 IPv4 주소들을 절약하고 IPv4의 생명을 연장시킨다.

앞서 언급한 바와 같이, NAT 오버로드는 다수의 인사이드 로컬 IP 주소들에 대해 단지 하나 혹은 소수의 인사이드 글로벌 IP 주소들로 NAT를 지원할 수 있게 한다. 근본적으로 사설 IP 주소와 포트 번호를 하나의 인사이드 글로벌 주소로 변환하되, 유일한 포트 번호를 사용하여 NAT오버로드는 단지 하나의 공인, 글로벌 주소로 다수(65,000개 이상)의 사설 호스트들을 지원할 수 있다.

PAT 설정의 두 가지 변형이 IOS에 존재한다. PAT가 인사이드 글로벌 주소 풀을 사용한다면, **ip nat inside source list** 글로벌 명령이 **overload** 키워드를 갖는 것을 제외하면, 설정은 정확하게 다이내믹 NAT와 같다. PAT가 하나의 인사이드 글로벌 IP 주소를 사용한다면, 라우터는 인터페이스의 공인 IP 주소를 사용할 수 있다. NAT가 하나의 인사이드 글로벌 주소와 함께 65,000개 이상의 동시 커넥션을 지원할 수 있기 때문에, 하나의 공인 IP 주소만으로도 전체 조직을 지원할 수 있다.

다음 문장은 NAT 풀을 사용할 때의 NAT 오버로드와 다이내믹 NAT의 설정 차이를 상세하게 설명한다:

*앞선 섹션에서 설명한 바와 같이, 다이내믹 NAT를 설정하는 것과 동일한 단계들을 사용하라. 하지만 **ip nat inside source list** 명령의 끝에 **overload** 키워드를 포함해야 한다.*

다음 체크리스트는 유일한 인사이드 글로벌 IP 주소로써 인터페이스 IP 주소를 사용할 때의 설정 방법을 상세하게 설명하고 있다:

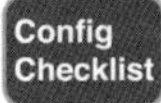

단계 ① 다이내믹과 스태틱 NAT에서는, **ip nat inside** 인터페이스 하부 명령어로 인사이드 인터페이스를 설정한다.

단계 ② 다이내믹과 스태틱 NAT에서는, **ip nat outside** 인터페이스 하부 명령어로 아웃사이드 인터페이스를 설정한다.

단계 ③ 다이내믹 NAT에서는, 인터페이스로 들어가서 NAT를 시작할 패킷들을 정의하기 위해 ACL을 설정한다.

단계 ④ **단계 ③** 에서 생성한 ACL과 변환을 위해 사용할 IP 주소를 가진 인터페이스를 설정하기 위해, **ip nat inside source list** *acl-number* **interface** *type/number* **overload** 글로벌 컨피규레이션 명령을 사용한다.

[예 27-2]는 다이내믹 NAT 설정을 설명한다. 그것을 PAT 설정으로 변환하기 위해, 단순히 **overload** 키워드를 추가한 **ip nat inside source list 1 pool fred overload** 명령이 사용된다.

다음 예는 단일 인터페이스 IP 주소를 사용하는 PAT 설정을 보여준다. [그림 27-10]은 몇 가지 변경과 함께 동일한 네트워크를 보여준다. 이 경우, ISP는 서트스킬즈 사에게 네트워크 200.1.1.0의 하부 영역 즉, 200.1.1.249와 200.1.1.250을 할당했다. 이 주소들은 서트스킬즈 사와 ISP 간의 시리얼 링크에서 사용된다. 서트스킬즈 라우터의 NAT 기능은 모든 사설 주소들을 그것의 시리얼 IP 주소인 200.1.1.249로 변환한다.

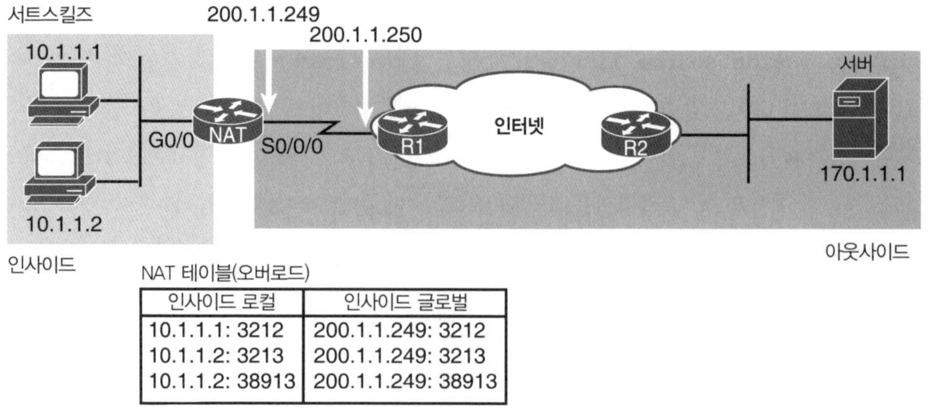

NAT 테이블(오버로드)

인사이드 로컬	인사이드 글로벌
10.1.1.1: 3212	200.1.1.249: 3212
10.1.1.2: 3213	200.1.1.249: 3213
10.1.1.2: 38913	200.1.1.249: 38913

[그림 27-10] NAT 오버로드 & PAT

NAT 오버로드 설정을 보여주는 [예 27-6]에서 NAT는 변환 시에 인사이드 글로벌 주소로 200.1.1.249만 사용하므로 NAT 풀은 필요하지 않다. 이 예에서 호스트 10.1.1.2는 두 개의 텔넷 커넥션을 생성하고, 호스트 10.1.1.1도 한 개의 텔넷 커넥션을 생성하여 모두 동일한 인사이드 글로벌 주소로 200.1.1.249를 사용하지만 각각 유일한 포트 번호를 사용하여 세 개의 다이내믹 NAT 정보를 만든다.

```
NAT# show running-config
!
! 간략화를 위해 생략됨
!
interface GigabitEthernet0/0
 ip address 10.1.1.3 255.255.255.0
 ip nat inside
!
interface Serial0/0/0
 ip address 200.1.1.249 255.255.255.252
 ip nat outside
!
ip nat inside source list 1 interface Serial0/0/0 overload
!
access-list 1 permit 10.1.1.2
access-list 1 permit 10.1.1.1
!

NAT# show ip nat translations
Pro Inside global      Inside local      Outside local    Outside global
tcp 200.1.1.249:3212   10.1.1.1:3212     170.1.1.1:23     170.1.1.1:23
tcp 200.1.1.249:3213   10.1.1.2:3213     170.1.1.1:23     170.1.1.1:23
tcp 200.1.1.249:38913  10.1.1.2:38913    170.1.1.1:23     170.1.1.1:23
```

```
NAT# show ip nat statistics
Total active translations: 3 (0 static, 3 dynamic; 3 extended)
Peak translations: 12, occurred 00:01:11 ago
Outside interfaces:
  Serial0/0/0
Inside interfaces:
  GigabitEthernet0/0
Hits: 103  Misses: 3
Expired translations: 0
Dynamic mappings:
-- Inside Source
access-list 1 interface Serial0/0/0 refcount 3
```

[예 27-6] NAT 오버로드 설정

ip nat inside source list 1 interface serial 0/0/0 overload 명령은 여러 파라미터들을 갖는데, 다이내믹 NAT 설정을 이해한다면, 새로운 파라미터들 역시 이해하기 쉬울 것이다. **list 1** 파라미터는 다이내믹 NAT에서의 기능과 동일하다. 즉, ACL 1에 해당하는 인사이드 로컬 IP 주소들이 변경 대상이 된다. **interface serial 0/0/0** 파라미터는 사용 가능한 유일한 인사이드 글로벌 IP 주소가 NAT 라우터의 인터페이스 시리얼 0/0/0의 IP 주소임을 의미한다. 마지막으로 **overload** 파라미터는 오버로드 기능이 구동되었음을 의미한다. 이 파라미터가 없다면, 라우터는 오버로드 기능 대신, 그냥 다이내믹 NAT를 수행한다.

show ip nat translations 명령의 아웃풋에서 볼 수 있는 바와 같이 세 개의 변환들은 NAT 테이블에 추가되었다. 이 명령 이전에, 호스트 10.1.1.1은 170.1.1.1에 대한 하나의 텔넷 커넥션을 생성하고, 호스트 10.1.1.2는 두 개의 텔넷 커넥션을 생성했다. 라우터는 각 인사이드 로컬 IP 주소와 포트의 조합에 대한 하나의 NAT 테이블을 생성한다.

NAT 장애 해결

NAT 장애 해결 이슈들의 대다수는 정확한 설정과 관련된다. 원래 NAT는 스태틱, 다이내믹, PAT와 같은 몇 가지 설정 옵션들이 있고, 또 각각에 대한 몇몇 설정 명령들이 있다. 따라서, 설정 관련 스킬들을 쌓기 위한 노력이 있어야 설정 오류들을 신속하게 찾아낼 수 있다. 다음 장애 해결 체크리스트는 대부분의 공통적인 NAT 이슈들을 요약하는데, 대부분이 부정확한 설정과 관련된다.

- 인사이드와 아웃사이드를 바꿈: 설정이 **ip nat inside**와 **ip nat outside** 인터페이스 하부 명령어를 포함했는지와 이 명령이 바뀌지 않았는지 확인해야 한다(아웃사이드 인터페이스에 ip nat outside 명령이 있어야 한다. 반대도 마찬가지다). 출발지 NAT에서는, 단지 인사이드 인터페이스만이 IOS에게 새로운 변환을 추가하도록 하기 때문에 인사이드 인터페이스를 정확하게 설정하는 것은 매우 중요하다.

- **스태틱 NAT:** 먼저 인사이드 로컬 주소, 다음으로 인사이드 글로벌 주소를 확인하기 위해 **ip nat inside source static** 명령을 점검해야 한다.

- **다이내믹 NAT(ACL):** NAT 변환 전에 인사이드 호스트들이 보낸 패킷들을 정의하는 ACL을 점검해야 한다. 예를 들어, 인사이드 로컬 주소 10.1.1.1이 200.1.1.1로 변환돼야 한다면, ACL이 출발지 주소로 200.1.1.1이 아니라, 10.1.1.1을 정의하는지 확인해야 한다.

- **다이내믹 NAT(pool):** PAT가 아닌 다이내믹 NAT에 대해, 풀이 충분한 IP 주소들을 가졌는지 점검해야 한다. PAT를 사용하지 않을 때, 각 인사이드 호스트는 각각 풀에 속한 하나의 IP 주소를 사용한다. **show ip nat statistics** 명령의 아웃풋에서 두 번째 'Misses' 수치에서 보다 큰 숫자 혹은 증가하는 숫자는 주소 부족 문제를 표시할 수 있다. 또한 NAT 변환 테이블(show ip nat translations) 내의 주소와 설정된 풀을 비교해보도록 한다. 마지막으로 PAT를 적용하는데 풀이 작을 때, 문제의 원인은 **overload**라는 키워드의 누락에 있을 수 있다(다음 항목을 보라).

- **PAT: ip nat inside source list** 명령어의 마지막에 **overload** 옵션을 누락하기 쉽다. PAT 설정과 유효한 다이내믹 NAT 설정과의 차이는 PAT가 **overload**라는 키워드를 필요로 한다는 점이다. 그 키워드를 사용하지 않는 다이내믹 NAT는 전형적으로 매우 빠르게 풀 내의 주소들을 소진시킨다. 즉, NAT 라우터는 송신 트래픽을 위해 적용 가능한 IP 주소들이 풀 내에 존재하지 않는다면, 호스트들을 위한 변환도 할 수 없거나 트래픽을 보낼 수도 없기 때문에 일부 호스트들은 통신 중단을 겪게 된다.

- **ACL:** 26장 '고급 IPv6 ACL(Access Control Lists)'에서 언급한 바와 같이, 문제를 일으키는지 ACL을 점검해야 한다. 어쩌면 NAT는 정확하게 설정되었다 하더라도, 인터페이스 중 하나에 ACL이 존재하면, 패킷을 폐기하게 된다. 라우터 내부에서의 동작 순서는 이 경우에 중요하지 않다는 것을 유의하기 바란다. 인터페이스로 패킷이 들어올 때, IOS는 NAT 전에 ACL을 먼저 처리한다. 인터페이스에서 패킷이 나갈 때, IOS는 NAT를 통해 주소를 변환한 이후에 아웃바운드 ACL을 처리한다.

- **사용자 트래픽이 필요함:** NAT는 사용자 트래픽에 대응하는 기능이다. 당신이 실습에서 NAT를 설정하면, NAT의 변환을 촉발시키는 일부 사용자 트래픽이 NAT 라우터의 인사이드 인터페이스로 들어올 때까지 NAT는 변환(**show ip nat translations**)을 하지 않는다. NAT 설정은 완벽해도, NAT 설정에 일치하는 인바운드 트래픽이 발생하지 않는다면, NAT는 아무 것도 하지 않는다.

- **IPv4 라우팅:** IPv4 라우팅이 NAT 라우터에 대한 패킷 수신을 차단할 수도 있다. 이 패킷에 대해 사용되는 목적지 IP 주소들에 대해 라우팅이 정상 동작하는지를 확인해야 한다.

출발지 NAT와 함께, 사용자는 PC와 같은 사용자 장치를 이용하고 있다. 그들은 서버의 DNS 이름으로 일부 서버에 접속하려 한다. DNS 이름 변환 다음에, 클라이언트(호스트 내부의)는 서버의 목적지 주소를 갖는 IP 패킷을 보낸다. 예를 들어 [그림 27-11]과 같이, PC1이 인터넷에 있는 일부 서버에게 목적지 IP 주소가 170.1.1.1을 가진 IP 패킷을 보낸다. PC1은 내부 호스트이고, 서버는 외부 호스트이고 170.1.1.1은 아웃사이드 글로벌 주소다([그림 27-10]과 같이 앞선 예와 일치하는 주소들을 가진다).

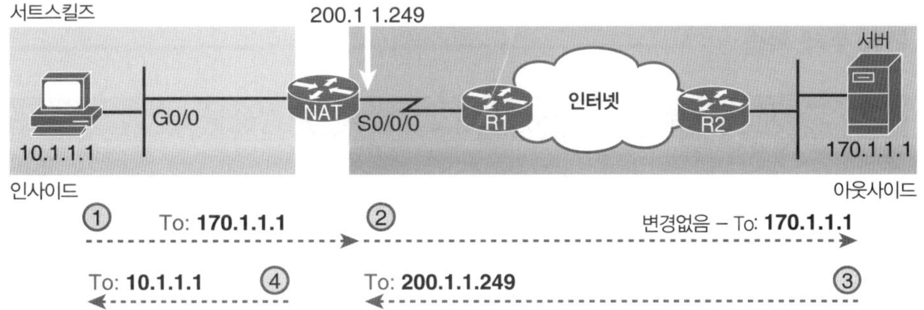

[그림 27-11] 출발지 NAT: 아웃사이드에서 인사이드로 향할 때만 목적지 주소 변환함.

우리에게 익숙한 환경에서 출발지 NAT를 적용하였는데 [그림 27-11]의 단계①과 ②에서 패킷의 목적지 IP 주소는 전체 여행 도중에 변경되지 않는다. 따라서 외부 네트워크에 대한 IPv4 라우팅에 대한 장애 해결은 변하지 않는 목적지 IP 주소를 기준으로 해야 한다.

단계③에서 본, NAT 인사이드 글로벌 주소(이 경우, 200.1.1.249)를 향하는 회신 패킷을 우리에게 상기시키는 그림의 단계③과 ④를 살펴보자. 다음으로, NAT는 목적지 주소를 변환하는데 이 경우는 10.1.1.1로 변환한다. 따라서 이 경우 오른쪽에서 왼쪽으로 이동하는 패킷들에 대한 장애 해결을 위해, 두 개의 다른 목적지 IP 주소를 기초로 장애 해결을 해야 한다.

챕터 리뷰

좋은 시험 결과를 위해서는 리뷰 세션에 대한 복습이 중요하다. 책이나 DVD의 툴 혹은 책의 동반자 웹 사이트에서 찾을 수 있는 대화형 툴을 활용하여 이 장의 자료들을 리뷰하기 바란다. 특히, '단계② 챕터 위주의 학습 습관을 만들어라'라는 제목의 '당신의 학습 계획'을 참조하기 바란다. [표 27-4]은 핵심 리뷰 요소들과 자료 출처들을 보여준다. 학습 과정에 대해 보다 나은 추적을 위해 두 번째 열에 완료한 날짜를 기록하도록 한다.

리뷰 항목	완료 날짜	자료 출처
핵심 주제 리뷰		책, DVD/웹 사이트
핵심 용어 리뷰		책, DVD/웹 사이트
사전 점검 퀴즈 반복		책, PCPT
메모리 테이블 리뷰		책, DVD/웹 사이트
명령어 테이블 연습		책

[표 27-4] 챕터 리뷰 확인

핵심 주제 복습

핵심 주제	설명	페이지
표 27-2	사설 IP 네트워크 번호들	696
그림 27-2	사설 IP 주소들에서 공인의 유일한 글로벌 주소로의 NAT 전환의 개념	697
그림 27-4	핵심 NAT 용어들을 포함하는 전형적인 NAT 네트워크 구성도	699
표 27-3	네 개의 핵심 NAT 용어들과 의미 리스트	699
그림 27-8	NAT 오버로드(PAT)에 의한 주소 절약 개념들	702
문장	풀을 사용할 때, 다이내믹 NAT 설정과 PAT의 차이 요약	711
리스트	NAT 장애 해결 체크리스트	713~714

[표 27-5] 27장의 핵심 주제들

핵심 용어

CIDR, 인사이드 글로벌(inside global), 인사이드 로컬(inside local), NAT 오버로드
(overload), 아웃사이드 글로벌(outside global), PAT(Port Address Translation), 사설
IP 네트워크(private IP network), 출발지 NAT(source NAT)

∷ 명령어 참조

[표 27-6]과 [표 27-7]은 이 장에서 사용하는 설정과 확인 명령어들을 보여준다. 연습을 위해
표의 왼쪽 행을 가리고, 오른쪽 행을 읽고 해당 명령을 보지 않고 기억해보도록 한다. 다음으로
오른쪽 행을 덮고 명령이 무엇을 위한 것인지를 기억하는 연습을 반복한다.

명령어	설명
ip nat {inside | outside}	NAT를 적용하고, 인터페이스가 NAT의 인사이드인지, 아웃사이드인지 정의하기 위한 인터페이스 하부 명령어.
ip nat inside source {list {*access-list-number*| *access-list-name*}} {interface *type number* |pool *pool-name*} [overload]	NAT 변환을 일으키는 출발지 주소를 정의하는 ACL과 글로벌 주소를 포함하는 풀 혹은 인터페이스를 가리키며, NAT를 활성화하는 글로벌 명령어.
ip nat pool *name start-ip end-ip* {netmask *netmask* | prefix-length *prefix-lengtft*}	NAT 주소들의 풀을 정의하는 글로벌 명령어
ip nat inside source *inside-local inside-global*	NAT 변환 테이블에 추가될 인사이드와 아웃사이드 주소(혹은 사용할 IP 주소를 가진 아웃사이드 인터페이스) 쌍을 정의하는 글로벌 명령어.

[표 27-6] 27장 설정 명령어 참조

명령어	설명
show ip nat statistics	기본적인 설정 명령뿐만 아니라 NAT 테이블과 패킷들에 대한 통계를 보여준다.
show ip nat translations [verbose]	NAT 테이블을 보여준다.
clear ip nat translation { * | [inside *global-ip local-ip*] [outside *local-ip global-ip*]}	사용되는 파라미터 값들에 의존하여 NAT 테이블의 다이내믹 엔트리들의 전부 혹은 일부를 삭제한다.
clear ip nat translation *protocol* inside *global-ip global-port local-ip local-port* [outside *local-ip global-ip*]	사용되는 파라미터 값들에 의존하여 NAT 테이블의 다이내믹 엔트리들의 일부를 삭제한다.
debug ip nat	NAT에 의해 변환되는 IP 주소를 가진 각 패킷을 설명하는 로그 메시지를 발생시킨다.

[표 27-7] 27장 EXEC 명령어 참조

Part VII 리뷰

[표 P7-1]의 체크리스트와 함께 파트 리뷰 과정을 추적하기 바란다. 각 과제의 상세한 내용은 표와 같다.

과제	첫 번째 완료일	두 번째 완료일
모든 사전 점검 퀴즈를 반복하라		
파트 리뷰 문제를 풀어라		
핵심 주제들을 리뷰하라		
카테고리별 명령어 마인드 맵을 생성하라.		
실습을 하라		

[표 P7-1] Part VII 리뷰 체크리스트

모든 사전 점검 퀴즈를 반복하라

이 과제를 위해, 이 파트에 포함된 장들에 대해 PCPT 소프트웨어를 이용하여 사전 점검 퀴즈를 다시 풀도록 한다.

파트 리뷰 문제를 풀어라

이 과제를 위해, 이 Part에 대한 Part 리뷰 문제에 대해 PCPT 소프트웨어를 이용하여 푼다.

핵심 주제들을 리뷰하라

DVD 혹은 동반자 웹 사이트 상의 핵심 주제(Key Topics) 애플리케이션들을 이용하거나 장들을 검색함으로써 이 Part, 모든 장의 모든 핵심 주제들을 리뷰하도록 한다.

카테고리별로 명령어 마인드 맵을 생성하가

마인드 맵 연습의 목적은 명령을 기억하기 위한 것이다. 이 연습은 상세 항목 즉, 모든 명령어의 모든 파라미터들과 이들의 의미에 초점을 맞추지 않는다. 목표는 이러한 명령어들을 내면적으로 조직화하여 실무 문제 혹은 시험 문제에 직면했을 때, 어떤 명령을 고려해야할지를 아는 것이다. 이 파트에서 다룬 명령어들에 대해, 다음 카테고리별로 마인드 맵을 생성하도록 한다:

번호형 표준 IPv4 ACL들, 번호형 확장 IPv4 ACL들, 이름형 IPv4 ACL들과 NAT

마인드 맵에서, 각 카테고리별로 모든 EXEC 명령어들(거의 **show** 명령어들)과 모든 설정 명령어들을 고려해야 한다. 각 카테고리별로, EXEC 명령어들과 설정 명령어들을 분리한다. [그림 P7-1]은 이 구성의 예를 보여준다.

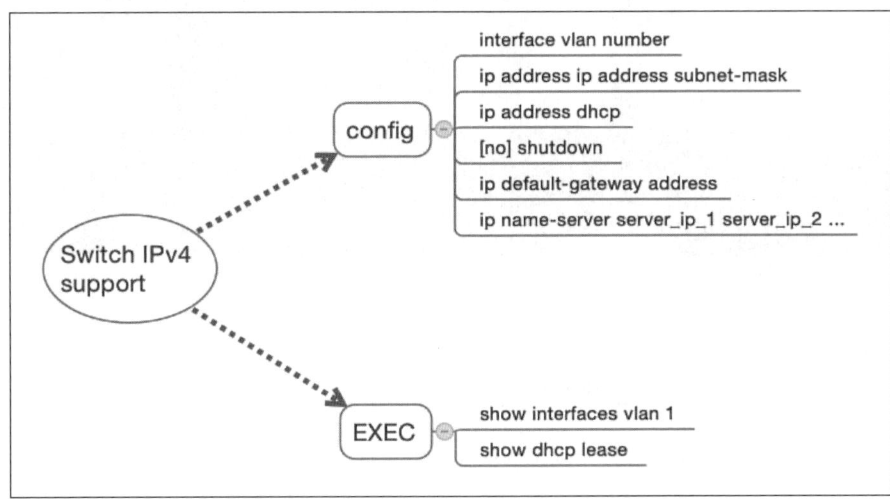

[그림 P7-1] 스위치 IPv4의 마인드맵

부록 L '마인드 맵 솔루션들'은 샘플 마인드 맵에 대한 모범 사례를 보여주며 당신이 직접 만든 마인드 맵과 다를 수 있다.

종이보다는 마인드 맵 소프트웨어를 사용하기로 했다면, 마인드 맵 파일들을 저장한 위치를 기억할 필요가 있다. [표 P7-2]는 이 Part 리뷰를 위한 마인드 맵들과 그러한 파일들을 저장한 장소를 정리할 수 있도록 한다.

맵	설명	저장 장소
1	마인드 맵을 생성하라	

[표 P7-2] Part Ⅶ 리뷰를 위한 마인드 맵 구성

실습들

실습을 위해 다음과 같이 몇 가지를 제안할 수 있다:

- **피어슨 네트워크 시뮬레이터(Pearson Network Simulator)**: 피어슨 ICND1 혹은 CCNA 시뮬레이터의 풀 버전을 사용한다면, 이 Part 내의 주제들과 관련된 시나리오 실습에 대한 설정과 장애 해결에 초점을 맞추기 바란다(이 Part의 주제들에 속하는 실습들을 찾는 방법을 위해 소개 부분을 참조한다).
- **컨피그 랩스(Config Labs)**: 저자의 블로그에서 이 책 부분의 Config Labs를 다시 살펴보고 반복할 수 있다. blog.certskills.com/ccent에 접속하여 Config Labs를 탐색해 보기 바란다.
- **기타**: 다른 실습 툴들을 사용한다면, 여기 몇 가지 제안 사항들이 있다. 즉, 실습들을 만들 때, 특정 라우터에서 텔넷(포트 23), SSH(포트 22), 핑(ICMP)과 트레이스루트(UDP) 트래픽을 발생시킴으로써 ACL의 작동 여부를 점검할 수 있도록 한다. 즉, 이러한 유형의 트래픽 중 일부는 허용하고 나머지는 차단하는 ACL을 만들어 테스트한다. NAT 실습에서도, **ping** 명령을 통해 작동 여부를 확인할 수 있다.

지금까지 이 책은 IPv6(IP version 6)에 거의 다루지 않았다. 이 파트는 이와는 반대로 구체적인 IPv6 주제를 모두 5개의 장으로 구분할 것이다.

이 책에서 이 Part에 속한 장들은 IPv4와의 비교 관점에서 IPv4에서 다루었던 것과 동일한 주제들을 다룬다. IPv4와 IPv6을 비교할 때, 많은 세부 항목들에 차이가 있다. 하지만 IP 주소, 서브네팅, 라우팅과 라우팅 프로토콜과 같은 핵심 개념들은 동일하다. 이 Part에 속한 장들은 기본 개념들을 설명하고, IPv6가 호스트에서 다른 호스트로 어떻게 IPv6 패킷을 보내는가에 대해 상세 항목들을 구체적으로 다룬다.

Part VIII

IPv6

Chapter 28: IPv6 기초

Chapter 29: IPv6 주소와 서브네팅

Chapter 30: 라우터와 IPv6 주소 할당

Chapter 31: 호스트와 IPv6 주소 할당

Chapter 32: IPv6 라우팅 설정

Part VIII 리뷰

Chapter 28
IPv6 기초

이 장은 다음 시험 주제를 다룬다.

1.0 네트워크 기초

1.12 IPv6 주소 체계 설정, 확인 및 장애 확인

IPv4는 TCP/IP와 인터넷의 성장을 위한 매우 유용할 뿐 아니라 변치 않는 부분이었다. 인터넷의 긴 역사 동안, TCP/IP를 사용하는 대부분의 회사 네트워크들에서 IPv4는 주소와 라우팅을 정의하는 핵심 프로토콜이었다. 그러나 IPv4가 다수의 장점들을 가지다 해도, 일부 단점 때문에 IPv6(IP version 6)라는 대체 프로토콜을 필요로 하게 되었다.

IPv6는 IPv4와 동일한 일반 기능들을 정의하지만 이러한 기능들을 실현하는 방법들은 다르다. 예를 들어, IPv4와 IPv6는 둘 다 주소, 큰 그룹의 주소를 서브네팅을 통해 작은 그룹으로 분할하는 개념, IPv4와 IPv6 패킷을 만들기 위해 사용하는 헤더들과 이러한 패킷들을 라우팅하기 위한 규칙들을 정의한다.

이 장은 주소와 라우팅에 대해 핵심 네트워크 계층 기능들에 초점을 맞춘다. 이 장의 첫 번째 섹션은 큰 개념을 살펴보고, 두 번째 섹션은 IPv6 주소를 표기하는 방법에 대해 구체적으로 살펴 본다.

이 장의 학습을 위해 필요한 시간을 가늠하기 위해 시험(이 페이지나 PCPT 소프트웨어를 사용 가능)을 보기 바란다. 정답은 퀴즈 다음 페이지의 아랫 부분에 나와 있고, 설명은 DVD 부록 C와 PCPT 소프트웨어에 있다.

핵심 주제 섹션	해당 문제
IPv6 소개	1-2
IPv6 주소 체계의 형식과 규칙	3-6

[표 28 -1] 사전 점검 퀴즈의 핵심 주제와 문제

1. 다음 중 IPv4 주소 소진 문제에 대한 단기 솔루션은?

　a. IP 버전 6

　b. IP 버전 5

　c. NAT/PAT

　d. ARP

2. 라우터가 IPv6 패킷을 포함한 이더넷 프레임을 수신했다. 라우터는 다음으로 시리얼 링크를 통해 패킷을 보내기로 결정했다. 다음 중 라우터가 IPv6 패킷을 보내는 방식에 대해 옳은 설명은?

　a. 라우터는 수신 프레임의 이더넷 데이터-링크 헤더와 트레일러를 폐기한다.

　b. 라우터는 패킷의 출발지 IPv6 주소에 기초하여 포워딩 결정을 한다.

　c. 라우터는 이더넷 헤더를 유지한 채, 그것을 시리얼 링크로 보내기 전에 새 IPv6 패킷 내부에 전체 프레임을 캡슐화한다.

　d. 라우터는 패킷을 보낼 곳을 정할 때, IPv4 라우팅 테이블을 사용한다.

3. 다음 중 FE80:0000:0000:0100:0000:0000:0000:0123에 대한 가장 짧은 축약 형태는?

　a. FE80::100::123

　b. FE8::1::123

　c. FE80::100:0:0:0:123:4567

　d. FE80:0:0:100::123

4. 다음 중 2000:0300:0040:0005:6000:0700:0080:0009에 대한 가장 짧은 축약 형태는?

a. 2:3:4:5:6:7:8:9

b. 2000:300:40:5:6000:700:80:9

c. 2000:300:4:5:6000:700:8:9

d. 2000:3:4:5:6:7:8:9

5. 다음 중 IPv6 주소 2001:DB8::200:28의 확장 형태는?

a. 2001:0DB8:0000:0000:0000:0000:0200:0028

b. 2001:0DB8::0200:0028

c. 2001:0DB8:0:0:0:0:0200:0028

d. 2001:0DB8:0000:0000:0000:0000:200:0028

6. 다음 중 주소 2000:0000:0000:0005:6000:0700:0080:0009이고 마스크 /64인 경우의 주소의 프리픽스는?

a. 2000::5::/64

b. 2000::5:0:0:0:0/64

c. 2000:0:0:5::/64

d. 2000:0:0:5:0:0:0:0/64

:: IPv6 소개

IPv6(IP version 6)는 IPv4(IP version 4)의 대체 프로토콜이다.

불행히도, 하나의 단도직입적인 상기 문장은 답변보다 많은 질문을 만든다. 왜 IPv4는 대체될 필요가 있을까? IPv4를 대체할 경우 언제 대체될 것이고 또, 신속하게 대체될 것인가? 회사 혹은 인터넷이 IPv4를 IPv6로 대체할 때 정확하게 어떤 일이 일어날까? 여기서는 이러한 물음에 필요한 항목들을 살펴볼 것이다.

소개를 위한 이 장이 왜 IPv4가 결국 IPv6로 대체될 필요가 있는가에 대한 모든 상세 항목들을 다룰 수는 없겠지만, TCP/IP 네트워크가 IPv6으로 이전하는 가장 명백하고 확고한 이유는 인터넷의 성장 때문이다. IPv4는 총 수십 억의 주소 수를 제공하는 32비트 주소를 사용하지만, 보기에는 대단히 많은 수의 주소지만 사실은 너무도 부족하다. IPv6는 주소를 128비트 길이로 확장했다. 자세히 설명하면, IPv6는 IPv4보다 10,000,000,000,000,000,000,000,000,000배 많은 수의 주소를 제공한다.

IPv6는 일부 다른 주소 할당 규칙과 함께 다양한 크기의 주소 필드를 사용하는데 이것은 다수의 관련 프로토콜들과 기능들도 변경되어야 함을 의미한다. 예를 들어 IPv4 라우팅 즉, 패킷 전달 과정은 IPv4 주소에 대한 해석을 필요로 한다. IPv6 라우팅을 지원하기 위해 라우터는 IPv6 주소 및 라우팅을 이해해야 한다. IPv6 서브넷에 대한 루트를 다이내믹하게 학습하기 위해, 라우팅 프로토콜들은 이러한 상이한 IPv6 주소 할당 규칙과 더불어 IPv6가 서브넷을 생성시키는 규칙을 정의해야 한다. 결과적으로, IPv4에서 IPv6으로의 이전은 하나의 프로토콜(IP)을 변경하는 이상으로, 보다 많은 프로토콜에 영향을 미친다.

이 장의 첫 번째 섹션은 IPv4에서 IPv6로 변경해야 하는 일부 이유와 함께 이에 따라 변경되어야 하는 프로토콜들을 논의한다.

IPv6에 대한 역사적인 계기들

지난 40여 년 동안, 인터넷은 전 세계에 막대한 영향을 가지게 되었다. 처음에는 대학의 연구를 통해 성장하기 시작했다. 1960년대 후반에 시작한 ARPANET이 그 시초가 되어 1970년대까지 이어졌다. 그 후 연구에 참여한 연구소와 대학들이 주도하여 1980년대에 인터넷이 빠르게 성장하였다. 1990년대 초반, 인터넷은 상업용으로 전환하기 시작해 사람들이 인터넷을 통해 서비스

사전 점검 퀴즈 정답

1 C **2** A **3** D **4** B **5** A **6** C

들과 제품들을 판매하도록 하였는데, 이것은 인터넷의 가파른 성장을 다시 촉발시켰다. 결국, 인터넷 접속(주로, 다이얼, DSL(digital subscriber line)과 케이블)은 일반화되었으며, 다음으로 스마트폰과 같은 모바일 장치들을 위한 광범위한 인터넷의 사용이 뒤를 이었다. [그림 28-1]은 이러한 주요한 단계들과 일반적인 시기를 보여준다.

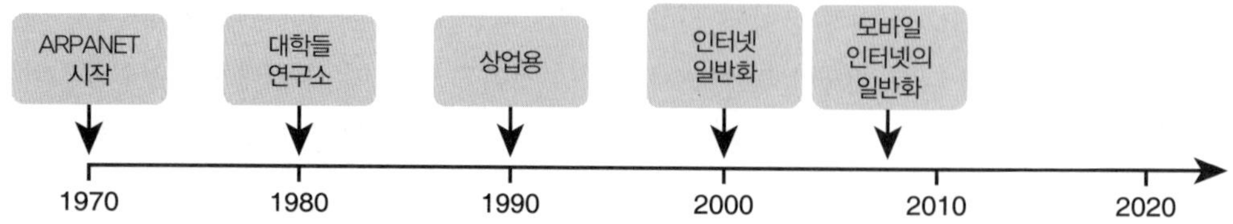

[그림 28-1] 인터넷의 성장에 따른 주요 사건들과 시기

꽤 오랜 시간 동안, 믿기 힘든 인터넷의 성장은 공인 IPv4 주소의 고갈이라는 문제를 만들었다. 예를 들어, 2011년에 IANA는 마지막 /8 주소 블록들(클래스 A와 동일한 크기)을 다섯 개의 RIR(Regional Internet Registries)의 각각에 하나씩 할당하였다. 이 시점 후로 RIR들은 보다 작은 주소 블록들로 분할하여 ISP들이나 회사들에 할당하기 위한 새로운 공인 주소를 IANA로부터 받을 수 없었다.

2011년에, 각각의 다섯 RIR들은 할당 가능한 공인 주소들을 보유했지만, 2011년 이후 RIR들은 점진적으로 주소들의 고갈 시점에 이르게 되었다. 예를 들어, 2015년 후반에 북미의 RIR인 ARIN은 주소가 고갈되었음을 공지하였고, 현재는 새 주소 블록들의 요청에 대한 대기 리스트를 관리하고 있다.

새로운 회사들이 인터넷에 접속하려 하지만, 더 이상 IPv4를 사용할 수 없는 그 날이 마침내 도래했다는 측면에서 이러한 사건들은 중대하다. IPv4는 남아있는 공인 주소가 없기 때문에 유일한 옵션은 IPv6일 것이다.

> **NOTE** IPv4 주소 고갈 관련 사이트 http://teamarin.net/category/ipv4-depletion/의 인터넷 역사에서 ARIN의 이 흥미로운 이전 과정을 되짚어볼 수 있다.

언론이 적당한 시점에 IPv4 주소의 고갈에 대해 알렸으나 인터넷에 관심을 두는 사람들은 1980년대 후반에 이르러서야 이 문제에 대해 알게 되었다. 일반적으로 IPv4 주소 고갈 문제라 불리는 이 문제는 말 그대로 1990년대 인터넷의 거대한 성장에 따른 결과였다. 어떠한 조치가 필요했다.

IETF는 IPv4 주소들을 더 오래 유지하기 위한 몇 가지 단기 대책들과 IPv6라는 하나의 장기 대책을 내놓았다. 27장 'NAT(Network Address Translation)'에서 다루었던 단기 대책들, NAT와 CIDR은 다음 20년 동안 IPv4의 수명을 연장시켰다.

IPv6는 새로운 IPv6 헤더와 새로운 IPv6 주소들과 함께 IPv4를 대체하는 영속적이고 장기적인 대책이다. 주소의 크기는 거대한 주소 수들을 지원하여 여러 세대 동안(기대 하건대) 주소 부족 문제를 해결한다. [그림 28-2]는 주소 고갈과 관련한 주요 시점들을 보여준다.

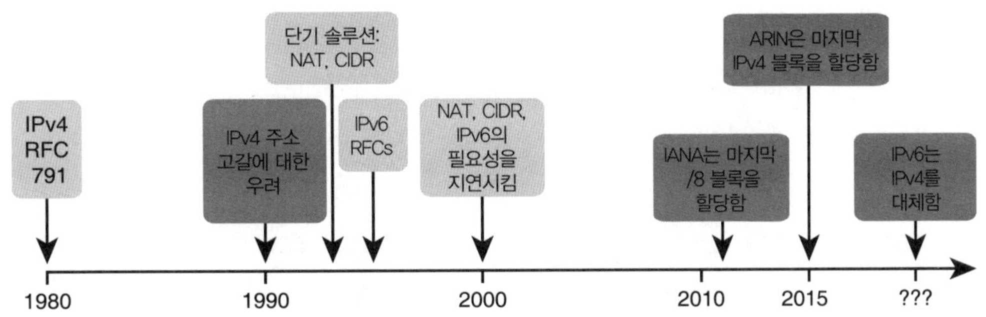

[그림 28-2] IPv4 주소의 고갈과 단기 솔루션들과 시기

> **NOTE** Geoff Huston의 웹 사이트 www.potaroo.net은 IPv4 주소의 고갈을 포함하여 인터넷의 성장과 관련된 다수의 흥미로운 통계를 보여준다.

첫 번째 섹션의 나머지는 IPv4와 비교하여 IPv6를 살펴보는데 두 프로토콜들의 공통점에 초점을 맞춘다. 특히, 이 섹션(주소를 포함하여)은 프로토콜들, 라우팅, 라우팅 프로토콜들과 다른 여러 가지 관련 주제들을 비교한다.

> **NOTE** IP의 다음 버전을 IP 버전 5로 부르지 않는 이유가 궁금할 것이다. IP의 새 버전을 만들려는 시도가 있었고, 그것을 버전 5라고 했다. IPv5는 표준의 지위까지 발전하지 못했다. 버전 5가 일부 문서들에 사용되기 때문에, 혼동을 피하기 위한 더 새로운 노력에 IP 버전 6라는 번호를 붙였다.

IPv6 프로토콜들

핵심 IPv6 프로토콜의 주요 목적은 IPv4 프로토콜과 동일한 목적을 갖는다. RFC 2460에서 정의한 핵심 IPv6 프로토콜은 패킷 개념, 이러한 패킷을 위한 주소들과 호스트들과 라우터들의 역할을 정의했다. 이러한 규칙들은 호스트들에서 출발한 패킷들이 라우터들을 통과하여 목적지 호스트에 정확하게 도착할 수 있도록 한다(IPv4는 RFC 791에서 IPv4를 위한 동일한 개념들을 정의한다).

그러나 IPv6가 TCP/IP 네트워크에서 다수의 기타 기능들에 영향을 주기 때문에 더 많은 RFC들이 IPv6에 대한 상세 항목들을 정의해야 했다. 몇몇 다른 RFC들은 IPv4에서 IPv6로 이전하는 방법을 정의한다. 또 다른 것들은 익숙한 프로토콜들의 새 버전들을 정의하거나 이전 프로토콜로 대체하고 있다. 예를 들어:

- *OSPF 버전 2는 OSPF 버전 3으로 업그레이드됨: 보다 오랜 OSPF(Open Shortest Path First) 버전 2는 IPv4를 위한 것이고, IPv6을 위한 것은 아니므로 새로운 버전, OSPF 버전 3은 IPv6을 지원하기 위해 만들어졌다(참고: OSPFv3는 이후에 IPv4와 IPv6 모두를 지원하도록 업그레이드 되었다).*

- *ICMP는 ICMP 버전 6으로 업그레이드됨: ICMP(Internet Control Message Protocol)는 IPv4와 함께 잘 작동하지만, IPv6을 지원하도록 변경되어질 필요가 있다. 새로운 이름은 ICMPv6이다.*

- *ARP는 NDP(Neighbor Discovery Protocol)에 의해 대체됨: IPv4를 위한 ARP(Address Resolution Protocol)는 이웃들이 사용하는 MAC 주소들을 발견하도록 한다. IPv6는 ARP를 보다 일반적인 NDP로 대체하였다.*

> **NOTE** http://www.rfc-editor.org와 같은 RFC들을 보여주는 웹 사이트에 가면, IPv6라는 제목을 갖는 약 300개의 RFC들을 찾을 수 있다.

IPv6는 다수의 프로토콜들을 포함하지만, IPv6라 불리는 프로토콜은 특히 새로운 128비트 IPv6 주소를 정의한다. 물론, 이진수로 이러한 주소들을 쓰는 것이 문제가 될 수 있다. 즉, 주소가 너무 길어 번거롭다. IPv6는 많아야 32개의 16진수(4비트당 하나의 16진수)에 대해 주소 축약 규칙들에 따라 보다 짧은 표기가 가능하다(짧게 표현할 수 있다).

예를 들어, 다음 모두는 IPv6 주소들인데, 32개 혹은 보다 짧은 16진수를 가진다:

2345:1111:2222:3333:4444:5555:6666:AAAA
2000:1:2:3:4:5:6:A
FE80::1

다가올 섹션, 'IPv6 주소 형식과 규약'은 합법적으로 16진수를 축약하는 방법을 포함하여 구체적인 IPv6 주소 표기법을 다룬다.

IPv4와 같이 IPv6 헤더는 출발지와 목적지 주소 필드를 좀더 크게 만드는 것 외에 몇몇 다른 변화들을 만든다. 하지만 IPv6 헤더가 IPv4 헤더보다 크다 하더라도, IPv6 헤더는 라우터가 IPv6 패킷을 라우팅할 때의 작업을 줄이기 위해 실제로 더 단순하다. [그림 28-3]은 IPv6 헤더가 40바이트로 구성되었음을 보여준다.

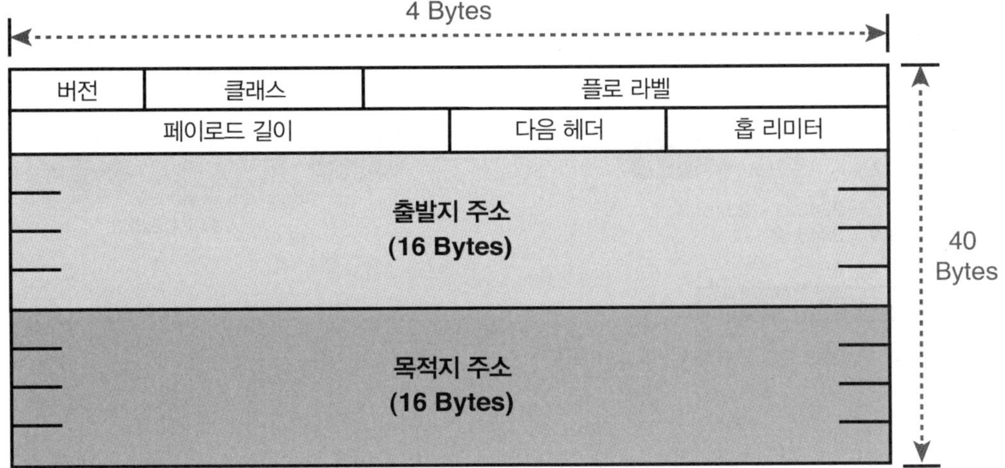

[그림 28-3] IPv6 헤더

IPv6 라우팅

IPv6의 다수의 기능들처럼 IPv6 라우팅은 일반적인 관점에서 IPv4 라우팅과 동일하게 보이지만, 세부 항목들을 살펴 보면 차이점이 명확해진다. 일반적으로 IPv6는 다음과 같이 IPv4와 동일한 절차를 따른다:

- IPv6 패킷들을 생성하고 해당 인터페이스에서 내보내기 위해, 최종 사용자 장치는 해당 인터페이스에 IPv6 주소를 필요로 한다.
- 최종 사용자 호스트들은 디폴트 라우터의 IPv6 주소를 알 필요가 있고, 목적지가 다른 서브넷에 존재한다면 IPv6 패킷을 디폴트 라우터에게 보낸다.
- IPv6 라우터들은 패킷을 라우팅할 때, 각 IPv6 패캣을 디-인캡슐레이션하고 다시 인캡슐레이션한다.
- IPv6 라우터들은 IPv6 패킷을 다음으로 보내야 할 곳을 표시하는 루트를 포함하는 IPv6 라우팅 테이블을 참조하여 라우팅 방향을 결정한다.

> **NOTE** 앞의 리스트를 다시 보면서 IPv6를 IPv4로 바꾸면, IPv4에 대한 내용이 된다.

상기의 리스트가 IPv4와 함께 익숙한 일부 개념들을 보여주지만, 다음 몇 개의 그림들은 예와 함께 개념들을 설명할 것이다. 먼저, [그림 28-4]는 호스트 상의 설정값들을 보여준다. PC1 호스트는 2345::1이라는 주소를 갖는다. PC1은 또한 2345::2라는 디폴트 게이트웨이를 알고 있다(두 값이 실제 IPv6 주소의 유효한 축약 버전이다). IPv6 패킷을 다른 IPv6 서브넷 상의 PC2 호스트에게 보내기 위해 PC1은 IPv6 패킷을 만들고 그것을 R1 즉, PC1의 디폴트 게이트웨이에게 보낸다.

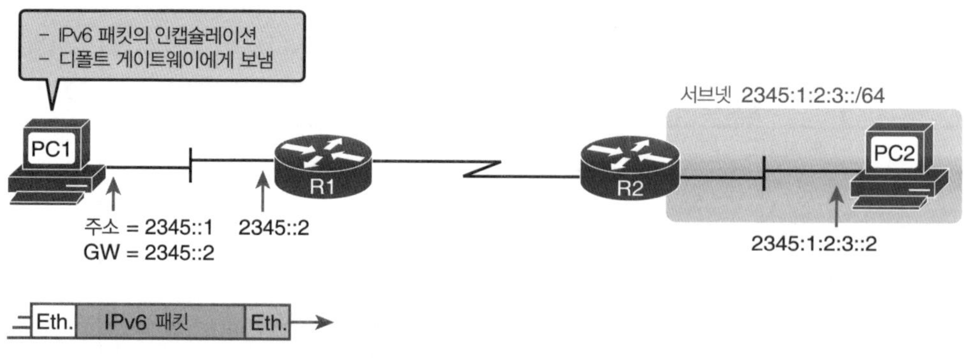

[그림 28-4] IPv6 호스트의 IPv6 패킷 만들기와 보내기

라우터(R1)는 IPv6 패킷을 전송할 때 해야하는 다수의 작업들이 있지만, 여기서는 인캡슐레이션과 관련된 R1의 동작에 초점을 맞춘다. [그림 28-5]의 **단계①** 처럼, R1은 데이터 프레임을 수신하여 프레임으로부터 IPv6 패킷을 추출(디-인캡슐레이션)한 다음, 원래의 데이터 링크 헤더와 트레일러는 폐기한다. **단계②** 에서 R1은 IPv6 패킷을 R2에게 보내야한다는 것을 알면, R1은 정확한 전송을 위해 IPv6 패킷에 데이터 링크 헤더와 트레일러를 추가하는 인캡슐레이션을 수행한다.

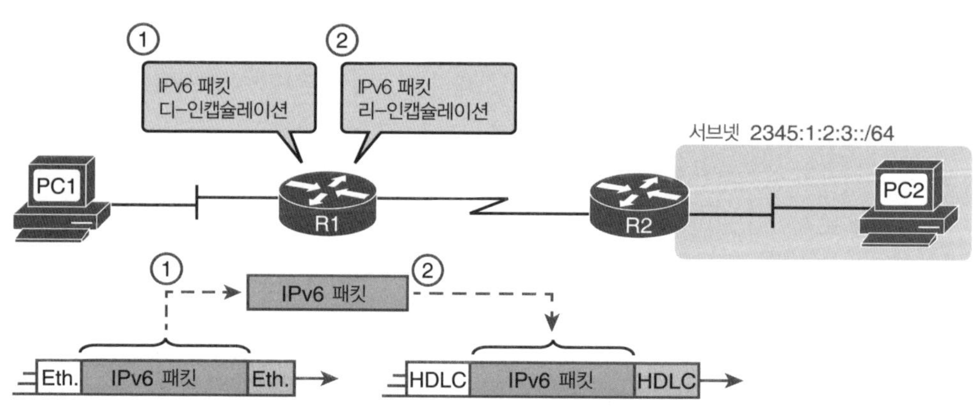

[그림 28-5] IPv6 라우팅 시의 일반적인 인캡슐레이션 작업들

R1과 같은 라우터가 데이터 링크 프레임으로부터 패킷을 디-인캡슐레이션할 때, 프레임 내부의 패킷 타입이 무엇인지 결정해야 한다. 이를 위해, 라우터는 데이터 링크 프레임 내부에서 패킷의 타입을 식별하기 위해 프로토콜 타입을 참조해야 한다. 오늘날 대부분의 데이터 링크 프레임들은 IPv4 패킷 혹은 IPv6 패킷을 실어 나른다.

IPv6 패킷을 라우팅하기 위해 라우터는 IPv4 라우팅 테이블 대신, IPv6 라우팅 테이블을 사용해야 한다. 라우터는 패킷의 목적지 IPv6 주소를 보고 라우터의 현재 IPv6 라우팅 테이블과 비교한다. 라우터는 IPv6 패킷을 보내기 위해 일치하는 IPv6 루트 내의 지시 정보를 사용한다. [그림 28-6]은 전체적인 과정을 보여준다.

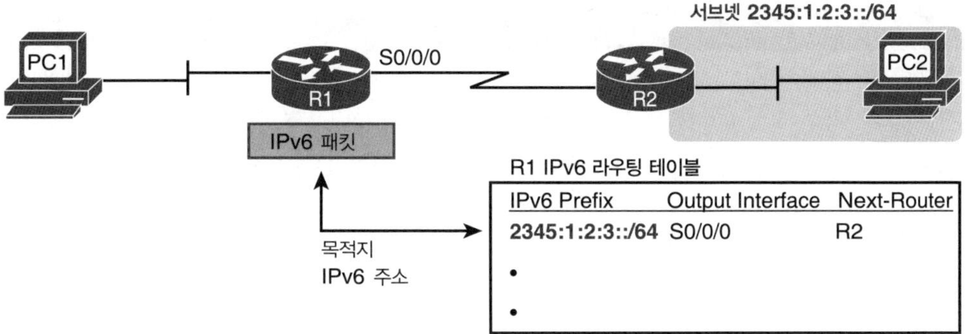

[그림 28-6] 라우팅 테이블과 IPv6 패킷 비교

라우팅 프로세스는 IPv6 패킷은 IPv6 주소를 포함하고, IPv6 라우팅 테이블은 IPv6 서브넷(프리픽스라 불림)에 대한 라우팅 정보를 보여준다는 점을 제외하고는 IPv4와 유사하게 동작한다.

끝으로 대부분의 기업 네트워크의 라우터들은 IPv4와 IPv6 패킷들을 동시에 라우팅할 것이다. 가령, 회사는 IPv6를 채택하기로 결정하고, 주말의 늦은 밤에 모든 IPv4를 끄고 모든 장치에 IPv6를 적용하는 방식을 사용하지는 않을 것이다. 대신에, 일부 혹은 모든 라우터에서 IPv4와 IPv6에 대한 동시 라우팅을 제공하면서 천천히 IPv6로 이전할 것이다(IPv4와 IPv6를 동시에 운용하는 이전 전략을 듀얼 스택(dual stack)이라 한다). 당신이 해야할 모든 것은 IPv4 패킷을 라우팅하기 위한 기존의 설정에, IPv6를 라우팅할 수 있도록 설정을 추가하는 것이다.

IPv6 라우팅 프로토콜들

IPv6 라우터들은 모든 가능한 IPv6 프리픽스들(서브넷들)에 대한 루트들을 학습할 필요가 있다. IPv4와 같이 IPv6 라우터들은 익숙한 명칭들과 일반적으로 논의되는 익숙한 기능들과 함께 라우팅 프로토콜들을 사용한다.

IPv4 라우팅 프로토콜들 중 어떤 것도 IPv6 루트들을 알리기 위해 사용되지 않는다.

이러한 프로토콜들은 메시지들을 추가하기 위한 몇 가지 수정, 프로토콜들, IPv6을 지원하기 위한 규칙들을 필요로 한다. 시간이 흐르면서, RIP(Routing Information Protocol), OSPF(Open Shortest Path First), EIGRP(Enhanced Interior Gateway Routing Protocol)와 BGP(Border Gateway Protocol)는 IPv6를 지원하도록 수정되었다. [표 28-2]는 일부 설명과 함께 이러한 라우팅 프로토콜들을 보여준다.

라우팅 프로토콜	정의 주체	노트
RIPng(RIP next generation)	RFC	'next generation'은 TV 시리즈, '스타트렉: The Next Generation'을 참조한다.
OSPFv3(OSPF version 3)	RFC	IPv4를 위한 OSPF는 OSPFv2이고, IPv6를 위한 새로운 버전은 OSPFv3이다.
EIGRPv6(EIGRP for IPv6)	Cisco	시스코는 EIGRP 프로토콜에 대한 권리를 소유했지만, 현재 EIGRP를 RFC로 공표했다.
MP BGP-4(Multiprotocol BGP version 4)	RFC	BGP version 4는 확장가능하도록 만들어졌다. IPv6는 BGPv4에 MP-BGP라는 개선안을 추가했다.

[표 28-2] IPv6 라우팅 프로토콜들

게다가 이러한 라우팅 프로토콜들은 IPv4와 동일한 IGP(interior gateway protocol)와 EGP(exterior gateway protocol) 분류 규칙을 따른다. EIGRPv6와 OSPFv3는 IGP로써 동작하여 기업 내부에서 IPv6 루트들을 교환한다.

이번 소개에서 본 바와 같이, IPv6는 IPv4와 동일한 개념을 사용한다. 둘 다 출발지와 목적지 주소를 포함하는 헤더를 정의한다. 둘 다 패킷을 보낼 때 이전 데이터 링크 헤더와 트레일러를 폐기하는 패킷 라우팅 과정을 정의한다. 그리고 라우터들은 라우팅 판단을 위해 패킷의 목적지 IP 주소를 라우팅 테이블과 비교하는 과정을 거친다.

다음 주제는 IPv4 와 IPv6 간의 차이를 명확하게 하기 위해 IPv6 주소에 대해 구체적으로 살펴본다.

IPv6 주소 체계의 형식과 규칙

CCENT 및 CCNA R&S 시험은 IPv4 주소를 다룰 때, 일부 기본적인 스킬을 필요로 한다. 예를 들어, 172.21.73.14와 같은 IPv4 주소를 해석할 수 있어야 한다. 이를 위해 당신은 프리픽스 형식의 마스크를 다룰 수 있어야 하고, 특정 IPv4 주소와 함께 사용할 때의 의미를 해석할 수 있어야 한다. 즉, 172.21.73.14/25와 같은 주소와 마스크가 주어졌을 때 서브넷 ID를 발견할 수 있어야 한다.

이 장의 두 번째 주요 섹션은 IPv6 주소에 대해 이러한 동일한 아이디어들을 논의한다. 특히, 이 섹션은 다음 내용을 살펴본다:

- 축약되지 않은 32자리 IPv6 주소를 쓰고 해석하는 방법
- IPv6 주소를 축약하고 축약된 주소를 해석하는 방법
- IPv6 프리픽스 길이 마스크를 해석하는 방법
- 주소와 프리픽스 길이 마스크에 기초하여 IPv6 프리픽스(서브넷 ID)를 찾는 방법

이러한 작업들과 관련하여 가장 큰 도전은 숫자의 규모다. 고맙게도 이 책에서 자세하게 다루는 서브넷 ID를 찾기 위한 계산 방법은 IPv4에서는 장애물이었지만, IPv6에는 보다 쉽다.

전체(축약되지 않은) IPv6 주소 표기

IPv6은 주소를 위해 편리한 16진수(hex) 형식을 사용한다. 보다 읽기 쉽게 하기 위해, IPv6는 세트 당 네 개의 16진수로 구성되는 여덟 세트의 형식을 사용하는데, 네 개의 숫자로 구성되는 각 세트는 콜론(:)으로 구분한다. 예를 들어:

2340:1111:AAAA:0001:1234:5678:9ABC:1234

IPv6 주소들은 이진수 형식을 사용하기도 하지만, 다행히도 이진수 버전의 주소들을 볼 기회는 별로 없다. 하지만 필요한 경우 16진수를 이진수로 변경하는 것은 상대적으로 쉽다. 각 16진수에 상응하는 4비트 값으로의 변경은 [표 28-3]과 같다.

16진수	2진수	16진수	2진수
0	0000	8	1000
1	0001	9	1001
2	0010	A	1010
3	0011	B	1011
4	0100	C	1100
5	0101	D	1101
6	0110	E	1110
7	0111	F	1111

[표 28-3] 16진수/2진수 변환 차트

IPv6 주소들의 축약과 확장

IPv6는 또한 IPv6 주소를 쓰거나 입력할 때, 축약 표현 방법을 정의하고 있다. 왜일까? 32자리의 16진수를 사용하는 것이 128비트 이진수를 다루는 것보다 훨씬 낫다 하더라도, 32자리의 16진수는 여전히 기억하고, 명령 출력에서 인식하고, 명령어로 입력해야 하기에는 긴 숫자다. IPv6 주소의 축약 규칙은 이러한 숫자들을 줄여준다.

32자리의 16진수 숫자를 입력하는 경우에도, 컴퓨터와 라우터는 일반적으로 주소의 축약을 적용한다. 축약되지 않은 길이가 긴 IPv6 주소 형식을 선호하더라도, 라우터와 호스트가 표시하는 축약된 IPv6 주소의 의미를 해석할 수 있어야 한다. 이 섹션은 먼저 주소의 축약에 대해 살펴보고, 다음으로 확장에 대해 살펴본다.

IPv6 주소 축약

당신 혹은 컴퓨터가 IPv6 주소를 축약하게 하는 두 가지 규칙은:

❶ 네 개의 16진수 한 세트 내부에서, 왼쪽 세 자리의 앞선 0들(한 세트의 왼쪽에 위치한 0들)은 삭제한다(노트: 이 단계에서 0000 한 세트에서 하나의 0은 남겨 둔다).

❷ 세트가 모두 16진수 0들로 구성되는 두 개 이상의 연속 세트를 찾아 더블 콜론(::)으로 대체한다. ::은 모두 0으로 구성된 두 개 이상의 세트를 의미한다. 하지만 하나의 주소에서 ::을 한 번만 사용할 수 있는데, 두 번 이상 사용한다면, IPv6 주소가 명확하지 않기 때문이다.

예를 들어, 다음 IPv6 주소를 고려해보자. 굵은 글씨는 축약 가능한 주소 부분을 표시한다.

FE00:**0000:0000:000**1:**0000:0000:0000:00**56

첫 번째 규칙을 적용하기 위해, 여덟 개의 세트(4자리의 16진수로 구성되는)를 독립적으로 본다. 각각, 앞선 0들을 모두 삭제한다. 다섯 개의 세트는 네 개의 0을 가지므로 앞선 세 개의 0들을 삭제하여 다음과 같이 된다:

FE00:0:0:1:0:0:0:**56**

이 축약 방법이 유효하지만, 두 번째 규칙을 적용한다면 주소는 좀 더 간략화될 수 있다. 이 경우, 연속하여 한 세트(4자리의 16진수로 구성되는) 이상이 단지 0만 있는 두 부분이 발생한다. 이때, 가장 긴 부분을 선택하고 ::으로 대체하여 가장 짧은 축약 버전을 만든다:

FE00:0:0:**1::56**

FE00:0:0:1::56이 실제로 가장 짧은 버전이지만, IPv6 주소들을 축약할 때, 가장 일반적인 두 가지 실수를 낳기 쉽다. 첫 번째, 특정 세트의 뒷부분 0들(오른쪽 0들)을 삭제해서는 안된다. 이 경우, 첫 번째 세트인 FE00은 두 0들이 뒷부분에 위치하기 때문에 절대 축약할 수 없다. 따라서 첫 번째 세트에서 FE로만 시작하는 다음 주소는 원래의 IPv6 주소에 대한 정확한 축약 버전이 아니다:

FE:0:0:**1::56**

두 번째 일반적인 실수는 0으로만 구성되는 세트가 연속되면 몇 번이든 더블 콜론으로 대체하는 것이다. 예를 들어, 다음은 IPv6 주소에 대한 축약으로 부정확한 것이다:

FE00**::1::56**

이 축약이 부정확한 이유는 원래의 축약되지 않은 주소를 찾을 때 얼마나 많은 0의 세트들이 각 ::를 대체하는지를 알지 못하기 때문이다.

축약된 IPv6 주소들의 확장

IPv6 주소들을 다시 축약되지 않은 즉, 32자리 숫자로 확장하기 위해, 두 가지 동일한 규칙을 사용한다. 이 규칙은 기본적으로 앞선 두 규칙들의 로직을 뒤집은 것이다:

① 각 네 자릿수에 대해. 네 개의 16진수를 갖도록 하기 위해 필요하다면 앞선 0들을 추가한다.

② 더블 콜론(::)이 존재한다면. 현재 보이는 네 자릿수의 숫자를 센다. 총 네 자릿수 8세트 이하여야 한다. :: 자리에 총 8개의 네 자릿수가 존재하도록 0000을 채운다.

이러한 주소들과 축약 과정에 익숙해지기 위한 최상의 방법은 직접 해보는 것이다. [표 28-4]는 왼쪽에 전체 32자리 IPv6 주소와 오른쪽에 최선의 축약 형태를 갖는 몇 가지 연습 문제들을 보여준다. 표는 확장형 혹은 축약형 주소를 제시하고, 당신은 대응되는 주소로 답해야 한다. 정답은 이 장의 마지막 부문, '앞선 연습 문제에 대한 정답' 섹션에서 제시한다.

확장된 주소	축약된 주소
2340:0000:0010:0100:1000:ABCD:0101:1010	
	30A0:ABCD:EF12:3456:ABC:B0B0:9999:9009
2222:3333:4444:5555:0000:0000:6060:0707	
	3210::
210F:0000:0000:0000:CCCC:0000:0000:000D	
	34BA:B:B::20
FE80:0000:0000:0000:DEAD:BEFF:FEEF:CAFE	
	FE80::FACE:BAFF:FEBE:CAFE

[표 28-4] IPv6 주소 축약과 확장 연습

주소의 프리픽스 길이 표현

IPv6는 IPv4 서브넷 마스크와 유사한 프리픽스 길이라 부르는 마스크 개념을 사용한다. IPv4 프리픽스 스타일의 마스크와 유사하게 IPv6 프리픽스 길이를 /P 형태로 표시하는데, 여기서 P는 십진수다. 프리픽스 길이는 IPv6 주소의 얼마나 많은 비트들이 IPv6 프리픽스에 해당하는지를 정의하는데, 기본적으로 IPv4 서브넷 ID와 동일한 개념이다.

IPv6 주소를 쓸 때, 프리픽스 길이가 필요하다면, 프리픽스 길이는 IPv6 주소 다음에 표시한다. 문서를 작성할 때, 당신은 주소와 / 사이에 공간을 둘 수도 있지만, 시스코 라우터에서 IPv6 주소를 입력할 때, 공간을 두거나 그렇지 않을 수도 있다. 예를 들어, 64비트의 프리픽스 길이를 갖는 주소에 대해 다음 중 하나를 사용할 수 있다:

2222:1111:0:1:A:B:C:D/64

2222:1111:0:1:A:B:C:D /64

마지막으로 프리픽스 길이는 비트들의 수이므로 IPv6의 경우, 유효한 숫자의 범위는 0에서 128까지를 포함한다.

IPv6 프리픽스 계산(서브넷 ID)

IPv4에서 서브넷 마스크로 서브넷 ID를 계산할 수 있다. IPv6 서브네팅에서 프리픽스 길이로 서브넷 ID에 해당하는 IPv6 프리픽스를 계산할 수 있다.

다양한 IPv4 서브넷 마스크들과 같이, 일부 IPv6 프리픽스 길이와 관련하여 쉬운 계산을 통해 IPv6 프리픽스를 찾을 수도 있고, 보다 어려운 계산을 통해 IPv6 프리픽스 길이를 찾을 수도 있다. 이 섹션은 주로 계산을 보다 쉽게 만드는 IPv6 프리픽스 길이들을 사용하기 때문에, 보다 쉬운 경우들을 중심으로 설명한다.

IPv6 프리픽스 찾기

IPv6에서 프리픽스는 IPv6 주소의 집합을 대표한다. 지금 이 섹션은 프리픽스를 표현하는 번호를 찾기 위한 계산에 집중한다. 다음으로 29장 'IPv6 주소 체계와 서브네팅'은 실제 숫자의 배경이 되는 개념을 보다 많이 다룬다.

당신이 어떤 용어를 선호하든, 각 IPv6 프리픽스 혹은 서브넷은 주소의 집합을 대표하는 번호를 갖는다. IPv6 RFC들에서는 이 번호를 프리픽스라 부르지만, 많은 사람들은 IPv4와 동일한 용어를 사용하여 그것을 서브넷 번호 혹은 서브넷 ID라 부른다.

IPv4와 같이, 당신은 IPv6 주소와 프리픽스 길이로 시작하여 IPv4에서 사용했던 동일한 일반적인 규칙을 사용하여 프리픽스를 발견할 수 있다. 프리픽스 길이가 /P라면, 다음 규칙들을 사용한다:

❶ 첫 번째 P비트들을 복사한다.
❷ 비트들의 나머지는 0으로 변경한다.

4의 배수인 프리픽스 길이를 사용한다면, 당신은 비트 차원에서 생각할 필요가 없다. 4의 배수인 프리픽스 길이는 각 16진수가 복사되거나 0으로 변경돼야 함을 뜻한다. 완전한 설명을 위해 프리픽스 길이가 4의 배수라면, 다음 과정을 따른다:

① 프리픽스 길이(비트 단위)를 4로 나누어 프리픽스 내의 16진수의 자릿수를 확인한다.
② 단계 1에서 프리픽스 자리로 결정된 16진수 숫자들을 복사한다.
② 16진수 숫자들의 나머지는 0으로 변경한다.

[그림 28-7]은 프리픽스 길이 64를 갖는 예를 보여준다. 이 경우, **단계①**에서 /64 프리픽스 길이를 보고, 프리픽스가 16개의 16진수를 갖는다는 것을 안다. **단계②**는 IPv6 주소에서 첫 번째 16개의 숫자를 복사하고, **단계③**은 숫자의 나머지에 16진수 0을 채워넣는다.

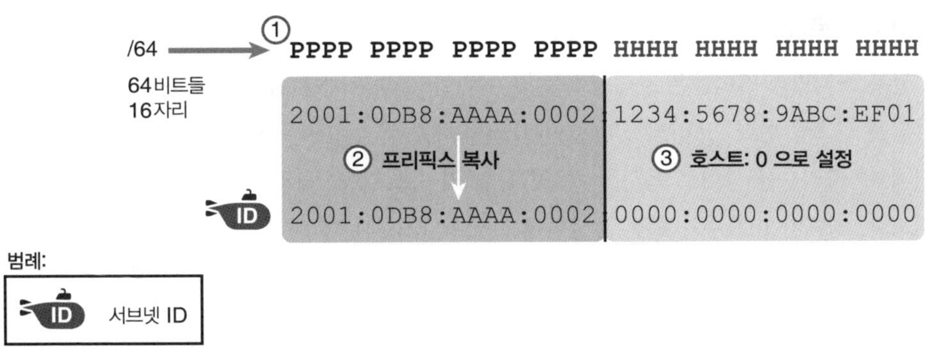

[그림 28-7] 주소/길이로부터 IPv6 프리픽스를 만들기

IPv6 프리픽스를 찾은 다음에, IPv6 주소의 축약 규칙을 사용하여 IPv6 프리픽스를 축약한다. 하지만 프리픽스의 마지막에 좀더 주의를 기울여야 하는데, 그 이유는 IPv6 주소의 마지막 옥 텟이 모두 0으로 구성되기 때문이다. 결과적으로 프리픽스의 축약 버전은 전형적으로 두 개의 콜론들(::)로 끝난다.

예를 들어, LAN의 호스트에 할당된 다음과 같은 IPv6 주소를 고려해보자:

2000:1234:5678:9ABC:1234:5678:9ABC:1111/64

이 예는 축약될 수 없는 IPv6 주소를 보여준다. 주소가 위치하는 서브넷의 프리픽스를 계산한 후에, 주소의 마지막 64비트(16개의 자리)들을 0으로 바꿈으로써, 다음과 같은 프리픽스 값을 발 견할 수 있다:

2000:1234:5678:9ABC:0000:0000:0000:0000/64

끝의 네 개의 네 자리 숫자가 모두 0인 이 숫자는 다음과 같이 축약할 수 있다:

2000:1234:5678:9ABC::/64

보다 나은 계산을 위해, [표 28-5]와 같은 몇 가지 연습 문제들에서 프리픽스를 찾는 시간을 가져보자. 정답은 이 장의 끝, '앞선 연습 문제에 대한 정답' 섹션에서 제시한다.

주소/길이	프리픽스
2340:0:10:100:1000:ABCD:101:1010/64	
30A0:ABCD:EF12:3456:ABC:B0B0:9999:9009/64	
2222:3333:4444:5555::6060:707/64	
3210::ABCD:101:1010/64	
210F::CCCC:B0B0:9999:9009/64	
34BA:B:B:0:5555:0:6060:707/64	
3124::DEAD:CAFE:FF:FE00:1/64	
2BCD::FACE:BEFF:FEBE:CAFE/64	

[표 28-5] 주소/길이 값으로부터 IPv6 프리픽스 찾기

보다 까다로운 IPv6 프리픽스일 경우의 작업

일부 프리픽스 길이들은 프리픽스를 찾기 위한 계산을 매우 쉽게 만들고, 일부는 이진수 변환 작업을 필요로 한다. 프리픽스의 길이가 16의 배수라면, 주소 중에 복사해야 할 영역에 속하는 전체 네 자리수를 그대로 복사할 수 있다. 프리픽스 길이가 16의 배수가 아니고 4의 배수라도 최소한, 경계가 16진수와 16진수 사이에서 일어나기 때문에 이진수 변환을 피할 수 있다.

/64 프리픽스 길이가 가장 일반적인 프리픽스 길이라 하더라도, 다른 4의 배수인 프리픽스 길이를 사용할 때, 프리픽스를 찾을 수 있도록 준비해야 한다. 예를 들어, 다음 IPv6 주소와 프리픽스 길이를 생각해보자:

2000:1234:5678:9ABC:1234:5678:9ABC:1111/56

이 예가 /56 프리픽스 길이를 사용하기 때문에, 프리픽스는 주소 중에서 첫 번째 56비트들 혹은 첫 번째 14자리의 16진수를 포함한다. 나머지 자리는 16진수로 0이 되어 결과적으로 다음 프리픽스를 갖는다:

2000:1234:5678:9A00:0000:0000:0000:0000/56

이 숫자 끝에 네 개의 네 자리 숫자는 모두 0으로 다음과 같이 축약된다:

2000:1234:5678:9A00::/56

이 예는 실수하기 좋은 곳을 보여준다. 때때로 사람들은 /56을 보고, 첫 번째 14자리의 16진수로 간주하는데 이것은 틀린 것은 아니다. 하지만 그들이 첫 번째 14자리의 16진수를 복사하고, 더블 콜론을 추가하면 다음과 같이 보일 것이다:

2000:1234:5678:9A::/56

이 축약 버전은 정확하지 않은데, 그것은 네 번째 세트의 끝에 00을 제거했기 때문이다. 따라서 경계가 네 자릿수와 네 자릿수 사이가 아닐 때는 축약할 때 주의해야 한다.

다시 한번 몇 개의 연습을 추가하면 도움이 된다. [표 28-6]은 추가 연습을 위해 4의 배수이지만, 네 자릿수와 네 자릿수 사이에 경계가 발생하지 않는 경우의 프리픽스 길이를 갖는 예다. 정답은 이 장의 마지막 섹션, '앞선 연습 문제에 대한 정답'에 있다.

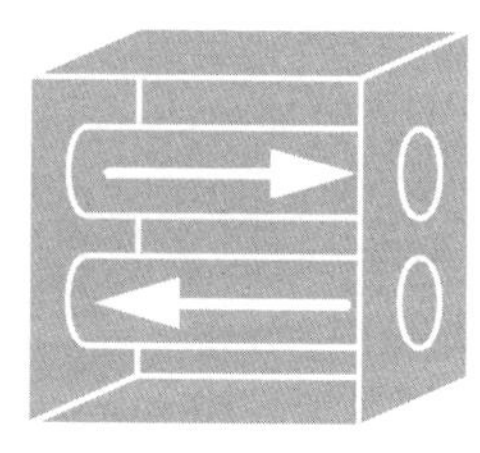

주소/길이	프리픽스
34BA:B:B:0:5555:0:6060:707/80	
3124::DEAD:CAFE:FF:FE00:1/80	
2BCD::FACE:BEFF:FEBE:CAFE/48	
3FED:F:E0:D00:FACE:BAFF:FE00:0/48	
210F:A:B:C:CCCC:B0B0:9999:9009/40	
34BA:B:B:0:5555:0:6060:707/36	
3124::DEAD:CAFE:FF:FE00:1/60	
2BCD::FACE:1:BEFF:FEBE:CAFE/56	

[표 28-6] 주소/길이 값으로부터 IPv6 프리픽스 찾기

 챕터 리뷰

좋은 시험 결과를 위해서는 리뷰 세션에 대한 복습이 중요하다. 책이나 DVD의 툴 혹은 책의 동반자 웹 사이트에서 찾을 수 있는 대화형 툴을 활용하여 이 장의 자료들을 리뷰하기 바란다. 특히, '단계② 챕터 위주의 학습 습관을 만들어라'라는 제목의 '당신의 학습 계획'을 참조하기 바란다. [표 28-7]은 핵심 리뷰 요소들과 자료 출처들을 보여준다. 학습 과정에 대해 보다 나은 추적을 위해 두 번째 열에 완료한 날짜를 기록하도록 한다.

리뷰 항목	완료 날짜	자료 출처
핵심 주제 리뷰		책, DVD/웹 사이트
핵심 용어 리뷰		책, DVD/웹 사이트
사전 점검 퀴즈 반복		책, PCPT
메모리 테이블 리뷰		책, DVD/웹 사이트
명령어 테이블 리뷰		책

[표 28-7] 챕터 리뷰 확인

핵심 주제 복습

핵심 주제	설명	페이지
리스트	IPv4 와 IPv6의 유사성	729
리스트	IPv6 주소 축약 규칙들	734
리스트	축약된 IPv6 주소에 대한 확장 규칙들	735
리스트	IPv6 주소와 프리픽스 길이에 기초하여 IPv6 프리픽스를 찾기 위한 단계들	736

[표 28-8] 28장의 핵심 주제들

:: IPv6 주소 축약에 대한 추가적인 연습

IPv6 축약과 관련한 추가 연습을 위해, 다음 툴들 중 하나를 사용하여 동일한 문제들을 연습할 수 있다.

- 애플리케이션들: DVD 혹은 동반자 웹 사이트의 IPv6 기초에 관한 애플리케이션을 사용할 수 있다.
- PDF: 그 대신, 애플리케이션과 같은 문제들을 DVD 부록 J, '28장 IPv6 기초를 위한 연습'에서 발견할 수 있다.

 **앞선 연습 문제에 대한 정답**

이 장은 다른 위치에 흩어져있는 연습 문제들을 포함해 정답을 제공한다. 정답은 [표 28–9], [표 28–10]과 [표 28–11]과 같다.

확장된 주소	축약된 주소
2340:0000:0010:0100:1000:ABCD:0101:1010	2340:0:10:100:1000:ABCD:101:1010
30A0:ABCD:EF12:3456:0ABC:B0B0:9999:9009	30A0:ABCD:EF12:3456:ABC:B0B0:9999:9009
2222:3333:4444:5555:0000:0000:6060:0707	2222:3333:4444:5555::6060:707
3210:0000:0000:0000:0000:0000:0000:0000	3210::
210F:0000:0000:0000:CCCC:0000:0000:000D	210F::CCCC:0:0:D
34BA:000B:000B:0000:0000:0000:0000:0020	34BA:B:B::20
FE80:0000:0000:0000:DEAD:BEFF:FEEF:CAFE	FE80::DEAD:BEFF:FEEF:CAFE
FE80:0000:0000:0000:FACE:BAFF:FEBE:CAFE	FE80::FACE:BAFF:FEBE:CAFE

[표 28–9] [표 28–4] 문제에 대한 정답

주소/길이	프리픽스
2340:0:10:100:1000:ABCD:101:1010/64	2340:0:10:100::/64
30A0:ABCD:EF12:3456:ABC:B0B0:9999:9009/64	30A0:ABCD:EF12:3456::/64
2222:3333:4444:5555::6060:707/64	2222:3333:4444:5555::/64
3210::ABCD:101:1010/64	3210::/64
210F::CCCC:B0B0:9999:9009/64	210F::/64
34BA:B:B:0:5555:0:6060:707/64	34BA:B:B::/64
3124::DEAD:CAFE:FF:FE00:1/64	3124:0:0:DEAD::/64
2BCD::FACE:BEFF:FEBE:CAFE/64	2BCD::/64

[표 28-10] [표 28-5] 문제에 대한 정답

주소/길이	프리픽스
34BA:B:B:0:5555:0:6060:707/80	34BA:B:B:0:5555::/80
3124::DEAD:CAFE:FF:FE00:1/80	3124:0:0:DEAD:CAFE::/80
2BCD::FACE:BEFF:FEBE:CAFE/48	2BCD::/48
3FED:F:E0:D00:FACE:BAFF:FE00:0/48	3FED:F:E0::/48
210F:A:B:C:CCCC:B0B0:9999:9009/40	210F:A::/40
34BA:B:B:0:5555:0:6060:707/36	34BA:B::/36
3124::DEAD:CAFE:FF:FE00:1/60	3124:0:0:DEA0::/60
2BCD::FACE:1:BEFF:FEBE:CAFE/56	2BCD:0:0:FA00::/56

[표 28-11] [표 28-6] 문제에 대한 정답

Chapter 29
IPv6 주소와 서브네팅

이 장은 다음 시험 주제를 다룬다.

1.0 네트워크 기초

1.11 LAN/WAN 환경에서 주소 요구 조건을 만족하는 적절한 IPv6 주소 체계

1.12 IPv6 주소 체계 설정, 확인, 장애 해결

1.14 IPv6 주소 유형들에 대한 비교와 대조

    1.14.a글로벌 유니캐스트(Global unicast)

    1.14.b유니크 로컬(Unique local)

IPv4는 몇 가지 방법으로 주소를 구분한다. 먼저, IPv4는 유니캐스트 IPv4 주소를 클래스에 따라 A, B와 C로 나눈다(유니캐스트란 한 인터페이스만 사용하는 주소를 의미한다). 그리고 IANA(Internet Assigned Numbers Authority)와 ICANN(Internet Corporation for Assigned Names and Numbers)은 클래스 A, B와 C 내부에서 대부분은 공인 IPv4 주소로 사용하고, 일부는 사설 IPv4 주소로 사용한다.

IPv6 는 IPv4 에서 사용하는 클래스풀 네트워크 개념을 사용하지 않는다. 그러나 IANA는 공인 IPv6 주소 영역과 사설 IPv6 주소 영역과 더불어 특별한 목적을 위해 여전히 일부 IPv6 주소 영역을 사용한다. IANA 역시 지난 수십 년간 IPv4 인터넷의 빠른 성장에서 얻은 교훈을 바탕으로 상이한 목적을 위한 전체 IPv6 주소 영역의 용도에 대해 실질적인 접근을 하고 있다.

이 장은 두개의 주요 섹션으로 구분한다. 첫 번째 섹션은 공인 IPv6 주소로 사용하는 글로벌 유니캐스트 주소(global unicast address)를 살펴본다. 두 번째 섹션은 사설 IPv6 주소로 사용하는 유니캐스트 로컬 주소(unicast local address)를 살펴본다.

QUIZ 사전 점검 퀴즈

이 장의 학습을 위해 필요한 시간을 가늠하기 위해 시험(이 페이지나 PCPT 소프트웨어를 사용 가능)을 보기 바란다. 정답은 퀴즈 다음 페이지의 아랫 부분에 나와 있고, 설명은 DVD 부록 C와 PCPT 소프트웨어에 있다.

핵심 주제 섹션	해당 문제
글로벌 유니캐스트 주소 개념	1–4
유니크 로컬 유니캐스트 주소	5

[표 29–1] 사전 점검 퀴즈의 핵심 주제와 문제

1. 다음 IPv6 주소 중 첫 번째 몇몇 16 진수를 기준으로 유니크 로컬 유니캐스트(unique local unicast) 주소에 해당하는 것은?

  a. 3123:1:3:5::1

  b. FE80::1234:56FF:FE78:9ABC

  c. FDAD::1

  d. FF00::5

2. 다음 IPv6 주소 중 첫 번째 몇몇 16 진수를 기준으로 글로벌 유니캐스트(global unicast) 주소에 해당하는 것은?

  a. 3123:1:3:5::1

  b. FE80::1234:56FF:FE78:9ABC

  c. FDAD::1

  d. FF00::5

3. IPv6 주소 블록을 서브넷으로 분할할 때, 엔지니어는 이러한 주소 구조를 세 영역으로 분할하는 그림을 보여준다. 세 영역 IPv4 주소 구조와 비교할 때, IPv6 주소의 어떤 영역이 IPv4의 네트워크 영역에 해당하는가?

  a. 서브넷

  b. 인터페이스 ID

  c. 네트워크

  d. 글로벌 라우팅 프리픽스(Global routing prefix)

  e. 서브넷 라우터 애니캐스트(Subnet router anycast)

4. IPv6 주소 블록을 서브넷으로 분할할 때, 엔지니어는 이러한 주소 구조를 세 영역으로 분할하는 그림을 보여준다. 모든 서브넷들이 동일한 프리픽스 길이를 사용한다고 가정할 때, 다음 중 주소의 가장 오른쪽 필드에 해당하는 이름은?

    a. 서브넷

    b. 인터페이스 ID

    c. 네트워크

    d. 글로벌 라우팅 프리픽스(Global routing prefix)

    e. 서브넷 라우터 애니캐스트(Subnet router anycast)

5. IPv6 주소 FD00:1234:5678:9ABC:DEF1:2345:6789:ABCD에서 전 세계에서 유일한 주소를 표시하는 글로벌 ID임을 표시하는 부분은?

    a. 이 주소는 글로벌 ID를 갖지 않음.

    b. 00:1234:5678:9ABC

    c. DEF1:2345:6789:ABCD

    d. 00:1234:5678

    e. FD00

:: 글로벌 유니캐스트 주소 개념

이 장의 첫 번째 주요 섹션은 한 유형의 유니캐스트 IPv6 주소 즉, 글로벌 유니캐스트 주소 (global unicast address)에 초점을 맞춘다. 이미 설명한 바와 같이 글로벌 유니캐스트 IPv6 주소의 일반적인 개념과 프로세스 중 대부분은 공인 IPv4 주소와 동일하다. 그러므로 이 섹션에서는 일부 IPv4 개념들에 대한 복습을 시작으로 다음으로 회사들이 글로벌 유니캐스트 주소를 사용하는 방식에 대한 자세한 설명을 한다.

첫 번째 섹션 또한 IPv6 설계와 글로벌 유니캐스트 주소 영역을 할당받아 한 회사에 대해 서브넷을 만드는 전체 과정을 설명한다. 이 프로세스는 전 세계에서 고유한 글로벌 라우팅 프리픽스를 받아 IPv6 서브넷들로 분할하고 IPv4처럼 각 서브넷 내에 각각의 IPv6 주소를 할당한다.

공인 및 사설 IPv4 주소에 대한 짧은 리뷰

IPv4 주소의 역사는 전 세계에서 유일한 공인 IPv4 주소를 개별 호스트에게 할당하기 위한 계획으로부터 시작되었다. 그러나 이미 여러 곳에서 지적한 것과 같이 공인 IPv4 주소는 너무 적은 주소 공간을 갖는다. 그래서 1990년대의 회사들은 RFC 1918에 정의된 사설 IPv4 주소 범위를 사용하기 시작했다. 이러한 회사는 인터넷에 연결하지 않거나 인터넷에 연결할 수도 있는데 인터넷에 연결할 때는 모든 호스트의 연결들은 소수의 공인 IPv4 주소 영역을 공유하도록 하는 NAT(Network Address Translation)를 사용한다.

다음 몇 페이지에서는 동일한 IPv6 주소와 비교하기 위해 IPv4의 공인 주소와 사설 주소의 사용에 대한 주요 개념 일부를 짧게 리뷰한다.

공인 IPv4 주소 개념 리뷰

IPv4 인터넷을 위한 원래의 계획은 인터넷에서 모든 IPv4 호스트들이 전 세계적으로 유일한 유니캐스트 주소를 사용하도록 하는 것이었다. 이를 위해 세 가지 주요 계획 단계를 거쳐 각 유니캐스트 주소가 유일할 수 있도록 한다:

- 회사 또는 조직은 공인 클래스 A, B 또는 C IPv4네트워크 번호의 독점 사용에 대한 권리를 요청하고 받는다.
- 회사의 엔지니어는 클래스풀 네트워크를 보다 작은 서브넷들로 분할하여 각 서브넷을 회사내의 한 곳에서만 사용하도록 한다.
- 엔지니어는 각 서브넷에서 개별 IPv4 주소들을 선택해 단지 하나의 호스트 인터페이스에 각각의 주소를 할당한다.

[그림 29-1]은 클래스풀 IPv4 네트워크의 서브넷 분할 개념과 함께 개별 유니캐스트 IPv4 주소들을 보유하는 각각의 서브넷을 그림으로 보여준다. 이 그림은 가장 큰 사각형으로 전체 공인 클래스 A, B와 C 네트워크를 표현하고, 우체통 아이콘을 사용하여 각각의 개별 유니캐스트 IPv4 주소를 나타낸다.

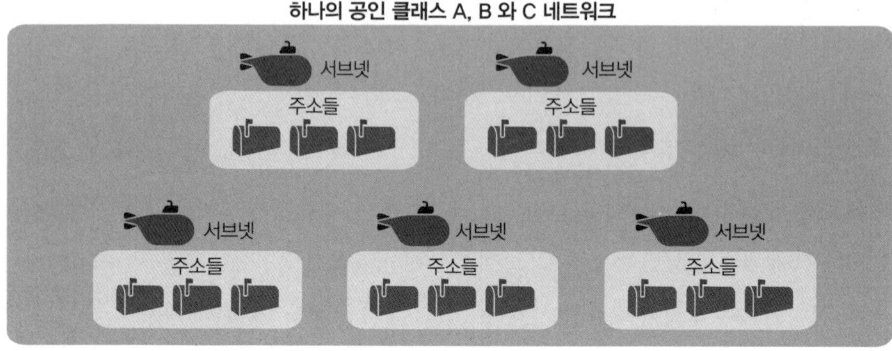

[그림 29-1] 유일한 IP 네트워크, 유일한 서브넷들과 각 서브넷에서 유일한 주소들

[그림 29-1]은 기업이 클래스풀 IPv4 네트워크를 할당받아 서브넷들로 분할하는 방식에 대한 개념을 설명한다. 즉, 네트워크 엔지니어는 기업 네트워크에서 서브넷들을 어디에서 사용할 것인지에 대해 계획해야 한다. 지금까지 이 개념은 상대적으로 익숙한 것이어야 하겠지만 복습을 해보면, 다음의 각각은 분리된 IPv4 서브넷을 필요로 한다.

- VLAN
- 포인트 투 포인트 시리얼 링크(Point-to-point serial link)
- EoMPLS(Ethernet emulation WAN link)

예를 들어, [그림 29-2]에서 보는 것처럼 기업 인터네트워크에서 네트워크 엔지니어는 다섯 개의 서브넷들을 계획했다. 이 예에서 라우터의 각 LAN 인터페이스는 세 개의 VLAN 즉, 총 세 개의 서브넷으로 구성된 LAN에 연결된다. 시리얼과 이더넷 WAN 링크들 역시 별도의 서브넷으로 구성된다(인터넷 내부의 서브넷들은 ISP(Internet Service Provider)에 의해 할당됨).

사설 IPv4 주소 개념 복습

사실, 오늘날 대부분의 회사들은 기업 인터네트워크에서 공인 IPv4 주소를 사용하지 않는다. IPv4 주소가 바닥나기 시작하면서 IPv4 주소 고갈 문제는 일부 변화를 요구했다.

사전 점검 퀴즈 정답
1 C **2** A **3** D **4** B **5** D

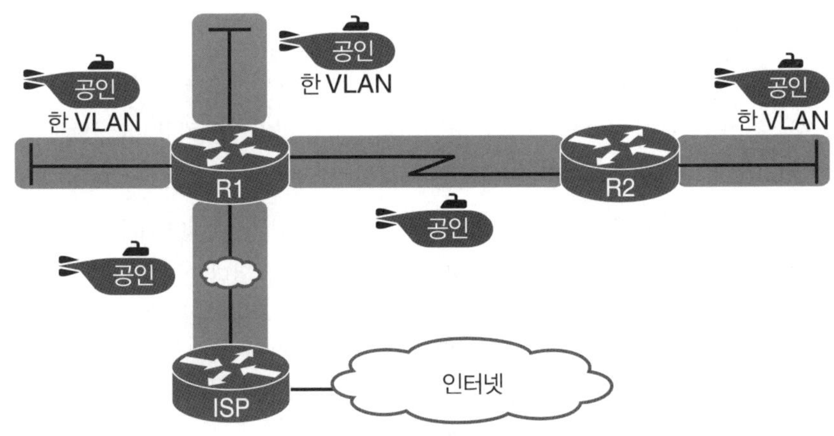

[그림 29-2] 공인 주소로 다섯 개의 IPv4 서브넷들을 갖는 인터네트워크 예

　오늘날, 대부분의 회사들은 호스트들을 위해 사설 IPv4 주소를 사용한다. NAT/PAT(Network Address Translation/Port Address Translation)와 함께 사설 IPv4 주소(RFC 1918에 정의)를 사용하는 이유는 필요로 하는 공인 IPv4 주소 수를 대폭 줄이기 때문이다. NAT/PAT와 함께 사설 IPv4 주소를 사용하면 하나의 공인 IPv4 주소만으로 꽤 큰 기업 인터네트워크를 지원할 수 있기 때문에 공인 IPv4 주소가 고갈되는 시기를 늦출 수 있다(사설 IP 주소와 NAT/PAT의 필요성을 촉발시켰던 몇몇 사례들을 보기 위해 28장 'IPv6 기초'의 'IPv6의 역사적인 이유' 섹션을 참조 바람).

　비교를 위해 [그림29-3]은 [그림29-2]에서 본 기업 인터네트워크 설계를 다시 보여준다. 그러나 이 경우에 기업은 대부분의 네트워크에서 사설 IPv4 주소를 사용하고, R1 라우터는 필요한 공인 IPv4 주소의 수를 줄이기 위해 NAT/PAT를 수행한다.

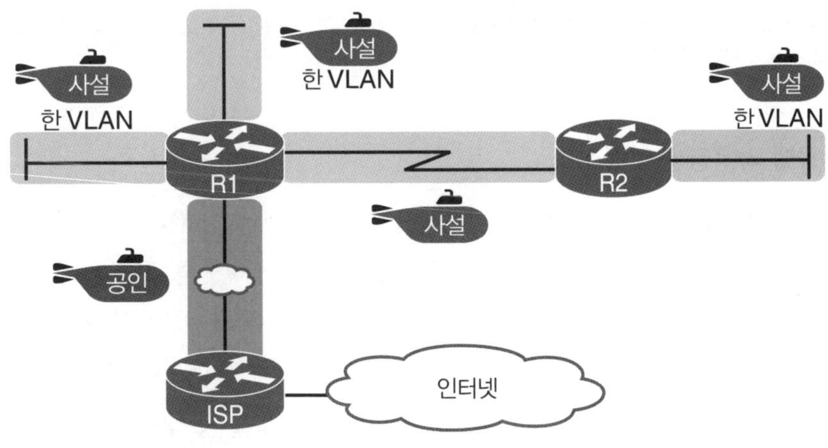

[그림 29-3] 사설 서브넷들을 갖는 인터네트워크 예

공인 및 사설 IPv6 주소

IPv6는 글로벌 유니캐스트 주소와 함께 두 가지 옵션의 유니캐스트 주소가 있다. 글로벌 유니캐스트 주소는 IPv4 공인 주소와 같다. 공인 IPv4 주소와 마찬가지로 IPv6 글로벌 유니캐스트 주소도 각 회사에게 고유의 IPv6 주소 영역을 할당하기 위한 관리 프로세스가 존재한다. 다음으로 각 회사는 IPv6 주소 영역을 서브넷으로 분할하여 해당 영역에 속하는 주소들만 사용한다. 결과적으로 회사는 전 세계적으로 고유한 주소를 사용하게 된다.

두 번째 IPv6 옵션은 IPv4 사설 주소와 같은 유니크 로컬(unique local) IPv6 주소다. 인터넷에 연결할 계획이 없거나 인터넷에 연결하기 위해 IPv6 NAT를 사용하려는 회사는 사설의 유니크 로컬 주소를 사용할 수 있다.

IPv6 NAT 과정은 IPv4와 동일하다. 상세한 내용은 RFC에서 찾을 수 있다. IANA나 다른 관리 담당 기관에 등록하지 않고, 특정 사설 주소 영역을 선택하고 IPv6 주소를 할당할 수 있다.

다음은 글로벌 유니캐스트 주소와 유니크 로컬 주소에 대한 비교 항목을 요약한 것이다.

> - **글로벌 유니캐스트**: *공인 IPv4 주소들과 같이 동작하는 주소들. IPv6 주소를 필요로 하는 기관들은 글로벌 라우팅 프리픽스로 할당된 등록된IPv6 주소 영역을 요청한다. 주소를 할당받은 기관들은 할당된 주소 영역 내부의 주소들 즉, 할당된 프리픽스로 시작하는 주소들만 사용한다.*
> - **유니크 로컬**: *사설IPv4 주소와 같이 동작하는 주소들. 다수의 기관들이 동일한 주소들을 사용할 수 있고, 어떤 주소 등록 기관에도 등록을 할 필요가 없다.*

이장의 첫 번째 주요 섹션의 나머지는 글로벌 유니캐스트 주소들을 보다 자세히 다루고 두 번째 주요 섹션은 유니크 로컬 주소를 알아본다.

> **NOTE** 더 확실히 알기 위해 사이트 로컬(site local)이라는 다른 영역의 주소에 관한 문서를 찾아볼 수 있다 (FEC, FED, FEE, 또는 FEF로 시작되기 때문에). FEC0::/10이라고 정의한 이 주소들은 의도적으로 사설 IPv4 주소와 같이 사용되도록 하였다. 이들은 현재는 IPv6 표준에서 제외되었다.

IPv6 글로벌 라우팅 프리픽스

IPv6의 글로벌 유니캐스트 주소는 IPv6로 하여금 원래의 IPv4 인터넷의 설계와 비슷하게 동작하도록 한다. 즉, 각 조직은 다른 조직이 사용할 수 없는 IPv6 주소 영역을 요청한다. 이 조직은 서브넷이라 불리는 더 작은 덩어리로 주소 영역을 세분화한다. 마지막으로 엔지니어는 어떤 호스트에 IPv6 주소를 할당하기 위해 적절한 서브넷에서 주소를 선택한다.

이 예약된 IPv6 주소 영역 즉, 하나의 회사만이 사용할 수 있는 주소의 집합을 글로벌 라우팅 프리픽스라고 불린다. 인터넷에 연결하고 IPv6 글로벌 유니캐스트 주소를 사용하고자 하는 각각의 조직은 글로벌 라우팅 프리픽스를 요청해야 한다. 일반적으로 공인 IPv4 주소 범위에 속하는 IPv4 클래스 A, B 혹은 C 네트워크 번호와 같이 글로벌 라우팅 프리픽스를 생각할 수 있다.

글로벌 라우팅 프리픽스란 용어는 IPv6 주소들의 블록을 의미한다. 이 용어는 실제로 인터넷 라우터가 해당 블록 내의 보다 작은 영역에 대한 루트들을 따로 가질 필요 없이, 주소 블록 내부의 모든 주소를 포함하는 하나의 루트를 가질 수 있게 한다. 예를 들어, [그림 29-4]는 3개의 다른 IPv6 글로벌 라우팅 프리픽스를 가진 3개의 회사를 보여준다. 오른쪽의 라우터(R4)는 각각의 글로벌 라우팅 프리픽스에 대해 하나의 IPv6 루트를 가진다.

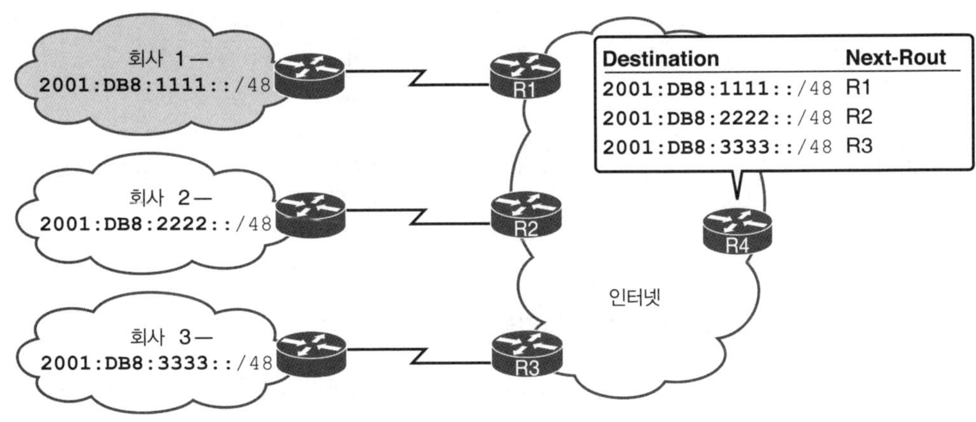

[그림 29-4] 세 개의 글로벌 라우팅 프리픽스들

글로벌 라우팅 프리픽스는 IPv4 내의 공인 IPv4 네트워크 혹은 CIDR 주소 블록처럼, 각 회사가 유일한 IPv6 주소 블록을 사용하도록 분리시킨다. 회사 내부의 모든 IPv6 주소는 해당 글로벌 라우팅 프리픽스로 시작하여 다른 회사의 IPv6 주소를 사용하지 않도록 해야 한다. 그리고 다행히도 IPv6는 모든 회사들에게 제공할 수 있는 글로벌 라우팅 프리픽스를 위한 충분한 주소 공간이 있다. 각 글로벌 라우팅 프리픽스도 회사 내의 호스트들에게 충분한 주소들을 제공할 수 있다. 이 할당 과정에서 [그림 29-5]와 같은 과정이 발생한다.

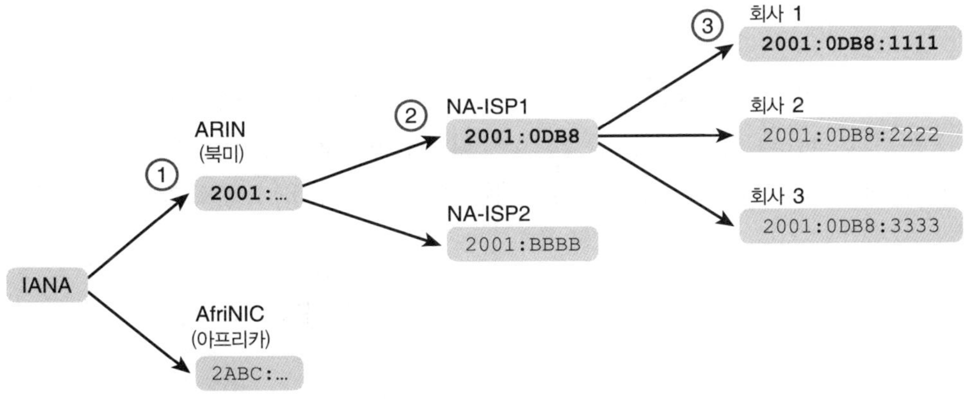

[그림 29-5] IANA, RIR과 ISP에 의한 프리픽스 할당

그림에서 이벤트의 순서는 왼쪽에서 오른쪽 방향으로 발생한다. 즉, 가장 왼쪽의 이벤트가 가장 먼저 일어난다. 다음으로 그림의 왼쪽에서 오른쪽으로 흐름을 따라간다:

> **NOTE** 만약 IPv6를 사용해 인터넷에 연결한 계획이 없고 단지 실험만을 원한다면, IPv6 글로벌 유니캐스트 프리픽스를 할당받을 필요가 없다. 그냥, 어떤 IPv6 주소든지 사용하여 장치를 구성하면 된다.

글로벌 유니캐스트 주소를 위한 주소 영역들

글로벌 유니캐스트 주소는 IPv6 주소 공간의 대부분을 구성한다. 그러나 IPv6 주소는 클래스 A, B, C, D와 E에 대한 규칙을 포함하여 IPv4보다 의도적으로 보다 유연한 방식으로 주소들을 나눈다.

원래, IANA는 16진수 2 또는 3으로 시작하는 IPv6 주소를 글로벌 유니캐스트 주소로 할당한다(이 주소 범위는 간단하게 프리픽스 2000::/3으로 나타낼 수 있다).

이후의 RFC는 다른 목적을 위해서 사용할 수 없는 글로벌 유니캐스트 주소 범위를 보다 넓힘으로써 오늘날의 모든 IPv6 주소를 포함하게 되었다. 예를 들어 이 장에서 나중에 논의할 유니크 로컬 유니캐스트 주소는 모두 16 진수 'FD'로 시작한다. 그래서 글로벌 유니캐스트 주소는 FD로 시작하는 모든 주소를 포함하지 않는 반면, 다른 목적으로 예비되지 않은 모든 주소는 현재 글로벌 유니캐스트 주소로 간주된다.

마지막으로 놀랄 만큼 엄청난 숫자 범위가 글로벌 유니캐스트 주소 범위에 속하기 때문에, IANA는 주소 범위의 모든 프리픽스를 할당하지 않는다. IPv4는 누구나 인정하듯이 너무 작은 주소 크기로도 30년 이상 잘 사용하고 있다. 현명하고 실용적인 IPv6 주소 할당을 통해 IPv6 주소 공간은 IPv4보다 훨씬 더 오랫동안 사용될 수 있을 것이다.

[표 29-2]는 이 책에서 논의 중인 주소 프리픽스들과 이들의 목적을 보여준다.

주소 유형	첫 번째 16진수(들)
글로벌 유니캐스트	2 혹은 3 (처음에는); 다른 목적으로 예비되지 않은 모든 주소(현재)
유니크로컬	FD
멀티캐스트	FF
링크로컬	FE80

[표 29-2] IPv6 주소의 유형과 첫 번째 16진수(들)

글로벌 유니캐스트 주소를 사용하는 IPv6 서브네팅

기업이 글로벌 유니캐스트 주소 즉, 글로벌 라우팅 프리픽스를 가지게 된 후 회사는 큰 주소 블록을 서브넷들로 세분화할 필요가 있다.

IPv6 주소에 대한 서브네팅은 일반적으로 IPv4처럼 작동하지만 대부분은 더 간단한 계산을 필요로 한다. 절대적으로 많은 수의 주소가 가능하기 때문에 대부분의 사람들은 가장 쉬운 프리픽스 길이인 /64를 사용한다. 모든 서브넷에 대하여 프리픽스 길이로써 /64를 사용하면 모든 IPv4 서브넷에 대하여 /24 마스크를 사용하는 것처럼 IPv6 서브네팅 계산을 쉽게 만든다. 게다가 유동적인 IPv6 주소 할당 프로세스는 /64 프리픽스 길이에서 잘 작동한다. 그래서 이 책과 현장에서는 /64 프리픽스 길이를 사용하는 IPv6 디자인을 일반적으로 사용한다.

이 섹션은 /64 프리픽스를 사용하는 예들을 주로 살펴 보면서, IPv6 서브네팅의 다른 영역들을 다룬다. 이러한 논의에는 어떤 주소들이 동일한 서브넷에 있어야 하는 지 혹은 다른 서브넷에 있어야 하는지에 대한 규칙을 설명한다. 또한 이 섹션은 글로벌 라우팅 프리픽스와 관련된 프리픽스 길이를 분석하여 각 서브넷 내의 모든 IPv6 프리픽스들(서브넷 ID들)과 주소들을 찾도록 한다.

> **NOTE** IPv4 서브네팅의 개념이 다소 애매하다면, IPv4의 서브네팅 개념을 설명하는 13장 'IPv4 서브네팅에 대한 관점들'을 다시 읽어보길 바란다.

IPv6 서브넷들이 필요한 곳 결정하기

먼저, IPv6와 IPv4는 서브넷이 필요한 곳에 대해 동일한 개념을 사용한다. 즉, 각 VLAN별로 하나, 각 포인트-투-포인트 WAN 커넥션(시리얼과 EoMPLS)별로 하나씩 필요하다. [그림 29-6]은 회사 1의 소규모 기업 인터네트워크를 사용하여 이 개념의 예를 보여준다. 회사 1은 두 개의 LAN과 더불어 사이트를 연결하는 하나의 포인트-투-포인트 시리얼 링크를 가진다. 그것은 또한 ISP에 연결하는 이더넷 WAN 링크도 가졌다. IPv4와 같은 논리로, 회사 1은 네 개의 IPv6 서브넷들이 필요하다.

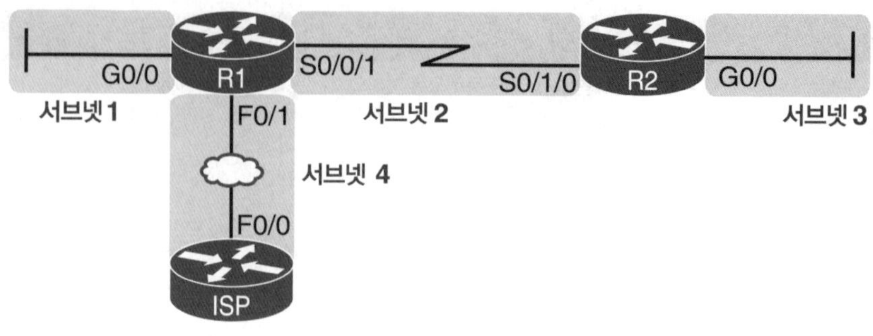

[그림 29-6] IPv6 서브넷들의 위치

IPv6 글로벌 유니캐스트 주소에 대한 서브네팅 메커니즘

하나의 큰 IPv6 주소 블록을 서브넷으로 분할하려면, IPv6가 사용하는 이론과 메커니즘을 이해해야 한다. 이것을 자세히 배우기 위해 IPv6를 IPv4의 비슷한 개념과 비교하는 것이 도움이 된다.

서브네팅 없이 IPv4 주소는 네트워크와 호스트라는 두 개의 영역을 갖는다. 클래스 A, B와 C 규칙은 [그림 29-7]과 같이, 기본적인 네트워크 영역의 길이와 함께 32비트 IPv4 주소에서 나머지 영역을 구성하는 호스트 영역을 정의한다.

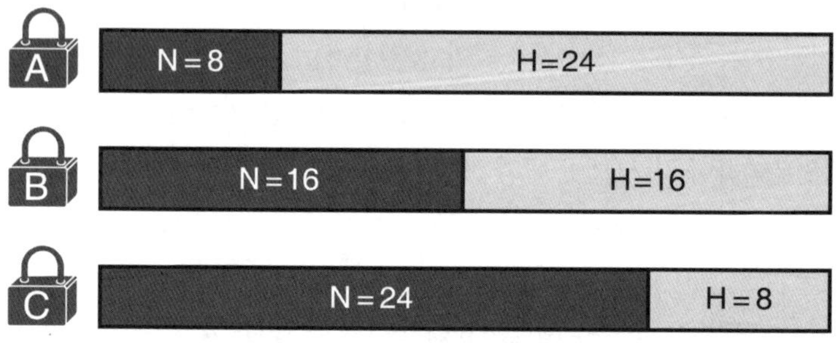

[그림 29-7] 클래스풀 네트워크의 서브네팅 되지 않은 IPv4 네트워크

IPv4 클래스 A, B 혹은 C 네트워크를 서브넷으로 나누기 위해, 기업의 네트워크 엔지니어는 몇 가지 선택을 할 수 있다. 개념적으로 엔지니어는 호스트 필드를 줄이고 중심에 서브넷 필드를 추가함으로써 주소를 세 영역으로 나눈다(많은 이들은 이것을 '호스트 비트들을 빌린다'라 한다). 네트워크 영역의 크기는 고정된 반면, 서브넷과 호스트 영역 간의 경계는 서브넷 마스크의 선택에 따라 유동적으로 움직인다. [그림 29-8]은 서브넷으로 분할된 클래스 B 네트워크에 대한 개념을 보여준다.

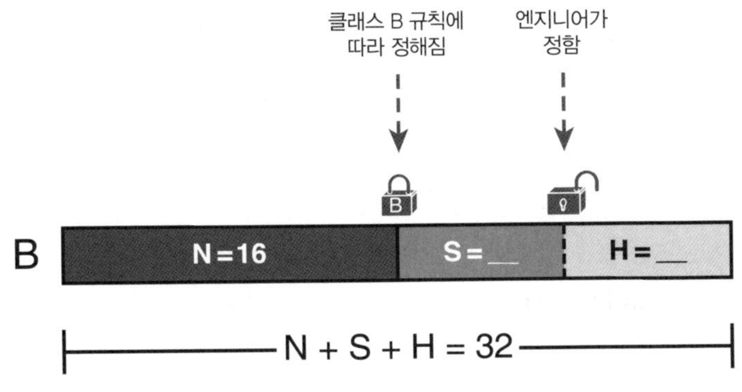

[그림 29-8] 클래스풀 네트워크의 서브네팅 된 IPv4 네트워크

IPv6도 [그림 29-9]와 같이 비슷한 개념을 사용한다. 구조는 글로벌 라우팅 프리픽스와 함께 시작하여 세 가지의 주요 영역들을 보여준다. 이 글로벌 라우팅 프리픽스 부분은 기업 내부의 모든 IPv6 주소들이 모두 동일해야 한다. IPv6 주소는 IPv4 호스트 필드와 같은 역할을 하는 인터페이스 ID로 끝난다. 서브넷 필드는 IPv4 주소의 서브넷 필드와 같이 서브넷들을 구분하고, 서브넷에 번호를 할당하기 위해 사용되며, 두 개의 다른 필드 사이에 위치한다.

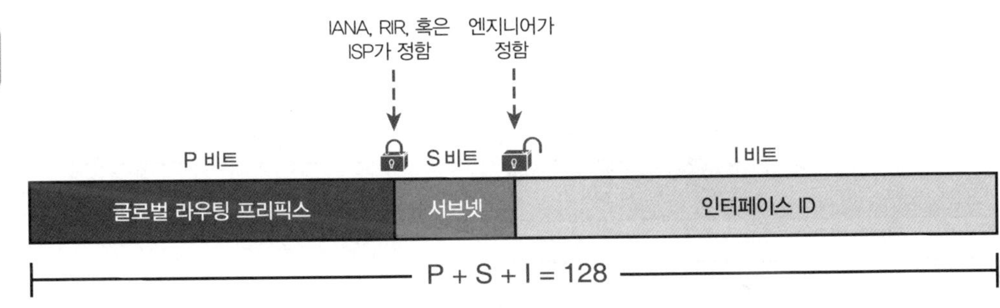

[그림 29-9] 서브넷으로 나뉜 IPv6 글로벌 유니캐스트 주소의 구조

먼저, [그림 29-9]와 [그림 29-8]에 대한 비교를 통해, IPv6의 일반적인 개념을 생각해보자. IPv6 글로벌 라우팅 프리픽스는 주소 구조 상, IPv4와 같다.

IPv6의 서브넷 부분은 IPv4 서브넷 부분과 같은 역할을 한다. IPv6의 오른쪽은 공식적으로 인터페이스 ID(interface identifier)라고 하고, IPv4의 호스트 필드와 같은 역할을 한다.

이제 IPv6 글로벌 라우팅 프리픽스와 이것의 프리픽스 길이에 초점을 맞추자. IPv4와 달리, IPv6는 클래스에 대한 개념이 없기 때문에 글로벌 라우팅 프리픽스의 프리픽스 길이를 결정하는 규칙이 존재하지 않는다. 하지만 회사가 글로벌 라우팅 프리픽스를 할당할 수 있는 ISP, RIR이나 기타 기관에 주소를 신청하면, 프리픽스와 프리픽스 길이를 할당한다. 회사가 글로벌 라우팅 프리픽스와 프리픽스 길이를 받은 후에, 프리픽스 길이는 시간이 지나도 변경되지 않고 기본적으로 고정된다(참고로 글로벌 라우팅 프리픽스는 보통 /32와 /48을 사용하고 /56까지 가능함).

다음으로 [그림 29-9]의 오른쪽은 인터페이스 ID 필드다. IPv6에 대해 더 배우면 보다 분명해지겠지만, 몇 가지 이유로 이 필드는 보통 64비트 길이를 적용한다. 그것은 반드시 64비트 길이이어야 할까? 아니다. 하지만 64비트 인터페이스 ID 필드를 사용하는 것이 실제 네트워크에서 간단하며 이를 사용하지 않을 이유가 없다.

마지막으로 [그림 29-9]의 중간 서브넷 필드를 보자. IPv4와 마찬가지로 이 필드는 IPv6 서브넷을 구분하는 숫자가 위치한다. 서브넷 필드의 길이는 다른 두 가지 요소 즉, 글로벌 라우팅 프리픽스 길이와 인터페이스 ID 길이에 의해 결정된다. 통상 64비트 인터페이스 ID 필드를 사용하기 때문에 서브넷 필드는 64 – P비트로 구성되는데 여기서 P는 글로벌 라우팅 프리픽스의 길이다.

다음의 구체적인 글로벌 유니캐스트 IPv6 주소의 구조를 보자.
    2001:0DB8:1111:0001:0000:0000:0000:0001

[그림 29-10]과 같이 이 경우에:

- 회사는 프리픽스 2001:0DB8:1111, 프리픽스 길이 /48을 할당받았다.
- 회사는 보통 64비트 인터페이스 ID를 사용한다.
- 회사는 16비트 서브넷 필드를 사용하므로 2^{16}개의 IPv6 서브넷을 할당할 수 있다.

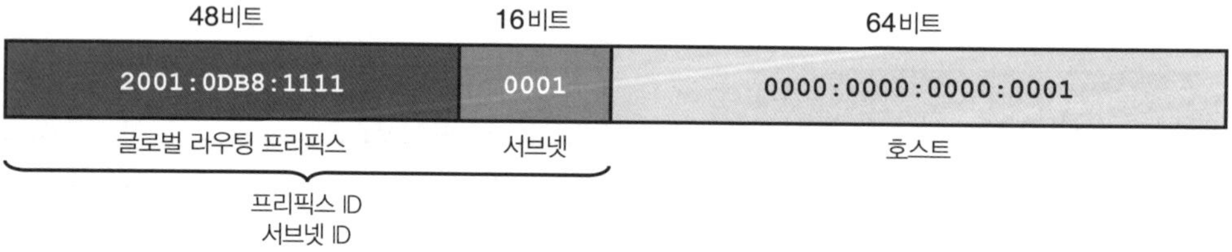

48비트	16비트	64비트
2001:0DB8:1111	0001	0000:0000:0000:0001
글로벌 라우팅 프리픽스	서브넷	호스트

프리픽스 ID
서브넷 ID

[그림 29-10] 회사 1의 주소 구조 예

[그림 29-10]에서 약간의 계산과 함께 그렇게 많은 회사들이 /64 프리픽스 길이를 사용하는 한 이유를 보여준다. 이 구조에서 회사 1은 2^{16}개의 서브넷(65,536)들을 가질 수 있다. 소수의 회사들만 그렇게 많은 서브넷들을 필요로 한다. 여기서 각 서브넷은 서브넷별로 10^{18}개 이상의 주소 (2^{64} 빼기 몇몇 다른 목적으로 예비된 주소 수)를 제공한다. 그래서 서브넷 및 호스트를 위한 주소 구조는 필요한 이상을 제공한다. 게다가 모든 서브넷들에 대한 /64 프리픽스 길이는 IPv6 주소를 반으로 분할하기 때문에 계산을 단순화한다.

IPv6 서브넷 ID(Subnet Identifier) 찾기

IPv4의 경우와 같이, IPv6는 서브넷 ID(identifier)로 각 서브넷을 구분한다. [그림 29-10]은 비공식적인 이름인 서브넷 ID와 공식적인 이름인 프리픽스ID를 표시하고 있다. 라우터는 라우팅 테이블에 프리픽스 길이와 함께 IPv6 서브넷 ID를 올린다.

28장 'IPv6 기초'에서 IPv6 주소와 프리픽스 길이가 주어졌을 때, 서브넷 ID를 찾는 방법을 이미 설명했다. 계산 방식은 이 장의 후반부에서 논의할 유니크 로컬 어드레스일 때나 글로벌 유니캐스트일 때나 같은 방법을 따른다. 28장에서 계산법을 이미 논의했기 때문에 이 장에서는 반복하지는 않는다. 그러나 완벽을 기하기 위해, [그림 29-10]의 예에서 서브넷 ID는 다음과 같을 것이다.

　　2001:DB8:1111:1::/64

모든 IPv6 서브넷들 찾기

IPv4에서 모든 서브넷에서 단일 서브넷 마스크를 사용한다면, 당신은 그 하나의 서브넷 마스크를 사용하여 클래스 A, B 혹은 C 네트워크의 모든 서브넷들을 찾아낼 수 있다. IPv6에서도 같은 아이디어가 적용된다. 만약, 모든 서브넷에 대해 하나의 프리픽스 길이를 사용하는 경우, 글로벌 라우팅 프리픽스로 시작하는 모든 IPv6 서브넷 ID들을 찾아낼 수 있다

모든 서브넷 ID들을 찾으려면, IPv6 주소의 서브넷 부분에서 모든 유일한 값들을 찾아야 하는데, 기본적으로 다음 규칙들을 따른다:

- 글로벌 라우팅 프리픽스로 시작하는 모든 서브넷 ID
- 서로 다른 서브넷을 구분하기 위해 서브넷 필드에서 다른 값을 사용한다.
- 모든 서브넷 ID는 인터페이스 ID 자리에 모두 0을 가진다.

예로써, [그림 29-10]의 IPv6 디자인을 활용하여 모든 서브넷 ID들을 찾아보자. 먼저 모든 서브넷들은 일반적으로 사용하는 /64 프리픽스 길이를 사용한다. 이 회사의 글로벌 라우팅 프리픽스는 서브넷 ID의 첫 번째 12자리의 16진수로 2001:0DB8:1111::/48을 사용한다. 모든 가능한 IPv6 서브넷 ID들을 찾기 위해, 네 번째 네 자릿수(quartet)에서 모든 조합의 유일한 값을 찾고, 다음으로 모두 0인 마지막 4개의 네 자릿수(quartet)는 ::로 표현한다. [그림 29-11]은 그런 목록의 시작 부분을 보여준다.

```
    2001:0DB8:1111:0000::      2001:0DB8:1111:0008::
 ✓  2001:0DB8:1111:0001::      2001:0DB8:1111:0009::
 ✓  2001:0DB8:1111:0002::      2001:0DB8:1111:000A::
 ✓  2001:0DB8:1111:0003::      2001:0DB8:1111:000B::
 ✓  2001:0DB8:1111:0004::      2001:0DB8:1111:000C::
    2001:0DB8:1111:0005::      2001:0DB8:1111:000D::
    2001:0DB8:1111:0006::      2001:0DB8:1111:000E::
    2001:0DB8:1111:0007::      2001:0DB8:1111:000F::
```
글로벌 라우팅 프리픽스　　서브넷　　　글로벌 라우팅 프리픽스　　서브넷

[그림 29-11] 16비트 서브넷 필드를 가진 경우의 첫 번째 16 서브넷들

이 예는 65,536개의 서브넷들을 제공 가능하므로, 모든 서브넷들을 나열하지 못한 것은 분명하다. 어쨌든 네 번째 네 자릿수에서, 16진수의 모든 조합이 가능할 것이다.

인터네트워크 토폴로지에 대한 서브넷 할당

엔지니어가 서브넷 디자인에 기반한 모든 가능한 서브넷 ID를 나열한 후, 다음 단계는 IPv6 서브넷을 필요로 하는 각 링크에서 사용할 서브넷 ID를 선택하는 것이다. IPv4와 같이, 각 VLAN, 각 시리얼 링크, 각 EoMPLS 링크와 다수의 다양한 데이터 링크는 IPv6 서브넷을 필요로 한다.

[그림 29-12]는 다시 회사 1을 사용하는 예이다. 이 그림은 [그림 29-11]에서 체크 표시를 한 4개의 서브넷을 사용한다. 체크 표시는 다른 위치에서 그러한 4개의 서브넷을 사용하지 않는다는 것을 알려주기 위해서다.

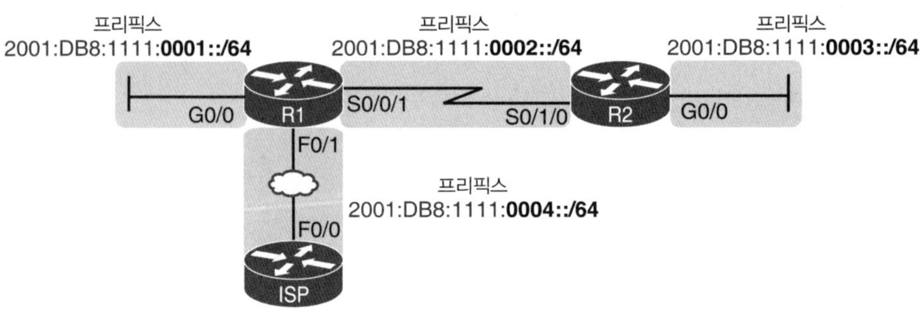

[그림 29-12] 글로벌 라우팅 프리픽스 2001:0DB8:1111::/48을 갖는 회사 1의 서브넷들

서브넷에서 호스트에 주소 할당하기

이제 엔지니어는 각 위치에서 사용할 IPv6 서브넷을 계획하는데, 개별 IPv6 주소에 대한 계획과 설정이 필요하다. 각 주소는 다른 어떤 호스트 인터페이스도 같은 IPv6 주소를 사용하지 않는 유일한 것이어야 한다. 또한 호스트는 서브넷 ID를 사용할 수는 없다.

IPv6 주소를 인터페이스에 할당하는 과정은 IPv4과 유사하다. 주소들은 프리픽스 길이, 디폴트 라우터와 DNS(Domain Name System) IPv6 주소와 함께 직접 설정 즉, 스태틱 설정(static configuration)을 할 수 있다. 그렇지 않으면, 호스트는 같은 설정을 DHCP(Dynamic Host Configuration Protocol) 혹은 SLAAC(Stateless Address Autoconfiguration)라 불리는 내장된 IPv6 기능을 사용해 다이내믹하게 학습(dynamic configuration)할 수도 있다.

그 예로, [그림 29-13]은 [그림29-12]에서 보여준 서브넷에 기초한 라우터 인터페이스를 위해 선택할 수 있는 몇몇 스태틱 IP 주소를 나타낸다. 각 경우에 라우터 인터페이스는 기억하기 쉬운, 상대적으로 낮은 수의 인터페이스 ID를 사용한다.

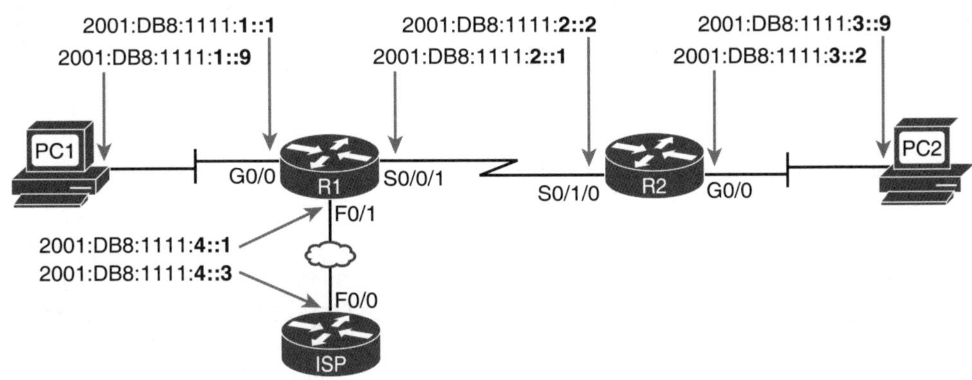

[그림 29-13] [그림 29-12]의 서브넷 디자인에 기초한 스태틱 IPv6 주소 할당 예

이 장은 다음 두 장들까지 IPv6 주소를 구성하기 위한 자세한 내용을 미룬다. 30장 '라우터의 IPv6 주소 설정'은 스태틱 설정과 다이내믹 설정 방법들을 포함하여 라우터에서 IPv6 주소를 설정하는 방법을 살펴본다.

31장 '호스트의 IPv6 주소 설정'에서는 다이내믹 방식과 관련된 프로토콜에 초점을 맞추어 IPv6 주소를 호스트에 구성하는 방법을 배운다.

:: 유니크 로컬 유니캐스트 주소

유니크 로컬 유니캐스트 주소는 사설 IPv6 주소처럼 동작한다. 이 주소는 특히 네트워크를 서브넷으로 분할하는 방식이 글로벌 유니캐스트 주소와 매우 유사하다. 가장 큰 차이는 번호 (유니크 로컬 주소는 16진수, FD로 시작된다)와 관리 과정에 있다. 즉, 유니크 로컬 프리픽스들은 관리 기관에 등록되지 않고, 다수의 조직들이 사용할 수 있다.

네트워크 엔지니어는 어떤 등록이나 할당 과정 없이 유니크 로컬 주소를 생성할 수 있지만, 이 주소들은 다음의 몇 가지 규칙을 따른다:

- 첫 번째 두 개의 16진수는 FD를 사용한다.
- 40비트의 유일한 글로벌 ID를 선택한다.
- 당신의 모든 주소들을 위한 프리픽스로 사용할 48비트 프리픽스를 생성하기 위해 FD에 글로벌 ID를 붙인다.
- 다음 16비트를 서브넷 필드로 사용한다.
- 구조상, 64비트 인터페이스 ID 필드를 남겨둔다.

[그림 29-14]는 이러한 유니크 로컬 유니캐스트 주소의 형식을 보여준다.

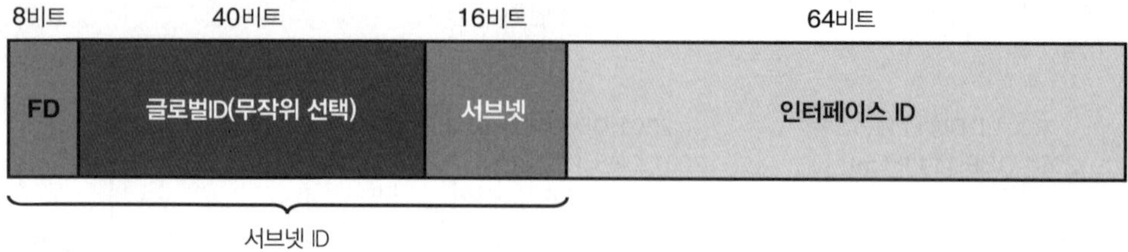

[그림 29-14] IPv6 유니크 로컬 유니캐스트 주소 형식

> **NOTE** 정확히 하자면, IANA는 사실 이 주소에 대해 FD00::/8이 아닌 프리픽스 FC00::/7을 예비한다. FC00::/7은 16진수 FC와 FD로 시작하는 모든 주소를 포함한다. 그러나 RFC(4193)는 이러한 주소의 8번째 비트를 1로 설정할 것을 요구한다. 그래서 사실상 오늘날의 유니크 로컬 주소는 첫 두 자리가 FD로 시작된다.

유니크 로컬 IPv6 주소로 서브네팅하기

유니크 로컬 주소의 서브네팅은 48비트 글로벌 라우팅 프리픽스를 가진 글로벌 유니캐스트 주소의 서브네팅 방식과 동일하다. 유일한 차이점은 글로벌 유니캐스트와 관련한 것으로, 당신의 회사에 할당할 글로벌 라우팅 프리픽스를 요청할 때, 글로벌 라우팅 프리픽스가 /48 프리픽스 길이를 가질 수도, 가지지 않을 수도 있다는 것이다. 유니크 로컬에서는 프리픽스를 자유롭게 만들 수 있고, 그 프리픽스는 고정된 첫 번째 8비트(FD)와 함께 다음으로 무작위로 선택된 40비트로 구성되는 /48로 시작한다.

이 과정에서 당신의 글로벌 ID로 40비트 값을 선택하는 것은 간단할 수 있다. 40비트는 10개의 16진수 값을 요구하므로 복잡한 이진수 프로세스를 피하면서도 유일한 10개의 16진수 값을 만들 수 있다. 예를 들어, 당신이 40비트의 글로벌 ID 00 0001 0001을 선택했다고 가정해 보자. 당신의 주소는 두 개의 16진수 FD로 시작해야 하고, 축약했을 때 FD00:0001:0001::/48 혹은 FD00:1:1::/가 될 수 있다.

서브넷들을 생성하기 위해, 48비트 글로벌 라우팅 프리픽스를 포함하는 앞의 예와 같이, [그림 29-14]와 같이 전체 네 번째 네 자릿수를 서브넷 필드로 간주한다.

[그림 29-15]는 유니크 로컬 주소를 사용한 서브네팅 계획을 보여준다. 이 예는 [그림 29-12]와 같은 구성도를 제시한다. 이 예의 각 서브넷은 네 번째 네 자릿수의 서브넷 필드에서 동일한 번호를 사용하고, 48비트 글로벌 유니캐스트 프리픽스 대신 새로운 로컬 유니크 프리픽스 FD00:1:1을 사용한다.

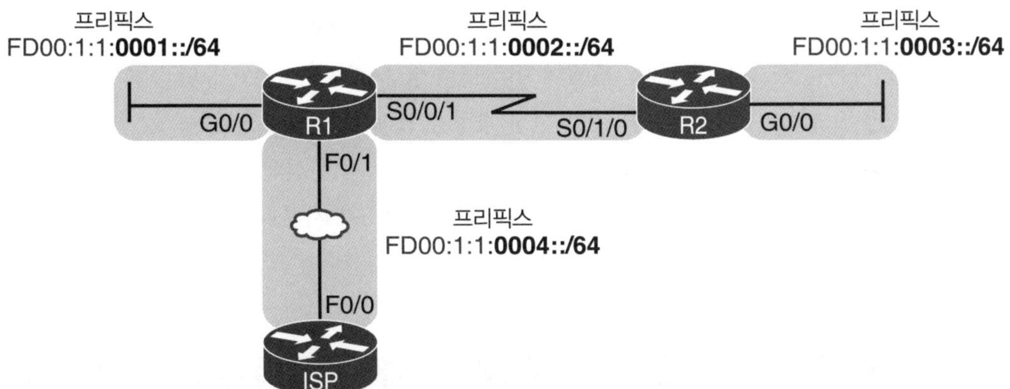

[그림 29-15] 유니크 로컬 주소를 이용한 서브네팅

유니크 로컬 주소가 필요한 이유

[그림 29-15]의 예는 기억하기 좋은 프리픽스인 FD00:1:1::/48을 보여준다. 분명히 나는 이 예에서 기억하기 좋은 글로벌 ID를 만들었다. 당신의 회사를 위해 어떤 글로벌 ID를 선정할 것 인가? 간략화할 수 없는 숫자와 가능한 숫자 중 무엇을 선택할 것인가? IPv6 프리픽스를 다음 옵션들 중에서 선택한다면, 당신의 회사를 위해 무엇을 선택하겠는가?

- FDE9:81BE:A059::/48
- FDF0:E1D2:C3B4::/48
- FD00:1:1::/48

자유롭게 선택할 수 있다면, 대부분의 사람들은 기억하기 쉽고, 입력해야할 숫자가 적은 FD00:1:1::/48와 같은 프리픽스를 선택할 것이다. 그리고 테스트를 위한 실습 혹은 기타 소규모 네트워크를 위해서도 사용하기 쉬운 숫자를 선택하는 것이 합리적일 것이다. 하지만 실제 회사 네트워크에 적용할 때는 당신이 선호하는 글로벌 ID를 선택할 수 없다. ISP 혹은 RIR에 프리 픽스를 등록하지 않는다 하더라도, 당신은 당신의 주소가 지구상에서 유일하게 만들도록 하는 유니크 로컬 주소 규칙을 따르려고 노력해야 한다.

RFC 4193은 유니크 로컬 주소를 정의한다. 이 RFC의 일부는 통계적인 방법을 이용하여 다 른 회사에서 사용하지 않는 글로벌 ID를 선택하고, 이것의 중요성을 강조한다. 모든 회사들이 유일한 글로벌 ID를 가지면 어떻게 될까? 이러한 유니크 로컬 주소들은 모두 지구상에서 유일 하게 된다. 따라서 실제 네트워크에서 유니크 로컬 주소를 사용한다면 프리픽스를 생성하기 위해 RFC 4193에서 목록화된 무작위 숫자를 발생시키는 로직을 사용하기 바란다.

기억하기 힘든 프리픽스를 사용하더라도 유일한 프리픽스를 사용하려는 이유들 중 하나는 훗날 당신의 회사가 합병하거나 다른 회사를 인수할 날을 대비하기 위한 것이다.

오늘날, IPv4와 함께 회사의 대다수가 사설 IPv4 네트워크 10.0.0.0을 사용한다. 이들이 네트워크를 통합할 때, 둘 다 10.0.0.0 네트워크를 사용한다는 사실은 회사들이 상이한 IPv4 사설 네트워크를 사용할 때보다 네트워크 합병에 어려움을 줄 수 있다. IPv6 유니크 로컬 주소 환경에서 만약, 두 회사가 올바른 사설 주소 선정 과정을 통해 무작위의 프리픽스를 선택했다면, 이들의 합병은 보다 순조로울 수 있다. 하지만 보기에 쉬운 방식을 선택하거나 FD00:1:1과 같이 기억하기 쉬운 프리픽스를 선택한 회사들은 동일한 프리픽스를 사용한 또 다른 회사와의 합병 시에 추가적인 노력을 필요로 하여 위험을 크게 증가시킨다.

 ## 챕터 리뷰

좋은 시험 결과를 위해서는 리뷰 세션에 대한 복습이 중요하다. 책이나 DVD의 툴 혹은 책의 동반자 웹 사이트에서 찾을 수 있는 대화형 툴을 활용하여 이 장의 자료들을 리뷰하기 바란다. 특히, '단계② 챕터 위주의 학습 습관을 만들어라'라는 제목의 '당신의 학습 계획'을 참조하기 바란다. [표 29-3]은 핵심 리뷰 요소들과 자료 출처들을 보여준다. 학습 과정에 대해 보다 나은 추적을 위해 두 번째 열에 완료한 날짜를 기록하도록 한다.

리뷰 항목	완료 날짜	자료 출처
핵심 주제 리뷰		책, DVD/웹 사이트
핵심 용어 리뷰		책, DVD/웹 사이트
사전 점검 퀴즈 반복		책, PCPT
메모리 테이블 리뷰		책, DVD/웹 사이트

[표 29-3] 챕터 리뷰 확인

핵심 주제 복습

핵심 주제	설명	페이지
리스트	IPv4 서브넷을 필요로 하는 네트워크 링크들	746
리스트	두 가지 유형의 IPv6 유니캐스트 주소들	748
표 29-2	IPv6 주소들의 초기 16진수 값과 각각이 의미하는 주소 유형들.	751
그림 29-9	IPv6 글로벌 유니캐스트 주소에 대한 서브네팅 개념들	753
리스트	글로벌 라우팅 프리픽스와 프리픽스 길이가 주어졌을 때, IPv6 서브넷 ID들을 발견하는 방법에 대한 규칙들	755
리스트	유니크 로컬 유니캐스트 주소들의 구성 규칙들	757
그림 29-14	IPv6 유니크 로컬 주소에 대한 서브네팅 개념들	758

[표 29-4] 29장의 핵심 주제들

핵심 용어

글로벌 유니캐스트 주소(Global unicast address), 글로벌 라우팅 프리픽스(global routing prefix), 유니크 로컬 주소(unique local address), 서브넷 ID(프리픽스 ID), 서브넷 라우터 애니캐스트 주소(subnet router anycast address)

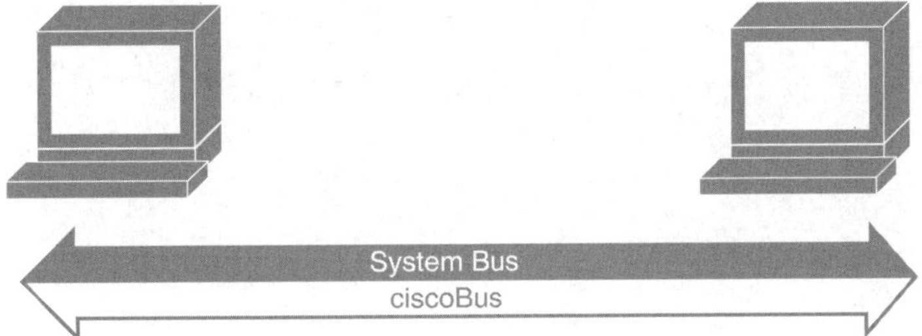

Chapter 30

라우터의 IPv6 주소 설정

이 장은 다음 시험 주제를 다룬다.

1.0 네트워크 기초

1.12 IPv6 주소 체계 설정, 확인 및 장애 해결

1.13 IPv6 SLAAC(Stateless Address Auto Configuration) 설정 및 확인

1.14 IPv6 주소 유형들에 대한 비교와 대조

    1.14.a 글로벌 유니캐스트(Global unicast)

    1.14.b 유니크 로컬(Unique local)

    1.14.c 링크 로컬(Link local)

    1.14.d 멀티캐스트(Multicast)

    1.14.e 수정된 EUI 64

    1.14.f 자동 설정

    1.14.g 애니캐스트(Anycast)

IPv4 환경에서 일반적으로 서버와 라우터와 같은 장치들은 IPv4 주소들을 직접 설정한다. 반면, 최종 사용자 장치들은 DHCP를 통해 다이내믹하게 IPv4 주소를 학습하기 때문에 주소가 시시때때로 변화해도 이를 개의치 않는다. IPv6도 서버, 라우터, 관리 장치에 대해서는 IPv4와 같이 주소를 직접 설정하고, 최종 사용자 장치들은 다이내믹하게 학습한 IPv6 주소들을 사용한다.

이 장은 라우터에 대한 주소 설정에 초점을 맞추고, 31장 '호스트의 IPv6 주소 설정'에서는 IPv6 호스트들의 주소 학습 방법들에 초점을 맞춘다.

라우터는 자신의 인터페이스에 대한 유니캐스트 IPv6 주소를 필요로 한다. 동시에 라우터는 라우터가 필요로 하는 다수의 프로토콜과 역할에 참여하기 위해 다양한 IPv6 주소들을 사용한다. 이 장은 IPv4와 유사한, 인터페이스에 대한 IPv6 주소 설정 방법과 **show** 명령으로 그 구성을 확인하는 방법을 보여줌으로써 보다 구체적인 IPv6 주소 설정 방법을 보여준다. 이 장의 나머지 반은 새로운 IPv6 주소 개념 즉, 다른 작업을 위해 라우터가 사용하는 주소들을 소개한다.

이 장의 학습을 위해 필요한 시간을 가늠하기 위해 시험(이 페이지나 PCPT 소프트웨어를 사용 가능)을 보기 바란다. 정답은 퀴즈 다음 페이지의 아랫 부분에 나와 있고, 설명은 DVD 부록 C와 PCPT 소프트웨어에 있다.

핵심 주제 섹션	해당 문제
라우터의 유니캐스트 IPv6 주소 설정	1-3
라우터가 사용하는 특별한 주소들	4-5

[표 30 -1] 사전 점검 퀴즈와 관련된 핵심 주제

1. 라우터 R1은 MAC 주소가 0200.0001.000A인 기가비트 이더넷 0/1 인터페이스이다. 다음 명령어들 중 라우터의 G0/1 인터페이스에 /64 프리픽스 길이로, 2001:1:1:1:1:200:1:A의 애니캐스트 IPv6 주소를 할당하는 명령은?

    a. **ipv6 address 2001:1:1:1:1:200:1:A/64**

    b. **ipv6 address 2001:1:1:1:1:200:1:A/64 eui-64**

    c. **ipv6 address 2001:1:1:1:1:200:1:A /64 eui-64**

    d. **ipv6 address 2001:1:1:1:1:200:1:A /64**

    e. 이 중에 정답이 없다.

2. 라우터 R1은 MAC 주소가 5255.4444.3333인 기가비트 이더넷 0/1 인터페이스를 가진다. 이 인터페이스는 **ipv6 address 2000:1:1:1::/64 eui-64** 하부 명령어가 설정되었다. 이 인터페이스가 사용하는 유니캐스트 주소는?

    a. 2000:1:1:1:52FF:FE55:4444:3333

    b. 2000:1:1:1:5255:44FF:FE44:3333

    c. 2000:1:1:1:5255:4444:33FF:FE33

    d. 2000:1:1:1:200:FF:FE00:0

3. 라우터 R1은 현재 IPv4를 지원하며, R1의 모든 인터페이스들을 통해 패킷들을 라우팅한다. R1의 설정은 IPv4와 IPv6를 동시에 라우팅하는 듀얼-스택(dual-stack) 모드를 지원해야할 필요가 있다. 다음 작업들 중 라우터가 IPv6 패킷들에 대한 라우팅을 하기 전에 해야할 것은? (2개를 선택할 것)

    a. 각 인터페이스에서 **ipv6 address** 인터페이스 하부 명령을 사용하여 IPv6를 활성화함.

    b. **ip versions 4 6** 글로벌 명령어로 두 버전을 모두 활성화함.

    c. **ipv6 unicast-routing** 글로벌 명령어로 IPv6 라우팅을 추가로 활성화함.

    d. **ip routing dual-stack** 글로벌 명령어로 듀얼-스택(dual-stack) 라우팅으로 이전함.

4. 라우터 R1은 MAC 주소가 0200.0001.000A인 기가비트 이더넷 0/1 인터페이스를 가진다. 이 인터페이스는 **ipv6 address 2001:1:1:1:200:FF:FE01:B/64** 명령이 설정되었고, 다른 **ipv6 address** 명령은 설정되지 않았다. 다음 중 인터페이스에서 사용하는 링크-로컬 주소는?

    a. FE80::FF:FE01:A

    b. FE80::FF:FE01:B

    c. FE80::200:FF:FE01:A

    d. FE80::200:FF:FE01:B

5. 다음 멀티캐스트 주소들 중 로컬 링크의 IPv6 라우터들에게만 보낼 때 사용하는 주소는?

    a. FF02::1

    b. FF02::2

    c. FF02::5

    d. FF02::A

:: 라우터에서 유니캐스트 IPv6 주소 설정

모든 회사는 하나 이상의 프로토콜 모델 또는 프로토콜 스택에 기반하여 네트워크를 구축한다. 네트워킹의 초창기에 기업 네트워크는 [그림 30-1]의 왼쪽과 같이 서로 다른 공급업체에서 만든 하나 이상의 프로토콜 스택을 사용했다. 시간이 지남에 따라 회사들은 이 혼합 환경에 TCP/IP(IPv4에 기초한)를 추가했다. 마지막으로 회사들은 유일한 프로토콜 스택으로 TCP/IP로 완전히 이전했다.

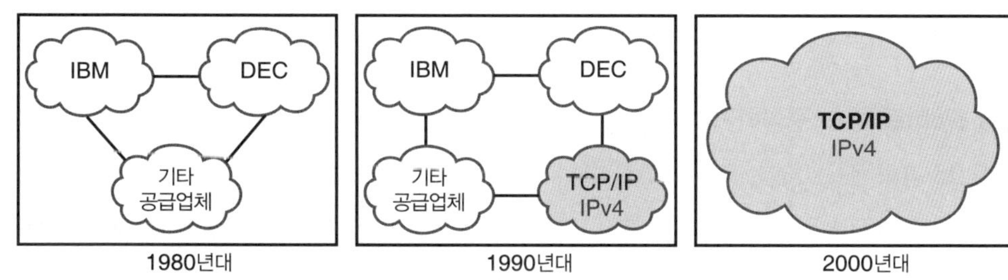

[그림 30-1] TCP/IP 스택(IPv4)을 사용하게 된 기업 네트워크의 변화

IPv6의 출현은 최종 사용자 호스트, 서버, 라우터와 기타 장치들에서 IPv6가 설치될 것을 요구한다. 그러나 기업들은 주말 동안 모든 장치들을 IPv4에서 IPv6로 이전할 수 없다. 대신에 수년 동안에 걸친 장기 공존 및 이전 과정을 필요로 하므로 대부분의 기업 네트워크들은 IPv4와 IPv6을 기반으로 하는 다중 프로토콜 스택들을 사용해야 한다.

결국, 시간이 지남에 따라 기업들이 IPv4 없이 IPv6 만을 운용하는 날을 볼 것이지만 한참 동안 기다려야 할 것이다. [그림 30-2]는 이러한 진행 과정을 보여주지만 얼마나 걸릴지는 아무도 모른다.

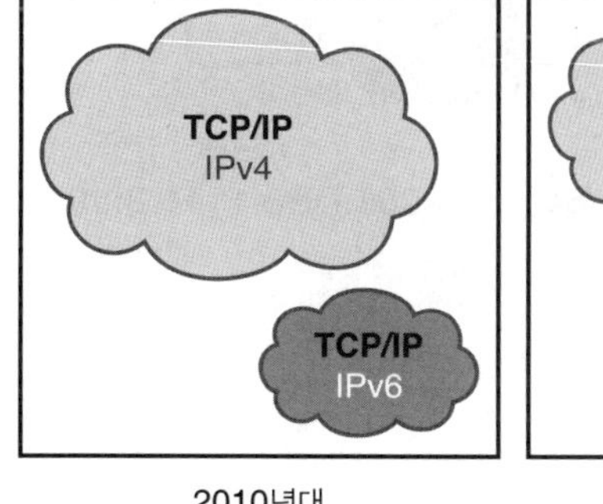

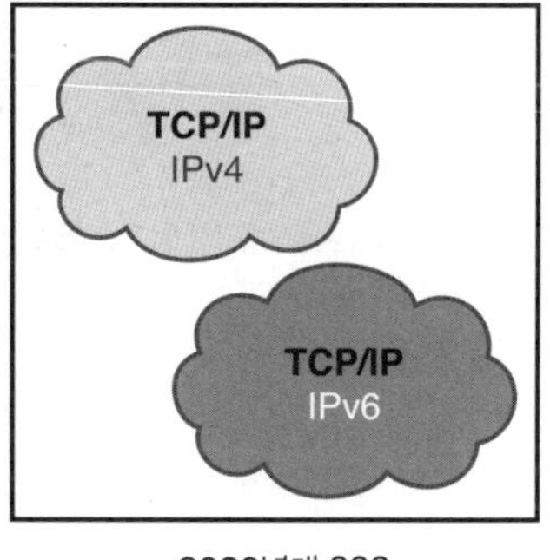

[그림 30-2] 듀얼-스택(IPv4와 IPv6)을 거치는 오랜 과정

IPv4 기반의 기업 인터네트워크에 IPv6를 추가하기 위한 하나의 방법은 듀얼 스택(dual-stack, 이중 구성) 전략이다. 이를 위해, 라우터가 IPv4를 지원하는 방식과 유사하게 라우터의 인터페이스에 IPv6 주소를 설정하여 IPv6 패킷을 라우팅할 수 있어야 한다. 그리고 호스트는 IPv4와 IPv6를 동시에 운용할 수 있도록 준비할 때(듀얼 스택), IPv6도 설정할 수 있다. 이 장의 첫 번째 주요 섹션은 라우터에서 IPv6 유니캐스트를 설정하고 검증하는 방법을 다룬다.

스태틱 유니캐스트 주소 설정

시스코 라우터는 IPv6 주소에 대한 스태틱 설정과 관련하여 두 가지 옵션을 제공한다. 하나는 전체 128비트 주소를 설정하는 것인 반면, 다른 하나는 64비트 프리픽스를 설정하고 라우터가 나머지 반(인터페이스 ID)을 구성하도록 하는 것이다. 다음 몇 페이지는 이 두 가지 옵션으로 설정하는 방법과 라우터가 IPv6 주소의 나머지 반을 선택하는 방법을 보여준다.

전체 128비트 주소 구성하기

글로벌 유니캐스트(global unicast)든 유니크 로컬(unique local) 유니캐스트 주소든 직접 전체 128비트 유니캐스트 주소를 설정하기 위해 라우터는 각 인터페이스에서 **ipv6 address** *address/prefix-length* 인터페이스 하부 명령을 필요로 한다. 이 주소는 축약된 IPv6 주소 또는 전체 32자리 16진수 주소가 될 수 있다. 이 명령어는 마지막에 프리픽스 길이 값을 포함하는데, 주소와 프리픽스 길이 사이에 공간을 두지 않는다.

라우터 인터페이스의 IPv6 주소의 설정은 정말 간단하다. [예 30-1], [예 30-2] 그리고, [그림 30-3]은 기본적인 예를 보여준다. 여기서 두 개의 다른 라우터의 각각의 인터페이스에서 사용한 글로벌 유니캐스트 IPv6 주소를 볼 수 있다. 일반적인 경우와 같이, 모든 서브넷은 /64 프리픽스 길이를 사용한다.

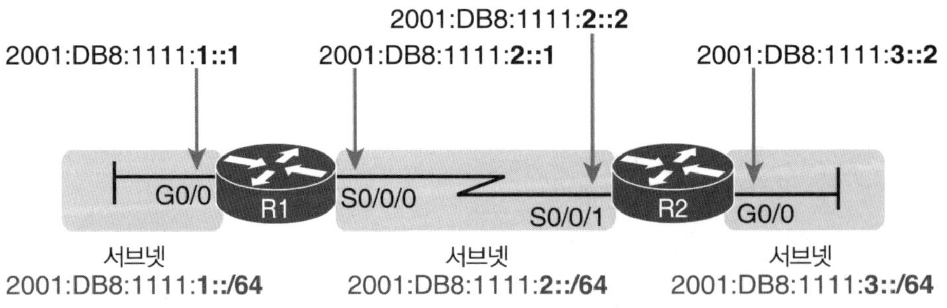

[그림 30-3] 라우터에 설정된 128비트 IPv6 주소 예

```
ipv6 unicast-routing
!
interface GigabitEthernet0/0
 ipv6 address 2001:DB8:1111:1::1/64
 !
interface Serial0/0/0
 ipv6 address 2001:0db8:1111:0002:0000:0000:0000:0001/64
```

[예 30-1] R1의 스태틱 IPv6 주소 설정

```
ipv6 unicast-routing
!
interface GigabitEthernet0/0
 ipv6 address 2001:DB8:1111:3::2/64
 !
interface Serial0/0/1
 ipv6 address 2001:db8:1111:2::2/64
```

[예 30-2] R2의 스태틱 IPv6 주소 설정

> **NOTE** [예 30-1]에서 R1의 구성은 축약된 주소(GigabitEthernet 0/0)와 축약되지 않은 주소(Serial 0/0/0), 두 가지를 사용한다. 라우터의 **show** 명령어는 대문자 16진수의 축약된 값을 나타낸다.

IPv6 라우팅 활성화

[예 30-1]과 [예 30-2]에서 보여준 구성은 IPv6 주소 설정에 초점을 맞추는데, 그들은 시스코 라우터에서의 IPv6를 구성할 때 종종 중요하지만 간과하기 쉬운 단계를 포함한다. 즉, IPv6 라우팅을 활성화해야 한다.

IPv6 라우터가 IPv6 패킷을 라우팅하기 전에, 라우팅은 활성화되어야 한다. 시스코 라우터에서 IPv4 라우팅은 기본적으로 활성화되어 있지만, IPv6는 그렇지 않다. 라우터에서 IPv6 라우팅을 활성화하는 명령은 **ipv6 unicast-routing**이다.

라우터는 IPv6를 글로벌 컨피규레이션 모드에서 활성화(**ipv6 unicast-routing**)하고, 라우터가 패킷을 인터페이스 안팎으로 라우팅하기 전에 인터페이스를 활성화(**ipv6 address** 명령으로)시켜야 한다는 것을 기억해야 한다(만약, 라우터에서 **ipv6 unicast-routing** 명령어를 생략해도 IPv6 주소를 인터페이스에 설정할 수 있지만, 라우터는 IPv6 호스트처럼 작동하기 때문에 IPv6 패킷을 라우팅하지 않을 것이다).

IPv6 주소 설정 확인하기

IPv6는 IPv4의 **show** 명령어의 구문을 모방하는 다수의 **show** 명령어들을 사용한다. 예를 들어:

- **show ipv6 interface brief** 명령어는 인터페이스 IPv6 주소 정보를 주지만, **IPv4**의 **show ip interface brief** 명령어와 유사하게 프리픽스 길이 정보는 주지 않는다.

- **show ipv6 interface** 명령어는 IPv4에서의 **show ip interface** 명령어와 같이 IPv6 인터페이스 설정에 관한 세부 정보를 제공한다.

대부분의 일반적인 명령어에서 하나의 주목할 만한 차이는 **show interfaces** 명령어가 IPv4주소와 마스크를 보여주지만, IPv6에 대해 아무것도 제공하지 않는다는 것이다. 그래서 IPv6 인터페이스 주소를 보기 위해서는, **show ipv6**로 시작하는 명령어를 사용한다. [예 30-3]은 다음의 설명과 함께 라우터 R1에 대한 몇 가지 예를 나열하였다.

```
! 첫번째 인터페이스는 서브넷 1에 있다.
R1# show ipv6 interface GigabitEthernet 0/0
GigabitEthernet0/0 is up, line protocol is up
  IPv6 is enabled, link-local address is FE80::1FF:FE01:101
  No Virtual link-local address(es):
  Description: LAN at Site 1
  Global unicast address(es):
    2001:DB8:1111:1::1, subnet is 2001:DB8:1111:1::/64
  Joined group address(es):
    FF02::1
    FF02::2
    FF02::A
    FF02::1:FF00:1
    FF02::1:FF01:101
  MTU is 1500 bytes
  ICMP error messages limited to one every 100 milliseconds
  ICMP redirects are enabled
  ICMP unreachables are sent
  ND DAD is enabled, number of DAD attempts: 1
  ND reachable time is 30000 milliseconds (using 30000)
  ND advertised reachable time is 0 (unspecified)
  ND advertised retransmit interval is 0 (unspecified)
  ND router advertisements are sent every 200 seconds
  ND router advertisements live for 1800 seconds
  ND advertised default router preference is Medium
  Hosts use stateless autoconfig for addresses.

R1# show ipv6 interface S0/0/0
Serial0/0/0 is up, line protocol is up
  IPv6 is enabled, link-local address is FE80::1FF:FE01:101
  No Virtual link-local address(es):
  Description: link to R2
  Global unicast address(es):
    2001:DB8:1111:2::1, subnet is 2001:DB8:1111:2::/64
  Joined group address(es):
```

```
      FF02::1
      FF02::2
      FF02::A
      FF02::1:FF00:1
      FF02::1:FF01:101
   MTU is 1500 bytes
! 간략화를 위해 라인들 생략됨.


R1# show ipv6 interface brief
GigabitEthernet0/0        [up/up]
    FE80::1FF:FE01:101
    2001:DB8:1111:1::1
GigabitEthernet0/1        [administratively down/down]
    unassigned
Serial0/0/0               [up/up]
    FE80::1FF:FE01:101
    2001:DB8:1111:2::1
Serial0/0/1               [administratively down/down]
    unassigned
```

[예 30-3] R1의 IPv6 주소 확인

먼저, [예 30-3]에서 두 개의 **show ipv6 interface** 명령어의 아웃풋에 초점을 맞춰보자. [예 30-3]의 아웃풋에서 가장 첫 번째 명령어는 오직 G0/0 인터페이스에 대한 아웃풋을 보여준다. 아웃풋은 IPv6 주소에 기초하여 라우터가 계산한 IPv6 서브넷(2001:DB8:1111:1::/64)뿐 아니라 설정된 IPv6 주소와 프리픽스 길이를 보여준다는 것을 기억하기 바란다. 두 번째 **show ipv6 interface** 명령어는 일부 내용을 생략하였지만, 인터페이스 S0/0/0에 대한 유사한 세부 항목들을 보여준다.

예의 마지막에서는 **show ipv6 interface brief** 명령어의 아웃풋을 나열했다. IPv4 중심의 **show ip interface brief** 명령어와 유사하게 이 명령어는 IPv6 주소는 나열하지만, 프리픽스 길이나 프리픽스들은 보여주지 않는다. 이 명령어는 또한 라우터의 모든 인터페이스와 인터페이스에 대한 IPv6의 적용 여부를 보여준다. 이 경우, R1에서 IPv6 주소를 가진 두 개의 인터페이스는 [예 30-1]에서 구성했던 G0/0과 S0/0/0이다.

인터페이스의 IPv6 주소를 참고하여, 라우터는 또한 각각의 인터페이스에 연결된 IPv6 루트들을 IPv6 라우팅 테이블에 추가한다. IPv4와 마찬가지로 인터페이스가 작동하는(up/up) 상태일 때만, 라우터는 IPv6 라우팅 테이블에 연결된 루트를 유지한다. 그런데 인터페이스가 작동할 뿐 아니라 인터페이스에 IPv6 유니캐스트 주소도 설정해야 라우터는 연결된 루트를 추가할 것이다. [예 30-4]는 [그림 30-3]의 라우터 R1에 연결된 IPv6 루트들을 보여준다.

```
R1# show ipv6 route connected
IPv6 Routing Table - default - 5 entries
Codes: C - Connected, L - Local, S - Static, U - Per-user Static route
       B - BGP, R - RIP, I1 - ISIS L1, I2 - ISIS L2
       IA - ISIS interarea, IS - ISIS summary, D - EIGRP, EX - EIGRP external
       ND - ND Default, NDp - ND Prefix, DCE - Destination, NDr - Redirect
       O - OSPF Intra, OI - OSPF Inter, OE1 - OSPF ext 1, OE2 - OSPF ext 2
       ON1 - OSPF NSSA ext 1, ON2 - OSPF NSSA ext 2
C   2001:DB8:1111:1::/64 [0/0]
      via GigabitEthernet0/0, directly connected
C   2001:DB8:1111:2::/64 [0/0]
      via Serial0/0/0, directly connected
```

[예 30-4] R1의 커넥티드 루트

수정된 EUI-64를 활용한 고유의 인터페이스 ID 생성 방법

IPv6는 어떤 유형의 장치들을 미리 정의된 주소로 직접 설정하고, 어떤 유형의 장치들을 자동적으로 할당되는 주소를 사용할 것인가와 관련하여 IPv4와 일반적으로 동일한 모델을 따른다. 예를 들어, 회사 내의 라우터들은 IPv4 주소를 직접 설정하는 반면, 최종 사용자 장치들은 일반적으로 DHCP를 활용하여 IPv4 주소를 할당한다. IPv6 환경에서도 라우터들의 IPv6 주소는 직접 설정하는 반면, 사용자 장치는 DHCP 또는 SLAAC(Stateless Address Auto Configuration)를 활용하여 자동적으로 IPv6 주소를 할당한다.

흥미롭게도 라우터는 고정적으로 사용하는 IPv6 인터페이스 주소를 직접 설정하는 두 가지 방법이 있다. 이 장에서 이미 논의한 하나의 방법은 [예 30-1]과 [예 30-2]에서 본 것과 같이 전체 128비트 주소를 설정하기 위해 **ipv6 address** 명령을 사용한다. 다른 방법은 동일한 **ipv6 address** 명령을 사용하되, 인터페이스에 대해 64비트 IPv6 프리픽스만 설정하고, 고유한 인터페이스 ID는 라우터가 스스로 생성하도록 한다.

두 번째 방법은 수정된 EUI-64(확장형 고유 식별자, extended unique identifier) 방식이라 불린다. 종종 수정된 EUI-64를 그냥 EUI-64라고 한다. IPv6를 위해 알아야 할 다른 개념과 용어는 존재하지 않는다. EUI-64에 대한 설정은 64비트 프리픽스와 함께 라우터로 하여금 EUI-64 규칙을 사용하도록 하는 키워드를 포함한다. 그러면 라우터는 주소의 인터페이스 ID 부분을 생성하기 위해 EUI-64 규칙을 사용하는데 다음과 같다.

❶ 6바이트(12개의 16진수) MAC 주소를 절반(각각 6개의 16진수)으로 나눈다.

❷ 이 둘 사이에 FFFE를 삽입하여 16자리의 16진수(64비트)를 갖는 인터페이스 ID를 만든다.

❸ 인터페이스 ID의 일곱 번째 비트를 바꾼다.

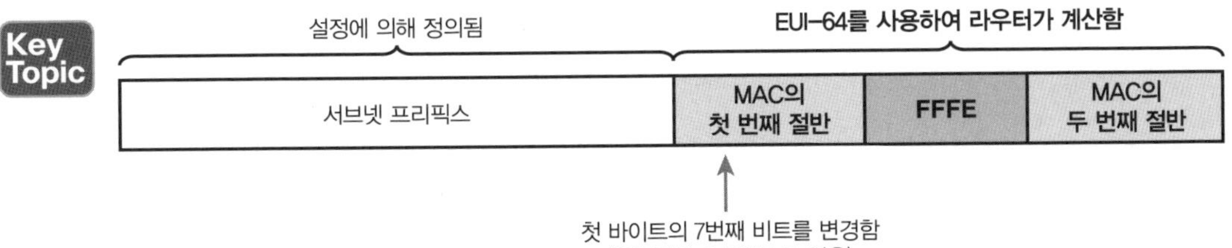

[그림 30-4] EUI-64 형식의 인터페이스 ID를 갖는 Pv6 주소 형식

이 과정은 조금 복잡해 보일 수도 있다. 하지만 약간의 연습만으로도 IPv6 주소를 보고 인터페이스 ID 중간에서 FFFE를 발견하고 해당 인터페이스의 MAC 주소의 두 개의 절반을 쉽게 찾을 수 있다. 인터페이스의 EUI-64 포맷의 IPv6를 도출하기 위해 다음 계산 과정을 거쳐야 한다.

예를 들어, 일곱 번째 비트를 반전하는 마지막 단계 대신에 이후의 설명(그림 30-7)과 같이 일부 16진수를 변경할 수도 있다.

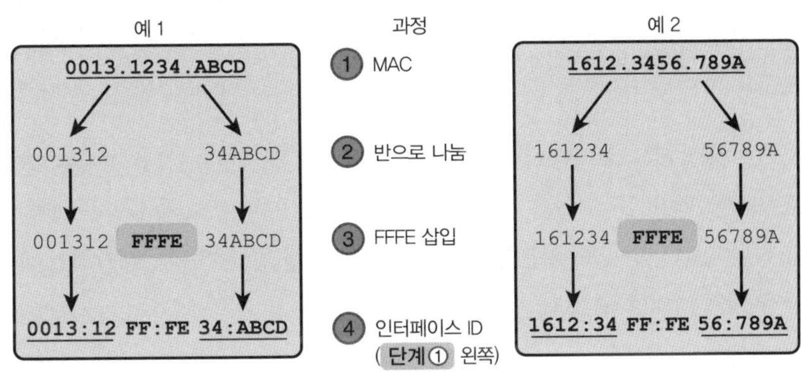

[그림 30-5] EUI-64 인터페이스 ID 생성 예

두 예는 동일한 과정을 거친다. 각각은 MAC 주소에서 시작하여 MAC 주소를 절반으로 나눈다(단계②). 단계③ 은 중간에 FFFE를 끼워 넣고, 단계④ 는 IPv6 표기법에 따라 4개의 16진수마다 콜론을 삽입한다.

[그림 30-5]의 예는 대부분의 단계들을 보여주고 마지막 단계만 생략했다. 마지막 단계를 수행하기 위해 첫 번째 바이트(첫 번째 두 16진수)를 16진수에서 2진수로 변경하고, 8비트 중 일곱 번째 비트를 반전시키고, 다시 2진수를 16진수로 변경한다. 여기서 비트의 반전이란 비트가 0이라면 1로 바꾸고, 비트가 1이라면 0으로 바꾼다는 것을 의미한다. 대부분의 IPv6 주소에서 원래의 비트는 0일 것이고, 해당 비트는 1로 바뀔 것이다.

예를 들어, [그림 30-6]은 첫 번째 두 16진수에만 초점을 두어 [그림 30-5]의 두 예를 완성한다. 이 예는 두 개의 16진수(단계①)와 이진수 변환(단계②)을 보여준다. 단계③ 은 일곱 번째 비트의 반전을 보여준다. 이 예에서는 왼쪽 그림에서는 0에서 1로 바꾸었고, 오른쪽 그림에서는 1에서 0으로 바꾸었다. 마지막으로 **단계 ④** 에서 비트를 다시 16진수로 변환한다.

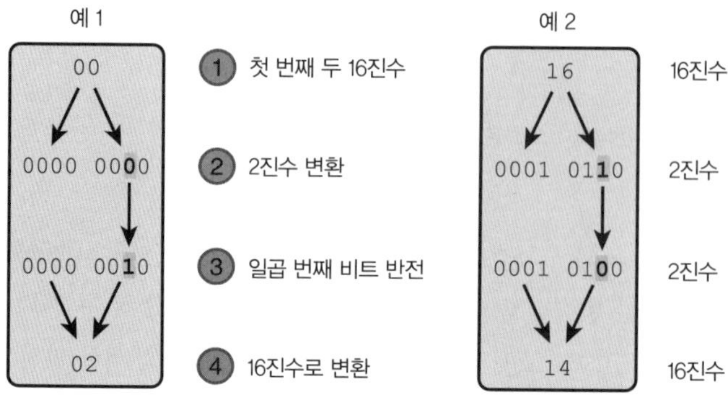

[그림 30-6] EUI-64 인터페이스 ID 필드에서 일곱 번째 비트의 반전

> ✎ **NOTE** 여러분이 16진수를 2진수로 변환하는 법을 기억하지 못한다면 잠시만 과정을 복습하라. 16진수 값은 0에서 F 디지트 값이 이진수 값에 대응된다는 것을 기억한다면 변환은 쉽다. 이것을 기억하지 못한다면 부록 A의 [표 A-2], '수치 참조 표'를 잠깐만 보라.

몇몇 지름길을 선호하는 사람들의 경우, 약간의 암기를 한다면 16진수-2진수 변환을 하지 않고 비트를 바꾸는 것을 할 수 있을 것이다. 먼저, 16진수 IPv6 주소에서 일곱 번째 비트를 바꾸는 과정은 하나의 16진수 비트에서 네 비트들 중 세 번째를 반전하는데, 시각적인 과정을 통해 이러한 값들을 쉽게 기억할 수 있다.

만약 그 값을 기억하려 한다면, 메모 용지에 다음 과정을 몇 번 반복하면 된다. [그림 30-7]의 왼쪽과 같이, 16개의 16진수를 쓴다. 이것은 그림에서 지시한 대로 간격을 두고 각각 두 개의 숫자를 여덟 줄로 써라.

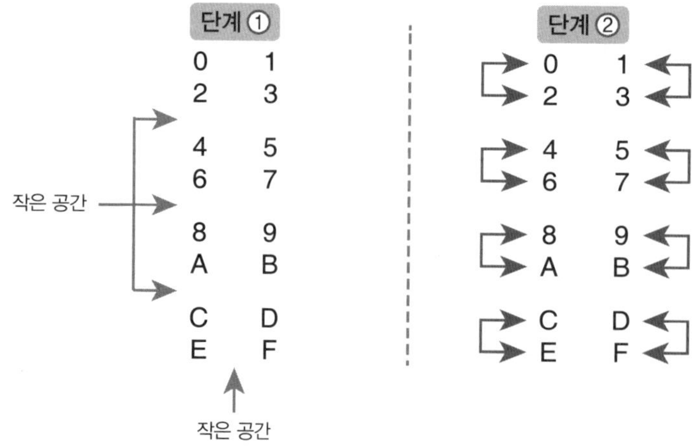

[그림 30-7] 비트 변환을 위해 기억을 돕는 연상 기호

그 다음, 리스트의 위에서 시작하여 왼쪽 위의 같은 열에 2개의 숫자(0과 2) 사이에 화살표를 그려라. 그리고 왼쪽 열에서 아래로 내려가, 다음 2개의 숫자(4와 6)를 화살표로 연결하고 8과 A, C와 E를 화살표로 연결한다. [그림 30-7]의 오른쪽에도 이 과정을 반복한다.

당신이 그린 그림과 [그림 30-7]의 오른쪽은 세 번째 비트를 반전시켰을 때의 16진수를 보여준다. 이것은 0은 2로, 2는 0으로, 1은 3으로, 3은 1로, 4는 6으로, 6은 4로 변환된다. 시험에서 만약 당신이 [그림 30-7]의 패턴을 기억한다면, 2진수–16진수 변환을 하지 않아도 된다. 어떤 방식이든 편한 방법을 사용하도록 한다.

평소와 같이, EUI-64 인터페이스 ID 구성에 익숙해지기 위한 가장 좋은 방법은 스스로 계산해보는 것이다. [표 30-2]는 첫 번째 열에서 IPv6 64 비트 프리픽스와 두 번째 열에서 MAC 주소를 가진 몇 개의 연습 문제들을 제시한다.

당신이 해야할 일은 EUI-64규칙을 사용하는, 축약되지 않은 전체 IPv6 주소를 계산하는 것이다. 정답은 이 장의 후반부 '앞선 연습 문제에 대한 정답' 섹션에 있다.

프리픽스	MAC 주소	축약되지 않은 IPv6 주소
2001:DB8:1:1::/64	0013.ABAB.1001	
2001:DB8:1:1::/64	AA13.ABAB.1001	
2001:DB8:1:1::/64	000C.BEEF.CAFE	
2001:DB8:1:1::/64	B80C.BEEF.CAFE	
2001:DB8:FE:FE::/64	0C0C.ABAC.CABA	
2001:DB8:FE:FE::/64	0A0C.ABAC.CABA	

[**표 30-2**] IPv6 EUI-64 주소 생성 연습

EUI-64 형식을 사용하는 라우터 인터페이스 설정은 **ipv6 address** *address/prefix-length* **eui-64** 인터페이스 하부 명령어를 사용한다. **eui-64** 키워드는 라우터에게 인터페이스 MAC 주소를 찾고, 인터페이스 ID를 찾기 위해 EUI-64 변환 계산을 지시한다.

[예 30-5] 라우터 R1에서 앞의 [예 30-1]과 비교하여 수정된 설정을 보여준다. 이 경우, R1은 IPv6 주소를 위해 EUI-64 형식을 사용한다.

```
ipv6 unicast-routing
!
! ipv6 address 명령은 이제, 전체 주소가 아닌 프리픽스를 나열한다.
interface GigabitEthernet0/0
 ipv6 address 2001:DB8:1111:1::/64 eui-64
 !
```

```
 interface Serial0/0/0
  ipv6 address 2001:DB8:1111:2::/64 eui-64

 R1# show ipv6 interface brief
 GigabitEthernet0/0       [up/up]
     FE80::1FF:FE01:101
     2001:DB8:1111:1:0:1FF:FE01:101
 GigabitEthernet0/1       [administratively down/down]
     unassigned
 Serial0/0/0              [up/up]
     FE80::1FF:FE01:101
     2001:DB8:1111:2:0:1FF:FE01:101
 Serial0/0/1              [administratively down/down]
     unassigned
```

[예 30-5] EUI-64를 이용한 R1의 IPv6 인터페이스 설정

이 예는 MAC 주소를 갖지 않는 시리얼 인터페이스에서 사용하는 EUI-64를 보여준다. MAC 주소를 갖지 않은 인터페이스에 대해, 라우터는 MAC을 갖는 인터페이스들 중 가장 낮은 번호의 인터페이스의 MAC을 사용한다. 이 예에서, R1은 모든 시리얼 인터페이스를 위한 EUI-64 인터페이스 ID를 만들기 위해 G0/0 인터페이스 MAC을 사용한다.

> **NOTE** EUI-64를 사용할 때, **ipv6 address** 명령어의 주소값은 전체 128비트 IPv6 주소가 아닌 프리픽스이어야 한다. 그러나 만약 실수로 전체 주소를 입력하고, 여전히 **eui-64** 키워드를 사용한다면, IOS는 명령어를 받아들이고, 명령어를 **running-config** 파일에 추가하기 전에 주소에 상응하는 프리픽스로 전환한다. 예를 들어, IOS는 **ipv6 address 2000:1:1:1::1/64 eui-64**를 **ipv6 address 2000:1:1:1::/64 eui-64**로 변환한다.

다이내믹 유니캐스트 주소 설정

대부분의 경우, 네트워크 엔지니어가 라우터의 인터페이스에 IPv6 주소를 직접 설정하기 때문에 엔지니어가 라우터 설정을 변경하기 전에는 변경되지 않는다. 그러나 라우터가 자동으로 학습한 IPv6 주소들을 사용하도록 설정할 수 있다. 이 방식은 DSL, 케이블 모뎀과 같이 특정 유형의 인터넷 접속 기술을 통해 인터넷에 연결하는 라우터에 유용하다.

시스코 라우터는 라우터 인터페이스에 다이내믹하게 학습한 IPv6 주소를 사용하도록 하는 두 가지 방식을 지원한다.

- 스테이트풀(Stateful) DHCP
- SLAAC(Stateless Address Autoconfiguration)

두 가지 방법은 익숙한 **ipv6 address** 명령을 사용한다. 물론, 두 옵션 모두 IPv6 주소를 직접 설정하지 않는다. 대신, 이 명령은 IPv6 주소를 얻기 위해 어떤 방식을 사용할 것인지를 표시

하는 키워드를 설정해야 한다. [예 30-6]은 스테이트풀 DHCP 및 SLAAC를 사용하기 위한 인
터페이스 설정 예를 보여준다.

```
  ! 이 인터페이스는 자체 IPv6 주소를 학습하기 위해 DHCP를 사용한다.
  interface FastEthernet0/0
   ipv6 address dhcp
  !
  ! 이 인터페이스는 자체 IPv6주소를 학습하기 위해 SLAAC를 사용한다.
  interface FastEthernet0/1
   ipv6 address autoconfig
```

[예 30-6] DHCP와 SLAAC로 IPv6 주소를 학습하기 위한 라우터의 설정

또한 시스코 라우터는 네트워크의 다른 IPv6 장치들을 위해 DHCP 및 SLAAC와 함께 필요한
역할을 수행해야 한다. 호스트의 IPv6 설치에 초점을 두는 31장은 라우터의 프로토콜들과 그
책임들을 논의한다.

:: 라우터가 사용하는 특별한 주소

라우터의 IPv6 설정은 이 장의 가장 앞 부분에서 논의한 단순한 과정으로 시작한다. IPv6 라
우팅 기능을 활성화하기 위해 **ipv6 unicast-routing** 글로벌 컨피규레이션 명령어를 설정한
후, 인터페이스에 유니캐스트 IPv6 주소를 추가하면 라우터가 다음을 수행한다:

- 인터페이스에 유니캐스트 IPv6 주소를 할당한다.
- 인터페이스 내부 혹은 외부로 IPv6 패킷의 라우팅을 수행한다.
- 인터페이스에 존재하는 IPv6 프리픽스(서브넷)를 정의한다.
- 인터페이스의 상태가 up/up일 때, 라우터는 해당 프리픽스에 대한 연결된(connected)
  IPv6 루트를 IPv6 라우팅 테이블에 추가한다.

> **NOTE** 잠시 멈추고 상기 목록을 다시 본다면, 라우터 인터페이스에서 IPv4 주소를 설정할 때, IPv4의 동작과
> 동일하다는 것을 발견할 것이다.

위에서 설명한 모든 IPv6 기능은 IPv4와 비슷하게 동작하는 한편 IPv4에서는 보지 못했던
다수의 추가 기능을 가진다. 이 추가적인 기능들은 다른 IPv6 주소들을 사용하는 것인데, 이중
꽤 많은 것이 멀티캐스트 주소들이다. 이 장의 두 번째 주요한 섹션은 라우터에서 볼 수 있는
이 추가적인 주소들의 사용 방법을 살펴본다.

링크-로컬 주소(Link-Local Addresses)

IPv6는 특별한 종류의 유니캐스트 IPv6 주소인 링크-로컬 주소들을 사용한다. 이러한 주소들은 애플리케이션들을 위한 데이터를 포함하는 일반적인 IPv6 패킷들을 위한 것이 아니다. 대신, 이러한 주소들은 일부 오버헤드 프로토콜이나 라우팅을 위해 사용한다. 다음 주제는 IPv6가 링크-로컬 주소를 사용하는 방식과 라우터가 링크-로컬 주소를 생성하는 방법을 다룬다.

링크-로컬 주소 개념

모든 IPv6 호스트(라우터를 포함하여)는 링크-로컬 주소라 불리는 추가적인 유니캐스트 주소를 사용한다. 링크-로컬 주소로 보내지는 패킷들은 라우터가 링크-로컬 주소로 보내지는 패킷들을 통과시키지 않기 때문에 IPv6 서브넷을 벗어날 수 없다.

IPv6 는 다양한 프로토콜들을 위해 링크-로컬 주소들을 사용한다. 단일 서브넷 내부에 메시지들을 전달할 필요가 있는 다수의 IPv6 프로토콜들은 일반적으로 호스트의 글로벌 유니캐스트나 유니크 로컬 주소보다는 링크-로컬 주소를 사용한다. 예를 들어, IPv4의 ARP의 기능을 대체하는 NDP(Neighbor Discovery Protocol)가 링크-로컬 주소를 사용한다.

라우터들은 [그림 30-8]과 같이 IPv6 루트에서 다음 라우터의 IP 주소로 링크-로컬 주소를 사용한다. IPv6 호스트들은 IPv4와 같은 디폴트 라우터(디폴트 게이트웨이) 개념을 사용하지만, 동일한 서브넷에 존재하는 라우터의 주소를 사용하는 대신 라우터의 링크-로컬 주소를 사용한다. **show ipv6 route** 명령은 이웃 라우터의 글로벌 유니캐스트나 유니크 로컬 주소가 아니라 링크-로컬 주소를 보여준다.

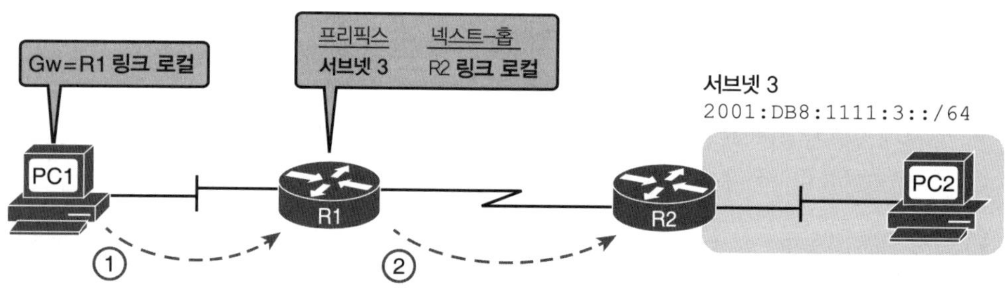

[그림 30-8] 넥스트-홉 주소로 링크-로컬 주소를 사용하는 IPv6

다음은 링크-로컬 주소에 대한 몇 가지 주요 특징들이다:

- **유니캐스트(멀티캐스트가 아님):** *링크-로컬 주소는 싱글 호스트를 위한 것이고, 링크-로컬 주소로 보내진 패킷은 오직 하나의 IPv6 호스트에 의해 처리되어야 한다.*

- **전달 범위는 단지 로컬 링크다:** *라우터가 링크-로컬 목적지 주소를 가진 패킷을 전달하지 않기 때문에 링크-로컬 주소로 보낸 패킷은 로컬 데이터 링크(네트워크)를 벗어날 수 없다.*

라우터의 링크-로컬 주소 생성하기

IPv6 호스트와 라우터는 기본적인 규칙을 이용해 각각의 인터페이스에서 자신의 링크-로컬 주소를 계산할 수 있다. 먼저, 모든 링크-로컬 주소들은 [그림 30-9]의 왼쪽 편과 같은 프리픽스로 시작한다. 정의에 따르면, 처음 10비트는 프리픽스 FE80::/10과 일치해야 하는데, 이것은 첫 번째 세 개의 16진수는 FE8, FE9, FEA 혹은 FEB 중 하나가 되어야 한다는 뜻이다. 또한 RFC에 따르면, 다음의 54비트는 2진수로 0이 되어야 하므로, 링크-로컬 주소는 처음 네 개의 네 자릿수의 축약되지 않은 형태인 FE80:0000:0000:0000으로 항상 시작되어야 한다.

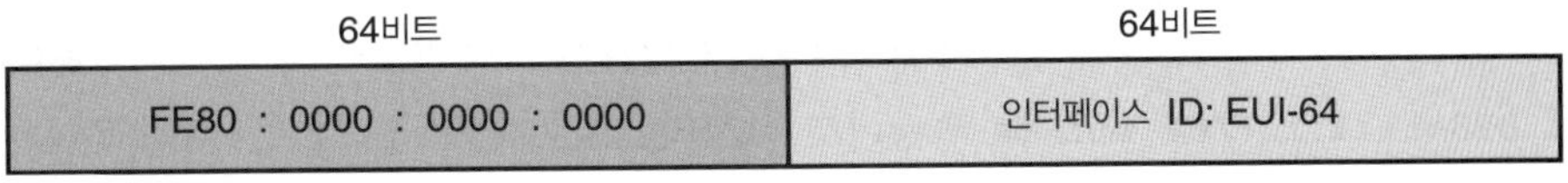

64비트	64비트
FE80 : 0000 : 0000 : 0000	인터페이스 ID: EUI-64

[그림 30-9] 링크-로컬 주소 형식

실제로, 링크-로컬 주소의 나머지 반은 다음 규칙에 따라 만들 수 있다. 즉, 시스코 라우터는 인터페이스 ID를 만들 때 EUI-64 형식을 사용한다(이전의 '수정된 EUI-64를 이용하여 유일한 인터페이스 ID 생성하기'를 참조할 것). 그 결과로, EUI-64 과정에 입력되는 MAC 주소가 유일하므로 라우터의 링크-로컬 주소도 유일하다. 어떤 OS들은 무작위로 인터페이스 ID를 생성한다. 예를 들어, 마이크로소프트 OS는 일부 형태의 공격들을 방어하기 위해, 인터페이스 ID를 다소 무작위적인 방법으로 선택하고, 수시로 변경한다. 결과적으로 링크-로컬 주소는 쉽게 설정할 수 있다.

IOS는 **ipv6 address** 명령어(글로벌 유니캐스트 혹은 유니크 로컬)를 사용하여 적어도 하나의 다른 유니캐스트 주소를 구성한 인터페이스에 링크-로컬 주소를 생성한다. 링크-로컬 주소를 보기 위해서, 유니캐스트 IPv6 주소에 보여주는 일반적인 명령어 즉, **show ipv6 interface**와 **show ipv6 interface brief**를 사용하면 된다. [예 30-7]은 라우터 R1의 예를 보여준다.

```
R1# show ipv6 interface brief
GigabitEthernet0/0     [up/up]
    FE80::1FF:FE01:101
    2001:DB8:1111:1:0:1FF:FE01:101
```

```
GigabitEthernet0/1        [administratively down/down]
    unassigned
Serial0/0/0               [up/up]
    FE80::1FF:FE01:101
    2001:DB8:1111:2:0:1FF:FE01:101
Serial0/0/1               [administratively down/down]
    unassigned
```

[예 30-7] 링크-로컬 주소와 EUI 생성 유니캐스트 주소의 비교

우선, 예에서 두 쌍의 강조된 엔트리를 살펴보자. 글로벌 유니캐스트 주소를 갖는 2개의 인터페이스(G0/0 과 S0/0/0) 각각에 대해, 아웃풋은 2001로 시작하는 글로벌 유니캐스트를 보여준다. 동시에 아웃풋은 또한 각각의 인터페이스에 대해 FE80으로 시작하는 링크-로컬 주소도 보여준다.

다음으로, 인터페이스 G0/0 아래에 나열된 두 개의 주소에 초점을 맞춰보자. 만약 당신이 인터페이스 G0/0에 나열된 주소의 나머지 반을 자세히 본다면 두 개의 주소가 모두 같은 인터페이스 ID 값을 가지는 걸 알게 될 것이다. 글로벌 유니캐스트 주소는 이 경우, **ipv6 address 2001:DB8:1111:1::/64 eui-64** 명령어로 설정되었으므로, 라우터는 글로벌 유니캐스트 주소와 링크-로컬 주소를 생성하기 위해 EUI-64 로직을 사용한다. 인터페이스 MAC 주소는 이 경우, 0200.0101.0101이므로 라우터는 축약되지 않은 두 주소의 인터페이스 ID 부분을 0000:01FF:FE01:0101로 계산한다. 축약하면, 라우터 R1에서 인터페이스 G0/0의 링크-로컬 주소는 FE80::1FF:FE01:101이 된다.

IOS는 자동적으로 링크-로컬 주소를 생성할 수 있고 혹은 직접 설정할 수도 있다. IOS는 다음 규칙에 따라 인터페이스를 위한 링크-로컬 주소를 선택한다.

- 설정했다면, 라우터는 **ipv6 address** address **link-local** 인터페이스 하부 명령의 주소를 사용한다. 설정된 링크-로컬 주소는 링크-로컬 주소를 위한 정확한 주소 범위 내에 속해야 한다. prefix FE80::/10으로부터의 올바른 주소 범위에서 링크-로컬 주소는 설정되어야 한다. 즉, 주소는 FE80::/10에 포함돼야 하므로 FE8, FE9, FEA 혹은 FEB로 시작되어야 한다.
- 설정하지 않았다면, IOS는 [예30-7]에서 논의하고, 설명한 대로 EUI-64 규칙을 사용하여 링크-로컬 주소를 계산한다. 이 계산은 인터페이스 유니캐스트 주소가 EUI-64를 적용하지 않은 경우에도 EUI-64 규칙을 사용한다.

인터페이스에서 링크-로컬 주소만으로 IPv6 라우팅하기

또한 시스코 라우터는 **ipv6 enable** 명령어를 사용하면서, 글로벌 유니캐스트 주소를 사용하지 않고도 인터페이스에서 IPv6를 활성화할 수 있다. 보통, **ipv6 address** *address prefix* 인터

페이스 하부 명령은 인터페이스에서 IPv6를 활성화하고, 해당 인터페이스에서 글로벌 유니캐스트 주소를 정의한다. **ipv6 enable** 인터페이스 하부 명령은 단순히 인터페이스에서 IPv6를 활성화한다.

ipv6 enable 인터페이스 하부 명령은 어떤 경우 라우터 인터페이스를 동작하게 한다. 이것은 항상 라우터가 링크-로컬 주소를 생성하고 해당 인터페이스에서 IPv6 패킷을 처리할 준비를 하도록 한다. 어떤 경우에, 이 명령은 라우터 인터페이스의 IPv6 주소를 위해 필요하다.

라우터 WAN 링크는 자주 글로벌 유니캐스트 주소의 서브넷을 사용할 필요가 없다. 예를 들어, [그림 30-10]의 단순한 IPv6 네트워크를 고려해보자. IPv6 호스트가 존재하는 좌우의 LAN은 글로벌 유니캐스트 서브넷을 적용하여 호스트들이 고유의 IPv6 주소를 갖도록 한다. 그러나 WAN 링크에 연결된 두 라우터는 글로벌 유니캐스트 주소를 필요로 하지 않는다. [그림 30-8]에서 논의했듯이, IPv6 경로에서 넥스트-홉 라우터의 주소는 링크-로컬 주소를 사용한다. 그래서 중심 네트워크에서 링크-로컬 주소만으로도 R1과 R2 서로 간에 패킷을 전달할 수 있다.

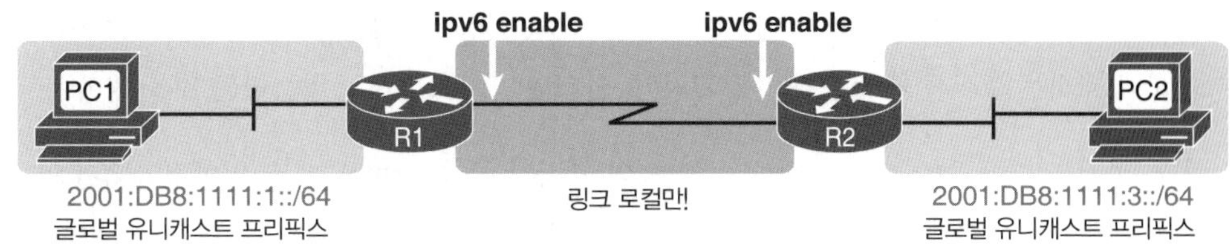

[그림 30-10] 전형적인 **ipv6 enable** 명령어 사용 예

IPv6 멀티캐스트 주소

IPv6는 몇 가지 목적 때문에 멀티캐스트 IPv6 주소들을 사용한다. IPv4와 같이, IPv6는 IPv4의 애플리케이션들이 사용할 수 있는 멀티캐스트 주소의 범위를 정의한다. 예를 들어, 기업들은 FF08::/16(즉, 첫 번째 4개의 16진수가 FF08인)으로 시작하는 IPv6 주소들을 멀티캐스트 애플리케이션들을 지원하는 주소로 사용할 수 있다.

다음 섹션은 오버헤드 프로토콜로 사용되는 IPv6 멀티캐스트 주소의 두 가지 용도에 초점을 맞춘다. 먼저, 링크-로컬 멀티캐스트 주소는 단일 링크를 통한 통신에 유용한 멀티캐스트 주소다. 다른 유형은 요청-노드(solicited-node) 멀티캐스트 주소라고 불리며 각 호스트를 위해 계산된 특별한 오버헤드 멀티캐스트 주소다.

로컬-범위(Local-scope) 멀티캐스트 주소

잠시 지금까지 이 책에서 논의된 제어 관련 프로토콜의 일부에 대해 생각해보자. 이런 IPv4 제어 관련 프로토콜의 일부는 IPv4 브로드캐스트를 사용하고, 이것은 FFFF.FFFF.FFFF라는 이더넷 브로드캐스트 주소로 보내진다. 이러한 브로드캐스트가 유용하기도 하지만, 다른 한 장치만 이 메시지를 수신할 필요가 있는 경우에도 VLAN 내부의 모든 호스트들은 해당 브로드캐스트 프레임을 처리해야 한다.

IPv6는 VLAN 내부의 호스트들에 대한 부정적인 영향 없이 IPv6 장치들이 제어 관련 프로토콜들을 사용하도록 하는 IPv6 멀티캐스트 주소들을 광범위하게 사용한다. 예를 들어, 각 IPv6 라우팅 프로토콜은 고유의 멀티캐스트 주소를 가지므로, 이 주소로 보낸 패킷은 모든 IPv6 호스트에 의해 무시될 수 있고, 심지어 해당 라우팅 프로토콜을 운용하지 않는 라우터에 의해서도 무시된다.

IPv6는 또한 멀티캐스트 패킷에 대한 전달 범위 즉, 멀티캐스트 패킷이 네트워크를 통해 얼마나 멀리 전달되는지를 정의한다. FE80(FE80::/10)으로 시작하는 멀티캐스트 주소는 링크-로컬의 범위를 가지는데, 이것은 라우터가 로컬 서브넷 외부로 이 패킷들을 전달하지 않는다는 것을 의미한다. 이것은 그런 의미에서 훌륭하다. 다수의 제어 관련 프로토콜들은 로컬 서브넷을 벗어날 필요가 없는 메시지를 전송하기 때문에, 여기서 링크-로컬 멀티캐스트는 중요한 역할을 한다. 비교되는 주소로, FF08(FF08::/16)로 시작하는 주소는 조직 전체 즉, 조직 범위(organization-scope)의 멀티캐스트 애플리케이션용으로 사용하는데, 이것은 이 멀티캐스트 주소들로 보낸 패킷은 조직 전체를 통해 전달되지만, 인터넷으로 보내지는 않는다는 것을 의미한다.

링크-로컬 멀티캐스트 주소에 대한 이해를 위한 가장 좋은 방법은 가장 일반적인 주소와 그 용도를 살펴보는 것이다. 예를 들어, IPv6는 곧 서브넷 내의 모든 IPv6 장치들, 서브넷 내의 모든 라우터들 또는 서브넷 내의 모든 OSPF 라우터들과 통신하기 위해 사용하는 주소를 보유한다.

[표 30-3]은 가장 일반적인 로컬 범위 IPv6 멀티캐스트 주소를 보여준다.

축약	멀티캐스트	의미	IPv4 대응 주소
All-nodes	FF02::1	모든 노드들(링크 상의 IPv6를 사용하는 모든 인터페이스들)	서브넷 브로드캐스트 주소
All-routers	FF02::2	모든 라우터들(링크 상의 모든 IPv6 라우터 인터페이스들)	없음
All-OSPF, All-OSPF-DR	FF02::5, FF02::6	각각 모든 OSPF 라우터들과 모든OSPF-DR들(designated routers)	224.0.0.5, 224.0.0.6
RIPng Routers	FF02::9	모든 RIPng 라우터들	224.0.0.9
EIGRPv6 Routers	FF02::A	EIGRPv6(EIGRP for IPv6)를 사용하는 모든 라우터들	224.0.0.10
DHCP Relay Agent	FF02::1:2	DHCPv6 릴레이 에이전트로 동작하는 모든 라우터들	없음

[표 30-3] 핵심 IPv6 로컬-범위(Local-Scope) 멀티캐스트 주소들

[예 30-8]은 라우터 R1의 G0/0 인터페이스에서 사용하는 멀티캐스트 주소들을 보여주는 **show ipv6 interface** 명령어의 아웃풋을 보여준다. 이 경우, 강조된 줄은 모든-노드들(all-nodes) 주소(FF02::1), 모든 라우터들(all-routers) 주소(FF02::2)와 EIGRPv6(FF02::A) 주소를 보여준다.

```
R1# show ipv6 interface GigabitEthernet 0/0
GigabitEthernet0/0 is up, line protocol is up
  IPv6 is enabled, link-local address is FE80::1FF:FE01:101
  No Virtual link-local address(es):
  Description: LAN at Site 1
  Global unicast address(es):
    2001:DB8:1111:1::1, subnet is 2001:DB8:1111:1::/64
  Joined group address(es):
    FF02::1
    FF02::2
    FF02::A
    FF02::1:FF00:1
    FF02::1:FF01:101
  ! 간략화를 위해 라인이 생략됨
```

[예 30-8] 라우터 R1의 스태틱 IPv6 주소 확인

요청-노드(Solicited-Node) 멀티캐스트 주소

프로토콜이 사용하는 대다수의 멀티캐스트 주소들은 RFC에 의해 정의된다. 당신은 이 주소들을 기억할 필요가 있고, **show** 명령에서 확인할 수 있다. 그러나 요청-노드(solicited-node) 멀티캐스트 주소라고 불리는 특별한 유형의 멀티캐스트는 호스트마다 다르고 그 값이 정해져 있지 않다. 이 장의 마지막 주제는 이러한 유형의 멀티캐스트 주소를 간략하게 살펴본다.

모든 인터페이스는 일반적인 유니캐스트 주소 이외에 요청-노드(solicited-node) 멀티캐스트 주소를 가지지만, 이 멀티캐스트 주소의 목적은 간단하게 설명하기 어렵다.

대신에 특정 호스트 인터페이스를 위한 요청-노드 멀티캐스트 주소가 무엇인지를 효과적으로 정의하는 개념들을 분해하는 다음 리스트를 보자:

- **멀티캐스트:** 이 주소는 멀티캐스트 주소이다(유니캐스트 주소가 아니다).
- **링크-로컬(Link-local):** 범위는 링크-로컬로 즉, 이 주소로 전송된 메시지를 라우터는 통과시키지 않는다는 것을 의미한다.
- **계산된 주소:** 호스트의 유니캐스트 IPv6 주소에 기초하여 계산되는 주소다. 특히, 유니캐스트 주소의 마지막 여섯 개의 16진수에 기반한다.
- **동작:** 각 호스트 인터페이스는 그 자신의 요청-노드 멀티캐스트 주소로 보내지는 패킷을 기다린다.
- **중복:** 계산 원리 때문에 어떤 호스트들은 동일한 요청-노드 멀티캐스트 주소를 가질 수도 있다.

마지막 항목은 요청-노드 멀티캐스트 주소에 대한 핵심 개념을 설명한다. 특정 요청-노드 멀티캐스트 주소로 전송된 패킷은 단지 하나의 호스트 혹은 다수의 호스트들에 의해 처리될 수

있다. 만약 하나의 서브넷 내에 하나 이상의 호스트가 유니캐스트 주소의 마지막 여섯 자리의
16진수가 같은 값을 가진다면, 그들은 동일한 요청-노드 멀티캐스트 주소를 계산하고 사용하
게 된다. 그리고 어떤 프로토콜은 동일한 유니캐스트 IPv6 주소들을 갖는 모든 호스트들에게
하나의 멀티캐스트 패킷을 보내기 위해 이러한 종류의 로직을 원한다. 그 결과, 요청-노드 멀
티캐스트 주소가 만들어졌다.

모든 IPv6 호스트들은 그들의 요청-노드 멀티캐스트 주소로 전송된 메시지에 대해 수신 대
기해야 한다. 그래서 각 인터페이스와 각 인터페이스의 유니캐스트 주소에 대해 장치는 요청-
노드 멀티캐스트 주소를 결정해야 하고, 이 주소들로 전송된 패킷들에 대해 수신 대기한다.

유니캐스트 주소를 알고 난 후, 요청-노드 멀티캐스트 주소를 찾는 논리는 간단하다. [그림
30-11]의 이미 정해진 /104 프리픽스에서 시작한다. 즉, 모든 요청-노드 멀티캐스트 주소는
축약된 FF02::1:FF로 시작한다. 마지막 24비트(여섯 자리의 16진수)는 유니캐스트 주소를 요청
-노드 주소로 복사한다.

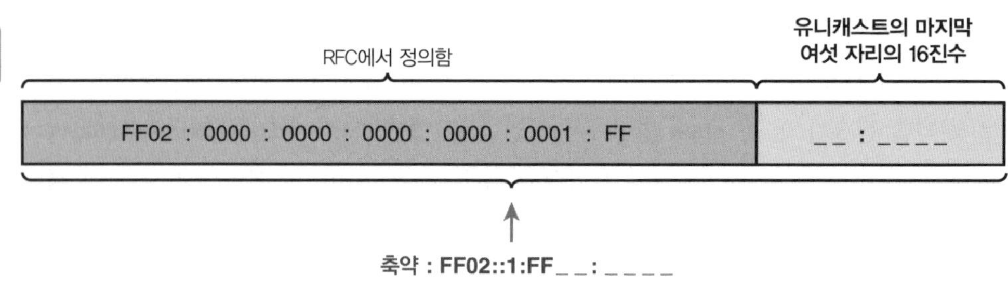

[그림 30-11] 요청-노드(Solicited-Node) 멀티캐스트 주소 형식

라우터에서 이 주소의 예를 보기 위해, [예 30-8]로 돌아가 보자. 명령어 아웃풋의 마지막
두 줄은 라우터 R1의 G0/0 인터페이스를 위한 요청-노드 멀티캐스트 주소들(FF02::1:FF00:1와
FF02::1:FF01:101)을 보여준다. 이 경우, R1의 G0/0이 두 개의 주소를 갖는 이유는 하나는 이
인터페이스에서 라우터의 글로벌 유니캐스트 주소에 대응하는 반면, 다른 하나는 링크-로컬
(유니캐스트) 주소와 대응하기 때문이다.

애니캐스트 주소(Anycast Addresses)

라우터가 공동으로 어떤 서비스를 구현해야 할 필요가 있다고 가정해보자. 해당 서비스는 한
라우터에서 제공하기보다 여러 라우터에서 구현될 때 최상으로 동작한다. 그러나 서비스를 사
용할 호스트들은 가장 가까운 서비스에 연결할 필요가 있고, 네트워크의 모든 세부 사항들을
호스트가 알 필요는 없다. 호스트는 애니캐스트 IPv6 주소로 패킷을 보내고, 라우터는 목적지
IPv6 주소를 기반으로 해당 서비스를 지원하는 가장 가까운 라우터에게 패킷을 전달한다.

IPv6 애니캐스트 주소는 이러한 기능을 제공한다. 이름에서 'any'란 서비스를 제공할 수 있는
모든 대상을 의미한다. [그림 30-12]는 두 개의 주요 단계와 함께 큰 개념을 설명한다:

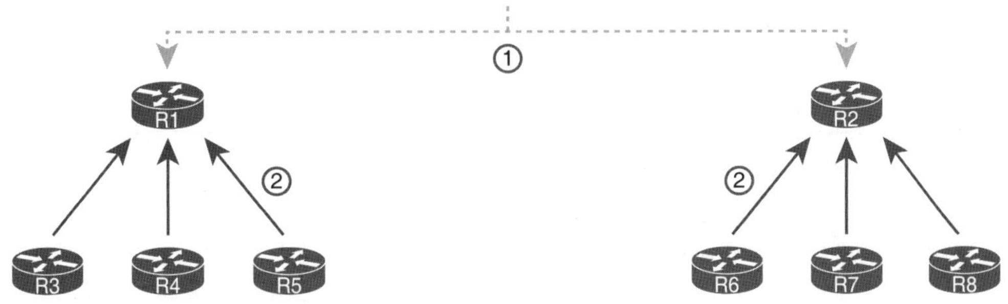

[그림 30-12] IPv6 애니캐스트 주소

애니캐스트 프로세스가 동작하기 위해, 라우터에 애니캐스트 주소를 설정해야 하고, 다음으로, 이 애니캐스트 주소에 대한 루트를 알려야 한다. 이 주소는 특별히 예비된 범위에 속한 것이 아니라 대신 유니캐스트 주소의 범위에 속한 것이다. 종종 이 주소는 /128 프리픽스로 설정되기 때문에, 라우터는 하나의 애니캐스트 주소에 대한 호스트 루트를 다른 라우터들에게 보낼 수도 있다. 이 시점에서, 라우팅 프로토콜은 다른 IPv6 루트와 같이 해당 루트를 광고한다. 즉, 다른 라우터는 그 차이를 구분할 수 없다.

[예 30-9]는 라우터에서의 샘플 설정을 보여준다. 실제 주소(2001:1:1:2::99)는 다른 유니캐스트 주소처럼 보인다. 즉, 그 값은 다른 IPv6 유니캐스트 주소처럼 선택될 수 있다. 그러나 **ipv6 address** 명령어의 **anycast** 키워드는 애니캐스트 주소로 특별한 목적을 가진다는 것을 로컬 라우터에게 알려준다는 점을 주목하기 바란다. 마지막으로 **show ipv6 interface** 명령어는 애니캐스트 주소라는 것을 명확하게 표시하지만, **show ipv6 interface brief** 명령어는 그렇지 않다.

```
R1# configure terminal
Enter configuration commands, one per line.  End with CNTL/Z.
R1(config)# interface gigabitEthernet 0/0
R1(config-if)# ipv6 address 2001:1:1:1::1/64
R1(config-if)# ipv6 address 2001:1:1:2::99/128 anycast
R1(config-if)# ^Z
R1#
R1# show ipv6 interface g0/0
```

```
 GigabitEthernet0/0 is up, line protocol is up
   IPv6 is enabled, link-local address is FE80::11FF:FE11:1111
   No Virtual link-local address(es):
   Global unicast address(es):
     2001:1:1:1::1, subnet is 2001:1:1:1::/64
     2001:1:1:2::99, subnet is 2001:1:1:2::99/128 [ANY]
   ! 간략화를 위해 라인이 생략됨
R1# show ipv6 interface brief g0/0
GigabitEthernet0/0      [up/up]
    FE80::11FF:FE11:1111
    2001:1:1:1::1
    2001:1:1:2::99
```

[예 30-9] IPv6 애니캐스트 주소의 설정과 확인

기타 다양한 IPv6 주소들

이 장과 앞선 장들은 이 책에서 포함되는 IPv6 주소 개념들의 대부분을 소개한다. 여기 짧은 주제는 소수의 남은 IPv6 주소를 설명하고 쉬운 학습을 위해 주제들을 요약한다.

첫째, 모든 IPv6 호스트들은 두 개의 추가적인 특별한 주소를 사용할 수 있다.

- 언노운(알려지지 않은(unknown, unspecified)) IPv6 주소, ::, 즉, 모두 0인 주소
- 루프백(loopback) IPv6 주소, ::1 즉, 앞선 127개는 0이고 나머지 1개는 1인 주소(이진수)

호스트가 자신의 IPv6 주소를 여전히 모를 때 혹은 호스트가 자신의 IPv6 주소를 가지는데 문제가 있을 때 언노운 주소(::)를 사용한다. 예를 들어, 호스트는 자신의 IPv6 주소를 다이내 믹하게 할당 받으려는 초기 국면 동안 알려지지 않은 주소를 사용한다. 호스트가 무슨 IPv6 주소를 사용할지를 모를 때, 자신의 IPv6 주소로 ::을 사용할 수 있다.

IPv6 룹백 주소는 각 IPv6 호스트에게 자신의 프로토콜 스택을 테스트하기 위한 방법을 제 공한다. 즉, IPv4의 127.0.0.1 룹백 주소와 같이 ::1로 보내지는 패킷은 호스트를 벗어나지 못 하고 대신에 그냥 IPv6 프로토콜 스택으로 내려갔다가 다시 로컬 호스트의 애플리케이션으로 돌아오기 위해 IPv6 프로토콜 스택을 올라온다.

IPv6 주소 설정 요약

이 장은 인터페이스에서 IPv6를 활성화시키는 방법과 함께 다양한 IPv6 주소 유형에 대한

논의를 마무리한다. 각 라우터 LAN 인터페이스에서 다양한 설정들이 **ipv6 address** 명령어를 사용하고, WAN 인터페이스에서는 같은 명령어나 **ipv6 enable** 명령어를 사용한다.

[표 30-4]는 시험 대비를 위해, 자동으로 생성되는 IPv6 주소와 다양한 명령어들을 요약한다.

유형	프리픽스/주소	설정을 위한 인터페이스 하부 명령어
글로벌 유니캐스트	Many prefixes	ipv6 address *address/prefix-length* ipv6 address *prefix/prefix-length* eui–64
기타 유형	FD00::/8	ipv6 address *prefix/prefix-length* eui–64
링크 로컬	FE80::/10	ipv6 address *address* link–local 모든 ipv6 address 명령으로 자동 생성됨. ipv6 enable 명령으로 자동 생성됨.
올 호스트(all host) 멀티캐스트	FF02::1	모든 ipv6 address 명령으로 자동 생성됨.
올 라우터(all router) 멀티캐스트	FF02::2	모든 ipv6 address 명령으로 자동 생성됨.
라우팅 프로토콜 멀티캐스트	Various	인터페이스에 라우팅 프로토콜이 활성화될 때 인터페이스에 추가됨.
솔리시티드–노드(Solicited–node, 응답형 노드) 멀티캐스트	FF02::1:FF /104	모든 ipv6 address 명령으로 자동 생성됨.
애니캐스트	Any unicast adress	ipv6 *address address/prefix-length* anycast

[표 30-4] IPv6 주소의 유형들과 이들을 생성하기 위한 명령어들

 챕터 리뷰

좋은 시험 결과를 위해서는 리뷰 세션에 대한 복습이 중요하다. 책이나 DVD의 툴 혹은 책의 동반자 웹 사이트에서 찾을 수 있는 대화형 툴을 활용하여 이 장의 자료들을 리뷰하기 바란다. 특히, '당신의 학습 계획'을 참조하기 바란다. [표 30-5]는 핵심 리뷰 요소들과 자료 출처들을 보여준다. 학습 과정에 대해 보다 나은 추적을 위해 두 번째 열에 완료한 날짜를 기록하도록 한다.

리뷰 항목	완료 날짜	자료 출처
핵심 주제 리뷰		책, DVD/웹 사이트
핵심 용어 리뷰		책, DVD/웹 사이트
사전 점검 퀴즈 반복		책, PCPT
실습		블로그
명령어 테이블 리뷰		책

[표 30-5] 챕터 리뷰 확인

핵심 주제	설명	페이지
그림 30-2	가까운 미래를 위한 듀얼 스택(dual stacks)에 대한 필요성을 설명하는 개념도	765
리스트	EUI-64 규칙을 사용하여 IPv6 주소를 생성하기 위한 규칙들	770
그림 30-4	EUI-64 규칙들을 사용하여 IPv6 주소를 생성하는 방법에 대한 개념도	771
그림 30-6	EUI-64를 사용할 때의 비트 반전 예	772
리스트	동작 중인 인터페이스에 IPv6를 설정할 때 IOS가 수행하는 기능들	775
리스트	IPv6 링크-로컬 주소에 대한 핵심 사항들	776~777
그림 30-11	요청-노드(solicited-node) 멀티캐스트 주소를 만드는 방법에 대한 개념도	782
리스트	기타 특별한 IPv6 주소들	784
표 30-4	각 주소 유형을 활성화하는 명령어들을 포함하는 IPv6 주소 요약	785

[표 30-6] 30장의 핵심 주제들

핵심 용어

듀얼 스택(dual stacks), EUI-64, 링크-로컬 주소(link-local address), 링크-로컬 범위 (link-local scope), 요청-노드 멀티캐스트 주소(solicited-node multicast address), 모든-노드 멀티캐스트 주소(all-nodes multicast address), 올-라우터 멀티캐스트 주소(all-routers multicast address), 애니캐스트 주소(anycast address), 서브넷-라우터 애니캐스트 주소(subnet-router anycast address)

❖ VLSM 중복과 새 서브넷의 추가를 위한 추가적인 연습

IPv6 축약을 위한 추가적인 연습을 위해 적절한 도구를 사용해 연습 문제들을 풀어보도록 한다:

- **PDF:** 그렇지 않다면, DVD의 부록 K '30장, 라우터의 IPv6 설정'에 있는 동일한 문제를 풀어보자.

- **실제 라우터 혹은 시뮬레이터를 활용하여 스스로 문제를 생성한다:** 라우터의 CLI의 컨피규레이션 모드에 들어가서 **mac-address address**와 **ipv6 address prefix/64 eui-64** 명령을 설정한다. 다음으로 IPv6 유니캐스트 주소, 링크-로컬 주소와 요청-노드(solicited-node) 멀티캐스트 주소를 설정해본다. 마지막으로 **show ipv6 interface** 명령어의 결과를 예측해본다.

[표 30-7]과 [표 30-8]은 이 장에서 사용하는 설정과 확인 명령어들을 보여준다. 연습을 위해 표의 왼쪽 행을 가리고, 오른쪽 행을 읽고 해당 명령을 보지 않고 기억해보도록 한다. 다음으로 오른쪽 행을 덮고 명령이 무엇을 위한 것인지를 기억하는 연습을 반복한다.

명령어	모드 및 목적
ipv6 unicast-routing	라우터에서 IPv6 라우팅을 활성화하는 글로벌 명령어.
ipv6 address *ipv6-address/ prefix-length* [eui-64]	전체 인터페이스 IP 주소 혹은 /64 프리픽스와 함께 EUI-64 형식으로 인터페이스 ID를 자동 생성하도록 설정하는 인터페이스 하부 명령어.
ipv6 address *ipv6-address/ prefix-length* [anycast]	해당 주소를 애니캐스트 주소로 사용될 수 있도록 설정하는 인터페이스 하부 명령어.
ipv6 enable	인터페이스에 IPv6를 활성화하고 링크-로컬 주소를 생성함.
ipv6 address dhcp	라우터로 하여금 IPv6 주소를 임대하고, 인터페이스에 대한 링크-로컬 주소를 생성하도록 인터페이스에 IPv6를 활성화하는 인터페이스 하부 명령어.

[표 30-7] 30장 설정 명령어 참조

명령어	모드 및 목적
show ipv6 route [connected] [local]	IPv6 루트들 혹은 연결된 루트들 혹은 로컬 루트들을 보여줌.
show ipv6 interface [*type number*]	링크-로컬과 기타 유니캐스트 IP 주소들을 포함하여 인터페이스(혹은 해당 인터페이스)에 대한 IPv6 설정 값을 보여줌.
show ipv6 interface brief [*type number*]	각 인터페이스(혹은 해당 인터페이스)에 대한 인터페이스 상태와 IPv6 주소들을 보여줌.

[표 30-8] 30장 EXEC 명령어 참조

 **앞선 연습 문제에 대한 정답**

이 장의 [표 30-2]는 EUI-64 규칙에 따라 IPv6 주소를 계산하는 다양한 연습 문제들이다. [표 30-9]는 이 문제들에 대한 정답이다.

프리픽스	MAC 주소	확장된 IPv6 주소
2001:DB8:1:1::/64	0013.ABAB.1001	2001:DB8:1:1:0213:ABFF:FEAB:1001
2001:DB8:1:1::/64	AA13.ABAB.1001	2001:DB8:1:1:A813:ABFF:FEAB:1001
2001:DB8:1:1::/64	000C.BEEF.CAFE	2001:DB8:1:1:020C:BEFF:FEEF:CAFE
2001:DB8:1:1::/64	B80C.BEEF.CAFE	2001:DB8:1:1:BA0C:BEFF:FEEF:CAFE
2001:DB8:FE:FE::/64	0C0C.ABAC.CABA	2001:DB8:FE:FE:0E0C:ABFF:FEAC:CABA
2001:DB8:FE:FE::/64	0A0C.ABAC.CABA	2001:DB8:FE:FE:080C:ABFF:FEAC:CABA

[표 30-9] IPv6 EUI-64 주소 생성 연습에 대한 정답

Chapter 31
호스트와 IPv6 주소 설정

이 장은 다음 시험 주제를 다룬다.

1.0 네트워크 기초

1.12 IPv6 주소 체계 설정, 확인 및 장애 해결

1.13 SLAAC(Stateless Address Auto Configuration) 설정 및 확인

1.14 IPv6 주소 유형들에 대한 비교와 대조

    1.14.f 자동 설정

IPv6 호스트는 다음과 같이 비슷한 아이디어와 프로토콜 심지어 동일한 목적을 위해 유사한 명령을 사용하기 때문에 IPv4 호스트처럼 동작한다. 동시에 IPv6는 다음과 같은 새로운 프로토콜이나 명령어를 사용함으로써 IPv4와는 매우 다른 해결법을 제시한다:

- IPv4와 유사하게, IPv6 호스트는 유니캐스트 주소, 프리픽스 길이(마스크), 디폴트 라우터와 DNS 서버를 사용한다.

- IPv4와 유사하게, IPv6는 같은 LAN 기반 서브넷 내에서 MAC 주소를 동적으로 학습하도록 하는 프로토콜을 사용한다.

- IPv4와 다른 점은 IPv6 호스트는 IPv4의 ARP와 동일한 기능을 포함하는 여러 가지 기능을 지원하기 위해, NDP(Neighbor Discovery Protocol)를 사용한다.

- IPv4와 유사하게 IPv6 호스트는 네 가지 주요한 IPv6 설정을 학습하기 위해 DHCP를 사용한다.

- IPv4와 다르게 IPv6는 DHCP와는 다른 SLAAC(Stateless Address Auto Configuration)라는 다이내믹한 주소 할당 과정을 지원한다.

이 장은 호스트에서 주소, 프리픽스 길이, 디폴트 라우터 주소, DNS 서버 주소, 이 네 가지 기본 IPv6 설정에 초점을 맞춘다. 호스트가 유동적으로 이러한 주소들을 학습하는 방법을 이해하기 위해, 첫 번째 섹션은 여러 가지 IPv6 프로세스에 중요한 역할을 수행하는 NDP에 초점을 맞춘다. 이 장의 가운데 섹션은 호스트가 DHCP와 SLAAC를 사용하여 자신의 IPv6 설정을 유동적으로 학습하는 과정에 초점을 맞춘다. 마지막 섹션은 IPv4와 동일한 다수의 명령어를 사용하여 호스트의 IPv6 설정을 검증하는 툴을 알아본다.

이 장의 학습을 위해 필요한 시간을 가늠하기 위해 시험(이 페이지나 PCPT 소프트웨어를 사용 가능)을 보기 바란다. 정답은 퀴즈 다음 페이지의 아랫 부분에 나와 있고, 설명은 DVD 부록 C와 PCPT 소프트웨어에 있다.

핵심 주제 섹션	해당 문제
NDP (Neighbor Discovery Protocol)	1–3
호스트 IPv6에 대한 다이내믹한 설정	4–5
IPv6 주소 구성과 관련한 장애 해결	6

[표 31-1] 사전 점검 퀴즈와 관련된 핵심 주제

1. PC1, PC2와 라우터 R1 모두는 동일한 VLAN과 IPv6 서브넷에 연결되어 있다. PC1은 첫 번째 패킷을 PC2에게 보내기를 원한다. PC1이 IPv6 패킷을 캡슐화하는 이더넷 프레임을 보낼 때 사용하는 MAC 주소를 찾기 위해 사용하는 프로토콜 혹은 메시지는 무엇인가?

   a. ARP

   b. NDPNS

   c. NDPRS

   d. SLAAC

2. PC1과 라우터 R1은 동일한 VLAN과 IPv6 서브넷에 연결되어 있다. PC1의 사용자가 리모트 사이트에 존재하는 호스트의 IPv6 주소로 핑을 보내면, 패킷은 R1 즉, PC1의 디폴트 라우터로 보내진다. PC1에는 디폴트 라우터를 직접 설정하지 않았다. PC1이 디폴트 라우터의 IPv6 주소를 학습할 때, PC1이 사용하는 프로토콜 혹은 메시지는?

   a. EUI–64

   b. NDPNS

   c. DAD

   d. NDPRS

3. 다음 중 NDP RA(Router Advertisement) 메시지에서 라우터가 제공하는 정보는? (2개를 선택할 것)

   a. 라우터 IPv6 주소

   b. 라우터의 호스트 이름

   c. 해당 링크에서의 IPv6 프리픽스(들)

   d. DHCP 서버의 IPv6 주소

4. 호스트 PC1이 SLAAC(Stateless Address Auto Configuration)를 사용하여 IPv6 주소를 다이내믹하게 학습한다. PC1의 설정값 중 스테이트리스 DHCPv6 서버로부터 학습한 것은?

   a. 호스트 주소

   b. 프리픽스 길이

   c. 디폴트 라우터 주소

   d. DNS 서버 주소(들)

5. 호스트 PC1은 SLAAC(Stateless Address Auto Configuration)를 사용하여 자신의 IPv6 설정을 다이내믹하게 학습한다. 호스트의 유니캐스트 주소는 두 부분 즉, 프리픽스와 인터페이스 ID로 나뉜다. 다음 중 SLAAC가 호스트 주소의 인터페이스 ID 부분을 학습하고 생성하기 위한 방법을 설명하는 것은? (2개를 선택할 것)

   a. DHCPv6 서버로부터 학습함

   b. EUI-64 규칙으로 호스트에 의해 생성됨

   c. NDP RS/RA 메시지를 사용하여 라우터로부터 학습함

   d. 무작위 값을 사용하여 호스트에 의해 생성됨

6. 세 대의 라우터가 동일한 VLAN과 IPv6 서브넷을 연결한다. 세 대의 라우터 모두는 다양한 IPv6 호스트들의 NDP RS 메시지에 대한 응답으로 NDP RA 메시지들을 보낸다. 이때 호스트가 보낸 NDP RS 메시지는 서브넷 내부에서 사용 가능한 IPv6 라우터들을 학습하기 위한 것이다. 다음 중 NDP에 포함된 정보의 종류를 가장 잘 설명하는 것은?

   a. IPv6 네이버들(라우터들과 호스트들)과 그들의 MAC 주소들, 라우터에 대한 표시 없음

   b. IPv6 네이버들(라우터들과 호스트들)과 그들의 MAC 주소들, 라우터에 대한 표시 있음

   c. IPv6 라우터들, 라우터가 아닌 장치들에 대한 정보 없음, MAC 주소 정보 없음

   d. IPv6 라우터들, 라우터가 아닌 장치들에 대한 정보 없음, MAC 주소 정보 있음

:: NDP(Neighbor Discovery Protocol)

IPv6 호스트도 IPv4 호스트에 필요한 설정과 동일한 중요한 IPv6 설정들 즉, 주소, 프리픽스 길이(다른 말로 마스크), 디폴트 라우터 주소와 DNS 서버 주소를 알아야 한다. [그림 31-1]은 왼쪽에서 PC1에 대한 4가지 항목을 보여준다.

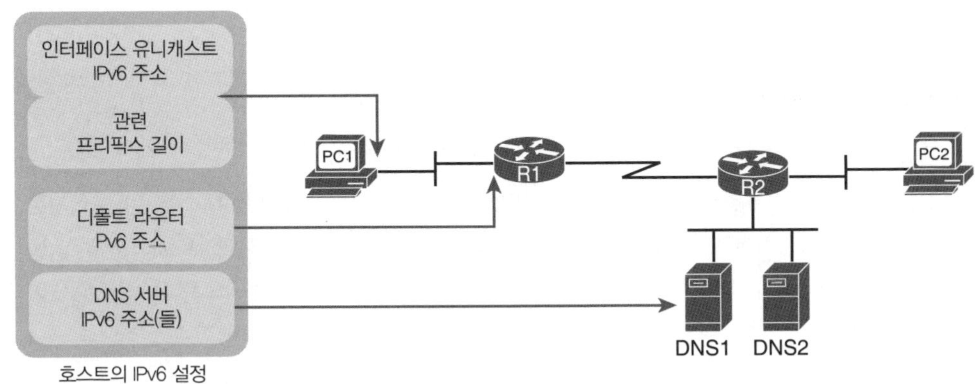

[그림 31-1] 호스트들에 필요한 IPv6 설정값들

4개의 설정 값들 중에 3개는 유니캐스트 IPv6 주소들이라는 것을 주목하기 바란다. PC 자신의 IPv6 주소는 PC에서 설정하는 DNS 서버 주소와 마찬가지로 일반적으로 글로벌 유니캐스트 혹은 로컬 유니캐스트 주소다. 그러나 디폴트 라우터 주소는 PC와 같은 네트워크에 속하는 라우터로 라우터의 링크-로컬 주소다.

NDP(Neighbor Discovery Protocol)는 다음과 같이 IPv6 주소에 관련한 다양한 기능들을 정의한다.

- **SLAAC:** SLAAC(Stateless Address Auto Configuration)를 사용하면, 호스트는 주소의 첫 번째 부분과 프리픽스 길이를 알기 위해 NDP 메시지를 사용한다.

- **라우터 발견:** NDP 메시지를 이용하여 동일한 서브넷 내의 사용 가능한 IPv6 라우터의 IPv6 주소를 발견한다.

- **중복 주소 발견:** 호스트가 IPv6 주소를 설정하든 다른 장치로부터 얻든 간에, 호스트는 다른 호스트가 같은 주소를 사용하지 않는다는 것을 알 때까지 기다린다. 호스트는 이 문제를 어떻게 감지할까? DAD(Duplicate Address Detection)라는 과정에서 NDP 메시지를 사용한다.

- **네이버 MAC 발견:** 호스트는 DAD 프로세스를 통과한 후에 IPv6 주소를 사용한다. LAN 기반의 호스트는 같은 서브넷 상의 다른 호스트들에 대한 MAC 주소를 학습할 필요가 있을 것이다. NDP는 ARP 요청과 응답 메시지를 제공하는 IPv4의 ARP를 대체한다.

이 섹션의 나머지는 다양한 각도로 4가지 기능을 살펴본다. SLAAC 프로세스에 대한 대부분의 논의는 이 장의 뒷부분으로 미루기로 하고 이 섹션은 핵심 NDP 기능들에 더 초점을 맞추기로 한다.

NDP RS와 RA에 의한 라우터 발견

IPv6에서는 ICMPv6가 ICMP 프로토콜을 대신한다. IPv4의 ICMP와 마찬가지로, ICMPv6는 **ping** 명령어에 의해 사용되는 에코 요청(Echo Request)과 에코 응답(Echo Reply) 메시지를 포함한다. ICMPv6는 또한 아래 리스트의 두 메시지와 같은 모든 NDP 메시지를 포함한다. 서브넷 내의 라우터는 이 두 메시지를 통해 주소와 서브넷을 학습한다.

- **RS(Router Solicitation):** 이 메시지는 FF02::2의 '모든-IPv6-라우터들(all-IPv6-routers)' 로컬-범위 (local-scope)의 멀티캐스트 주소로 전송되기 때문에, 로컬 링크 내의 모든 라우터들에게 보내진다.

- **RA(Router Advertisement):** 라우터가 보내는 이 메시지는 라우터의 링크-로컬 IPv6 주소를 포함하여 많은 항목들을 포함한다. RA가 요청되지 않았을 때는 FF02::1의 모든-IPv6-호스트들(all-IPv6-hosts) 로컬-범위(local-scope) 멀티캐스트 주소로 전송된다. RS 메시지에 대한 응답으로 전송된 경우, 이 것은 RS를 보낸 호스트의 유니캐스트 주소 혹은 모든-IPv6-호스트들 주소(FF02::1) 중 하나로 보내 진다.

예를 들어, [그림 31-2]는 호스트 PC1이 R1의 링크-로컬 주소를 어떻게 학습하는지를 보여 준다. 이것은 PC1이 먼저 요청하고, R1이 응답하는 매우 간단한 과정이다.

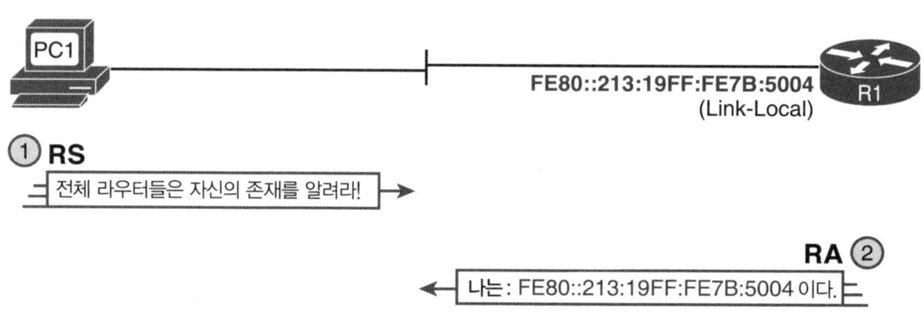

[그림 31-2] 디폴트 라우트를 찾기 위한 NDP RS/RA 프로세스의 예

> **NOTE** IPv6는 RA 메시지 내에 다수의 프리픽스와 다수의 디폴트 라우터를 포함할 수 있다. 즉, [그림 31-2]는 간단하게 하나만 보여주고 있다.

사전 점검 퀴즈 정답
1 B **2** D **3** A, C **4** D **5** B, D **6** A

IPv6는 브로드캐스트 대신 멀티캐스트를 사용한다. 이 경우 RS 메시지는 모든-IPv6-라우터들(all-IPv6-routers) 주소 FF02::2로 보내기 때문에, 모든 라우터들이 이 메시지를 받을 것이다. 이것은 브로드캐스트의 역효과 없이, IPv4 브로드캐스트의 긍정적인 면만을 살린다. 이 경우, 오직 IPv6 라우터들만 RS 메시지를 처리하기 위해 CPU 사이클을 소비할 것이다. RA 메시지는 PC1의 유니캐스트 IPv6 주소 혹은 모든-IPv6-호스트들 주소(FF02::1)로 보내진다.

[그림 31-2]는 호스트가 라우터들을 학습하는 방법을 보여주는데, 라우터는 RS를 수신하지 않아도 요청받지 않은 RA 메시지를 주기적으로 보낸다. 라우터가 이러한 주기적인 RA 메시지를 보낼 때, 그들은 기본적으로 IPv6에 대한 세부 사항을 광고한다. 이 경우, RA 메시지는 FF02::1, 모든-호스트들-IPv6 멀티캐스트 주소로 보내진다.

NDP RS/RA와 함께 SLAAC에 대한 주소 정보 발견

NDP RS 와 RA 메시지는 호스트들에게 라우터들이 정보를 보내도록 요청하는 수단을 제공한다. 즉, RS/RA는 기본적인 질의/응답(RS와 RA가 사용하는 동의어들 중에서 단어를 선택하고자 한다면 요청/광고(solicitation/advertisement)) 프로토콜로 동작한다.

IPv6 라우터는 IPv6 호스트가 학습하기 원하는 무엇을 알고 있을까? [그림 31-2]는 RS와 RA 메시지를 통해 알고자 하는 한 가지 사실 즉, IPv6 라우터의 IPv6 주소를 보여준다. 또 하나의 유용한 사실은 로컬 링크에서 사용하는 프리픽스와 프리픽스 길이다. 라우터는 각 인터페이스에서 일반적으로 **ipv6 address** 명령에 의해 프리픽스와 프리픽스 길이를 알고 있다. 이 명령은 프리픽스 길이와 더불어 라우터가 해당 IPv6 프리픽스를 계산하기에 충분한 정보를 포함한다. 호스트는 [그림 31-3]과 같이 RS와 RA 메시지의 교환을 통해 이러한 자세한 정보들을 학습할 수 있다.

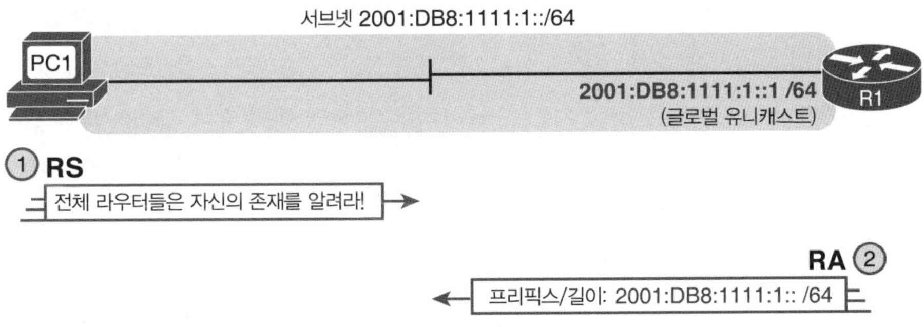

[그림 31-3] LAN의 프리픽스/길이를 알기 위한 NDP RS/RA

이미 설명한 것과 같이 호스트가 자신의 IPv6 주소를 다이내믹하게 학습하기 위해 사용하는 SLAAC 프로세스는 RS와 RA 메시지를 통해 라우터로부터 얻은 프리픽스/프리픽스 길이 정보를 사용한다.

이후의 섹션, 'SLAAC(Stateless Address Auto Configuration) 사용'에서 전체 과정을 다룬다.

NDP NS와 NA로 이웃하는 링크 주소의 발견

NDP는 요청과 광고를 위한 두 번째 한 쌍의 메시지들 즉, NS(Neighbor Solicitation)와 NA(Neighbor Advertisement) 메시지를 정의한다. 기본적으로 NS는 IPv4 ARP 요청 메시지와 같이, 응답을 수신하기 위해 특정 유니캐스트 IPv6 주소를 갖는 호스트에게 보내는 메시지다. NA 메시지는 IPv4 ARP 응답 메시지와 같이, 호스트의 MAC 주소를 포함하는 응답 메시지다.

NS와 NA메시지를 보내는 과정은 RS와 RA와 동일한 과정을 따른다. 즉, NS 메시지는 정보를 요청하고, NA메시지는 정보를 제공한다. 가장 명확한 차이점은 RS/RA는 라우터가 보유한 정보에 초점을 맞추는 반면, NS/NA는 IPv6 호스트가 보유한 정보에 초점을 맞춘다는 것이다.

- **NS(Neighbor Solicitation):** 이 메시지는 특정 IPv6 주소(목표 주소, target address)를 가진 호스트에게 MAC 주소를 포함한 NA를 보낼 것을 요청한다. NS 메시지는 목적지 주소와 마지막 여섯 자리의 16진수가 동일한 요청-노드(solicited-node) 멀티캐스트 주소로 보내기 때문에, 이 메시지는 해당 호스트에 의해서만[34] 처리된다.

- **NA(Neighbor Advertisement):** 이 메시지는 목표 주소(target address)에 상응하는 MAC 주소를 포함한다. 이것은 원래 NS 메시지의 유니캐스트 주소로 돌려보내진다. 일부 경우, 호스트는 요청되지 않은 NA를 보내는데 이 경우, 메시지는 모든-IPv6-호스트들(all-IPv6-hosts) 로컬-범위 멀티캐스트 주소(FF02::1)로 보내진다.

> **NOTE** NDP에서 네이버(neighbor, 이웃)이라는 단어는 장치가 동일한 데이터 링크(예를 들어, 같은 VLAN)에 존재한다는 것을 뜻한다.

[그림 31-4]는 호스트(PC1)가 또 다른 호스트가 사용하는 MAC 주소를 학습하기 위해 NS 메시지를 사용하는 방식에 대한 예를 보여준다. NDP NS와 NA 메시지를 IPv4의 같은 데이터 링크(간단히 온 링크(on-link)라 함) 상의 다른 IPv6 호스트들에 대한 링크 계층 주소를 발견하게 하는 ARP 프로토콜을 대체한다. NS 메시지는 타겟 IPv6 유니캐스트 주소에 대해 다음 질의를 포함한다. '해당되는 링크 주소는 무엇인가?' 이 예에서 질의에 응답하기 위해 링크 주소를 포함하는 NA 메시지가 호스트에게 다시 보내진다. [그림 31-4]는 예를 보여준다.

이 예의 단계 ①에서, PC1은 PC2의 MAC 주소를 찾기 위해 요청 메시지를 보낸다. PC1은 먼저 IPv4의 ARP 캐시에 해당하는 NDP의 네이버 테이블을 확인하는데, 현재 IPv6 주소 2001:DB8:1111:1::22에 대한 MAC 주소를 발견할 수 없다. 따라서 **단계①**에서 PC1은

---

[34] IPv4의 ARP Request는 브로드캐스트로 보내기 때문에 모든 호스트들의 CPU 사이클을 소모시킨다.

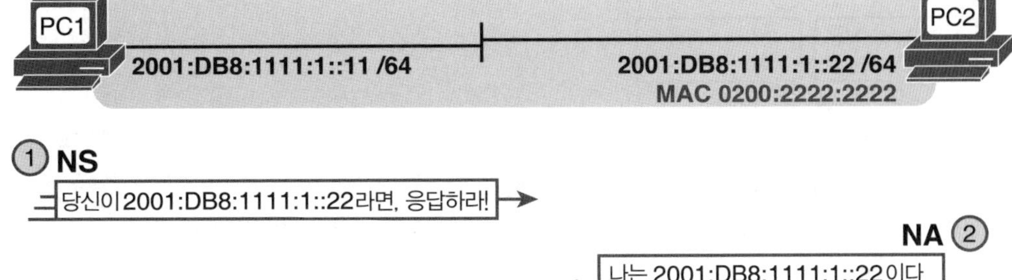

[그림 31-4] 이웃의 링크 주소를 발견하기 위한 NDP NS/NA 프로세스의 예

2001:DB8:1111:1::22 혹은 FF02::1:FF00:22의 MAC 주소를 찾기 위해 요청-노드 멀티캐스트 주소(solicited-node multicast address)로 NDP NS 메시지를 보낸다. 주소가 00:0022로 끝나는 IPv6 호스트들만 요청-노드 멀티캐스트 주소에 응답한다. 결과적으로 링크상의 호스트들 중 소수 그룹만 수신한 NDP NS 메시지를 처리할 것이다.

단계② 에서 PC2는 수신한 NS 메시지에 반응한다. PC2는 응답으로 PC2의 MAC 주소를 포함하는 NA 메시지를 돌려 보낸다. PC1은 PC1의 네이버 테이블에 PC2의 MAC 주소를 기록한다.

> **NOTE** 호스트의 NDP 네이버 테이블을 보기 위해 다음 명령어를 사용한다: (Windows) **netsh interface ipv6 show neighbors**; (Linux) **ip -6 neighbor show**; (Mac OS) **ndp -an.**

NDP NS와 NA에 의한 중복된 주소 발견

또한 호스트들은 NDP NS/NA 메시지를 이용하여 IPv6 주소의 중복을 피하기 위한 점검을 한다. IPv6는 유니캐스트 주소를 사용하기 전에, 링크에 다른 노드가 이미 주소를 사용하는지 확인할 수 있도록 DAD(Duplicate Address Detection) 프로세스를 수행한다. 만약 다른 호스트가 이미 그 주소를 사용한다면, 첫 번째 호스트는 문제가 해결될 때까지 그 주소를 사용하지 않는다.

DAD 라는 용어는 기능의 이름으로, 이 기능은 NDP의 NS와 NA메시지를 사용한다. 주소를 사용하기 전에 호스트는 NS 메시지를 보내는데, 여기에 타겟 주소로써 호스트가 사용하길 원하는 주소를 포함한다. 중복이 없다면, 어떤 호스트도 NA로 응답하지 않을 것이다. 그러나 만약 다른 호스트가 이미 이 주소를 사용하고 있다면, 해당 호스트는 NA로 응답할 것이고 이것은 중복된 주소를 사용하고 있다는 것을 의미한다. [그림 31-5]는 중복을 찾아내는 예를 보여준다.

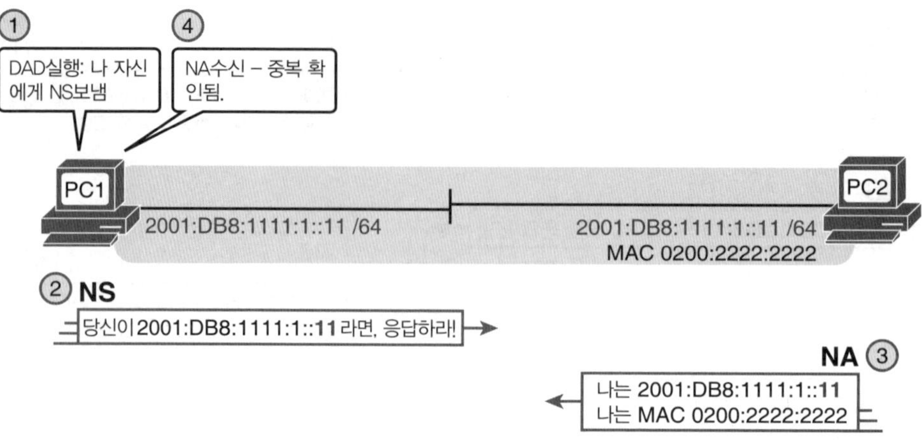

[그림 31-5] NDP NS/NA에 의한 DAD(Duplicate Address Detection) 예

[그림 31-5]는 PC1과 PC2가 같은 IPv6 주소를 사용하려는 예를 보여준다. PC2가 이미 해당 주소를 사용하고 있고, PC1은 이 주소를 사용하기 전에 DAD를 사용한다. 그림은 다음의 단계들을 보여준다:

① 주소 2001:DB8:1111:1::11을 사용하기 전에 PC1은 DAD를 사용해야 한다.

② PC1이 타겟으로 사용하길 원하는 주소(2001:DB8:1111:1::11)를 포함하는 NS 메시지를 보낸다.

③ PC2는 NS를 받아, 해당 주소를 PC2가 이미 자신의 주소로 사용한다는 것을 확인하고 NA로 응답한다.

④ 자신의 IPv6주소에 대한 NA 메시지를 받은 PC1은 주소가 중복되었다는 것을 알게 된다.

호스트는 주소를 처음 사용할 때나 호스트 인터페이스가 활성화될 때마다, 유니캐스트 주소 각각에 대해 DAD 확인을 한다.

NDP 요약

이 장에서는 NDP의 보다 중요한 기능을 설명한다. NDP는 이 장에서 나열한 것 이상의 일을 하고, 기능을 추가함으로써 계속 성장하고 있다. 여기서 논의한 네 개의 NDP 기능을 요약하는 [표 31-2]를 참고하기 바란다.

기능	프로토콜 메시지들	정보 발견자	정보 제공자	제공된 정보
라우터 발견	RS & RA	모든 IPv6 호스트	모든 IPv6 라우터	라우터의 링크-로컬 IPv6 주소
프리픽스/ 길이 발견	RS & RA	모든 IPv6 호스트	모든 IPv6 라우터	로컬 링크에서 사용하는 프리픽스(들)과 프리픽스 길이
네이버 발견	NS & NA	모든 IPv6 호스트	모든 IPv6 호스트	네이버가 사용하는 링크-로컬 주소(예를 들어, MAC 주소)
중복된 주소 탐지	NS & NA	모든 IPv6 호스트	모든 IPv6 호스트	유니캐스트가 이미 사용 중인지 여부에 대한 간단한 확인

[표 31-2] NDP 기능 요약

:: 호스트 IPv6에 대한 다이내믹한 설정

1990년대 중반, IPv6의 탄생 전에 세계는 수십 년 동안 IPv4를 사용했었다. IPv4에 대한 경험은 호스트의 IPv4 주소를 포함하여 기타 설정을 다이내믹하게 학습할 필요가 있음을 이미 보여주었다. IPv6가 만들어질 당시까지 DHCP는 IPv4 호스트가 주소와 기타 설정들을 다이내믹하게 학습할 수 있도록 하는 솔루션으로 선호되었다.

IPv4 환경에서 DHCP는 잘 작동하므로, IPv6를 위한 DHCP 버전(DHCPv6)의 생성은 적정한 것이었다. 그러나 DHCP가 많은 장점을 가진 반면, 한 가지 단점은 DHCP가 각 호스트(클라이언트)와 그 주소에 대한 정보를 유지하는 서버를 요구한다는 것이다. IPv6의 설계자는 서버가 필요하지 않는 다른 다이내믹 주소 할당 도구를 원했다. 그 답은? 바로 SLAAC이다.

이 장의 두 번째 주요 섹션은 먼저 DHCPv6를, 다음으로 SLAAC를 살펴본다.

스테이트풀 DHCP와 NDP를 사용하는 다이내믹 구성

IPv4를 위한 DHCP와 동일한 개념을 적용하는 IPv6를 위한 DHCP(DHCPv6)는 IPv6 호스트에게 IPv6 설정을 학습하는 방법을 제공한다. 호스트는 DHCP 서버와 메시지들을 교환하고, 서버는 호스트에게 프리픽스 길이와 DNS 서버 주소 정보와 함께 IPv6 주소를 포함하는 구성 정보를 제공한다.

> **NOTE** DHCP 버전은 실제로 버전 6이 아니다. IPv6를 지원한다는 점을 지칭하는 이름이기 때문에 'v6'로 끝난다.

보다 구체적으로는 스테이트풀(stateful) DHCPv6는 여러 가지 일반적인 측면에서, 보다 익숙한 IPv4를 위한 DHCP처럼 동작하는데 다음과 같다:

- LAN 상의 DHCP 클라이언트는 DHCP 서버를 찾기 위해 로컬 LAN으로 브로드캐스트 메시지를 보낸다.

- 만약 DHCP 서버가 클라이언트와 동일한 LAN에 존재하는 경우, 클라이언트와 서버는 DHCP 메시지들을 라우터의 도움 없이 직접 교환할 수 있다.

- 만약 DHCP 서버가 클라이언트와 다른 링크에 존재하는 경우, 클라이언트와 서버는 DHCP 메시지를 전달하기 위해 라우터에 의존한다.

- 하나의 링크로부터 다른 서브넷의 서버로 메시지를 전달하는 라우터는 DHCP 서버의 IPv6 주소를 아는 DHCP 릴레이 에이전트(Relay Agent)로 구성돼야 한다.

- 각 서브넷에 대해 서버는 주소 풀을 포함하는 구성을 가진다.

- 서버는 클라이언트의 서브넷을 위한 주소 풀로부터 클라이언트에게 IP 주소를 임대한다. 주소의 임대 기간은 보통 며칠 혹은 몇 주의 기간으로 설정한다.

DHCPv6는 사용 방법에 따라 두 가지 즉, 스테이트풀(stateful) DHCPv6와 스테이트리스(stateless) DHCPv6로 나뉜다. 스테이트풀 DHCPv6는 상기 리스트의 특별히 마지막 항목과 관련하여 DHCPv4와 같이 동작한다. 스테이트풀 DHCPv6 서버는 어떤 클라이언트가 어떤 IPv6 주소를 임대했는지에 관한 정보를 추적한다. 서버가 스테이트 정보라고 불리는 특정 클라이언트에 관한 정보를 알고 있다는 사실 때문에 DHCP 서버를 스테이트풀 DHCP 서버라 부른다.

스테이트리스 DHCP 서버는 클라이언트별 정보를 추적하지 않는다. 다음 섹션 'SLAAC(Stateless Address Auto Configuration) 사용하기'에서 회사에서 SLAAC를 사용하기로 결정했을 때, 스테이트리스 DHCP 서버의 주요 역할을 논의한다.

DHCPv6와 DHCPv4의 차이점

스테이트풀 DHCPv6는 DHCPv4와 다수의 유사점을 갖는 반면, 다수의 특별한 점도 가진다. [그림 31-6]은 주요 차이점 하나를 보여준다. 즉, 스테이트풀 DHCPv6는 디폴트 라우터 정보를 클라이언트에게 제공하지 않는다. 대신 클라이언트 호스트는 로컬 라우터로부터 라우터의 IPv6 주소를 직접 학습하기 위해 IPv6에 내장된 NDP 프로토콜을 사용한다.

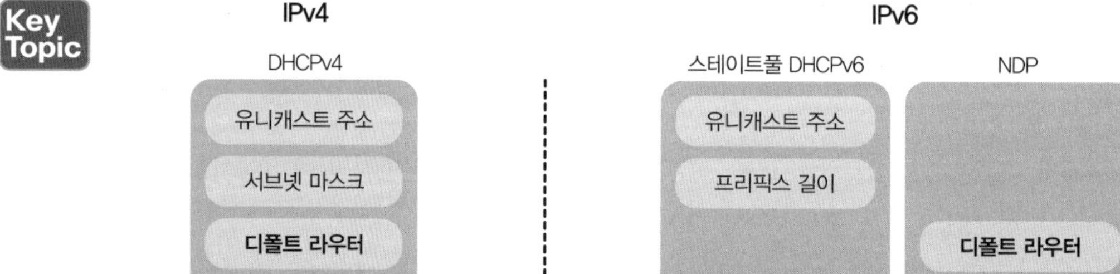

[그림 31-6] 스테이트풀 DHCP를 사용할 때의 IPv6 설정 방식

또한, DHCPv6는 IPv4 패킷 대신 새로운 메시지들과 필드들을 갖는 IPv6 패킷을 사용한다. 예를 들어, [그림 31-7]은 DHCPv4의 발견(Discover), 제공(Offer), 요청(Request)과 확인(Acknowledgment) 즉, DORA 메시지들을 대신하는 DHCPv6 메시지의 이름을 보여준다. 대신 DHCPv6는 신청(Solicit), 광고(Advertise), 요청(Request), 그리고 응답(Reply) 메시지를 사용한다.

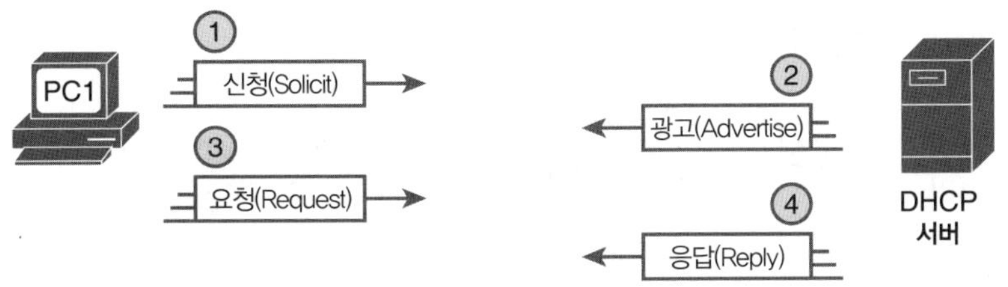

[그림 31-7] 클라이언트와 서버 간의 네 가지 스테이트풀 DHCPv6 메시지들

네 개의 DHCPv6 메시지는 DHCPv4 메시지와 동일한 흐름을 보이며 두 개의 쌍으로 나뉜다. 신청(Solicit)은 클라이언트가 사용 가능한 DHCPv6 서버를 찾는 메시지이고, 광고(Advertise) 메시지는 서버의 주소를 광고하는 메시지다. 요청(Request) 메시지는 클라이언트가 주소를 요청하기 위한 메시지이고, 응답(Reply) 메시지는 서버가 주소를 임대하기 위한 메시지다.

DHCPv6 릴레이 에이전트

스테이트풀 DHCPv6를 사용하는 기업은 종종 DHCPv6 서버를 사용하는 다수의 클라이언트들과 멀리 떨어진 중앙 사이트에 DHCP 서버를 둔다. 이러한 경우, 각 사이트의 로컬 라우터는 DHCP 릴레이 에이전트로 동작해야 한다.

DHCPv6 릴레이 에이전트의 개념은 20장 'DHCP와 호스트의 IP 네트워킹'의 'DHCP 릴레이를 통한 리모트 서브넷에 대한 DHCP 지원' 섹션에서 논의한 DHCPv4 릴레이와 같이 동작한다. 클라이언트는 로컬 LAN 내부에서만 전달되는 메시지를 사용한다. 라우터는 패킷의 출발지와 목적지 IP 주소를 변경하여 DHCP 서버로 전달한다. 서버가 응답을 보낼 때, 이것은 라우터(릴레이 에이전트)의 주소로 보내고 라우터가 다시 패킷의 주소들을 변경한다.

DHCPv6의 특이 사항은 DHCPv6 흐름을 시작하기 위한 신청(Solicit) 메시지와 같은 DHCPv6 메시지들에서 사용하는 IPv6 주소들의 일부를 볼 때 명확해진다. [그림 31-8]과 같이, 클라이언트는 신청 메시지에서 다음 주소들을 사용한다:

- *링크–로컬 출발지 주소: 클라이언트는 패킷의 출발지 주소로 자신의 링크–로컬 주소를 사용한다.*

- *'모든–DHCP–에이전트들(all–DHCP–agents)' 의 목적지 주소 FF02::1:2: 이 링크–로컬–범위 멀티캐스트 주소는 두 가지 종류의 장치(DHCP서버와 DHCP 릴레이 에이전트로 작동하는 라우터)에게 패킷을 보낼 때 사용한다.*

호스트가 보낸 신청(Solicit) 메시지가 사용하는 링크–로컬–범위 멀티캐스트 목적지 주소는 오직 로컬 LAN 내부에만 전달된다. [그림 31-8]은 DHCPv6 릴레이 에이전트로 동작하는 R1이 호스트 A와 같은 DHCPv6 클라이언트들이 보낸 DHCPv6 패킷들을 어떻게 DHCPv6 서버로 전달하는지를 보여준다.

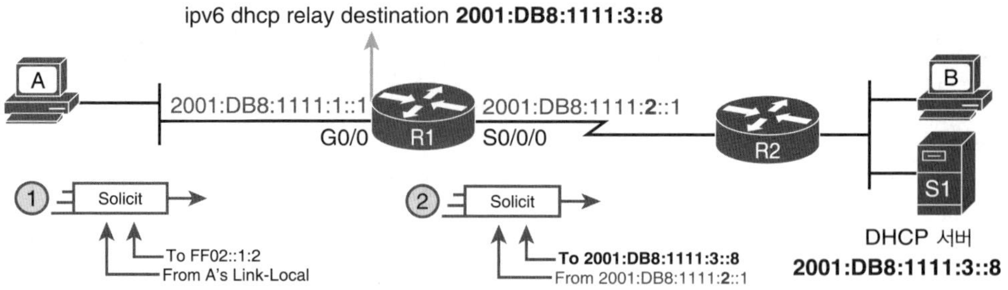

[그림 31-8] DHCPv6 릴레이 에이전트와 DHCP IPv6 주소들

DHCPv6 클라이언트인 호스트 A가 DHCPv6 신청(Solicit) 메시지를 만들고 보내는 것을 보여주는 **단계①** 에 먼저 주목해보자. 이 메시지는 호스트 A의 링크-로컬 주소로부터 모든-DHCP-에이전트(all-DHCP-agents) 멀티캐스트 주소FF02::1:2로 보내진다. 링크-로컬-범위 멀티캐스트 목적지 주소로 호스트가 보낸 신청 메시지는 로컬 LAN 내부에만 전달된다.

단계② 는 DHCPv6 릴레이 에이전트로 동작하는 R1의 동작을 보여준다. R1은 FF02::1:2로 보낸 DHCPv6 메시지를 인지하고 호스트 A가 보낸 메시지를 처리한다. R1은 패킷의 IPv6 목적지 주소를 오른쪽 DHCPv6 서버의 주소로 변경한다. 또한 R1은 패킷의 출발지 주소를 R1의 IPv6 주소 중 하나로 변경한다. DHCPv6는 DHCPv4 릴레이 에이전트와 달리, 아웃바운드 인터페이스(S0/0/0)의 주소를 출발지 IPv6 주소로 사용한다. 다음으로 R1은 신청 메시지를 서버로 전달한다.

서버에서 클라이언트로 돌려보낸 DHCPv6 메시지(그림에선 보이지 않음)는 릴레이 에이전트 라우터의 IPv6 주소로 보내지는데, 이 경우에는 2001:DB8:1111:2::1이 된다. 릴레이 에이전트는 이 DHCPv6 메시지의 목적지 주소를 클라리언트의 링크-로컬 주소로 변경하여 보낸다.

[예 31-1]은 [그림31-8]의 R1의 DHCPv6 릴레이 에이전트 구성을 보여준다. 이 예의 상단은 DHCPv6 서버의 IPv6 주소를 지정하는 **ipv6 dhcp relay** 인터페이스 하부 명령어를 보여준다. 그림의 하단은 **show ipv6 interface** 명령어의 아웃풋을 보여주는데, 여기서 R1은 현재 모든-DHCP-에이전트(all-DHCP-agents) 멀티캐스트 주소 FF02::1:2로 보내는 멀티캐스트에 대해 수신 대기하고 있다는 것을 보여준다.

```
interface GigabitEthernet0/0
 ipv6 dhcp relay destination 2001:DB8:1111:3::8

R1# show ipv6 interface g0/0
GigabitEthernet0/0 is up, line protocol is up
  IPv6 is enabled, link-local address is FE80::FF:FE00:1
  No Virtual link-local address(es):
```

```
    Description: to SW1 port F0/1
    Global unicast address(es):
      2001:DB8:1111:1::1, subnet is 2001:DB8:1111:1::/64 [EUI]
    Joined group address(es):
      FF02::1
      FF02::2
      FF02::A
      FF02::1:2
      FF02::1:FF00:1
! 간략화를 위해 라인 생략됨
```

[예 31-1] 다른 네트워크의 DHCPv6 서버를 지원하기 위한 라우터 R1 설정

SLAAC(Stateless Address Auto Configuration) 사용하기

DHCPv4의 스테이트풀 특성은 더 새로운 스테이트풀 DHCPv6와 더불어 몇몇 과제를 제시한다. 즉, 누군가 DHCP 서버를 구성, 운용 및 관리해야 한다는 것이다. 구성은 모든 서브넷에 대한 IP 주소 범위의 설정을 포함한다. 그리고 호스트가 주소를 임대할 때 클라이언트가 어떤 주소를 사용하는지를 저장한다. 스테이트풀 DHCPv6의 기능이 잘 작동하지만, IT 직원의 몇 가지 고려와 주의가 필요하다.

IPv6의 SLAAC는 스테이트풀 서버 없이, 다이내믹 IPv6 주소 할당을 위한 대안을 제공한다. 즉, SLAAC는 IPv6 주소를 할당하거나 임대하는 서버가 필요 없고, 서브넷별 데이터를 미리 구성하는 IT 직원을 필요로 하지 않으며, 어떤 장치가 어떤 IP 주소를 사용하는지를 추적하기 위한 서버를 필요로 하지 않는다.

SLAAC라는 용어는 호스트가 IPv6 설정값 즉, 자신의 IP 주소를 포함하는 네 가지의 핵심 호스트 IPv6 설정값(주소, 프리픽스 길이, 디폴트 라우터, DNS 서버 주소)을 학습하는 전체 과정을 가리킨다. 다음 주제는 IPv6 주소와 연관된 SLAAC가 수행하는 동작을 살펴보는 것으로 시작한다. 그리고 모든 네 가지의 호스트 설정을 찾기 위해 SLAAC를 사용하는 전체 과정(스테이트리스 DHCP뿐 아니라 NDP를 사용하는 과정)을 살펴본다.

SLAAC에 의한 IPv6 주소 할당

SLAAC를 사용할 때 호스트는 IPv6 주소를 임대하지 않고, 그 IPv6 주소를 학습하지도 않는다. 대신 호스트는 주소의 일부분(프리픽스)만을 학습하고 그 자신의 IPv6 주소의 나머지를 스스로 구성한다.

구체적으로, SLAAC를 사용하는 호스트는 자신의 IPv6 주소를 정하기 위해 다음의 단계를 거친다:

[그림 31-9]는 호스트가 주소를 완성하는 가장 일반적인 방법을 설명하는 처음 두 단계를 요약한다. 호스트는 30장의 섹션 '수정된 EUI-64를 활용한 고유의 인터페이스ID 생성 방법'에서 설명한 대로, EUI-64 규칙을 사용한다. 대신, 호스트는 무작위 숫자를 선택하여 사용할 수도 있다.

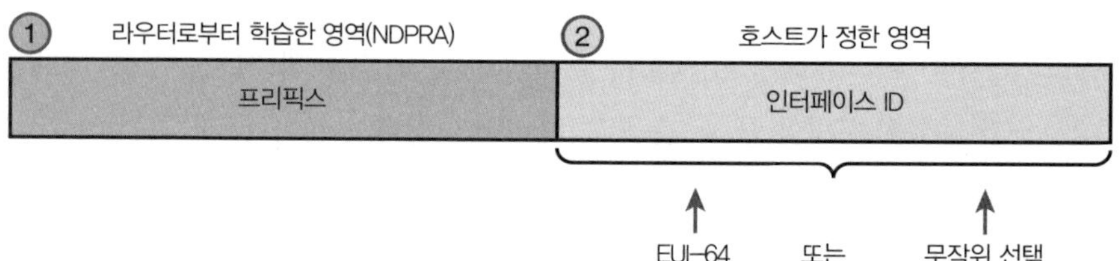

[그림 31-9] SLAAC를 사용하는 호스트 IPv6 주소 형식

NDP/스테이트리스 DHCP와 SLAAC 조합

SLAAC를 사용할 때, 호스트는 [그림 31-10]과 같이 네 가지 IPv6 설정을 찾기 위해 실제로 세 가지의 도구를 사용한다. SLAAC 그 자체는 IPv6 주소에만 초점을 맞춘다. 그리고 호스트는 NDP 메시지를 사용하여 링크 상의 라우터가 사용하는 프리픽스 길이와 IPv6 주소를 학습한다. 마지막으로, 호스트는 어떤 DNS 서버의 IPv6 주소를 학습하기 위해 스테이트리스 DHCP를 사용한다.

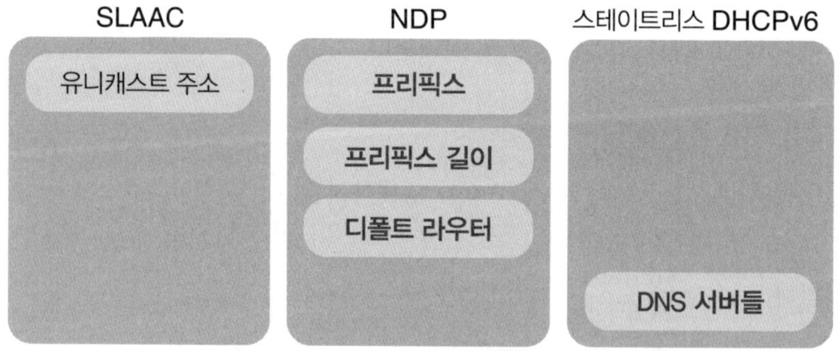

[그림 31-10] SLAAC를 사용할 때의 구체적인 IPv6 설정값의 근원

스테이트리스 DHCP는 또한 SLAAC를 사용할 때 퍼즐의 마지막 조각을 끼워 맞춘다. 이 호스트는 DNS 서버의 IPv6 주소를 알 필요가 있다. 해결책은 DHCPv6를 사용하는 것이다. 그러나 DHCPv6 클라이언트처럼 행동하는 호스트는 서버에게 IPv6 주소의 임대를 요청하는 것이 아니라 오직 DNS 서버 주소만을 요청한다.

그러면, 왜 이 서비스를 스테이트리스 DHCPv6라고 부르는 걸까? 스테이트리스 DHCPv6 서버는 할 일이 훨씬 적고, 네트워크 엔지니어의 관리 업무도 훨씬 줄어든다. 스테이트리스 DHCPv6 환경에서, DHCPv6 서버는

- 소수의 DNS 서버 주소에 대한 단순한 구성만을 필요로 한다.
- 서브넷별 구성 즉, 서브넷 리스트, 서브넷별 주소 풀, 서브넷별 제외 주소 목록, 서브넷별 프리픽스 길이에 대한 설정을 필요로 하지 않는다.
- DHCP 임대에 대한 상태 정보 가령, 어떤 장치가 어떤 IPv6 주소를 사용하는지를 추적할 필요가 없는데, 이것은 서버가 어떤 클라이언트에게도 주소를 임대하지 않기 때문이다

[표 31-3]은 스테이트리스 DHCP와 스테이트풀 DHCP 간의 핵심 비교 항목을 보여준다.

기능	스테이트풀 DHCP	스테이트리스 DHCP
클라이언트들의 IPv6 주소(상태 정보) 저장	Yes	No
클라이언트에게 IPv6 주소 임대	Yes	No
DNS 서버 주소 리스트 제공	Yes	Yes
보통 SLAAC와 사용됨	No	Yes

[표 31-3] 스테이트리스 DHCP와 스테이트풀 DHCP v6 서비스 비교

∷ IPv6 주소 구성과 관련한 장애 해결

이 섹션은 이 장의 세 번째이자 마지막 섹션으로써, 호스트에서 IPv6 주소 구성을 확인하고 장애를 해결하기 위한 몇 가지 명령어를 살펴본다. 특히 이 섹션은 호스트의 IPv6 설정을 점검하고 다음으로 호스트가 패킷을 보낼 수 있는지를 테스트하기 위한 일반적인 명령어 즉, **ping**과 **traceroute**를 설명한다.

이 섹션은 다른 호스트 OS에서 사용하는 몇 개의 명령어를 보여준다. 보통, 호스트 명령어를 나열하는 목적은 호스트에서 볼 수 있는 일반적인 정보를 확인하기 위한 것이다. 그러나 이 장과 다른 장에서 모든 OS의 모든 네트워킹 명령어들을 보여주지는 않는다. 대신에 이미 이전에 논의했던 개념을 강화하고자 한다.

호스트로부터의 IPv6 연결성 확인

대부분의 최종 사용자의 OS는 GUI(Graphical User Interface) 환경에서 IPv6 설정값들을 보

여주기 위한 편리한 방법을 지원한다. 어떤 경우, 네 가지의 핵심 IPv6 호스트 설정 모두를 하나의 창에서 표시할 수 있고 다른 경우, 모든 설정을 보기 위해 하나의 창 내부에서 다수의 탭들로 이동해야 할 수도 있다.

예로써, [그림 31-11]은 네 개의 IPv6 호스트 설정 중 세 가지를 나열한, Mac OS X의 창을 보여준다. 보이지 않는 하나의 설정인 DNS 서버 설정은 그림 상단의 다른 탭에 있다.

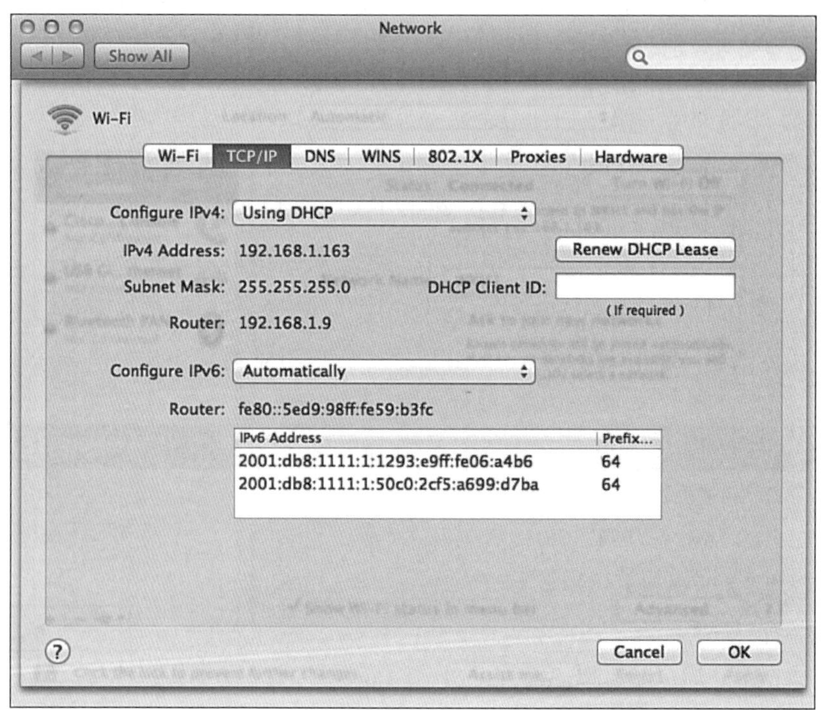

[그림 31-11] MAC OS X의 다이내믹 주소 할당을 통한 세 가지 IPv6 설정값들

[그림 31-11]을 자세히 살펴보자. 이 그림은 위에서 DHCP를 통해 학습한 IPv4 설정값들을 보여준다. 창의 아래쪽 절반은 호스트가 스테이트풀 DHCP 혹은 SLAAC 중 하나를 사용한다는 것을 의미하는 'Automatically(자동적으로)' 학습된 IPv6 설정값이라는 것을 보여준다. 이 경우, 호스트는 SLAAC를 사용하여 동일한 서브넷 2001:DB8:1111:1::/64 내부에서 두 개의 IPv6 주소들 즉, 하나는 EUI-64 규칙을 사용하고 다른 하나는 무작위한 인터페이스 ID를 사용하는 주소들을 할당한다(IPv6 호스트의 로직에는 호스트가 하나가 아닌 두 개의 주소를 사용하는 이유를 포함하여 이 장에서 논의하지 않는 다수의 항목들을 포함한다는 점을 유의하기 바란다).

또한 호스트는 동일한 정보를 확인하기 위해 일정한 명령어들을 지원한다. IPv6 설정을 확인하기 위해, 다수의 OS는 친숙한 명령어들 즉, 윈도우 OS에서는 **ipconfig**, 리눅스와 Mac OS에서 **ifconfig** 명령을 사용한다. [예 31-2]는 비교를 위해 [그림 31-11]과 같은 동일한 정보를 생성하기 위해 사용하는 Mac의 **ifconfig** 명령을 보여준다. 특히, 두 개의 강조된 영역에서, 이 호스트의 MAC 주소를 사용한 EUI-64 인터페이스 ID를 볼 수 있다.

```
WOair$ ifconfig en0
en0: flags=8863<UP,BROADCAST,SMART,RUNNING,SIMPLEX,MULTICAST> mtu 1500
        ether 10:93:e9:06:a4:b6
        inet6 fe80::1293:e9ff:fe06:a4b6%en0 prefixlen 64 scopeid 0x4
        inet 192.168.1.163 netmask 0xffffff00 broadcast 192.168.1.255
        inet6 2001:db8:1111:1:1293:e9ff:fe06:a4b6 prefixlen 64 autoconf
        inet6 2001:db8:1111:1:50c0:2cf5:a699:d7ba prefixlen 64 autoconf temporary
        media: autoselect
        status: active
```

[예 31-2] MAC의 샘플 ifconfig 명령어

ping과 **traceroute** 명령과 같이 일반적인 툴들을 사용하면, 새 호스트에 대한 테스트는 단순히 호스트의 네 가지 핵심 IPv6 설정에 대한 확인을 넘어 호스트의 인터네트워크의 나머지 영역에 대한 연결성까지 점검할 수 있다.

명령 자체와 관련하여, 어떤 OS들(특히 MS윈도우 변형과 시스코 라우터와 스위치)은 IPv4에서 사용했던 것과 동일한 **ping**과 **traceroute** 명령어를 사용하도록 한다. 다른 몇몇 OS들은 Mac OS와 리눅스에서 사용했던 ping6와 traceroute6와 같은 다른 명령어를 사용한다(다음의 예는 두 가지 변형을 보여준다).

ping과 **traceroute** 명령어의 아웃풋과 관련하여, 이 명령어들의 IPv4 버전을 이해하는 대부분 사람들에게는 IPv6 버전을 이해하기 위해 다른 어떤 설명을 필요로 하지 않는다. 이 아웃풋은 IPv6 주소를 보여준다는 명백한 차이 이외에는 IPv4와 거의 유사하다. 비교하자면 다음의 [예 31-3]과 [예 31-4]는 [그림 31-12]의 인터네트워크를 사용한 샘플 아웃풋을 보여준다.

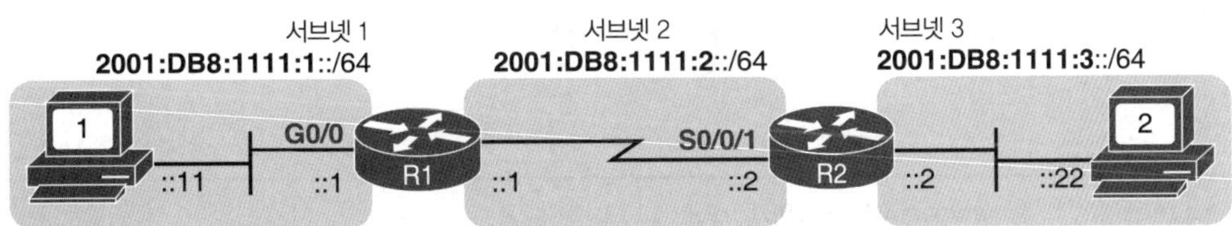

[그림 31-12] 31-12 ping과 traceroute 예를 위한 IPv6 인터네트워크

[예 31-3]은 리눅스 호스트인 PC1의 세 가지 **ping** 명령어를 보여준다(리눅스는 **ping6**와 **traceroute6**를 사용한다). 처음 두 명령어는 IPv6 **ping**을 보여주는데, 첫 번째는 R1의 LAN IPv6 주소에 대한 것이고, 다음으로 PC1에 의한 PC2의 IPv6 주소에 대한 핑을 보여준다. 마지막은 비교를 위한 IPv4 **ping**을 보여준다.

```
Master@PC1:$ ping6 2001:db8:1111:1::1
PING 2001:db8:1111:1::1 (2001:db8:1111:1::1) 56 data bytes
64 bytes from 2001:db8:1111:1::1: icmp_seq=1 ttl=64 time=1.26 ms
64 bytes from 2001:db8:1111:1::1: icmp_seq=2 ttl=64 time=1.15 ms
^C
--- 2001:db8:1111:1::1 ping statistics ---
2 packets transmitted, 2 received, 0% packet loss, time 1001 ms
rtt min/avg/max/mdev = 1.156/1.210/1.263/0.062 ms

Master@PC1:$ ping6 2001:db8:1111:3::22
PING 2001:db8:1111:3::22 (2001:db8:1111:3::22) 56 data bytes
64 bytes from 2001:db8:1111:3::22: icmp_seq=1 ttl=64 time=2.33 ms
64 bytes from 2001:db8:1111:3::22: icmp_seq=2 ttl=64 time=2.59 ms
64 bytes from 2001:db8:1111:3::22: icmp_seq=3 ttl=64 time=2.03 ms
^C
--- 2001:db8:1111:3::22 ping statistics ---
3 packets transmitted, 3 received, 0% packet loss, time 2003 ms
rtt min/avg/max/mdev = 2.039/2.321/2.591/0.225 ms
! IPv4 ping 다음에, 비교를 위해 - PC1으로부터 PC2로의 ping
Master@PC1:$ ping 10.1.3.22
PING 10.1.3.22 (10.1.3.22) 56 data bytes
64 bytes from 10.1.3.22: icmp_seq=1 ttl=64 time=2.45 ms
64 bytes from 10.1.3.22: icmp_seq=2 ttl=64 time=2.55 ms
64 bytes from 10.1.3.22: icmp_seq=3 ttl=64 time=2.14 ms
^C
--- 10.1.3.22 ping statistics ---
3 packets transmitted, 3 received, 0% packet loss, time 2014 ms
rtt min/avg/max/mdev = 2.04/2.318/2.604/0.224 ms
```

[예 31-3] PC1으로부터 R1과 PC2에 대한 **ping6** 명령어

[예 31-4]는 PC2로의 경로를 찾는 PC1의 **traceroute6** 명령어이다. 이 아웃풋은 IPv6 주소 목록을 보여준다는 차이점 이외에 IPv4 **traceroute** 명령어의 아웃풋과 대부분 동일하다. 이 아웃풋은 R1의 G0/0 IPv6 주소, 그 다음으로 R2의 S0/0/1 IPv6 주소, 그리고 마지막으로 PC2의 주소를 나열한다.

```
Master@PC1:$ traceroute6 2001:db8:1111:3::22
traceroute to 2001:db8:1111:3::22 (2001:db8:1111:3::22) from
2001:db8:1111:1::11,
   30 hops max, 24 byte packets
1 2001:db8:1111:1::1 (2001:db8:1111:1::1)  0.794 ms  0.648 ms  0.604 ms
2 2001:db8:1111:2::2 (2001:db8:1111:2::2)  1.606 ms  1.49 ms  1.497 ms
3 2001:db8:1111:3::22 (2001:db8:1111:3::22)  2.038 ms  1.911 ms  1.899 ms
```

[예 31-4] PC1로부터 PC2에 대한 **traceroute6** 명령어

가까운 라우터에서 호스트 연결 확인

IPv6 환경에서 라우터의 검증 명령어는 어떤 IPv6 기능들은 IPv4와 정확하게 동일한 명령어를 사용하지만, 어떤 명령어는 'ip'대신 'ipv6'로 대체해야 한다. 그리고 일부 경우, 특히 IPv4에 존재하지 않거나 약간 변경된 기능과 관련하여 라우터는 완전히 새로운 명령어를 지원한다. 이 섹션은 IPv6 환경에서 IPv6 호스트에 대한 연결을 검증하기 위한 한 쌍의 명령으로써 일부는 오래되고, 일부는 새로운 라우터 명령어를 보여준다.

첫째는 더욱 친숙한 명령어로서, 시스코 라우터와 스위치는 IPv6에서 IPv4에서와 동일한 기본 특성을 갖는 **ping**과 **traceroute** 명령어를 지원한다. 명령어의 표준 버전에서, 명령어는 입력 값으로 IPv4뿐만 아니라 IPv6 주소도 받아들인다. 이 명령어들의 확장 버전에서, 첫 번째 프롬프트 질문은 프로토콜에 대해 묻는다. 디폴트인 **ip**를 사용하는 대신, **ipv6**를 입력하고, 질문의 나머지에 대답하면 된다.

다음 예는 특히 확장형 명령어를 설명하기 위한 것이다. [예 31-5]는 R1에서 R2로, 패킷의 출발지로서 R1의 G0/0 인터페이스를 사용하는 확장형 IPv6 **ping**으로 시작한다. 둘째 명령어는 R1에서 PC2로의 표준형 IPv6 **traceroute**를 보여준다.

```
R1# ping
Protocol [ip]: ipv6
Target IPv6 address: 2001:db8:1111:3::22
Repeat count [5]:
Datagram size [100]:
Timeout in seconds [2]:
Extended commands? [no]: yes
Source address or interface: GigabitEthernet0/0
UDP protocol? [no]:
Verbose? [no]:
Precedence [0]:
DSCP [0]:
Include hop by hop option? [no]:
Include destination option? [no]:
Sweep range of sizes? [no]:
Type escape sequence to abort.
Sending 5, 100-byte ICMP Echos to 2001:DB8:1111:3::22, timeout is 2 seconds:
Packet sent with a source address of 2001:DB8:1111:1::1
!!!!!
Success rate is 100 percent (5/5), round-trip min/avg/max = 0/1/4 ms

R1# traceroute 2001:db8:1111:3::22
Type escape sequence to abort.
Tracing the route to 2001:DB8:1111:3::22

  1 2001:DB8:1111:2::2 4 msec 0 msec 0 msec
  2 2001:DB8:1111:3::22 0 msec 4 msec 0 msec
```

[예 31-5] 라우터 R1으로부터의 IPv6의 확장형 **ping**과 표준형 traceroute

라우터에서 호스트 설정을 확인하는 또 다른 방법은 라우터의 네이버 테이블을 보는 것이다. 라우터를 포함하여 모든 IPv6 호스트는 IPv6 네이버 테이블을 유지하고, 테이블에는 모든 이웃하는 IPv6 주소와 이에 대응하는 MAC 주소들의 목록을 보여준다. 기본적으로 이 테이블은 IPv4 ARP 테이블과 동등한 것으로써, NDP NS와 NA 메시지를 통해 학습한 정보를 포함한다.

이웃 호스트의 반응 여부를 확인하는 한 가지 방법은 라우터가 NDP NS(호스트의 MAC 주소를 발견하기 위해)를 보낼 때, 이웃 호스트가 NDP NA를 다시 보내는지 여부를 확인하는 것이다. 이를 위해, 라우터에서 네이버 테이블을 삭제하고(**clear ipv6 neighbor**), 연결된 인터페이스 상의 호스트에게 핑을 보낸다. 라우터는 먼저 NDP NS를 보내고, 호스트는 NDP NA를 돌려보내야 한다. 만약 라우터가 네이버 테이블에서 MAC 주소를 보여준다면, 호스트가 NDP NA로 응답했음에 틀림없다. [예 31-6]은 다음 [그림 31-13]의 라우터 R2로부터 **show ipv6 neighbors** 명령어를 사용했을 때의 샘플 IPv6 네이버 테이블을 보여준다.

```
R2# show ipv6 neighbors
IPv6 Address                        Age Link-layer Addr State Interface
FE80::11FF:FE11:1111                  0 0200.1111.1111  STALE Gi0/0
FE80::22FF:FE22:2222                  1 0200.2222.2222  STALE Gi0/0
2001:DB8:1111:3::22                   0 0200.2222.2222  REACH Gi0/0
FE80::FF:FE00:3333                    1 0200.0000.3333  DELAY Gi0/0
2001:DB8:1111:3::33                   0 0200.1111.1111  REACH Gi0/0
2001:DB8:1111:3::3                    0 0200.0000.3333  REACH Gi0/0
```

[예 31-6] 라우터 R2의 show ipv6 neighbors 명령어

마지막으로, 라우터들은 LAN 서브넷 상에서 사용 가능하며 호스트의 연결성에 영향을 미치는 라우터들에 대한 정보를 보여준다. 상기하자면, 라우터는 특정 LAN 서브넷에서 IPv6 라우터로 작동하겠다는 것을 널리 알리기 위해 NDP RA 메시지를 보낸다. 시스코 라우터는 다른 라우터로부터 받은 RA 메시지를 본다(그런데 라우터는 주기적으로 요청받지 않은 RA 메시지를 보낸다). **show ipv6 routers** 명령어는 다른 라우터들을 나열한다.

예를 들어, [그림 31-13]에서 보이는 토폴로지를 보자. R1은 왼쪽 LAN 상의 IPv6 라우터이므로, R1은 해당 LAN 서브넷상의 다른 라우터로부터 어떤 RA 메시지를 듣지 못한다. 그러나 동일한 서브넷으로 연결된 R2와 R3는 서로 NDP RA를 교환한다. [예 31-7]은 R1(라우터가 나열되지 않은)과 R2(하나의 라우터가 나열된)의 **show ipv6 routers** 명령어의 아웃풋을 보여준다.

마지막으로 고려할 사항은 호스트 그 자체의 명령어와 관련된 것이다. 당연히 호스트는 자신의 NDP 정보를 보여준다. 대부분의 호스트는 네이버 테이블을 보여주고, 또한 라우터를 별도로 표시한다(라우터는 NDP RA도 보낸다).

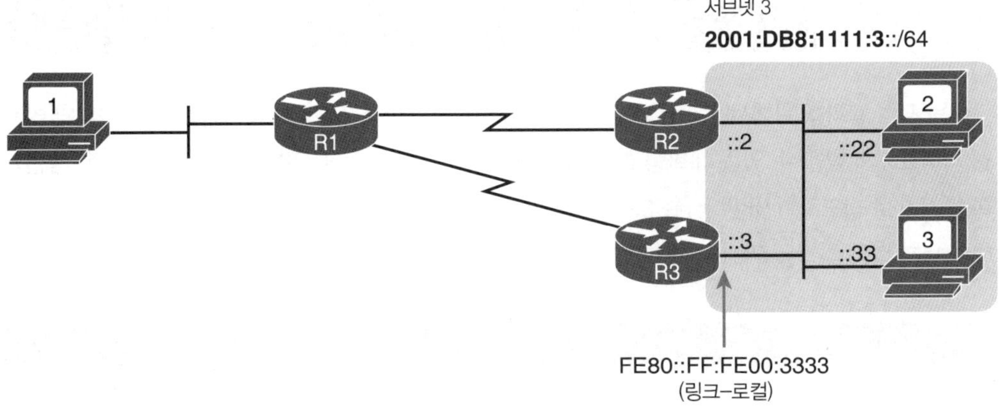

[**그림 31-13**] 동일한 링크(VLAN) 상에 두 라우터를 갖는 샘플 IPv6 인터네트워크

```
 !  R1에선 어떤 라우터도 보여주지 않는다.
R1# show ipv6 routers
R1#
```
```
 !  R2는 한 라우터(R3)를 보여준다.
R2# show ipv6 routers
Router FE80::FF:FE00:3333 on GigabitEthernet0/0, last update 0 min
  Hops 64, Lifetime 1800 sec, AddrFlag=0, OtherFlag = 0, MTU = 1500
  HomeAgentFlag=0, Preference=Medium
  Reachable time 0 (unspecified), Retransmit time 0 (unspecified)
  Prefix 2001:DB8:1111:3::/64 onlink autoconfig
    Valid lifetime 2592000, preferred lifetime 604800
```

[**예 31-7**] show ipv6 routers 명령어에 의한 모든 라우터 확인하기

[예 31-8]은 Mac OS를 사용하는 호스트의 예를 보여준다. 두 개의 강조된 항목 중에서 'R'로 표시된 플래그 필드(Flgs)를 갖는 첫 번째는 이전에 자신을 알리기 위해 RA를 보낸 라우터다. 두 번째 강조된 항목은 호스트에 대한 것이라서, 글자 'R'이 'Flgs'라는 표제 아래 보이지 않는다.

```
WOAir$ ndp -an
Neighbor                         Linklayer Address   Netif Expire     St Flgs Prbs
::1                              (incomplete)        lo0 permanent R
2001:db8:1111:1::1               5c:d9:98:59:b3:fc   en0 1s           D  R
2001:db8:1111:1:1293:e9ff:fe06:a4b6 10:93:e9:6:a4:b6 en0 5s             R
```

[**예 31-8**] NDP 네이버 테이블 예, Mac OS X

챕터 리뷰

좋은 시험 결과를 위해서는 리뷰 세션에 대한 복습이 중요하다. 책이나 DVD의 툴 혹은 책의 동반자 웹 사이트에서 찾을 수 있는 대화형 툴을 활용하여 이 장의 자료들을 리뷰하기 바란다. 특히, '당신의 학습 계획'을 참조하기 바란다. [표 31-4]는 핵심 리뷰 요소들과 자료 출처들을 보여준다. 학습 과정에 대해 보다 나은 추적을 위해 두 번째 열에 완료한 날짜를 기록하도록 한다.

리뷰 항목	완료 날짜	자료 출처
핵심 주제 리뷰		책, DVD/웹 사이트
핵심 용어 리뷰		책, DVD/웹 사이트
사전 점검 퀴즈 반복		책, PCPT
메모리 테이블 리뷰		책, DVD/웹 사이트
명령어 테이블 리뷰		책

[표 31-4] 챕터 리뷰 확인

핵심 주제 복습

핵심 주제	설명	페이지
리스트	주요 역할을 수행하는 NDP의 네 가지 기능들	791
리스트	NDP RS와 RA 메시지들에 대한 설명	792
그림 31-2	NDP RS와 RA의 사용 예	792
리스트	NDP NS와 NA 메시지들에 대한 설명	794
그림 31-4	NDP NS와 NA 사용 예	795
그림 31-5	DAD(Duplicate Address Detection)를 위한 NDP 사용 예	796
표 31-2	이 장에서 논의한 NDP 기능 요약	796
리스트	IPv4를 위한 DHCP와 IPv6을 위한 스테이트풀 DHCP의 유사성	797~798
그림 31-6	DHCPv4와 스테이트풀 DHCPv6의 핵심 차이점	798
리스트	SLAAC를 사용하여 IPv6 주소를 구성할 때 호스트의 단계들	802
그림 31-9	SLAAC 주소 생성 개념들	802
예 31-3	**ping6** 명령 예	803

[표 31-5] 31장의 핵심 주제들

∷ 명령어 참조

[표 31-6], [표 31-7]과 [표 31-8]은 이 장에서 사용하는 설정과 확인 명령어들을 보여준다. 연습을 위해 표의 왼쪽 행을 가리고, 오른쪽 행을 읽고 해당 명령을 보지 않고 기억해보도록 한다. 다음으로 오른쪽 행을 덮고 명령이 무엇을 위한 것인지를 기억하는 연습을 반복한다.

명령어	모드 및 목적
ipv6 dhcp relay destination *server-address*	IPv6 DHCP 릴레이 에이전트를 활성화하는 인터페이스 하부 명령어

[표 31-6] 31장 설정 명령어 참조

명령어	모드 및 목적
ping {*host-name* | *ipv6-address*}	목적지 호스트에게 ICMP 패킷을 보냄으로써 IPv6 루트들을 점검한다.
traceroute{*host-name* | *ipv6-address*}	라우터와 표시된 목적지 간의 루트에서 IP 주소들을 찾기 위해 IPv6 루트들을 테스트한다.
show ipv6 neighbors	라우터의 IPv6 네이버 테이블을 보여준다.
show ipv6 routers	NDP RA 메시지를 통해 자신을 알리는 라우터들을 보여준다.

[표 31-7] 31장 EXEC 명령어 참조

명령어	모드 및 목적
ipconfig / ifconfig / ifconfig	IPv4와 IPv6 주소를 포함해서 인터페이스 설정값들을 보여준다.
ping / ping6 / ping6	목적지 호스트에게 ICMPv6 패킷을 보냄으로써 IP 루트들을 테스트한다.
tracert / traceroute6 / traceroute6	라우터와 표시한 목적지 간의 루트들의 IPv6 주소들을 찾기 위해 IP 루트들을 테스트한다.
netsh interface ipv6 show neighbors / ndp –an / ip –6 neighbor show	호스트의 IPv6 네이버 테이블을 보여준다.

[표 31-8] 31장 호스트 명령어 참조

Chapter 32
IPv6 라우팅 설정

이 장은 다음 시험 주제를 다룬다.

3.0 라우팅 기술들

3.6 IPv4와 IPv6 스태틱 라우팅 설정, 확인 및 장애 해결

3.6.a 디폴트 루트(Default route)

3.6.b 네트워크 루트(Network route)

3.6.c 호스트 루트(Host route)

3.6.d 플로팅 스태틱(Floating static)

이 책에서 IPv6 이야기의 나머지 한 조각은 라우터 IPv6 경로를 학습하는 방법이다. 흥미롭게도 시스코 CCNA R&S 시험의 절반인 ICND2에서 IPv6 라우팅 프로토콜을 다루고, 나머지 반인 ICND1에서는 스태틱 IPv6 루트에 대해서만 다룬다. 그래서 이 장에서 라우터가 IPv6 루트들을 생성하기 위한 가장 단순하고 직접적인 방식인 커넥티드, 로컬과 스태틱 루트를 다룬다.

이 장은 다음 두 개의 주요 섹션으로 나뉜다. 이 장의 첫 번째 섹션은 IPv6가 IPv4와 같이, 각 인터페이스 IPv6 주소에 기초하여 커넥티드와 로컬 루트를 추가하는 방법에 대해 자세히 다룬다. 이 장의 두 번째 주요 섹션은 IPv4의 **ip route** 명령 대신에 **ipv6 route** 명령을 입력하여 스태틱 IPv6 루트를 설정하는 방법을 살펴본다.

이 장의 학습을 위해 필요한 시간을 가늠하기 위해 시험(이 페이지나 PCPT 소프트웨어를 사용 가능)을 보기 바란다. 정답은 퀴즈 다음 페이지의 아랫 부분에 나와 있고, 설명은 DVD 부록 C와 PCPT 소프트웨어에 있다.

핵심 주제 섹션	해당 문제
커넥티드 및 로컬 IPv6 루트들	1-2
스태틱 IPv6 루트들	3-6

[표 32-1] 사전 점검 퀴즈와 관련된 핵심 주제

문제 **1, 3, 4**에서는 다음 그림을 참조하라.

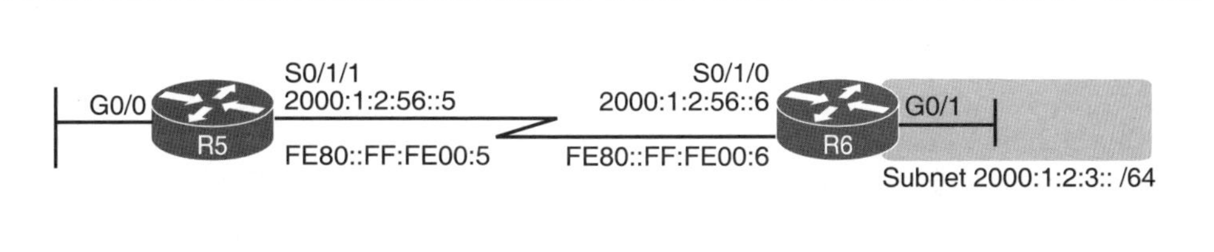

1. 그림의 R6 라우터 G0/1 인터페이스는 **ipv6 address 2000:1:2:3::1/64** 명령으로 설정되었다. 라우터는 FE80::FF:FE00:1이라는 링크-로컬 주소를 생성하였고, 인터페이스는 동작 중이다. 다음 루트들 중 IPv6 라우팅 테이블에 추가되는 것은? (2개를 선택할 것)

a. 2000:1:2:3::/64에 대한 루트

b. FE80::FF:FE00:1/64에 대한 루트

c. 2000:1:2:3::1/128에 대한 루트

d. FE80::FF:FE00:1/128에 대한 루트

2. 라우터 G0/1 인터페이스는 **ipv6 address 3111:1:1:1::1/64** 명령이 설정되었고, G0/2 인터페이스는 **ipv6 address 3222:2:2:2::1/64** 명령이 설정되었다. 두 인터페이스 모두 동작 중이다. 다음 루트들 중 **show ip route connected** 명령어의 아웃풋에서 볼 수 있는 것은? (2개를 선택할 것)

a. 3111:1:1:1::/64에 대한 루트

b. 3111:1:1:1::1/64에 대한 루트

c. 3222:2:2:2::/64에 대한 루트

d. 3222:2:2:2::2/128에 대한 루트

3. 엔지니어는 문제 1의 그림에서 라우터 R5의 설정에 프리픽스 2000:1:2:3::/64에 대한 스태틱 IPv6 루트를 추가할 필요가 있다. 다음 중 라우터 R5에서 해당 서브넷에 대한 스태틱 IPv6 루트 설정으로 유효한 것은?

   a. ipv6 route 2000:1:2:3::/64 S0/1/1

   b. ipv6 route 2000:1:2:3::/64 S0/1/0

   c. ip route 2000:1:2:3::/64 S0/1/1

   d. ip route 2000:1:2:3::/64 S0/1/0

4. 엔지니어는 문제 1의 그림에서 라우터 R5의 설정에 프리픽스 2000:1:2:3::/64에 대한 스태틱 IPv6 루트를 추가할 필요가 있다. 다음 중 라우터 R5에서 해당 서브넷에 대한 스태틱 IPv6 루트 설정으로 유효한 것은?

   a. ipv6 route 2000:1:2:3::/642000:1:2:56::5

   b. ipv6 route 2000:1:2:3::/64 2000:1:2:56::6

   c. ipv6 route 2000:1:2:3::/64 FE80::FF:FE00:5

   d. ipv6 route 2000:1:2:3::/64 FE80::FF:FE00:6

5. 엔지니어는 라우터 R1의 컨피규레이션 모두에서 **ipv6 route 2001:DB8:8:8::/64 2001:DB8:9:9::9 129** 명령어를 입력하고 엔터 키를 눌렀다. 이후에 **show ipv6 route** 명령은 서브넷 2001:DB8:8:8::/64에 대한 루트를 보여주지 않는다. 다음 중 IPv6 라우팅 테이블에 루트가 보이지 않게 하는 원인은 무엇인가?

   a. 이 명령은 넥스트-홉 주소로 글로벌 유니캐스트 대신 링크-로컬 주소를 사용했어야 한다.

   b. 이 명령은 아웃바운드 인터페이스 파라미터를 누락함으로써, IOS는 **ipv6 route** 명령을 거부한다.

   c. 라우터는 2001:DB8:9:9::9에 일치하는 루트를 갖지 않는다.

   d. 어드미니스트레이티브 디스턴스로 110을 갖는 2001:DB8:8:8::/64에 대한 루트가 이미 존재한다.

6. 이 명령어의 아웃풋은 **show ipv6 route** 명령의 보다 긴 아웃풋으로부터 두 개의 루트들을 보여준다. 아웃풋과 관련하여 맞는 말은? (2개를 선택할 것)

```
R1# show ipv6 route static
! 간략화를 위해 생략됨
S   2001:DB8:2:2::/64[1/0]
      via 2001:DB8:4:4::4
S   ::/0[1/0]
      via Serial0/0/1, directlyconnected
```

   a. ::/0에 대한 루트는 **ipv6 route** 글로벌 명령 때문에 추가된다.

   b. 2001:DB8:2:2::/64루트의 어드미니스트레이티브 디스턴스는 1이다.

   c. ::/0에 대한 루트는 **ipv6 address** 인터페이스 하부 명령 때문에 추가된다.

   d. 2001:DB8:2:2::/64 루트는 IPv6 라우팅 프로토콜 때문에 추가된다.

:: 커넥티드 및 로컬 IPv6 루트들

시스코 라우터는 여러 가지 이유로 IPv6 라우팅 테이블에 IPv6 루트를 추가한다. 해당 로직은 라우터가 IPv4를 위해 사용하는 로직을 닮았기 때문에 독자들은 그 사유를 추측 가능할 것이다. 특히, 라우터는 다음 방식에 따라 IPv6 루트를 추가한다.

- 작동하는 인터페이스에 IPv6 주소 구성(connected and local routes)
- 스태틱 루트의 직접 구성(static routes)
- OSPFv3와 같이 라우터 위에서 같은 데이터 링크를 공유하는 라우팅 프로토콜의 구성 (dynamic routes).

이 장에서 이러한 두 주제 중 첫 번째를 살펴본다.

> **NOTE** 시스코는 CCNA R&S시험 주제의 절반인 ICND2에서 모든 IPv6 라우팅 프로토콜을 다룬다. 이 책의 Part VIII는 IPv6 프로토콜에 대해 논의한다. 만약 ICND2 책이 없으나 IPv6 라우팅 프로토콜의 배경 지식을 원한다면, 이 책의 DVD 부록 Q에서 'OSPFv3와 다이내믹 루트들'이란 제목의 섹션을 참조하기 바란다.

커넥티드 및 로컬 루트들에 대한 규칙

라우터는 인터페이스 설정과 인터페이스 상태에 기초하여 커넥티드 및 로컬 루트들을 추가하거나 삭제한다. 먼저, 라우터는 **ipv6 address** 명령을 찾음으로써 해당 인터페이스에 유니캐스트 주소를 설정했는지 확인한다. 인터페이스가 작동 가능하다면 즉, 인터페이스의 **show interfaces**의 결과가 'line status is up, protocol status is up'이라면 라우터는 커넥티드 및 로컬 루트를 라우팅 테이블에 추가한다.

> **NOTE** 라우터는 링크-로컬 주소를 위한 IPv6 루트를 생성하지 않는다.

커넥티드 및 로컬 루트들에 대한 규칙

커넥티드 및 로컬 루트들 자체는 IPv4와 동일한 로직을 따른다. 커넥티드 루트는 인터페이스에 직접 연결된 서브넷인 반면 로컬 루트는 인터페이스에 설정된 특정 IPv6 주소만을 위한 호스트 루트다.

예를 들어, **ipv6 address 2000:1:1:1::1/64** 명령이 설정되었으며 정상 작동하는 인터페이스를 가진 라우터를 고려해보자. 라우터는 이 주소와 프리픽스 길이에 기초하여 서브넷 ID를 계산할 것이고, 라우팅 테이블에는 서브넷(2000:1:1:1::/64)을 커넥티드 루트로 올릴 것이다. 또한 라우터는 **ipv6 address 2000:1:1:1::1/64** 명령에서 IPv6 주소를 확인하고 /128 프리픽스
길이와 함께 해당 주소에 대한 호스트 루트를 생성한다(IPv4에서 호스트 루트는 /32 프리픽스 길이를
갖지만, IPv6는 /128 프리픽스 길이를 사용하는데 이것은 '정확하게 이 주소 하나'를 의미한다).

다음 리스트는 인터페이스의 IPv6 유니캐스트 주소 설정에 기초하여 라우터가 루트를 생성
하는 방식을 보다 쉽게 요약한다.

① 라우터는 **ipv6 address** 명령과 함께 설정된 인터페이스 상의 각 유니캐스트 IPv6 주소에 기초하여
다음과 같이 IPv6 루트를 생성한다.

Ⓐ 라우터는 해당 서브넷에 대한 루트를 생성한다(커넥티드 루트).
Ⓑ 라우터는 라우터의 IPv6 주소(호스트 루트)를 위한 호스트 루트(/128 프리픽스 길이)를 생성한다.

② 라우터는 해당 인터페이스에 관련된 링크–로컬 주소에 기초한 루트를 생성하지는 않는다.

③ 라우터는 인터페이스가 다운되면 인터페이스에 대한 커넥티드 루트와 로컬 루트를 삭제하고, 인
터페이스가 다시 동작 상태(up/up)가 되면 이러한 루트들을 다시 추가한다.

커넥티드 IPv6 루트 예

커넥티드와 로컬 IPv6 루트의 개념은 IPv4 루트와 거의 동일한데, 몇 가지 예로 명확하게 확
인할 수 있다. 몇 가지 샘플 루트들을 활용하기 위해, [그림 32-1]은 이 장에서 사용되는 한 인
터네트워크 사례를 상세하게 보여준다. 이 그림은 IPv6 서브넷 ID를 보여준다. 앞으로 소개할
예들은 R1 라우터의 커넥티드와 로컬 루트에 초점을 맞춘다.

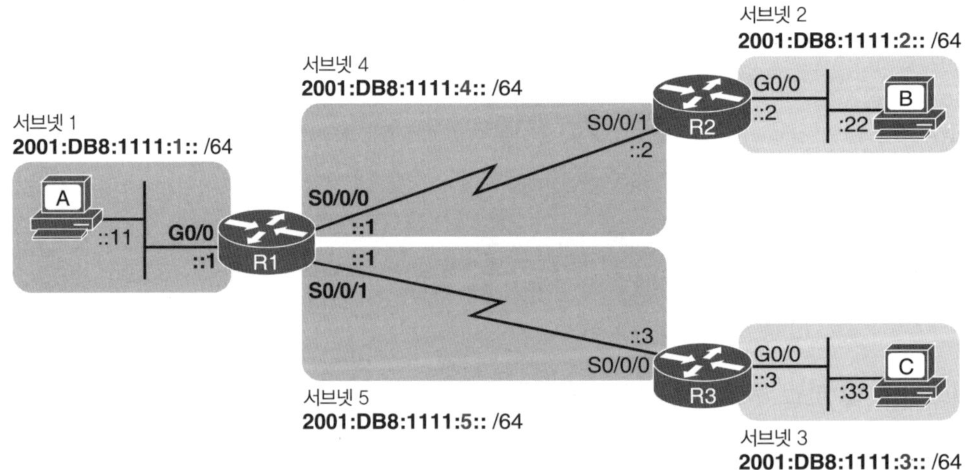

[그림 32-1] 커넥티드와 로컬 루트를 보여주기 위한 샘플 네트워크

사전 점검 퀴즈 정답
1 A, C **2** A, C **3** A **4** B **5** C **6** A, B

```
ipv6 unicast-routing
!
interface serial0/0/0
  ipv6 address 2001:db8:1111:4::1/64
!
interface serial0/0/1
  ipv6 address 2001:db8:1111:5::1/64
!
interface gigabitethernet0/0
  ipv6 address 2001:db8:1111:1::1/64
```

[예 32-1] 라우터 R1의 IPv6 주소 설정

[그림 32-1]과 [예 32-1]에 기초하여 [예 32-2]에서 강조된 것처럼 R1은 세 개의 커넥티드 IPv6 루트들을 가져야 한다.

```
R1# show ipv6 route
IPv6 Routing Table - default - 7 entries
Codes: C - Connected, L - Local, S - Static, U - Per-user Static route
       B - BGP, R - RIP, I1 - ISIS L1, I2 - ISIS L2
       IA - ISIS interarea, IS - ISIS summary, D - EIGRP, EX-EIGRP external
       ND - Neighbor Discovery, l - LISP
       O - OSPF Intra, OI - OSPF Inter, OE1 - OSPF ext 1, OE2 - OSPF ext 2
       ON1 - OSPF NSSA ext 1, ON2 - OSPF NSSA ext 2
C   2001:DB8:1111:1::/64 [0/0]
     via GigabitEthernet0/0, directly connected
L   2001:DB8:1111:1::1/128 [0/0]
     via GigabitEthernet0/0, receive
C   2001:DB8:1111:4::/64 [0/0]
     via Serial0/0/0, directly connected
L   2001:DB8:1111:4::1/128 [0/0]
     via Serial0/0/0, receive
C   2001:DB8:1111:5::/64 [0/0]
     via Serial0/0/1, directly connected
L   2001:DB8:1111:5::1/128 [0/0]
     via Serial0/0/1, receive
L   FF00::/8 [0/0]
     via Null0, receive
```

[예 32-2] 스태틱 루트 혹은 라우팅 프로토콜을 설정하기 전의 라우터 R1의 루트들

3개의 강조 표시된 루트들 모두는 동일한 기본 정보 유형을 보여주는데, 논의를 위해 2001:DB8:1111:1::/64 서브넷의 커넥티드 루트에 대해 세밀한 정보를 보여주는 강조된 줄의 첫 번째 쌍에 초점을 맞춰보자. 강조된 줄의 첫 번째 쌍의 루트의 상태는 다음과 같다. 즉, 루트는 '**directly connected**' 루트이고, 인터페이스 ID는 기가비트이더넷 0/0(GigabitEthernet 0/0), 프리픽스/길이는 2001:DB8:1111:1::/64이다. 가장 왼쪽에서 코드 문자 'C'가 루트가 커넥티드

루트라는 것을 표시한다. 각괄호([ ]) 안의 숫자는 IPv4의 **show ip route** 명령과 동일한 의미를 갖는다. 즉, 첫 번째 숫자는 어드미니스레이티브 디스턴스(administrative distance)를 나타내고, 두 번째 숫자는 메트릭(metric)을 나타낸다.

로컬 IPv6 루트 사례

동일한 예를 계속해서 보면, R1에는 커넥티드 루트와 동일한 세 개의 인터페이스에 세 개의 로컬 루트들이 존재해야 한다. 사실, 이것은 기타 목적들을 위해 하나의 여분의 로컬 루트를 가진 경우다. [예 32-3]은 논의를 위해 **show ipv6 route local** 명령의 결과 중 로컬 루트들만 나열한다.

```
R1# show ipv6 route local
! 간략화를 위해 생략됨

L   2001:DB8:1111:1::1/128 [0/0]
      via GigabitEthernet0/0, receive
L   2001:DB8:1111:4::1/128 [0/0]
      via Serial0/0/0, receive
L   2001:DB8:1111:5::1/128 [0/0]
      via Serial0/0/1, receive
L   FF00::/8 [0/0]
      via Null0, receive
```

[예 32-3] 라우터 R1의 로컬 IPv6 루트들

강조 표시된 로컬 루트에 대해 두 개의 사실을 찾아보자. 첫째, [예 32-1]에서 R1의 설정으로 돌아가서 R1의 G0/0 인터페이스의 IPv6 주소를 주목해보자. 로컬 루트는 정확하게 동일한 주소를 보여준다. 또한 /128 프리픽스 길이는 정확하게 이 주소(2001:DB8:1111:1::1)로 보내지는 패킷만 가리키는 루트임을 의미한다.

> **NOTE** show ipv6 route local 명령은 모든 로컬 IPv6 루트들을 보여주는 반면, show ipv6 route connected 명령은 모든 커넥티드 루트들을 보여준다.

∷ 스태틱 IPv6 루트들

라우터가 인터페이스 설정에 기초하여 커넥티드 및 로컬 루트들을 추가하는 반면, 스태틱 루트는 **ipv6 route** 명령으로 직접 설정해야 한다. 간단히 말해 명령을 설정하면 라우터는 명령으로부터 상세 정보를 추출하여 IPv6 라우팅 테이블에 루트를 올린다.

ipv6 route 명령은 18장 'IPv4 주소와 스태틱 루트 설정'에서 IPv4의 **ip route** 명령과 동일한 로직을 따른다. IPv4 환경에서 **ip route** 명령은 서브넷 ID와 마스크의 설정으로 시작하는 것과 같이 **ipv6 route** 명령도 프리픽스와 프리픽스 길이로 시작한다. 다음으로 각각의 명령들은 라우터가 목적지 서브넷 혹은 프리픽스에 대해 다음 라우터의 주소 또는 아웃바운드 인터페이스를 표시함으로써 패킷을 보내는 방향을 설정한다.

[그림 32-2]는 오른쪽 서브넷(서브넷 2 혹은 2001:DB8:1111:2::/64)에 대한 R1 라우터의 스태틱 루트의 의미를 설명하면서 하나의 **ipv6 route** 명령이 포함하는 개념을 보여준다. 이 목적지 서브넷에 대한 R1의 스태틱 루트 설정은 **ipv6 route 2001:DB8:1111:2::/64**로 시작하고, 다음으로 아웃바운드 인터페이스(S0/0/0) 혹은 다음 라우터의 IPv6 주소 혹은 모두를 설정한다.

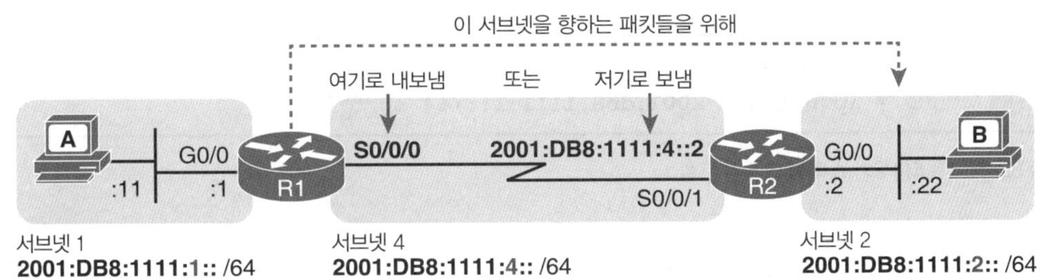

[그림 32-2] IPv6 스태틱 루트 명령(IPv6 루트)의 로직

이제 당신은 IPv6 스태틱 루트에 대한 큰 개념을 이해했고, 다음 몇 페이지는 일련의 예들을 보여줄 것이다. 특히, 이 예들은 아웃바운드 인터페이스와 다음 라우터의 글로벌 유니캐스트 주소와 함께 스태틱 루트를 설정하는 방법을 살펴 본다. 이 섹션은 스태틱 IPv6 디폴트 루트들에 대한 논의로 끝맺는다.

아웃고잉[35] 인터페이스를 활용한 스태틱 루트

첫 번째 IPv6 스태틱 루트 예는 아웃고잉[35] 인터페이스 옵션을 사용한다.

한번 더 상기시키면, IPv4와 IPv6 스태틱 루트 설정 명령에서 아웃고잉 인터페이스는 라우터가 가진 인터페이스다. 가령, 명령을 설정하고 있는 라우터의 인터페이스다. 이 경우, [그림 32-2]에서 보이는 것처럼, R1의 **ipv6 route** 명령은 [예 32-4]와 같이 인터페이스 S0/0/0을 적용한다.

```
 !  라우터  R1상의 스태틱 루트
 R1(config)# ipv6 route 2001:db8:1111:2::/64 s0/0/0
```

[예 32-4] 라우터 R1의 스태틱 IPv6 루트들

---

[35] 이 책에서 아웃바운드(outbound)와 아웃고잉(outgoing)이 혼용되고 있음.

[예 32-4]는 스태틱 루트 설정의 정확한 구문을 보여준다. 이 인터네트워크에서 스태틱 루트들을 사용한다면 더 많은 스태틱 루트 설정이 필요하다. 예를 들어, 호스트 A와 B 사이의 트래픽 교환을 위해 R1은 현재 준비된 상황이다. 호스트 A는 IPv6 패킷들 모두를 디폴트 라우터(R1)에게 보낼 것이고, R1은 현재 이러한 패킷들을 S0/0/0 인터페이스 밖으로 R2 라우터에게 라우팅할 수 있다. 그러나 R2 라우터는 호스트 A의 서브넷 즉, 서브넷 1(2001:DB8:1111:1:: /64)에 대한 루트를 아직 갖지 않았으므로 이것을 해결하기 위해 스태틱 루트 설정이 추가로 필요하다.

[예 32-5]는 R2 라우터에게 서브넷 1(2001:DB8:1111:1:: /64)에 대한 스태틱 루트를 설정하여 이 문제를 해결해야 한다. 이 루트를 추가하면 호스트 A와 B는 상호 핑을 할 수 있다.

```
  !  라우터  R2상의 스태틱 루트
  R2 (config) # ipv6 route 2001:db8:1111:1::/64 s0/0/1
```

[예 32-5] 라우터 R2의 스태틱 IPv6 루트들

스태틱 루트의 존재를 확인하고, 호스트가 루트를 사용할 수 있는지를 테스트하기 위한 여러 가지 방식들이 있다. 31장 '호스트의 IPv6 주소 설정'에서 논의한 것과 같이, **ping**과 **traceroute**를 통해 연결을 확인할 수 있다. 라우터의 명령을 통해 즉, **show ipv6 route** 명령은 모든 IPv6 루트들을 보여줄 것이다. **show ipv6 route static** 명령은 보다 짧은 결과로 스태틱 루트들만 보여준다. [예 32-6]의 다른 루트들을 생략한 결과를 보여준다.

```
  R1# show ipv6 route static
  !  간략화를 위해 생략됨
  S    2001:DB8:1111:2::/64 [1/0]
       via Serial0/0/0, directly connected
```

[예 32-6] R1에서 스태틱 루트들에 대한 확인

이 명령은 R1이 가진 하나의 스태틱 루트에 대한 다수의 사실들을 보여준다. 먼저 가장 왼쪽의 코드 'S'는 루트가 스태틱 루트임을 확인해준다(그러나 이후의 구문 'directly connected'는 이 루트가 커넥티드 루트라는 착각을 준다. 여기서는 'S' 코드를 신뢰해야 한다). 프리픽스(2001:DB8:1111:2::/64)는 설정[예 32-4)]에서 아웃바운드 인터페이스(S0/0/0)와 연결된다.

이 명령은 각 스태틱 루트에 대한 기본적인 정보를 포함할 뿐, 이 루트가 특정 목적지로 패킷을 보낼 때 사용할 것인지를 설명하지는 않는다. 예를 들어, 호스트 A가 IPv6 패킷을 호스트 B(2001:DB8:1111:2::22)에게 보낸다면 R1은 이 스태틱 루트를 사용할까? 이미 설명하였듯이, R1은 이 루트를 사용할 것이다. 이것은 **show ipv6 route 2001:DB8:1111:2::22** 명령으로 확인할 수 있다. 이 명령은 라우터에게 라우터가 특정 주소에 패킷을 보낼 때 사용할 루트를 묻는다. [예 32-7]은 이 예를 보여준다.

```
R1# show ipv6 route 2001:db8:1111:2::22
Routing entry for 2001:DB8:1111:2::/64
  Known via "static", distance 1, metric 0
  Route count is 1/1, share count 0
  Routing paths:
    directly connected via Serial0/0/0
      Last updated 00:01:29 ago
```

[예 32-7] R1 라우터가 호스트 B에게 보낼 때 사용할 루트를 보여줌

다음 라우터의 IPv6 주소를 사용한 스태틱 루트

다음 라우터의 주소를 사용하는 IPv6 루트들은 두 가지 옵션을 갖는다. 즉, 이웃 라우터의 유니캐스트 주소(글로벌 유니캐스트 혹은 유니크 로컬) 또는 동일한 이웃 라우터의 링그 로컬 주소를 사용한다. [그림 32-3]은 [그림 32-2]의 수정 버전으로 이러한 두 가지 옵션들을 설명하는데 그림에서 R2 라우터의 글로벌 유니캐스트 뿐만 아니라 R2의 링크-로컬 주소를 보여준다.

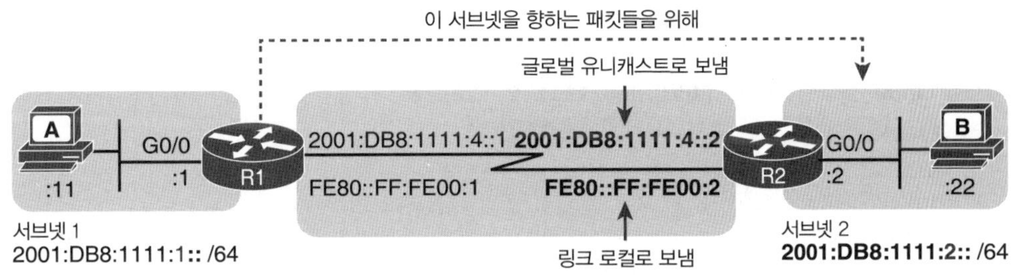

[그림 32-3] 스태틱 루트의 넥스트-홉 주소로 유니캐스트 혹은 링크-로컬 주소 사용하기

다음 몇 페이지는 이 예를 계속 설명하는데, 다음 라우터의 주소로 첫째, 글로벌 유니캐스트로 둘째, 링크-로컬 주소를 사용하는 경우다.

글로벌 유니캐스트 주소를 다음 라우터 주소로 사용하는 스태틱 루트 예

이 예는 [그림 32-3]의 인터네트워크를 사용하지만 앞서 설정한 스태틱 루트들은 삭제되었다. 즉, 두 라우터는 이 예에서 현재 커넥티드 및 로컬 루트만 가진다.

[예 32-8]에서 R1 및 R2는 이웃의 글로벌 유니캐스트 주소를 가리키는 스태틱 루트를 추가한다. R1은 서브넷 2(오른쪽의)에 대한 루트를 추가하는 반면, R2는 서브넷 1(왼쪽의)에 대한 루트를 추가한다. 이 예는 양 방향의 루트를 가지므로 두 호스트는 서로 패킷들을 보낼 수 있다.

```
 ! 라우터 R1 상의 첫 번째 명령어는 R2의 글로벌 유니캐스트 주소를 가리킨다.
R1(config)# ipv6 route 2001:db8:1111:2::/64 2001:DB8:1111:4::2
```
```
 ! 라우터 R2 상의 다음 명령어는 R1의 글로벌 유니캐스트 주소를 가리킨다.
R2(config)# ipv6 route 2001:db8:1111:1::/64 2001:db8:1111:4::1
```

[예 32-8] 글로벌 유니캐스트 주소를 사용하는 스태틱 IPv6 루트

ipv6 route 명령 자체는 상대적으로 간단하다. R1의 루트에 초점을 맞추면 [그림 32-3]에서 보이는 로직과 일치한다. 이 명령은 서브넷 2(2001:DB8:1111:2::/64)의 정보와 R2의 글로벌 유니캐스트 주소(4::2로 끝나는)를 가리킨다.

[예 32-9]와 같은 R1의 확인 명령은 유용한 정보를 보여준다. [예 32-9]는 두 개의 명령을 보여주는데 첫째, [예 32-8]에서 설정한 R1의 스태틱 루트만 보여준다. 이 예의 마지막은 **show ipv6 route 2001:DB8:1111:2::22** 명령의 결과인데, R1 라우터는 호스트 B에게 패킷을 보낼 때 R1이 사용하는 루트를 보여주며 해당 호스트에게 패킷을 보낼 때 새로운 스태틱 루트를 사용할 것이라는 것을 확인해준다.

```
R1# show ipv6 route static
 ! 간략화를 위해 생략됨
S    2001:DB8:1111:2::/64 [1/0]
       via 2001:DB8:1111:4::2

R1# show ipv6 route 2001:db8:1111:2::22/64
Routing entry for 2001:DB8:1111:2::/64
  Known via "static", distance 1, metric 0
  Backup from "ospf 1 [110]"
  Route count is 1/1, share count 0
  Routing paths:
    2001:DB8:1111:4::2
      Last updated 00:07:43 ago
```

[예 32-9] 넥스트(다음) - 홉을 글로벌 유니캐스트 주소로 설정한 스태틱 루트 확인

링크-로컬 라우터 주소를 이용한 스태틱 루트 예

네이버 라우터의 링크-로컬 주소를 이용하는 스태틱 루트는 앞서 설명한 두 유형의 스태틱 루트와 유사하게 동작한다. 첫째, **ipv6 route** 명령은 다음 라우터의 주소로 이른바 링크-로컬 주소를 사용한다. 그러나 이 명령은 라우터의 아웃고잉 인터페이스도 동시에 설정해야 한다. 왜 둘 다 설정해야 하는 걸까? 링크-로컬 주소 하나만으로는 라우터가 어떤 인터페이스를 사용할지를 선택할 수 없으므로, **ipv6 route** 명령은 링크-로컬 주소 하나만으로 다음 라우터 주소를 설정할 수 없다.

흥미롭게도, **ipv6 route** 명령이 글로벌 유니캐스트 주소를 다음 라우터 주소로 사용하면 라우터는 아웃고잉 인터페이스를 찾을 수 있다. 예를 들어, 앞선 [예 32-8]에서 R1에서 2001:DB8:1111:4::2를 다음 라우터의 IPv6 주소로 설정하는 스태틱 IPv6 루트를 보여준다. R1은 IPv6 라우팅 테이블을 보면, 2001:DB8:1111:4::2 주소를 포함하는 커넥티드 루트를 볼 수 있고, 또한 이 커넥티드 루트는 S0/0/0 인터페이스에 연결되었음을 볼 수도 있다. 결과적으로 다음 라우터 주소로 글로벌 유니캐스트 주소를 지정하면 R1은 정확한 송신 인터페이스(R1의 S0/0/0)를 찾을 수 있다.

링크-로컬 주소를 다음 라우터 주소로 지정하면, 라우터는 동일한 로직으로 동작할 수 없으므로 송신 인터페이스를 반드시 설정해주어야 한다. [예 32-10]은 앞선 [예 32-8]에서 설정한 두 루트를 대체하는 R1과 R2에서의 스태틱 루트 설정을 보여준다.

```
! 라우터 R1상의 첫 번째 명령어는 R2의 링크-로컬 주소를 가리킨다.
R1 (config) # ipv6 route 2001:db8:1111:2::/64 S0/0/0 FE80::FF:FE00:2
! 라우터 R2 상의 다음 명령어는 R1의 링크-로컬 주소를 가리킨다.
R2 (config) # ipv6 route 2001:db8:1111:1::/64 S0/0/1 FE80::FF:FE00:1
```

[예 32-10] 링크-로컬 이웃 주소를 사용한 스태틱 IPv6 루트들

[예 32-11]은 [예 32-9]에서 사용한 **show ipv6 route static**과 **show ipv6 route 2001:DB8:1111:2::22** 명령을 반복함으로써 [예 32-10]의 설정을 확인하도록 한다. 두 명령의 결과는 라우팅 정보와 관련하여 조금 차이가 있다. [예 32-10]의 새로운 명령들이 다음 라우터의 주소와 송신 인터페이스를 모두 표시하기 때문에 **show** 명령의 결과도 다음 라우터의 링크-로컬 주소와 송신 인터페이스를 모두 표시한다. 비교를 위해 [예 32-9]로 돌아가보면, 다음 라우터의 주소만 볼 수 있다.

```
R1# show ipv6 route static
! 간략화를 위해 생략됨

S   2001:DB8:1111:2::/64 [1/0]
      via FE80::FF:FE00:2, Serial0/0/0

R1# show ipv6 route 2001:db8:1111:2::22
Routing entry for 2001:DB8:1111:2::/64
  Known via "static", distance 1, metric 0
  Backup from "ospf 1 [110]"
  Route count is 1/1, share count 0
  Routing paths:
    FE80::FF:FE00:2, Serial0/0/0
      Last updated 00:08:10 ago
```

[예 32-11] 다음-홉을 링크-로컬 주소로 설정한 스태틱 루트 확인

스태틱 디폴트 루트

IPv6는 IPv4와 유사한 디폴트 루트 개념을 갖는다. 패킷이 다른 IPv6 루트와 일치하지 않는 경우, 디폴트 루트는 IPv6 패킷을 어떻게 해야할지 알려준다. 논리는 매우 기본적이다:

- 디폴트 루트가 없으면 라우터는 IPv6 패킷을 폐기한다.
- 디폴트 루트가 있으면, 라우터는 디폴트 루트에 기초해 IPv6 패킷을 전달한다.

디폴트 루트는 네트워크 설계의 몇 가지 경우 특히 유용할 수 있다. 예를 들어, 각 지사별로 하나의 라우터를 두고 각 지사와 하나의 WAN 링크로 연결하는 기업 네트워크 디자인에서, 지사의 라우터들은 패킷을 전달하기 위한 단 하나의 경로를 가진다. 대규모 네트워크에서, 라우팅 프로토콜을 사용하면 지사 라우터는 수천 개의 루트들을 학습할 수 있는데, 이러한 모든 루트들은 다수의 본사 네트워크에 가기 위해 동일한 WAN 링크를 가리킬 것이다.

지사의 라우터는 라우팅 프로토콜 대신에 디폴트 루트를 사용할 수 있다. 그러면 지사 라우터는 본사 네트워크로 모든 트래픽을 전달할 것이다. [그림 32-4]는 오른쪽에 두 개의 지사 라우터 예와 왼쪽에 본사 라우터를 보여준다.

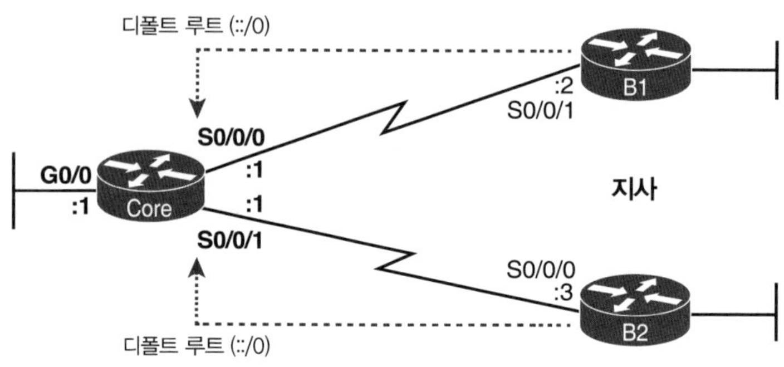

[그림 32-4] 본사에 패킷을 보내기 위해 지사에서 스태틱 디폴트 루트 적용

스태틱 디폴트 루트를 설정하려면 이미 이 섹션에서 논의했던 동일한 규칙을 적용하지만, 디폴트 루트를 표시하는 방법으로 ::/0과 같은 특정한 값을 사용한다. 문자 그대로, 이중 콜론(::)은 IPv6 약어로서 모두 0을 의미하고, /0은 프리픽스 길이가 0인 것을 의미한다. 이 아이디어는 0.0.0.0/0으로 디폴트 루트를 가리키는 IPv4의 규칙과 동일하다. 그렇지 않다면, 그냥 확장 버전의 표현을 사용하여 **ipv6 route** 명령어를 구성할 수도 있다.

[예 32-12]는 [그림 32-4]에서 라우터 B1의 샘플 스태틱 디폴트 루트를 보여준다. 이 예는 송신 인터페이스 옵션을 사용한다.

```
   !  B1의 S0/0/1 로컬 인터페이스 앞으로 나가라...
 B1(config)# ipv6 route ::/0 S0/0/1
```


IPv6의 디폴트 루트 표현은 IPv4보다 간략하고 명확하다. **show ipv6 route** 명령어는 명
령어의 아웃풋에서 다른 루트와 함께 해당 루트를 포함한다. [예 32-13]에서 디폴트 루트라는
것을 표시하는 '::/0'을 가진 예를 보여준다.

```
B1# show ipv6 route static
IPv6 Routing Table - default - 10 entries
Codes: C - Connected, L - Local, S - Static, U - Per-user Static route
        B - BGP, R - RIP, I1 - ISIS L1, I2 - ISIS L2
        IA-ISIS interarea, IS-ISIS summary, D - EIGRP, EX - EIGRP external
        ND-ND Default, NDp - ND Prefix, DCE - Destination, NDr - Redirect
        O-OSPF Intra, OI - OSPF Inter, OE1 - OSPF ext 1, OE2 - OSPF ext 2
        ON1 - OSPF NSSA ext 1, ON2 - OSPF NSSA ext 2
S    ::/0 [1/0]
        via Serial0/0/1, directly connected
```

[예 32-13] 라우터 B1의 스태틱 디폴트 루트(송신 인터페이스 적용)

스태틱 IPv6 호스트 루트들

IPv4와 IPv6는 스태틱 호스트 루트 즉, 하나의 호스트 IP 주소의 루트를 정의할 수 있다.
IPv4에서, 이러한 경로는 **ip route** 명령어에서 단일 IPv4 주소를 정의하기 위해 /32 마스크를
사용하고, IPv6에서는 **ipv6 route** 명령어에서 단일 호스트를 정의하기 위해 /128 마스크를
사용한다.

호스트 루트는 다른 IPv6 서브넷에 대한 루트와 동일한 규칙을 따른다. 예를 들어, [그림
32-3]에서 호스트 B는 그림의 오른편에 있다. 앞의 예는 호스트 B가 존재하는 서브넷에 대한
R1의 스태틱 루트 즉, [예 32-8]과 [예 32-10]의 라우터 R1의 설정을 보여준다. R1에서 호스트
루트를 생성하기 위해, 호스트 B의 전체 IPv6 주소(2001:DB8:1111:2::22) 대신 호스트 B의 특정
IPv6 주소로 프리픽스 길이가 /128인 명령어로 변경한다.

[예 32-14]는 두 개의 샘플 호스트 루트를 보여준다. 둘 다 [그림 32-3]의 라우터 R1에서 호
스트 B의 IPv6 주소에 대한 호스트 루트를 정의하는데, 하나는 다음-홉 주소로서 라우터 R2의
링크-로컬 주소를 사용하고, 다른 하나는 다음-홉 주소로서 R2의 글로벌 유니캐스트 주소를
사용한다.

! 첫 번째 명령은 호스트 B의 주소, 프리픽스 길이 /128에 대해
! R2의 링크로컬 주소를 넥스트홉과 함께 송신 인터페이스를 보여준다.
R1 (config) # **ipv6 route 2001:db8:1111:2::22/128 S0/0/0 FE80::FF:FE00:2**
! 다음 명령은 호스트 B의 주소 프리픽스 길이 /128에 대해
! R2의 글로벌 유니캐스트 주소를 아웃고잉 인터페이스 없이 넥스트홉만 보여준다.
R1 (config) # **ipv6 route 2001:db8:1111:2::22/128 2001:DB8:1111:4::2**

[예 32-14] 호스트 B에 대한 R1의 스태틱 호스트 IPv6 루트

플로팅(floating) 스태틱 IPv6 루트들

다음으로, 스태틱 루트가 다른 스태틱 루트 혹은 라우팅 프로토콜에 의해 학습한 루트와 경쟁하는 경우를 고려해보자. 예를 들어, 두 개의 WAN 링크를 통해 연결된 지사를 갖는 [그림 32-5]의 토폴로지를 고려해보자. 한 WAN 링크는 매우 빠른 기가비트 이더넷 링크이고, 다른 것은 다소 느리고 저렴한 T1 링크다. 이 디자인에서 네트워크는 서브넷, 2001:DB8:1111:7::/64에 대한 루트를 주 링크에서 OSPFv3를 통해 IPv6 루트를 학습한다. R1은 또한 정확히 같은 서브넷에 대한 백업 링크에 대해 스태틱 루트를 설정한다. 그래서 R1은 스태틱 루트와 OSPF 학습 루트 중 사용할 루트를 선택해야 한다.

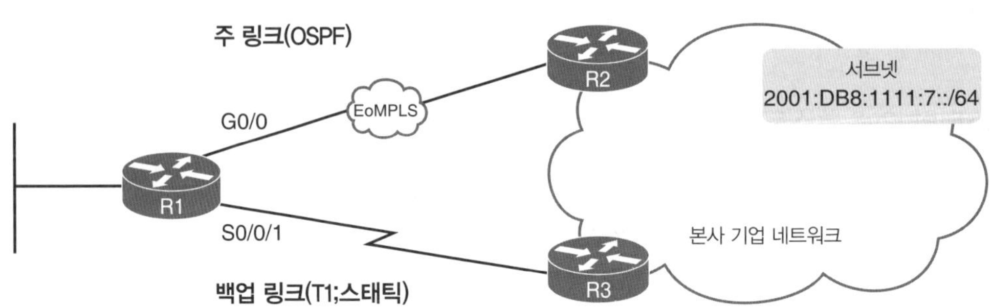

[그림 32-5] 본사 서브넷, 2001:DB8:1111:7::/64에 대한 플로팅 스태틱 루트 적용

IOS는 어드미니스트레이티브 디스턴스(administrative distance) 때문에 기본적으로 OSPF 루트보다 스태틱 루트를 사용한다. IOS는 IPv4와 마찬가지로 IPv6에 대해서도 동일한 어드미니스트레이티브 디스턴스 개념과 동일한 기본 값을 사용한다. 즉, 스태틱 IPv6는 보다 낮은 어드미니스트레이티브 디스턴스값 1을 갖고, OSPFv3를 통해 학습된 루트는 보다 높은 어드미니스트레이티브 디스턴스 값 110을 갖는다. R1은 2001:DB8:1111:7::/64 서브넷에 대해 이 경우 보다 낮은 어드미니스트레이티브 디스턴스를 제공하는 경로를 선택한다.

대신에 OSPF 루트를 선택하도록 하기 위해 설정은 어드미니스트레이티브 디스턴스값을 변경할 필요가 있고, 이때의 백업 루트로 사용되는 스태틱 루트를 플로팅 스태틱 루트(floating static route)라고 한다. IPv4 플로팅 스태틱 루트와 마찬가지로 IPv6 플로팅 스태틱 루트도 라

우팅 프로토콜에 의해 학습한 루트가 보다 나은(낮은) 어드미니스트레이티브 디스턴스를 가졌는지에 따라 IPv6 라우팅 테이블에 들어가거나 혹은 빠져나온다. 기본적으로 라우터는 보다 나은 라우팅 프로토콜에 의한 루트가 있다면 스태틱 루트를 무시한다.

IPv6 플로팅 스태틱 루트를 설정하기 위해 스태틱 루트의 기본 어드미니스트레이티브 디스턴스를 변경하여 라우팅 프로토콜의 기본 어드미니스트레이티브 디스턴스보다 큰 값으로 만든다. 예를 들어, R1의 **ipv6 route 3444:4:4:4::/64 3444:2:2:2::2 130** 명령은 스태틱 어드미니스트레이티브 디스턴스를 130으로 설정한다. 주 링크(G0/0)가 살아있는 한, R1의 OSPFv3는 OSPF의 기본 어드미니스트레이티브 디스턴스 110을 가진 3444:4:4:4::/64 루트를 학습하고, R1은 어드미니스트레이티브 디스턴스 130으로 설정된 스태틱 루트를 무시한다.

마지막으로, **show ipv6 route**와 **show ipv6 route 3444:4:4:4::/64** 명령은 어드미니스트레이티브 디스턴스를 보여준다. [예 32-15]에서 스태틱 루트는 IPv6 라우팅 테이블에서 사용 중이다.

```
R1# show ipv6 route static
! 간략화를 위해 범례 생략됨.
S    3444:4:4:4::/64 [130/0]
       via 3444:2:2:2::2

R1# show ipv6 route 3444:4:4:4::/64
Routing entry for 3444:4:4:4::/64
  Known via "static", distance 130, metric 0
  Route count is 1/1, share count 0
  Routing paths:
    3444:2:2:2::2
      Last updated 00:00:58 ago
```

[예 32-15] 스태틱 루트의 어드미니스트레이티브 디스턴스 확인

[표 32-2]는 IPv6에서 사용한 디폴트 어드미니스트레이티브 디스턴스의 일부를 보여준다.

루트 소스	어드미니스트레이티브 디스턴스
커넥티드 루트	0
스태틱 루트	1
NDP	2
EIGRP	90
OSPF	110
RIP	120
모르거나 확신이 없을 때(Unknown or unbelievable)	255

[표 32-2] IOS의 어드미니스트레이티브 디스턴스 디폴트값들

라우터 인터페이스의 SLAAC를 통한 디폴트 루트 구성

19장의 'DHCP를 이용한 디폴트 루트 학습' 섹션에서 라우터가 자신의 인터페이스에 DHCP를 적용하여 자신의 IP 주소, 마스크, 심지어 디폴트 IPv4 루트를 학습하는 방법을 다루었다. 특히, 이 프로세스는 인터넷에 연결하는 라우터에 유용하다. 기업 라우터는 클라이언트로써 DHCP를 적용하고, 자신의 IPv4 주소를 DHCP로 받고 다음 IPv4 주소를 ISP 라우터로 정하는 디폴트 루트를 추가할 수 있다.

라우터는 소수의 상이한 프로토콜들과 방법들로 IPv6 환경에서도 동일한 목적을 성취한다. IPv4와 마찬가지로 IPv6 기업 라우터는 자신의 IPv6 주소를 다이내믹하게 학습하고 ISP 라우터 방향의 디폴트 IPv6 루트를 다이내믹하게 생성한다. 이 섹션은 상세하게 SLAAC를 이용하는 기업 라우터가 자신의 주소를 학습하고, 디폴트 루트를 생성하기 위해 필요한 정보를 학습하는 방법을 자세히 다룬다.

첫째, [그림 32-6]의 R1 라우터와 같이 ISP에 연결된 기업 라우터는 인터페이스 하부 명령인 **ipv6 address autoconfig default**가 필요하다. 그림의 2 단계에서 보는 바와 같이 R1은 SLAAC를 사용하는 호스트와 같이 동작하고 NDP RS 메시지를 해당 링크에 보낸다. 3단계와 같이 ISP 라우터는 ISP1의 IPv6 주소와 링크에서 사용하는 IPv6 프리픽스를 알리는 RA 메시지를 돌려보낸다.

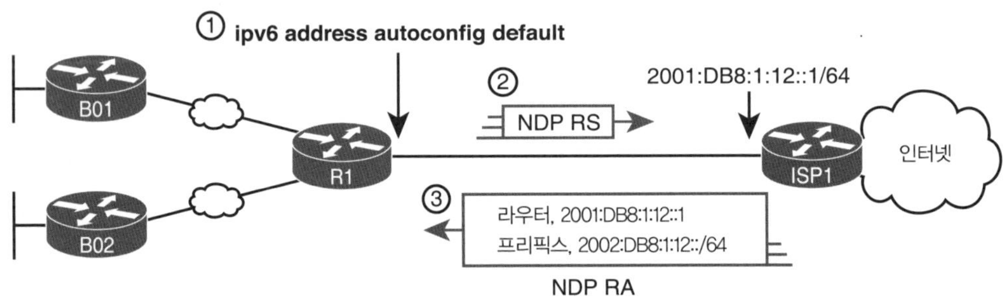

[그림 32-6] IPv6 주소와 디폴트 IPv6 루트를 구성하기 위해 SLAAC를 사용하는 기업 라우터

R1이 NDP RA 메시지를 수신하면, 다음을 수행한다.

- **인터페이스 주소**: SLAAC 프로세스를 사용하여 RA에 포함된 프리픽스에 기초하여 자신의 인터페이스 IPv6 주소를 만든다.
- **로컬 /128 루트**: 해당 주소에 대한 로컬(/128) IPv6 루트를 인터페이스 IPv6 주소로 추가한다.
- **프리픽스에 대한 커넥티드 루트**: NDP RA 메시지를 통해 학습한 프리픽스에 대한 커넥티드 루트(/64)를 추가한다.

- **디폴트 루트**(Default route): R1은 목적지 ::/0 에 대한 디폴트 루트를 ISP1 라우터가 보낸 RA를 통해 학습한 ISP 라우터의 주소, 2001:DB8:1:12::1을 다음 라우터 주소로 하는 디폴트 루트를 추가한다.

라우터는 이 디폴트 루트를 추가하거나 그렇지 않도록 설정할 수 있다. 그림에서 라우터는 디폴트 루트를 구성한다. Default 키워드 없이 **ipv6 address autoconfig** 하부 명령어를 사용하면, 라우터는 SLAAC를 통해 자신의 주소를 구성하지만, 디폴트 루트는 추가하지 않는다.

[예 32-16]은 리스트에서 언급한 라우터 R1의 IPv6 루트 세 개를 보여준다. 특히, 커넥티드 루트와 디폴트 루트에 대한 코드를 주목하기 바란다. ND로 시작하는 두 가지 코드는 NDP를 통해 학습된 루트를 의미한다. 특히, 아웃풋에서 범례가 강조된 부분에서 ND는 NDP를 통해 학습된 디폴트 루트를 의미하고, NDp는 NDP를 통해 학습된 프리픽스(이 경우, [그림 32-6]에서 NDP RA 메시지에 포함됨)를 의미한다. 두 루트는 어드미니스트레이티브 디스턴스값이 2인데, 이 값은 NDP를 통해 학습한 IPv6 루트의 디폴트 어드미니스트레이티브 디스턴스다.

```
R1# show ipv6 route
IPv6 Routing Table - default - 4 entries
Codes: C - Connected, L - Local, S - Static, U - Per-user Static route
       B - BGP, HA - Home Agent, MR - Mobile Router, R - RIP
       H - NHRP, I1 - ISIS L1, I2 - ISIS L2, IA - ISIS interarea
       IS - ISIS summary, D - EIGRP, EX - EIGRP external, NM - NEMO
       ND - ND Default, NDp - ND Prefix, DCE - Destination, NDr - Redirect
       O - OSPF Intra, OI - OSPF Inter, OE1 - OSPF ext 1, OE2 - OSPF ext 2
       ON1 - OSPF NSSA ext 1, ON2 - OSPF NSSA ext 2, la - LISP alt
       lr - LISP site-registrations, ld - LISP dyn-eid, a - Application
ND  ::/0 [2/0]
       via FE80::22FF:FE22:2222, Serial0/0/0
NDp 2001:DB8:1:12::/64 [2/0]
       via Serial0/0/0, directly connected
L   2001:DB8:1:12:32F7:DFF:FE29:8560/128 [0/0]
       via Serial0/0/0, receive
! 간략화를 위해 라인 생략됨
```

[예 32-16] DHCP에 의한 주소와 디폴트 스태틱 루트 학습

스태틱 IPv6 루트 장애 해결

최근의 CCENT와 CCNA R&S 시험 주제는 IPv4와 IPv6 스태틱 루트 장애 해결을 포함한다. 18장에서 이미 IPv4 스태틱 루트에 대한 장애 해결 방법을 논의했고, 다수의 동일한 개념이 IPv6 스태틱 루트에도 적용된다. 그러나 IPv6 스태틱 루트는 몇몇 작은 차이가 있다. 이 장의 마지막 부분에서는 IPv4 스태틱 루트에 적용하는 다수의 동일한 장애 해결 규칙을 살펴보면서, IPv6에만 관련된 상세 항목들을 중심으로 IPv6 스태틱 루트에 대한 장애 해결 방법을 살펴본다.

이 주제는 스태틱 루트 장애 해결 문제를 두 가지 관점으로 즉, 루트가 라우팅 테이블에 있지만 부정확한 경우와 라우팅 테이블에 있지 않은 경우로 나눈다.

IPv6 라우팅 테이블의 부정확한 스태틱 루트에 대한 장애 해결

스태틱 루트는 **ipv6 route** 명령어를 입력하는 것만으로도 충분하다. IOS는 물론 명령어의 구문을 확인한다. 그러나 IOS는 스태틱 루트에서 부정확한 아웃바운드 인터페이스, 부정확한 다음 라우터 주소 혹은 부정확한 프리픽스/프리픽스 길이를 설정했는지를 구분할 수 없다. 만약 파라미터가 구문 확인을 통과하면, IOS는 **ipv6 route** 명령어를 러닝-컨피그 파일에 포함시킨다. 그리고, 만약 다른 문제가 존재하지 않으면(다음 제목에서 설명하는), IOS는 잘못 선택된 파라미터 때문에 루트가 제대로 작동하지 않을 수 있더라도, 루트를 IP 라우팅 테이블에 포함시킬 것이다.

예를 들어, 시험 문제가 2001:1:1:1::1의 주소를 가진 라우터 R1과 2001:1:1:1::2의 주소를 가진 이웃하는 라우터 R2를 보여준다고 가정해보자. 만약 R1이 **ipv6 route 3333::/64 2001:1:1:1::1** 명령어의 스태틱 루트를 설정한다면, 명령어는 정확한 구문으로 IOS가 수용하겠지만 루트로써 유효하지 않다. R1은 다음-라우터(next-hop) 주소로서 자신의 IPv6 주소를 사용하지 못한다. IOS는 이 명령어의 구성을 폐기하지 않는다. 그러나 IOS가 명령어를 허용하고 IPv6 라우팅 테이블에 해당 루트를 추가하더라도, 이 루트는 패킷을 정확하게 전달할 수 없다.

스태틱 루트가 포함된 시험 문제를 보면, **show ipv6 route**의 아웃풋을 볼 것이고 루트가 잘못된 파라미터를 가졌는지를 확인할 수 있어야 한다. 즉, 이러한 유형의 실수를 찾아낼 수 있어야 한다.

단계 ① 프리픽스/길이: **ipv6 route** 명령에서 서브넷 ID(프리픽스)와 마스크(프리픽스 길이)를 정확하게 설정했는가?

단계 ② 링크-로컬 주소를 다음-홉 IPv6 주소를 사용한다면:

   Ⓐ 링크-로컬 주소가 정확한 이웃 라우터의 주소인가? (공유 링크에서 다른 라우터의 주소여야 한다).

   Ⓑ 또한, **ipv6 route** 명령에서 로컬 라우터의 정확한 아웃바운드 인터페이스를 가리키고 있는가?

단계 ③ 다음-홉 IP 주소로 글로벌 유니캐스트 혹은 유니크 로컬 주소를 사용한다면, 이웃 라우터의 정확한 유니캐스트 주소인가?

단계 ④ 아웃바운드 인터페이스를 가리킨다면, **ipv6 route** 명령에서 로컬 라우터의 인터페이스(즉, 스태틱 루트가 설정되는 라우터의 인터페이스)를 설정해야 한다.

이 문제 해결 체크리스트는 IOS가 스태틱 IPv6 루트의 설정을 수용하지만, 구문에서 부정확한 파라미터들 때문에 루트 정보가 역할을 하지 못하는 다양한 경우를 점검하도록 한다. 몇 가지

예를 보면 도움이 된다. [그림 32-7]은 이 예를 사용하는 샘플 네트워크를 보여준다. 모든 예는
라우터 R1에 추가된 루트 즉, 가장 오른쪽의 서브넷에 초점을 맞춘다.

[그림 32-7] 부정확한 IPv6 루트 예를 위한 샘플 토폴로지

[예 32-17]은 다섯 개의 **ipv6 route** 명령어를 보여준다. 모두 문법상 정확하지만 잘못된
값을 가진다. 루트는 장애 해결 체크리스트에서 발견되는 유형의 문제 때문에 제대로 작동하지
않는다. 각각 부정확한 이유에 대해 각 구성 명령어 끝에 짧은 설명을 추가하였다.

```
ipv6 route 2001:DB8:9:33::/64 2001:DB8:9:2::2        ! 단계 1: 프리픽스 오류
ipv6 route 2001:DB8:9:3::/64 G0/2 FE80::AAA9         ! 단계 2A: 이웃 링크-로컬 오류
ipv6 route 2001:DB8:9:3::/64 FE80::2                 ! 단계 2B: 아웃바운드 인터페이스 누락
ipv6 route 2001:DB8:9:3::/64 2001:DB8:9:2::1         ! 단계 3: 이웃 주소 오류
ipv6 route 2001:DB8:9:3::/64 G0/1 FE80::2            ! 단계 4: R1의 인터페이스 오류
```

[예 32-17] 정확한 구문이지만, 잘못된 파라미터를 가진 ipv6 route 명령어들

이 모든 부정확한 예는 문법상 정확하기 때문에 R1의 IPv6 라우팅 테이블에 추가될 것이다.
그러나 모두 결함이 있다. 순서대로 살펴보자:

단계 ① 프리픽스(2001:DB8:9:33::)는 네 번째 네 자릿수에 오자가 있다(3 대신 33).

단계 ②A 이 그림은 R2의 G0/1의 링크-로컬 주소로 FE80::2를 보여주지만, 명령어는 FE80::AAA9를
사용한다.

단계 ②B 이 명령은 공통 링크상의 R2의 주소로 정확한 링크-로컬 주소(그림에서 FE80::2) 를 사용하고
있지만, 아웃바운드 인터페이스로서 R1의 G0/2 인터페이스의 설정을 누락했다(보다 상세한
것은 다음 예를 참조할 것).

단계 ③ 이 그림은 중앙의 서브넷은 2001:DB8:9:2::/64이고, R1은 ::1 주소를 사용하고 R2는 ::2를 사
용하고 있음을 보여준다. 네 번째 명령에서 R1의 명령은 R2의 주소로 2001:DB8:9:2::2를 사
용해야 하지만, R1 자신의 주소인 2001:DB8:9:2::1을 설정하였다.

단계 ④ R1의 명령에서 아웃바운드 인터페이스로써 R1의 자신의 인터페이스를 가리켜야 한다. R1은
2001:DB8:9:3::/64 서브넷에 대해 패킷을 보내기 위해 오른쪽의 G0/2 인터페이스를 사용해야
하지만, 왼쪽 인터페이스인 G0/1을 사용하고 있다.

이 섹션의 핵심은 파라미터 선택 오류로 IPv6 라우팅 테이블의 루트가 부정확할 수 있다는
것이다. 파라미터는 정확한 프리픽스/길이와 함께 이웃하는 라우터의 IPv6 주소 아니면, 로컬
라우터의 인터페이스 유형/숫자를 항상 포함해야 한다. IPv6 라우팅 테이블의 루트, 특히 스태틱
루트가 존재한다고 해서 그것이 정확한 루트라는 것을 의미하지는 않는다.

[예 32-17]의 다섯 가지 명령 예에서, IOS는 세 번째 명령을 제외하고 모든 명령어들을 받아
들인다. IOS는 넥스트-홉 주소가 링크-로컬 주소일 때 아웃고잉 인터페이스의 누락을 인지할
수 있다. [예 32-18]은 IOS로부터의 에러 메시지 예를 보여준다.

```
R1# configure terminal
Enter configuration commands, one per line.  End with CNTL/Z.
R1(config)# ipv6 route 2001:DB8:9:3::/64 FE80::2
% Interface has to be specified for a link-local nexthop
R1(config)# ^Z
R1#
R1# show running-config | include ipv6 route
R1#
```

[예 32-18] IOS는 링크-로컬 주소일 때, 아웃고잉 인터페이스를 누락하면 거부함

IPv6 라우팅 테이블에 스태틱 루트가 보이지 않는 경우

앞선 몇 페이지들은 IPv6 라우팅 테이블에 보이지만 부정확한 파라미터들을 갖는 IPv6 스태틱
루트들에 초점을 맞추었다. 다음 페이지는 정확한 파라미터들을 갖지만 IOS가 이러한 루트들을
IPv6 라우팅 테이블에 포함시키지 않는 경우를 살펴본다.

ipv6 route 명령을 설정에 추가할 때, 구문이 정확하면 IOS는 IPv6 라우팅 테이블에 루트를
추가해야 한다고 생각한다. IOS는 루트를 추가하기 전에 다음 점검을 한다. IOS는 IPv4 스태틱
루트와 동일한 로직을 사용한다:

- 아웃고잉 인터페이스를 포함하는 **ipv6 route** 명령에 대해, 해당 인터페이스의 상태는 up/up 이어
  야 한다.

- 글로벌 유니캐스트 혹은 유니크 로컬 주소를 넥스트-홉 IP 주소로 설정한 **ipv6 route** 명령에 대해
  (즉, 링크-로컬 주소가 아닌), 로컬 라우터는 넥스트-홉 주소에 이르기 위한 루트를 가져야 한다.

- 정확하게 동일한 프리픽스/프리픽스-길이에 대해 또 하나의 루트가 존재한다면, 스태틱 루트는 보다
  나은(낮은) 어드미니스트레이티브 디스턴스를 가져야 한다.

예를 들어, 다시 [그림 32-7]에서 라우터 R1은 IPv6 주소가 설정되어있다. [예 32-19]는 리
모트 서브넷 2001:DB8:9:3::/64에 대해 **ipv6 route** 명령을 추가하였는데, 다음-홉의 주소는
2001:DB8:9:3::2로 부정확하다. 이 주소는 R2의 주소이긴 하지만, R2의 먼 쪽 즉, G0/2 인
터페이스의 주소다.

```
R1# configure terminal
Enter configuration commands, one per line.  End with CNTL/Z.
R1(config)# ipv6 route 2001:DB8:9:3::/64 2001:DB8:9:3::2
R1(config)# ^Z
R1# show ipv6 route
IPv6 Routing Table - default - 5 entries
Codes: C - Connected, L - Local, S - Static, U - Per-user Static route
       B - BGP, HA - Home Agent, MR - Mobile Router, R - RIP
       H - NHRP, I1 - ISIS L1, I2 - ISIS L2, IA - ISIS interarea
       IS - ISIS summary, D - EIGRP, EX - EIGRP external, NM - NEMO
       ND - ND Default, NDp - ND Prefix, DCE - Destination, NDr - Redirect
       RL - RPL, O - OSPF Intra, OI - OSPF Inter, OE1 - OSPF ext 1
       OE2 - OSPF ext 2, ON1 - OSPF NSSA ext 1, ON2 - OSPF NSSA ext 2
       la - LISP alt, lr - LISP site-registrations, ld - LISP dyn-eid
       a - Application
C   2001:DB8:9:1::/64 [0/0]
     via GigabitEthernet0/1, directly connected
L   2001:DB8:9:1::1/128 [0/0]
     via GigabitEthernet0/1, receive
C   2001:DB8:9:2::/64 [0/0]
     via GigabitEthernet0/2, directly connected
L   2001:DB8:9:2::1/128 [0/0]
     via GigabitEthernet0/2, receive
L   FF00::/8 [0/0]
     via Null0, receive
```

[예 32-19] 스태틱 루트 내의 넥스트 – 홉 IPv6 주소에 대한 루트가 없는 경우

 ## 챕터 리뷰

좋은 시험 결과를 위해서는 리뷰 세션에 대한 복습이 중요하다. 책이나 DVD의 툴 혹은 책의 동반자 웹 사이트에서 찾을 수 있는 대화형 툴을 활용하여 이 장의 자료들을 리뷰하기 바란다. 특히, '당신의 학습 계획' 을 참조하기 바란다. [표 30-5]는 핵심 리뷰 요소들과 자료 출처들을 보여준다. 학습 과정에 대해 보다 나은 추적을 위해 두 번째 열에 완료한 날짜를 기록하도록 한다.

리뷰 항목	완료 날짜	자료 출처
핵심 주제 리뷰		책, DVD/웹 사이트
사전 점검 퀴즈 반복		책, PCPT
메모리 테이블 리뷰		책, DVD/웹 사이트
실습		블로그
명령어 테이블 리뷰		책

[표 32-3] 챕터 리뷰 확인

핵심 주제 복습

핵심 주제	설명	페이지
리스트	라우터가 IPv6 루트들을 만드는 방법들	752
리스트	Rules for IPv6 커넥티드와 로컬 루트들의 규칙들	753
그림 32-2	IPv6 스태틱 루트 개념	756
체크리스트	IPv6 스태틱 루트로써 문제를 일으키는 ipv6 route 명령어 점검 항목들	766
체크리스트	IPv6 스태틱 루트로써 문제를 일으키는 ipv6 route 명령어 이외의 점검 항목들	767

[표 32-4] 32장의 핵심 주제들

:: 명령어 참조

[표 32-5]과 [표 32-6]은 이 장에서 사용하는 설정과 확인 명령어들을 보여준다. 연습을 위해 표의 왼쪽 행을 가리고, 오른쪽 행을 읽고 해당 명령을 보지 않고 기억해보도록 한다. 다음으로 오른쪽 행을 덮고 명령이 무엇을 위한 것인지를 기억하는 연습을 반복한다.

명령어	설명
ipv6 route *prefix/length next-hop-address*	넥스트-홉 라우터의 IPv6 주소로 IPv6 스태틱 루트를 설정하기 위한 글로벌 명령어.
ipv6 route *prefix/length outgoing-interface*	로컬 라우터 인터페이스를 송신 인터페이스로 하는 IPv6 스태틱 루트를 설정하기 위한 글로벌 명령어.
ipv6 route *prefix/length next-hop-address outgoing-interface*	넥스트-홉 주소와 로컬 라우터의 송신 인터페이스로 IPv6 스태틱 루트를 설정하기 위한 글로벌 명령어.
ipv6 route ::/0 {[*next-hop-address*] [*outgoing-interface*]}	디폴트 IPv6 스태틱 루트를 설정하기 위한 글로벌 명령어.
ipv6 address autoconfig [default]	라우터로 하여금 SLAAC를 사용하여 자신의 인터페이스에 IPv6 주소를 설정하고, RA 메시지로 응답하는 라우터를 다음-홉으로 하는 디폴트 루트를 추가하게 하는 인터페이스 하부 명령어.

[표 32-5] 32장 설정 명령어 참조

명령어	설명
show ipv6 route [connected | local | static]	라우팅 테이블 내의 루트들을 보여준다.
show ipv6 route *address*	이 명령어에 포함된 IPv6 주소가 목적지인 패킷들을 보낼 때, 라우터가 사용하는 루트에 대한 자세한 정보를 보여준다.

[표 32-6] 32장 EXEC 명령어 참조

Part VIII 리뷰

[표 P8-1]의 체크리스트와 함께 Part 리뷰 과정을 추적하기 바란다. 각 과제의 상세한 내용은 표와 같다.

과제	첫 번째 완료일	두 번째 완료일
모든 사전 점검 퀴즈를 반복하라		
Part 리뷰 문제를 풀어라		
핵심 주제들을 리뷰하라		
IPv6 주소 마인드 맵을 생성하라		
IPv6 설정과 확인 명령어 마인드 맵을 생성하라		
랩을 수행하라		

[**표 P8-1**] Part VIII 리뷰 체크리스트

모든 사전 점검 퀴즈를 반복하라

이 과제를 위해, 이 파트에 포함된 장들에 대해 PCPT 소프트웨어를 이용하여 사전 점검 퀴즈를 다시 풀도록 한다.

핵심 주제들을 리뷰하라

DVD 혹은 동반자 웹 사이트 상의 핵심 주제(Key Topics) 애플리케이션들을 이용하거나 장들을 검색함으로써 이 파트, 모든 장의 모든 핵심 주제들을 리뷰하도록 한다.

IPv6 주소 마인드 맵을 생성하라

IPv4와 IPv6 간의 가장 큰 차이는 주소다. 잠시 IPv6 주소의 용어, 구조, 유형들과 그 외 주소와 관련된 것들에 대해 생각해보자. 다음으로 주소의 개념과 용어들을 통합하는 하나의 마인드 맵을 만들어보자.

주소에 대해 생각할 때, 당신이 선호하는 정보를 중심으로 조직화한다. 하나의 정답은 없다. 하지만, 정보를 조직화하는 방식에 대한 가이드를 원한다면, 개념과 용어들의 일부는 주소의 유형에 따라 조직화할 수 있다. 예를 들어, 링크-로컬 주소가 하나의 유형이다. 마인드 맵의 일부로써 [그림 P8-1]과 같이 링크-로컬 주소에 대한 용어들과 항목들을 나열할 수 있다.

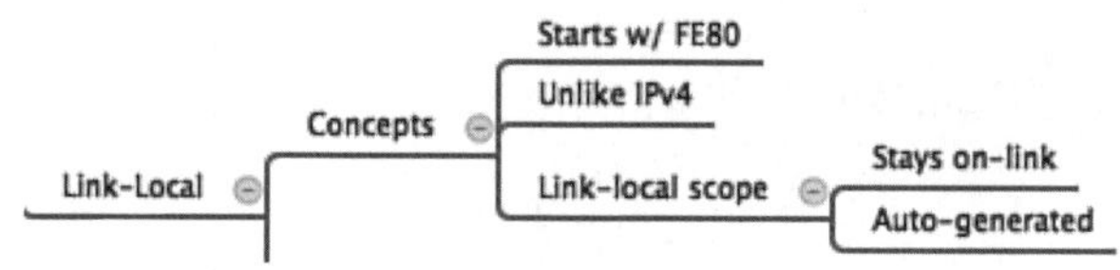

[그림 P8-1] 링크-로컬 분야에 대한 샘플 마인드-맵

28장 'IPv6 기초'에서 30장 '라우터의 IPv6 주소 설정'까지는 이 책에서 다루는 IPv6 주소 개념의 대부분을 포함한다. 이러한 장들의 '핵심 용어들' 섹션의 모든 주소 관련 용어들과 함께 특정 유형의 IPv6 주소를 식별하는 숫자와 개념들을 맵에 배치해보도록 한다.

IPv6 설정과 확인 명령어 마인드 맵을 생성하라

IPv6 라우터 명령어에 대해 두 개의 주요 섹션들 즉, 주소와 스태틱 루트로 분할하는 마인드 맵을 생성하도록 한다. 이를 위해, 각각은 설정과 확인 명령어들로 명령어들을 분할할 수 있다.

부록 L '마인드 맵 솔루션들'은 샘플 마인드 맵 정답을 보여주지만, 보통 당신이 만든 맵과 다르게 보일 것이다.

맵	설명	저장 장소
1	IPv6 주소 마인드 맵	
2	IPv6 명령어 마인드 맵	

[표 P8-2] VIII 리뷰를 위한 마인드 맵 구성

실습들

실습을 위해 다음과 같이 몇 가지를 제안할 수 있다:

- 피어슨 네트워크 시뮬레이터: 전체 피어슨 ICND1 혹은 CCNA 시뮬레이터는 실습에서 명령어를 사용하여 IPv6 주소 계산 과정을 연습하도록 하는 특별한 유형의 실습 뿐만 아니라 일반적인 유형의 실습을 위한 연습이 가능하다. 모든 IPv6 실습들을 연습하되, IPv6 EUI-64 계산과

IPv6 서브넷 ID 계산을 확실하게 이해해야 한다. 또한 일반적인 파트 리뷰와 마찬가지로 설정 시나리오와 장애 해결 시나리오를 포함하는 실습을 해야한다.

- **컨피그 랩스(Config Labs)**: 저자의 블로그에서 이 책 부분의 Config Labs를 다시 살펴보고 반복할 수 있다. blog.certskills.com/ccent에 접속하여 Config Labs를 탐색해보기 바란다.
- **기타**: 다른 실습 툴들을 사용한다면, 다음과 같은 제안을 참조하기 바란다. IPv6 주소에 익숙할 수 있도록 해야한다. 작은 네트워크 구성도에서 다양한 IPv6 주소들의 설정을 여러 번 반복해야 한다. IPv6의 모든 **show** 명령을 사용하고, 각 인터페이스에서 생성된 모든 특정 IPv6 주소들을 자세히 살펴보아야 한다. 다음으로 각 서브넷들에 상응하는 스태틱 IPv6 루트들을 설정해보도록 한다.

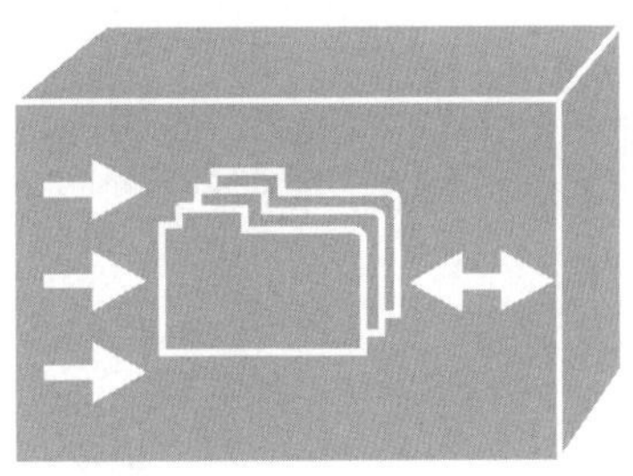

Part IX는 이 책의 기술적인 내용으로서는 마지막이다.

이 마지막 Part는 다양한 영역의 작은 주제들을 다룬다. 특히 33장과 34에서 다루는 대다수의 주제들은 라우터와 스위치에 동일하게 적용된다.

하지만 모든 기능들 중에서 네트워크 내부의 장치들을 관리하는 방법을 집중적으로 다룬다.

네트워크 장치 관리

Chapter 33: 장치 관리 프로토콜들

Chapter 34: 장치 보안 기능들

Chapter 35: IOS 파일 관리

Chapter 36: IOS 라이선스관리

Part IX 리뷰

Chapter 33
장치 관리 프로토콜들

이 장은 다음 시험 주제를 다룬다.

2.0 LAN 스위칭 기술들

2.6 Layer 2 프로토콜들 설정 및 확인

   2.6.a CDP(Cisco Discovery Protocol)

   2.6.b LLDP

4.0 인프라스트럭처 서비스

4.5 클라이언트/서버 모드의 NTP 설정 및 확인

5.0 인프라스트럭처 관리

5.1 시스로그(syslog)에 의한 장치 감시 기능 설정 및 확인

5.2 장치 관리 설정 및 확인

   5.2.b 장치 발견을 위한 CDP(Cisco Discovery Protocol)와 LLDP

   5.2.d 로깅(Logging)

   5.2.e 타임존(Timezone)

   5.2.f 루프백(Loopback)

5.6 장애 발견 및 해결을 위한 시스코 IOS 툴들

   5.6.b 터미널 모니터(Terminal Monitor)

   5.6.c 로그 이벤트들(Log events)

Part IX의 시작인 이 장은 시스코 라우터와 스위치의 세 가지 기능들의 개념, 설정 및 확인 방법을 다룬다. 이러한 기능들은 네트워크 장치 관리를 위한 것이다..

대부분의 컴퓨팅 장치들은 관리자에게 중요한 이슈들을 알릴 필요가 있다. 일반적으로 컴퓨팅 세계에서 이러한 유형의 메시시를 로그(log) 메시지라고 부른다. 시스코 장치들도 로그 메시지들을 발생시킨다. 첫 번째 섹션은 시스코 장치가 이러한 메시지들을 처리하는 방식과 라우터와 스위치로 하여금 메시지들을 무시하도록 설정하거나 다양한 방식들로 이들을 저장하도록 하는 방식을 설명한다.

다음으로, 다수의 라우터와 스위치 기능들은 시각 동기화를 필요로 한다. 대부분의 컴퓨팅 장치와 같이, 라우터와 스위치는 시각 정보를 유지하기 위한 내부 시계 기능을 갖는다. NTP(Network Time Protocol)는 장치들의 시각을 동기화한다.

마지막 주요 섹션은 동일한 종류의 동작을 수행하는 두 개의 프로토콜들 즉, CDP(Cisco Discovery Protocol)와 LLDP(Link Layer Discovery Protocol)에 초점을 맞춘다. 두 프로토콜은 IPv4나 IPv6에 대한 설정 없이 이웃 장치들에 대한 정보를 학습하도록 한다.

QUIZ 사전 점검 퀴즈

이 장의 학습을 위해 필요한 시간을 가늠하기 위해 시험(이 페이지나 PCPT 소프트웨어를 사용 가능)을 보기 바란다. 정답은 퀴즈 다음 페이지의 아랫 부분에 나와 있고, 설명은 DVD 부록 C와 PCPT 소프트웨어에 있다.

핵심 수세 섹션	해당 문제
Syslog(System Message Logging)	1-2
NTP(Network Time Protocol)	3-4
CDP와 LLDP를 이용한 토폴로지 분석	5-6

[표 33-1] 사전 점검 퀴즈와 관련된 핵심 주제

1. 시스코 장치에서 콘솔에 대한 기본적인 로깅 레벨은?

   a. Informational

   b. Errors

   c. Warnings

   d. Debugging

2. 시스로그 서버에 레벨 0에서 4까지의 메시지들을 보내도록 하는 명령은?

   a. `logging trap 0-4`

   b. `logging trap 0,1,2,3,4`

   c. `logging trap 4`

   d. `logging trap through 4`

3. 다음 중 시스코 라우터에서 NTP 클라이언트 기능에 대한 가장 정확한 설명은?

   a. 클라이언트는 NTP 서버에 기초하여 시각을 동기화 한다.

   b. 보다 정확한 시각을 유지하기 위해 로컬 라우터 CPU의 순환 주기를 센다.

   c. 클라이언트는 NTP 서버에 기초하여 시리얼 라인의 클럭 속도를 동기화한다.

   d. 클라이언트는 NTP 서버와 동일한 서브넷에 연결돼 있어야 한다.

4. 라우터 R2는 클라이언트/서버 모드로 NTP를 사용한다. 다음 중 라우터 R2의 NTP 설정 명령들에 대한 정확한 설명은? (2개를 선택할 것)

  a. Ntp server 명령은 R2의 NTP 서버 기능을 활성화한다.

  b. Ntp server 명령은 R2를 NTP 클라이언트로 만들고, 서버를 표시한다.

  c. Ntp master 명령은 R2의 NTP 서버 기능을 활성화한다.

  d. Ntp master 명령은 R2를 클라이언트로 만들고, 서버를 표시한다.

5. 스위치는 이더넷 케이블을 통해 라우터에 연결되었고, 라우터의 호스트 이름은 'Hannah'라고 가정해보자. 다음 명령어들 중 Hannah에 대한 텔넷 접속 없이 Hannah의 IOS 버전에 대한 정보를 보여주는 것은? (2개를 선택할 것)

  a. `show neighbors Hannah`

  b. `show cdp`

  c. `show cdp neighbors`

  d. `show cdp neighbors Hannah`

  e. `show cdp entry Hannah`

  f. `show cdp neighbors detail`

6. 스위치는 Hannah라는 이름을 가진 라우터에 연결되었다. 다음 LLDP 명령어들 중 Hannah의 하드웨어 모델을 보여주는 것은? (2개를 선택할 것)

  a. `show neighbors`

  b. `show neighbors Hannah`

  c. `show lldp`

  d. `show lldp interface`

  e. `show lldp neighbors`

  f. `show lldp entry Hannah`

:: Syslog(System Message Logging)

시스코 장치들에 Syslog를 적용하면 네트워크 관리자에게 놀라운 도움을 준다. 주요 사건 (과 심지어 주요하지 않은 사건)들이 발생하면, 이러한 시스코 장치들은 자세한 시스템 메시지들을 관리자에게 통보한다. 이 섹션에서 학습한 바와 같이 이러한 메시지들은 매우 평범한 것부터 굉장히 중요한 것까지 다양하다. 다행히 관리자가 이러한 메시지들을 저장할 수 있는 방법과 네트워크 인프라에 큰 영향을 줄 수 있는 통보 방법들은 다양하다.

장치의 OS가 흥미롭다고 여기는 일이 발생하면 OS는 어떻게 사람에게 알려줄까? 시스코 IOS는 현재 장치에 로그인한 사람에게 메시지를 보낼 수 있다. 또한 사용자가 메시지를 나중에 볼 수 있도록 메시지를 저장할 수도 있다. 다음 몇 페이지에서 두 가지 방법을 알아본다.

현재의 사용자에게 실시간으로 메시지 보내기

장치에서 운용 중인 Cisco IOS는 이벤트 발생 시, 적어도 현재 사용자가 로그 메시지를 볼 수 있도록 한다. 모든 라우터 또는 스위치에 사용자가 접속하지 않아도 로그인만 하면, 네트워크 엔지니어는 특정 이슈들을 알 수 있다.

기본적으로 IOS는 모든 수준의 로그 메시지를 콘솔 사용자에게 보여준다. 이러한 기본 기능은 **logging console**이란 글로벌 컨피규레이션 명령이 기본적으로 입력되었기 때문이다. 사실, 당신이 이 책을 읽는 동안 콘솔 포트를 사용하고 있다면, 당신은 인터페이스 업 또는 다운과 같은 다양한 시스로그 메시지들을 이미 목격했을 것이다.

그 외 사용자들(가령, 텔넷과 SSH 사용자)을 위해, 장치는 사용자가 메시지를 보기 전에 두 단계의 과정을 필요로 한다. 첫째, IOS는 IOS로 하여금 모든 로그인한 사용자들에게 로그 메시지를 보내도록 하기 위한 또 하나의 글로벌 컨피규레이션 명령 **logging monitor**가 필요하다. 그러나 이 기본 설정만으로는 사용자가 로그 메시지를 보기에 충분하지 않다. 사용자는 또한 로그인 세션 동안 이 터미널 세션이 로그 메시지를 수신을 원한다는 것을 IOS에게 알리기 위해 **terminal monitor** EXEC 명령을 입력해야 한다.

[그림 33-1]은 시스코 라우터 혹은 스위치가 현재 연결된 사용자들에게 로그 메시지를 처리하는 방식에 대한 핵심 내용을 요약한다. 그림에서 사용자 A는 콘솔에 연결되어 있기 때문에 항상 로그 메시지를 수신한다. 사용자 B는 로그인 후에 **terminal monitor** 명령을 입력하여 메시지를 볼 수 있지만 사용자 C는 그렇지 못하다는 사실은 각 사용자가 로그 메시지를 수신할 지 아니면 수신하지 않을지를 결정할 수 있음을 보여준다.

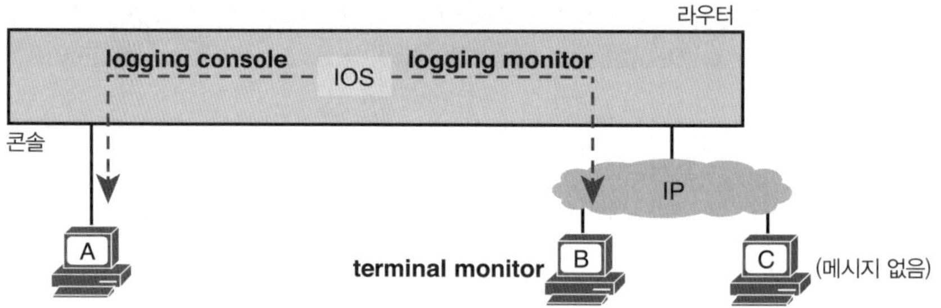

[**그림 33-1**] IOS의 현재 사용자에 대한 로그 메시지 처리 방식

사후 점검을 위한 로그 메시지 저장

콘솔과 터미널로 로그 메시지를 전달하게 하면 이벤트 발생 시에 IOS는 콘솔과 터미널 세션으로 메시지를 보내고 난 후에 IOS는 메시지를 버릴 수 있다. 그러나 사후 확인을 위해 로그 메시지를 저장해 두는 것은 유용하기 때문에 IOS는 복사본의 저장을 위한 두 가지 주요 수단을 제공한다.

IOS는 **logging buffered** 글로벌 컨피규레이션 명령으로 RAM에 로그 메시지 복사본을 저장할 수 있다. 이후에 어떤 사용자라도 **show logging** EXEC 명령을 사용하여 오래된 로그 메시지들을 확인할 수 있다.

두 번째는 로그 메시지를 대량으로 생산하는 네트워크에서 주로 발견되는 옵션으로, 모든 장치들은 로그 메시지를 중앙의 시스로그 서버에 저장한다. RFC 5424는 스위치와 라우터가 저장을 위해 UDP 프로토콜을 사용하여 시스로그 서버에게 메시지를 보내는 시스로그 프로토콜을 정의한다. 모든 장치들은 자신이 생성한 로그 메시지들을 서버에게 보낼 수 있다. 이후에 사용자는 서버에 접속하고(일반적으로 GUI 환경에서), 다양한 장치들에서 도착한 로그 메시지들을 검색할 수 있다. 라우터 혹은 스위치에 로그 메시지를 시스로그 서버에게 보내도록 설정하기 위해 **logging** { *address*|*hostname* } 글로벌 명령을 추가해야 하는데, 시스로그의 IP 주소 혹은 호스트 네임을 포함해야 한다.

로그 메시지 포맷

IOS는 다음 포맷의 로그 메시지를 정의한다. 이 메시지는 이 메시지에 대한 특정 정보로 시작하고, 사람이 쉽게 읽을 수 있는 문자를 보여준다. 메시지 예를 자세히 보자.

```
*Dec 18 17:10:15.079: %LINEPROTO-5-UPDOWN: Line protocol on Interface
FastEthernet0/0, changed state to down
```

사전 점검 퀴즈 정답
1 D **2** C **3** A **4** B, C **5** E, F **6** E, F

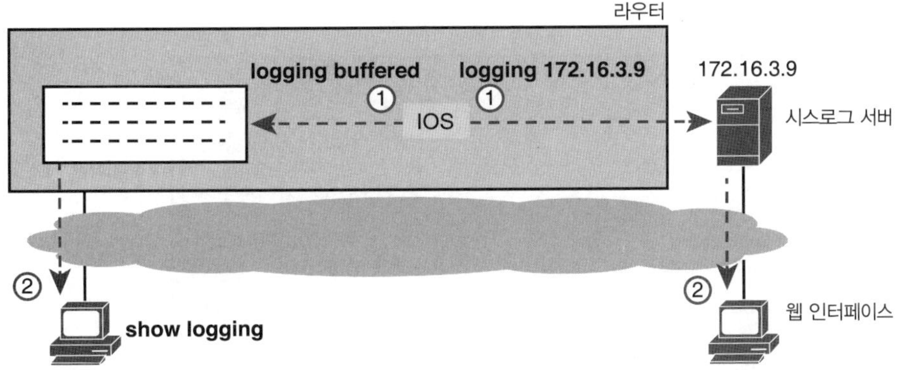

[그림 33-2] 사후 확인을 위해 로그 메시지 저장하는 IOS: Buffered(버퍼드)와 시스로그 서버

이 장치에서 기본적으로 다음 항목들을 볼 수 있다:

- 시간 정보(timestamps): * Dec 18 17:10:15.079

- 이 메시지를 생성한 라우터의 구성 요소: %LINEPROTO

- 심각도: 5

- 메시지에 대한 연상 기호: UPDOWN

- 메시지에 대한 설명: Line protocol on Interface FastEthernet0/0, changed state to down

IOS는 메시지 내용의 대부분을 포함하지만 시간 정보(기본적으로는 사용함)와 로그 메시지의 순서 번호(기본적으로는 포함하지 않음)의 사용 여부를 결정할 수 있다. [예 33-1]은 시간 정보를 끄고 순서 번호를 켜서 기본 설정을 변경한다.

```
R1(config)# no service timestamps
R1(config)# service sequence-numbers
R1(config)# end
R1#
000011: %SYS-5-CONFIG_I: Configured from console by console
```

[예 33-1] 로그 메시지의 시간 정보 비활성화와 순서 번호 활성화

포맷의 변화를 보기 위해, 예의 끝부분의 로그 메시지를 보자. 평소와 같이 컨피규레이션 모드에서 빠져나올 때, 장치는 또 다른 로그 메시지를 보여준다. 이 메시지를 이전의 예와 비교하면, 이제 더 이상 시간 정보를 보여주지 않지만, 순서 번호는 보여준다.

로그 메시지의 심각도

로그 메시지들은 일부 일상적인 이벤트 혹은 일부 심각한 이벤트 상황을 알려줄 수 있다. 각 메시지의 중요도를 이해하기 위해 IOS는 각 메시지에 심각도를 할당한다(앞선 페이지에서 동일한 메시지들 내부에서 표시된 것처럼). [그림 33-3]은 심각도를 보여준다. 숫자가 낮을수록 메시지를 일으킨 이벤트는 보다 심각하다(왼쪽의 키워드와 중앙의 숫자는 IOS 명령에서 사용된다).

[그림 33-3] 키워드와 숫자로 구분하는 시스로그 메시지 심각도

[그림 33-3]에서 8개의 심각도는 의미를 조금 더 하기 위해 4개의 섹션들로 나뉜다. 그림에서 2개의 꼭대기 레벨은 가장 심각한 것이다. 이 레벨의 메시지는 심각하고 즉각적인 조치가 필요하다는 것을 의미한다. 다음 3개의 레벨(Critical, Error와 Warning)은 또한 장치에 충격을 줄 수 있는 이벤트라는 것을 표시하지만 심각하고 즉각적인 조치를 필요로 하는 것은 아니다. 예를 들어, 인터페이스가 물리적으로 다운 상태가 될 때, 일반적인 로그 메시지는 심각도 레벨 3에 해당한다.

그림에서 아래로 더 내려가보면, IOS는 에러라기보다는 사용자에게 알려주기 위한 메시지들을 위해 두 단계(5와 6)를 사용한다. 그림의 마지막 레벨은 **debug** 명령에 의해 발생하는 메시지들을 위해 사용된다.

[표 33-2]는 로깅 기능과 각 유형에 대한 심각도 수준을 설정하기 위해 사용하는 설정 명령을 요약한다. 심각도가 설정되면, IOS는 해당 심각도 수준 이상의 서비스 메시지들을 보낼 것이다. 예를 들어, **logging console 4** 명령은 IOS로 하여금 콘솔로 심각도 수준 0~4 메시지들을 보낸다. 또한 각 명령 앞에 **no**를 추가하면 각 서비스를 비활성화한다(**no logging console, no logging monitor** 등).

서비스	로깅 활성화 명령	메시지 레벨 설정
Console	logging console	logging console *level-name* | *level-number*
Monitor	logging monitor	logging monitor *level-name* | *level-number*
Buffered	logging buffered	logging buffered *level-name* | *level-number*
Syslog	logging host *address* | *hostname*	logging trap *level-name* | *level-number*

[표 33-2] 로깅 활성화 명령들

시스템 로깅 설정과 확인

[표 33-2]의 정보와 같이, 시스코 IOS 라우터 혹은 스위치의 시스로그 설정은 상대적으로 간단하다. [예 33-2]는 [그림 33-4]에 기초한 샘플 설정을 보여준다. 이 그림은 IP 주소

172.16.3.9를 가진 시스로그 서버를 보여준다. 이 예는 R1 라우터의 설정 프로세스를 보여주지만, 두 스위치와 두 라우터는 [예 33-2]와 동일한 설정을 사용한다.

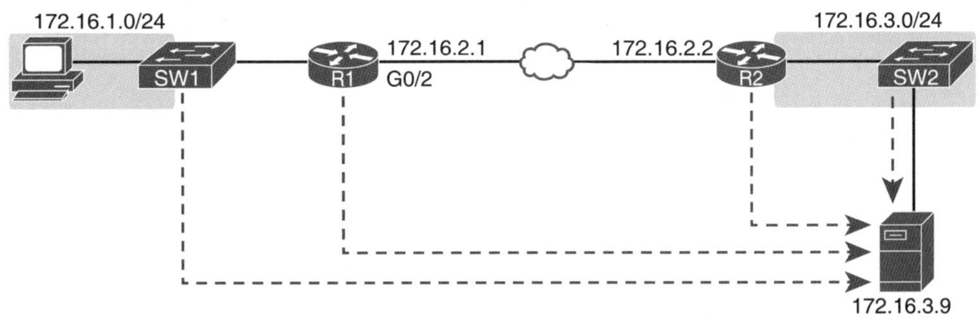

[그림 33-4] 로깅을 설명하는 샘플 네트워크

```
logging console 7
logging monitor debug
logging buffered 4
logging host 172.16.3.9
logging trap warning
```

[예 33-2] R1의 시스로그 설정

먼저, 이 예는 로깅 콘솔(logging console)과 로깅 모니터(logging monitor)에 대해 동일한 레벨(레벨 7 혹은 디버그(debug) 레벨)의 메시지를 보내도록 설정하고, 로깅 버퍼드(logging buffered)와 시스로그 서버에게 동일한 레벨(레벨 4 혹은 워닝(warning) 레벨)의 메시지를 보내도록 설정한다. 이 레벨은 심각도를 구분하는 숫자 혹은 앞선 [그림 33-3]에서 본 이름으로 설정할 수 있다.

show logging 명령은 이러한 설정 내용들을 확인해주고 또한 내부 라우터에 저장된[36] 로그 메시지 수를 보여준다. [예 33-3]은 [예 33-2]에서 설정한 내용을 회색으로 강조하여 확인시켜 준다.

```
R1# show logging
Syslog logging: enabled (0 messages dropped, 3 messages rate-limited, 0 flushes, 0
  overruns, xml disabled, filtering disabled)

No Active Message Discriminator.

No Inactive Message Discriminator.
```

---

[36] logging buffered 명령에 의해 내부 버퍼에 저장된 로그 메시지를 말함.

```
        Console logging: level debugging, 45 messages logged, xml disabled,
                    filtering disabled
        Monitor logging: level debugging, 0 messages logged, xml disabled,
                    filtering disabled
        Buffer logging:  level warnings, 0 messages logged, xml disabled,
                    filtering disabled
        Exception Logging: size (8192 bytes)
        Count and timestamp logging messages: disabled
        Persistent logging: disabled

    No active filter modules.

        Trap logging: level warnings, 0 message lines logged
            Logging to 172.16.3.9  (udp port 514, audit disabled,
                link up),
                0 message lines logged,
                0 message lines rate-limited,
                0 message lines dropped-by-MD,
                xml disabled, sequence number disabled
                filtering disabled
            Logging Source-Interface:        VRF Name:

    Log Buffer (8192 bytes):
```

[예 33-3] 앞선 예에서 설정한 로그 설정값에 대한 확인

이 명령의 결과를 이해하려면, 8개의 로그 메시지 레벨 모두를 알아야 편리하다. **show** 명령의 대부분은 숫자가 아니라 이름에 의해 로그 메시지의 레벨을 구분한다. 로그 메시지의 레벨을 숫자로 설정했다 하더라도, 이 예에서 회색으로 강조한 부분에 보듯이 2개의 레벨은 'debug'이고, 2개의 레벨은 'warning'으로 표시한다.

또한 이 결과에서는 각 레벨의 메시지를 확인할 수 없는데, [예 33-3]에서 R1 라우터는 버퍼 로깅 메시지를 갖지 않는다('buffer logging' 메시지의 수가 '0'임). 어떤 로그 메시지라도 버퍼에 저장되었다면, 실제 로그 메시지들은 [예 33-3]의 마지막에 표시되어야 한다(**clear logging** EXEC 명령으로 저장된 이전 메시지들을 모두 삭제할 수 있다).

다음 예는 현재 심각도 레벨 간의 차이를 보여준다. 이 예는 사용자가 G0/1 인터페이스를 **shutdown** 명령으로 비활성화했다가 **no shutdown** 명령으로 다시 활성화했을 때의 사례를 보여준다. 여기서 강조된 메시지들을 자세히 살펴보면, 심각도 레벨 5의 메시지 여러 개와 심각도 레벨 3의 메시지 하나를 볼 수 있다. R1에서 **logging buffered 4** 글로벌 컨피규레이션 명령([예 33-2]를 볼 것)은 R1이 심각도 레벨 5의 로그 메시지는 저장하지 않을 것임을 뜻하지만, 심각도 레벨 3의 메시지는 저장할 것이다. [예 33-4]는 **show logging** 명령의 결과에서 마지막 부분에 로그 메시지를 보여준다.

```
R1# configure terminal
Enter configuration commands, one per line.  End with CNTL/Z.
R1(config)# interface g0/1
R1(config-if)# shutdown
R1(config-if)#
*Oct 21 20:07:07.244: %LINK-5-CHANGED: Interface GigabitEthernet0/1, changed state to
  administratively down
*Oct 21 20:07:08.244: %LINEPROTO-5-UPDOWN: Line protocol on Interface
  GigabitEthernet0/1, changed state to down
R1(config-if)# no shutdown
R1(config-if)#
*Oct 21 20:07:24.312: %LINK-3-UPDOWN: Interface GigabitEthernet0/1, changed state to
  up
*Oct 21 20:07:25.312: %LINEPROTO-5-UPDOWN: Line protocol on Interface
  GigabitEthernet0/1, changed state to up
R1(config-if)# ^Z
R1#
*Oct 21 20:07:36.546: %SYS-5-CONFIG_I: Configured from console by console
R1# show logging
! 마지막 몇 줄까지 [예 33-3]에서 같은 라인 약 20줄을 건너뜀.

Log Buffer (8192 bytes):

*Oct 21 20:07:24.312: %LINK-3-UPDOWN: Interface GigabitEthernet0/1, changed state to
  up
```

[예 33-4] 콘솔에서 심각도 3과 5 메시지, 버퍼에서 심각도 3만 확인 가능한 예

debug 명령과 로그 메시지

로그 메시지의 8단계의 심각도 중에서 한 레벨인 디버그 레벨(7)은 특별한 목적을 갖는다.
즉, 라우터 혹은 스위치에 접속한 사용자가 **debug** 명령을 입력했을 때의 결과로 생성되는 메
시지를 위한 것이다.

debug EXEC 명령은 네트워크 엔지니어에게 IOS가 시간을 두고 지속하는 감시 프로세스와
함께 특별한 내부 이벤트들을 감시하도록 하는 방법을 제공한다. 따라서 IOS는 이벤트 발생시에
로그 메시지를 생성할 수 있다. 엔지니어가 로그인 하여 **debug** 명령을 입력하고 난 뒤, 다른 업
무를 보러 갔다. 사용자가 장치에서 로그아웃해도 디버그는 여전히 활성화 상태로 남아 있다.
IOS는 계속해서 **debug** 명령의 결과를 감시하고 관련 이벤트들에 대한 로그 메시지들을 생성
한다. 디버그는 사용자가 디버그를 멈추기 위해 **no debug** 명령을 입력할 때까지 활성화 상태로
남아 있다.

> 📝 **NOTE** 단지 하나의 명령일 뿐인 debug 명령은 show 명령과 같이 막대한 수의 옵션들을 갖는다.

```
R1# debug ip rip
RIP protocol debugging is on
R1#
*Oct 21 20:26:55.316: RIP: received v2 update from 172.16.2.2 on GigabitEthernet0/2
*Oct 21 20:26:55.317:         172.16.3.0/24 via 0.0.0.0 in 1 hops
*Oct 21 20:27:14.200: RIP: sending v2 update to 224.0.0.9 via GigabitEthernet0/2
   (172.16.2.1)
*Oct 21 20:27:14.200: RIP: build update entries
*Oct 21 20:27:14.201:    172.16.1.0/24 via 0.0.0.0, metric 1, tag 0
R1# no debug ip rip
RIP protocol debugging is off
R1#
```

[예 33-5] R1의 콘솔에서의 debug ip rip 사용

콘솔 사용자는 **debug** 명령을 설정한 후에, **debug** 명령 때문에 생성된 로그 메시지를 보게 된다. [예 33-2] 내의 앞선 설정에서 R1의 **logging console 7** 명령어는 콘솔 사용자가 레벨 7 디버그 메시지를 포함하여 심각도 수준 0~7을 볼 수 있다는 것을 알려준다. 현재의 설정으로는 이러한 디버그 메시지(**logging buffered warning** 명령어의 수준 때문에)는 로컬 로그 메시지 버퍼(logging trap 4 명령의 레벨 때문에)나 시스로그 서버로 보내지 않는다는 것을 기억하기 바란다.

콘솔 사용자는 자동적으로 [예 33-4]에 보이는 로그 메시지도 보게 된다. 그러나, [그림 33-1]에 표시된 텍스트의 설명과 같이, R1에 접속하는 사용자가 그러한 로그 메시지를 보기 위해 **terminal monitor** 명령어를 입력할 필요가 있다. 예를 들어, [예 33-4]의 아웃풋이 수집되는 시각에 SSH로 로그인 한 사람은 라우터 R1에서 **logging monitor debug** 명령어를 구성해도, **terminal monitor** 명령어를 먼저 입력하지 않았다면 아웃풋은 보이지 않을 것이다.

모든 디버그 옵션들을 활성화하면, 라우터에 문제를 일으킬 수 있을 정도로 라우터의 CPU를 소모시킨다. **show process cpu** 명령을 사용하여 CPU 사용률을 모니터링할 수 있다. 따라서 **debug** 명령을 현장의 장치에서 사용할 때는 주의해야 한다. 디버그 메시지를 받는 CLI 사용자가 많을수록, CPU를 더 많이 소비한다. 라우터의 CPU 부하를 줄이기 위해 콘솔과 터미널 로깅에서 디버그 수준의 로그 메시지를 제외한다면 사용자는 시스로그 혹은 로깅 버퍼에서 이 메시지를 볼 수 없다.

:: NTP(Network Time Protocol)

각 네트워킹 장치는 날짜와 시각을 알고 있어야 한다. 예를 들어, 이 장의 첫 번째 주요 섹션에서 논의했던 로그 메시지들은 날짜와 시각으로 구성된 시각 정보를 가진다. 시스로그(syslog) 서버에 저장된 모든 라우터와 스위치에서 출발한 모든 로그 메시지들을 점검하고 있다고 가정

해보자. 모든 메시지들은 날짜와 시각 정보를 갖지만, 어떻게 시각 정보는 일관성을 가질 수 있을까? 어떻게 모든 장치들이 동일한 시각을 갖도록 보장함으로써 시스로그 서버에서 보이는 모든 로그 메시지들의 순서가 맞도록 할까? 하나의 이벤트가 세 개의 다른 타임존에 존재하는 장치들에 영향을 끼쳤다면 이 때 발생하는 메시지들의 전후 관계를 어떻게 밝힐 것인가?

예를 들어, [예 33-6]과 같이 두 라우터 R1과 R2에서 발생한 메시지를 보자. R1과 R2 라우터는 자신의 시계를 서로 맞추지 않았다. 네트워크 엔지니어는 시스로그 서버에 저장된 모든 로그 메시지를 본다. 그러나 엔지니어가 R1에서 몇몇 메시지들의 발생 시각이 13:38:39(대략 오후 1:40)인데 반해, R2에서 메시지의 발생 시각은 대략 오전 9:45이다. 이것은 뭔가 잘못된 것이다.


```
*Oct 19 13:38:37.568: %OSPF-5-ADJCHG: Process 1, Nbr 2.2.2.2 on Serial0/0/0 from FULL
  to DOWN, Neighbor Down: Interface down or detached
*Oct 19 13:38:40.568: %LINEPROTO-5-UPDOWN: Line protocol on Interface Serial0/0/0,
  changed state to down
! 이 메시지들은 라우터 R2에서 발생한다.
Oct 19 09:44:09.027: %LINK-3-UPDOWN: Interface Serial0/0/1, changed state to down
Oct 19 09:44:09.027: %OSPF-5-ADJCHG: Process 1, Nbr 1.1.1.1 on Serial0/0/1 from FULL
  to DOWN, Neighbor Down: Interface down or detached
```

[예 33-6] 두 라우터의 로그 메시지 비교

실제로는 [예 33-6]의 위아래 메시지들은 라우터들에 **shutdown** 명령을 입력했을 때 발생한 것이기 때문에 서로 0.5초 정도의 차이가 날 뿐이다. 그러나 두 라우터들은 시각 정보를 일치시키지 않았으므로, 두 라우터들이 발생시키는 메시지들은 연관성을 가지지 않는 것처럼 보인다. 시각을 일치시키면 거의 동시의 시각 정보를 로그 메시지들에 표시하므로, 두 라우터는 메시지들이 발생했을 때 메시지들을 읽기도 용이하고 관련성을 발견하기도 쉽다.

라우터들, 스위치들, 기타 네트워킹 장치들과 IT 세상에 알려진 수많은 장치는 시각을 표시하는 시계를 갖는다. 다양한 이유로 이러한 시계들을 일치시키는 것이 합리적이므로 모든 장치들은 동일한 시각 정보를 가진다. NTP(Network Time Protocol)는 목적 달성을 위한 수단을 제공한다.

NTP는 장치들의 시각을 일치시키는 방법을 제공한다. NTP는 프로토콜 메시지를 통해 장치의 시각 정보를 학습한다. 장치들은 NTP 메시지를 이용하여 지속적인 시각 정보의 교환을 통해 하나의 장치가 다른 장치의 시각과 일치하도록 변경하는데, 마침내 모든 장치들의 시각들이 일치하게 된다. 시각 동기화가 필요한 예로 로그 메시지에 시각 정보를 포함할 때, 그 효과를 발휘한다.

시각과 타임존의 설정

NTP의 일은 장치들의 시각을 일치시키는 것이지만 NTP는 **ntp server** 명령어로 NTP 클라이언트 기능을 활성화하기 전에 장치의 시각을 비슷하게 설정하는 것이 좋다. 예를 들어, 손목 시계가 지금 8:52 p.m.을 가리킨다. 다른 장치들과 시각 일치화를 위해 새로운 라우터나 스위치에서 NTP를 시작하기 전에, 정확한 날짜, 타임존, 시각을 8:52 p.m.으로 맞춰야 하고 심지어 섬머 타임까지도 조정한 다음, NTP를 활성화시킨다. 정확한 시각의 설정은 NTP에게 시각 일치화를 위한 적정한 출발점이 된다.

[예 33-7]은 날짜, 시간, 타임존과 섬머 타임을 맞추는 방법을 보여준다. 특이한 것은 타임존, 섬머 타임을 위해 두 개의 설정 명령을 사용하고, 라우터의 날짜와 시각 설정을 위해 하나의 EXEC 명령어를 사용한다.

```
R1# configure terminal
Enter configuration commands, one per line.  End with CNTL/Z.
R1(config)# clock timezone EST -5
R1(config)# clock summer-time EDT recurring
R1(config)# ^Z
R1#
R1# clock set 20:52:49 21 October 2015
*Oct 21 20:52:49.000: %SYS-6-CLOCKUPDATE: System clock has been updated from 00:36:38
 UTC Thu Oct 22 2015 to 20:52:49 UTC Wed Oct 21 2015, configured from console by
 console.
R1# show clock
20:52:55.051 EDT Wed Oct 21 2015
```

[예 33-7] clock set으로 날짜/시각 설정 및 Timezone/DST 설정하기

먼저 첫 번째 두 개의 설정 명령에 초점을 맞추자. **clock set** EXEC 명령어로 날짜와 시각을 설정하기 전에, 두 개의 설정 명령어가 설정된 시각에 영향을 주기 때문에 두 개의 명령어를 설정해야 한다. 첫 번째 **clock timezone** 명령어에서 정의된 파라미터, 이 경우 'EST'는 장치가 속한 타임존의 이름으로 당신이 선택할 수 있는 임의의 값이다. 이 키워드는 **show** 명령에서 보이는데, 값을 설정하기 전에 계획이 필요하다. 나는 미국 동부 표준 시간(Eastern Standard Time)의 약자인 EST를 선택했다. 파라미터 '-5'는 이 장치가 협정 세계시(Universal Time Coordinated, UTC)보다 5시간 뒤진다는 의미이다.

두 번째 **clock summer-time** 명령은 어떤 값을 사용할 수도 있는 필드에 'EDT'와 함께 무엇을 할지를 정한다. 이 어떤 값은 의미가 있는 값을 사용해야 한다. 이 값은 섬머 타임이 사용될 때 **Show** 명령어에서 보여지는 표시 정보다. 섬머 타임이 동일한 EST 타임존에 대한 것이기 때문에 나는 EDT(Eastern Daylight Saving Timezone)를 선택했다. 마지막으로 **recurring** 키워드는 라우터로 하여금, 봄에는 한 시간을 앞서게 하고 가을에는 다시 돌아가게 하는 일년 간의 자동적인 주기를 갖도록 한다.

clock set EXEC 명령어로 연, 월, 일, 시간을 설정한다. 그런데 IOS는 타임존과 섬머 타임 명령어에 입력된 시간으로 변경한다는 것을 유의하기 바란다. 예를 들어, 명령어는 20:52:49 라는 시각을 보여준다(명령어는 a.m./p.m.과 함께 12시간 형식이 아닌, 24시간 형식으로 시간을 보여준다). 이 시각과 이전의 두 가지 설정 명령어를 조합하여, **show clock** 명령어(몇 초 후에 입력한)는 시각을 보여주는데, UTC 시각보다는 EDT 시각을 표시한다.

NTP 클라이언트, 서버와 클라이언트/서버 모드 설정

NTP 서버는 클라이언트에게 날짜와 시각 정보를 보내고, 클라이언트는 이 정보에 자신의 시각을 일치시킨다. 이 과정은 동기화를 유지하기 위해 시간이 지남에 따라 반복된 작은 조정을 필요로 한다. 이 책에서 다루는 범위에서 설정 자체는 매우 단순하지만 보안과 이중화를 위해서는 추가 설정이 필요하다.

예를 들어, 기본적인 명령어 구문과 **show** 명령어를 보기 위해, [그림 33-5]를 보자. 이 그림은 NTP를 적용한 세 개의 라우터를 가지고 있다. R1은 NTP 클라이인트, R3는 NTP 서버로서 동작하지만, R2는 클라이언트/서버 모드로 동작한다.

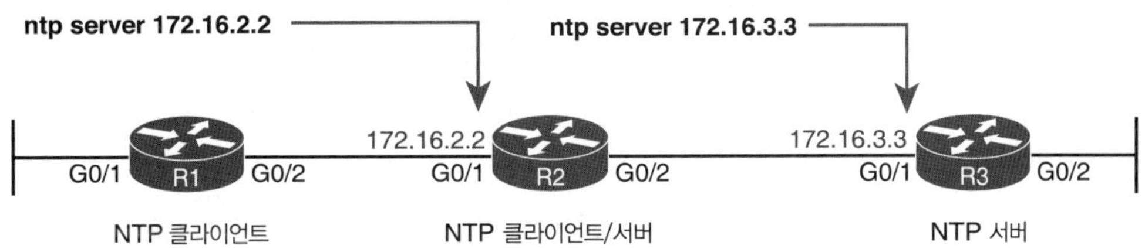

[그림 33-5] R1은 NTP 클라이언트, R2는 클라이언트/서버, R3는 서버인 구성

단지 이러한 몇 개의 장비만을 가진 실제 네트워크에서, 당신은 아마도 NTP 서버로 작동하는 하나의 장치를 만들 것이고, 다른 모든 장치는 NTP 클라이언트처럼 작동하도록 할 것이다. 그러나 시험 주제에서 클라이언트/서버 모드란 용어를 언급하고 [그림 33-5]는 R2가 NTP 클라이언트/서버로서 동작하는 것이 무엇을 의미하는지 설명해준다. 특히:

- NTP 클라이언트는 NTP 서버가 보낸 정보를 기초로 그 자신의 시각을 조정한다.
- NTP 서버는 클라이언트에게 시각 정보를 제공하지만 조정을 해주지는 않는다.
- NTP 클라이언트/서버는 두 가지 역할을 한다. 클라이언트는 NTP 서버에 연결하여 시각을 동기화하고, 서버는 다른 장치들에 시각 정보를 제공한다.

[예 33-8]은 각각의 역할을 위해 그림의 모든 세 개의 장치들에 대한 기본 구성을 보여준다. NTP 클라이언트 장치는 **ntp server** *address|hostname* 명령어를 설정한다. 이 명령어는 두 가지 연관된 기능을 수행한다:

- 이 명령은 라우터가 NTP 서버의 IP 주소 혹은 호스트 네임을 설정하여, NTP 클라이언트로써 동작하도록 한다.
- 또한 이 명령어에서 나열된 NTP 서버(R3)처럼 일부 신뢰할 수 있는 소스를 가지고 라우터가 시각을 동기화 한 후, NTP 서버로서 작동하도록 한다.

[그림 33-5]의 NTP 디자인에 상응하는 이 예에서, R1은 서버로서 R2(172.16.2.2)를 참조하고, R2는 서버로서 R3(172.16.3.3)를 참조한다.

```
 ! R1상의 설정:
 ntp server 172.16.2.2
 ! R1상의 설정:
 ntp server 172.16.3.3
 ! R1상의 설정:
 ntp master 2
```

[예 33-8] NTP 클라이언트/서버 설정

정확한 동작을 위해, 적어도 하나의 NTP 서버는 신뢰할 만한 시각 제공자(clock source)가 되어야 한다. 만약 목적 완수를 위해 특별히 만들어진 NTP 서버를 사용한다면(라우터와 스위치를 NTP 서버로서 사용하지 않을 때), 이러한 서버들은 전형적으로 우수한 시각 제공자가 된다. 이 경우, 모든 라우터와 스위치는 이 NTP 서버를 참조하기 위해 **ntp server** 명령어를 사용한다. 그러나 NTP를 적용한 시스코 라우터와 스위치만을 가진 실습에서, NTP가 작동하도록 만들기 위해 적어도 하나의 라우터나 스위치를 **ntp master** 명령어를 사용하여 시각 제공자로 설정해야 한다. **ntp master** 명령어는 라우터가 NTP 서버로서 동작하도록 하고 시각 제공자로서 장치 내부의 시계를 사용한다.

[예 33-8]의 구성에서, 라우터는 백업을 위해 다수의 **ntp server** 명령어를 설정할 수 있다. 목적(다수의 **ntp server** 명령어에 의해 서버들을 설정하든 혹은 **ntp master** 명령에 의해 내부 시계를 적용하든)은 적어도 하나의 사용 가능한 시각 제공자를 갖는 것이다. 라우터는 계층 레벨(stratum level)에 기초하여 최상의 NTP 시각 제공자를 선택한다. 계층 레벨은 시각 제공자의 질을 결정한다. 낮은 계층일수록 더 나은 시각 제공자다. 예를 들어, 2계층으로 R3의 시계를 정의하는 **ntp master 2** 명령어에서, R2는 [예 33-8]의 구성에 **ntp master 5** 명령어를 추가할 수 있다. 그 결과 R2는 정상적인 환경에서 더 나은 계층을 가진 R3로부터 학습한 시각을 사용하지만 만약 R3와의 연결이 실패한다면, 그 자신의 시계에 의존한다.

```
R1# show ntp associations

  address         ref clock     st   when   poll reach  delay  offset   disp
*~172.16.2.2      10.1.3.3       3     50     64   377  1.223   0.090   4.469
 * sys.peer, # selected, + candidate, - outlyer, x falseticker, ~ configured
```

```
R1# show ntp status
Clock is synchronized, stratum 4, reference is 172.16.2.2
nominal freq is 250.0000 Hz, actual freq is 250.0000 Hz, precision is 2**21
ntp uptime is 1553800 (1/100 of seconds), resolution is 4000
reference time is DA5E7147.56CADEA7 (19:54:31.339 EST Thu Feb 4 2016)
clock offset is 0.0986 msec, root delay is 2.46 msec
root dispersion is 22.19 msec, peer dispersion is 5.33 msec
loopfilter state is 'CTRL' (Normal Controlled Loop), drift is 0.000000009 s/s
system poll interval is 64, last update was 530 sec ago.
```

```
R2# show ntp associations
!  이 출력은 라우터 R2에서 발생해 클라이언트/서버 모드에서 작동한다.
   address        ref clock     st when   poll reach  delay offset   disp
*~172.16.3.3      127.127.1.1    2   49     64   377  1.220  -7.758  3.695
 * sys.peer, # selected, + candidate, - outlyer, x falseticker, ~ configured
```

[예 33-9] R1과 R2의 NTP 클라이언트 상태 확인

첫째로, R1에서 **show ntp associations** 명령어의 아웃풋을 보자. 이것은 R1에서 **ntp server 172.16.2.2** 명령어로 설정한 R2의 IP 주소를 보여준다. ＊은 R1이 NTP를 통해 172.16.2.2를 찾았고 연결할 수 있었음을 의미한다. 이제 아래 쪽으로 내려가 R2에서 동일한 명령어를 보자. R2의 **ntp server 172.16.3.3** 명령 때문에 NTP 서버인 R3의 주소 172.16.3.3을 보여준다.

중간에 위치한 R1의 **show ntp status** 명령어는 다수의 NTP 관련 상세 항목들을 보여준다. 특히 주목할 것은 다른 NTP 서버와 동기화 여부를 보여주는 첫 번째 줄이다. 이 경우, R1은 동기화되어 있다. NTP 클라이언트로 동작하는 라우터는 적어도 하나의 서버와 NTP 동기화 프로세스가 완료될 때까지 첫 번째 줄은 'unsynchronized(동기화되지 않음)'를 보여준다. R3처럼 NTP 서버로만 동작하며 그 시각을 동기화하려고 시도하지 않는 라우터의 명령어 출력은 항상 첫 번째 줄에서 'unsynchronized'를 보여줄 것이다.

보다 나은 가용성을 위해 루프백 인터페이스를 사용하는 NTP

NTP 서버는 기본값으로 자신의 IPv4 주소에 도착하는 NTP 메시지를 받아들인다. 그러나 클라이언트는 NTP 서버 상의 특정한 IP 주소를 참조한다. 이것은 가용성 관련 이슈를 만든다.

예를 들어, [그림 33-6]에서 NTP 서버로 동작하는 오른편의 라우터 R4와 클라이언트로 동작하는 다른 라우터로 구성된 토폴로지를 보자. R4는 클라이언트가 그들의 **ntp server** *address* 명령어로 입력할 수 있는 세 개의 IP 주소를 가진다. 이제 R4의 한 인터페이스가 고장 났을 때 어떤 일이 일어나는지 보자. 세 개의 인터페이스 중 어떤 것이 고장 나든, 해당 인터페이스의 IP 주소는 패킷을 송수신할 수 없다. 이 경우, 특정 IP 주소를 참조하는 어떤 NTP 클라이언트에 대해,

- 아마 여전히 R4 그 자체에 도달하기 위한 루트가 존재할 것이다.
- NTP 클라이언트는 인터페이스가 다운이기 때문에 설정된 주소로 패킷을 보낼 수 없을 것이다.

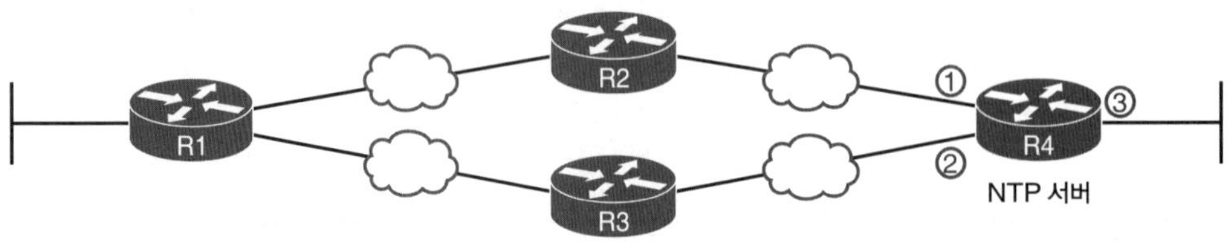

[그림 33-6] NTP 서버의 물리적인 인터페이스 IP 주소를 참조할 때의 가용성 이슈

이에 대한 대책은 하나의 인터페이스 상태와 상관없이 R4로 패킷을 보내는 방법이다. 즉, R4 그 자체로 패킷을 보내는 어떤 경로가 있는 한, NTP의 작동은 유지될 것이다. 목적은 라우터 R4에서 단일 인터페이스의 고장이 NTP의 고장을 야기하는 경우를 피하는 것이다.

시스코는 솔루션으로 라우터의 루프백(loopback) 인터페이스를 사용한다. 루프백 인터페이스는 **interface loopback *number*** 명령을 통해 생성하는 시스코 IOS 내부에 존재하는 가상 인터페이스다. 한번 구성되면 그 루프백 인터페이스는 내부에 존재하고, 어떤 물리적 인터페이스와 관련이 없다. 루프백 인터페이스는 라우팅 프로토콜이 서브넷에 대해 광고할 수 있는 IP 주소를 할당할 수 있고, 그 주소로 **ping/traceroute** 할 수 있다. 이것은 여러 가지 면에서 다른 물리적 인터페이스처럼 작동하지만, 한번 구성되면 다음의 경우에 항상 up/up 상태로 남아 있다.

- 라우터가 켜져 있어야(up) 한다.
- 루프백 인터페이스에서 **shutdown** 명령어를 설정하지 않는다.

> **NOTE** 지금의 논의는 특별한 IPv4 루프백 주소 127.0.0.1에 대한 것은 아니다. 이 섹션에서 논의 중인 루프백 인터페이스는 루프백 주소와 다른 개념이다.

[예 33-10]은 [그림 33-5]를 기초로 한 NTP 구성에 루프백 인터페이스를 추가하는 작은 구성 변화를 보여준다. 이 경우, [예 33-10] 구성은 [예 33-8]에서 이미 보여줬던 구성을 약간 변경한 것이다. 여전히 클라이언트처럼 동작하는 R1은 이제 R2의 새로운 루프백 인터페이스 IP 주소 172.16.9.9를 가리킨다. R2는 새 루프백 인터페이스(루프백0)를 새로 설정한다. R2는 또한 NTP 패킷을 보낼 때 출발지 주소로써 루프백 0 인터페이스의 IP 주소를 사용한다.

```
    ! R1 상에서의 클라이언트 설정
  ntp server 172.16.9.9

    ! R2 상에서의 자체 서버 기능을 위한 설정
  interface loopback 0
   ip address 172.16.9.9 255.255.255.0
   !
  ntp master 4
  ntp source loopback 0

    ! 라우터 R2상에서의 검증
  R2# show interfaces loopback 0
  Lookback0 is up, line protocol is up
    Hardware is Loopback
      Internet address is 172.16.9.9/24
    ! 간략화를 위해 라인 생략됨
```

[예 33-10] 루프백 인터페이스를 사용한 R1/R2의 NTP 클라이언트/서버 설정

루프백 인터페이스는 IOS 기능들에서 광범위하게 사용한다. NTP는 루프백 인터페이스의 혜택을 누릴 수 있는 기능이기 때문에 여기에서 루프백 인터페이스를 언급했다. ICND2 책은 완전히 다른 목적을 갖는 OSPF 구성에서 루프백 인터페이스를 사용하는 방법을 보여준다.

∷ CDP와 LLDP를 사용한 토폴로지 분석

이 장에서 첫 번째 두 개의 주요 섹션은 라우터와 스위치에서 동일한 방식으로 동작하는 두 가지 기능 즉, 시스로그와 NTP를 보여주었다. 마지막 섹션은 두 개의 유사한 프로토콜 즉, CDP(Cisco Discovery Protocol)와 LLDP(Link Layer Discovery Protocol)에 의해 라우터와 스위치가 갖는 또 하나의 공통 기능을 보여준다. 이 섹션은 CDP를 먼저 다루고 다음으로 LLDP에 초점을 맞춘다.

CDP 정보에 대한 점검

CDP는 이웃 장치를 위한 패스워드를 알 필요없이 이웃하는 라우터와 스위치에 관한 기본 정보를 발견하게 한다. 정보를 교환하기 위해, 라우터와 스위치는 인터페이스 외부로 CDP 메시지를 보낸다. 메시지는 본질적으로 CDP 메시지를 보내는 장치에 대한 정보를 포함한다. CDP를 지원하는 장치는 다른 장치로부터 받은 정보를 통해 이웃하는 장치에 대한 정보를 학습한다.

CDP는 이웃하는 시스코 장치로부터 [예 33-11]과 같은 다음의 유용한 세부 사항을 얻는다:

- **Device identifier:** 일반적인 호스트 이름
- **Address list:** 네트워크와 데이터-링크 주소
- **Port identifier:** CDP 정보를 보낸(링크의 다른 끝의) 리모트 라우터 혹은 스위치의 인터페이스

- **Capabilities list:** 장치의 유형에 대한 정보(예를 들어, 라우터 혹은 스위치)
- **Platform:** 이웃 장치에서 운용 중인 모델명과 OS 레벨

CDP는 두 가지 일반적인 역할을 한다. 즉, CDP 기능을 지원하는 장치에게 일부 정보를 제공하고, 장치를 관리하는 네트워크 엔지니어에게 정보를 제공한다. 첫 번째 예를 들어, 시스코 IP 폰은 액세스 스위치에 구성된 데이터와 보이스 VLAN ID를 학습하기 위해 CDP를 사용한다 (11장의 '데이터 및 보이스 VLAN 개념들'과 '이더넷 VLAN 설정'에서 논의했던 것처럼). 두 번째 역할은 CDP의 동작 방식에 대한 정보뿐 아니라, 이웃하는 장치에 대한 정보를 보여주는 **show** 명령어를 가진다. [표 33-3]은 가장 중요한 CDP정보를 나열하는 세 개의 **show** 명령어다.

명령어	설명
show cdp neighbors [*type number*]	모든 이웃 장치 또는 인터페이스를 지정했다면 특정 인터페이스에서 발견되는 이웃 장치에 대한 한 줄의 요약 정보를 보여준다.
show cdp neighbors detail	모든 이웃 장치들에 대한 자세한 정보(거의 15줄)를 보여준다.
show cdp entry *name*	이름(대소문자 구분함)으로 표시한 이웃 장치에 대한 show cdp neighbors detail 명령어와 동일한 정보를 보여준다.

[**표 33-3**] 이웃 장치들에 대한 정보를 보여주는 **show cdp** 명령어들

> **NOTE** 시스코 라우터와 스위치는 동일한 파라미터, 동일한 유형의 아웃풋과 동일한 CDP 명령어들을 지원한다.

다음의 예는 CDP 명령어에 의한 정보의 힘을 보여준다. [그림 33-7]의 네트워크를 기준으로 [예 33-11]은 **show cdp** 명령의 다양한 아웃풋을 보여준다.

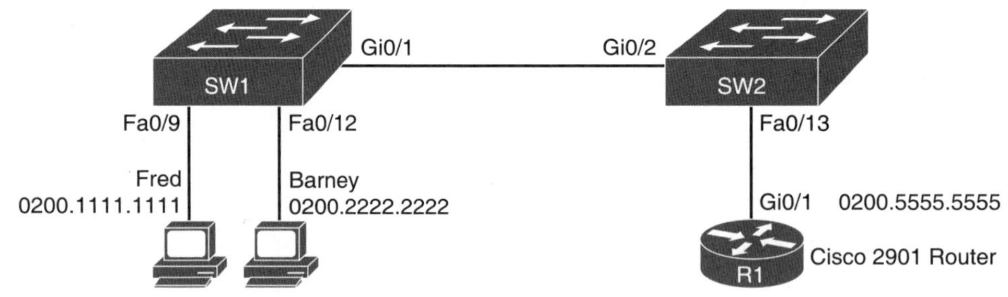

[**그림 33-7**] CDP 예에서 사용된 소규모 네트워크

```
SW2# show cdp neighbors
Capability Codes: R - Router, T - Trans Bridge, B - Source Route Bridge
                  S - Switch, H - Host, I - IGMP, r - Repeater, P - Phone,
                  D - Remote, C - CVTA, M - Two-port Mac Relay
```

```
Device ID          Local Intrfce      Holdtme    Capability  Platform   Port ID
SW1                Gig 0/2            170                S I  WS-C2960-  Gig 0/1
R1                 Fas 0/13          136              R S I  CISCO2901  Gig 0/1
```

[예 33-11] show cdp 명령 예: SW2

show cdp neighbors 명령어는 이웃 당 하나의 행을 보여준다(장치 ID열에서 SW1과 R1을 포함하는 목록을 찾는다). 두 개의 행은 각 이웃에 대한 가장 중요한 토폴로지 정보들 즉, 이웃의 호스트 이름(Device ID), 로컬 장치 인터페이스(Local Intrfce), 이웃하는 장치 인터페이스(Port ID)를 포함한다.

그림의 예에서, 로컬 장치의 인터페이스와 이웃하는 장치의 인터페이스를 자세히 비교해보기 바란다. 예를 들어, SW2의 **show cdp neighbors** 명령어는 SW1에 대한 정보를 보여주는데, 'Port ID'라는 제목 아래 SW1의 인터페이스 G0/1과 'Local Intrfce' 제목 아래에는 SW2의 Gi0/2 인터페이스를 보여준다.

이 명령어는 또한 이웃하는 라우터와 스위치의 특정한 모델을 확인하는 플랫폼 종류를 보여준다. 그래서 기본 정보를 사용함에도, [그림 33-7]과 같은 구성도를 그릴 수 있거나 기존 그림에 대한 세부 사항의 정확성을 확인할 수 있다.

다음으로, 다시 스위치 SW2로 돌아가서 [예 33-12]에 보이는 **show cdp neighbors detail** 명령어를 보자. 이 명령어는 당신의 추측 이상의 세부 사항을 보여준다. 이 세부 사항에는 스위치 모델의 풀 네임(WS-2960-24TT-L)과 이웃 장치에 구성된 IP 주소를 나열한다. 더 자세히 보면, 예에는 두 개의 이웃 각각에 대한 긴 메시지를 보여준다. 예는 메시지 그룹을 분할하는 지점을 찾기 쉽게 점선과 함께 하나의 주석 줄을 포함한다.

```
SW2# show cdp neighbors detail
-------------------------
Device ID: SW1
Entry address(es):
  IP address: 172.16.1.1
Platform: cisco WS-C2960-24TT-L,   Capabilities: Switch IGMP
Interface: GigabitEthernet0/2,   Port ID (outgoing port): GigabitEthernet0/1
Holdtime : 161 sec

Version :
Cisco IOS Software, C2960 Software (C2960-LANBASEK9-M), Version 15.0(1)SE3, RELEASE
SOFTWARE (fc1)
Technical Support: http://www.cisco.com/techsupport
Copyright (c) 1986-2012 by Cisco Systems, Inc.
Compiled Wed 30-May-12 14:26 by prod_rel_team
```

```
advertisement version: 2
Protocol Hello:  OUI=0x00000C, Protocol ID=0x0112; payload len=27,
  value=00000000FFFFFFFF010221FF00000000000018339D7B0E80FF0000
VTP Management Domain: ''
Native VLAN: 1
Duplex: full
Management address(es):
  IP address: 172.16.1.1

! 다음부터는 R1에 대한 항목들이다.
-------------------------
Device ID: R1
Entry address(es):
  IP address: 10.1.1.9
Platform: Cisco CISCO2901/K9,  Capabilities: Router Switch IGMP
Interface: FastEthernet0/13,  Port ID (outgoing port): GigabitEthernet0/1
Holdtime : 127 sec

Version :
Cisco IOS Software, C2900 Software (C2900-UNIVERSALK9-M), Version 15.2(4)M1, RELEASE
   SOFTWARE (fc1)
Technical Support: http://www.cisco.com/techsupport
Copyright (c) 1986-2012 by Cisco Systems, Inc.
Compiled Thu 26-Jul-12 20:54 by prod_rel_team

advertisement version: 2
VTP Management Domain: ''
Duplex: full
Management address(es):
```

[예 33–12] SW2의 show cdp neighbors detail 명령어

확인한 바와 같이, 하나의 장치에서 이웃하는 장치에 대한 보안 취약점을 일으키는 항목을 포함하여 다수의 정보들을 볼 수 있다. 시스코는 CDP가 필요하지 않는 인터페이스는 CDP를 비활성화할 것을 권장한다. 즉, 스위치, 라우터 혹은 IP 폰에 연결하는 스위치 포트는 CDP를 사용할 수 있다.

CDP는 직접적으로 연결된 이웃에 대한 정보를 보여준다. 예를 들어, [그림 33–7]에서 SW1의 **show cdp neighbors**는 R1이 아닌 SW2에 대한 정보를 보여주는데, 이것은 R1이 SW1에 직접 연결되어 있지 않기 때문이다.

CDP 설정과 확인

CDP에서 당신이 알아야할 것의 대부분은 **show** 명령어로 CDP가 무엇을 보여줄 수 있는 지와 연관되어 있다. 한편 이것은 IOS의 기능으로, 당신은 CDP를 구성할 수 있고 CDP의 상태를 점검하기 위해 **show** 명령어를 사용할 수 있다.

전형적으로 IOS는 CDP를 글로벌 컨피규레이션 모드에서 설정하면 모든 인터페이스에서 활성화된다. 그리고 **no cdp enable** 인터페이스 하부 명령어로 인터페이스마다 CDP를 비활성화할 수 있고, **cdp enable** 명령으로 나중에 다시 활성화할 수 있다. 장치에서 모든 인터페이스에 CDP를 비활성화 또는 활성화하기 위해 각각 **no cdp run**과 **cdp run** 글로벌 명령어를 사용한다.

CDP 자체의 상태를 검사하기 위해 [표 33-4]과 [예 33-13]의 명령어를 사용한다.

명령어	설명
show cdp	CDP의 활성화 여부와 디폴트 업데이트와 홀드타임 타이머를 보여준다.
show cdp interface [*type number*]	각 인터페이스 또는 인터페이스를 지정했다면 한 인터페이스에서 CDP 활성화 여부와 해당 인터페이스의 업데이트와 홀드타임 타이머를 보여준다.
show cdp traffic	CDP 메시지의 송수신 수에 대한 통계를 보여준다.

[**표 33-4**] CDP 동작을 확인하는 명령어들

```
SW2# show cdp
Global CDP information:
    Sending CDP packets every 60 seconds
    Sending a holdtime value of 180 seconds
    Sending CDPv2 advertisements is enabled

SW2# show cdp interface FastEthernet0/13
FastEthernet0/13 is up, line protocol is up
  Encapsulation ARPA
  Sending CDP packets every 60 seconds
  Holdtime is 180 seconds
SW2# show cdp traffic
CDP counters :
    Total packets output: 304, Input: 305
    Hdr syntax: 0, Chksum error: 0, Encaps failed: 0
    No memory: 0, Invalid packet: 0,
    CDP version 1 advertisements output: 0, Input: 0
    CDP version 2 advertisements output: 304, Input: 305
```

[**예 33-13**] CDP 상태를 보여주는 show cdp 명령어

LLDP(Link Layer Discovery Protocol) 구현

시스코는 유사한 표준 프로토콜이 존재하기 이전에 시스코 고유의 CDP를 생성했다. CDP는 많은 장점을 가진다. 이더넷의 상위에 위치한 2 계층 프로토콜로서, 3계층 프로토콜에 의존하지 않는다. 이것은 여러 가지 방면에서 유용한 장치 관련 정보를 제공한다. 프로토콜이 필요하긴 하지만 이를 충족시키는 표준이 없는 경우, 시스코는 많은 회사와 더불어 표준 프로토콜들을 수차례 만들어왔다.

IEEE 표준 802.1AB에 정의된 LLDP(Link Layer Discovery Protocol)는 CDP와 동일한 일반적인 기능을 제공하는 표준 프로토콜이다. LLDP는 유사한 설정을 가지고 CDP와 비교해 실질적으로 동일한 **show** 명령어를 가진다. 예를 들어, [예 33-14]의 아웃풋을 보자. 이것은 CDP 예가 사용된 동일한 네트워크에서 LLDP가 활성화되었을 때의 SW2의 LLDP 아웃풋을 보여준다. 당신은 명령어 아웃풋에서 CDP와 유사한 정보를 볼 수 있지만, 형식과 제공한 정보에서 약간의 차이가 있다.

```
SW2# show lldp neighbors
Capability codes:
    (R) Router, (B) Bridge, (T) Telephone, (C) DOCSIS Cable Device
    (W) WLAN Access Point, (P) Repeater, (S) Station, (O) Other

Device ID            Local Intf     Hold-time  Capability    Port ID
SW1                  Gi0/2          105        B             Gi0/1
R2                   Fa0/13         91         R             Gi0/1

Total entries displayed: 2

SW2# show lldp entry R2

Capability codes:
    (R) Router, (B) Bridge, (T) Telephone, (C) DOCSIS Cable Device
    (W) WLAN Access Point, (P) Repeater, (S) Station, (O) Other
-------------------------------------------------
Chassis id: 0200.2222.2222
Port id: Gi0/1
Port Description: GigabitEthernet0/1
System Name: R2

System Description:
Cisco IOS Software, C2900 Software (C2900-UNIVERSALK9-M), Version 15.4(3)M3, RELEASE
SOFTWARE (fc2)
Technical Support: http://www.cisco.com/techsupport
Copyright (c) 1986-2015 by Cisco Systems, Inc.
Compiled Fri 05-Jun-15 13:24 by prod_rel_team

Time remaining: 100 seconds
```

```
    System Capabilities: B,R
    Enabled Capabilities: R
    Management Addresses:
        IP: 10.1.1.9
    Auto Negotiation - not supported
    Physical media capabilities - not advertised
    Media Attachment Unit type - not advertised
    Vlan ID: - not advertised


    Total entries displayed: 1
```

[예 33-14] SW2의 show lldp 명령어

아웃풋에서 가장 중요한 항목은 인터페이스를 표시하는 방식에서 CDP와 LLDP 사이의 일관성이다. **show cdp neighbors**와 **show lldp neighbors** 두 개의 명령어는 'local intf'(interface)와 'port ID'라는 행을 가진다. 이 행들은 로컬 장치의 인터페이스와 이웃하는 장치의 인터페이스를 각각 표시한다. .

LLDP는 일반적으로 설정을 필요로 하지만 CDP 설정과 유사한 구조를 가진다. LLDP를 모든 인터페이스에 활성화하기 위해, **lldp run** 글로벌 명령어를 사용한다. 그리고 각각의 원하는 인터페이스에만 활성화하게 하기 위해 두 개의 명령어 즉, **lldp transmit**와 **lldp receive**가 필요하다(LLDP 옵션 중 한 가지만을 구성하면 단지 메시지를 보내거나 받을 수 있다).

마지막으로 LLDP 상태를 점검하기 위해 [표 33-4]에 표시된 CDP와 정확하게 동일한 명령어를 사용하는데 이때, **cdp** 대신 **lldp** 키워드를 사용해야 한다. 예를 들어, **show lldp interface** 명령어는 LLDP를 활성화한 인터페이스를 나열한다.

좋은 시험 결과를 위해서는 리뷰 세션에 대한 복습이 중요하다. 책이나 DVD의 툴 혹은 책의 동반자 웹 사이트에서 찾을 수 있는 대화형 툴을 활용하여 이 장의 자료들을 리뷰하기 바란다. 특히, '단계② 챕터 위주의 학습 습관을 만들어라'라는 제목의 '당신의 학습 계획'을 참조하기 바란다. [표 33–5]은 핵심 리뷰 요소들과 자료 출처들을 보여준다. 학습 과정에 대해 보다 나은 추적을 위해 두 번째 열에 완료한 날짜를 기록하도록 한다.

리뷰 항목	완료 날짜	자료 출처
핵심 주제 리뷰		책, DVD/웹 사이트
핵심 용어 리뷰		책, DVD/웹 사이트
사전 점검 퀴즈 반복		책, PCPT
메모리 테이블 리뷰		책, 앱
실습		블로그
명령어 참조 리뷰		책

[표 33–5] 챕터 리뷰 확인

핵심 주제 복습

 Key Topic

핵심 주제	설명	페이지
그림 33–1	콘솔과 터미널에 대한 로깅	844
그림 33–2	시스로그와 버퍼에 대한 로깅	845
그림 33–3	로그 메시지 레벨	846
표 33–2	로깅 설정 명령어들	846
리스트	NTP 클라이언트, 서버, 클라이언트/서버의 역할들	853
리스트	루프백 인터페이스에 대한 핵심 사항들	856
리스트	CDP에 의해 수집된 정보	857
표 33–3	이웃(네이버)에 대한 정보를 보여주는 세 개의 **CDP show** 명령어들	858

[표 33–6] 28장의 핵심 주제들

핵심 용어

로그 메시지, 시스로그 서버(syslog server), NTP(Network Time Protocol), NTP 클라이언트/서버 모드, NTP 서버, NTP 동기화(synchronization), CDP, LLDP

∷ 명령어 참조

[표 33-7]과 [표 33-8]은 이 장에서 사용하는 설정과 확인 명령어들을 보여준다. 연습을 위해 표의 왼쪽 행을 가리고, 오른쪽 행을 읽고 해당 명령을 보지 않고 기억해보도록 한다. 다음으로 오른쪽 행을 덮고 명령이 무엇을 위한 것인지를 기억하는 연습을 반복한다.

명령어	설명
[no] logging console	콘솔 장치에 로그 메시지들을 보냄(no 옵션은 보내지 않음).
[no] logging monitor	SSH 혹은 텔넷으로 장치에 연결된 사용자에게 로그 메시지들을 보냄(no 옵션은 보내지 않음).
[no] logging buffered	내부 버퍼에 로그 메시지들을 저장함(no 옵션으로 저장하지 않음).
logging [host] *ip-address* | *hostname*	시스로그 서버에게 로그 메시지들을 보냄
logging console *level-name* | *level-number*	콘솔 로그 메시지의 레벨을 설정함.
logging monitor *level-name* | *level-number*	SSH 및 텔넷 사용자에게 보내는 로그 메시지의 레벨을 설정함.
logging buffered *level-name* | *level-number*	show logging으로 확인하는 버퍼에 저장되는 로그 메시지에 대한 레벨을 설정함.
logging trap *level-name* | *level-number*	시스로그 서버로 보내지는 로그 메시지들에 대한 레벨을 설정함.
[no] service sequence–numbers	로그 메시지들에 대한 순서 번호의 사용 여부를 설정하는 글로벌 명령어
clock timezone *name* *+-number*	타임존의 이름과 UTC 대비 +/- 옵셋값을 정하기 위한 글로벌 명령어.
clock summertime *name* recurring	타임존에 대한 일광 절약 시간의 이름과 IOS로 하여금 시각을 자동으로 조정하도록 하는 글로벌 명령어.
ntp server *address* | *hostname*	NTP 서버의 주소 혹은 이름을 가리킴으로써 장치를 NTP 클라이언트로 설정하는 글로벌 명령어.
ntp master *stratum-level*	NTP 서버로 장치를 설정하고 로컬 시각의 계층(stratum) 수준을 설정하는 글로벌 명령어.
ntp source *name/number*	NTP 메시지의 출발지 IP 주소로 사용하기 위한 인터페이스(이름/번호)를 지정하는 글로벌 명령어.
interface loopback *number*	루프백 인터페이스를 생성하는 글로벌 명령어. 또한 사용자를 해당 인터페이스에 대한 인터페이스 컨피규레이션 모드로 이동시키는 명령어.
[no] cdp run	전체 스위치 혹은 라우터에서 CDP를 활성화 및 비활성화(no 옵션으로)하는 글로벌 명령어.
[no] cdp enable	특정 인터페이스에서 CDP를 활성화 및 비활성화(no 옵션으로)하는 인터페이스 하부 명령어.
[no] lldp run	전체 스위치 혹은 라우터에서 LLDP를 활성화 및 비활성화(no 옵션으로)하는 글로벌 명령어.
[no] lldp transmit	인터페이스에서 LLDP 메시지의 전송을 활성화 및 비활성화(no 옵션으로)하는 인터페이스 하부 명령어.
[no] lldp receive	인터페이스에서 수신 LLDP 메시지의 처리를 활성화 및 비활성화(no 옵션으로)하는 인터페이스 하부 명령어.

[표 33-7] 설정 명령어 참조

명령어	설명
show logging	현재의 로깅 설정과 마지막에 버퍼에 저장된 로그 메시지를 보여준다.
terminal monitor terminal no monitor	SSH 혹은 텔넷 사용자 세션을 위해 logging monitor가 설정되었을 때, 하나의 세션에서 로그 메시지의 수신을 허용(terminal monitor)하거나 불허(terminal no monitor)하는 명령어.
[no] debug *{various}*	다수의 debug 옵션들 중 하나를 활성화하거나 비활성화(no 옵션)하는 EXEC 명령어.
show clock	로컬 장치의 날짜와 시각을 보여준다.
show ntp associations	로컬 장치가 NTP를 통해 시각 동기화를 할 때, 모든 NTP 클라이언트들과 서버들을 보여준다.
show ntp status	현재의 NTP 클라이언트 상태를 자세하게 보여준다.
show interfaces loopback number	표시된 루프백 인터페이스의 현재 상태를 보여준다.
show cdp | lldp neighbors [*type number*]	각 이웃 장치에 대해 한 줄의 요약 정보를 보여준다. 선택적으로 표시한 인터페이스의 이웃 장치만 보여준다.
show cdp | lldp neighbors detail	모든 이웃 장치들에 대해 자세한 정보(거의 15줄)를 보여준다.
show cdp | lldp entry *name*	이름으로 지정한 이웃 장치에 대해, show cdp|lldp neighbors detail과 동일한 정보를 보여준다.
show cdp | lldp	모든 인터페이스에 대해 CDP 혹은 LLDP의 설정 여부와 디폴트 업데이트와 홀드타임 타이머를 보여준다.
show cdp | lldp interface [*type number*]	각 인터페이스 또는 한 인터페이스(인터페이스를 지정했다면)에 대해 CDP 혹은 LLDP의 설정 여부를 보여준다.
show cdp | lldp traffic	송수신한 CDP 혹은 LLDP 메시지의 수를 보여준다.

[표 33-8] 33장 EXEC 명령어 참조

Chapter 34
장치 보안 기능들

이 장은 다음 시험 주제를 다룬다.

1.0 네트워크 기초

1.3 기업 네트워크의 인프라 요소의 영향

    1.3.a 파이어월

5.0 인프라스트럭처 관리

5.4 기본적인 장치 보호 기능의 설정, 확인 및 문제 해결

    5.4.a 로컬 인증

    5.4.b 보안을 위한 패스워드

    5.4.c 장치 접속

        5.4.c.1 출발지 주소

        5.4.c.2 텔넷/SSH

    5.4.d 로그인 배너

이 장은 권한이 없는 사람이 당신의 라우터와 스위치에 접속하지 못하도록 하는 방법들을 다룬다. 여기에서 초점은 네트워크 그 자체가 아니라 장비에 있다. 이 장의 첫 번째 절반은 패스워드에 중점을 둔다. 앞선 장들에서 로그인 보안과 관련하여 다수의 설정 개념을 소개하였다. 이 장은 이러한 주제들을 다시 복습하고 가능한 한 가장 안전하게 패스워드를 적용하는 방법에 대해 조금 깊이 있게 논의한다.

이 장의 두 번째 절반은 라우터와 스위치에 접속할 수 없는 사람들을 차단하는 다양한 툴들을 소개한다. 이 섹션은 비인가자에 대한 경고 메시지를 위한 로그인 배너(login banner), 포트와 서비스를 무력화시켜 일반적인 공격을 차단하는 방법, 라우터와 스위치에 접속을 시도하는 장치들의 주소를 차단하기 위해 ACL을 사용하는 방법들을 포함한다.

이 장의 학습을 위해 필요한 시간을 가늠하기 위해 시험(이 페이지나 PCPT 소프트웨어를 사용 가능)을 보기 바란다. 정답은 퀴즈 다음 페이지의 아랫 부분에 나와 있고, 설명은 DVD 부록 C와 PCPT 소프트웨어에 있다.

핵심 주제 섹션	해당 문제
IOS 패스워드 보호	1–3
시스코 장치 강화	4–5

[표 34-1] 사전 점검 퀴즈와 관련된 핵심 주제

1. 콘솔에서 **enable password** 다음에 **enable secret** 명령을 설정했다고 가정해보자. 스위치에서 로그아웃했다가 다시 로그인 했다. 프리빌리지드 모드에 접속하기 위해 입력해야 하는 명령은?

   a. **enable password**

   b. **enable secret**

   c. 둘 다 아님

   d. 설정되었다면 **password** 명령어

2. 일부 IOS 명령어들은 평문으로 패스워드들을 저장하지만, **service password-encryption** 글로벌 명령으로 패스워드를 암호화할 수 있다. 여기에 비교되는 다른 명령어는 패스워드를 저장하기보다는 패스워드의 해시 계산값을 저장한다. 이 두 가지 옵션을 비교할 때, 한 방식이 다른 것보다 우수한 이유를 가장 정확하게 설명하는 것은?

   a. 암호화된 패스워드는 쉽게 복호화되므로 해시 방식이 선호된다.

   b. 암호화를 위해 CPU 소비가 많으므로 해시 방식이 선호된다.

   c. 강력한 패스워드 보호 방식 때문에 암호화가 선호된다.

   d. 해시 계산을 위해 CPU 소비가 많으므로 암호화가 선호된다.

3. 네트워크 엔지니어가 **show running-config** 명령어를 입력했을 때, **enable secret** 명령이 보여주는 한 줄의 아웃풋은 다음과 같다:

```
enable secret 5  $1$ZGMA$e8cmvkz4UjiJhVp7.maLE1
```

다음 중 라우터의 사용자와 관련하여 맞는 말은?

   a. 사용자는 이네이블 모드에 들어가기 위해 **1ZGMA$e8cmvkz4UjiJhVp7.maLE1**을 입력해야 한다.

   b. 라우터는 패스워드값과 비교하기 위해 사용자가 입력한 평문 패스워드에 대해 해시값을 계산할 것이다.

   c. **no service password-encryption** 설정 명령은 패스워드를 복호화할 것이다.

   d. 라우터는 사용자가 입력한 평문 패스워드와 비교하기 위해 설정 상의 패스워드를 복호화할 것이다.

4. 사용자가 시스코 스위치로 텔넷했을 때, 다음 명령어가 복사되어 컨피규레이션 모드에서 붙여넣기 하였다:

```
banner login this is the login  banner
```

다음 중 콘솔을 통해 다음으로 사용자가 로그인하면 무슨 일이 일어날까?

a. 어떤 배너 문자가 보이지 않는다.

b. 배너 문자 'his is'가 보인다.

c. 배너 문자 'this is the login banner'가 보인다.

d. 배너 문자 'Login banner configured, no text defined'가 보인다.

5. 한 줄의 ACL, **ip access-list 1 permit 172.16.4.0 0.0.1.255** 명령어가 라우터의 설정에 추가되었다. 이 설정은 VTY 컨피규레이션 모드에서 **ip access-class 1 in** 명령어를 포함한다. 다음 중 라우터가 ACL 1을 사용하는 방식을 정확하게 설명한 것은?

a. 서브넷 172.16.4.0/23 내의 호스트들만 라우터에 텔넷할 수 있다.

b. CLI 사용자들은 라우터에서 서브넷 172.16.4.0/23 내의 호스트들에게만 텔넷할 수 없다.

c. 서브넷 172.16.4.0/23 내의 호스트들만 로그인할 수 있지만, 라우터의 이네이블 모드에 들어갈 수는 없다.

d. 라우터는 서브넷 172.16.4.0/23을 출발지 주소로 갖는 패킷들만 내보낼 것이다.

∷ IOS 패스워드 보호

시스코 IOS 장치에서 패스워드를 보호하기 위한 최선의 방법은 IOS 장치에 암호를 저장하지 않는 것이다. 즉, 대신에 외부 AAA(Authentication, Authorization, and Accounting) 서버를 사용한다. 그러나 라우터 또는 스위치 설정에 몇 가지 암호를 저장하는 것은 일반적이며 이 장의 첫 번째 섹션은 이러한 암호를 보호하는 방법 중 일부를 설명한다.

짧은 복습을 위해, [그림 34-1]은 라우터나 스위치에서의 몇몇 일반적인 로그인 보안을 위한 설정 방법을 요약한다. 왼쪽 아래에는 **username** 명령 없이 **password** 명령만 설정된 텔넷 설정을 볼 수 있다. 오른쪽에는 텔넷과 SSH를 모두 지원하는 **username**과 **password** 명령을 포함하는 로그인 설정이다. 왼쪽 위는 안전한 방식[37]으로 이네이블 패스워드를 설정하는 하나의 명령을 보여준다.

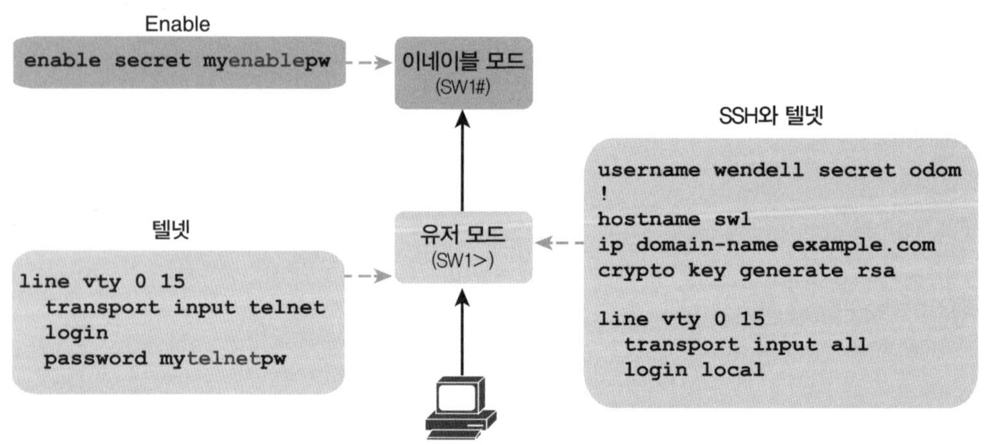

[그림 34-1] 로그인 보안 설정 예

첫 번째 섹션의 나머지는 이러한 패스워드들을 어떻게 안전하게 만들지를 논의한다. 특히, 이 섹션은 설정 파일 내에 평문 패스워드들을 유지 및 저장하지 않도록 하여 공격자가 패스워드를 알기 어렵게 한다.

이전 스타일 IOS 패스워드들은 구성 파일에 저장된 패스워드가 평문 상태로 존재하기 때문에 보안 취약점이 있다. 이러한 평문의 패스워드들은 구성 파일을 인쇄하거나 서버에 저장된 구성 파일의 백업 복사본이나 네트워크 엔지니어의 컴퓨터 화면에서 볼 수 있다.

---

[37] 패스워드를 암호화하여 show running-config 명령에서 확인할 수 없게 함.

시스코는 평문 상태의 패스워드들에 의한 문제를 해결하기 위해 **service password-encryption** 글로벌 컨피규레이션 명령으로 이러한 패스워드들을 암호화한다. 이 명령은 일반적으로 평문 형태의 패스워드들 즉, 특별히 다음과 같은 패스워드들을 암호문으로 바꾼다.

password *password* (콘솔 또는 vty모드)
username *name* **password** *password* (글로벌)
enable *name* **password** *password* (글로벌)

이 명령의 결과를 확인하기 위해 [예 34-1]은 **service password-encryption** 명령이 어떻게 평문의 콘솔 패스워드를 암호화하는지를 보여준다. 이 예는 암호화 이전과 이후의 **show running-config | section line con 0** 명령의 결과를 보여준다. 이 명령은 콘솔 관련 설정만 보여준다.

```
Switch3# show running-config | section line con 0
line con 0
 password cisco
 login


Switch3# configure terminal
Enter configuration commands, one per line.    End with CNTL/Z.
Switch3(config)# service password-encryption
Switch3(config)# ^Z


Switch3# show running-config | section line con 0
line con 0
 password 7 070C285F4D06
 login
```

[예 34-1] service password-encryption 명령과 암호화

명령 전후의 **show running-config** 의 결과를 보면 명확한 효과와 새로운 개념을 보여줄 것이다. 현재 암호화 과정은 원래의 일반적인 텍스트 형태의 패스워드를 숨긴다. 또한, IOS는 일반 텍스트보다 암호화된 패스워드라는 것을 표시한다. IOS는 **service password-encryption** 명령으로 암호화된 패스워드라는 것을 표시하기 위해 명령어에 인코딩 타입 '7'을 표시하고 다음으로 암호를 추가한다(IOS는 일반 텍스트 형태의 패스워드는 타입 '0'으로 간주한다).

service password-encryption 글로벌 명령은 패스워드들을 즉시 암호화하지만, **no service password-encryption** 글로벌 명령은 즉각적으로 패스워드들을 복호화하여 평문

형태로 되돌리지 않는다. 대신 [그림 34-2]와 같은 과정을 거친다. 기본적으로 **no service password-encryption** 명령을 입력한 후에 패스워드를 변경하기 전까지는 패스워드는 암호화된 채로 유지된다.

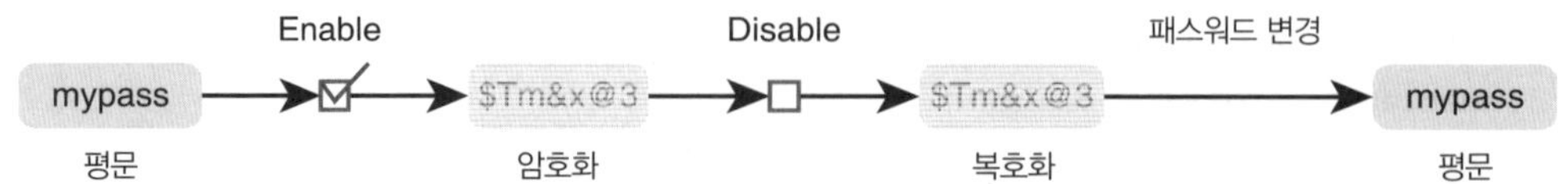

[그림 34-2] 암호화는 즉각적이고, 복호화는 다음 패스워드 변경 시까지 기다려야 함.

불행히도, **service password-encryption** 명령은 패스워드들을 제대로 보호해 주지는 않는다. 암호화된 패스워드를 가지고, 인터넷을 검색하다 보면 이러한 패스워드를 복호화하는 툴을 제공하는 사이트를 찾을 수 있다. 실제로 이 예의 암호화된 패스워드를 이러한 사이트 중 하나를 이용하여 복호화하면, 원래의 패스워드를 추출할 수 있다. 따라서 **service password-encryption** 명령은 호기심을 늦출 수는 있지만, 전문 공격자를 막을 수는 없다.

해시(hash)로 이네이블 패스워드 인코딩하기

초창기 IOS에서 시스코는 이네이블 모드(**enable** EXEC 명령으로 접속하는)에 들어가기 위해 사용자가 사용해야 하는 패스워드를 정의하고자 **enable password** *password* 글로벌 명령을 사용했다. 그러나 방금 언급한 것처럼 **enable password** *password* 명령은 평문으로 저장하거나 쉽게 복호화할 수 있는 방법으로 암호화한다.

시스코는 **enable password** *password* 글로벌 명령의 패스워드 저장의 취약성 문제를 해결하기 위해 보다 안전한 대안인 **enable secret** *password* 글로벌 명령을 만들었다. 이러한 두 명령은 모두 오늘날의 IOS에 존재한다. 다음 몇 페이지는 이러한 두 명령 사이의 상호 작용을 포함하여, 어떻게 IOS가 **enable secret** 패스워드를 안전하게 하는지에 대한 몇 가지 설명을 덧붙인다.

Enable Password와 Enable Secret 간의 상호 작용

먼저 현장에서는 **enable secret** *password* 글로벌 명령을 사용하고, **enable password** *password* 글로벌 명령을 무시해왔다. 이것은 20여년 간 진실이었다.

그러나 완벽을 기하기 위해 시스코는 훨씬 약한 **enable password** 명령을 IOS에서 제외하지 않았다. 따라서 특정 스위치(또는 라우터)에서 둘 중 하나를 설정할 수 있거나 둘 다 설정할 수도 있고, 둘 다 설정하지 않을 수도 있다. 스위치는 우리가 이네이블 모드에 들어가기 위해 패스워드로 무엇을 입력할 것이라 예측할까? 그 핵심은 다음 규칙들로 축약된다.

- 두 명령 모두 설정되었을 때: 사용자들은 **enable secret** *password* 명령의 패스워드를 입력해야 한다(**enable password** *password* 명령은 무시하라).
- 단지 한 명령이 설정되었을 때: 해당 명령의 패스워드를 사용해야 한다.
- 두 명령 모두 설정되지 않았을 때(디폴트): 콘솔 사용자는 패스워드 프롬프트를 거치지 않고 바로 이네이블 모드로 들어간다. 텔넷과 SSH 사용자들은 이네이블 패스워드가 설정되지 않았을 때 거부된다.

Enable Secret의 해시에 의한 보안 강화

시스코의 **enable secret** 명령은 컨피규레이션에 평문 형태의 패스워드를 저장하지 않음으로써 패스워드를 보호한다. 그러나 다음과 같은 하나의 문장은 조금 혼동을 줄 수 있다. 라우터나 스위치가 평문의 패스워드를 저장하지 않는다면, **enable** 명령을 입력한 후에 사용자가 올바른 패스워드를 입력했는지 라우터와 스위치는 어떻게 알 수 있을까? 이 섹션은 패스워드 값이 왜 비밀스러운 것이 되고, 어떻게 작동하는지에 대한 몇 가지 기본적인 원리를 보여준다.

먼저, 기본적으로 IOS는 설정 파일에 변경된 값을 저장하기 위해 MD5(Message Digest 5)라는 해시 함수를 사용한다. MD5는 다소 복잡한 수학 공식이다. 게다가 당신이 공식의 정확한 결과를 안다 해도 즉, 공식에 대한 입력값인 평문 패스워드를 입력한 후의 결과를 안다 해도, 원래의 평문 패스워드를 도출하는 것은 계산상으로 어렵다. [그림 34-3]은 주요 아이디어를 보여준다.

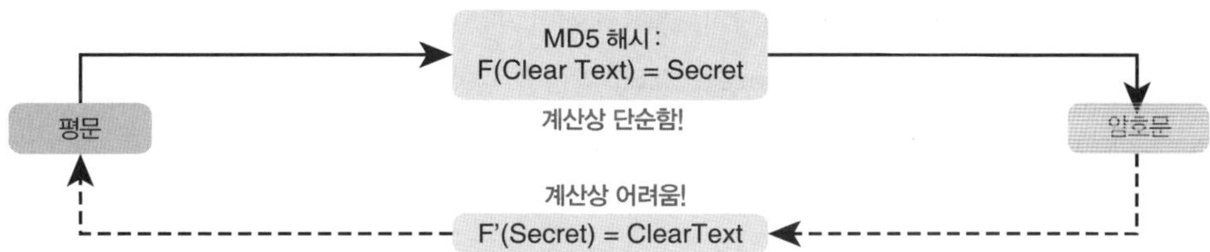

[그림 34-3] 시크릿을 생성하기 위한 MD5 해시의 일방향 특성

NOTE '복잡한 계산'이 필요하다는 것은 암호문으로 원래의 평문을 계산하기 위해 시간이 많이 소요됨을 의미한다.

원래의 평문 패스워드가 재생성될 수 없다면 스위치나 라우터는 사용자가 입력한 평문 패스워드와 어떻게 비교할 수 있을까? 해답은 MD5와 같은 보안 해시에 대한 또 하나의 사실 즉, 각 평문 입력은 수학 공식에 의해 유일한 결과를 도출한다는 사실에 의존한다. **enable secret fred** 명령은 MD5 해시를 생성한다. 사용자가 이네이블 모드에 접속할 때 '**fred**'를 입력하면 IOS는 이 패스워드에 대해 MD5 를 돌려, **enable secret** 명령에서 입력된 값과 동일한 MD5 해시를 얻을 것이고, 따라서 IOS는 사용자로 하여금 이네이블 모드에 접속할 수 있도록 허용한다. 만약, 'fred' 외의 다른 값을 입력하면 IOS는 **enable secret** 명령과 함께 저장된 값과 다른 MD5 해시를 계산할 것이고, IOS는 이네이블 모드에 들어가기 위한 사용자의 시도는 거부된다.

이러한 맥락에서, 스위치는 사용자가 **enable** EXEC 명령을 사용한 후에 패스워드를 입력했을 때, 다음과 같이 패스워드 비교 과정을 거친다.

단계 ① IOS는 **enable secret** 명령의 패스워드에 대한 MD5 해시를 계산하고 설정 파일 내에 패스워드 해시를 저장한다.

단계 ② 사용자가 이네이블 모드에 들어가기 위해 **enable** 명령과 패스워드를 입력했을 때, IOS는 사용자가 입력한 평문의 패스워드의 해시값을 계산한다.

단계 ③ IOS는 두 개의 해시값을 비교한다. 동일하다면, 사용자가 입력한 패스워드는 저장된 패스워드와 동일하다.

결국, IOS는 패스워드 해시를 저장할 수 있지만, 평문 패스워드를 절대 저장하지 않는다. 그러나 사용자가 동일한 패스워드를 입력했는지를 여전히 확인할 수 있다.

스위치나 라우터는 이미 여기서 설명한 로직을 사용하고 있고, 스위치 설정을 통해 확인할 수 있다. [예 34-2]는 **enable secret** 명령과 함께 일부 관련된 상세 결과를 보여 준다. 이 예는 **show running-configuration** 명령의 결과 내에서 볼 수 있는 저장된 해시값을 보여 준다. 이 결과는 또한 IOS가 **enable secret fred** 명령을 암호 유형 5(이것은 보이는 패스워드가 실제로는 평문 패스워드의 MD5 해시값임을 의미함.)로 변경했다. 알아듣기 힘든 긴 텍스트 문자열은 다른 사람이 해독하는 것을 막는 해시값이다.

```
Switch3(config)# enable secret fred
Switch3(config)# ^Z
Switch3# show running-config | include enable secret

enable secret 5 $1$ZGMA$e8cmvkz4UjiJhVp7.maLE1

Switch3# configure terminal
Enter configuration commands, one per line.    End with CNTL/Z.
Switch3(config)# no enable secret
Switch3(config)# ^Z
```

[예 34-2] 시스코 IOS의 유형 5(MD5)인 패스워드 인코딩: 'cisco'

또한 이 예의 마지막은 **enable secret** 패스워드를 삭제하는 중요한 측면을 보여준다. 이네이블 모드에 들어간 뒤에 패스워드값을 입력하지 않고 **no enable secret** 명령만으로 이네이블

시크릿 패스워드를 삭제할 수 있다. 또한, 그냥 **enable secret** 명령을 반복하여 이전 패스워드에 덮어쓰기를 할 수도 있다. 그러나 원래의 평문 패스워드를 볼 수는 없다.

시스코 enable secret의 개선된 해시

패스워드를 인코딩하기 위한 특정 해시 함수의 사용은 특별한 해시 함수의 몇몇 핵심 기능들에 의존한다. 특히 모든 가능한 입력값마다 항상 결과가 동일한 해시값을 출력한다. 또한, 해시 알고리즘은 해시값을 가지고 평문 패스워드를 계산하기 어려워야 하는 것으로 공격자를 좌절시킬 수 있을 정도의 아주 골치 아픈 것이어야 한다.

이 책이 출간되는 2016년 현재, MD5 해시 알고리즘은 약 25년의 역사를 가지게 된다. 세월이 흐르면서 컴퓨터는 훨씬 더 빨라졌고, 연구자들은 MD5를 쉽게 깰 수 있도록 MD5 알고리즘을 공격하는 창의적인 방법들을 발견해냈다. 즉, 러닝 컨피규레이션(running configuration)을 본 사람은 평문의 비밀 패스워드를 보다 쉽게 알아낼 수 있다.

이러한 사실은 MD5가 MD5 이전의 다수의 암호화 함수들처럼 나쁘다는 것을 의미하지는 않는다. 새로운 함수가 필요했고, 진보는 계속 되었다(사실, **enable secret** 명령에 대해 거의 15년 간 유일한 해시 알고리즘이 MD5였다). 시스코는 IOS 내에 비밀 패스워드를 인코딩하는 방법을 개선하기 시작했다. 현재 시스코는 [그림 34-4]와 같이 새로운 라우터 IOS 이미지에서 두 개의 보다 새로운 보안 해시를 추가했다.

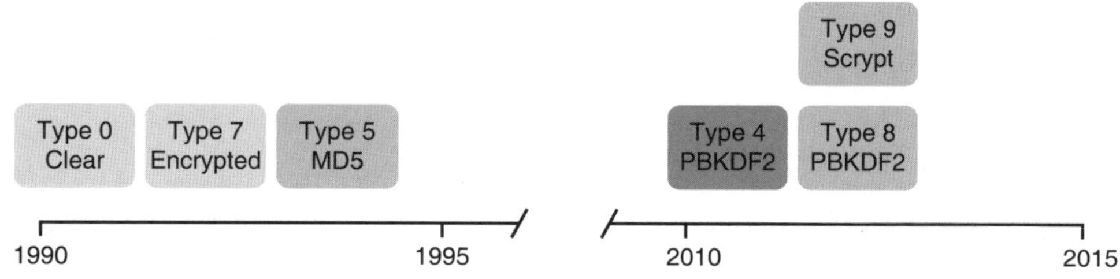

[그림 34-4] 시스코 IOS 패스워드의 암호화/해시 발표 시기

IOS는 현재 보다 최근의 라우터 IOS 이미지에서 두 개의 대안 알고리즘 유형들을 지원한다. 이들은 MD5 대신 SHA-256 해시를 사용하는데, 두 개의 알고리즘이 SHA-256을 사용하는 방식에 약간의 차이가 있다. [표 34-2]는 **enable secret** 명령과 함께 세 가지 알고리즘을 설정하는 방법을 보여준다.

명령어	유형	알고리즘
enable [algorithm-type md5] secret *password*	5	MD5
enable algorithm-type sha-256 secret *password*	8	SHA-256
enable algorithm-type scrypt secret *password*	9	SHA-256

[표 34-2] enable secret 명령에 대한 명령어와 인코딩 유형

[예 34-3]는 **enable secret** 명령에서 알고리즘을 MD5에서 **scrypt**로 변경하였음을 보여준다. [표 34-2]에서 세 가지 명령 중에 한 가지 **enable secret** 명령이 존재해야 한다는 것을 보여준다. 기본적으로 **enable secret** 명령을 다른 알고리즘 유형과 함께 설정하면 명령은 기존의 **enable secret** 명령을 대신하게 된다.

```
R1# show running-config | include enable
enable secret 5 $1$ZSYj$725dBZmLUJ0nx8gFPTtTv0
R1# configure terminal
Enter configuration commands, one per line.  End with CNTL/Z.
R1(config)# enable algorithm-type scrypt secret mypass1
R1(config)# ^Z
R1#
R1# show running-config | include enable
enable secret 9 $9$II/EeKiRW91uxE$fwYuOE5EHoii16AWv2wSywkLJ/KNeGj8uK/24B0TVU6
R1#
```

[예 34-3] 시스코 IOS의 유형 9(SHA-256)인 패스워드 인코딩: 'mypass1'

예의 순서를 따라가 보면, 첫 번째는 현재 **enable secret** 명령은 인코딩 유형 5를 사용하는데 이는 MD5를 의미한다. 두 번째, 사용자는 알고리즘 유형 스크립트(scrypt)를 사용하여 패스워드를 설정하였다. 마지막 명령은 현재 인코딩 유형 9와 함께 단지 하나의 **enable secret** 명령이 설정에 포함된다는 것을 보여준다.

로컬 유저네임에 대한 패스워드 숨기기

시스코는 **enable password** 명령의 문제를 극복하기 위해, 1990년대에 **enable secret** 명령을 추가했다. **username password**와 **username secret** 명령은 동일한 역사를 가진다. 원래 IOS의 **username** *user* **password** *password* 명령 즉, 평문 패스워드 혹은 낮은 수준의 암호화를 제공하는 명령은 동일한 이슈들을 갖는다. 수년 후에, 시스코는 **username** *user* **secret** *password* 글로벌 명령어를 추가했다.

오늘날 **username secret** 명령은 **username password** 명령보다 선호된다. 그런데 IOS는 동일한 설정에 **enable secret**과 **enable password** 명령을 포함했을 때, 동일한 로직을 사용하지 않는다. IOS는 다음과 같이 동작한다.

- 유저네임별로 **username** *name* **password** *password* 명령 혹은 **username** *name* **secret** *password* 명령 중 하나를 허용함.
- 동일한 라우터 혹은 스위치에서 명령어들의 조합(**username password**와 **username secret**)을 허용함.

가능하다면, **username password** 명령어 대신 **username secret** 명령어를 사용해야 한다. 하지만 ICND2 책에서는 **username password** 명령을 필요로 하는 경우로 시리얼 링크의 인증을 위해 평문 패스워드를 사용하는 경우를 설명한다.

:: 시스코 장치 강화

장치 강화(device hardening)란 용어는 공격자가 장치에 접속하거나 장치에 문제를 일으키기 힘들게 하는 모든 조치를 지칭한다. 이 섹션은 상세 항목들을 모두 언급하는 대신, 소수의 항목들만 다룬다(CCNA 보안 자격은 라우터와 스위치의 장치 보안에 대해 훨씬 더 자세히 다룬다).

특히, 이 장의 두 번째 주요 섹션은 사용자들에게 로그인 배너 메시지를 설정하는 방법부터 설명한다. 다음 두 주제는 장치에서 사용하지 않는 항목들을 보호하는 방법들을 다룬다. 마지막 섹션은 스위치 혹은 라우터에 대한 로그인 접속에 대해 사용자 ACL의 IP 주소 기반 차단 방법에 사용하여 로그인 접속을 보호하는 방법을 살펴본다.

로그인 배너 설정

시스코 스위치와 라우터는 스위치와 라우터에 로그인할 때 신규 사용자에게 다양한 배너들을 보여줄 수 있다. 배너는 사용자의 스크린에 보이는 문자다. 라우터 혹은 스위치에 로그인 전의 메시지와 로그인 후의 메시지와 같이 다수의 배너들을 설정할 수 있다.

IOS는 **banner** 명령에서 첫 번째 키워드에 기초하여 세 가지 배너들을 지원한다. [표 34-3]은 세 가지 가장 많이 쓰는 배너들과 전형적인 사용법을 보여준다.

명령어	유형
Message of the Day(MOTD)	때때로 변경 가능한 일시적인 메시지들 가령, '자정에 수리를 위해 라우터 1이 다운됨' 등을 위해 사용함.
Login	사용자가 로그인하기 전에 항상 보이기 때문에, 이 메시지는 종종 경고 메시지를 위해 사용됨. 가령 '비인가자 접속을 금지함'.
Exec	배너가 로그인 후에 항상 보이는데, 이 배너 메시지는 외부인은 볼 수 없지만, 내부 스탭은 알아야 하는 장치 위치와 같은 정보를 보여줌.

[표 34-3] 배너들과 전형적인 사용법

하찮은 차이처럼 보일 수 있지만, 배너는 실제로 두 가지 조건에 기초하여 다른 위치들에서 보인다. [그림 34-5]는 사용자가 이러한 배너들의 각각을 볼 수 있는 경우를 위에서 아래까지의 순서를 요약하여 보여준다. 콘솔 및 텔넷 사용자는 왼쪽 그림에 표시된 순서대로 배너들을 볼 수 있고, SSH 사용자는 오른쪽 그림의 순서대로 배너를 볼 수 있다.

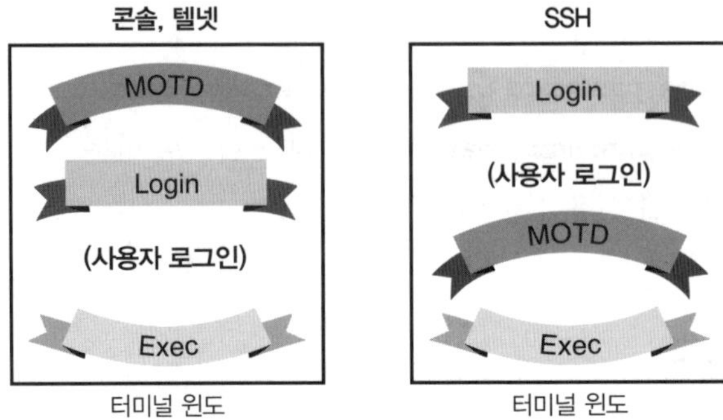

[그림 34-5] 배너 순서 비교: 콘솔/텔넷 대 SSH(Blue Ribbon Set © Grounder)

NOTE 스위치 혹은 라우터가 SSHv1을 지원한다면, 로그인 배너는 SSH 사용자에게는 보이지 않는다.

banner 글로벌 컨피규레이션 명령은 세 유형의 배너들을 설정하기 위해 사용한다. 각 경우, 모든 배너 유형들은 첫 번째 파라미터는 **motd**인데 이것은 기본 옵션이다. 배너 유형 다음의 공백이 아닌 첫 번째 문자는 메시지를 시작하는 구분 문자(delimiter)라 한다. 구분 문자가 사용되면, 배너 문자는 몇 줄로 확장할 수 있는데, CLI 사용자는 각 라인의 마지막에 엔터 키를 누른다. CLI는 사용자가 동일한 구분 문자를 입력하자 마자, 배너 문자가 종료된다고 인식한다.

[예 34-4]는 [표 34-3]의 세 가지 유형의 배너들에 대한 설정 과정을 보여주고, 다음으로 사용 중인 배너를 보여주기 위한 콘솔로부터의 샘플 로그인 세션을 보여준다. 예에서 첫 번째 설정한 배너는 MOTD 배너로 **motd**가 기본 배너 유형이라는 것을 강조하기 위해 **banner** 명령에서 **motd**라는 배너 유형을 생략한다. 세 번째 **banner** 명령은 구분 문자로 Z를 사용하여 어떤 문자든 구분 문자로 사용할 수 있음을 보여준다. 또한 마지막 **banner** 명령은 여러 줄의 배너 문자를 보여준다.

```
! 아래의 배너 3개는 컨피규레이션 모드에서 생성되었다.
! 문자가 메시지 텍스트의 일부가 아닌 한
! 어떤 구분자도 사용될 수 있다.

SW1(config)# banner #
Enter TEXT message.    End with the character '#'.
(MOTD) Switch down for maintenance at 11PM Today #
SW1(config)# banner login #
Enter TEXT message.    End with the character '#'.
(Login) Unauthorized Access Prohibited!!!!
```

```
#
SW1(config)# banner exec Z
Enter TEXT message.    End with the character 'Z'.
(Exec) Company picnic at the park on Saturday.
 Don't tell outsiders!
Z
SW1(config)# end
```

! 아래의 라우터 사용자는 콘솔 연결을 끊고, 다시 로그인하여
! motd와 로그인 배너들, 그 다음에는 패스워드 프롬프트, 다음으로 exec 배너를
! 순서대로 본다.

```
SW1# quit

SW1 con0 is now available

Press RETURN to get started.

(MOTD) Switch down for maintenance at 11PM Today
(Login) Unauthorized Access Prohibited!!!!

User Access Verification

Username: fred
Password:
(Exec) Company picnic at the park on Saturday.
 Don't tell outsiders!
SW1>
```

[예 34-4] 배너 설정

사용하지 않는 스위치 인터페이스 보호

스위치를 사서 박스를 풀고 전원을 연결하면, 스위치는 어떤 노력 없이 시스코 스위치의 기본 설정만으로도 잘 작동한다. 하지만 이러한 기본 설정들은 보안을 위해서는 불행히도 부작용을 갖는다. 공격자는 기본 설정 상태의 LAN에 접속하기 위해 사용하지 않는 인터페이스를 활용할 수 있다. 따라서 시스코는 사용하지 않는 포트들을 보다 안전하게 보호하게 위해 기본 설정을 다음과 같이 변경하도록 권고한다:

- **shutdown** 인터페이스 하부 명령어로 인터페이스를 직접 비활성화한다.
- 포트를 논—트렁킹(nontrunking) 인터페이스로 설정하기 위해 **switchport mode access** 인터페이스 하부 명령어를 사용하여 VLAN 트렁킹을 방지한다.
- **switchport access vlan number** 인터페이스 하부 명령어를 사용하여 포트에 사용하지 않는 VLAN을 할당한다.
- **switchport trunk native vlan vlan-id** 인터페이스 하부 명령으로 VLAN 1 대신, 사용하지 않는 VLAN으로 내이티브(native) VLAN을 설정한다(9장 '스위치 인터페이스 설정'에서 내이티브 VLAN을 보다 자세하게 논의했다).

솔직히 인터페이스를 비활성화(**shutdown** 명령으로)하기만 하면 보안 위험은 사라지겠지만, 누군가 장치에 접속하여 **no shutdown** 명령으로 인터페이스를 활성화할 것을 대비하여, 다른 조치들이 필요하다.

ACL에 의한 텔넷과 SSH 접속 제한

외부 사용자가 텔넷 혹은 SSH를 이용하여 라우터나 스위치에 접속할 때, IOS는 **vty** 라인으로 사용자 접속을 표현한다. IOS는 **vty** 라인에 이러한 내부 접속들에 대해 ACL을 적용하여 라우터 혹은 스위치에 텔넷이나 SSH에 접속할 수 있는 IPv4 호스트의 주소들을 차단할 수 있다.

예를 들어, 모든 네트워크 엔지니어들의 PC들이 10.1.1.0 /24 서브넷에 존재한다고 가정해 보자. 보안 정책은 네트워크 엔지니어들만 네트워크 내부의 시스코 라우터들에 텔넷 혹은 SSH 접속이 허용되어야 하는 것이다. 이 경우 라우터를 위해 [예 34-5]와 같이 해당 서브넷에 속하지 않은 IP 주소에서 시작된 접속을 차단하는 설정이 필요하다.

```
line vty 0 4
 login
 password cisco
 access-class 3 in
!
! 다음 명령어는 10.1.1.로 시작하는 출발지 주소를 갖는
! IPv4 패킷들에 상응하는 글로벌 명령어이다.
access-list 3 permit 10.1.1.0 0.0.0.255
```

[예 34-5] access-class 명령을 사용하는 vty 접근 제어

access-class 명령은 **access-list 3** 명령과 일치시키는 명령이다. 키워드 in은 텔넷과 SSH 접속이 라우터를 향할 때 즉, 라우터에 텔넷을 시도할 때 적용한다는 것을 의미한다. 설정대로 ACL 3은 텔넷 접속을 위한 패킷들의 출발지 IP 주소를 정의한다.

또한 IOS는 ACL을 사용하여 외부로 향하는 텔넷이나 SSH 접속도 차단한다. 예를 들어, 어떤 사용자가 텔넷 혹은 SSH를 사용하여 CLI에 연결하여 현재 유저 모드나 이네이블 모드에 들어와 있다 가정해보자. 현재의 장치에서 다른 장치로 텔넷이나 SSH 접속을 시도하는 사용자에게 ACL에 의한 아웃바운드 **vty** 필터를 적용해야 한다.

아웃바운드 VTY ACL을 적용하기 위해, VTY 설정 모드에서 **access-class *acl* out** 명령을 사용한다. 설정만 하면, 라우터 필터는 현재의 vty 사용자가 **telnet**이나 **ssh** 명령에 의해 다른 장치들에 대한 새로운 접속 시도를 차단할 수 있다.

두 가지 선택 방법 즉, 인바운드와 아웃바운드 접속 차단 방법 중에서 인바운드 접속 차단 방식이 보다 일반적이고 중요하다. 그리고 아웃바운드 VTY ACL은 ACL을 적용하는 방법에서

매우 특별한 차이점을 갖는다. 즉, **out** 키워드를 사용하면 **access-class** 명령과 관련한 표준 IP ACL은 출발지가 아니라 목적지 IP 주소가 된다. 즉, 아웃바운드 VTY ACL은 **telnet**이나 **ssh** 명령에 의해 접속 대상이 되는 장치가 접속 차단의 기준이 된다.

파이어월

지금까지, 이 장에서는 네트워크를 구성하는 라우터와 스위치를 보호하는데 집중했다. 이 장의 마지막 몇 페이지는 부가적인 네트워킹 장치인 파이어월 특히, 파이어월의 기본 기능과 기업 네트워크에서의 역할을 알아본다.

파이어월의 일반적인 위치와 사용

전통적으로, 파이어월은 모든 패킷들이 통과하는 경로 상에 위치하여, 통과시킬 패킷과 차단할 패킷을 선택할 수 있다. 이를 통해, 파이어월은 의도한 유형의 트래픽만 네트워크 내부와 외부로 통과하게 하여 다양한 유형의 이슈들로부터 네트워크를 보호한다. 사실 가장 기본적인 형태의 파이어월은 ACL을 설정한 라우터와 같이 동작하지만, 파이어월은 훨씬 많은 옵션들을 포함하는 필터링 기능뿐만 아니라 다른 보안 기능도 제공할 수 있다.

[그림 34-6]은 물리적인 파이어월을 사용하는 사이트에 대한 전형적인 네트워크 디자인을 보여준다. 이 그림에서 시스코 ASA(Adaptive Security Appliance) 파이어월은 시스코 라우터에 연결되어 있고, 시스코 라우터는 인터넷에 연결되어 있다. 인터넷과 기업 간의 트래픽은 파이어월을 통과해야 한다. 파이어월은 규칙을 기준으로 각 패킷에 대해 통과 여부를 결정한다.

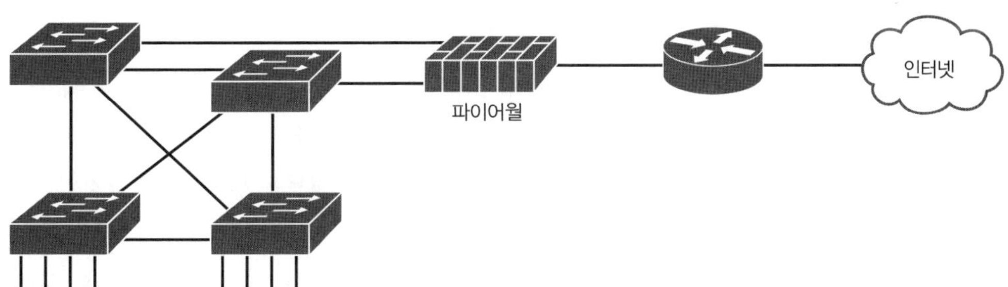

[그림 34-6] 패킷 전달 경로 상에 위치한 파이어월

파이어월이 일부 라우터와 비슷한 기능들(패킷 포워딩과 패킷 필터링)을 가지긴 하지만, 전통적인 라우터보다 훨씬 진보된 보안 기능들을 제공한다. 예를 들어, 대부분의 파이어월들은 패킷에 대한 차단 혹은 통과 여부를 결정할 때, 다음과 같은 유형의 로직을 사용할 수 있다:

- 라우터의 IP ACL들과 같이, 출발지와 목적지 IP 주소를 비교한다.
- 라우터의 IP ACL들과 같이, 잘 알려진 TCP와 UDP 포트들을 비교함으로써 애플리케이션들을 식별한다.
- 특정 애플리케이션 흐름이 사용하는 추가적인 TCP와 UDP 포트들을 알기 위해 흐름을

감시하고, 이러한 포트들을 기초로 필터링한다.

- HTTP 리퀘스트의 URI 문자를 비교한다. 즉, 웹 주소의 내용을 보고 비교한다. 또한 해당 URI로 구분되는 웹 페이지의 다운로드에 대한 허용 혹은 차단 여부를 결정한다.
- 통과한 패킷에 대한 정보를 보유하고, 패킷의 이력 정보를 기초로 이후의 패킷에 대한 차단 여부를 결정한다(이러한 기능을 스테이트풀(stateful) 파이어월 동작 혹은 스테이트풀 감시 (stateful inspection)라 함).

스테이트풀 파이어월 기능은 다양한 공격을 차단하는 수단들을 제공하고, 파이어월에 의한 필터링 보안과 라우터에 의한 ACL 처리 간의 가장 명확한 차이들 중 하나다. 라우터는 각 패킷을 처리하기 위한 가능한 적은 시간을 소비해야하기 때문에, 라우터를 통과하는 패킷은 작은 지연만 겪는다. 라우터는 이후의 패킷을 위해 패킷에 대한 정보를 수집하지 않고, 필터링을 할 때 앞선 패킷들에 대해 몇몇 저장된 정보를 참조하지 않는다. 파이어월은 네트워크 보안에 초점을 맞춘 장치이므로 패킷에 대한 몇 가지 정보를 저장하고 이후의 필터링을 위한 정보로 활용할 수 있다.

스테이트풀 파이어월의 장점들 중 한 예로 단순한 DoS(denial of service) 공격을 들 수 있다. 공격자는 서버에 대해 대량의 TCP 커넥션을 생성하는 툴들을 사용하여 웹 서버에 대한 공격을 만들 수 있다. 파이어월은 해당 서버에 대한 TCP 커넥션들을 정상적으로 허용한다. 서버는 정상적인 조건 하에서 일반적인 경우 초당 10개와 가장 바쁜 시간에는 초당 100개의 새로운 TCP 커넥션만 허용한다고 가정해보자. DoS 공격은 초당 1,000개 이상의 TCP 커넥션들을 만들기 때문에 서버상의 CPU와 램(RAM)을 소진하여 결국, 정상적인 사용자들을 지원할 수 없는 수준에 이르게 된다.

스테이트풀 파이어월은 초당 TCP 커넥션들의 수를 추적한다. 가령 각 서버 주소에 대한 각 클라이언트 IP 주소로부터의 TCP 커넥션 리퀘스트들의 수를 포함하여 패킷들에 기초한 상태 정보를 기록한다. 스테이트풀 파이어월은 대규모의 TCP 커넥션들을 발견하고, 그것의 상태 정보를 통해 다수의 리퀘스트들이 소수의 클라이언트로부터 특정 서버로 향하는 것에 집중되었다는 것을 확인하면 전형적인 DoS 공격의 유형으로 판단한다. 다음으로 스테이트풀 파이어월은 이러한 패킷들을 차단하기 시작하고, 웹 서버는 공격으로부터 살아남을 수 있다. 반면에 스테이트리스(stateless) 파이어월 혹은 라우터 ACL는 DoS 공격의 발생을 인지하기 위한 상태 이력 정보를 갖지 않는다.

시큐리티 존(Security Zone)

파이어월은 패킷을 필터링만 하는 것은 아니다. 파이어월은 통신을 시작하는 호스트를 집중 감시한다. 이 개념은 트랜스포트 계층 프로토콜인 TCP와 함께 명확해진다. 클라이언트는 SYN 비트만 세팅한 TCP 세그먼트를 보내서 TCP 커넥션을 시작한다(5장 'TCP/IP 트랜스포트와 애플리케이션들'의 [그림 5-5]에서 본 것과 같이).

파이어월은 이러한 초기 TCP 세그먼트들을 보고 TCP 연결을 시작하는 호스트들을 감시한다. 누가 연결을 시작하는 것이 왜 중요한가를 알아보기 위해 [그림 34-7]과 같이 인터넷에 접속 가능한 일반적인 기업 네트워크를 가정해보자. 회사는 회사 내부에 웹 브라우저를 두고 인터넷을 가로질러 웹 서버들에 접속하고자 하는 사용자들을 가질 수 있다. 그러나 회사 내부의 사용자가 인터넷 접속이 가능하다는 것은 공격자도 회사 내부의 급여 처리를 위한 웹 서버에 대한 TCP 연결을 만들 수 있다는 가능성을 열어두는 셈이 된다.

물론, 회사는 불특정의 인터넷 사용자들 또는 공격자들이 급여 처리 서버에 접속하는 것을 원하지 않는다.

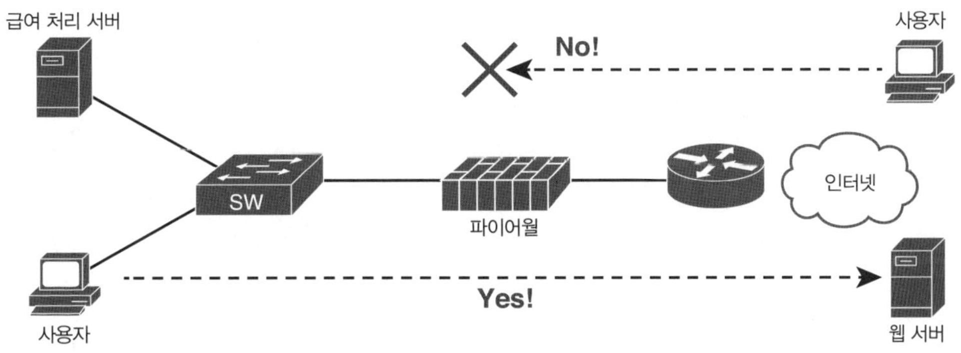

[그림 34-7] 아웃바운드 연결 허용과 인바운드 연결 차단

파이어월은 어떤 호스트들이 새로운 커넥션을 시작할 수 있는지를 정의할 때, 시큐리티 존(security zones, 짧게 zone)이란 개념을 사용한다. 파이어월은 한 존에서 또 다른 존으로 커넥션을 시작할 수 있는 호스트를 정의하는 규칙을 가진다. 또한 존을 사용하면 파이어월은 다수의 인터페이스들을 하나의 존으로 묶을 수 있고, 하나의 존에 묶인 다수의 인터페이스들에 동일한 보안 규칙을 적용해야 한다. [그림 34-8]에서 기업의 내부 영역은 인터넷에 연결된 인터페이스와 다른 분리된 존으로 간주된다.

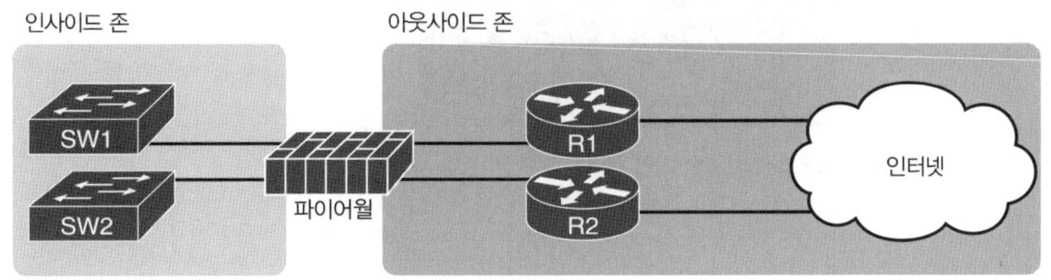

[그림 34-8] 파이어월에 의한 시큐리티 존 적용

가장 기본적인 파이어월의 규칙은 [그림 34-8]과 같이 두 개의 존을 사용할 때로 다음 로직
으로 줄어든다.

> 인사이드 존의 호스트들은 미리 정한 안전하고 잘 알려진 포트들(예를 들어, *HTTP* 포트 *80*
> 과 같이)에 대해서는 아웃사이드 존의 호스트들에게 커넥션을 시작할 수 있다.

하나의 단순한 규칙은 원하지 않는 트래픽은 차단하고 무해한 트래픽은 허용해야 한다는 것
이다. 파이어월은 규칙이 구체적으로 패킷을 허용하지 않는다면, 전형적으로 모든 트래픽을 차
단한다. 따라서 이러한 단순한 규칙에 의해 파이어월의 인사이드 사용자는 아웃사이드 존에 대
한 커넥션을 시작할 수 있고, 또한 아웃사이드 사용자들의 인사이드 호스트들에 대한 커넥션을
차단한다.

대부분의 회사들은 *DMZ(demilitarized zone)*라 불리는 특별한 존뿐만 아니라, 인사이드와 아
웃사이드 존을 갖는다. DMZ이란 이름을 실제로 사용하고 있지만, IT 분야에서도 수십 년간,
공인 인터넷 내의 사용자들이 접속할 필요가 있는 서버들을 두는 파이어월 시큐리티 존을 가리
키기 위해 사용하여 왔다. 예를 들어, [그림 34-9]는 파이어월에 연결된 DMZ 내에 한 쌍의 웹
서버들과 함께 전형적인 인터넷 경계 디자인을 보여준다. 파이어월은 아웃사이드 존의 사용자들
(인터넷에 존재하는 사용자들)로 하여금 DMZ 내부의 웹 서버들에 대한 커넥션을 시작할 수 있도록
또 하나의 규칙을 추가해야 한다. 이러한 웹 서버들을 기업 내부가 아니라 DMZ에 분리시킴으
로써, 기업은 인터넷 상의 사용자들로 하여금 인사이드 존 내의 내부 장치들에 대한 연결을 막
음으로써 다양한 유형의 공격을 차단할 수 있다.

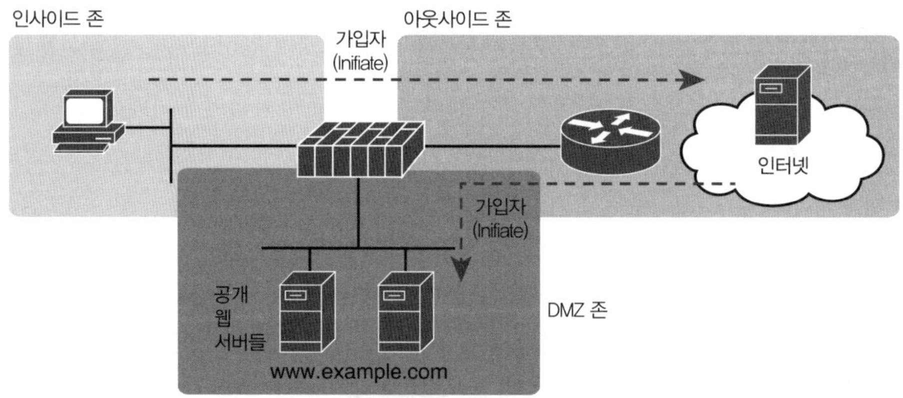

[그림 34-9] 인터넷에서 접속해야 할 기업 서버들을 위한 DMZ 사용

챕터 리뷰

좋은 시험 결과를 위해서는 리뷰 세션에 대한 복습이 중요하다. 책이나 DVD의 툴 혹은 책의 동반자 웹 사이트에서 찾을 수 있는 대화형 툴을 활용하여 이 장의 자료들을 리뷰하기 바란다. 특히, '당신의 학습 계획'을 참조하기 바란다. [표 34-4]는 핵심 리뷰 요소들과 자료 출처들을 보여준다. 학습 과정에 대해 보다 나은 추적을 위해 두 번째 행에서 완료한 날짜를 기록하도록 한다.

리뷰 항목	완료 날짜	자료 출처
핵심 주제 리뷰		책, DVD/웹 사이트
핵심 용어 리뷰		책, DVD/웹 사이트
사전 점검 퀴즈 반복		책, PCPT
메모리 테이블 리뷰		책, DVD/웹 사이트
실습		블로그
명령어 테이블 리뷰		책

[표 34-4] 챕터 리뷰 확인

핵심 주제 복습

핵심 주제	설명	페이지
리스트	service password-encryption 명령에 의해 암호화되는 패스워드 명령어들	871
리스트	IOS가 enable password와 enable secret 명령으로 패스워드를 설정할 때의 규칙들.	873
리스트	사용자가 이네이블 모드에 들어가기 위해 평문 패스워드를 입력했을 때, IOS가 enable secret 해시값을 사용하는 로직	874
그림 34-5	배너 메시지들	878

[표 34-5] 34장의 핵심 주제들

핵심 용어

텔넷(Telnet), SSH, 로컬 유저네임(local username), 로그인 배너(login banner), MOTD(message of the day), MD5 해시(hash), 장치 강화(device hardening)

∷ 명령어 참조

[표 34-6], [표 34-7]과 [표 34-8]은 이 장에서 사용하는 설정과 확인 명령어들을 보여준다. 연습을 위해 챕의 왼쪽 행을 가리고, 오른쪽 행을 읽고 해당 명령을 보지 않고 기억해보도록 한다. 다음으로 오른쪽 행을 덮고 명령이 무엇을 위한 것인지를 기억하는 연습을 반복한다.

명령어	모드/목적/설명
line console 0	콘솔 컨피규레이션 모드로 이동함.
line vty *1st-vty last-vty*	명령어에 표시된 범위의 vty 라인을 위한 vty 컨피규레이션 모드로 이동함.
Login	콘솔과 vty 컨피규레이션 모드. IOS로 하여금 패스워드를 묻게 함.
password *pass-value*	콘솔과 vty 컨피규레이션 모드. Login 명령이 설정되었을 때 필요한 패스워드를 설정함.
login local	콘솔과 vty 컨피규레이션 모드. IOS로 하여금 로컬 라우터에 설정한 username 글로벌 명령어에 대한 확인을 위해 유저네임과 패스워드를 묻게 함.
username *name* secret *pass- value*	글로벌 명령어. 해시값으로 저장된 다수의 유저네임과 상응하는 패스워드들 중에 하나를 정의함.
username *name* password *pass- value*	글로벌 명령어. 기본적으로 설정에서 평문으로 저장되는 유저네임과 패스워드를 정의함.
crypto key generate rsa [modulus 512 | 768 | 1024]	글로벌 명령어. (플래시 메모리의 숨은 장소에) SSH에 필요한 키들을 생성하고 저장함.
transport input {telnet | ssh | all | none}	vty 라인 컨피규레이션 모드. 스위치에 텔넷 and/or SSH 접속을 허용할지를 정의함.
[no] service password—encryption	러닝—컨피그 내부의 모든 평문의 패스워드들을 암호화하기 위한 글로벌 명령어. no 버전은 패스워드 암호화를 비활성화한다.
enable secret *pass-value*	평문 대신 해시값으로 저장될 이네이블 패스워드를 생성하기 위한 글로벌 명령어.
enable password *pass-value*	해시값 대신 평문으로 저장될 이네이블 패스워드를 생성하기 위한 글로벌 명령어.
enable [algorithm—type md5 | sha— 256 | scrypt] secret *pass-value*	평문 대신 해시 알고리즘 타입과 함께 해시값으로 저장될 이네이블 패스워드를 생성하기 위한 글로벌 명령어.
no enable secret no enable password	각각 enable secret 혹은 enable password 명령어를 삭제하기 위한 글로벌 명령어.

[표 34-6] 로그인 시큐리티 설정 명령어

명령어	모드/목적/설명
banner [motd | exec | login] *delimiter banner-text delimiter*	사용자가 스위치 혹은 라우터에 로그인할 때, 보여지는 배너를 정의하는 글로벌 명령어.
shutdown	인터페이스를 비활성화하는 인터페이스 하부 명령어.
switchport mode access	스위치 포트를 트렁크 모드가 아닌 액세스 모드로 동작하게 하는 인터페이스 하부 명령어.
switchport access vlan *number*	스위치에서 액세스 VLAN ID를 정의하는 인터페이스 하부 명령어.
switchport trunk native vlan *number*	스위치의 트렁크 포트에서 네이티브 VLAN ID를 정의하는 인터페이스 하부 명령어.
no cdp enable	인터페이스에서 CDP를 끄는 인터페이스 하부 명령어.
no cdp run	모든 인터페이스에서 CDP를 끄는 글로벌 명령어.
access—class *number* | *name* in	라우터에 대한 텔넷과 SSH 클라이언트의 접속에 대한 ACL 점검을 활성화하는 vty 모드 명령어.

[표 34-7] 장치 강화 설정 명령어

명령어	목적
show running—config | section vty	설정 중에서 vty 라인들과 그 하부 명령어들을 보여준다.
show running—config | section con	설정 중에서 콘솔과 그 하부 명령어들을 보여준다.
show running—config | include enable	설정 중에서, 'enable'이란 단어를 포함하는 모든 줄들을 보여준다.

[표 34-8] 34장 EXEC 명령어 참조

Chapter 35
IOS 파일 관리

이 장은 다음 시험 주제를 다룬다.

5.0 인프라스트럭처 관리

5.2 장치 관리 설정 및 확인

　5.2.a 장치 설정의 백업과 복원

5.3 장치의 초기 설정과 확인

5.5 장치 관리

　5.5.a 시스코 IOS 업그레이드 및 복원(SCP, FTP, TFTP와 MD5 verify)

　5.5.b 패스워드 복구 및 컨피규레이션 레지스터

　5.5.c 파일 시스템 관리

시스코는 광범위하고 복잡한 제품 카탈로그를 가지고 있다. CCENT와 CCNA R&S 시험은 두 개의 주요 제품 라인 즉, OS(operating system)로서 시스코 IOS 소프트웨어를 운용하는 라우터들과 역시 IOS를 운용하는 카탈리스트 LAN 스위치들에 초점을 맞춘다. 장치 유형별로 IOS는 일부 차이점을 가지는데, 이것은 라우터들과 스위치들이 다른 기능들을 수행하기 때문이다. 시스코 시험에서는 다양한 라우터와 스위치 모델 간의 차이점 대신 일반적인 것을 물어본다.

이 장에서는 시스코 라우터와 시스코 카탈리스트 스위치에서 운용하는 IOS에 적용 가능한 일부 주제들을 다룬다. 특히 여기서는 IOS 그 자체 즉, IOS가 파일들을 저장하는 파일 시스템들, IOS를 업그레이드하는 방법, IOS를 업그레이드하기 위해 라우터와 스위치를 재부팅했을 때 일어나는 동작들에 대해 살펴본다. 그리고 라우터 혹은 스위치의 메모리 내부에 스타트업–컨피그 파일의 단순한 저장 이상으로 설정 파일들에 대한 관리 방법을 살펴본다. 또한 라우터 혹은 스위치에서 패스워드를 잊어버렸을 때의 복구 방법을 짧게 다룬다.

이 장은 시스코 라우터의 기능들에 초점을 맞춘다. 하지만 다수의 라우터의 기능들이 시스코 카탈리스트 스위치에서도 매우 유사한 방식으로 동작한다.

이 장의 학습을 위해 필요한 시간을 가늠하기 위해 시험(이 페이지나 PCPT 소프트웨어를 사용 가능)을 보기 바란다. 정답은 퀴즈 다음 페이지의 아랫 부분에 나와 있고, 설명은 DVD 부록 C와 PCPT 소프트웨어에 있다.

핵심 주제 섹션	해당 문제
시스코 IOS 이미지 관리와 업그레이드	1-4
패스워드 복구	5
컨피규레이션 파일 관리	6-7

[표 35-1] 사전 점검 퀴즈와 관련된 핵심 주제

1. 엔지니어는 IOS 업그레이드 과정에서 새로운 IOS 이미지를 라우터의 플래시 메모리에 둘 필요가 있다. 다음 중 엔지니어가 파일들을 라우터로 이동시킬 때 사용하는 것은?

   a. FTP를 사용하여 플래시에 파일들을 복사하기 위해 **copy ftp flash** 명령을 사용한다.

   b. TFTP를 사용하여 플래시에 파일들을 복사하기 위해 **copy flash tftp** 명령을 사용한다.

   c. SCP를 사용하여 플래시에 파일들을 복사하기 위해 **copy scp flash** 명령을 사용한다.

   d. 파일 아카이브로부터 플래시에 파일을 복사하기 위해 **ios restore** 명령을 사용한다.

2. 로딩할 OS(operation system)를 찾을 때 부팅 과정에서, 전형적인 시스코 라우터가 거치는 첫 번째 단계는?

   a. 라우터는 TFTP 서버에서 이미지를 찾는다.

   b. 라우터는 컨피규레이션 레지스터의 부트 필드를 확인한다.

   c. 라우터는 ROMMON을 이용하여 부팅한다.

   d. 라우터는 시스코 IOS 이미지 파일을 플래시 메모리에서 찾는다.

3. 시스코 라우터가 부팅한 후, 로딩된 시스코 IOS 이미지와 어디에서 램(RAM)으로 복사하였는지를 확인하기 위한 가장 간단한 방법은?

   a. `show running-config`

   b. `show boot`

   c. `show cisco ios`

   d. `show version`

4. 컨피규레이션 레지스터의 어떤 값이 라우터의 부팅 방식을 결정하나?

   a. 세 번째 16진수

   b. 두 번째 16진수

   c. 첫 번째 16진수

   d. 마지막 16진수

5. 여러분은 프리빌리지드 모드 패스워드를 잊어버려 글로벌 컨피규레이션 모드에 접속할 수 없다. 패스워드 복구 과정에서, 라우터의 컨피규레이션 모드에 접속하기 위한 패스워드를 기억할 수 없다면, 컨피규레이션 레지스터를 어떻게 변경해야하나?

   a. ROMMON 모드를 사용하도록 변경한다.

   b. 셋업(Setup) 모드를 사용하도록 변경한다.

   c. 장치 설정을 위해 GUI를 사용하도록 변경한다.

   d. 패스워드 리셋 모드를 사용하도록 변경한다.

6. 라우터가 켜지고 동작 중일 때, 어떤 라우터 메모리를 라우터가 사용하는 컨피규레이션을 저장하기 위해 사용하는가?

   a. 램(RAM)

   b. 롬(ROM)

   c. 플래시(Flash)

   d. 비활성 메모리(NVRAM)

7. 엔지니어가 한 시간 동안, 라우터 설정을 십여 차례 변경했다. 엔지니어가 앞서 외부 FTP 서버에 저장한 설정으로 되돌리기를 원한다. 어떤 명령이 라우터를 리로딩하지 않고 한 시간 전과 정확하게 동일한 설정을 사용하도록 할 것인가?

   a. **copy ftp running-config** 명령어를 사용한다.

   b. **copy ftp startup-config** 명령어를 사용한다.

   c. **archive restore ftp** 명령어를 사용한다.

   d. **config replace** 명령어를 사용한다.

:: 시스코 IOS 이미지 관리와 업그레이드

IOS는 하나의 파일로 존재한다. 라우터는 이 파일을 RAM으로 내려보내 OS(Operation System)로 사용한다. 이 장의 첫 번째 주요 섹션은 새로운 IOS 버전으로 업그레이드하는 방법에 대해 알아본다.

첫 번째 섹션은 하나의 주요 목적과 더불어 다수의 부수적인 목적들도 갖는다. 일차적으로 이 섹션은 라우터에서 IOS를 업그레이드하는 방법을 보여준다. 두 번째 목적으로 이 섹션은 지금까지 자세히 다루지 못했던 업그레이드 과정 동안에 엔지니어가 사용하는 다양하며 자잘한 IOS 기능들을 알아본다. 이 섹션은 다음 주제들을 순서대로 설명한다.

① IOS 파일 시스템
② IOS 이미지 업그레이드
③ 시스코 IOS 부팅 절차

IOS 파일 시스템

모든 OS는 파일들을 저장하기 위해 파일 시스템을 생성한다. 컴퓨터는 특정 유형의 영속적인 저장 공간을 필요로 하지만, 이것은 바이트들을 저장하는 장소 이상의 기능을 필요로 한다. OS는 저장 공간을 관련 규칙에 의해 디렉터리들, 구조, 파일 이름들을 포함하는 파일 시스템으로 조직화한다.

파일 시스템을 사용하는 OS는 사용자와 응용 프로그램이 나중에 데이터를 찾을 수 있도록 조직화된 데이터를 유지한다.

모든 OS는 자체적인 파일 시스템 규칙을 정의한다. 윈도우 OS에서는 예를 들어, 디렉터리 구조로 \Desktop\Applications 같이 왼쪽으로 기운 슬래시(\)를 사용한다. 리눅스와 오에스 텐(OS X)은 오른쪽으로 기운 슬래시, 예를 들어 /Desktop을 사용한다. 각 OS는 물리적인 디스크를 약간 다르게 표시할 뿐, IOS 자체는 동일하다.

실제 저장 공간에 관해서는 시스코 라우터는 일반적으로 하드디스크 드라이브가 아니라 플래시 메모리를 사용한다. 플래시 메모리는 다시 쓰기가 가능하고, 영구적으로 저장이 가능하므로 라우터가 전원이 꺼졌을 때도 유지될 필요가 있는 파일을 저장하는데 적합하다. 플래시 메모리에는 움직이는 부품들이 없어서 디스크 드라이브에 비해 고장 가능성이 낮기 때문에 시스코는 의도적으로 제품에 하드디스크 드라이브보다 플래시 메모리를 사용한다. 일부 라우터는 마더보드 위에 플래시 메모리가 위치한다. 다른 제품들은 플래시 카드를 쉽게 제거하고 교체하기 위해 플래시 메모리 슬롯을 가지고 있다. 또한 많은 장치는 USB 플래시 드라이브를 지원하는 USB 슬롯이 있다.

라우터 각각의 실제 메모리 장치에서 IOS는 간단한 IFS(IOS File System)를 만들고 해당 장치에게 이름을 부여한다. [예 35-1]은 IOS 파일 시스템의 예상 외로 긴 목록을 보여준다. 구성 형식 중에서 *disk*와 *usbflash*는 라우터 내부의 물리적 저장 장치들이다. 이 경우, 라우터는 2901의 이중 소형 플래시 슬롯들 중 하나는 256MB 플래시 카드가 장착돼 있고, 이 중의 USB 플래시 슬롯들 중 하나는 8GB USB 플래시 드라이브가 장착되어 있다. 파일 시스템 장치 유형, *disk*와 *usbflash* 의 Size 열과 Prefixes 열을 찾아보자.

```
R2# show file systems
File Systems:

        Size(b)       Free(b)       Type   Flags   Prefixes
              -             -       opaque    rw    archive:
              -             -       opaque    rw    system:
              -             -       opaque    rw    tmpsys:
              -             -       opaque    rw    null:
              -             -       network   rw    tftp:
*     256487424      49238016       disk      rw    flash0: flash:#
              -             -       disk      rw    flash1:
         262136        253220       nvram     rw    nvram:
              -             -       opaque    wo    syslog:
              -             -       opaque    rw    xmodem:
              -             -       opaque    rw    ymodem:
              -             -       network   rw    rcp:
              -             -       network   rw    pram:
              -             -       network   rw    http:
              -             -       network   rw    ftp:
              -             -       network   rw    scp:
              -             -       opaque    ro    tar:
              -             -       network   rw    https:
              -             -       opaque    ro    cns:
     7794737152    7483719680       usbflash  rw    usbflash0:
74503236 bytes copied in 187.876 secs (396555 bytes/sec)
```

[예 35-1] 라우터의 시스코 IOS 파일 시스템들

이 예는 20개의 상이한 IOS 파일 시스템들을 목록화하지만, 이 경우 라우터가 20개의 별도의 물리적인 저장 장치들을 갖는 것은 아니다. IOS는 다음과 같은 다른 목적들을 위해 이러한 파일 시스템들을 사용한다.

사전 점검 퀴즈 정답
1 A **2** B **3** D **4** D **5** A **6** A **7** D

- **Opaque**: 내부의 기능들과 명령들을 위한 논리적인 내부 파일 시스템들을 나타낸다.

- **Network**: 서로 다른 종류의 IOS 명령 참조의 편의성을 위해 서로 다른 종류의 서버상의 외부 파일 시스템을 나타낸다.

- **Disk**: 플래시용

- **Usbflash**: USB 플래시용

- **NVRAM**: 디폴트 스타트업-컨피그 파일을 저장하는 특별한 종류의 NVRAM 메모리

대다수의 IOS 명령어들에서 IFS 내부의 파일 이름들을 포함하지만, 일부 명령은 공식적 이름으로 파일들을 직접 표시한다. 여기서 공식적 이름은 [예 35-1]의 가장 오른쪽 열에서 보이는 prefixes를 가리킨다. 예를 들어, **more flash0:/wotemp/fred** 명령어는 라우터의 첫 번째 플래시 메모리 내부의 */wotemp* 디렉토리 내부의 *fred* 파일의 내용을 보여준다(**more** 명령은 파일의 내용을 보여준다). 그러나 다수의 명령어들은 타이핑의 수고를 덜기 위해 공식적 파일 이름을 대신하는 키워드를 사용한다. 예를 들어,

- **show running-config** 명령어: **system:running-config** 파일을 나타냄.

- **show startup-config** 명령어: **nvram:startup-config** 파일을 나타냄.

- **show flash** 명령어: 디폴트 flash IFS(보통 flash0:)를 나타냄.

IOS 이미지 업그레이드

라우터의 IOS를 새 버전으로 업그레이드하는 첫 번째 단계 중 하나는 새로운 IOS 이미지를 받아 적당한 위치에 두는 것이다. 일반적으로 시스코 라우터는 내부의 물리적인 파일 시스템들 중 하나에 IOS를 두는데 대부분 플래시이다. 유일한 요구 사항은 외부 서버에 파일이 존재하면서 네트워크를 통과하고 OS를 로딩하는 것을 포함해 어떤 연결할 수 있는 파일 시스템이 존재해야 한다는 것이다. 그러나 최상의 방법은 각 장치의 IOS 파일을 플래시 장치에 영속적으로 저장하는 것이다.

[그림 35-1]은 플래시 메모리에 IOS 이미지를 업그레이드하는 과정으로 다음 설명과 같다.

단계 ① 시스코에서 IOS 이미지를 얻는다. 일반적으로 HTTP 또는 FTP를 사용하여 cisco.com에서 IOS 이미지를 다운로드한다.

단계 ② 라우터가 연결할 수 있는 곳에 IOS 이미지를 둔다. 위치는 네트워크 내부의 TFTP 또는 FTP 서버일 수도 있고, 라우터에 장착되는 USB 플래시 드라이버일 수도 있다.

단계 ③ 라우터에서 copy 명령을 이용하여 파일을 라우터의 플래시 메모리로 복사한다(라우터는 보통 USB 플래시 드라이브 내의 IOS 이미지로부터 부팅할 수 없다).

[그림 35-1] 시스코 IOS 소프트웨어 업그레이드 과정의 일부로서 IOS 이미지 복사

새 IOS 이미지를 TFTP로 내부의 IOS 파일 시스템에 복사하기

[예 35-2]는 IOS 이미지를 플래시 메모리로 복사하는 세 단계의 예를 제공한다. 이 경우에 R2 라우터인 2901이 IP 주소 2.2.2.1의 TFTP 서버로부터 IOS 이미지를 복사하고 있다.

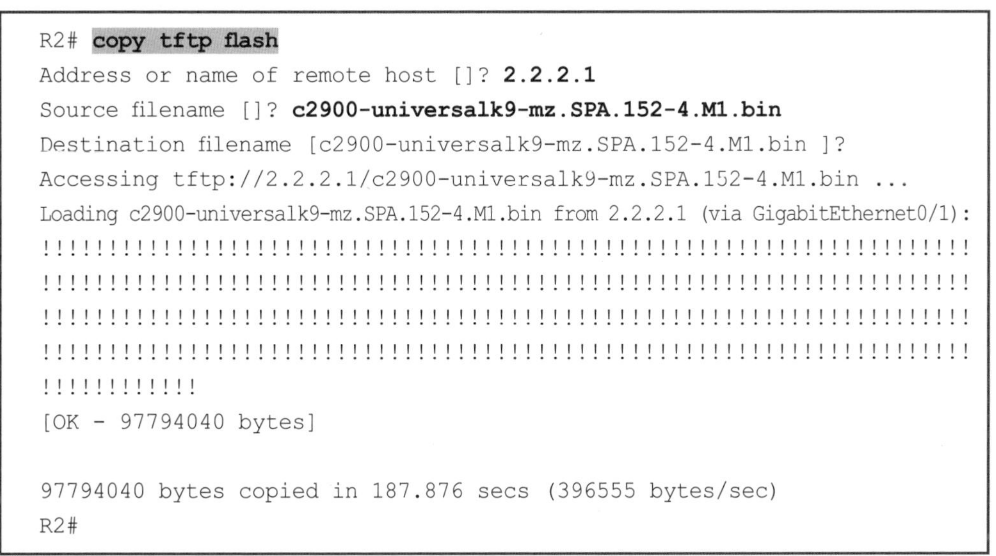

```
R2# copy tftp flash
Address or name of remote host []? 2.2.2.1
Source filename []? c2900-universalk9-mz.SPA.152-4.M1.bin
Destination filename [c2900-universalk9-mz.SPA.152-4.M1.bin ]?
Accessing tftp://2.2.2.1/c2900-universalk9-mz.SPA.152-4.M1.bin ...
Loading c2900-universalk9-mz.SPA.152-4.M1.bin from 2.2.2.1 (via GigabitEthernet0/1):
!!!!!!!!!!!!!!!!!!!!!!!!!!!!!!!!!!!!!!!!!!!!!!!!!!!!!!!!!!!!!!!!!!!!!!!!!!
!!!!!!!!!!!!!!!!!!!!!!!!!!!!!!!!!!!!!!!!!!!!!!!!!!!!!!!!!!!!!!!!!!!!!!!!!!
!!!!!!!!!!!!!!!!!!!!!!!!!!!!!!!!!!!!!!!!!!!!!!!!!!!!!!!!!!!!!!!!!!!!!!!!!!
!!!!!!!!!!!!!!!!!!!!!!!!!!!!!!!!!!!!!!!!!!!!!!!!!!!!!!!!!!!!!!!!!!!!!!!!!!
!!!!!!!!!!!!!
[OK - 97794040 bytes]

97794040 bytes copied in 187.876 secs (396555 bytes/sec)
R2#
```

[예 35-2] 이미지를 플래시 메모리로 복사하는 **copy tftp flash** 명령어

copy 명령은 파일 복사를 위한 간단한 명령이지만, 이 명령은 확인할 몇 가지 항목들을 갖는다. 이 명령은 사용자로부터 몇 가지 정보들을 요청하기 위해 사용자에게 몇몇 질문을 제시하고 입력을 통해 사용자가 어떤 결정을 내리도록 한다. 예에서 굵은 글씨들은 사용자의 입력 내용을 보여준다. 라우터는 복사 과정이 제대로 동작하도록 체크해야 한다. 이 명령은 다음과 같은 질문들과 함께 작동한다.

① 다운로드할 TFTP 서버의 IP 주소 또는 호스트 이름은?

② 다운로드할 파일의 이름은?

③ 서버에서 파일의 크기를 확인하고, 라우터의 플래시 메모리에 이 파일을 위한 충분한 공간이 있는지 확인한다.

④ 서버가 해당 이름을 가진 파일을 가지고 있나?

⑤ 라우터 플래시에서 이전 파일을 삭제할 것인가?

라우터는 필요에 따라 이러한 질문들에 대한 답변을 요구한다. 각 질문에 대해 답변을 입력하거나 기본적인 답변(각 질문의 끝에 사각 괄호 안의)을 입력하고자 한다면 Enter↵ 키를 누르면 된다. 이후에 라우터는 지시에 따라 플래시 메모리를 삭제하고, 파일을 복사하며 전송 도중에 오류가 없음을 확인하기 위해 체크섬(checksum)을 확인한다.

> **📝 NOTE** 대부분의 사람들은 시스코가 제공하는 IOS 파일 이름을 그대로 사용하는데, 그 이유는 버전과 같은 IOS 이미지에 대한 중요 정보를 포함하고 있기 때문이다. 또한 출발지 파일 이름과 동일한 목적지 파일 이름을 사용하고자 한다면, 선택을 확인하기 위해 목적지 파일 이름에 'y' 혹은 'yes'를 입력하는 대신, 괄호 내부에 표시된 항목을 선택하기 위해 그냥 엔터 키를 누르도록 한다.

복사된 IOS 파일을 보기 위해 한 쌍의 명령어를 사용하여 플래시 파일 시스템의 내용을 볼 수 있다. [예 35-3]의 상단에서 볼 수 있는 바와 같이, **show flash** 명령은 기본적인 플래시 파일 시스템(**flash0:**) 내부의 파일들을 보여준다. 그 아래의 보다 일반적인 **dir flash0:** 명령은 동일한 정보와 함께 동일한 파일 시스템의 내용을 보여준다(로컬 IFS의 내용을 보기 위해 dir 명령을 사용할 수 있다).

```
R4# show flash
-#- --length-- -----date/time------ path
1    104193476 Jul 21 2015 13:38:06 +00:00 c2900-universalk9-mz.SPA.154-3.M3.bin
3      3000320 Jul 10 2012 00:05:44 +00:00 cpexpress.tar
4         1038 Jul 10 2012 00:05:52 +00:00 home.shtml
5       122880 Jul 10 2012 00:06:02 +00:00 home.tar
6      1697952 Jul 10 2012 00:06:16 +00:00 securedesktop-ios-3.1.1.45-k9.pkg
7       415956 Jul 10 2012 00:06:28 +00:00 sslclient-win-1.1.4.176.pkg
8         1153 Aug 16 2012 18:20:56 +00:00 wo-lic-1
9     97794040 Oct 10 2014 21:06:38 +00:00 c2900-universalk9-mz.SPA.152-4.M1.bin

49238016 bytes available (207249408 bytes used)

R4# dir flash0:
Directory of flash0:/

1  -rw-   104193476   Jul 21 2015 13:38:06 +00:00 c2900-universalk9-mz.SPA.154-3.
                                                  M3.bin
3  -rw-     3000320   Jul 10 2012 00:05:44 +00:00 cpexpress.tar
4  -rw-        1038   Jul 10 2012 00:05:52 +00:00 home.shtml
5  -rw-      122880   Jul 10 2012 00:06:02 +00:00 home.tar
6  -rw-     1697952   Jul 10 2012 00:06:16 +00:00 securedesktop-ios-3.1.1.45-k9.
                                                  pkg
7  -rw-      415956   Jul 10 2012 00:06:28 +00:00 sslclient-win-1.1.4.176.pkg
8  -rw-        1153   Aug 16 2012 18:20:56 +00:00 wo-lic-1
9  -rw-    97794040   Oct 10 2014 21:06:38 +00:00 c2900-universalk9-mz.SPA.152-4.
                                                  M1.bin

256487424 bytes total (49238016 bytes free)
```

[예 35-3] 플래시 메모리 확인 명령어

이 예를 통해 파일별 메모리 사용과 IFS에 대해 자세히 살펴보자. 이 아웃풋은 각 파일에 대해 바이트 단위의 크기를 보여준다. IOS 파일의 크기는 약 104MB이다.

IOS 파일의 크기는 앞선 [예 35-2]에서 TFTP 전송을 통해 보여준 크기와 일치한다. 각 명령어의 마지막은 플래시에 추가되는 새로운 파일들을 위해 필요한 공간의 크기(하나는 'bytes available'로 다른 것은 'bytes free'로 보여준다.)를 보여준다. 하지만 각 명령의 마지막 라인은 사용량에 대해 조금 다른 정보를 보여준다. 즉, **show flash**는 사용된 바이트들(bytes used)를 보여주는 반면 **dir** 명령은 전체 바이트들(total bytes, 사용된 바이트와 남은 바이트의 합)을 보여준다. 이 예의 숫자들을 통해 어떤 명령이 어떤 통계를 보여주는지 정리할 수 있도록 한다.

MD5를 통한 IOS 코드의 무결성 확인

여러분은 시스코로부터 IOS를 다운로드하여 라우터에 복사하고 운용한다. 그런데 그 코드는 정말로 시스코로부터 온 것일까? 아니면, 일부 악의적인 공격자가 만든 바이러스를 포함한 가짜 IOS를 다운로드한 것은 아닐까?

시스코는 이 유형의 문제를 방지하기 위해 IOS 파일의 무결성을 점검하기 위한 수단을 제공한다. [그림 35-2]는 이 프로세스에 대한 기본적인 구동 원리를 보여준다. 가령, 시스코는 IOS 파일 자체를 입력값으로 해당 파일에 대한 MD5 계산 알고리즘을 거쳐 16진수 코드를 생성한다. 시스코는 모든 사람들이 볼 수 있도록 다운로드 사이트에 해당 코드를 둔다. 다음으로 IOS의 **verify** 명령을 통해, 라우터 상의 IOS 파일에 대해 동일한 MD5 계산을 한다. 해당 명령은 당신의 라우터에서 재계산된 MD5 해시값을 보여줄 것이다. 두 MD5 해시값이 동일하면, 파일은 변조되지 않은 것이다.

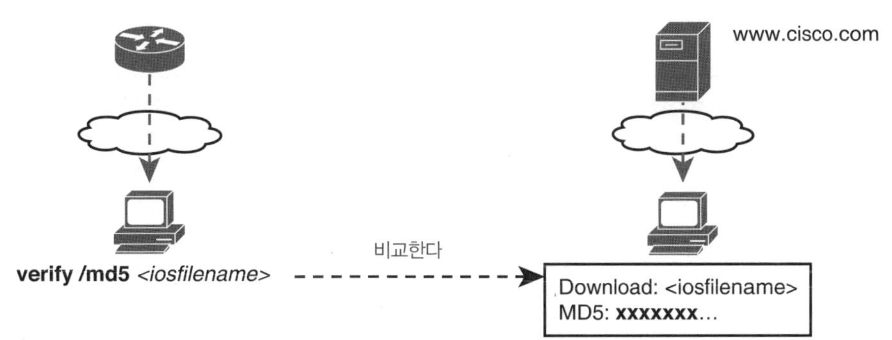

[그림 35-2] IOS 이미지에 대한 MD5 검증 개념

[예 35-4]와 같이, **verify /md5** 명령은 라우터에서 MD5 해시를 생성한다. 시스코가 계산한 해시값을 마지막 파라미터로 덧붙이거나(예와 같이), 아니면 덧붙이지 않는다. 해당 파라미터를 포함한다면, IOS는 라우터가 계산한 값이 이 명령에 복사된 값과 일치하는지를 확인해준다. 만약 파라미터로 덧붙이지 않았다면, **verify** 명령이 보여주는 라우터가 계산한 MD5 해시와 여러분 스스로 까다로운 글자별 체크를 해야 한다.

```
R2# verify /md5 flash0:c2900-universalk9-mz.SPA.154-3.M3.bin a79e325e6c498b70829d4d
  b0afba5041
..................................................................................
..................................................................................
.....MD5 of flash0:c2900-universalk9-mz.SPA.154-3.M3.bin Done!
Verified (flash0:c2900-universalk9-mz.SPA.154-3.M3.bin) = a79e325e6c498b70829d4d
  b0afba5041
```

[예 35-4] show flash 명령으로 플래시 메모리의 컨텐츠를 확인함.

FTP에 의한 IOS 이미지 복사

IOS는 라우터에 존재하는 IOS 파일 시스템들과 파일들을 보내고 받기 위한 다양한 파일 전송 방법을 지원한다. 오랫동안 지원된 TFTP와 FTP와 함께, SCP와 같이 최근에 추가된 프로토콜도 지원한다. [표 35-2]는 라우터가 지원하는 전송 프로토콜들을 나열한다.

방법	방법(전체 이름)	라우터의 역할	암호화?
TFTP	Trivial File Transfer Protocol	클라이언트	No
FTP	File Transfer Protocol	클라이언트	No
SCP	Secure Copy Protocol	서버	Yes

[표 35-2] 라우터 외부에서 파일을 복사하는 일반적인 방법들

FTP에 의한 파일 복사는 TFTP와 동일한 과정을 따른다[예 35-5]. **Copy ftp flash**와 같은 EXEC 명령어를 입력한 후, 장치와의 대화들을 따라가면 된다. 한편, **copy** 명령은 출발지와 목적지로 URI를 사용할 수 있도록 한다. 각 URI는 IFS 내부의 공식적인 파일 이름을 가리킨다.

```
R1# copy ftp://wendell:odom@192.168.1.170/c2900-universalk9-mz.SPA.155-2.T1.bin flash
Destination filename [c2900-universalk9-mz.SPA.155-2.T1.bin]?
Accessing ftp://192.168.1.170/c2900-universalk9-mz.SPA.155-2.T1.bin...
Loading c2900-universalk9-mz.SPA.155-2.T1.bin !!!!!!!!!!!!!!!!!!!!!!!!!!
!!!!!!!!!!!!!!!!!!!!!!!!!!!!!!!!!!!!!!!!!!!!!!!!!!!!!!!!!!!!!!!!!!!!!!!!!!!
!!!!!!!!!!!!!!!!!!!!!!!!!!!!!!!!!!!!!!!!!!!!!!!!!!!!!!!!!!!!!!!!!!!!!!!!!!!!
!!!!!!!!!!!!!!!!!!!!!!!!!!!!!!!!!!!!!!!!!!!!!!!!!!!!!!!!!!!!!!!!!!!!!!!!!!!!
!!!!!!!!!!!!!!!!!!!!!!!!!!!!!!!!!!!!!!!!!!!!!!!!!!!!!!!!!!!!!!!!!!!!!!!!!!!!
!!!!!!!!!!!!!!!!!!!!!!!!!!!!!!!!!!!!!!!!
[OK - 107410736/4096 bytes]

107410736 bytes copied in 119.604 secs (898053 bytes/sec)
```

[예 35-5] FTP에 의한 새로운 IOS 설치

[예 35-5]의 먼저 'ftp'로 시작하는 명령어에서 긴 URI를 자세히 살펴보자. 'ftp' 부분은 물론 프로토콜을 구분한다. // 뒤의 글자는 유저네임(wendell)과 패스워드(odom)와 더불어 FTP 서버의 IP 주소를 표시한다. 하나의 / 뒤에는 서버의 파일 이름이 온다.

이 명령은 길긴 하지만 단지 두 개의 파라미터 즉, 첫 번째 긴 파라미터와 두 번째 파라미터로 짧은 키워드 flash를 갖는다. **Copy** 명령의 첫 번째 파라미터는 출발지 장소를, 두 번째 파라미터는 목적지를 표시한다. 이 경우 목적지인 flash는 기본적인 flash 즉, 일반적으로 flash0:을 가리키는 키워드이지만, 구체적인 파일 이름을 가리키지는 않는다. 결과적으로, IOS는 디폴트로 출발지 파일 이름을 괄호 속에 제시하며, 사용자에게 구체적인 목적지 파일 이름을 입력하도록 한다. 이 경우, 사용자가 엔터 키를 누르면 디폴트 파일 이름이 적용된다. 명령의 두 번째 파라미터로 **flash:c2900-universalk9-mz.SPA.155-2.T1.bin** 목적지 파일 이름을 완전하게 정의하면, 이러한 프롬프트를 피할 수 있다.

마지막으로, 라우터에 FTP 유저네임과 패스워드를 미리 설정하면 **copy** 명령에서 이들을 제외할 수 있다. 예를 들어, **ip ftp username wendel**과 **ip ftp password odom** 글로벌 설정 명령어로 해당 값들을 설정한다.

다음으로 **copy ftp://192.168.1.170/...**으로 시작하는 **copy** 명령은 유저네임:패스워드를 생략하며, 사용자에게 유저네임과 패스워드 입력을 위한 프롬프트를 제시하지도 않는다.

SCP에 의한 IOS 이미지 복사

SCP(SSH Copy Protocol)는 파일 전송을 위한 안전한 방법을 제공하지만, 이 장에서 앞서 언급한 다른 방법들과는 작은 차이가 있다. 즉, 라우터는 서버로 동작하며 라우터에서 **copy** 명령을 사용하지 않는다는 것이다. 대신에 라우터를 SCP 서버로 동작하도록 설정하고, 파일을 전송할 데스크톱 컴퓨터의 애플리케이션 혹은 SCP 클라이언트 명령을 사용해야 한다.

SCP는 안전하게 파일들을 전송하기 위해 두 개의 핵심 영역의 작업 즉, 사용자 인증과 전송 데이터의 암호화를 위해 SSH를 사용한다. SCP는 이러한 작업들에 적합하도록 정의되었고, 또한 파일을 전송하기 위한 방법을 정의한다.

SCP 동작을 위해 라우터는 먼저 8장 '기본적인 스위치 관리를 위한 설정'에서 자세히 설명한 것과 같이, 일반적인 SSH 로그인을 지원하도록 설정할 필요가 있다. 다음과 같이 하나의 명령을 변경하고 또 다른 명령어를 추가해야 한다:

- 예를 들어, **username fred privilege-level 15 password barney**와 같이 **username** 명령어에 파라미터들을 추가하여 SSH 사용자가 프리빌리지드 모드에 직접 접속하게 한다.
- **ip scp server enable** 글로벌 명령어로 SCP 서버를 활성화한다.

다음으로 파일 전송을 위해 **SCP**를 적용하기 위해, 네트워크 엔지니어는 라우터에 연결할 수 있는 컴퓨터에서 SCP 클라이언트를 사용해야 한다. SCP 클라이언트는 웹에서 검색하여 찾을 수 있는데, 보통 SSH 클라이언트의 일부로 통합된다. 한편 시스코 장치들과 파일 전송을 위해서는 명령어를 입력할 수 있는 SCP 클라이언트가 실제로 최상의 선택일 수 있다.

[예 35-6]은 MAC OS에 내장된 **scp** 명령어를 사용한 라우터와의 SCP 파일 복사 과정을 보여준다. 이 명령은 앞선 예와 같이 컴퓨터에서 라우터로 IOS 파일을 복사한다. 이 명령은 유저 네임(Wendell), 라우터의 IP 주소(192.168.1.9)와 IOS 파일 네임과 함께 목적지로 전체 URI를 사용한다. 다음으로 이 명령은 사용자에게 패스워드를 요구하는 프롬프트를 제시하고, 파일을 전송하기 시작한다.

```
WO-iMac:Desktop wendellodom$ scp c2900-universalk9-mz.SPA.155-2.T1.bin
wendell@192.168.1.9:flash0:c2900-universalk9-mz.SPA.155-2.T1.bin
 Password:
c2900-universalk9-mz.SPA.155-2.T1.bin                   100%   102MB 322.8KB/s
 05:25
```

[예 35-6] Mac 환경에서 라우터로 IOS를 복사하는 SCP 클라이언트 기능

IOS 파일을 라우터의 IOS 파일 시스템으로 복사했다 하면, 새로운 IOS를 적용하기 위해 라우터를 껐다 켜야(reload) 한다. 다음 주제는 라우터가 IOS의 새 버전을 사용하게 만드는 방법을 포함하여 IOS 부팅 프로세스의 전체 과정을 살펴본다.

시스코 IOS 소프트웨어 부팅 절차

시스코 라우터들은 일반적인 컴퓨터가 전원을 켰을 때 또는 재부팅(리로딩)을 수행할 때와 동일한 유형의 과정을 거친다. 그러나 대부분의 최종 사용자 컴퓨터는 단일 OS를 가지므로 로딩할 OS를 선택할 필요가 없다. 반대로 라우터는 플래시 메모리와 외부 서버들에서 이용 가능한 다수의 IOS 이미지를 가질 수 있으므로, 라우터는 RAM으로 내려 보내 사용할 IOS 이미지를 선택하기 위한 과정을 필요로 한다. 이 섹션은 무슨 IOS 이미지를 로딩할 것인지에 대한 라우터의 선택에 영향을 주는 옵션들의 강조와 함께 전반적인 부팅 과정을 살펴본다.

 라우터는 IOS 혹은 ROMMON이라 불리는 특별한 목적의 OS를 로딩할 수 있다. ROMMON은 패스워드 복구와 같은 특별한 목적을 위해 사용된다. 또한 ROMMON 은 새로운 IOS를 송수신하기 위해 사용할 수 있지만, 패킷을 라우팅할 수는 없다. RXBOOT라 불리는 세 번째 매우 오래되고 특별한 목적을 가진 OS는 매우 오래된 라우터 모델들만 적용하기 때문에 이 책에서 포함하지 않는다.

라우터를 켜면 다음 네 단계를 거친다.

단계 ① 라우터는 POST(power-on self-test) 과정을 통해 하드웨어 요소들을 발견하고 모든 요소들이 제대로 작동하는지 확인한다.

단계 ② 라우터는 ROM에서 RAM으로 부트스트랩(bootstrap) 프로그램을 로딩하여 부트스트랩 프로그램을 실행한다.

단계 ③ 부트스트랩 프로그램은 어느 IOS 이미지(또는 ROMMON OS)를 RAM으로 로딩할 것인지를 결정한다. 선택된 OS 이미지를 로딩한 후에 부트스트랩 프로그램은 라우터 하드웨어의 제어권을 새롭게 로딩된 IOS에게 넘겨준다.

단계 ④ 부트스트랩 프로그램이 IOS를 로딩하고 실행되면, 스타트업-컨피그 파일을 찾고 RAM으로 로딩한다. RAM으로 로딩된 컨피규레이션 파일은 러닝-컨피그가 된다.

라우터가 켜지거나 리로딩될 때마다 모든 라우터는 네 단계를 거친다. 첫 번째 두 단계는 선택 사항이 없다. 이러한 두 단계에서는 성공하거나 초기화가 실패할 뿐이다. 첫 두 단계가 실패하면 시스코 TAC(Technical Assistance Center)에 의뢰해야 한다. 하지만 **단계 ③**과 **단계 ④**는 [그림 35-3]과 같이 라우터가 다음으로 무엇을 할 것인가에 대한 몇 가지 설정 가능한 옵션들을 갖는다.

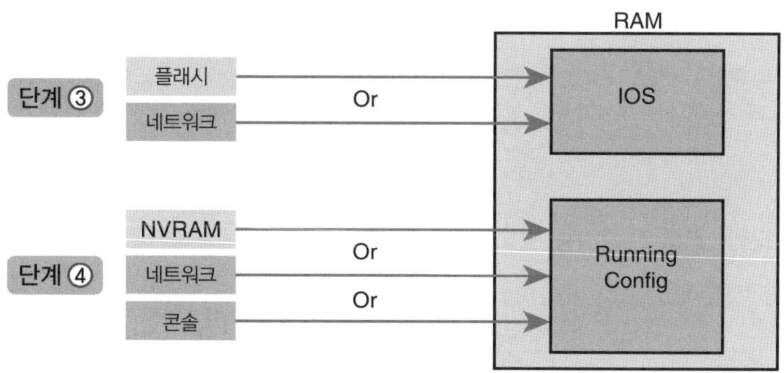

[그림 35-3] IOS와 초기 설정 로딩

이미 살펴본 바와 같이, 라우터는 그림 **단계 ③**과 **④**에서 옵션들을 갖는다. 하지만 **단계 ④**에서 라우터는 거의 항상 NVRAM(스타트업-컨피그 파일)으로부터 설정을 로딩한다. NVRAM 외의 장소에 초기 설정을 저장할 특별한 이유가 없으므로 이 장은 **단계 ④**의 옵션들에 대해 더 살펴보지 않는다. 하지만 플래시와 네트워크 내의 서버들에 IOS 이미지들을 보관하는 합리적인 이유가 있기 때문에, 이 섹션의 나머지는 **단계③** 에 대해 보다 자세히 알아본다.

컨피규레이션 레지스터(Configuration Register)

라우터의 컨피규레이션 레지스터는 로딩할 OS를 선택할 때 영향을 준다.

라우터는 IOS를 로딩하고 스타트업–컨피그 파일을 읽기 전, 부팅 시에 일부 설정값들을 확인하기 위해 컨피규레이션 레지스터를 사용한다. 컨피규레이션 레지스터의 16비트(4자리의 16진수)는 다양한 파라미터들을 설정한다. 예를 들어, 콘솔은 기본적으로 9,600bps 속도로 동작하는데, 콘솔 속도는 컨피규레이션 레지스터에 속하는 한 쌍의 비트들의 기본 설정값에 기초한다. 컨피규레이션 레지스터의 특정 비트들을 변경함으로써, 라우터가 다음으로 부팅할 때, 콘솔 라인의 속도를 변경할 수 있다.

config-register 글로벌 컨피규레이션 명령어로 컨피규레이션 레지스터값을 설정할 수 있다. 엔지니어는 다양한 이유 때문에 컨피규레이션 레지스터값을 변경할 수 있지만, 대부분의 이유는 다음 몇 페이지와 패스워드 복구 과정에서 설명하는 바와 같이 어떤 IOS 이미지를 로딩할 것인지를 라우터에게 알려주기 위한 것이다. 예를 들어, 16진수 2100으로 설정하는 **config-register 0x2100** 글로벌 컨피규레이션 명령어는 라우터가 다시 로드할 때, IOS보다는 ROMMON OS를 로딩하도록 한다.

흥미롭게도, 시스코 라우터는 **config-register** 명령어의 끝에 엔터 키를 누르면, 새로운 컨피규레이션 레지스터를 자동으로 저장한다. 즉, 컨피규레이션 레지스터를 변경한 후에 **copy running-config startup-config** 명령을 사용할 필요가 없다. 하지만 새로운 컨피규레이션 레지스터값은 라우터가 다시 로드할 때까지 적용되지 않는다.

> ✏️ **NOTE** 대부분의 시스코 라우터에서, 기본적인 컨피규레이션 레지스터 설정값은 16진수 2102이다. 이 값은 콘솔 속도를 9,600bps로 맞추고, IOS 이미지의 부팅 장소를 라우터에게 알려준다.

라우터가 로딩할 OS를 선택하는 방법

라우터는 두 항목에 기초하여 로딩할 OS를 선택한다:

- 컨피규레이션 레지스터에서 마지막 16진수(부트 필드(*boot field*)라 함)
- 스타트업–컨피그 파일 내의 **boot system** 글로벌 컨피규레이션 명령어

컨피규레이션 레지스터의 네 번째 16진수는 부트 필드로서, 라우터에게 무슨 OS를 로딩할지를 지시한다. 라우터는 전원이 켜지거나 다시 로드할 때 부트 필드값을 본다. 부트 필드 값은 라우터에게 어떤 OS를 로딩할 것인지를 선택하도록 한다.

최근의 시스코 라우터에서 로딩할 OS를 선택하는 과정은 다음과 같다:

단계 ① 부트 필드 = 0이면, ROMMON OS를 사용한다.

단계 ② 부트 필드 = 1이면, 플래시 메모리의 첫 번째 IOS 파일을 로딩한다.

단계 ③ 부트 필드 = 2–F:

    Ⓐ 스타트업–컨피그 파일에 각 **boot system** 명령어가 가리키는 곳에 위치한 OS를 가능할 때까지 순서대로 로딩한다.

    Ⓑ **boot system** 명령어가 제대로 작동하지 않는다면, 먼저 플래시 메모리의 IOS 파일을 로딩한다.

단계 ④ 앞선 모든 시도들이 실패하면, 복구를 위해 ROMMON을 로딩하여 새로운 IOS 이미지를 플래시로 복사할 수 있도록 한다.

첫 번째 두 단계는 매우 직접적이지만, **단계③**은 라우터에게 로딩할 OS를 선택하기 위한 두 번째 주요 방법 즉, **boot system** 글로벌 컨피규레이션 명령을 찾도록 한다. 이 명령은 **boot system** 명령어 다음에 새로운 **boot system** 명령을 추가하는 방식으로 한 라우터에 여러 번 설정할 수 있다.

각 명령은 플래시 메모리의 다른 파일이나 서버들의 IP 주소와 파일 이름을 가리켜, 라우터로 하여금 로딩할 IOS 이미지를 찾을 장소를 알려준다. 라우터는 **boot system** 명령어를 설정한 순서대로 IOS 이미지를 로딩하려 한다.

단계②와 **단계③ⓑ**에서 '첫 번째' IOS 파일의 개념은 조금 설명이 필요하다. 라우터는 플래시 메모리의 파일에 번호를 붙이는데, 새로운 파일의 번호는 보다 높은 번호를 가진다. 라우터가 **단계②**와 **단계③ⓑ**에 들어가면, 라우터는 파일 번호 1에서 시작하여, 다음으로 파일 번호 2를 가진 파일을 보는데, 이중 가장 낮은 번호의 IOS 이미지 파일을 찾는다. 다음으로 라우터는 해당 파일을 로딩한다.

흥미롭게도 대부분의 라우터는 **단계③ⓑ**에서 자신의 IOS 이미지를 찾는다. 기본적으로, 시스코 라우터는 **boot system** 명령을 갖지 않는다. 사실, 처음에 라우터는 스타트업–컨피그 파일에 어떤 설정도 갖지 않는다. 시스코는 라우터를 만들 때, 플래시 메모리에 하나의 IOS를 가지며, 기본적인 컨피규레이션 레지스터값은 0x2102로, 이것은 부트 필드가 0x2임을 의미한다. 이러한 설정값을 가졌을 때, 단계③ (부트 필드=2이기 때문에)은 **boot system** 명령을 찾는데 없으므로 (스타트업-컨피그가 비었기 때문에), 단계③B 에서 플래시 메모리의 첫 번째 파일을 찾는다.

> 라우터는 OS 이미지를 찾기 위해 모든 플래시 파일 시스템들을 찾지 않는다. 상세 항목은 라우터 모델에 따라 다르지만, 라우터는 하나의 파일 시스템을 OS를 찾기 위한 디폴트 IOS 파일 시스템으로 간주한다.

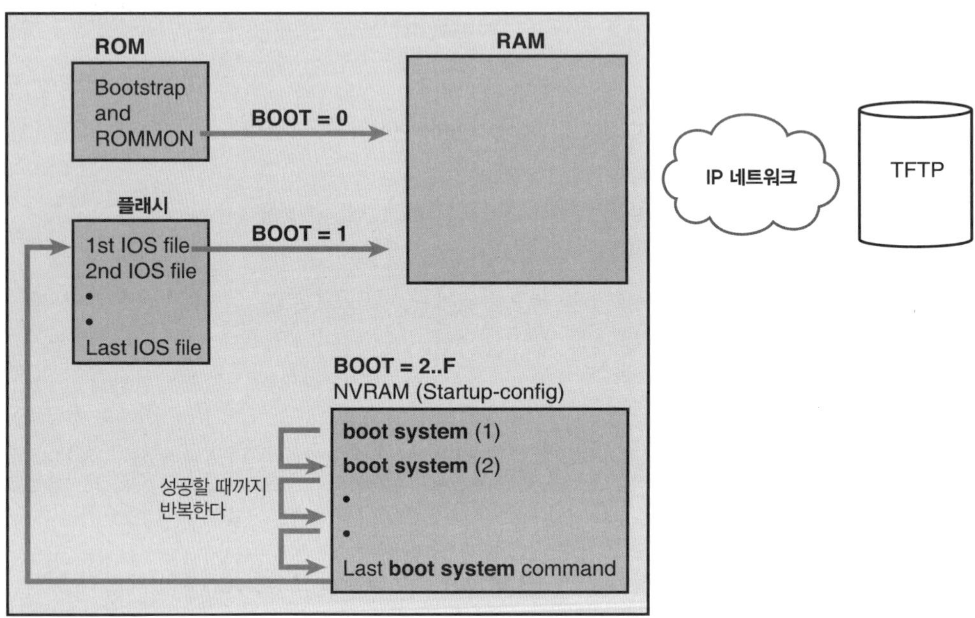

[그림 35-4] 부팅 시 OS를 찾기 위한 선택: 최근의 시스코 라우터

boot system 명령어는 라우터가 로딩해야할 정확한 파일을 가리킬 필요가 있다. [표 35-3]은 이 명령어의 예들을 보여준다.

Boot System 명령어	결과
boot system flash	플래시 메모리의 첫 번째 파일이 로딩된다.
boot system flash *filename*	플래시 메모리에서 특정 파일 이름을 가진 IOS가 로딩된다.
boot system tftp *filename* 10.1.1.1	10.1.1.1 주소에 위치한 TFTP 서버로부터 해당 파일 이름을 가진 IOS가 로딩된다.

[표 35-3] 샘플 boot system 명령어

마지막으로 IOS의 업그레이드 과정을 기억할 수 있는가? 컨피규레이션 레지스터의 부트 필드와 **boot system** 명령은 함께 어떤 IOS를 로딩할지를 결정한다. 새로운 IOS가 라우터의 플래시 메모리에 복사되면, 업그레이드 과정의 단계는 거의 끝난다. 새로운 파일을 가리키는 **boot system** 명령을 추가하고, 이 설정을 저장한 다음, 라우터를 다시 로딩한다. 라우터는 이 섹션에서 논의한 부팅 순서를 따라, 새로운 IOS 이미지를 로딩하고 IOS 업그레이드 과정은 끝난다. 예를 들어, [예 35-2]는 IOS 이미지를 라우터의 플래시로 복사하는 과정을 보여준다. 다음으로 라우터는 스타트업-컨피그에 **boot system flash:c2900-universalk9-mz.SPA.152-4.M1.bin** 명령을 저장해야 한다.

show version 명령으로 IOS 이미지 확인하기

업그레이드가 종료되면, **show version** 명령으로 새로운 IOS가 로딩되었는지를 확인해야 한다. 이 명령은 소프트웨어 버전뿐만 아니라 라우터가 IOS 이미지를 발견한 곳과 IOS 로딩 이후의 경과 시간을 보여준다. 결과적으로 **show version** 명령은 앞선 부팅 과정의 결과에 대한 핵심 사항들을 보여준다.

show version 명령은 [예 35-7]과 같이 다수의 다른 항목들도 보여준다. 예는 **boot system flash:c2900-universalk9-mz.SPA.152-4.M1.bin** 명령을 설정하고 다시 로딩되어 새로운 버전 15.2(4) IOS를 사용하게 된 라우터 R2의 아웃풋을 보여준다.

이 명령어의 아웃풋은 다수의 중요한 항목들을 강조하고 있다. 다음 리스트는 예의 아웃풋에서 각 항목들을 위로부터 아래 방향의 순서로 나열한다:

① IOS 버전

② 업타임(uptime. 라우터가 리로딩된 후에 경과한 시간)

③ IOS의 마지막 리로드 이유(reload 명령. 전원 off/on. 소프트웨어 고장)

④ IOS의 마지막 로딩 시간(라우터의 시각이 설정되었다면)

⑤ 라우터가 현재의 IOS를 로딩한 곳

⑥ RAM 메모리 크기

⑦ 인터페이스의 번호와 유형들

⑧ NVRAM 메모리 크기

⑨ 플래시 메모리 크기

⑩ 컨피규레이션 레지스터의 현재와 미래의 설정값(다르다면)

```
R2# show version
Cisco IOS Software, C2900 Software (C2900-UNIVERSALK9-M), Version 15.2(4)M1, RELEASE
SOFTWARE (fc1)
Technical Support: http://www.cisco.com/techsupport
Copyright  1986-2012 by Cisco Systems, Inc.
Compiled Thu 26-Jul-12 20:54 by prod_rel_team

ROM: System Bootstrap, Version 15.0(1r)M15, RELEASE SOFTWARE (fc1)
R2 uptime is 44 minutes
System returned to ROM by reload at 19:44:01 UTC Tue Feb 12 2013
```

```
System restarted at 19:45:53 UTC Tue Feb 12 2013
System image file is "flash:c2900-universalk9-mz.SPA.152-4.M1.bin"
Last reload type: Normal Reload
Last reload reason: Reload Command

This product contains cryptographic features and is subject to United
States and local country laws governing import, export, transfer and

! 나머지 법적 면책 조항 생략

Cisco CISCO2901/K9 (revision 1.0) with 483328K/40960K bytes of memory.
Processor board ID FTX1628837T
2 Gigabit Ethernet interfaces
4 Serial(sync/async) interfaces
1 terminal line
DRAM configuration is 64 bits wide with parity enabled.
255K bytes of non-volatile configuration memory.
3425968K bytes of USB Flash usbflash1 (Read/Write)
250880K bytes of ATA System CompactFlash 0 (Read/Write)


License Info:

License UDI:

-------------------------------------------------
Device#    PID                 SN
-------------------------------------------------
*0         CISCO2901/K9        FTX1628837T


Technology Package License Information for Module:'c2900'
----------------------------------------------------------------
Technology     Technology-package          Technology-package
               Current       Type          Next reboot
----------------------------------------------------------------
ipbase         ipbasek9      Permanent     ipbasek9
security       None          None          None
uc             None          None          None
data           None          None          None

Configuration register is 0x2102
```

[예 35-7] show version 명령어 아웃풋

∷ 패스워드 복구(Password Recovery)

책상에 앉아 라우터로 텔넷이나 SSH(Secure Shell) 접속을 시도한다고 가정하자. 로그인이 불가능할 수 있다. 아니면 유저 모드에는 들어갈 수 있지만 **enable secret** 패스워드를 잊어버려 이네이블 모드에는 들어갈 수 없을 수도 있다. 이때, 당신은 패스워드 복구나 최소한 재설정을 원한다. 이를 통해 라우터에 들어가 설정을 변경할 수 있다. 어떻게 해야할까?

시스코는 라우터의 패스워드들을 재설정하기 위한 방법을 제공한다. 라우터 콘솔에 접속하여 라우터의 전원을 껐다 켤 수 있으면 누구라도 라우터 내부의 모든 패스워드들을 새로운 값으로 재설정할 수 있다.

구체적인 내용은 라우터의 모델에 따라 차이가 있다. 그러나 www.cisco.com에 접속하여 'password recovery'를 검색하면 쉽게 패스워드 복구 방법을 발견할 수 있다.

이 페이지는 거의 모든 시스코 제품 모델에 대한 패스워드 복구(실제로는 패스워드 재설정)를 수행하는 방법에 대한 설명을 보여준다.

> 📝 **NOTE** 이 섹션에서 패스워드 복구 과정을 설명하지만, 당신이 잊어버린 패스워드를 알아낼 수는 없다. 대신 새로운 패스워드로 변경할 뿐이다.

시스코 패스워드 복구/재설정의 배경 개념들

모델별로 구체적인 것은 다르지만, 모든 패스워드 복구 과정은 일반적으로 동일한 원칙을 따른다. 먼저 이 과정의 마지막 목표는 라우터로 하여금 스타트업–컨피그 파일을 무시한 채 IOS를 로딩하게 하는 것이다. 스타트업 컨피규레이션은 모든 패스워드들을 포함하고 있다. 라우터가 부팅할 때 기존 설정을 무시하게 하면 라우터는 패스워드를 갖지 못하므로 패스워드 확인 없이 콘솔에 로그인할 수 있고 모든 패스워드들을 재설정할 수 있다.

하나의 컨피그–레지스터 비트가 키를 쥐고 있다. 설정의 적용 여부를 결정하는 비트(비트는 왼쪽에서 시작하여 세 번째 16진수의 두 번째 비트)를 1로 설정하면, 라우터는 라우터가 로딩될 때, 스타트업–컨피그 파일을 무시할 것이다. 즉 디폴트 컨피규레이션 레지스터값, 0x2102를 0x2142로 변경해야 한다.

그런데 정상적인 환경에서 컨피규레이션 레지스터값을 설정하기 위한 모드로 들어가기 위해 이네이블 패스워드를 알아야 한다. 만약, 패스워드를 정확하게 몰라서 패스워드 복구가 필요하다면, 컨피규레이션 레지스터를 어떻게 변경해야 할까? 그 해답은 ROMMON 모드를 사용하는 것이다.

ROMMON은 컨피규레이션 레지스터를 설정하도록 한다. ROMMON은 라우터 모델에 따라 다르지만, IOS에 비해 적으며 상이한 CLI 명령어 세트를 포함한다. 하지만 각 라우터의 ROMMON 소프트웨어는 보통 컨피규레이션 레지스터를 설정하도록 하는 **confreg** 명령을 지원한다. 예를 들어 ROMMON 명령, **confreg 0x2142**는 라우터가 다시 로딩할 때 스타트업-컨피그 파일을 무시하도록 한다.

그런데 라우터가 부팅할 때 어떻게 ROMMON 모드에 들어갈 수 있을까? 이전의 라우터는 라우터가 부팅할 때, 콘솔에서 브레이크 키를 누르면 된다. 일부 새로운 라우터는 플래시 메모리를 삭제하도록 해야 한다. 플래시 메모리를 삭제하고(IOS가 존재하지 않으므로), 라우터를 껐다 켜면 라우터는 로딩할 IOS를 갖지 않으므로 ROMMON을 로딩한다(ROMMON이 로딩되면 플래시를 원상 복구해야 한다).

요약하면, 패스워드 복구의 배경이 되는 큰 개념은 다음과 같다:

단계 ① 부팅 과정 중에 콘솔에서 브레이크 키를 사용하거나 플래시 메모리의 모든 내용을 삭제함으로써 ROMMON으로 부팅한다.

단계 ② 스타트업-컨피그 파일을 무시하도록 컨피규레이션 레지스터를 설정한다(예를 들어, confreg 0x2142).

단계 ③ 라우터를 IOS와 함께 부팅한다. 라우터는 설정 없이 부팅한다. 현재 어떤 패스워드 확인 없이 이네이블 모드에 들어갈 수 있다.

구체적인 패스워드 재설정 예

[예 35-8]은 2901 라우터에서 패스워드 복구/재설정 과정의 예를 보여준다. 이 예는 라우터 R1의 전원을 켜고 콘솔에 연결하는 것으로 시작한다. 2901 라우터는 주 플래시 메모리로 소형 플래시 슬롯을 사용한다. 이 예에서 플래시 메모리를 제거했고, 라우터를 재부팅하여 정상적인 부팅 과정으로 ROMMON을 로딩하도록 하였다. 이 예에서 강조된 단계를 보면 패스워드를 재설정하는 구체적인 동작을 알 수 있다.

```
! 1)  사용자는 라우터의 전원을 끈다.

! 2)  사용자는 모든 플래시 메모리를 제거한다.

! 3)  사용자는 라우터를 다시 켠다.

System Bootstrap, Version 15.0(1r)M15, RELEASE SOFTWARE (fc1)
Technical Support: http://www.cisco.com/techsupport
Copyright  2011 by cisco Systems, Inc.

! 4)  메시지들 중, 몇 줄은 생략된다: ROMMON이 시작된다.
```

```
Readonly ROMMON initialized

rommon 1> confreg 0x2142

You must reset or power cycle for new config to take effect
rommon 2 >
```



```
System Bootstrap, Version 15.0(1r)M15, RELEASE SOFTWARE (fc1)
Technical Support: http://www.cisco.com/techsupport
Copyright  2011 by cisco Systems, Inc.
```

! 많은 IOS 초기화 메시지들이 생략됨; 이 다음 메시지들을 보라.

```
        --- System Configuration Dialog ---

Would you like to enter the initial configuration dialog? [yes/no]: no


Press RETURN to get started!
```



```
Router>
Router>enable
Router#
```



```
Router# copy startup-config running-config
Destination filename [running-config]?
3297 bytes copied in 0.492 secs (6701 bytes/sec)
```



```
R1# configure terminal
Enter configuration commands, one per line.  End with CNTL/Z.

R1(config)# enable secret cisco
```

```
R1(config)# config-reg 0x2102
R1(config)# ^Z
R1#

! 12) 사용자는 변경 사항을 저장한다.
R1# copy running-config startup-config
Destination filename [startup-config]?
3297 bytes copied in 0.492 secs (6701 bytes/sec)
R1#
```

[예 35-8] 패스워드 복구/재설정 예

마지막 몇 단계들은 매우 중요하다. 초기 설정 없이 라우터가 부팅하면, 부팅 딜레이를 떠나 정상적인 동작이 불가능하다. **copy startup-config running-config** 명령은 라우터가 IOS를 부팅할 때, 스타트업-컨피그 파일을 무시하도록 했기 때문에 필요하다. 또한 라우터가 다음으로 재부팅할 때, 컨피규레이션 레지스터값을 정상값인 16진수 2102로 되돌린다.

> **NOTE** 이 프로세스의 끝에서 라우터의 인터페이스의 상태를 점검하도록 한다. copy running-config startup-config 명령은 연결된 장치들의 상태와 케이블링의 현재 상태에 따라 인터페이스의 상태를 셧다운 상태로 남아 있도록 한다. 따라서 **no shutdown** 인터페이스 하부 명령으로 인터페이스를 활성화시켜야 한다.

∷ 컨피규레이션 파일 관리

시스코 라우터와 스위치는 두개의 다른 설정 파일들 즉, 장치가 부팅할 때 사용하는 설정을 저장하기 위한 스타트업-컨피그 파일과 RAM 내부에서 현재 사용하는 컨피규레이션을 보유한 러닝-컨피그 파일을 사용한다. 6장 'CLI(Command-Line Interface) 활용'은 이러한 개념을 소개했으며, 지금까지 컨피규레이션 모드에서 러닝-컨피그 파일을 변경했고, 러닝-컨피그를 **copy running-config startup-config** 명령으로 저장했다.

이 장의 세 가지 주요 섹션들 중 마지막은 컨피규레이션 파일들에 대해 좀더 논의한다. 여기서는 라우터 혹은 스위치 외부에 컨피규레이션 파일들을 백업하는 전통적인 방법들을 살펴본다. 또한 컨피규레이션을 백업하고 복원하는 보다 최근의 옵션들을 알아본다. 이 섹션은 라우터가 초기의 설정 파일을 만드는 짧은 셋업 프로세스의 예로 끝맺는다.

컨피규레이션 파일의 복사와 삭제

네트워크 관리 계획에는 컨피규레이션 파일의 정기적인 백업을 포함해야 한다. 스타트업과 러닝 컨피그 파일들이 라우터 내부에만 존재하면 이것도 리스크가 된다. 라우터의 설정을 외부에 백업하지 않은 상태에서 라우터가 고장나면, 라우터 하드웨어를 교체한 후에 예전의 프로젝트 노트를 기초로 라우터를 정확하게 설정해야 하므로 어려움을 겪을 수도 있다.

IOS의 **copy** 명령은 설정의 복사본을 만드는 방법으로 오랫동안 사용해왔다. 이 명령은 네트워크 TFTP, FTP와 SCP와 같은 네트워크 프로토콜들의 IFS를 가리킬 수 있다.

또한 라우터에서 USB 플래시 메모리를 사용하여 파일을 복사할 수도 있다. 시스코 라우터들의 최근의 모델들이 갖는 USB 슬롯들은 운용하는 IOS를 가진 USB 플래시 드라이브를 탈착할 수 있다. 예를 들어, 시스코 2901 라우터는 두 개의 USB 플래시 드라이버 슬롯들(usbflash0:와 usbflash1:)을 갖는다. [예 35-9]와 같이, 엔지니어는 러닝-컨피그 파일을 플래시로 쉽게 복사할 수 있다.

```
R1# copy running-config usbflash1:temp-copy-of-config
Destination filename [temp-copy-of-config]?
3159 bytes copied in 0.944 secs (3346 bytes/sec)

R1# dir usbflash1:
Directory of usbflash1:/

! 간략화를 위해 다른 파일 리스팅 라인들 생략
   74  -rw-        3159   Feb 12 2013 22:17:00 +00:00   temp-copy-of-config

7783804928 bytes total (7685111808 bytes free)
R1#
```

[예 35-9] USB 플래시로의 파일 복사

실습실에서는 유용하겠지만, USB 플래시를 이용한 컨피규레이션 파일의 백업은 수천 대의 장치가 다수의 사이트들에 흩어져 있는 상황에서는 유용하지 않다. 당연한 말이지만, 당신은 네트워크의 중앙 서버에 파일을 백업할 것이다. 다음 주제는 체계적인 백업 구성을 위한 전체적인 백업과 복구 계획을 살펴본다.

Copy 명령에 의한 전통적인 컨피규레이션 백업과 복원

외부 서버에 컨피규레이션을 복사하는 하나의 주된 동기는 문제가 발생했을 때, 컨피규레이션의 복원 때문이다. 다른 백업과 복원 과정과 같이, 컨피규레이션의 복원 과정은 백업 과정만큼 중요하다. 하지만 오랫동안 IOS에서 지원했던 IOS **copy** 명령은 컨피규레이션을 복원하기 위해 러닝-컨피그로 파일을 복사할 때, 이상한 동작을 한다. 이 동작은 컨피규레이션을 백업하는 방법보다 복원하는 방법에 영향을 미친다.

copy 명령은 컨피규레이션을 RAM으로 복사할 때, 러닝-컨피그 파일을 바꾸지 않는다. 실제로 러닝-컨피그 파일로의 복사는 당신이 컨피규레이션 모드에서 명령어들을 입력했을 때처럼 동작한다. 어떤 경우, 새로운 명령어를 입력하면 이전 값을 대체한다. (예를 들어, **ip address** 명령)하지만 다른 명령(예를 들어, IP **access-list** 명령어)은 이전 컨피규레이션을 대체하는 대신, 기존 명령에 추가될 뿐이다.

몇 가지 예로 핵심 사항을 설명하는 [그림 35-5]는 컨피규레이션의 대체와 추가를 일으키는 경우들을 보여준다. 그림은 TFTP와의 복사를 위한 명령어를 보여준다. 별표가 표시된 두 개의 명령어는 컨피규레이션을 추가한다.

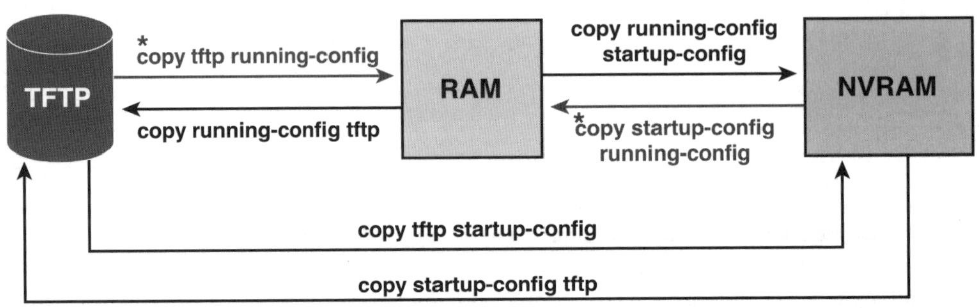

[그림 35-5] RAM(running-config)으로의 복사는 컨피규레이션을 대체 대신 추가한다.

러닝-컨피그 파일로의 컨피규레이션 복사 효과 때문에, 복원 과정은 백업 컨피규레이션 파일을 러닝-컨피그로 복사할 때, 기본적으로 **copy** 명령을 사용하지 않는다. 컨피규레이션 백업과 복원을 위해 **copy** 명령을 사용하는 완전한 과정은 다음과 같이 동작한다.

단계 ① 백업을 위해: 예를 들어, **copy running-config tftp** 명령으로 러닝-컨피그 파일을 일부 외부 서버에게 복사한다.

단계 ② 복원을 위해:

Ⓐ 스타트업-컨피그 파일을 대체하기 위해 예를 들어, **copy tftp startup-config** 명령으로 백업 컨피규레이션을 스타트업-컨피그 파일로 복사한다.

Ⓑ **reload** 명령으로 라우터를 다시 로딩 즉, 재부팅한다. 이 과정은 RAM의 모든 러닝-컨피그를 삭제하고 리로드 과정의 일환으로 전체 스타트업-컨피그를 RAM으로 복사한다.

컨피규레이션 백업과 복원의 대안들

시스코는 IOS **copy** 명령에 의한 기본적인 백업과 복원 과정을 지속적으로 개선해왔다. 두 가지 개선 사항은 **copy** 명령과 다음과 같이 비교된다:

- **archive** EXEC 명령을 사용하여 아카이브(archives)라 불리는 백업 컨피규레이션을 생성한다. 아카이브는 설정된 타이머에 기초하여 생성할 수 있고 혹은 누군가 컨피규레이션을 저장할 때마다 자동으로 생성하기도 한다.

- **Configure replace** 명령은 아카이브 컨피규레이션을 러닝-컨피그 파일로 리로드 없이 복원할 수 있게 한다.

아카이브 과정은 아카이브라 불리는 IOS 파일 시스템을 중심으로 동작한다. 라우터는 이러한 컨피규레이션 파일들을 저장할 장소를 알아야 한다. 라우터는 컨피규레이션 아카이브의 저장 여부를 자동적으로 인지할 필요가 있다. 이러한 규칙은 컨피규레이션을 자동으로 저장할 때와 저장하는 장소 즉, 아카이브를 정의한다. [예 35-10]은 라우터가 유저네임 wendell과 패스워드 odom과 함께 컨피규레이션을 저장할 장소로 주소 192.168.1.170을 갖는 FTP 서버를 정의하는 샘플 아카이브 컨피규레이션을 보여준다. 그것은 또한 자동적인 백업 주기로 1,440분(즉, 매일)으로 정의하고 또한 컨피규레이션을 저장할 때(**write memory** 명령으로)마다 컨피규레이션의 복사본을 저장하게 한다.

```
R1# configure terminal
Enter configuration commands, one per line.  End with CNTL/Z.
R1(config)# archive
R1(config-archive)# path ftp://wendell:odom@192.168.1.170/
R1(config-archive)# time-period 1440
R1(config-archive)# write-memory
R1(config-archive)# ^Z
R1#
```

[예 35-10] 컨피규레이션 아카이브 생성하기

> **NOTE** IOS는 원래 컨피규레이션을 저장하기 위해 write memory EXEC 명령을 사용한다. 이 명령은 copy running-config startup-config 명령에 의해 대체되었다. Archive의 write-memory 명령은 이전의 EXEC 명령 같아 보인다.

이 예에서 컨피규레이션은 **copy** 명령을 사용할 때보다 큰 진전을 이루었다. 먼저 그것은 컨피규레이션을 자동적으로 백업한다. 또한 그것은 **configure replace** 명령 때문에 복원 과정을 개선했다. 기본적으로 **configure replace** 명령은 컨피규레이션 아카이브를 러닝-컨피그 파일로 복사함으로써 라우터를 리로드하지 않고 러닝-컨피그 파일을 완전히 교체할 수 있도록 한다. 기본적으로 라우터는 라우터를 리로드하지 않고도, 모든 컨피규레이션의 적정성을 분석하고, 비교하고, 설정 명령의 순서가 적정한지를 판단한다.

이 과정을 보여주기 위해, [예 35-11]은 아카이브가 만들어졌을 때 ACL을 갖지 않은 라우터를 보여준다. 다음으로 사용자는 ACL 141을 추가하여 컨피규레이션을 변경했다. 다음으로 **configure restore** 명령은 앞선 아카이브 컨피규레이션(ACL 141을 갖지 않는)을 복원하기 위해 사용된다.

이때의 복원은 러닝-컨피그를 대체하기 때문에 러닝-컨피그는 더 이상 ACL 141을 갖지 않는다. 이 예는 **configure replace** 명령이 컨피규레이션을 변경했다는 것에 대한 명확한 증거로써 호스트네임이 변경되었음을 보여준다.

```
R1# archive config
Writing -Oct-24-09-46-43.165-2
R1# show archive
The maximum archive configurations allowed is 10.
The next archive file will be named ftp://wendell:odom@192.168.1.170/-
<timestamp>-3
 Archive #   Name
   1       ftp://wendell:odom@192.168.1.170/-Oct-24-09-21-38.865-0
   2       ftp://wendell:odom@192.168.1.170/-Oct-24-09-22-22.561-1
   3       ftp://wendell:odom@192.168.1.170/-Oct-24-09-46-43.165-2 <- Most Recent

R1# configure terminal
Enter configuration commands, one per line.  End with CNTL/Z.
R1(config)# hostname ridiculousname
ridiculousname(config)# access-list 141 permit ip host 2.2.2.2 host 3.3.3.3
ridiculousname(config)# ^Z
ridiculousname#
*Oct 24 09:47:57.189: %SYS-5-CONFIG_I: Configured from console by console

ridiculousname# configure replace ftp://wendell:odom@192.168.1.170/
  -Oct-24-09-46-43.165-2
This will apply all necessary additions and deletions
to replace the current running configuration with the
contents of the specified configuration file, which is
assumed to be a complete configuration, not a partial
configuration. Enter Y if you are sure you want to proceed. ? [no]: y
Loading -Oct-24-09-46-43.165-2 !
[OK - 6498/4096 bytes]

Loading -Oct-24-09-46-43.165-2 !
Total number of passes: 1
Rollback Done

R1# show access-list 141
R1#
```

[예 35–11] configure replace 명령으로 러닝-컨피그를 대체하기

예의 끝에서 호스트네임은 원래의 이름(R1)으로 다시 변경되었고, 기대한 대로 ACL 141은 더 이상 설정되지 않는다.

컨피규레이션 파일 삭제

IOS는 NVRAM의 스타트업-컨피그 파일을 삭제하기 위한 세 개의 다른 명령어를 지원한다. **Write erase**와 **erase startup-config** 명령은 보다 오래된 것인 반면, **erase nvram:** 명령은 보다 최근의 것으로 권장되는 명령어다.

시스코 IOS는 러닝-컨피그 파일의 내용을 삭제하는 명령어를 갖지 않는다. 러닝-컨피그 파일을 삭제하기 위해, 스타트업-컨피그 파일을 삭제한 다음에 라우터를 다시 로딩하면 라우터는 빈 스타트업-컨피그를 러닝-컨피그로 로딩하게 된다.

초기 설정(셋업 모드)

시스코 IOS 소프트웨어는 라우터 혹은 스위치에게 기본적인 초기 설정을 위한 두 가지 주요 방법들 즉, 컨피규레이션 모드와 셋업(setup) 모드를 지원한다. 셋업 모드는 스위치가 관리자에게 질문을 요구하는 프롬프트를 제시하여 기본적인 설정을 하도록 한다.

컨피규레이션 모드는 보통 컨피규레이션 작업을 위해 필요하기 때문에, 대부분의 네트워킹 관리자는 컨피규레이션 모드에 익숙하고 셋업 모드는 거의 사용하지 않는다. 하지만 익숙하지 않은 사용자는 CLI 컨피규레이션 모드에 보다 익숙할 때까지, 때때로 셋업 모드를 선호한다.

셋업 모드에 들어가는 방법은 두 가지가 있다. [그림 35-6]은 부팅 과정 중에 일어나는 방법을 보여준다. 라우터가 초기 설정 없이 부팅하면, 라우터는 사용자에게 셋업 모드로 알려진 '초기 설정을 위한 대화'를 시작할 것인지를 묻는다. 다른 방법으로는 프리빌리지드 모드에서 **setup** 명령으로 셋업 모드에 들어갈 수 있다.

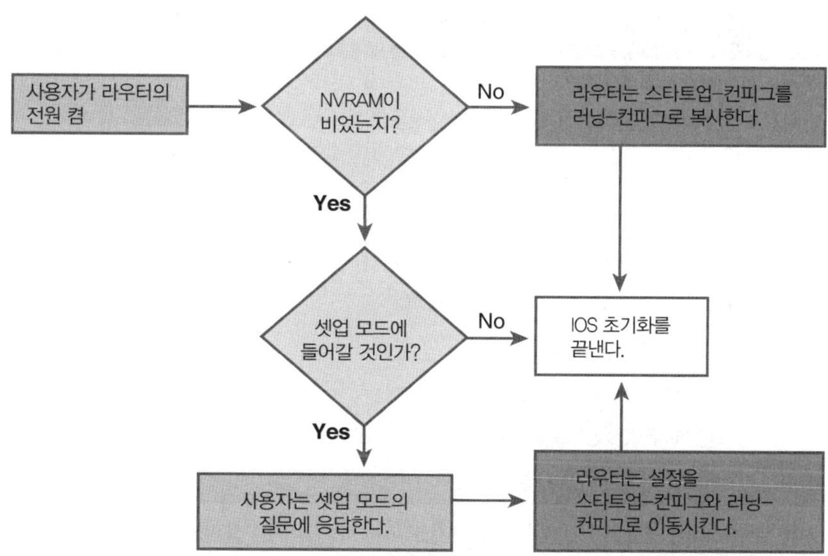

[그림 35-6] 리로드 이후에 셋업 모드에 들어가기 위한 로직과 결정

> **NOTE** 앞선 [예 35-8]은 패스워드 복구 과정을 보여준다. 이 과정은 라우터의 설정을 무시하면서 부팅하도록 하고, 라우터는 사용자로 하여금 [그림 35-6]의 질문에 답하도록 한다.

챕터 리뷰

좋은 시험 결과를 위해서는 리뷰 세션에 대한 복습이 중요하다. 책이나 DVD의 툴 혹은 책의 동반자 웹 사이트에서 찾을 수 있는 대화형 툴을 활용하여 이 장의 자료들을 리뷰하기 바란다. 특히, '당신의 학습 계획'을 참조하기 바란다. [표 35-4]는 핵심 리뷰 요소들과 자료 출처들을 보여준다. 학습 과정에 대해 보다 나은 확인을 위해 두 번째 열에 완료한 날짜를 기록한다.

리뷰 항목	완료 날짜	자료 출처
핵심 주제 리뷰		책, DVD/웹 사이트
핵심 용어 리뷰		책, DVD/웹 사이트
사전 점검 퀴즈 반복		책, PCPT
메모리 테이블 리뷰		책, DVD/웹 사이트
명령어 테이블 리뷰		책

[표 35-4] 챕터 리뷰 확인

핵심 주제 복습

핵심 주제	설명	페이지
예 35-4	**verify /md5** 명령어	896
리스트	SCP를 지원하기 위한 SSH 이상의 추가 설정	897
리스트	라우터 부팅 과정 단계들	899
리스트	로딩할 OS를 선택하기 위한 라우터의 결정 과정	901
그림 35-4	그림으로 보여주는 라우터의 OS 로딩 결정 과정	902
예 35-7	**show version** 명령어와 다수의 핵심 사항들	904
리스트	일반적인 패스워드 재설정 과정	906
리스트	전통적인 컨피규레이션 백업 및 복구 단계들	910
리스트	보다 새로운 IOS 컨피규레이션 백업 및 복구 단계들	910
예 35-11	보다 새로운 IOS 백업 및 복구 단계들의 사용 예	912

[표 35-5] 35장의 핵심 주제들

부트 필드(boot field), 컨피규레이션 레지스터(configuration register), IOS 이미지(image), ROMMON, 스타트업-컨피그(startup-config) 파일, 러닝-컨피그(running-config) 파일, 셋업 모드(setup mode), IOS, ROM, 플래시 메모리(flash memory), NVRAM, IOS 파일 시스템(File System), 코드 무결성(code integrity), 컨피규레이션 아카이브(configuration archive), SCP

∷ 명령어 참조

[표 35-6]과 [표 35-7]은 이 장에서 사용하는 설정과 확인 명령어들을 보여준다. 연습을 위해 표의 왼쪽 행을 가리고, 오른쪽 행을 읽고 해당 명령을 보지 않고 기억해보도록 한다. 다음으로 오른쪽 행을 덮고 명령이 무엇을 위한 것인지를 기억하는 연습을 반복한다.

명령어	모드/목적/설명
config-register *value*	컨피규레이션 레지스터의 16진수를 설정하기 위한 글로벌 명령어.
boot system {*file-uri* | *filename*}	URI를 사용하여 외부에 위치한 IOS 이미지를 설정하기 위한 글로벌 명령어.
boot system flash [*flasft-fs:*] [*filename*]	플래시 메모리 내부의 IOS 이미지의 위치를 설정하기 위한 글로벌 명령어.
boot system {tftp | ftp} *filename* [*ip-address*]	외부 서버로부터 IOS를 로딩할 때 사용할 외부 서버, 프로토콜과 파일 이름을 설정하는 글로벌 명령어.
archive	사용자를 아카이브 모드로 이동시키는 글로벌 명령어.
write-memory	설정이 스타트업-컨피그에 저장될 때, 라우터로 하여금 컨피규레이션을 아카이브 하도록 하는 아카이브 모드 명령어.
time-period *minutes*	새 컨피규레이션 아카이브의 자동 생성 시간을 정의하는 아카이브 모드 명령어.
path *uri*	컨피규레이션을 저장할 장소를 정의하는 아카이브 모드 명령어.
ip ftp username *name*	ftp를 가리킬 때 유저네임을 정의하는 글로벌 명령어. IOS 파일 시스템은 유저네임을 별도로 제공하지 않는다.
ip ftp password *pass*	ftp를 가리킬 때 패스워드를 정의하는 글로벌 명령어. IOS 파일 시스템은 패스워드를 별도로 제공하지 않는다
username *name* privilege-level 15 secret *pass*	SCP 파일 전송을 가능하게 하는 프리빌리지 레벨과 함께 SCP에서 적용할 유저네임을 정의하기 위한 글로벌 명령어.

[표 35-6] 35장 설정 명령어 참조

명령어	모드/목적/설명
reload	스위치나 라우터를 재부팅하는 이네이블 모드 EXEC 명령어.
copy *from-location to-location*	하나의 파일 위치에서 다른 곳으로 파일들을 복사하게 하는 이네이블 모드 EXEC 명령어. 위치는 스타트업-컨피그와 러닝-컨피그 파일들, TFTP, RPC 서버들과 플래시 메모리 상의 파일들을 포함한다.
copy running-config startup-config	사용 중인 컨피그를 저장함으로써, 스위치가 초기화 할 때 사용하는 스타트업-컨피그를 대체하는 이네이블 모드 EXEC 명령어.
copy startup-config running-config	스타트업-컨피그 파일을 RAM에서 현재 사용 중인 러닝-컨피그 파일에 통합시키는 이네이블 모드 EXEC 명령어.
show running-config	러닝-컨피그 파일의 내용을 보여준다.
write erase erase startup-config erase nvram:	세 가지 이네이블 모드 EXEC 명령어는 스타트업-컨피그 파일을 삭제한다.
setup	사용자를 셋업 모드에 들어가도록 하는 이네이블 모드 EXEC 명령어. 셋업 모드에서 시스코 IOS는 간단한 스위치 설정을 위해 입력값을 사용자에게 요청한다.
show flash	플래시 메모리 내부의 파일 이름과 크기와 더불어 플래시 메모리의 사용량과 여유량을 보여준다.
dir *filesystem:* dir *filesystem:directory*	표시한 파일 시스템 혹은 파일 시스템 디렉터리 내부의 파일들을 보여준다.
verify/md5 *filesystem:name* *[MD5-hash]*	표시한 파일의 MD5 해시 계산을 수행하고 그 결과를 보여준다. 표시된다면, 명령어 내부의 MD5 해시값과 로컬 파일의 MD5 수행 결과를 비교한다.
archive config	아카이브로 러닝-컨피그 파일의 복사본을 생성한다.
configure replace *filesystem:name*	표시한 파일을 러닝-컨피그로 복사하고, 라우터를 재부팅하지 않고 러닝-컨피그를 교체한다.

[표 35-7] 35장 EXEC 명령어 참조

Chapter 36
IOS 라이선스 관리

이 장은 다음 시험 주제를 다룬다.

5.0 인프라스트럭처 관리

5.2 장치 관리 설정 및 확인

    5.2.c 라이선싱

긴 역사를 두고, 시스코는 라우터와 스위치 제품의 이미지 라이선스의 관리 방법과 관련하여 상이한 전략을 적용해왔다. 이 장은 시스코가 현재의 시험을 발표한 시기에 통상적으로 사용하는 라이선스 방식에 초점을 맞춘다. 이 라이선스 방식은 PAK 라이선싱이라고 불리는데, 라이선싱 과정이 PAK(product authorization key)라 불리는 값을 사용하기 때문이다. 이 장은 흐름을 위해 이전의 라이선싱 방식들과 PAK 라이선싱을 대체할 새로운 라이선싱 방식을 짧게 소개한다.

또한 이 장은 라우터의 현재 라이선싱 확인, 새 라이선스 설치, 라이선스 코드 활성화, 장치로부터 라이선싱 백업과 취소 과정을 설명한다.

이 장의 학습을 위해 필요한 시간을 가늠하기 위해 시험(이 페이지나 PCPT 소프트웨어를 사용 가능)을 보기 바란다. 정답은 퀴즈 다음 페이지의 아랫 부분에 나와 있고, 설명은 DVD 부록 C와 PCPT 소프트웨어에 있다.

핵심 주제 섹션	해당 문제
IOS 패키징	1
유니버설 이미지와 IOS 소프트웨어 활성화	2-5

[표 36-1] 사전 점검 문제와 관련된 핵심 주제

1. 시스코 라우터 모델 X를 가정해보자. 시스코는 이 모델의 라우터에 대해 고객들이 기본 기능들, 추가적인 데이터 기능들, 추가적인 보이스 기능들, 추가적인 보안 기능들에 대해 지불하도록 IOS 소프트웨어를 만들었다. 시스코의 전통적인 소프트웨어 제품은 하나의 라우터 모델 X와 하나의 IOS 버전에 대해, 얼마나 많은 IOS 이미지들을 적용 가능할까?

   a. 1

   b. 2

   c. 3

   d. >3

2. 모든 주요 IOS 기능들에 대한 접근을 제공하는 새로운 시스코 IOS 이미지의 이름은?

   a. Universal

   b. Full

   c. Complete

   d. Enhanced

3. 무슨 명령이 시스코 라우터의 UDI를 보여주는가?

   a. `show udi`

   b. `show license udi`

   c. `show base udi`

   d. `show udi base`

4. 다음 중 시스코 IOS 라이선싱과 ISO 유니버설 이미지를 사용하는 2901 라우터에 지불된 기술 패키지 라이선싱을 설치할 때, 유용한 라우터의 CLI 명령어는?

   a. `license boot module c2900 technology-package tecftnology-package`

   b. `license boot module technology-package tecftnology-package install`

   c. `license install url tecftnology-package`

   d. `license install url`

5. 다음 중 시스코 IOS 라이선싱과 IOS 유니버설 이미지를 사용하는 2901 라우터에 사용 권리 라이선스를 설치할 때 유용한 라우터의 CLI 명령어는?

a. `license boot module c2900 technology-package tecftnology-package`

b. `license boot module technology-package tecftnology-package install`

c. `license install url tecftnology-package`

d. `license install url`

∷ IOS 패키징

시스코는 하나의 파일로 시스코 IOS(Internetwork Operating System) 소프트웨어를 구성한다. 하나의 파일을 사용하는 것은 새 IOS의 설치 과정을 다음과 같이 단순화한다. 시스코로부터 하나의 파일을 다운로드하여 라우터의 플래시 메모리로 복사하면 라우터가 다음 번 부팅 시에 새 IOS 이미지를 적용한다.

시스코는 오늘날에도 하나의 파일로 IOS를 구성하고 있지만, IOS 이미지 파일 내에 포함되는 것은 계속 변경하고 있다. 이 섹션은 이미지들을 구성하기 위한 예전과 최신의 방법들을 살펴본다. 이 장은 또한 라우터로 하여금 IOS의 상이한 부분들을 사용하도록 하는 새로운 IOS 라이선싱 기능들을 다룬다.

모델, 시리즈와 소프트웨어 버전/릴리즈별 IOS 이미지들

1980년대인 시스코의 초창기부터 이 세기의 첫 번째 10년을 거치면서 시스코는 특정 라우터 모델, 버전과 릴리즈와 하부 기능을 위한 각각의 IOS 이미지를 만들었다.

첫째, 시스코는 하드웨어의 상이성 때문에 라우터 모델들에 따라, 라우터 패밀리들에 따라 개별적인 IOS 이미지들이 필요했다. 제한된 물리 인터페이스들을 가진 낮은 사양의 라우터는 다수의 상이한 유형의 인터페이스 카드들을 지원하는 높은 사양의 라우터와는 다른 소프트웨어가 필요했다. 또한 다른 라우터 모델들은 종종 다른 프로세서들을 사용하기 때문에 시스코는 개별 프로세스들에 적합하도록 IOS 이미지를 컴파일했다.

둘째, 시스코는 시스코 IOS 소프트웨어의 새 버전 혹은 릴리즈 각각을 위한 다른 IOS 이미지를 필요로 했다. 시스코는 시스코 IOS 소프트웨어에 대해 버전(version)이란 용어로 주요 개정 순서를, 릴리즈(release)란 용어로 부수적인 변경 순서를 구분한다. 그러나 시스코는 하나의 모델에서 IOS를 하나의 파일로 설치하고 이후에 분리된 파일들로 버그를 해결하지 않는다. 대신 버그를 해결하기 위해 새로운 릴리즈나 버전으로 이동하기 때문에 시스코로부터 새로운 전체 IOS 파일을 받아야 하고, 라우터에 해당 파일을 설치하고 사용해야 한다. 이 과정이 그렇게 어렵진 않지만(35장 'IOS 파일 관리'에서 학습함), 세심한 주의를 기울일 필요가 있다.

[그림 36-1]은 각 라우터에 대해 다수의 IOS 이미지들을 갖는 개념을 보여준다. 라우터는 각 모델 시리즈 내에서 각 라우터 모델 혹은 모델 시리즈를 위한 다양한 IOS 이미지들, 소프트웨어의 각 버전에 대한 상이한 IOS 파일들을 갖는다. 예를 들어, 시스코 2800 시리즈는 2801 라우터를 위한 한 세트의 IOS 이미지들을 가지고, 해당 시리즈의 다른 세 라우터들을 위한 또 다른 세트를 갖는다. 시스코는 2801과 새 릴리즈에 대해 새로운 전체 IOS 파일을 만들어 Cisco.com에서 다운로드할 수 있도록 서비스를 제공한다.

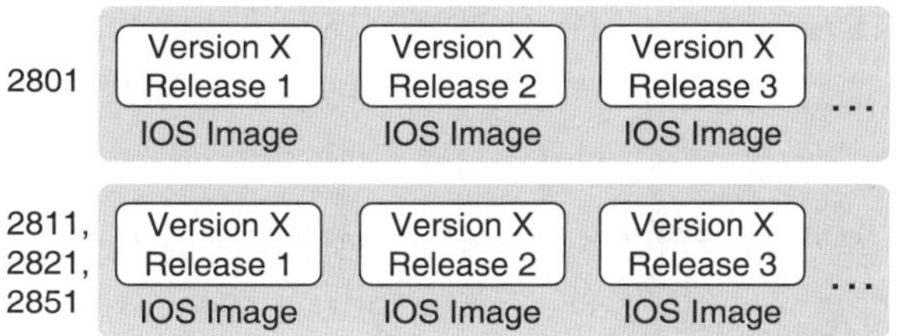

[그림 36-1] 버전/릴리즈별로, 모델 혹은 모델 시리즈별 OS 이미지

오리지널 패키징: 기능 세트(feature set)별 하나의 IOS 이미지

게다가, 시스코는 라우터에서 가능한 IOS 기능 세트별로 하나의 이미지를 만든다. 기능 세트(feature set)는 연관된 IOS 기능들의 집합이다. 예를 들어, 라우터에서 보이스 기능들은 하나의 기능 세트로 제공하고, IPS(intrusion prevention system; 침입 방지 시스템)와 같은 보안 기능들은 보안 기능 세트로 제공한다.

기능 세트 개념은 매우 기본적인 사업가적 동기 즉, 가격에서 출발한 것이다. 소수의 기능만을 원하는 고객들은 덜 지불하기를 원한다. 시스코는 고객의 요구에 맞는 보다 유연한 가격을 제공하고자 했다.

기능 세트란 단어 속에는 시스코가 보다 다양한 IOS 이미지들을 만들어야 한다는 의미가 들어 있다. 시스코는 모델(혹은 모델 시리즈)별, IOS 버전별, 때로는 릴리즈별로 하나의 IOS 이미지를 필요로 할 뿐 아니라 기능 세트별로도 상이한 이미지를 필요로 한다.

이 부분을 이해하기 위해, [그림 36-2]는 7개의 IOS 이미지의 개념을 보여준다. 각각은 동일한 모델의 라우터를 위한 것이고, 동일한 소프트웨어 버전/릴리즈에 속한다. 이 그림의 이해를 위해 7가지 옵션을 보여주지만, 이 그림의 조합 수는 일반적인 라우터 모델을 위한 실제 기능 조합 수보다 훨씬 적다.

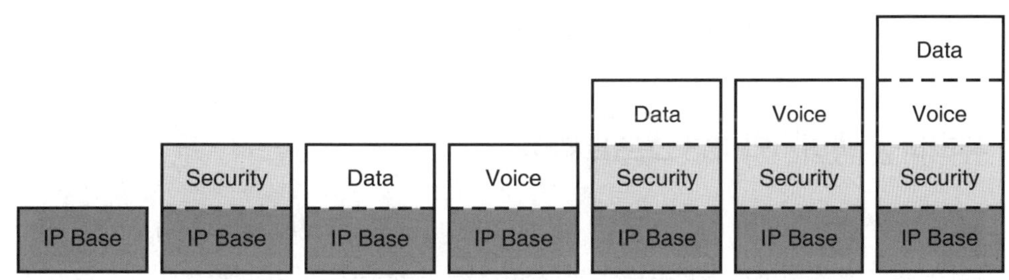

[그림 36-2] 예전 방식의 IOS 패키징: 상이한 기능 세트들을 가진 다양한 이미지

사전 점검 퀴즈 정답
1 D 2 A 3 B 4 D 5 A

예를 들어, 보안 기능을 사용하기 위해 시큐리티 기능 세트(Security feature set)를 필요로 한다고 가정해보자. 이때 강조 표시된 시큐리티 기능 세트를 가진 4개의 IOS 이미지들 중 하나를 선택할 수 있다. 만약, 개선된 IP 기능들이나 보이스 기능들을 원하지 않는다면 포함된 기능들의 수 때문에 다소 비싼 오른쪽 3개의 IOS 이미지들을 선택에서 제외할 수 있다.

새로운 IOS 패키징: 기능 세트를 모두 포함하는 하나의 유니버설 이미지

시스코는 오랜 이행 기간을 거쳐 2008년쯤에 유니버설 이미지라는 IOS 패키징 모델을 사용하도록 했다. '유니버설 이미지'라는 용어는 모든 기능들을 포함하는 세트를 의미한다. 기본적으로 [그림 36-2]와 같이, 기능 세트의 조합별로 하나의 이미지로 구성된 예전 모델 대신, 시스코는 모든 기능 세트들을 포함하는 하나의 유니버설 이미지를 만들었다. 다른 기능 세트별로 상이한 이미지가 아니라 버전/릴리즈별로, 라우터 모델 혹은 모델 시리즈별로 상이한 유니버설 이미지가 존재한다.

예를 들어, 라우터가 IP Base 기능들, Voice, Security와 고급 IP 기능 세트를 지원하다면, 시스코는 각 라우터 모델/시리즈와 각 버전/릴리즈에 대한 모든 기능들을 가진 하나의 유니버설 이미지를 만든다. [그림 36-3]은 IP Base, Security, Data와 Video 기능들을 포함하는 하나의 이미지 예를 보여준다.

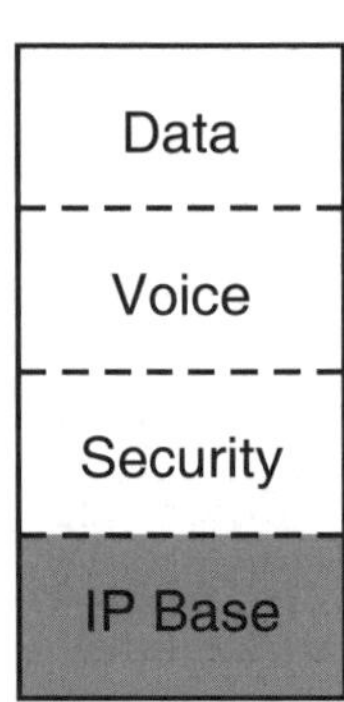

[그림 36-3] 유니버설 이미지: 모든 기능들을 갖는 하나의 이미지

:: 유니버설 이미지와 IOS 소프트웨어

1980년대 후반에 창업한 시스코의 초기부터 2000년대 후반까지 시스코는 누구라도 시스코 라우터를 위한 IOS 이미지를 다운로드 받을 수 있도록 허용했다. 이 다운로드 과정은 회사의 사용 조건의 동의 항목을 클릭하는 것으로 접근할 수 있다. 즉, 누구라도 실제 시스코 장치에서 동작하는 시스코 IOS 이미지들을 받을 수 있었다. 여기에는 IOS 파일을 라우터에 설치하는 사람이 그런 권리를 가졌는지를 확인하는 어떤 메커니즘도 갖지 않았음을 의미한다.

시스코 정책은 신뢰성 있는 고객들을 위해서는 적정한 것이었지만, 추측할 수 있듯이 시스코

IOS 소프트웨어들에 대한 오용 가능성을 열어두었다. 예를 들어, 회사들은 중고 시스코 하드웨어를 구입하고 시스코 사용 조건을 어기거나 소프트웨어 사용에 대한 추가 지불 없이 최신의 시스코 IOS 소프트웨어를 다운로드하여 사용했다. 아니면, 고객들의 오래된 장치들이 새로운 소프트웨어를 다운로드하도록 하는 시스코 서비스 협약(Cisco service agreement, SMARTnet이라 불리기도 함)을 통해 시스코 IOS의 새 버전을 다운로드할 권리에 대한 지불을 회피할 수도 있다.

2000년대 후반에 시스코는 소프트웨어를 다운로드할 수 있는 사용자의 권리를 확인하고 또한 장치가 소프트웨어를 운용할 권리('소프트웨어 라이선싱'이라고 부름)를 확인할 수 있는 새로운 프로세스를 도입하였다. 시스코는 1900, 2900과 3900 시리즈를 출시한 때에 라우터들에 다음과 같은 기능들을 도입했다.

첫째, 소프트웨어 다운로드를 제한하기 위해 시스코는 소프트웨어 다운로드를 시도할 때 사용자의 권리를 확인한다. 개별 사용자의 프로필에는 회사, 그 회사가 특정 모델의 장치를 위한 소프트웨어 다운로드를 허용하는 서비스 협약에 대해 지불했다면 사용자가 실제로 소프트웨어를 다운로드할 수 있는지를 포함한다. 그렇지 않다면, 시스코의 다운로드 사이트는 소프트웨어를 다운로드하려는 시도를 차단한다.

둘째, 장치들은 IOS 이미지의 장기 사용을 위해 소프트웨어를 활성화해야 한다. 이 아이디어는 간단하다. 유니버설 이미지에 포함된 부분 기능들을 사용하기 위해 시스코가 정의한 소프트웨어 활성화 프로세스를 통해 기능 세트를 사용하도록 잠금 기능을 풀어야 한다.

유니버설 이미지는 내부에 모든 기능 세트들을 가지고 있다. 소프트웨어 활성화 프로세스는 3가지 주요 목표를 달성한다.

- **자동으로 IP Base를 활성화함:** 라우터는 시스코에서 도착한 이미지는 추가 조치 없이 이미 IP Base 기능 세트가 구동 및 활성화되어 있다.
- **기타 기능 세트들을 구동함:** 네트워크 엔지니어는 라우터에서 추가적으로 원하는 기능 세트들을 구동시켜야 한다([그림 36-2]를 볼 것). 소프트웨어 활성화가 없다면 이 기능은 동작하지 않고 관련 명령어들은 CLI에서 인식되지 않는다.
- **법적 권리를 확인함:** 이 프로세스는 시스코 고객이 해당 라우터에서 해당 기능 세트를 사용할 권리를 위해 고객이 지불하였음을 확인하고 승인한다.

예를 들어, 고객은 유니버설 이미지와 시스코 소프트웨어 활성화 프로세스를 사용하는 시스코 라우터의 최신 모델을 구입할 수 있다. 이러한 모든 라우터는 라우터에 이미 설치된 기능을 위한 라이선스 키와 함께 가장 기본적인 기능 세트(IP Base)는 이미 사용 가능하다. 가령, 사용자는 라우터를 시작하고 IPv4 라우팅을 위해 해야할 것이 없다. 이후에 고객은 [그림 36-4]와 같이 보안 기능 세트(security feature set)를 위한 라이선스 키의 설치를 필요로 하는 프로세스인 소프트웨어 활성화가 필요하다.

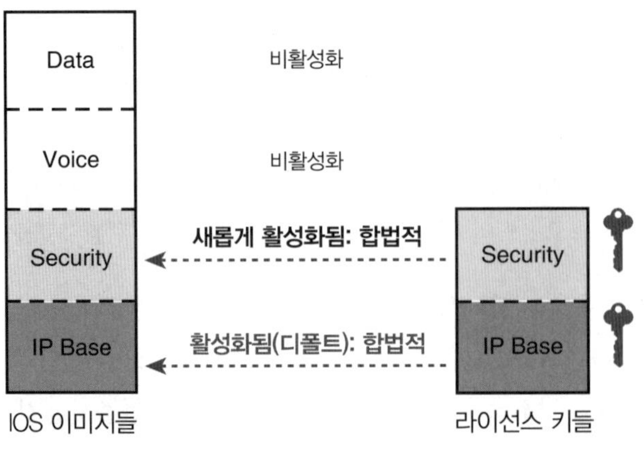

[그림 36-4] IOS 기능들을 활성화하는 라우터 내부의 라이선스 키들

시스코는 활성화할 수 있는 다양한 유형의 기능 및 라이선스를 갖는다. 시스코는 가장 중요한 기능 세트를 기술 패키지(technology package)라고 한다. [표 36-2]는 이 책의 출간 당시 인기 있는 시스코 라우터인 4400 시리즈에 적용 가능한 기술 패키지 라이선스들이다.

기술 패키지 라이선스	기능들
IP Base	기본 IOS 기능
Application Experience	PfR(Performance routing), WAAS, NBAR2
Unified Communications	VoIP, IP Telephony
Security	IOS firewall, IPsec, DMVPN, VPN

[표 36-2] 일부 기술 패키지 라이선스들

> **NOTE** IP Base 라이선스는 다른 라이선스를 설치하기 위한 예비 조건이다.

미래: 시스코 단일(ONE) 라이선싱

OS 자체가 라이선스 활성화를 수행하는 방식을 변경하는 것은 모든 소프트웨어 공급 업체에게는 하나의 도전일 수 있다. 예를 들어, 오늘날 IOS는 앞 페이지에서 소개한 라이선스를 지원하는 기능을 가지고 있다. 그러나 시스코가 시스코 라우터, 스위치와 기타 제품들에 라이선싱을 관리하고 강화시키기 위해 완전히 다른 방법을 사용하는 것을 상상할 수 있을까? 이런 종류의 변화는 IOS에 소수의 새 명령어들을 추가하는 것과는 훨씬 많은 차이가 있다. 즉, 제품과 라이선스 권리를 확인하기 위한 시스템의 구성과 IOS 업데이트와 기타 고려사항에 대한 심대한 계획을 필요로 한다.

그리고 제조 업체가 새로운 계획을 구현한다 해도, 현재 설치된 기반에 해당 계획을 적용하기는 거의 불가능하다. 고객의 인프라는 기술 갱신 주기를 따라 천천히 움직이므로 라우터, 스위치와 관련 소프트웨어를 대체하는 데는 오랜 세월이 필요하다.

시스코는 CCNA R&S 시험(100-105, 200-105, 그리고 200-125)의 최신 버전을 시작하는 시기에 이미 시스코 단일(ONE) 라이선스라 불리는 새로운 소프트웨어 라이선스 방식으로 이전하는 중이다. 이 새로운 방식은 다양한 차원에서 개선되었다. 즉, 라이선스 추가와 삭제를 위한 장비별 관리 방식을 대신한다. 대신, 회사가 X 라우터에 Y 기능 세트를 사용한다면, 이 프로세스는 엔지니어가 모든 라우터를 건드리지 않고 이러한 권리를 가졌는지 확인할 수 있도록 한다. 이것은 또한 장비별로 일부 독립적인 라이선싱을 수행한다. 예를 들어, 당신이 라우터 보안 기능 세트에 대한 라이선스를 가지고 이후에 새 라우터 모델로 업그레이드하였다면, 당신은 여전히 보안 기능 세트에 대한 권리를 가진다. 이 장에서 설명한 라이선스 부여와 함께 라이선스는 하드웨어와 연동되므로 하드웨어를 업그레이드할 때, 하드웨어 상의 소프트웨어에 대해서는 라이선스를 구분하는 고유 숫자를 갖지 않는다.

그래서 실질적인 업무를 위해 시스코 단일 라이선싱을 사용할 수 있는 보다 새로운 시스코 제품에 대한 관심을 유지하기 바란다. 이 장의 나머지는 설치된 시스코 장치들의 대부분에 존재하는 시스코 라이선싱 프로세스에 초점을 맞추기로 한다.

:: 시스코 라이선스 매니저와 소프트웨어 활성화 관리

시스코 고객들은 라우터를 구입할 때 기능 세트를 구매할 수도 있고, 이후에 추가할 수도 있다. 라우터를 주문할 때 기능 세트를 구매한다면, 시스코는 공장에서 라우터에 라이선스를 추가하므로 고객은 라이선스를 추가하기 위한 부가적인 작업을 필요로 하지 않는다. 대신 고객은 나중에 기능 세트에 대한 라이선스를 구매할 수 있는데 라우터에서 기능 세트를 구동하기 위한 소프트웨어 활성화 프로세스를 거쳐야 한다.

대부분의 보다 큰 회사들은 CLM(Cisco License Manager)이라 불리는 애플리케이션을 사용하여 시스코 라이선스들을 관리할 것이다. 이 무료 소프트웨어 패키지는 선 솔라리스, 레드 햇 리눅스와 다수의 윈도 클라이언트 & 서버 OS에 설치될 수 있다. CLM은

- 인터넷을 통해 시스코의 제품 라이선스 등록 포털(Product License Registration Portal)과 통신한다.
- 시스코 리셀러로부터 구매한 기능 라이선스들에 대한 정보를 입력 받는다.
- 적정 장치들에 기능들을 구동시키는 라이선스 키들을 설치하기 위해 회사의 라우터와 스위치들과 통신한다.

[그림 36-5]는 시스코 라이선싱 프로세스에서 CLM의 위치를 보여준다.

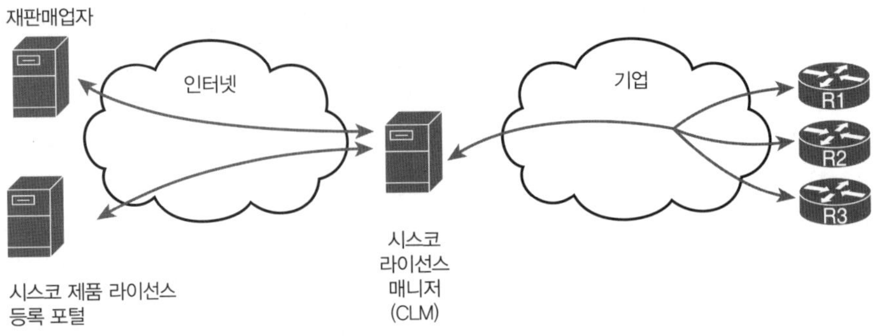

[그림 36-5] 소프트웨어 활성화를 위한 시스코 라이선스 매니저의 위치

CLM을 사용한다면, 라이선스 부여 과정에 대한 상세한 부분을 무시하더라도 라이선스 부여와 관련하여 필요한 큰 개념을 알 필요가 있다. CLM은 정보를 대신 추적한다. 여러분은 시스코 리셀러로부터 라이선스를 구매할 수 있다. 애플리케이션은 여러분이 구입한 라이선스와 라이선스를 사용하도록 할당된 특정 장치를 볼 수 있도록 한다. 또한 새로운 기능 세트를 사용하기 위해 새로운 권리를 받을 장치를 선택할 수도 있는데, 사용하기 편한 GUI(graphical user interface)를 통해 이러한 기능들을 적용시킨다.

라이선스와 직접 소프트웨어 활성화

CLM은 시스코 소프트웨어 활성화 프로세스를 관리하기 위한 보다 쉬운 방식을 제공하지만, 완전히 수동적인 과정을 거쳐야 한다. 수동적인 과정은 시스코 제품 라이선스 등록 포털(www.cisco.com/go/license) 웹 페이지에 접속하고, 라우터 상에 일부 CLI 명령어들을 입력해야 한다. 게다가 모든 과정을 통합하는 다단계 프로세스를 따라야 한다. 기본적으로 CLM이 수행하는 모든 일을 수행해야 한다. 다음 주제는 옵션 선택 없이 가장 기본적인 과정에 대해 살펴본다.

첫째, 소프트웨어 라이선스 부여 기능을 지원하는 동일한 라우터 모델들의 각각은 UDI(unique device identifier)라 불리는 유일한 고유 번호를 가진다. UDI는 두 개의 주요 요소들 즉, PID(Product ID)와 SN(serial number)을 갖는다. [예 36-1]에서 라우터의 PID, SN과 UDI를 확인할 수 있다.

```
R1# show license udi
Device#     PID                    SN                 UDI
--------------------------------------------------------------------
*0          CISCO2901/K9           FTX162883H0        CISCO2901/K9:FTX162883H0
```

[예 36-1] 시스코 라우터의 UDI 확인

다음으로, 이 프로세스는 특정 모델의 라우터에서 특정 기능을 사용하기 위한 라이선스에 비용을 지불한 증거를 필요로 한다. 가게에서 물건을 사면, 영수증을 받지만, 소프트웨어 기능 세트에 대해서는 제품 인증 키 혹은 PAK를 사용한다. PAK는 영수증처럼 동작하기 위해 하나의 유일한 번호를 갖는데, 시스코는 실제로 해당 기능 세트 라이선스를 구입했는지를 확인하기 위해 데이터베이스를 검색한다.

다음 단계는 동일 모델의 특정 라우터와 라이선스를 연결하는 것이다. 이를 위해, PAK(라이선스에 일반적인 권리)를 UDI(특정 라우터를 구분함)와 연결하여 라이선스 키를 생성한다. 이를 위해, 웹 브라우저를 열고, 시스코 제품 라이선스 등록 포털의 웹 페이지에 PAK와 UDI 번호를 복사한다. 시스코는 세부 항목들 즉, UDI가 실제 라우터를 위한 것인지, PAK가 진짜인지, 다른 라우터에서 이 기능을 활성화하기 위해 PAK을 이미 사용하지 않았는지 등 다른 속임수를 방지하기 위한 점검을 한다. 이 모든 것을 마치면, 시스코는 첨부된 라이선스 키 파일과 함께 당신에게 이메일을 보내고, 다운로드할 수 있게 한다.

[그림 36-6]은 이러한 첫 번째 세 단계들을 요약하고, [그림 36-7]은 다음 단계를 보여준다:

단계 ① 시스코 제품 라이선스 등록 포털(www.cisco.com/go/license)에서 **show license udi** 명령으로 수집된 라우터의 UDI를 입력한다.

단계 ② 동일한 포털에 리셀러 혹은 시스코로부터 직접 받고 당신이 구입한 라이선스에 대한 PAK를 입력한다.

단계 ③ 시스코 제품 라이선스 등록 포털 웹 사이트의 프롬프트에서 라이선스 키 파일(다운로드 혹은 이메일)을 복사한다.

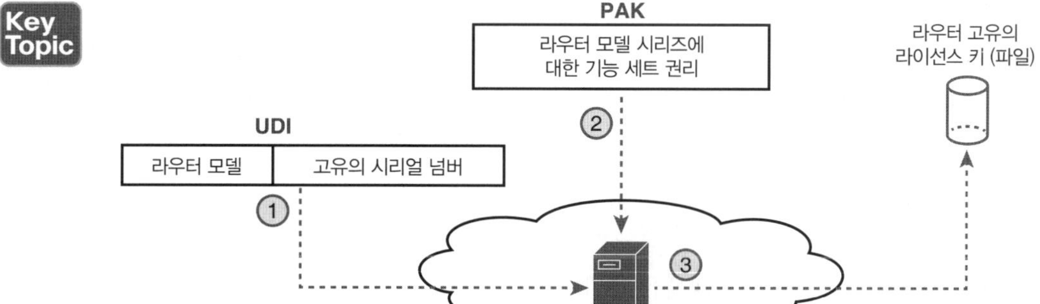

[**그림 36-6**] Cisco.com으로부터 고유의 라이선스 키 파일을 얻기 위한 PAK과 UDI

> **NOTE** 이 책을 쓰고 있을 때, 시스코 제품 라이선스 등록 포털(www.cisco.com/go/license)은 [그림 36-6]의 단계들과 시스코 라이선스들을 취급하는 과정의 나머지 단계들에 대한 비디오를 포함한다. 이 비디오는 PAK와 관련된 **단계①**과 **단계②**의 과정을 포함한다.

[그림 36-6]의 **단계③** 이후에, 라우터는 여전히 기능 세트를 활성화하지 않는다. 이 시점에서, **단계③** 이후에 라이선스 키는 파일로 존재한다. 라이선스 키는 한 대의 라우터에서 하나의 기능 세트를 허용한다. 라우터의 UDI는 키를 생성하기 위해 사용한다. 이 과정의 나머지는 한 라우터로 라이선스 키 파일을 옮기고, 라우터를 리로딩함으로써 라우터에 라이선스를 활성화한다.

다음 단계는 다음과 같은 한 쌍의 명령어로 라우터에서 라이선스 키 파일을 적용하도록 한다. 실습에서 가장 간단한 방법은 파일을 USB 플래시 드라이브로 복사하고, 플래시 드라이브를 라우터의 USB 슬롯에 연결하는 것이다. 리모트 라우터를 위해서는 이미 알고 있는 TFTP, FTP 혹은 HTTP 서버에 파일을 복사한다. 앞선 리스트의 연장선 상에서 다음 단계들은 다음과 같다:

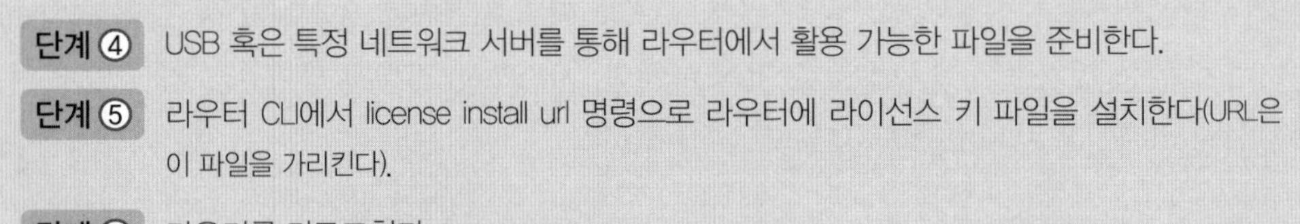

[그림 36-7] 라우터의 라이선스 복사와 설치

수동 라이선스 활성화 예

일반화된 개념을 구체화하기 위한 다음 몇 페이지는 2901 라우터에서 'Data' 라이선스의 설치 예를 보여준다. 이 예는 샘플 라우터의 현재 상태의 라이선스를 보여줌으로써 시작하고, 다음으로 라이선스를 변경하는 방법을 보여준다.

현재 라이선스 상태의 확인

이 예는 'IP Base' 기능만 활성화된 라우터 R1으로 시작한다. 이 라우터에 다른 라이선스는 활성화되지 않았다. [예 36-2]는 강조된 'IP Base'와 마찬가지로 강조된 'Security(보안)', 'Voice(음성)'와 'Data(데이터)'의 세 기술 패키지 라이선스의 활용 가능 상태를 보여준다.

> **NOTE** 이 예는 [표 36-2]에서 언급 4400 시리즈의 'Application Experience' 대신 'datak9'이란 이름을 가진 'Data' 기능 세트를 가진 2901 라우터를 사용한다.

```
R1# show license
Index 1 Feature: ipbasek9
         Period left: Life time
         License Type: Permanent
         License State: Active, In Use
         License Count: Non-Counted
         License Priority: Medium
Index 2 Feature: securityk9
         Period left: Not Activated
         Period Used: 0  minute  0  second
         License Type: EvalRightToUse
         License State: Not in Use, EULA not accepted
         License Count: Non-Counted
         License Priority: None
Index 3 Feature: uck9
         Period left: Not Activated
         Period Used: 0  minute  0  second
         License Type: EvalRightToUse
         License State: Not in Use, EULA not accepted
         License Count: Non-Counted
         License Priority: None
Index 4 Feature: datak9
         Period left: Not Activated
         Period Used: 0  minute  0  second
         License Type: Permanent
         License State: Active, Not in Use
         License Count: Non-Counted
         License Priority: Medium
! 간략화를 위해 라인들 생략됨; 8개 이상의 기능 라이센스 사용 가능
```

[예 36-2] 라우터 R1의 초기 라이선스

강조된 줄들은 현재의 상태를 설명한다. 첫 번째는 무제한의 사용 시간(life time)을 갖는 IP Base 기능을 강조하고 있다(시스코는 모든 라우터의 IP Base 기능 세트에 대해 다른 기능들을 추가하기 위한 선택적인 업그레이드가 가능하다). 다음 세 개의 강조된 영역은 Security, Voice(Unified Communications 혹은 UC)와 Data 라이선스로 현재 활성화되지 않았다. 또한 **show license** 명령어의 아웃풋은 공간을 절약하기 위해 생략한 몇 가지 추가적인 기능 라이선스들을 포함한다.

show license 명령은 기능별로 몇 줄의 상태 정보를 보여주는데, [예 36-3]과 같이 **show version**과 **show license feature** 명령은 보다 짧은 상태 정보를 보여준다. **show license feature** 명령은 현재 상태를 보여주는 'Enabled' 열과 함께, 한 줄의 아웃풋을 보여준다. **show version** 명령은 아웃풋의 끝에서 주요 기술 기능 패키지에 대한 라이선스 정보를 보여준다.

```
R1# show license feature

Feature name       Enforcement   Evaluation   Subscription   Enabled   RightToUse
ipbasek9           no            no           no             yes       no
securityk9         yes           yes          no             no        yes
uck9               yes           yes          no             no        yes
datak9             yes           yes          no             no        yes
gatekeeper         yes           yes          no             no        yes
SSL_VPN            yes           yes          no             no        yes
ios-ips-update     yes           yes          yes            no        yes
SNASw              yes           yes          no             no        yes
hseck9             yes           no           no             no        no
cme-srst           yes           yes          no             no        yes
WAAS_Express       yes           yes          no             no        yes
UCVideo            yes           yes          no             no        yes

R1# show version
Cisco IOS Software, C2900 Software (C2900-UNIVERSALK9-M), Version 15.1(4)M4, RELEASE
   SOFTWARE (fc1)


! 간략화를 위해 라인들 생략됨.


License UDI:
-----------------------------------------------------

Device#    PID                      SN
-----------------------------------------------------
*0         CISCO2901/K9             FTX1628838P


Technology Package License Information for Module:'c2900'

--------------------------------------------------------------------
Tecnology     Technology-package            Technology-package
              Current       Type            Next reboot
--------------------------------------------------------------------
ipbase        ipbasek9      Permanent       ipbasek9
security      None          None            None
uc            None          None            None
data          None          None            None


Configuration register is 0x2102
```

[예 36-3] 라우터 R1의 초기 라이선스 상태

영구적인 기술 패키지 라이선스 추가

다음으로 [예 36-4]는 엔지니어가 'Data' 기능 세트를 라우터 R1에 설치하는 과정을 보여준다. 다음 단계로, 엔지니어는 시스코 제품 라이선스 등록 포털에서 라이선스 파일을 받은 다음, USB 드라이버로 파일을 옮기고 R1에 연결한다. [그림 36-6]과 [그림 36-7]에서 엔지니어는 **단계 ①** 에서 **④** 까지를 완성한다.

[예 36-4]는 라우터 R1에서 라이선스 파일을 설치하는 마지막 단계를 보여준다. 이 예는 강조한 라이선스 파일과 함께 USB 플래시 드라이버의 내용을 보여준다. 또한 라우터에서 라이선싱을 변경하기 위한 명령어를 보여준다.

```
R1# dir usbflash1:
Directory of usbflash1:/
    1  -rw-         4096  Feb 11 2013 17:17:00  FTX1628838P_201302111432454180.lic

7783804928 bytes total (7782912000 bytes free)

R1# license install usbflash1:FTX1628838P_201302111432454180.lic
Installing...Feature:datak9...Successful:Supported
1/1 licenses were successfully installed
0/1 licenses were existing licenses
0/1 licenses were failed to install

R1#
Feb 11 22:35:20.786: %LICENSE-6-INSTALL: Feature datak9 1.0 was installed in this
   device. UDI=CISCO2901/K9:FTX1628838P; StoreIndex=1:Primary License Storage

Feb 11 22:35:21.038: %IOS_LICENSE_IMAGE_APPLICATION-6-LICENSE_LEVEL: Module name =
   c2900 Next reboot level = datak9 and License = datak9
```

[예 36-4] 시스코 라우터에서 라이선스 설치

Reload 명령(보이지 않음) 이후에 라우터는 Data 기능 세트에 속하는 기능들을 지원한다. [예 36-5]는 IP Base 기능 세트와 함께 Data 라이선스를 지원하는 라이선싱 상태의 변경을 확인해준다.

```
R1# show license
Index 1 Feature: ipbasek9
        Period left: Life time
        License Type: Permanent
        License State: Active, In Use
        License Count: Non-Counted
        License Priority: Medium
```

```
!
! 보안과 UC 기능 세트용 섹션들 생략됨 – 출력은 변함 없음 VS. [예 36-3]
!
Index 4 Feature: datak9
        Period left: Life time
        License Type: Permanent
        License State: Active, In Use
        License Count: Non-Counted
        License Priority: Medium
! 간략화를 위해 생략됨
```

[예 36-5] 라우터에 설치된 라이선스 확인 방법

또한 [예 36-6]과 같이 **show version** 명령으로 설치된 라이선스를 확인할 수 있다.

```
R1# show version | begin Technology Package
Technology Package License Information for Module:'c2900'


---------------------------------------------------------------

Technology      Technology-package            Technology-package
                Current       Type            Next reboot
---------------------------------------------------------------

ipbase          ipbasek9      Permanent       ipbasek9
security        securityk9    None            None
uc              None          None            None
data            datak9        Permanent       datak9

Configuration register is 0x2102
```

[예 36-6] 라이선싱 정보를 확인하기 위한 show version 명령

사용권 라이선스

소프트웨어 라이선싱 모델이 합법적인 시스코 고객들에게 제대로 작동하지만, 어떤 경우는 그렇지 않을 수도 있다. 예를 들어, 합법적인 시스코 고객들이 그들의 라우터들에 대해 라이선스 구입을 결정하기 전에 라우터의 기능을 테스트하기 원할 때, 시스코는 라이선싱 과정이 판매를 방해하길 바라지 않는다. 따라서 시스코는 PAK를 구입하지 않고, 라이선싱을 사용하도록 하는 충분히 유연한 라이선싱 정책을 가지고 있다. 사전 고객들은 PAK을 구입하지 않고, 60일의 평가 기간 동안 대부분의 기능들을 사용할 수 있다. 그 이후에는 어떻게 될까? 해당 기능을 유효 기간 없이 계속 사용할 수 있다. 즉, 소프트웨어 라이선싱은 사람들에게 악용하지 말 것을 요청하며, 자율 시스템으로 운용한다.

시스코는 현재, 사용권 라이선스인 PAK 없이 이러한 기능들을 사용하도록 한다. 사용권 라이선스로 기능 라이선스를 활성화하기 위해, 엔지니어는 **license boot module** 명령을 사용하고, 라우터가 해당 기능을 사용하도록 하기 위해 리로드해야 한다. 예를 들어, [예 36-7]은 사용권 평가 라이선스로 라우터 R1에 Security 기능 세트를 추가하는 방법을 보여준다.

```
R1(config)# license boot module c2900 technology-package securityk9

PLEASE READ THE  FOLLOWING TERMS  CAREFULLY. INSTALLING THE LICENSE OR
LICENSE KEY  PROVIDED FOR  ANY CISCO  PRODUCT  FEATURE  OR  USING SUCH
PRODUCT  FEATURE  CONSTITUTES  YOUR  FULL ACCEPTANCE OF THE FOLLOWING
TERMS. YOU MUST NOT PROCEED FURTHER IF YOU ARE NOT WILLING TO BE BOUND
BY ALL THE TERMS SET FORTH HEREIN.

! EULA의 나머지는 생략됨…

Activation of the  software command line interface will be evidence of
your acceptance of this agreement.


ACCEPT? [yes/no]: yes
% use 'write' command to make license boot config take effect on next boot

Feb 12 01:35:45.060: %IOS_LICENSE_IMAGE_APPLICATION-6-LICENSE_LEVEL: Module name =
 c2900 Next reboot level = securityk9 and License = securityk9
Feb 12 01:35:45.524: %LICENSE-6-EULA_ACCEPTED: EULA for feature securityk9 1.0 has
 been accepted. UDI=CISCO2901/K9:FTX1628838P; StoreIndex=0:Built-In License Storage
R1(config)# ^Z
```

[예 36-7] 평가 사용권 라이선스의 활성화

라우터가 리로드되면 기능 세트는 사용할 수 있고, PAK를 구입하고 Cisco.com으로부터 라이선스 파일을 다운로드한 것처럼 동작한다. [예 36-8]에서 **show license** 명령의 아웃풋은 이 명령이 사용권 라이선스의 설치 결과에 어떤 차이가 있는지를 보여준다.

```
R1# show license
Index 1 Feature: ipbasek9
        Period left: Life time
        License Type: Permanent
        License State: Active, In Use
        License Count: Non-Counted
        License Priority: Medium
Index 2 Feature: securityk9
        Period left: 8  weeks 4  days
        Period Used: 0  minute  0  second
        License Type: EvalRightToUse
```

```
            License State: Active, In Use
            License Count: Non-Counted
            License Priority: Low
  ! 간략화를 위해 라인들 생략됨
```

[예 36-8] 평가판 사용권 라이선스의 활성화

이 예에서 IP Base와 Data 라이선스는 영구적이지만 Security 라이선스는 단지 60일(8주 4일)이 남았다는 것을 보여준다. 첫 번째 60일은 평가 기간이다. 이 아웃풋의 시간은 0일이 남을 때까지 카운트다운된 다음, '평생 동안(lifetime period)'으로 변경된다.

챕터 리뷰

좋은 시험 결과를 위해서는 리뷰 세션에 대한 복습이 중요하다. 책이나 DVD의 툴 혹은 책의 동반자 웹 사이트에서 찾을 수 있는 대화형 툴을 활용하여 이 장의 자료들을 리뷰하기 바란다. 특히, '당신의 학습 계획'을 참조하기 바란다. [표 36-3]은 핵심 리뷰 요소들과 자료 출처들을 보여준다. 학습 과정에 대해 보다 나은 확인을 위해 두 번째 열에 완료한 날짜를 기록하도록 한다.

리뷰 항목	완료 날짜	자료 출처
핵심 주제 리뷰		책, DVD/웹 사이트
핵심 용어 리뷰		책, DVD/웹 사이트
사전 점검 퀴즈 반복		책, PCPT
메모리 테이블 리뷰		책, DVD/웹 사이트
명령어 테이블 리뷰		책

[표 36-3] 챕터 리뷰 확인

핵심 주제 복습

핵심 주제	설명	페이지
그림 36-3	Cisco의 새로운 유니버설 이미지	922
표 36-2	일부 시스코 기술 패키지 라이선스들	924
그림 36-6	시스코 라우터에 소프트웨어 라이선스를 수동적으로 추가하기 위한 세 단계들	927

[표 36-4] 36장의 핵심 주제들

∷ 명령어 참조

[표 36-5]와 [표 36-6]은 이 장에서 사용하는 설정과 확인 명령어들을 보여준다. 연습을 위해 표의 왼쪽 행을 가리고, 오른쪽 행을 읽고 해당 명령을 보지 않고 기억해보도록 한다. 다음으로 오른쪽 행을 덮고 명령이 무엇을 위한 것인지 기억하는 연습을 반복한다.

명령어	설명
license boot module c2900 technology-package *package-name*	라우터에 대한 라이선스 사용권한을 추가하기 위한 글로벌 명령어.

[표 36-5] 36장 설정 명령어 참조

명령어	설명
show license	소프트웨어 활성화와 라이선싱과 관련된 몇 가지 상태 정보와 함께 현재 운용 중인 IOS 이미지 내의 각 기능을 여러 줄의 정보를 보여준다.
show license feature	소프트웨어 활성화와 라이선싱과 관련된 몇 가지 상태 정보와 현재 운용 중인 IOS 이미지의 각 기능별로 한 줄의 정보를 보여준다.
show license udi	라우터의 UDI를 보여준다.
dir *filesystem*	표시한 파일 시스템 내부의 파일들을 보여준다. 예를 들어, **dir usbflash1:**은 2901 상의 USB 슬롯들 중 하나의 파일들을 보여준다.
show version	명령어 출력 마지막에 현재 IOS 버전에 관해 라이선싱 상세 정보를 포함해 다양한 정보를 보여준다.
license install *url*	라우터에 라이선스 키를 설치한다.

[표 36-6] 36장 EXEC 명령어 참조

Part IX 리뷰

[표 P9-1]의 체크리스트와 함께 Part 리뷰 과정을 추적하기 바란다. 각 과제의 상세한 내용은 표와 같다.

과제	첫 번째 완료일	두 번째 완료일
모든 사전 점검 퀴즈를 반복하라		
파트 리뷰 문제를 풀어라		
핵심 주제들을 리뷰하라		
카테고리별, 명령어 마인드 맵을 만들어라		
랩을 수행하라		

[표 P9-1] Part IX 리뷰 체크리스트

모든 사전 점검 퀴즈를 반복하라

이 과제를 위해, 이 Part에 포함된 장들에 대해 PCPT 소프트웨어를 이용하여 사전 점검 퀴즈를 다시 풀도록 한다.

파트 리뷰 문제를 풀어라

이 과제를 위해, 이 Part에 대한 파트 리뷰 문제에 대해 PCPT 소프트웨어를 이용하여 푼다.

핵심 주제들을 리뷰하라

DVD 혹은 동반자 웹 사이트 상의 핵심 주제(Key Topics) 애플리케이션들을 이용하거나 장들을 검색함으로써 이 Part, 모든 장의 모든 핵심 주제들을 리뷰하도록 한다.

카테고리 별로 명령어 마인드 맵을 생성하기

이 책의 Part IX는 일부는 몇 가지 설정 명령어들을 사용하고, 일부는 다수의 EXEC 명령어들을 사용하는 다양한 범위의 주제들을 포함한다. 이 책의 장들에 포함된 주요 주제들을 위한 일반적인 유형의 명령어 마인드 맵을 만들어본다. 명령어들과 각 명령어의 모든 단일 파라미터보다 어떤 명령어들이 함께 사용되는지에 초점을 맞추도록 한다.

각 카테고리별로 하나의 마인드 맵을 만든다. 이 파트에 속하는 장들의 주요 제목별로 구분한다는 점을 유의한다. 처음에는 노트와 책을 사용하지 않고 마인드 맵을 만들고, 더 이상 진행이 안될 때, 노트와 책을 참조한다.

시스로그(syslog), NTP, CDP & LLDP, 패스워드와 로그인, 장치 강화(device hardening), IOS 업그레이드 관리, 컨피규레이션 파일 관리, IOS 라이선싱 관리

부록 L '마인드 맵 솔루션들(Mind Map Solutions)'은 샘플 마인드 맵 솔루션들을 보여줄 뿐, 당신의 마인드 맵과 다를 수 있다.

맵	설명	저장 장소
1	Part IX 명령어 마인드 맵	

[표 P9-2] Part IX 리뷰를 위한 마인드 맵 구성

실습들

실습을 위해 다음과 같이 몇 가지를 제안할 수 있다:

- **피어슨 네트워크 시뮬레이터(Pearson Network Simulator):** 넷심(NetSim)은 100–205, 200–105와 200–125 시험을 위해 갱신되기 때문에, 여러분은 심(Sim)의 'Sort by Chapter(장별 구분)'에서 이러한 모든 주제들에 대한 실습들을 쉽게 찾을 것이다. 이러한 실습들을 수행하도록 한다. 여러분이 시뮬레이터의 이전 버전들(100–101, 200–101과 200–120 시험에 대한)을 사용하고 있다면, 이 실습들을 이 제품의 ICND1과 ICND2에서 찾을 수 있다. 여러분은 NTP, syslog(시스로그) 등의 핵심 용어들을 검색하여 대부분의 실습들을 쉽게 찾을 수 있다.

- **컨피그 랩스(Config Labs):** 한가할 때, 저자의 블로그에서 이 책 부분의 Config Labs를 다시 살펴보고 반복할 수 있다. blog.certskills.com/ccent에 접속하여 Config labs를 탐색해보기 바란다.

- **Other:** 다른 실습 툴들을 사용한다면, 여기 몇 가지 제안들이 있다. 이 파트의 대부분의 주제들은 소수의 EXEC 명령어들과 함께 짧은 설정을 사용하고, 두 대의 장치와 랩탑을 가지고도 의미 있는 실습들을 수행할 수 있다. 이를 위해, 몇 대의 장치들을 임대할 수 있고, 소수의 중고 라우터들 혹은 스위치들을 구입하여 이 파트에서 포함된 주제들에 대한 실습들을 할 수도 있다.

Part X

최종 리뷰

Chapter 37: 최종 리뷰

Chapter 37
최종 리뷰

당신은 이 책을 모두 학습하였고, 지금은 시험 준비를 마칠 시간이다. 이 장은 두 가지 방식으로 시험을 치고 통과하도록 돕는다. 그러기 위해 시험에 대한 이야기로 시작한다. 시험에 대한 내용과 주제는 그동안의 학습을 통해 이미 알고 있다. 이제는 시험 과정과 시험을 몇 주 앞두고 준비할 것에 대해 생각해야 한다. 이 모든 것은 시험 통과를 위한 것으로 이에 맞게 준비해서 긴 여정을 의미있게 마무리 해야 한다.

이 장의 두 번째 섹션은 ICND1, ICND2 혹은 CCNA 시험에 대한 마지막 준비로 시험을 위한 몇 가지 조언을 제공한다.

:: 시험에 대한 조언

이 두꺼운 책을 마친 지금, 당신은 시스코 INCD1, ICND2 혹은 CCNA R&S 시험을 신청했거나 이미 응시했을 수도 있다. 특히 시스코 시험이 처음인 경우, 실제 시스코 시험에서 제공하는 사용자 인터페이스와 Vue 시험 센터의 환경에 대해 좀 더 알기 위해 시간을 쏟는다면, 훨씬 더 도움이 될 것이다. 이 장의 세 개의 주요 섹션들 중 첫 번째는 시스코 시험들과 시험 그 자체에 대한 몇 가지 조언에 관한 내용이다.

시스코 자격 시험 지침서로 문제의 유형을 숙지하라

시험을 앞두고 몇주 전부터 할 일은 다양한 유형의 시험 문제들을 접하면서 그 문제들에 대한 접근 방식을 미리 계획해두는 것이다. 시험 문제에 익숙해지기 위한 최상의 방법들 중 하나는 시스코 자격증 시험 지침(Cisco Certification Exam Tutorial)을 사용하는 것이다.

먼저 시스코 자격증 시험 지침을 찾기 위해 www.cisco.com에 접속하여 'exam tutorial'을 검색한다. 지침은 시험의 사용자 인터페이스에 대한 플래시 프레젠테이션과 함께 웹 페이지 내부에 있다. 이 지침은 실제로 시험을 보는 것과 같은 환경을 제공한다. 이 지침을 직접 사용해보고 다음을 시도해 보도록 한다:

- 선다형 혹은 단일 선택형 문제에서 정답을 선택하지 않고 'Next' 버튼을 클릭하면, 시험 소프트웨어는 당신이 너무 적은 정답을 선택했다고 알려준다.
- 선다형 즉, 중복 선택형 문제에서 너무 적은 정답을 선택하고 'Next' 버튼을 클릭하면 사

용자 인터페이스가 어떻게 반응하는지 확인하도록 한다.

- 드래그-앤-드롭(drag-and-drop) 문제에서 명확한 위치에 정답을 위치시키도록 한다. 정답이 아니라면, 원래의 위치로 다시 드래그-앤-드롭할 수 있다(실제 시험에서 정답을 바꿀 때도, 이렇게 할 수 있다.)

- 시뮬레이션 문제에서 먼저 어떤 한 라우터의 CLI(command-line interface)에 접속할 수 있도록 한다. 이를 위해 라우터 콘솔에 연결된 PC 아이콘을 클릭해야 한다. 콘솔 케이블은 점선으로 보이는 반면, 네트워크 케이블들은 실선이다.

- 시뮬레이션 문제에서 터미널 에뮬레이터 창에서 상단이나 측면에 숨겨진 스크롤 영역을 확인해야 한다. 스크롤 바를 이용해 전체 문제와 시나리오를 확인할 수 있도록 한다.

- 시뮬레이션 문제에서 'Show topology(토폴로지 보기)'와 'Hide topology(토폴로지 숨기기)'를 선택하면 토폴로지 윈도와 터미널 에뮬레이터 윈도 간을 이동할 수 있다. 며칠이 걸리더라도 각 윈도 간의 이동에 완벽하게 익숙해질 때까지 클릭을 반복하기 바란다.

- 테스트렛 문제에서, 하나의 중복 선택형 문제에 답하고, 다음으로 이동히여 답하고, 다시 첫 번째 문제로 이동해본다. 테스트렛(testlet) 내부에서는 문제 사이를 이동할 수 있다는 것을 확인하기 바란다.

- 테스트렛 문제에서 이동 여부를 묻기 위해 시스코가 사용하는 팝-업 창을 보려면 'Next(다음)' 버튼을 클릭한다(테스트렛은 문제에서 요구하는 것보다 적은 수의 답을 골라도 이동할 수 있기 때문에, 각 테스트렛 문제의 정답 수를 확인해야 한다). 한 테스트렛이 끝나 다른 문제로 이동하면, 해당 테스트렛의 정답을 변경하기 위해 돌아갈 수 없다.

문항 수와 시간 계획에 대한 고려 사항

시험 날, 당신의 속도를 주시할 필요가 있다. 너무 느리다면 모든 문제들을 다 풀 수 없을 것이다. 시간을 다 써버릴까 두려워서 너무 서두른다면 실수를 유발할 것이다. 따라서 서두르지 않으면서, 모든 문제들을 다 풀 수 있을 정도의 속도를 유지할 필요가 있다.

시험에서 사용자 인터페이스는 문항수와 카운트다운 타이머와 같은 몇 가지 유용한 정보를 준다. 이미 푼 문제들의 수와 전체 문제 수도 보여준다.

불행히도 일부 문제들은 다른 문제들보다 더 많은 시간을 필요로 한다. 그래서 시간을 추측해보는 일이 어려울 수 있다.

첫째, 시험을 치르기 전에 여러분은 문항 수의 범위만 알 수 있다. 예를 들어 시스코 웹 사이트는 CCNA R&S 시험이 50~60문항이라고 알려준다. 따라서 시험 스크린에서 'Start exam(시험 시작)'을 클릭하여 시험을 시작하기 전까지는 정확한 문항의 수를 알 수 없다.

다음으로, 일부 문제들(시간 소모 문제라 불리는)은 훨씬 많은 시간을 필요로 한다:

- **일반적인 문제들:** 중복 선택형과 드래그-앤-드롭(drag-and-drop)은 1분 정도 소요.
- **시간 소모형 문제들:** 시뮬레이션(Sims)과 심렛(Simlets), 테스트렛(Testlets)은 6-8분 정도 소요.

마지막으로 정확한 문항수에 관한 것이다. 테스트렛과 심렛 문제 중 일부가 중복 선택형 문제들을 포함하는데, 시험 소프트웨어는 각 테스트렛과 심렛 문제를 하나의 문제로 취급한다. 즉, 테스트렛 문제에서 네 개의 중복 선택형 문제가 있어도 시험 소프트웨어는 한 문제로 간주한다. 따라서 시험을 시작할 때 50문항이 제공된다는 정보를 보더라도 시간 소모형 문제가 몇 문제일지는 사실 알 수 없다.

> **NOTE** 시스코는 왜 어떤 응시자는 50문항을, 또 다른 응시자는 60문항을 받는지 설명하지 않는다. 다만, 공평한 시험을 위해 50문항의 경우, 시간 소모형 문제가 더 많을 것이라고 추측한다.

시간에 대한 계획뿐 아니라 시험에 집중하기 위한 계획도 필요하다. 여기에서 표시한 항목들을 곰곰히 생각해 보면서 자신만의 계획을 세워야 한다. 다음 주제는 시험 시간을 낭비하지 않도록 간단한 계산을 통해 시간을 점검하는 방법을 보여준다.

시간 체크 방식에 대한 제안

시간을 많이 소모하는 문제들에 기초하여 시간을 재기 위해 다음 계산 방식을 사용할 수 있다. 이 계산 방식은 단순성을 위해 전체 수들의 합을 사용한다. 이 방식을 꼭 사용할 필요는 없지만, 거의 정확한 시간을 예측할 수 있다.

개념은 단순하다. 지금까지 사용했던 시간을 추정하는 간단한 계산으로 다음과 같다:

지금까지 응답했던 문제 수에 시간 소모 문제당 7을 더한다. 다음으로 당신이 얼마나 많은 시간을 사용했는지를 알기 위해 타이머를 확인한다:

- 당신이 사용한 시간과 일치하거나 조금 더 초과한다면, 속도는 적정하다.
- 당신이 사용한 시간이 더 적다면, 속도는 빠른 편이다.
- 당신이 사용한 시간이 확실하게 초과하다면, 속도는 느린 편이다.

예를 들어, 지금까지 17문제를 끝냈고, 그중 시간 소모 문제가 2라면, 사용한 시간은 17 + 7 + 7 = 31분이어야 한다. 당신이 실제로 사용한 시간이 31~33분이라면 적정하다. 31분 이하라면, 빠른 편이다.

따라서 계산은 매우 간단하다. 푼 문제에 시간 소모 문제당 7을 더하는 추측 방식은 여러분이 적당한 속도를 유지하고 있는지를 판단할 수 있게 한다.

기타 시험 전 제안 사항들

시험 전에 고려해야 할 몇 가지를 제안하고자 한다:

- 귀마개를 지참하도록 한다. 시험 센터에서 비치해두기도 하지만, 그것을 사용하기 싫다면 준비하는 것이 좋다(시험 센터는 사용자의 전자 제품을 허용하지 않기 때문에, 소음 차단 헤드폰을 소지하지 못하므로 솜 등의 대체 수단을 사용해야 한다). 시험 센터는 일반적으로 교육 센터나 회사 내의 룸 형태로 다른 시험 참가자가 왕래한다. 따라서 근처 방에서 떠드는 소리와 같은 소음이 존재한다. 이때 귀마개가 도움이 될 수 있다.

- 어떤 사람들은 시험을 시작하기 전에, 참고를 위해 일부 노트를 작성하느라 시험 시간의 조기 몇 분을 소비한다. 예를 들어, IPv4 서브넷 ID들의 매직 넘버를 작성하고자 할 수 있다. 그럴 계획이라면, 그러한 노트들에 대한 작성 연습을 해야 한다. 연습 시험에서 실제 시험과 같이 그러한 리스트들을 기록해 보도록 한다.

- 시험 센터에 가기 위해 충분한 여유 시간을 가짐으로써 서두르지 않도록 하기 바란다.

- 시험 전에 예민해지는 경향이 있다면, 연습 시험 때부터 몇 분 동안 당신 만의 긴장 완화 방법을 연습하여 실제 시험 전에 적용하도록 한다.

시험 당일에 대한 조언

시험이 잘 풀리기를 바란다. 시험을 잘 준비할수록, 시험 결과는 나아질 것이다. 작은 조언이라도 시험 당일 여러분이 최선을 다하도록 도울 것이다:

- 시험 전 날, 밤늦게 공부하기보다는 휴식을 취하도록 한다. 특히 시험은 기억을 필요로 하기보다는 많은 분석과 사고를 필요로 하기 때문에 사고의 명료함이 한 항목을 더 기억하는 것보다 더 중요하다.

- 귀마개를 소지하지 않았다면, 사용할 생각을 하지 않았더라도 시험 센터 직원에게 요청하기 바란다. 생각보다 도움이 된다.

- 개인 소지품을 건물과 시험 센터에 가지고 갈 수 있지만, 시험 장소로는 가지고 갈 수 없다. 따라서 작은 긴장이라도 피하도록 가능하면 소지품들은 적게 가져가도록 한다. 또는 가방, 지갑, 전자 제품 등을 안전한 장소에 보관하도록 한다. 한편, 시험 센터도 당신의 소지품을 보관할 장소를 제공할 것이다. 소지품을 집에 두고 가면 보관과 관련한 걱정을 덜 수 있다(예를 들어, 나는 한 곳 이상의 시험 센터에서 아날로그 손목 시계조차도 지참하지 말 것을 요청받았다).

- 시험 센터는 당신에게 필기용으로 라미네이트 처리된 종이(laminated sheet)와 펜을 제공할 것이다(시험 센터 직원은 보통 시험 센터에 비치된 종이와 펜조차 방으로 가져가도록 허용하지 않는다). 나는 항상 펜을 하나 더 요구한다.

- 시험 공간에는 휴지가 놓여있다. 그 이유는 라미네이트 처리된 종이를 지우도록 하기 위한 것이다. 손으로 닦으면 당신 손의 땀과 기름이 종이에 묻어 펜이 잘 쓰여지지 않는다.
- 시간이 남는다면 서두르지 말고 시험 센터에 남아 있도록 한다.
- 시험 센터에 들어가기 전에 화장실을 찾기 바란다. 찾지 못했다면, 시험 센터의 직원이 당신에게 안내하고 시험을 시작하기 전에 시간을 줄 것이다.
- 시험 센터에 가는 도중에 카페인 음료를 먹지 않도록 한다. 시험 시작 후에는 당신이 화장실에 간 사이에도 시험 타이머는 멈추지 않는다.
- 시험 당일, 시험을 기다리는 동안 당신의 정신을 집중할 수 있도록 당신이 연습한 긴장 완화 방법을 적용하도록 한다.

시험 실패 후 한 시간을 잘 활용하라

어떤 사람들은 첫 번째 시도에서 시험을 통과하고, 어떤 사람들은 그렇지 못하다. 시험은 쉽지 않다. 당신이 시험을 통과하지 못했다면, 아마도 실망스러울 것이다. 그리고 이것은 이해할만한 것이다. 하지만 이것이 포기할 이유가 되진 못한다. 사실 당신이 시험을 통과하지 못한 경우, 당신에 큰 이점을 제공하기 위해 이 짧은 주제를 추가했다.

당신의 다음 시험 시도를 위해 가장 중요한 학습 시간이 시험에 실패한 후의 한 시간이다.

시험을 치기 전에 실패를 대비하기 바란다. 즉, 시험을 실패한 후에 한 시간 혹은 적어도 반시간을 예비해두기 바란다. 다음으로 다음 제안들을 따르기 바란다:

- 펜과 종이, 가급적이면 노트북을 가져가기 바란다.
- 펜과 종이의 위치를 기억하고 시험 이후에 즉시, 작성하도록 한다. 지하철이나 버스를 이용한다면 가방, 자동차를 이용한다면 자동차의 좌석 위에 이러한 필기구를 두기 바란다.
- 휴대폰에 음성 녹음 앱을 설치하고, 시험 센터를 떠날 때 앱에 음성을 녹음할 수 있도록 준비한다.
- 시험 치르기 전에 시험 센터를 선정하고, 가급적이면 조용한 곳에 앉아서 노트를 작성할 수 있는 장소를 물색하기 바란다.
- 특히, 어떤 문제든 기억할 수 있는 것을 작성하도록 한다.
- 당신이 아는 문제들에 대해 자세히 작성하면, 또 다른 문제를 기억할 수도 있다.
- 기억할 수 있는 그림들을 그리도록 한다.
- 가장 중요한 것은 당신을 혼동시켰을 토막 지식 즉, 용어들, 설정 명령어들, **show** 명령어들, 구성도와 그외 여러 가지를 작성한다.
- 기억해 내려고 애쓰다 보면, 당신은 더 이상 기억할 수 없는 벽에 직면할 수 있다. 따라서 다음 위치로 가기 위해 원래의 길로 돌아가서 시작한다. 멈출 위치를 찾고 더 많은 노트를 작성한다. 그리고 이것을 반복한다.
- 당신의 기억이 고갈되었다면, 기억을 상기시킬 수 있도록 책의 주요 주제들을 생각해본다.

수집된 정보를 다른 사람과 공유할 수는 없는데, 이것은 시스코의 비밀 협약(nondisclosure agreement, NDA)에 위배되기 때문이다. 시스코는 이런 종류의 정보를 공공연하게 공유하는 속임수에 대해 엄격하다. 하지만 당신이 수집한 이 정보는 다음 시험을 위한 학습에 이용할 수 있다. 다음 시험을 위해 학습할 때, 당신이 알지 못했던 것을 찾아내는 것은 중요하기 때문이다. 나머지 논의를 위해 이 장에서 '시험 실패 후의 학습 제안들' 섹션을 참조하기 바란다.

∷ 시험 리뷰

시험 리뷰는 이 책에서 제시한 학습 계획 자료를 완성한다. 현재 당신은 이 책의 다른 장들을 읽었고, Chapter 리뷰와 Part 리뷰를 모두 수행했다. 현재 마지막 학습과 시험을 치기 전에 이 섹션에서 상세하게 설명하는 리뷰 활동을 할 필요가 있다.

시험 리뷰 섹션은 일부 새로운 활동들을 제안하고, 일부 예전의 활동들을 반복한다. 하지만 새로운 것이든 오래된 것이든 이 활동들은 지식의 빈틈을 메우고, 당신의 기술들을 완성하고, 학습 과정을 마무리하는 데 초점을 맞춘다. 챕터 리뷰와 파트 리뷰에서 당신이 수행했던 일부 과정을 반복함으로써 시험을 치를 준비를 한다. 그러므로 시험 리뷰에 많은 시간을 쏟도록 한다.

시험 리뷰는 몇 가지 종류의 제안과 더불어 각 활동을 위한 추적 테이블을 제공한다. 주요 카테고리들은 다음과 같다.

- 속도 연습
- 연습 문제 풀기
- 당신이 아직 잘 알지 못하는 것(지식 갭) 찾기
- CLI에서 기능들의 설정과 확인
- 챕터와 파트 리뷰 활동 반복

서브네팅 연습과 기타 계산 관련 기술들

좋든 싫든, 시스코 ICND1, ICND2와 CCNA R&S 시험들 중 문제 일부는 계산을 필요로 한다. 시험 통과를 위해 당신은 계산에 익숙해야 한다. 당신은 각 프로세스를 적용해야할 때를 숙지해야 한다.

시스코 시험은 제한 시간이 있다. 계산 과정은 자주 발생하기 때문에 계산 속도가 느리거나 정답을 계산하는 과정에서 자세한 모든 것을 써야 한다면, 정답을 찾아내는 과정에서 시간을 모두 써버릴 수 있다(사람들이 시간 내에 마치지 못하는 이유는 계산 관련 문제에서 느린 속도와 CLI를 사용하는 시뮬레이터 문제에서 느린 속도 때문이다).

하지만 시간 부족을 부정적이기보다는 긍정적인 것으로 보기 바란다. 지금 당장, 서브네팅과 기타 계산 연습을 하여 보다 신속하게 보다 정확하게 할 수 있도록 한다. 시험 날이 다가옴에 따라 당신은 여유 시간이 있을 때, 특히 서브네팅에 대해 보다 많은 연습을 하기 바란다. 연습을 통해 시험 당일 느낄 수 있는 시간 압박에 대한 걱정은 사라진다.

[표 37-1]은 계산과 속도를 요구하는 주제들을 표시한다. [표 37-2]는 계산 혹은 과정이 중요하지만 속도는 덜 중요할 수 있는 항목들을 표시한다. 학습 과정에서 이 시점이면, 당신은 이러한 종류의 문제들에 대해 정확한 답을 찾는데 자신감을 가졌을 것이다. 지금은 올바른 답을 얻기 위한 기술을 완성시키고 보다 신속한 속도를 유지하여 시험에서 당신이 느낄 수 있는 시간 압박을 줄일 수 있도록 해야 한다.

장	활동	책이 제시하는 목표(초)	자가 진단: 날짜/시각	자가 진단: 날짜/시각
14	유니캐스트 IPv4 주소로부터 클래스풀 네트워크에 대한 핵심 항목 찾기	10		
15	어떤 형식의 마스크에서 다른 두 개의 마스크 형식으로 변환하기	10		
15	IPv4 주소와 마스크가 주어졌을 때, 네트워크 비트, 서브넷 비트와 호스트 비트 수와 서브넷별 호스트의 수, 서브넷의 수 찾기	15		
16	IPv4 주소와 마스크가 주어졌을 때, 해당 서브넷과 서브넷 브로드캐스트와 사용 가능한 주소의 범위 찾기	20 - 30		
21	일련의 마스크 조건에서, 최상의 서브넷 마스크 선택하기	15		
21	클래스풀 네트워크와 하나의 마스크가 주어졌을 때, 서브넷 ID들 찾기	45		

[표 37-1] 속도 연습이 필요한 ICND1 계산 관련 활동들

장	활동	자가 진단: 날짜/시각	자가 진단: 날짜/시각
22	5-6 서브넷들을 포함하는 문제에서 VLSM 중복 찾기		
22	5-6 서브넷들을 포함하는 문제에서 VLSM 서브넷 추가하기		
25	서브넷의 주소들을 포함하는 ACL 구성하기		
25	기존 ACL 명령에 일치하는 주소들을 찾기		
28	한 IPv6 주소의 최상의 축약형 찾기		
30	EUI-64를 사용할 때, 라우터 인터페이스의 IPv6 주소 찾기		

[표 37-2] 시간에 덜 민감한 ICND1 계산 관련 활동들

여러분은 이 책에 포함된 연습 앱들 혹은 상응하는 DVD 부록들과 함께 계산 연습을 할 수 있다. [표 37-1]과 [표 37-2]에 표시된 모든 장들은 DVD 부록에 추가적인 연습을 포함하고, DVD와 책의 동반자 웹 사이트의 앱을 통해 동일한 문제들을 연습하도록 한다. 마지막으로 저자의 블로그도 추가적인 연습 문제들을 제공한다.

연습 시험

언젠가 곧 여러분은 뷰(Vue) 시험 센터에서 실제 시험을 통과해야 할 것이다. 따라서 가능한 많이 실전 시험을 연습해보아야 한다.

PCPT(Pearson IT Certification Practice Test) 시험 소프트웨어를 사용하는 연습 시험은 실제 시스코 시험을 칠 때와 동일한 이슈들을 경험하도록 한다. 이 소프트웨어는 카운트다운 타이머와 함께 시험 문제를 제시한다. 문제를 푼 다음에 뒤로 돌아갈 수 없다(시스코 시험에서도 동일함). 시간을 모두 써버렸다면, 아직 풀지 못한 문제는 틀린 것으로 처리된다.

연습 시험은 여러분에게 다음 세 가지 방향에서 핵심적인 준비를 하도록 한다:

- 긴 기간의 집중, 신중한 읽기, 시간 압박을 포함하는 실제 시험을 연습하도록 한다.
- 다수의 문제들에 포함된 네트워킹 시나리오를 살펴볼 때, 분석과 판단 기술을 갖추도록 한다.
- 여러분의 네트워킹 지식에서 틈새를 찾도록 하여 실제 시험 전에 그러한 주제들을 학습할 수 있도록 한다.

뷰(Vue) 시험 센터에서 실제 시스코 시험을 치는 것과 같이 가능한 많이, 연습 시험에 임하도록 한다. 다음 리스트는 시험 날짜가 되기 전의 시험 연습에 대한 몇 가지 조언을 포함한다:

- 90분짜리 연습 시험을 위해 두 시간을 사용할 수 있도록 한다.
- 실제 시험 전에 10분 동안 당신이 기대하는 것을 작성한다. 다음으로 스스로 그러한 행위들을 시각화해 본다. 각각의 연습 시험을 치기 전에, 시험 시작 전 10분 동안 그러한 행위를 연습해 본다(앞선 섹션 '시험 당일에 대한 조언'은 마지막 10분 동안 해야할 것에 대한 몇 가지 제안을 보여준다).
- 뷰 시험 공간으로 어떤 것도 들고 들어갈 수 없으므로, 실제 시험을 치르기 전에 회사에 모든 노트와 자료들을 두고 가도록 한다. 여러분은 빈 종이, 펜과 당신의 두뇌만 사용할 수 있다. 계산기, 노트들, 웹 브라우저 혹은 컴퓨터 상의 어떤 앱도 사용할 수 없다.
- 가능하다면, 여러분이 연습하는 시간 동안은 혼자 있도록 한다. 여러분이 어지러운 환경에서 연습 시험을 칠 수 밖에 없다면, 집중을 위해 헤드폰이나 귀마개를 착용하도록 한다.
- 당신의 점수를 올리기 위해 추측하지 말기 바란다. 정답에 확신이 있을 때만 답하는 편이 낫다. 그래야 틀린 문제를 알 수 있고, 해당 문제들에 대해 다시 학습할 수 있다.

ICND1 시험에 대한 연습

ICND1 연습 시험을 치기 위해, 여러분은 PCPT로부터 ICND1 시험 중 하나 또는 두 개 모두를 선택해야 한다. 두 시험들 중 하나를 선택한 후, 상단 오른쪽의 'Practice Exam(연습 시험)' 옵션을 선택하고 시험을 시작하면 된다.

여러분은 이러한 두 개의 시험 데이터베이스를 가진 1~3개의 ICND1 연습 시험을 치르도록 해야 한다. 준비를 아무리 잘했다 하더라도, 시간 압박과 집중력을 점검하기 위해 최소한 하나의 연습 시험에 임해야 한다.

[표 37-3]은 상이한 연습 시험을 기록할 수 있는 체크리스트다. 날짜와 점수를 기록하는 것은 당신이 수행할 다른 과제를 위해서도 도움이 될 것이다. 또한 시간 관련 노트에서는 당신이 정시에 끝냈는지, 얼마나 많은 시간이 남았는지, 시간이 모자랐을 때 풀지 못한 문제의 수를 기록하기 바란다.

시험	날짜	점수	시간 관련 노트
ICND1			
ICND1			
ICND1			

[표 37-3] ICND1 연습 시험 체크리스트

시험 문제 풀기에 대한 조언

웹 브라우저를 열고 재미있는 주제를 검색해 보기 바란다. 다음의 특정 링크를 클릭하기 전에, 해당 링크를 클릭한 후에, 처음 5~10초 동안, 당신의 시선이 머문 곳을 생각해보기 바란다. 당신의 시선은 어디를 향했었는가?

흥미롭게도 웹 브라우저와 웹 페이지 상의 내용들을 통한 연습은 우리에게 내용 파악 연습을 하게 한다. 웹 페이지 디자이너들은 특정 패턴들을 적용하여 내용을 구성한다. 패턴과 상관 없이 웹 페이지를 읽을 때 대부분의 사람들은 순서대로 읽지 않고 전체 문장들을 모두 읽지도 않는다. 사람들은 흥미로운 그림과 큰 단어들을 보고 다음으로 이러한 눈에 띄는 항목들 주변의 공간을 찾아본다.

이러한 전자 문서 기반의 문화는 평균적인 사람의 읽는 방식을 변경해왔다. 예를 들어, 여러분들은 문자 메시지와 소셜 미디어를 사용할 때, 수천의 메시지들을 걸러서 받아들인다. 각 메시지는 전체 문장을 완성하지도 않는다(사실 트위터에서는 140글자 미만의 문장을 사용한다).

오늘날의 이러한 습관은 스크린 앞에서 읽고 생각하는 방식을 변경해왔다. 불행히도 이러한 습관들은 컴퓨터 기반의 시험을 칠 때, 시험 점수에 악영향을 미친다.

당신이 읽은 웹 페이지나 트위터와 같이 시험 문제들을 살펴본다면, 문제와 보기, 제시 자료에서 핵심 항목들을 놓치기 때문에 일부 실수를 유발할 것이다. 시험에서는 시작부터 모든 단어들을 읽어야 하는데, 이것은 많은 사람들에게 놀랄 만큼 부자연스러운 것이다.

당신이 연습 시험에서 개별 문제들을 풀 때, 두 가지 제안을 참조하기 바란다. 첫째, 연습 시험 전에, 문제를 읽는 방식에 대한 개인적 전략을 가져야 한다. 특별히 선다형(multiple-choice) 문제에 대한 접근 방식은 여러분 입장에서 계획적인 결정이 되도록 한다. 둘째, 시험 문제를 읽는 방식에 대한 몇 가지 제안을 원한다면, 다음 전략을 따르도록 한다:

단계 ① 문제 그 자체를 처음부터 끝까지 철저히 읽어야 한다.

단계 ② 어떤 제시된 자료(보통 명령어의 아웃풋) 혹은 그림을 살펴본다.

단계 ③ 다음 유형의 정보(숫자?, 용어?, 한 단어?, 문장?)를 찾기 위해 보기들을 살펴본다.

단계 ④ 문제를 확실하게 이해할 수 있도록 처음부터 끝까지 철저히 다시 읽어야 한다.

단계 ⑤ 필요하다면 그림/자료를 보면서 각각의 보기를 철저히 읽는다. 각 보기를 읽고 난 후, 다음 보기를 읽기 전에:

Ⓐ 정확하다면, 정답으로 선택한다.

Ⓑ 확실히 부정확하다면, 마음 속에서 제외한다.

Ⓒ 불확실하다면, 마음 속에서 정답 가능성이 있는 것으로 표시한다.

연습 시험을 문제 읽기 연습을 위한 도구로 사용하도록 한다. 다음 문제를 클릭할 때마다 당신의 읽기 방식에 따라 문제를 읽도록 한다. 시간 압박을 느낀다면, 철저히 읽는 대신 대충 훑어봄으로써 틀린 문제들을 줄이기 위해 문제를 읽는 연습을 계속 해야 한다.

기타 연습 시험 활용

다수의 사람들은 이 책에 포함되지 않은 다른 연습 시험들과 문제들을 추가한다. 솔직히 이 책에 포함된 문제 외에 추가적인 다른 연습 문제를 푸는 것은 다양한 이유에서 좋은 생각이다. 다른 시험 문제들은 다른 방식으로 다양한 용어들을 사용하고, 다른 주제를 강조하고, 일부 주제를 다시 생각할 수 있도록 다양한 시나리오를 제시한다.

출판사는 추가적인 시험 문제들을 포함하는 제품을 판매하기도 한다. CCENT/CCNA ICND1 100-105 공식 시험 가이드 프리미엄 에디션 e북과 연습 시험(Official Cert Guide Premium Edition eBook and Practice Test) 제품은 이 책의 e북 버전이다. 이것은 컴퓨터나 일반적인 도서 리더(reader), 태블릿에서 읽을 수 있는 책의 소프트 카피를 포함한다. 이 제품은 프린트 버전의 책에 포함된 DVD 속의 모든 내용과 이 장에서 언급한 모든 문제 데이터베이스를 포함한다. 추가적으로 이 제품은 두 개 이상의 ICND1 시험 데이터베이스를 포함한다.

> **NOTE** 여분의 시험 외에, 프리미엄 에디션은 각각의 시험 문제 참조를 위해 이 책의 특정 섹션에 대한 링크를 포함한다. 이것은 문제에서 제시하는 설명 외에 보다 상세한 설명을 필요로 한다면 훌륭한 학습 도구가 될 것이다. 여러분은 e북과 추가적인 연습 시험들을 포함하는 프리미엄 에디션을 DVD 재킷 안 코드 카드 뒷면의 쿠폰으로 정가의 70%에 구매 가능하기 때문에 비용 효율적이다.

문제 리뷰를 통해 지식의 틈새 찾기

여러분은 다수의 연습 문제를 풀어볼 것이다. 이때 몇 가지 응시 기술을 얻고, 네트워킹 지식과 기술을 향상시킨다. 하지만 당신이 놓친 모든 문제들로 돌아가서 다시 살펴볼 수 있다면, 지식의 틈새를 발견할 수 있을 것이다.

마지막 시험 준비를 할 때 찾을 수 있는 가장 어려운 것들 중 하나는 당신의 지식과 기술의 약점을 발견하는 것이다. 즉, 당신이 알지 못하는 것 중 알 필요가 있는 주제와 기술은 무엇일까? 아니면 당신이 안다고 생각하지만, 일부 중요한 사항에 대해 오해하는 주제는 무엇인가? 마지막 단계에서 당신의 지식에서 틈새를 발견하기 위해서는 당신의 강점과 약점에 대한 직감 이상의 것을 요구한다.

다음 과정은 PCPT 기능을 사용하여 이러한 틈새를 찾도록 한다. PCPT 소프트웨어는 모든 문제들에 대한 당신의 답변과 오답 여부를 기억함으로써 당신이 푼 연습 문제들을 추적한다. 당신의 지식 틈새를 찾기 위해 다음 단계들을 따른다:

단계 ① 연습 문제들 중 하나를 선택하여 리뷰한다.

단계 ② 이 문제를 이해할 수 있을 때까지 각각의 부정확한 문제를 리뷰한다.

단계 ③ 문제에 대한 리뷰가 끝나면, 문제에 표시한다(Mark).

단계 ④ 모두 표시할 때까지 시험에서 모든 부정확한 문제들을 리뷰한다.

단계 ⑤ 다음 연습 문제로 이동한다.

[그림 37-1]은 모든 문제들이 부정확한 답변을 가진 샘플 '문제 리뷰(Question Review)'를 보여준다. 이 결과는 'Correct(정확함)' 행에서 아무런 체크도 되지 않은 경우로 모든 정답이 부정확함을 의미한다.

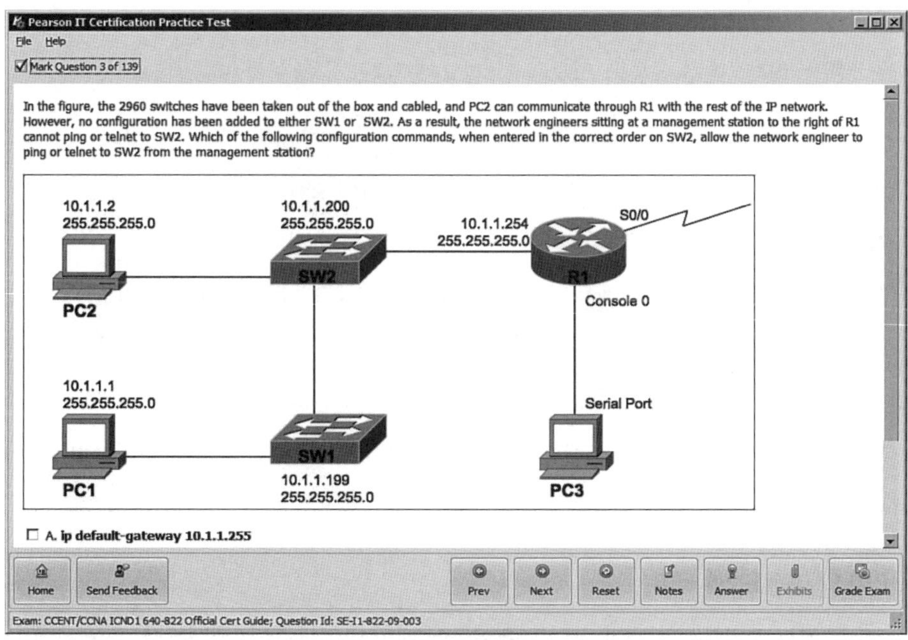

[그림 37-1] PCPT 채점 결과 페이지

문제들에 대한 리뷰와 표시 과정을 완료하기 위해 문제 리뷰 페이지와 개별 문제 사이를 이동할 수 있다. 해당 문제로 돌아가기 위해 문제를 더블 클릭한다. 문제에서 'Grade Exam(시험 채점)'을 클릭하면 다시 채점 결과와 [그림 37-1]의 문제 리뷰 페이지로 이동한다.

문제 창에는 [그림 37-2]의 상단 왼쪽과 같이 문제를 표시할 수 있는 곳이 있다.

[그림 37-2] 상단 왼쪽에 문제 리뷰를 위한 표시(Mark) 기능

앞선 시험에서 틀린 문제들을 이후에 다시 살펴보기를 원한다면, PCPT 시험 스크린에서 새로운 시험을 시작하기 위해 시작 버튼을 클릭하는 대신, 앞선 시험들에서 틀린 문제들을 보기 위해 'View Grade History(채점 이력 보기)'를 클릭한다.

[표 37-4]에서 틈새 리뷰를 통해 진행 과정을 추적하도록 한다. PCPT는 날짜와 점수별로 앞선 연습 시험을 나열하고 비교하여 표에 이러한 수치들을 기록한다.

시험(ICND1, ICND2 또는 CCNA)	원래의 연습 시험 날짜	원래의 시험 점수	틈새 리뷰가 완료된 날짜

[표 37-4] 연습 시험에 대한 틈새 리뷰를 위한 체크리스트 추적

CLI 스킬 연습

시뮬레이션과 심렛 문제들을 잘 풀기 위해서는 다수의 시스코 라우터와 스위치 명령과 시스코 CLI에서 이들을 사용하는 방법에 익숙할 필요가 있다. 이 책의 소개에서 설명한 바와 같이, 시뮬레이션 문제는 설정을 완성하거나 장애를 해결하기 위한 명령어들이 무엇인지를 구분할 수 있어야 한다. 심렛 문제들은 CLI에서 **show** 명령을 사용하여 소규모 네트워크에서 라우터와 스위치의 상태를 살펴보도록 한다.

시험 준비를 위해, 다음 종류의 정보를 알 필요가 있다:

- **CLI 이동:** 유저와 이네이블, 컨피규레이션 모드 간에 이동하기 위한 CLI 구조.
- **개별 컨피규레이션:** 각 컨피규레이션 명령 파라미터의 의미.
- **기능 설정:** 각 기능을 위해 필수적이거나 선택적인 설정 명령어들.
- **컨피규레이션 확인:** 컨피규레이션 설정을 직접 확인하기 위한 **show** 명령어들.
- **상태 확인:** 최적화되지 못한 상태 값의 원인과 부정확한 설정을 확인하기 위한 현재 상태를 보여주는 **show** 명령어들.

모든 지식과 기술을 기억하고 다시 살펴보기 위해, 다음 몇 가지 단계들을 수행할 수 있도록 한다.

Part 리뷰의 마인드 맵 리뷰

Part 리뷰에서 여러분은 설정과 확인 명령어들에 대한 마인드 맵을 생성했다. 구체적인 마인드 맵들을 기억하기 위해, Part 리뷰 섹션으로 돌아가 보기 바란다.

실습

CLI 실습 기술을 갖추기 위해 어떤 방법을 선택하였든, 명령어 연습을 위한 실습과 리뷰를 위한 시간을 갖도록 해야 한다. 이 시점에서 여러분은 시뮬레이터, 실제 장치 혹은 종이 연습을 통해서 설정 방법에 대한 상당한 지식을 보유해야 한다. 모든 실습을 반복하는 것은 비현실적이겠지만, 마인드 맵 리뷰로부터 확신이 서지 않는 주제들에 대한 명령어들이나 기능들을 연습하도록 해야 한다.

먼저, [표 37-5]를 이용하여 각 장의 주요 컨피규레이션 주제들에 대한 실습들을 재복습하도록 해야 한다.

가장 좋은 연습 방법은 www.pearsonitcertification.com/networksimulator에서 피어슨 네트워크 시뮬레이터(the Sim)를 사용하는 것이다.

둘째, 책의 DVD 혹은 동반자 웹 사이트에서 컨피그 체크리스트(Config checklist) 앱을 사용하는 것이다. 모든 체크리스트에서 여러분은 [표 37-5]의 주제들을 대부분 볼 것이다. 여기서 설정을 위한 필수 명령과 선택 명령을 기억하는지 확인하도록 한다.

셋째, 나의 블로그 사이트에서 보이는 컨피그 랩들(Config Labs)을 반복해 보아야 한다. 시험을 제대로 준비하기 위해서는 이러한 랩들을 어떤 참조 자료 없이 수행할 수 있어야 한다. 모든 CCENT(ICND1) 컨피그 랩들에 대한 사이트는 blog.certskills.com/ccent다. 이곳에서 사이트 메뉴들로부터 컨피그 랩 카테고리들로 이동할 수 있다.

주제	챕터	실습 리뷰를 마친 날짜
스위치 IPv4	8	
스위치 포트 시큐리티	9	
VLAN들	11	
VLAN 트렁킹	11	
라우터 IPv4 주소와 스태틱 루트	18	
RIPv2	19	
DHCP 릴레이와 서버	20	
표준형 ACL	25	
확장형 및 이름형 ACL들	26	
NAT	27	
라우터의 IPv6 주소	30	
IPv6 스태틱 루트들	32	
시스로그, NTP, CDP와 LLDP	33	
배너들	34	
텔넷과 SSH Access ACL	34	

[표 37-5] 실습 주제 체크리스트

시험 준비에 대한 평가와 시험 점수의 오류

PCPT로 실제 시험을 칠 때, PCPT는 0에서 1,000까지의 시험 점수를 제공한다. 시스코는 300과 1,000 사이의 점수를 제공한다.

PCPT에서 점수는 0에서 1,000까지의 숫자로 표현되는데, 이것은 기본적으로 퍼센티지다. 예를 들어, 응답의 80%가 정확하다면, 점수는 800이 된다. 90%가 정확하다면 점수는 900이 된다. 실제 시험을 시작하고, 하나의 질문도 정답을 고르지 않았다면, 0점을 획득하게 된다.

하지만 시스코는 동일한 방식으로 채점하지 않는다. 다음은 시스코 채점에 대해 우리가 아는 것이다:

- 시스코는 300에서 1,000까지의 시험 점수를 사용한다.
- 부분 점수를 주지만 보다 자세한 것은 제공하지 않는다.

그렇다면 실제 시스코 시험에서 800 혹은 900이 의미하는 것은 무엇일까? 많은 사람들이 그러한 점수가 80퍼센트 혹은 90퍼센트를 의미한다고 생각하지만, 확실하지는 않다. 시스코는 채점 방식을 공개하지 않는다. 또한 부분 점수에 대해 자세한 기준을 공개하지도 않는다. 시뮬레이션 문제가 다지선다 문제보다 배점이 높은 것 같지만, 확실하지는 않다.

이러한 모든 항목들을 언급한 이유는 다음과 같은 이유 때문이다:

시험 통과 여부를 평가하기 위해 PCPT 실전 시험에 너무 의존하지 말기 바란다. 이러한 점수는 일반적인 척도로써, 한 번 700을 받고 일주일 뒤에 900을 획득했다면 아마도 더 준비가 되었다는 것을 의미한다. 하지만 PCPT 실전 시험에서 900점을 획득했다고 해서 실제 시험에서 900을 받을 것이라는 것을 의미하지 않는데, 그 이유는 우리가 시스코의 채점 방식을 알지 못하기 때문이다. 그렇다면 우리가 시험을 치룰 준비가 되었는지를 평가하기 위한 방법으로 무엇을 사용할 수 있을까? 안타깝게도 이를 위해 추가적인 노력이 필요하고 정답은 시험 점수와 같이 편리한 숫자의 형태는 아닐 것이다. 하지만 당신의 수준을 다음 기준으로 평가할 수 있다:

① PCPT로 시험을 칠 때, 문제와 정답에서 사용하는 용어들을 이해해야 한다.
② 각 장의 핵심 주제들에 대한 리스트를 보고 각 주제에 대해 친구에게 한두 문장으로 설명할 수 있어야 한다.
③ [표 37-1]에서 제시하는 속도로 서브네팅 계산을 할 수 있어야 한다.
④ 모든 Config Lab들이나 동일한 수준의 실습들을 수행할 수 있어야 하고, 일관되게 정확하게 이해해야 한다.
⑤ **Show** 명령어들을 갖는 장들에 대해, 책의 예들에서 회색으로 강조된 필드들을 이해해야 한다. 그러한 예들을 통해, 컨피규레이션 설정값들과 상태 정보를 이해해야 한다.
⑥ 다양한 장애 해결과 관련한 근본 원인들을 보여주는 핵심 주제들에 대한 리스트들을 다시 살펴볼 때, 여러분은 각 장을 자세하게 보지 않고도 리스트의 각 항목 이면의 개념을 기억하고 이해해야 한다.

통과 실패 후의 학습 제안들

우리 중 누구도 시험에 실패하기를 원하지 않지만, 여러분들 중 일부는 실패할 것이다. 당신이 첫 번째 시도에서 ICND1 100-105 시험을 통과한다 해도, 시스코 자격 시험을 계속 치른다면, 그 과정에서 일부 시험에 실패할 수 있다. 실패한 시험의 부정적인 부분에 초점을 맞추는 대신, 앞선 시도에서 실패한 후 다음 번에는 통과하기 위한 준비에 대해 나는 언급했다. 이 섹션은 시험에 실패한 후 다음으로 무엇을 해야할지를 묻기 위해 나에게 연락한 독자들에게 제공한 몇 가지 조언들을 모은 것이다.

가장 중요한 조언 중 하나는 시스코 시험에 대한 사고 방식을 바꾸라는 것이다. 시스코 시험은 낙제 점수가 문제시 되는 고등학교나 대학 시험과는 다르다. 대신 시스코 시험은 주요한 목표를 완성하기 위한 커리어 상의 이벤트로 대부분의 사람들에게는 성취를 위해서 몇 번의 시도가 필요하다.

예를 들어, 시스코 자격증 취득은 4시간 이내로 마라톤을 완주하기 위한 훈련과 같다. 첫 번째 마라톤 참가는 완주하지 못하거나 4시간 이내가 아니라 4시간 15분이 소요될 수도 있다. 그러나 4시간 15분 내에 마라톤을 완주했다는 것은 잘 준비되었고, 당신의 목표에 거의 근접했다는 것을 의미한다. 아니면 장애물 경주를 완주하기 위한 훈련과 같다(혹시 닌자 전사–Ninja Warrior–의 팬이 있는가? www.nbc.com/american-ninja-warrior). 당신이 오늘 첫 번째 세 개의 장애물을 통과했지만, 14피트 높이의 구부러진 벽을 오를 수는 없다. 당신은 연습을 통해 조금씩 더 오를 수 있도록 해야 한다.

즉, 당신의 사고 방식을 바꿔야 한다. 당신은 기록을 개선하길 원하는 마라톤 선수이고, 장애물 코스를 통과하길 원하는 닌자 전사이다. 그리고 학습을 통해 보다 나은 기술을 획득하고, 이를 통해 경쟁력을 갖춘다.

이 섹션의 마지막은 도움이 될 수 있는 구체적인 학습 단계들을 다음과 같이 제시한다:

첫째, 당신이 실패한 시험을 통해 얻은 노트들을 학습한다(앞선 섹션 '시험 실패 후 한 시간을 예비하라'를 참조하기 바란다). 다른 사람들과 정보를 공유하지는 않지만, 학습을 위해 사용할 수는 있다. 당신이 다시 시험을 치기 전에, 이전 시도에서 기억할 수 있는 모든 실제 시험 문제에 정답을 제시할 수 있어야 한다. 정확하게 동일한 문제들을 다시 볼 수 없다 해도, 당신의 노력에 대한 적정한 보상을 받을 것이다.

둘째, 당신이 약점을 드러내는 활동들에 보다 많은 시간을 소비해야 한다. 이를 통해, 당신은 느긋해지고 보다 완벽해질 수 있다. 예를 들어, 학습 모드에서 연습 문제들을 풀고 추측하지 말기 바란다. 대신에 다음 문제로 넘어가기 전에 잠시 멈추고 틀린 답과 정확한 답에 대해 확신할 수 있는지를 따져봐야 한다. 불확실하다면, 뒤로 돌아가 해당 주제를 찾고 보다 깊이 있게 학습할 수 있도록 한다. 아니면 노트를 참조하여 실습을 해보면, 어떤 부분이 불확실한지를 알 수 있다. 아직 익숙하지 않은 명령어들을 숙지할 수 있다.

셋째, 응시 시간을 생각해보기 바란다. 시간이 부족했는가? 너무 느렸는가, 아니면 빨랐는가? 너무 느리다면, 서브네팅, 시뮬레이션 아니면 어떤 항목에 속도가 느린가? 다음 시험에서 어떻게 시간을 사용할 것인지에 대한 계획표를 작성해 보도록 한다. 시간을 모두 소비했다면, 지연시키는 원인 항목들을 연습해야 한다.

넷째, CCNA R&S 200-125 시험에 실패했다면, 통합 시험 경로보다는 개별 시험 경로에 대한 선택을 재고해 보도록 한다. CCNA 시험의 ICND1 주제들에 대해 생각해 본다. 제대로 잘 이해했다고 생각하는가? 그렇다면 당신은 현재 ICND1을 통과할 준비가 되었다. 다음 단계로 ICND2 시험에 초점을 맞출 수 있다.

(원래의 CCNA 공식 자격 가이드는 500페이지였다. ICND1과 ICND2의 기술 관련 장들은 합해서 1,600페이지 이상으로, 원래 CCNA의 3배가 넘는다. 실로 엄청난 양이다.)

기타 학습 과제

좀 더 준비하기 위해, 이 마지막 주제는 여러분에게 세 가지를 제안한다.

첫째, 챕터 리뷰와 파트 리뷰는 몇 가지 유용한 학습 과제를 제시한다.

둘째, 다른 곳에서 입수한 시험 문제들을 활용하도록 한다. 시스코 출판사의 프리미엄 에디션 e북과 연습 시험이란 세품은 이 책의 e북 부시분과 추가적인 PCPT 문제 은행에 포함된 추가적인 문제들을 제공한다. 하지만 인터넷 검색을 비롯하여 다양한 곳에서 문제들을 찾을 수 있고, 이러한 문제들을 풀어볼 수 있다.

> **NOTE** 일부 공급업체는 실제 시험에 포함된 문제들을 판매한다고 주장한다. 이러한 시험은 '브레인 덤프(brain dumps)'라 불리며, 시스코 시험 정책에 위배된다. 시스코는 학습을 위해 그러한 툴들을 사용하는 것을 강력하게 반대하고 있다.

마지막으로, 시스코 러닝 네트워크(Cisco Learning Network)의 토론에 참여하도록 한다. 다른 학습자가 문의한 질의에 응답해 보도록 한다. 이러한 과정을 통해 해당 주제에 대해 훨씬 완벽한 개념을 가질 수 있다.

누군가 당신이 동의할 수 없는 답변을 게시했을 때, 온라인에서 해당 내용에 대해 왜 그런지 토의할 수 있다. 이것은 자신감을 얻고, 깊이 있는 학습을 위한 훌륭한 방법이 된다.

마지막 고려 사항

여러분은 열심히 공부했고, 시험 준비를 위해 시간과 비용을 지불하였다. 나는 여러분들이 시험을 통과해서 IT와 네트워킹 경력에 도움이 되기를 바란다.

여러분이 시험에 통과하면 축하해주고 싶고, 그렇지 못하다면 조언을 주고 싶다. 시스코 러닝 네트워크는 합격에 대한 축하의 글과 다음 시험에 대한 조언을 요청하기 위한 훌륭한 장소다. 나는 개인적으로 트위터(@wendellodom) 혹은 나의 페이스북 페이지(facebook.com/wendellodom)를 통해 당신의 소식을 듣고 싶다. 책을 모두 학습한 것을 축하하며, 여러분들이 잘 해내기를 희망한다!

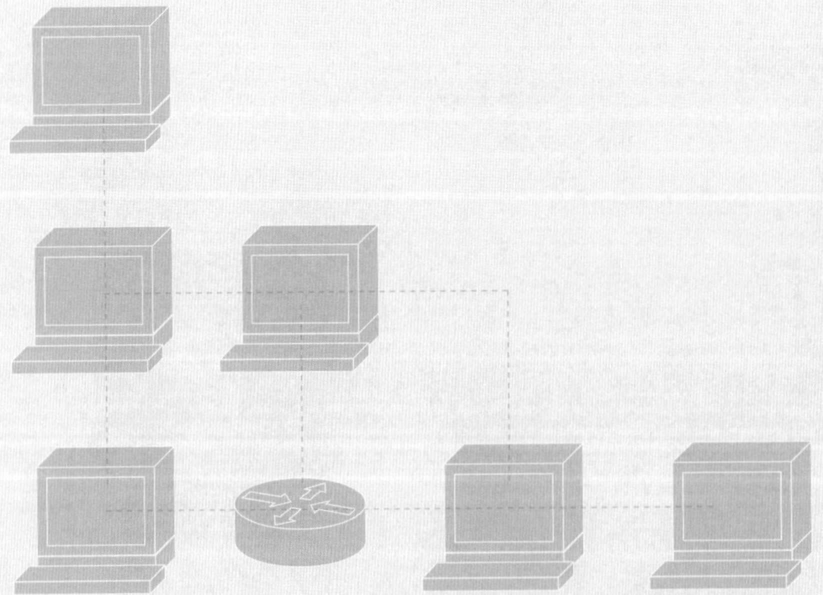

Part XI

부록들

부록 A: 숫자 참조 테이블

부록 B: CCENT/CCNA ICND1 100-105 시험 업데이트

용어 사전

알파벳색인

숫자 참조 테이블

이 부록은 이 책을 통해 사용된 숫자들을 포함하는 몇 가지 유용한 참조 표를 제공한다. 구체적으로:

[표 A-1]: 십진수에서 이진수로 혹은 그 반대로 변환할 때 유용한 십진수–이진수 변환 테이블.

십진수	이진수	십진수	이진수	십진수	이진수	십진수	이진수
0	00000000	27	00011011	54	00110110	81	01010001
1	00000001	28	00011100	55	00110111	82	01010010
2	00000010	29	00011101	56	00111000	83	01010011
3	00000011	30	00011110	57	00111001	84	01010100
4	00000100	31	00011111	58	00111010	85	01010101
5	00000101	32	00100000	59	00111011	86	01010110
6	00000110	33	00100001	60	00111100	87	01010111
7	00000111	34	00100010	61	00111101	88	01011000
8	00001000	35	00100011	62	00111110	89	01011001
9	00001001	36	00100100	63	00111111	90	01011010
10	00001010	37	00100101	64	01000000	91	01011011
11	00001011	38	00100110	65	01000001	92	01011100
12	00001100	39	00100111	66	01000010	93	01011101
13	00001101	40	00101000	67	01000011	94	01011110
14	00001110	41	00101001	68	01000100	95	01011111
15	00001111	42	00101010	69	01000101	96	01100000
16	00010000	43	00101011	70	01000110	97	01100001
17	00010001	44	00101100	71	01000111	98	01100010
18	00010010	45	00101101	72	01001000	99	01100011
19	00010011	46	00101110	73	01001001	100	01100100
20	00010100	47	00101111	74	01001010	101	01100101
21	00010101	48	00110000	75	01001011	102	01100110
22	00010110	49	00110001	76	01001100	103	01100111
23	00010111	50	00110010	77	01001101	104	01101000
24	00011000	51	00110011	78	01001110	105	01101001
25	00011001	52	00110100	79	01001111	106	01101010
26	00011010	53	00110101	80	01010000	107	01101011

십진수	이진수	십진수	이진수	십진수	이진수	십진수	이진수
108	01101100	145	10010001	182	10110110	219	11011011
109	01101101	146	10010010	183	10110111	220	11011100
110	01101110	147	10010011	184	10111000	221	11011101
111	01101111	148	10010100	185	10111001	222	11011110
112	01110000	149	10010101	186	10111010	223	11011111
113	01110001	150	10010110	187	10111011	224	11100000
114	01110010	151	10010111	188	10111100	225	11100001
115	01110011	152	10011000	189	10111101	226	11100010
116	01110100	153	10011001	190	10111110	227	11100011
117	01110101	154	10011010	191	10111111	228	11100100
118	01110110	155	10011011	192	11000000	229	11100101
119	01110111	156	10011100	193	11000001	230	11100110
120	01111000	157	10011101	194	11000010	231	11100111
121	01111001	158	10011110	195	11000011	232	11101000
122	01111010	159	10011111	196	11000100	233	11101001
123	01111011	160	10100000	197	11000101	234	11101010
124	01111100	161	10100001	198	11000110	235	11101011
125	01111101	162	10100010	199	11000111	236	11101100
126	01111110	163	10100011	200	11001000	237	11101101
127	01111111	164	10100100	201	11001001	238	11101110
128	10000000	165	10100101	202	11001010	239	11101111
129	10000001	166	10100110	203	11001011	240	11110000
130	10000010	167	10100111	204	11001100	241	11110001
131	10000011	168	10101000	205	11001101	242	11110010
132	10000100	169	10101001	206	11001110	243	11110011
133	10000101	170	10101010	207	11001111	244	11110100
134	10000110	171	10101011	208	11010000	245	11110101
135	10000111	172	10101100	209	11010001	246	11110110
136	10001000	173	10101101	210	11010010	247	11110111
137	10001001	174	10101110	211	11010011	248	11111000
138	10001010	175	10101111	212	11010100	249	11111001
139	10001011	176	10110000	213	11010101	250	11111010
140	10001100	177	10110001	214	11010110	251	11111011
141	10001101	178	10110010	215	11010111	252	11111100
142	10001110	179	10110011	216	11011000	253	11111101
143	10001111	180	10110100	217	11011001	254	11111110
144	10010000	181	10110101	218	11011010	255	11111111

[표 A-1] 십진수–이진수 변환 참조, 십진수 0 – 255

[표 A-2]는 16진수와 이진수 간의 변환을 위해 유용한 16진수-이진수 변환표이다.

16진수	4비트 이진수
0	0000
1	0001
2	0010
3	0011
4	0100
5	0101
6	0110
7	0111
8	1000
9	1001
A	1010
B	1011
C	1100
D	1101
E	1110
F	1111

[표 A-2] 16진수-이진수 변환 참조

[표 A-3]은 2^1에서 2^{32}까지의 2의 제곱표이다.

X	2^X	X	2^X
1	2	17	131,072
2	4	18	262,144
3	8	19	524,288
4	16	20	1,048,576
5	32	21	2,097,152
6	64	22	4,194,304
7	128	23	8,388,608
8	256	24	16,777,216
9	512	25	33,554,432
10	1024	26	67,108,864
11	2048	27	134,217,728
12	4096	28	268,435,456
13	8192	29	536,870,912
14	16,384	30	1,073,741,824
15	32,768	31	2,147,483,648
16	65,536	32	4,294,967,296

[표 A-3] 2의 제곱

[표 A-4]는 모두 세 가지 형식에서 가능한 33개의 서브넷 마스크들을 모두 보여준다.

명령어	프리픽스	이진수
0.0.0.0	/0	00000000 00000000 00000000 00000000
128.0.0.0	/1	10000000 00000000 00000000 00000000
192.0.0.0	/2	11000000 00000000 00000000 00000000
224.0.0.0	/3	11100000 00000000 00000000 00000000
240.0.0.0	/4	11110000 00000000 00000000 00000000
248.0.0.0	/5	11111000 00000000 00000000 00000000
252.0.0.0	/6	11111100 00000000 00000000 00000000
254.0.0.0	/7	11111110 00000000 00000000 00000000
255.0.0.0	/8	11111111 00000000 00000000 00000000
255.128.0.0	/9	11111111 10000000 00000000 00000000
255.192.0.0	/10	11111111 11000000 00000000 00000000
255.224.0.0	/11	11111111 11100000 00000000 00000000
255.240.0.0	/12	11111111 11110000 00000000 00000000
255.248.0.0	/13	11111111 11111000 00000000 00000000
255.252.0.0	/14	11111111 11111100 00000000 00000000
255.254.0.0	/15	11111111 11111110 00000000 00000000
255.255.0.0	/16	11111111 11111111 00000000 00000000
255.255.128.0	/17	11111111 11111111 10000000 00000000
255.255.192.0	/18	11111111 11111111 11000000 00000000
255.255.224.0	/19	11111111 11111111 11100000 00000000
255.255.240.0	/20	11111111 11111111 11110000 00000000
255.255.248.0	/21	11111111 11111111 11111000 00000000
255.255.252.0	/22	11111111 11111111 11111100 00000000
255.255.254.0	/23	11111111 11111111 11111110 00000000
255.255.255.0	/24	11111111 11111111 11111111 00000000
255.255.255.128	/25	11111111 11111111 11111111 10000000
255.255.255.192	/26	11111111 11111111 11111111 11000000
255.255.255.224	/27	11111111 11111111 11111111 11100000
255.255.255.240	/28	11111111 11111111 11111111 11110000
255.255.255.248	/29	11111111 11111111 11111111 11111000
255.255.255.252	/30	11111111 11111111 11111111 11111100
255.255.255.254	/31	11111111 11111111 11111111 11111110
255.255.255.255	/32	11111111 11111111 11111111 11111111

[표 A-4] 모든 서브넷 마스크

CCENT/CCNA ICND1 100–105 시험 업데이트

시간이 지나면서, 독자의 피드백은 피어슨으로 하여금, 시험을 칠 때 어떤 주제들이 가장 문제가 되는지를 알도록 한다. 이러한 주제들에 대해 독자를 돕기 위해, 저자는 문제가 되는 시험 주제들에 명확하고 자세한 자료를 새로 만들 것이다. 소개에서 언급한 것처럼, 시험에 대한 추가적인 자료는 책의 동반자 웹 사이트 http://www.ciscopress.com/title/9781587205804의 PDF에 포함되어 있다.

이 부록은 책의 기준인 시험에 대해 시스코가 경미한 변경을 했다면, 이에 대한 갱신된 정보를 제공하기 위한 것이다. 시스코가 완전히 새로운 시험을 발표했을 때, 변경 항목은 너무 광범위하여 단순한 업데이트 부록만으로는 부족할 것이다. 이 경우, 갱신된 내용을 포함하는 새로운 에디션의 책이 발간될 것이다.

부록은 발행된 책의 공백을 메우기 위한 것이다. 특히, 이 부록은 다음을 수행한다:

- 책에서 언급하지 않은 기술적 사항들을 다룬다.
- 시스코가 시험에 새로운 내용을 추가하면 새로운 주제들을 다룬다.
- 시험 내용에 대한 최신 정보를 입수할 수 있도록 한다.

최신 내용 입수 방법

단계 ① www.ciscopress.com/title/9781587205804로 간다.

단계 ② Updates 탭을 클릭한다.

단계 ③ 이 페이지의 새로운 부록 B 자료가 있다면, 가장 최근의 부록 B 문서를 다운로드한다.

> **NOTE** 다운로드한 문서는 버전 번호를 가진다. 책의 부록 B의 버전(버전 1.0)과 최근의 온라인 버전을 비교하여 다음을 수행한다:
>
> - **동일한 버전:** 동반자 웹 사이트에서 다운로드한 PDF를 무시하도록 한다.
> - **웹 사이트가 이후 버전을 가진 경우:** 책의 부록 B를 무시하고, 동반자 웹 사이트에서 다운로드한 최신 버전만 읽도록 한다.

기술적인 내용

이 부록의 현재 버전 1.0은 추가적인 기술적인 내용을 포함하지 않는다.

용어 사전

숫자

10/100　10Mbps와 100Mbps의 속도를 지원하는 스위치 포트 혹은 이더넷 NIC를 가리키는 약어.

10/100/1000　10Mbps, 100Mbps와 1,000Mbps(즉, 1Gbps)의 속도를 지원하는 스위치 포트

1000BASE-T　네 쌍의 꼬인 케이블링을 사용하는 IEEE 기가비트 이더넷 표준의 이름으로, 1,000Mbps(1Gbps)와 최대 케이블 길이 100m를 지원한다.

100BASE-T　두 쌍의 꼬인 케이블링을 사용하는 IEEE 패스트 이더넷 표준의 이름으로, 100Mbps와 최대 케이블 길이 100m를 지원한다.

10BASE-T　두 쌍의 꼬인 케이블링(카테고리 3, 4 혹은 5)을 사용하는 베이스밴드 10Mbps 이더넷 규격으로 한 쌍은 데이터 전송용이고, 다른 한 쌍은 데이터 수신용이다. IEEE 802.3 규격의 일부인 10BASE-T는 세그먼트당 거의 100m(328feet)의 거리 제한을 갖는다.

2계층 디자인(two-tier design)　생략된 코어 디자인(collapsed core design)을 볼 것.

3계층 설계(three-tier design)　코어 설계를 볼 것.

3계층 스위치(Layer 3 switch)　멀티레이어 스위치를 볼 것.

3계층 프로토콜(Layer 3 protocol)　논리적인 주소와 라우팅을 정의하는 OSI 3계층과 같은 특징을 갖는 프로토콜. IPv4와 IPv6은 3계층 프로토콜이다.

4-선 서킷(four-wire circuit)　텔코로부터 연결되는 4선을 가진 라인. 두 개의 꼬인 쌍으로 구성된다. 두 쌍은 각각 송신 및 수신용이므로, 4선 서킷은 풀 듀플렉스 통신이 가능하게 한다.

802.11a　U-NII 스펙트럼, OFDM 인코딩, 54Mbps 속도를 지원하는 무선 LAN을 위한 IEEE 표준.

802.11b　ISM 스펙트럼, DSSS 인코딩, 11Mbps 속도를 지원하는 무선 LAN을 위한 IEEE 표준.

802.11g　ISM 스펙트럼, DSSS 혹은 OFDM 인코딩, 54Mbps 속도를 지원하는 무선 LAN을 위한 IEEE 표준.

802.11n　ISM 스펙트럼, OFDM 인코딩, 단일 스트림에서 다중 안테나를 사용하여 150Mbps 속도를 지원하는 무선 LAN을 위한 IEEE 표준.

802.1Q　VLAN 트렁킹을 위한 IEEE 표준 프로토콜.

ㄱ

경량 AP(lightweight access point)　무선 클라이언트들끼리 통신하게 하지만, 네트워크의 유선 영역과의 통신을 위해서 무선 LAN 컨트롤러에 의존하는 무선 AP.

계정 관리(accounting)　보안에서 접속 시도들을 기록하는 것. AAA를 볼 것.

공유(shared)　이더넷(Ethernet) 허브 혹은 원래의 동축 케이블을 사용하는 이더넷으로 데이터를 교대로 보낼 수 있으므로 밴드위스를 나누어 쓰게 된다.

공인 IP 네트워크(public IP network)　한 조직을 위해서만 할당된 IPv4 클래스 A, B 혹은 C 네트워크. 이 네트워크의 주소들은 인터넷에서 유일한 것이므로 공인 인터넷에서는 이 주소들을 사용하여 패킷들이 보내진다.

공인 IP 주소(public IP address)　IANA(Internet Assigned Numbers Authority)가 할당하는 것으로, 등록된 네트워크 영역에 속하는 IP 주소. 인터넷상의 라우터들은 공인의 등록된 IP 주소들에 대한 패킷들만 라우팅할 수 있다.

균형(symmetric)　다운스트림 전송 속도가 업스트림 전송 속도와 동일한 인터넷 접속 기술의 기능.

근본 원인(root cause)　문제의 원인을 지칭하는 장애 해결 관련 용어. 어떤 변경을 수행한 후에 문제가 해결될 수도 있고 해결되지 않는다면, 다른 원인으로 이동할 수 있다.

글로벌 라우팅 프리픽스(global routing prefix)　한 조직에 할당된 글로벌 유니캐스트 주소들로 만들어진 IPv6 주소 블록을 정의하는 IPv6 프리픽스. 조직은 자신의 네트워크를 위해 전 세계에서 유일한 IPv6 주소들의 블록을 갖는다.

글로벌 유니캐스트 주소(global unicast address)　IANA/ICANN, 이들의 에이전시, ISP 혹은 다른 기관을 통해 등록된 즉, 전 세계에서 유일한 공인 IPv6 유니캐스트 주소 유형.

기가비트 이더넷(Gigabit Ethernet)　초당 1기가비트의 속도로 데이터를 보내는 IEEE 표준에 대한 일반적인 이름.

ㄴ

네이버(neighbor)　라우팅 프로토콜에서, 라우팅 정보를 교환하는 또 다른 라우터.

네임 서버(name server)　네트워크 네임을 네트워크 주소로 변환하기 위해 네트워크에 연결된 서버.

네트워크 ID(network ID)　십진수 형식의 번호(IP 주소와 같이)를 사용하여 IPv4 네트워크를 식별하는 번호. 하나의 클래스 A, B 혹은 C 네트워크를 대표하는 번호.

네트워크 루트(network route)　클래스풀 네트워크에 대한 루트.

네트워크 번호(network number)　IP 주소와 동일한 십진수 형식을 갖지만, 단일 클래스 A, B 또는 C 네트워크 내부의 모든 호스트들을 포함한다.

네트워크 브로드캐스트 주소(network broadcast address)　IPv4에서, 각 클래스풀 네트워크에서 동일한 클래스풀 네트워크 내의 모든 호스트들에게 패킷을 브로드캐스팅하기 위해 사용할 수 있는 특별한 주소. 숫자상 이 주소는 주소의 네트워크 영역은 네트워크 번호이고, 호스트 옥텟은 모두 255들인 숫자를 갖는다. 예를 들어, 10.255.255.255는 클래스풀 네트워크 10.0.0.0의 네트워크 브로드캐스트 주소다.

네트워크 영역(network part)　주소가 클래스 A, B 혹은 C 네트워크 중 무엇이냐에 따라 1, 2 또는 3바이트(옥텟) 길이인 IPv4 주소의 영역.

네트워크 주소(network address) 네트워크 번호를 볼 것.

네트워크(network) 어떤 전송 미디엄에서 서로 통신할 수 있는 컴퓨터, 프린터, 스위치, 라우터와 기타 장치들의 집합.

네트워킹 모델(networking model) 장치들 간의 통신을 위해 장치들이 따르는 프로토콜들과 표준들을 모은 통합적인 집합을 가리키는 용어. 예를 들어, TCP/IP와 OSI.

넥스트-홉 라우터(next-hop router) 라우팅 테이블 내의 IP 루트에서, 패킷을 다음으로 수신해야 하는 라우터(IP 주소).

노운 유니캐스트 프레임(known unicast frame) 이더넷 프레임의 MAC 주소가 스위칭 테이블에 존재하기 때문에, 스위치는 MAC 주소 엔트리에 기초하여 한 포트로만 전달할 수 있는 프레임.

논리적 주소(logical address) 물리적인 미디어의 물리적인 항목들과 관련 없는 3계층 프로토콜에서 정의한 주소를 지칭한다. 물리적 미디어의 유형에 따라 다른 물리적 주소인 데이터 링크 주소와 대조되는 주소다.

ㄷ

다이렉티드 브로드캐스트 주소(directed broadcast address) 서브넷 브로드캐스트 주소를 볼 것.

단일 모드(single mode) 좁은 코어를 통해 단일 각도로만 빛을 통과시키는 광섬유 케이블링 타입. 이 케이블링 유형은 멀티모드 광보다 높은 밴드위스를 제공하지만, 좁은 스펙트럼의 광원(예를 들어, 레이저)을 필요로 한다.

데이터 VLAN(data VLAN) PC와 서버와 같이 이더넷에 연결된 전형적인 데이터 장치들이 사용하는 VLAN. 보이스 VLAN과 대조된다.

동기(synchronous) 비트 스트림에 대해 시간 정보를 부가함. 실제로 장치는 시리얼 링크의 다른 쪽 끝의 장치와 동일한 속도를 사용할 것이다. 링크 상에서 전압 상태의 전이를 관찰함으로써, 장치는 양쪽 끝의 속도에서 미미한 변화를 감지할 수 있고, 이에 따라 자신의 속도를 조정한다.

동일 계층 상호 작용(same-layer interaction) 네트워킹 모델의 각 계층에서 정의하는 헤더를 사용하는 두 장치 간의 통신. 송신 장치는 헤더의 값을 설정하고, 헤더와 캡슐화된 데이터를 보내고, 수신 장치는 헤더를 해석하여 어떤 액션을 취할지를 결정한다.

듀얼 스택(dual stack) IPv4와 IPv6를 모두 지원하는 호스트 혹은 라우터의 동작 모드.

듀플렉스 불일치(duplex mismatch) 이더넷 링크의 양쪽 끝에서 두 장치 중 하나는 풀-듀플렉스 로직을 사용하고, 다른 장치는 하프-듀플렉스 로직을 사용하는 조건으로 링크 상에서 프레임 폐기와 재전송이 발생한다.

디스턴스 벡터(distance vector) RIP과 같은 IGP(interior gateway protocol) 동작을 하는 로직. 디스턴스 벡터 라우팅 알고리즘은 각 라우터로 하여금 그 이웃들에게 각 업데이트에서 전체 라우팅 테이블을 보내도록 한다. 디스턴스 벡터 라우팅 알고리즘은 라우팅 루프(loop)를 일으키는 경향이 있고, 링크-스테이트(link-state) 라우팅 알고리즘보다 계산 과정이 보다 단순하다.

디스트리뷰션 계층(distribution layer) 캠퍼스 LAN 디자인에서 액세스 계층 스위치들이 연결되는 스위치로 액세스 계층에서 LAN의 다른 영역으로 연결하는 스위치다.

디-인캡슐레이션(de-encapsulation)　네트워크에서 데이터를 수신한 컴퓨터는 보다 낮은 계층의 헤더를 해석하고, 각 헤더를 처리하면 헤더를 제거하고 다음으로 높은 계층의 PDU로 넘어간다.

디폴트 게이트웨이/디폴트 라우터(default gateway/default router)　IP 호스트에서 패킷의 목적지 주소가 로컬 서브넷이 아닌 다른 서브넷에 존재할 때, 호스트가 패킷을 보내는 라우터.

디폴트 루트(default route)　라우터에서 보다 구체적인 루트에 일치하지 않는 경우 모든 패킷들에 일치한다고 간주되는 루트.

디폴트 마스크(default mask)　서브넷들을 생성하지 않는 클래스 A, B 혹은 C 네트워크에서 사용하는 마스크. 구체적으로 클래스 A 네트워크들을 위한 마스크 255.0.0.0, 클래스 B 네트워크들을 위한 마스크 255.255.0.0, 클래스 C 네트워크들을 위한 마스크 255.255.255.0을 사용한다.

ㄹ

라우터 ID(router ID, RID)　OSPF에서, 십진수(DDN) 형식의 32-비트 번호로 각 라우터를 구분한다.

라우티드 프로토콜(routed protocol)　라우터가 라우팅할 수 있는 패킷을 정의하는 프로토콜. 라우티드 프로토콜의 예는 IPv4와 IPv6을 포함한다.

라우팅 업데이트(routing update)　이웃 라우터에게 라우팅 정보를 보내는 라우팅 프로토콜의 메시지.

라우팅 테이블(routing table)　라우터의 목적지 서브넷과 마스크를 포함하는 루트와 각 서브넷에 대한 라우터의 송신 인터페이스와 다음 라우터의 IP 주소를 포함하는 루트들의 리스트.

라우팅 프로토콜(routing protocol)　특정 네트워크 내의 서브넷들에 이르기 위한 루트 관련 정보를 교환하도록 하는 과정과 메시지들을 정의하는 프로토콜. 라우팅 프로토콜들의 예로 EIGRP(Enhanced Interior Gateway Routing Protocol)와 OSPF(Open Shortest Path First) 프로토콜, RIP(Routing Information Protocol)을 포함한다.

러닝-컨피그 파일(running-config file)　시스코 IOS 스위치와 라우터에서, 장치가 현재 사용 중인 컨피규레이션을 포함하고 RAM 메모리에 존재하는 파일의 이름.

로그 메시지(log message)　장치의 OS가 특정 이벤트를 소유자 혹은 관리자에게 알리기 위해 시스코 라우터와 스위치를 포함하여 어떤 컴퓨터에 의해 생성된 메시지.

로그인 배너(login banner)　시스코 라우터 혹은 스위치에서, 로그인 과정 중에 사용자에게 라우터/스위치가 보여주는 텍스트 메시지.

로컬 루프(local loop)　전화 가입자의 구내에서 전화 회사의 CO(Central Office) 스위치까지의 라인.

로컬 브로드캐스트 IP 주소(local broadcast IP address)　IPv4 주소 255.255.255.255. 이 주소로

보낸 패킷은 데이터 링크 브로드캐스트로 보내지므로, 처음에 보낸 서브넷 내의 호스트들에게 만 보내진다. 라우터는 이러한 패킷들을 내보내지 않는다.

로컬 유저네임(local username) 라우터와 스위치에 설정된 유저네임(상응하는 패스워드와 함께). 로컬이란 용어는 해당 설정이 리모트 서버가 아니라 라우터 혹은 스위치에 존재하기 때문이다.

링크 스테이트(link state) 일부 라우팅 프로토콜이 사용하는 라우팅 알고리즘의 한 종류. 링크-스테이트 라우팅 프로토콜들은 링크들(서브넷들)과 이들의 상태(up, down)를 표시하는 상세한 데이터베이스를 구성하고, 이것으로부터 최상의 루트가 계산된다.

링크-로컬 범위(link-local scope) IPv6 멀티캐스트 패킷이 그것이 출발한 서브넷을 벗어나지 않는다는 사실을 지칭하는 링크-로컬과 함께 멀티캐스트 패킷이 이동할 수 있는 범위(scope)가 네트워크 내부라는 것을 표시하는 용어.

링크-로컬 주소(link-local address) 한 데이터 링크 상의 인터페이스를 위한 유니캐스트 IPv6 주소 유형. 링크-로컬 주소로 보낸 패킷들은 특정 링크에서만 전달되기 때문에 라우터가 다른 서브넷으로 보내지 않는다. 로컬 링크를 떠날 필요가 없는 통신을 위해 사용된다.

□

마이크로 세그먼테이션(micro segmentation) 모든 스위치 포트는 허브 없이 직접 단일 장치에 연결하는 LAN 설계 방식. 각각의 스위치는 포트별로 분리된 컬리전 도메인을 생성한다. 이 용어는 각 스위치 포트는 각각의 컬리전 도메인 혹은 세그먼트로 분리되고, '세그먼트'란 단어의 정의가 '컬리전 도메인'이라는 사실과 연관된다.

멀티 모드(multimode) 싱글 모드 케이블링보다 큰 코어를 가진 광섬유 케이블링 유형으로 광을 다수의 각도로 들여보낸다. 싱글 모드 광보다 낮은 밴드위스를 제공하지만, 레이저보다 저렴한 LED와 같은 광원을 사용한다.

멀티레이어 스위치(multilayer switch) 3계층 기능을 수행하는 LAN 스위치. 이 용어는 다수의 OSI 계층들(2계층과 3계층)의 로직에 기초하여 포워딩 결정을 한다는 사실에서 기초한 것이다.

멀티캐스트 IP 주소(multicast IP address) 클래스 D IPv4 주소. 이 주소를 패킷의 목적지로 사용하면, 라우터는 특정 멀티캐스트 주소로 보내지는 패킷을 수신하겠다고 이미 등록한 모든 호스트들에게 패킷의 복사본을 보낸다.

메트릭(metric) 특정 목적지에 이르기 위해 트래픽이 사용하는 베스트를 루트를 결정하기 위해 라우팅 프로토콜 알고리즘이 사용하는 기준.

모뎀(modem) 'Modulator-demodulator'의 약어. 디지털과 아날로그 시그널 간을 변환하는 장치로 컴퓨터가 다른 컴퓨터에게 데이터를 보낼 때, 아날로그 전화선을 사용하도록 한다. 출발지에서 모뎀은 디지털 시그널을 아날로그 장치들을 통과할 수 있도록 변환한다. 목적지에서, 아날로그 시그널은 디지털 시그널로 다시 변환된다.

무선 랜 컨트롤러(wireless LAN Controller, WLC) WAP(lightweight access points, 경량 액세스 포인트) 장치와 유선 LAN 간의 데이터 전송을 위한 일부 제어 기능들을 수행함으로써 무선 LAN을 생성하기 위해 무선 경량 액세스 포인트와 협력하는 장치.

무선(wireless) LAN 무선 전파를 사용하여 비트들을 물리적으로 전송하는 LAN(local-area network). 'wireless'란 이름은 케이블(종종 내부에 구리선을 갖는 케이블)을 사용하는 'wired(유선)' LAN과 대조된다.

ㅂ

반대 방향의 루트(reverse route) 한 호스트의 시각에서, 또 다른 호스트에서 해당 호스트로 패킷을 돌려보낼 때, 패킷이 이동하는 루트.

백-투-백 링크(back-to-back link) 한 라우터에는 DTE 케이블을, 다른 라우터에는 DCE 케이블을 연결하여 CSU/DSU 없이 생성된 두 라우터 사이의 시리얼 링크. 일반적으로 실습실에서 텔코로부터 실제 전용회선을 빌리지 않고 시리얼 링크를 구성하기 위해 사용한다.

밴드위스(bandwidth) 네트워크 링크의 속도를 가리킨다. 그것은 통신이 얼마나 빠른지를 표시하기 위해 주파수 밴드의 범위 혹은 너비를 사용하는 통신 기술에서 나온 용어다.

버스(bus) 컴퓨터가 다른 컴퓨터로 시그널을 보낼 때, 전선이나 다른 미디어로 구성된 일반적이며 물리적인 신호의 경로.

버추얼 LAN(virtual LAN, VLAN) 스위치 설정을 통해 하나 이상의 스위치에 구성된 하나의 브로드캐스트 도메인에 포함되는 장치들의 집합. VLAN은 스위치 관리자로 하여금 추가적인 스위치 하드웨어를 구입하지 않고도 트래픽을 분리할 수 있는 디자인의 이점이 있다.

보이스 VLAN(voice VLAN) 시스코 스위치가 IP 폰에 할당하기 위해 정의하는 VLAN. IP 폰은 스위치와 통신을 위해 802.1Q 프레임을 사용하여 폰과 연결된 PC(데이터 VLAN을 사용하는)를 위한 트래픽을 지원한다.

보조 포트(auxiliary port) 리모트 터미널 혹은 터미널 에뮬레이터를 가진 PC에서 아날로그 모뎀을 사용하여 라우터에 접속할 때 사용하는 라우터의 물리적인 커넥터.

부울(Boolean) AND 하나의 이진수 쌍에서 수행되는 계산. 결과는 또 하나의 이진수다. 1과 1은 1을 생성하고, 모든 다른 조합은 0을 생성한다.

부트 필드(boot field) 시스코 라우터의 컨피규레이션 레지스터의 낮은 4비트. 부트 필드에서 이 값은 로딩할 시스코 IOS 이미지를 찾을 장소를 라우터에게 알려준다.

분할(segmentation) 애플리케이션 계층의 거대 사이즈의 데이터를 잘라서 네트워크로 전송 가능한 크기의 조각으로 나누는 과정.

불연속적 네트워크(discontiguous network) 네트워크 X의 서브넷들이 다른 클래스풀 네트워크의 서브넷들에 의해 분리된 네트워크 구성.

브로드캐스트 도메인(broadcast domain) 어떤 장치에서 출발한 브로드캐스트를 수신하는 모든 장치들의 집합. 동일한 VLAN 내부의 장치들은 동일한 브로드캐스트 도메인에 속한다.

브로드캐스트 서브넷(broadcast subnet) 클래스 A, B 혹은 C 네트워크를 서브네팅할 때, 각 클래스 네트워크에서 이 서브넷의 모든 서브넷 비트들은 이진수 1을 갖는다. 이 서브넷의 서브넷 브로드캐스트 주소는 클래스풀 네트워크의 네트워크-범위의 브로드캐스트 주소와 동일한 번호를 갖는다.

브로드캐스트 주소(broadcast address) 일반적으로 모든 장치들을 표시하는 주소로, 모든 장치들에게 보낼 때 사용한다. 이더넷에서 모든 이진수가 1인 MAC 주소로 16진수로는 FFFF.FFFF.FFFF가 된다. IPv4 브로드캐스트 주소는 서브넷 브로드캐스트 주소를 참조하기 바람.

브로드캐스트 프레임(broadcast frame) 목적지 주소 FFFF.FFFF.FFFF로 보내지는 이더넷 프레임. 이 프레임은 LAN 상의 모든 호스트들에게 보내져야 한다.

비대칭 DSL(asymmetric DSL) 케이블, 모뎀들을 포함하는 다수의 인터넷 접속 기술들이 사용하는 기능. 다운스트림 속도가 업스트림 속도보다 높다.

비동기(asynchronous) 비트 스트림에 시간을 맞추지 않음. 실제 양쪽은 동일한 속도에 동의하지만, 경미한 차이가 있어도 어떤 체크나 조정을 하지 않는다. 하지만 각 전송 시도마다 단 1바이트만 보내기 때문에 클럭 속도에서 경미한 차이는 문제가 되지 않는다.

비트별 부울(Boolean) AND 동일한 길이의 두 숫자 간의 AND 연산으로 첫 번째 비트는 다른 수의 첫 번째 비트와, 두 번째 비트는 다른 수의 두 번째 비트와 부울 연산하는 방식이다.

비활성화 타이머(inactivity timer) 스위치의 MAC 주소 테이블에서, 각 주소 엔트리는 0에서 시작하는 타이머로, 동일한 MAC 주소를 가진 프레임이 수신되면 다시 0으로 맞추어신다. 최대 한계 시간에 도달한 엔트리는 삭제되는데, 이것은 추가적인 MAC 주소 테이블 공간을 확보하기 위한 것이다.

ㅅ

사설 IP 네트워크(private IP network) IPv4 클래스 A, B 혹은 C 네트워크들은 RFC 1918에서 정의하는데, 회사 내부에서 사용하고 공인 IP 네트워크에서는 사용하지 않는다.

사설 주소(private addresses) 개별 조직 내부에서 사용하기 위해 클래스 A, B와 C 네트워크 내의 예비된 IP 주소들. 이러한 주소들은 RFC 1918에서 정의되며, 인터넷에서는 라우팅할 수 없다.

상주 서브넷(resident subnet) 유니캐스트 IP 주소들을 포함하는 IP 서브넷. 그러한 주소들에 대한 서브넷, 즉, 그러한 주소들이 존재하는 서브넷.

생략된 코어 설계(collapsed core design) 디스트리뷰션 스위치에 추가적으로 별도로 코어 스위치를 두지않은 캠퍼스 LAN 디자인. 사실상 디스트리뷰션 계층 장치가 코어 계층의 기능도 제공한다.

서브네팅(subnetting) 클래스 A, B 혹은 C 네트워크를 서브넷이라 불리는 보다 작은 그룹으로 분할하는 과정.

서브넷 ID(subnet ID, IPv4) 서브넷 번호를 볼 것.

서브넷 ID(subnet ID, IPv6) IPv6 서브넷을 대표하는 번호. IPv6 프리픽스 혹은 보다 공식적으로는 서브넷 라우터 애니캐스트 주소로 알려져 있다.

서브넷 ID(프리픽스 ID) 서브넷 번호를 볼 것.

서브넷 라우터 애니캐스트 주소(subnet router anycast address) 각 IPv6 서브넷 내의 특별한 애

니캐스트 주소로 서브넷 내의 모든 라우터에게 패킷을 보낼 때 사용하기 위해 예비된 주소. 이 주소는 각 서브넷 내에서 서브넷 ID와 같은 번호다.

서브넷 마스크(subnet mask)　주소의 네트워크와 서브넷 비트들은 마스크 비트 1, 주소의 호스트 비트들은 마스크 비트 0으로 표시함으로써 IP 주소의 형식을 설명하는 32비트 번호.

서브넷 번호(subnet number)　IPv4에서, 하나의 서브넷에 포함된 모든 IP 주소들을 대표하는 DDN(dotted-decimal number). 숫자상 해당 서브넷의 가장 작은 숫자를 사용하고, 호스트를 위한 유니캐스트 IP 주소로 할당할 수 없다.

서브넷 브로드캐스트 주소(subnet broadcast address)　IPv4 서브넷 내에서 가장 높은 숫자의 특별한 주소로, 이 주소로 보내진 패킷들은 서브넷 내의 모든 호스트들에게 보내진다.

서브넷 영역(subnet part)　클래스풀 주소 체계 규칙에서 IPv4 주소를 서브넷으로 나눌 때, IP 주소의 세 영역 중 하나인 서브넷 영역은 클래스풀 IP 네트워크의 다수의 서브넷들을 구분한다.

서브넷 제로(subnet zero)　제로 서브넷의 다른 말. 제로 서브넷을 참조할 것.

서브넷 주소(subnet address)　서브넷 번호를 볼 것.

서브넷(subnet)　클래스 A, B 혹은 C 네트워크를 분할한 네트워크들로 네트워크 관리자가 설정한다. 서브넷들은 다수의 클래스 A, B 혹은 C 네트워크 대신, 하나의 네트워크를 사용하게 하고, 소수의 IP 주소를 포함하는 다수의 네트워크들로 분할하여 효과적인 IP 라우팅을 가능하게 한다.

서브인터페이스(subinterface)　하나의 물리 인터페이스에 설정하는 가상 인터페이스.

서킷 스위칭(circuit switching)　서비스 제공자 네트워크는 두 장치 간의 1계층 서킷을 셋업할 뿐, 비트의 의미를 해석하지 않는 WAN 서비스를 지칭한다. 패킷 스위칭과 비교하기 바람.

세그먼트(segment)　TCP에서, TCP 헤더와 캡슐화된 데이터를 설명하기 위해 사용하는 용어(L4PDU라고도 함). TCP에서 또한 애플리케이션 계층에서 큰 덩어리의 데이터를 받아 TCP 세그먼트 사이즈로 잘게 나눈다. 이더넷에서 세그먼트는 전혀 다른 용어로 하나의 이더넷 케이블 또는 하나의 컬리전 도메인(케이블 수와 관련 없이)을 지칭한다.

셋업 모드(setup mode)　사용자에게 기본적인 설정 정보를 입력하도록 하는 시스코 IOS 스위치와 라우터들의 설정 옵션으로 새로운 러닝-컨피그와 스타트업-컨피그 파일을 생성한다.

송신 인터페이스(outgoing interface)　라우팅 테이블의 IP 루트에서, 로컬 라우터가 루트에 일치하는 패킷을 보내기 위해 로컬 인터페이스를 가리키는 라우팅 테이블 부분.

수정된 EUI-64(Modified EUI-64)　EUI-64를 볼 것.

순차 데이터 전송(ordered data transfer)　TCP에서, 송신 호스트가 송신 데이터에 번호를 부여하여 보내면, 수신 장치가 순서에 맞게 도착하는 데이터를 재배치하고, 순서대로 전달될 수 없다면 폐기하는 네트워킹 기능.

스위치(switch)　각 프레임에 대한 목적지 주소에 기초하여 이더넷 프레임을 필터링, 포워딩 그리고, 플러딩하는 네트워크 장치.

스위치드 이더넷(switched Ethernet)　허브가 아니라 스위치를 사용하는 이더넷으로, 한 스위치 포트에 연결된 장치는 밴드위스를 독점적으로 사용할 수 있다. 대조되는 'shared(공유)' 이더넷이란 용어는 장치들이 밴드위스를 공유하는 반면, 스위치드 이더넷은 장치들이 밴드위스를 공유하지 않기 때문에 훨씬 많은 용량을 제공한다.

스타 토폴로지(star topology)   네트워크의 엔드 포인트들을 포인트-투-포인트 링크들로 중앙 장치에 연결하는 네트워크 토폴로지.

스타트업-컨피그 파일(startup-config file)   시스코 IOS 스위치와 라우터에서, NVRAM 메모리에 존재하는 파일의 이름. 장치를 리로드하거나 전원이 켜졌을 때, 러닝-컨피그 파일로 RAM으로 로딩될 장치의 컨피규레이션을 저장함.

스태틱 루트(static route)   로컬 라우터 상에서 사용자가 상세한 루트 정보를 직접 설정함으로써 생성되는 IP 루트.

스테이트리스 DHCPv6(stateless DHCPv6)   스테이트리스 DHCP와 대조되는 IPv6 용어. 스테이트리스 DHCP 서버들은 클라이언트들에게 IPv6 주소들을 임대하지 않는다. 대신 그들은 DNS 서버 IP 주소들을 제공하지만, 클라이언트들에 대한 정보(상태 정보)를 추적하지 않는다.

스테이트풀 DHCPv6(stateful DHCPv6)   스테이트리스 DHCP와 대조되는 IPv6 용어. 스테이트풀 DHCP는 어떤 클라이언트에게 어떤 IPv6 주소를 할당하였는지(상태 정보)를 추적한다.

스트레이트-스루 케이블(straight-through cable)   이더넷에서, 케이블의 한 쪽 끝의 핀 1을 다른 쪽 끝의 핀 1에 연결하고, 핀 2는 핀 2로, 핀 3은 핀 3 등으로 연결하는 케이블.

슬라이딩 윈도(sliding windows)   TCP와 같은 프로토콜들에서, 수신 장치는 ACK(acknowledgment)를 수신하기 전에 보낼 수 있는 데이터의 양(윈도(window)라 불리는 개념)을 송신 장치에게 지시한다. 각 ACK를 수신하면 다음 데이터 번호 범위를 보내기 위해 윈도는 다음 순서의 바이트로 이동(sliding) 한다.

시리얼 인터페이스(serial interface)   어떤 유형의 WAN 링크 즉, 특히 전용 회선과 프레임 릴레이 액세스 링크에 연결하기 위해 사용하는 라우터 인터페이스 유형.

시리얼 케이블(serial cable)   전용 회선 설치를 위해 외장형 CSU/DSU에 라우터를 연결하기 위해 사용하는 다양한 스타일의 커넥터들을 가진 케이블.

시스로그 서버(syslog server)   네트워크에서 다수의 장치들로부터 시스로그 메시지들을 수집하고 사용자 인터페이스에 제공하기 위한 서버 애플리케이션으로 IT 관리자들은 문제들을 해결하기 위해 로그 메시지들을 볼 수 있다.

시스로그(syslog)   시스로그 서버는 네트워크 장치로부터 시스템 메시지들을 수신하여 데이터베이스에 이러한 메시지들을 저장한다. 또한 시스로그 서버는 시스템 메시지들에 대한 보고 기능을 제공한다. 일부는 네트워크 관리자에게 이메일링, 페이징과 같은 동작으로 시스템 메시지들을 알릴 수 있다.

십진수 마스크(decimal mask)   점으로 구분된 십진수 형식으로 쓰여진 IPv4 서브넷 마스크. 예를 들어, 255.255.255.0.

O

아웃사이드 글로벌(outside global) 출발지 NAT에서, NAT이 변환하지 않는 기업 외부의 호스트들이 사용하는 주소.

알려지지 않은 유니캐스트 프레임(unknown unicast frame) 이더넷 프레임의 MAC 목적지 주소가 스위치의 MAC 주소 테이블에 존재하지 않아 스위치가 플러딩하는 프레임.

암호화(encryption) 정보를 볼 권한이 없는 사람들이 데이터를 읽지 못하게 데이터를 변환하는 특정 알고리즘을 적용하는 것.

애니캐스트 주소(anycast address) 네트워크의 다른 영역에 위치하는 두 개 이상의 호스트들에 의해 공유되는 주소로 라우터는 두 서버 중 가장 가까운 곳으로 패킷을 보낼 것이므로, 클라이언트는 가장 가까운 서버와 통신을 할 수 있다.

액세스 계층(access layer) 캠퍼스 LAN 디자인에서 엔드 포인트 장치들(서버, 사용자 장치들)을 직접 연결하고, 디스트리뷰션 계층 스위치에 연결하는 스위치들

액세스 링크(access link) 프레임 릴레이에서, 프레임 릴레이 DTE 장치, 보통 라우터를 프레임 릴레이 스위치에 연결하기 위한 물리적인 시리얼 링크. 액세스 링크는 포인트-투-포인트 전용 회선과 동일한 물리적인 표준을 사용한다.

액세스 인터페이스(access interface) 사용자 장치들이 연결되는 스위치 인터페이스를 지칭하는 LAN 네트워크 디자인 용어. 해당 인터페이스는 VLAN 트렁킹을 적용하지 않는다.

액세스 포인트(access point) 무선 클라이언트들이 서로 데이터를 보내고, 유선 네트워크에 연결된 장치에 데이터를 보내기 위해 사용하는 무선 LAN 장치

어드미니스트레이티브 디스턴스(administrative distance) 시스코 라우터에서 한 라우터에 특정 서브넷에 대한 다수의 라우팅 프로토콜들에 의해 학습된 다양한 루트들이 존재할 때, 선택 기준이 된다. 어드미니스트레이티브 디스턴스가 낮을수록 나은 라우팅 정보가 된다.

업데이트 타이머(update timer) 라우팅 프로토콜이 라우팅 업데이트를 보내는 시간 간격. 디스턴스 벡터 라우팅 프로토콜은 전체 라우팅 정보를 업데이트 간격마다 보낸다.

에러 디스에이블드(error disabled) 보안 위반 상황에서 대응 결과 중 하나로써 LAN 스위치의 인터페이스 상태.

에스컬레이션(escalation, 2선 지원) 장애 해결 방식에서 장애 해결 과제를 할당받은 사람이 장애를 해결할 수 없거나 장애가 심각한 영향력을 갖거나 보다 신중한 처리가 필요할 때, 다른 작업자에게 해당 과제를 이전하는 과정.

연속적 네트워크(contiguous network) 네트워크 X의 서브넷들이 다른 클래스풀 네트워크의 서브넷들에 분리되지 않는 네트워크 구성.

오류 감지(error detection) 데이터 링크 계층 프레임이 전송 도중 변조되었는지를 탐지하기 위한 프로세스. 이 과정은 보통 데이터 링크 트레일러의 FCS(Frame Check Sequence)를 사용한다.

오류 복구(error recovery) 전송 데이터에 대한 수신 확인을 받지 못했을 때, 수신 확인을 받을 때까지 데이터를 재전송하는 과정.

올-노드 멀티캐스트 주소(all-nodes multicast address) 링크-로컬의 범위를 갖고, FF02::1로 보내지는 멀티캐스트 주소로 IPv6을 지원하는 링크 상의 모든 장치들에게 패킷을 보낼 때 사용한다.

올-라우터 멀티캐스트 주소(all-routers multicast address) 링크-로컬의 범위를 갖고, FF02::2로 보내지는 멀티캐스트 주소로 로컬 링크에서 IPv6 라우터로 동작하는 모든 라우터들에게 패킷을 보낼 때 사용한다.

와일드카드 마스크(wildcard mask) 시스코 IOS ACL과 OSPF/EIGRP network 명령에서 사용하는 마스크.

요청-노드 멀티캐스트 주소(solicited-node multicast address) 링크-로컬 범위를 가지고, 서브넷 내의 모든 호스트들에게 패킷을 보내기 위해 사용하는 IPv6 멀티캐스트 주소 유형이다. 유니캐스트 IPv6 주소의 마지막 여섯 개의 16진수에서 동일한 값을 가지며, FF02::1:FF00:0/104로 시작한다.

웰노운 포트(well-known port) 특정 애플리케이션에서 사용하기 위해 예비된 TCP 혹은 UDP 포트 번호. 클라이언트는 잘 알려진 포트를 이용하여 TCP 혹은 UDP 세그먼트를 서버 내부에서 해당 애플리케이션들을 구분하는 정확한 목적지 포트로 보낸다.

웹 서버(web server) 컴퓨터에서 운용하며, 웹 페이지를 저장하고 웹 페이지를 요청하는 웹 클라이언트들(웹 브라우저들)에게 그러한 웹 페이지들을 보내는 소프트웨어.

윈도(window) ACK(acknowledgment)를 수신하지 않고 보낼 수 있는 바이트의 수를 표시한다.

유니버설 이미지(universal image) 시스코 IOS 유니버설 이미지는 특정 장치에 대한 모든 기능 세트들을 포함한다. 특정 기능에 대한 라이선스를 필요로 하고, 관리자가 해당 기능들을 활성화해야 한다.

유니캐스트 IP 주소 단일 인터페이스를 표시하는 IP 주소. IPv4에서 이러한 주소들은 클래스 A, B, C의 범위에 속한다.

유니캐스트 주소(unicast address) 일반적으로 단일 장치 혹은 인터페이스를 대표하는 네트워킹을 위한 주소로 그룹 주소와 구분된다.

유니크 로컬 주소(unique local address) IPv4 사설 주소와 동등한 유형의 IPv6 유니캐스트 주소.

유선(wired) LAN 종종 케이블 내부에 구리선을 사용하는 케이블을 통해 비트들을 물리적으로 전송하는 LAN(local-area network). 무선 전파 대신 선(케이블 내부의)을 통해 데이터를 전송한다는 사실을 강조하는 LAN 용어. 무선 LAN을 참조할 것.

유저 모드(user mode) 일반적으로 현재 상태를 볼 수 있지만, 운영 설정을 변경하지 않는 EXEC 명령어만 입력할 수 있는 라우터 혹은 스위치의 사용자 인터페이스 모드.

이더넷 링크(Ethernet link) 사용하는 케이블링 종류와 관련 없이, 두 이더넷 노드 간의 물리적 링크를 지칭하는 일반 용어.

이더넷 주소 이더넷 네트워크에서 이더넷 노드들을 식별하기 위해 사용하는 12자리의 16진수로 표기하는 48비트(6바이트) 이진수. 이더넷 프레임 헤더는 정확한 목적지로 이더넷 프레임을 전송하기 위해 이더넷 장치들이 사용하는 목적지와 출발지 주소 필드를 포함한다.

이더넷 포트(Ethernet port)　이더넷 NIC 또는 LAN 스위치에서 이더넷 케이블이 연결될 수 있는 포트.

이더넷 프레임(Ethernet frame)　이더넷 데이터 링크 헤더와 트레일러와 함께 헤더와 트레일러 사이에 캡슐화된 데이터를 포함하는 데이터 단위.

이더넷(Ethernet)　원래 제록스 사에서 창안했고, 제록스, 인텔과 디지털이큅먼트 사가 공동 개발하였으며, IEEE에서 정의한 LAN 표준 시리즈.

이더타입(EtherType)　이더넷 헤더에서 타입 필드를 정의하는 이더넷 타입(Ethernet Type)의 약칭. 타입 필드는 이더넷 프레임 내부에 캡슐화된 패킷의 종류를 식별한다.

이름 변환(name resolution)　호스트네임에 대응하는 IP 주소를 발견하기 위해 IP 호스트가 사용하는 프로세스. IP 호스트는 DNS 서버에게 DNS 요청을 보내고, 서버는 목록화 된 호스트 네임에 상응하는 IP 주소를 제공한다.

이름형 액세스 리스트(named access list)　번호가 아니라 이름에 기초하여 ACL을 식별하는 ACL.

이진수 마스크(binary mask)　32비트 이진수로 쓰여진 IPv4 서브넷 마스크.

인가(authorization)　보안에서 특정 사용자 혹은 장치에게 허용되는 권리의 결정. AAA를 참조할 것.

인사이드 글로벌(inside global)　NAT을 사용하는 내부 네트워크의 호스트가 보낸 패킷이 글로벌 (공인) 인터넷을 통과할 때, 이러한 패킷의 헤더에서 사용하는 IP 주소.

인사이드 로컬(inside local)　NAT을 사용하는 내부 네트워크의 호스트가 보낸 패킷이 기업 내부 (사설) 네트워크를 통과할 때, 이러한 패킷의 헤더에서 사용하는 IP 주소.

인접-계층 상호 작용(adjacent-layer interaction)　한 컴퓨터에서 네트워킹 아키텍처 모델에서 두 개의 인접 계층들 즉, 보다 낮은 계층과 보다 높은 계층의 상호 작용.

인증(authentication)　보안에서 사람 혹은 프로세스에 대한 확인. AAA를 참조할 것.

인캡슐레이션(encapsulation)　다음의 보다 낮은 계층의 프로토콜의 헤더 뒤(어떤 경우에는 헤더와 트레일러 사이에)에 보다 높은 계층의 프로토콜에서 내려온 데이터를 배치함. 예를 들어, IP 패킷은 이더넷 네트워크로 보내기 전에, 이더넷 헤더와 트레일러 사이에 캡슐화된다.

ㅈ

자동 요약(autosummarization)　상이한 클래스풀 네트워크 경계의 라우터에서 전체 클래스풀 네트워크를 다른 클래스풀 네트워크로 또는 반대 방향으로도 자동 전달하는 라우팅 프로토콜의 루트 요약 기능.

자동 협의(autonegotiation)　링크 양 끝의 두 노드가 메시지 교환을 통해 동일한 이더넷 표준을 사용하도록 하여 링크가 동작할 수 있도록 하는 IEEE 표준 메커니즘(802.3u).

장애 확인(problem isolation)　엔지니어가 문제의 근본 원인을 식별할 때까지 문제의 가능한 원인들을 제외시켜 나가는 장애 해결 과정의 일부.

장치 강화(device hardening) 라우터 혹은 스위치에 대한 로그인 접속을 보호하고, ACL로 라우터 혹은 스위치에 로그인할 수 있는 사용자들을 제한함으로써 장치를 보호하기 위한 대응을 지칭하는 보안 용어.

전용 회선(leased line) 서비스 프로바이더, 일반적으로 텔코(전화 회사)가 제공하는 두 지점 간의 시리얼 통신 서킷. 텔코는 두 지점 간의 물리적인 케이블을 판매하기보다는 두 사이트 간에 비트들을 전달하는 것에 대해 월 별로 회선 비용을 청구하기 때문에 전용(임대) 회선 서비스라고 한다.

제로 서브넷(zero subnet) 서브네팅된 클래스풀 IPv4 네트워크에 대해, 서브넷 영역의 번호가 이진수로 모두 0인 서브넷 번호를 갖는 서브넷. 십진수로 제로 서브넷은 클래스풀 네트워크 번호와 동일하기 때문에, 제로 서브넷은 쉽게 식별할 수 있다.

주기적 업데이트(periodic update) 라우팅 프로토콜에서, 라우팅 프로토콜은 정기적인 주기로 라우팅 업데이트를 보낸다. 이것은 디스턴스 벡터 프로토콜에서 일반적이다.

주소 블록(address block) 연속적인 IPv4 주소들의 집합. 이 용어는 보통 CIDR에 의해 정의되는 클래스리스 프리픽스를 위해 사용되지만, 서브넷 혹은 IPv4 네트워크를 지칭할 수도 있다.

중복 서브넷들(overlapping subnets) 한 서브넷의 주소 범위가 다른 서브넷의 주소 범위를 포함하는 부정확한 IP 서브넷 디자인 조건.

ㅊ

출발지 NAT(Source NAT) 네트워크에서 가장 일반적인 NAT(Network Address Translation) 타입(목적지 NAT과 비교된다)으로 인사이드 인터페이스로 들어가는 패킷의 출발지 IP 주소를 변환한다.

ㅋ

커넥션 설정(connection establishment) 커넥션 오리엔티드 프로토콜이 커넥션을 생성하는 프로세스. TCP에서 TCP 세그먼트의 3-웨이 핸드셰이크에 의해 커넥션은 설정된다.

커넥티드 루트(connected route) 라우터에서 라우터 인터페이스의 상태가 업이고 IP 주소가 설정되었다면, 라우팅 테이블에 추가되는 IP 루트. 설정된 IP 주소와 마스크에 기초하여 계산되는 서브넷에 대한 루트.

커넥티드(connected) 스위치의 'show interfaces status' 명령에서 표시하는 단일 항목의 상태 코드로 동작 중인 인터페이스를 지칭함.

컨버전스(convergence) 라우팅 프로토콜이 네트워크의 변화를 수용하여 잘못된 루트를 제거하고 새로운 루트들 즉, 현재 최상의 루트들로 라우팅 테이블을 재구성하는데 필요한 시간.

컨피규레이션 레지스터(configuration register) 시스코 라우터에서, 라우터의 초기화 방식을 결정하는 사용자가 설정 가능한 16-비트 값. 소프트웨어에서 설정 명령을 통해 16진수 값을 지정함으로써 각 비트가 설정된다.

컨피규레이션 모드(configuration mode) 사용자가 컨피규레이션 명령어를 입력할 수 있는 시스코 IOS 소프트웨어 CLI의 영역으로 입력한 명령어는 장치에서 현재 사용 중인 컨피규레이션 파일 (러닝-컨피그)에 추가된다.

컨피규레이션 아카이브(configuration archive) 자동 및 수동 아카이브와 보다 쉬운 복구를 위한 시스코 라우터 혹은 스위치의 컨피규레이션 아카이브들을 저장하기 위한 장소로 정의되는 IOS 파일 시스템 개념.

컬리전 도메인(collision domain) 한 NIC(network interface card)에서 보낸 프레임이 동일한 컬리전 도메인에 속하는 다른 NIC이 보낸 프레임과 컬리전을 일으킬 때, 이러한 NIC들의 집합.

케이블 인터넷(cable Internet) CATV(케이블 TV)를 사용하는 인터넷 접속 기술로 보통 비디오를 위해 사용하고, 데이터의 송수신을 위해서도 사용한다.

코드 무결성(code integrity) 적용하려는 소프트웨어(코드)가 공급업체가 제공한 소프트웨어인지, 변조되지 않았는지, 바이러스를 포함하지 않았는지를 나타내는 소프트웨어 보안 관련 용어.

코어 계층(core layer) 캠퍼스 LAN 디자인에서 다수의 디스트리뷰션 스위치들 간의 연결을 제공하기 위해 디스트리뷰션 스위치들을 연결하는 스위치.

코어 설계(core design) 모든 LAN 장치들 간의 경로를 제공하기 위해 액세스 스위치는 디스트리뷰션 스위치에 연결하고, 디스트리뷰션 스위치는 코어 스위치에 연결하는 캠퍼스 LAN 설계.

콘솔 포트(console port) 컴퓨터가 터미널 에뮬레이터와 CLI를 사용하여 라우터/스위치를 설정, 확인 및 장애를 해결하기 위해 라우터/스위치와 컴퓨터 사이의 케이블을 연결하는 라우터 또는 스위치 상의 물리적 소켓.

쿼텟(quartet) 이 책에서 사용하는 용어로 다른 자료에서는 볼 수 없다. IPv6 주소에서 네 자리의 16진수 세트.

크로스오버 케이블(crossover cable) 한 장치에서 전송을 위해 사용하는 쌍은 케이블의 반대편의 장치에서는 수신을 위한 쌍으로 변경된다. 10BASE-T와 100BASE-TX 네트워크에서 이 케이블은 핀 1, 2는 케이블의 다른 끝에서 핀 3, 6으로, 핀 3, 6은 핀 1, 2로 교환된다.

클래스리스 라우팅 프로토콜(classless routing protocol) 라우팅 업데이트 시에 서브넷 마스크를 포함하는 라우팅 프로토콜로, 특정 서브넷 혹은 네트워크에 속하는 주소에 대해 서브넷 마스크를 추측할 필요가 없다. 따라서 VLSM과 수동 루트 요약을 지원할 수 있다.

클래스리스 주소 체계(classless addressing) 프리픽스(혹은 서브넷)와 호스트를 갖는 서브네팅된 IP 주소를 정의하는 IPv4 주소의 개념.

클래스리스 프리픽스 길이(classless prefix length) 클래스리스 프리픽스를 정의할 때 사용되는 마스크(프리픽스 길이).

클래스리스 프리픽스(classless prefix) CIDR과 함께 정의된 공인 IPv4 주소의 범위.

클래스풀 IP 네트워크 IPv4 클래스 A, B 혹은 C 네트워크. 이러한 네트워크들은 IPv4 주소 체계에 대한 클래스 규칙에 의해 정해지기 때문에 클래스풀 네트워크라 불린다.

클래스풀 라우팅 프로토콜(classful routing protocol) 라우팅 업데이트 시, 서브넷 ID는 보내지만, 마스크 정보를 보내지 않는 라우팅 프로토콜. 따라서 클래스 A, B와 C의 네트워크 경계에서 자동 요약을 수행한다. VLSM을 지원하지 않는다.

클래스풀 주소 체계(classful addressing) 세 영역들, 즉 네트워크, 서브넷, 호스트를 갖는 서브네팅된 IP 주소를 정의하는 IPv4 주소의 개념.

클러킹(clocking) 시리얼 케이블의 별도의 핀을 통해 혹은 전송 신호의 신호 전환 규칙을 활용하여 케이블에서 신호를 공급하는 과정으로 이를 통해 수신 장치는 송신 장치와 동기화를 유지할 수 있다.

클럭 소스(clock source) 동기화 링크에서 장치의 속도를 다른 장치의 속도에 맞추는 장치.

클럭 속도(clock rate) 전송 미디어에서 시리얼 링크가 비트를 인코딩하는 속도.

킵얼라이브(keepalive) 이웃 라우터가 아직 살아 있다는 것을 알도록 하는 수단으로 주기적으로 메시지를 보내는 시스코 라우터의 기능.

ㅌ

트랜스페어런트 브릿지(transparent bridge) 현대 LAN 스위치보다 앞서 사용했던 장치의 이름. 브릿지는 목적지 MAC 주소에 기초하여 LAN 세그먼트들 사이에서 프레임을 보낸다. 트랜스페어런트(투명한) 브릿지란 용어를 사용한 이유는 브릿지의 존재가 네트워크의 엔드 노드에게는 인식이 안 되기 때문이다.

트렁크 인터페이스(trunk interface) VLAN 트렁킹(802.1Q 혹은 ISL)을 사용하여 동작하도록 설정된 스위치 인터페이스.

트렁크(trunk) 캠퍼스 LAN에서, 프레임이 소속된 VLAN을 식별하기 위해 VLAN 헤더를 추가하는 이더넷 세그먼트.

트렁킹 관리 모드(trunking administrative mode) 시스코 스위치 인터페이스에서 **switchport mode** 명령으로 설정된 트렁킹 설정 모드.

트렁킹 운용 모드(trunking operational mode) VLAN 트렁킹을 위한 시스코 스위치 인터페이스의 현재 동작 모드.

트렁킹(trunking) VLAN 트렁킹이라 부름. 단일 링크를 통해 다수의 VLAN들을 지원하는 방법(시스코 ISL 프로토콜 혹은 IEEE 802.1Q 프로토콜을 사용함).

트레일러(trailer) 컴퓨터 네트워킹에서, 특정 프로토콜이 정의하는 데이터를 캡슐화하는 데이터 뒤의 바이트 집합. 일반적으로 데이터 링크 계층 프로토콜들만 트레일러를 정의한다.

트위스티드-페어(twisted-pair) 나선형으로 서로 꼬인 두 개의 차폐된 전선으로 구성되는 전송 미디엄. 전기 회로는 한 쌍의 선으로 구성되고, 각 선은 반대 방향의 전류 흐름을 통해 두 선 사이의 간섭을 대폭 줄일 수 있다.

ㅍ

파샬 메시(partial mesh) 세 대 이상의 장치들이 통신할 수 있지만, 선택적으로 네트워크에 연결된 장치들의 일부 쌍들만 직접 통신할 수 있는 네트워크 토폴로지.

파이어월(firewall) 네트워크의 덜 안전한 영역과 더 안전한 영역 간에 패킷을 보내며, 어떤 패킷들을 통과시키고, 어떤 패킷을 차단할지 결정하는 규칙을 적용하는 장치.

패스트 이더넷(Fast Ethernet) 초당 100메가비트의 속도로 데이터를 보내는 모든 IEEE 표준에 대한 일반적인 이름.

패시브 인터페이스(passive interface) 라우팅 프로토콜에서, 해당 인터페이스에 라우팅 프로토콜을 활성화했더라도 해당 인터페이스 밖으로는 라우팅 프로토콜 메시지를 보내지 않는다.

패치 케이블(patch cable) 장치의 이더넷 포트를 월 플레이트(wall plate) 혹은 스위치에 연결하는 일반적으로 짧은 이더넷 케이블. 빌딩 내에서 배선 기술자는 배선함에서 각 방들을 연결하며, 월 플레이트에서 사용자 장치까지 짧은 거리를 패치 케이블로 연결한다.

패킷 스위칭(packet switching) 전송되는 데이터의 내용을 보고 포워딩 결정을 하는 WAN 서비스를 가리키는 용어. 이 용어는 WAN 서비스의 다른 종류인 서킷 스위칭(circuit switching)과 비교된다. 서킷 스위칭은 두 장치 간에 서킷(1계층) 셋업이 완성되면 데이터의 내용을 참조하지 않는다.

패킷(packet) 네트워크 계층 헤더와 캡슐화된 데이터를 포함하지만, 네트워크 계층 하위의 헤더와 트레일러들은 포함하지 않는 바이트들의 집합.

포워드 ACK(forward acknowledgment) 마지막 데이터가 성공적으로 수신되지 않았을 때, ACK(acknowledgement) 번호로 보내야할 다음 데이터를 표시함으로써 오류를 복구하는 과정.

포워드 루트(forward route) 호스트의 시각에서, 호스트에서 다른 호스트로 패킷이 이동하는 루트.

포워드(forward) 최종 목적지 방향으로 한 인터페이스에서 수신한 프레임을 다른 인터페이스로 보내는 것.

포트 번호(port number) 데이터 세그먼트 내부의 데이터를 보내고(출발지 포트), 받는(목적지 포트) 애플리케이션을 식별하기 위한 TCP 혹은 UDP 헤더의 필드.

포트 시큐리티(port security) 스위치는 인터페이스(포트)로 들어오는 이더넷 프레임들을 보고, 그러한 프레임들의 출발지 MAC 주소들을 추적하고, 설정된 수 이상의 MAC 주소가 수신되면 시큐리티 액션(security action)을 취한다.

포트(port) TCP와 UDP에서, 데이터를 보내고(출발지 포트) 받는(목적지 포트) 애플리케이션 프로세스를 식별하기 위해 사용하는 번호. LAN 스위칭에서는 스위치 인터페이스를 가리킨다.

표준형 액세스 리스트(standard access list) 어떤 패킷을 폐기하고 통과시킬 것인지를 결정하기 위해, 패킷의 출발지 주소만을 기준으로 하는 IOS 글로벌 컨피규레이션 명령어.

풀 듀플렉스(full duplex) 일반적으로 두 개의 통신 장치들이 데이터의 송수신을 동시에 할 수 있도록 하는 방식. 이더넷 LAN에서 두 장치들은 동시에 데이터를 송수신할 수 있으므로, CSMA/CD 로직을 비활성화하게 된다.

풀 메시(full mesh) 두 개 이상의 장치들의 각 쌍들을 물리적으로 직접 연결하고 통신할 수 있도록 한 네트워크 토폴로지.

프레임 릴레이(Frame Relay) 프레임-스위치드(패킷-스위치드) 서비스를 생성하기 위한 국제 표준 데이터 링크 프로토콜로, DTE 장치(라우터)로 하여금 프레임 릴레이 서비스에 대한 하나의 물리적인 연결을 통해 다수의 장치들에게 데이터를 보낼 수 있도록 한다.

프레임(frame) 데이터 링크 헤더와 트레일러, 그리고 헤더와 트레일러 사이의 캡슐화된 데이터를 가리키는 용어.

프로토콜 타입 필드(Protocol Type field) LAN 헤더 다음의 헤더 종류를 구분하는 LAN 헤더 필드. DIX 이더넷 타입 필드, IEEE 802.2 DSAP 필드와 SNAP 프로토콜 타입 필드를 포함한다.

프리픽스 길이(prefix length) IPv6에서, IPv6 프리픽스 비트들의 수

프리픽스 마스크(prefix mask) IPv4 서브넷 마스크를 십진수 다음에 슬래시(/)로 표현하는 방식. 십진수는 마스크에서 이진수 1들의 숫자다.

프리픽스 표기법(prefix notation, IP version 4) 서브넷 마스크를 표시하는 가장 짧은 방식은 마스크의 이진수 1의 숫자를 십진수로 쓰는 방식이다. 예를 들어, /24는 서브넷 마스크가 24개의 이진수 1비트들을 갖는 서브넷 마스크를 표시한다. 마스크에서 이진수 1비트들의 수는 프리픽스 길이로 간주된다.

프리픽스(prefix) IPv6에서, IPv6 주소들의 그룹을 식별하는 번호를 가리키는 용어. IPv6 서브넷 식별자.

플래시 메모리(flash memory) 메모리에 전원 연결 없이도 내용을 저장할 수 있고, 영구적으로 읽고 쓸 수 있는 메모리 종류. 움직이는 부품이 없기 때문에 고장 가능성이 낮다.

플러드/플러딩(flood/flooding) 브로드캐스트와 알려지지 않는 유니캐스트 프레임에 대한 LAN 스위치의 대응 프로세스. 스위치는 프레임이 도착한 포트를 제외한 모든 포트들로 해당 프레임을 내보낸다. 스위치는 기본적으로 멀티캐스트 패킷도 플러딩하는데, 이것은 특정 기능을 통해 변경될 수도 있다.

플로 컨트롤(flow control) 수신 컴퓨터로 보내는 송신 컴퓨터의 데이터 양을 조정하는 과정. 윈도잉(windowing)을 사용하는 TCP 플로 컨트롤을 포함하여 몇 가지 플로 컨트롤 메커니즘들이 존재한다.

플로팅 스태틱 루트(floating static route) 라우팅 프로토콜에 의해 학습된 루트들보다 높은 어드미니스트레이티브 디스턴스를 사용하는 스태틱 IP 루트. 결과적으로 라우팅 프로토콜 루트가 학습되면 라우터는 스태틱 루트를 사용하지 않을 것이지만, 라우팅 프로토콜이 루트를 학습하는 데 실패하면 라우터는 해당 스태틱 루트를 사용한다.

핀아웃(pinout) 어떤 커넥터에서 각 핀 위치에 연결하는 케이블 내부의 선의 용도.

필터(filter) 일반적으로 출발지 주소, 목적지 주소 또는 프로토콜과 같은 특징을 기준으로 네트워크 트래픽을 차단하는 장치 혹은 프로세스로 설정된 기준에 기초하여 트래픽을 보낼지 또는 차단할지 결정한다.

ㅎ

하프 듀플렉스(half duplex)   일반적으로 일정 시점에 한 장치만 전송 가능한 통신 방식. 이더넷 LAN에서 CSMA/CD 알고리즘은 한 순간에 한 장치만 보낼 수 있는 하프 듀플렉스 규칙에서 필요하다.

학습(learning)   브릿지 혹은 스위치가 수신하는 모든 프레임들의 출발지 MAC 주소를 보고, MAC 주소와 그에 상응하는 포트를 발견하는 스위치 프로세스.

해결(resolve)   장애 해결 과정에서, 장애의 근본 원인을 해결하여 장애가 더 이상 존재하지 않도록 하는 과정.

허브(hub)   LAN 케이블링의 집중화된 연결 포인트를 제공하여 수신한 전기 신호를 모든 다른 포트들로 재생함으로써 논리적인 버스를 생성하는 LAN 장치. 허브는 전기 신호를 프레임으로 해석하지 않기 때문에, 1계층 장치로 간주된다.

헤더(header)   컴퓨터 네트워킹에서 데이터를 캡슐화하기 위해 특정 프로토콜에서 정의한 데이터 앞에 위치한 바이트 세트(byte set).

헤드 엔드(head end)   케이블 TV(CATV) 네트워크에서 업스트림에 위치한 전송 영역.

호스트 루트(host route)   하나의 호스트 IP 주소를 표현하기 위해 /32 마스크를 갖는 루트.

호스트 영역(host part)   서브넷 내의 호스트를 고유하게 구분하기 위해 사용되는 IPv4 주소의 영역. 호스트 영역은 서브넷 마스크의 0 비트가 겹쳐지는 자리다.

호스트 주소(host address)   컴퓨터의 네트워크 카드에 할당된 IP 주소.

호스트(host)   IP 주소를 사용하는 장치.

호스트네임(hostname)   IP 호스트의 문자–숫자 형식의 이름.

홉 카운트(hop count)   RIP 라우팅 프로토콜이 사용하는 메트릭. IP 루트에서 각 라우터는 홉으로 간주된다. 예를 들어, 라우터와 어떤 서브넷 사이에 두 대의 라우터들이 존재한다면, 라우터는 해당 루트에 대해 홉 수는 2라고 간주한다.

확장형 ping(extended ping)   목적지 IP 주소 외에 다수의 기타 옵션들을 포함하는 IOS **ping** 명령어.

확장형 액세스 리스트(extended access list)   라우터에서 패킷을 폐기하거나 통과시키기 위해, 출발지와 목적지 IP 주소와 TCP/UDP 포트를 포함하여 IP 패킷의 다수의 필드들을 비교하는 IOS access-list 글로벌 컨피규레이션 명령어 리스트.

히스토리 버퍼(history buffer)   시스코 라우터 혹은 스위치 IOS의 기능 중에 로그인 세션에서 EXEC 모드와 컨피규레이션 모드에서 사용자가 사용했던 명령어들의 리스트를 보관하는 기능이 있다. 사용자는 명령어의 재입력과 유사한 명령어를 입력한 후 편집하기 위해 저장된 명령어들을 불러낼 수 있다.

A

AAA Authentication(인증)과 authorization(인가), accounting(계정 관리). 인증 (Authentication)은 사용자 혹은 장치를 확인하는 것이다. 인가(Authorization)는 사용자 혹은 장치가 할 수 있는 것을 정하는 것이다. 계정 관리(Accounting)는 부적절한 요청을 포함하여 접근 시도에 대한 정보를 기록한다.

AAA 서버 사용자 접속과 관련된 서비스 특히, 인증(말하는 장치가 누구인지 확인), 인가(인증된 후, 사용자에게 허용된 것을 확인)과 계정 관리(사용자를 추적함) 서비스를 제공하고, 보안 정보를 유지하는 서버

ADSL(Asymmetric digital subscriber line) DSL 기술 중 하나로, ADSL은 업스트림보다 높은 밴드위스의 다운스트림(서비스 제공업자의 장치에서 고객 사이트 방향)을 제공하도록 설계되었다.

ARP 'Address Resolution Protocol'의 약어. IP 주소를 MAC 주소에 맵핑할 때 사용하는 인터넷 프로토콜로 RFC 826에서 정의됨.

ARP 테이블 동일한 VLAN에서 이웃 장치의 IP 주소와 함께 상응하는 MAC 주소를 보여주는데, 호스트와 라우터의 메모리에 저장된다.

ARPANET 인터넷의 전신으로 1970년대에 처음 생성된 첫 번째 패킷 스위칭 네트워크.

AS(autonomous system) 하나의 IGP(interior gateway protocol)를 운용하는 한 조직, 회사 혹은 정부 기관 내부 관리 하의 인터네트워크

B

BSS(basic service set) 무선 LAN에서 하나의 액세스 포인트를 가진 WLAN(wireless LAN).

C

CDP 'Cisco Discovery Protocol'의 약어. 미디어와 프로토콜에 독립적이며 라우터, 액세스 서버와 스위치를 포함하여 대부분의 시스코 장치에서 지원하는 장치 발견 프로토콜이다. CDP를 사용하면, 장치는 다른 장치들에게 자신의 존재를 알리고 동일한 LAN 혹은 WAN의 리모트 사이드의 다른 장치에 대한 정보를 수신한다.

CDP 이웃(neighbor) CDP 업데이트를 보내는 어떤 통신 케이블의 다른 끝에 위치한 장치.

CIDR 'Classless inter-domain routing'의 약어. 글로벌 IP 주소 영역을 할당하는 RFC-표준 도구. CIDR은 인터넷 라우터의 IP 라우팅 테이블의 크기를 줄임으로써 인터넷의 빠른 성장을 감당하도록 한다. '클래스리스(classless)'란 용어는 IPv4의 클래스풀(클래스 A, B와 C)의 그룹화 규칙을 따르지 않는 주소 그룹화를 제공한다는 것을 뜻한다.

CIDR 노테이션(notation, 표기법) 프리픽스 노테이션(표기법)을 볼 것.

CIDR 마스크(mask) 프리픽스 혹은 CIDR 표기법을 사용하는 프리픽스 마스크의 또 다른 용어로 마스크는 십진수 뒤의 슬래시(/)로 표시한다.

CLI 'Command-line interface'의 약어. 사용자가 명령어와 선택 항목들을 입력함으로써, OS와 대화할 수 있도록 한 인터페이스.

codec 'Coder-decoder'의 약어. 아날로그 보이스 시그널을 디지털 비트열로 변환하고, 디지털 시그널을 다시 아날로그 보이스 시그널로 변환하는 장치.

CPE 'Customer premises equipment'의 약어. 전화 회사의 네트워크가 아니라 고객 사이트에 위치하는 통신 관련 장치.

CSMA/CD 'Carrier sense multiple access with collision detection'의 약어. 데이터를 전송할 준비를 하는 미디어 액세스 메커니즘은 채널의 전압 상태를 점검한다. 특정 시간 동안 캐리어가 감지되지 않으면, 장치는 전송할 수 있다. 두 장치가 동시에 전송하면, 컬리전이 일어나고, 컬리전을 유발한 장치는 이를 감지한다. 컬리전이 발생하면, 무작위 길이의 시간 동안 지연시켰다가 재전송한다.

CSU/DSU 'Channel service unit/data service unit'의 약어. 텔코가 설치한 시리얼 링크의 1계층 기능을 수행하며, 라우터와 같은 네트워킹 장치와 통신하기 위해 시리얼 케이블을 사용한다.

D

DAD(duplicate address detection) 호스트는 제일 먼저 주소를 사용하기 전에 또 다른 호스트가 해당 유니캐스트 주소를 사용하는지를 확인하기 위해 IPv6에서 사용하는 기능.

DCE 'Data communications equipment'의 약어. WAN 링크의 물리 계층에서 클럭을 제공하는 CSU/DSU가 DCE다. 패킷-스위칭의 시각에서는 라우터가 연결하는 서비스 프로바이더의 스위치를 DCE로 간주한다.

DDN(dotted-decimal notation) 네 개의 십진수가 점에 의해 구분된 IPv4 주소 형식.

demarc 텔코 장비와 고객 장비 간의 경계 혹은 분리 지점을 가리키는 용어.

DHCP 'Dynamic Host Configuration Protocol'의 약어. 호스트들이 IP 주소들을 발견하고, 임대하고, 정확한 서브넷 마스크, 디폴트 게이트웨이와 DNS 서버 IP 주소들을 다이내믹하게 학습하도록 하는 프로토콜.

DHCP 릴레이 에이전트(DHCP relay agent) 클라이언트가 서버에게 보낸 DHCP 메시지의 목적지 IP 주소 255.255.255.255를 DHCP 서버의 IP 주소로 변환하는 라우터의 IOS 기능 이름.

DHCP 서버(DHCP server) IP 주소의 임대를 요청하는 DHCP 클라이언트를 기다리는 소프트웨어로 서버는 클라이언트를 위한 IP 주소뿐만 아니라 중요한 IP 설정값을 할당한다.

DHCP 클라이언트(DHCP client) DHCP 프로토콜을 사용하여, DHCP 서버로부터 IP 주소와 기타 IP 설정 값을 임대하는 장치.

DNS 'Domain Name System'의 약어. 호스트네임을 상응하는 IP 주소로 변환하기 위해 인터넷에서 사용되는 애플리케이션 계층 프로토콜.

DNS 요청(DNS Request) DNS(Domain Name System)에서, 특정 호스트네임 혹은 FQDN(fully qualified domain name)에 대응하는 IP 주소를 요청하기 위해 DNS 클라이언트가 DNS 서버에게 보내는 메시지.

DNS 응답(DNS Reply) DNS(Domain Name System)에서 특정 호스트네임 혹은 FQDN(fully qualified domain name)에 대응하는 IP 주소를 식별하기 위한 DNS 요청에 대해 DNS 서버가 DNS 클라이언트에게 보내는 메시지.

DoS(denial of service) 합법적인 사용자가 서비스에 접속할 수 없게 만드는 공격 유형으로 정상적인 컴퓨터나 네트워크 동작을 방해한다.

DSL 'Digital subscriber line'의 약어. 제한된 거리에서 일반적인 텔코 로컬-루프 구리 선에서 고속 밴드위스를 제공하는 공용 네트워크 기술. 일반적으로 사용자를 ISP에 연결하는 인터넷 접속 기술로 사용한다.

DSL 모뎀(DSL modem) 전화선에서 DSL 표준을 사용하여 텔코와 데이터를 송수신할 수 있도록 하는 장치.

DTE 'Data terminal equipment'의 약어. 1계층에서 DTE는 DCE가 보낸 클럭에 기초하여 자신의 클럭을 동기화한다. 패킷-스위칭 기술의 시각에서 DTE는 서비스 제공자 네트워크의 외부 장치 즉, 라우터이다.

E

E1 T1과 유사하지만 유럽에서 사용한다. 이것은 2.048Mbps 속도로 보내고, 32개의 64kbps 채널들을 사용한다. 이때, 한 채널은 프레이밍과 다른 오버헤드를 위해 예비되어 있다.

EGP(exterior gateway protocol) 상이한 AS(autonomous system) 간에 라우팅 정보 교환을 위해 사용하도록 만든 라우팅 프로토콜.

EIGRP 'Enhanced Interior Gateway Routing Protocol'의 약어. 시스코에서 개발한 IGRP의 개선된 버전. 개선된 컨버전스 특징과 효율성을 제공함으로써 링크-스테이트 프로토콜과 디스턴스 벡터 프로토콜의 장점을 조합한 것이다.

EIGRPv6(EIGRP version 6) IPv6는 지원하고 IPv4는 지원하지 않은 EIGRP 라우팅 프로토콜 버전. 이네이블 모드(enable mode) 라우터 설정하기 위한 컨피규레이션 모드에 들어갈 수도 있고, 라우터 혹은 스위치에서 가장 영향력 있고 잠재적으로 악영향을 줄 수 있는 명령어를 사용할 수 있는 시스코 IOS CLI 영역.

EoMPLS(Ethernet over MPLS) 서비스 제공자가 MPLS 네트워크를 사용하여 이더넷 WAN 서비스를 생성하는 것을 가리키는 용어로, 보다 일반적으로 이더넷 WAN 서비스라고 한다.

EUI-64 말그대로, 64비트 길이인 확장된 고유 식별자(extended unique identifier)에 대한 표준. IPv6에서 64비트의 인터페이스 ID를 만들기 위해, 48비트의 MAC 주소 중간에 FFFE(16진수)를 삽입하고 일곱 번째 비트를 반전한다.

F

FCS(Frame Check Sequence) 오류 감지 프로세스의 한 부분으로 사용되는 다수의 데이터 링크 트레일러 내의 필드.

H

HDLC 'High-Level Data Link Control'의 약어. ISO(International Organization for Standardization)가 개발한 비트-오리엔티드 동기화 데이터 링크 계층 프로토콜.

HTML 'Hypertext Markup Language'의 약어. 웹 브라우저와 같은 시각화 애플리케이션들에 의한 문서 해석을 위해 태그(tags)를 사용하는 간단한 문서 형식 언어.

HTTP 'Hypertext Transfer Protocol'의 약어. 텍스트와 그래픽 파일들과 같은 파일을 전송하기 위해 웹 브라우저와 웹 서버들이 사용하는 프로토콜.

I

IANA 'Internet Assigned Numbers Authority'의 약어. 공인 IPv4와 IPv6 주소를 포함하여 글로벌 인터넷의 동작 방식과 운용 번호들을 할당할 권한을 가진 기관. ICANN을 참조할 것.

ICANN 'Internet Corporation for Assigned Names and Numbers'의 약어. 지구 범위에서 공인 IPv4와 IPv6 주소를 분배 과정을 감독하기 위해 IANA가 임명한 기관.

ICMP 'Internet Control Message Protocol'의 약어. IP 패킷 처리에 관련한 정보를 제공하고 오류 정보를 보고하기 위한 TCP/IP 네트워크 계층 프로토콜.

ICMP 에코 요청(ICMP echo request) 네트워크 연결성을 점검하기 위해 **ping** 명령에 의해 보내지는 ICMP 메시지 타입. Ping 명령은 다른 호스트에게 이 메시지를 보내고, 다른 호스트로부터 ICMP 에코 응답(ICMP Echo reply) 메시지를 기다린다.

ICMP 에코 응답(ICMP echo reply) 네트워크에서 연결성을 점검하기 위해 **ping** 명령에 의해 보내지는 메시지. **Ping** 명령은 먼저 호스트에게 ICMP 에코 요청을 메시지를 보낸 후에, 다른 호스트로부터 이 메시지를 수신할 것이라 기대한다.

IDS(intrusion detection system) 알려진 공격 징후, 공격들이 수행하는 일반적인 특징을 기준으로 보다 복잡한 트래픽 패턴들을 점검하고 인지된 위협에 대한 통계와 위협에 대한 보고를 제공하는 보안 기능.

IEEE 'Institute of Electrical and Electronics Engineers'의 약어. 통신과 네트워크 표준들을 개발하는 전문 조직.

IEEE 802.11 무선 LAN에 대한 IEEE 기반 표준.

IEEE 802.1Q IEEE-표준 VLAN 트렁킹 프로토콜. 802.1Q는 VLAN 헤더를 포함하지 않는 내이티브 VLAN과 원래 프레임의 Type/Length 필드 뒤에 삽입되는 4바이트 VLAN 헤더를 포함한다.

IEEE 802.2 데이터 링크 계층의 LLC 하위 계층의 동작을 규정하는 IEEE LAN 프로토콜.

IEEE 802.3 현재 이더넷 LAN으로 알려진 다수의 변형을 규정하는 IEEE LAN 프로토콜들의 집합.

IETF 'Internet Engineering Task Force'의 약어. IETF는 새로운 TCP/IP 표준을 생성하기 위해 일하는 주요 조직.

IGP(interior routing protocol) 한 조직 내부에서 사용하는 라우팅 프로토콜

IOS 하드웨어 기능과 함께 라우터 혹은 스위치의 대다수 기능들을 제공하는 시스코의 OS(Operating System) 소프트웨어.

IOS File System(IFS) IOS를 사용하는 시스코 장치가 생성한 파일 시스템.

IOS image IOS를 포함하는 파일.

IOS 기능 세트(IOS feature set) 특정 기능을 위해 라우터에서 활성화될 수 있는 관련 기능들의 집합. 예를 들어, Security(보안) 기능 세트는 네트워크에서 라우터를 파이어월로 동작하도록 한다.

IOS(Internetwork Operating System) 하드웨어와 함께 라우터 혹은 스위치의 대다수의 기능들을 제공하는 시스코 라우터와 스위치의 OS(operating system).

IP 'Internet Protocol'의 약어. 라우팅과 논리적인 주소 체계 표준과 서비스를 제공하는 TCP/IP 스택의 네트워크 계층 프로토콜.

IP 네트워크 클래스풀 IP 네트워크를 볼 것

IP 라우팅 테이블 라우팅 테이블을 볼 것.

IP 서브넷 네트워크 관리자가 구현하는 클래스 A, B 혹은 C 네트워크의 하부 단위들. 서브넷들은 다수의 클래스 A, B 혹은 C 네트워크들 대신에 IP 주소들에 대한 다수의 하부 그룹들을 사용하며 보다 효과적인 IP 라우팅을 위해 필요하다.

IP 주소(IPv4) IPv4에서, TCP/IP를 사용하는 호스트에 할당된 32-비트 주소. 각 주소는 네트워크 번호, 선택적인 서브넷 번호와 호스트 번호로 구성된다. 네트워크와 서브넷 번호는 같이 라우팅을 위해 사용되고, 호스트 번호는 네트워크 혹은 서브넷 내부에서 개별 호스트에 대한 주소로 사용된다.

IP 주소(IPv6) IPv6에서, TCP/IP를 사용하는 호스트에 할당된 128-비트 주소. IPv4 주소에서 네트워크, 서브넷과 호스트 영역은 다른 형식을 사용하는 IPv6에서 각각 라우팅 프리픽스, 서브넷과 인터페이스 ID에 상응한다.

IP 패킷 IP 헤더 뒤에 캡슐화된 데이터를 포함하지만, 네트워크 계층 하위의 헤더와 트레일러를 포함하지 않는다.

IPS(intrusion prevention system) 알려진 공격 징후, 공격들이 수행하는 일반적인 특징을 기준으로 보다 복잡한 트래픽 패턴들을 점검하고 인지된 위협에 대한 통계와 위협에 대한 보고를 제공하고, 보다 심각한 위협을 차단하는 보안 기능.

IPv4 주소 고갈(IPv4 address exhaustion) 인터넷에 적용 가능한 공인 IPv4 주소들이 1980년대부터 지금까지 소비되었으며, 결국 더 이상 존재하지 않게될 IPv4 주소가 겪고 있는 과정.

IPv4(IP version 4) 말 그대로, 30년 이상 TCP/IP 네트워크와 인터넷의 기반으로 사용되어 왔으며, 1980년대에 표준화 되었고, 이전 RFC 791에서 정의한 인터넷 프로토콜 버전.

IPv6 네이버 테이블(IPv6 neighbor table) ARP 테이블에 해당하는 IPv6 테이블. NDP(Neighbor Discovery Protocol)로 학습한 링크 상의 다른 호스트들에 대한 IPv6 주소들과 이에 상응하는 MAC 주소들을 포함한다.

IPv6(IP version 6) RFC 2460과 기타 RFC들에서 정의된 인터넷 프로토콜의 새 버전으로 IPv4 주소의 고갈 문제를 해결하기 위해 탄생했다.

ISL 'Inter-Switch Link'의 약어. 스위치와 스위치간, 스위치와 라우터 간의 트렁크에서 트래픽에 VLAN 정보를 포함하는 시스코 고유의 프로토콜.

ISO 'International Organization for Standardization'의 약어. 네트워킹과 관련된 다수의 표준들을 포함하는 광범위한 표준들에 대한 책임이 있는 국제 조직.

L

L2PDU 'Layer 2 protocol data unit'의 약어. 프레임이라 함. 2계층 헤더, 캡슐화된 상위 계층의 데이터와 2계층 트레일러로 구성된 데이터.

L3PDU 'Layer 3 protocol data unit'의 약어. 패킷이라 함. 3계층 헤더, 캡슐화된 상위 계층의 데이터를 포함하지만, 하위 계층의 헤더와 트레일러를 포함하지 않으며 3계층 프로토콜이 만든 데이터.

L4PDU 'Layer 4 protocol data unit'의 약어. 세그먼트라 함. 4계층 헤더, 캡슐화된 상위 계층의 데이터를 포함하지만, 하위 계층의 헤더와 트레일러를 포함하지 않으며 4계층 프로토콜이 만든 데이터.

LLC 'Logical Link Control'의 약어. IEEE에서 정의하는 데이터 링크 계층의 하위 계층들 중 보다 높은 계층.

LLDP Link Layer Discovery Protocol'의 약어. LAN 상에서 다른 장치들에게 기본적인 장치 정보를 보내기 위한 수단으로서 IPv4 혹은 IPv6과 같은 네트워크 계층에 의존하지 않고 이더넷에서 직접 캡슐화하는 메시지를 정의하는 IEEE 표준 프로토콜(IEEE 802.1AB). CDP(Cisco Discovery Protocol)를 대신하는 표준 프로토콜.

LSA(link-state advertisement) OSPF에서, LSDB 내부에 존재하는 데이터 구조의 이름이고 라우터들과 링크들(서브넷들)을 포함하는 네트워크 내의 다양한 요소들을 설명한다.

LSDB(link-state database) OSPF에서, 네트워크의 전체 토폴로지를 표시하는 전체 LSA들과 함께 다양한 LSA들을 보유하는 라우터 RAM의 데이터 구조.

M

MAC 'Media Access Control'의 약어. IEEE에서 정의한 데이터 링크 계층의 두 개의 하위 계층 중 낮은 계층. 이더넷 LAN을 위한 IEEE 802.3과 동일하다.

MAC 주소 LAN에 연결된 모든 장치를 위해 필요한 표준화된 데이터 링크 계층 주소. 이더넷 MAC 주소들은 6바이트 길이이고 IEEE에 의해 관리된다. 하드웨어 주소, MAC 계층 주소와 물리(physical) 주소라고도 한다.

MAC 주소 테이블(MAC address table) 수신 프레임에 의해 다이내믹하게 생성되는 2계층 주소를 포함하는 포워딩 정보 테이블이고, 프레임을 보낼 곳을 결정할 때 스위치가 사용하는 테이블.

MD5 해시(Hash) 다양한 보안 프로토콜들에서 사용하는 특정 수학적 알고리즘. 시스코 라우터와 스위치 장치는 패스워드 자체보다는 장치를 보다 안전하게 만들기 위해 특정 패스워드의 MD5 해시 값을 저장하도록 한다.

MOTD(message of the day) 시스코 라우터와 스위치에서 정의될 수 있는 로그인 배너 메시지의 종류.

N

NA(Neighbor Advertisement) NDP(Neighbor Discovery Protocol)가 정의하는 것으로, 다른 이웃(네이버)들에게 호스트의 MAC 주소를 알리기 위해 사용하는 메시지. 때때로 앞서 수신한 NDP NS(Neighbor Solicitation) 메시지에 대한 응답으로 보내진다.

NAT 'Network Address Translation'의 약어. 필요한 공인 IP 주소 수를 줄이기 위한 메커니즘. NAT는 인터넷에 연결할 때, 조직 내부의 사설 주소를 인터넷에서 라우팅할 수 있는 공인 주소로 변환한다.

NAT 오버로드(NAT overload) PAT(Port Address Translation)의 다른 용어. NAT 설정 방법 중의 하나로, 각 플로를 구분하기 위해 TCP와 UDP의 포트 번호를 활용하기 때문에 소수의 공인 주소만 필요하다.

NDP(Neighbor Discovery Protocol) 동일한 서브넷 상의 장치들(이웃들)에 대한 정보를 발견하고 교환하기 위해 사용하는 IPv6 프로토콜에 속하는 프로토콜. 특히, IPv4의 ARP 프로토콜을 대체한다.

NIC(network interface card) 컴퓨터 카드로 때때로 확장형 카드와 컴퓨터의 마더보드에 통합되기도 한다. 컴퓨터 네트워크에 연결하기 위해 전자적 및 기타 기능들을 제공한다. 현재 대부분의 NIC들은 이더넷 NIC이고, 가장 일반적인 종류인 RJ-45 포트를 갖는다.

NS(Neighbor Solicitation) IPv6 NDP(Neighbor Discovery Protocol)가 정의하는 메시지로, 네이버(이웃)의 MAC 주소를 포함하는 NA(Neighbor Advertisement)를 요청하기 위한 것이다.

NTP 동기화(NTP synchronization) NTP를 사용하여 다른 장치들 간에 시각 정보와 기타 정보를 교환함으로써 장치들이 각자 시각을 조정하여 동일한 시각(최소한 동일한 초)을 갖도록 하는 과정.

NTP 서버 NTP(Network Time Protocol)를 통해 다른 장치들에게 현재 시각을 제공하여 시각을 일치화하는 장치.

NTP 클라이언트 NTP(Network Time Protocol)를 통해 서버로부터 수신한 NTP 메시지에 기초하여 로컬 장치의 시각을 일치화하는 장치.

NTP 클라이언트/서버 모드 서버들과 시각 일치화를 위한 NTP 클라이언트와 클라이언트들에게 시각 정보를 제공하는 NTP 서버로 동작하는 NTP 동작 모드.

NTP(Network Time Protocol) 시각을 동기화하기 위한 프로토콜로, 다수의 장치들이 동일한 시각을 가짐으로써, 로그 메시지들이 정확한 시각 정보를 갖도록 한다.

NVRAM 'Nonvolatile RAM'의 약어. 전원이 꺼졌을 때, 내용을 저장할 수 있는 RAM(random-access memory)의 일종.

O

OSI 'Open System Interconnection reference model'의 약어. ISO가 개발한 네트워크 설계 모델. 이 모델은 일곱 개의 계층으로 구성되는데, 각 계층은 주소 체계, 플로 컨트롤, 에러 컨트롤, 인캡슐레이션, 신뢰성 있는 메시지 전송과 같은 특별한 네트워크 기능들을 규정한다.

OSPF 'Open Shortest Path First'의 약어. 각 서브넷에 이르기 위한 최상의 루트를 선정하기 위해 링크—스테이트 데이터베이스와 SPF(Shortest Path First) 알고리즘을 사용한다.

OSPF version 2 IPv4만을 지원하는 OSPF 라우팅 프로토콜 버전으로 20년 이상 사용되었다.

OSPF version 3 IPv4가 아니라 IPv6만을 지원하는 OSPF 라우팅 프로토콜 버전이었지만, 현재는 주소 패밀리(address family) 설정을 통해 IPv4도 지원할 수 있다.

P

PAK(product authorization key) IOS 라이선싱 과정 중에서 시스코가 특정 모델 시리즈의 고객 라우터들 중 하나에 IOS 기능 세트를 활성화할 수 있는 권리를 고객에게 할당하기 위한 번호 (PAK이 구입되는 시점에 선택됨).

PAT(Port Address Translation) 하나의 공인(인사이드 글로벌) IP 주소로 65,000개 이상의 TCP/UDP 커넥션들을 지원할 수 있는 NAT 기능.

PDU 'Protocol data unit'의 약어. OSI 모델에서 특정 계층의 정보를 포함하는 데이터 단위. 보다 구체적으로, LxPDU는 x계층에서 정의한 데이터와 헤더를 의미한다.

ping ICMP(Internet Control Message Protocol) 에코 메시지와 그것의 응답. ping은 네트워크 장치에 대한 도달 가능성을 점검하기 위해 IP 네트워크에서 사용된다.

PPP 'Point—to—Point Protocol'의 약어. 동기(synchronous) 포인트—투—포인트 서킷과 비동기 (asynchronous) 포인트—투—포인트 서킷에서 라우터와 라우터 간 그리고 호스트와 네트워크 간의 연결을 제공하는 프로토콜.

PSTN 'Public switched telephone network'의 약어. 전 세계 범위의 다양한 전화 네트워크와 서비스를 지칭하는 용어. 때때로 POTS(plain old telephone service)라고도 한다.

PTT Post, telephone & telegraph(우편, 전화 & 전보)의 약어. 전화 서비스를 제공하는 정부 담당 부서. PTT는 북미 외부의 특정 지역에 존재하고, 시내 및 장거리 전화서비스를 제공한다.

R

RA(Router Advertisement) IPv6 NDP(Neighbor Discovery Protocol)에 의해 정의된 메시지로, 자신이 링크에서 IPv6 라우터로 동작하겠다는 의사를 공지하기 위해 라우터가 사용한다. 이 메시지는 NDP RS(Router Solicitation) 메시지에 대한 응답으로 보낼 수 있다.

RAM 'Random—access memory'의 약어. 마이크로프로세서에 의해 읽힐 수도 있고, 쓰여질 수도 있는 휘발성 메모리의 한 종류.

RFC 'Request For Comments'의 약어. TCP/IP 프로토콜들에 대한 정보 교류를 위한 주요 수단으로 사용하는 문서. 일부 RFC들은 IAB(Internet Architecture Board)가 인터넷 표준으로 고안한 것이고, 다른 것은 비공식적인 것이다. RFC들은 http://www.rfc-editor.org를 포함하여 다양한 곳으로부터 입수할 수 있다.

RIP 'Routing Information Protocol'의 약어. 디스턴스 벡터 로직과 라우터 홉 카운트를 메트릭으로 사용하는 IGP(interior gateway protocol). RIPv2는 VLSM을 지원하는 등 보다 많은 기능들을 제공하여 예전의 RIPv1을 대체하였다.

RIR(Regional Internet Registry) IANA로부터 공인 IPv4 주소를 할당 받아 주소들을 필요로 하는 ISP들이나 회사에 직접 할당하는 등 주요 지역 내에서 주소 영역을 관리하는 기관(전 세계적으로 다섯 곳).

RJ-45 이더넷 케이블링에서 광범위하게 사용하는 케이블링 커넥터 타입. 미국 가정의 전화에서 사용하는 RJ-11 커넥터와 유사하다. RJ-45는 8개의 연결 선을 갖는다.

ROM 'Read-only memory'의 약어. 마이크로프로세서가 읽을 수는 있지만, 쓸 수는 없는 비휘발성 메모리 타입.

ROMMON 'ROM Monitor'의 약어. 패스워드 복구, 플래시 메모리에 문제가 있을 때 새로운 IOS의 로딩을 포함하여, 몇 가지 드문 유지 보수 작업을 위해 시스코 라우터에 로딩될 수 있는 낮은 수준의 OS.

RS(Router Solicitation) IPv6 NDP(Neighbor Discovery Protocol)에서 정의하는 메시지로, 라우터와 기타 설정 값들(프리픽스와 프리픽스 길이)을 알리기 위해 보낸다.

S

SCP(Secure Copy Protocol) 시스코 장치 간에 파일들을 복사하기 위해 사용함. SSH의 인증과 암호화 서비스를 적용하여 안전하게 파일들을 복사하는 방법.

SFTP SSH File Transfer Protocol의 약어. 안전한 채널을 통한 파일 전달을 위해, 암호화된 SSH 연결을 활용하는 파일 전송 프로토콜.

SLAAC(stateless address autoconfiguration) 스테이트풀 DHCP 서버 없이, 호스트 혹은 라우터에 IPv6 유니캐스트 주소를 할당할 수 있는 IPv6 기능.

SPF 알고리즘(shortest path first algorithm) LSDB를 분석하여 각 서브넷에 대한 최상의 루트를 찾기 위해 링크-스테이트 라우팅 프로토콜이 사용하는 알고리즘 이름.

SSH(Secure Shell) 통신 비밀을 위해 유동적인 키 교환과 암호화를 적용하여 클라이언트와 서버 간에 터미널 에뮬레이션을 지원하는 TCP/IP 애플리케이션 프로토콜.

STP 'Shielded twisted-pair'의 약어. 전자기 간섭(EMI, electromagnetic interference)에 대한 차폐 물질을 가진 케이블링 타입.

STP(Spanning Tree Protocol) 스패닝 트리를 생성함으로써 네트워크 토폴로지의 루프 환경에서 스위치들이 동적으로 동작하도록 하는 스패닝 트리 알고리즘을 사용하는 프로토콜. 스위치들은 다른 스위치들과 BPDU(Bridge Protocol Data Unit)를 교환하여 루프를 감지하고, 선택된 스위치 인터페이스를 차단함으로써 스위칭 루프을 제거한다.

T

T1 1.544Mbps의 전송 속도를 허용하는 텔코 라인. 24개의 64Kbps DS0 채널(과 8Kbps의 오버헤드)을 갖는 라인이다.

TCP 'Transmission Control Protocol'의 약어. 신뢰성 있는 데이터 전송을 위한 커넥션 오리엔티드 트랜스포트 계층 TCP/IP 프로토콜.

TCP/IP 'Transmission Control Protocol/Internet Protocol'의 약어. 미국 국방성에서 1970년대에 전 세계 인터네트워크의 구축을 위해 개발한 프로토콜들의 일반적인 이름. TCP와 IP는 가장 잘 알려진 두 개의 프로토콜이다.

telco 'telephone company'의 약어.

Telnet TCP/IP 프로토콜 스택에서 표준 터미널-에뮬레이션 애플리케이션 계층 프로토콜. 텔넷은 원격지의 터미널 커넥션을 통해 사용자들에게 원격지 시스템에 로그인하도록 하고, 그들이 로컬 시스템에 연결된 것처럼 자원을 사용할 수 있도록 한다. 텔넷은 RFC 854에 정의된다.

TFTP 'Trivial File Transfer Protocol'의 약어. 네트워크에서 한 컴퓨터에서 다른 컴퓨터로 파일을 전송하기 위해 사용하는 애플리케이션 프로토콜. 소수의 기능만 사용한다면 넓은 저장 공간을 필요로 하지 않는다.

trace 'traceroute'의 약어. 다수의 시스템들에서 사용 가능하며, 패킷이 목적지에 가기 위해 거치는 경로를 추적하는 프로그램. 보통 호스트들 간의 라우팅 문제를 해결하기 위해 사용한다.

traceroute 다수의 시스템들에서 사용 가능하며, 패킷이 목적지에 가기 위해 거치는 경로를 추적하는 프로그램. 보통 호스트들 간의 라우팅 문제를 찾기 위해 사용한다.

U

UDI(universal device identifier) 시스코가 IOS 소프트웨어 라이선싱 프로세스를 활성화하는 목적으로 라우터의 종류와 고유한 시리얼 번호를 식별하기 위해 각 라우터에 할당하는 번호.

UDP 'User Datagram Protocol'의 약어. TCP/IP 프로토콜 스택에서 커넥션리스 트랜스포트 계층 프로토콜. UDP는 ACK(acknowledgments) 또는 전송 보장 기능 없이 데이터그램을 교환하는 간단한 프로토콜.

up & up 시스코 IOS 라우터 혹은 스위치의 인터페이스의 두 가지 상태(라인 상태와 프로토콜 상태)를 지칭하는 별칭. 첫 번째 'up'은 라인의 상태를 가리키고, 두 번째 'up'은 프로토콜의 상태를 가리킨다. 이 상태의 인터페이스는 데이터 링크 프레임을 보낼 수 있다.

URI 'Uniform Resource Identifier'의 약어. IP 네트워크에서 목적지 대상을 가리키는데 사용하는 텍스트 형식에 대한 공식적인 용어. 이 텍스트는 보통 URL 혹은 웹 주소라 한다. 예를 들어, http://www.certskills.com/blog는 프로토콜(HTTP), 호스트네임(www.certskills.com)과 웹 페이지(블로그)를 식별하는 URI다.

URL 'Uniform Resource Locator'의 약어. IP 네트워크에서 객체들을 가리키기 사용하는 텍스트 형식. 예를 들어, http://www.certskills.com/blog에서 프로토콜(HTTP), 호스트네임과 웹 페이지(blog)를 식별한다.

UTP 'Unshielded twisted-pair'의 약어. TIA(Telecommunications Industry Association)에 의해 표준화되고, 꼬인 구리 선의 쌍(보통 네 쌍)으로 구성되어 외부 간섭으로부터 차폐되지 않은 케이블링 유형.

V

VC(virtual circuit) 프레임 릴레이와 같은 패킷-스위치드 서비스에서, VC는 두 개의 DTE 장치 (보통 라우터) 간에 서로 데이터를 교환하기 위해 물리적인 서킷 없이, 물리적인 전용 회선과 동일한 기능을 제공한다. 이 용어는 전용 회선 혹은 전용 시킷과 대조된다.

VLAN 버추얼 LAN을 볼 것.

VLAN 인터페이스(VLAN interface) 스위치에서 운용하는 IOS와 스위치 내부에서 지원하는 VLAN 간의 인터페이스로 시스코 스위치 내부에 설정된다. 스위치는 해당 인터페이스에 IP 주소를 설정하고 해당 VLAN으로 가는 IP 패킷을 보낸다.

VLAN 컨피규레이션 데이터베이스(VLAN configuration database) 시스코 스위치에서 VLAN ID와 이름들의 전체적인 설정의 이름.

VLSM(variable-length subnet mask) 다른 서브넷들에 동일한 클래스 A, B 혹은 C 네트워크에 속하는 주소를 적용하되, 다양한 서브넷 마스크를 적용할 수 있는 기능.

VoIP 'Voice over IP'의 약어. IP 네트워크에서 IP 패킷 내부에 보이스 트래픽을 전송한다.

VPN(virtual private network) 패킷이 어떤 공인 및 안전하지 않은 네트워크 즉, 인터넷을 통과할 때 두 장치 간의 통신을 보호하는 프로세스. VPN은 패킷 암호화를 통해 통신의 비밀을 제공하고, 양자 간에 인증 기능을 제공한다.

VTP 서버 모드(server mode) 세 가지 VTP 동작 모드 중 하나로, 이 모드의 스위치는 VLAN을 직접 설정하고, 다른 스위치들에게 VLAN 설정과 관련된 변경 사항을 보내 준다.

VTP 클라이언트 모드(client mode) 세 가지 VTP 동작 모드 중 하나로, 이 모드의 스위치는 다른 스위치로부터 VLAN 번호와 이름을 학습하지만, VLAN을 직접 설정할 수 없다.

VTP 트랜스페어런트 모드(transparent mode) 세 가지 VTP 동작 모드 중 하나로, 이 모드의 스위치는 VLAN을 설정할 수 있지만 VLAN 설정을 알리지 않고, 다른 스위치로부터 학습하지도 않는다.

VTP(VLAN Trunking Protocol) 시스코 스위치 간에 VLAN ID와 VLAN 이름과 같은 VLAN에 대한 정보를 교환하게 하는 시스코 고유의 메시지 프로토콜.

WAN(wide-area network)   일반적으로 멀리 떨어진 사이트들을 연결하는 OSI 1과 2계층 기술로 구현되는 대규모 네트워크의 일부로, 개인 혹은 기업 고객은 서비스 제공업자(종종, 텔코)로부터 WAN을 임대해야 한다.

Wi-Fi   연합 표준화 과정의 단순화보다 시의적절하게 다수 공급업체에 의한 호환 가능한 무선 제품을 시장에 내놓기 위해 무선 관련 회사(산업 협회)들이 만든 조직.

WLAN 클라이언트   다른 무선 장치들 혹은 유선 인터네트워크에 연결된 다른 장치들과의 통신을 위해 무선 액세스 포인트에 접속을 원하는 무선 장치.

기호

2-스위치 토폴로지, 169~170
2-계층 캠퍼스 디자인, 238~240
3-계층 캠퍼스 디자인, 240~242
10BASE-T, 37, 38~41, 229~230
10GBASE-T, 245
100BASE-T, 37, 41~44
802.1A, 447~451
802.1Q, 260~281
1000BASE-LX, 246
1000BASE-T, 37, 39
? 명령, 140
::(더블 콜론), 734, 735, 738

A

AAA(authentication, authorization, and accounting) 서버, 182~183
IPv6 주소 축약, 740
access-class 명령, 640, 813~814, 819
access control lists. ACL을 볼 것
access interfaces 266~269
access-list 명령, 645, 647~656
  any 키워드, 648, 655, 685
  ACLs 설정, 666, 672~680
  deny 키워드, 602~603
  사례들에 설명, 667
  확장 번호형 ACL 설정 명령, 667
  log 키워드, 653
  permit 키워드, 641
  ACL에서 주소 영역을 거꾸로 계산하기, 655~657
  tcp 키워드, 664
  udp 키워드, 664
액세스 포인트(access points, APs), 24
액세스 스위치(access switch) 131, 238~239
액세스 VLANs(virtual LANs), 266~269, 278
ACK 플래그, 112
ACLs(access control lists), 302, 503
  ACL 비교, 641~642
  ACL을 통한 텔넷과 SSH 접속 제어, 880~881
  확장 번호형 ACLs, 672
  ACL 설정 고려 사항들, 677
  ACL 위치와 방향, 639~640
  패킷 매칭, 640~641
  이름형 ACLs, 671~676
  표준 번호형ACLs, 676~677
    access-list 명령, 654~655
    명령어 구문, 645
    설정 사례, 648
    ACL 로직, 642~643
    모든 주소에 대한 매칭 방법, 648
    정확한 IP 주소 매칭 방법, 645~646
    주소 그룹에 대한 매칭 방법, 646~647
    ACL에서 주소 영역을 유추하기, 655~657
    ACL 문제 해결, 652~653
    ACL 확인, 606~607
    와일드카드 마스크(wildcard mask)s, 645~647
  장애 해결, 678
    네트워크에서의 ACL 동작, 679~685
    라우터에서 생성된 패킷과 ACL, 685~688
    일반적인 설정 실수, 683
    인바운드ACL 필터와 라우팅 프로토콜 패킷 차단, 682~683
    바뀐 출발지/목적지 IP 주소, 682~683
    장애 해결 명령어들, 681~682
소프트웨어 활성화(activating). 소프트웨어 활성화를 볼 것.
어드미니스트레이티브 디스턴스(administrative distance, AD), 484~486
ASA(Adaptive Security Appliance) 파이어월, 881

ARP(Address Resolution Protocol), 81, 99~100

address, IPv4 address 를 볼 것; IPv6 address

인접-계층간 상호작용(adjacent-layer interaction), 15~16

알고리즘, CSMA/CD, 51

모든-호스트(all-hosts) 브로드캐스트 주소 (IPv4), 529~531

모든 IP 주소에 대한 매칭 방식, 648

모든-서브넷(all-subnets) 브로드캐스트 주소 (IPv4), 529~531

any 키워드, 648

애니캐스트 주소(anycast addresses(IPv6)), 756

APs(access points), 34

애플리케이션 계층(application layer)

OSI, 26

TCP/IP, 12~14

아키텍처(networking), 9

archive 명령, 910, 915~916

컨피규레이션 파일에 대한 아카이빙, 910~911

ARP(Address Resolution Protocol), 75, 81, 97, 99, 445, 728

arp -a 명령, 529, 536

ASA(Adaptive Security Appliance) 파이어월, 881

AAA(authentication, authorization, and accounting) 서버, 182~183

auto-mdix, 619

자동 협의(autonegotiation), 200~207

자동 서머라이제이션(autosummarization(RIPv2)), 490~494

auto-summary 명령, 499, 502

보조 포트(auxiliary ports(routers)), 429

이진수 마스크 변환

이진수 와일드카드 마스크 변환, 647

DDN 마스크 변환, 369~370

프리픽스 마스크 변환, 370~372

이진수 서브넷 분석

이진수 실전 문제, 391~393

부울(Boolean) 수학, 394~395

주소 영역 찾기, 394~395

서브넷 브로드캐스트 주소 찾기, 390~391

서브넷 ID 찾기, 393~394

이진수 계산에 대한 지름길, 393~394

이진수에서 16진수로 변환, 962

블로킹(blocking), 161

블럭(CIDR), 696

부울(Boolean) AND, 394

부울(Boolean) 수학, 394

부울(Boolean) OR, 395

부팅 절차(IOS), 420, 427~428

boot system 명령, 898~904

브릿지(bridges), 231~234

브릿징 테이블(bridging table), MAC 주소 테이블을 볼 것.

브로드캐스트 주소, 330, 341, 353~354

브로드캐스트 도메인, 233~235

브로드캐스트 플래그, 511

브로드캐스트 서브넷(subnet), 556~557

브라우저(browser), 117

웹 브라우징

DNS(도메인 Name System) 기능, 118~119

HTTP(Hypertext Transfer Protocol), 120~121

URIs(Uniform Resource Identifiers), 117~118

B

백업(backups), 910~913

bandwidth 명령, 428~429

bandwidth 설정, 429

banner 명령, 877~879

banners, login, 877~879

Berners-Lee, Tim, 13

이진수/16진수(binary/hexadecimal) 변환 차트 (IPv6), 733

C

케이블, 34~35

케이블 인터넷, 72~73

DCE(data communications equipment) 케이블, 61

DTE(data terminal equipment) 케이블, 61, 426

전용 회선(leased-line) 케이블링, 59~60

물리적인 콘솔 커넥션, 133

UTP(unshielded twisted-pair), 136

10BASE-T/100BASE-T에 대한 케이블링 핀아웃, 40~43

1000BASE-T에 대한 케이블링 핀아웃, 44

UTP 이더넷 링크, 38~40

캐시(ARP), 99

CAM(Content-Addressable Memory) 테이블. MAC 주소 테이블을 볼 것.

캠퍼스 LAN

3-계층 캠퍼스 디자인, 240~242

토폴로지 디자인 용어, 242~243

2-계층 캠퍼스 디자인, 238~240

CSMA/CD(carrier sense multiple access with 컬리전 detection), 51, 298

CDP(Cisco Discovery Protocol) 설정, 279, 841, 857~861

이웃 장치에 대한 정보를 얻는 방법, 857~860

확인, 861

cdp enable 명령, 865

cdp run 명령, 865

CSU/DSU(channel service unit/data service unit), 60

CIDR(classless inter-domain routing), 334, 366, 691, 694~696

서킷(circuits). 전용 회선 WAN을 볼 것

시스코 ASA(Adaptive Security Appliance) 파이어월, 881

시스코 이진수 게임(Binary Game), 366

시스코 카탈리스트 스위치, 271, 887

시스코 자격 시험에 대한 팁들. 시험 팁들을 볼 것

시스코 자격 시험 교재, 940~942

Cisco Discovery Protocol. CDP를 볼 것

시스코 통합 서비스 라우터(integrated services routers), 416~418

시스코 IOS. IOS(Internetwork Operating System)를 볼 것

CLN(Cisco Learning Network), 367

시스코 라이선스 매니저(License Manager), 925~926

시스코 ONE 라이선싱, 924~925

시스코 제품 라이선스 등록 포털, 855~857

CUCM(Cisco Unified Communication Manager), 277

클래스 A 네트워크, 86~89

주소 형식, 351~352

네트워크별 호스트 계산, 353

디폴트 마스크(default masks), 352~353

주소의 세 영역, 373~374

첫번째 옥텟값, 349

숫자와 크기, 350~351

예비된 네트워크들, 350, 356

특별한 주소들, 356

클래스 B 네트워크, 86~89

주소 형식, 351~352

네트워크별 호스트 계산, 353

디폴트 마스크(default masks), 352~353

주소의 세 영역, 373~374

첫번째 옥텟값, 349

숫자와 크기, 350~351

예비된 네트워크들, 350, 356

특별한 주소들, 356

Class C networks, 86~89

주소 형식, 351~352

네트워크별 호스트 계산, 353

디폴트 마스크(default masks), 352~353

주소의 세 영역, 373~374

첫번째 옥텟값, 349

숫자와 크기, 350~351

예비된 네트워크들, 350, 356

특별한 주소들, 356

클래스 D 네트워크, 349

클래스 E 네트워크, 349

클래스풀 IP 주소, 373~374

클래스풀 IP 네트워크, 84~89

주소 형식, 351~352

서브네팅 전, 326~327

네트워크 별 호스트 계산, 353

선택하기, 336~337

클래스들, 350~352

디폴트 마스크, 352~353

네트워크 번호와 관련된 숫자들, 353~355

숫자와 크기, 350~351

사설 IP 네트워크, 335~336

공인 IP 네트워크, 333~335

서브넷 마스크, 362

특이한 주소들, 356

클래스풀 라우팅 프로토콜들, 489, 572

클래스리스 주소 체계, 374

CIDR(classless inter-도메인 routing), 334, 366, 691, 694~696

클래스리스 라우팅 프로토콜들, 572

clear ip dhcp conflict 명령, 524, 536

clear ip nat translation 명령, 701

clear ipv6 neighbor 명령, 808

clear logging 명령, 848

clear mac address~table dynamic 명령, 169~171

CLI(command-line interface) 접속, 131~132, 134, 137, 138, 420

    패스워드 보안, 138~139

    콘솔의 물리적 커넥션, 133~136

    SSH(Secure Shell), 136

    Telnet, 136

  시스코 카탈리스트 스위치, 131~132

  명령어 편집 및 입력, 140

  일반적인 명령어 프롬프트들, 144

  설정 파일들, 145~148

  컨피규레이션 모드, 142~143

  컨피규레이션 하부 모드들과 컨텍스트, 143~145

  헬프 기능, 139~141

  개요, 128~130

  프리빌리지드 EXEC 모드, 137~138

  보안, 175~179

  외부 인증 서버들, 182~183

    로컬 유저네임/패스워드 설정, 180~182

    간단한 패스워드 설정, 176~181

    SSH(Secure Shell), 183~186

    유저 EXEC 모드, 137~139

CLI 스킬, 연습, 952~954

클라이언트

  NTP(Network Time Protocol), 853~855

  Telnet 클라이언트, 136~137

CLM(Cisco License Manager), 925~926

CLN(Cisco Learning Network), 367

clock rate 명령, 413, 427~430

clock set 명령, 852~853

clock summer-time 명령, 864

clock timezone 명령, 852, 865

clocking, 61, 426

생략된 코어 디자인(collapsed core 디자인), 238~240

컬리전 도메인, 229

  허브와 10BASE-T, 229~230

  LAN 디자인에 대한 영향, 232~233

  스위치, 231~232

  트랜스페어런트 브릿지, 231~232

command-line interface. CLI를 볼 것.

명령어 개별 명령을 볼 것(예, access-list 명령)

config-register 명령, 900, 915

컨피규레이션, 908~912

  ACLs(access control lists), 648~652

  CDP(Cisco Discovery Protocol), 857~861

  DHCP(Dynamic Host 컨피규레이션 Protocol), 119, 186~190, 506~509, 615

  dynamic unicast addresses(IPv6), 774~775

  확장 번호형 ACL, 667~670

  IOS software

    일반적인 명령 프롬프트들, 143~144

    컨피규레이션 모드, 142~145

    컨피규레이션 하부 모드와 컨텍스트, 139~141

    컨피규레이션 파일 복사, 148

    컨피규레이션 파일 삭제, 148

    초기 컨피규레이션, 913

    컨피규레이션 파일 저장, 145~147

  IPv4, 189~190

  IPv6

    주소 설정 요약, 784~785

    호스트 설정, 796~803

  로긴 배너들, 877~878

  이름형 ACL(access control lists), 671~672

  NAT(Network Address Translation)

  다이내믹 NAT, 705~710

  PAT(Port Address Translation), 710

    스태틱 NAT, 707~714

  NTP(Network Time Protocol) 클라이언트/서버, 850~852

  번호형 ACL(access control lists), 649, 676

  VLSM 서브넷 중복, 628~629

  패스워드들

    로컬 패스워드들, 180~181

    간단한 패스워드들, 175~179

  RIPv2, 476~481

  스태틱 루트들, 454~463

  스태틱 유니캐스트 주소, 766~774

    전체 128 비트 주소 설정하기, 766

    IPv6 라우팅 활성화, 767

    수정 EUI-64에 의한 유니크 인터페이스 ID 생성, 770~774

    확인, 783~785

스위치 인터페이스, 197~199

자동 협의, 206~210

   description, 200~201

   duplex, 200~201

   인터페이스 활성화/비활성화, 203~205

   다중 인터페이스, 202~203

   포트 시큐리티(port security), 212~216

   설정 삭제, 205~206

   speed, 205~206

Syslog, 846~848

VLANs(virtual LANs), 265~276

   데이터와 보이스 VLAN, 277~281

   전체 VLAN 설정 사례, 267~270

   라우팅, 451~454

   보다 짧은 VLAN 설정 사례, 269~270

   트렁킹, 271~276

VLSM(variable length subnet masks), 569~583

컨피규레이션 파일

아카이빙, 911

복사, 148, 910~912

삭제, 148, 912~913

교체, 909~910

러닝-컨피그(running-config), 146

스타트업-컨피그(startup-config), 146

저장, 146~148

컨피규레이션 모드(CLI), 139~140

컨피규레이션 레지스터(컨피규레이션 register), 900

configure replace 명령, 910~912

configure restore 명령, 911~912

configure terminal 명령, 911~912

주소 충돌(DHCP), 523~524

confreg 명령, 906~908

커넥티드 루트들(connected routes), 433, 443~444, 446, 449, 452~464

커넥션 설정 및 종결(TCP), 110~111

커넥션 오리엔티드 프로토콜(connection-oriented protocol), 112

커넥션리스 프로토콜(connectionless protocol), 112

콘솔 연결 케이블링, 133~136

콘솔 패스워드, 176

CAM(Content-Addressable Memory) 테이블. MAC 주소 테이블을 볼 것.

context-setting 명령들, 143

연속적 네트워크들, 491

copy 명령, 893, 896

copy ftp flash 명령, 896

copy running-config startup-config 명령, 900

copy startup-config running-config 명령, 907~908, 916

copy tftp flash 명령, 893

copy tftp startup-config 명령, 908~913

copying

   컨피규레이션 파일들, 908~910

   IOS 이미지들, 893~898

   스위치 컨피규레이션 파일들, 146~148

코어 디자인, 240~242

CPE(customer premises equipment), 60

크로스오버 케이블 핀아웃, 43

누화(crosstalk), 38

crypto key 명령, 184

crypto key generate rsa 명령, 183~185, 195, 896

CSMA/CD(carrier sense multiple access with 컬리전 detection), 210, 220, 231, 232, 298

CSU/DSU(channel service unit/data service unit), 24, 61, 416

CUCM(Cisco Unified Communication Manager), 277

현재 라이선스 상태(current license status), 보기, 928~930

고객 책임 장비(customer premises equipment, CPE), 60

D

DAD(Duplicate Address Detection), 731

데이터 센터, 154

DCE(data communications equipment) 케이블, 61

데이터 인캡슐레이션

   OSI 용어, 27

   TCP/IP 용어, 23~25

데이터 링크 계층

   이더넷, 44~48

   OSI, 26

   데이터 링크 프로토콜들, 61~62

DTE(data terminal equipment) 케이블, 61

DCE(data communications equipment) 케이블, 61

DDN(dotted-decimal notation), 18, 84~87, 341, 363~365

debug 명령, 141, 703, 710, 849

debug ip nat 명령, 717

debug ip rip 명령, 850

십진수 마스크. DDN(dotted-decimal notation)을 볼 것.

십진수 서브넷 분석

　쉬운 마스크와 분석, 395~396

　서브넷 브로드캐스트 주소 찾기, 400~402

　서브넷 ID 찾기, 398~400

　흥미로운 옥텟과 예측, 396~398

　참조 표: DDN 마스크와 이진수 표현, 403

십진수-이진수 변환, 960~961

십진수 와일드카드 마스크, 645~646

IP 패킷의 디-인캡슐레이션(de-encapsulation), 441

디폴트 게이트웨이, 79, 92, 188~189, 296, 302, 435~439, 446

디폴트 마스크, 352

default-router 명령, 536

디폴트 라우터, 78, 435, 609~615

디폴트 VLANs, 266

delete vlan.dat 명령, 163

DMZ(demilitarized zone), 884

DoS(denial of service) 공격, 882

deny 명령, 641, 644, 655~658, 663~689

description 명령, 200~201

목적지 IP. 매칭, 663~664

목적지 포트 번호들, 108

장치 강화(device hardening)

　ACL에 의한 텔넷/SSH 접속 제한, 880~881

　　정의, 877

　파이어월(firewall), 881~884

　로그인 배너 설정, 877~878

　미사용 스위치 인터페이스를 위한 보안, 879~880

장치 관리 프로토콜들

　CDP(Cisco Discovery Protocol)

　　설정, 861

　　이웃 장치에 대한 정보 발견, 857~861

　　확인, 861

　LLDP(Link Layer Discovery Protocol), 862~863

　NTP(Network Time Protocol), 850~851

　　클라이언트/서버 설정, 853~855

　　루프백 인터페이스, 885~887

　　시각과 타임존 설정, 862~863

Syslog

　설정, 846~848

　debug 명령, 849~850

　로그 메시지 포맷, 844~845

　로그 메시지 보안 레벨, 845~846

　사용자에게 메시지 전송, 843

　로그 메시지 저장, 844

　확인, 846~848

장치 보안

　장치 강화

　　ACL에 의한 텔넷과 SSH 접속 제한, 880~881

　　정의, 877

　　파이어월, 881~882

　　로그인 배너 설정, 877~878

　　미사용 스위치 인터페이스를 위한 보안, 879~880

　IOS 패스워드, 870~872

　　해시(hash)에 의한 인코딩, 872~873

　　service password-encryption 명령에 의한 암호화, 871~872

　　로컬 유저네임 숨기기, 877

DHCP(Dynamic Host 컨피규레이션 Protocol), 190, 344, 509~520, 537, 615

장점들, 509

　브로드캐스트 플래그, 510

　설정, 515~517

　DHCP 풀, 515

　DHCP 릴레이, 615~617

　　지원, 511~512

　　문제 해결, 517~518

　DHCPv6, 798~799

　　DHCPv4과 비교, 798~800

　　릴레이 에이전트(relay agents), 799~800

　DHCP 서버에 저장된 정보, 513~515

　풀(pool), 515

　서버 확인, 517~518

　문제 해결, 518~519

　　충돌(conflict), 523~524

　　DHCP 릴레이 에이전트 설정, 517~518

　　DHCP 서버 설정, 518~521

　　IP 연결성, 522

　　LAN 연결성, 522~523

　　요약, 523

다이어그램, 네트워크, 8, 20
DSL(digital subscriber line), 70~72
dir 명령, 894~895, 916
다이렉티드 브로드캐스트 주소(directed 브로드캐스트 addresses), 341, 967
ACL 방향, 639~640
disable 명령, 150
VLAN 비활성화, 310~311
불연속적 클래스풀 네트워크, 490~491
디스크 파일 시스템, 893
디스턴스 벡터(distance vector), 471~476
디스트리뷰션 스위치(distribution switches), 238
DMZ(demilitarized zone), 884
DNS(도메인 Name System), 75, 97, 118, 526, 610
dns-server 명령, 515, 536
DoS(denial of service) 공격, 882
DDN(dotted-decimal notation), 18, 84, 101, 341, 369
DRAM(dynamic random-access memory), 146
DSL(digital subscriber line), 419, 426, 726
DSL access multiplexer(DSLAM), 72
DSLAM(DSL access multiplexer), 72
DTE(data terminal equipment) 케이블, 61, 426
듀얼 스택(dual stack), 731, 765~766
듀플렉스(duplex)
    스위치 인터페이스 설정, 200~202
    듀플렉스 불일치(duplex mismatch), 209
    문제 해결, 293~299
duplex 명령, 200~202, 273~299,
DAD(Duplicate Address Detection), 791, 795, 810
중복된 주소, 795~796
IPv6 호스트에 대한 자동 설정, 796
    DHCPv6, 797~800
    SLAAC(Stateless Address Auto 컨피규레이션)
        IPv6 주소 설정, 797~801
        NDP/ DHCP, 802~803
Dynamic Host 컨피규레이션 Protocol. DHCP를 볼 것.
자동 IP 주소 설정, 189~190
다이내믹 NAT(Network Address Translation), 700~701
    설정, 705~707
    확인, 707~710
다이내믹 포트 넘버들, 108
DRAM(dynamic random-access memory), 146

서브넷별 다이내믹 범위, 선정, 342~343
자동 유니캐스트 주소 설정, 774
다이내믹 윈도(dynamic windows), 114~115

E

에코 응답(echo replies(ICMP)), 100
에코 요청(echo requests(ICMP)), 100
EIGRPv6(EIGRP for IPv6), 732
enable 명령, 137, 176~177, 778~779, 785, 873~874
이네이블 모드(enable mode), 137~139
enable password 명령, 872
enable passwords, 176
enable secret 명령, 819, 872~873,
enable secret love 명령, 140
인캡슐레이션(encapsulation), 441~445
    IP 패킷의 디-인캡슐레이션(de-encapsulation), 439
    IPv4(Internet Protocol Version 4), 78
    OSI 용어, 26
    TCP/IP 용어, 21~23
encapsulation 명령, 449
인코딩(encoding), 38
암호화(encryption), 871
end 명령, 150
네트워크에 대한 엔드 유저 관점, 7~8
엔터프라이즈 LANs, 34~35
엔터프라이즈(기업) 네트워크, 7, 325
엔터프라이즈 라우터, 415
엔터프라이즈 무선 LANs, 248~250
EoMPLS(이더넷 over MPLS), 66~67
eq 21 파라미터, 665
이퀄-코스트 로드 밸런싱(equal-cost load balancing), 488~489
이퀄 코스트 루트들(equal-cost routes), 488~489
erase nvram 명령, 912, 916
erase startup-config 명령, 148, 150
err-disabling 복구, 303~304
오류 감지(error detection), 48, 123
오류 복구(error recovery), 440
이더넷 에뮬레이션(이더넷 emulation), 66

이더넷 LANs, 20, 30~32
브로드캐스트 도메인, 233~234
캠퍼스 LAN
   3-계층 캠퍼스 디자인, 240~242
   토폴로지 디자인 용어, 242~243
   2-계층 캠퍼스 디자인, 238~240
컬리전 도메인s, 232
   허브와 10BASE-T, 232~233
   LAN 디자인에 대한 영향, 232~233
   스위치, 231~232
   트랜스페어런트 브릿지, 231~232
   엔터프라이즈 LAN, 34~35
이더넷 주소 체계, 45~47
이더넷 데이터 링크 프로토콜, 44~45
이더넷 프레임, 45
이더넷 물리 계층 표준, 36
이더넷 포트들, 39
이더넷 타입 필드, 47
FCS(Frame Check Sequence) 필드, 48
풀 듀플렉스 로직, 49~50
하프 듀플렉스 로직, 50~51
허브, 229
LAN 스위칭, 33
   분석, 162
   플러딩(flooding), 159~160
   MAC 주소 테이블, 158~169
   개요, 152~153
   STP(Spanning Tree Protocol), 160~161
   요약, 161~162
   스위치의 포워딩/필터링 결정, 155~158
   스위치 인터페이스, 164~166
   스위칭 논리, 155~156
   확인 방법, 162
물리 계층 표준, 243~244
   선정, 245~247
   엔터프라이즈 무선 LAN, 248~250
   이더넷 타입, 미디어와 세그먼트 길이, 245
   역사, 244
   홈 오피스 무선 LAN, 247
   표준 테이블, 244
포트 시큐리티, 210~212
   설정, 212~214
   MAC 주소, 217

   확인 방법, 214~215
   규칙 위배 시의 조치, 216~217
SOHO(small office/home office) LAN, 33~34
스위치 인터페이스 설정, 197~199
   자동 협의, 206~212
   description 명령, 200~202
   듀플렉스(duplex), 200~202
   인터페이스 활성화/비활성화, 203~204
   다중 인터페이스, 203
   컨피규레이션 삭제, 204~205
   속도, 200~202
장애 해결, 288~292
   포워딩 경로 분석, 301~302
   정의, 285
   인터페이스 속도와 듀플렉스 이슈들, 293~294
   인터페이스 상태 코드들, 293~294
   1계층 문제들, 297~299
   방법론들, 288~289
   포트 시큐리티, 305~308
   MAC 주소 테이블 예측, 299~301
   문제 발견, 290~292
   VLANs(virtual LANs), 308~310
UTP(unshielded twisted-pair) 케이블, 35~36
   10BASE-T/100BASE-T 케이블링 핀아웃, 44~45
   1000BASE-T 케이블링 핀아웃, 45
   UTP 이더넷 링크, 38~39
VLANs(virtual LANs), 256~257
컨피규레이션, 265~276
   디폴트 VLAN, 266
   IP 텔레포니(telephony), 276~277
   내이티브(native) VLAN, 261
   VLAN 간 라우팅, 262~264
   태깅(tagging), 258~260
   장애 해결, 288~292
   트렁킹(trunking), 246~249, 257~262
   VLAN ID, 258
EoMPLS(Ethernet over MPLS), 66~67
이더넷 WAN(wide area networks), 65~66
   이더넷 에뮬레이션, 66~68
   Ethernet over MPLS(EoMPLS), 66~67
   인터넷 접속, 68
   케이블 인터넷, 72~73

DSL(digital subscriber line), 70~71

인터넷 접속 링크들, 69~70

거대 WAN으로서의 인터넷, 68~69

EtherType, 47

EUI-64(extended unique identifier), **771~773**

정확한 IP 주소 매칭, 643~644

시험 팁들

시험 대비 정도에 대한 평가, 953~954

시스코 자격 시험 교재, 940~941

시험 당일에 대한 조언, 943~944

시험 리뷰, 945~957

지식의 헛점 찾기, 950~951

실전 CLI 스킬들, 952

실제 시험들, 953~955

서브네팅과 기타 계산 관련 스킬들, 945~946

기타 학습 과제들, 956

사전 시험 제안들, 943

불합격 후의 학습 제안들, 944~945, 946~947, 955~957

시간 관리, 942

EXEC 모드들, 175~179

프리빌리지드(privileged) EXEC, 137~138

유저(user) EXEC, 137~138

exec-timeout 명령, 192~193

exit 명령, 143, 420, 606

실험용 주소들, 349

확장 번호형 IPv4 ACL, 663

설정, 667~671

프로토콜, 출발지 IP, 목적지 IP 매칭, 663~664

TCP/UDP 포트 번호 매칭, 665~668

확장형 핑(extended ping)

LAN 이웃 장치에 대한 테스팅, 592~593

역방향 루트에 대한 테스팅, 590~592

외부 인증 서버들, 182~183

F

불합격 시의 행동 요령, 844~845, 955~956

패스트 이더넷, 36

FCS(Frame Check Sequence) **필드, 48**

기능 셋(feature sets), **921**

광-섬유 케이블링(fiber-optic cabling), **36**

파일 시스템들(file system), **890~891**

File Transfer Protocol. FTP를 볼 것.

파일

컨피규레이션 파일들, 909

아카이빙(archiving), 911

복사(copying), 143, 909~911

삭제(erasing), 143, 912

교체(replacing), 911~912

러닝-컨피그(running-config), 146

스타트업-컨피그(startup-config), 146

저장(storing), 145~146

관리, 897

컨피규레이션 파일, 908~911

IOS 파일 시스템, 890~891

IOS 소프트웨어 부팅 절차, 839~904

패스워드 복구/리셋, 905~908

IOS 이미지 업그레이드, 892~898

이전(transferring), 120~121

FIN 비트, 112

파이어월(firewall), **814~817**

첫번째 옥텟 값(first octet values), **350**

첫번째 사용 가능한 IP 주소, 353~354

플래시 메모리(flash memory), **144, 891**

플로팅 스태틱 루트들(floating static routes), **458~459**

플러딩(flooding), **159~160**

플로 컨트롤(flow control(TCP)), **113~114**

전방 확인(forward acknowledgment), **112**

포워딩/필터링 결정, 159~160

패킷 포워딩. IPv4 라우팅과 IPv6 라우팅을 볼 것.

포워딩 경로, 301~302

FCS(Frame Check Sequence) **필드, 48**

프레임, 21~23, 28

입력 프레임 처리, 440~441

플러딩(flooding), 159~160

송신(transmitting), 441

FTP(File Transfer Protocol), 896~898

전체 주소(IPv6), 732

풀-듀플렉스 로직, 48~49

풀 메시(full mesh) 토폴로지, 239~240

풀 업데이트 메시지, 473~474

전체 VLAN 설정 사례, 267~270

G

G0/0 상태 코드, 424

G0/1 상태 코드, 424

GET 요청, 13, 121

기가비트(Gigabit) 이더넷, 36

글로벌 라우팅 프리픽스(global routing prefix(IPv6)), 748~750

글로벌 유니캐스트 주소들(global unicast addresses) 주소 영역들, 751

   호스트에 대한 할당s, 756~757

   정의, 745~746

   IPv6 스태틱 루트들, 751~755

   서브네팅, 752~755

그룹 주소들(group addresses), 46

그루핑(groupings(IP 주소들)), 84~86

H

하프-듀플렉스 로직(half-duplex logic), 50~52

실전 CLI 스킬들, 연습, 952~953

해시들(hashes), 806

HDLC(High-Level Data Link Control), 62~63

헤더들(headers)

   이더넷, 45

   HDLC(High-Level Data Link Control), 62

   헤더들(HTTP), 13

16진수-2진수 변환, 772

High-Level Data Link Control(HDLC), 62~63

history buffer 명령, 192

history size 명령, 192

홈 오피스 무선 LAN, 247

호스트 주소들, 353

호스트 비트들, 330

호스트 포워딩 포직, 79, 92~93

호스트 부분(IP 주소에서), 351

호스트 라우팅 로직, 436

hostname 명령, 846

hostname Fred 명령, 143

hostname, 196

host, IPv4, 18

   서브넷 조건 분석, 324~327

   주소 할당, 756~757

   서브넷별 계산, 372~373

   호스트 비트들, 328~329

   IPv4 설정, 374~376

      디폴트 라우터, 527~528

      DNS에 의한 이름 해결, 526~527

      IP 주소/마스크 컨피규레이션, 525~526

      문제 해결, 610~614

hosts, IPv6

   자동 설정, 796

DHCPv6, 736~739

   SLAAC(Stateless Address Auto Configuration), 801~803

   NDP(Neighbor Discovery Protocol), 791~797

      중복 주소 발견, 795~796

      이웃의 링크 주소 발견, 794~795

      라우터 발견, 792~793

      SLAAC 주소 정보 발견, 793~794

      NA(Neighbor Advertisement), 794

      NS(Neighbor Solicitation), 794

      RA(Router Advertisement), 792

      RS(Router Solicitation), 792

   호스트 연결 여부 확인,

      호스트로부터 확인, 803~806

      인접 라우터로부터 확인, 807~809

HTTP(Hypertext Transfer Protocol), 12~13, 669

허브(hub)

   10BASE-T, 246

   자동 협의(autonegotiation), 233

   Huston, Geoff, 727

하이브리드 토폴로지(hybrid topology), 239, 242

Hypertext Transfer Protocol(HTTP), 12~13, 669

I

IANA(Internet Assigned Numbers Authority), 334, 684~685, 350

IBM SNA(Systems Network Architecture), 9

ICANN(Internet Corporation for Assigned Names and Numbers), 742

ICMP(Internet Control Message Protocol), 100, 728

icmp 키워드, 600

ICMPv6, 728

IDs

  인터페이스 ID, 753

  IPv4 서브넷 ID들, 45, 735, 943

    서브넷 비트들에서 서브넷 발견, 560~562

    17 이상의 서브넷 비트들에서 서브넷 발견, 562~563

    정확하게 8 서브넷 비트들에서 서브넷 발견, 560~562

    8 이하의 서브넷 비트들에서 서브넷 발견, 555~558

    이진수 계산을 통해 발견하기, 389~391

    십진수 계산을 통해 발견하기, 395~402

    매직 넘버를 통해 발견하기, 554~555

    제로 서브넷(zero subnet), 553~554

  IPv6 서브넷 ID들, 755~756

  VLAN ID들, 258~259

IEEE(Institute of Electrical and Electronic Engineers), 10

ifconfig 명령, 526, 536, 610, 611, 804, 811

IGPs(interior gateway protocols), 449~450

IGRP(Interior Gateway Routing Protocol), 470, 489

이미지(images(IOS))

  복사

    FTP를 통한 복사, 896~897

    로컬 파일 시스템으로 복사, 892~896

    SCP를 통한 복사, 897~898

  기능 셋별 한 이미지, 924

  모델/시리즈별 한 이미지, 920

  유니버설 이미지들, 921~924

  업그레이딩(upgrading), 892~897

  확인 방법, 895, 895~896

입력 프레임, 439~443

무한대(infinity), 474

인풋 에러(input error), 286

인사이드 글로벌 주소(inside global addresses), 699

인사이드 로컬 주소(inside local addresses), 697

라우터 설치

  시스코 통합 서비스 라우터들, 416~417

  엔터프라이즈 라우터들, 415~417

  인터넷 접속 라우터들, 418~419

Institute of Electrical and Electronic Engineers(IEEE), 10

흥미로운 옥텟(interesting octet), 396~397

interface 명령, 201, 214, 287, 303~304, 488, 501, 503

interface ethernet 명령, 421

interface fastethernet 명령, 422~423

interface gigabitethernet 명령, 422

인터페이스 ID, 754

Interface loopback 명령, 856

interface range 명령, 202, 219, 269

interface 하부 명령, 145~147

interface vlan 명령, 187, 189, 195

interface vlan vlan_id, 452

interfaces

  액세스 인터페이스, 309~310

  1계층 문제들, 296~298

  포트 시큐리티(port security), 210~217, 287~288

  컨피규레이션, 212~213

    err-disabled 복구, 304~305

    MAC 주소, 216~217

    프로텍트 모드(protect mode), 305~308

    리스트릭트 모드(restrict mode), 305~308

    셧다운 모드(shutdown mode), 304~305

    확인 방법, 214~216

    규칙 위반 시 조치 방식들, 216

  라우터 인터페이스

    bandwidth, 428

    clock rate, 426~427

    확인 방법, 421~423

    인터페이스 상태와 코드, 423~426

    속도/듀플렉스 이슈들, 293~297

  상태 코드들 423~424

  스위치 인터페이스 설정, 200~201

    자동 협의(autonegotiation), 200~207

    description, 200~201

    duplex, 200~201

    인터페이스 활성화/비활성화, 202~204

다중 인터페이스, 202
컨피규레이션 삭제, 202~204
speed, 200~201
IGP(interior gateway protocol), 449~450
IGRP(Interior Gateway Routing Protocol, 470
ISO(International Organization for Standardization), 10
인터넷 접속, 69
DSL(digital subscriber line), 70~72
인터넷 접속 링크들, 69~70
인터넷 접속 라우터들, 389~390
거대 WAN으로서의 인터넷, 68~69
IANA(Internet Assigned Numbers Authority), 334, 350, 684~655
ICMP(Internet Control Message Protocol), 100, 728
ICANN(Internet Corporation for Assigned Names and Numbers), 742
Internetwork Operating System. IOS 인터네트워크를 볼 것.
인터네트워크(Internetwork), 82, 326
ISL(Inter-Switch Link), 281~282
IOS(Internetwork Operating System)
부팅 절차, 899~900
로딩을 위한 IOS 선택하기, 900~903
컨피규레이션 레지스터(configuration register), 900
IOS 이미지 확인, 903~905
컨피규레이션
일반적인 명령 프롬프트들, 144
컨피규레이션 모드, 141~145
컨피규레이션 하부 모드들과 컨텍스트들, 143~145
컨피규레이션 파일 복사, 148
컨피규레이션 파일 삭제, 148
컨피규레이션 파일 저장, 146~148
파일 관리, 890
컨피규레이션 파일, 908~911
IOS 파일 시스템, 890~892
패스워드 복구/리셋, 905~908
IOS 이미지 업그레이드, 892~898
초기 컨피규레이션, 912
라이선스 관리, 917
수동 소프트웨어 활성화, 926~932
시스코 라이선스 매니저를 통한 소프트웨어 활성화, 925~926

유니버설 이미지와 소프트웨어 활성화, 922~923
패키징(packaging)
모델/시리즈별 한 이미지, 920
기능 셋별 한 이미지, 921
유니버설 이미지들, 922~923
패스워드 보안(password security), 870
해시를 통한 인코딩, 872~873
service password-encryption 명령을 통한 암호화, 871~872
로컬 유저네임에 대한 패스워드 숨기기, 876~877
소프트웨어 활성화
시스코 라이선스 매니저, 925~926
수동 활성화, 926~930
사용권 라이선스를 통한 활성화, 931~932
유니버설 이미지 소프트웨어 활성화, 922~923
버전과 릴리즈, 920
ip-6 neighbor show 명령, 796, 811
ip access-group 명령, 649~651, 652
ip access-list 명령, 657, 659
IP ACLs(access control lists). ACL(access control lists)를 볼 것.
ip address 명령, 669, 909, 915
IP ARP 테이블, 443, 445, 446
ip default-gateway 명령, 195, 196
ip dhcp excluded-address 명령, 515, 517, 536
ip dhcp pool 명령, 515, 517, 536
ip domain-lookup 명령, 192~193, 614
ip domain-name 명령, 185
ip ftp password 명령, 897, 915
ip ftp username 명령, 897, 915
ip helper-address 명령, 509, 511~513, 517, 519
ip name-server 명령, 189, 195, 614
ip nat 명령, 700, 703, 705
ip nat inside 명령, 703, 705, 706, 707, 711, 713, 714, 716
ip nat inside source 명령, 703, 705, 706, 707, 711, 713, 714, 716
ip nat inside source list 명령, 711, 714
ip nat inside source static 명령, 703, 705, 714
ip nat outside 명령, 703, 705, 711, 713
ip nat pool 명령, 706, 716
ip route, 812, 818, 825

ip scp server enable 명령, 898

ip ssh version 2 명령, 185

ip subnet-zero 명령, 554

IP 텔레포니, 276

　데이터/보이스 VLAN 개념, 276~278

　데이터/보이스 VLAN 설정과 확인, 278~280

　요약, 266~267

ipconfig 명령, 526, 536

IPv4 ACL(access control lists). ACL(access control lists)을 볼 것.

IPv4 주소, 84~85. 서브넷 마스크(subnet masks; subnets)도 참조할 것.

　주소 고갈, 727

　주소 형식, 351

　브로드캐스트 주소들, 530~531

　네트워크 내의 호스트와 서브넷 계산, 374~376

　네트워크별 호스트 계산, 353

　CIDR(classless inter-domain routing), 695~696

　클래스들, 349~350

　클래스리스와 클래스풀 주소 체계, 374

　주소 유형 비교, 534

　디폴트 마스크들, 352

　자동 IP 주소 설정, 189~190

　그루핑(grouping), 85~86

　호스트 설정, 525~529

　주소 매칭

　　모든 주소 매칭, 648

　　정확한 IP 주소 식별, 645~646

　　서브넷 매칭, 647~648

　멀티캐스트 주소(multicast address), 532~534

　NAT(Network Address Translation), 684, 697~698

　　다이내믹(dynamic) NAT, 701~703, 704~715

　　PAT(Port Address Translation), 701~703, 704~715

　　출발지(source) NAT, 699, 713

　　스태틱(static) NAT, 697~699

　　문제 해결, 713~715

　네트워크 숫자와 관련 번호들, 353~354

　네트워크 숫자와 크기, 350~351

　사설 주소(private address), 696

　공인 주소(public addresses), 745~746

　라우터 인터페이스 IP 주소들, 424~426

IPv4와 규칙, 83~84

　확장성(scalability), 694

　문제 해결, 613

　유니캐스트 주소(unicast address), 530

　클래스 내의 특별한 주소들, 355~356

IPv4 routing, 91, 95, 435, 608. 서브넷(subnet)도 볼 것.

　ARP(Address Resolution Protocol), 410, 436~447, 443, 465

　스위치 설정, 189~190

　DNS(Domain Name System), 97~98

　라우터 인터페이스와 IPv4

　　밴드위스(bandwidth), 428

　　CLI 접속, 420~421

　　clock rate, 427~428

　　인터페이스 확인, 421~423

　　인터페이스 상태 코드, 423~424

　　IP 주소, 424~426

　　라우터 보조 포트(auxiliary port), 429

　사례들, 439

　패킷 포워딩 과정, 440~442

　　입력 프레임 처리 과정, 439~440

　　IP 패킷 디-인캡슐레이션(de-encapsulation), 440

　　프레임 내 패킷 인캡슐레이션(encapsulation), 442~443

　　디폴트 라우터(게이트웨이)에 대한 IP 패킷 포워딩, 440

　　프레임 송신, 443

　호스트 및 스위치의 IP 설정, 186~188

　IP 호스트, 19, 83

　IP 네트워크, 82, 84~87

　IP 패킷 인캡슐레이션, 438

　프로토콜(protocol), 82~83, 95~97

　라우팅 로직(routing logic), 78~81

　　데이터 링크 계층 인캡슐레이션, 80~83

　　호스트 포워딩 로직, 81, 93~94

　　IP 라우팅 테이블, 81

　라우팅 테이블(routing table), 82

　RIPv2, 469

　자동 요약(autosummarization), 490~492

　　IGP(interior gateway protocol)들과의 비교, 470~471

　　컨피규레이션, 476~481

　　불연속적인 클래스풀 네트워크(discontiguous

classful networks), 489~492

디스턴스 벡터(distance vector), 471~472

이퀄-코스트 루트들(equal-cost routes), 488~489

풀 업데이트 메시지(full update message), 472~473

IGP(interior gateway protocols)의 역사, 469~470

핵심 기능들, 475~476

RIP 업데이트와 제한, 467~468

루트 포이저닝(route poisoning), 475~476

스플릿 호라이즌(split horizon), 474

문제 해결, 498~499

확인 방식, 481~493

연결성 점검, 99

문제 해결, 608

디폴트 라우터 IP 주소 설정, 615

DHCP 이슈들, 615~616

DNS 문제들, 613~614

부정확한 주소 계획, 624~629

IP 포워딩 이슈들, 620~623

LAN 이슈들, 619~620

불일치된 IPv4 설정, 610~611

불일치된 마스크, 611~613

액세스 리스트에 의한 패킷 필터링, 630

ping 명령, 585~600

라우터 WAN 인터페이스 상태, 629

SSH(Secure Shell), 603~605

Telnet, 603~605

traceroute 명령, 596~603

스위치에서 확인 방법, 190~191

ipv6 address 명령, 766, 767, 770, 773, 774, 777, 778, 783, 785

ipv6 address dhcp 명령, 787

ipv6 address eui-64 명령, 773

ipv6 address link-local 명령, 778

IPv6 주소, 722~835

축약(abbreviating), 733~734

주소 설정 요약, 784~785

인터네트워크 토폴로지에 대한 서브넷 할당, 755~756

호스트에 대한 자동 설정, 796

DHCPv6, 797~800

SLAAC(Stateless Address Auto Configuration), 801~803

자동 유니캐스트 주소 설정, 774

주소 확장(expanding), 735

글로벌 라우팅 프리픽스(global routing prefix), 748~750

글로벌 유니캐스트 주소(global unicast address)

주소 영역, 750

호스트에 대한 주소 할당, 756~757

정의, 747~748

서브네팅, 751~754

16진수/2진수 변환표, 772

역사, 912~913

인터페이스 ID들, 754

링크-로컬 주소(link-local address), 776~778

루프백 주소(loopback address), 784

멀티캐스트 주소(multicast address)

애니캐스트 주소(anycast addresses), 783~784

로컬 영역(local scope) 멀티캐스트 주소, 781~782

요청-노드(solicited~node) 멀티캐스트 주소, 782~783

NDP(Neighbor Discovery Protocol), 791~797

중복 주소 발견, 795~796

이웃 장치의 링크 주소 발견, 794~795

라우터 발견, 792~793

SLAAC 주소 정보 발견, 793~794

NA(Neighbor Advertisement), 794

NS(Neighbor Solicitation), 794

RA(Router Advertisement), 792

RS(Router Solicitation), 792

요약, 796

프리픽스 길이(prefix length), 735~738

프로토콜(protocol), 728~729

전체 IPv6 주소 표현, 731

라우팅, 729~731

사이트 로컬(site local) 주소, 693

스태틱 유니캐스트 주소(static unicast address)

컨피규레이션, 765

전체 128 비트 주소 설정, 765~766

IPv6 라우팅 활성화, 766

수정된 EUI~64에 의한 유니크 인터페이스 ID 생성 방식, 770~773

확인 방식, 771~773

서브넷 라우터 애니캐스트 주소(subnet router anycast addresses), 755

글로벌 유니캐스트 주소와 서브네팅, 752~755

유니크 로컬 주소(unique local addresses)와 서브네팅, 757~759

문제 해결, 741

호스트로부터 호스트 연결성 확인, 803~806

인접 라우터로부터 호스트 연결성 확인, 806~809

유니크 로컬 주소(unique local addresses)

정의, 747~748

중요성, 758~759

서브네팅, 757~758

언노운 주소(unknown address), 784

ipv6 dhcp relay 명령, 800, 811

ipv6 dhcp relay destination 명령, 811

ipv6 enable 명령, 718, 726

ipv6 route 명령, 785

플로팅 스태틱 루트들(floating static routes), 826~827

글로벌 유니캐스트 넥스트~홉 주소, 821

링크~로컬 넥스트 홉 주소, 822

아웃고잉 인터페이스(outgoing interface), 819

스태틱 디폴트 루트(static default route), 825

스태틱 호스트 루트(static host route), 761

문제 해결, 817~818

IPv6 라우팅, 814

커넥티드 루트(connected route), 815~818

로컬 루트(local route), 815, 817~818

스태틱 루트(static route), 818

플로팅 스태틱 루트(floating static route), 762~763

글로벌 유니캐스트 넥스트-홉 주소들, 820~822

링크-로컬 넥스트-홉 주소, 822~823

아웃고잉 인터페이스(outgoing interface), 819~820

스태틱 디폴트 루트(static default route), 824~825

스태틱 호스트 루트(static host route), 825~826

장애 해결, 829~833

ipv6 unicast-routing 명령, 766, 787

ISL(Inter-Switch Link), 260~261

ISO(International Organization for Standardization), 9

traceroute 명령과 문제 확인, 290~293, 596~599

J~K~L

지식 갭, 찾기, 951~953

알려진 유니캐스트(known unicast) 프레임, 155~159

L3PDU(Layer 3 protocol data units), 80

L4PDU, 106

LAN(local-area network), 이더넷

LAN을 볼 것; WLAN

LAN 이웃들, 테스팅, 592~594

LAN 스위칭, 151~154

분석, 162

플러딩(flooding), 160

MAC 주소 테이블, 145~146

에이징(aging), 168

삭제(clearing), 169

엔트리 찾기, 167~168

다수 스위치들, 170~173

확인, 148~149

포트 시큐리티(port security), 210~211

컨피규레이션, 211~213

err-disabled 복구, 304~305

MAC addresses, 216~217

프로텍트 모드(protect mode), 305~306

리스트릭트 모드(restrict mode), 305~306

셧다운 모드(shutdown mode), 303~305

확인 방식, 214~215

규칙 위배 시 조치 방식들, 216

STP(Spanning Tree Protocol), 160~161

요약, 161~162

스위치 포워딩/필터링 결정, 155~158

스위치 인터페이스 컨피규레이션, 164~166, 197~199

자동 협의(autonegotiation), 206~212

설명(description), 200~202

듀플렉스(duplex), 200~202

인터페이스 활성화/비활성화, 203~204

다중 인터페이스(multiple interfaces), 203

컨피규레이션 삭제, 204~205

속도(speed), 200~202

switching logic, 154~155

verifying, 162

마지막 사용 가능한 IP 주소, 354~355

1계층 문제들, 296~299

Layer 2 스위치, 189, 264

L3PDU(Layer 3 protocol data unit), 81

Layer 3 스위치, 189, 264, 447, 451~452

    VALN 라우팅 설정, 451~452

    VLAN(virtual LAN) 간 라우팅, 264~265

    Layer 4 PDU, 107

Layer

    이더넷

        데이터 링크, 37, 45~46

        물리 계층 표준들, 36

    OSI(Open Systems Interconnection), 33~35

    TCP/IP

        인접 계층 상호작용, 15~16

        애플리케이션 계층(application layer), 12~13

        OSI 모델과 비교, 24~25

        데이터 인캡슐레이션(data encapsulation) 용어, 22~24

        HTTP(Hypertext Transfer Protocol), 12~13

        IPv4(Internet Protocol version 4), 16~19

        링크 계층(link layer), 20~21

        네트워크 계층(network layer), 16~17

        원안과 수정안 TCP/IP 모델, 30

        동일 계층 상호 동작, 15~16

        TCP(Transmission Control Protocol), 12~15

        트랜스포트 계층(transport layer), 12~17

lease 명령, 536

전용 회선(leased circuit). 전용 회선(leased-line) WAN을 볼 것.

전용 회선(leased-line) WANs(wide area networks)

    케이블링, 59~60

    전용 회선을 통한 LAN 연결, 57~59

    실습, 61

    데이터 링크(data-link) 프로토콜들, 61~62

    HDLC(High-Level Data Link Control), 62

    전용 회선 용어, 59

    라우팅(routing), 63~64

license boot module 명령, 933~934

license install 명령, 928, 935

라이선스 관리(license management), 917

    시스코 라이선스 매니저, 924~925

    시스코 ONE 라이선싱, 924

    시스코 제품 라이선스 등록 포털(Cisco Product License Registration Portal), 925~927

IOS packaging, 920

    기능 셋별로 한 IOS 이미지, 921

    모델/시리즈별 한 IOS 이미지, 920

    유니버설 이미지(universal image), 921~924

    right-to-use licenses, 932~934

    software activation with 시스코 License Manager, 925~926

    manual activation, 928~929

    with universal images, 922~923

라이선스 매니저(시스코), 925~926

경량 AP(Lightweight AP(LWAP)), 250

제한된 브로드캐스트 주소(IPv4), 529

line aux 0 명령, 429

line con 0 명령, 178~181

line console 명령, 139, 195

line console 0 명령, 144, 195, 420, 886

line vty 명령, 178, 181, 195

링크 계층(link layer(TCP/IP)), 19~22

LLDP(Link Layer Discovery Protocol), 841, 857, 862, 863

링크-로컬 주소(link-local addresses(IPv6)), 776~778

링크-로컬 넥스트 홉 주소(link-local next-hop address), 822~823

링크(link), 118

액세스 리스트 로직(list logic(IP ACLs)), 643~644

서브넷 리스트, 341~342

LLDP(Link Layer Discovery Protocol), 841, 857, 862, 863

lldp receive 명령, 863~865

lldp run 명령, 863~865

lldp transmit 명령, 863~865

LAN(local-area network). 이더넷 LAN을 볼 것.; 무선 LAN

로컬 브로드캐스트 주소(IPv4), 530~531

로컬 루트(IPv6), 815~818

로컬 영역(local scope) 멀티캐스트 주소, 779~781

로컬 유저네임에 대한 패스워드 숨기기 876~877

위치(ACLs), 639~640

log 키워드, 653

시스로그와 기록, 843

    컨피규레이션, 846~848

    debug 명령, 849~850

    로그 메시지 포맷, 844~845

    로그 메시지의 심각도 레벨들, 845~846

사용자에게 메시지 전송 방식, 843~844
로그 메시지 저장, 844~845
확인 방식, 846~848
logging buffered 명령, 865
logging 명령, 865
logging console 명령, 192, 193, 196, 843, 846, 847, 850
logging monitor 명령, 865
logging synchronous 명령, 192, 193, 196
logging trap 명령, 865
login banners, 877~885
login 명령, 192, 844
login local 명령, 180, 181, 195
loopback addresses, 356, 784
loopback interfaces, 704
루프(loop), STP(Spanning Tree Protocol)에 의한 해결, 160~161
LWAP(Lightweight AP), 250

M

MAC 주소 테이블, 141, 156~164
에이징(aging), 168
삭제, 168
엔트리 찾기, 166~167
다중 스위치 환경, 169~170
개요, 160~161
내용 예측, 299~301
확인, 162~163
MAC 주소
포트 시큐리티(port security), 210~211
스틱키(sticky) MAC 주소, 212
광 케이블의 굴곡(macrobending), 294
매직 넘버(magic number), 398, 554
수동 소프트웨어 활성화(manual software activation)
시스코 제품 라이선스 등록 포털(Cisco Product License Registration Portal), 926~927
현재의 라이선스 상태 확인, 929~930
영속적인 기술 패키지 라이선스 추가, 931
마스크(mask). 패킷 매칭을 위한 서브넷 마스크를 볼 것, 595~596
매칭 파라미터들

확장번호형ACL, 663~664
표준 숫자형 ACLs, 642~643
모든 주소에 대한 표현, 648
명령어 구문, 645
정확한 IP 주소에 대한 표현, 645
와일드카드 마스크(wildcard mask), 645~647
maximum-paths 명령, 486, 489, 494
MTU(maximum transmission unit), 45
멀티캐스트 주소(multicast address), 47, 349, 532~534
MD5, 873~874
MAC(Media Access Control). MAC 주소 테이블을 볼 것.
메모리(memory), 146, 890
메시지(message)
품 업데이트 메시지(full update message), 473~474
로그 메시지(logmessage), 844~845
사용자에 대한 전송 방식, 843~844
불일치된 IPv4 설정, 610~611
불일치된 마스크, 611~612
불일치된 트렁크 동작 상태, 611~612
모델, 네트워킹 정의, 10~11
역사, 9~10
OSImodel, 24~28
TCP/IP, 9~24
인접-계층간 상호작용, 15~16
애플리케이션 계층(application layer), 12~13
OSI 모델과의 비교, 25~26
데이터 인캡슐레이션 용어, 27~28
링크 계층(link layer), 20~21
네트워크 계층(network layer), 16~20
원안 대 최신안 TCP/IP 모델, 11
개요, 10~11
동일-계층 상호작용, 15~16
TCP(Transmission Control Protocol), 14
트랜스포트 계층(transport layer), 14~15
수정된 EUI-64(extended unique identifier), 770~773
MP BGP-4(Multiprotocol BGP version 4), 732
MTU(maximum transmission unit), 45
multicast addresses
IPv4, 47, 349, 532~534
IPv6, 722
애니캐스트 주소(anycast address), 782~784

로컬 영역(local scope) 멀티캐스트 주소, 779~780

요청-노드(solicited-node) 멀티캐스트 주소, 781~782

멀티레이어 스위치(multilayer switch), 262~265, 451

다중 인터페이스, 설정 방식, 261

다수의 서브넷 크기들, 331

멀티플렉싱(multiplexing), 107~109

MP BGP-4(Multiprotocol BGP version 4), 732

N

NA(Neighbor Advertisement), 794~795

name 명령, 266

이름 해결(name resolution), 526~527

이름형(named)ACL, 671~677

NAT(Network Address Translation), 697, 702~713

다이내믹(dynamic) NAT, 700~701, 707

PAT(PortAddressTranslation), 701, 710

출발지(source)NAT, 697~699, 713, 714, 715

스태틱(static)NAT, 697~699, 703~704, 714

문제 해결, 713~714

NAT 오버로드(Overload). PAT(Port Address Translation)를 볼 것.

내이티브(native) VLAN, 261

NDP(Neighbor Discovery Protocol), 791~796

중복된 주소 발견, 795~796

이웃 장치의 링크 주소 발견, 794~795

라우터 발견, 792~793

SLAAC 주소 할당, 770, 801~802

NA(NeighborAdvertisement), 794~795

NS(NeighborSolicitation), 794~795

RA(RouterAdvertisement), 792~793

RS(RouterSolicitation), 792~793

ndp-an 명령, 795

NA(Neighbor Advertisement), 794~795

NDP(Neighbor Discovery Protocol). NDP를 볼 것.

이웃 링크 주소(neighbor link address), 794~795

NS(Neighbor Solicitation), 794~795

이웃 장치에 대한 점검 LAN이웃장치, 609~614

WAN이웃장치, 630~631

netsh interface ipv6, 795

show ipv6 neighbors 명령, 808

netstat-rn 명령, 528, 536

네트워크 액세스 계층(network access layer). 링크 계층(link layer(TCP/IP))을 볼 것.

Network Address Translation. NAT를 볼 것.

네트워크 주소, 네트워크 번호를 볼 것.

네트워크 브로드캐스트 주소(network broadcast address), 353~356

network 명령, 477~451, 486~487, 492, 499~503

네트워크 파일 시스템(network file system), 890~894

네트워크 ID들, 87~88, 353~355

NIC(network interface card), 39, 41

네트워크 인터페이스 계층(network interface layer). 링크 계층(link layer(TCP/IP))을 볼 것.

네트워크 계층(network layer)

OSI, 34

TCP/IP, 16~19

네트워크 번호(network number), 353~356

네트워크에 대한 스태틱 루트들(network routes), 454~455

Network Time Protocol. NTP를 볼 것.

네트워킹 아키텍처(networking architecture), 9

네트워킹 설계도(networking blueprint), 9

네트워킹 구성도(networking diagram), 9~10

다음 라우터(넥스트-홉, next-hop) IPv6 주소, 821~823

next-server 명령, 515~517

NICs(network interface cards), 39, 41

no auto-summary 명령, 489, 491~492, 502~503

no cdp enable 명령, 861, 886

no cdp run 명령, 886

no debug all 명령, 150

no description 명령, 205~206

no duplex 명령, 206

no enable password 명령, 886

no enable secret 명령, 874

no ip access-group 명령, 677

no ip directed-broadcast 명령, 531

no ip domain-lookup 명령, 192~193

no ip subnet-zero 명령, 554

no logging console 명령, 193, 846

no logging monitor 명령, 846

no passive-interface 명령, 488, 494

no password 명령, 180~181

no service password-encryption 명령, 871

no shutdown 명령, 189~191, 200, 203~204, 216, 304, 310~311, 420, 880

no speed 명령, 205~206, 219

nonvolatile RAM(NVRAM), 146, 420, 912

인터페이스 동작 불능 상태, 문제 해결, 424

NS(Neighbor Solicitation), 794~795

NTP(Network Time Protocol), 850~851

    client/server컨피규레이션, 853~854

    루프백(loopback)인터페이스, 855~856

    시각과 타임존 설정, 852~853

ntp master 명령, 854

ntp server 명령, 853~854

ntp source 명령, 857

숫자형(numbered) ACL(access control lists), 642~643

    DDN(dotted-decimalnotation), 18, 84~85

    매직넘버(magicnumber), 398~403

    네트워크번호(networknumber), 356

    포트번호(portnumber), 111, 667

    SEQ(sequencenumber), 15

    중복 루트들(overlappingroutes) 621~622, 624~625

    순서번호(sequencenumber), 15, 667

    서브넷번호들(subnetnumbers), 384~394

    서브넷 비트와 서브넷 발견하기, 555~562

    17 이상의 서브넷 비트와 서브넷 발견, 562

    정확하게 8 서브넷 비트와 서브넷 발견, 559~560

    8 서브넷 비트 이하의 서브넷 발견, 555~559

    이진수 계산으로 발견하기, 388~394

    십진수 계산으로 발견하기, 395~398

    매직 넘버로 발견하기, 555

    제로 서브넷(zero subnet), 554

숫자 참조 테이블(numeric reference table)

    DDN 마스크 값들과 이진수, 403

    10진수-2진수변환, 960~961

    16진수-2진수변환, 962

NVRAM(nonvolatile RAM), 146, 892

O

오브젝트(object), 120

옥텟(octet), 84

온-링크(on-link), 794

시스코 ONE 라이선싱, 925

단일 크기의 서브넷들, 330~331

오페이크 파일 시스템(opaque file systems), 892

Open Shortest Path First, 93~94, 97, 458~459

Open Systems Interconnection. OSI를 볼 것.

운용 관점의 서브네팅, 324~325

OSI(Open Systems Interconnection), 10, 24

OSPF(Open Shortest Path First), 93~94, 97, 458~459

OSPFv3, 470, 728

아웃고잉 인터페이스(outgoing interface), IPv6 스태틱 루트에서, 819~820

아웃사이드 글로벌 주소(outside global addresses), 699~700

아웃사이드 로컬 주소(outside local address), 699~700

중복 루트들(overlappingroutes) 621~622, 624~625

중복 서브넷들(overlapping subnets)

    VLSM 환경, 574~576

    VLSM이 아닌 환경, 574~578

오버로딩 NAT(overloading NAT(Network Address Translation)), 701~702

P

패키징(IOS), 920~921

    기능 세트별 한 IOS 이미지, 921

    모델/시리즈별 한 IOS 이미지, 920

    유니버설 이미지, 921~923

패킷 필터링. ACL(access control lists)을 볼 것.

패킷 포워딩(IPv4), 80~81

    데이터 링크 계층 인캡슐레이션, 80~81

    호스트 포워딩 로직, 79

    IP 라우팅 테이블, 82, 94

    라우팅 프로토콜들, 95, 97, 469

PAK(product authorization key) 라이선싱, 927

시스코 라이선스 매니저, 925~926

시스코 ONE 라이선싱, 925

시스코 제품 라이선스 등록 포털, 926~928

IOS 패키징, 920~923

소프트웨어 활성화

시스코 라이선스 매니저를 통한, 925~926

수동 소프트웨어 활성화를 통한, 926~932

유니버설 이미지를 통한, 920~922

PAR(Positive Acknowledgment and Retransmission), 112~114

파샬 메시 토폴로지, 230, 234

passive-interface 명령, 487~488, 493~494, 501

passive-interface default 명령, 488, 494

passive interfaces, 487~488

password 명령, 180, 876~877

password faith 명령, 139

CLI(command-lineinterface), 138~139

local username/password 설정, 180~182

간단한 password 설정, 176~180

콘솔 passwords, 176

enablepasswords, 176

보안, 804

해시를 이용한 인코딩, 872~875

service password-encryption 명령에 의한 암호화, 871~872

로컬 유저네임에 대한 패스워드 숨기기, 810

복구/리셋, 905~908

공유 패스워드, 180

텔넷 패스워드, 176~181

PAT(Port Address Translation), 701~710

path 명령, 911

경로 선택, 82

PBX(private branch exchange), 277

PCPT(Pearson IT Certification Practice Test) 시험 소프트웨어, 36~37

PDUs(protocol data units), 28

permanent 키워드, 425, 430

permanent technology package licenses, 859~861

permit 명령, 596, 602~603, 625~628, 641

물리적 콘솔 커넥션, 130~132

물리 계층(physical layer(OSI)), 34

물리적 표준(이더넷 LANs), 243~244

선택, 245~246

엔터프라이즈 무선 LAN, 248~250

이더넷 타입,미디어와 세그먼트 길이, 255

역사, 254

홈 오피스 무선 LAN, 246~247

테이블, 244

PID(product ID), 926

ping 명령, 100, 276, 543~544, 569~572, 686, 748

IPv6,805~806

IP 주소와 이름에 의한 핑, 595~560

셀프-핑(self-ping), 686~688

확장 핑에 의한 LAN 이웃 테스팅, 591~592

표준 핑에 의한 LAN 이웃 테스팅, 590~591

문제의 근원에서 보다 먼 루트에 대한 테스팅, 587~589

확장 핑에 의한 역방향 테스팅, 589~591

표준 핑에 의한 WAN 이웃에 대한 테스팅, 551~552

ping6 명령, 805~806, 810

핀아웃 10BASE-T와100BASE-T에 대한 케이블링 핀아웃, 41~42

1000BASE-T에 대한 케이블링핀 아웃, 41

정의, 49

포인트-투-포인트 라인(point-to-point line). 전용 회선 WAN을 볼 것.

POP3(Post Office Protocol version 3), 110

Port Address Translation(PAT), 701, 710

port-security 명령, 205

포트

이더넷포트, 46

포트번호, 107~108, 618~621

라우터의 보조포트(auxiliaryport), 398~399

보안, 202~203,287~288

컨피규레이션, 203~205

err-disabling 복구, 216

MAC addresses, 207~208

protect mode, 305~308

restrict mode, 305~308

shutdown mode, 216, 303

확인 방법, 214~215

규칙 위배 시 조치 사항들, 216

스위치 포트, 164

POST(power-on self-test), 899

Post Office Protocol version 3(POP3), 110

2의 제곱 참조표, 962

　실전 연습 추가 테스트 문제, 947

　시험 점수, 954

　문제 리뷰, 950~951

　시험에 대한 조언, 940~944

흥미로운 옥텟에서의 예측, 398~402

프리픽스 길이(prefix length(IPv6)), 735~738

프리픽스 마스크(prefix mask), 550~551

IP 주소의 프리픽스 부분, 371~372, 374

프리젠테이션 계층(OSI), 25~26

사설 주소, 696~698, 745, 748

PBX(private branch exchange), 277

사설 인터넷, 696

사설 IP 네트워크, 334~335

사설회선(private line), 전용회선 WAN을 볼 것.

프리빌리지 레벨(privilege level) 137~138

프리빌리지드(privileged) EXEC 모드, 137~138

traceroute에 의한 문제 발견, 596~601

product authorization key(PAK) 라이선싱.
　PAK(product authorization key) 라이선싱을 볼 것.

PID(product ID), 926

제품 라이선스 등록 포털(시스코), 926~927

프로텍트 모드(protect mode), 216, 305

protocol data units(PDUs), 22~23, 28

공인 주소(public addresses(IPv4)), 696~698,
　726, 745, 748

공인 IP 네트워크, 334~336

Regional Internet Registries(RIRs), 334,
　695, 726

등록된 공인 IP 네트워크, 336, 697

릴리즈(releases(IOS)), 920

reload 명령, 137~138, 146, 148, 163, 898

remark 명령, 672, 853

리모트 서브넷, 511

응답(replies)

　ARP, 99~100

　HTTP, 13~14

　ICMPechoreplies, 100

요청(requests)

　ARP(AddressResolutionProtocol)requests, 99

　HTTPGETrequests, 120

　ICMPechorequests, 100

reserved network, 388

password 리셋, 905~908

resident subnet, 384~385

restrict mode, 305~307

ACL에서 주소 영역 찾기, 655~656

역방향 루트 테스팅, 589~591

바뀐 출발지/목적지 IP 주소, 683~684

사용권 라이선스, 932~933

RIPng(RIP next generation), 470, 732

RIPv2(Routing Information Protocol Version 2),
　468, 490

　자동요약(autosummarization), 486, 489

　컨피규레이션, 490~492

　불연속적인클래스풀네트워크, 489~492

　디스턴스 벡터, 471~476

　이퀄-코스트루트들, 489~490

　풀업데이트메시지들, 473~474

　IGPs(interiorgatewayprotocols), 470~471

　주요 특징들, 470~471

　RIP 업데이트 제한, 487~488

　루트 포이저닝(routepoisoning), 474~475

　스플릿호라이즌(splithorizon), 474

　문제 해결, 498~501

　　자동-요약 이슈들, 489

　　누락되거나 부정확한 network 명령, 503

　　기타 라우터 이슈들, 502

　　패시브 인터페이스(passive interface), 487~488

　　요약, 620

　　확인 방식, 487

Q~R

문제 리뷰, 950~951

quit 명령, 150

RA(Router Advertisement), 791

RAM(random access memory), 145~146

ranges

　글로벌 유니캐스트 주소, 745

　사용 가능한 주소들, 353

read-only memory(ROM), 902

복구(recovery)

　err-disabling recovery, 303~304

　패스워드 리커버리/리셋(recovery/reset),
　　835~838, 905~908

AD(administrative distance), 458~459

show ip protocols 명령, 486~487

show ip route 명령, 445

RIRs(Regional Internet Registries), 695

RJ-45 ports, 39

ROAS(router-on-a~stick), 447, 450

ROM(read-only memory), 148

ROMMON, 899, 901

루트 포이저닝(route poisoning), 475~476

ROAS(router-on-a-stick), 447, 450

router rip 명령, 477, 481

RS(Router Solicitation), 792~793

라우터 VLAN 트렁킹, 258~260

라우터, 447

ARP 테이블, 443, 445

보조 포트(auxiliary ports), 421, 429

CLI(command-lineinterface), 131~133

디폴트 라우터, 92, 94, 435~436

DHCP(Dynamic Host Comfiguration Protocol) 컨피규레이션, 497

NDP(Neighbor Discovery Protocol)를 통한 발견, 791~796

다이내믹 유니캐스트 주소 설정, 515

설치

시스코 통합 서비스 라우터, 416

엔터프라이즈 라우터, 418

인터넷 액세스 라우터, 419

IPv4, 413, 433

링크-로컬 주소(link-local address) 설정, 776~779

ROAS(router-on-a-stick), 447, 450

라우터 인터페이스

bandwidth, 426~429

clock rate, 426~428

확인하기, 427~428

인터페이스 상태 코드, 423~424

IP 주소, 424~425

라우터 WAN 인터페이스 상태, 421~424

스태틱 유니캐스트 주소 설정

전체 128~bit 주소 설정, 766~767

IPv6 라우팅 활성화, 767

수정된 EUI~64에 의해 유일한 인터페이스 ID 생성하기, 770~774

확인 방법, 769~771

문제 해결

DHCP 이슈들, 615~616

LAN 이슈들, 617~618

IPv6 호스트 연결성 확인, 805~808

VLAN(virtual LAN) 라우팅, 261~264

무선 라우터, 34

라우팅. IPv4 라우팅; IPv6 라우팅을 볼 것.

Routing Information Protocol Version 2. RIPv2를 볼 것.

라우팅 테이블, 466~469

RS(Router Solicitation), 792~793

러닝-컨피그 파일(running-config file), 146~147

RXBOOT, 899

security 921

S

S0/0/0 상태 코드, 423~424

동일 계층 상호 작용, 15~16

SCP(SSH Copy Protocol), 897~898

scp 명령, 897

sdm prefer lanbase-routing, 452

Secure Shell(SSH), 133, 175, 183, 420

보안

CLI(command-lineinterface), 138~139

외부 인증 서버, 182~183

로컬 유저네임/패스워드 설정, 180~182

패스워드 보안, 138~139

단순한 패스워드 설정, 176~180

SSH(Secure Shell), 183~186

장치 강화(device hardening)

ACL에 의한 텔넷과 SSH 접속 제한, 880~881

정의, 877

파이어월(firewalls), 881~883

login banner 컨피규레이션, 877~879

사용하지 않는 스위치 인터페이스 보안, 879~880

IOS 패스워드들, 870

해시를 이용한 인코딩, 872~875

service password-encryption 명령, 871~872

로컬 유저네임에 대한 패스워드 숨기기, 810

패스워드 복구/리셋, 905~908

포트 시큐리티(port security), 210~212

  컨피규레이션, 212~216

  err-disable recovery, 303~304

  MAC 주소, 214

  protect 모드, 305~308

  restrict 모드, 305~308

  shutdown 모드, 304~305

  확인 방식, 214~215

  규칙 위배 시 조치, 216

시큐리티 레벨(log messages), 845~846

시큐리티 존(security zones(firewall)), 882~883

세그먼트(segments), 23, 106

셀프-핑(self-ping), 686~639

SEQ(sequence number), 15, 667

시리얼 라인(serial line). 전용 회선 WAN을 볼 것.

SN(serial number), 926

서버(servers)

  AAA(authentication, authorization, and accounting)
    서버, 182~183

  DHCP(Dynamic Host Configuration Protocol)
    서버, 500~517

  외부 인증 서버, 182~183

  NTP(Network Time Protocol), 853~855

  Telnet servers, 136

  webservers, 117

service password-encryption 명령, 871~872

서비스 제공업자(service provider) ISP, 429, 470, 497

service sequence-numbers 명령, 845

session layer(OSI), 26

setup 명령, 913

셋업 모드(Setup mode(IOS)), 913

공유 패스워드 180

보다 짧은 VLAN 컨피규레이션 사례, 268~269

show access-lists 명령, 673~674, 912

show arp 명령, 529, 615

show cdp 명령, 858~859, 861

show cdp entry 명령, 858

show cdp interface 명령, 861

show cdp neighbors 명령, 858

show cdp neighbors detail 명령, 859

show cdp traffic 명령, 861

show clock 명령, 866

show 명령, 135

show controllers 명령, 427~428

show crypto key mypubkey rsa 명령, 196

show dhcp lease 명령, 191

show flash 명령, 892~895, 914

show history 명령, 192, 196

show interface switchport 명령, 309

show interfaces 명령, 309, 423,

show interfaces description 명령, 293

show interfaces loopback 명령, 866

show interfaces serial 명령, 422

show interfaces status 명령, 200~201

show interfaces switchport 명령, 309

show interfaces trunk 명령, 274, 280, 283

show interfaces vlan 명령, 191

show ip access-lists 명령, 650, 657, 675, 679

show ip arp 명령, 446

show ip default-gateway 명령, 191

show ip dhcp binding 명령, 518

show ip dhcp conflict 명령, 524

show ip dhcp pool 명령, 518

show ip dhcp server statistics 명령, 536

show ip interface brief 명령, 422, 769

show ip interface 명령, 519

show ip nat statistics 명령, 705, 707~708

show ip nat translations 명령, 707~708

show ip protocols 명령, 486~487

show ip route 명령, 459, 461, 485~486, 493,
  496~498, 502, 573, 621, 623~624

show ip route ospf 명령, 621

show ip route static, 455~456,

show ip ssh 명령, 186, 196

show ipv6 interface brief 명령, 769, 777

show ipv6 interface 명령, 768~769, 777,
  780~781

show ipv6 neighbors 명령, 808, 811

show ipv6 route 명령, 817~818, 820~821,
  825, 827

show ipv6 route connected 명령, 770

show ipv6 route local 명령, 818

show ipv6 route static 명령, 820

show ipv6 routers 명령, 808~809

show license 명령, 928~934

show license feature 명령, 929, 935

show license udi 명령, 926~927, 934

show lldp 명령들, 866

show lldp entry 명령, 862

show lldp interface 명령, 863

show lldp neighbors 명령, 862

show logging 명령, 844, 847~848

show mac address-table aging-time 명령, 168

show mac address-table 명령, 162, 167, 309

show mac address-table count 명령, 164, 167

show mac address-table dynamic address 명령, 166

show mac address-table dynamic 명령, 163, 165~167

show mac address-table dynamic interface 명령, 163, 167

show mac address-table dynamic vlan 명령, 167

show mac address-table secure 명령, 217

show mac address-table static 명령, 217, 220

show mac address-table vlan 명령, 163

show ntp associations 명령, 854~855

show ntp status 명령, 855

show port-security 명령, 214~215, 303~304

show port-security interface 명령, 214~215, 305~308

show process cpu 명령, 850

show protocols 명령, 425~426

show running-config 명령, 138, 147~148, 179~180, 187, 444, 874, 876, 892,

show ssh 명령, 186

show startup-config 명령, 147, 890

show version 명령, 903, 99~910, 929~932

show vlan brief 명령, 309~310

show vlan 명령, 267~271, 275, 309~310

show vlan id 명령, 275, 309, 314

show vlans, 450~451

show vtp status 명령, 271, 283, 310, 314

shutdown 명령, 190~191, 200, 203~205, 212, 215~216, 303, 195~196, 209, 268, 288~289, 297, 391, 852

셧다운 모드(shutdown mode), 212, 216, 303

SMTP(Simple Mail Transfer Protocol), 110

SNMP(Simple Network Management Protocol), 110

단일 크기의 서브넷들, 329~330

로컬-범위(local-scope) 주소, 779~780

서브넷들의 크기, 328~329

SLAAC(Stateless Address Auto 컨피규레이션), 770, 801~802

슬래시(slash) 마스크, 366

슬라이딩 윈도(sliding window), 114~115

SOHO(small office/home office) LAN, 33~34, 57

SMARTnet, 923

SMTP(Simple Mail Transfer Protocol), 110

SN(serial number), 926

SNA(Systems Network Architecture), 9

SNMP(Simple Network Management Protocol), 110

소켓(socket), 109

소프트웨어 활성화

　시스코 라이선스 매니저에 의해, 925~926

　수동 활성화, 926~928

　　시스코 제품 라이선스 등록 포털, 926~928

　　현재 라이선스 상태 확인, 928~930

　　영속적인 기술 패키지 라이선스 추가, 930~932

　사용권 라이선스, 932~933

　유니버설 이미지, 923~924

소프트웨어 컨피규레이션

　명령어 프롬프트들, 147

　컨피규레이션 파일, 148

　컨피규레이션 모드, 147~146

　컨피규레이션 하부 모드와 컨텍스트, 146

SOHO(small office/home office) LAN, 33~34, 57

요청 노드(solicited-node) 멀티캐스트 주소, 781~782

출발지 IP 매칭, 645~646

출발지 MAC 주소, 158~159

출발지 NAT(Network Address Translation), 697, 699

Spanning Tree Protocol(STP), 160~161

speed 명령, 146~148, 200~201, 205~206, 294, 420, 619

스플릿 호라이즌(split horizon), 473~474

SSH(Secure Shell), 133, 136~137, 175, 183, 185~186

SSH Copy Protocol. SCP를 볼 것.

표준 숫자형 IPv4 ACL, 642

　access-list 명령, 645

　명령어 구문, 644

　컨피규레이션 사례, 649~652

　리스트 로직, 643~644

　모든 주소에 대한 매칭, 648

　정확한 IP 주소에 대한 매칭, 648

　주소 그룹에 대한 매칭, 645~646

　ACL에서 주소 범위 계산하기, 653~655

문제 해결, 651~652

확인 방식, 651~652

와일드카드 마스크(wildcard mask), 645~647

스타 토폴로지(star topology), 230, 234

startup-config file, 148

스테이트풀 감사(stateful inspection), 882

SLAAC(Stateless Address Auto Configuration), 770, 801~802

스테이트리스(stateless) DHCPv6, 801

스태틱(static) NAT(Network Address Translation), 703

서브넷별 스태틱 범위 선택, 454~455

스태틱 루트(static routes)

IPv4, 454

실징, 454~455

플로팅 스태틱 루트(floating static route), 460

문제 해결, 461~463

IPv6, 725, 818, 824

플로팅 스태틱 루트(floating static route), 826~827

글로벌 유니캐스트 넥스트-홉 주소, 822

링크-로컬 넥스트-홉 주소, 822

아웃고잉 인터페이스, 819

스태틱 디폴트 루트, 824~825

스태틱 호스트 루트, 825~826

문제 해결, 829~832

스태틱 유니캐스트 주소 설정(IPv6), 766

전체 128-bit 주소 설정, 766~767

IPv6 라우팅 활성화, 767

수정된 EUI-64에 의한 유일한 인터페이스 ID생성, 770~773

확인 방식, 769~770

상태 코드(status codes)

인터페이스 상태 코드, 295~296

문제 해결, 292~298

스틱키(sticky) 시큐어 MAC 주소, 212

STP(Spanning Tree Protocol), 160~161

스트레이트-스루(straight-through) 케이블 핀아웃, 41~42

하부 명령어, 143~145

분할된(subdivided) 네트워크. 서브넷을 볼 것.

서브 인터페이스 번호, 447

서브 인터페이스, 447~450

서브넷 블록(subnet block), 561

서브넷 마스크(subnet mask), 340~341

서브넷 비트를 위해 호스트 비트를 빌리기, 337~338

네트워크에서 호스트와 서브넷 계산하기, 327~329

선택, 336~337

서브넷팅 전의 클래스풀 IP 네트워크, 336~337

포맷 간의 변환, 365~370

매직넘버를 이용한 패턴 찾기, 554~555

포맷들, 365~366

마스크 포맷들, 340~341

불일치된 마스크, 612~613

프리픽스 영역, 369~370

설정 계획, 342~343

VLSM(variable length subnet masking), 572

기존 VLSM 디자인에 새로운 서브넷 추가하기, 578~580

클래스풀 라우팅 프로토콜들, 572~573

클래스리스 라우팅 프로토코들, 572~573

컨피규레이션, 573~574

정의, 571

서브넷 디자인, 573~574

VLSM 중복 발견, 573~577

중복된 서브넷들, 574~578

VLSM 환경에서 중복 발견, 573~577

확인 방식, 572~573

서브넷 넘버들(subnet numbers), 341~342, 384~402, 553~563

서브넷 비트와 서브넷 발견, 560~562

17 이상의 서브넷 비트와 서브넷 발견, 562

정확하게 8 서브넷 비트를 가진 경우의 서브넷 발견, 559~560

8서브넷 비트 이하의 서브넷 발견, 555~559

이진수 계산으로 발견, 388~394

십진수 계산으로 발견, 395~398

매직 넘버를 통한 발견, 555

제로 서브넷(zerosubnet), 554

IP 주소의 서브넷 영역, 372~373

서브넷 라우터 애니캐스트 주소, 782~784

제로 서브넷, 583~584

서브넷(subnet), 340~341 서브넷 마스크도 볼 것.

이진수 계산을 통한 분석, 388

이진수 연습 문제, 391~393

부울(Boolean) 수학, 395

주소 영역 찾기, 395

서브넷 브로드캐스트 주소 찾기, 391

서브넷 ID 찾기, 553~563

이진수 계산에 대한 지름길, 393~394

십진수 계산을 통한 분석

쉬운 마스크를 통한 분석, 395~396

서브넷 브로드캐스트 주소 찾기, 400~403

서브넷 ID 찾기, 553~563

흥미로운 옥텟(interesting octet)과 예측, 396~397

참조 테이블: DDN 마스크 값들과 이진수, 403

서브넷 조건에 대한 분석

서브넷별 호스트 수, 28~329

서브넷 수, 308~309

서브넷의 크기, 337~339

호스트와 소속 서브넷(resident subnet), 384~385

서브넷 브로드캐스트 주소, 391

리스트 만들기, 341~342

네트워크별 계산, 376~378

정의, 384

디자인 선택

IP 네트워크 선택, 336

클래스풀 네트워크(classful network), 350~352

모든 서브넷들에 대한 리스트 만들기, 341~342, 553

공인 IP 네트워크, 336~338

서브넷 마스크, 340~341

DHCP Relay, 518, 520

4개의 서브넷을 가진 네트워크 사례, 384~386

IPv6

인터네트워크 토폴로지와 주소 할당, 746~749

글로벌 유니캐스트 주소, 745~747

인터페이스 ID, 753

유니크 로컬 주소, 748, 757

운영자와 설계자의 시각, 324~325

중복 서브넷들

VLSM이 아닌 환경, 574~578

VLSM 환경, 578~579

설정 계획, 571~573

사용 가능한 주소 영역, 353~354

리모트 서브넷, 511

소속 서브넷(resident subnet), 384~385

VLAN 간의 라우팅, 447~453

간단한 사례, 449~453

서브넷의 크기, 337~339

서브넷 블록(subnetblock), 561

서브넷 브로드캐스트 주소, 391

서브넷 번호들(subnet numbers), 553~563

서브넷 비트와 서브넷 발견하기, 560~562

17 이상의 서브넷 비트와 서브넷 발견하기, 562

정확하게 8 서브넷 비트와 서브넷 발견하기, 559~560

8 이하의 서브넷 비트와 서브넷 발견하기, 555~559

이진수 계산으로 발견하기, 388~394

십진수 계산으로 발견하기, 395~398

매직 넘버로 발견하기, 555

제로 서브넷(zero subnet), 554

IP 주소의 일부 영역에 대한 매칭, 645~648

스위치, 41, LAN 스위칭도 볼 것

액세스 스위치, 238~240

auto-mdix, 44

시스코 카탈리스트 스위치, 131~132

컬리전 도메인, 223~224, 230~231

컨피규레이션 파일들, 148~150

DHCP(Dynamic Host Configuration Protocol), 191~192

디스트리뷰션 스위치, 238, 240, 243

history buffer 명령, 192

인터페이스

1계층 문제들, 297~298

speed와 duplex 이슈들, 210, 294~296

상태 코드(status codes), 295~296

문제 해결, 292~298

IPv4

스위치 설정, 189~190

DHCP에 의한 다이내믹 IP 주소 설정, 190~191

호스트와 스위치 IP 설정, 189~190

스위치에서 확인 방법, 191~192

Layer 2 스위치, 262~265, 451~452

Layer 3 스위치, 264~265, 452

포트 시큐리티(port security), 210~211

컨피규레이션, 212~214

err-disabled recovery, 303~304

MAC address, 216~219

restrict mode, 305~308

shutdown mode, 303~304

확인 방법, 214~215

규칙 위배 시 조치 방법들, 216

스위치의 프레임 포워딩 예측, 298~291

보안, 168~169

외부 인증 서버, 182~183

로컬 유저네임/패스워드 설정, 180~182, 30

간단한 패스워드 설정, 176~180

SSH(Secure Shell), 183~186

스위치의 포워딩/필터링 결정, 156~158

스위치 인터페이스 설정, 164~165

자동 협의(autonegotiation), 206~210

설명(description), 200~201

듀플렉스(duplex), 200~201

인터페이스 활성화/비활성화, 203~204

인터페이스 한꺼번에 설정하기, 202

설정 삭제, 203~206

속도(speed), 200~201

스위치 인터페이스, 200~201

보이스 스위치, 279

스위칭 테이블. MAC 주소 테이블을 볼 것.

switchport access 명령, 212~215

switchport access vlan 명령, 235, 266~270, 279, 309,

switchport mode access 명령, 212~215, 269, 279~280, 879

switchport mode 명령, 212~215, 279~280,

switchport mode dynamic auto 명령, 311

switchport mode dynamic desirable 명령, 274

switchport mode trunk 명령, 271, 312, 448,

switchport nonegotiate 명령, 276

switchport port-security 명령, 212~213

switchport port-security mac-address 명령, 213~216

switchport port-security mac-address sticky 명령, 214~215

switchport port-security maximum 명령, 212

switchport port-security violation 명령, 212, 303

switchport trunk allowed vlan 명령, 283

switchport trunk encapsulation 명령, 272

switchport trunk native vlan 명령, 283

switchport voice vlan 명령, 278~280, 283

SYN 플래그, 111~112

Syslog, 843

컨피규레이션, 846~847

debug 명령, 850

로그 메시지 포맷, 844~845

로그 메시지 보안 레벨, 845~846

사용자에게 메시지 보내기, 846~847

로그 메시지저 장, 844

확인 방식, 846~848

SNA(Systems Network Architecture), 9

T

T1. 전용 회선(leased-line) WAN을 볼 것.

tables

ARP(AddressResolutionProtocol)테이블, 443, 445

IP 라우팅 테이블, 80, 82, 94

MAC 주소 테이블, 141, 156~164

에이징(aging), 168

삭제, 168

엔트리 찾기, 166~167

다중 스위치 환경, 169~170

내용 예측, 299~301

확인, 162~163

라우팅 테이블, 80, 82, 94, 466~469

태깅(tagging(VLAN)), 246~248

TCP(Transmission Control Protocol), 9, 106~115

UDP(UserDatagramProtocol)와 비교, 116

커넥션 설정(connectionestablishment)과 종결 (termination), 111~112

에러 복구와 신뢰성(reliability), 13~14, 112~113

플로 컨트롤(flowcontrol), 114~115

멀티플렉싱(multiplexing), 107~109

유명한 애플리케이션들, 110~111

포트 번호들, 111

세그먼트(segment), 106

소켓(socket), 108

지원 기능들, 105~106

TCP 키워드, 663

TCP/IP(Transmission Control Protocol/Internet Protocol), 10~11

IPv4 주소; IPv6 주소; TCP(Transmission Control Protocol)도 볼 것.

애플리케이션 계층, 12~13

OSI와 비교, 24~25

데이터 인캡슐레이션 용어, 27~28

역사, 9~10

HTTP(Hyper text Transfer Protocol), 12~13

링크 계층(linklayer), 20~21

네트워크 계층(networklayer), 16~17

원안 대 수정안 TCP/IP 모델, 22

RFCs(Requests for Comments), 10

트랜스포트 계층(transport layer), 13~15

UDP(User Datagram Protocol), 104~105, 113~114

웹브라우징(web browsing)

DNS(Domain Name System) resolution, 118~120

HTTP(Hyper text Transfer Protocol), 117, 120~121

수신 애플리케이션 확인, 121~122

URIs(Uniform Resource Identifiers), 117~118

Telecommunications Industry Association (TIA), 245

Telnet, 133, 136, 176~177, 180~181, 603

ACL에 의한 접속 제한, 880~881

사례들, 880

패스워드들, 176~181, 870

사용 예, 176~181

terminal history size 명령, 192, 196

terminal monitor 명령, 843~844, 850

terminal no monitor 명령, 866

테스팅(testing). 문제 해결(트러블슈팅)을 볼 것.

TFTP(Trivial File Transfer Protocol), 110, 893

3-계층 캠퍼스 디자인, 240~241

TIA(Telecommunications Industry Association), 245

시간 설정, 852~853

시스코 자격 시험에 대한 시간 관리, 942~943

time-period 명령, 911

Time To Live(TTL), 597~798

Time-to-Live Exceeded(TTL Exceeded), 597~798

타임존(timezone), 852~853

캠퍼스 LAN의 토폴로지

3-계층 캠퍼스 디자인, 240~241

토폴로지디자인용어, 242~243

2-계층 캠퍼스 디자인, 237~239

traceroute 명령, 596, 805~806, 809

traceroute6 명령, 804~805, 809

tracert 명령, 809

트레일러 필드(trailer fields(이더넷)), 22~23

파일 전송, 120~121

Transmission Control Protocol. TCP를 볼 것.

Transmission Control Protocol/Internet Protocol. TCP/IP를 볼 것.

전송 프레임, 49,

트랜스페어런트 브릿지(transparent bridge), 229~232

transport input all 명령, 185

transport input 명령, 185, 421

transport input none 명령, 185

transport input ssh 명령, 185

transport input telnet ssh 명령, 185

트랜스포트 계층(transport layer(OSI)), 105

트랜스포트 계층(transport layer(TCP/IP)), 14

인접-계층 상호 작용, 15~16

동일-계층 상호 작용, 15~16

TCP(Transmission Control Protocol), 106~115

UDP(User Datagram Protocol)와 비교, 116

커넥션 설정/종결, 114~115

에러 복구와 신뢰성, 13~14, 113~114

플로 컨트롤(flow control)l, 114~115

멀티플렉싱(multiplexing), 108~110

유명한 애플리케이션들, 109~111

포트 번호들, 109~110

세그먼트(segment), 108

소켓(socket), 109

지원 기능들, 106~107

UDP(User Datagram Protocol), 107~108, 116~117

Trivial File Transfer Protocol(TFTP), 112, 893

문제 해결

정의, 288

DHCP(Dynamic Host Configuration Protocol), 513~515

이더넷 LAN, 296~298

인터페이스

1계층 문제들, 296~298

속도와 듀플렉스 이슈들, 279~282

상태 코드들, 295~296

IPv4 ACLs(access control lists)

네트워크에서의 ACL 동작, 679~680

라우터에서 생성된 패킷과 ACL, 686~688

일반적인 설정 실수들, 683

인바운드 필터와 라우팅 프로토콜 패킷, 683~684

바뀐 출발지/목적지 IP 주소, 682~683

틀러블슈팅 명령, 680~681

IPv4 라우팅, 620

디폴트 라우터 IP 주소 설정, 609

DHCP 이슈들, 615~616

DNS 문제들, 613~614

부정확한 주소 계획, 624~625

IP 포워딩 이슈들, 620~623

LAN 이슈들, 618~619

불일치된 IPv4 설정, 610~611

불일치된 마스크, 611~612

액세스 리스트와 패킷 필터링, 630

라우터 WAN 인터페이스 상태, 421~424

IPv6 addressing

호스트 간의 연결성 확인, 802~805

인접 라우터에서 호스트 연결성 확인, 805~808

방법론들, 288~289

ping 명령, 584~585

IP 주소와 이름에 의한 핑, 593~594

확장 핑에 의한 LAN 이웃 장치 테스팅, 591~592

표준 핑에 의한 LAN 이웃 장치 테스팅, 590~591

문제의 근원에서 먼 경로로 테스팅하기, 586~588

확장 핑에 의한 역방향 경로 테스팅, 588~590

표준 핑에 의한 WAN 이웃 장치 테스팅, 592~593

포트 시큐리티(port security), 210~212

스위치의 프레임 포워딩 예측, 298~291

traceroute에 의한 문제 발견, 595~560

RIPv2, 461~466, 468, 490

SSH(SecureShell), 560~562

표준 숫자형 ACLs(access control lists), 642~643

스태틱 IPv4 루트, 454~455

Telnet, 603~604

traceroute 명령, 595~560

VLANs(virtualLANs), 256~257

트렁킹(trunking), 258~262

802.1Q, 258~260

컨피규레이션, 265~269

ISL(Inter-SwitchLink), 258~260

일치하지 않는 트렁킹 동작 상태, 311~312

VLAN tagging, 258~259

VTP(VLAN Trunking Protocol), 270~271

TTL(Time To Live), 597~798

TTL Exceeded(Time-to-Live Exceeded), 597~798

시스코 자격 시험 교재, 940~941

2-스위치 토폴로지, 169

2-계층 캠퍼스 디자인, 238~239

U

UDI(unique device identifier), 926

UDP(User Datagram Protocol), 13, 116~117

TCP(TransmissionControlProtocol)와 비교, 105

포트 번호 매칭, 665

지원 기능들, 105~106

축약되지 않은 주소(IPv6), 733

undebug all 명령, 150

정의되지 않은 VLAN, 310

유니캐스트 주소, 349, 748

다이내믹 유니캐스트 주소 설정(IPv6), 774

스태틱 유니캐스트 주소 설정(IPv6)

전체 128-비트 주소 설정, 766~767

IPv6 라우팅 활성화, 768~770

수정된 EUI-64로 유일한 인터페이스 ID 생성, 770~773

유니캐스트 IP 주소, 384

URI(Uniform Resource Identifiers), 117~118

URIs(Uniform Resource Identifiers), 13, 117~118

URLs(Uniform Resource Locators), 13

유니크 로컬 주소(unique local addresses), 748, 757

정의, 757~758

중요성, 758

서브네팅, 323, 751

유니버설 주소(universal address), 47

유니버설 이미지(universal images(IOS)), 920~922

Universal Resource Identifiers(URIs), 117~118

언노운 주소(unknown addresses(IPv6)), 784

언노운 유니캐스트 프레임 플러딩(unknown unicast frame flooding), 159~160

unshielded twisted-pair. UTP(unshielded twisted-pair) 케이블을 볼 것.

사용하지 않는 스위칭 인터페이스 보안, 879~880

업데이트(updates(RIP)), 487~488

IOS 이미지 업그레이딩, 890~896

URIs(Uniform Resource Identifiers), 13, 117~118

URLs(Uniform Resource Locators), 13

usbflash 파일 시스템, 891

User Datagram Protocol. UDP를 볼 것.

유저(user) EXEC 모드, 136~138

유저 모드(user mode)

　외부 인증 서버, 182~183

　패스워드

　　로컬 패스워드 설정, 173~175, 180~181

　　간단한 패스워드 설정, 175~179

username 명령, 180, 911

username password 명령, 182

username privilege 15 명령, 897~898

username secret 명령, 180

유저네임(username)

　패스워드 숨기기, 876~877

　로컬 유저네임 설정, 180~182

유저에게 메시지 보내기, 843~844

UTP(unshielded twisted-pair) 케이블, 134, 207, 416

　10BASE-T와 100BASE-T에 대한 케이블링 핀아웃, 41~42

　1000BASE-T에 대한 케이블링 핀아웃, 41

　UTP 이더넷 링크, 43~44

V

variable-length subnet masks. VLSM을 볼 것.

　확인 방식, 331, 332

　액세스 인터페이스, 269~270

　CDP(Cisco Discovery Protocol), 857~858

　데이터와 보이스 VLAN, 279~280

　정의, 279

　DHCP(Dynamic Host Configuration Protocol) 서버, 513~515

　이더넷 스위칭, 154

　호스트 IPv4 설정 확인, 525~526

　IOS 코드 완전성, 895

　IOS이미지, 920~921

스위치와 IPv4, 191~192

IPv6 호스트 연결성

　호스트 간의 연결성, 802~805

　인접 라우터와의 연결성, 805~808

NAT(NetworkAddressTranslation)

　다이내믹 NAT, 705~709

　스태틱 NAT, 703

포트 시큐리티(port security), 210~212

RIPv2, 461~466, 468, 490

　AD(administrative distance), 458~459

　show ip protocols 명령, 486~487

　show ip route 명령, 459

표준 숫자형 ACL(accesscontrollists), 642~643

스태틱 유니캐스트 주소 설정, 769~770

시스로그(Syslog), 843~844

VLSM(variable length subnet masks), 572~573 571~573

verify 명령, 895, 914

verify/md5 명령, 895, 914

버전(IOS verison), 920~921

버추얼 VLAN(virtual LAN). VLAN을 볼 것.

VLANs(virtual LANs), 256~259, 261~264

　컨피규레이션, 265~269

　　데이터/보이스 VLAN, 278~280

　　전체 VLAN 컨피규레이션 사례, 266~267

　　레이어 3 스위치, 264~265, 452

　　보다 짧은 VLAN 컨피규레이션 사례, 268~269

　　트렁킹(trunking), 258~262

　디폴트 VLAN, 266

　IP 텔레포니, 276~279

　내이티브 VLAN(nativeLAN), 275, 879

　라우팅, 263~264

　　레이어 3 스위치, 264~265, 452

　　라우터, 263~265

　태깅(tagging), 259~261

　문제 해결, 310

　　디스에이블된 VLAN, 311

　　불일치한 트렁킹 동작 상태, 311~312

　　정의되지 않은 VLAN, 310

　　액세스 인터페이스 확인, 309

　트렁킹(trunking), 258~262

　　802.1Q, 302, 311~312, 447~448

　　컨피규레이션, 266~267

　　ISL(Inter-Switch Link), 260~261

문제 해결, 311~312
VLAN tagging, 259~261
VTP(VLAN Trunking Protocol), 270~271
VLANIDs, 270
vlan 명령, 258~260, 279,
VLAN ID, 270
VLAN Trunking Protocol(VTP), 270~271
VLSM(variable length subnet mask), 331, 570
기존 VLSM 디자인에 새로운 서브넷 추가하기, 578~580
클래스풀 라우팅 프로토콜들, 489~490, 572
클래스리스 라우팅 프로토콜들, 570~572
컨피규레이션, 572~573
정의, 571
서브넷 계획 디자인, 571~573
VLSM 중복 발견, 578~579
확인 방식, 573~574
중복된 서브넷들, 574~578
VLSM의 사용 여부 확인, 624
보이스 스위치(voice switch), 279
VTP(VLAN Trunking Protocol), 270~271
vtp mode 명령, 271

W~X~Y~Z

WANs(wide-area networks), 57
LAN과 비교, 57~58
이더넷 WAN, 65~66
이더넷 에뮬레이션(emulation), 66~68
Ethernet over MPLS(EoMPLS), 66~67
인터넷 접속, 69~73
전용회선 WAN(leased-lineWAN)
케이블링, 59~61
LAN 연결, 57~58
실습 환경 생성하기, 60
데이터-링크 프로토콜들(data-link protocols), 61~64
HDLC(High-Level Data Link Control), 62
전용 회선(leased line) 용어, 58~59
라우팅, 63~64
WAN 인접 장치 테스팅, 551~552

WC 마스크. wildcard mask를 볼 것.
웹 브라우저(web browser), 117
웹 브라우징(web browsing)
DNS(Domain Name System) resolution, 118~120
HTTP(Hypertext Transfer Protocol), 117, 120~121
수신 애플리케이션 확인, 121~122
URIs(Uniform Resource Identifiers), 117~118
웹 클라이언트(web client), 117
웹 페이지(web page), 117
웹 서버(web server), 117
wide-area network. WAN을 볼 것.
와일드카드 마스크(wildcard mask), 645~647
윈도잉(windowing), 114~115
유선 LAN(wired LAN). 이더넷 LAN(local area networks)을 볼 것.
무선 LAN(wireless LAN), 34~35, 247~249
엔터프라이즈 무선 LAN, 248~250
홈 오피스 무선 LAN, 246~247
WLC(Wireless LAN Controllers), 250
무선 라우터(wireless routers), 34
엔터프라이즈(기업) 무선 LAN, 248~250
홈 오피스 무선 LAN, 246~247
WLC(Wireless LAN Controllers), 250
World Wide Web(WWW), 110, 116
write erase 명령, 148, 912, 916
write-memory 명령, 911
WWW(World Wide Web), 110, 116
제로 서브넷, 583~584

시스코 네트워크 CCNA 자격증 공인 학습 가이드

CCENT/CCNA ICND1 100–105

2017. 5. 29. 1판 1쇄 인쇄
2017. 6. 7. 1판 1쇄 발행

저자 | 웬델 오돔(Wendell Odom)
역자 | 이중호
펴낸이 | 이종춘
펴낸곳 | **BM** 주식회사 성안당
주소 | 04032 서울시 마포구 양화로 127 첨단빌딩 5층(출판기획 R&D 센터)
| 10881 경기도 파주시 문발로 112 출판문화정보산업단지(제작 및 물류)
전화 | 02) 3142–0036
| 031) 950–6300
팩스 | 031) 955–0510
등록 | 1973. 2. 1. 제406–2005–000046호
출판사 홈페이지 | **www.cyber.co.kr**
ISBN | 978–89–315–5480–9 (13000)
정가 | 50,000원

이 책을 만든 사람들
책임 | 최옥현
기획·진행 | 조혜란
교정·교열 | 장윤정
표지 디자인 | 박헌정
본문 디자인 | 앤미디어
홍보 | 박연주
국제부 | 이선민, 조혜란, 김해영, 고운채, 김필호
마케팅 | 구본철, 차정욱, 나진호, 이동후, 강호묵
제작 | 김유석

■ 도서 A/S 안내

성안당에서 발행하는 모든 도서는 저자와 출판사, 그리고 독자가 함께 만들어 나갑니다.
좋은 책을 펴내기 위해 많은 노력을 기울이고 있습니다. 혹시라도 내용상의 오류나 오탈자 등이 발견되면 "좋은 책은 나라의 보배"로서 우리 모두가 함께 만들어 간다는 마음으로 연락주시기 바랍니다. 수정 보완하여 더 나은 책이 되도록 최선을 다하겠습니다.
성안당은 늘 독자 여러분들의 소중한 의견을 기다리고 있습니다. 좋은 의견을 보내주시는 분께는 성안당 쇼핑몰의 포인트(3,000포인트)를 적립해 드립니다.

잘못 만들어진 책이나 부록 등이 파손된 경우에는 교환해 드립니다.